自由中國

FREE CHINA

合訂本第十四集

（第十五卷）

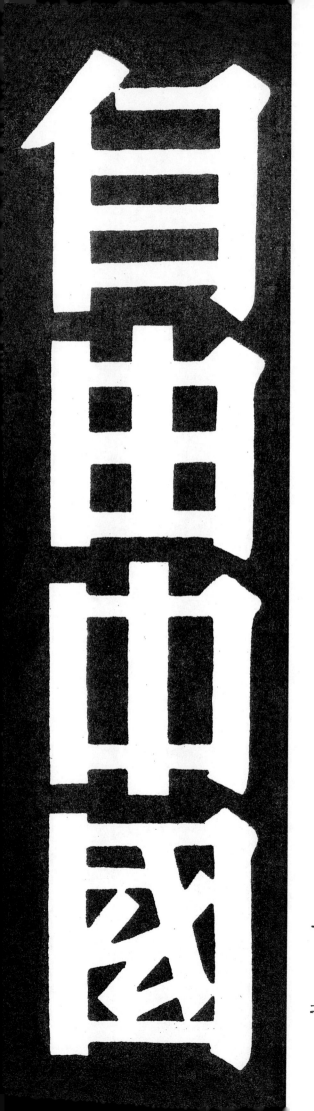

中華民國四十六年三月十五日合訂
社址：臺北市和平東路二段十八巷一號

自由中國合訂本第十四集要目

第十五卷 第一期

第十五卷 第二期

第十五卷 第三期

第十五卷 第四期

第十五卷 第五期

第十五卷 第六期

定價：精裝每册柒拾元　平裝每册伍拾元

自由中國

FREE CHINA

第十五卷 第一期

第十五卷 第一期

要目

中華民國四十五年七月一日出版

社址:臺北市和平東路二段十八巷一號

半月大事記

六月十一日（星期一）

西德總理艾德諾在美演講，指斥俄帝笑臉攻勢比侵略行爲更危險，强調西德爲西方盟國一員。

東南亞公約軍事會議今在新加坡開幕。

冰島要求美駐軍撤退。

六月十二日（星期二）

美總統艾森豪拒絕蘇俄邀請美三軍參謀首長赴俄訪問。

西德總理艾德諾籲請西方國家保持警戒，稱俄圖粉碎西歐組織，陰謀將美趕出歐洲。

韓國增加防禦潛力，陸軍馳赴前線。

杜勒斯在記者招待會上稱，艾森豪總統對於使用美軍協防臺灣，有充分意向，並表示美未同意英以橡膠資匪。

希臘正教會領袖馬徹里奧蒂斯被英驅逐，希向英提抗議。

六月十三日（星期三）

美對周恩來要求與杜勒斯會談，已予斷然拒絕。

末批英軍撤離蘇彝士，俄援機艦即紛抵埃及。

希臘向聯合國提備忘錄，要求運用政治力量，促使塞島問題解決，指東地中海情勢發展威脅和平。

六月十四日（星期四）

西德總理艾德諾促自由世界，勿受俄帝宣傳欺騙，並表示除非西方國家參加，決不與俄談判德統一問題。

美總統艾森豪在病室晤艾德諾。美德會談圓滿結束，對俄態度獲致協議。

美衆院削減外援案中，參院外委會通過恢復六億元。

美國務院宣佈，美英已簽訂原子能合作協定，交換原子能秘密。

六月十五日（星期五）

陳副總統在亞盟中國總會第二屆會員大會發表演說稱，眞正欲求世界和平，必先改變大陸現狀，願將我慘痛經驗提供亞洲鄰邦，促東西通力合作對付共同敵人。

國防部宣佈，我海軍曾派艦隻巡弋南沙羣島。

六月十六日（星期六）

美參院外委會決議，再恢復援外欵一億，專爲亞洲經濟發展而自由運用。

傳美要求南斯拉夫表明目前立場，究竟站在俄國一方還是西方。

美對華政策協會發表聲明，中國大陸必先光復，東亞始不再受威脅：美應以軍事供應和海空支援，助我收復失土。

北大西洋公約組織統帥於五月三十一日在參院外委會作證時，揭破俄帝的裁軍謊言，謂俄帝實際軍力有增無減。

六月十八日（星期一）

法外長畢諾今開始與杜勒斯商談對付俄帝外交攻勢，並將商討德國統一問題。

狄托與俄酋取得協議，强化俄南兩國共產黨間的關係，竟謂將廓淸八年來嫌隙：狄托自稱是蘇維埃的一份子。

杜勒斯在美法會談中明告畢諾，西方爲阻俄帝以武力威脅世界，必須保持强大軍力。

美國參院撥欵委員會通過額外經費，增加空軍飛機生產。

六月十九日（星期二）

中泰文化經濟協會今正式成立。

軍事審判法今經立法院會議完成二讀。

美參院外委會通過四十五億援外方案，較衆院通過者增加七億；並建議對援外計劃作全盤的再檢討。

美法簽訂協定，交換原子情報。

六月二十日（星期三）

長江、黃河、淮河普遍發生水災；珠江錢塘江大水泛濫，大陸災民已逾七千萬人。

狄托與俄酋締兩項協議，聲言加强合作，但乃圖對美討好，佯示不跟着俄國走。朱魔說話却露出破綻，謂俄南定將併肩作戰。

美法兩國外長會談結束，美支持法北非政策，承認阿爾及尼亞爲法國一部份。兩國會談公報宣佈：德國必須先行統一，始能談到全面裁軍。

世銀總裁布萊克晤埃及總理，磋商資助埃及建水壩事。

美國參院批准建造原子動力商船。

六月二十一日（星期四）

北大西洋公約組織聯軍統帥葛倫瑟在美參院作證，强調軍事援外重要，謂任何大量削減援外計劃撥欵額，均將不利於美國本土防衛。

杜勒斯發表演說，痛斥蘇俄共黨的獨裁專制，謂俄酋鞭屍運動適足暴露共產制度的罪惡；並謂「中共在野蠻這方面已超過史達林」。

六月二十二日（星期五）

立法院將軍事審判法三讀通過，完成立法程序。

埃俄會談後發表公報，表示兩國加强政經關係。

六月二十三日（星期六）

美空軍參謀長戴寧將軍抵達俄京。

美軍事首長提警告，俄正發展潛艇飛彈。

蘇俄外長謝彼洛夫抵大馬士革，向阿拉伯各國大施誘惑，佯稱援助不附條件。

美國際總署宣佈，擴大對黎巴嫩的經濟援助，本年援助總額爲七百七十萬元。

埃及表示仍願獲得西方援助建造水庫計劃，促美提出更確定的援助保證。

六月廿四日（星期日）

俄酋利用戴寧參加空軍節機會，施展宣傳伎倆。戴寧謂在軍備管制未生效以前，美國決不再裁減軍備。

葛倫瑟在美演說，揭發俄帝狡滑宣傳，認歐洲防務甚爲重要，促西方國家勿鬆弛防務準備。

六月二十五日（星期一）

遠東作物改良會議在臺北揭幕，俞院長致詞，謂遠東各國經濟發展，必須互相協調合作。

韓戰爆發六周年紀念。李承晚呼籲要求抵消韓共優勢。

「自由中國」的宗旨

第一、我們要向全國國民宣傳自由與民主的真實價值，並且要督促政府（各級的政府），切實改革政治經濟，努力建立自由民主的社會。

第二、我們要支持並督促政府用種種力量抵抗共產黨鐵幕之下剝奪一切自由的極權政治，不讓他擴張他的勢力範圍。

第三、我們要盡我們的努力，援助淪陷區域的同胞，幫助他們早日恢復自由。

第四、我們的最後目標是要使整個中華民國成為自由的中國。

社論

（一）擁護僑委會的新號召！

——並建議召開國是會議。

僑務委員會委員長鄭彥棻氏於本年五月二十五日在新聞局記者招待會中，特宣佈政府今後對僑胞的態度。他說：

「政府歡迎到過匪區觀光的僑胞，亦能組織觀光團到臺灣來，自由參觀，絕不限制。請他們參觀後比較比較大陸與臺灣，誰有自由，誰能適合於生活居住。」

這顯然是針對共匪欺騙式的還鄉運動和統戰工作而來的對抗策略。

這一聲明是值得大家額手稱慶的。儘管有人譏諷這是「牛後」，爲甚麼不在今年一二月共匪搞統戰工作以前有此號召呢！（「題爲雞口——牛後」，見五月三十日自由人）也儘管有人以爲政府特別優遇那些「兩面人」，待投機份子爲上賓，乃是「獎勵人造反」的辦法。甚至懷疑政府內部有共諜滲透，在有計劃的殺滅復國生機。（六月二日新聞天地）但是，我們仍認爲這是最大氣魄的聲明，也是心理作戰的最大表現。

我們一向以寬大的作風期之於政府的。縱然這是亡羊補牢的辦法，我們認爲今日仍應該去做，而且應該積極去做。我們不必求全責備，有覺悟總比糊塗下去好。變總比不變好，以不變應萬變，只能指立場與原則而言，而不能包括政策與手段。在大陸時代，我們果眞有此大氣魄，不計私不私我，只問反不反共，又何至於播遷到臺灣而流亡到海外呢！往者已矣，來者可追，希望政府本着這個大氣魄的聲明，今後結結實實去做，我們前途仍是大有可爲的。

天下的事情，多是「比較」的說法。臺灣比起美英甚至日本來，「民主自由的程度固然相差很遠」，但比起匪區來，卻不可同日而語。因此，我們不僅歡迎到過匪區的僑胞來臺參觀，同樣也歡迎到過大陸的友邦人士如日本人等來臺比較。他們參觀之後，自會證實出誰有自由，誰在說謊。

根據鄭委員長這一聲明，我們有幾項具體建議，請政府迅予執行。這是配合這個聲明而來的積極作法，必須如此，才能振奮人心，才使號召更爲收效。

第一　鄭委員長既發表了這篇談話，就是宣佈了政府今後對僑胞的新政策，那末，我們就要積極去執行這個政策，不論是迂迴的抑直接的，切不可說了就算完事。

共匪自今年二月在北平舉行所謂「新政協第二次大會」、決議「和平解放臺灣」之後，就在港澳及東南亞各地展開笑臉外交，積極拉攏僑胞。茲就香港來說：先是勸人「回家過年」，接着勸人「還鄉掃墓」；或者勸人去廣州參觀「農展」和「捷展」，迨展覽參觀完畢，共幹又勸人何妨還鄉回家看看。一步緊接一步，手法非常巧妙。還鄉手續簡單，既不要塡表，亦毋須覓保，只要一張路條。共幹並懇切告訴說，到家之後即去鄉公所登記，就有糧食配給送來。不僅此也，在搞還鄉以前，共匪還在香港推銷大陸土產，價廉而物美，促令遊子泛起思鄉之念。其陰謀固毒辣，其辦法確周到。又如此次梅蘭芳赴日演劇，緣於共匪去年已先邀日本歌舞伎座市川猿之助劇團去大陸表演。一切預爲佈局，決不是臨時抱佛脚。人家時時刻刻在動腦筋以謀我，如何佈局，如何下子，大目的是在征服世界，小目的是在「解放臺灣」。

我們這一次既然說出來了，就要派人到各地去實際活動，否則，到過共匪的僑胞是不會自動組織觀光團來臺參觀，而遊過大陸的日本議員和記者們也無興趣來臺比較。我們這幾年在海外，工作實在做得太少。不說別的，只拿有邦交的日本來說，我們所做的還比不上共匪，還有何話可說？我們在大陸上夙蒙「議而不決，決而不行」之譏，我們在臺灣實行了三七五減租和耕者有其田兩大土改，人家就會稱讚不置，越南還派人來臺考察借鏡。可見政治貴在實行，而公道自在人心。說了做了，人家自會相信的。

第二　臺灣今日施政中最失人心的地方，就是出入境證之核發，毫無客觀的標準。若照過去和現在的核發情形來說，臺灣今日政治，十足是人治而非法治，凡屬政府高興的人，隨時可以出境入境；相反的，政府不高興的人，入既不可，出亦不能。過去有人請求出國醫病的，甚至有機會便道醫病而毋須花掉外滙的，政府不發護照，不給出境證，聽其自生自滅，而不寄以任何的同情。這些人當然是政府不高興的。可是政府高興的人，隨時可以到外國醫病。

留學生出國，也有同樣情形。政府考取的留學生，如果有了一點政府所不喜歡的政治關係，就不能出國。外交部縱給了護照，保安司令部仍可不發出境證。孫立人氏的堂妹孫靜婉就是一個很好的例子。她是上屆考取的留學生，且在國防部工作多年，（現在仍在國防部工作）個人行爲毫無瑕疵，只因是孫立人的堂妹而連帶的不能出國。我們眞不懂這是一回甚麼事？難道讓她出國深造就會和我們國家有甚麼不利麼？一個弱女子、一個青年學生，走到陌生的外國，就能起了了不得的作用麼？我們未免自卑感太過了。過度的謹愼，就是心理虛弱的充分表現。

這種差別待遇，就是喪失人心最大的地方，政府之視人民，除共黨型的政府有所謂人民非人民（人民之敵）之分外，應該一視同仁，無分軒輕，無所厚薄。

臺灣出入境辦法之亟待改善，刻已不容再緩。如僅僅宣佈歡迎到過匪區的僑胞來臺參觀而不改善現行出入境辦法，這個政策正如「新聞天地」所說：會被人誤會爲是「獎勵人造反」的辦法。該刊曾建議：

「爲避免引起人民的誤會（已有人憤慨了），最好先聲明歡迎一切僑胞自由入臺，並對出入境手續予以簡化」。

我們同意這個建議。我們認爲現行辦法的改善，不僅要把尺度放寬，且應有客觀標準。就是說出入境證之核發，須公平處理，任何人不能左右，也不應計較過去任何恩怨。

政治必須公平，法律貴乎平等，惟有依法公平處理問題的政府，才會獲得人民的普遍尊敬，否則只有增加仇恨增加離心力耳。

第三　香港有若干立監委和其他願意來臺的忠貞同胞，政府應准其即日來臺，否則，政府這個新號召眞成了「想入臺，先還鄉」（六月六日自由人）的號召。就滯留香港的立監委來說，過去政府不准他們來臺，是沒有任何理由的。有人說，是因爲他們過去曾反對蔣總統。其實，這是不能作爲拒絕來臺的理由。而且從許多過去曾反對蔣總統的人現在仍爲蔣總統所任用的事實來看，我們也不相信，蔣總統是他們所想像的那麼樣胸襟褊窄的人。對於留港的立監委員，只要他們沒有和共匪勾結的話，臺灣是中華民國的土地，他們是中華民國的人民，他們是有權來臺的。不准來臺，則政府失掉了立場，怎樣辯解也不能使人折服。

政治上要有原則，否則進退失據。處理政治問題，要根據理性而公平嚴正，不可憑好惡，任情感，最少最少亦應權衡利害。如果連利害都不顧，那又算是甚麼辦法？

第四　已被監禁滿了六年的龔德柏氏，年已六十七八。他未犯一點過錯，只因三十九年在陸大講演大陸失敗之癥結，曾批評了政府當局，因而失去自由。此事在第二次國民大會期間，曾經胡適之左舜生于斌諸先生具函當局請予釋放，去年又經立委成舍我氏在立法院提出質詢，到今天還是沒有將龔氏恢復自由。其實批評政府在民主國家原是家常便飯的事，算不得甚麼大逆不道，政府又何必因龔氏個人的幾句不中聽的話，而深惡痛絕，示人以不廣呢？今龔氏年事已高，萬一死在牢裏，那時恐怕是悔之晚矣。我們認爲政府爲表示寬大作風，仍應早日將龔氏開釋。

我現在舉出英國前任二位首相而今尙健在的邱艾二氏的說法，作爲我們學習民主的借鏡。

抗戰中我國訪英團到英國，當時雖係戰時，而倫敦海德公園的露天講演則如故。有人問過邱吉爾，在戰爭期間，何以仍讓這批人在那裏罵政府？邱相很輕鬆的說：「英國人講究做買賣，諸事均從經濟上着想。這些人如果關起來，不僅要給飯吃，還要派人看守，太不合算。他們講到肚子餓了，自然就會回家的」。這些話不僅是幽默，而且是表示民主政治的容忍性和民主政治家之了解人性。

還有一件是艾德禮首相親對出席聯合國大會我國代表團說的。戰後有一次聯合國會議在倫敦開會，有一天艾相宴請各國代表團，中國代表是首座，吃飯時大家隨便聊天。坐在首座的中國代表問艾德禮說：「英美兩國都是民主國家，可是那一個更爲民主呢？」艾德禮毫不猶豫的回答說：這幾天報上登了這樣一段消息，正可作爲這個問題的解答。

「某天有一個人在海德公園講演，聲音宏亮，慷慨激昂，圍觀者甚衆。適有一個美國士兵開輛吉普車經過公園。他聽到大聲疾呼，爲好奇心驅使乃停車下來聽講。他聽到這個人的講演，不止是大罵政府，而且大罵議會，大罵王室，措詞非常激烈，罵得體無完膚，大有非立即推翻不可的樣子。這個美國兵正爲這個講演人揑把汗的時候，忽看到有個持棍的警察來了，滿以爲是來拘捕或干涉這個講演的人，不料警察走到他面前，很有禮貌的說，請把車子開遠些，因爲車子擋了路，防碍了來聽講的人。」

這是一個眞實的故事，可見人民批評政府是沒有什麼了不得的。從人民的立場來說，有意見就應該說出來，不然就沒有盡到國民的責任。公開批評總比陰謀搗亂來得好，狂言妄語總比鋌而走險來得好。

總之，今日與共匪鬪爭，我們要做到人心趨向於我，故目前唯一的工作是收拾人心，維繫人心，其他有形的物質如土地、金鈔等等，我們是比不上共匪的。他們在香港做統戰工作，可能一擲千金，我們今日則無此財力，但是，只要人心站在我們這一邊，我們遲早必重返大陸的。而要使人心能站到我們這一邊，則唯有政府不分畛域，不計恩怨，打開寬濶的胸襟，拿出大的魄力來做，僑委會的號召不失爲一個開端，但卽此還不够，還應該從各方面去推展。除了我們上述各點，希望政府採納，付諸實行之外，當此國際局勢逆轉之際，我們認爲政府應該立刻邀集海內外所有反共人士來臺洽商一切有關反攻復國的問題，以對付共匪的和平攻勢。政府過去曾一再宣稱召開反共救國會議，結果未見下文，也許有人認爲這種會議可能因許多不同的意見，或對政府有所責難，致使政府感到困難，於是本「多一事不如少一事」的原則，遂告打消。殊不知國家的事必須每個人都能說話，都有負責盡力的機會，才能眞的說到精誠團結，羣策羣力，自囿於小天地之中的作法，無異自剪羽翼，實爲極不智之擧。今天我們每一個反共的中國人，儘管主張和意見有差別的地方，而擁護政府反共，則毫無二致，在此急難之時，尤有共濟之誼，怎麼還能在過去的恩怨上去斤斤計較？王船山說：「王非唯諾依附之可尊，夷非一身兩臂之能攘」。這兩句話，直得我們大家深切體味！因爲看到當前情勢的迫切，我們不得不本「心所謂危，不敢不告」之旨，率直陳述了前面的許多意見，政府當局應該不會認爲我們是故觸忌諱吧。

社論

（二）

人無遠慮、必有近憂

——對日本鳩山內閣進一言

戰後的日本亟謀經濟復興，無論民間與政府，都努力從各方面去打開貿易的出路，因之不管是自由世界也好，共產集團也好，都以「廣結善緣」的姿態去尋求其可能獲得的或多或少的現實利益。蘇俄與匪共便利用日本人這種急於圖利的心理，以通商貿易為餌來引誘日本上鈎。於是甚麼訪問團、貿易團、代表團紛紛往還於日本、蘇俄與匪共之間。自鳩山內閣主政以來，日本與俄匪之間似乎表現得分外親切。為着日俄復交談判之急於求其成功，鳩山甚至主張不惜放棄部份領土的要求。自日俄漁業協定簽訂之後，過去不承認的蘇俄駐日代表團的地位也已默認其合法。對於大陸匪區的貿易，更是日本人所不能忘懷的，因而彼此間的接觸也極為頻繁。不久以前據外電所傳，鳩山曾聲稱願意與周恩來會晤。現在共匪所派出的梅蘭芳劇團正以「文化使節」的姿態在日本表演。日本之對共匪，只有「承認」一點沒有做到之外，其餘已與一般有邦交國家的關係無多差別。

平心靜氣而論，我們對日本人今天之不顧一切來為經濟而打算的這份心情，是願意予以相當諒解的，但是為國家的遠久前途着想，則在敵友二者間決不能無所選擇。雖然國與國間，並無永恆的友與不變的敵，然而一個國家的基本立場，却是不能輕易改易的；而這一基本立場之確立，乃是根據歷史關係，當前形勢與未來前途來作為構成的條件。日本今天之所以必須站在自由世界這一邊，也正是根據這些條件而來。既不是自由世界方面所能憑空爭取，當然更不能因共產國際的誘惑而擺搖不定。

我們無意拿戰後我國政府對日本所採取的寬大政策來引起日本人良好的回憶，但是俄國人在近三十年來對日本所施陰謀險狠的手段，應該是不能輕易忘記的。一九二〇年的尼港(Nikolaivsk)事件，當地的日本商人及陸海軍派遣軍，全部被紅軍殺死，日本人至今猶認是莫大的「國恥」。在第二次大戰當中，蘇俄曾與日本簽訂互不侵犯條約，結果却在日本宣佈投降的前夕，作了一次投井下石之舉。而且在戰爭末期，日本曾請託蘇俄向盟軍轉致投降的要求，竟被蘇俄故意將此消息隱瞞，一方面欺騙日本，一方面向英美勒索。盟軍見日本始終不肯表示放棄抵抗，於是杜魯門總統才下令向日本本土投下兩顆原子彈。如果蘇俄早將日本的要求轉達盟軍，廣島與長崎的幾十萬生命又何至於犧牲？這是日本人民都知道的內幕，更是大家記憶猶新之事。時隔未久，撫瘡尚痛，而日本却甘願不惜代價去求取對俄邦交之建立，難道說日本今天除討好俄共以外，就沒有經濟的出路嗎？

據我們的揣想，日本也許是存着一個在自由世界與共產集團的矛盾中求發展的企圖，欲師第一次大戰後德意志的故智。那時候的德國也正是積極圖謀復興，於是她利用英法與蘇俄的對立和兩方面對他的爭取，因而得到不少的便利。蘇俄曾為德國秘密訓練空軍，英國又准許她放寬了建造潛水艇的限制，洛桑會議並削減了德國戰後的賠欵負擔，遂使德國在二十年中，又一躍為一等强國。日本今天也是國際對壘的局勢中處於重要的地位，自然很可能產生這種想法，但是我們在此要正告日本，今日的蘇俄已不是三十年以前的蘇俄，莫說她不會如過去幫助德國建立空軍的方式來幫助日本，即是日本想像中的貿易利益，在整個的俄共備戰經濟體系之下，恐怕也就難有多大的收獲。而且，蘇俄與匪共之對自由國家利用外交貿易關係來進行滲透顚覆的工作，已為人盡皆知之情形。現在日共是直接受着俄共的指揮，而日共的所作所為，已使日本社會感到重大的困擾，更是日本人所目擊身受之事。則日本今天之拼命結好的蘇俄與匪共者，將來所得的究竟會是些甚麼，已不難思過半矣。

老實不客氣的說，日本過去之所以造成侵華戰爭的重大歷史錯誤，乃是由於日本缺乏遠見的政治家，即有一二遠識之士，亦為軍閥勢力所抑制而不能遂行其主張。今天又面臨世界局勢一個新的轉變時期，日本是在大挫敗之後邁向復興途徑之中，必須記住以往的教訓，珍重自己的前途。如果又只知着眼於現實的利害，昧於遠見，則未來自食其苦果的，依然是日本人自己。我們之為此言，並不是希望日本和我們站在一起，便會使我們反攻復國的大業，得到重大的幫助，而是希望日本認清楚當前的情勢，如果日本人民並不歡迎共產主義，則不宜汲汲於謀增進對蘇俄與匪共的關係。日本不要以為政治和貿易是兩件不相關連的事，須知在蘇俄匪共的企圖中，政治與貿易的目的，是絕對分不開的，甚至貿易只是手段，政治才是眞正的目的。

最後，關於中日邦交問題，我們也願於此向我政府當局進一言。既認定中日邦交有亟待增進之必要，則必首先須盡其在我。日本所切望的是貿易的擴展，彼此之間雖已協議了貿易計劃，但是我們這裏的重重管制辦法，却使人家感到許多的不便利。以書刊報紙一事為例，進口檢查手續的繁複，不合理的限制，竟使若干不涉及思想與政治問題的書刊報紙，也無法在臺銷售。這樣一來，又如何能談到文化交流？又如何能使日本輿論界、文化界對我們發生好感？再以外交活動而論，駐日使領館中許多人選之不當，如過去辦理僑務者對於僑胞未能展開活動，負責新聞工作者根本與日本新聞界無所接觸。再如國民外交的活動，更是少得可憐。不僅我們很少派人去日本，即日本方面有許多民間團體願意前來自由中國訪問，我們也會因無法招待，只好婉詞謝絕。這些情形，都是急待改善的。為着今後中日兩國關係的前途計，我們甚盼政府當局至少能做到下列四事：一、調整使領館的人選，要使每一個負責的人都能適當其任；二、貿易上的許多管制辦法，應設法儘量放寬；三、改善書刊報紙的檢查辦法，使許多不涉及政治與思想問題的書刊報紙得以在臺銷售；四、對於國民外交活動，政府應寬籌經費，使双方國民能有更多的接觸機會。

自由中國　第十五卷　第一期　一個監察委員的狗生哲學

一個監察委員的狗生哲學

陶百川

監察院最近舉行了廿七天的年度總檢討會議，忝為監委一份子，我也就我自己的所為所守加以反省；我覺得我總算勉強盡了一隻看門狗的責任。

我何以把我自己譬作一隻看門狗呢？

遠在四年前，我和其他三位監委，對中國石油公司張前總經理茲闓提了一個糾彈案，指摘他在民國三十七八年與上海一家進出口商行人人企業公司違法訂立運油契約，違法借以巨金和預付巨額運費，而且違法買受一艘油輪，以致石油公司後來（民國四十一年）損失了美金一百二十餘萬元。兩年後在檢討這個糾彈案的一次會議中，我向黨內幾位高級負責人指陳：「如果諸位先生正式決定要我們不追這個糾彈案，以我個人來說，心雖不服，誼當遵命。但請給我們一個通知，俾得聊以解嘲。這個案子辦到這步田地，我們雖外慚清議，但是並不內疚。因為照憲法規定，作為一個監察委員，我祇是一隻看門狗。英美政治學者也常把監察機關和審計機關稱為 Watchdog（看門狗），我們的處境正是如此。關於本案，我們已經叫了兩年，大家都已聽到，而且已經『聲聞於天』。將來大家如果決定不辦，看門狗能有什麼辦法呢！」

這是我把我自己譬作看門狗的由來。別的監察委員也許有把他們自己看作獅子或老虎的，他們的本領和勇氣，自然比我的大。但我總覺得我祇是一隻看門狗而已！

人有人生哲學，狗應當有「狗生哲學」，我且略述我的「狗生哲學」。

家中何貴乎有狗？因為它能看守門戶。每逢有陌生人到來，看門狗例必狂吠一陣，直吠到家人覺察才停。在大盜小偷橫行的區域，看門狗自有它的用處和貢獻。

可是狗的能力祇是叫。它雖張牙舞爪，却並沒有堅甲利兵，而且它又被鐵鍊鎖住，不能咬人。所以盜賊即使破門而入，它也祇能狂叫一陣，並沒有別的本領。假如家人疏於防範或怯於抵抗，盜賊仍能飽掠而去，而它甚至為盜賊所屠殺。至於有人一時失察，誤以盜賊為好人，而請其登堂入室，甚至反而錯怪看門狗叫得討厭，加以責罵毆打，那時它也祇好自認晦氣。所以看門狗很不易做，不比那些叭兒狗，伈伈俔俔，善伺人意，蹲在主人脚邊，吃着牛排猪排，庸庸多厚福，處處受愛憐。

監察委員的情形正是如此。公務員如有違法失職情事，監委便應加以糾彈。但是中國的監察院，不比美國的參議院或英國的上議院，它們都掌有審判權和懲戒權，而我們祇有告發權（糾彈），至於審判權和懲戒權則分屬於法院或公務員懲戒委員會，監察院無權過問。而且監察院對地方法院一個檢察官就監察院的糾彈案所作的不起訴處分，不得聲請再議；監察院在這一方面的權力，甚至不及自訴人，他對檢察官的不起訴處分却有聲請再議之權。對於公務員懲戒委員會的處分，監察院即使不滿意，也沒有翻案的機會。正如一隻看門狗，監察委員的力量祇能做到喚起法院或懲戒委員會注意為止。所以它的職權，既不及現代各國的上院，他們掌有懲戒權，也不及古代的御史，他們握有「上方寶劍」，有時可以先斬後奏。因此，有人假如認為監察委員是老虎，我看也祇是紙老虎而已。

但是即使僅僅行使了糾彈權，有的監察委員已經變成了怨府。因為執政當局總覺得家醜不可外揚，他們甚至以為外國來賓都讚美了我們的政治清明，而監察委員却還說某也貪污，某也違法，豈非是自掏糞缸，破壞了政府的信譽！所以監察委員提出一個較大的糾彈案時，不獨被糾彈的人恨之入骨，而執政當局也往往怪他不顧大體，甚至加以惡名。

其實任何國家都免不了有貪官汚吏，而把他們檢舉出來置之於法，正可以表揚其求治之切和執法之嚴。而且辟以止辟，刑期無刑，祇有對不肖官吏加以公開的糾彈，才可使一般官吏束身自愛，不敢以身試法。這是國父創制監察權的眞諦，也是憲法交給監察委員的任務。監委發覺違法失職而糾彈，正像看門狗看見賊來而高吠。養狗的目的原是如此，奈何人們竟然忘了這個目的而反怪狗把他從「自我陶醉」的「清秋大夢」中叫將醒來為可恨呢！

幸而看門狗大多頗明大義，故有「義犬」之稱，所以即使見惡見恨於家人，它還是我行我素，善盡看門的責任，看到陌生人進來，還是叫個不停。一個忠實的監察委員，也是如此。他雖會因糾彈大官而不見諒於巨室，然求仁得仁，他正不必怨天尤人。正像宋朝范文正公「靈烏賦」中的烏鴉，它是「憂於未形，恐於未熾」，而且「寧鳴而死，不默而生」。

史稱范仲淹做秀才時，就「以天下為己任」。後來和歐陽修等上書諫諍，致遭貶謫。他的好友梅聖兪，做了一首「靈烏賦」，勸他要學鳳凰，不要做烏鴉。梅說：

鳳不時而鳴，
烏啞啞兮招唾罵於里閭。
烏兮！時將乖而獻忠，
人反謂爾多凶。……
胡不若鳳之時鳴，
人不怪兮不驚！……

可是人各有志，范仲淹是「寧鳴而死，不默而生」。他也做了一首「靈烏賦」，學着烏鴉的口吻，訴說他的抱負。他說：「我托庇於仁慈的主人，常想有所報答。我深恐主人會遭遇不幸，便啼着加以警告，希望主人從而預防。知我者說我是想逢凶化吉，不知我者駡我是不祥的動物。報告了主人，我自身常遭他痛恨而受害，不報告呢，主人就會因疏於預防或驅避而遭殃。但是主人之恩不可忘，所以我雖冒死也必向他報告，庶幾他可預防。其實看見桑樹在庭園中作怪，皇帝便因恐懼而修德，王室就因而興盛起來；足見殷憂啓聖，逢凶可以化吉。要知道上天的耳目是很近的，（老百姓的耳目是很聰明的），人們卽使秘而不宣，他也會聽到看到，所以批評一下有什麼不好呢！以麒麟之仁，尙且爲魯人所傷害，然而麒麟並不因此而變得不仁。麒麟尙且如此，我更能算得什麼！所以我是寗可因鳴而死，不能緘默偷生。」

范仲淹的「靈烏賦」寫得文情並茂，胡適之先生曾在去年四月的「自由中國」加以評介。他說，中國歷來知識份子認爲諫諍是一種天生的責任，所以「寗鳴而死，不默而生」；這是一種極好的傳統。

看門的狗，報凶的烏，以天下爲己任的知識份子，以糾彈和批評爲職責的監察委員，都須有這種傳統精神！

可是對於「萬物之靈」的人類，這也許祇是一種希望而已。因爲好逸惡勞，見利忘義，貪生怕死，究竟是人之常情。在這一點上，人類有時確是「狗彘不若」。而且在現代政黨政治中，同黨的人，例必互相維護。「監臨百官」的人，對同志自然也就難免大事化小，小事化無。幸而尙有反對黨，在「黨同」之下，還有「伐異」的可能。這本是民主政治的關鍵。可是反對黨的力量假如太小，甚或根本沒有反對黨，則所謂民主政治的貢獻便很可懷疑了。因爲在一黨統治之下，「制衡制度」很不易發揮作用，民意機關對行政當局便毫無辦法，於是做官的可以「笑駡由人，好官我自爲之」，而民意代表也祇好「噤若寒蟬」。

三年以前，友人薩孟武先生對此曾有論列。他在「社會科學論叢」中發表「西漢監察制度與韓非思想」一篇長文。他引陸宣公文集中一段話：「漢制，部刺史秩六百石，郡守秩二千石。刺史高第者，卽遷爲郡守。郡守高第者，卽入爲九卿。從九卿卽遷爲亞相（御史大夫）相國（丞相）。是乃從六百石吏而至臺輔，其間所歷者三四轉耳」。薩先生因而說：「部刺史秩六百石。以六百石之吏監察二千石的郡國守相，而能激昂奮發者，無他，因爲刺史原則上可陞爲守相」。監察是「風霜之任」，最易結怨於大官巨室，不有重賞，勢將虛設。上述西漢之制，乃是一種很高明的設計。

薩先生又把西漢這個制度與現代反對黨制度相比較，以爲兩者有相似之點。他說：「御史大夫之於丞相，猶如部刺史之於郡國守相，他們競爲糾彈，可以說都是自爲，不是爲人。在今日民主國，負監督政府之責者，乃是議會內反對黨的領袖。反對黨何以肯負監督政府之責？因爲政府黨辭職之後，繼之組織政府者，必是反對黨領袖。御史大夫之於丞相，部刺史之於郡國守相，其地位無異於民主國議會內反對黨的領袖。不過後者是在野的，前者則爲朝廷的官吏。但是我們須知今日加拿大及澳洲聯邦議會內，反對黨的領袖，所得薪俸，乃比較普通議員爲多。卽議員之擔任反對黨領袖之職務者，可以領取特別的薪俸，無異於國家的一種官吏。這種制度，比之西漢的御史大夫與部刺史，頗有相似之點。這也是西漢監察制度能够發揮效用的原因」。

以上述西漢的御吏制度和英美的政黨制度來衡量我們今天的監察制度，我以爲後者大體上還沒有什麼大毛病。今天國家對監察委員雖不給特別的獎賞，然監察委員却比御史稍有保障。果能善盡看門之責，則「惡狗當路」，竊盜斂跡，監察院對國家未始不能有所貢獻。如果再有强大的反對黨做監察者和「監察者的監察者」，收效自必更大。今天臺灣的友黨雖然力尙未逮，但依民主政治的常軌發展下去，英美式的政黨政治，遲早必將形成，而況現有的友黨年來也能稍稍發揮反對黨的作用。這對我們在朝黨乃是一種極有效的防腐劑。孟子說：「入則無法家拂士，出則無敵國外患者，國恒亡」。以此適用在政黨關係上，反對黨也是在朝黨的「法家拂士」；有一反對黨眈眈而視，諄諄而道，「狺狺而吠」，可使在朝黨提高警覺，不敢腐化，永保青春。所以友黨或反對黨的壯大，從大處着眼，對在朝黨也未始沒有好處。「狗吠非主」，我決沒有爲反對黨幫腔之理，上所云云，非爲人謀，實爲自謀。不知同志們以爲何如。

有人以爲監察院沒有懲戒權，乃是美中不足。但我個人却認爲這正合着看門狗的「犬牙相制」的道理，可以減少「跖犬吠堯」的流弊，可以防止「狗咬呂洞賓」的危險。而在積極方面，因爲彈劾案尙須經過司法機關的審判，監察院乃不必過分持重，僅憑嫌疑就可提案，這正是「多嘴御史」「風聞言事」的傳統。

可是受理監察院糾彈案的司法機關，却要像個老虎，不要「畫虎不成反類狗」，祇會叫，不會咬，以致貪官汚吏肆無忌憚。而執政當局和黨國巨頭，尤應聽任監察院多提糾彈案，不加傷害，聽任司法機關依法審判，不加干涉，庶幾官常可以振肅。

最近報載美國聯邦郵政總長發表談話，說看門狗是美國郵差的最大敵人。因爲去年他們在分送郵件時被它們咬傷了六千人之多。郵局主張郵差可佩帶和使放阿摩尼亞手槍加以嚇阻，但爲家犬俱樂部所反對。郵局現擬邀請家犬俱樂部和防止虐待動物協會的代表以及動物心理學專家等多人，集會研擬兩全的辦法。聞專家們建議郵差可穿鐵絲網製的綁腿，而不得對狗虐待云云。

對於家犬咬人事件的處理，美國人尙且這樣地鄭重，我們自更不難想見他們對於政治上的批評和反對是會怎樣地尊重和容忍；所以直聲滿國中，而政府乃不得不力求進步。美國的月亮誠不較好於中國的，可是美國的看門狗，無論家犬或國犬，却比我們的「狗運亨通」。在這舉國競尙「美化」的時候，請把我們的「養狗政策」和「狗生哲學」也來「美化」一下何如？

銓釋中立主義

蔣勻田

美國艾森豪總統，最近分別出兩個中立的形態：一個是對兩個對峙武力之間的中立；一個是對是非之間的中立。艾氏對於第一形態的中立，是同情的，至少是諒解的。「在中立者陣營日形擴張的時候，民主陣營將爲之動搖，對於中立主義的銓釋，有其必要。茲引艾森豪在六月七日新聞記者招待會中的話如下：「自第二次大戰以來，美國所追求者爲和平。既以追求和平爲目標，對於不同的國家所採的分殊態度，即不能錙銖計較。我們也曾經爲幼年國家，一百年或一百五十年來，我們的整個政策，就是中立政策。我們常說我們中立於世界戰爭，中立於歐洲戰爭，更中於歐洲國際間的衝突。現在實有若干國家，自命爲中立。然此不能如一般的解釋，認爲是中立於是非善惡之間。他們用中立一詞，係指中立於軍事聯盟而言。我可以明言，這樣的中立，謂對美國不利，我實不解其故。……」艾森豪總統這一段話，不但表明他同情中立國家的立場，而且也說明了艾氏不認爲中立國對美國有害。

艾氏以領導民主集團的地位，從各種角度，以窺測各國立國的條件，說出同情中立國的話來，爲民主政治家應有之風度；然居今日形勢，若眞認中立國無害於美國，事有值得爭論之必要。當天白宮對於艾森豪總統的談話即發出澄清的聲明說：「這一白宮聲明乃重伸艾森豪的立場，即必須有特殊的環境條件，始可援爲政治中立的理由。但是無一國家，對其他國家的命運，可以有權說漠不關心。艾森豪不信與美國聯成安全互助，可以陷於危險境地；相反的，在相互尊重獨立與互助的基礎上，更能增益彼此的安全。」這個聲明只是從正面說明與美國聯盟的安全，以反襯中立政策之不必要；而未說出中立政策的害處。這一點認識不够，實緣於不知道共產黨從事世界革命的武器，除原子彈以外，尚有共產主義的思想毒素。受了這種思想毒素的人能在各種社會，用各種形態，以散播這種毒素。任何社會浸透了這種毒素，就是他的命運已經註定了。儘管白宮聲明說：「無一國家，對其他國家的命運，可以有權說漠不關心；」但是到那個時候，雖欲關心，除去互用原子彈，銷滅彼此的存在，已無有效的辦法了。所以要關心，只有在平時共同政治思想戰線上，採取同一步調，不容有所謂中立。

杜勒斯國務卿於六月九日作重要政策演說時，歷擧十年來美國曾與四十二國訂立聯防條約，其結論說：「這些條約存在於締約國之間，已經銷滅了中立原則。中立原則以爲一個國家求己身安全，最好不要過問其他國家的命運。中立原則已成陳腐的觀念。除去在某種特殊環境下，中立原則亦是不道德與最近視的觀念。」杜勒斯這幾句話，雖未詳明中立原則所以爲陳腐觀念的道理，然已觸及中立原則對今日世界安全的害處了。我寫這篇文章的目的，即在說明對共產主義作戰，中立原則不僅是陳腐的觀念，也是對自由世界極危險的態度。

中國的孫子兵法，有「攻心爲上，攻城次之」的名言。孫子兵法已譯成各國文字，成了國際的名著。西方人知道「攻心」說法者也很多。所謂「攻心」，用近代名詞解釋之，就是思想戰爭。任何戰爭，兩造必標擧作戰的政治理由與目的，即是運用「攻心」策略的法寶。所以思想戰爭的實質，早經在人類歷史上，發生很大的作用了。

不過，所有過去的思想戰爭，包括宗教戰爭在內，實現思想戰的目的，爲了公開武力作戰，即爲攻城略地一種形態。思想戰只限於攻襲敵人軍心，而不可能襲擊敵人的民心。所以過去所有間諜工作，雖能勾結裏迎外合，然必待武裝公開戰爭時，始能發生裏迎外合的作用。是以攻心的作用，必待攻城時而後顯現。且過去之所謂攻心，只限於少數被賄誘的間諜，絕不是一種哲學思想的普遍滲透。祇要被賄買的少數間諜被發覺了，攻心主要的成效即被銷滅了。所以過去攻心的工夫，乃所以配合攻城計劃的。攻城行動不開始，攻心的設計往往不能生根，不能單獨有所收穫。

配合軍略的政治宣傳，既沒有哲學的創造與領導思想能力，也無可揭發敵國傳統文化弱點，當然無可動搖敵國人民的信心。這種配合軍略的政治宣傳戰，直到一九三九年希特勒發動第二次世界大戰時，都沒有變更其古老的形態。試問德國納粹黨派到各國的第五縱隊，發生了什麼作用？納粹的宣傳是反共，而反共的方式，也是一黨專政，這如何能起哲學的創造與領導思想作用呢？根據歷史的敎訓，凡欲擊敗既成的力量，或更張傳統的文化，必先從思想戰下工夫。而指導思想戰是一富有創造性的哲學系統。在消極方面，它能擊中時代的緊要病狀；在積極方面，它能標擧新的社會藍圖。擊中了時代病態，就能贏得多數人的同情；標擧出新的社會藍圖，在未實行以前，無論如何遭受理論的批評，都甚難堵擊不滿現實而爲騖新者所憧憬。所以如此的哲學系統，不論其理論如何脆弱，其煽動性必强。基於這種哲學的思想戰，絕非配合軍略的政治宣傳可以比擬了。

無論我們如何反對馬克斯的唯物哲學，然我們不能不承認馬克斯的經濟史觀，在消極方面實擊中了時代的病態。所以有人說馬克斯對於社會病態的分析，頭頭是道，可算是個病理學家。

現在的蘇俄，自列寧以來，即根據馬克斯的哲學，訂出了實現這個哲學的計劃，在那裏千迂萬廻去執行。

在馬克斯的哲學系統內，說明了思想戰的武器，是勞工聯盟與潛在各國的共產黨組織。同時馬克斯更肯定資本主義國家爭奪市場，必引起帝國主義間的戰爭，而造成工人革命的有利環境。所以在馬克斯的腦海裏，武裝戰爭是帝國主義間必不可免的事件；而實現世界革命的共產黨式的戰爭，只是勞工聯盟受各國共產黨之指揮，在其國度內宣傳馬克斯哲學的工作，與罷工顚覆的搗亂行爲。明白這個道理，卽可理解所謂冷戰，纔是馬克斯主義所要的正式戰爭狀態；至武裝陣地作戰，並非馬克斯所願望的。

假使艾森豪總統明白共產黨實現世界革命戰爭的眞諦，則更不會在其新聞記者招待會中說出如下一段話：

假使一個國家宣佈與一强國有軍事聯合，若發生意外事件，或在邊境發生紛爭，則人必曰，理所當然，禍由自取。所以我們對於兩個潛伏而對峙的軍事力量之間的中立，不可解釋爲是非之間的中立。

照共產黨滲透冷戰的意義，根本無所謂邊境；同時與共產黨作戰的中心意義，就是爲人生觀的是非問題而戰。怎麼可以原諒對共產黨作戰的中立者，認爲是軍事對峙的中立，而不是是非之間的中立呢？艾森豪總統承認是非之間，不許有中立；而不了解對共產黨戰爭，無論是陣地的熱戰與思想的冷戰，都是解決哲學思想領導權誰屬的戰爭。假使戰爭的結果，共產集團勝利了，則艾森豪總統所信仰的西方傳統思想：個人爲目的，國家爲工具的洛克哲學，將被勞工階級至上，個人爲工具的馬克斯哲學所代替了。艾森豪總統至今尚不明白與共產黨作戰的眞諦，則戰爭的結果，就是民主集團勝利了，也將無法消滅共產主義。這點甚關重要，故我不惜反覆從對共產黨戰爭的本質，說明對共產黨戰爭，中立主義，就是對是非問題的中立，不可解釋爲對於兩個對峙的武裝力量之中立。艾森豪總統所以模糊了這兩個觀念，我想有兩個原因，同時存在於艾氏的腦海中，使艾氏對於現在的中立者，乃起了原諒的分別心。

一、發動第二次世界大戰的希特勒，就是想以納粹主義統一世界的；而民主國家也是標榜民主自由主義對抗德國的。蘇俄加入了戰爭，更是以共產主義對抗納粹主義的。希特勒也曾密佈了納粹的第五縱隊，從事敵後方的活動，宣傳民主自由主義，已成陳腐，應付未來的人類政治需要，只有納粹主義。所以從任何角度看，不能不說第二次世界大戰，思想戰乃居了主要成份。然摧毀納粹窠巢的還是飛機大礮。艾氏是當時盟軍的統帥，自然印象甚深。所以對於軍事的聯合力量，看得甚重，體會不出思想的重要。在兩個武裝對峙以外的中立，從軍力的對比說，確是無助於我，亦無助於彼。所以艾氏說：他看不出中立者有害於美國的道理。這說明了艾氏今日領導對共產黨備戰，還是重在陣地，而忽略了思想。既重在陣地，戰爭尚未開始，中立者只要是艾氏所謂「眞正中立者」，自然無損於兩造之任何一方。因此，艾氏解釋這種形態的中立，不是是非之間的中立，而是武裝對峙之間的中立了。

二、艾氏所以解釋現在自命中立者之立場，是兩個武裝對峙之間的中立，而不是是非之間的中立，主要着眼點必是射在尼赫魯身上。尼赫魯自掌握政權以來，在外交上聯絡共產國家，自命爲中立；在印度內部則反對共產黨，常常逮捕共產黨至數千人之多。尼赫魯這種兩面作法，使艾氏相信尼赫魯是反共的人，在思想的是非觀念上，尼赫魯是與西方接近的。不過因爲地緣的形勢，逼使尼赫魯對武裝對立的兩造，不得不暫取中立。這種理由，尼赫魯可能當面向艾森豪總統解釋過。猶憶一九四九年十月，我自臺以事赴港，適逢駐在南京的五大使自共區撤退至港。印度大使潘尼加在印駐港領事宅內招待我們。我當時問潘氏說：「報載印度要承認中共政權，有所聞否？」潘氏答云：「現在尚未承認，將來會承認的。」我卽向潘氏表示印度無承認之理由說：「英國在中國有十一億鎊的投資，它承認中共政權尙有說法；印度無此關係，何必急於承認呢？」我又說：「報載印度最近逮捕了三千個共產黨徒，確否？」潘氏當卽證明有此舉。我再向潘氏進逼說：「共產黨徒雖有蘇俄、印度、中國面孔之異，然皆受命於莫斯科，並無國別。印度將無法對內則逮捕共產黨，對外則又與共產黨國家携手呀。」潘氏答云：「這些理由，我們全然知曉。我們所以要承認中共政權的理由，你翻閱地圖，就可以明白了。」此卽以地緣形勢，爲承認中共的理由的說法。所以我相信地緣形勢，使印度採取中立的理由，尼赫魯必曾以此取得艾森豪的信任與諒解。所以引得艾氏腦海中有中立主義的形態之別；而認爲印度的中立，乃對軍事聯盟的中立，並非對於政治理念之是與非的中立。

共產主義的世界革命論，是馬克斯所創立。馬克斯創立世界革命的主張，不僅僅發生於傳統的經濟制度，而是馬氏對於傳統的文化，曾作大量的觀察與比較，認定其所創說的共產主義，不能見容於任何形態的傳統文化。所以馬氏在理論的說明中，必以世界革命的破壞，領先於世界共產主義的建立。

世界文化發展到現在，可大別爲中國文化形態，印度文化形態，與西方文化形態。中、印兩文化形態有其共同之點，卽趨向於精神世界的發展，而忽略了物質生活條件。精神生活，只是少數人所可攀援的境界，而物質生活條件的貧乏，則爲大多數人所身受。西方文化雖重於物質文明的發展，而緣於個人主義所演成的生產關係，形成了分配不均的社會病態。少數人蒙福，多數人嗟怨。

精神傾向與個人主義，二者均有阻遏共產主義的力量；但是三種文化的經濟方面：一則病在物質貧乏；一則病在分配不均，全爲馬克斯所窺破。所以他的哲學，歸根結蒂，祇是爲大衆解決生活問題。儘管他所設計的經濟藍圖，從蘇俄共產主義建設的經驗看來，所付的血價太高，並未能領導人民到各取所需的樂園；然馬氏哲學所要解決的經濟問題，確係三種文化共同的病態，而爲億萬人所迫切求決的問題。所以有共甚大的誘惑與煽動力。除非現在人類所遭遇的經濟問題，得到圓滿解決，它將繼續有共誘惑與煽動力量。馬克斯識透了世界的病態在經濟一面，他即從經濟方面擬訂了否定傳統文化的武器，即爲勞工階級聯盟與各國共產黨組織。可是史達林執政太久，一切皆以共個人神化爲中心，使各國的共產黨卑微到在民族文化浪潮前，無法向國人抬頭。因此失去了領導工人運動的信用。將馬克斯所設計的世界革命武器，喪失殆盡。反而使號稱共產祖國的蘇俄，剝削其所要褓養的勞工階級，與其所要革命的帝國主義，作原子的軍備競爭。從馬克斯的世界革命理論說，可謂完全破產了。

現在俄酋赫魯雪夫鑑於史達林個人的神化，遲緩了共產世界革命的里程，已暗使意大利、法、英、美各國共產黨，紛紛宣佈獨立，恢復他們可以與國人相見的資格。英、美始終夢想狄托主義，現在赫魯雪夫則放出了甚多的狄托，各以獨立的身份，在各國活動。我可以預言，將來東方各國共產黨，也都必相繼宣佈獨立。毛澤東變成東方狄托的形式，爲時當不在遠。然就政治理念說，狄托的共產主義與赫魯雪夫的共產主義，有何差別？列寧會讀一本書名爲「火星」(Spark)。這些狄托，都將是世界革命的火星，向着傳統文化的病態燃燒？火星到處燃燒，中立主義可以防範嗎？火星所燃燒的是文化病態，與希特勒最後一塊土地的要求，意義完全兩樣。所以不能以對納粹思想戰的印象，以想像對共產黨的思想戰。火星燒遍了的社會，確可不戰而屈人之國。這與過去配合攻城略地的政治攻心形態，完全兩樣。

對共產黨的思想戰爭，我們須先接受馬克斯從經濟方面的挑釁，醫治我們文化的病態。受醫治的地區愈廣，則易受共產黨滲透的地區愈少。艾森豪總統會經說過：「保持自由與恢復已失的自由，所付的血價，相差甚鉅。」從這一點說，對付共產黨，不容許有中立國家。

我們雖然承認三個文化傳統，都有其病態，而願接受馬克斯在經濟方面的挑釁；但是馬克斯以經濟條件，決定人生一切問題，而否定中、印兩國文化的精神價值，與西方文化的個人自由主義，則是我們所應堅決反對的。尼赫魯承當印度文化的傳統，曾受西方自由主義文化的洗禮，對於這種理念的是非之爭，能許其模棱兩可嗎？所以尼赫魯的現實中立主義，應在不可原諒之列。

六月八日，華盛頓美聯社電訊報導：已經投入西方的波蘭共產黨官比亞勒爾(Seweryn Bialer)在美國參議院內政安全委員會作證，引用赫魯雪夫於一九五五年四月對波蘭共產黨中央委員會的講詞：「我們必須明白，所謂共存不是永久的。我們中間必有一造走入坟墓。我們不願走入坟墓。美國人與西方人也不願走入坟墓。我們必須推他們走入坟墓。」六月十八日，莫斯科美聯社電訊報導：赫魯雪夫與英國駐俄大使哈特爾(Sir William Hayter)交談說：「人類已趨向共產主義了，你雖不是共產黨員，你的孫子可以成爲共產黨員。」從上引赫氏兩段話裏，顯明赫魯雪夫不但未放棄世界革命；並且對於世界革命必然成功的信念，絲毫不在共產黨始祖馬克斯之下。現在再將赫氏的話，從字句上加以分析。「我們中間必有一造走入坟墓」一語。照赫氏的語氣，這一個「我們」應指東西兩方全人類而言。「我們不願走入坟墓」。這一個「我們」應指全體共產黨而言。「美國人與西方人」應指全體非共產黨而言。在這個分析中，我看不出中立者安在？照赫氏的意思，中立者恐亦將隨美國人及西方人之後，被共產黨推到坟墓裏去了。假使你現在幸而未被推到坟墓裏去，你的孫子輩除非變成共產黨；就必被推到坟墓裏。換句話說，到那個時候，就是共產黨世界革命成功的時候了。不會再有共存的口號了。

馬克斯對於非共產黨的社會主義者，認爲是共產黨的第一號敵人。列寧也與馬克斯抱同一態度。他們的理論，認爲敵人容易對付，而近似的社會主義者最討厭。現在赫魯雪夫揚棄史達林，推舉出列寧來，應當討厭故意靠近的中立者。但是一方面既說與各國社會主義者組織聯合陣線；一方面又獎進中立主義者，抬高尼赫魯的身價以增加共號召中立者的力量，這其中必有個道理，我們不應輕忽放過。

美、英所領導的民主集團，從政治信仰觀點說，從極左的南斯拉夫到極右的西班牙，包羅極廣也極複雜。如何揉和民主主義者，共產主義者與法西斯主義者，成爲政略的一根線，邏輯上不可能；事實上更不可能。可是在戰略上，他們確因北大西洋公約的簽訂；土、希、南公約的簽訂；暨美國與西班牙的軍事協訂，結成了對蘇俄的包圍陣線。假使蘇俄若單從軍事上與他們鬬法，必壓逼這個包圍陣線愈結愈牢，顯非得計。

因此，蘇俄乃針對民主集團政治的矛盾處下手，更增加民主集團內部的矛盾性。赫魯雪夫在俄共二十屆代表大會中宣佈願與各國社會黨携手，與拜訪印、緬，實具同一目的，即從政治方面打進民主集團。印、緬皆英國的聯邦國家。牽住印、緬向共產黨集團靠近，在英聯邦會議中，即可增加對蘇俄集團政略攻勢一致之困難。英國的困難，間接即是美國的困難。同時因爲印度的中立態度，使美國政府的援外法案，在國會裏發生通過的困難，艾森豪總統現在已經感覺到了。假使美國現在若完全捨棄了印度，不但爲英聯其他國家所不許，且有逼使印度單靠共產集團之外交失敗的責任。這一複雜局面的造成，使美國遇到進退維谷的尷尬局面。艾森豪總統單從軍事衡量，認爲中立主義對美無害，當非熟籌全局之論。

印度、南斯拉夫、埃及三個國家，分別在亞、歐、非三洲倡導中立，引致民主集團與共產集團互相爭取中立國家，幻成了天之嬌子，誘惑了一些小國紛紛嚮往中立。最近錫蘭要求英國撤退軍事據點；冰島通知美國修改軍事協訂，這都是中立主義瀰漫的結果。蘇俄從政治上增加民主國家之困難，而收拆散民主國家軍事包圍之結果，誠所謂一舉兩得。

狄托今春訪問埃及，與納塞發表共同宣言，聲明兩國中立態度，已置土、希、南之軍事協訂於無用之地。狄托今日訪蘇，又與蘇俄言歸於好，美、英尚能信任南斯拉夫爲軍事包圍蘇俄之一環嗎？卽就軍事觀點看，中立主義爲害美國已深。何以艾森豪總統竟未籌慮及之？根據這些理由，蘇俄對於印度的中立主義，當然十分需要。所以對於印度在內部逮捕共產黨的措施，只有暫時容忍了。從北平經過加爾各達到倫敦，共產黨早經定有里程時間表。沒到時間，就是印度完全追隨西方國家，不採中立政策，蘇俄亦只有忍耐。雖中共政權於印度接壤，亦不會在邊境向印度尋釁的。土耳其與伊朗皆與蘇俄毗連，並未採取中立主義，亦未卽發生問題。所以艾森豪總統不但不應原諒印度的中立，更應勉强勸說印度改變中立的態度。

以上是在冷戰時期，從政治與軍事兩個角度，衡度中立主義之爲害。萬一由冷戰變爲熱戰，則中立國家對於共產集團，可能在軍事上給予兩種方便：一爲物資轉輸的方便。中立國家的資源，假中立之名，可以供給比隣的共產集團國家，固無問題；同時更可無形代爲間接購買物資於民主國家。第一次與第二次世界大戰，都有此類現象發生，防不勝防。二爲屛蔽毗連的共產國家之方便。民主國家無單獨强行假道的方便，使共產國家可以利用中立國家爲其暫時的屛蔽，以節省佈防的兵力。反過來看，倘中立國家在戰略上爲進攻民主國家的捷徑，則共產極權國家，可用閃電戰的方式，强行假道。比利時在一九一四年前，本爲國際條約所保證的中立國。一九一四年第一次大戰開始，法國對與比利時接壤地區，以爲有國際保證比利時之中立條約可恃，未曾佈防。乃專橫的德國政府，不顧國際條約的義務，挾雷霆萬鈞的兵力，攻入比利時，形成直驅法國京城巴黎之勢。幸比利時的民兵，對於德國銳不可當的攻勢，尚能抵抗一週，予法國霞飛上將以沿比法邊境佈防的機會，得以遏制德軍直驅巴黎。這段歷史的回憶，卽可說明在極權國家的戰略中，根本無所謂中立國，完全視其軍略的需要如何耳。

我在「埃及承認中共政權以後」一文裏（載在民主潮六卷十一期），推測世界三次大戰倘發生於中東，「蘇俄的戰略，必然一面衝出達達尼爾海峽，一面以雷霆萬鈞的力量，急趨印度洋，達成囊括中東、北非與印、緬之勢。於是以黑海爲其海運根據地，以連貫印度洋與地中海，則英、法與美國之勢分矣。」這種看法，雖係假設，然可能性甚大。在蘇俄未假道印度之前，在印度主權獨立與中立政策之口號下，當然拒絕美、英在印度境內佈防。一旦蘇俄假道之大兵壓境，則美、英雖欲在印度境內遏止蘇俄大軍之前進，亦必有緩不濟急之嘆！對其他中立國家，都可以此類推。

故單就戰略言，中立主義之存在，對民主國家固然有害；對中立國本身之安全，亦無保障之可言；祇有對共產集團有利。

推論至此，我願進一步分析中立主義的內容。中立主義至今並無具體的內容。其中心主張爲超然於兩集團之外，爭取世界和平。中立主義既無內容足資研究，則祇有考察倡導中立主義者的個人思想，以窺測其趨向。

尼赫魯爲中立主義的首創人，已爲世所公認。茲引尼氏對於蘇俄與民主國家之評價，以窺尼氏之旨趣。

「我不喜歡蘇俄許多作法——殘酷的壓迫反對的意見，全般的控制，用不必要的暴力以執行政策。但是資本主義世界的壓迫與暴力，亦不稍遜，我已愈益發現佔有社會財產的來源與基礎，卽是暴力。……饑餓的恐懼，所在逼使多數人屈服於少數人之前，政治自由的意義，實微不足道。……暴力在資本世界與共產世界，皆係司空見慣，但是暴力在資本主義秩序下是世襲的，至蘇俄的暴力，雖云不好，然目的在於新秩序的建設，乃基於和平合作與大衆的眞正自由。蘇俄雖然犯了許多鹵莽，但已克服了甚多艱鉅，邁步走向這個新的秩序。蘇俄已建起一個大的新世界，在我們眼前，而其餘的世界則陷於墮落，有些方面，正在退化。蘇俄追隨偉大的列寧，思忖過去之所以，以展望將來，其餘的國家，則死氣沉沉的受制於古制，費盡氣力以保持無用的陳跡。尤使我感動者，卽落伍的中亞細亞地區，在蘇俄治理下，已有巨大的進步了。兩相比較之餘，使我不能不欣羨蘇俄，蘇俄的呈現與例證，在黑暗與悲慘的世界裏，誠然是個光明與感人的現象。……雖然，我對於蘇俄許多事件，從本性上不喜歡，但我承認蘇俄却予世界一個大的希望。」（見Northrop所著「東西會合」四三三頁。）

從上引尼赫魯的話裏，我們可以看出尼氏對於蘇俄嚮往之情甚殷。只要蘇俄不用在尼氏認爲不必要的暴力，則蘇俄的政治措施，尼氏可以完全同意。是尼氏的政治思想，已與共產主義相接近。尼氏之所非，僅共產黨的暴力方法，而尼氏對於蘇俄共產制度，則認爲世界前途「是」之所繫。就尼氏之政治認識而論，絕非如艾森豪所云，中立於是非之外。

現在附和尼氏倡導中立的：尚有南斯拉夫的狄托，與埃及的納塞。狄托是道地的馬列信徒，我想無人可以懷疑，所以不必再作介紹與分析了。至於納塞的思想，現在尚無可探索的材料。不過納塞是個回教徒，生長於回教文化中。回教文化，確不同於共產主義。然回教文化無自由民主的成分，共產主義亦無自由民主的成分。這個基本的共同點，可能使納塞對於共產黨的暴力方法，很容易接受。共產黨的方法，是走向共產主義的必然過程。詳明的論據，已闡述於拙著「目的與方法」一文中，（民主潮第六卷第八、十兩期）讀者可以參閱。能接受共產黨方法，則很容易變成共產黨員。當然，我希望納塞不要變成共產黨員，可是他變的可能性，則大於懷疑共產黨方法的尼赫魯。我分析了中立集團幾個主要角色的個人思想，使我對中立集團更視爲危險可怕，絕不敢如艾森豪總統的等閒視之。

（下轉第19頁）

自由中國　第十五卷　第一期　銀行抄送存戶名單問題評議

銀行抄送存戶名單問題評議

戴濟民

年來，政府的行政措施，常常遭受人民反對，不能順利推行的，大都出於主管財政部門。其犖犖大者，如證券商管理辦法，存戶使用眞實姓名辦法，所得稅率規定，以及鬧得滿城風雨迄今尙未解決的抄送銀行存戶名單辦法等，無一沒有發生問題。除抄送存戶名單一項尙在未知之數外，其餘又無一能不修改而照政府原案實行了的。際此國家多難，舉國上下必須一心一德，精誠團結，努力合作的當前，何以政令常常不獲人民擁護，必須修改而後能行！甚或行之見害而再改。以致政府損失威信，人民飽嘗痛苦呢！究竟是人民不顧國家利益，故鬧蹩扭不與政府合作呢？還是政府措施本身有問題呢？這是值得我們研討的。

抄送存戶名單問題，是上述各項問題中鬧得最凶、爭得最久的一個。遠在任顯羣長財政廳時，即已發動。當時因各方不表贊同，以致胎死腹中，去年存戶使用眞實姓名辦法之頒佈，實即還魂之先兆。此次稅捐機構索取存戶名單，不過是死者復蘇，舊事重提而已。爲什麼多年來政府始終未能忘情，一再欲使其實現呢？今年爲何益更積極勢在必行呢？向來以服從政令著稱的金融業，又爲何要誓死反對呢？這些都是我們先要探究的。

據金融業的說法，是爲要對存戶盡保守秘密的責任和怕存欵退出銀行，業務不易維持。其反對是出於萬不得已的瀕死掙扎。據政府的說法，是要維護新所得稅制，增加稅收，實現負擔公平原則。雙方的說法都各有道理。問題之所以不易解決，其原因當在此。我們無意指責或偏視任何一方。不過由客觀的情勢看來，我們認爲金融業的顧慮，將是一個必然發生的實際問題。由近來各行庫存欵因當局事在必行之宜示，逐漸減少，可以推斷。而政府的主張，則是個不易實現的理想。且將遺害社會，動搖國本。實在不敢苟同。

先就實現負擔公平原則來說人民資產豐厚，收入多者，固應加重其負擔。但是我們要知道獲得銀行存欵利息收入的人，並非全是資財雄厚負擔力強的人。由現在銀行存欵實際情形看來，存戶以存息極微（日息〇、一一五）的甲種活期爲最多，大都是工商行號，也就是抄送存戶名單辦法之主要對象。其往來目的，不在存欵而在用欵。常常利用銀行以放欵增加存欵辦法，多借少存，陸續週轉。故其帳面上之存欵，往往以透支或質押等方式向銀行借貸而來。名爲資產，實係負債。其收入利息，遠不及支出利息之大。對於此種並無眞正負擔能力的人，加重賦課，豈所謂之公平。若以爲既有所得，應即歸戶，依法課徵。試問許多不存銀行的「地下融資」之優厚所得，是否亦能令其歸戶，依法徵稅。如若不能而祇就奉公守法之銀行存戶加重課徵，又焉能謂之公平。

其次就實行所得稅制，增加稅收來說。利息所得，依法固應歸戶。但缺此一項，即謂所得稅法無從實行，則未免失之誇大。查銀行存欵利息收入，僅爲構成綜合所得之一項目。此外尙有租賃所得等多項。即使除去銀行存欵利息收入，亦可就其他各項計算辦理。雖與稅法稍有出入，尙不至於根本無法實施。日本稅法，存欵利息所得，亦爲構成綜合所得之一，抄送存戶名單雖經規定，迄今尙未實行，而所得稅法之實施，並未因之停頓。足見存欵利息之不歸戶，並不動搖所得稅制之基礎，而使其絕對無法實行。若以爲執行者未便擅自變更，則儘可呈請修改稅法，或另求補救之道。又何必拘泥固執、刻板不變呢。至謂存欵利息所得，如不歸戶，勢必減少稅收。試問如果存欵因存戶名單之抄送而退出銀行，現有之利息所得稅必將無從收取，那麼又將以何歸戶而增加稅收呢。固然，存欵退出銀行之說在當局看來是杞人憂天，但是我們要請問當局，究竟有何把握可以保證存戶不會提欵。難道提欵犯法嗎？人民沒有不向銀行存欵的自由嗎？當局以爲廠商借入資金均須登帳，並須塡報借出人住址姓名，因此銀行存欵不會減少。有資產者之身份如果絕對無可隱藏，當局的看法自然萬分正確，無可厚非。

但是如果借貸雙方串通隱匿，（報上已有借出人願意減低利息以不申報其姓名爲交換條件之記載）請問當局有無澈底防止之法。能否把握出資人之住址姓名毫無虛僞。如萬不能，則當局的想法未免太天眞了。我們不知當局對於萬一存欵退出銀行，將會發生若何後果有否切實考慮過。我們總覺得當局的看法太過樂觀，所訂辦法未能顧到民族習慣，社會實情。抄送存戶名單，如果實行，後果實在嚴重。茲願申其說。

1.銀行存欵勢必減少：國人不願暴露其財產是一般的習慣。有許多存戶願存欵於銀行，並非爲利息而是爲安全。因銀行代守秘密，不會暴露其身份。如果存欵者必須顯露其身份，則因保障已失，即不願存欵於銀行。前年日本銀行因抄送存戶名單，存欵大減不得不停止抄送。抗戰時我國曾要求美國銀行抄送中國人存欵數額而被拒絕。可見存戶不願顯露身份，銀行必須爲其保密，固然，政府對保守存戶秘密，已訂定辦法，嚴令徵收機關遵辦。但是存戶因此就可放心嗎？我們要知道存戶所感覺的不安全，並非不包含徵收機關在內。誠恐其財產一旦當局所知，意外負擔，勢將難免。這並非對現在政府不信任，而是多年經驗使然。雖然當局一再申明祇抄送存戶利息，不及存本，存欵總額，不致暴露。可是每戶存欵總額之大概，並不是不能由其所得利息推知的。何況當局令飭銀行抄送存戶名單淸單項目中，明明有存欵金額一項。政府的規定與所言矛盾若此，我們能責備懷疑政府的人民嗎？

以上係就安全感而言。茲再由家族經濟制度來看。中國的家族經濟制度，是全家共有。因此往往發生存「私房」（即私藏財產）之事。其私存目的，並不一定爲自己，往往是爲使子女勤奮刻苦，在相當期間，不願使其子女知悉其財產以免其有所恃而不求上進。亦有主婦因丈夫遊蕩而存私，以圖保障其家族之生活者。理由衆多，情形不一，然均不願公開暴露。否則必會引起家庭不幸。日前南部某銀行分行一女性存戶，曾至銀行要求勿將其姓名抄送。因其爲妻子私存丈夫並不知道。如果公開，寧願自殺。由此亦可窺見存戶不願暴露身份的又一原因。我們相信存戶名單之抄送，可能造成若干家庭悲劇，不僅銀行存欵減少也。

（下轉第28頁）

語文的功用

——語文的情感意義與「精神文明」

劉世超

一

使用語言文字確是人類一大特色，因此有人曾願意把「使用語文的動物」當作「人」字的定義。但這個定義有其缺點，因爲光說使用語文並不足以把人與其他種類的動物斷然分開。貓狗甚至螞蟻亦有他們傳達消息和情感的方法。他們所用記號或爲聲音或爲姿勢，雖不免失之簡陋，但他們的同伴常能了解無誤，其功用與人的語言文字多少相同，我們怎能說他們是沒有語言文字的呢？然而藉語文之使用來講明人類的特徵，亦有其甚大之優點，因爲人類之使用語言文字已達其最高效用，這些效用已在人類方面產生許多結果，使得人不再容易與其他動物相混。因此我以爲把上述定義修改一下說：人是使用語言文字達到最高程度的動物。那就比較妥當了。

人類利用語言文字程度之高，我們不難從它的複雜和細緻，及其傳達效能之强大，看出人類在這方面已遠超出其他的動物。人類由於發揮語文之高度效用而產生的結果是他今天輝煌燦爛的文明。人與許多高等動物，特別是猿猴類，除了形貌之外並沒有多少可以截然劃分的區別。人和猿猴都能站起來走路，都有靈巧的手。如果要比較人與猿猴天生的智慧，那還不易選定一個有利於人類的比較標準，然而我們不致錯把猿猴當作毛髮過多的人。那是因爲這兩種動物有着天淵之別的文明。

語言文字的功能是多方面的，人可以用它傳達消息。我一個人所知道的事可以告訴全世界的人知道，全世界人知道的事又可以告我一個人知道。通過文字的紀載，我又可借用祖先的耳目去觀察和聽聞久已過去的事。於是我雖爲渺小的個人，而我已能免去時空的若干限制，把古往今來的知識集於一身。這些材料就是我行使歸納法的廣大基礎，也就是我作判斷的基礎。因此我們又有不斷增長科學知識的機會。這實在是一個見聞只限於親身經歷的猿猴所望塵莫及的。然而把語文作爲傳達知識的工具看待，已經有許多人作過絕妙的討論。語文何以能傳達消息，語文傳達消息的限度，以及如何把語文用得精確不致使人發生誤解，這些已被語言學家，邏輯學家，語意學家以及科學家們說得太多了。我在此不欲多贅。我所想討論的是語文對文明有重要影響的另一些功能。我以爲這一些功能與我們日常生活有最直接的影響，而到目前還沒有得到充份的討論。

二

我所要討論的，主要就是語文對人情感上的影響。當我們平常聽到一句話時，我們不僅由此知道了一件事實，而且常因此在情感上發生一種波動或在生理上引起一些變化。這因爲有許多事物如果由我們親身經歷確可以在我們身體上產生相當刺激，於是由於聯想作用，那些表示事物的字句也能對我們產生類似的刺激，不過其強度有時較輕而已。但是有時一些語文的堆積全然沒有任何認知的意義，換句話說它們沒有傳達任何消息給我們，然而它們仍能對我們產生心理或生理上的影響。譬如我只把孤零零的「上帝」兩字說出來。這在文法上已不是完全語句。自然不會傳達任何知識給人。別人不會知道我要表示上帝好還是上帝壞，上帝存在還是不存在，以及其他任何斷述。然而一個虔誠的基督徒，如果他在我窗下走過，聽到我無意中沉吟出的「上帝」兩字，他心中會不禁發一種肅然起敬的感覺。類似地，如果說出「酸梅」兩字還可使他口中感到發酸甚至不禁流出口水來。這樣的例，我們平常都經驗得很多，不過很少人曾意識到這屬於語文功用之除了傳達知識以外的另一個更廣濶的領域。

這一類的功用產生了人與禽獸間差別最顯著的文明。我們覺得人之最足以與禽獸區別的地方是他具有特殊的情操，特殊的趣味以及特殊的行爲態度。缺了這些，我們會說，人是衣冠禽獸，坐汽車住洋房的禽獸，而在人培育這類情操趣味和態度的時候，語文實站在最重要的地位。爲了解釋這一點，我還得先繞點圈子。

一個人聽到「酸梅」兩字嘴裏就會發酸流口水，這個事實是我們了解的論匙。人聽到「酸梅」兩字嘴裏會流酸水，這表示這兩字的聲音或形狀不僅在人心理上生了根，並且已與人生理的機構連成一體。凡是能與人生理機構連屬起來的字就已能對人的情感有絕對的控制。我們人和動物一樣，感情之發並不是隨意的。我不能想高興就高興，想發怒就發怒。必是先有一種刺激，引動了身體內部腺素的變化，我才不能自制的高興或發起怒來。而且這種情感一旦發動，我又不能隨意遏止，除非借助另外的刺激在我身體內部產生抵消的變化。因此我們聽到「酸梅」兩字，雖然明知眼前沒有酸梅嘴裏也要發酸，聽到小孩子的咒罵，雖明知其無深遠意義却也不禁光起火來。一個在人心理上和生理上生了根的語言，其對人情感上的控制竟達到如此地步。自然一個字在人心理和生理上生根並不是一件容易辦到的事。這得靠長期的練習和感染。但是如果我們練習和感染的工夫够了，譬如人類用幾十年的時間來學習和使用一種語言就可以說練習與感染的工夫够了，則語言之附着在我們內心的牢固就像髮膚之生長在身體上一樣。這時我們就享有一種可作特殊利用的工具，此爲其他多數動物之所缺。

一般動物如要發生某一種情感，勢必每次親身經歷某一特殊事故。然而人要發生同樣的情感却不必每次去親身經歷那一特殊事故，因爲人具有足以刺激起同樣情感的代替品，那就是語文。語文既有這種特殊的方便，它就可以用來製造一些沒有語文之動物所不易得到的產品。最主要的，譬如我們可以隨意取些字來組合，並把它們用不同的次序或不同的時間先後來組合，這些字的集合就可以在人身上一下產生複合的情感。這類複合的情感常會是與它的組成份子完全不同的新奇感覺，正像佳厨用油鹽醬醋所組成的美味和人用黃藍兩色所混成的綠色一樣。然而一個沒有語文，每次必需受特定的實在事件之刺激才能引起情感波動的低等動物天然只有比較簡單的情感。因爲實際事件的組合要受物理定律和時間空間的限制，絕沒有文字的組合那樣容易方便。我們應注意這類文字組合所引起的複合情感也是實有的，並不能視作虛無飄渺的建構。因爲那些單個的字既已在人們心理上生理上生了根，它們所引起的情感有不可遏止的眞實，就像「酸梅」兩字要使人嘴裏發酸水不能自禁一樣。那麽一些單字的組合所引起的情感也可能有同樣的眞實。由於人類語文之複雜與效用之强，人類已經通過語文的運用而經驗過極爲複雜的奇特情感。在這些複合情感中有些是好的，我們或可稱之爲高貴的情感。也有些是壞的，我們或可稱之爲卑下的情感。因此許多最高貴與最卑下的情感都只爲具有完備語文的人類所特有。在這些好的地方以及壞的地方人與禽獸可能愈離愈遠。

三

我在下面將對語文組合所能產生的複合情感舉一些重要的例子。爲了簡單明白起見，我先以一個有簡單語言訓練的狗爲例。這是我朋友的一條狗。他有些奇才異能。他能聽從主人的命令做到一般狗最不易做到的事，他的主人曾當面爲我表演，主人把一塊牛肉乾放在桌上給他看，他自然很快跑攏去要吃它，但這時主人輕輕地說：「No」。他聽到這簡單英語後竟立時停止他的行動，只呆呆地望着那塊牛肉而不去下口。過了片刻主人又輕輕地說：「O.K」。他聽到這聲音才很安然地把肉吃下。主人重復地表演了幾次，我除了大笑而外，唯有讚嘆與佩服。但事後我對這現象發生了極大的好奇心。我們通常知道，狗見了肉就和見了命一樣，那有不一下把它搶過來吃掉呢。然而這條有訓練的狗在受了他主人一種聲音的刺激以後竟能克制如此强烈的慾望。我們不難想象這狗在他强烈食慾的發生與這强烈慾望的克制之間必定產生一種激蕩的情感，而且這個情感必會比一般狗所曾經驗過的情感複雜得多。因爲這個情感是由食慾和「No」字所激起的情感湊合而造成的，而一般的狗並沒有學到一個具有這樣特別意義的「No」字。據我的分析，這個由主人口中發出的「No」字，其所激起的情感就已經是一種複合情感。構成此一複合情感的份子至少有主人的權威、恩惠，這狗受過恐嚇，挨過的打，以及其他種種因素。一般狗對這些因素並非沒有個別經驗過。他們甚至會把其中少數兩三個因素同時經驗過。但是他們要想同時嚐到一組與「No」字相關的因素，却是機會極少，因爲由於自然律的限制，這一組因素很難同時出現在一條狗的面前。我們也許可以想象，一條狗可以靠他的記憶把這許多因素同時記憶起來。誠然，記憶是發展語文之能力，但記憶不並能替代語文的一切功用。一個動物之記起一件事並非是憑空的，而是需要相當的刺激。特別當許多並不太契合的事（如挨打與恩惠等）湊在一起硬要他同時記憶時，尤需要一種刺激。然而最足以引起他記憶的，還是對他已有了意義的一些記號（也就是廣義的語文）。因此，唯有在長期訓練中已經在心理與生理上把不同記號與這些因素分別連屬起來的特殊的狗，能够靠了這些記號的組合而經驗到這些因素湊在一起所造成的複合情感。如果當這樣的狗每次經驗到這種複合情感時，亦同時聽到「No」字的聲音，則次數多了，由於條件反射的作用，光是「No」字的聲音就足以激起他同樣的情感。因此，我提到的那條有訓練的狗，當他見到牛肉又聽到主人發出「No」的字時是會感到一種特殊複雜的情感。他既具有這樣特殊的情感，他在態度上表現出來亦自與其他的狗不同，那就是斯斯文文地望着那塊牛肉不動，期待地但不貪婪地等待着。至於別的狗，如果見到了肉，他們或不顧主人的叫喊而貪心地把肉搶去吃掉，亦或者由於惹怒主人而吃到主人的一棒，然後惡狠狠地逃去。那條有訓練的狗是比其他的狗文明多了，因爲我們可以說他比其他的狗有較高的情操。

我現在欲將這狗的例加以引申，進而談到關於人的情操的問題。這是語文對人類特殊貢獻的一個極好例證。我們許多人都曾經驗過羞恥心，犯罪感、責任感、榮譽感這一類的情感，而且這類情感附着到某些特定的事上時，我們就會對這些事表現特殊的行爲態度。這就是我們平常所謂的情操。我在拙著「心理戰與客觀道德」一文中曾對犯罪感與羞恥心的例加以討論。我以爲犯罪感，羞恥心這類情感都只是人心理上一種特殊經驗，應該與被認爲有罪的事與可恥的事分開來加以了解。譬如我們知道：有些民族的人如果把自己父母的屍體拋在荒郊野外被禽獸吃掉，他們心裏就覺得很有罪過；但有些民族的人這樣做了並不感到有罪，反之他們不這樣做倒覺得有罪，心裏感到不安。我們可以看出這兩個民族所認爲有罪的事是極不相同，但他們之具有犯罪感的經驗確完全一樣。這例子告訴我們，犯罪感，羞恥心一類的東西是可以當作一種心理現象來單獨研究的。

我們現在要問犯罪感，羞恥心這類情感是怎樣產生的。我的回答是：犯罪感與羞恥心這類情感是與我在前文提到的那條狗所曾經驗過的由「No」字刺激的情感非常類似。他們都是複合情感，因此都不是生而有之的而是後天培養的。而且他們的養成都要靠有意義的記號的幫助。事實上，前文所說那個「No」字在狗身上所引起的情感已經與人的犯罪感，羞恥心極爲接近。羅素先生在他那本「道德與政治」的書中卽指出犯罪感的養成包括權威，恩惠與恐懼。不過我以爲犯罪感，羞恥心一類情感比「No」字在狗身上所引起的情感還要複雜，因此他們的形成，更需要語文記號的幫助。究竟犯罪感，羞恥心這類複合情感是由那些成份組成的？是否一條狗把他與「No」字相聯的情感再加以複雜化就能經驗到與人犯罪感與羞恥心完全一樣的情感。又是否每一個人都能獲得犯罪感與羞恥心的經驗？回答這樣的問題純屬一門經驗科學的研究。我因爲缺少相關的資料所以無法作確定的答覆。但我相信，每一個人都能感受構成犯罪感，羞恥心的那些個別的情感。只要他有機會把所有這些構成因素集合在一起，他就能嚐到犯罪感和羞恥心的滋味了。事實上，我們在社會中見到有些人是有强烈犯罪感與羞恥心的，但有些人却全然寡廉鮮恥，不知有罪與羞恥爲何物。這種區別主要出於他們不同的機遇與教育。教育（就廣義來講）可以幫助人培養犯罪感，羞恥心這類情感。它所用的方法就是：先造一些機會使一些記號的意義能在受教者的心理與生理上生根——這就是學語文——這些記號中有些就是代表組成犯罪感與羞恥心的那些因素的。然後教育者再把代表構成犯罪感羞恥心之諸因素的記號常常集合在一起去刺激受教育的人，次數多了，受教育的人就會經驗到一種强烈的犯罪感和羞恥心。類似地人的責任感，榮譽感也是可以靠這樣的方法得到的。一旦人們獲得了犯罪感，羞恥心，責任心，榮譽感等情感的經驗，我們就可把這些情感拿去與不同的事連屬起來。利用條件反射的原理，使人一想到或見到這些事就不禁有犯罪感，羞恥心，責任心或榮譽感在心中油然而生。如果這些事是原來容易被忽略的，則從此就再不會被忽略。如果這些事是靠愼思熟慮的方法所不能克制的慾望，則從此它們會由人的習慣就能加以克制。又如果這些事是原來人們不大想做的，則人們以後會很高興去做並且覺得非做不可。人的這種敎養可以幫助社會成就許多善事，也可以幫助社會避免許多災害。因此教育家沒有不注意上述這些情感的造成與培養的。然而要造成這類的情感，語文乃是最主要的工具。我在本文所强調的這一點似乎值得教育家與爲人父母者參考。

四

在人類特有的複合情感中有些是美好的。人們由於曾有過這類情感的經驗，於是才覺得活着比不活好，覺得做人更强於做禽獸。我們常聽人說，他由於得到某種精神境界乃能喜不自勝，甚至進而感到生活樂趣之無窮。一種境界所給人引起的情感自然是複合的。因爲一種境界固然不是現實，但它得取材於現實它是人根據已往的一些經驗所作的想象：人把現實中某些因素去掉，或把現實中原不相連的幾種因素拉到一起加以組合就構成與現實不同的精神境界。因此境界所引起的情感是複合的，同時也是光禿禿的自然所不能引起的。舉一個簡單的例來說罷。現實的世界是我們與禽獸所共同的。它出太陽，下雨，生產五穀以及呈現其他種種現象，對於人及禽獸皆殊無二致。但對人類中的某些份子來說，世界除了這些自然現象而外它還有個目的。而一個有目的的世界恐怕就是禽獸所沒有的精神境界了。也許有人會說一個世界有沒有目的是可以證明的。然而我首先指出，目的這兩字的確切意義是什麼就是很難回答的問題。我們知道對一個有慾望的人來說，有些事是他直接希望的，有些不是他直接希望的，然而藉此却能達到他希望的事。我們可以說那些本身不直接爲人所希望做的事只是手段，而藉手段所能達到的爲人直接希望的事是目的。照目的兩字這樣的用法來說一物有沒有目的，那實在是一個有感覺有慾望的動物的某種行動的謂詞。而且這種用法也許正是目的兩字最原始最正確的用法。但是當我們說世界有目的時，我們是把『有目的』三字作了一個無感覺無希望的自然物的謂詞。這種引申的用法是否有意義呢？我的回答是這樣：如果我們一定要維持目的兩字日常的意義則我們說世界有目的，那是沒有認知意義的。這句話既無所謂眞亦無所謂假，當然更無從證明。其無意義猶如我們用快樂來作三角形的謂詞一樣。但如果我們把目的兩字的意義略加修改，使其用處伸張，內容減少，則「世界有目的」這句話是可以成爲有認知意義，可驗證眞假的。然而如果目的兩字的意義作這樣的修改又似乎非那些說世界有目的之擬人主義（Anthropormorphism）的哲學家的本意。因爲照修改的意義來講，「世界有目的」就無異於說世界是有規則有固定途徑的，它給人的感覺就毫無味道了。處於這樣兩難的困境中，我以爲有一個較好的解決辦法，就是我們仍維持目的兩字日常正當的用法以符合擬人派哲學家們的原意。但另一方面我們却把「世界有目的」這串語文的堆集不當作有認知意義的語句，我只合法的把它看作一個人造的精神境界。由於這境界是把「目的」兩字與世界連起來造成的，它使人們把日常生活中對有目的之活動的那份情感也投射到世界上去，於是人們得到一種特殊的，爲禽獸所沒有的複合情感。因此人這時感到的世界也自與禽獸不同。又如我在前文所講的，這種複合情感也是很實在的。而且如果人們再能把「信」的感覺與這種境界連屬起來，人們還能很堅定有力地生活在這人造的境界裏。（十七世紀以前的西方人多能辦到）關於這一點我想另作一文再加詳論。卽使這種境界不能與「信」的感覺相連屬，它至少可以使人暫時逃開現實，對這境界作片刻的陶醉。人類大部份藝術品其功用似乎只限於後一種情形。

能產生美好之複合情感的事件在現實中是稀有的，大部份甚至在現實中是不可能的。這類情感的產生全賴精於記號之使用的藝術家。藝術家把一些有意義的記號用特殊方式組合起來，用以刺激他們自己和一般大衆。例如，他們可以把古代拉來與現在相連，使人在現實環境中還能感到古色古香的味道。他們可以把簡單的景色與某些人的佳言韻事相連，使人對這景色產生一種原來沒有的意境。

他們可以把簡單的喜怒哀樂的情感湊起來構成使人不克自勝的美妙情感。用記號的組合來製造一些禽獸所無的美妙情感也實在是一門艱深的學問。這裏面包括許多疑難問題，譬如我們可以問：有那些因素組合起來可以變成一種全新的感覺，又有那些因素組合起來却像冰炭般的不相容？我們又可以問：在那些能組合成功的特別情感中有那些是美好的，又有那些是令人厭惡的？關於這些問題的回答，實在需要很多實在的學問和經驗。我自認是絲毫不能回答的，這得去請教那些成功的心理學家和藝術家，正如我們想知道酸甜苦辣怎樣組合才能變成美味時，得去請教有經驗的廚師一樣。我在此只是想顯露當人創造一種現實所不能供給的境界用以引起人美好感覺時，語文記號所佔的重要地位。

誠然，人常常不是靠實在的聲音或筆劃來產生一種境界，來引起一種特殊的複合情感。他只是靠心中的默想。然而所謂默想還不過是把對人們已有意義的記號按着時間的次序在心中加以搬演而已。這些記號大部份就是人們通用的語言，因此有些人說我們思想就是用字來思想。這話實在含極大份量的眞理。現在我欲把對我們有意義的記號加以區別。其中一類就是通用的語文，內中包括象形象聲的語言。這一類記號的功用不僅引起一定的感情，而且代表一定的事物。另一類記號其功用只有引起情感而不代表事物譬如用篤、來、米、法、所、拉、梯等音調或紅、黃、藍、白、黑等色調所組成的細小單位卽屬於這類記號。這類記號既不代表什麼事物，把他們組合起來亦不能表示任何知識，我們說它們缺少認知的意義 (Cognitive meaning)。然而這類記號在人類傳統中已經變得與固定的情感相連，有怎樣的記號出現就能引怎樣的情感。因此我們不能說它們全無意義。我們只能說它們的意義不是認知意義而是情感意義 (Emotive meaning)。我們把這類記號組合起來照樣可以產生奇特的情調與境界，引起人特殊的複合情感，其功用與詩人把文字好像亂七八糟堆在一起使人發特異感覺的功用完全一樣。當人作默想時是把上述兩類中一切記號混合起來使用。因此由人默想而產生的情感要比單獨靠文字或單獨靠色彩或聲調所能產生的情感更複雜更奇妙。能與人默想的能力相彷彿的也許只有今天流行的五彩有聲電影。因爲它和人的默想一樣，也是同時使用上述兩類記號中的一切記號。五彩有聲電影的產生是人類在製造情感和感染情感方面一個革命性的進步。握有這個工具，人類一般的水準也許和禽獸的距離會變得愈來愈遠了。然而這工具能否產生上述的預期效果，或者這效果是正號還是負號呢？這端賴社會中有沒有偉大的匠人謹愼的去使用它。

在此似乎還有一件事值得一提，就是一個人所使用的記號只有一部份是公的而另一部份只是他私人所有。這是因爲人與人的內部組織和感受能力究竟尙有不同。一個人所感受到的經驗，另一個人却可以因爲器官的缺陷而不能感受或只能有糢糊的印象，於是那種經驗只能在前一個人心中發展出一種代表性的記號，而在後一個人心中就不能辦到，於是前一個人就享有一種爲後一個人所不能懂得的語言。例如，明眼人有他不能傳達給瞎子的語言，從集體講，人類與禽獸間只能有一部份語言可以交通，而另一部份則只爲人類所私有。然而人類自身中亦有極少數一部份人，由於他們組織之精細和感受的敏銳已發展出一些爲其他大多數人所不能懂的語言。他們夾雜着這類私有語言去想象和構思，常能達到常人所不能體會的境界，因爲這是靠公用語言所不能傳達的。他們由於所達到的特別境界常表現出極端痛苦和快樂而爲旁人所不解。於是旁人會用一些容易使人困惑或走入岐途的道理去解釋它。因此我在此據語文之功能對這種珍奇現象所作的解釋也許不是毫無價值的。

五

現在還剩下一個方面沒有討論，就是語文所引起情感的强度。我在本文的前面曾說，語文可以代表實在的事件，一件事能引起一種情感，一個記號也同樣可以引起那種情感，不過在程度上較差而已。這話實在還需加以修正。在甚多的情形，語文由於它所具的特殊方便，可以產生與實在事件所引起的强度相等的情感，甚至還可以過之。我們以罵人爲例就可以見出語文的力量。我們嘗聽說一個人可以把另一個人罵死。當一個人把另一個人可氣，可痛以及可羞辱的事一一呈現在他面前時，他可能經不起這陣排炮的轟擊，心裏一時擠住排遣不開，因而情感爆發不可遏止，以至吐鮮血而亡。在此我無妨把罵人的原理略加解釋，庶之乎我們對語文特殊的功能得到多一方面的例證。假設一個人在某一文化環境中已經把可恥的感覺或有罪的感覺與不愛國的行動連在一起。於是「不愛國是可恥」這句話就對這人有一很實在的意義。換言之，這句話有引起他眞情感的功效。譬如當這人作了一件不愛國的行爲時，我們又提醒他不愛國是可恥的，他就會實實在在感到可恥。我們可以說能使人發生可恥感覺的力量可分兩種不同的因素：一種是他所處的文化環境，另一種就是他做出的爲這文化環境所不允許的行爲。然而一個文化環境雖可能埋藏在人的潛意識界裏，但它並不經常活現在人的意識界裏。代表這文化環境的文字能常把它帶到人的意識界裏來。譬如我們說『不愛國是可恥的』，這就可以使人憶起他所處文化環境的一個方面。固然代表文化環境的文字並沒有文化環境自身直接給與人的影響那樣深遠，但它們比文化環境留在人潛意識中糢糊的影子又要直接有力得多。同樣，一個人所作過的事也不是經常活現在他心中，而文字的刺激却能使他所做過的事在他心中重復出現。在通常的情形中，足以使人發出可恥感覺的這兩種因素並不同時在人心中出現，因此人也並不時時感到可恥，也許這兩種因素之不易在人的意識裏同時出現是因爲人的內部組織中有一種天賦自動的衞生機能，足以防止這兩種因素的混合。因爲如果這兩種因素在人心中是容易隨時會合的，則也許有許多人無需別人去罵就老早羞恥至死了。然而罵人的人是不留情的，他可以用文字把文化環境從對方的潛意識界裏挖出來，活生生的呈現在對方面前，也可以同時用文字使對方把他自己所做的錯事憶記。罵人者所用文字既然已在對方生理上生了根，那麼他在對方心中所產生的氣憤與羞辱是不可遏止的眞實。如果罵人者把對方的錯事一連串地擧出，則對方因而引起的羞憤更是不可忍受。這種情感之强度常大於人在平常生活中所發生的。與罵人原理相類的還有讚譽、歌頌等。讚譽歌頌使人得到的高興亦常比平常生活中所經驗過的高興還要厲害得多。因此我說罵人，讚譽和歌頌等實在是人用文字搞出來的藝術品，其中含有人的創造，絕非完全對自然的摹擬。

六

現在我把語文對人類的貢獻算個總賬。語文(包括一切對人有意義的記號)可以幫助人經驗一些特殊複合的情感，由之爲人培養出一些特殊的情操，特殊的趣味，這又可以把人的行爲納入一些特定的軌道。語文又可以被人用來想象一些現實所無的境界。在另一方面，語文是很有力量的，它可以使人經驗强烈無比的情感；它可以使人堅定有力的生活在一個境界中；它可以掘發人無窮精力。(威廉詹姆斯在他的「人之精力」一文中對後一點曾有詳細的討論。)以上數事互相糾結構成人類文明生活巨構中的主要部份。我們不得不承認語文是人類特有奇蹟。它的功效是太偉大了。但我現在也要指出語文功用是有其限制的：第一，當語文用來產生境界或培養情操時，這些語文的出現總不能與當時當地人所假定的知識牴觸。凡是看過「金字塔」這個電影的一定會親切感到古埃及人所生活於其中的那種境界的奇怪。然而那種境界究竟與當時人所假定的知識相合，因爲如果一種境界不與當時當地人所假定的知識相合，這境界就不能使人對之發生信的感覺，也就不能成爲那些人眞實生活世界的一部份。同樣，一種情操如不與當時當地人所假定的知識相合，它亦不能成爲人們眞實情感的一部份。我可以說：人類的精神文明是以人所假定的知識爲基底而造成的一個『上層建構』。如果我們說一個文明有錯，那就要歸咎人們所假定的知識有錯。因此人類最要緊的事是追求眞知。第二，語文還要受一個限制是：由字句所產生的各種不同情感，由於某些心理定律，其自身之間亦有些固定的關係：譬如有些情感是彼此相容的甚至還能互爲因果，有些情感則是不相容的，譬如有了其中一個則另一個就不能存在。擧例言之，如果在一個社會中對女人健康已形成了輕視的觀念，則在這社會中我們把女人的小脚與「美」字連在一起說，一般人的耳朵是聽得進去的。但如果在一個重視女人健康的社會中我們亦同樣把女人的小脚與「美」字連在一起說，聽的人就會感到刺耳和噁心。因爲在這社會中小脚已使人產生一種與「美」字不相容的情感。又假定一個社會已經習慣於把某些極端性的事物與「好」字連在一起，於是這個社會也容易把因這些極端性的事物而引起的殘暴與痛苦與好字放在一起，人們聽了並不以爲異(如今日之極國家就是這樣的社會) 反之在一個社會裏，如果人們所培養的情操和趣味是溫和的，而不是極端的，他們就不能容忍把任何殘暴與痛苦與「好」連在一起。總之，語言文字儘管造出不少奇蹟，但它仍要受一些限制。人不能意想天開地任意運用它。然而只要在這個限度之內，人們却可以盡量發揮其創造的天才。每個時代都有許多傑出的人來這樣運用語言文字。他們是每一個時代中最敏感的人，也可以說是最了解時代精神的人，他們知道用怎樣的字句，並且把這些字句怎樣排列就可以創造好的境界，爲人內心最深的要求，同時又最容易爲人眞實的接受。他們又知道怎樣使他們創造的境界與他們所培植的趣味、情操互相調協。使人生活在調協裏，而不是生活在精神分裂的狀態中。這個工程雖然是個上層建築，然而它也很眞實。如果這工程做得好，人就能堅定地快樂的生活於其中。這一點是人類足以自豪的地方。因此那些成功的文字工作者十分值得人敬佩。

然而做這樣的工作需要一支大軍。過去曾做這個工作的人，包括小說家、劇作家、詩人、散文家(Essaist)和哲學家。就中哲學家最注意這工作中各部份的調和，並且似乎心裏明白意識地對這整個工作有興趣有責任。他們好比一個總工程師。然而哲學家一詞足以引起人種種其他的聯想，哲學家似乎曾做過種種不同的事，有些哲學家是發人懷疑的，有些是批評科學的，有些甚至是持怪論以驚世，種種不一。我們仔細觀察，只有部份古時被稱爲哲學家的人，其所做的事是上述那個總工程師所做的事，但現在有許多人特別願意只把做這樣事的人才稱爲哲學家。因此我願意對哲學家一詞作個名詞上的商權。吾友易正平先生願意把做這樣事的人稱爲社會工程學家。我以爲這稱呼實較哲學家爲好，因爲他更能名實相符。第一，做這樣事的人需要與人的觀念，趣味，情操，境界等打交道，做這樣事的工具並不只是文字一種，那還需要人的非語言的行爲的幫助，如人工作結果，人爲制度等事項。這一點我在拙著心理戰與客觀道德一文中已詳細的說明。然而哲學家多半都只限於一些文字工作的朋友。因此做這樣工作的人我們與其稱爲哲學家還不如稱爲工程師來得切實。第二，做這樣的工作需要許多經驗的知識，擧凡心理的、政治的、社會的、經濟的、倫理道德的各種現象和原理都要知道，否則閉門造車絕不能得出好結果。一個把這麼多雜湊的知識拿來應用的人似乎是屬於工程師那種應用科學的人物。然而哲學家常只限於純理論的研討。基於這一點理由，我們也寧肯把那些人稱爲工程師而不稱爲哲學家。我願意把哲學家的名字保留給那些作純理論研究者。

到此爲止，我以爲已經概略地說明了語文在創造人類「精神文明」中所佔的重要地位，我可以作個譬喩。機器及其他工具爲人類發展物質文明的利器，而語文之於人類精神文明恰如機器之於物質文明。人類有了較完備的語文，精神文明的發展乃能一日千里，使人與禽獸的距離愈形遙遠。但語文與機器相同地，雖能爲人之助亦能爲人之累。機器的發展已使人類經濟生活處於一動一髮即牽全身的大結構中，細小的脫節即足引起巨大混亂，爲人帶來前所未有之災害。同樣語文的發展亦使人類精神生活的各部份成爲彼此緊密牽連的大機構，動輒一部有病即造成危機，以至釀成巨大災害。如在物質文明方面一樣，在精神文明方面亦需有些人事去照顧其發展。當危機到來之時(目前即爲一精神文明大危機到來之時)固需這些人去修理它，調整它，即在平時亦需這樣的人細心照顧，隨時作細小的調整適應以免危機之造成。做這樣工作的人，我們無論稱之爲哲學家、社會工程學家或其他的名詞，他們工作乃是極端的重要。因此我建議國人中應有一部份鼓勵其子弟來習這個行業。

萬隆航訊・五月卅一日

亞非學生會議之初貌

史信

這篇通訊寄來已久，因為上期為一中近東問題專號，以致延擱。現在亞非學生會議已經閉幕，關於該會所達成的協議，另一篇通訊「亞非學生會議公報全文」報導甚詳，但若要了解該會全貌，必須先看此文，故特登出。——編者——

繼亞非會議後，又一次的亞非學生會議已於今日(五月三十日)在萬隆召開了。廿九國之學生代表及觀衆計有二千人之多，在萬隆的華利亞戲院開幕。印尼總統蘇卡諾博士，特把演說的錄音片交印尼駐美大使館寄返印尼外交部。蘇氏的演詞中他特別强調：「……合作是必要的因素，而諒解則是合作的必要因素。亞非兩大洲的知識青年，在互相瞭解，尊重和合作的情況下，能夠消滅這世界上的許多罪惡。」他的演詞中心是在勸告亞非學生，勿尋覓離間你們的因素，要爭取你們的共同點，尋出你們對世界和平能作的貢獻。

印尼總理阿利博士的演詞是促出席亞非國家之學生代表加强一年前其國家領袖所建立之亞非新地位。他說：「當時各國領袖雖有歧見，但團結一致，希望在世界建立其新地位……余相信萬隆亞非會議之精神，將發揚光大。」

埃及代表團團長哈沙在大會中指出：若干國家仍受殖民地主義所束縛，但此種束縛，將於最近將來完全除去。他說完這句話，獲得全場之掌聲。

這一個會議，現在表面上說沒有政治色彩，其實每一個不同國家的學生，便代表了不同的政治意念。本來這個會議是要流產的，因爲菲列濱代表在籌備委員中强烈的反對共產學生通過了捷京布拉格國際學生聯合會的指示，來控制大會。籌委中吵得非常利害，甚至於中共代表錢大衞(副團長)爲了此事，摔起椅子，弄得不歡而散。菲列濱主張請中華民國及香港等學生代表參加，但亦未獲通過。籌委會終於在廿六日經過十八個小時的冗長討論，終於以五票對一票，通過如期召開。這五個國家是印尼二票，中共一票，埃及一票，日本一票，反對者僅菲列濱一票。

這一次菲列濱代表在籌備中實在表明了他們堅强的反共立場。他們堅決要求大會不應滲雜政治因素在內。於是籌委會在廿六日會議後，發表了一篇書面申明。全文如次：

我們久已存在一種願望，要舉行一個全亞非學生的會議，在會議中每一個國家，可以用自己的眼睛觀察事物，學習以自己的脚根站立着，尤爲重要者乃是學習自己的獨立思想。

不幸過去亞非學生間接觸不够，因此我們現在應該在互相認識和互相尊敬的基礎，來建立彼此間的合作。

(一)我們認爲一九五五年亞非會議的萬隆精神，以及基於萬隆會議的呼籲，是亞非兩洲全體學生建立互相了解的道路。

(二)對於一九五三年在布拉格簽訂的宣言，經過我們考慮的結果，認爲應該加以廓清，即亞非學生會議，不應受任何國際學生組織之影響，無可否認的，一九五三年的聲明，曾在若干國家中引起恐懼，懷疑，誤會及紛亂。印度和黎巴嫩兩國便曾抗議，反對這一點。(其實菲列濱在籌委會中亦强烈反對)

(三)鑒於我們已捨棄以一九五三年的聲明，作爲亞非學生會議的基礎，沒有跡象顯示以前國際籌委會有代表的若干國家，在這次的國際籌委會中，有他們的代表。因此我們現在光榮底宣佈，亞非學生會議國際籌委會已於五月廿一日晚上十時四十分實行改組，組成的份子爲印尼、中共、菲列濱、日本與埃及等。

(四)我們認爲要使亞非學生會議獲致成功，其先決條件就是會議不應依附任何政治思潮或主義(按此點由非、日、印度、印尼、錫蘭、巴基斯坦、馬來亞、阿富汗、伊朗等九國代表堅決主張)，因此，它的性質是無黨無派的，從而不介入任何國際學生集團(如果有集團的話)，所有要提出來的我們共同的問題是有利於亞非學生全體的。基此觀點，我們尤其希望每一個國家，不問其政治和主義之立場，能派遣代表前來，我們相信，要使規模這麼宏大，意義又這麼重大的會議獲致成功，一項重要的因素，是每個國家的代表都有眞實的代表性，(此點乃是企圖阻止中華民國代表入會)因之整個會議獲得眞實的代表性。

(五)爲使我們會議成爲有完全代表性的會議，並獲得成功，我們衷心的希望被邀請的國家能派出有代表性的國家代表團。

接着這個申明發表以後，另外九個國家如日本、菲列濱、巴基斯坦、錫蘭、馬來亞、阿富汗、伊朗、印度與印尼，他們一致同意如果大會中眞的有人討論政治問題，則九國一致宣佈退出大會，以「杯葛」大會之不遵守申明之諾言。現在這個情形，似乎已經成了對立狀態。印尼代表轉變態度，乃是由於印尼駐外各使館拍返之電文，指稱亞非學生會議共黨確有滲透之企圖，這樣才提高警惕。菲列濱原是反共的，日本雖國內極多左傾學生，但此次眼睛也雪亮了。馬來亞的學生因政府本身正在清剿共黨，馬共的一套他們看得清楚，所以也不肯參加政治討論……伊朗、阿富汗都是堅決反共的國家。自己的立場都很穩定。其中守中立的共有六國。其實這六國中，星加坡是以列席代表參加的，根本沒有發言之權。

不要小看這一股力量，親共的國家，包括中共在內，共計十四國，此十四國見了這一股力量，也相當頭痛。這九國代表的學生，也學了共黨的辦法，他們向記者發表談話時，僅僅說明代表國家，而不暴露自己的姓名，深怕遭受暗算。可見會中冷戰的利害了。

這九個國家中，比較不堅定的，乃算印度與印尼。如果九國眞要實行退出大會之杯葛行動，印度與印尼代表團內部可能意見不一致而發生分裂現象。九國之中，立場最堅定的乃是巴基斯坦、馬來亞與菲列濱。他們三國現在場外活動，接觸頻繁，這三國是反共的一枝新生主力軍。

巴基斯坦代表團宣佈：唯有避免討論有爭執性的問題，及限於僅僅討論學生生活，學術研究，體育——等問題，本會議才有歷史的價值。

印度代表團，包括有全印學生聯合會(左傾)與全國學生協會的代表。全國學生協會的代表(右傾)以全力支持巴基斯坦的意見。

埃及代表會於非正式討論中，公開非難巴格達公約，此使巴基斯坦代表要採取行動。據悉印度與巴基斯坦代表同意基於「不談巴格達公約，不談喀什米爾問題」的原則，一致行動。

明日這個會議將進入正式議程之階段，相信在會場上的冷戰還要更加激烈。以馬來亞，巴基斯坦，及菲列濱三國的學生代表，他們必定會聯合其他不主張滲雜政治的六國代表，在會中舌戰一番。因爲從許多象跡看來，下列幾個問題，必然觸礁，弄得不好，眞能使大會分裂呢。

這許多不能解決的問題是㈠審查學生代表團之出席資格。㈡非共代表已指責受共黨控制之國際學聯，自若干國家挑選共黨學生參加，並向彼等出席會議之代表權，發出挑戰。㈢許多國家之學生，代表資格發生問題，如阿富汗、伊朗、金馬侖、馬達加斯干、摩洛哥與多哥蘭，因爲上述諸國之學生代表，不是在美國留學，便是在法國讀書。這一項議案，左派學生必然提出，而且一定猛烈攻擊，以削弱巴基斯坦、馬來亞及菲列濱的中心勢力。㈣非列濱再度提出中華民國學生代表團之入會及喀什米爾問題之介入，都會引起更激烈的爭辯。

今日下午將舉行亞非青年學生隊檢閱，印尼海、陸、空軍校的學員及警察學校的學員也將參加，由印尼總理阿利博士在亞非路亞侖亞侖之北部檢閱。明日全體大會定於在「班蒂·務達亞」大厦舉行，委員會會議則在亞斯街第三號學行。會議需時五日，至六月三日閉幕(如果中間不破裂的話)。其中並規定在閉幕前，舉行一個國際晚會，在這個晚會中，復學行一個各民族之服裝表演，全由各國男女學生自己參加。

這一次中共方面派出的學生，女性多過男性。他們原定在香港搭蘭利華輪，後來傳說蘭利華有人要陰謀，於是復回到廣州轉赴昆明，再經昆明乘印度航空公司客機，經仰光而抵耶卡答。他們是在二十一日零晨抵達印尼的，有許多左傾華僑的學生去歡迎。他們，聲勢至爲浩大，視之令人側目。在這種種方面，我們總覺得在國民外交工作上，臺北當局實在做得差勁呢！

（上接第11頁）

我想現在美國對於中立集團，已陷於爭取與不爭取兩難之中了。據我的推測，假使美國若不惜付出重價，與蘇俄爭取中立主義者，必有鼓勵其餘小國的繼續加入中立集團的危險。美國現在應置中立國家於度外，先釐定民主集團內的政治信念。標舉民主自由主義爲反共的共同政治信仰。根據這一共同信仰，刷新集團內各國政治制度。經過人民身受民主自由的福祉，培養人民願爲民主自由犧牲的精神，以堅強統一人民反共的決心。各國人民有此一致決心，纔是民主國家聯盟不可拆散的基礎。建立了這個基礎之後，再進一步分別與中立國家攤牌。攤牌的捷徑，即視政治信仰之能否一致。政治信仰能一致，從政治信仰構成假想的共同敵人，然後始能計及彼此的安全與戰略。若純因一時安全感，而結合，不問政治信仰之分歧，則此結合絕難持久。我對美國所領導的集團內，右有佛朗哥，左有狄托，始終懷疑。今日狄托復與蘇俄言歸於好，證明我的懷疑不錯。美國今日應當接受狄托案件的教訓，堅強標舉出以民主自由爲反共產主義的共同政治信仰。能實行民主自由，是加入反共集團的必要條件。取得加入集團的資格，始能取得援助的資格。在這個基礎上分配美援，方可免於受騙。由政治信仰的一致，引到安全關係與戰略目標的一致。由美援的切實運用，引到經濟關係與生活水準的一致，以彌補傳統文化的病態。政治信仰一致，經濟關係一致，安全關係一致，生活水準一致，戰略目標自然一致了。前四種一致不能求得，單求戰略目標一致，這一孤立的一致，是絕對不可靠的。美國今後應當以斬釘截鐵的態度，樹立集團內政治、經濟、生活與軍略的共同關係。這些共同關係完成了，與共產集團冷戰可，熱戰亦可。不必枝枝節節爭取中立國家。有些中立國家，看見美國的態度堅定了，方法週全了，他們會過來的。現在不是一百五十年前的時代了，中立主義不能長期存在的。

一九五六、六、二十二。

亞非學生會議公報全文

雅迦答航訊・六月十日

史信

從五月三十日學行至六月七日的亞非學生會議，開會之前情記者已有專文寄本刊。大會六月七日發表一項公報（按非列濱代表因不滿大會受共黨之操縱乃於六月五日宣佈退出）。公報中指出：「會議在互相了解，密切友誼，兄弟感情，和兩洲學生的合作氣氛中，考慮到亞非學生的共同問題，和共同的利益。這是亞非學生的第一次會議，會議獲得了兩洲傑出人物的支持和祝福，會議也考慮到學生之間的問題，大會達成之協議如下：

（甲）學生教育和合作問題：大家知道大學是文化的中心，研究學術的中心，培養知識份子的中心，和使每一個成員都變成愛國主義者，因此會議感覺到，亞非的大學和研究院，應有密切合作，同時介紹有效的合作如下：（一）交換專門知識：A—在亞非各地區，定期主辦科學講座或其他科目的講座。B—通過各種聚會、會議或講座的形式，彼此交換意見經驗和學術研究的結果。C—在政府的支持下，交換大學教授、學生及專家研究的科目。D—各大學和專門學校，彼此交換科學或其他的學術雜誌。（二）實際的合作。A—彼此交換書籍、藝術作品文學作品等。B—在文化水平比較高的國家，應該給學生以種種便利。C—創辦「交換學生基金會」，募集基金，作爲交換學生的經費。D—促請各國政府或私人團體繼續底發出獎學金給亞非國家。E—促請有關國家，給殖民地學生有享受自由教育的機會。（三）交換學校生活的情報。會議列擧下述的情報交換：A—有關國家的教育制度。B—生活情況。C—在大學裏享受的優待。D—上課時所用的語言。E—研究工作。（四）散播關於亞非國家的生活、文化及歷史的正確知識。A—亞非國家應該選擇及出版亞非歷史，但這些歷史應根據事實，及一個國家的發展，不得存有任何偏見。B—鼓勵學生去了解亞非兩洲殖民國家的生活。C—促請亞非政府在可能範圍內，設立國際學院以研究亞非國家的文化和語言。（五）專門學校的權力：A—各大學應有獨立的研究院。B—學生應有發言、發表意見、集會結社的自由。C—學生，包括大學行政人員，對於研究計劃及研究程序，有權參加發表意見。

（乙）（A）學生的社會狀況及福利活動：這是一個很明顯的事實，亞非學生的社會情況，不能盡人滿意，而亞非學生面對着的社會問題，幾乎有同樣的類型和歷史背景，因爲他們大部份剛從殖民地擺脫出來，而又引起了無數的困難，而戰爭更加重了這困難，特別是落後的國家，在戰爭時期，和在戰爭以後，嚴重地遭受戰爭破壞。目前，大家承認：唯有政治獨立和自由，才能逐漸挽救我們社會的疾苦和剷除倒退的現象。基於上述幾個因素，我們認爲亞非學生亟須合作，藉以改善社會情況，下面是一些補救方法：（一）經濟的困難，只有在政府，大學當局、學生、社會團體等一致執行一個計劃，才能够好好的消除。如果只讓大學及學生單獨去執行，他們只能克服其中部份困難。所以需要各有關方面人物合作來解決這些問題，這步驟是需要公衆的支持的。（二）應以各種便利來支助經濟上困難的有資格的學生。例如在若干進步的國家，設有學生獎學金，在亞非國家也應設有同樣的獎學金，以鼓勵經濟困難的有資格的學生。（三）應該以有組織的方式使學生獲得半工半讀，這不但可以幫助學生克服經濟上的困難，同時也可協助該國之建設。（四）努力促進學生在學校、學院及大學裏的娛樂生活。（五）在經濟落後的國家，自助的計劃是不可缺少的。（六）各國政府應該增加教育預算，充實住宅設備，圖書館、試驗室的設備，供應廉價的教科書，提高教職員的待遇等，以改善學生的情況。（B）學習的便利：（一）教育應該是自由的，强迫教育最少應達到第二階段，可能的話，教科書的印刷應該國營化，且應廉價賣給學生。（二）類似的便利也應給女學生享受。（三）應該設置更完備的實驗室及更充實的圖書館。（四）可能時，學生的需要，應該獲得折扣。

（丙）文化、親善、報紙及情報的合作與交換：（一）文化合作，亞非學生會議宣佈，我們大力支持一九五五年四月亞非會議關於文化合作的決議案。A：互相交換文化親善代表團，包括學生藝術家，來視察各國的文化。B：組織亞非學生文化年會，定期擧行。C：由各國學生團體主辦國際學生藝術展覽，希望把這些展品送到別國去展覽，鼓勵兩國間交換這些展品。D：主辦亞非歷史文化、生活的講座。E：互相交換學生的文學作品、音樂作品及活動影片。F：互相幫忙克服困難，以實現上述目的，特別是殖民地國家。（二）情報方面的合作：爲了交換學生生活的資料，同時爲了促進亞非學生的友誼合作，會議認爲亞非學生刊物，是A：注意各國學生的發展，使亞非學生可以知道學生界在各方面的努力。B：促進亞非學生間彼此了解。C：亞非國家的建設及自由，學生界可自由發表意見。會議建議組織各國學生刊物的合作機構，根據上述任務來調查各國學生刊物的努力。會議鼓勵彼此交換刊物及情報，交換學生記者，和組織學生刊物講座。會議關心殖民地國家學生沒有言論的自由，同時堅持亞非國家學生的言論自由。

（丁）體育合作與交換旅行。（一）運動：大會建議體育合作，以提高有關國家的運動水平。A：提議亞非國家按期舉行運動比賽，互相派遣球隊……每年並舉行一次亞非學生運動大會，這個運動會每年在各國輪流舉辦。B：互相交換運動代表團，例如交換教練，舉行體育會議等。C：提議組織亞非體育聯絡機構。D：制定一種運動獎章。並組織裁判委員會，訂定發給獎章的標準。(二)旅行；A：提議各國組織學生旅行指導局，幫助外國學生買廉價車票，找住宿的地方，和提供諮詢。B：組織一個機構負責供給訪問亞非國家的學生宿舍。C：在各國設立青年宿舍。關於這件事大會提議與國際青年宿舍運動委員會聯絡(按上述之機構爲共黨外圍組織)。D：身份證——應該刊行一種身份證發給打算到亞非國家旅行的學生，並向亞非國家呼籲，凡持有身份證的學生，應給他們予種種便利。E：提倡徒步旅行。F：在假期內設立夏令營。(三)電影A：互相交換體育影片，B：在殖民地國家的學生生活影片，應在獨立國家放映，使大家知道他們的生活。C：亞非學生會議的底片，應該寄給參加會議的國家。D：各國定期舉行電影週，放映體育及紀錄片。(四)交流經驗，交換關於團體生活，管理販賣部，宿舍禮堂等經驗。(五)交換圖片展覽會：亞非國家應計劃舉行圖片展覽，反映學生研究生活，運動，各大學販賣部及健身房，宿舍生活和民族服裝等。(六)交換歌曲唱片，大學或學系之雜誌，圖書或書籍等。(七)加强亞非學生間的通訊工作。(八)亞非學生會議建議亞非國家應給學生以出國旅行的簽證便利。

(戊)一般問題——(一)亞非學生會議肯定和擁護一九五五年四月的萬隆亞非會議的議決，並號召所有亞非學生，以此作爲亞非學生的合作基礎。(二)殖民地主義和國家建設。亞非學生會議在考慮過學生在反殖民主義鬥爭的作用之後，作出下列決議：(A)譴責和反對任何形式的殖民主義及承認民族自決權，並決定把表示同情與支持的聲明書，致給亞非國家爭取獨立和自由的鬪士。(B)推薦亞非地區採用聯合國的人權宣言。(C)規定每年四月廿四日爲亞非學生反殖民主義日。(三)會議支持阿爾及利亞，印尼(對西伊利安)，巴勒斯坦(恢復阿拉伯人的權利使阿拉伯難民回到他們的祖國)和突尼亞人民目前所進行的鬪爭。(四)亞非學生會議宣佈亞非學生應積極參加國家建設工作，以符合智識份子在社會上的責任。

(己)對世界和平的貢獻：(一)亞非學生將嚴格遵守聯合國憲章，爲緩和亞非兩洲的緊張局勢而努力。(二)所有國家的人民都有權在聯合國中取得代表席。(三)原子能及其他科學成就的應用：亞非學生會議要求核子科學根據一九五五年日內瓦原子能會議的決議作和平用途。大會並要求儘速在世界任何地方停止核子武器的試驗。

(庚)亞非學生會議重申，反對世界人民間，特別是亞非學生間的種族歧視和種族隔離。會議譴責南非的大學中的種族歧視，並支持學生和教育界在這方面的鬪爭。亞非學生會議也强烈反對亞非學生間的宗教歧視和隔離。

總觀這一次的會議，雖然公報已經發表，但這份公報沒有菲列濱簽字。大會的努力等於零。因爲在這一次會議中，在最後一天共方代表利用了埃及的左傾學生希望成立一個「亞非學生聯盟」(A-A Students Union)，而利用這個機構成爲一個亞非學生間的永久組織，以劃分在捷京的「世界學生聯合會」的組織。換言之，這個東西等於亞非的共黨學生情報局。但爲大會大多數代表否決這項動議。因此，中共、印尼共黨、印共、韓共、越共、埃共等之總努力——最終目標——完全解體。

非代表此次在六月五日聽取資格審查委員會報告書時，引爲不滿，乃宣佈退出，杯葛大會。原來菲代表認爲此次大會中如中共，越共，韓共，印共及埃共等的代表資格有問題。因爲他們已經不是學生。而且許多代表都沒有各該國大學之授權書，菲代表認爲他們是「職業學生，另有作用」，因此堅持要他們退出，但菲代表之建議，未爲大會採納，於是從五日起菲代表對任何會議皆不參加。菲代表的行動已使大會許多國家的代表明白共黨的居心，於會議閉幕後，不能宣佈下次會議的日期及地點。事實上這個提案沒有得到協議，等於是不歡而散，反使印尼政府白白花了數十萬美金。

大會的主席是阿格斯汀、阿美斯汀。此人爲印尼回教黨的黨員。印尼回教黨是一個反共的組織。阿美斯汀本人的態度，反共尤烈。因此，大會在初起時共黨確有操縱及利用大會作爲宣傳之企圖，但爲阿美斯汀把持有力，立場堅定，所以後期會議，共黨始終無法深入。於是各共黨代表學生，如中共、韓共、越共……乃利用大會展開交際。企圖先建立感情。例如交換禮物簽名册……等，這一着共黨方面的滲透是成功的。

大會中最動人的一個鏡頭，莫若阿爾及利亞代表對殖民地主義者壓迫他們的民族。阿代表之演說，聲淚俱下，博得許多人的同情及支持。各國代表均用自己母語發言，由英法語通譯譯出。北非國家都用法語。大會中仍以英法語最普遍。所有代表均有演說稿，獨菲列賓代表脫口成章。他的演說詞有感情，也有煽動。在會場上生色不少。

星加坡的新閣登場

星加坡航訊・六月九日

荀詩

星加坡的前任首席部長馬紹爾，因爲與英倫談判獨立失敗，無法向選民交待，乃於六月七日下午向總督柏立基爵士提出辭呈。於是馬紹爾內閣也全體辭職。總督一方面也接受了馬氏所建議他內閣中的勞工福利部部長林友福出任組閣。林氏是個華僑，具有中國的傳統思想，以一個典型的中國人出任星加坡的首席部長，是值得重視的。

林氏原來是勞工陣線的主席，現在這個黨的主席地位交馬紹爾擔任。林內閣與馬內閣的人選完全相同，部長一個沒有動，他自己兼勞工福利部部長。內閣人選計首席部長林友福，副首席部長兼地方政府、地政及建屋部部長裕末(巫籍)，教育部長周瑞麒(華僑)，副教育部長西蒂(巫)，副勞工部長麥柏士(印)，交通及工務部長湯姆士(混種)，衞生部部長柏那迦(巫)，工商部部長朱馬波(巫)，副地政及建屋部長陳廷章(華僑)，及三名官委之部長，計政務部長顧德(英)，財政部長赫德(英)，司法部部長巴德斐爾(英)。

這個新的勞工陣線之華巫聯盟的聯合政府已經在八日中午宣誓就職。就職後四個小時他乃立刻舉行一個擴大性的中外記者招待會。他首先說明新政府仍執行馬紹爾內閣的政策。現在的急務乃是促倫敦重開獨立談判，對內方面，將立刻推行教育政策白皮書法令，土地徵田法及決定下年度之常年預算。

林氏在此次記者招待會中有幾件值得吾人注意之事。第一、有位記者問他新政府是否願與「左傾的」人民行動黨合作。林氏答道：余希望與任何非共產黨之民主團體密切合作。又問：你是否將與反共的民主團體合作。答稱：余願「反共」兩字易爲「非共」，因余不願反對任何人。從這一個觀點看，不反共便是親共。過去的馬紹爾是公開宣佈與共黨勢不兩立的。因此馬氏之倒臺，也是由於左傾份子之攻擊。從這裏可以看到林友福在政治上沒有一個堅定的態度。觀察者相信今後局勢不會好轉。

第二、又有一名記者提出：新政府將否承認馬共之合法地位。林氏答稱：馬共尚未向我提出類此之請求，如我接到此類申請書時我當予以考慮。

第三、又有一記者詢問：新政府是否將繼續反對馬紹爾堅持之不加入東南亞聯防公約的立場。林氏答稱：現政府仍是一個殖民地，尚無權決定外交政策之權。

第四、又有記者提出：前天中共總理周恩來表示願與星加坡馬來亞民選政府首腦，討論華僑的國籍問題，你是否有意與國民黨政府討論這個問題。林氏答稱：在未獨立之前，談不到這個問題。

我們從以上這許多跡象看來，林友福是企圖走所謂中間路線的政府。他宣誓的第二天，林友福有位英友，此人熟悉國際問題，頗不以林氏之中立性的談話爲然。這位朋友乃向林氏道：「友福，世界上沒有中立路線的，你以爲尼赫魯是中立，眞是天曉得，左的看他向右，右的說他朝左。我舉一個實例，一個時鐘的搖擺，非左即右，等到時鐘的搖擺中立時，那末這座時鐘便死了。一個人或一個政府，如果走中立，他的人格與國格，也等於沒有生氣了。友福，這是不可能的事情。所謂中立路線是近代邪教的說法，是不正常的，騙人的把戲！」

林氏這個內閣能否穩定呢，事實上，恐怕更趕不上馬紹爾內閣。馬氏才幹高過林氏，且偏於獨裁。林氏是位好好先生，中庸之才。例如，組織新閣時，人選一個都沒有動，其中內幕乃是因爲一方面他動不了，怕得罪人；另一方面，如果動了一下，後面搶上來做部長的人，多如過江之鯽，他將無法應付。因爲一個部長每月月薪叻幣三千五百元，合美金一千多，大家看了眼紅。於是只好以不變應萬變。

林氏上任後第一件事，將在日內去吉隆坡，與馬來亞聯合邦首席部長東姑・押都拉曼會商星馬合併的問題。因爲馬紹爾與林友福等人，心中有一個如意算盤的想法，他們認爲聯邦已經准許獨立了，那末星加坡加入爲聯邦的一員，也自然而然等於獨立，殊不知這個辦法東姑一再推辭，因爲東姑後面仍有英國人出主意。今天英國人眼見錫蘭基地已經一掃而光，那能再肯放鬆星加坡呢，除非是個半獨立的狀態。

因爲林友福本身是華僑，現在出任首席部長，所以他個人之經歷，值得介紹一下。林友福是福建南安人，從他的祖父開始，便在星加坡落籍。他是一個極平凡的「書記文員」出身。他識中文，能講國語、閩南、客家、及廣東話，英語與馬來話講得更爲流俐。因爲他做過「書記文員」，他有一手很好的速記術。對於等因奉此，尤爲熟練。他的英文公文程式，連許多英國文官都趕不上他。可是他的家庭還完全是十十足足的中國化習俗。

他現年四十二歲。他在星加坡讀完英文九號班，因爲父親是工人，無力繼續往國外求學，一九三一年畢業後，父親又故，乃度了兩年艱困的失業生活。

一九三四年他考入英商卜內門有限公司，任低級職員，每月月薪廿五元，三年後改入星加坡冷藏公司(英

(下轉第30頁)

綠藻和鹹蛋

林海音

曼秋給她的丈夫蕭定謨開開門，接過來他的公事皮包後，便輕輕而很興奮的說：

『定謨，他眞的來啦！』

『誰？』

『傅家駒，我前天跟你說過的呀！』

『哦——』定謨沒再說什麼，一直往臥室裏走，曼秋小鳥依人的跟在後面進來，把公事皮包放在桌上，又對他說：

『人在客廳裏，你換了衣服馬上來吧！』

『我還要洗澡呢！』定謨低頭換拖鞋，頭也沒有抬的說。

曼秋聽丈夫說話的語氣，稍微一愣，但是因爲沒有看見他的臉，不知他眞正的表情如何，她只當是自己敏感，便若無其事的預備回到客廳去陪客人。但是她的脚剛邁出了臥室門，聽見定謨又發話了：

『水呢？』

她不得不回轉身來，看丈夫全身光着，只穿了一件內褲，拿着一條洗澡毛巾，直站在臥室的中央，像個任性的孩子。她覺得好笑，也有點生氣，不禁皺起了眉頭：『咦！叫阿蘭給你倒嘛！』關於洗澡水的事情，本來用不着曼秋親自動手的，每次只要喊一聲「洗澡」，阿蘭就會全預備好，今天怎麼啦？是嫌早晨的荷包蛋煎老了？還是因爲看她的老同學來了故意的？處處犯彆扭勁兒！曼秋想着不由得綳緊了臉的往客廳裏走，可是一進客廳門，她立刻把臉鬆下來，笑臉迎着客人說：

『他洗個澡就來。』

『好的好的，不忙！』傅家駒雖然嘴裏這麼說，眼睛却又看了看腕上的手錶。

這時忽然一聲粗暴的聲音在喊阿蘭，等一下，阿蘭咚咚的跑到客廳來：

『太太，先生叫你去一下。』

曼秋不得不又向老同學告罪一下，到了洗澡間，定謨只很簡單的說了兩個字：『衣服！』

曼秋到臥室的壁櫥找衣服時，不知怎麼忽然想起了弟弟的幼年，他是一個很能折磨人的被嬌慣壞了的孩子，他能把母親折磨得掉下眼淚來，可是也捨不得打罵他一下。她記得有一次弟弟洗完澡還坐在木盆裏不肯起來，他要母親拿衣服，這一件不對，那一件不對，直到母親含着淚把五斗櫃的一大抽屜衣服整個端到弟弟的面前。……曼秋拿好衣服又去洗澡間，一進門，看見熱氣騰騰的朦朧中，丈夫光着身子坐在小竹凳上，在那裏倔强的等着衣服，曼秋又想到了弟弟，不覺噗哧笑了出來。

『笑什麼？』定謨很不高興，從面部的表情可以看出來。

『背後還有胰子沫呢！』其實並沒有這麼一回事，她只是藉此掩飾罷了，她拿起毛巾在他光滑的背上故意擦了兩下，又低聲的說：『快點來吧，客人剛才就要走了，他六點還有人請吃飯呢！』

洗澡間的熱氣把曼秋的臉薰得通紅，鼻尖還冒着汗珠，兩手也是濕漉漉的。走進客廳就做着無可奈何的神氣，挑起眉尖微笑着說：『男人總是這麼麻煩，是不是？』

傅家駒沒有說什麼，却微笑着對她注視，其實他是在欣賞一個女性的變化，她原是大學裏的一個活潑的女郎，嫁後光陰却使她變得如此依順她的丈夫。他也許還有一些別的感觸，但是他的注視却使她更難爲情了，她深怕這位洞察人生的作家會看透她自從丈夫進門後的這一段心情呢！

這時定謨進來了，曼秋爲他們介紹，定謨眞不够大方，雖然和傅家駒作禮貌的握手，但是並不熱烈，也捨不得說一些敬仰的話，像什麼「久仰大名」呀！「大作時常拜讀」呀！他雖然對文學是門外漢，但是她曾跟他提過的，說她的老同學傅家駒現在以筆名羅嘉而享名文壇了，他難道忘了嗎？他冷淡的態度，好像在接見一個不相干的人，而且也不關心對方是幹什麼的那種樣子，他只對客人伸出手做讓坐的姿勢說：『請坐請坐！』客人還在謙讓呢！他自己倒先不客氣的坐下了，那神氣就像告訴人「這是我的家，我的太太」。

兩個男人之間似乎找不出什麼話來開始交談，做爲丈夫的這個，隨手擧起了晚報，曼秋心想，紙幕一隔，這屋子的空氣將更趨冷酷，於是她在丈夫的眼睛還沒接觸到鉛印字時趕緊說道：

『定謨，我請家駒明天晚上來家吃便飯。』

『哦！好極了！』這話是衝誰說呢？他不像是主人，倒像是個旁觀贊助者。

家駒這時也起身告辭了，定謨立刻站起來說：

『不坐坐了嚒？』

送走了客人，回到屋裏來，阿蘭已經把晚飯擺上了桌，兩個人吃着飯，只聽見湯匙碰着湯碗，銀筷子輕點着飯碗，是磁器打着銀器的聲音，却不聽見人的說話聲，這實在打破以往的慣例，平常飯桌是他們夫婦倆交換情報處，各人一天的所聞所見，都是在飯桌上報告給對方的。就像傅家駒要來的這回事，不也是前天在飯桌上提到的嗎？曼秋說原來小說家羅嘉就是她的大學同學傅家駒，他的長篇小說「花環之愛」已經出到第四版，並且得了一筆文藝奬金。他最近才知道曼秋也在臺灣，便寄了一本短篇小說集來，並且說他不久要來臺北，會來拜訪她。這些話定謨聽了並不在意，曼秋是喜愛文學的，雖然她在大學讀的是教育。他對文學這一門却可以說是一竅不通，他裝的是一腦子化學公式，而且他最近更對綠藻的研究發生興趣，他雖然和朋友合資開了一家香皂公司，但是他的本旨還是在微生物化學上。

他們的家庭生活非常融洽，世俗所稱「模範夫婦」，「夫唱婦隨」，他們都够資格。他並不需要太太懂得化學什麼的，但他做出來的香皂、香水、香粉，太太却是第一個品定和捧場者；他不懂文學也無大碍，著名的小說一出籠，他總是先買回來給太太，雖然他自己並不要看。

也許事情糟就糟在女人的沉不住氣，在前天的飯桌上，他們談到傅家駒是作家是老同學的話，誰知曼秋最後又忍不住多說出一個名堂來：『眞可笑！傅家駒還追求過我呢！那時給我寫了許多詩。』

『哦？怎麼沒聽你提起過？』定謨不由得問。曼秋是個漂亮女孩子，追求的人當然很多，當年追求的都是些什麼人，曼秋也差不多都向定謨提過，可是怎麼就沒聽說過這位大作家呢？

其實曼秋並不是故意隱瞞的，實在是對於當年傅家駒的追求並沒放在心裏，所以提都忘記提了，她幾乎忘得乾乾淨淨了。可是現在傅家駒成名了，那追求的回憶，彷彿對她有些說不出的意義，或者可以說是女性的一點虛榮心在作祟吧，她竟無意中把這段過去又翻出來向丈夫——可以說是炫耀了一下就是啦！

如果不是曼秋的自白，也倒沒什麼，就是壞在這麼一說，當天晚上，定謨竟好奇的拿起「羅嘉短篇小說集」來，這在他確不是一件尋常的事。他隨便翻開一篇題名「孤獨者」的看看，這篇小說是說一個孤獨的詩人隱居在觀音山下，有一天一位女遊客受傷昏倒了，村人們把她送到離出事地點最近的詩人的小屋裏休息。詩人正採菊東籬下，當時沒在家，等他回來時見床上躺着一個昏睡的女人，桌上壓着一張紙條，是女客的同遊伴侶們寫的，說請主人原諒冒昧，並請招呼這位女客，她吃過藥睡一會兒就會好，醒來可以告訴她，她的遊伴們在距此約南去十分鐘路程的大樹下野餐。詩人看看床上的睡美人，竟發現正是他多年夢寐追尋的愛人，他把野菊插在瓶裏供在床前小桌上，又從箱底取出當年的詩稿來，然後他靜坐着，讀着舊詩稿，回憶着當年寫詩的經過……雖是一篇傳奇性的故事，但是筆觸之美，可也捉住了這位化學家，他一口氣讀完，闔上了書在想，他不得不承認這是一篇傑作，好在哪裏？就是曼秋常說的——「氣氛」太好了！可是，如果那孤獨的詩人是作者的化身的話，那多年不見的女遊客又是誰？定謨的心也起了一種說不出的「氣氛」，那股「氣氛」從鼻孔直冒出來，是Acid，酸性的！

他看後不聲不響的把書放回原處——曼秋的枕頭底下，只當他沒看見，實在他也眞後悔他曾看見。

曼秋洗澡回到床上來睡時，高興得哼着歌，他聽出是她讀的大學的校歌的調子，他下意識的覺得她是在回憶學校生活，和那個同校的詩人的生活！

這是前天的事了，而就在今天，這位觀音山下的孤獨者終於追尋到他多年不見的人兒了。這時在只聽見磁碰磁的飯桌上，終於定謨先忍不住了：

『你這同學是幹什麼的？』他明明知道，可是故意這麼問，當做是一個來歷不明的客人。

『咦？我不是跟你說過，他就是當代名作家羅嘉嗎？他那本「花環之愛」還是你給我買回來的哪！』

『哦，我倒忘了！敢情是個耍筆桿的！』他不屑的說，然後又想起來加一句：『你說他住在哪兒？』他問這話是無意中的有意。

『成子寮。』

『觀音山的那個成子寮？』

『不錯。』

那就眞的「不錯」了，——他考證那篇「孤獨者」的眞實性，結果證實了。那篇小說雖然是假的，但作者的心情却是眞的，這孤獨者，他一直在追尋他的舊夢，這下子可眞叫他追到了，沒在觀音山下的小木屋裏，却在鴻昌香皂公司經理的公館裏！

他本來買了兩張電影票，預備今天飯後請太太看「野宴」去，但是「孤獨者」的來臨，把他們的局全攪了，兩張電影票乖乖的貼在定謨的上衣口袋裏，他摸也沒摸一下。

『關於他的生活，這本短篇小說集裏，很有幾篇有趣的描寫，你可以看看。』

晚上臨睡前，曼秋從枕頭底下把羅嘉短篇小說集抽出來，扔給定謨，但是定謨假裝睏得要死，努力的打着哈欠，看也不看一眼的把書放回小桌上的檯燈旁。

× × × ×

一個人無論到了多麼大的年紀，只要和老同學在一起，立刻不受年齡的限制；不管已經離開學校多麼久，嚴肅的教授也會淘氣了，五個孩子的胖太太也成了小姑娘，開百貨公司的大腹賈也恢復「乾猴」的外號。在曼秋所安排下的歡迎傅家駒的宴會，簡直可以說是同學會，全部是曼秋的同學，定謨例外。

他們在飯桌上毫無顧忌的互相開玩笑，揭瘡疤，一派天眞，把當年認爲不可道破的事情，全部公開出來，就連曼秋如何偷偷的每星期到上海去和定謨會面的事也揭發出來了。曼秋看來很開心，眼溜着定謨害羞的笑。定謨這時也以優勝者的恣態被人灌下了三杯酒。

這時不知什麼人想起了一件陳年老事：

『小傅，你還寫詩不？』

這話剛一說出口，惹起了哄堂大笑，傅家駒也多喝了兩杯酒，兩頰緋紅，很難爲情的阻止說：

『今天不許說這個！』

這裏面似乎有一段在座人都曉得的「盡在不言中」的故事，只有定謨莫名其妙，但他也可以猜得出那故事的意義，他不由得側頭向曼秋溜了一眼，曼秋這時正擺弄剛端上桌的一盤菜，她企圖用活潑的尖嗓門轉移談話的目標，所以不斷的喊着：

『吃菜吃菜，大家嘗嘗我自己醃的鹹蛋，』

大家吃着蛋，交口讚譽，曼秋却自謙不善烹術，醃出來的蛋從來沒有膏油。這時大家的談話興趣轉移到烹飪術上，女客們的話也多了。

『也許有一天太太們不再爲烹飪術所苦，』是定謨開口了，曼秋知道定謨預備說什麼，她搶嘴先做一番介紹：

『別以爲定謨就會做香皂，我們的微生物化學家專心在潛心研究的實在是綠藻。』

『綠藻？』人們想不到綠藻和化學的關係。

『隔行如隔山，定謨，把關於綠藻的起碼常識講給他們聽聽！』不用說，曼秋是有意捧丈夫的場，她實在也一直敬他愛他，否則也不會老遠的從南京一個星期跑一趟上海，去找那個埋頭在化學實驗室的男人了。在這個丈夫陷於「孤獨者」的場合裏，要把丈夫不同凡響的地方，高高的擧出來，太太的用心良苦可以想見。

提起綠藻，那比鴻昌香皀公司的年紅更能使定謨來得興味濃，他說：

『我的太太嫌她醃的蛋膏油不够，這使我想起有一天我們人類的飲食將以綠藻代替，太太們就可以不必再爲醃蛋傷腦筋，因爲綠藻這東西，現在科學家已分析出，除內含百分之五十的蛋白質外，還有脂肪及維他命等，如果經過特殊的培養，脂肪的含量可以達到百分之八十五。它除了可以吃以外，還可以做燃料，代替人類不久的將來卽將用光的石油和煤炭。還可以製藥，製染料，肥料等等。』

聽的人果然嘖嘖稱奇，聽得津津有味，忘記吃鹹蛋了。定謨並强調說：『研究綠藻比研究氫彈對人類更有價値和意義。』

『爲什麼？』有人急着問。

『有了綠藻，戰爭將無從發生，因爲人人都有飯吃了，戰爭還有何意義？所以綠藻是戰爭的敵人。』

『了不起！可是我們到哪兒去找這麼多的綠藻呀？』又有人問。

『綠藻的蘩殖很快，一天可以分裂兩次半，它只需日光、空氣、水和少量廉價的藥品。拿一英畝地盤來說，普通農作物平均生產不過兩噸左右，但是藻類却可以得到二百噸！有一天每家的屋頂開闢一塊可以晒到太陽的綠藻培養池，這一家人就可以取之不盡，食之不竭了。我們將和綠藻共同生存、蘩殖在這世界上，一代代的下去。』

『我們將像養在玻璃缸裏的金魚和綠藻一樣，共存共榮！』有人插嘴，引得滿屋笑聲。這時五個孩子的胖太太更開心，她說：

『對，我最贊成，別看我是學家政的，我家先生總嫌我菜燒不好，有時我眞想賭氣炒一盤石頭子兒給他嚐嚐！好了，現在可好了，我們大家都要吃綠藻了。但是，蕭先生，在我們人類的飯桌上，幾時才能看見成盤的紅燒綠藻端上來呢？』

『那只是時間的問題，我想至少在我們子孫的飯桌上，總有一天會實現的。』定謨幽默的回答。

『唉！』胖太太搖搖頭，她嫌太晚，很失望。

晚宴就在這樣快樂的談笑中結束了，可是定謨並不完全輕鬆，當他回到臥室就寢時，又看見床前小檯燈旁的那本短篇小說集了，他想起了飯桌上客人開那位詩人的玩笑，那玩笑對於他和曼秋不是完全不相干的，他知道。他把書封面翻轉來扣在桌面上，他不要看。

宴會的第二天下午，定謨下辦公回來，却不見曼秋，他問阿蘭：『太太呢！』

『太太和那位傅先生出去了。』

『哦。』定謨的那種「氣氛」又來了，他坐在客廳裏吸煙斗，悶聲不響，阿蘭把洗澡水早就預備好，也任它涼去。

他們此刻在哪兒？幽暗的咖啡室角落裏？黑暗的電影院裏？他覺得他的想法未免太糟了，可是又禁不住要往這方面想。他甚至有了這種念頭：文人無行，尤其寫小說的，感情隨時可以氾濫，……一直到院子裏響起了淸脆的高跟鞋聲，他才從胡思亂想中醒轉來。曼秋滿面春風的回來了，定謨假作完全不知道的樣子，毫不在意的，話從叼着煙斗的嘴縫裏抖落出來：『到哪兒去啦？』

『傅家駒要我陪他上街買買東西，物價直在漲呀！』曼秋很痛快的回答。她這時已脫了旗袍，只穿着露背的襯裙，走過來，從椅子後面把手彎過來，摟着定謨的脖子，俯下頭來，親暱的悄聲說：

『吃完飯去看「野宴」，好嗎？』

在往常，他一定會順勢把她摟在懷裏了，可是今天他沒有這麼做，他的心中忽然起了一陣嫌惡，他想她和傅家駒在外面玩够了，回家來只輕描淡寫的帶兩句，還把快樂的餘味來送他分享，他才不要呢！這念頭很快的從他心頭一掠過，不知怎麼，嘴裏就迸出了這麼一句話：『你倒還有這種餘興！』說完他也覺得自己語出不明，可是捉不回來了。曼秋聽了直起身子來，側着頭疑惑的也跟着念：『嗯？餘興？』

『我今天太累了，現在要去洗個熱水澡，早點休息。』

他岔開自己的出言不妥，同時起身往臥室去，換衣服的時候，他把兩張萬國的電影票塞進皮夾的小夾層裏。

過了兩天的下午，定謨回家來，一進屋門就看見曼秋在微笑着展讀一封信，桌子上放着一個籃子，定謨過去打開來看，是滿滿的一籃黃土泥裹着的鷄蛋，定謨問：

『哪兒的？』

曼秋沒有回答，却含笑把手中的信遞給定謨，那上面寫着：

曼秋同學：

臺北小聚蒙賢夫婦招待，甚爲愉快。又承你陪我上街爲我妻和小兒女們挑選衣料，妻非常滿意，要我謝謝你。這次能見到許多老同學，尤其是認識了定謨兄，眞是人生一樂事。我回來把「綠藻」的故事向太太翻版了一下，她在聆聽之餘，向我提議一件事，她說在綠藻尙未爬上人類的飯桌以前，請你們先嚐嚐她手製醃蛋，並囑我轉告，蛋未醃前先置日光下暴晒，醃後自然會有膏油矣！玆乘村人入城之便，帶上一籃請笑納。此請

雙安

羅 嘉 上

『啊——他原來有太太呀？你怎麼沒說？』

定謨看完信後，驚異的怪聲喊着說，那聲音是從多日鬱悶中解放出來的。

『怎麼？人家孩子都好幾個了。咦？難道你沒看，我告訴你有幾篇描寫他的家庭生活的文章？』

『看了，』定謨走到曼秋的背後，兩手緊緊的握着她的兩肩，低下頭輕聲在她耳旁說道：『我只看了那篇「孤獨者」！』

曼秋回轉身來奇怪的直望着定謨的臉，然後抿着嘴笑了：『怪不得！』這句話似乎有兩種意思。

『對了，』曼秋剛要到厨房去，定謨把她叫住了，從口袋的皮夾夾層裏拿出兩張票子：『吃過飯去看「野宴」吧，今天是最後一天了。』

曼秋沒有接過票子，却伸手把他叼着的煙斗取下來，把身子湊上去，在他唇上深深的一吻，然後調皮的笑道：

『你倒還有這種餘興！』

(完)

葛藤

（二續）

聶華苓

二

由草山回來的那天晚上，我本打算讀完「狒拉西」，以便次日還給朋友，再換一本好書來讀。我翻了幾頁，字在眼前掠過，却印不進腦子去，狒拉西的形象遙遠而模糊，我忽然想起了拉辛的詩句：

你們啊，人類的子孫，
勞心的結果是什麼？

我丟開了書本。我不知是失去了點什麼，還是得到了點什麼。苦惱麼？但我並不悲傷。空虛麼？但我的心滿漲着熱情。桌上零亂的堆着破舊的書本和撕碎的稿紙；煙盤裏堆着殘剩的煙蒂；磽薄的小木板床上搭着我潮濕的衣服；褪色的燈罩透過慘淡的燈光。這一切，原是我所熟悉的，但現在，它們都罩上了一層陰霾，使我厭煩。生命多無聊！雨還沒有停，單調的簷滴應和着芙蓉樹的颼颼聲，格外冷清。黑夜裹住了我，也裹住了我的心。我的眼光碰着了牆上妻兒的一張合照像，取了下來，希望那照片能給我溫暖，但是，另一個女人的笑容，淒麗的笑容，在那照片上跳動。我將照片又掛回牆上。但我並沒走開，牆的那邊就是她！我站在牆邊，側耳靜聽。沒有任何聲音。可恨的牆！僅僅這一扇牆，將我和她分隔着。她也許已經帶着孩子睡着了吧？她的鼻息一定是輕勻的，有着一種奇妙的香味兒，拂在人的臉上，癢蘇蘇的。她夢見的是我，還是她的……？我不禁撫摸着牆，將臉貼在那冰冷的牆上，就是那堵牆，對我忽然變得親切起來，因為它吸收並散發着她的氣息。我閉上了眼，在心裏喚着她。一隻老鼠嗤的一下在天花板上竄過去了，我睜開了眼，多陰涼的夜啊！我走回桌邊，拿起了筆，我要寫點什麼，但我發現紙上所寫的全是「晏」字，在一切的姓氏中，這個「晏」字是最最可愛的一個姓，但是，當我意識到那個姓是她與另一個人所共有的時候，我又絕望的低下了頭。桌上玻璃板上嵌着的素芳的照片又呈現在我眼前，她正誠摯的對着我笑。我換了一張紙，寫了一封信給素芳，敍述我的寂寞，我的思念。

次日醒來，天已晴了，窗前大朵白色芙蓉已變成淡紅了，芙蓉樹葉綠得透明，好像要把我的心也染綠了。我躺在床上笑了，人常常有些多麼荒唐的思想！牆上妻兒的照片又對着我微笑，昨日的一切已離我十分遙遠，彷彿是另一個世界的事。寫給素芳的信還放在桌上，我披衣起床，拿起信來讀，我覺那封信寫的太傷感，好像是出自另一個人的手筆，差一點將信撕去，但我終於在信尾又加了幾句：

「我的好妻子，不要掛念我，今天陽光特別明亮，我的心情又好了。」

以後好幾天，我沒有看見白綾，她沒有再出來納涼，只偶而看見她的衣角在門內掠過。我又整日蟄伏在那小屋中，人物的形象在我腦中特別清晰活躍，我將他們一一描摹下來，我的感情整個傾入那些人物之中，和他們一起哭，一起笑，我看到了事物的核心。這樣專心寫作，我以為自己得救了！當我的腦中像燐光似的閃過一個淒涼的笑容時，我不再動心了。每當我由她門前經過，便匆匆走了過去，不知是不願，還是不敢再見到她，那種心情至今我還不能了解。

一天傍晚，我正準備出去將那本「狒拉西」還給朋友，在門口郵差遞給我一封信，那是白綾的信。我站在門口，反覆看着那個信封——那個有着她親切名字的信封。我不能決定是否應將信遞給她。我的脚不由自主的向回走去，但心裏却希望她的門是關着的，希望她不在家。走到門前，門果然是緊閉着的，我輕吁了一口氣，將信由門縫塞進，但不知為什麼，我又將信拿了出來，心裏想：為什麼不能見她呢？為什麼這樣欺騙自己呢？僅僅這一扇門，這一扇薄薄的木板門一開，她就在我眼前！我的手慢慢抬起了，要去敲門，但它仍停留在空中。突然，門開了，是她！我揉了揉眼，就是她，就是那張有着一雙惺忪睡眼的柔美的臉。她的目光是如此熱切，如此柔情，彷彿要把我吸入她的全靈魂。在那一刹那，我的矜持全部瓦解了，像積雪溶在早春的陽光裏。

她呆立了許久，笑容才在她臉上慢慢綻開，終於說道：

「啊，是你，我知道是你！」

我將信遞給了她，說道：

「是你……是你先生來的？」

她點了點頭，臉上的笑容沒有了，看了看那信封，嘴唇翕動着，好像要說什麼，最後說道：

「進來坐一會兒？」

我曾幻想她那溫柔的小窠，那一定是間綠色的屋子，瀰漫着花香。但當我一踏進門，我不能說我很失望。房中十分零亂，四壁光禿禿的，有的地方已經剝落，牆角牽着蛛網，地上散放着幾隻破拖鞋。她那天穿着一件寬鬆的綠毛巾布睡衣，長長的頭髮，紛披在肩上。

「小茜呢？」我一進門就問道。

「睡了，她有點感冒，我按着她早睡了。」

一進門的小几上正放着一只未纏完的毛線。

「你一個人在纏毛線？」

「嗯，我總是這樣唱獨脚戲的。」她說完後對我一笑，那笑是落寞的。

我拿起了那毛線說：

「我幫你纏。」

她一面拿起線球，一面說道：

「你有這耐心？男人們差不多都不喜歡做這些事的。」

「我可是個例外，我喜歡這些玩意，一面聊天，一面纏毛線，也挺有意思的。」

我們好像都很專心於那工作，她繞線，我綳着線，沒有說一句話，但我的心却怦怦跳着，跳得如此急速，連我的手也跟着輕輕顫動了。她眼睛望着手上的線，長長的睫毛闔在一起，顯得更濃更黑了！

「好，完了，眞快！」

她一面說，一面將線團放進一個淺藍色的玻璃線盒裏。我的手不能靜止下來，拿起了那玲瓏的線盒把玩。

「這盒子做的眞精緻，我還是第一次看到。」

「未必你……你太太就沒有這玩意？」

「也許有，但我沒注意。」

我沉默了，心裏想：她爲什麼提到我的太太？是故意刺刺我呢？還是眞沒把我放在心上？我寧可她是有意傷我。不知什麼時候她已拿起了一件白毛衣，在上面繡着一隻隻小紅蝴蝶。我問道：

「誰的？」

「小茜的。」

「你的心全在小茜身上。」

「我只有這一個親人！」

她的聲音是憂鬱的，但我的心反而因此振奮了。她並不關心她的丈夫，我已看清楚了。一個椅子上正放着一本「卑微的人」。我拿起了書問道：

「你看過這本書麼？」

她點點頭。

「你並沒對我講過。」

「有許多話是不必講的。」她仍低着頭，輕巧的拉起一根紅絨線。

「你看這本書怎麼樣？」我熱切等待她的稱讚。

「我不懂文學，但我覺你的小說十分親切。你寫的好像就是我。」

「是你？」

她凄然一笑：

「貧窮有兩種，一種是物質上的窮，一種是精神上的窮，我覺得前者到不可悲，可悲的是後者。」

我燃起了一根煙。她仍低頭做她的繡活，披下的長髮蔽住了她的側面，睡衣在她四週展開，簇擁在她脚下，燈光迷幻的照着她。我將煙蒂一扔，便覺手足無措。男人在他們衷心所愛的女人面前，擧動常常是十分笨拙的。我的手機械的轉動着襯衣上的一顆鈕子，完全被那一份甜蜜的靜謐魅住了！那顆鈕子忽然脫落了，掉在地上，我俯身拾了起來，準備放進褲袋裏。白綾抬起了頭，向我伸出一隻手，幾乎是獨斷的說道：

「給我，我給你縫上。」

她一隻手輕輕按着我胸前的鈕子，一隻手嫻熟的縫着。她那輕勻的、有着奇妙香味兒的鼻息（正如同我所幻想的一樣），輕掠着我的胸膛。她那隻柔嫩的手，那隻我曾經握過的手，正按在我胸前，我的心急劇的跳着。在那個諧美的軀體裏所藏着的靈魂太溫柔了！當她縫完時，輕嘆了一口氣。

「唉，你們男人眞和小孩一樣！」

我掏出了手帕，拭去了額上的汗珠，爲了要掩蔽我的狼狽神色，轉過頭去，拿起小几上的一張照片看，那是一個白衣黑裙的短髮女孩，站在一叢茶花前面，眼中閃着奇異的光彩，由那微翹的嘴角，那俊俏的眼形，我一看便知道是她兒時的照片。

「是你嗎？」

「還像我嗎？」

「當然像，你無論變成什麼樣子我也會認得的。」

「在我所有的照片之中，我最喜歡這一張。」她放下了繡活，擡起了頭，一隻手拿着紅絨線慢慢繞着另一隻手的食指，然後又慢慢放開來。

「你那時在什麼地方？」我放下照片問道。

「重慶。」

「抗戰時候，是不是？」我急切的問。

「是的。」

「我也在那兒。」

「眞的？」

「我在重慶沙坪垻讀大學。」

「我家就住在小龍坎。我在合江讀書。」

「眞巧，我們怎麼沒碰見過？」

她噗的一下笑了，我還沒看見她這樣笑過。

「你這人眞有意思，那時就是碰見了也不認得。現在認得了還不是一樣。」

「那可不一樣了！」我悄悄的說。

我們都很興奮，談着我們共同知道的事物，有一種說不出的快感，我們的生命畢竟有了關連，好像這樣一來，我們就共同生活過。我傾盡心力回憶四川的一景一物。

「四川的包穀又大又香！」

「你也喜歡吃包穀？」她那双睡眼現在完全淸醒了，睜得大大的。

「最喜歡了！尤其是老包穀，放在灶裏一烘，哼，眞香！」我深深吸了一口氣。

「你這樣一說，我好像已經聞着烘包穀的香味了！那包穀現在吃起來也許並不香了，有許多很好的香味是成年人聞不到的。」

「眞是如此。那恐怕是十年以前的事了！」

「是十年了。我還記得，我的學校四週全是山，門前有一條小溪，我常去那裏洗衣服。山野全是金色的，到處是草香。我愛坐在溪邊的岩石上，聽山上傳來的幽微的、連續的鳥叫，幻想騎着駿馬穿着馬靴的人向我奔來，或是想念家中的母親。有時我看着那些岩石的形狀像各種野獸，嚇得只打寒戰，就像那些兇猛的野獸要動起來了，我就跳下岩石跑回學校。」

我們就這樣談着她兒時的事，她的聲音從未這樣甜潤。但她忽然停止了談話，好像聽見了什麼，神色驚惶的由椅中跳起，向內屋奔去，只聽見她在屋內焦灼的叫道：

「小茜，小茜，你怎麼了？小茜，媽媽在這兒！」

那聲音好像是一頭絕望的野獸在陷穽中的呼號。我奔進屋去，原來小茜躺在床上正瞪着白眼，口中淌着白沫，還夾有血絲，她四肢痛苦的痙攣着，完全失去了知覺。白綾抱着她，摔她，吻她，眼淚不斷的洒在她臉上。我知事態已十分嚴重，一面由她手中抱過孩子，一面說道：

「快，快去找醫生！」

我們跳上了一輛三輪車。孩子仍痙攣着，身上是滾燙的，兩頰緋紅。白綾在我身邊，不停的喚着：「小茜，小茜，我的孩子，看看媽媽。」時而親親她灼熱的小臉。此時，我心中只有一個渴望——渴望奉獻我的一切爲這個可憐的無助的母親担當苦難，渴望使她永遠快樂，不再流一滴眼淚。

當醫生拿着聽筒嚴肅的聽着孩子的胸部時，白綾的動作完全像一個失去了理性的人，一時向醫生嘮叨着孩子的病況，哀求醫生拯救她的孩子，一時親親孩子的臉，摸摸她的手，她的脚，不斷喚着：「小茜，小茜，媽媽在這裏！叫一聲媽媽，小茜，小茜！」

醫生說孩子是急性腸炎，只要熱度不再增高，不會有危險。他爲孩子注射了兩針，灌了腸，便讓她安睡在病榻上，枕着冰袋。我和白綾守在榻旁。漸漸的，生命在那可愛的小臉上甦醒了，濃黑的眼簾啓開了，凝結的目光開始流動閃灼了，聲音梗在喉中掙扎着。當她迸出了「媽」這個字時，我和白綾不自覺的深深吐出一口氣，交換了一個安慰的目光，並且彼此握緊了手。

歸途中，我們緘默不語，心中猶有餘悸。小茜不肯躺在媽媽懷裏，要坐起來看街，她指着路旁的花房說：

「媽媽，你買花給我做個小花冠。」

白綾在孩子臉上洒了一陣吻，說道：

「好，孩子，你要天上的星星媽媽也摘給你。」

這時，路旁正經過一個女人，牽着一個小女孩，那女孩拿着一個氣球，穿着一件紅色小舞衣，像一團閃亮的紅光，在她媽媽身旁蹦蹦跳跳的。白綾將孩子摟得緊緊的，對我說道：

「幸虧我的孩子沒有出什麼事，否則，我看見了那小孩就會想起自己的孩子，現在想想那滋味我就要哭了。」她的眼淚流了一臉，把孩子摟得更緊，繼續說道：「我總怕有個什麼力量奪走我的孩子，我總覺得，凡是我所愛的，上帝都會從我這兒奪去的！」

（待續）

(上接第12頁)

2.防害資本儲積，擾亂市場安定：積蓄資本，爲目前發展工業，增加生產之要件。克難節約，則爲朝野一致之要求。如果資金不入銀行，勢將流入市面，買賣金鈔，搶購物資，刺激物價，擾亂市場。或則存放手中，任意揮霍。助長奢侈之風，有背節約之旨。國民所得既不儲存，資本積蓄何由而得。其影響經濟建設，誰能否認？

3.金融癱瘓，經濟混亂：存款退出銀行之結果，首先遭受打擊者厥爲金融機構。存款既難以吸收，放款自無以應付。銀行機能既失，信用授受無由。交易盡用現鈔，發行勢必膨脹。金融陷於癱瘓，各業週轉困難，生產萎縮百業蕭條，整個經濟必將陷於空前之混亂。其動搖國本，較金元券必有過之而無不及。國家前途，眞有令人不寒而慄者。

以上所舉弊害，不過其犖犖大者。卽此數端，已非彈丸之地的自由中國所能忍受。當局如能清夜深思，當亦不以吾人所言爲危言聳聽。日前徐柏園部長於立法院表示對於抄送存戶名單，當愼重考慮。陳財政廳長於省參議會亦主張應保持冷靜。主管當局的這種態度，我們不惜表示讚佩。因冷靜的頭腦和愼重的考慮，才能圓滿解決問題。我們相信當局愼重考慮的結果，必有完善的決策來處理這個久懸不決，影響至大的問題，而勿庸我們多事嘵嘵。惟臺灣爲我們復興基地，關係國家民族存亡，自由民主世界成敗，應以最善的努力求其安定與進步。因此我們不憚煩瑣，願向當局再貢獻幾點意見。

(一)決策與執行爲一事之兩面，財政與經濟等於一物之表裏。相因相成，關係密切。決策者必須通盤籌劃，各方並顧。談財政應當顧及經濟，管執行必須不忘決策。崗位主義，僨事之本，應非謀國之道。

(二)抄送存戶名單問題，牽涉至大，處理非易，惟有冷靜理智虛心寬懷方能應付無誤。如果滯碍難行，不妨另籌善策。若以金融業之一再違抗不辦而卽惱羞成怒，認爲「違反國家利益」，必强其遵行而後已。那是，蠻幹的作風，不僅有失民主精神，於事亦將無補。其實臺灣並無純粹的私營銀行，三個商業銀行也都有官股，如銀行業違抗不辦是爲自己利益，結果也就是爲國家利益。年來金融業已感經營困難，政府應給予同情，更應予以扶助，使其能增收存款，發揮誘導投資功能。金融健全，經濟才有辦法，財政也才能有辦法。

(三)抄送存戶名單，是基於所得稅法。今既不合實情，應卽修改稅法。釜底抽薪根本解決。我們以爲修改辦法有三：①將銀行存款利息所得，免予課稅，藉以鼓勵人民儲蓄，促進資本集積。②如果因財政上之理由，不願犧牲年僅四百萬元之利息所得稅，可將其由綜合所得稅內剔出，作爲獨立所得稅收。③所得稅法第八十九條有關開具戶名清單之字句刪去，改由納稅人自行申報，以憑歸戶。行號既有帳簿，銀行利息收入自應登入，徵收機關當不難憑以查核。如認爲可疑，然後再向銀行查詢。果有虛僞不實，不妨從嚴懲罰。如此辦理，各方均可顧到，牽涉極小功効至大，願當局考慮之。

讀者投書

(一)

報導客觀事實是報紙的責任

劉圓明

編者先生：

今天一個意外的機過竟引起我做了一個題外的研究，我竟像一個新聞系學生那樣有興緻地把兩三天內的各種報紙正正經經地研讀了一番。事情是這樣：我今天在友人處偶然看到一份公論報，上面有兩則中央社印尼六日專電。一則是說，印尼總理對在萬隆開會的亞非學生會議頗感失望，他竟發現這個會議完全是共黨要操縱和利用的把戲。因此印尼政府要求會議即時結束，並決定停止供給每天七千美元的開會費用。印尼總理並對印尼學生代表發表感想說，這個會什麽結果也不會有，除了飛到天上的煙。另一則是說菲律賓代表決定退出會議，決不再返。我看了這兩則消息後心中頗感快慰，因爲這些天眞的好人現在總算明白了共黨的那一套手段。但我當時又想起與此不太相關的另一問題，就是我在自己所訂閱的新生報上怎麽沒有看到這兩則電文呢？過後我碰到一位家中訂有中央日報的朋友，談起這兩則電文，他說他也沒有看到。於是這就觸動我們兩人的好奇心，決定把近幾天臺北的各種報紙都仔細檢閱一下，看看這兩則消息究竟是怎麽囘事。我們査閱的結果，發現登載這兩則中央社六日專電的只有公論報一家(八日)。此外中華日報刊登了其中的一條，那是關於菲律賓代表退出會議的(八日)。新生報則在前一天(七日)以最小標題登了一段合衆社的消息，提及每日供給會議七千美元的印尼政府要求即日結束會議。但從這條消息上讀者並不能看到印尼政府失望的情景。至於中央日報則對於這兩則中央社的專電隻字未登。我們得到這樣的結果後，我心中不免發生一些簡單的感想，現在寫在下面，以就敎於新聞界和各報的讀者。

我感想的主要之點，是新聞從業員在報紙篇幅狹小的今天應對新聞選擇特別注意，輕重緩急之間不可相差過遠，否則便是失職。譬如對亞非學生會議重要消息的遺漏就不免爲一次失職。普通國家的人民或許容易忽略這樣一個學生會議的重要性。但共產黨和受過共產黨爲害的地區都知道這是一個關係重大的題目。共產黨重視這樣的會議的程度是超過一般人想象的。他們對於這樣一個會議的嚴密部署或者僅次於在韓國的戰場。

記得筆者三十四年在昆明西南聯大讀書的時候曾有過一次與此有關的經驗。共黨把持的學生自治會忽然要以全體學生名義向美國發出一則通電，要求美軍退出中國。在各系代表討論這個通電時，有人建議在電文中增加一段，要求蘇聯軍隊也同樣退出中國。不意這建議竟遭到共黨學生百般阻撓，那種蠻橫的態度引起多數中立學生的不滿，紛紛發言問難，會議終未得到結論。但當天晚上共黨學生竟把這未決的電文一字未改的送到美國領事館，向美國和世界發佈。他們這種一切不顧的蠻幹手段自然激起校中學生公憤。有自稱無黨派的學生以遠超過共黨所能影響的數目聯合簽名，要求罷免自治會的人員。並集會討論具體步驟。共黨學生甚至派了許多打手在會場外面叫囂和丟石子，猙獰面目暴露無餘。這時眼看共黨學生不得收場，誰知在這緊要關頭當時以關麟徵將軍爲首的昆明治安當局竟派人用手榴彈炸死了幾個學生，於是大家情緒一轉，便把以上的事情不了了之。

可是當時筆者已經得到一個深刻的印象。筆者終於悟出共產黨所以不顧一切地一定要在一預定時間把那樣一通僞的電文送出，是因爲要把它和許多其他同樣的技倆配合，以構成一幅完整的圖像，用以影響多數人的視聽和心理。就筆者日後所知這類技倆曾發生很大的效果，譬如我所到過的地方都曾聽到人說，聯大學生是反美的。我們甚至可以推想上述那通電文曾多少影響了美國的輿論，因而也間地接影響了當時美國的外交政策。

無疑共產黨仍想把同樣手段施於亞菲會議，用以欺騙更廣大地區的人民，自由國家在這個會議中的奮鬪自然是堅苦的，也是值得讚佩的。尤其那位騎墻派的印尼總理竟因此而得到一種天眞的省悟。他能從一切壓力中解放出來可說英勇得可愛。中央社駐印尼記者能把這點情景以專電略加報導，也算盡忠職守。可惜國內的中央日報反沒有把這則電稿登出。中央日報當天(八日)的國際版曾有大篇幅的有趣味而無關緊要的珍聞。他們不能以沒有篇幅來作這件事的解釋。因此筆者不得不對該報同仁的工作精神表示遺憾，並覺得他們應對自己的工作態度虛心加以檢討。

從此引出筆者的第二個感想，今天普遍在臺灣民間的反共抗俄的情感是應該重視的。一般要求很簡單的老百姓，無論內地籍或本省籍的，他們不過需要好好過生活，因此不願關入充滿殘暴恐怖和猜疑的鐵幕。他們僅希望自食其力，因此並不想在共黨的大奴工營中作「國家主人」；他們或許有些親友在大陸，因此他們希望解救大陸。從這樣眞實基礎上生出來的反共情感是靠得住的。反之，有些混身政治圈的人，其反共意識倒沒有純樸老百姓那樣來得眞實。今天反共抗俄大業的希望不僅應寄托於政府，並更應寄托於民間的力量。因此我們不可輕視那些從民間生出來的報章雜誌。譬如那個比較有民間性的公論報就能有比較獨立特行的作風，要不是因爲有這樣民間報紙，我們怎能看出官家報紙的漏洞。貴刊讀者劉圓明上

四五、六、八

(二) 妻以夫貴

王明龍

我的先生是某機關的中上級人員，雖然『官居簡任末級』，每月的薪金，仍舊不敷家用，幸而常有出差費可以彌補，生活尚可勉强應付。祇因我已有四個孩子，二個在小學，一個在幼稚園，一個還在牙牙學語，開支比較大些，所以雇不起傭人。多年下來，身體常感疲乏，好在外子公餘亦能幫同工作，所以我對生活，可說相當滿意。現在有一難於解決的問題，就是關於婦聯會的工作。蓋按照外子服務機關的規定，凡中級以上的男性職員的太太，都得在該機關首長夫人的領導之下，按期去婦聯會縫衣半日(其實祇三小時)。我得參加這一工作，自然引爲榮幸，而亦義不容辭。平日都是我去工作，外子就請假回家燒飯看家，並接送孩子上下學（幼稚園的），有時碰到外子出差去了，或有公事跑不開，可就苦了。在這情形之下，我祇好不去，但外子可遭殃了，他會立刻接到主管人員的警告『你的太太爲什麼不去婦聯會，夫人很生氣。』

編者先生：我已說過，我能參加婦聯會工作，我很感榮幸，而亦義不容辭，但是我有一連串的疑問：㈠某機關是國家機構，婦聯會是民間團體，怎麼前者可爲後者辦理公文執行事務呢？㈡外子在某機關工作，他是公務員，他與機關的關係，限於公務，怎麼他有接受並傳達民間團體的通知義務呢？㈢我與外子，祇是夫妻關係，各有人格，他憑什麼可以命令我去工作呢？我與他服務的機關更是風馬牛的。㈣婦聯會既是一種婦女團體，爲什麼沒有一定的入會手續？又爲什麼限於高級人員的太太？先生：我實在想不透這中間的道理。有人說：這叫做「妻以夫貴」；因爲外子在某機關有相當的地位，我才有這一光榮，(外子如果爲首長，我卽領隊)。果然如此，這不但是公私不分，簡直是對於我們女性的絕大侮辱；婦聯會應是婦女的一般結合，不該是高級太太的組織。我們是有自己的人格與地位的，不能依賴丈夫而生存。「妻以夫貴」的意識是要不得的，奇怪的是：爲什麼我們的婦女界先進，會沒有這樣的自覺，竟以辱爲榮呢？

(上接第22頁)

人在星建立的大規模的伙食等）任速記員，這個職位一直做到一九四七年爲止。但日本佔領時期，他不與日本合作，自己靠着賣炭過日子，他妻子乃替裁衣爲生。到了一九四七年秋，星加坡書記行政公務員聯合會成立，乃辭去冷藏等工作，出任該會第一屆專任秘書，專心研究工會組織及工運工作。使林氏成爲馬來亞第一個獲得英國文化協會之獎金，赴英國研究職工運動。他在英國的一個時期，遇見許多社會主義者。林氏之政治主張及其思想，受到他們的影響不少。

初次投入政治活動時，他是從前星加坡進步黨黨員，一九四八年爲彼時總督委爲代表職工會之非官委立法議員。旋與進步黨政見不合，乃退出該黨，自己組織勞工黨，不久爲勞工黨之主席，掌握全星十萬名職工會會員，於是其聲勢之大，一日千里。

林氏在勞工黨時，思想是左傾的，同時還有一些反美。於是在一九五一年，他乃獲得美國政府之邀請，赴美考察。當他在美國時，其時有一羣來自南美的大學教授，當面向林氏開玩笑，爲林氏一一駁倒。

一九五四年下半年，林氏想取得律師資格，在馬紹爾的律師館內任總書記，但受律師公會所反對，同時高等法庭也因爲他身爲立法議員，且兼及工運，怕他不能兼顧，因此未有批准。

林氏的口才遠不及馬紹爾。馬紹爾的演詞，不但動人，而且富有文學天才。麥唐納批評馬紹爾是「政治舞臺上的一名好演員」，那末林友福的「演技」和「臺詞」遠不及馬紹爾響亮了。雖然他們兩人訂有生死之交。

林氏具有一項政治資本，這是馬紹爾所沒有的。那便是他是華僑。馬紹爾是猶太人。星加坡人一百廿萬，九十萬是華僑。而且全部經濟勢力操縱在華僑手中。換言之，全體華僑擁護他。這個事實是不可否認的。

林氏能講國語，國語程度不能算壞，年輕時讀過一些中國舊書。所以思想上完全是中國人。如果上林家去坐，他家捧茶敬客的規矩，完全是滿清時代的。主人一定捧茶舉杯，邀而敬客，這種古禮在中國反而不容易看到了。他自己十分謙和，他常引用孔子說的「吾也少賤，故多能鄙事。」林友福雖是平凡，但他手下的人說是「偉大的平凡」。

因爲他有中國血統，受過中國教育，知道中國的禮俗。因此他對中國的讀書人十分尊敬，對自己同胞有好感。相信他能合理的處理星加坡的華僑問題。

林氏有一位賢淑的內助，協助其作政治的奮鬪。由於他在外奔走，常常不能與家人團聚，妻兒每每要吸吸不休。他也常說：我獻身社會，家人沒有幸福了。他沒有嗜好，只是斗烟經常不離手，有時喜歡唸唸唐詩，買些中國字畫。說到唐詩，他說：「我最喜歡杜甫的作品，因爲他的詩容易明白。」

給讀者的報告

我僑務委員會委員長鄭彥棻在五月二十五日的記者招待會上，表示政府今後歡迎到過匪區觀光的僑胞來臺觀光。這是一個值得稱讚的政策。我們在社論(一)中提出幾項具體的建議，希望我政府能予以重視與考慮，並付諸實行。第一，我們必須說了就做。我政府必須派人到各地實際活動。第二，出入境的辦法亟待改善。出入境證的核發，必須放寬尺度；必須有客觀的標準；出入境手續必須簡化。第三，政府應准留港的若干願意來臺的立監委及反共人士來臺。第四，我政府應學習英美民主風度，表示寬大作風，早日將監禁了六年的龔德柏氏開釋。我們認為在此國際局勢逆轉之下，政府應立即邀海內外所有反共人士來臺洽商一切有關反攻復國的大計，以對抗中共笑臉外交的政治攻勢。我們特別要強調的是，我們目前與共匪鬪爭的唯一武器是收拾人心，維繫人心，使自由中國成為海內外的自由中國人嚮往的地方。一切工作若針對這一個目標去作，才能復國建國。

日本自鳩山內閣主政以後，與匪俄之間接觸頻繁，表現十分親善。我們雖諒解日本為經濟打算的這份心情，但為了日本本國的前途，為了自由世界的前途，我們不得不向鳩山內閣進一言。因此，在社論(二)中我們提醒日本，一個國家的基本立場是不能輕易改變的。俄國在近三十年來所施予日本的陰謀險惡的手段，日本應該不會淡忘的。在整個俄共備戰經濟體系之下，日本不可對蘇俄和中共存有任何幻想，以為可以由蘇俄和中共獲得任何現實利益。

陶百川先生在「一個監察委員的狗生哲學」中將監察委員比作看門狗，看見賊來而高吠是狗的職責，發覺違法失職而糾彈是監委的職責。陶先生特別強調我國知識分子的「寧鳴而死，不默而生」的傳統精神。他認為看門的狗、報凶的烏鴉、以天下為己任的知識份子、以糾彈和批評為職責的監委，都必須有這種良好的傳統精神。

美國總統艾森豪認為中立有兩種形態：一是兩個對峙武力之間的中立；一是是非之間的中立。艾森豪認為對共產黨作戰的中立者，是屬於第一個形態的，對之頗為同情。蔣勻田先生在「銓釋中立主義」一文中，即反覆從對共產黨戰爭的本質，說明對共產黨戰爭，中立主義就是對是非問題的中立，因此中立主義對自由世界是極危險的。我們在最近幾期中，一再對美國進言者，因為美國是反共鬪爭中的領導者，如領導錯誤，對於自由世界貽害匪小。

行政當局為了要維護新所得稅制，增加稅收，乃規定抄送存戶名單。此一規定引起了金融界的堅決反對。戴濟民先生在「銀行抄送存戶名單問題評議」一文中，敍述此一措施的利弊得失，願當局考慮之。

劉世超先生的「語文的功用」是敍述語文對人類的貢獻，說明語文在「精神文明」中所佔的重要地位。他認為人類有了較完備的語文，精神文明才能迅速發展，使人與禽獸的距離愈形遙遠。

本期有兩篇關於亞非學生會議的通訊。顯然的，共產黨企圖利用亞非學生會議作為一政治工具，以實現共滲透的陰謀。我們過去在大陸忽略了共產黨在這方面的陰謀，以致共產黨狡猾的技倆會發生很大效果，正如劉圓明先生在讀者投書「報導客觀事實是報紙的責任」中之所云。我們明白亞非學生會議全貌之後，一方面要提高對共黨的警覺，一方面必須加強我國民外交。

星加坡新閣首席部長林友福氏是個華僑，具有中國的傳統思想。以一個典型的中國人出任此要職，是值得我們重視的，本刊特為文介紹。

林海音女士的大作雖然是首次在本刊登刊，但讀者對於林女士的文彩想必是早已知道的。林女士這篇「綠藻與鹹蛋」正如她一貫的風格一樣，輕鬆而有風趣。

自由中國 半月刊 第十五卷第一期 總第一六〇號

中華民國四十五年七月一日出版

發行人兼主編 『自由中國』編輯委員會

出版者 自由中國社
社址：臺北市和平東路二段十八巷一號
電話：二 八 五 七 〇

航空版
香港 友聯書報發行公司 Union Press Circulation Company, No. 26-A, Des Voeux Rd. C., 1st Fl. Hong Kong

總經銷
臺灣 自由中國社發行部
美國 自由中國日報 Free China Daily 719 Sacramento St., San Francisco 8, Calif. U. S. A.

經售者
日本 東京僑豐企業公司
韓國 漢城裕昌德號
馬尼剌 大中華日報社
印尼 新疆書店
　　 椰嘉達天聲日報
　　 泗水文光圖書公司
越南 西貢中原文化印刷公司
緬甸 仰光振成書報店
印度 加爾各答塔梅學校
澳洲 雪梨瑞田公司
北婆羅洲 西利亞坡青年書店
新加坡 檳榔嶼、吉打邦均有出售

印刷者 精華印書館
廠址：臺北市長沙街二段六〇號
電話：二 三 四 二 九 號

自由中國　第十五卷　第一期　內政部雜誌登記證內警臺誌字第三八二號　臺灣省雜誌事業協會會員　四三四

本刊經中華郵政登記認為第一類新聞紙類、臺灣郵政管理局新聞紙類登記執照第五九七號

臺灣郵政劃撥儲金帳戶第八一三九號

(每份臺幣四元，美金三角)

自由中國

FREE CHINA

第十五卷第二期

要目

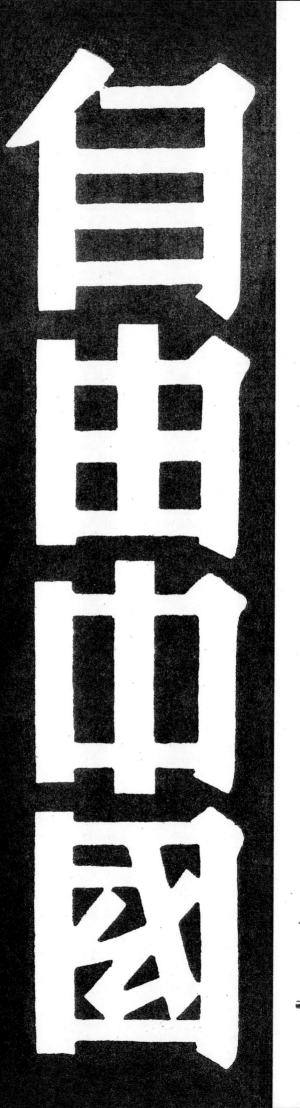

中華民國四十五年七月十六日出版

社址：臺北市和平東路二段十八巷一號

半月大事記

六月二十六日　(星期二)

美參院通過三百五十億美元國防費用，空軍預算增撥約十億元。

安理會否決亞非十三國建議，未將阿爾及利亞問題列入議程。

狄托自羅馬尼亞歸國，自稱訪俄有好結果。南斯拉夫與羅馬尼亞聲明重拾舊歡。

六月二十七日　(星期三)

不列顛國協會閉幕，商討對付蘇俄新威脅。

美國務卿杜勒斯在記者會中表示，俄酋對史達林發動鞭屍後，俄共處於狼狽境地；西方應更加强團結，勿使共黨獲得新的勝利的希望。

六月二十八日　(星期四)

英國首相艾登向不列顛國協演說時透露，艾登曾向俄酋提出警告，俄如封鎖中東油田，英國即將對俄作戰。

不列顛國協總理會，檢討對美對俄關係。艾登仍圖使國協成爲美俄橋樑。

西德外長發出警告，俄對東德各地城市恐怖統治較前更甚，認俄政策目標未改變。

俄酋謝彼洛夫抵希臘訪問。黎巴嫩以照會致俄，指責蘇俄中東政策。

美衆院軍委會通過軍艦出借法案，遠東中韓各國均將獲借。

東南亞公約組織，已在曼谷建立永久總部。

波蘭工人大舉抗暴，要求麵包，驅逐俄人。

六月二十九日　(星期五)

美參議院表決通過四十五億援外法案。

美總統艾森豪批准對俄政策，促使俄帝開放鐵幕。

六月三十日　(星期六)

波共軍與武裝工人在繼續衝突中。波共總理軟硬兼施向工人恫嚇，俄軍官指揮陸空軍佈滿波茲南。

埃及新閣成立，納塞兼任總理。

蘇俄今公佈了列寧遺囑，遺囑中要求革除史達林所任俄共書記長的職務。

希臘拒絕訪俄邀請。謝波洛夫再向希臘蠱惑，建議兩國經濟合作，並以塞島問題煽惑民族情緒。

美國務院今公佈俄共黨文件十八種。

七月一日　(星期日)

匈牙利發現反共集會，六千人參加大會否定共產黨原則。

俄酋赫魯雪夫對埃及記者談話，圖煽惑阿拉伯各國，責以色列維持緊張局勢，謂時機現正向阿拉伯國家有利方面轉變。

希臘與匈牙利簽貿易協定。

七月二日　(星期一)

波軍封鎖東德邊境，大捕抗暴工人。

俄共對於史達林生前未受罷黜有所辯解，不承認因爲缺乏個人勇氣，乃因他已成偶像，不敢經擊。

不列顛國協商對匪關係，各國意見至爲分歧。

杜勒斯向美衆院作證强調，盟邦不應放鬆警戒，武裝侵略威脅仍然存在。

七月三日　(星期二)

波工人繼續抗暴，怠工運動蔓延。

美參院通過決議，對波人抗暴表欽佩，促政府運救濟物質往波蘭。

俄駐美使館武官被提出美國，因從事間諜活動，美不表歡迎。

自由和平解放會議在美舉行，通過重要決議，阻匪入聯合國。

黎巴嫩、伊拉克表示，決不考慮承認匪僞。

七月四日　(星期三)

蘇俄對於西方國家所提列舉支配未來裁軍討論的若干原則的建議，加以拒絕，重提禁用核子武器濫調。

英與利比亞商獲協議，由英訓練利國陸軍，並協助建立海空軍。

西德和義大利發表會談公報，强調德統一重要性。

美副總統在菲發表演說，珍視自由國家友誼；決不同情中立主義，警告中立國討好俄匪實係冒險；斥共黨從事現代慘酷的殖民地主義。

七月五日　(星期四)

波共整肅一批被認爲對波茲南暴動負責的共黨黨員。

七月六日　(星期五)

大西洋公約總部提報告，俄擁龐大作戰潛力，前鋒軍可迅速進入西歐，所謂裁減部隊迄未實行。

由於土耳其的反對，英國已放棄塞島自治的計劃。

美兩院對援外案通過折衷法案，總額爲四十一億元。

七月七日　(星期六)

美國副總統尼克森抵臺。

立法院三讀通過軍事審判法施行法。

七月八日　(星期日)

蔣總統與尼克森會談有關中美問題。

日本改選參議員，間接表明未來政治動向。

蘇俄和高棉發表會談公報，考慮加强「經濟合作」。

七月九日　(星期一)

美國副總統尼克森在巴基斯坦警告稱：接受共黨經援國家，必將成爲共黨附庸。

七月十日　(星期二)

美參衆兩院通過四十億元援外方案。

英相艾登函覆布加寧，拒絕裁減駐德部隊，指俄表面裁軍不足產生信任。

日參議院改選結果，反對黨席次反增加，政府重整軍備計劃將受阻礙。

戴寧向美參院軍委會要求增加空軍經費，保持美國領先地位，對俄空軍技術進展提出警告。

「自由中國」的宗旨

第一、我們要向全國國民宣傳自由與民主的真實價值，並且要督促政府(各級的政府)，切實改革政治經濟，努力建立自由民主的社會。

第二、我們要支持並督促政府用種種力量抵抗共產黨鐵幕之下剝奪一切自由的極權政治，不讓他擴張他的勢力範圍。

第三、我們要盡我們的努力，援助淪陷區域的同胞，幫助他們早日恢復自由。

第四、我們的最後目標是要使整個中華民國成為自由的中國。

社論

（一）如何應付共匪的和談攻勢？

上月二十八日，周匪恩來在北平召開的僞人民代表大會上發表演說，代表僞政權正式宣告，「願與臺灣當局談判和平解放臺灣之具體步驟與條件。」此一宣告，無疑是代表了共匪對我策略運用之一重大變化，我們不僅應對其影響與後果密切注意，並且還應尋求適當對策，以防止可能的不良影響與嚴重後果。

我們知道，政府當局對於此一變化，異常重視，應付亦異常審愼。但仍有兩點使我們感覺不解。第一是：共匪從「武力解放臺灣」到「和平解放臺灣」的轉變，並非從今日開始，早在半年多以前，我們之間少數人已能聽到許多零星傳說，指示出此種轉變的可能，但因爲大家對眞實情形沒有確切瞭解，多方揣測，一些失實的謠言亦隨之而起。我們當局的新聞政策，專事封鎖敵情，臺灣報紙，對此一變化竟是無所透露。周匪此次的公開宣告，使大部分人民都感覺突如其來，轉致惶惑失措。甚至，在周匪作了公開宣告以後，我們的報紙也僅刊登駁斥的言論，對周匪講詞內容，未作較爲完全的披露，使我們無法窺見敵人策略運用的全貌。

我們可以舉出一些具體情形來說明當局宣傳政策之錯誤。周匪對臺灣問題的最近宣告仍使用「解放」字樣，我們的宣傳對於這一點，故意不予强調，好像是爲了「面子」，僅說共匪願與我進行和談。我們必須明白指破：共匪所謂和談，事實上是對我招降，要我們無條件的把自由國土歸併於鐵幕極權統治。他並不是願與我們以對等地位來進行談判，以妥協方式來解決問題。共匪的態度，還是那樣傲慢而狂悖，我們正應該拿這一點來鼓起全國軍民的同仇敵愾之心。現在却是爲了面子問題而諱言招降，豈非正好在一般人心中製造出共匪態度已變得較爲溫和而合理的幻覺？又如，周匪的演詞也提到與美國共同發表放棄使用武力的聯合宣言的問題，周匪表示對此原則不加反對，但仍堅持此項宣言應不干涉臺灣問題之解決，因爲這是一個「內部」問題。這表示共匪並不願作對臺灣不使用武力的長期承諾，更顯得他此番的和談攻勢，僅爲一時權宜之計，到將來可能或必要時仍隨時可以回復到「武力解放」的原路上去。但我們的報紙，對此一節大都略而不提，更沒有進一步去分析周匪眞正的用意之所在。我們的新聞政策，在一般對共匪沒有深切瞭解的民衆間竟造成共匪態度確已趨於緩和的印象，豈不是等於增强了共匪和談攻勢的效力？

總之，政府應該把共匪對我發動和談攻勢以及與美國進行談判的眞實情形，隨時讓國民知道，使國民對於共匪的詭計多端，有一正確的認識。

第二件使我們感覺不解的事是：周匪發表那個荒謬的演講，至今已有半個月的時間，我們政府除了由新聞局代局長朱新民氏發表了一段簡短談話以外，竟沒有對周匪的讕言，作正式而公開的，堂堂皇皇的駁斥，似乎祇擬以「不予重視」的態度不了了之。我們頗欣賞朱新民氏的談話，觀點正確而措詞得體，爲一出色的外交詞令。但，一方面是由發言人不够權威地位，另一方面又由於多所掩飾而語焉不詳，實在不易發出普遍而深入的影響力。我們當然沒有正面答覆周匪的必要。但面臨這樣一個重大變化，我們的政府首長實必須對整個世界，對全體人民作一嚴正表示，以袪除一般人的疑惑，打破共匪所企圖製造的種種幻覺與錯覺。我們政府當局平常逢到過年過節，總要發表長篇大論的文告，把一些說而又說的話再說一遍，今天逢到這樣大事，偏偏默不作聲，我們眞不懂是什麼道理。

共匪的和談攻勢，如一般人所指出，其主要對象，不是我國政府，而是廣大的世界。他明知我政府對他的提議解決不會予以理會，更不會予以接受，却仍故意作此和平姿態，以圖贏得國際間以及華僑社會中中立分子之同情與支持。他要造成這樣一種印象：共產黨人已不復是黷武主義者，而堅持武力解決的，却是我們中華民國政府。我們不可否認，「和平」一詞對世人仍有一種不可思議的魅力。我們決不能僅僅以沉默(置之不理)來答覆敵人此種陰險毒辣的和談攻勢。我們必須應戰，我們必須反擊。我們要拿更爲堂皇而有力的號召來壓倒敵人的宣傳。爲此，我們主張政府應正式向世界公告：

（一）共匪從「武力解放」到「和平解放」的轉變，是由於他自省已沒有力量來向臺灣海峽的中美聯合防線進攻，如果我們鬆弛了防衛的努力，他仍將藉口「這是內部問題」而以武力來攫取臺灣。

（二）共匪是要我們把自由國土向極權統治無條件的投降，而美其名曰「謀取國家的統一」，我們不僅對國家，同時也對整個自由世界，負有堅守這一片自由國土的責任。

（三）反攻復國，在今日仍爲我們的基本國策，但這並不是說，我們絕不考慮軍事以外的其他解決方法，我們却要堅持，此種軍事以外的解決方法，必須絕對符合眞正民主自由的原則。因此我們應提議中國大陸在聯合國嚴密監督之下舉行絕對自由的公民投票，讓人民得就自己的意志選擇政府。

我們知道，以上所舉三點中的最後一項，很可能在我們自己（自由中國朝野上下）之間，也不能贏得普遍的贊同，我們之間有不少人，强調法統的觀念，認爲除了共匪僞政權向我合法政府歸順之外，不能有其他的和平解決方法。站在我們的立場說，此種觀念，自屬正確，但對外界，就不容易發生積極的道義力量。照現代的民主政治思想來看，政權的基礎不是法統，而是人民的同意。我們主動提出自由投票，卽是向世界表示，我們決不畏懼民意的考驗；共匪對我們的提議如予拒絕，卽證明僞政權確爲一强加諸人民的暴力統治。我們誠知，這種的建議，不會爲共匪所接受，卻的確可使國際間一般中立主義者啞口無言，無法再爲共匪的和談攻勢推波助瀾。

西方國家對付整個共產集團的和平攻勢，就是拿自由選擧的號召爲有力的反攻武器。它們要求在東德擧行自由選擧，也要求在東歐附庸國家擧行自由選擧，使共產集團的宣傳顯得完全詞窮理屈，一切和平僞裝，都爲之無所遁形。西方國家，獨獨對中國問題沒有提出類此的主張，而企圖以「兩個中國」的方式來尋求解決，以致爲我們招來無數的麻煩與困惑。我們現在自動提出自由選擧，除了反擊共匪的和談攻勢之外，還可以阻塞正在國際間滋長的「兩個中國」運動的暗潮，因爲，西方國家既在歐洲問題上堅持自由選擧，就沒有理由反對我們把同一原則應用於中國問題之解決。

最後，我們尙須指出：對付共匪的和談攻勢，我政府僅僅作一次堂正的表示，仍屬不够。我們另須以各種更積極的行動，來配合我們的宣傳。共匪的目的，是要在政治上使我們陷於孤立。他在發動和談攻勢的同時，對海外僑胞，不惜以種種欺騙手段，拉攏爭取，使他們背離自由祖國。我們目前，不僅要穩住反共分子，並且還要進一步對一些較爲「中立」的人士也儘可能爭取。我們必須以開明進步的政治來增强我們的號召力，以廣濶的心胸來容忍一切舊時嫌怨與細微歧見，在反極權、反奴役的大前提下集結我們的反共力量。一個最重要且又最基本的眞理是：此一場生死鬪爭的成敗關鍵，終極的，是繫諸人心的背向。我們要使自己的所作所爲與共匪的統治成一黑白分明的强烈對照，不單單倚靠敵人的壞處，而是要憑藉自己眞正的優點，來贏得人心。我們確信，這才是唯一的走向勝利之路。

社論

(二) 値得重視的華僑教育問題

美國麻省理工學院國際問題研究所去年出版、由羅斯托博士（W. W. Rostow）就其研究所得寫出的「美國的亞洲政策」一書，於其第三章中，曾指出東南亞華僑在亞洲反共鬪爭中是一種値得爭取的力量，而現在他們並沒有受到自由世界的重視。他說：「東南亞的華僑，雖在情感上屬於祖宗所在地的中國，但是目前正站在共產黨與自由世界之間觀望，等着看究竟最後的力量屬於那一方面」。最後他除表示應擴大對該地區華僑的宣傳工作之外，並對美國政府提出三項具體的建議：(一)各地華僑團體的支持與指導，如星加坡華僑大學是；(二)援助並鼓勵臺灣擴充教育設備；(三)減少合格華僑來美國求學的限制。羅氏對於亞洲原無絲毫人與事的淵源，其對亞洲問題之研究，完全基於學術和純客觀的立場，就我們自身所瞭解的目前東南亞乃至世界其他各地區的華僑實況，拿來與羅氏所指出的相印證，深覺得他的這些意見値得重視；而尤其認爲當前我們自由中國爲爭取華僑之歸向，特別應在華僑教育問題方面，有作更多更大之努力的必要。

根據我們僑務主管部門所發表的統計數字，散布在世界各地的華僑人數總數爲一千三百萬。這一個數字姑不論其是否絕對正確可靠，但是有下列三種實際情形，却不能爲主持僑務工作者所忽視：第一、在此一千三百萬華僑之中，究竟有多少是傾向自由中國的？有多少是傾向共匪的；還有多少是在徘徊瞻顧的？第二、這些華僑雖然都自承爲中國籍，但同時有若干人却已成爲當地的公民，卽是具有雙重國籍；第三、老一代的華僑對祖國的熱愛，固然並不因其離鄉背井而稍減，相反地具有極濃厚的鄉土觀念；但第二三代的華僑青年，則因其從小便接受了當地的教育，以致對祖國的文化完全隔膜，語言也許因家庭的關係還有練習的機會，文字則有不少的人已難辨識。這上述的三種情形之存在，就是說明一個嚴重的問題：如果我們對於目前第二三代的華僑教育工作不能採取更積極更有效的方法，則我們現在所稱的一千三百萬華僑，縱令不能全部被共匪爭取以去，也很可能完全歸化爲外國人，將不能作爲我們的同胞來計算；然而事實上，目前共匪正在不擇手段的爭取華僑，一切滲透、分化、威脅、利誘的方法，無所不用其極，宣傳攻勢尤爲强烈，那些對祖國文化瞭解不深，對共匪陰謀認識不清，意志薄弱，信念不堅的華僑青年，更容易墮入共匪圈套之中。這種趨勢如任其繼續發展，不能立予挽救，則其首先受到不利的影響的，固然是我們自由中國；但是如許廣大的人數，果爲共匪所吸收利用，其對於整個自由世界以及當地政府，同樣也將造成一種重大的危害。這也正是我們在此要大聲呼籲我政府當局、華僑居留地的當地政府和作爲世界民主反共領導國家的美國必須從速重視華僑教育的最大理由。

老一代的華僑雖曾經艱苦奮鬪，在海外創立了家業，但其鄉土觀念極重，不僅與家鄉頻繁保持接觸，而且多半在家鄉置有田地產業，這是我們中國人的倫理和所謂「富貴不歸故鄉如衣錦夜行」的傳統觀念所致，因而他們對其子弟，都希望能受得本國的教育。同時更因爲老華僑們過去大都是未能受到良好的教育，在事業上曾感到甚多的困難，所以他們對下一代的教育尤爲注重，這也是他們都願意慷慨的將辛苦所得的錢財拿出來興辦華僑學校的理由。但是正因其如此，其興辦學校之目的恰與當地政府所要求相反。老華僑們是希望其若子若孫永遠保持其爲中國人，而當地政府則希望將那些已取得當地公民資格的華僑逐漸排開了他們的祖國觀念，而完全効忠於當地政府。根據此一目的，當地政府便對華僑學校予以歧視，用種種的方法來加以限制，例如對中國文教授鐘點規定每週不得超過若干小時之類。這種行法，基於當地政府之本身立場固有多少值得原諒之處；但是由於這種歧視，都造成了華僑與當地政府間一種頗不融洽的感情；而共匪即藉此一方面作爲挑撥離間的口實，一方面積極進行對當地華僑社會的滲透工作，强調西方國家的殖民主義和當地政府對華僑的壓迫，以激起華僑對當地政府的反感。這類刺激性的宣傳詞句，是共匪們所優爲之，同時也容易爲那些身受歧視的華僑青年所接受。這樣一來，共匪的滲透分化工作便已獲得迅速的進展。接着他們更以免費讀書的辦法招攬華僑青年去匪區升學，使這些青年將來都能成爲當地顛覆運動醱酵的酵母。於是以往若干年來，一向對當地政治並不感多大興趣的華僑們，由於這些第二、三代的華僑青年受了共匪毒素的注射，將對當地政府完全居於敵對的地位。這個情勢的繼續發展，恐怕還不只是當地社會秩序的混亂，很可能那一個地區會全部被赤化。因此，我們認爲華僑所在地的當地政府，今後對華僑的政策實有速加改善之必要，除了那些禁止華僑經營某些商業的法規，應予修正外，尤應着眼於華僑青年的教育問題，而這種教育的目的，不應該以「同化」爲唯一要求，而應該以「反共」爲主要目標。

青年們是需要教育的，華僑青年當然也不例外，過去政府在大陸時，如暨南大學專爲教育華僑而設，嶺南、中山諸大學，幾乎半數均是僑生，而今天則各華僑居留地既少高等教育之興辦，而自由中國各學校對僑生之容量叉極有限，再加以共匪免費供應的誘惑，華僑青年爲解決升學問題而進入匪區，自必爲數日增。羅斯托氏在「美國的亞洲政策」一書中說，據一九五三年的統計，亞洲各地有一〇、〇八六個學生在大陸共區大學求學，而同年在臺灣大學求學的華僑，爲數不過八二六人。雖則華僑來臺求學的，近年已逐有增加，然按照上列比例計算，這形勢仍是非常可慮的。等到這些青年大部份都受了共匪的教育，則不特當地政府所日夜希望的「同化」華僑的目的無由達到，而共匪赤化該地區的目的却早已達到了。在華僑居留地的各當地政府當局應該認淸，我們並不認爲其「同化」華僑的工作是不應該，但是「同化」必須經過長久的時間，決不能操之過急，且首先必須從培養感情方面着手，而共匪的赤化，則只在幾年之間，便可使形勢大變。如果這種嚴重的形勢一旦造成，則挽救也就來不及了。

爲今之計，我們認爲關於今後華僑教育問題，應由當地政府、自由中國及美國共同從各方面努力來求取改善與解決之道。首先寄望於華僑居留地的當地政府者，至少有如下四事：㈠鼓勵當地華僑增辦大中學校；㈡對華僑教育事業予以物質及精神之協助；㈢取消一切對華僑學校不合理的限制，如限制講授中國文和中國歷史地理的鐘點等。（最近星加坡政府所發表之「教育政策白皮書」，對華僑學校仍胎息英國的殖民主義教育政策的精神，實爲不智之擧，本刊已有專文論及。）㈣與自由中國密取連繫，使華僑學校能儘量採用自由中國教育部所編訂之課本。

其次，在自由中國政府方面，對華僑教育問題，當更有無可旁貸之責任，除了儘量爭取華僑青年來臺就讀外，對各地華僑學校，更宜盡力予以協助，例如經費之補助，課本與教師之供應，政府力量之支持等。但有一點我們必須注意的，我們只能處於協助的地位，而不應動輒對學校行政和人事方面採取干涉的態度，甚至希望透過人事的安排而攫爲某主管機關所有。因爲如有此種作風發現，必徒然增加華僑的反感；而當地政府也將不免心存疑忌，這是千萬要不得的。

至於美國方面所應做的，當然最主要的是財力的支援。最近張君勱先生曾呼籲：美國政府應在每一個有一百萬華僑居住的地方想法設立一所教育華僑的大學，這是非常具體的辦法之一。其餘如華僑學校經費之補助，圖書儀器之補充，均有賴於美國的供應。再如自由中國對華僑學校免費供應課本一事，恐亦非目前政府財力所能做到（據聞共匪對各地華僑學校已實施免費供應辦法。），也必須美國予以資助，才能辦到。其餘如上述羅斯托氏所提出的三項，當然更是美國所宜積極努力的。

末了，對於華僑方面，我們也願在此略貢所見。今天和以往，各當地政府對於華僑的歧視和對僑教的限制，固爲極不合理，但是我們都決不可因此而採取不合作或敵對的態度。因爲這樣的作法，不特將授予共匪以更多挑撥離間的機會，而且於事無補，徒然增加人民與政府間之惡感。我們希望我們的僑胞，除了對這些不合理的待遇，經過合法手續予以交涉之外，並應在經濟建設方面，以極誠懇合作的態度來協助當地政府，使雙方感情逐漸融洽。彼此之間疑忌的心理化除了，則不特華僑敎育上的許多問題可以解決，其他的許多有關華僑權益的問題，亦必可以迎刃而解。

社論

(三) 評星加坡的「教育政策白皮書」

星加坡教育當局，根據立法議院各黨派組成之調查華文教育委員會報告書內容所作的建議，擬定了一個「教育政策白皮書」，經由勞工陣線聯合內閣的教育部部長周瑞麒氏向立法議會提出，已經批准採納，用以代替過去的殖民地教育政策，希望從此爲了行將獨立的星加坡，建立一個嶄新的教育制度，使星加坡的教育配合馬來亞化，這一着是星加坡政治發展中的一項重要措施。

這個「教育政策白皮書」的實施日期，尚未明令公佈。但據教育部傳出非正式消息可能在今年秋天實施。星加坡所有部份津貼的學校，其中包括華文學校，都得向政府申請全面津貼，（全面津貼之學校，小學學費全免，不在星馬出生的學生每月學費二元五角——按現在規定星馬出生學費二元五角，星馬以外出生者學費五元。中學學費女生每月三元，男生每月四元），如不申請，連現在的部份津貼都要被取消。如果這個部份津貼被取消以後，則不僅許多華校，即連其他各民族的學校，勢必因經濟窮困而被迫停辦。

因此，現在星加坡有許多人士，特別是華僑方面，大家都提出反對。歸納起來，華僑方面反對「教育政策白皮書」的共有三方面的意見。第一、星加坡所有各華校校長，爲了他們本身的利益，是不希望接受全面津貼的，因爲如果接受了全面津貼，學校本身便要受到政府的干涉，校長沒有全權。第二、另有一批左派的華僑，他們反對這個「教育政策白皮書」，因爲如果白皮書的政策實施後，學生的活動將完全受到政府的阻止，不能長此放任的展開下去。第三、許多華僑擔心倘使這個白皮書政策實施後，會把我們的中國傳統之教育精神，弄到變質。擔心子弟受了這種教育以後，會「數典忘祖」，造成了中不中，西不西的奇異的現象。

星加坡各方面華僑反對的聲浪，除了上述第二項，因另有政治野心在，我們暫時勿論，其他第一、第三兩項的反對，不是完全沒有道理。本刊爲了星加坡八十萬華僑，爲了我們留在海外的下一代的教育，不得不提供幾個意見，以貢獻星加坡教育當局，在該「教育政策白皮書」正式實施之前，希望能作審愼的考慮。

縱觀「教育政策白皮書」內容，固不獨僅以華文教育爲主題，英、巫、印各校教育以及過去所施行的教育政策，亦均在檢討之列，作爲新政策之方針，較諸過去的殖民地教育政策，誠然有許多開明之處，但「白皮書」中的精神，仍以英校的教育原則爲基本，英校的教育體制爲主體，意欲强使華文學校，仿效英校之教育方式，似有「削足就履」之嫌。「白皮書」表面上似極尊重中華文化，實際上對華文學校教育的優良傳統制度，却無明確的保障，這一層正顯示「教育政策白皮書」仍然保留着非常濃厚的殖民地主義的色調，此正所以引起當地華僑之反感。

我人不能否定一個獨立自主的國家，必須有其統一的教育政策，劃一的教育制度，在這種政策及制度之下，理論上說任何民族的文化教育以及任何類型的民族學校，皆不應超然獨存，但在統一制度之下，必須儘可能保存各民族的固有優良傳統。這種優良傳統是不能剷除的，舉例來說，華文學校中所授之中國文學，詩歌、社會、歷史、地理等課程，必然側重於中華特質的一方面，這是情感上與傳統上必然的事實。要統一，要劃一是不可能的。「教育政策白皮書」第十八節謂：「當局現正修改課程，各校皆需遵照此課程以資劃一」。第十九節謂：「政府現已設立星馬聯合委員會，代表各種學校擬定本市所需之課程綱領，並對編寫課本提出建議」。這兩條表面上看都似乎言之成理，持之有故，實際上由於各民族的歷史文化有久暫之分，課程尤有簡繁之別，倘若硬性規定劃一——馬來亞化——則對華文學校將發生不良影響。例如目下華校中敎授中國史地的鐘點，每週每課僅僅兩節，（每節四十五分鐘），而教授馬來亞政治及馬來亞地理，也同樣是每週每課兩節，這裏便發生一個實際的困難。中國史地每週每課兩節，莫說史實及地勢講不完，卽連有關於中國史地的普通常識都說不盡，而每週每課兩節的馬政、馬地，因爲簡易，所以敎起來時間上綽綽有餘。這種規定顯然是不合實情。還有星馬各校中對於中國歷史上之鴉片之戰一章根本删除，不講給學生聽的。過去英國殖民地當局鑒於這是自己可恥之點，如此規定，還比較說得過去，現在行將獨立，似乎對於有關中國文史地之課程，不但不應删削，且宜力求其完整。因爲中國的文史地才是眞正代表了我們中華民族的優良文化傳統，如任意删削，則對中華文化無疑是一種嚴重的傷害。我們再看一看加拿大，雖然獨立了，仍重視法國文化的傳統；巴西獨立了，仍保存以前的葡萄牙文化，拉丁美洲多數國家到今天還是西班牙文化。由此可見一個民族的文化傳統，是不能硬性地統一於其他民族文化的。因此，我們認爲課程的分配以及課本的改編，應有一基本原則，去蕪存精，以保持中華文化上固有的優良傳統，並應給予華文學校自由以採用的權利。如果有些華校仍沿用過去我國教育部審定的課本，則星加坡政府應該尊重他們的自由選擇權。

再看「教育政策白皮書」第三節敍述英校系統，極力爲過去殖民教育政策辯護，强調申說：「因爲大多數父母，希望其子弟受英文教育，政府因此集中力量於建築英校及聘請訓練英校教師」。這種說法，如果屬實，則華校儘可聽其自生自滅，立院各黨各派不必鄭重其事，調查建議，星加坡教育部更不必發表上項白皮書。近幾年來，有關於華文學校教育的官方文告，不時犯上不實不盡之嫌。遠者姑且勿論，且以近者如一九五三年年底公佈的「兩種語文教育及津貼白皮書」，裏面便說：「華校教學完全以華文爲媒介」，這種「完全」說法，足使外間人士誤以爲華校課程中一向沒有英文（其實華校中英文鐘點多於國文授課時間，乃是事實），甚至以爲華校不講情理，拒絕英文教學，這是非常寃枉。又如一九五四年度的「星加坡常年報告書」中，强調申說一九四七年的十年教育計劃，規定「小學教育定爲六年，雖非强迫，但屬免費，以英、華、巫、印各語爲教學媒介，聽由學生家長選擇」。常年報告書中這種「自由選擇」說法，亦足使道遠不察，誤以爲星加坡業已有以華語爲教學媒介的官立學校，兼授華實際上，官立的第一間華文中學，於本年二月中始開學上課，英校中文，亦是近三五年來纔見推廣。星教育部現在公佈的白皮書，初則曰家長父母自願選擇英校（見前文所引之第三節），繼則曰華校設備和學業水準，均屬不能望英校項背，復再曰華校教師素質不佳，缺乏責任感（但文中未言及華校教師待遇遠遜於英校教師，此說明過去英人一向歧視華文教育，深怕華文教育養成民族主義感），終乃曰華校中學程度低下，乃由於學生最近所持反政府之態度（見白皮書第四節c欵中之說明，但白皮書中忽略了英國過去一向歧視華校，使學生心理上養成反英的自然趨勢。加以英國承認中共，星加坡政府又未能有效的防止共黨利用民族意識來煽動學生，反對政府，加强學生之反英心理）。這種見解，對於華校教育，實有欠公允，這不但不可拿來做改進華校教育，實現平等待遇原則，和釐訂新教育政策方針的出發點，且亦不足以服全體在星之華人。無怪華人羣起反對。

再次，在「教育政策白皮書」中，華校董事會組織，雖然仍准予保留其原有之形式，但董事會的職權，則大部份受褫奪，雖然吾人並不反對白皮書中（見第廿六節）對華校校長及教員的去留，給予有力的保障，但亦不能同意由政府當局完全控制華校的人事制度及一切學校教育的措施。尤有進者，華校在當地法律規定中，是一種有限公司的商業化組織（按華校註册時必須以有限公司名義註册），董事會是雇主，教職員乃是雇員。然而在我們中華的教育傳統習慣上，我們根本沒有這一套，我們對文化教育事業，根本就沒有如此令人討厭的市儈氣味。因此，爲改善教育當局、華校董事會及華校教師間三方面的關係，我們贊同星加坡許多教育人士的主張，由上述三方面共同組織一個「星加坡華文教育委員會」，作爲教育部門中兼有施行權力的一個咨詢機構，專門負責處理有關華文教育的一切問題，俾使華校教育的優良傳統制度能够獲得合理的保障。我們贊成這個建議，但主張星加坡政府，應特別小心，不要讓左傾份子或統戰份子滲透進去，而反使這個機構中途變質。所以委員會的人選眞要特別審愼。

最後，我們認爲還有兩點也是値得商討的。第一、在白皮書中第廿及廿一兩節中說明，爲灌輸兒童對國家之責任，須授予公民一科。政府並準備一九五七年在各學校實行教授公民。這是極有意義的一項科目。可是公民科的取材究竟如何，是値得硏究和重視的。爲了適合行將獨立的星加坡，自然得訓練青年學生成爲星加坡的良好公民，可是我們華人亦具有優良傳統的修身齊家的道德，是否也列入爲公民教材呢？如果摒棄其他各民族的固有優良道德，强硬地接受僅僅百餘年歷史的星加坡的公民訓練，又豈能謂之合乎「公平原則」？第二、在白皮書中第三十三節中規定：「在政府辦理及政府津貼之英校內，教師受聘至星加坡教育部各組服務之資格有明顯規定：……中國大學之學術水準與美國各大學之水準一樣，相差之濶度極大，故最先必需決定何種學位可以公平規定持有該學位之畢業資格……」。在這個規定下，換言之，有許多中國大學的畢業生的資格，是不被承認的。在殖民地主義時期，星加坡的教育制度完全以英國爲藍本，教師學位須獲有英國承認之學位，本無足怪，可是行將獨立的星加坡，依然要承襲這種殖民地不合理的規定，似乎說不過去。我們主張凡是在中國教育部註册立案的大學畢業生的資格，都可以被承認，至於國立大學的畢業生的資格，那更不必說了。

上述種種，我們希望星加坡政府能在正式實施之前，對「教育政策白皮書」，審愼修正，不僅華文教育前途幸甚，亦各民族教育前途幸甚！

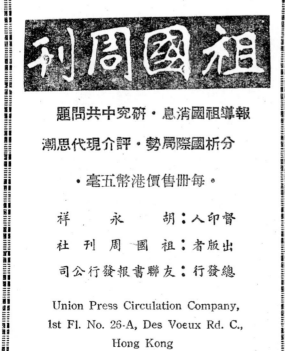

「美國的亞洲政策」書後

蔣匀田

「美國的亞洲政策」一書出版後，甚為美國社會及政府所重視，是以銷路極廣，已一版二版三版，可能支配美國今後五年對亞洲的政策。自由中國雜誌社和它的許多作者督促我寫成這篇讀後的意見；所以這篇書評雖由我個人執筆，可是評中的看法，却是自由中國篤信民主自由的智識份子的一般意見。

孟子說：讀其書不知其人可乎？這句話很對。所以在未談正文以前，應當將原書的著者略為介紹。著者羅斯托先生是美國耶魯大學法學博士，獲羅特獎學金之助，赴英國牛津大學專攻經濟學兩年。回國後，任哥倫比亞大學講師。二次大戰時，服務於戰略事務局(Office of Strategic Service)。戰後，曾任牛津、劍橋兩大學的教授。後回美，投身國務院，旋被派為聯合國歐洲經濟委員會執行秘書。現任美國麻州理工學院經濟史教授，並兼任該校國際問題研究所蘇聯組、中國組和中共組主任，最近改兼美國社會計劃組 (American Society Program)主任，負責研究共產主義對於美國社會的影響。他在一九五四年曾出版「共產中國展望」一書，被譽為中國問題的權威著作。現在這本「美國的亞洲政策」一書，可說是「共產中國的展望」一書之續篇了。

——筆者附識

一　政策的前題

「美國對於亞洲沒有政策」這句話不但亞洲人這樣說；美國人也是這樣自責的；就是羅斯托先生在他這本大作裏也承認美國至今對亞洲的政策是舉棋不定。

羅氏這本「美國的亞洲政策」之特點，在於從軍事、政治、經濟三方面擬定了一個極富有建設性的亞洲政策。以民主自由主義貫串這幾方面的政策，以為思想戰的指標。這一點不但反映出美國立國的眞精神；也是對共產黨思想戰的必有前題。這本書出版後，可以說美國的學術研究機關已有個對亞洲的具體政策了。知道美國內情的人且說這本著作，即等於美國政府對亞洲政策的說明書，其重要性可想而知了。

政策是什麼？

在未簡介羅氏所擬的政策以前，須先引用羅氏書中的幾句話，俾讀者明白羅氏根據甚麼前題撰擬美國的亞洲政策的。羅氏在序言裏及第六章軍事問題裏都强調的說：

「我們的國家已經作了一個重要的抉擇，我們已經明白拋棄了一個解決國際問題的途徑，那個途徑就是由美國發動一個軍事攻擊以對付蘇俄與中共。

「美國既不發動全面戰爭，剩下來的辦法並非就是和平，在莫斯科與北平沒有改變精神與政策以前，美國的對付方法，只能是軍事、政治與經濟各方面的混合運用，並儘可能與全世界其他各國聯合行動。

「美國對於世界歷史發展的影響力，雖屬有限，究竟是無可否認的，美國當前的重要工作，就是在如何運用這個影響力，以建立一個世界，使我們的社會與其他公開的社會，都能在保持個人尊嚴以對抗國家的原則下，能繼續生存並向前發展。」

從以上所列的三段話裏，可以看出美國要絕對避免用全面戰爭以對付蘇俄與中共。而美國對付共產黨的方法，是軍事、政治與經濟的混合運用，並力謀與其他國家的聯合行動。其目的在達到保持個人尊嚴以對抗國家的原則，使這一傳統原則能繼續生存，並向前發展。

根據以上的介紹，我們自由中國人站在反共的立場上，應有個深切的反省，就是除非蘇俄與中共發動戰爭外，反共是拖延甚久的局面。在拖延的情勢中，美國既力謀爭取盟友的聯合行動，我們國家的國際比重，無法使美國祇重視我們的意願與利益，而損失對其他盟國的交誼，所以有時可能忽視我們的意願或犧牲我們的利益。因此，我們要多爭取民主國際的直接關係，不要日陷孤立。要爭取民主國際的直接關係，一定要「保持個人尊嚴以對抗國家的原則」，這是民主國際共同的政治原理。謂予不信，請再研究羅氏所指的美國在亞洲的利益。

二　美國在亞洲的利益

羅氏從美國立國的基本原則，以窺測美國在亞洲的利益，而釐訂美國在亞洲的政策，這是羅氏這本大著的優點，也是羅氏的遠見，甚有助於反共的思想戰爭。

羅氏在其大作各章中，無論討論政治、經濟、軍事或盟國間的關係，皆謀調和實際問題與美國的立國原則，雖取捨之間，有時失之於過事遷就，然大體皆有原則性的客觀標準，我們願向羅氏致其欽佩之意。茲舉羅氏之言，以明美國在亞洲的利益如下：

「美國歷史有一個基本要點，就是除了國家安全上的軍事利益外，還有個人及其對國家的關係上有些基本原則必須遵守，這些原則，規定於獨立宣言與憲法中，構成美國思想上的基礎。

「我們在思想上是一個民主社會，在國家利害上是一個遭受歐亞大陸威脅的一個島國，所以要制定一個健全政策，必須要設法使這兩方面（按指思想上與國家安全利害上——評者）的利益兼籌並顧。

「美國外交政策的基本工作，是要維持一個世界環境，使美國的社會方式，根據其立國的人本主義，向前發展，我們當然要保衞我們的國土，但是保衞國土，其本質上不過是保衞我們生活方式的一個手段而已。

「美國在歐亞大陸有兩個互相關連的利益，第一、因爲歐亞的聯合力量對於美國是一個嚴重的軍事威脅，所以爲保衞美國的利益計，必須不讓那些與美國爲敵的國家控制歐亞大陸；第二、不論軍事情勢如何，歐亞大陸如被極權獨裁者統治，則美國及他處民主政治的生存，必定遭受威脅，所以爲保衞美國利益計，歐亞社會的發展，必須要在大體上能符合美國個人對國家的關係及其文化傳統才行，我們並不要求外國社會一切都要照美國作，但是爲美國的切身利益計，外國社會必須要發揚加强各種因素，以提高並保障個人的尊嚴，有裨於對抗國家的權力，一個公開社會的世界環境，對於美國是有極大的持久的利益的。」

以上是羅氏對美國在歐亞利益的看法，思想利益與安全利益並重。茲再舉羅氏對美國在臺灣的利益看法如下：

「美國在臺灣的利益的一般性質，可於臺灣的前途幾種可能性中看得出來，我們對此實負有特別責任的。臺灣的情形並不是一成不變的，如果臺灣民氣衰落，不能發展一個漸趨强盛而又獨立自由民主的亞洲社會，則於美國在全亞洲的利益，是一個極大的損害。如果臺灣對於一千五百萬自由中國人發展成爲一個自由中國精神寄托之所，並在自由亞洲成爲一個有政治經濟效能的民主社會，則對於美國在亞洲的利益是一極大的幫助，對於亞洲的反共鬭爭，亦爲自由世界極有意義的一大貢獻，我們只有向此努力發展，此外別無出路。」

根據以上所引的羅氏幾段話，使我們明瞭美國人重視「個人尊嚴」觀念，實爲美國軍事、政治及經濟行動的契機。保衞國土，卽爲保衞「個人尊嚴」的民主主義；而「保衞國土，其本質上不過是保衞我們生活方式的一個手段而已。」羅氏在這本大作裏刻劃美國在亞洲的政策，既以思想利益與國家安全利益等量齊觀，可以說明明明白白告訴亞洲人：欲求在國家安全利益上與美國一致，至少也必須在立國的思想上與美國一致；換句話說，就是政治、經濟與軍事制度須要走上民主自由的道路。不然，美國則視爲與其利益相反，如羅氏所云：「歐亞大陸如被極權獨裁者統治，則美國及他處民主政治的生存，必定遭受威脅，所以爲保衞美國利益計，歐亞社會的發展，必須要在大體上能符合美國個人對國家的關係及其文化傳統才行。」羅氏一再要將臺灣發展爲一個自由中國精神寄托之所，與「在自由亞洲成爲一個有政治經濟效能的民主社會，」卽是着重臺灣與美國在思想利益上要一致的原因。明瞭美國人所確認的思想利益的涵義，始能明白美國一般智識份子經常發表不同情臺灣言論的緣由，如最近丕理教授會主張以臺灣換取東德自由選擧之謬論，恐皆係視臺灣的思想利益與美國的思想利益不同之故。羅氏在這本大作裏專列臺灣一章中，曾明白指出：「在美國人看來，軍隊與一個政黨之間有密切關係，實違背了民主政府的一個基本原則。」書生之見，在中國算不了什麼重要的事，可是在民主社會的美國，往往能鼓盪輿情，影響政府的決策，我們不應忽視。平心而論，反共鬭爭，思想戰實居重要地位。我們反對共產思想的理由，就是說它不自由與不民主；所以我們一切的措施，必須切實根據自由民主主義，始能建立起反共的力量。羅氏在大作第一章中，曾說出一句極精闢的話：「共產主義的思想是不能打倒的，只能代替的，如果民主主義在行動上具體表現出來，民主主義可能取共產主義而代之。」現在自由中國在反共的立場上與美國安全利益一致，必須進一步求與美國的思想利益一致。在民主的大潮流中間，不許有小的逆流，羅氏的話不錯「我們只有向此努力發展，此外別無出路。」

根據以上的簡介，我們可以明白美國在歐亞大陸與臺灣的利益觀念，基於這些利益的認識，羅氏會就自由亞洲的政治、經濟與自由亞洲聯盟及自由世界聯盟，擬出調和而具體的政策，茲再分別介紹於下：

思想利益於安全利益在亞洲政治上的調和。

前面已經說過，羅氏所擬的美國的亞洲政策，是以避免大戰爲前題的，所以美國的軍事政策完全是防守與被動的，而積極方法，則擺在政治與經濟兩方面。茲引羅氏之言如下：

「一個强有力的軍事政策，絕不能代替適當的政治及經濟政策的，事實上，任何軍事政策，倘無適當政治與經濟基礎，卽無從建立，惟在目前世界情況下，政治、經濟及軍事行動，息息相關，彼此間的關係極爲密切，因此，我們實不敢忽視一項現實問題，就是我們在亞洲的和平利益，必須要以健全而堅定的軍事政策爲後盾。

「我們的敵人知道，原子戰爭可以動搖蘇俄及中共的統治權。我們自由社會，由於有意志和領導力，在受原子武器攻擊後，仍可重新建立起來，因此，原子武器足爲我們的敵人帶來威脅，這種威脅不會發生於美國的，在意志的考驗上，我們是佔優勢的，這種意志也是我們賴以生存的。

「我們一分析新武器的意義及其特點，當更明瞭我們的安全利益與思想利益是互相關聯的，凡政府尊重民主觀念下個人對國家的關係者，勢必反映其人民對於和平的願望，因而大體上都不是好戰的，所以無論美國的長期安全與短期安全，均有賴於自由世界對極權主義的思想戰獲得成功。」

以對極權主義思想戰的成功，爲美國長期與短期安全之所繫，惟有人民作主的政府，才是反戰的國家，這種透闢的認識，在美國學術界中亦不多見。既以思想戰爲基本行動，所以軍事政策，不能不從適當的政治經濟政策展開積極的攻勢，而以軍力爲其後盾。美國雖願以發動原子戰的優勢讓於共產國家，但深信戰爭最後的勝負，仍繫於全體國民的意志，而國民意志的養成，則必由於自由民主主義，極權政治下的人民，都是順民，仰承獨裁者一人的意旨，有何獨立意志之可言呢？所以羅氏說：「原子武器足爲我們的敵人帶來威脅，這種威脅不會發生於美國的，在意志的考驗上，我們是佔優勢的，這種意志也是我們賴以生存的。「民主國家讓人民自由批評政府政策，讓人民自由反對政府當局，最高的精義就是要養成有意志的人民。到了國家危險的時候，人民必能根於自由意志，挺身而出，爲國家爭光榮，與國家共存亡。」在羅氏看來，民主政治既可以保障和平；又可以贏得勝利，因此，羅氏所擬的美國亞洲政策，必然強調民主政治，但又不能不注視亞洲的實況，所以必須調和民主原則與自由亞洲實際情形之間。茲引羅氏之言如下：

「我們必須要了解而且要說明，究竟什麼是民主的眞義，民主只是一個期望與程度的問題，並不是絕對的，在任何社會中，個人的自由是受種種限制的，如社會秩序與自由之間的尺度，隨時隨地而不同，但在民主政治中，有一個普遍的原則，就是公民有權利以對抗國家，尤其承認這種權利應日趨擴大。

「如果我們要以同情的態度去了解亞洲的政治發展，我們必須要對民主的過程有一個比較寬大的看法，在亞洲，民主的形勢自然與我們不同，而其國家對於個人的功用，亦與我們在美國所主張者有異，抑且我們要明瞭，即使民主亞洲能自行完成發展大業，克服文盲，發揚民主作風，其結果所產生的社會形態，亦與我們的大不相同。亞洲的文化必然使亞洲變色。」

觀以上所引的兩段話，可知羅氏對於自由亞洲國家，有意降低民主尺度，而遷就自由亞洲的實際社會與傳統文化；但是羅氏仍特標出「民主政治中，有一個普遍的原則，就是公民有權利對抗國家，尤其承認這種權利應日趨擴大。」這個原則是指導民主政治的方向，只要方向對了，程度自然會隨時間而加深。假若方向錯了，根本談不到程度的問題。羅氏對於臺灣的實際政治也有很多的批評，茲略擧羅氏之言如下：

「國民黨繼續不斷的統治，表示目前的臺灣政治情況，就是國民黨思想與行動的結晶，因此，也是衡量現在國民黨政治哲學的正確標準，國民黨政治哲學主要特徵，就是特別强調個人的效忠……臺灣的政治不是極權，也不是民主，是一個極保守的政權。」

在羅氏放寬對自由亞洲國家民主尺度之後，仍不能認爲臺灣的政治是眞正的民主，則可知在美國人眼光中，我們現在政治的問題是方向，而不是程度了。這一點是美國人極重視的問題。假使我們要想在思想利益上與美國一致，就須從方向上努力改正，徒有一部憲法，不能掩蔽實際的行動。

羅氏對於臺灣的前途，並不失望，他一再强調美國對於臺灣不要再以一九四九年以前的眼光看之，應當以一九五五年以後之眼光衡量臺灣；並擧今後應當努力的目標鼓勵臺灣。茲引羅氏之言如下：

「在臺灣政權之下維持了統一與廉潔，建立了一個有秩序而又能發揮功能的社會，繼續維持了軍隊的士氣，這些都是追求一個大目標的顯著收獲。這個目標就是反攻大陸。可是臺灣還有另外一個目標……這第二個目標非他，就是改革——走向民主發展的政治與社會改革。

「回大陸的大目標與希望，以及進行遲緩的穩步的改革，這兩件事已經維持了臺灣自由中國人的人心，並成爲華僑懷念中國的重心所在，現在國民黨反攻大陸既遙遙無期，我們立刻就想到兩個問題：㈠臺灣究竟能有什麼目標？㈡什麼才能維持臺灣的人心？

「就現在臺灣的自由中國人而言，他們已經是有這個代替辦法了，他們現在可以創造一個社會，向中國革命的自由民主目標邁進，這個社會將是全世界(無論鐵幕內外)每一個自由中國人的活的象徵，將是中國共產主義革命邪說的活的對手。現在臺灣的自由中國人，不但認政治改革是一個代替辦法，而且認改革確有價值。他們今後應作的只有擴大改革的範圍，並不斷增加其重要性。在臺灣的中國人務必要擴大他們民主目標，並增加他們對於民主目標的了解。了解民主目標對於中國前途的意義，不僅限於臺灣而已。他們應該爲自由中國想出一個具體政治與社會綱領來。

「多少時候以來，我們已與臺灣成立了軍事上的合作，以確保該島的防務，我們現在所需要的，是某種方式的政治合作，以確保整個臺灣社會的有效發展，質言之，就是要有一種結合，在工作上能幫助並教導臺灣的行政機構，因爲這在臺灣問題上我們過去從來沒有作到過，要曉得這樣的作法，是最合適美國的民主精神的。

「使臺灣繼續存在對自由世界有所貢獻，這不但要靠臺灣的自由中國人有能力維持民心與士氣，尤其要靠美國願意爲臺灣前途負起責任。臺灣如果不能發展成爲一個强有力的自由民主社會，在亞洲人心目中會有廣泛的反應，足以嚴重地長期地損害美國的利益。」

根據以上所引各段的意思，證明美國朋友對於臺灣有其積極的計算。積極計算的根據，是要維持臺灣的繼續存在，以長期貢獻於自由世界，方合乎美國在亞洲的利益。而所以維持繼續存在之道，則在於擴大改革範圍，發展臺灣爲一個民主自由的社會，代替遙遠的反攻大陸的大目標，內以維繫民心與士氣，外以爭取華僑的向心與配合友邦的利益。美國且願以負責的態度，效軍事合作之後，與臺灣爲某種方式的政治合作。羅氏曾說：「美國對於臺灣的國際地位，並沒有一定的立場，其所以如此者，至少一部分原因是由於美國在心理上只把臺灣當作軍事地圖上的一個地位看。」這就是一般人所說的美國對於臺灣是採取基地主義的。現在羅氏所擬的對臺政策，改變基地主義的立場，基於美國的思想利益，更從政治上與臺灣合作，而確保自由中國的國際地位，這是大大的進步認識。羅氏大作對於自由中國的瞭解與同情，尙不止此，其在「自由中國人」一章的，將自由中國人分爲三類：一爲華僑；二爲流亡的中國智識份子；三爲中國大陸上避難至臺與祖籍中國的臺省人。羅氏重視華僑的自由思想的維持問題，因而注意華僑子弟的敎育；對於流亡的中國智識份子，認爲既不能容身於中共政權，亦爲國民黨政府所不歡迎，主張美國政府不但應予以生活救濟，且應予以職業的安插，並重視此類智識份子領導反共思想的潛在力量，均悉精到之見。然吾人之所以欽佩羅氏者，尙不僅在其同情自由中國人之呼聲，而更在其同情呼聲之背後思想。茲引羅氏之言以證之如下：

「如果我們眞要正視美國對於亞洲前途的利害問題，那末，我們就要更進一步把自由中國人看作整個亞洲局勢中的一個重要因素，在我們亞洲政策的目的與可能結果的任何估計中，這一個因素必須要計算在內的。

「中國革命的主義，是一建造一個自由民主的中國爲目的。只要自由中國人大家忠於民主主義而精神上團結起來，則中國除現在的極權共產政權外，還有一條現成的出路。」

「我們通常所謂臺灣，固不僅指國防上一個設防的島嶼而已，而且包括九百萬人口在內，這些人的希望與憂慮，我們已經是誤解了，對於他們的生命與定數，我們是負有責任的，我們千萬不要把臺灣的目標與士氣問題，當作美國與自由世界的機械式問題看，必須要當作人的生命看才行。卽令退一步言，我們眼光短小，不能認淸亞洲（如同他處一樣共產黨的鬪爭，基本上還是建築在人的希望與勇氣上，而臺灣又是整個亞洲問題中不能分離的一部分，可是爲着人類正義的驅使，關於臺灣的任何考慮，必須要把臺灣作爲人的問題看。」

由人道驅使，把對臺灣的一切考慮，作爲人的問題看，這是人權觀念的着色演繹。人權觀念的新意義，對於「人」應有個世界性的看法。信仰自由是人的基本權利，基本權利不單受其所屬國的法律保障；也受聯合國憲章保障，更受世界人道主義保障。人權主義應當有個新國際標準與範圍有了如此新解釋的人權主義，代替受領土限制的公民資格，才能號召全世界自由人類的大團結，以對抗共產主義。領導民主國家的美國，應明瞭中國的人民卽是聯合國的人民，更是世界的「人」，與美國人所不同者僅係地理上的因素；從受共產主義的威脅看，並無差別。羅氏說：「對於他們（中國人）的生命與定數，我們（美國人）是負有責任的。」反過來說，假使中國大陸不淪於共產黨，何嘗不可以說，「他們(美國人)的生命與定數，我們(中國人)是負有屛障責任的」呢？所以在對共產集團局面下，要擴張人權保障的範圍，也要修改過去的國際法，不可再以地緣限定「人」之所爲「人」的要求。我們對於羅氏的呼籲：「祇要中國人大家忠於民主主義而精神團結起來，則中國除現在極權共產政權外，還有一條現成的出路。」我們是非常感謝的。我們的瞭解是羅氏已以人權主義的新涵義，運用於中國人身上了，中國人自己應當努力創造新國際法的新例案，使恐怖籠罩下的共產政權，永遠不能躋於國際之林。中國共產政權之恐怖極權與反人性的經濟建設，羅氏有專章詳細論述，我們認爲極其客觀與精到。根於人道主義，大陸上的中國人民，都應在尊重人權的國家搶救之列。不過羅氏所擬的美國的亞洲政策，是調和理論與事實之間的，固然不能否認中共盤據大陸的事實，至少也不應在任何條件之下，損失美國傳統的人權觀念，讓負有侵略韓國罪過和慘殺幾千百萬中國人的中共政權進入聯合國。

三　美國在亞洲的經濟政策

羅斯托先生是經濟發展史的權威，關於自由亞洲經濟政策一章，調和理論與事實，立論最爲宏通。羅氏概分經濟發展爲三個階段：第一是經濟進步的先決條件逐漸具備階段；第二是中期發展階段，第三是正常的進步階段。羅氏認定印度的經濟現在正在中期發展階段。羅氏舉出印度的五年計劃與中共的五年計劃對照，中共用蘇俄殘忍的統制方法，犧牲農業以發展重工業；而印度則以民主方式發展農業。羅氏認爲印度初步發展農業的計劃，甚爲正確；但美國必須援助印度，發展工業。羅氏認爲印度五年計劃的成功，卽可代表民主方法的勝利，倘使印度建設失敗，而讓中共的計劃成功，則亞洲人將羣趨效法中共的統制方法，此爲美國思想戰最大之失敗。茲擧羅氏之言如下：

「北平政權在亞洲所實施的方法，大致與一九二九年後史達林在俄國所行者相同，卽將大部份國民收入操於國家手中；以犧牲農業爲代價而集中於重工業；剝削農業投資以供工業投資及國家之其他用途。

「假使與自由亞洲比較起來，而中共能獲得若干成功，這可能對於亞洲前途發生嚴重的影響。美國政策的一個明顯目標，應該是協助有志自助的亞洲國家，以具體的事實證明基於人民同意的經濟發展，是勝過北平政權的極權經濟的。

「這個結論，可以比較中共與印度五年計劃中投資數量，而作一概括說明：中共打算在第一個五年計劃中投資一百四十億美元左右，印度則大約是八十億美元。因爲印度的人口僅有中國人口百分之六十，所以拏每個人作標準，這兩個全盤投資方式是相似的。但是北平政權計劃以八十億美元用於工業擴張；新德里當局則着重農業，其用於工業投資可能不及廿億美元。鑒於亞洲人口的增加率，以農業在亞洲經濟發展中所佔的長期基本重要地位，印度初步重農政策是正確的。中共由於忽略農業投資以及損害農民的生產興趣，終有一日自食其果。在另一方面，印度必須在工業方面加强努力以應付中共的挑戰——在這一點美國及其他工業化的自由世界可予以協助。

「這種經濟競賽，對於自由世界的政策有兩種特殊的挑戰：㈠我們必須加强自由亞洲吸收工業投資的能量，並大量增加自由亞洲所需的資本，使之超越中共。㈡我們必須用民主方法加速亞洲的農村改革，俾經濟發展所賴的農業基礎得以鞏固。」

本書大部分立論的根據，是說印度的成敗對我們是休戚相關的，如果印度的經濟政策失敗，它很可能選擇極權主義作爲經濟發展的途徑。」

羅氏在經濟一章中，除對印度經濟建設的成敗極度關懷外；對於日本的經濟前途，亦有具體的論列。日本的經濟已達正常進步階段，所遭遇的問題爲原料的來源與成品的銷路。羅氏對於日本國外市場，重在自由亞洲的經濟之聯合發展，而不是如一般日本工商業人嚮往中國大陸，其高瞻遠矚，洵不愧爲權威的經濟學家。茲舉羅氏之言如下：

「日本富有精力、智慧、勤儉、投資經驗與發展實業及對外貿易的知能。近年日本已朝此方向發動了。至於日本發動的速率及其投資的形態，能否足够免除經濟的呆滯與日本人生活程度的降低、或減退依賴美國的贈與，則不無懷疑。美國與自由世界的投資與貿易政策，能否有足够的比例，俾自由世界的市場與資源的供應，促使日本賴以解決其需要問題，亦不無懷疑。

「日本問題之解決與其他自由亞洲發展之加速，其間有兩大連鎖關係：第一、自由亞洲的快速發展，可以供給日本新興出口貿易的市場；第二、自由亞洲可以增加出產，使日本得以源源輸入所需之物資。

「自由亞洲之潛在能力，可以供給日本一部份原料與食物之需要。已開發的潛在能力應繼續發展，新發現的潛在能力亦必須在某種有效的區域計劃下爲自由亞洲而開發（如 Mendanas 的開發）。」

羅氏主張以有效的區域計劃經濟，開發自由亞洲潛在的資源，爲根本解決日本經濟之方法，所見極遠。我在一九五五年五月三十一日臺北召開的國際反共人士有關文化經濟問題座談會中，也有與此類似的主張：「現在我們自由亞洲的經濟可以說是市場價格的經濟結構，儘管也有政治行爲在管理經濟，但主要的還是市場經濟。既以價格經濟爲主，則自由亞洲任何國家的經濟不能不受隣國的影響。第二、自由亞洲的經濟特徵除日本外，差不多都沒有脫掉農業經濟形態，所以也不能不互賴國際市場。這兩個現象是今後我們對共產黨經濟作戰所要先認識的條件。我們知道蘇俄共產黨對於它的所有附庸國家，除了政治、軍事等控制之外，還有經濟的控制，我們看狄托於一九四八年與史達林破裂之後，向其國會報告說：「蘇俄不僅要從政治控制南斯拉夫，而且叫南斯拉夫的經濟也倚附在蘇俄的經濟結構」，由此可知蘇俄對其附庸國家的經濟結構，都要拉到它的經濟結構中去的。由此可以知道蘇俄集團的戰爭是軍事、政治、經濟的全面戰爭。所以我們如果不是用整個力量，是無法對付的。因此，我今天提出來自由國家在經濟方面，應該建立一個「聯合經濟作戰參謀機構。」（載於亞洲人民反共聯盟中華人民總會所印的國際反共人士有關文化經濟問題座談會紀錄）我當時的意思就是要設一個管理區域經濟計劃的機構，與羅之意見可說不謀而合。羅氏重視印度五年計劃的成敗，假使能將印度的五年計劃，配合於自由亞洲區域性的計劃之中，免除競爭的浪費，則保證其成功的能力更大，我想這是無人可以反對的。自由亞洲今後能否建立起區域性的計劃經濟，或擴大可倫坡的經濟計劃範圍，包括全體自由亞洲國家，成一計劃經濟合作集團，乃對中共經濟競賽勝敗的關鍵。羅氏僅以印度五年計劃之成敗，爲對中共競賽勝負之所繫，這一點我與羅氏的看法略有出入，此應提出與羅氏商榷者一。

羅氏因重視印度五年計劃之成敗，爲亞洲人政治路線之走向民主或共產的關鍵；而印度外交之諂媚共產集團，已引導亞、非兩洲若干國家傾向蘇聯的事實，反爲羅氏所忽略。若羅氏不能說明印度之中立態度，有助於其經濟建設成功的理由，我實不敢苟同羅氏寬宥尼赫魯的政治路線之見解。羅氏也曾說過：「美國影響各地政府的能力是有限的，但是如果相信美國在今日的世界而能採不干涉政策，亦是錯誤的。」在外交路線重大關節上，美國要想求其安全利益及思想利益與自由國家一致，在援助的條件下，我甚贊成羅氏所主張的「干涉政策」。

四　放棄原則下的自由世界聯盟

基於美國的安全利益與思想利益，從軍事、政治與經濟三個角度透視出一個共同的基礎，就是要堅定自由民主主義，以代替共產主義。因此，羅氏主張在此共同基礎之上組成自由亞洲聯盟與自由世界聯盟。羅氏設想的自由世界聯盟，以華盛頓、倫敦、新德里爲其三個中心。擬定三個中心之後，羅氏乃設想調和英、印與美國對共產中國的歧見，不惜犧牲原則，遷就事實，而自陷於矛盾。茲引羅氏之言如下：

「自由世界聯盟每一會員國，各有其差異的國家利益與優先選擇；各國對世界的重要地區各有特殊之見解，面對問題所採之行動，亦各有特殊之盱衡。美國對於臺灣的看法與印度不同，與英國亦異。法國對於越南之感覺固不同於美國，而美國的意見亦不同於英國。對於發展東南亞的經濟問題，新德里、東京與華盛頓的意見亦不一致。對於共產中國的印象，華盛頓、倫敦、新德里固相逕庭，其他問題亦莫不皆然。」

羅氏鑒於過去各國因其所是，各自爲謀之調和方法，授共產集團以挑撥離間之機會，乃提出另一種調和方式。羅氏號云「有效的自由世界聯合政策需要一個大的調和」；但他繼云「調和非妥善辦法，可能走入歧路。」茲擧羅氏的調和方案如下：

「甲、我們所建議的行動方針中的下列各點，是符合英國目前的立場與態度的：

1.自由世界不應主動對共產中國發動軍事行動。

2.對東南亞各國的經濟發展計劃應加强援助。

3.自由世界應採共同行動，解決日本的貿易問題，此項努力，不至動搖英國的貿易平衡。

4.臺灣如其目前的政治組織所表示，不是自由世界同盟中一個有功效的與有建設性的政治力量。

5.北平中共政權應在相當時期與某種方式下加入聯合國。」

「乙、我們所建議的行動方針中的下列各點，是需要英國改變態度的：

1.自由世界應該坦白承認北平中共政權的侵略意圖，而不可希望在目前用讓步來引誘中共脫離蘇聯。

2.自由世界聯盟應該發展臺灣，使其成爲自由亞洲的一個重要的有建設性的重要因素。

3.海外華僑始終會保持殘存的中國氣質，這一個事實應該承認。華僑與臺灣之間應該鼓勵其發展建設性的關係，而所用的方式，應該不妨碍華僑在東南亞各地(尤其馬來亞)的公民地位。

4.與共產中國通商的困難與危險，應該坦白承認。我們要解決自由世界工業化國家的貿易問題，主要工作應該在自由世界未開發地區發展市場供應與來源。

5.中共進入聯合國的明顯條件與限制，應該有個協議。」

「大體說來，我們所希望於倫敦者，亦可於新德里，印度與英國的意見在這方面的不同處，主要是在印度比較更爲褊狹，印度的觀點比較英國更是屬於『孤立主義的。』」

因爲羅氏存有調和英、印與美國對中共歧見的圖案，逼使羅氏在其大作第八章中提出中共加入聯合國與美國承認的條件，茲擧羅氏之言如下：

「就美國言，中共進入聯合國問題，在內政與外交上，已成一個非常棘手的問題，直接牽涉到我們對臺灣的責任問題。」

「假入中共進入聯合國的結果，使臺灣退出聯合國，這對臺灣的民心影響未免太大了。」

「假使不顧美國反對，中共因得由世界政客們對美國的壓力而進入聯合國，則北平政權必然向國內人民與亞洲各民族宣傳：那是中共的外交勝利，是美國的失敗。」

根據以上所引的話，證明羅氏對於中共進入聯合國之害，瞭如指掌；然羅氏的結論仍以有條件的同意中共進入聯合國，此非自陷於矛盾乎？茲擧羅氏之言如下：

「等到了將來軍事情勢安定後，美國在臺灣與亞洲其他各處推進積極政策、足以抵抗中共的政治與思想的威脅的時候，然後美國自能站在一個有力量的地位，從容處理中共進入聯合國與美國的承認問題。在目前情況之下，如許中共進入聯合國，實不啻自由亞洲的一個姑息行爲，使亞洲人得一印象，認爲是自由世界的弱點，沒有一貫的政策與目的。」

「到了亞洲的和平實現了，自由世界有了個明確的政策進行了」，中共進入聯合國的問題，自可合理解決，因爲准許中共進入聯合國，並沒有對它含有『贊成』的意思，也不妨碍臺灣有一個建設性的政治前途。

「如果准許中共進入聯合國，除應遣反俘虜及保證韓國、越南與臺灣海峽的和平外，我們至少可提出三個條件：(一)共產中國不應在安全理事會有常任理事國的席次，現在國民黨中國所掌握的常任理事國席次，應讓予一個眞正獨立的亞洲國家，或許就可讓予印度……(二)共產中國進入聯合國，應同時使日本或者連同其他尚未加入聯合國的國家一併加入……(三)臺灣應該在聯合國大會保留一個席位。

「假使中共能同意臺灣在自由世界有一個獨立的地位，我們是沒有理由不承認中共的……。

「不過要注意的，就是中共進入聯合國，對於自由世界不會有什麼好結果的。」

以上連續擧出了羅氏幾段話的意思，不僅有意使國人知道美國朋友對於中共進入聯合國的態度，也有意將羅氏的話並列出來以明其自相予盾之點。羅氏旣知道「中共進入聯合國，對於自由世界並無好結果」，何以竟准其進入聯合國呢？羅氏也會說過：「共產世界對於美國的威脅有二種：一爲軍事的，一爲思想，這兩個威脅是互相關聯的，如果在思想上喪失印度，在軍事上必將引起嚴重問題，因爲北越在軍事上的失敗，整個東南亞就引起了嚴重的思想方向問題。」羅氏這種看法理爲周洽，須知中共未除侵略之罪名，未改侵略之意向，

(下轉第17頁)

工業面臨十重關

張九如

經濟的主力在工業，工業的進步在發展現代企業。自由中國自四十三年起，農工礦各業的生產率，且已低於已往各年，因素雖很複雜，現代企業不能發展，則爲主要關鍵。阻碍工業增產的關隘重叠，又爲現代企業不能發展的最大癥結。茲將阻碍工業增產的十重關，臚述如次：

第一關　工業增產計劃欠週密

每人個別生產量如不能繼續增加，則無論生產總額較已往如何增加，總不能造成普遍的繁榮，充盈財稅的源泉。各種生產如不能超過人口的增加，亦決不能符合現代意義的繁榮。故增產計劃，必須以維持每人個別生產量的繼續增加爲目標，以工業增產爲主件。海島性經濟的臺灣，尤不能違反這一定律。工業增產計劃之欠週密是阻碍工業增產之第一關，此種工業增產計劃，應由行政院定爲重要政策，經立法院通過請總統公佈後，交財經兩部制定方案，切實執行，由經濟部主其事，綜其成，金融稅制貿易外滙都跟着走。要是走入岔道，或背道而馳，或蹣跚不前，經濟部應卽在行政院會議席上提出檢討，共加糾正。如仍無效，則由立法院提出質詢，監察院提出糾擧，甚至彈劾。經建政策既經過立法程序，則其約束力量同於法律，有關單位如不認眞將事，便同於違法失職。立法院有議決國家重大事項之權，經建政策爲最基本的重大事項，自當根據憲法行使其職權。經建政策經如此鄭重決定，則財經兩部對於資本如何形成，外資僑資內資如何招徠，原料如何供應，銷路如何推廣，諸凡有關工業增產的問題，自不敢因循不決，敷衍了事。過去未曾注意此種程序，故遺誤甚多。如四十二年開始的四年經濟建設計劃，原祇是四五個人草成於四五天之內，事前既未廣徵各方意見，事後亦未全案公佈，執行時又復各自爲政，進行至今，旗靡轍亂，使人莫明其重點何在，無論如何渲染，總無從掩盡破綻。開發經濟最客觀的準則，應該是工業資本及產品市場決定建設計劃，分年建設計劃決定電源開發度數。但過去却是倒過來做，先決定電力建設五年計劃，再寫出經建四年計劃，最後追列建設經費，至於產品市場似未熟加考慮。在經濟建設設計之初，便患着嚴重的胎裏病，如此，復何工業增產的可望？

第二關　現行滙率偏高

現行滙率偏高，是阻碍工業增產的第二關。滙率既低於市價，不但僑資滙入，首遭虧損，卽現有工廠亦不易就其現有資本訂立較長期的營運計劃。加以機器配件如向進口商手中購置，每一美元之貨，常須折付台幣四十六七元。工業原料如向物資局採購，更可使購價高於成品售價。成品外銷後，即照結滙證價結入台幣，尙不免賠本，何況還祇能取得售價百分之八十的結滙證，出口商既趦趄不前，生產品益使資本凍結。至於游資不能形成產業資本，內資不能杜絕逃匿，公司不能發行債券，折舊提存不能從資產增值後實行，亦均與滙率有關。尤可憂的，在此滙率影響之下，商業利潤遠高於工業，高利貸收入遠高於生產，進口贏餘遠高於出口，如何不使人人願爲進口商而不願辦工廠？如何不使華僑願輸入其他物資以圖利而不願滙入外幣以設廠？西德工業的突飛猛進，主要由於幣信鞏固，滙率穩定，每一馬克對美元的比率，官價總是四元一角九分，市價總是四元二角。日本雖尙有黑市滙率，但通常交易價格總在日幣三九五元至四〇〇元之間折換一美元，較官價僅高一成上下，工商業的高度發展，及美國八大影片公司在日本放映影片所得的利益，不但不必滙出，並願給日本以定期五年的二十億日元低利貸欵，協助日本開發水利，皆由於滙率的穩固。滙率本應被決定於資源利用、生產狀況、消費習慣、物價變動、輸出入情勢、及國際收入變化等因素之上，由經濟部操其機樞，今却不然，何能不使生產事業遭殃？

第三關　採購國外物資、遭受國內剝削

各工廠採購國外物資，首遭國內剝削，是阻碍工業增產的第三關。不論採購原料機器零件配件，均須委託中信局辦理，不僅手續繁瑣，時間拖延，並且費用過鉅，跡近勒索。例如委託中信局經辦之初，卽須繳納結滙費手續費各百分之一，電報費百分之點五，計共百分之二點五，一般國家征收佣金，最多的僅收百分之八分之一，有時更祇收百分之十六分之一，我們却如此的獅子大開口。且電報費雖僅實付百分之點一，或千分之點一，仍須繳納百分之點五，如何使人心服？又何能稱爲信託？更有使人哭笑不得的，若請託不周到，就長年長月進不到貨，或機器未到，零件先來，或設備早好，原料不到，必須再拜託，再運動，纔能來個整套。工業原料器材或配件，向進口商採購，價固甚高，但同一貨物的售價，進口商僅須七八千元者，中信局或物資局却須一萬二三千元。大部份工業材料，又非進口商所能輸入，若不向兩局高價購入，除非關門。倘遇兩局存貨不多而各廠需要甚急時，每家且祇能配購其一部份，如缺少人事關係，則僅此一部份亦不可得。今日中信物資兩局，實爲經濟結構中極重要的一環，兩局本身既不能成爲現代化的經濟機構，而欲使臺灣發展爲現代化的經濟，實爲不可能之事。尤可慮的，兩局既互爭收益，而有權管轄兩局

的人，可因自己職位的調動而突變，其指導方針，在做地方官時，本力主物資局應多做些生意者，及一朝調任中央，又力主中信局應多做些生意，物資局應該少做些，若本是中央官而調到地方者，亦同樣的變更不久以前的主張，如此朝秦暮楚的態度，又何能保持整飭兩局的威信？一切遷就現狀而不重法治，更何能使兩局業務走上正軌。工業經濟的遭遇惡運，誠非一朝一夕之故也，由來久矣。

第四關　週轉資金短缺

週轉資金短缺，是阻碍工業增產的第四關。企業家所以能發展其大企業，在其大膽而有把握的大量投資，但資本愈大的工廠，所需的週轉資金亦愈多，有賴於創造信用或銀行的放欵亦愈甚。在證券交易未被重視、資本市場無從建立之時，不得不求其資金於銀行。公營銀行對公營事業作資本支出的貸欵，已是不正常現象。公營事業得向台銀貸借利率九厘九毫的巨欵，民營企業祇能向商業銀行貸借利率一分八厘六毫的小額欵項，且不易借到，有時政府更限制台銀對商銀拆放，民營企業被迫向市場覓取利率達四分五分的高利貸欵待遇，如此差別，民營企業固憂偏枯，公營企業尤無從養成自担風險的能力。民營企業制度，爲現代最良好的經濟制度，惟有政府對民營企業表示其善意的關懷與援助，始能誘使國內外資金投入，今既顯存歧視，更何能使舊廠得以擴充及更新設備，使新廠得以建設？至於爲求貶低市場利率，雖一再減低存欵利率，但事實上各種物價仍照市場利率計算，並因存欵減少之故，銀行對工商業的放欵愈感不易，而向市場覓取高利貸的周轉資金者愈益增加，結果市場利率反愈高，亦屬得不償失。爲求平抑物價，不惜抽緊銀根，並特設一個旁門左道的銀行督導小組，直抽得生產有減無增，督得銀行只進不出，尤同於養其一指而失其肩背。生產事業全身的血管既遭栓塞，又何能維持增產的活力？

第五關　稅捐繁重

稅捐繁重，是阻碍工業增產的第五關。貨物稅營業稅印花稅等稅率過高，稽征手續繁瑣，固不利於發展工業。新所得稅法，較能顧及國民經濟，但問題仍多，例如，全省營利事業單位約計十二萬戶，合於商業會計法規定實行記賬的，僅四千多戶，如何根據統一發票計算此無賬可稽的十一萬餘戶之營業額？衡量他們的標準利潤？求出他們的所得額？如何使進口商批發商零售商都能實開發票？如何估計暫繳稅額？如何改正估計？如何根據查得的資料，逕行決定稅額？要是稽征人員囿於收入觀念，不能妥善解決這些問題，則工商同受其累。再如公營工礦運輸事業的範圍如何釐分？奬勵標準如何決定？稍一大意，便成具文。尤其是如何鼓勵，纔能使企業組織步入股份有限公司的大道？更爲經濟事業能否發展的重大關鍵。若財稅人員仍是沿用舊態度去執行新稅制，則爲發展工商業而修正公佈的新所得稅法，結果等於白費心力。至於臨時稅課中的防衛捐港工捐，尤爲阻碍工業增產的地雷。如雕花樟木箱出口，因負擔捐稅之故，反不如運樟木至香港後，再製成箱子輸出，較爲合算。又如原料進口，須負擔防衛捐港工捐及關稅，致臺灣生產的輪胎，規格高於香港而銷路則反遜。臺灣可以外銷的工業產品不下三十餘種，然皆因稅負甚重，成本甚高，無一不滯銷。有優良的產品而不易外銷，豈祇資金擱淺，並使工業生產無從獲得競爭機會，工業人才無從獲得磨鍊機會，最後非至產品退步不止。今後如仍不能鄭重考慮稅捐妨害工業的嚴重問題，與以適度的解決，縱欲避免減產，亦終不可能。

第六關　對工業過度的保護或干涉

政府對工業過度的保護或干涉，是阻碍工業增產的第六關。落後地區工業的建設，自不能缺少合理的保護，但保護不是溺愛，更不是干涉，可惜我們着手便錯。以紡織工業爲例，其初因棉紗不够，便實行保護性的管制，任何人只要走得通美援紡織小組及中信局的門路，總可借到低利巨欵，配到無須價購並可領得高額工繳金的美援原棉，至於紡紗廠的設備如何，生產能力如何，甚至有沒有廠房，是否需要借這許多欵，概不過問。若把紗賣到黑市上去，即被查出，亦可設法彌縫。更荒謬的，是對全省紗錠數量加以限止，而對織布廠則否，怎不使紗貴布賤，導致紗廠向黑市圖利，布廠則無紗可織？怎不使紗廠乘機借欵擴建，弄到資金呆滯，周轉不來，再向政府叫苦。像這種保護，除浪耗美援財物外，並導致紡織業界的聰明才智盡用在結交官府弋取橫財之上，既無時間計劃其生產事業的正當發展，並無機會磨鍊其創業與競勝的企業才能。對不善趣承的工業界，却又處處加以干涉，從發布命令到出勤警察，從業務干涉到事務，使他跋前躓後，動輒得咎。一個健全的企業制度，本爲公私活動的混合體，政府原不能置身事外，祇要成本與利益間發生紛歧，政府的責任即告存在。但事實昭示，我國政府的責任却偏想在此時閃過。例如去秋因爲滙率變動，公家可得巨欵，便對紡織恢復管制，今春因爲存紗過多，市價比牌價還低，倘照牌價收購，公家頗多虧損，便置之不管，就是鐵證。政府既對工業施行保護或干涉，而不明保護或干涉的分際，及在何種情勢之下應負何種責任，並如何負其責任，已足使工業受損，倘再加以執行政策者都是行動向來遲鈍的官僚，就愈使企業者進退失據。

第七關　工業產品外銷困難

工業產品外銷艱苦，是阻碍工業增產的第七關。現行外滙貿易管理辦法原定的目標是鼓勵出口，刺激生產，結果仍是祇利進口，不利生產。其間最顯著的難關，一爲小工廠生產效率較低，大工廠不能充分開工，成本既高，外銷便艱。二爲出口大宗係農產品及農產加工品，此種產品的產地底價往往高於國際市場價格，出口商不願賠本出售。偶遇國際市價高於產地成本之貨，又因搶購之故，底價頓高，利潤仍無把握。倘聯營收購，則一時籌不足資金的出口商，便加價轉售於其他出口商，致成本間接提高。三爲出口貨打包放欵制迄未恢復，必待至出口二三個月以後始得結滙，無異凍結資金至二三個月之久，苟其資金來自借貸，還須負擔息金。且又祇能核發八成或五成的結滙。四爲出口物資一批，總須具備證件十四種，驗辦證件單位甚多，而且分散各地，往返請託，所費不貲。需時孔久，往往遺誤船期。五爲檢驗機構時或吹毛求疵，必待賄託始免。六爲出口貨運達目的地時，售價或已跌落。七爲經辦出口的中信物資兩局，辦事效率既低，駐外使領館中的商務參贊，又大半不習商務，並不認眞辦事，而派赴國外的工商考察團員，官僚總比工商界人士爲多，工商界既無從考察國際市場及產品近狀，出口即無從根據實況向國際市場競爭銷路。八爲農產品及農產加工品均受季節限制，絕少彈性，極不利於輸出，並且利潤遠不如工業產品之鉅。九爲出口貨的進口原料雖准退稅，但手續廝煩，甚或故意拖延。十爲出口利潤遠不及進口，出口結滙每一美元僅得臺幣二十六元，而每一美元進口貨的計價，却高達臺幣五十、六十元，貿易商益不願經營出口業務。出口貿易既因此種種阻碍而久處於不利地位，如何能推廣銷路，刺激生產？

第八關　冗員與浪費日多

冗員與浪費日多，爲阻碍工業增產的第八關。發展國營事業需要國家資本，發展民營企業需要民間資本，又都需要減低生產成本。要是國家資本的一部份變爲財政支出中的人事費用，民間資本的一部份變爲生活支出外的奢靡費用，則不僅生產事業無從發展，甚至因爲政風民習敗壞之故，無從保持起碼的生產能力。近數年來，國家預算中所列各機關經費，用人費逐年增加。在三十九年間，除武職官兵不計外，文職公教人員合中央縣市鄉鎭計，共達十萬零三千二百七十六人，公營事業人員則爲六萬二千七百三十七人。及四十四年統計，文職公敎人員已增至十五萬一千五百一十四人，公營事業增至十萬零八千四百七十四人。至其眷屬之由政府配給實物，發給生活補助費者約爲六十萬人。此外靠政府收容安置，扶持其生活或教養者，及犯法監禁而須與給養及管訓者，總計又在五萬人左右，合部隊官兵計算，將近一百萬人。復因人口生育率每年高速度增加，就業人數則相對降低，大專學校畢業生及幾近百萬的農村失業人員，又羣向政府機關與公私營事業及各家庭中謀生路，益使寄食者多，生產者少。落後地區最未充分利用的資源是人力，而以臺灣爲尤甚。以一千萬的人口，養近百萬的官員，已經很少餘力形成產業資本，何況社會風習，又隨官員生活日趨糜費，生產資本更從何處積集。如各機關飈擧雲發踵事增華的歡迎會慶祝會及一切集會，動耗數千金，而民間一年數次擧行的拜拜，也就學着舖張揚厲了。各機關修繕營造，迄未停頓，畫棟雕樑，起人羨慕，而民間的裝修廟宇宗祠，擧行迎神賽會，也就相率爭奇鬬麗了。大官劣吏，肆筵設席，幾類家常便飯，出差出國，過於例行公事，虛報經費，已屬司空見慣。甚至一年中一人報造出差竟至三百六十餘天者，經建國民住宅人員竟亦須出國考察者。上行下效，捷於應響，於是平民的羣趨侈靡，商人的公然舞弊，也就日甚一日了。農工礦各業數年來生產的一些成果，半被租稅吸去，半被奢風捲盡，又怎有餘力投資於再生產事業？即令投資，又怎能從浮濫的用人費及舖張費內減低生產成本提高生產效率？

第九關　企業經營人才缺乏

企業經營人才缺乏，是阻碍工業增產的第九關。公司合理組織，工廠科學管理，均爲發展現代企業的基本條件。我國開發實業雖歷時七八十年，迄未注意培養此種企業人才。間有仿行現代管理經營方式的公司，但主持人員仍不能完全改變辦理家庭工業的舊意識，求其能認識生產決定於消費，發展決定於市場的現代企業定律者，十不得一。而其每況愈下者，且不免視股份公司的業務，類於獨資經營的私產，甚至默移公司中的器材原料產品於其個人創辦的另一工廠之中。至於任意安插私人，亂支費用的惡習，則董監事總副經理互相效尤，恬不爲怪。用人既多，即不免增加生產成本，用錢既濫，即不免減少生產資金。要是舊人不能去，新人不能却，不但損害公司經營的效率，導致員工活力的萎縮，並且在此形勢之下，主持人縱有創造力及事業心，亦無從發揮，而其意志不堅定者，苟非飲憤而去，即不免因循敷衍，或竟同流合汚。數十年來許多公營事業的沒有一個辦好，近兩年來移歸民營的大規模工廠亦不見得比公營時期爲佳，甚或更壞，便是明證。倘長此不改，今後不但無可辦的工業，恐亦無可用的人才。工業落後不足憂，惟至於企業人才亦永不前進，則最堪焦慮。企業人才一時缺乏尚不足懼，惟至於已有的少數人才無從展其懷抱，而正感缺乏的專才竟無人願意培養，則對使人長太息。

第十關　美援運用不甚妥善

美援運用不甚妥善爲阻碍工業增產的第十關。自三十九年起至四十四年度止，經援部份計共美金六億四千二百萬以上，其中消費性的物資，佔總額百分之五三・二九，其中用商業採購方式進口的大量物資，且逕入商人之手，政府不易控制，對物價的平抑殊有影響。用於生產建設性的農工礦交通事業者，僅佔百分之一九・一〇，幾近於三比一，且多七拼八湊，支離破碎，互不配合。相對基金計共臺幣五十六億九千六百萬元以上，用於農工礦交通生產建設事業者，雖佔總額百分之四五・〇九，而用於勞工衞生教育社會管理及其他等項者，亦佔百分之一〇・七四。這些事業中的若干部份，原可列入地方自治工作範圍內，鼓勵人民採義務勞動方式進行，移其一部份欵項於工建計劃。分配之權，雖不盡操在我，但按之中美雙邊協定，我實握有較大的自主權。輸入物資，雖可改善人民生活，節省外滙支出，但其可以協商調整之處甚多。我既力有未盡，自難運用悉當。尤其出售物資器材及貸欵，流弊迭出。小之如羅賓式木材注油防腐機的用拍賣黑市外滙方式成交，價欵迄未淸償，中美均感遺憾。大之如民國四十年間，美援會委託農林公司承銷物資數量價欵及受配器材價欵的帳冊異常混亂，直待至四十四年秋季安全分署及審計部先後從農林公司賬冊中核對後，始發現欠欵二千九百多萬元，因該公司已轉爲民營無從追償。次之如糧食局農復會工礦公司臺北紡織廠等懸欠該會欵項計共一千六百多萬元，爲時已久，迄少過問。此皆由於六年多來，一則行政院不易過問該會內部業務，二則該會內部執行人員動輒借外人以欺弄工商界，三則該會迄未實行會計制度，四則辦事人員顢頇，甚至上下其手，左右交袒，五則相對基金的收支，既不仿照英國編入政府總預算，復不列入政府總決算案內，形同化外，無可究詰。至於該會員工待遇，遠高於一般公務員四倍至五倍，即工友亦可月支一千元，同於大學教授的報酬，去年一月間曾勞安全分署建議，「如此不平等的待遇，不僅促成風氣問題，且對難以判斷中國政府究以何種待遇標準爲公平合理。」尤可見其影響的嚴重。且該會業務早經減少，如美援物資與相對基金運用及經軍援配合的設計審議事項，已部份移轉於經濟安定委員會，如關於美援工建計劃的審核事項。各項工業與其他生產的配合事項，及指揮懷特公司工作等任務，已由工業委員會接管，然該會辦公用人各費每年支出仍近千萬，致經濟安定委員會外滙貿易審議委員會的開支，亦齊步高攀。極可珍貴而極難獲得的美援，既如此支配，如此浪費，又何能盡量運用於工業建設？

吾人深信，反共任務雖經緯萬端，然在經濟建設上對工業增產及發展現代企業所行的制度與所辦的事業，較能供應迫切的國防需要及支持龐大的軍事消費，並能給與人民以較高的生活水準與更大的希望者，即爲最後勝利的關鍵。可是如前所述，這一關鍵的周圍，尙聳立十重難關，正待克服，如何不令人焦急？至於克服難關的方略，容另文寫出。

（上接第13頁）

遽然許其進入聯合國，豈僅如羅氏所慮中共將宣傳「是美國的失敗」，它必更向亞洲人誇大其威武，其影響亞洲人的恐怖心理，將更甚於思想上喪失印度與軍事上喪失北越。中共進入聯合國，能使中國大陸變成「一個世界環境，使美國的社會方式，根據其立國的人本主義，向前發展」嗎？豈不更「使亞洲人得一印象，認爲是自由世界的弱點，沒有一貫的政策與目的」嗎？我並非站在自由中國人的立場，反對中共進入聯合國，我是純粹根據羅氏的話語，認爲任何時候不應准許中共進入聯合國。我認爲「等到了將來軍事情勢安定後，美國在臺灣與在亞洲其他各處推進積極政策，足以抵抗中共的政治與思想的威脅的時候，」正是美國增加其說服英、印歧見的力量，勸說英印共同否認中共政權的時候，何以羅氏竟主張放棄其反共原則，而接受英、印承認中共的意見呢？此點，我甚不了解，願提出與羅氏商榷者一。至於羅氏的建議需要美國作到的各點，我們完全同意。茲列之於下：

「1.對於東南亞各國的政治社會問題及其願望，要提高關切的程度。

2.加强對於亞洲經濟發展所給予的優先與資源。

3.把日本的貿易問題與亞洲各國經濟發展問題，視爲同一區域的整個問題。

4.承認有不可逃避的責任，使臺灣發展成爲自由世界同盟中的一個積極因素。

5.一般的亞洲政策，應以長期爲基礎，在這個過程中，美國在亞洲的長期利益與目的之性質如何，應加以說明。」

我認爲羅氏這五點向美國政府的建議，不但自由亞洲人表示歡迎，假使英國能拋其自私見解，印度能改變其褊狹胸襟，當亦可以接受而爲共同行動的基礎。萬一現在英、印不能在此五點基礎上與美國集體行動，亦惟有盼美國政府能照羅氏所言：「我們曉得領袖地位的造成，一個重要因素就是在黑暗中能首先採取決定性的步驟，以爲天下倡。無論過去與將來都有這樣情形發生；就是美國如不首先單獨採取決定性的步驟，整個集團的協議，根本是不可能的。同時，無論過去與將來，也有這樣的情形發生；就是我們爲共同利益所採取的行動，將無法說服盟邦以共同的力量來支持；一旦這樣情形發生，美國祇有準備單獨發動行動，甚且必要單獨撐持這種行動。」

羅氏在他的這本大作裏，能有這種決心與勇氣，足可抵銷他調和矛盾的短處。不過，在羅氏的眼光裏一切矛盾，皆起於臺灣的地位問題，所以我們自由中國的朝野對於羅氏「承認有不可逃避的責任，使臺灣發展爲自由世界同盟中的一個積極因素」之要求，應努力以赴，無負友朋之望，終自累而累人。我願用羅氏之言以爲我本文的結論曰：「在我們所選擇的行動中，我們的敵人並不只是莫斯科及北平的領導者而已。舉凡自足自滿，缺乏創造力，以及閉門造車，同樣是危險的敵人。」

四五、七、七。

書　　名　美國的亞洲政策 (An American Ploicy in Asia)
著　　者　羅斯托 (W. W. Rostow) 同助手哈祺 (Richard W. Hatch)
出　　版　美國麻州工學院印刷廠
出版日期　一九五五年

從史大林的死後清算說起

龍平甫

一　米高陽和赫魯雪夫的演說

本年二月十四日至二十五日蘇俄共產黨擧行第二十屆全黨代表大會，這是一九一七年以來的第十五次全黨代表大會。在開會的第一天，俄共頭目赫魯雪夫以六小時的時間作了一次疲勞轟炸的演說，報告㈠蘇俄的國際局勢，㈡蘇俄的內部情況，㈢蘇俄共產黨。二月二十一日，俄政府頭目布加寧報告一九五六年至一九六〇年五年計劃的指示（第六個五年計劃）。

會議結束，照例來一次僞裝的選擧。選擧：㈠蘇俄共產黨中央委會主席團主席十一人；㈡主席團候補主席六名（原爲二名），㈢秘書處秘書八名（原爲六名），㈣中央委員會中央委員一三三名（一九五二年爲一二五名）；㈤候補中央委員一二二名（一九五二年爲一一一名）。蘇俄共產黨內部人事大部仍舊，祇是技術專家及軍人的地位較過去加强（朱可夫升任主席團候補主席）。上屆一二五名中央委員有四十四人未連任，本屆中委內有三十名係新添的，十二名係由候補升格，全部中委仍以共產黨高級幹部佔主體。

本屆大會最警人的事件是俄酋清算死去不滿三年的史大林。二月十六日蘇俄政府第一副總理米高陽公開演說抨擊「個人崇拜」，要求重建「集體領導」原則。他指名攻擊史大林，說史大林在其「社會主義經濟問題」（一九五二年發表）所陳述的理論或不正確，或須加以修正。他又說史大林的「共產黨簡史」簡略不完善，而「外高加索共產黨組織史則歪曲事實，掩沒若干人的事蹟，而將其附會於他人。」他承認：「蘇俄的歷史研究最爲落後，經濟問題亦然。美國有十五個蘇俄經濟問題研究所，而蘇俄僅有一個世界政治經濟研究所，且已關門」。

米高陽的演說是清算史大林幽靈的開端。他的言論經俄共代表大會同意，二月二十四日大會所通過的「指導方針議決案」完全同意中央委員會所採取的反對個人崇拜政策。繼米高陽之後是赫魯雪夫清算史大林的演說。三月十六日「紐約時報」前駐莫斯科記者沙里士伯里（Harrison Salisbury）發表赫酋在二月二十五日秘密會議中的演說，名爲「個人崇拜及其結果」。這是一個秘密文件，由蘇俄當局及各地共產黨幹部向民衆宣讀解說。這個密件由蘇俄當局有意洩露，並且對外界所報導的大同小異的不同版本既不承認，也不否認。三月二十八日「眞理報」評論個人崇拜對赫酋的報告予以間接的證實。這篇演說的俄文紀錄有四十二頁，據說有二十餘代表在聽演說時驚嚇暈倒。

赫魯雪夫的秘密演說，陳述列寧死亡以來的蘇俄政局。他首述列寧遺囑對史大林的不信任，說他太暴烈，不適於任書記長（係一九二二年十二月二十七日由列寧口授，其秘書筆錄的備忘錄）。但赫酋說史大林是最適合的繼承人，史大林上臺後，最初數年尙能忠實執行列寧的政策，消滅布哈林（Boukharine）及托洛茨基的反抗。同時在工業及農業集體化方面發生決定性的作用（此點赫酋贊揚史大林，因赫酋自己主持「農業城」計劃的實施，雖告失敗，他不願因此攻擊史大林而自承罪過），因史大林的成功，遂在他的週圍形成一羣逢迎諂媚之徒歌誦其榮譽（今日當權的蘇俄首要都是這一批人，赫酋自不例外），不久史大林也自信不疑，認爲其本人毫無錯誤，永不失敗，而鼓勵一般人對其崇拜。甚至在他所住的鄉村別墅（Datcha）的花園內裝置許多自己的半身雕像，以自我欣賞。史大林在革命時代所養成的猜忌心理，使其消滅最有能力的高級共產黨員。不久他更用最殘暴最違法的手段大肆屠殺，以一九三四年基洛夫（Kirov）的被暗殺爲開端；史大林對此暗殺事件並非不預聞，但卻歸罪於反對黨，而爲空前大屠殺的藉口。此外高爾基的病未得應有的醫藥治療，史大林的妻也死於同樣情形。他迫使其至友 Ordjonikidze 自殺，而予以國葬。

赫魯雪夫在報告中不指責史大林的清黨政策，而猛烈抨擊其清黨手段及其大規模屠殺辦法。他尤指責其對軍隊幹部的清除，不少高級將領因此喪生（一九三七年杜嘉契夫斯基 Toukhatchevski 元帥之獄）。史大林不相信希特勒進攻蘇俄，對其駐外武官及希特勒攻蘇前八日邱吉爾所予的警告均不置信。希特勒攻俄前夕，德軍一共產黨士兵投奔俄方報告消息，史大林仍不相信。赫酋說：「史大林並非軍事天才，而爲猶豫、膽怯、缺乏直覺的人」。紅軍的大退卻使其不知所措，而其地理知識的缺乏使其不能了解軍隊移動的情況，因此史大林對軍事常持期待態度，避免發號施令，而對部屬請求指示，則不作答覆，喀爾科夫（Kharkov）被圍時，史大林不理會參謀本部的呼籲，而使俄軍七十萬喪生。然而大戰結果，史大林竟剽竊一切軍事勝利的榮譽，將眞正的戰勝者（如朱可夫）置於閒散之地。

戰後史大林的猜疑忌刻、獨裁專橫更加强化，他在晚年觀其周遭同僚皆爲敵人間諜，視伏洛希洛夫（現蘇俄政府主席）爲英國間諜，輭禁莫洛托夫。佛士奈森斯基（Voznessenski）因「偏差」罪被判徒刑十五年，而史大林卻下令當庭鎗決、諸如此類野蠻手段不勝枚擧。赫魯雪夫論及史大林與狄托交惡時並不完全同意狄托的行動，而認爲共產國際情報局開除狄托爲有理由，但他說：「史大林對付狄托的辦法並不正確。史大林曾說：祇要我擧一小指，狄托即可跨臺，然而他曾擧兩臂，狄托仍迄立」。赫魯雪夫繼論在保加利亞清算加士多夫(Kostov)，在匈牙利清算拉希克（Rajk）等所謂狄托派時，譴責史大林種種苦刑以迫使被告接受所未曾犯的罪過；他說：「此等罪行由史大林和貝利亞負責。爲使被告自承有罪，他們曾允許被告在認供後可以享受美麗的鄉村別墅，然而鄉村別墅竟在九泉之下」。

他又說：史大林侮辱其最親近的僚屬，即其本人亦未倖免，某日史大林當外國人之面令赫魯雪夫作醜態畢露的烏克蘭人的熊舞。（據說當時有代表問赫魯：何以君等能忍受？為何不殺他？赫魯答云：「我們在恐怖政治之下毫無辦法，祇要對他稍不正視，即於次日被殺害」）。赫魯又說：貝利亞久欲奪取政權，其秘密警察佔據要地，控制無線電臺，但軍隊對貝利亞的企圖早有所知，東柏林暴動後數日，蘇俄共產黨中央委員會主席團開會，貝利亞前往出席，隨帶一小衞隊，但僅一人帶兩隻手鎗步入會場，甫入門即由同僚由後撲捉，解除武裝，主其事者為朱可夫康涅夫等將領。（貝利亞被捕後數分鐘即在鄰近會議室的對小室中被鎗殺。事後官方發表的審判及處決經過都是杜撰的），赫魯雪夫在報告中並間接的攻擊莫洛托夫。（據說在一次對清算史大林的秘密投票中莫洛托夫不贊成此舉，投反對票）。

二 蘇俄內部清算史大林運動

蘇俄內部清算史大林運動一經展開，即由莫斯科政權用各種方式進行。其主要的方法為：㈠宣揚史大林的罪行，㈡「昭雪」若干被史大林殺害的共產黨的首要，㈢懲罰幾個聲名狼籍的史大林分子。

（一）宣揚史大林的罪行——（A）由口頭方式向民衆宣傳。三月間莫斯科區舉行六千次大會，由各首要向人民解釋第二十屆大會的決議案及反史大林運動；（B）莫斯科史大林墓以「裝修」為名一度暫停開放，現又照常開放；（C）據云俄共中央委員會發出的反史大林運動的秘密文件說，史大林於一九三二年殺害其第二妻 Niadjda Alliiouieva；（D）莫斯科當局將美術陳列館及博物館的史大林畫像與紀念品收藏起來，五月一日勞動節也祇有巨幅的馬克思與列寧畫像（但有小幅史大林畫像偷偷出現，同時各機關辦公室的史大林像仍未撤除）。（E）報紙雜誌刊文抨擊史大林，宣傳集體領導。主要的有俄共機關報「共產黨人」（Kommunist）及國防部機關雜誌「軍事通訊」。後者在四月下旬發表論文說史大林沒有任何軍事才幹，他對第二次大戰初期（一九四一——一九四二）蘇軍失敗應負責任，並否認當時宣傳的積極性防禦陣線的存在。

（二）「昭雪」史大林的犧牲者——但「昭雪」僅限於少數被殺害的共產黨首要。迄今為止，在蘇俄方面被「昭雪」的有下述數人，（A）Kossior（烏克蘭共產黨秘書長，一九三七年在莫斯科失踪，可能被鎗殺）；（B）Ouseienko（紅軍政治部主任，西班牙內戰時任蘇俄駐巴塞羅納總領事，干預西班牙內戰）；（C）Gamarnik（一九三七年紅軍政治部主任，同年因杜嘉契夫斯基案被株連，死於監獄）；（D）Postychev（烏克蘭共產黨副秘書長，於一九三七年和 Kossior 同時被召赴莫斯科，旋即失踪）；（E）Pokroaski（列寧時代史學家，一九三二年死，其著作旋被史大林禁止）；（F）佛士奈森斯基（蘇俄政府副總理，兼國家設計局局長，於一九四九年為史大林鎗殺）；（G）Vavilov（列寧農學院院長，一九四八年因李盛科 Lyssenko 抨擊其遺傳學為反動學說，被免職，充軍至西伯利亞，旋死於該地）。

（三）懲罰史大林份子——事實上今日當權的人都是史大林派，因此蘇俄政權祇檢出一二罪惡彰著的小嘍囉來處罰。（A）列寧農學院院長李盛科被免職（四月十日公佈），此人是米楚林（Mitchourine）的徒弟，史大林的御用學者，偽科學家。他否認遺傳學，不承認門德爾定律及染色體的存在，史大林很寵任這位學霸。因為不承認科學的遺傳學正合共產黨改造人性的謬論，現在李盛科跨臺，即說明共產黨承認人性不能改造。（B）「白俄羅斯蘇維埃」報（Sovietskaia Bielorussia）在四月中旬著文攻擊前白俄羅斯公安部長 Tsavana，將其比之於貝利亞。Tsavana 在史大林死時尚為白俄羅斯公安部長，此後下落不明。

自蘇俄展開清算史大林幽靈運動以後，西方駐莫斯科的記者的印象認為莫斯科居民不畏懼與西方人士接觸，不避免與西方人士談論史大林問題。一般人認為抨擊史大林及個人崇拜就其本身言固為人所歡迎，但謹此事尚不足予目前當政者以充分信任，一般人民因獲得機會抨擊最橫暴的獨裁者，不免在會議中抨擊檢討共產黨及其執政者。因此四月五日莫斯科「真理報」著論說：「不論史大林建立其個人崇拜所犯錯誤如何，人民不能因此懷疑共產黨在各時期政策的正確性」。該報指責某些腐化份子「利用抨擊個人崇拜而對共產黨的政策及列寧的基本理論作侮蔑言論，而黨的若干機關竟聽任此等人公開作反黨宣傳，實屬不當」。

對史大林被清算的消息最感興趣的當然是集中營的奴工及囚犯。可惜我們所得的資料很少。祇獲得最近由蘇俄被釋回奧地利的囚犯某人的報告如下：在葉尼塞（Yenisei）河岸，托姆斯克（Tomsk）北六百英里的 Verschagino，Verkne Imbatskcje 及 Mirnoje 囚營於獲知史大林被死後清算的消息極感興奮，於四月三日要求恢復自由，為囚營司令 Gorelikov 上尉鎗殺一人，結果引起公憤，Gorelikov 被殺，衞兵被繳械。次日由 Norilsk 及 Igarka（二百五十英里之外）開來大批秘密警察，將叛亂鎮壓下去。政治犯死二百人，軍警至少死十二人，約有八十名囚犯逃亡，托姆斯克等城夜間戒嚴。

獨裁暴君的出現及維持的一個原因是由於某些人的擁護，史大林的情形亦然。史大林是喬治亞人，一些喬治亞人因民族的情感自然崇拜他。一旦他們崇拜的偶像被推翻，自然要抗議。本年三月七日至九日，喬治亞第夫里斯（Tbilissi）城發生擁護史大林的示威事件。莫斯科宣佈派「宣傳員」一萬五千名前往喬治亞向人民「解釋」第二十屆大會的決定。這當然是一種軍事鎮壓行動。喬治亞的「東方之星」報（Zaria Vostoka）本在三月八日著文紀念史大林，在三月十七日卻著文抨擊人物崇拜，後來該報又公佈第夫里斯史大林大學共產黨秘書長被免職，逮捕學生四十一人；開除二名。又說：「學生不守紀律，一半以上的學生不上唯物辨證法及馬克思列寧主義課程」。由此可見唯物主義那一套理論在蘇俄已大不受人歡迎。如打倒個人崇拜，則共產主義對蘇俄人民的控制力更趨薄弱。因此，蘇俄政權雖將史大林的偶像崇拜推翻，却抬出列寧來崇拜。「列寧主義」及共產黨的「集體領導」是今日蘇俄歌誦崇拜的目標。

三　附庸國及其他國家共產黨的清算史大林運動

蘇俄附庸國及鐵幕以外共產黨自三月中旬起紛紛響應清算史大林幽靈的運動。若干附庸國的小史大林也因此遭殃。(A)三月中旬東德共產黨秘書長烏爾希理希特 (Ulbricht) 指責史大林不相信納粹會發動攻俄，三月終東德共產黨中央委員會通過黨的「民主化」原則；(B)三月下旬捷克共產黨秘書長 Novotny 攻擊已死的捷共首領 Gottwald；(C)波蘭共產黨機關報 Trybuna Ludu 刋載波共宣傳處長 Morawski 的論文，說「史大林是嗜殺成性的暴君」；(D)羅馬尼亞共產黨中央委員會開會後，由羅共秘書長兼內閣總理 Gheorgiu-Dej 宣稱：「史大林的崇拜在羅馬尼亞甚爲盛行，對吾人的活動影響甚大」；(E)中共也來一番清算史大林的言論，但作得很膽怯，因爲毛記政權是百分之百的史大林式政權，清算史大林會影響自己的生存。

如蘇俄一樣，各附庸國也來一套「昭雪」史大林的寃鬼並釋放一些被判處徒刑的人犯，但以共產黨人爲主。

（一）波蘭：(A)前波蘭共產黨於一九三八年被共產國際 (Komiutern) 以敵間滲入罪予以解散，其中若干黨員逃入俄國，或被鎗殺，或被囚禁；(B) Gomulka 曾任今日波蘭共產黨秘書長及副總理，於一九四八——一九四九年以資產階級民族主義者及狄托派罪名被指責去職，一九五一年被捕，現已開釋，(C) Spychalski 國防部次長，一九五〇年被捕，現已開釋)；(D) Tatar，Komar 及 Kirchmayer 等將軍於一九五一年因波蘭軍官間諜案被判處徒刑，現經釋放。其他被釋者尚有二十餘名軍官。

（二）東德：雖沒有正式的「昭雪」之擧，但若干被囚的高級共幹則先後在公共場所出現。如(A) Paul Merker (前東德共產黨政治局委員，一九五〇年被免職，一九五二年判處徒刑)，(B) Franz Dahlem (前東德共產黨政治局委員，於一九五三年被開除)。

（三）捷克斯洛伐克：捷克當局說 Rudolf Slansky (捷共秘書長，於一九五二年被判處絞刑，同時死者尚有多人) 之獄不予修改。但偷偷摸摸他作了下述「昭雪」寃獄的行動：(A) Marie Svermova (捷共副秘書長，一九五〇年被捕，一九五四年判無期徒刑，現減刑十餘年)；(B)因 Slansky 案被牽累而判徒刑的十四人已有三人被釋放：Arthur London (外交部次長)，Varro Hajdu (外交部次長，Evzen Loebl (對外貿易部次長)，London 並已在捷京向新聞記者談話說明如何受非刑而承認未犯之罪；(C) 前駐以色列公使 Edouard Goldstuecker，前斯洛伐克總理 Husak 及前教育部長 Novomesky 傳已被開釋。

（四）匈牙利：被「昭雪」的有，(A) Bella kun (一九一九年匈牙利共產黨政府主席，失敗後於一九二八年逃往莫斯科，一九三七年失踪。爲史大林視爲「托派」，「人民之敵」，經「昭雪」後，匈共政權捧爲「最偉大的領袖」。(B) Jusztin Barannyai (天主教行動黨 Action Catholique 領袖)，於一九四九年因 Mindzenty 紅衣主教案被判處徒刑十五年，現與其他八名天主教徒同時被釋放；(C)拉希克 (Laszio Rajk) (匈牙利共產黨要角，任匈共政府外交部長，於一九四九年五月以狄托派罪名被捕，於同年十月判處絞刑，現與拉希克同時被昭雪者可能尚有 Szonyi，匈共秘書，Rajk 的助手) 及 Szalai (二人與 Rajk 同時被絞決)；(D) Arpad Szakasits (社會民主黨人) 迄一九五〇年爲匈牙利總統，後云「辭職」，實際被囚，現已釋放；(E) Georgyi Marosan (迄一九五〇年爲匈牙利政府輕工業部長，被判處二十年，現被釋放；(F) Dol Ignotus 作家，在倫敦匈牙利大使館任職一九四九年被捕於匈京，因 Rajk 案判無期徒刑，現經釋放)；(G) Groesz (Kalocsa 大主教) 於一九五一年判徒刑十五年現被釋放。

（五）保加利亞：被「昭雪」者有加士多夫 (Traicho Kostov) 保加利亞共產政府副總理，於一九四九年十二月以敵間及狄托派罪名，被判處絞刑，他例外地自始至終不承認有罪，致使公審完全失敗。

（六）羅馬尼亞及阿爾巴尼亞無正式「昭雪」寃獄事件。

在清算史大林幽靈的運動中，各附庸國的若干小史大林及罪惡彰著的鷹兇或被免職，或被捕，以平息人民的憤怒。迄今跨臺或被捕的有下述諸人：(A)保加利亞政府總理 Tchervenikov。他是史大林殺加士多夫的工具，現被迫去職，由 Yougov 任總理，(新政府有兩個第一副總理，及四個副總理，Tchrvenikov 爲副總理之一)。據傳前保國公安部長 Ivan ajkov 已被捕；(B)捷克政府第一副總理兼國防部長 Cepicka 被免職，由次長 Romsky 繼位。捷克公安部副部長 Roman Romkowski 及公安部第十科長 Anatole Fejgin 上校因違反「社會主義法制」而被捕；(C) 波蘭：國營農場部長 Stanislas Radkiewicz (前公安部長) 被免職，由 Mieczyslaw Moczar 繼任；同時司法部長 Swiatkowski，次長 Henryk Cleslak 被免職，文化部長 Sokorski 則左遷，波共政治局委員兼副總理 Berman 也於五月七日宣佈「辭職」(他是 Gomulka 的敵人)。波蘭共產黨第一書記 Boleslaw Bierut 於本年三月十二日「暴卒」於莫斯科 (年六十四歲)，據西德蘇俄問題專家 Franz Borkenau 的意見可能是被蘇俄當局清除，作爲清算波蘭史大林的犧牲品，因爲波蘭人反抗共產極權的意志相當强烈犧牲他以釋民怨。

蘇俄附庸國共產黨員很多對清算多年崇拜的偶像感覺惶惑不知所措。例如波蘭共產黨政府機關報 Zycie Warszawy 即云：「近來讀者紛紛來函要求解釋何以發動清算個人崇拜運動」。但是各附庸國如蘇俄一樣，要求民主自由的聲浪更益形加强。四月末波蘭共產黨秘書長 Ochak 指責黨內若干團體發表「反黨反蘇俄」的言論。匈共頭子 Rakosi 也攻擊「腐化份子」「濫用民主自由」。人民要求自由及眞正民主的聲勢强大，使不少的共產黨頭子不能不敷衍應付，以「民主」姿態出現。例如：(一)四月二十三日波蘭政府總理 Cyrankiewicy 向「國會」宣稱：「國會今後應成爲眞正的國會，在通過法律及其他辦法之前應先行討論」。(二)四月二十七日波蘭「國會」通過法律允許婦女在某種情況下實行墮胎（共產國家根本不承認馬爾薩斯人口論，但自去年秋蘇俄竟允許婦女墮胎，實行變相生育節制）。經過相當激烈的爭辯，天主教議員投反對票。據記憶所及，這是鐵幕國家御用國會第一次出現反對票的紀錄，以往都是「無異議」通過。(三)同時捷克工會報紙 Prace 要求實行眞正的民主，它說：「國會的主要責任在消除國家在政治經濟及文化生活方面各種錯誤及缺陷，但我國國民大會迄今沒有履行此種任務，尤其是在質詢權方面」。(四)捷共控制的作家協會在開會時，詩人 Garoslar Seifert 要求釋放被囚作家，開會時作家反對當局控制的情形非常顯著，領導人被攻擊。改選時，若干聲明狼籍的史大林份子都落選。(五)東德共產黨也決定黨內的「民主化」。

鐵幕以外的共產黨領導機關對莫斯科政策的突變感覺驚慌失措，非常狼狽，引起內部紛擾，並加强黨員要求民主及改革的聲浪。(一)三月下旬意大利共產黨議員開會，由議員 Pietro Amendola 質問意共秘書長陶意亞蒂 (Togliatti)：(A)蘇俄何以不顧及其他共產黨的反應而驟然發動清算史大林？(B)蘇俄領導人何以待史大林死後始對之攻擊？(C)陶意亞蒂何以不將史大林的錯誤詳細告訴意大利共產黨員？三月二十五日陶意亞蒂公開承認意共黨員對清算史大林一事頗驚訝，意共黨同路人左派社會黨領袖 Nenni 反對清算史大林。但意共仍奉行莫斯科命令沒有反抗，意大利有一八七名小孩取名史大林，現在得換名字了。(二)法國共產黨首腦部分對清算史大林更感頭痛，難以自圓其說。不久之前有一前任議員的青年共產黨員 Pierre Hervé、不滿意共產黨中央獨裁武斷出爾反爾自以爲唯一「眞理」的擁有者的作風，發表一本書名爲「革命與神物崇拜」(La révolution et les Fétiches) 攻擊法共中央。他立卽爲法共中央開除黨籍，不久莫斯科攻擊史大林，其所指責各點多與 Hervé 所指責的符合，因此法共中央對開除 Hervé 一事很感狼狽。但共產黨首腦份子畢竟臉皮厚，在經過內部爭論之後也來清算史大林，法共「人道報」說：「我們對過去歌誦史大林一事並不臉紅」。(三)三月終英國共產黨開第二十四屆代表大會，出席代表首次公開攻擊黨的領導人。反對僞裝的選擧及黨中央的反民主作風，並指責四十二名中央委員自行連選連任。當時情形使英共秘書長 Harry Pollitt 非常狼狽。現英共秘書長易人，由 Gollan 繼任。希臘共產黨秘書長 Zachariades 也被撤職。成爲清算史大林思想的犧牲品。

四　布加寧與赫魯雪夫的遊英

蘇俄頭目們清算史大林幽靈的一個原因便是爲他們訪問英國作準備，同時希望造成有利的空氣以達到他日訪問美國的目的——這是他們和平攻勢的最大目標。爲了同一理由，他們在抵英倫的前夕宣佈解散共產國際情報局（赫魯雪夫去年在新德里尙公開反對解散共產國際情報局）。

布赫兩人於四月十八日到英倫，英政府歡迎儀式極簡樸，他們到倫敦車站時，旣未懸國旗，也未奏國歌。僅蘇俄大使馬立克及外次葛洛米柯的妻子獻花。艾登致極簡略的歡迎詞，而赫魯雪夫則繼布加寧之後對英國發表極爲恭維的言論。

英國方面抗議布赫訪英的人並不少，不過他們表現得很合法而且幽默。英國保守黨二十五萬人簽名反對蘇俄的政治制度，Punch 雜誌以六萬人的簽名册向唐寧街抗議。波羅的海及東歐各國流亡人士擧行示威遊行，尤以四月二十二日的規模爲最大，參加的人數不下三萬。「帝國效忠同盟」製了一個三公尺長的調羹送交艾登，「俾與魔鬼共餐」，並散發傳單，「懸賞捉拿殺人兇犯布加寧赫魯雪夫，通風報信請送至唐寧街」。若干學生則當布赫之面擧大幅橫布標語：「歡迎摩納哥王子藍尼爾 Rainier 與葛麗絲凱利 Grace Kelly」（美電影明星，與摩王子結婚），英國人對摩納哥王子結婚的消息較布赫的訪英尤爲，重視連工黨的「每日前鋒」(Daily Heald) 報也在第一版刊載摩王子結婚消息，而將布赫的新聞置於次要地位。

四月二十日赫魯雪夫在格林威治 (Greenwich) 海軍學校發表其「共存論」演說。他的言詞粗俗雖不登大雅之堂，但對一般人却有其宣傳力，連英國報紙也不能不責備艾登太保留（換言之，太富於紳士氣），讓俄人採取宣傳的主動。赫魯雪夫雖狡猾粗俗適於作通俗宣傳，但是他的脾氣很壞，易和人吵架。四月二十三日夜間，布赫應工黨領袖的宴，赫魯雪夫發言四十分鐘，首述俄共的成功，繼指責西德建軍，譏諷西方的軍備管制計劃，說艾森豪的空中檢查計劃爲「無聊」，「我們不能容許他人檢查我們的臥室或花園」，新任工黨領袖蓋次克爾 (Gaitskell) 答覆解釋，旋向赫酋提出下述問題：(一)裁軍的監察辦法；(二)蘇俄及其附庸國被拘押的社會黨人釋放問題；(三)蘇俄境內猶太人的被迫害問題。赫魯雪夫大怒，他說：「共產黨必須懲辦人民之敵，蘇俄目前並無社會黨人，至於其他人民民主國家的事我們不能負責」。於是雙方大起爭辯，尤以貝萬 (Bevan) 與赫酋的爭辯爲最激烈。

布赫兩人在四月二十七日離英時與政府發表共同宣言。提及：(一)支持聯合國維持近東和平；(二)裁軍問題及(三)加强英蘇貿易。宣言內容相當空洞。英國外交部發表單獨聲明，說德國在和平自由中統一是英國的基本外交原則，並爲確保歐洲集體安全的最重要手段，然而與蘇俄談判此問題並無結果。艾登說布赫的訪英是一個「開端的開端」。他已接受赴莫斯科報聘，但一般人推測，他將於美國大選後始啓程前往，以避免英美間發生摩擦。

五　莫斯科政權何以要清算史大林

莫斯科政權何以要清算史大林幽靈，是一個値得研究的問題。我們就各種事象觀察分析，認爲其原因有內政及外交的。在內政方面是被動的，在外交方面是主動的。

(A)內政的——㈠一般人不但怨恨多年來的史大林極權統治，而且智識水準逐漸提高不再易於受騙，民主自由的思想日益加强。共產黨首要是機會主義者，因此清算死的史大林，以安撫人民，爲自建立聲譽，鞏固政權。(二)共產黨內部畏懼第二個史己大林的出現，因此攻擊史大林以警告赫魯雪夫，後者迫不得已來一個反史大林演說；(三)共產黨內部的離心及與民衆的脫節。這次第二十屆大會議決案一再要求「黨內團結，組織羣衆，領導羣衆」，而其「昭雪」的寃鬼也限於少數共產黨人。可由此推論史大林的被清算是在企圖提高黨內士氣。

(B)外交的——清算史大林正配合蘇俄的和平攻勢。因爲冷戰結果已使東西局勢僵持，而氫彈的出現使蘇俄不敢輕易發動戰爭以達到擴張的目的，因此蘇俄政權改變戰術，希望利用和平方法在鐵幕以外的國家議會中爭取多數，以達到共產黨爭取政權建立獨裁的目的，但是史大林式的共產黨不能獲得左翼政黨的合作爭得國會的多數，因此清算史大林，解散共產國際情報局，行使一套撫眼法使人相信共產黨已洗心革面，誘人上鈎。三月二十一日「眞理報」要求組織人民陣線。蘇俄的另一企圖便是瓦解西方防禦體系，故行使各種手段以影響西方輿論壓迫各自由國家政府放鬆對蘇俄的警覺。

四月中旬，美駐蘇大使鮑能 (Bohlen) 向美政府分析蘇俄的政策，大意說：「蘇俄的主要目標是瓦解西方的軍事聯盟，現在利用各種方法以求達此目的。此種方法包括傳統的外交手段及機動的經濟及技術援助的運用。在外交方面，蘇俄使中立國家及未參加集團的國家維持中立，使其誤信此種環境於自身有利。對北大西洋公約國家則從宣傳着手，以削弱其內部團結。因此蘇俄的政治對西方仍爲一基本的威脅，尤其是：(一)蘇俄的政治是獨裁的，權力操於少數人手中；(二)蘇俄爲一軍事大國，在最新武器方面可與美國匹敵，(三)蘇俄的基本思想仍未改變(不承認不同的社會可以共存)。

六　自由世界的反響

西方國家報紙及政治家對蘇俄政權清算史大林運動，一方面表示欣慰，一方面持愼審態度。現在提出若干代表性的言論以說明：(一)意大利基督教民主黨公報說：此事足以說明西方世界以獨立及自由爲基礎的自衞政策的正確。(二)西德外交部長布列達諾 (Von Bretano) 說：「蘇俄的目標並未改變」；(三) 加拿大外交部長皮爾遜 (L. Pearson) 說：「個人崇拜可能已成爲共產黨的異端邪說，但是共產黨控制世界的目標仍在，因此非共產世界不能自我陶醉，自行削弱分裂」。(四)英工黨領袖蓋次克爾說：「蘇俄的恐怖政治時期或已告終，但爲時久暫殊難逆料，蘇俄的政治制度及獨裁政治仍舊，仍不許人民批評政府」。(五)意大利右翼社會領袖黨兼內閣副總理沙拉加 (Saragat) 說：「俄國人民可以獲得自由」，(六)三月上旬在瑞士沮黎世 (Zürich) 舉行的「社會主義國際」大會，對蘇俄的政策通過議決案，認爲蘇俄共產黨手段雖改變，但並無充分證據使人相信共產黨的獨裁原則及其政策已經眞正改變，因此社會黨仍舊堅決反對人民陣線等與共產黨合作的方式。(七) 史他士堡 (Strasbourg)歐洲諮詢會議對蘇俄的政策分兩派意見，大多數不信任蘇俄，如荷蘭社會黨議員納特士 (Van Na-ters)，另一小部分人如西德社會黨議員施米特 (Carlo Schmid) 及法國外交部長畢諾則主張謹愼而誠意的合作。

身爲自由世界領袖的美國政府對蘇俄的政策是很謹愼而保留的。四月二十一日艾森豪在「美國報紙出版家協會」演說：「目前世界已有較良好的呼吸，但是明智之士不能輕易相信和平的希望足以保障和平的實現，未來演變將告訴吾人，共產黨是否誠心需要眞正而持久的和平」。他又說：「自由的思想已傳播至蘇俄官方所不願其到達的地方，列寧之徒以取消自由爲原則而建立蘇俄，但今日蘇俄執政者不能不顧及國內外的自由力量，而承認史大林所犯的錯誤。但彼等的集體統治仍是一種獨裁，僅放棄若干史大林政權最昭著的暴行。……史大林對外政策大部基礎仍在，因此西方國家不能放鬆警覺」。

艾森豪的言論爲民主黨一九五二年總統候選人史蒂文森所指責，說他使美國人誤信國際局勢已告改善。「反之，世界局勢在各處均呈惡化。尤以馬來亞至西地中海一帶爲甚」。他承認「和共產國家作戰的危機已消滅」，但是和共產黨周旋並單純是戰爭的問題，「我們可以不開一鎗而打敗仗」。

艾森豪的言論恐怕是在應付美國以外的西方國家的輿論。若干歐洲的政治人物（尤以法國社會黨人爲甚）主張西方國家改變政策，以對付蘇俄的新作風。他們主張將北大西洋公約集團的工作重點由軍事移至政治及經濟。協助建設開發落後國家。爲順應此種輿論要求，杜勒斯也發言主張發展北大西洋公約國家的政治及經濟活動，援助發展落後國家經濟，他又主張鼓勵波蘭捷克等國家的狄托主義。的發展最近在巴黎召開的北大西洋公約國家理事會也在原則上將今後活動重點移至政治經濟，但是法國提出由聯合國出面援助經濟落後國家的建設，是美國所不能接受的，因爲這等於干涉美國的外援政策。

今日莫斯科政權清算史大林幽靈，解散共產國際，更宣佈將大量裁軍，等等戲劇性的表演，使自由國家難於應付，尤其是使美國感覺頭痛，我們現在尙不能充分分析這些表演與運用的主動與被動成分如何。但自由國家得團結一致，不放鬆警覺，不放棄整軍行動。在這方面需要自由國家的政治家有勇氣將蘇俄的眞象告訴人民；並使人民了解：蘇俄及其他共產國家如不容許反對黨存在，如不取消特務組織，則蘇俄及其他附庸國家人民不能享受民主自由，世界和平也無法保障。如自由國家不放鬆警覺，繼續自衞努力，可以迫使蘇俄作更多的讓步，自由國家可以獲得冷戰的最後勝利。爲使自由國家警惕，現抄錄現任蘇俄烏克蘭駐聯合國代表 Manuilsky 在一九三二年所發表的一段言論：「共產主義與資本主義的殊死戰是不可避免的，今日我們的力量尙不十分充足强大，但是我們的時機將在二三十年後來臨，爲使資產階級昏睡，我們那時將發動空前未有的和平運動的表演，此運動將爲誘人的論調及空前未有的讓步。愚蠢不振的資本主義國家將欣然合作以自掘坟墓。他們將急急於爲我們的朋友。待彼等放鬆警覺時，吾人將享以鐵拳，一舉消滅」。

愛好自由的人們，當心蘇俄的催眠術！

一九五六年五月十五日草竣於巴黎

星加坡航訊・六月十四日

與章勛義先生一席譚

范益生

被印尼政府所驅逐出境的我國反共僑領章勛義先生，自從前個月來星馬考察商務，已於昨天飛西貢，將在月底經香港返臺北了。章氏來星馬，風塵僕僕於各地，記者除了在電話中和他談談外，始終未曾謀面。大家都忙着事情，抽不出空暇來。

六月十一日的中午，因爲章氏次日要走了，星加坡有少數反共的朋友，乃設宴爲章氏送行。記者亦應邀參加。我們談了近三個半小時。其中有許多問題，現在寫下來，似乎可以供政府諸公作爲一個參考。文中所述乃是對事不對人。尤希望被涉及的先生們，不要見責，因爲大家都是希望國家好，決無其他之用心。

我們知道章氏是印尼洪門的領袖，印尼政府要趕走他，也便是因爲章氏，動員了全印尼的洪門力量，來反對共黨。他在印尼的潛勢力實在太大了。此次他在星馬，幾乎天天有人從印尼來，接受他的指導，印尼駐星加坡總領事館，派出許多人作他的情報，但因他不在印尼，所以拿他沒有辦法。

章勛義在星馬會見了各階層人士，連三輪車夫，他都請去飲咖啡。他在星馬的一個半月，完成了一件大事。——便是把星馬許多的私會黨及黑社會組織合併起來成立一個「中華忠義社」。這是一個泛星馬的組織。換言之，是海外洪門的大結合。這許多黑社會過去是自相殘殺，無惡不作。章勛義費了許多唇舌，流了許多眼淚。他曾經在馬六甲的一個私會黨的大集會上道：「兄弟們，我們今天不能自己殺自己人，因爲人家快來殺我們了。我們要遵從祖師爺的規定，團結起來，抵抗共黨，恢復我們中華精神。今天我們應棄邪歸正了」。這一段話打動了許多朋友。

中華忠義總社在六月八日正式在星加坡插血爲盟。星加坡政府本來對私會黨之活動，感到頭痛，現在章氏把他們組織起來，棄邪歸正，因此政府當局也批准這個是合法的社團。正式成立的一天，到有社友五百餘人，這不能不說是一個力量。

章氏道：「從前國父孫先生在南洋奔走革命，也是利用洪門的勢力。洪門講義氣，我們應該發揚中國固有的品德」。除了這一個組織，還成立了工商聯盟及中華青年會。這兩個社團的結合作用，與中華忠義社相同。

章氏說到此次在海外視察的印象。他說：「星馬的反共情形不能算壞，我認爲比泰國好。馬來亞又比星加坡高一着。馬來亞方面，檳城的王景成，蘇承球；怡保的劉伯羣；吉隆坡的劉西蝶，馬六甲的陳其岳等人，本質上都擁護中央。尤其是馬六甲最爲積極。至於怡保方面，比較差些，因爲劉伯羣曾當面受到聯邦首席部長東姑押都拉曼之警告，東姑曾向劉伯羣道：『你代表國民黨，你是我最大的敵人』。因此，怡保方面的客觀環境，不容許活動，我們要原諒他的」。

接着章氏又道：海外有許多人討厭僑官，因爲僑官官僚，拍僑領馬屁，希望向僑領要錢。大家看得討厭了。他又說：「僑委會的出版物，老是有鄭彥棻的相片，這種作風，華僑委實看不慣，完全是自捧角，華僑在海外，也看到過外國機關出版的東西，人家從來不把首長的照片刊在上面」。

他指出僑委會派出來的人無能。他說：「我在曼谷的時候，死去的朱永鎭教授跑到我住的地方，那正是他被謀殺的一天。那天下午他來和我談了近三個小時。他來看我的用意，是他自己感到住的地方不安全，有人要暗算他，因此和我來商量，我勸他搬到我這裏來，他同意次日遷來，但想不到他出了事。他來看我的第二個目的，乃是自己錢用完了，他說：『我在此地似乎誰都不來管我，我錢快用完了，大使館不理我，僑委會的梁××不肯替我設法，我眞感到傍徨』。章氏乃道：『我這裏有，你要用錢，隨時向我拿。』」。

朱永鎭教授之死，是預先被人分屍的，章氏說死得眞慘。他說：「我又要怪僑委會的梁××了，他原與朱教授住在一起，他自己感覺不安全，先行搬出，竟未通知朱氏，也未爲朱氏設法覓屋。梁××在曼谷的時間比朱氏久，他瞭解曼谷的情形，事先不告朱氏，朱氏之死，他應負道義上的責任。僑委會派出這麼一個人來，實在令人失望」。

章氏又道：「今天的僑官把外放視爲肥缺，因爲外放有出差費，且有僑領贈金。所以都是滿載而歸的。但試問派出的僑官做些什麼事呢？例如三組的李菊休，在印尼的時候，我當面駡他官僚，他非常恨我。他不但不懂得當地的情形，而且他是湖南人，根本不會說華僑的話，試問派這種人出來，怎麼能同華僑搞得好。連語言都不能相通，試問能替華僑做什麼事。我到了星加坡，才知此人天天睡在中興俱樂部內。說是負責整頓中興日報，今天中興日報日銷不足一千份。我們前些時政府還滙了四萬美金來，試問這樣銷場的報紙，有什麼作用。我說作用等於零，而且還有反宣傳的惡果」。

章氏又說：「今天僑委會裏儘是廣東人的天下。因此非列濱星馬各地僑領，紛紛對鄭彥棻表示不滿。因爲這些地方的僑領都是閩南人。鄭彥棻用了廣東人，無法與說閩南話的僑衆相通，試問能替華僑做些什麼，因爲雙方話都說不通。因此，僑衆們對僑委會的感情一天淡一天，對祖國的熱情也一天低落一天。所以我主張今後僑委會每一個處的處長請當地僑胞出任。例如星馬司請星馬一位僑胞出任，他不但語言相通，而且地方情形也熟悉，這樣替華僑做事，工作比較容易展開。

他又說：僑官們派出來以後，架子十足，不能接近僑衆。這樣表示是中央派來的威風，看見僑領則低頭伏笑，希望從僑領那裏拿錢。他說：有

（下轉第28頁）

緬甸政情

仰光航訊・六月一日

顏彥

緬甸，這個第二次大戰後東南亞的新興國家，自從她脫離英國的羈絆而獲得獨立之日始，即是命途多舛，變亂相乘：最初有宇蘇謀殺翁山諸人於秘書廳的事件發生，震撼全國。繼之又有紅白旗緬共之作亂，以及白志願軍之叛變，舉國鼎沸，岌岌乎不可終日。最危急時曾被進攻至離仰光北十英里的永盛縣，都城勢如壘卵。但結果都能節節應付，跨過難關，並漸漸地轉危爲安。這確足爲此新生之國家慶！

現在的執政黨自由同盟，其全稱原爲「反抗法西斯自由同盟」，是第二次大戰日本進佔緬甸時，集全國各黨派而組織的混合政團，當時的領袖翁山將軍，領導對日抗戰。但這一組織內部，本極龐雜，只是站在對外抵抗侵略以爭取國家獨立這一立場的暫時結合而已。到了戰事結束，又獲得了獨立之後，大家爲着爭取政權，便四分五裂，各黨各派遂先後分家，自立門戶，而剩下的自由同盟，僅僅是其中最重的支柱社會黨而已。社會黨之所以至今仍沿用自由同盟的名義，無疑地因爲當時是以該黨作領導，而比「自由同盟」這一名詞又有其光榮的歷史，況翁山將軍被宇蘇刺殺後，且被尊爲國父，有其强大的號召力，自然比社會黨這名義有利得多了。

獨立後的臨時政府，是自由同盟執掌大權，當時爲收拾邊區民族的人心，特舉蘇瑞泰任總統。到一九五二年舉行獨立後第一次全國大選，自由同盟大獲全勝，國會議席佔了百分之九十，組織正式聯邦政府，總統改選宇巴宇，內閣總理宇汝(先名德欽汝)。到今年該盟政權四年屆滿，依法舉行第二次全國大選。此次選舉結果，以目前已經揭曉的席次，列表如左：

自由同盟	一四三席
民族團結陣線	四六席
山區民族團結協會	一四席
無黨無派	一三席
若開民族協會	五席
吉欽文化協會	四席
珊邦民族自由協會	四席
民族集團	一席
巴奥族協會	一席

此外尚有因治安不良地區而宣佈延期投票者十三區，已經投票而尚未開票者六區，共計二百五十席。

以此次選舉情形推測，未開票之六區，自由同盟仍有多數獲選之可能，則將來地方治安恢復，展期之十三區舉行選舉時，該盟所能獲得之席位，當亦不在少數。即以現有席次觀之，自由同盟之重握緬甸政權，已成定論。

上表所列各黨派，除民族團結陣線，係由工農黨(卽公開的共產黨)領導之臨時組合，爲純粹的一邊倒向共黨者外，其他各黨派在根本立場上都是反共的。所以若在反共的政策上，這些黨派與自由同盟是能够合作的。

其中尚有一民族集團，乃反共政黨之臨時組合，以大緬甸黨爲領導，負責人巴茂博士。此人前曾有一段時期，在言論上相當左傾，後來則頗有轉變。惟此次競選成績，以之與民族團結陣線比較，無疑的是一次慘敗。至于這左右二大組合之未能與自由同盟互爭雄長，自在意料之中。不過，依常情論，這一組合所得席位，與民族團結陣線之差數，不應有若是之懸殊。本來民族集團很可以與民族團結陣線相抗衡，所以致此者，揣其原因不外：㈠財力不足，競選活動經費支絀。㈡在競選進行中，民族集團較爲守法，其所採取手段，遠較民族團結陣線爲文明。㈢更主要的因素是緬共之全力支持民族團結陣線。選舉之前數月，武裝緬共卽到處打家刼舍，放火殺人，威脅選民，若不投該陣線候選人的票而致落選者，必捲土重來，燒殺報復。由此暴力之支持，使該陣線獲到意外之收穫。然緬共確也說到做到，選舉揭曉後，有該陣線候選人落選地區，果然傾巢來犯，致選民遭受飛天橫禍的已有數處。可見其卑鄙之一斑了。對此，選後緬政府已決定組織特別法庭，搜集證據，替受威脅而落選者提起公訴。這也是維護公權的一種補救辦法。

若仔細分析各地選票，大多數自由同盟候選人落選地區，其所得票數與當選之對手所得者比較，均相差無幾，非常接近；反之，在自由同盟候選人當選地區，其所得之票數，則遠非落選之對手所可望及，相比之下，距離頗遠。由此可見，該盟此次所得席位，雖不能保持上屆紀錄，但其在各地的潛勢力，仍相當雄厚。宇汝曾經表示，自由同盟有繼續掌握政權二十年之把握。是否有此可能，當然有待將來事實之證明，但無論如何，苟非緬共之全力作亂，非特民族集團可能多得席位，則自由同盟也必不止此數，殆可斷言。至于自由同盟在其他地區的落選，據各方面的觀察，認爲大多由于該盟之地方幹部，平日行爲驕橫，致引起選民不滿，有以致之。從這點更可看出，一個政黨如經長期執政，縱使其高層負責人員，能時自警惕，但地方幹部，終難免得意忘形，日常行爲，自然易流於驕橫。更遑論一黨專政之極權統治，其不日就腐化者幾希！然而該盟之高層負責人亦已有鑒及此，近日已在計議，調整各地分部。可謂警覺之至！

緬甸聯邦的政治組織，亦仿照英國爲責任內閣制，議會分兩院——衆議院和民族院；衆議院以各區人數爲比例，民族院卽係代表聯邦各民族，各有一定名額。內閣閣員亦均爲議員。

緬甸在東南亞雖爲一小國，而且是獨立不久的，但國內政黨之多，想必不下於法國。其中有反共極爲堅決的民主黨，也有共產黨化身的工農黨。至于其他各黨派，不是左傾，便是右向，殊難找出一個中立者。其實以政治觀點言，目前世界形勢，不是極權便是民主。一個國家爲着她本身的利害關係，在外交上不得不採取所謂中立主義者，但在現實的環境裏，一個政黨要眞正保持中立，是絕不可能的。因爲到目前爲止，世界上還沒有產生個一半民主而又一半極權的政黨。即使尼赫魯之流及其所領導的國大黨，也不能例外。所以自由同盟執政的緬甸，外交上雖也說是中立，但其本質却仍然是反共的。至于他的承認中共僞政權，以及所表演的各種親共姿態，在整個大陸淪於匪手，强敵壓境的情勢之下，一個國力未充實，根基未穩定的新獨立國家，亦自有其不得已的苦衷在，此蓋爲吾人所能諒解者。雖然他的親共姿態，較諸尼赫魯已中庸多多了。

還有一點值得報導的，就是自由同盟政府頗能表現出民主風度。雖在若干事件的處理方面，有時不免過於幼稚，但這大致是由於行政經驗缺乏所致，不足爲病。平時在大街廣場，常有反對黨作公開演講，向聽衆抨擊政府，執政者都能任其暢所欲言，不加干涉。此次競選開始時，各黨派之公開指責政府，眞是無微不至。尤其是工農黨人，簡直就是漫罵一片。但執政當局，均能容忍，只有找機會提出答辯，並予反擊。此外，還應彼輩的要求，將政府電臺，讓其輪流廣播競選演講，諸如此類，均足爲吾人效法的。

他一方面用兵力戡剿緬共和吉人叛軍，另一方面却准許共產黨化身的工農黨存在，視爲合法政團，任其公開活動，這也是明智之舉。因爲這樣，等於向彼輩宣佈，以合法的手段來爭取政權是可以的。但若非法武裝叛亂，那就不能容許了。這末一來，有不滿政府的左傾份子，便可以公開加入該黨。即使如此，充其量也不過使之增加幾個黨員罷了。「明槍易躲，暗箭難防」，公開活動，至少須在法律許可範圍以內，且容易明瞭其活動情形，使不至轉入地下，以增强武裝緬共的實力。所以工農黨年來雖處心積慮，多方與地下武裝緬共結交，甚至獲得其友人之有力支持，然這些勾當，總得偷偷摸摸地暗中進行。故始終不能有所進展，未嘗不是此一措施之效。因爲我們只要一看現世界已經成功了的各國共產黨，自俄帝以下，沒有一國的共產黨不是賴暴力而獲得政權的。攫取政權如此，其統治亦莫不然。在民主制度之下的共產黨，離開了暴力，他非特無法在選票中獲取政權，則其自身之存在也還是大有問題的。緬甸此一事實，實足爲民主政治必可戰勝極權的有力佐證。

但是自由同盟政府對於戡亂政策，却非常堅定，在平時那些共產黨及其同路人，常常以和平作幌子，向政府要求舉行和談，停止「內戰」。在這次的競選中，甚至以「和平」作爲他們的重要政綱之一，到處叫囂。宇汝曾在廣播中公開向國民答復他們，大意略以：「政府對武裝叛亂者絕無和談餘地，只有叛亂者攜械歸誠，向政府投降，政府自可寬大處置，不究既往。現在已將舉行大選，就讓全國人民選擇，如果全國人民都喜歡和談，就選你們執政，屆時一切皆可實現。一切取決於人民」。無論如何宣傳，如何攻擊，執政黨絲毫不爲所動。

自由同盟政府的危機，厥在於官吏的貪汚。眞是「衙門八字開，無錢莫進來」。雖小至戶口轉移，一個外僑繳上外僑登記證去報請轉移登記，苟非花十盾三盾茶錢，很可能把你一壓，就是一年半載也無法拿得出來。無論大小事情，只要須經過公務員之手辦理的，幾乎是非錢不可的。尤其是農產局派赴各地收購稻谷的人員，其貪汚更爲嚴重。高層執政當局，未嘗不知，而且特偵局也常在偵查，有時也曾舉發，但究屬小數中之小數。不過這種現象，任何政黨執政，似乎也難有更良好的改進。這與公務員的待遇不無關係，因爲一般公務員的待遇都相當微薄，而下級人員即更甚。另一方面人事制度之未能建立，應當也是主要原因之一。

總之，這個新國家，內政大方針已經對了，至于技術之改進，以及良好政風之培植，要在執政者之善爲爲之耳。

中立主義的苦果

顏　彥

仰光航訊・六月十六日

緬甸四年一次的大選，現在大部份已經完竣了。僅有少數地區因治安不良，而宣佈展期。第二屆第一次的衆議院業於本月七日開幕，自由同盟新內閣閣員名單，已定於本月十二日經衆院會議通過：

一、內閣總理兼國防與國民計劃部長宇巴瑞。二、第一副總理兼外交部長蘇昆雀。三、第二副總理兼社會事業部長宇佐榮。內政部長德欽逵進，司法部長德欽貌納，財政與稅務部長帽欽貌禮，宗教、社會服務與民衆教育部長宇巴蘇，工業部長帽慶芒，礦務部長宇拉實，農林部長德欽陣貌，商業貿易兼物資供應部長宇陣，港務、航空與沿海交部長宇溫貌，鐵路、內河航運，聯邦民航與郵電部長帽敏空。文化與教育部長宇吞陣，衛生部長盛班醫師，救濟部長蘇吞挨，復建部長宇盛坦，勞工部長宇陣柳，田地收歸國有部長德欽山敏，民主行政部長德欽班棉，房屋復建與路政部長蘇旺巴，宣傳部長德欽七盛。

此次新閣閣員人選，事前各方觀察預料，均以為不致有重大變動，但結果出乎意料之外的，是前總理宇汝的堅決辭職，推出了國防部長宇巴瑞繼任。倘宇汝不幹，宇巴瑞為繼任人選，在一般人眼中，原不以為奇。然而所奇的是宇汝竟會這末堅決不幹，很明顯地其中必有原因在。

記者在上次通訊中曾經指出：「工農黨年來，處心積慮，多方與武裝的地下緬共交結，甚至獲得其友人之有力支持。」果然，原因就在於此。最近關于宇汝之所以堅辭連任本屆總理內幕，業已全部揭開。自從自由同盟接受宇汝辭退，而改推宇巴瑞之後數日，仰光英文民族報(Nation)，便發表了一篇化名為貌巴廝者投函，說明其眞相如此，茲特將該函迻譯於下：

編輯先生：

我獲得極可靠消息，知道於新國會開會時，新政府之組織，宇汝將不再繼任總理。對于宇汝的辭職，該方面歸因於他中立政策的失敗，以及他和所有國家建立友好關係的希望的幻滅。

在過去數年中，宇汝曾費盡心機，設法避免兩大集團的羈絆。如所周知，在外交方面，他心上存有一主要觀念，即是與所有國家，建立經濟的和文化的關係，不問此等國家之政治思想如何。顯然地，他相信只有這樣的政策，才能保證和平與國際諒解。但據各方面的報告，已知道他勤懇地致力於這些國家的友愛，並未獲得她們的同樣態度的酬答。現在，他這一觀念已經全部幻滅！

該方面透露宇汝對蘇俄及中共駐緬使館的活動，表示極端失望。這使宇汝及其同儕，經常陷入於不安的狀態之中。此等使館慣於運用各種花樣，邀請工農黨及其所培植的新共黨領袖，前往蘇俄與中共區。而被邀前往者，又皆為敵視政府的份子，回到緬甸之後，便擔任起隨時到該兩使館參加秘密會議的任務。

我對于透露是項消息之來源，其可靠性是絕無可懷疑的。最後使宇汝不能容忍者，便是此次大選。此等使館供給無量數的金錢與反對黨候選人。這樣，宇汝所一貫堅持要建築的國際間互相諒解的和平共存的大廈，已經在他眼前整個坍塌下來了。這一挫折致使他所珍視的理想歸於崩潰，使他感到莫大頹喪，迫得他採取這一重大的決定。

為了明顯的理由，編輯先生，我要求你切勿將我為了證實我的誠懇而親署的眞實姓名和住址發表出來。假如你對于寫這信的人，其誠意有所懷疑時，請直接用電話詢問，我的電話號碼，以及詳細住址，一同奉告於此。

仰光貌巴廝　六月二日。

關于上譯信中所述各節，記者並曾於緬甸有地位的人士口中獲得證實。據稱在此次大選期間，駐緬之其他各國使館，全無活動，只蘇俄與中共，非但供給民族團結陣線(按即以共產黨化身之工農黨為首的左翼集團)以大量競選費用，並且由中共策動各地華僑尾巴分子及潛伏的共幹，全力協助。另據警局透露，各處亦均有發現。似此，則該函的眞確性，已有足夠的事實以資證明矣。

這便是中立主義所結的苦果。走中立路線而侈言和平共存的國家，苟非過於天眞，便是自我陶醉。所謂和平共存者，在共產黨只不過是以和平為手段，其目的仍在赤化，是為和平赤化。使赤色帝國主義者，得以不發兵，不費一彈，而和平地擴展其鐵幕的範圍罷了。中立主義者結果必陷國家於萬劫不復之悲慘境地而後止。緬甸的事例，足為東南亞戰後諸新興國家之走中立路線者戒！

代郵

曾卓吾先生大鑒：六月七日大函，已收到。承詢各點，不是簡單的答覆，可以使台端滿意的。因為問題涉及「國家」、「政府」、「愛國心」、「自由」……等名詞。而這些最普通的名詞，也是最被誤解、最被曲解的名詞。如果對於這些名詞沒有一個正確的基本觀念，則很難正確地理解與這些名詞有關的問題。從來函，可以看出台端是一好學深思之士，茲擬介紹張佛泉先生著「自由與人權」一書(四十四年香港自由亞洲出版社出版，臺北市重慶南路一段東方書店經售)，以供參考。這本書體大思精，可以幫助讀者對於這一類問題全盤理解。

編者敬啓

仰光航訊・六月二十日

緬甸社會黨的新內閣

蘇榴生

（一）

緬甸總理宇汝自從一九四七年七月十八日上台以後，直到現在執政已經整整十年。他與現任總理宇巴瑞是反法西斯自由同盟的三大中心領袖。但在最近大選中，自由同盟雖然獲勝，然而幾個地區的票數顯然大減。根據大選處的紀錄，有八個選區的票數，自由同盟無法領先。因此，宇汝乃於六月五日毅然辭去總理之職，結束了他十年的政治生涯。宇奴對外宣稱：一個執政黨內部不健全，是件非常危險的事，因此下野，專心致力於自由同盟內部之改革，以加强黨政的鬪爭力量，來保衞國家的獨立、民族的自主。許多外國記者的電文，也都把這官面文章報導出來，但未說明宇汝辭職之眞相。

六月五日宇汝在總理府招待記者，一方面發表新閣的陣容，另一方面他發表一個簡短的聲明。全文稱：「……此次不出任內閣總理的原因，是爲了專責主持自由同盟的工作。我認爲一個政黨必須健全組織，始能發揮其力量。有了力量才能組閣掌權，所以我今後致力把自由同盟搞好，整肅內部和促進工作的推展。在國內方面將努力肅清貪污，敉平叛亂，維持自由之治安」。

今天緬甸政府的總理宇巴瑞，雖是自由同盟三大柱石之一，但他本身是社會黨主席。第二副總理宇佐榮及第三副總理德欽陣都是社會黨的主要角色，因此有人意味這是社會黨內閣。其實自緬甸獨立以後，自由同盟與社會黨都是互爲一體的。宇巴瑞自始至終都是這兩個政黨的實際負責人，所以今天的宇巴瑞內閣與昨天的宇汝內閣，根本上沒有什麼分別，內部及對外之政策也不會有多大改變。

但此次宇汝究竟爲什麼要辭職？我們知道宇汝是走國際中心路線的，他敷衍共產黨。仰光有蘇俄及中共的大使館。然而此次他上了共產黨的當了。他的下台，表面上去改組黨務，實際上等於承認他兩面討好的中立政策，完全失敗。宇汝先生以一片誠心接受了中共和平共存五原則而嚴守中立。但此次大選，共黨却從地下進行陰謀活動，顚覆他的國家。中共駐仰光的大使館，一方面使用了大量金錢援助左翼反對黨，促成其在大選中獲得政權，另一方面又用滲透和收買的手法向自由同盟內部進攻，使同盟的中下級幹部，日趨腐化與分裂。同時又利用了在仰光的中國銀行及交通銀行領導着一批親共的華僑商人，結成一個經濟的小鐵幕，專門從事操縱物價及擾亂金融的黑市活動，破壞緬甸的幣值，加速其通貨膨脹的惡運。宇汝這一次才見到共產黨的眞面目，他把共產黨當朋友，共產黨把他當敵人，他把他心膽憤裂。但他無法公開與中共及蘇俄絕交，所以他的下野，乃是啞子吃黃蓮，說不出的苦。

至於今天執政的社會黨，論黨齡比自由同盟還長久，它的前身是革命黨，戰後才改名爲社會黨。自由同盟在緬甸光復前才成立的，也是在戰後公開起來。同盟是緬甸歷史上一個空前强大的政黨，它包括了國內各黨派，各民族和各人民團體，但實際上確以社會黨，緬甸共產黨，國民志願軍（抗日愛國軍爲其前身）爲骨幹，成爲同盟的三大支柱。那時同盟的目標是爭取緬甸獨立，最初都能團結合作，後來因爲緬共企圖控制同盟而招致其他黨派之不滿，結果緬共被同盟開除出去。在羣衆運動中，社會黨與緬共展開內部鬪爭。緬甸獨立後，緬共叛亂。同盟另一支持的志願軍，由於和談方式的問題，引起內部分裂爲黃白兩派，黃志願軍支持政府（不久即告解體），白志願軍轉入地下，同盟一再分裂的結果，到今天似乎只剩了社會黨爲老伙伴了。

緬甸獨立後，社會黨的內部也起了急劇之變化，有些幹部經不起時代的考驗，他們認爲緬甸獨立後，革命成功了，一踏上官場便貪污腐化，連當時的社會黨主席宇哥哥枝（曾任商務部部長）也因貪污舞弊而被撤職查辦，後來却溜之大吉，這影響社會黨的威信甚大。

社會黨在面臨各種困難與危機中，開始注意整肅黨的工作。一九四八年七月初旬召開了黨的中央執委及各地方幹部的擴大會議，對整個黨的工作，曾作了全面的檢討，並指出整個黨充滿了官僚的作風，於是決定成立一個小組委員會，實行調整黨的工作，接着召開全緬甸代表大會決定把黨重新整刷，使其能貫澈黨的主張。

一九四九年四月，緬甸內閣舉行一次局部的改組，社會黨的閣員全部退出，計有副總理兼外長宇佐榮，農林部長德欽陣，工礦部長宇佐敏，教育部長宇溫，他們發表聲明，表示辭退政府職務，並非表示退出同盟，也非想反抗政府，而是促使大選早日成功，早日戡平叛亂，以奠定國家不拔之基石。

社會黨幾位領袖退出政府後，專心致力整理黨務，健全組織，把黨內的威信從新恢復過來。同年十月，因爲政府人手不够，又邀請社會黨的宇佐敏，宇溫及幗欽貌禮入閣。以後社會黨入閣的人數乃逐漸增加。

社會黨整肅過後，不良份子淘汰不少，但左傾的幹部及黨員却比比皆是，他們不滿政府，他們同情共產主義，他們更極力主張與共黨談和，這與社會黨原來的立場是不合的，在無法協調之下，乃開始分裂了。於是在一九五〇年十一月八日，社會黨一部份幹部包括總部副秘書長德欽七貌，執委德欽倫，德欽臘最等，聲明退出社會黨，另組工農黨，標榜實行馬列主義，擁護蘇俄，反對英美，與轉入地下的緬共遙相呼應。社會黨雖然損失一部份力量，但內部的統一意志與力量集中更爲堅强了。

從上面的歷史事實，社會黨戰勝了緬共，而鞏固了同盟的組織，以後又肅清了內部的腐化份子與左傾份子，一貫堅持其非共政策。因此，今天社會黨登場，它決不會走共黨路線，也沒有向共黨妥協的可能。

請看社會黨秘書長宇佐榮道：「我們的態度與資本主義與共產主義均不相同，我們不喜歡資本主義和在蘇俄見到的極權主義。根據這種基本信念，我們不欲見到世界被資本主義的美國支配，假如資本主義的美國控制着世界，就是我們社會黨的末日，另一方面假如世界爲共產黨統治，社會黨更無出路，這是我們不願世界被資本主義或共產主義操縱的原因」。

（二）

至於社會黨新閣上台以後，各方觀感又如何呢？根據許多方面表示，大家有一個共同的看法，一致認爲在政策方面，不致有多大改動。但以宇巴瑞而論，他的爲人不及宇汝來得圓滑，必要時恐怕他會採激烈的手法。宇瑞光，大寺之方丈，是代表全緬佛教的勢力，他認爲宇巴瑞在宗教信仰上不及宇汝來得虔誠，但他是能採行嚴峻行動的人。商場方面的看法，認爲這是社會黨得勢的一個預兆，這一轉變商人怕會有不良後果，因爲要使一條木頭瀏回必須慢慢的在火上翻動，若用猛力，木條就會斷的。宇巴瑞不是有名的耐心人，他若猛烈，把此國家納入社會主義模型，可能會有動亂。但在平亂方面，全國上下一致認爲宇巴瑞是一個理想的人物，大家認爲他上來，平亂的前途，將有樂觀之展望。因宇巴瑞是緬甸的「强人」，他會不顧一切，清剿叛匪。

但是美國駐仰光的大使館方面，曾經非正式的向美國各報社駐仰光之記者表示，認爲宇巴瑞是緬甸「强人」，但他在運用國際政治方面，他敵不過共產黨的陰謀。因此美國大使館方面對於社會黨新政府上任，表示並不樂觀，他們意味着外交政策可能愈趨於左傾呢！

至宇巴瑞個人的經歷。他現年四十三歲，原爲體育名將，騎馬老手，因此體格十分魁梧，一望而知是名足球健將。他一向是同盟的副主席，也是聯邦內閣的副總理，他升任內閣，可以說順理成章。

宇巴瑞是土瓦人，生長在礦區的小鎭，名爲甘保。那是崇山峻嶺中的一個市鎭。父親早年逝世，家道素貧，從小就刻苦向學。他在土瓦官立中學卒業後，就到仰光大學繼續深造，他在仰大時，已參加緬甸獨立的地下活動。

在日軍佔領緬甸後期，「緬甸國父」翁山將軍領導全緬抗日，後來日軍節節失敗，最後退到緬南一隅，繼續頑强抵抗，當時他被派到緬南土瓦、丹老一帶苦戰，處境非常危險，但他終不屈服，等到日軍投降，才從山中出來。

緬甸光復前夕，反法西斯自由同盟在地下組織起來，宇巴瑞是發起人之一。一九四六年「七一九」事件暴發，社會黨主席德欽喀不幸慘殺身亡，宇巴瑞乃爲實際的領導人，同時兼同盟的秘書長。

（上接第23頁）

許多華僑實在不錯啊！我們應該去向他們聯絡請教。他們有他們的看法。章氏說：有一次我在吉隆坡看見一份報紙，名叫中國報，我看這份報辦得不壞，立場很反共。於是我自已去拜訪他們的董事長程濟謀先生，總編輯宋韻錚先生，我告訴他們我是章勛義，一個印尼的華僑，我從祖國來，但我不是僑官，我不要僑委會顧問的名義。這樣我們談得很投機。程宋兩氏向我道：「章先生，我們不知道祖國還有這麼大的希望！總統還是這樣關懷我們，使我們太興奮了。可惜過去政府派來的人，都沒有來看過我們，我們好似在孤軍作戰」。

章氏又說有一次他在檳城會見檳城鍾靈中學校長汪永年先生，和這位汪先生談起青年教育的事情。他說：現在共產黨政策已經變了，在星馬兩地，他們是打進學校作滲透工作。關於這一點汪永年先生十分注意。他同意章氏向他建議多多聘任臺灣大學畢業出來的學生。章氏在星馬曾經和許多學校校長討論過這個問題。他說：他們多很好，也十分愛國，只是過去沒有人替他們打主意。

章氏又談到有一次在馬六甲舉行一個會議，他在會中報告共產黨迫害印尼華僑的情形。章氏演說完了，會中便有一位老華僑報告他的家人被清算的經過，他拿他家人的照片，一邊報告，一邊落着眼淚。這位老人說：我們過去不知道臺灣還關心着我們華僑。今天聽到你章先生的話我才放大了膽出來吐一吐我胸中的氣。

最後章氏談到星加坡的中興日報，這個報紙由第三組管，是由政府派戴愧生來星主辦的，現在員工欠了近三個月的薪水，一文不名。排字房工人加入左翼職工會。共產黨出品的電影如「梁山伯與祝英臺」一片的廣告，不但中興日報天天刊登，而且還有介紹文章，大捧特捧。這一點使章勛義大不滿意。他說：「我們出了人力財力，替共產黨宣傳等於我們買了槍炮，任共產黨取去來打死我們。這種情形，怎麼不使我看了痛心呢？」章氏指出：僑委會與第三組根本拿不出辦報人才來。他們以爲能寫一兩篇文章的人，便可以辦報。這是大錯。過去中興日報辦不好，也是因爲經理不善經營，主筆又非眞正報紙科班出身的人，全是外行漢，所以搞得一團糟。

據記者所知，現在這個報紙等於是吉隆坡僑領劉西蝶私人的企業。代社長陳國樑是個非常年輕的人，一無辦報經驗，也無大學程度。（恐怕中學卒業的資格都沒有），僅在臺北復興崗受過訓而已。不但沒有才具，且不能得人望。

這種情形，章勛義非常看不慣。他希望返臺北後，能將實情告訴總統，促請總統注意，澈底改善僑務。使華僑與政府更保持密切的關係。他反對鄭彥棻專做表面的工作。他說：有一次僑委會開會，根本沒有我參加，我至少可以談一些印尼的情形。但鄭彥棻怕我罵他。那一次沒有我，後來我才知道是李菊休搞的，原因是他在印尼我罵過他不替國家做事，所以他懷恨在心。但這些我都不怕，我是一名華僑，他們是公僕，我見到的一定要說。我不要作官，也不要中央一分錢。

又上年在臺北召開了華僑文教會議，星馬根本沒有一個正式代表。所代表的乃是一批僑生湊湊數而已。這種表面工作，都是使華僑不能滿意的。

葛藤

（三續）

聶華苓

三

素芳來信了。她信上說：「看了你的信，我哭了，我恨不得馬上來。但來一趟臺北花費又不少，可以够我和小裘在這裏過一個月的日子。昨天舅母來了，談起你，她笑着對我說：『看不出你還這樣會看人，嫁了這樣一個好女婿。』我對她說：『這還不是碰上的！』你不知道我聽了那話眞心花怒放……」

我以前每天盼望素芳的信，但現在我不得不承認，我怕讀她的信。與她共同生活的日子已離我十分遙遠，我甚至於覺得以往的歲月都是虛度的，只有搬進這小屋以後，我的生命才是眞實的。我耳邊一直縈繞着白綾幽怨的聲音：「……凡是我所愛的，上帝都會從我這兒奪去的。」由於小茜的病，我分擔了她的苦難，更貼近了她的靈魂。但素芳的信又使我認識了自己，她的淚眼，不停的在我眼前飄浮。我的心亂極了，帶了一本書找了一個僻靜的小咖啡室，希望在那兒能使我困倦的腦子得到安息。我選了一個角落坐下，要了一杯橘子水，點了幾支我愛聽的曲子。一坐下就發現離我四張桌子處有一對年青的夫婦帶着一個男孩在吃冰淇淋，我聽不見他們的談話，但由他們臉上閃耀的光彩，由那時而掠過來的笑聲，我知道他們很快樂。那孩子正和小裘年齡相彷，大約四、五歲，他使我想起了自己的孩子，想起我每次離家時，他昂起小頭向我要玩具的嬌憨神情，我不由得拿起杯子移到他們旁邊的桌上坐下了，那爸爸正彎着身子對孩子說：

「是爸爸對你好？還是媽媽對你好？」

孩子拿着小匙指着爸爸說：

「爸爸好！」

「爲什麽呢？」媽媽偏着頭微笑着問道。

「爸爸一發了薪就要請我吃冰淇淋，媽媽總是不肯，說要吃飯啊，要繳房租啊，媽媽總是這樣的！」孩子努着嘴說。

爸爸媽媽都笑了。爸爸對孩子說道：

「不，媽媽才最喜歡你，世界上媽媽是最好的，第二才是爸爸。」

孩子點了點頭，伸出小手，翹起了大姆指說道：

「世界上媽媽是第一好，爸爸是第二好！」

「對！」爸爸拍了拍孩子的肩。

孩子吃完了冰淇淋，放下了小匙，媽媽湊在孩子耳邊咕噥了幾句，孩子便昂起小頭，對爸爸說道：

「戶長，謝謝你的冰淇淋。」說完就咯咯笑着跑過去抱着爸爸的頸子，在兩邊臉頰上一邊吻了一下。

「還有呢？」爸爸微笑着指着媽媽說。

「媽媽，我親你一下，可就不下來了！我要你抱我走出門。」

媽媽笑着點點頭，孩子用一隻手的食指指着媽媽說道：

「可要講信用啊！」

於是，媽媽抱着孩子，爸爸扶着媽媽走出去了，我可以聽得見他們在門外明朗的笑聲。

那天，我一走出咖啡室，便逕直去街上傾盡我袋中所有，爲孩子買了一個小坦克車和一個小飛機，爲素芳買了幾付耳環，在那幾付耳環之中，有一付正和白綾那天在草山戴的那付一樣的，是兩顆珍珠，用碎鑽連成的墜子。

一天，我躺在床上讀「少年維特之煩惱」，不知從什麽時候起，我又拿起了這本書來讀，這本書我已讀過多次，但這一次讀時，我對書中洋溢的詩人的熱情與悲哀感受得特別深。正當我醉心於那鏗鏘的音調之中時，小茜躡手躡脚的走了進來，我故意半闔着眼。她那天穿一套黃毛巾布小睡衣，戴着一頂小紅帽。她輕輕走到我床前停住了，看看四週，便在我臉上吻了一下，我睜開眼笑了。

「你壞，你騙我，我以爲你睡着了！」小茜一面打我一面笑着叫道。

我將她兩隻小手抓在手中，那小手和白綾的手一樣柔輭。

「你病好了嗎？」

「好了，媽媽說我還不能吹風，我要出來玩，她說只能到孫伯伯房裏來。」

「媽媽呢？」

她指着隔壁房說：

「在家裏。她要我來親親你，她說那天我生病是你抱我去醫院的。」

「好孩子，孫伯伯就是喜歡抱你。」

我將她抱在懷中。抱着這個孩子，我有一種特別的快感，她究竟是白綾的一部份啊！小茜用小臉輕擦着我的鬍髭，咯咯的笑着說：

「好癢，哎喲，好癢。」

她看見了我床頭小几上玻璃杯中飄浮的一片茶葉，指着那杯子對我說道：

「孫伯伯，那像條小船！」

她由我身上跳下來，走去看那小船，我則在旁邊看着她長長的睫毛在那小臉上投下的影子。她忽然轉過頭來拉着我說道：

「孫伯伯，到我家去，敎我彈小鋼琴。」

「不，我有事。」

「我非要你去不可，我非要你去不可，我和媽媽打了賭，我贏了，媽媽就送我一本畫本，媽媽贏了，就打我三手心。媽媽說你再也不會去我們家了，我說你一定會去。孫伯伯，你一定會去，是不是？你喜歡我，也喜歡我媽媽，孫伯伯，是不是？孫伯伯。」

我沒有回答她，只是把她抱的更緊，吻着她的小臉。多乖巧的孩子！她昂起小臉懷疑的看着我，我側過頭去，隨手扭開了床前小几上的收音機。一個電臺正播送着修伯特的聖母頌。黃昏浸滿了一屋，蒼黃的街燈將帘影虛幻的投射在牆上。小茜伏在我身上，柔順得像一隻小貓，瞇着小眼，聽到高昂的樂音時，她便眨一下眼，微微抬一下頭。難怪卡萊爾要說：音樂是天使們的最好的言語。小茜在那一瞬間的微笑，據我想，只有聽見了天使的呼喚時，才會笑得那樣純淨，那樣柔美。

「小茜，小茜，你在那兒？」那是白綾的聲言。

小茜已在我身上睡着了。我由床上躍起，抱着她跑出房去。

「小茜在這兒！」我回應着。

「啊，在你這兒就好了，她一個人在外面我就擔心，怕她掉到門口那大水溝裏去了！」

我不禁笑了。

「不會的，你太神經質了，她在我這兒睡得才好呢！」

她微笑着準備由我身上接過孩子，我說了聲「不」，便逕自將孩子向她房中抱去，將她放在床上，白綾爲她蓋好了被，站起身來，嘆了口氣：

「唉，有時我自己也知道我太神經質了，但我沒辦法。」

我隨她走到外房，看見桌上正放着一本精美的照像簿，黑緞上綉着大朶紅玫瑰，外面罩着一層膠玻璃，我拿起了那照像簿問道：

「我能看嗎？」

「當然可以。這本像簿是我最寶貴的東西，逃難時什麼都丟了，只有這像本還保存着。」

我們在長沙發上坐下，她爲我翻開了第一頁。那上面是張一男一女的合照像，女的穿着一件綴着珠邊的沒有開叉的旗袍，頸上圍着一條絲圍巾，手上拿着一個繡花小錢袋，坐在一張安樂椅上，男的穿着緞袍馬褂，兩手背在身後，站在椅子後面。

「這是我父親和母親。」白綾指着那張像說。

「你更像你母親，尤其是你的眼睛。」

「在某方面來講，我的母親可比我有福。現在我還記得父親望着她的那一雙深情的眼睛。」

我們又翻了一頁，看見一個小孩的放大像，一張彫花烏木桌，舖着一張虎氈，上面坐着一個張着嘴笑的小孩，桌上放滿了剪刀、書本、筆、墨、算盤、等等日用品。那小孩穿着一雙綉有老虎頭的小鞋子，戴着的小帽上綴有一個小羅漢，和「長命富貴」四個字，好像都是玉質的。

「是你？」我指着那張照片問道。

「嗯，這是我週歲時『抓週』照的。」

「你抓着了什麼？」

「我抓着了一個官印。據說那天我父親特別高興，哈哈大笑說：『我女兒將來一定是一品夫人！』其實，唉，富貴算什麼？」

我們又翻到一張兩個小孩合照的像片，一個是白綾，另一個是一個小男孩，白綾騎着一個小木馬，那男孩在後面推。

「這是你哥哥？」

「不，是我們隣居的一個小孩。我小時候和他最要好了。無論爸爸媽媽給我什麼，我總得要兩份，分一份給他。有一次吃飯，爸爸逗我玩，故意在我面前說那個孩子不好，我便撅着嘴將筷子放下，一個人關着門哭了。後來那孩子跟他家裏人出了遠門，我還送了他一個小錢袋，歪歪斜斜的繡着梅花和我的名字。」

「這原來是你的小情人！」我笑着說。

「差不多。」

「你那時簡直就是個小婦人！」我看着照片上那小女孩早熟的笑臉說道。

「眞的，爸爸總說我是個小大人，我常攙着他的手，和他一道參加親朋的宴會，學着大人的口吻講話，不願別人將我當孩子看待。」

「假若我那時就認識了這位可愛的小婦人，我一定將這個小混蛋打走。」我笑着指着那男孩的像說。

「哦？你那樣凶!?」白綾說這句話的尾音拖的很高，那尾音的韻味特別甜美。

我們翻到一頁全是景物的照片。那些照片顯示出庭園，樓房，鐵門外，兩尊石獅，還有兩排老槐。

「這就是我小時候的家。」白綾對我說。

「你那時一定快活得像個山林的小精靈。」

「不，你想錯了。這鐵門，這高樓，我一看就不喜歡。現在回想起來，好像還感覺得到那種陰沉的氣氛。」她指着那樓房的左側面說道：「這邊有一間房子，成年都被大樹的濃蔭遮得黑黝黝的，你看，喏，就是這一叢樹，又高又大，還是祖父年青的時候種的。這間房內全是書櫃，裝着祖上傳下來的書畫，百葉窗總是關着的，一進門就有一股霉味。有時我一個人衝了進去便會害怕得直抖，好像那些先人的幽靈也藏在那間屋子裏一樣，我常嚇的拔腳飛跑，聽見自己的脚步聲，就像是鬼在我後面追趕。但是後來那間屋子却是母親和我安身的好地方，父親死後，母親一受人欺侮，便帶着我去那間書房裏去流淚。」

我的眼睛必定是顯着懷疑的眼光，她繼續說道：

「唉！說來話長，我眞不知如何講起。我也曾有過快樂的童年，但我的童年，好像也比別的孩子短。父親和母親結婚時，他已經先有了一個太太了。後來母親才知道，假若不是因爲我的緣故，她也不會活下去了。你可想像得到一個女子與另一個女子共一個丈夫的痛苦。當然我父親愛的是我母親。據說他年青時就是因爲不愛他那個早婚的妻子才離開家，在外漂流，不願意回家的。」

這時，我們翻到白綾母親另一張照片，她穿着一襲繡花衣裙，繡花鞋尖露在裙外，頸上圍着一個狐狸，玻璃眼珠亮晶晶的。白綾指着這張像說：

「我們搬進那高樓時，母親就是這身打扮。我記得她頭上還別着一對珍珠蝴蝶。現在想起來，她那時眞的很美，在紅燭的裊裊煙霧中，她慢慢的在紅氈上跪下，先向祖先的靈位磕頭，然後向祖父母磕頭。他們當時要我對一個胖女人叫媽，大概是那嚴肅的氣氛把我窘住了，我哇的一下哭了，嚷着要回家，母親將我牽到另一間房裏，全是紫檀木傢俱，一張又高又大的銅床，銅柱上映出我的臉又長又扁。母親說那就是我們的房，她抱起我吻，將我摟在胸前，我低聲喊着媽媽，在那一刹那我才感覺到，在這世界上，只有母親是我唯一的親人。」

白綾的眼淚已滴到我拿像簿的手上，她抱歉似的笑了笑，用手將我手上的淚珠拭去了。

「眞糟糕，今天怎麼讓你來看我哭呢！」

「不，你想說什麼就說什麼，我願永遠聽你講下去。」

她又低下頭去翻像簿，我們看見了一個小女孩抱着一個洋囡囡的照片，她們穿着同一樣式的衣裙，小女孩撅着小嘴，一副嬌嗔的神情。

「這是我！」白綾說。

「這張像一定是別人强按着你照的，你看這小樣兒，嘴撅得多高。」

她笑了一笑說道：

「我也記不淸了，」然後指着洋囡囡的小舞衣說道：「我到還記得這小衣服是我媽媽照着我自己的衣服做的，後來我就愛找針找線，向媽媽要一塊花布，學着做洋囡囡的衣服，一人躲在屋角一做就是半天，有時我叫媽的那個胖女人走來了，就橫着眼，咬着牙駡我，有時她兒子，我的哥哥，跑來擰我一把，對我做個鬼臉跑了。我總是哭着跑到母親那裏去，她嘆口氣抱着我說：『孩子，誰叫你投錯胎的！這是命！』接着母親便望着窗外的樹梢，默默不作聲，而我很快的便忘記了那些侮辱，又想着我的洋囡囡的舞衣，在母親懷裏睡着了。」

「你爸爸喜不喜歡你的哥哥？」我想着那個複雜家庭中每個人的悲哀。

白綾搖搖頭說：

「不喜歡，還有個姐姐，他也不喜歡。我的衣服比他們都漂亮，我的玩具也比他們多。記得有一次，父親正耐心的教我讀書，對母親誇讚我的聰明，姐姐也拿着一本書怯生生的走進房來。父親一看見她就厲聲說道：『誰叫你來的？』她紅着臉，抖着聲音說：『媽叫我來的。媽說，爸爸在教妹妹，你快去，爸爸喜歡你。』父親的聲音溫和了一點，說：『你回去讓你媽教你。』她回去後，那邊房裏便傳出了她的哭聲和她母親的打駡聲：『鬼丫頭，誰叫你沒用，不會討人喜歡的！』那時我還很得意，現在想起來，才知道那可憐女人的駡聲裏也包含了多少辛酸！這一切都爲我們之間種下了深深的仇恨，在我父親死後，他們得了暢快而殘酷的發洩。」

白綾眼中瀰漫着淚光，我的心也往下沉，我闔上了照像簿對她說道：

「不要想那些了，你難受，我們不看照片了，我們談點令人高興的事。」

「不，能與人傾心相談畢竟是件快事，我都講出來還痛快一些。」

她接過像簿又打開來，一面翻着，一面說道：

「有的人是生而幸福，有的人是生而不幸的。我母親一輩子就沒有過一天的好日子。」

「你父親死時你多大？」

「十四歲。」

「那時你已經可以了解你母親的悲哀了。」

「嗯。記得父親死後，母親整日痴坐在房中，沒有眼淚，也沒有聲音，時而擧起一隻手在空中撓撓，好像是要抓住什麼可依附的東西，她有時好像連我也不認識，痴痴望着我許久，才將我拉到懷中，緊緊的摟着我，我只知哭着喊道：『媽媽，還有我！媽媽，還有我！』那時我已決定今後將爲我可憐的母親奉獻我的幸福，我的一切。這種愛的力量是如此之大，假若那時要我以罪惡去換取母親的快樂，我也不會猶豫的。」

「你父親死了，你哥哥的母親也難受嗎？」

「她每天定時去父親的靈前嚎啕大哭三次，一面哭，一面訴說她受過的委曲，句句話是刺我母親的。」白綾停頓了一下，咬住了下唇，好像是盡力要堵住胸中湧上的悲哀，終於說道：「現在我還記得祖父那可憐的神情，那時我祖母早已死了。父親一死，祖父好像突然失去了尊嚴，變成了一個唯唯諾諾的老頭子，他的背更彎了，聲音也澀了，烱烱的眼睛變得黯然無光，整日拄着手杖，守在父親靈旁，凝視着父親的棺木，好像是要集中心力來證實這件殘酷的事。」

我由白綾手中將像簿接了過來，翻到她母親穿着綉花衣裙的那張單身像。

「我可以想像到你家那一團紊亂的情形，最可憐的還是你母親了。」

白綾點了點頭，眼睛向下望着。

「從那以後，我們就過的不是人的日子，除了媽和哥哥姐姐折磨我母親以外，還有那些幸災樂禍的親戚們，父親一死，他們的臉譜馬上變了，有計劃的輪流着到我母親房中來譏諷我母親，侮辱我母親。記得有一次，他們在我母親面前談起一個女人再嫁的事。我的一個堂嬸說：『人呀！誰也保不住自己，』她的眼睛向我母親這邊一掃說，『人要蓋棺論定，以前咱們村子有個老寡婦死了，她兒子爲她立了個貞節牌坊，誰知立起來立刻又垮了，人家都說她做了偷偷摸摸的事，牌坊都立不起來，這是一點假也做不得的，人看不見，天可看的見。大嫂，』她拉着媽的手親熱的說：『你以後可得立個金牌坊，你不只守死寡，還守活寡呢。他們就這樣折磨我母親。」

白綾的眼角已掛着一顆瑩澈的淚珠，我恨不得將她擁在懷中，吻乾她的淚。但我只能說：

「不要再說下去了，多年以前的事何必還去想它。」

「這些事我很少想過，多年來我變得對自己也麻木無情了，今天不知怎麼竟對你講起來了，其實，」她沉吟了一下，「一個人流淚的時候並不是他最難受的時候。」她低下頭用手疊着手絹，然後將手絹拿到嘴邊咬着，半晌才說道：「在那個牢獄似的家裏，我們又熬了幾年，在那幾年中，我十分用功讀書，因爲我只有用功讀書才能有希望救出母親。但那樣讀書也讀累了，好像永也沒有出頭的日子，在我中學畢業那年，就選擇了一個我完全不愛的人，不，根本就沒有選擇，一談就成了，那到是一筆很爽快的交易。」她譏諷的笑了笑，那種笑在她臉上是很稀有的。

「他是個什麼樣的人？」這個問題一直梗在我心中，只到現在我才有勇氣提出。

「人家都說他很能幹，很精明。抗戰時靠囤積居奇發了大財，他有什麼優點我看不出來，縱令有，也與我不相干，一個人在他愛的人身上可以看到神，在他不愛的人身上，所有的優點都會抹煞的。他所需要的只是一個供他奴役的女人。而我對於實際生活的處理，整個兒糊塗。我不會應酬，不會算賬，一碰到數字，我的腦子就昏了，他交給我的契約，我常失落了，他是一個性情暴燥的人，常爲此發我脾氣。你想像不到一個人和他所不愛的人，甚至於厭惡的人，一同生活是如何可怕。當我和他在一起，我連自己也厭惡了。那簡直是——簡直是出賣貞操。」最後兩個字她說的很低，幾乎是說給她自己聽的。

「那麼你爲什麼不離開他？」我忍不住了。

「他能供給我一切，報復曾經折磨過我母親的那些人。我要向他們炫耀我母親是有福的，我要他們向我低頭，人眞可憐，在有錢有勢的人面前，明知在他們那裏得不到什麼，但也甘心低聲下氣的去討好賣乖。我在這方面得到了滿足，以爲這樣就可以使我母親快樂了，但我想錯了，我痛苦時，她比我哭的更傷心，她說：『我的兒，女人嫁人，就和人死了看風水葬墳一樣，棺材一下土，幾代人的命就定了！』」

「他怎麼會坐牢的呢？」

「他的財產因爲這次戰亂全丟在大陸了，來臺灣之後，他不甘寂寞，就暗地做販賣烟毒的生意，後來被查出來了。」

「他什麼時候可出獄？」

「他已坐了三年了，還有一年半就可出來了。」然後她像是有意廻避那話題，對我說道：「啫，我的事全講給你聽了，你一定聽得厭煩了。」

「不，一點也不，晏……」

「我叫白綾。」

「白綾，」我握着了她的手：「我是滿懷感激聽你的。」

她哀怨的聲音一直在我耳邊呢喃，她的哀樂已深深沉入我的靈魂。現在我所感到的，不是她的髮香和柔軟的手的接觸所給我的純感官的快樂，而是一種强烈的慾望——爲她犧牲，獻身給她，使她永遠幸福。我了解了高超的德行是什麼。

那一晚，我失眠了！(待續)

黃昏星

光　中

當西方謝了最後的彩霞，
　我必須作河畔之行，
去幽會一顆準時在候我的，
　淡檸檬黃的晚星。

顫顫地懸在黃昏的鬢邊，
　如此窈窕而淸瑩：
整個黃昏的朦朧之美，
　都集在她的一身。

我們雖莫解彼此的言語，
　但我懂她的眼色；
像如此善於示意的明眸，
　不用我多費猜測。

她有不可逼視的矜持，
　而我無久望的勇氣；
她有難於啓齒的嬌羞，
　而我無親近的能力。

這種神人之間的默契，
　是如此難以持久，
但是已足使我每晚來此，
　作一次絕望的追求。

讀者投書

(一) 我為港澳知識份子呼籲！

虞承唐

在今年三月中旬，馬尼剌舉行第二屆「亞盟」的時候，在陳之邁大使所設鷄尾酒會席上，衞聚賢教授，問起我港澳最近的情形，我把中共在港澳展開「笑臉攻勢」的情形告訴他，工商界在中共銀彈政策下，顯得非常不安定，唯一可以安慰的，是掙扎在饑餓線上的知識份子，他們在苦難的情形下，他們堅定的從事反共文化建設工作。但這個形勢究竟能維持到多久，誰也無法肯定，萬一這個反共的精神堡壘被攻破，對亞洲的反共陣線，將是無可補償的大損失。所以我在酒會上向中國代表團團長谷叔常先生建議：希望自由祖國重視這個問題，並且能迅速的對港澳知識份子加以救濟！叔常先生很重視這個建議，表示回臺灣後就籌劃這項工作，但經過三個多月，仍沒有看到政府擬有具體的計劃。

當然，這是一件十分艱鉅的工作，港澳的知識份子，人數有這樣多，國家的經濟又那樣困難，一下子擬不出妥善的計劃，政府當局這種苦衷，我們是可以原諒的，所怕是把這件工作看成不急之務，暫時擱置了再講，那就中了中共的狡計。

在基本上講，共黨對知識份子是仇視的，認為它的階級基礎是動搖的，中間階級遲早是要消滅的，陳寒波事件發生，在自由世界裏面，認為一件大事，在共產黨人看來，簡直連狗彘都不如，而最近中共一再向海外知識份子號召，希望知識份子返回大陸，並且提供很多生活上的保證，這是說明些什麽呢？並不是共黨在基本上有了改變，目的是要拆垮自由中國的台！

港澳的環境雖然特殊，但在反共的意義上，它是重要的兩根觸鬚，而這兩根重要的觸鬚，與自由中國的生存，有着聯帶的關係，如果不是埋首沙堆的鴕鳥，就應該珍惜與生存有聯帶關係的兩根觸鬚！

大陸淪陷已整整的七年，七年的時間，在歷史上固然是很短的一段，但在個人的生命史上，時間却不能算是短，而依目前的形勢去體察，也許還有七年艱苦的歲月，「十年生聚，十年教訓。」反共復國的工作，是一段極艱苦的里程，我們不能期望於過早完成，那末，今後的反共鬭爭，必然是長期的持久鬭爭，換一句話說：必然是長期的文化鬭爭！

這是精神力的決賽，也是決生死的搏鬭，今後的事情，固難逆料，但過去的七年，港澳知識份子對反共文化建設，已發揮出萬丈的光芒，而這光芒，不僅照耀於自由世界，且已射透進鐵幕裏層，據來自廣州的人說：「一份星島日報，在廣州市的代價是偽幣二十元。」（約等於港幣近五十元。）這種紙貴洛陽的情形，並不是報紙本身的價值，而是知識份子文化建設的榮譽和勞績。

時間是無情的，一個比較成熟的知識份子，平均年齡約在四十左右，經過七年的饑餓掙扎，精神目力都在急劇的衰退，如要再過七年，衰老的情形，將不堪想像，而且大多數是隻身飄零，阮囊羞澀，他們精神上的苦悶和徬徨，眞是無法形容。

在貴刊各期文字裏，可以瞭解到對文化建設的重視，對港澳知識份子遭遇關懷，所以我提出「節食一餐」的建議，請由貴刊發起號召，呼籲自由中國的軍民，每人節食一餐，將所得的欵項，舉辦港澳知識份子福利的基金，作長期持久的救濟，本人並將這一建議，同時函請「亞盟」中央聯絡處，請分別函請各「亞盟」單位，推展這一運動，港澳知識份子百分之百是中國人，所以請「自由中國」率先倡導，如果能把這運動轟轟烈烈的推動，蔚成風氣，我想成績一定是可觀的，何必事事仰求於美援呢？

這是歷史上一件大事，也是歷史上很有意義的事，貴刊站在文化崗位上，我想一定能够接納我這一建議！

四五、六、二〇。

(二) 祝壽也要攤派麼？

張壽民

編者先生：

基隆市的所謂各界，發起以四百萬元興建介壽堂，以作總統華誕壽禮，原意甚善，但有二點不無商酌餘地：

1.此項建築，原為紀念性質，亦可謂一種抽象之形式，故所作建物，應以紀念性為原則，基隆市政府不應假借總統名義大事興建，而完全以適應自己需要為建造目標。

2.以基隆市十八萬市民負擔二百八十萬元之攤欵，（市政府只負擔一百二十萬元）試問每人負擔多少？公務員待遇，數年來尚未增加，早已苦不堪言，現在又强令「樂捐」三日所得，亦卽十分之一所得，請問各界(？)有無顧到中下級公務人員的生活？工商業則比照一個月之營業稅「樂捐」，試問增加工商界多少負擔？

為紀念總統之豐功偉績，我們「各界」均同意捐獻，但須注意：

1.純以紀念性為出發點；
2.切忌擾民，增加市民怨言；
3.各種捐欵應不影響一般市民生活為原則。

以上意見，不知以為如何？此上

先生

大安

基隆市讀者　張壽民上

四五、七、九。

自由中國　第十五卷　第二期　內政部雜誌登記證內警臺誌字第三八二號　臺灣省雜誌事業協會會員　四六八

給讀者的報告

周匪恩來上月在偽人民代表大會上宣告「願與臺灣當局談判和平解放臺灣之具體步驟與條件」，共匪這個和談攻勢是陰險而毒辣的。我們面對共匪這個和談攻勢，應該怎樣的還擊呢？這是我們在社論㈠中所要討論的問題。我們特別提出「自由選舉」作為還擊共匪和談攻勢的武器之一。我們要强調的一點：就是在與共黨這一場生死的鬪爭中，人心的背向，乃是成敗的關鍵。只有贏得人心，才是唯一走向勝利之路。

美國麻省工學院國際問題硏究所出版了一本由羅斯托氏所著的「美國的亞洲政策」，羅氏在這本書中，提出了一個極富有建設性的亞洲政策。蔣匀田先生在「『美國的亞洲政策』書後」對於羅氏所擬的政策有所評介，讀者讀過之後，對此書的內容當可得知一梗概。羅氏在此書中特別提出東南亞的華僑是亞洲反共鬪爭中一個值得爭取的力量。這個意見是值得我們重視的。為了要爭取東南亞以及世界其他地區的華僑，我政府在華僑教育這方面，便應作更多更大的努力。因此，在本期社論㈡中，我們呼籲我政府當局要重視華僑教育，並希望華僑所在地的當地政府從速改善對華僑的教育政策，以及要求美國對這一方面的援助。此外，我們在社論㈢中，就星加坡政府所發表的「教育政策白皮書」而專論星加坡的華僑教育問題。

張九如先生在「工業面臨十重關」一文中，申述阻礙我工業增產的癥結之所在，可供我有關當局參考。他將另為文談論克服難關的方略。

龍平甫先生的「從史大林的死後清算說起」一文寄來已有一個時期，因連期稿擠，延到本期才登出來。現在列寧遺囑已發表了；意大利、法國共產黨反對赫魯雪夫，這都是最近的報導，此文都沒有提到。但此文對於史大林的死後清算分析十分詳盡，有許多地方此間還不知道，所以我們仍將這篇文章發表出來。

范益生先生在「與章勛義先生一席譚」這篇通訊中，報導一個身為僑領的章勛義先生所親身體驗出來的一些觀感，可供我僑務當局參考。

緬甸是東南亞一個新興國家，國家雖小，但國情複雜。緬甸承認中共偽政權，繼續表演各種親共恣態後，仍遭到共匪的滲透，現在已有覺悟的徵候，我們對於這個國家應該多多了解。因此本刊在本期發表三篇通訊，報導緬甸的政情。

中共自從展開「笑臉攻勢」以來，港澳知識份子顯然也是他們所爭取的目標。幾年來港澳的知識份子在異常艱困的情況下，對於我們反共的文化建設工作有極大的貢獻，假若這一支力量被攻破，將是我們反共陣線中不可彌補的大損失。虞承唐先生在「我為港澳知識份子呼籲」這篇投書中，建議「節食一餐」，舉辦港澳知識份子福利基金，救濟在港澳的知識份子。我們站在反共文化崗位上，十分贊成這個建議，希望我國人熱烈響應。

本刊第十四卷第十一期曾刊出張君勱先生的「玄奘留學時之印度與西方關於玄奘著作目錄」一文，現張先生對文中數處有所更正：㈠文中「罕爾夏」三字乃張先生自行初譯，現改為奘譯「曷利沙」，文中凡有「罕爾夏」者，一律改為「曷利沙」。㈡「設賞迦」卽「室商佉」，前三字刪除。㈢唯識「頌」字，改為「卅頌」二字。㈣結論中俱「會」，乃「舍」字之誤。顯然「少」見，乃「易」字之誤，「宋輪」乃「宗論」之誤。

本期因為佳作特多，特為此增加篇幅兩頁。

自由中國 半月刊　第十五卷第二期　總第一六一號

中華民國四十五年七月十六日出版

發行人兼主編　『自由中國』編輯委員會

出版者　自由中國社

社址：臺北市和平東路二段十八巷一號

電話：二　八　五　七　〇

航空版

香港　友聯書報發行公司　Union Press Circulation Company, No. 26-A, Des Voeux Rd. C., 1st Fl. Hong Kong

總經銷

臺灣　自由中國社發行部

美國　自由中國日報　Free China Daily 719 Sacramento St., San Francisco 8, Calif. U. S. A.

經售者

日本　東京僑豐企業公司

韓國　漢城裕昌德號

馬尼剌　大中華日報社

印尼　新疆書店

越南　椰嘉達天聲日報

緬甸　泗水文光圖書公司

印度　西貢中原文化印刷公司

澳洲　仰光振成書報店

北婆羅洲　加爾各答塔梅學校

新加坡　雪梨瑞田公司

　　　西利亞坡青年書店

　　　檳榔嶼、吉打邦均有出售

印刷者　精華印書館

廠址：臺北市長沙街二段六〇號

電話：二　三　四　二　九　號

本刊經中華郵政登記認為第一類新聞紙類　臺灣郵政管理局新聞紙類登記執照第五九七號　臺灣郵政劃撥儲金帳戶第八一三九號（每份臺幣四元，美金三角）

自由中國

FREE CHINA

第十五卷　第三期

要目

中華民國四十五年八月一日出版

社址：臺北市和平東路二段十八巷一號

半月大事記

七月十一日（星期三）

美國務卿杜勒斯對俄共聲明有所聲明，謂俄應注入民主實質，使附庸國恢復獨立。

蘇俄最高蘇維埃的聯邦院通過議程，列入裁軍宣傳濫調，即呼籲世界各國議會支持蘇俄的裁軍計劃，及日本國會所提停止舉行核子武器試驗的要求。

俄昨誣指美機侵犯領空，柴魯賓向杜勒斯提出抗議，竟要求美嚴懲肇事人員。

七月十二日（星期四）

杜勒斯籲請美參院增加援外撥款數額。衆院已通過援外撥款三十六億。

美空軍拒俄抗議，否認越俄領空。

俄伊會談無結果，伊王離俄返國。伊遵守巴格達公約。

西方所擬裁軍限額，俄在裁軍會表示接受，惟仍拒絕空中視察計劃。

我駐聯合國代表蔣廷黻在裁軍會上駁斥俄帝政治宣傳，並譴責俄侵我領土罪行。

七月十三日（星期五）

俄向安理會主席誣控美機越境。

俄又圖分裂西歐，要求設全歐組織，以檢討原子能和平用途。

蘇俄表示無意放棄上次大戰後從芬蘭取得的任何領土。

七月十四日（星期六）

八名反共匈牙利人浴血奪機飛奔自由，降落西德要求政治庇護。

美草擬裁軍新建議，主張核子物質移作和平用途。史塔生強調空中視察重要性。

美參院撥款會通過四十一億援外撥款。

七月十五日（星期日）

越南堅拒與共黨越盟統一選舉。

美設立防務分析所，爲一個由百名科學家組成的民間機構，以加强其武器效力鑑定計劃。

美海軍正在發展「木星」電導飛彈，能命中歐亞地區共黨目標。

七月十六日（星期一）

美國務卿促國會勿減援外計劃。

卡累利阿芬蘭共和國被併入俄羅斯共和國。

七月十七日（星期二）

裁軍委會開始休會，最後通過西方建議，將整個裁軍建議交小組會。

美英允與俄談判，限制核子試驗，防止人類受放射能危險。

俄拘押美空軍人員，美國提出指責。

波蘭官方通訊社稱，波抗暴工人將受到審訊。

俄恐抗暴運動擴大，繼續對美猛烈詆譭，警告附庸國保持防禦力量。

西藏反共游擊隊活躍，拉薩情勢極緊張，匪增調坦克防守。

俄對東德附庸提出經濟援助的保證。

七月十八日（星期三）

美國務卿杜勒斯在記者會表示，美軍仍將駐防歐洲；西德建軍繼續進行；對軍事領袖建議裁減兵員事，未與盟國協議前將不採行動。

俄與東德簽訂協定，加强主奴經濟聯繫。

美衆院全體通過決議案，重申國會堅決立場，反對匪混進聯合國。

七月十九日（星期四）

美國防部正式宣佈，調整遠東指揮系統，史敦普執掌最高指揮權；聯軍統帥部；將自日遷韓。

聯合國秘書長哈瑪紹再度訪問中東。

印度東北邊境那加族叛變，成立共和國。

俄誣美機侵犯領空，美國嚴正拒絕。

七月二十日（星期五）

美國務院宣佈撤銷援助埃及築壩建議。

英隨美國之後撤回助埃建壩提議。

七月二十一日（星期六）

安理會通過摩洛哥入會案。

西德議會通過強迫兵役法案，將武裝五十萬軍隊。

美衆院撥款委會通過額外撥款，加速原子動力計劃。

馬祖以北五度空戰，擊落匪米格機四架。

美洲十九國家元首在巴拿馬舉行會商。

美國參院通過軍事援外法案，全部經費爲二十三億元。

俄酋謝彼洛夫表示，助埃興建水壩並非急迫問題，納塞中立之夢醒矣。

七月二十二日（星期日）

美洲總統聯合宣言，保證致力正義自由，加強泛美合作以解決經濟問題，藉以提高人民生活水準。

美在菲海軍航空站將強化亞洲防衛體系。

七月二十三日（星期一）

美洲國家總統會議閉幕。艾森豪發表演說，謂美洲國家應更合作，增進人民經濟福祉，提議設立委員會研擬具體建議。

美國參院繼衆院之後，通過決議，反對准匪入聯合國。

美國政府發表聲明，宣佈核子試驗完成，已促進有放射微塵武器的發展。

七月二十四日（星期二）

美國援外撥款法案，參院過四十一億，並通過禁止軍援南國案。

七月二十五日（星期三）

美啓用菲庫比基地。

「自由中國」的宗旨

第一、我們要向全國國民宣傳自由與民主的真實價值，並且要督促政府（各級的政府），切實改革政治經濟，努力建立自由民主的社會。

第二、我們要支持並督促政府用種種力量抵抗共產黨鐵幕之下剝奪一切自由的極權政治，不讓他擴張他的勢力範圍。

第三、我們要盡我們的努力，援助淪陷區域的同胞，幫助他們早日恢復自由。

第四、我們的最後目標是要使整個中華民國成為自由的中國。

社論

(一) 加强中韓越三國合作

外交部長葉公超，剛從曼谷、金邊回來，不久又要到漢城去。儘管這些行動只屬於親善性的訪問，尚談不到有何具體的作爲，但也可看出我們的外交活動，現已轉趨積極，不像過去幾年那樣坐以待變了。就目前我們在國際社會的處境來看，這一轉變是好的。

今年元旦，本刊以「這一年！」爲題發表過一篇社論。在那裏，我們指出臺灣有個嚴重的危機，就是近年來我們在自由世界中已漸漸孤立了。那篇文章，着重在內政方面，所以我們强調這個危機的挽救，首先要從內政方面來個徹頭徹尾的大改革，不要讓國際友人對我們瞧不起。今年，已過了一半，我們所期的內政改革，究做了一些甚麼，不是這篇文章所要談及的問題。現在，趁葉外長準備到韓國去的時候，我們專就外交方面來談談我們應該加緊進行的工作。

自上月十九日葉外長訪韓的消息公佈出來以後，中外電訊紛傳有中、韓、越三國軍事會議或軍事同盟的醞釀。這個傳說，即令沒有官方出來否認，我們也知道是言之過早。現在我們不妨就從這一傳說來談起。

我們知道，每一個階段的外交，都應該有一個較遠的目標和一個達到目標的步驟。在我們反共復國的大計中，現階段的外交，確應以中、韓、越三國軍事同盟爲一目標。爲甚麼呢？我們想，有三個理由：

第一、中、韓、越三國的人民，有共同的敵人。北韓的金日成，越盟的胡志明，都是毛澤東、周恩來、劉少奇等的化身。

第二、中、韓、越三國的處境也是一樣，都是國土分裂，一半自由，一半奴役。我們都反共，同時我們也都要復國，都要把國統一起來。

第三、中、韓、越在反共鬬爭中，都是接受美國援助的國家。爲使美援的運用達到更大的效果，這三國有結盟之必要；爲保證美援之繼續加强，而不虞美國政策之或有轉變，這三國更要結盟以自重。

基於上述理由，所以我們說，中、韓、越三國軍事同盟，應爲我們當前外交活動的一個目標。

但是，天下事不是可以一相情願的，必得面對客觀的現實，逐步來努力。就中、韓、越軍事同盟來講，客觀的困難還不少：有的是屬於國際條約方面的，有的是屬於當政者心理方面的。但這些困難，都不是絕對的，只要我們大家努力，總可以完全克服。就現階段講，中、韓、越三國當局，如果都已認識有軍事同盟之必要，那末，現在就應該開步走，或者說，應該有一動向。我們想這一開步走或動向，至少可做到兩件事：

一、成立一個聯合參謀部：

二、三國首長每半年來一次最高層會議。

聯合參謀部的設置，其手續要比軍事同盟簡便得多。對外不涉及現成的國際條約問題，對內也不涉及憲法上批准條約的各項規定，而其效果則可爲軍事同盟舖路。這是史有前例的。在第二次世界大戰初期，美國尚未介入戰爭的時候，她已和英國設立了聯合參謀部。由於這一步驟，美英兩國在軍事上進一步的合作，也就奠下基礎了。中、韓、越三國在目前不能結爲軍事同盟的時候，採取這一步驟——設立聯合參謀部，是最適當的。聯合參謀部成立以後，彼此交換情報，互派軍事代表團，軍事上技術的合作，基地的互相運用，以及作戰訓練的互相觀摩，都可以一一做到。這對於我們將來採取共同行動，反攻復國，有很大的益處。所以我們認爲，聯合參謀部的成立，愈早愈好。

最近二三十年的歷史證明：凡是利害相同的國家，其政府首長經常見面會談，對於融洽情感，整齊步伐，是很有實效的。第二次大戰期間和戰後，羅斯福總統與邱吉爾首相所造就的成績，更是歷史上的顯例。所以我們主張，中、韓、越三國首長，應從現在起，每半年見面會談一次。即令不是每次都有特殊的具體的問題要談，經常見面，彼此都大有好處。

這兩件事，應該是不難辦到的。據報載，越南的外長本月中也要到漢城去。我們趁這個機會提出這點具體的建議，願中、韓、越三國當局及時考慮。我們希望從這兩件事開端，接着有更廣泛的合作，更密切的合作，以便達到我們三國的共同目標。

我們還想到，美國是自由世界的領導國，凡是自由世界中區域安全的組織，都得有美國參加，至少也須美國贊助，否則是事倍而功半的。中、韓、越三國進一步的加强合作，同樣地也需要美國從中出力。這三國的合作加强，對於美國世界性的反共戰略是有利的。這一層，艾森豪政府應該和我們有同樣的認識。

社論

(二) 探本尋源論財經大計

在我們自由中國，一般「民間」的學者專家們要澈底而詳盡的檢討財政問題，幾乎是一件不可能的事。國家的預算決算，被視爲一個最大機密，從來不公開發表，其機密程度，甚至尤過於共黨僞政權。共黨僞政權的預算決算，雖不發表正式數字，但至少還要發表一個各項收支的百分比；而我們，却連這樣一個百分比，亦付缺如。我們財政收支的全貌，祇有政府負責官吏與中央級的民意代表得知其詳（恐怕也未必曉得，如軍費支付）；「外入」即令偶有所聞，爲避免「洩漏」，亦未便把數字正式引用。大家都知道我國財政甚多困難，也知道這些困難實使整個國民經濟都受其拖累，但因爲缺乏最基本的資料，大家都提不出一個切實而具體的對策來。

我們並不是絕對無法摸索到一個大致的輪廓。如下的幾點發現相信不會錯誤：㈠政府要做到收支平衡，始終是一件十分吃力的工作。㈡爲彌補財政赤字，通貨數量長期的在慢性膨脹之中。㈢爲避免膨脹趨於惡性，當局無時無刻不在謀收入之增加，到今天，實已接近於羅掘俱窮的邊緣。㈣由於財政困厄，幾乎所有的經濟政策都爲了財政目的而被犧牲。

以上所舉四點，決定了整個國民經濟的命運；特別是最後一點，更使我們憂慮。政府當局標揭的口號是，「以經濟養財政」，但事實上，我們却發現近年來的一切「施政」，幾乎無一事不是「爲財政害經濟」。嚴格說，我們根本沒有任何較長期性的經濟政策。經濟部早成了財政部的附庸，沒有決策權力，祇能依照財政當局所決定的方針處理一些事務性的工作而已。我們現在所謂的經濟政策，得分爲兩類：第一類是直接爲了財政目的而設，第二類則是爲了挽救由財政問題所引起的危機而設。屬於第一類的「政策」，如所謂都市平均地權方案，目的祇在增加稅收，既不能做到眞正的平均地權，亦不能解決都市居民住的問題，它算不上是一種經濟政策，實至爲明顯。屬於第二類的，性質較爲複雜，一般人不容易看出其來龍去脈，及其眞正的動機與作用之所在，我們要爲之略加說明。

現在一般人所最感關切的經濟問題是物價。物價之所以時時有上漲的趨勢，則主要是由於通貨之慢性膨脹，以及沉重的租稅負擔之經由產品成本計算而轉嫁於消費者，此外，公營公用事業之一再漲價，亦有助於一般物價水準之提高。凡此種種，都是爲了增加財政收入與彌補財政赤字。政府當局完全瞭解，穩定爲一切進步的前提。他們體會到平抑物價之重要，却無法從根本上消除波動的原因，祇好以枝枝節節的對付，來緩和上漲的速率或減小上漲的幅度。我們發現，一般所認爲不十分合理的措施，在政府當局却都有其不得不然的「苦衷」，而這所謂「苦衷」，便是物價問題的考慮。我們可以隨便舉出一些事例來看。㈠佔全省最大多數的農民的所得，已因物價之上漲而相對的減少，但政府當局終不肯調整糧食的收購價格，深恐由於糧價之提高而影響物價水準。㈡偏高滙率，爲害無窮，當局却幾度面臨全面性的改革而仍然中途退却，其原因也是在於害怕現行管理辦法之改變會引起進口物資價格之上漲。㈢最近銀根之緊縮，使一般工商業陷於極度的困境，而在當局，却把此種措施，視爲一種反膨脹的有效手段。凡此種種，都是爲了物價。問題的本質是財政困難所帶來的物價危機，要由種種不得已的經濟措施，予以挽救，而經濟政策本身所應具的目的，如促進生產、鼓勵輸出、及提高國民所得等，却被犧牲。我們設想，如果財政沒有問題，則基本的膨脹因素即不復存在，基本的膨脹因素不存在，就用不到拿這些反膨脹措施來扼殺經濟的發展了。

我們由此確認，解決財政問題實爲解決全盤經濟問題的關鍵。我們並不是提不出健全而正確的經濟政策，政府當局也並不是全不瞭解，那一些經濟政策，才是健全而正確的。但，在目前這樣的財政壓力之下，却是雖有那些好的政策也仍然無法採用，因爲，穩定爲進步之前提，而我們却必須付出如此重大的代價來勉强維持一個仍然不能十分穩定的穩定。

說到財政問題，我們始終認爲力求收支平衡應是當前的唯一要務。有一種「新」的財政理論是這樣說：財政政策的目的，不必斤斤於逐年的收支平衡，而貴能發揮促進經濟繁榮的積極功效。我們不擬在此批評此種學說之是非得失，但無論如何，它對我們當前問題之解決，毫無益處。我們要能做到不以財政害經濟，已經十分吃力，實在談不到藉財政政策來促進經濟之發展。何況，那個新學說所主張的辦法，定必在我們所已有的膨脹因素之外再加上一些膨脹因素，我們豈能輕易採用。

平衡財政收支之道，一般都說是應該開源與節流並重。但，如果到了無源可開的地步，剩下來的辦法，就祇有節流。國家財源出於民間，而以我國現在的國民所得，顯然已臨近無法再增加負擔的極限，因此，政府增加收益的計劃，也常常在無可奈何的現實之前一再遭逢挫折。我們發現，煙酒價格之提高，結果祇造成消費之銳減，並不能增加公賣收益。我們又發現，各種稅率之提高，結果祇造成更多的逃稅漏稅案件，稅收總額，增加極少，且此項增加，可能還抵不過緝私追訴等等的費用。當局有鑒於此，所以現在對若干種稅率，

(5)

不僅不敢再予提高甚至還在設法降低，如所得稅法之改訂，卽為一例。但無論提高也好，降低也好，總是不能為政府開闢大宗財源，却是無可爭辯的事實。

有人寄託希望於直接稅制之建立，以為祇要稅制公平合理，則增稅卽不致害及民生。我們却認為這是遠水不濟近火。健全的直接稅制之建立，非十數年或甚至數十年不為功。所得稅累進稅額之歸戶計算，是一項技術上非常困難的工作，照我們目前的國民納稅習慣與政府徵稅效率來看，要做到對多數人均能依法課稅，幾乎是一件不可能的事。最近政府要求各銀行抄錄存戶名單，終因各方面的反對而宣告暫緩實行。可以說，政府建立直接稅制的第一次努力，就已經失敗了，將來更一定是阻碍重重。(附帶說：對所得稅，我們是主張不要好高騖遠，在初時采取比例制而放棄累進制，倒可以較切實的就源課稅，避免因歸戶而引起的種種麻煩。)

也有人大力鼓吹滿徵滿收，認為祇要照現行的稅法稅率做到涓滴不漏，就可以使國用充裕。稅欵應該依法徵收，這本來是天經地義，無人可以提出反對。但在目前這種普遍逃稅的情形下，要在短期間內做到滿徵滿收，眞是困難之至。法定的稅額如此之高，而且負擔多半落在工商業者頭上，工商業者為自身的生存計，幾乎是非逃稅不可；也幸虧有種種逃稅的方法，才能勉强保持國民經濟的命脈於不墜。據估計，目前國家稅收，已佔國民所得約百分之二〇，如果依法徵收，就可能提高到百分之四〇，照我國這種低微的所得水準，實在是斷難負擔。我們不談整頓稅風則已，要談整頓稅風，首先需要取消苛雜，降低稅率。要由此充裕財源，對國民經濟而言，可說是進一步的殺雞取卵。

財政上開源之日漸困難，當局知道得比我們還更淸楚，因此主計方面，已發出今後應努力從事於節流的呼籲。但是，這呼籲是微弱的，沒有能引起各方面的認眞注意，似乎大家還沒有充分意識到，現在要解救財經困厄，節流已是剩下來唯一可行的辦法。我們因為對歷年預算決算情形，無法詳悉，因此也無法具體指出那一些項目的支出，可以大事減削。但要說政府開支，已屬無法再事撙節，却無人能够相信。政府機構之重叠龐大，人事之浮濫，久為人所詬病，却至今未見絲毫改善，不僅未見改善，且有變本加厲之勢。最近石門水庫建設委員會的編製，要任用工程師達二百人，眞是叫人驚駭，而立法院也居然照案通過了，據解釋，這是為了儲備反攻後重建大陸的工程人才，其實祇是一種「安插」的性質而已。類此之事，不一而足。所有機關，都被冗員擠塞，人事費用佔去預算之大部份，業務費用所餘無幾，致眞正的業務，反因用人之多而無從展開。甚至，戔戔之數的業務費用，也不能用諸於最恰當的處所。近如交通部擧行交通展覽，鋪排甚大，顯為不急之務，七十五年，又何必來個紀念呢！據說，類此的展覽尚有幾起正在籌備之中。此種種零星事例，顯得政府實遠未盡到節流之能事。

我們當然知道，在整個政府開支之中，軍費一項是佔着極大的比率。因此，頗有些人認為，祇在軍費以外的開支上打算盤是沒有意義的，因為算來算去也祇是這麽一個數目。軍費是更大的機密，我們從未能詳悉其確數與用途的分配，嚴格說，實在是無從論起。但我們却深深感到，如果軍費的問題無人敢於顧及，則國家財政的困難勢將永久無法解除。國內外局勢，顯得在最近年間，未必會有大規模的軍事行動發生，我們實應趁此時機，考慮一下改訂軍費預算的可能性。我們還是要在不致損害戰鬪實力的條件下，儘可能從事撙節。我們要研究，現在包含在軍費項目下的各種開支，是否統統都確實有助於戰鬪實力之保持與加强，以便對種種設施，分別輕重，儘可能的去蕪存菁，實行精簡。我們總要設法把這個已成為長期性的負擔，多少減輕一些。

我們所面臨的，不是一個軍事的閃電戰，而是一種全面性的長期鬪爭。我們必須能够持久，必須在軍事與經濟等等一切的方面，都能够持久。軍事力量，終極的，要靠經濟力量來予以支撑。照現在這樣讓軍事害財政，更使財政來轉累經濟的情況，將來很可能會使軍事也失去最後憑藉，實在值得我們警惕。探本尋源，我們應能發現整個長期性的計劃，必須從何處着手。

來函照登

頃閱本年七月十六日貴刋第十五卷第二期所載：范益生君「與章勳義先生一夕譚」一文，內容所述各節，有與事實不符。查六月十一日星加坡新聞界、敎育界，友朋邀約午餐，未有范君參加，席間友朋談話，均認目前僑務工作，尙待改進之處頗多，蓋僑胞愛護自由祖國，殷望早日反攻大陸，誠可謂愛之深，不覺其言之切，想為國人所鑒諒，惟文中所述，多以勳義口吻出之，亦非事實，譬如中興報辦理經費，職工參加工會情形，勳義毫無所知，華僑文敎會議事，席間亦未提及，以上各點，卽請惠予更正為荷。此致

自由中國半月刋社

章勳義拜啓七月廿五日

編者按：(一) 范益生係記者筆名，當日確係參加聚餐，面聆章先生談話的。(二) 據章先生面告編者，范文所述各節有的是華僑大家說出的，並不完全出自他之口。

社論

（三）評醞釀中的又一次文清運動

半個多月前，臺北出了一件很熱鬧的社會新聞；即所謂「牛哥事件」。這件事的高潮現已過去，但由於這件事的發生，又引起另一發展，就是「有人將藉『牛哥事件』、要再搞一次『文清運動』」。據中央社訊，中國文藝協會七月十八日舉行座談會，獲致四點結論：①響應國際間的反色情運動。②表彰優良的文藝作品，發揮戰鬪文藝的功效。③修正現行出版法及刑法，以杜絕走法律罅隙的各種黃色刊物流行。④繼續展開文化清潔運動，發揮主動文藝批評，介紹良好作品。這四點結論，也就是醞釀中的又一次文清運動的內容。我們對這四點的③點，即「修正現行出版法及刑法」認爲茲事體大，不可造次。

所謂文化清潔運動，其主持者的用意，當然是很好的。不過當此「再來一次」之際，不免使人記起了此一運動的「初搞」。盡人皆知，上一次文清運動，也是由類似「牛哥事件」的事件所引起。其功效如何？不必煩言，只要看「流氓、爛仔」如牛哥其人者，不惟沒有被清掉，反而在那次運動中成了凸出的英雄，以昔衡今，主持者們，能不廢然知返？我們對於各種劣質（包括黑色）書刊的，充斥，也深深引以爲憂；與文清運動諸君無異。但是如果要以「修正現行出版法及刑法」來作爲根本解決之計。則我們要鄭重的說：這種「結論」是荒謬的；要不得的。他們所要修正的究竟是那些條欵？未經宣佈。但我們聽到傳說，大概是主張：㈠在現行出版法第五章中，增加若干列舉事項，如「黃色」云云加以限制。㈡把現行刑法第三百一十條的誹謗罪，由告訴乃論改爲公訴，亦即是凡涉嫌觸犯本條之罪者，不問何人，都可以依據刑事訴訟法第二百一十九條的規定而爲告發。我們知道，刑法各章，凡規定告訴乃論之罪，皆以被害者，純涉私人，而與公共利益無關，所以不告不論。這一點是現代法治國家的通例，一方面保障私人的權益，一方面也尊重私人的意願。我們一向主張誹謗罪要從重課刑，我們也一向主張鼓勵被害人向誹謗者提起訴訟。但我們絕反對把誹謗罪由自訴改爲公訴。因爲這是現代的法治精神所繫，萬萬破壞不得。至於現行出版法，是民國四十一年四月九日公佈施行的。我們把它與已廢的舊法對照比較，不能說沒有進步。但就保障出版自由而言，還嫌不夠。如果再來些限制，則在施行方面，可能把那一點點進步都抵消掉。而且我們詳查現行本法，並沒有留下「罅隙」給黃色刊物「走」。而所謂黃色也者，總不外是色情文字圖片，足以妨害風化，這些犯罪，除刑法已經列有處罰明文以外，現行出版法第四十條第三欵也規定有行政處分，何必還要特別加入？如果主張修正者的原意，正是覺得現行出版法中的自由太多，這還完全是味於事實的臆說。從而想到以剝奪自由來尋求文化清潔，則是藥不對症的奇談。我們很難理解出版物可以因杜絕了自由而清潔。

進一步，我們須知，出版物的不清潔，正因爲不自由之故。以文藝作品言，欲求清潔，首應致力於其品質之提高。而創作與出版之不自由，實乃文藝品質提高之第一大敵。不自由者不一定是對創作出版正面的禁制遏阻之謂。凡對品文藝，硬性的制定一個「規格」，而驅使大家出於一途者，無論其本意是如何的好，總之是妨害了文藝的自由。誠如本刊十四卷第九期劉復之先生一文所說：「他們的作品與演出，除了必須小心翼翼，廻避許多『忌諱』之外，還要有固定的主題，硬化的格局，乃至要使千篇一律的詞彙。不如此，則『名、利雙收』固然無望，就連找一個發表發行的機會也很困難」。在此種情形下，一切文藝作品的品質，不惟難望提高，而且只有每下愈況的低落。其結果，就必然造成作品的不清潔。這道理是不難解釋的，凡一切「規格」化了的作品，它在主觀上也許是負起了它的「使命」，但客觀上它卻「揮發」掉了文藝的成份。有一篇宣言，不等於一首詩，一張「功過格」，不等於一幅畫。這種作品，正是有點欣賞能力的讀者所不能接受的；因爲它已經「不是文藝」。於是那些幼稚的、荒唐的、毒害的、痲醉的等等東西，就乘機崛起，並也滿足了若干讀者的要求；因爲那些東西，在他們看來反而比較的可供「欣賞」。大凡一個人對文藝欣賞力的強弱，每與其經常接觸的作品品質之高低互爲影響。在別無選擇的低劣作品堆中呼吸久了，也等於染上不良嗜好一樣，會覺得非此不樂。此即所謂「根深蒂固的低級趣味」。老實說，這在一般普通讀者，是無法自行負責的。

今即以牛哥爲例，稍申論證。

牛哥筆下的東西，如老油條、牛伯伯、牛小妹、牛老二等，依藝術觀點，根本就不配稱爲「漫畫」；而只能在「娃娃書」和「連環圖畫故事」之類佔一席地。他所擁有的多數讀者，事實上也就是一大羣小孩子和一小羣欣賞力與小孩子同等程度的大人。此外，他還是「小說家」，作品如「賭國仇城」等，「豈止別字連篇，簡直詞不達意」，像這種所謂「家」，是如何「竄起來」的呢，我們在纔聽到了編輯先生們「抒憤懣」的聲音。原來，「各報編輯部中，有一種普通的反牛風，但是報社當局總是不願輕言停稿」。但報社當局何以對如此偏愛？無疑的是爲了生意經，因爲他有讀者。他對讀者又是靠什麼招徠的呢？丟開「小說」不講，他的「漫畫」上也寫得有反共字樣，而牛老二尤其常以「戰鬪」姿態出現，這正是合乎「規格」的。可是在這合格的外衣裏面，裹住的全是荒唐惡劣的貨色。喜歡他的畫的既以小孩子爲最多，其對幼小者心靈的毒害是很深遠的。

拿整個「讀者界」來說，牛哥的「廣大讀者羣」畢竟是少數。事實上，在編輯部之外，社會上也早已有了普遍的反牛風。爲什麼不能早一點與編輯部的反牛風結合而發生效力呢？基本原因是因爲我們在文藝方面，沒有足夠的自由。絕大多數的文藝工作者，都已「納入組織」。對一切作品，心中有眞是非而筆下無眞毀譽。眞實的嚴格的文藝批評，從來沒有公開表達的可能。新書不斷出版，「書評」連篇累牘，總不外「捧」之一字。事實是如此，任何一個劣質的作者，除非是他直接的正面的違忤了「領導」方面，他就絕對不虞「打擊」，他絲毫沒有要考慮對讀者的責任的必要。數年以來，在「作品」上栽跟斗者，僅有「世界永久沒戰爭」的作者「愛德樂佛」一人。至於牛哥的「別字連篇、詞不達意」，我們所聽到的已經是馬後礮。試想，牛哥如果不是「天褫其魄」，鬧出這一次事件，有誰能夠把他的作品從報上「清」下來？

文清運動（嚴格地說，所謂「文化清潔運動」或簡稱「文清運動」，這種名詞是不妥當的），其動機是可以贊成的。但我們之不能已於言者：只有在足夠的文藝自由中，才能產生優秀的作品；只有在作品品質的提高中，才能獲致所謂的清潔。光搞運動是不行的。妄談「變法」，尤所不可。

論新所得稅法

白　瑜

一　破綻與懸案

孟子對齊宣王曰：「有復於王者曰，吾力足以舉百鈞，而不足舉一羽，明足以察秋毫之末，而不見輿薪，則王許之乎？……然則一羽之不舉，爲不用力焉，輿薪之不見，爲不用明焉」。我們現在有些財政措施，似乎可適用孟子這幾句話以喻解。半年來鬧得滿城風雨的新所得稅法及存欵利息所得歸戶問題，就好作爲舉例。

新所得稅法，自去年底公佈後，朝野同聲讚頌之餘，不料馬上發現一大破綻和一大問題。破綻，是依新所得稅法第十一條訂定的四十五年度所得稅率條例第四條的規定，綜合所得稅級距及累進稅率第廿八級「超過九十萬元者就其超過額課百分之七十八」，實際徵收時，尙須附加臺灣省防衛捐百分之卅，卽納稅人全年綜合所得淨額超過九十萬元者，所須繳納的稅率，達到百分之一百點四，已超過百分之百。第廿九級「超過一百萬元者就其超過額課徵百分之八十五」，附加防衞捐百分之卅，所須繳納的稅率，爲百分之一百一十點五。據計算結果約在所得達到五百萬元時，應納稅額已超過五百萬以上，除所得全部沒收外，尙須貼補，以後所得愈多則須貼補愈多，可以至於破產。突破古今中外的新紀錄，鬧了半年的笑話，始於六月一日由立法院通過修正案了事，總算是結束了一場又大又小（立法院質詢很嚴厲，局面尶尬空前，而行政部門只稱疏忽，責任全無）的風波，彌補了這一大破綻。新所得稅法對於營利事業所得課徵減輕，新創的公用工礦交通運輸股份公司與舊有公司的增資擴充者免稅三年，以及公司組織的營利事業，其以往三年內的虧損，得自納稅年度的純益中扣除，並號稱是奠定了直接稅的基礎，個人所得綜合計徵尤符公平確實兩大原則，確係合理的新稅制的建立，本來是值得讚頌的。而稅率的計算錯誤，原係一件瑕不掩瑜的小事，所謂力舉百鈞，而不舉一羽，爲不用力焉。

問題，是新所得稅法第十四條個人綜合所得第四類存欵利息所得的歸戶，依法各金融機構應抄具存戶姓名送達稅捐稽徵機關。原來以新所得稅法雖經總統公佈，自四十五年一月一日施行，銀行存戶以其有最大破綻的存在，無法眞的施行，必待修改，尙存觀望。迄至五月下旬，一則以最大破綻行將彌補竣事（由立法院修改稅率），一則以銀行半年結賬期近，各行庫已收到飭令抄送存戶名單通知，塡報表格分爲人名、欵額、利息、街巷地址，行政區域的里鄰地址，利息所得稅，防衞捐各項。遂致各行庫連日均有存戶查詢，並接洽在抄送名單之前，務請先行通知，俾其有所決定。銀行公會特就此事籲請各存戶稍安勿躁，並就各方面反應的實際情形，叠次呈請主管當局重行考慮可能發生資金脫離銀行的嚴重後果。六月十三日報載「財廳答覆，已表示稅捐機關依法辦理手續的基本立場，將克盡稅法所要求的職責，對於依法執行後是否發生其他後果，將不予考慮，態度果斷且堅定」。六月中旬商業存欵已有提去一億二千萬的傳說，財政當局予以否認，然銀行存戶，有接洽可以放棄過去利息准其提出尙未到期的定期存欵者，亦有活期存戶，要求可以不要行庫利息，而作爲免抄名單的交換條件者，皆係事實。六月廿二日，省議會且有決議，向立去院請願修改卽將實行的綜合所得稅中銀行抄送存戶名單的規定，事態趨於嚴重。六月廿二日，省議會又指出三家商業銀行活期存欵情形如下：「本年四月，第一銀行是一億八千四百餘萬元，華南銀行是二億三千四百餘萬元，彰化銀行是一億五千八百餘萬元。五月廿六日情形，爲第一銀行一億八千萬元，華南銀行二億一千萬元，彰化銀行一億七千萬元。六月十六日的情形，則爲第一銀行一億五千餘萬元，華南銀行一億八千餘萬元，彰化銀行一億五千餘萬元。」並詢問：「此種下落趨勢，是否是受抄錄行庫存戶利息名單的影響？」其實抄送存戶利息名單，可能發生的存欵下降情形，優利存欵自當比較活期存欵所受影響更要嚴重，可使數年的經營，敗於一旦。更可慮者，恐怕因這少數存欵利息所得稅額（三百萬元）歸戶，窒息已經脆弱的銀行業務，迫使整個經濟崩潰，國民所得急降，不僅稅源更爲枯竭，而失業救濟等項，更要增加政府財政支出。誠所謂明察秋毫，而不見輿薪，爲不用明焉。

此一問題，存在了半年，進入六月初已掀起白熱化的風波。至六月卅日，據行政院新聞局發佈消息：「關於各銀行存欵利息所得稅扣繳戶名清單，應否抄送稅捐機關問題，各方見解不一。玆悉財政部根據法理事實及參照他國事例。擬具意見，提經本週行政院例會討論決定，准各銀行仍照往例，暫緩抄送扣繳戶名清單，由財政部另行商擬妥善辦法。」一場風波，總算平息；不過問題的解決，尙待另行商擬妥善辦法，目前尙爲懸案。七月二日財政部長在招待記者會中，說明緩抄銀行存戶清單的三項理由，第一、避免引起社會心理的不安。第二、實際辦理的困難與費用過鉅。第三、其他各國都免抄名單，更有免扣利息所得而鼓勵儲蓄者。並有云：「現在要求抄送，除稅法規定外，尙有綜合所得稅制度的基本精神的關係」，「假如長期免予抄送的話，則稅法的精神必得改變」等語。三項理由的全文頗詳，見七月三日報載（請參看），當時讀罷，令人迷惑，何以一國財長，施政說話，前後不能一致？似乎全無責任感，一身超然。又想到，難道行政院會議，事前「決定」新所得稅草案咨送立法院審議時，並未經過「討論」乎？況且現任內閣，素稱財經內閣，何以在立法院審議中，那麼長的時間，全不注意立法院一部份的反應，以及呈請總統公佈時，亦不檢討立法院的修正案，或呈請總統提交覆議？，好在修改的來得快，緩辦的沒有硬幹下去，還是國家之福，值得慶幸。

二　公平與確實

查新所得稅法，由行政院擬訂草案，立法院審議通過，為時達五年之久。自四十年起，財政部已着手修改，四十二年組織審查會，進行審查財政部提出的修改草案，四十三年二月由前任行政院會議通過，咨送立法院審議，號稱建立新的稅制。立法院從事審議，復經一年又十閱月，現任財政部長列席報告，並答覆詢問，兩院皆屬鄭重其事，於四十四年十二月十三日完成立法程序，十日後經總統公佈。前述二大破綻和二大問題，如欲說明責任，前任和現任財長均應同負重大責任，而且前任和現任財長不過府院對調，並同在臺北一地辦公，府院聯繫密切，照理不該出此岔子，未免有傷政府威信。原來新所得稅法綜合所得稅之擬訂，號召是追求公平確實的基本原則。現在存欵利息所得歸戶的第一捷徑既成問題，那末綜合累進計徵，已經失去了依據，很難說得上公平和確實了。不僅如此，恐怕還有考慮欠週與窒碍難行的其他欠公平難確實的存在。

例如財產所得與勤勞所得的稅率，新所得稅法中無分重輕，已失公平。因為財產所得，是所有者的土地房屋與資本的收益，勤勞所得為本人勞力或勞心的代價，前者具有固定性與連續性，而後者如本人一旦生病，其所得即中斷，殊無固定和連續的保障。並且勤勞所得，為了預防疾病與衰老，須逐年儲蓄其所得之部份。財產所得，則只要有財產的存在，其所得卽源源不斷，無須預防將來的中止斷絕。如稅率無分輕重，卽勤勞所得者犧牲性大，而財產所得者犧牲性小。其次，兩者取得的成本尤有不同，勤勞所得者，於終日勞作之餘，必需恢復體力或心力的疲乏，所費營養食料應多，卽成本較高。財產所得者，坐食終日無所用心，無取得的成本可言，或必需消耗的體力或心力較少，所需養料亦應較少。再其次，兩者心理上的犧牲，亦有不同，勤勞所得既來自血汗，繳納稅欵時心理上的犧牲必較大，痛苦亦較深。財產所得，坐而受之，心理上的犧牲較弱，痛苦亦較小。此係租稅學上一般的說法，故各國大都重課財產所得，輕課勤勞所得，以昭公平。按斯密亞丹氏的公平原則，有財產者受國家保護較多，更應較重課稅。我們的新所得稅法，標榜公平為最高原則，惜乎未暇注意及此，未免留下一個小漏洞，諒亦係力舉百鈞而不舉一羽。

至於確實，存欵利息所得的歸戶，原來是新稅中想像的個人綜合所得總歸戶的第一捷徑，以為其確實程度，不亞於公教人員薪給所得歸戶的輕而易舉，稅額既由銀行扣繳，存欵人戶名清單，可同政府機關一樣，由銀行照抄錄送，沒有想到會出這樣大的岔子。而今存欵利息所得歸戶第一捷徑卽已碰壁，此路不通，只得折回頭來，其餘能够扣繳者如公司分配與股東之盈餘，合夥人盈利，按月給付的租金，行商貿易所得四項，或以商業會計的未能全盤實施，或以逃稅惡習積弊已深，或以稽徵機構不能盡職以及其他，以為所能扣繳者就算歸戶，其確實的內容，也就太欠確實。何況新稅法第十四條個人綜合所得，第一類執行業務所得，凡執行業務者之業務或演技之收入，減除業務所房租金、業務使用人員薪資、業務上必需舟車旅費，及其他直接必需費用之餘額為所得額，但以其至少設置日記帳一種者為限。所稱執行業務者，按稅法第六條，係指律師、會計師、技師、醫生、藥劑師、助產士、工匠、代書人、著作人、經紀人、及歌唱演奏之以技藝自力營生者。以我們現在稅捐稽徵機構的各種情形來說，一望而知其所得徵稅不易歸戶，只是紙上談兵，甚或欺善獎惡，總歸戶的基礎太弱，卽說明了我們標榜綜合所得稅的新猷，徒「吹大氣」耳。歸戶不能做到確實，綜合所得稅累進計徵以符負擔能力的公平原則，已是皮之不存毛將焉附。如果要求確實，不如從整飭稅捐稽徵機構着手，到是確實多了，只標榜原則，而不務實際，只要宣傳不計後果，這種「吹大氣」的作法，利息所得歸戶第一捷徑的碰壁，我們應該引為教訓。推行一種良善的稅法，決非一蹴而成的，尚待脚踏實地，邊做邊像，但不能錯誤太大，或鬧笑話太多。租稅原則上的確實，更有賴稅務行政上的確實，此有待財政當局竭力以赴者。

老實說，我們近數年來的財經措施，過份講究標榜或口號，尤甚是效颦日本向美國看齊，甚至眼巴巴望見日本某種改革失敗之後，我們還是照本宣科，硬幹下去。這次綜合所得稅銀行存欵利息所得的歸戶，又是如出一轍，日本在兩年前已經鬧了一場同樣的風波，先是日本政府受了盟總的影響，改革稅制，效法美國，厲行綜合所得稅法，舉辦存欵利息歸戶。日本金融界亦曾竭力反對，而稅收機關毅然執行。乃至銀行存戶提走存欵的事實，隨之而起，由於事態的嚴重，迫使日本政府改弦更張，始則縮小範圍，改為只須抄送定期存欵大戶名單，終至全部暫緩施行，這已是兩年前的事。我們新所得稅法經行政院通過草案以及咨送立法院審議，政府代表列席說明，亦言必稱日本如何，美國如何，時至兩年後的今日，我們依然是「根據法理事實及參照他國事例」，也是照本宣科對存欵利息所得歸戶「暫緩抄送扣繳戶口清單」，前後呼應，唱和絕曲。參照他國事例，應止於「參」照，日本是日本，美國更是美國，日本工商業的發達，尚能較近美國。例如當年我們行政院咨送立法院審議的外國人投資條例，亦係效法日本，而外國人投資在日本行之有效，因為日本的金融環境，頗能配合。在我國則條例早已通過施行，而外人投資並未廣招徠。這次財政部沒有像參照他國其他事例，硬將日本所謂改革已經失敗的事例，打落牙齒和血吞，懸崖勒馬，已進一步。只要本此虛心態度，小心謹慎，全盤顧到，我們的新所得稅法，是有前途的，達到眞的公平確實，亦非不可能的事。

三　稅率與基礎

現代國家建制，在在需用孔急，度支大任，集於財長一身，職責艱巨，原非易事。我們的財經內閣，老百姓企望甚殷，匆匆的兩整年過去了，財政新猷，並無驚人的表現。相反的最近加價加稅，接踵而來，調整煙酒公賣價格電費價格屠宰稅率等，動輒以百分之廿計算，筵席稅高至一倍，鹽稅而且數倍。尤其是公營事業加價的理由，常聞以久未調整價格爲辭，似乎加價爲逐年當然之事，令人難於索解。綜合所得稅率之高，步伍美國最高稅率百分之九十一，此次行政院爲了彌補破綻所提出之最高稅率爲百分之六十五，附加防衞捐三成，仍爲百分之八十四點五。臺灣國民所得與稅負能力，與美國相較，豈只百分之九十一與百分之八十四點五之差乎？何況美國亦在減稅聲中？立法院六月一日通過的修正案，最高級距的稅率百分之五十，附加防衞捐三成，共計百分之六十五，未知是否仍爲過高，(這在立法院已經盡了最大的努力，同時將原定最低級距，全年綜合所得淨額在五千元以下者，課徵百分之五，已修改爲在一萬元以下者，課徵百分之一)。我們還須注意的，全年綜合所得淨額超過一百萬元以上者，就其超過額課徵百分之六十五，此一百萬元，按照稅法第十二條「本法規定各種金額，均以國幣爲單位。其因事實上之需要而使用當地通用貨幣者，應依當時政府規定之比價折算之」，只值新臺幣三百萬元，能值美金幾何？其他一切經濟條件，臺灣又何能與美國媲美？因爲高稅率政策，目前在臺灣不免發生惡果，一則既要發展企業，必需降低稅率，配合經濟開發，擴大就業機會，提高國民所得，廣闢稅源。如果要「參照各國事例」，創建新的稅制之初，大都採低稅率政策，必待一般國民納稅習慣養成良善基礎後，始漸漸提高，(甚或留待戰時始再提高，所謂培養戰時稅制)。發展經濟之初，即採高稅率，必至窒息生產，阻塞稅源。一則在稅捐機構未臻健全的時候，採用高稅率，必致使納稅人因感到稅負過重，設法逃稅，甚至勾結稅吏，或包庇走私，不僅是所求的高稅率落空，而且導致國民道德低落。推行新的稅制先採低稅率，實一良好的基礎。

財政當局一面宣稱低稅率政策，一面又實行高稅率的措施外，並力稱奠定稅制基礎，且說綜合所得稅的建立，已經奠定了直接稅的基礎。同時六月十七日報載，財政當局在綜合所得稅率修正通過後，又擬就了「戶稅條例」，俾爲新所得稅法施行後，繼續徵收戶稅的法律根據，此項消息離奇，未見財部否認，後經探悉，確有其事，內容收入部份並未剔除，在新的綜合所得稅實施之後，再徵所謂「小所得」的戶稅收入部份，必又大鬧笑話。好在立法院財政委員會趁修正四十五年度綜合所得稅率之後，迅雷不及掩耳，搶先一步，將稅捐統一稽徵條例第八條刪去了第二項課徵收入的規定，院會順利通過。這次總算立法院先發制人的爲貧民解除了一大負擔，與院會的否決提高屠宰稅有些不同，屠宰稅增加百分之廿，已經審查會通過，提到院會時，適在通過電費加價之後，不無因素，院會完全否決審查會的原案，是不常有的事。說到戶稅，是近來方爲衆所週知的非良稅。回憶過去數年，財政當局言必稱戶稅爲良稅，或爲臺灣地方稅的基礎所繫，吾人來臺之初，即認爲戶稅內容有修改之必要，名稱且在其次，多次辯論中，吾人認爲收入部份與所得稅衝突，政府代表則有一妙論，說是與所得稅銜接甚爲堅持，我乃以在所得稅免徵額以下(按舊所得稅法)再課戶稅，又何必規定免徵額？所謂銜接意義何在？虛心請教，政府代表未答，外間乃有新奇的「小所得」說，以代銜接的理由。立法院始終未接受將臺灣省戶稅徵收辦法改爲條例，完成立法手續，只在稅捐統一稽徵條例內列有「特別稅課之戶稅」，並將戶稅內容逐年改變，增加按財產課徵的比例，減少按收入課徵的比例，慢慢將收入部份完全刪除(卅八年財產課徵額僅佔四分之一弱)。自卅九年起，費了六年的經營，已將戶稅蛻變爲財產稅。在吾人以爲財產稅可作臺灣戶稅的補償，同時也可作國家推行綜合所得稅的基礎。與其提高細民負擔的稅率，不與向擁有財產的巨室開徵稅課。

提到財產稅，天眞或「吹大氣」的先生們，首先就會反對，說這是落後，隨便就可搬出一大套理論來，作爲佐證，尤其是爲巨室說話的，很容易說出，財產有收益者已課所得稅，財產無收益者，不應稅老本，辯論是不易終結的。如作乾脆的回答，請看美國的一般財產稅，還是各州普遍施行的地方稅收的基礎，其課稅範圍，包括一切動產與不動產，課徵標準，一切財產均依其貨幣價值爲標準。依照卅八年臺灣省戶稅徵收辦法第五條，課徵戶稅之資產，原定第四類「資金如營業資金存儲物資存欵儲金及現金等屬之」的規定，如果推行有效，具有一特殊意義，顯然的是沒有推行。現在許多人如有所得，競從黑市買進黃金美鈔呆藏，或放在臺銀保險箱內，是一逃稅的良法。如能將黃金美鈔，列入現金課稅，藉可阻止游資流入黑市的氾濫成災，而促進正當的生產投資。現代經濟，專賴所得、儲蓄、投資三者，相因相乘，財政金融經濟相輔而行。金融發揮效力，自能促進經濟發展，稅源擴大，財政自可臻於健全。不此之圖，永無寧歲。現在立法院既將戶稅蛻變爲純財產稅的端倪，希望財政當局將已擬就的戶稅條例，「參」照美國事例，改爲一般財產稅，或分類財產稅，正名定份，完成新稅制的基礎。(臺灣戶稅，淵源于田賦內的丁稅，鄭成功時代改稱家稅，日據時期改稱今名。現經立法院，有新的確定，戶稅已名實欠符)。我以此爲基礎者，因爲綜合所得稅內，財產所得極佔重要，財產稅未能認眞實行於前，財產所得的確實性已欠確實。綜合勤勞所得累進計徵，就難求得公平，換言之，即無基礎。回憶大陸淪陷之前，立法院在南京，有劉某某者提議課徵臨時財產稅，全國轟動，某日我問劉某，財產稅既未課徵於前，施行臨時財產稅的基礎何在，彼亦無答覆。至於推行財產稅，困難固多，好在臺灣戶稅評議委員會之類的組織，已具基礎，尚可利賴，邊做邊像。推行財產稅手續的複雜，比之綜合所得稅，或亦不過伯仲之間。恐怕唯一的缺乏，只在財政當局，對於開罪巨室和整飭稅捐稽徵機構，有無決心耳。總之稅制的基礎，決不是徒然通過一道美麗的稅法，就可點金有術，不培養稅源，只提高稅率，不免失之聚斂。臺灣非不可爲，希望財政當局掌出整套的財政金融辦法來，有以利民而能富國。

四十五年七月十日於臺北

徬徨歧途的美國外交

伴耘

這篇文章很客觀地指出了蘇俄和平攻勢在國際上所發生的影響，同時對於「中立國」的心理分析得特別透澈。儘管我們不完全贊同作者的見解，但我們知道，他的許多見解在今天國際上是富有代表性的。因此值得我們反共陣營中的政府重視，尤其值得美國政府重視。所以我們還是把這篇文章登出。——編者

一

美蘇的外交戰又展開了嶄新的一頁，不成問題的，主動又操在蘇俄之手，挺而作戰乎？孤立自守乎？和平共存乎？是美國目前唯一的選擇。美國外交何以一敗塗地？主要的是缺乏政治武器。尤其最近幾年來，他們口中叫主動，結果主動老是操諸蘇俄之手；他們口中叫重視原則，結果行動與原則背道而馳。對於細節，他們爭得津津有味，對於主題的應付，他們莫知所從。一年一度的外援預算案，議員先生們大駡花錢買不到友誼；行政當局說，援外與美國的安全不可分；議員們說我們花錢是買人反共的，爲什麼還要送錢印度、埃及、南斯拉夫、印尼？……諸如此類的議論，其矛盾之處，不待蘇俄的宣傳，已令世人莫測高深。結果是外援照送，受之者毫不領情。何以人家不領情，因爲你援助我是關係你本身的安全，何必言謝。你送來我收到，你不送我也不乞求。不僅此也，你送的槍炮多於糧食，其用意已令人懷疑，何況更明言我們必要站在你一邊反共反蘇，方能受惠。再證以實際的行動，旁人也不明白美國的立場：南斯拉夫是一共產國家，自與蘇俄分裂，美國送槍送錢惟恐不及，此謂之反共乎？今天狄托一遊莫斯科，輿論之謾駡，官方之憂慮，大有責狄托忘恩負義之勢。其實豈非庸人自擾？今日之狄托猶昔日之狄托也，仍爲共產主義忠實信徒，何昔日寵之甚而今日責之切？不錯，有人會反駁我，過去美國拉攏狄托，目的是反蘇第一，反共次之。果如此，我們再看美國反蘇又堅定到什麼程度？和平共存之音自莫斯科播出，卽有去年的巨頭會議。如今布加寧與艾總統書信不絕如縷，儘管大問題未解決，至少世人已知道美蘇以談判解決問題的可能並非沒有。美國行動是如此，旁人誰能了解美國的用心？一旦平分天下之議締成，弱小國家誰願與蘇爲敵？今天除美國外，誰能反共反蘇？第一不必，第二無力，與其樹敵於將來，不如衝緩於兩大之間，我們能怪人「中立取巧」嗎？蘇俄每作和平姿態，而美國舉國上下，一則曰要以事實表現，再則曰蘇俄只是手段變了，目的未變，這些論調有何意義？蘇俄可以反問過來，何謂事實表現？東歐國家共產是內政問題，蘇俄的軍事代表團卽令有的話，有美國遍佈全球之多麼？，只要蘇俄現在未以武力強迫他國共產，無所謂事實表現。今日雙方勢均力敵之時，卽令要事實表現的話，也得同時進行，環繞蘇俄的基地與夫北大西洋公約都在與蘇俄討價還價條件之列，蘇俄也同樣可提出「事實表現」的論調。至於論及蘇俄目的未變的話，更有討論的餘地。假定美蘇是制度之爭或思想之爭的話，雙方如均以宣傳而不以暴力壓服他們效尤，均有同等的自由，世界上並未公認共產主義制度是萬惡滔天、資本主義制度則盡善盡美。美國在這方面着眼宣傳，一樣無補實際。美國要認淸雙方的競爭如在制度上較長短的話，顧客是第三者，有的國家已有確定的制度，有的正在選擇，有的則隨時修正，仿美乎？效蘇乎？都與美蘇本身無涉。雙方互相攻擊對方制度的弱點及宣揚自己制度的優點，都有理由。美國希望人家仿美親美，蘇俄希望人家仿蘇親蘇，這個國策，只要不以武力推行，根本不含善惡的意義在內。美國之對外經援軍援目的亦不過在此，那麼蘇俄的目的不會變更是理之當然。美國應付當前的環境，發言人要多多注意第三者的反應！中山先生的三民主義不也是希望在中國實現之後盼其他國家效法嗎？所以蘇俄盼全世界實行共產的目的未變一節，不是現在問題的重心，問題是蘇俄如何來達成其任務。美國未能把握問題的重心，所以應付起來捉襟見肘，蘇俄却能把握問題的重心，所以着着站先。冷戰以來，誰是主動者，誰是失敗者，這已不是爭辯的問題而是有目共睹的事實。

二

蘇俄近來的作風，不論對內毀詆史大林也好，裁軍也好，開始大規模對外接觸也好，這一政略的大改變是非常值得注意的。美國人對此轉變正感不知所措，甲說這是受了外的壓力，西方力量日漸強大，迫使蘇俄對外採取溫和政策；乙說這是蘇俄強大的表示，又在做猜測之夢。我的看法是：蘇俄把握了現在國際趨勢、孤立美國、做給第三者看的成功前而不得不冒險的政略轉變。

現在的國際趨勢是畏戰。大戰爆發人類會大部死亡，誰也享受不到勝利的成果。在美國專享原子武器時，蘇俄的確怕美國先發制人之戰，處處裝出不怕戰爭的模樣，讓美國莫測高深以拖延時間，如今自已也同樣擁有原子武器後，她自身的安全感也大爲增加，既然以武力推進國策已不可能，不如澈底作政治戰及經濟戰。她明知美國也不敢隨便發動戰爭，於是自動裁軍。布加寧一再宣稱戰

爭威脅已不存在。這樣一來，本來是紙上談兵的北大西洋公約組織，也不得不改變以軍事聯防爲目的的初衷而以政經合作爲目的。她要使世人在不久的將來，看只有美國在西歐唱的獨脚戲。她的裁軍當不會期待美國亦同樣的作，其目的是讓第三者看美國又如何作。蘇俄這一主動措施不論美國裁軍與否，對她都是有利的。蘇俄裁去一百廿萬，這些人力可以另派用場，美國如裁軍一百廿萬吧，首先得想到這些人的出路，不裁吧，不論如何自我辯護，旁觀者心理有數。這樣一來，中立之風更爲盛行，美國自會日有孤立之感。

現在蘇美旣以由武力競賽而轉到制度競賽，關着門自吹自擂是不能使人深信的，她必得針對西方的批評而逐漸以事實予以否定。所以近來莫斯科的社交非常活躍。今日布赫訪英，明日莫來訪蘇，不僅官方互相拜訪，民間社團也增加活動。不僅此也，大批政治犯也令其出獄。西方說鐵幕後是地獄嗎，我請你們及第三者都來參觀一番。你們說西方是天堂，蘇俄政府不讓人民與外界接觸怕有樂不思蜀請求政治庇護之感，今天只要你們邀請，蘇俄總令人接受。如此事實的答辯，鐵幕一詞在第三者間的效果如何，就值得西方大加考慮了。最近蘇俄邀請美國空軍參謀長去莫斯科參觀空軍節，更是有聲有色的一着棋。當美國對接受邀請與否正作爭辯之時，旁觀者對蘇俄此舉已大加鼓掌了。此舉無異對艾氏空中偵察的間接答復。何必空中偵察呢，我請你們的空軍首長親自來看看好了！他日說不定三軍首長都會被請至蘇俄看看。這給第三者的印象，無疑的是蘇俄之强大的貨眞價實。將來裁軍蘇俄如提出根本廢止原子武器而受到西方拒絕，無論西方如何作辯，第三者總會認爲蘇俄是酷愛和平的。事實是最好的宣傳。蘇俄今日一切行爲，是要美國以外的其他各國深信，美蘇決不會作兩敗俱傷的火併。這樣一來，西歐各國的對蘇畏懼自會減少，軍事準備也必日漸鬆懈。可是她深知美國對蘇俄此類姿態是不會信任的，必繼續要其西歐盟邦加緊軍備。由於西歐盟邦與美國對蘇目下作風反應不同，歧見自必隨之加深。其他各國愈深信蘇俄不會用武，也必會愈與美國疏遠。

做給第三者看的另一重大意義，就是要旁人相信蘇俄確是與美國拼制度而不是爭霸權。無容否認的，由於美國的宣傳，許多兩大集團之外的國家，卽會對共產主義本身如同對資本主義一樣採研究比較的態度。可是對蘇俄在史大林統治下推行主義的作風不無警惕，於是他們不惜重寫歷史，將史大林罵成共產主義的罪人，自動批評其殘酷作風，同時對外將一切昔日認爲誓不兩立的社會主義派也拉爲同志，力促各地共產黨與社會主義派採合作的態度。這種策略，不僅可減輕其他各國對過去共黨作風的恐懼，還進一步可能加强他們對共產主義的信心。簡而言之，蘇俄想以事實告訴世人說，共產主義的確是人類的理想樂園。過去我們想建設這個理想樂園，由於史大林領導之不當，作風過於激烈，現在我們已正式承認，今後決不再演。不過主義是好的主義，這不是屬於蘇俄的，而是屬於世界的，你們不妨各依自己的環境而建設你們的樂園。他們要以共產主義的偉大來代替蘇俄的偉大。所以我們如從這個角度來分析，蘇俄當前的作風最終目的固在美國，當前的收穫卻着重轉變第三者對蘇俄及對共產主義的重行估計。一旦蘇俄作風能使第三者深信共產主義與資本主義不能共存並不等於美蘇不能共存之時，蘇俄的外交勝利又向前邁進一步了。因爲前者只是思想與制度的競賽，而後者卻有軍事火拼，人類遭刼的危險。

最後，我再來分析結論的第三段。何以我說蘇俄當前作風是成功前不得不冒險的政略轉變？我已說過，除掉推行主義或政策的作風外，僅就共產主義與資本主義本身言，並沒有一個世界思想權威者評定共產主義本身就是毒蛇猛獸，而資本主義本身卻是治世靈藥。就事論事，我們固承認今日美國之强大，同時也不必忽視蘇俄自共產主義施行後的進步。一九一七年以前，北極之熊，西方認爲是落後民族，認爲蘇俄至少比西歐及美國落後一百年。今日如何，據說美國在許多地方尚有不及之處，就科學言，蘇俄之空中投擲氫彈試驗，比美國爲先，重工業生產量年有增加，科學技術人才之訓練使美國教育家大呼迎頭趕上。最近赫魯雪夫向人表示「美國人稱今日世界只有兩大强國，卽美蘇是也，我們深以爲榮」，怡然自得之態，可以想見。換句話說，推行共產主義也並非毫無成效可言的，現在剩下的是作風問題了。西方，尤其美國向蘇俄挑釁的是將主義連同作風相提並論，認爲實行共產主義，一定是警察國家，人民失去自由，枉遭屠殺；其他國家之共產是被動的成了蘇俄的附庸，要第三者深信，要實行共產主義，結果必成蘇俄的奴隸。蘇俄如要否認西方的宣傳，必要以事實來否認。於是在對外而言，估計美方不致挑動兩敗俱傷的戰爭以後，第一步發動和平攻勢。第二步，逐漸開放鐵幕與外界接觸，一方面固可以表示自己的强大與進步，同時，以事實表示鐵幕一詞已成過去。至於將一切罪行寫在史大林帳上一節，是這一作風必要的措施，其目的仍在向世人表示，主義是好的，作風的確有問題，但此皆史大林一人之過，我們已經鞭屍三百了。其實這種好的主義，不採史大林的殘酷手段，一樣可以成功，諸君不妨一試。社會主義之目的，與共產主義無大差別，只是作風溫和而已。在史大林時代視爲仇敵者，如今則是兄弟一家。諸如此類的改變，都在設法轉變他人對主義與作風相提並論的新認識，不要以爲作風有問題，主義也成了罪惡的淵藪。至於向狄托低頭修好一節，軍事的意義固爲因素之一，我認爲政治因素，尤爲重要。這是向世人宣示蘇俄對民族主義的重視，並非如西方所稱實行共產主義卽失去民族的獨立性而成蘇俄的附庸。西方常說，東歐附庸各國的實行共產全爲被迫如此，而南斯拉夫式的共產則爲有力的反證。假定東歐其他各國，效法南斯拉夫，蘇俄就不得不在讓人民自動實行共產與强迫他人實行共產之間作一選擇。如選擇後者，當無法洗去帝國主義之嫌；如選擇前者，當可表示共產與否乃是各國自己決定，蘇俄並未以武力脅迫，其聲譽也會日益增高。可是一旦國際局勢逆變，東歐各國是否站在蘇俄一邊自動爲共產主義而戰，蘇俄在失去對內控制之下，很成疑問。這些問題，在蘇方改換新策略時，自會多方考慮。

次就打開鐵幕與西方接觸而言。蘇俄成立已快四十年，昔日的革命對象早已蕩然無存，今天四十以下的壯年及青年，都是共產主義薰陶出來的國民，我們如說他們都受了共產主義施行之益而絕對信賴共產主義，也不為過分。今天與外界接觸加多，對於物質生活的比較，也許不是一個大誘惑，因為他們認為這只是時間問題，但是對於政治自由一節，可能給他們很多刺激。此外毀罵史大林是否引起國內的不安，這都值得他們考慮。但是這些問題他們都似乎很有把握地不加考慮，當然是一種冒險行為。萬一他們的新作風都能順利進行，這就證明了蘇俄的目標，旨在共產主義的普遍實現，蘇俄是以主義的好壞為內容提供他人選擇，信奉共產主義並不如西方所稱就是向蘇俄稱臣；同時共產主義的實現，也不必用史大林作風，高懸鐵幕與世隔絕。假定第三者對共產主義及蘇俄作風的新認識如此，當然蘇俄向成功之途又邁進一步了。所以對於蘇俄的新貌，主要的是做給兩大集團以外的國家看的。不錯，這是宣傳作用，但這是逐步以事實在作宣傳，美國不相信是可以的，美國拿出什麼辦法使旁人也不相信。這就要看其本身的辦法如何。

三

現在我們來分析一下美國對蘇俄新面目的反響，不論官方與輿論，一言以蔽之，均謂之為宣傳，美國所要的是事實，裁軍嗎，要接受空中偵察，此外要公開聲明放棄支持各地的共產黨，蘇軍自各地撤退，放棄向中東亞洲的挑撥政策，……這些事實，照美國看來，似乎順理成章，可是照第三者來看，當然是幼稚可笑。美方所列舉的事實，無異是要蘇俄無條件投降，蘇俄今天既未戰敗，又未受戰敗的威脅，她為什麼要單方接受城下之盟？蘇俄外交的長處，是一言一動要第三者喝彩相信，而美國一言一動只顧自己立場，而本身又未絕對處於戰勝國的地位，其失敗是必然的。假定第三集團國家創議蘇俄自東德東歐撤軍，美國退出北大西洋公約組織並撤銷海外基地，蘇俄可能接受，而美國却決不會接受，理由何在呢？譬如布加寧最近致函艾氏建議如美軍自西德撤出，蘇俄也願自東德撤出，美國可能又會拒絕。理由是蘇俄卽令撤出東德，隨時可來，而美國撤回，則西歐安全毫無保障。這種理由只可用之於强權政治，第三者是聽不入耳的。美國認為蘇俄今天得了地利，這是上帝的安排，除非用移山倒海之法，將蘇俄搬走，或者佔領蘇俄，此外無理由可以說服第三者。美國曾記得二次大戰時，同一鄰近德國的蘇俄也飽受「地害」乎？今天只要蘇俄向人宣稱共產是各國自己的事，蘇俄只站在旁邊作同情的襄助，決不以武力脅迫他國共產，美國唯一的辦法，是提出比共產主義更好的辦法要人效法。如採用昔日蘇俄的辦法，只是認為自己的主義好，別的制度都不行，那是退步的作法，更何況對兩個主義好壞的裁判者，乃是非共的其他國家？美國以為經援軍援就能買得友誼，何其可笑。美國今日的恐共病如昔日中國國民黨在大陸一樣，只有消極的給旁人戴帽子，自己無更好的事實表現，從不正視對方的長處，主觀的以為共產主義都是洪水猛獸。這種態度是經不起時代考驗的。法國總理訪蘇歸來，卽向美方忠告說：對於蘇俄的新貌，西方採取愼重應付的態度是可以的，但却不能自己建起一道鐵幕與他們隔絕。這句話充分表出法國甚至其他西歐國家對美國目前態度的反應。這是值得美國當局考慮的。今日美蘇是國際舞臺的兩大主角，蘇俄目的希望全世界能實行共產，美國的目的希望所有共產國家絕跡。從兩方年來的佈署而言，都在各為實現自己的目的而打算。如今雙方既深知不能以戰爭為實現國策的工具，於是由蘇方主動地發出了「和平攻勢」。蘇俄的長處，是針對美國盟邦及中立集團的恐戰病而發。她告訴人家我的主義是貨眞價實，無須武力推銷，你們只要看我們推行共產主義的成績，自會樂予接受。這些國家，只要蘇俄聲明無意强迫推銷，已經心安理得，對於蘇俄目的改變與否一節，是無足重視的。蘇俄和平攻勢的主要作用，就是要人家以蘇俄為榜樣而對共產主義發生信心，將各國自動共產與共產後必臣服蘇俄而失去民族獨立一節的西方宣傳，逐步以事實提出反證。所謂目的未變之說，是雙方準備戰爭樹友孤敵時，可為宣傳之用。今天蘇俄政略轉變，美國仍口口聲聲叫蘇俄目的未變，足證宣傳內容的貧乏。這種宣傳只可用之於國內，藉加强軍火生產以解決工人失業，用之於國際，其效用遠不及蘇俄事實宣傳之大。任何集團以外的國家，都可問問美國自己的國策目標變了沒有？如美國自己國策未變，仍盼共產國家絕跡，既未以武力壓服他人，憑什麼理由要蘇俄放棄其國策目標？詆毀史大而林與南斯拉夫修好，是蘇俄新貌的一步重要棋子，是非常吸引第三者的。她表示昔日一切罪惡都淵源於史大林個人的錯誤，今日的新目標這個蘇俄是老大哥，願與其他各國合作向社會主義之途邁進，並非昔日以家長自命强迫人家服從。蘇俄是向以民族主義為武器攻擊西方的帝國主義，如果本身也以帝國主義姿態出現，造成共產與臣服蘇俄為不可分割的局面，當然是自打嘴巴，與南斯拉夫表演的精彩節目，就在設法洗去世人對蘇俄有新式帝國主義感覺的觀念。至於此一幕的表現，或出諸自動或迫於被動，都是無關宏旨的，只要世人相信南斯拉夫，是實行共產主義的，但她並未臣服蘇俄而失去獨立，則其目的已達。而美國始終不忘記基地政策，始終對於殖民地區問題為了顧及英法又不敢表示公正的立場，誰能相信美國？美國在冷戰中已一敗塗地，如今是「冷和」的第一回合，看不出美國有任何招架的跡象。

四

我們再分析一下和平攻勢下美蘇集團以外諸國的反響。我在前文中提過，蘇俄作風是表演給第三者看的。美國之不信任蘇俄正如蘇俄之猜忌美國一樣，雙方既無法以武力代替眞理，必須以理取勝。談到以理取勝，自然要第三者的評判。所以目下蘇俄工作的對象，是取得第三者的信心，使中立者也傾向於蘇俄。如今歐洲是國際社交往還時代，大有西線無戰事之態，所謂北大西洋公約也者，英國在主張縮短服役期間，法國大軍早已調往北非阿爾及爾作所謂

「平亂」運動，西德以爲統一至上，建軍由於蘇俄威脅之不存在失去興趣，剩下的只是遠在天涯的美國孤單地奏着蘇俄目的未變我們仍得加强軍備的老調，而不得不宣佈該組織的政治經濟合作以應付當前蘇俄的和平攻勢。試想，蘇俄輕描淡寫一着棋，美國歷年經營的反蘇堡壘，已臨崩潰前夕。她的和平攻勢一舉兩得，解除西歐對她的恐懼，也解除了該組織對她的威脅。

談到開放鐵幕，歸來者對蘇俄之成就，連同美國人在內，譽之者多。這種贊譽，用之於對美國，是不足爲奇的，因爲美國早已向世人宣稱這是良好制度的必然結果，可是對蘇俄的進步也表示贊美驚異，其分量又有點兩樣，大家不是宣稱共產制度，除殺人恐怖外，絕不能與美國制度相提並論的嗎？在共黨執政四十年能將比西方落後一世紀的蘇俄改進得與美國一較上下，能說共產主義毫無道理嗎？假定今日之蘇俄仍爲沙皇統治，其結論又將如何？其國際聲威也許不及今日之法國。不錯，有人說蘇俄的成就，是人們失去自由換來的，這句話對享受過自由的人民或有效力，對俄國人能起多大宣傳作用，是值得懷疑的。俄國人所可比較的是如果他們仍受沙皇統治，又有多大自由？多數的人不僅無自由，而且還沒有麵包，如今受共黨統治，即會失去自由，至少還換得了麵包，兩相比較，自然是擁護共產黨。更何況就民族意識言，共產黨已將蘇俄的國際地位提高，歷史上爲自由而犧牲的志士仁人，是寥寥可數，爲饑餓而迫得鋌而走險的確在在皆是，這一點是值得執政者予以考慮的。假定蘇俄能有進一步的表現讓世人相信，不用史大林作風，共產主義仍可一樣實現，不僅有麵包，同時也有自由，那麼這個制度，不論名詞如何，都是值得效法的。美記者自莫斯科拍出關於現在蘇俄人民生活情形的報導，也承認特務恐怕減少，自由逐漸增加，生活程度也在設法提高。這些事實，在主觀的美國看來，也許意欲未足，在第三者看來，却頗能引人入勝的。蘇俄針對西方的宣傳，一切以事實來否認，在統治者對制度、對人民沒有信心是不敢如此作的。再回顧到他們二十世紀是共產主義的世紀的豪語，我們對現行局勢與其說是冷戰的轉捩點不如說是時代的轉捩點，人民要生活也要自由，那個制度可以滿足大多數的人民，自會得着擁護，否則必遭唾棄。

今天亞非國家，都在向共產世界接近，埃及之承認中共政府是共產主義傳佈到中東的先聲。首先我們對於中立的國家不必苛責，這些軍事上的弱國小國，情況與南韓臺灣不同，他們何必搖旗吶喊。有人說你們目下中立，不同美國走，萬一將來美國失敗，不都成了蘇俄附庸麼？可是這個問題發生於將來，同時，他們鑒於美國與英法的先天關係，美國的可戰可和的態度，美國對於最近法國之用新式武器對阿爾及爾的屠殺熟視無睹，誰能保證他日萬一蘇俄打垮、不會再度引起帝國主義的復活！與其考慮利害參半的不可靠的將來，不如形成一個中立集團使兩强大戰不致發生麼？因爲只有二强和平共存競爭制度之好惡而不作武力强弱的比較，對於這些剛自帝國主義手中解放的國家與正求獨立的地區最爲有利。蘇俄懂得這些地區人們的心理，所以和平攻勢受人歡迎，美國的基地政策，金元外交反而吃力不討好。如果說共產主義之逐漸擴張是歸諸蘇俄之陰謀滲透等等，難道民主國家的外交人員，情報人員都是飯桶麼？埃及的納塞是西方一再捧吹的人物，今日走向共產世界，與其責備蘇俄，何如自責無主張無能力！如果今後蘇俄，對內給人民更多的自由，對外除對切身利益如德國統一及裁軍等不作絲毫讓步外，而對其他國家之採取共產主義與否持放任態度，僅以事實來證明其制度之完善，她會得着更多的朋友，而美國若一本舊貫沒有新的應付辦法，最後盟邦大不了只是同文同種的英國而已。

五

西方國家沒有具體辦法吸引第三者的注意，口中空叫着蘇俄的和平攻勢更爲危險是非常幼稚可笑的。如果蘇俄有發動戰爭企圖，稱之危險尚有可說，他如擬以和平方式達到其目的，是談不上危險不危險的。假定她用宣傳方式使其他各國接受共產主義，正如美國用宣傳盼他國效法美制一樣，是毫無「是非」觀念在內的。現在的政治制度各有長處也各有缺點。政治理想的本身，其推行的手段如對內不用殘暴手段而達其實現的目的，對外不以武力方式危及他國主權而迫其效法，則不是反對的對象。所謂「反對」應指其推行主義的手段。蘇俄近日的一套作風，西方應認清其目的是在向第三者承認過去手段的錯誤而維持對主義的信念，最好的態度，是靜觀其變，而自我檢討本身的優劣。就現階段言，蘇俄之多少開放鐵幕是事實，設法提高人民生活水準也是事實，人民開始比以前自由是事實，蘇南復交表示尊重民族意識也是事實，這些都是西方一向批評的共產制度的缺點，而同時認爲是西方制度的優點，蘇俄在針對敵人的批評而效法敵人的長處之初，西方如不考慮對方的批評虛心體察對方的長處，開口即曰人家的作風是假的，或者更爲危險，是無法自圓其說的。假如她的制度有問題，蘇俄及共產國家的人民，大多數都如西方所想像自由重於麵包，在蘇俄對人民控制較鬆與西方接觸較深之時，必有內亂，蘇俄人民必逐漸走向西方請求政治庇護，那時西方再以事實證明其制度之惡劣，方得其時。同樣的，蘇南表演如引起捷、波、匈、羅等共產國家的效法，迫使蘇俄又回復武力鎭壓的辦法，那時也會供給西方更多的事實以證明共產制度之非，如今蘇俄冒着這許多危險而改變新貌之初，一口咬定一切虛假，是不能說服旁觀者。至於論及和平作風更爲危險一節，更不知危險何在，既曰和平攻勢，則已說明蘇俄無意以武力迫人共產的企圖，戰爭威脅既不存在，何險之有？若說危險在於他國會更自動走向共產，那麼就充分暴露本身制度之弱點，因美蘇雙方若以制度和平競爭爭取其他國家的效法，機會是均等的。蘇俄可以運用的任何和平方式，美國都有機會同樣使用。如說其他國家有當地共產黨爲蘇之內應，美國又何嘗不能找當地民主黨或自由黨爲美之內應？在這種情況之下，當地親共黨派如錫蘭在最近選擧中得勢，那只能罵錫蘭人民瞎了眼睛，爲什麼責共黨之陰謀？再不然就得自省一番，何以一個傾向西方的政府在大選中得不着選民的支持？我一再反覆以事例申述，目的在指出美國對蘇當前和平攻勢，要虛心考慮，自己應如何準備來埋頭悶幹，如把自己的幹法和使第三者不致相信的宣傳連同一起，結果人家自會送以戰爭販子的雅號。

包括以詆毀史大林爲內容的蘇俄和平攻勢，使蘇俄近四十年的歷史要從頭寫起，不能說不是時代的轉捩點。如果這一幕只是開端，今後會針對西方的批評繼續演變，如人民自由更多，東歐各國的獨立性更大，甚至國內也有第二黨或第三黨的存在，也有一二家反對或批評共產主義的報紙出現！我盼西方不必再空中叫囂危險，要好好找尋自己的缺點同樣予以修正。今天許多國家儘管對蘇俄新貌喝彩，仍持有懷疑態度。蘇俄如欲和平推銷共產主義，我所列進一步的作法是必然的要件，那時西方拉攏與國，必得出更大的代價。這種情況只有根據將來的事實再作分析。

六

面臨着蘇俄的和平挑釁，美國除了和平競爭以外，是無其他道路可走的。挺而一戰嗎？本來國際間强權就是公理，戰勝者一切自然是對的，美國戰勝，共產主義卽令不無道理，由於戰敗事實的存在，也變成一文不值，否則共產制度爲什麼不能使蘇俄强大立於不敗之地呢？反之亦然。可是美國今天也面臨同歸於盡的危險。縱然國際輿論對於發動戰爭者之批評可以不顧，可是有無戰勝把握，是否炸毀蘇俄而美國依然雄立於世，在在值得考慮。蘇俄不動手，美國的盟邦不會多，西歐爲了本身的安全，更不會允許美國先發制人。在今天爲時已晚的情況下，就對美國而言，雖有人高叫不惜一戰，當政者是不會走上這種途徑的。孤立自守嗎？許多議員在減削艾氏明年預算辯論中，卽有不少主張者以爲拿錢尙買不到朋友，反而怨聲載道，不如人家要共產，讓他們去實行共產好了，自己加緊防止報復力量，使蘇俄不敢用武就可高枕無憂。可是對外講，這正中蘇俄下懷。本來人家共產與否同美國有什麼關係，爲什麼值得美國花錢勸旁人不必共產？可是美國的經濟出路何在？今日的繁榮不是建在國際的緊張局面上的嗎？今天尙只有汽車工人失業，談不上危險，一旦減少製造軍火減削軍隊，這些人出路何在？修建公路可以解決多少問題？參加平時生產嗎？市場何在？南美能吸收所有的產品嗎？拋在海中，存在倉庫中霉爛豈能年年如此？這條路也非康莊大道。唯一的仍是咬緊牙關和平競爭，殷勤招待印尼總統，正待尼黑魯臺駕光臨，聲明美援並不一定要旁人站在一邊等，？是「和平共存」的跡象，只是主動不在自己手中而已。

美蘇之爭演變得雙方不得不採和平共存的道路，就對第三者言，是最合理想。由於兩强並存，他們的威脅最小，價值最大。這些第三者都是武力不足自保、建設剛在開端的國家，任何强國得勝，對他們都無好處可言，過去帝國主義的滋味早已嘗過，戰爭的結果，無論是新帝國主義的誕生或舊帝國主義的復活，他們都是羔羊。在陣營分明的國家，爲了自己的立場，批評第三勢力的投機取巧，自然口快一時，在第三者本身言，也有不得已的苦衷，在强權政治下，誰有保障可言？那一個謀國者會不爲自己的利益打算。就人民的生活言，在世界未產生理想制度以前，兩個制度和平競爭，對人民講是有利無害的。今天蘇俄打開鐵幕，給人民較多自由，說他自動也好，受了美國輿論的壓迫也好，人民是受了實惠。在美國的批評下，今後人民會得到更多自由也說不定。同樣的，羅斯福總統一九三二年開始新政援用至今，使美國人除政治較自由外，經濟上更多保障，未始不是受共產主義批評的影響，而得實惠的又是人民。說不定兩制度和平競爭的結果，彼此攻擊又彼此仿效爲人類帶來一個理想的制度，豈不是大家之福嗎？這當然是我的書生之見的推測。假定幸而言中，倒是人類的曙光。

七

對於蘇俄的和平新貌，研究與自省是美國最好的態度。然而美國的反應與表現，都給第三者以惶然失措的印象，他們從未考慮蘇俄的新貌是作做第三者看的。國際上未表示絕對親美或仿蘇的國家，他們對於雙方之優劣，都有客觀的評價。蘇俄如無事實的表現，第三者絕不會率然輕信，而第三者所期待的事實，其內容與美國所期待的事實是不相同。因爲美國的基地政策，與北大西洋公約組織，各種軍事協定其屬於防守性質或攻擊性質同蘇俄的佈署一樣無明確界限，是以用事實表現政策改變一節，是雙方同時進行的行爲，而欲期之一方的表現，只有訴諸戰爭之一途。在美國不能戰，蘇俄無意作戰的前提下，仍唱蘇俄要以事實表現的舊調，是得不着第三者重視的。一切中立國家的執政者，並非傻瓜要待美國的指導，假定蘇俄繼此而有進一步的表現使第三者深信無疑而自願走向共產陣營，美國只有望洋興嘆。是以我對蘇俄新貌的看法，是頗爲嚴肅的，決不視其爲宣傳姿態而已。如果他們沒有自信，其後果是不堪想像的。資本主義發達的結果，演變成帝國主義，這是歷史的事實，共產主義發展的結果，也在向新式帝國主義之途邁進，今天克姆林宮主人是否有鑒及此而阻止這一趨勢的發展，值得我們用新的看法來靜觀，不必主觀地遽下判決。任何國家如强迫他人採用自己的制度，都是會遭遇到反對的，因爲那是以推行制度爲名而行帝國主義之實。假定僅採信不信由你的態度，那是無所謂是非與善惡的。如今鐵幕大開，雙方儘可互相宣傳使對方人民反抗舊制度採用新制度，讓人民作最後的選擇者。假定蘇俄是以這種用心向美國挑釁，那麼是世界無戰事，好戲在壓臺。任何國家如言反共，必得自我檢討以應付這種挑釁，否則自樹鐵幕惟有助長共產世界的聲威，自認失敗而已。我認爲今天蘇俄新貌是開始對旁人反共理由做清除的工作，成敗關係共產主義的前途，這不可能是投機取巧的。大家與其作主觀的譏諷，不如持客觀的探討，如蘇俄新貌而演成內外的混亂而迫使他們回復本來面目，斯時，不待西方的宣傳，任何國家也不會崇信蘇俄及共產主義的。

佛洛伊德學說的背景與其影響

——佛洛伊德 (Sigmund Freud 1856—1939) 百年生期祭——

東方既白

我們活在二十世紀的五十年代，還無法清楚地了解我們所處的時代與其所發生的思想對下一代究竟有多大的影響。這因為我們活在這時代裏面，正如我們把鼻子貼在很大的一張名畫上無法欣賞這名畫一樣，我們無法對這時代能作整個的觀摹。但是，對于十九世紀後半期那個時代則已經逐漸的有完全的輪廓可以看到，時間載我們行進，正如當我們的船慢慢地離岸遠駛，我們才能完整地看到剛才所停靠的陸地一樣，我們對于所遠離的時代有比較完全的印象。

十九世紀是一個浩瀚偉大的時代，尤其是它的後半期，思想界蓬勃如雨後春笋，文藝、繪畫、音樂天才輩出，百花齊放；我們雖然說可以有完全的輪廓，但也正如我們遠望燦爛的岸景，但見紅綠輝煌，萬種旖旎，並不能知道它來龍去脈，更難完全了解此中佳勝。

十九世紀在哲學上崛起的德國的唯理主義，從康德發展到黑格爾，二十世紀的哲學界或多或少的幾乎都承繼着這個發展，即使後來逐漸地擺脫了黑格爾影響的許多哲學家如杜威(John Dewey)、羅素(Bertrand Russel)，存在主義的寇克卡脫(Kierkegaard)與麻豆 (G. E. Moore) 都曾有一個時期與黑格爾的思想有些血統的聯繫。

這因為在正統哲學體系中，人的思想是無法不從前人的搖籃中長成。

但是十九世紀思想界不光是在哲學上有偉大的奇觀，在科學上也有空前的躍進。

生物學家達爾文的學說，是一股奇怪的洪流；它很快就衝進哲學的世界。達爾文的學說使人的地位從神秘的寶座上降到生物的世界。人類變成同其他生物一樣，也可以作為研究的自然對象；這是一個大膽的空前的學說。這個學說使各種學術思想都不得不重新考慮對它作如何採納。

達爾文學說既然把人從神秘的寶座上降到生物的世界。人既然都是從生物進化而來，人的平等就成為很自然的結論。這就成了當時不平社會中許多社會運動家的一個有力理論的支持。達爾文的學說也正是馬克斯學說的基地，這即是說達爾文學說的終點也正是馬克斯學說的始點。達爾文所講的是生物界的人，馬克斯則講到社會裏的人。馬克斯接受了黑格爾的辯證法，創設了唯物史觀；于是全部接受了達爾文在生物學上「人」的理論，把它放到了社會裏，他在承認達爾文在生物學上找到了人，但他在社會裏則偏不願看到人，他以為社會裏的人，祇有階級的特徵。他硬生生的把人分為階級，而忽略了人的生物的特性。達爾文比馬克斯大九歲，達爾文于一八五九年出版他的「物種原始」也正是馬克斯出版「政治經濟批判」的一年。可是馬克斯的學說，則正是接衝着達爾文學說的一種發展。馬克斯學說的信徒們，從此也就忘忽了達爾文所找到的「人」，以為「人」一進社會，隨着經濟的發展，祇成為他所屬的階級了。

達爾文的思想對于當時貴族平民貧富懸殊的不平等現象是一種打擊。但隨着殖民地的開展；反支持了種族優越的理論。因為達爾文既然以為人是由動物進化而來，於是富强的民族就以為自己有進化上的優越。這種理論在白人世界上一直有人意識的或下意識的在主張。這也接衝着達爾文學說發展的一種思想。

但是，達爾文學說所開闢的道路，即所謂作為可被人研究的自然對象而言，則有另外的人在走。

一八六○年，費舒納(Gustav Fechner)奠定了科學的心理學。這個與達爾文同時的科學家的研究也正是接衝着達爾文的結論而開始的問題。

進化論使人為自然的一部份，人是可以同動物的一樣作為研究的對象。費舒納的心理學就明白地宣稱人的心理可以科學地研究，而且可以數量地來測量的。心理學在以後就開始發展。

心理學原是哲學家的課題，自從發展為科學後，迄沒有一個心理學家再回到哲學的思考上去。有之，則是佛洛伊德。

我上面談到二十世紀的哲學家或多或少都受過黑格爾思想的影響。但是佛洛伊德並不是正統的哲學家，完全是從當時還幼稚「人」的科學研究深入的，所以他的思想變成從達爾文學說的基地平地而起的一個堡壘。

我們現在還很難了解思想上天才對人類的影響。在十九世紀如此許多天才的思想家中，馬克斯與佛洛伊德並不是最偉大的。而且這兩個人的學說都曾有一時被學術界所冷落，可是由歷史的發展，如今我們竟發現在社會中，在人的生活中，在文藝，在繪畫，在音樂，在戲劇電影上，竟無處無地不被滲透，不是受馬克斯的學說的支配，就是被佛洛伊德學說所影響。

馬克斯主義把人看成祇有階級的成份，把社會看成了祇有階級。他所影響的文藝因此祇應有階級的活動。經濟的發展既是必然的，人不過是階級的屬體……所以文藝就應該表現生產制度與生產手段的矛盾，階級的衝突，羣衆的鬥爭。可是這樣的文藝是無法成立的，階級裏需要的人的活動，人還是階級的靈魂，沒有人的文藝可以說是取消了文藝的存在；在許多嘗試失敗以後，正當現實的社會上產生階級的領導個體的時候，文藝的內容就很自然的轉變成爲所謂無產階級新英雄主義。儘管他們把這種文藝宣稱爲社會主義的現實主義，可是在本質上它是一種浪漫主義，裏面的人物從沒有現實的形象。這新英雄主義，本來是典型的人物，不惜犧牲自己作階級鬥爭。但後來受了文藝上新的心理主義的影響，慢慢的從描寫人與人的衝突，變成一個人自己的階級意識的衝突；這些在開始時似乎是很新鮮的題材，可是日子一多，就變成千遍一律公式，不是無產階級英雄克服小資產階級的意識，就是幫助別人克服小資產階級的意識；任何的作品祇要談到一半，就可知道它的結尾，一切的穿插不過是堆積木一樣的拼湊。裏面不管怎麼樣把故事與環境寫得如何曲折與詳盡，可是再沒有活生生的氣息。

時代的進展眞是不可思議，當有些地區以政治力量强迫文藝走向馬克斯主義所支配的路徑，不斷的督促清算呼籲要求公式化概念化的空氣中；文藝還是死僵下來了。文藝的生命則在另一個影響下生長與活躍。

這個影響就是來自佛洛伊德所發展的心理學學說。

佛洛伊德生于馬拉維亞，(Moravia，現屬捷克，改名爲 Pribor) 死于倫敦，但佛洛伊德是屬于維也納的。他長長的一生 (1856——1939) 都在維也納消磨；納粹到維也納時，他還不想離開，由許多朋友勸促才遷到倫敦的。他在馬拉維亞出生後，三歲就被他家庭帶到維也納。那正是達爾文「物種原始」出版的一年。在他四歲的時候，費爵納奠定了科學的心理學，這兩個科學家對當時的青年們影響很大，佛洛伊德長成時當然也是免不了受其影響。在這個以後，科學有各方面的進展，如拍斯脫 (Louis Pasteur) 奠定細菌學，孟德爾 (Gregor Mendel) 奠定近代遺傳的學說，這可以說也是佛洛伊德所承繼的遺產。那時在物理學上有德國物理學家海姆何資 (Helmholtz) 創立能力不滅的學說，能力可以保存轉換但不消滅的原則。這對佛洛伊德有很大的啓示，以後他在心理學上就有同樣的發現。

佛洛伊德于十七歲時，在維也納中學畢業，就進了醫科大學，畢業後他一直在生物實驗室，化學實驗室，動物實驗室，神經學實驗室裏研究，他始終感覺到自己有了解這世界之謎的迫切的需要，所以他是注定他做學術的工作的。可是在二十五歲那年，他愛上了馬脫．伴南斯 (Martha Bernays)，與他有長長三年的通訊，爲預備結婚成家，他不得不有離開實驗室而去行醫的打算。在那個時期佛洛伊德獲得獎學金到法國跟沙哥 (Jean Martin Charcot)——那時有名的醫生——研究催眠術治療心理病。但從這個研究到他的心理分析學的奠定，是有長長的過程的。

佛洛伊德，同馬克斯一樣是一猶太人，他的父親與第一個太太先生了兩個孩子；于四十一歲時娶了佛洛伊德的母親，一八五六年五月六日生了佛洛伊德，以後他母親還生了七個孩子，所以他是最大的一個。他的母親比他父親小二十歲，與他父親前妻所生的孩子費力浦年齡相同；用佛洛伊德的理論，一個兒童幼年時都有阿笛帕斯感 (Cedipus Feeling) 來看，佛洛伊德幼年時很可能以爲他是費力浦養的。佛洛伊德出世後十一個月，第二個孩子朱力亞出世，活了八個月就死了；佛洛伊德二歲半的時候，他的第一個妹妹愛娜出世，佛洛伊德一生沒有同他和睦過。傳記家用佛洛伊德學說分析他的心理。認爲佛洛伊德對弟妹分享母親的愛情，始終有强烈的妒嫉，他甚至咒願朱力亞的死亡，而後來又深深痛悔自己這種咒願的罪過。與他妹妹愛娜一生不睦也正出于幼年妒嫉的心理。

佛洛伊德的學說可以說就是問自己到底是什麼。在他學說建立的過程之中，他是時時在分析自己的。也許有許多理論正是分析他自己的產物。他的父親有他祖父的年齡，他對父親是看作高高在上的人物。他把他的哥哥費利普想作與他母親有關係的設想，正爲他以後發明阿笛帕斯感 (Oedipus Feeling) 作證，他于四十一歲時看到病人這種錯綜，他想到自己下意識中正有同樣的阿笛帕斯感。

佛洛伊德從了解人而了解自己，從了解自己而了解人，所以他影響于社會、于道德、于戀愛、于教育、于任何生活是對人作重新的估價，影響于文藝藝術的就是人性的追究與發掘。在佛洛伊德的顯微鏡下，一切人都是被他自己在生長發展中壓抑下來的下意識所操縱着。一切英雄偉人學者詩人在他看來都是病床上的病人。他們的一切意念與成就，愛與恨都可以分析出其根本的因素。所以他的學說正是達爾文所發現人的地位以後的研究。

佛洛伊德的學說，常常是很容易被人誤解的學說，這因在他的著作中隨時修正的地方很多，他的後期著作與以前的著作，有許多不同的說法。

佛洛伊德學說裏的「人」，正是達爾文學說裏的「人」，儘管人隨着社會的發展而複雜，但是佛洛伊德則要從複雜的傳說與環境中去了解人的行爲與活動之基本性質。

人既是一種生物，就有一種生的機能，佛洛伊德以爲這生的機能就轉化爲心理上的能，這能，佛洛伊德稱它爲利別舵 (Libibo)，在佛洛伊德意念中，這利別舵 (Libido) 就是性的動力，但正如物理學的能一樣，這能也是可以貯藏轉換變化的。

一方面，佛洛伊德認爲人有許多本能，本能有一個目的，有一個來源，有一個衝動。但本能本身並不動，要動就要運用心理上的「能」來推動，以求滿足，譬如一個人餓了，想吃，這是本能的衝動，由這個衝動於是引起了心理上的能，作許多配合目的的活動，如尋找食物，和設法尋找食物的一類記憶想像與思想的活動。人在獲得食物消除饑餓後就可以平靜。但佛洛伊德以爲因之而起的記憶想像與思想就變成了許多副目的。如尋找食物把它放在嘴裏，雖未吃下去消除饑餓，但也可以作爲一種代替的副目的。小孩子獲得橡皮乳頭，放在嘴裏，也可以安慰于一時。這些副目的，佛洛伊德稱他爲外在的目的，正目的則稱作內在的目的。

人爲滿足本能的要求，運用利別杷（Libido），在孩子成長之中，許多不愉快的即未能達目的要求，被遺忘了而在下意識之中；而許多愉快的順利的要求，即在意識之中。

人的心理，在佛洛伊德學說中分爲三層，第一層是 ID 完全是無意識的，大多是原始的衝動要求。它祇關心于這些衝動的滿足。

第二層爲 EGO，大部份是有意識的，從經驗與理性獲得智慧，估計環境以控制 ID.

第三層爲 Superego，是屬于無意識的，它是自幼的道德傳統的訓練，可以說是良知，在決定 EGO 是否可允許 ID 的滿足。

能是屬于 ID 的，用于滿足所慾。以求安祥。所慾必有對象，所以 ID 之能是完全用于目的。這叫做 Object Cathexes。但這個能非常有流動性，眞正目的難達，能可以轉向代替物。如橡皮乳頭代替母乳。ID 對于對象往往不會辨別，所以能的運用，變化萬千。

ID 既然不辨對象。往往酒瓶可以混爲男性生殖器。這種歪曲的思想，叫做附合思維 (Predicate Thiking)。這種附合思維特別見于夢境，成爲夢的象徵。在實生活中也是常有的事，如以貌相人，如種族偏見，以爲黑人一定不潔都是附合思維的結果。

EGO 並無「能」；他的能是由 ID 轉來。EGO 具有記憶，判斷，辨別，理性之潛勢，因 ID 之能轉來而活躍。ID 既然不能辨別眞僞的對象，往往會追隨附合思維而活躍。EGO 就要爲之分別眞僞。

一個人分別自已腦中的幻覺與外界的現實是從小訓練而來。EGO 也就逐漸地由此建立。EGO 因幫助 ID 而滿足所慾。ID 往往憑附合思維而獲得假的對象，因而未克眞正滿足；如今因 EGO 之助可以眞正滿足所慾，于是 ID 所有之能，逐漸地輸向 EGO，EGO 因此越來越强，ID 就越來越弱。可是當 EGO 未能滿足 ID 的慾求時，ID 又會收回其能，而作自己的妄動。這在睡眠時特別普遍。人所謂失去理性，也正是 ID 的猖獗。

Superego 乃是一個人自幼訓練成的道德傳統，它無形之中禁止 ID 與 EGO 的推動。他往往隨着他以往所受之訓練的良知，對自己作良心上的賞罰。這種反對活躍的約束力，由于父母師長社會所教養而成，叫做Anti-Cathexes. EGO 往往也不讓 ID 隨意發洩，但他掌握此「能」作爲有效的正確的運用。Supergo 則是一種禁止。

可是人的「能」是有定量的，多貯于 EGO，ID 處就減少，多貯于 Superego，前二者也就減少。人不是强于甲，就是强于乙與丙，强于甲者，乙與丙就弱；强于乙者，甲與丙就弱，强于丙者，甲與乙就弱。

佛洛伊德在一九二〇年以前似于特別看重下意識這個概念，一九二〇年以後，他逐漸多用 ID 的活動來解說。人的心理既有上述的三部份，這三部份有各種說不盡的衝突，但可以包括爲兩種，一種是 ID 與 EGO 的衝突，一種是 Superego 與 EGO 的衝突。ID 與 Superego 不會衝突，因爲其中一定會引起 EGO 的作用。ID 與 Superego 雖是完全相反的東西，但是一點相同。即是都不顧到實際。ID 祇求衝動性的發洩，Superego 祇作良知上的約束。EGO 有二種作用，一種約束 ID 不要妄動 (Anti-Cathexes)，一種是選擇了正確對象可行之時而發洩 (EGO-Cathexes)。Supereo 雖也有二種作用，但與 EGO 不同，他問「應當」「不應當」，即是否爲良心所允許，並沒有理性。所以人的心理衝突即是推動力 (Cathexes) 與約束力 (Anti-Cathexes) 的衝突，因爲推動力與約束力在上述心理的三部門中有許多複雜的關係，所以其衝突是千變萬化的。

正常的人雖大部份可以平衡，但其平衡之間往往因厘毫的差，就會失去平衡，一失去平衡，失之毫厘，就可差之千里。殺人强姦一類事情往往是祇是在 EGO 與 ID 衝突之中，因毫厘之差因 ID 不被約束而爆發的。

後期的佛洛伊德學說，他把本能分爲兩類，一是求生的本能，一是向死亡的本能；本能本是科學的發現，但這裏則是哲學的推討了。他以爲人一方面是求生，一方面也向着死亡。生的本能可以有食慾，性慾，發展爲愛好，建設；死的本能可以有侵略，毀棄，恨與破壞的發展。本能居住在 ID 之中，但本能之表現則賴于 EGO 與 Superego 之引導。EGO 是生的本能之主要指導機構，它一方面爲要滿足身體之基本需要，理性地判別環境時機之利弊而進行，另一方面要將死亡的本能作爲生存之用。即將死的本能用侵略他人以滿足自己之需要。

上面談到 ID 的推動性 (Obtect-Cathexes) 原爲滿足本能之需要。可是遇到 EGO 的約束，候合理的對象與適當的時機再爲其推進。可是 EGO 的推進往往不會順利，多數遭遇到無數的阻礙，衝突，痛苦，不安。這時候 EGO 可以產生許多不同的保衛的機動。如壓抑作用——遇到危險之物解作未見，怕當兵而成痲痺等；如投射——自己恨人而說人恨她；如反射形成——仇恨故作親愛，對所愛者愛不到手故作厭憎輕視等等；如固定作用——如小孩怕離母親而不再長大；如退縮作用——如一個人因在社會遭遇打擊而閉戶不出，或退隱山舍，新娘與丈夫不和會退回母家等。在 EGO 機動作用之外，推進力遭遇阻碍，往往會有「附一」——即將自己模做成功與勝利的人。如女人因其友嫁了一個如意郎君，她也模倣友人之行動與裝飾，由此可得如意郎君；「代替」——如橡皮乳頭代替母乳，研究食譜以滿足食慾等等。「昇華」——許多詩人音樂家的作品都是性的饑喝的呼聲，佛洛伊德分析達凡西愛畫聖母像，就因爲達凡西渴念與他從小離開的母親。……諸如此類的機能。

全部佛洛伊德的學說，當然不是短短的本文所能敍述。我這裏所以要少作介紹，祇是表現佛洛伊德對于人的看法。

佛洛伊德這些理論，並未得自然科學的確證，或者可以說祇是哲學的臆設，但是這些理論不但可以解釋大部份的心理現象，而且佛洛伊德及其學生們憑此醫好過不少病人，而現在繼續還廣泛地在社會上應用。許多社會福利工作人員在貧苦區作調查工作；犯罪學家對于兒童罪犯的家庭背景的研究，法庭裏對于罪犯動機之追究，教育上對于嬰孩及兒童發展上心理的保健；以及許多工廠與公司人事上之錄用與升遷，現在都賴于心理分析之幫助。但是佛洛伊德最大的影響似乎不在應用上，而是他對「人」這個萬物之靈作了一個史無前人的估價。達爾文把人看作動物的進化；佛洛伊德則將人在社會文化傳統中養成的種種複雜行爲求一種解釋。對人作赤裸裸的了解。一向認爲神秘莫測的靈魂，到佛洛伊德變成一組可以解釋的心理。

同馬克斯的工作一樣，佛洛伊德的工作，也正是始于達爾文工作的終點。但是馬克斯以爲社會裏的人祇有階級的成份，而人類的歷史祇是階級的鬪爭；他從經濟的發展的迷信，把活生生的人看作了與生產工具鑲在一起的機器。佛洛伊德則用科學的分析，把活生生的人，在社會文化傳統以及經濟生活所造成的複雜的人，求一個基本的解釋。

追隨佛洛伊德的學者們，對于他的學說以後常有修改補充。如阿德拉（Alfred Adler 1870–1937）就以爲性的壓抑在兒童並不重要，他以爲兒童因弱小之故，就有自卑感。蘭克（Otto Rank 1884–1938）則以爲嬰兒離開母親胞胎獨立，就有出生震蕩（Birth Trauma）爲其心理上最大不安感的來源。瓊格（Carl Gustav Jung）則以爲 Libido 包括性與非性之能，他以爲人生種族記憶中有集體的下意識（Collective Unconsiousness）之蘊結。好南（Karen Horney 1885–1952）則看重人的目前生活環境對于人的心理的影響。在人的心理之發展與其錯綜上，好南尤其重視其所受的文化因素。這種種理論上的擴充修正，正是說明佛洛伊德學說還有無限的發展。不管理論上有如何的修正，其從人的傳統與環境中，分析人生在發展上所受的影響而探尋之個性與人格之形成，則是一樣的。佛洛伊德學說之偉大，就在他奠定了對于人性的分析與研究的基礎。

人在佛洛伊德學說的探照下，我們可以知道，人不過是背着社會文化與傳統，自己整天在衝突的動物。一切自尊自大，浪漫式傳奇式英雄或偉大的天才，一切用神話培養着的人同街上任何人並沒有什麼分別，皮膚白色同皮膚黑色的人也完全一樣。人的個體終是隨時可以發瘋犯罪的動物。

這種人的觀念，可以說悲劇性的觀念，但正是民主社會裏人的觀念。我們可以說，現代的文藝繪畫音樂戲劇電影，無論是什麼派別或標榜什麼，都是或多或少間接直接的受着佛洛伊德主義的影響。卽使追順馬克斯主義所產生的藝術與文藝後來之趨向意識的衝突，也正是其在心理表現上不得不模倣那些追隨受佛洛伊德主義影響的藝術與文藝。

我常讀戰後風行一時的存在主義的文藝作品，也祇覺得他們祇是誇大地表現佛洛伊德的觀點。象徵派的音樂，意象派的詩作多暗示的方法正是心理分析時暗示病人的方法。新寫實主義（不是社會主義的現實主義）的精微處，往往就是佛洛伊德式的分析。野獸畫派的原始表現不用說，更是佛洛伊德式的單純的發掘。

我並不是說這些藝術都是根據佛洛伊德學說而創立的，許多藝術與文藝是都在佛洛伊德學說盛行之前就問世的，可是祇有佛洛伊德學說爲他們找到了心理的哲學的根據。這因爲許多藝術的天才所努力的是發掘人性，而佛洛伊德正是在科學與哲學上作同一努力而已。

佛洛伊德主義在藝術在文藝，甚至在日常生活上的影響可以說是潛在的，受其影響的人甚至還沒有聽見過佛洛伊德，明明採取佛洛伊德的還否認來自佛洛伊德。不像馬克斯主義在鐵幕後世界裏的標榜，卽使與馬克斯主義毫無關係的，也必掛上這塊招牌以顯其正統與其貨眞價實。

達爾文以後，馬克斯與佛洛伊德這兩個天才對于人有這樣大的影響，這是卽使在二十世紀初期都沒有人能料到，將佛洛伊德與馬克斯相比有許多有趣的地方。他們都是猶太人，同在五月裏出生。馬克斯一生致力于社會的分析，佛洛伊德一生致力于人的分析。前者在社會與歷史看成階級的鬪爭。佛洛伊德則找到每個人心理中推動力 Cathexes 與約束力 Anti-Cathexes 的衝突。

現在自由世界與鐵幕世界的文藝與藝術的異趨，也不妨說正是佛洛伊德主義與馬克斯主義的對峙，也卽是人性觀與階級觀的不同。佛洛伊德主義是否可以對抗馬克斯主義，我在這裏不敢說。但有一點是無可諱言的，卽是佛洛伊德的學說正是方興未艾，而馬克斯主義則已是死僵；佛洛伊德主義是一個暗流，馬克斯主義則已是一塊不旣得與內容有關的招牌。馬克斯主義的文藝，所描寫的意識衝突是千遍一律，受佛洛伊德學說影響的文藝，所描寫與表現的心理衝突是人性衝突是千變萬化的。

今年是佛洛伊德出生百年紀念，在維也納大學他的銅像前將有許多花圈向他致敬。我這篇小文也祇有對這位思想家作紀念而已。他的銅像下，刻着希臘詩人沙弗克蘭斯（Sophocles）的名句：「誰猜中著名謎語是最偉大的人」。這詩句是對 Oedipus 對人首獅身（Sphinx）猜謎而說。佛洛伊德則以爲每個人兒童時期都有 Oedipus feeling 者。

佛洛伊德之偉大也就在揭露人性之謎。三四十年來，中國似乎都在致力如何建立黨性。當黨性未能救中國于水火之秋，對人性多求了解，或也未始不是有補于世道人心吧？　一九五六、四，二九

註一：本文內專門名詞之選譯祇能作爲暫譯，故除已慣用者外，一律附以原名。

註二：Sphinx之謎，猜不中的人都被它所殺，Oedipus 猜中後，Sphinx 卽自己毀滅了自己。Oedipus 爲不自知的殺了自己的父親，娶了母親，生了四個孩子的人。

註三：Oedipus Feeling 卽根據上述故事而來，卽兒童都有對母親愛戀，而嫌父親占有母親之感。

羅素自述

羅素著
林毓生譯

本文譯自「現代叢書」(Modern Library) 中所收羅素自選集 (Selected Papers of Bertrand Russell, selected and with a special introduction by Bertrand Russell) 之導言。文中當代大哲羅素自述其思想之演變，及其對於現代世界若干主要問題的看法。氏向以觀察深刻，見解精闢著稱。本文所述至足發人深省。——譯者

我從十一歲開始學習歐氏幾何起，一直對數學就特別愛好；同時我相信科學是人類一切進步的泉源。年靑時，我的抱負很大：立志做一個對人類有所貢獻的人。而當時的社會風氣，與公衆精神似乎更保證我能够如此。我希望從數學入手進入科學的堂奧，並過一種隱逸的生活。這種生活曾激起伽利略和代嘉德靑年時期許多夢幻。雖然，我並非缺乏純數學的才能，然而我却缺少各種科學中必要的具體技術。數學中最抽象的部份，我最能了解，例如：「橢圓函數」(elliptic function)，我並不感到困難。但是，我却總不能精通光學。因此之故，科學的生涯便和我絕緣了。

同時，我漸漸對哲學發生興趣。我之所以對哲學發生興趣，並不是如通常一般的情形，希望獲得倫理的或神學的安慰；而是希冀發現我們人類是否具有所謂「知識」的這種東西。我十五歲的日記上，記着這樣一句話：『除了「意識」以外，好像沒有任何事務可以不必懷疑。』(現在，我不再以爲「意識」可以例外了。) 我以爲數學比其他任何普通知識具有爲眞的機會。但是，當我十八歲開始讀穆勒名學的時候，他的輕信使我非常吃驚：他爲辯護他對算術與幾何的信賴而提出的論證，反而更加强了我的懷疑。於是，我決定在做任何別的事以前，首先要弄淸楚，是否有任何可確定的基礎來使得我們確認數學爲眞。這件事的結果是可重視的。這件事佔據了一九一〇年以前我的大部份時間。一九一〇年懷海德博士 (Dr. Whitehead) 與我完成了數學原理 (Principia Mathematica) 的初稿。此書包括我所希冀的全部門徑。這全部門徑有助于二十多年前卽開始使我感到困惑的問題之解決。自然，主要的問題，尙未得到解答；但是，我們竟偶然因此導致哲學中新的方法之發明和新的數學領域的開闢。

數學原理完成以後，我覺得不必再和以前一樣，集中精力於如此狹隘的一種工作上。我從小就對政治深感興趣；差不多在我還不能讀書的時候，家裏人就開始敎我英國憲法史了。我在一八九六年所出版的第一本書是對於德國社會民主 (German Social Democracy) 的研究。從一九〇七年起，我就一直爲婦女參政運動而積極努力。一九〇二年我寫了一本自由人底崇拜 (The Free Man's Worship) 和其他兩篇論文(一篇關於數學的，另一篇關於歷史的)。這些論著都表示一種類似的看法。但是，假若沒有第一次世界大戰，我大概要一直保持着學院的風格，並只從事抽象的研究。一九一四年以前歐洲列强的政策使我焦急的心情與日俱增。況且，我根本不能接受各敵對國家所公佈的，對於卽將來臨的大災難之膚淺的，好像演滑稽戲似的解釋。在大戰起初的幾個月，一般男女平民因戰爭的刺激而感到的興奮，正如他(她)們欣然相信的各種無稽的神話一樣，使我不勝驚異。事實很明顯：我是生活在傻子的樂園中。人性，實在有它黑暗的那一面——那些自命爲文明人的亦莫不如此，這是我從前沒有想到的。我過去以爲安全的文化，本身卽表示能產生毀滅的力量，呈現着如羅馬衰亡的徵兆。任何過去我以爲有價值的事物都變得很危險，好像只有無窮小的少數事物才値得介意。

當戰爭繼續進行的時候，我已無法再作抽象的探討了。正如服役的戰士一樣，我亦深感應盡我的一份責任。但是，我不認爲任何一邊的勝利可以解決任何問題。一九一五年我寫了一本社會改造之原理 (Principles of Social Reconstruction)。我在這本書中，希望人類因戰爭漸感疲憊時，轉而對於建立安樂的社會之問題發生興趣。要能實現這一願望，明顯地需要一般人改變種種衝動和自己未意識到的種種慾望 (Unconscious desires)；而現代心理學告訴我們，這種改變可以不必經由太多的困難卽可實現。此時，我覺得只爲專家們寫作，不能完成任何事務。所以，在整個戰爭過程當中，我努力——雖然沒有成功——爲一般人寫作。大戰結束後，我發覺我不可能再回到過去學院式的生活——雖然機會等待着我。我現在感到興趣的問題，不再是一九一四年以前我所深感興趣的問題。而且，當我走入我的書室時，我覺得不能把世界關在我的思想之外。我並不以爲這種變化是我的一種進步；我只把這當作一件事實紀錄下來罷了。

大戰對我的影響，因戰後的旅行更强烈了。西歐與美國我很熟悉；但我還尙未到過非西方文明的國家。一九二〇年我到蘇俄旅行了五個星期，見了共產黨的許多首領。其中包括列寧。我和他會談過一小時。我到過列寧革勒和莫斯科，並從窩瓦河上下諾弗哥羅 (Nijni-Novgorod) 順流而至阿斯脫剌罕 (Astrakhan)；沿途去過所有的城鎭和許多鄕村觀光。布爾什維克的哲學使我根本不能滿意。之所以如此，並不是因爲它的共產主義質素，而是由於它帶有西方實業大王哲學的因素。後來我懷着因蘇俄一般狀況而引起的但尙未解決的問題，到中國去了。在那裏，我勾留了差不多一年。在西方的生活方式裏，走向毀滅

之途的因素是那麼有力。可是，在中國的生活方式裏却並不如此。而且，中國的生活方式裏蘊含着一種美感。這種美感，在西方幾已蕩然不存了。在中國，沒有所謂工業文明。我們只能說她有非工業文明。這種非工業的文明，在過去的傳統中，對中國社會的生活曾有其功績。不過，照情形看來，這一非工業的文明沒有繼續對中國社會生活保持其功績的希望了。中國的問題是在如何把工業制度與合人情味的生活方式溶合起來；尤其是如何把工業制度與藝術以及個人自由溶合起來。沒有任何西方國家已經開始解決這個問題；但我們可以希望這個問題可能在吸收工業制度最澈底的國家首先得到解決。因爲這個問題只能在對使用機器已不甚熱心的社會裏去解決。

現代世界裏每一事物都與文藝復興時代有不同之處。這些不同之處，無論是好是壞，最後追溯起來，係由科學底影響所致。科學發達的國家，無論在戰爭，商業，和聲望上都是最强的國家。在現代世界，任何違反科學的措施，均無獲得最後成功的機會。中古時代遺留給我們的東西，現在正在迅速消失之中。宗敎已因對科學的勉强讓步而大大地修改了；自然，它將做更進一步的修改。傳統的政治原理已逐漸消失，經濟方面大約也要如此。修道士從新柏拉圖主義者所得來並傳給現代人的靜思的理想，也因那些處處堅持「機動」的人之排擠而消失。在亞洲，科學及其所衍生的工業制度之革命性的效果，正開始比歐洲更熱烈地散佈着；因爲在歐洲，科學是由於文藝復興自然地發達起來的，然而亞洲本來却從未有任何東西可爲科學的進展做準備工作。因此，全世界必須承認：科學與工業制度是無可抗拒的。我們人類的希望亦必須在此架構(framework)之內去求實現。

同時，我反省我自己所抱持的人類優越的念頭。我之所以抱持這個念頭，無疑是早年的環境使然。我早年的環境包括許多與貴族社會有關的因素。例如：無懼，判斷的獨立，賤民的解放，與悠閒的文化等等。但是，在工業文明的社會裏，保持並發揚這些性質可能嗎？復次，我們是否能把上述的貴族美德與典型的貴族罪惡分離呢？(我在這裏所說的典型的貴族罪惡，例如：有限的同情，傲慢，與對非自己範圍內的人們的殘忍。) 這些惡劣的品質不能在貴族德行普及的社會裏存在的。但是，貴族德行之普及，只能經由經濟的安全與閒適達成。這兩種性質是貴族社會中善的一面之兩個來源。經由機器的進步與勞工的增產，去創造一個每個男女均有經濟的安全與足够閒適的社會，在技術上畢竟是可能的。但是，政治與心理方面却有許多嚴重的阻礙。我們要創造這樣的社會有下列三個必要條件：一、勞工生產果實之更公允的分配；二、有效的避免大規模戰爭；三、人口數量的停止增加，或接近這種情形。除非我們具備這三個條件，否則，人類仍然要狂熱地利用工業制度，增加富人的財富，擴展帝國的領土，增加人口衆多的國家的人口。這些事沒有一件是對人類有些許益處的。自從第一次世界大戰爆發，尤其當我訪問蘇俄與中國以後，我關於政治、社會、問題的一切言論之主旨，就是上述的三項。

究竟說來，阻止較佳利用我們的新力量去征服自然的因素均爲心理方面的因素。因爲，政治的阻礙，具有心理的來源。顯然得很，在人人具有閒適和經濟保障的一個世界裏，必較今日生活在地球上百分之九十九的人幸福得多。爲甚麼世界上百分之九十九的人類不聯合起來，抵制那些只佔百分之一的享有特殊權利的人呢？之所以如此，一部份由於慣性的原故，一部份因爲他們極易被仇恨、恐懼、和嫉妬所左右。這麼一來，於是不僅人類未聯合一致以創造共同的幸福，反而互相競爭以製造共同的不幸。被統治的人民當中的此種競爭，對於權力的把持者是極爲有用的。所以，他們藉着「愛國主義」這個美名，在學校裏及出版界將這種競爭加以熱烈的鼓勵。結果，人性最惡的因素，被人用人爲的方法加以「發揚」，並用種種方法阻止經由合作而達到幸福之路。

因此，一種急切的教育改革，是創造較佳世界之最基本的開端。沒有這個開端，一個幸福的世界，假若可以創造的話，只是更迅速地變得悲慘而已。因爲每一個國家都要將自己的幸福建築在他國的痛苦上。在一般收容小康之家的子弟的學校裏，學生必須接受强迫的軍事教育。然而，在另一方面，這種學校却想盡種種方法忽視性教育。這就是說：任何關於創造生命的知識均視爲可憎的；而任何關於毀滅生命的知識却稱讚其爲高尚的。這是自殺的道德。我們愛好權力遠勝於豐富的人生。這麼一來，於是，如果一個人使別人不幸，而非爲他自己造福，那末我們就說他是一個精采的脚色。因此，目前的急務是使一般人對於甚麼是構成他們自身幸福的因素俱有正確的關念。傳統的道德家在宣揚「自我犧牲」時犯下了錯誤。之所以如此，係由幾個因素所致：第一、極少數人願意信奉這些敎條。第二、「自我犧牲」導使人們虛僞與自我欺騙：說服你自己需要「甲」，雖然在實際上你需要「乙」，並且你將以爲當你捨棄「甲」時，是自我犧牲。第三、即使有少數人眞正自我犧牲了，也變成自以爲正義與可羨慕的人了；並且認爲應該把那些不願犧牲的人强迫地置於不快之境。所以，道德不應一味建立在自我犧牲上；而應建立在正確的心理上。使乞丐繼續饑餓所得到的快樂，實在不如裝飽了自己的肚皮所得到的爲多。這句話不見得是一句可得讚賞的格言；但是，如果把這句平淡無奇之言加以實踐的話，那末世界就永不會再有戰爭與迫害之事了。因爲戰爭與迫害總是減少戰勝者與壓迫者的幸福，並不僅僅是被征服者與被壓迫者受禍而已。一般說來，戰爭與迫害的結果「增進」人類的貧窮；並且，在任何情形之下，均產生復仇的恐怖。

雖然，用理性的方法來追求個人的幸福，假若是普遍的話，便足够改造世界；但是，單憑這種理智的動機，好像並不能產生足够的力量。博愛、慷慨、與創造的快樂等，都能發生重大的作用。現在，擺在我們面前的，並非只有一條幸福之路：政治、經濟、心理、與敎育，應該分頭並進。這些因素中之任一，如無其他因素來幫助，不能產生偉大的與穩固的進步。因此，狹隘的專門思想，不能構成有助於我們這個時代的哲學。這種哲學必須包括全部人類與所有的科學——歐洲人、亞洲人、與美洲人；物理學、生物學、與心理學。此種工作幾乎非常人所能勝任。作者所希望的，只是喚醒一些人的注意，並指出解決問題的方向而已。

星加坡航訊・六月二十日

東南亞聯防公約軍事會議在星開幕

荀詩

東南亞防衛公約國家，於六月十一日上午，假星加坡三巴旺海軍基地，舉行第三屆軍事參謀設計會議，到有英、美、法、菲、泰、巴、澳、紐等八國，代表團人員及觀察員一百五十餘人。這個會議是繼續上兩次在碧瑤及珍珠港所召開之籌備會議的一個決定性的集會。會議自六月十一日起一連七天，至十七日爲止。大會的主席由英駐遠東陸軍總司令部參謀長波一中將主持，英國代表團人數最爲龐大，正式代表團團員共計二十人，觀察人員尚不在內。從六月十二日起至十七日止爲軍事秘密會議，新聞記者不能參加。但大會發言人戈登海軍上校稱：這是一個決定性的會議。我們稱它爲「高潮」(Climax)，這一次會議完畢後，是說明東南亞聯防軍隊的行動，已能統一，不再是一頭「沒有牙齒」的老虎了。

開幕禮舉行時，場外飄揚八個國家的國旗，先到達會場者爲英國軍事代表團及英駐遠東陸軍總司令盧文上將，每隔五分鐘，即有一國代表團進入會場，繼者爲澳洲，法國，紐西蘭，巴基斯坦，菲列濱及美國。泰國代表團較爲遲到，但在開幕典禮舉行時，亦已趕到。各國軍事代表團團長聯同檢閱海，陸，空三軍儀隊畢，即開始舉行會議。首由英駐遠東陸軍總司令盧文上將致開幕詞。

盧氏在其演說詞中指出：「我們在東南亞公約機構軍事方面的工作，就是集體防衛，隨時準備在必要時，採取聯合行動，共同保證，和能够堅決表示在這個地區任何方面的武裝侵略，必將遭受失敗，在這個防衛之下，我們亟欲各有關國家，爲本國人民福利，同時也爲各公約國共同利益着想，能够自由發展他們自己的生活方式。

「對於這個集體防衛的系統建立，所遭受到的不利批評，乃在所不免。這類不利的批評計有二點：(一)有人說集體建立我們的力量，實際上就是一個侵略性的聯盟，足以威脅和平。(二)也有人說『東南亞聯防公約機構是沒有牙齒的』，因此，在軍事上是虛弱無能。反對我們建立集體防衛實力有進展的人，曾以這兩種見解來反對東南亞聯防公約。

「對於這兩種反對意見，我們不需要用特別的智慧來指出他們的錯誤。東南亞公約機構決不能够在軍事上無能，而同時又可以對公約國區的鄰國構成侵略的威脅。在兩個極端的觀點之間，必有眞理。我認爲東南亞公約機構在軍事上並非無能，同時對任何方面也不是一個威脅，它是爲了保障自由而籌設，倘使我們各盡本職，我們的機構必產生很大的效用。東南亞公約機構的敵人所採取的另一條攻擊路線，就是它發展得太慢，而且沒有成就。爲了答覆這種攻擊，我相信在座各位與我本人都希望見到這個公約的各方面，包括軍事與民政，都能儘速發展，這裏有許多工作留待我們去做，並且實在需要一切工作人員貢獻所有力量，計劃和知識，以迫切的感覺來應付未來的工作。

「我們必須同時防止一旦工作成績未如理想，因而失望。我有時候感覺到困擾，就是有很多人希望太多和太快，憑我自己的生活經驗，我認爲多數有價值的事情，都是從苦幹與長期忍耐的努力中而達成的。在這次會議開幕中，我提出的是一般的工作，而不是特殊性的工作，因爲你們和我都知道這些特殊性工作的內容及重要……希望加緊團結，謀求軍令統一，行動迅速……此爲當前緊急之事」。

盧氏演說完畢後，菲列濱軍事代表團團長葛樂滋准將稱：「……本會議所造成之親善友誼，及坦白之交換意見，使東南亞防衛公約更爲生氣勃勃，此爲吾人舉行第三次之軍事設計會議，故東南亞防衛公約，均願密切合作，以對付侵略，使防衛公約成爲一有效之組織。吾人居住在此有被侵略之區域中，對于吾人之生活方式，實受到莫大之威脅，吾人所受到之威脅，在技術上各有不同，就所受威脅之目的則一。……吾人謀致集體防衛，乃是維護吾人自己。」

美國軍事代表團團長季威德准將稱：「余同意各代表之致詞外，並認爲此次會議要討論者，較過去兩次會議，更爲重要。故余誠懇希望在吾人此次會議中，吾人可以互相明瞭彼此之觀點，以吾人過去所得之經驗，無論是一個國家或國際之間，設不團結，常不能到達一致之意見。所以以美國之立場言，諸君如有更具體之意見及辦法，吾人可以改變過去一貫之主張。」

泰國軍事代表團團長拉斯美少將稱：「自去年五月吾人在碧瑤舉行會議後，吾人彼此已有相當之認識。此種友誼將永久繼續下去。吾人所作之設計及準備，對於防衛公約各國之安全問題，已有相當之保障，在吾人設計方面，現已達到第二階段之重要性，同時今後下去技術上將更形複雜。然以吾人一致團結之精神，當必能達到偉大之成功，而吾人最驕傲者，今天東南亞地區之和平，較諸以往已有更多之保障。在泰國立場言，泰國決不惜人力物力，全力支持這個偉大的組織。」

紐西蘭軍事代表團團長陶遜中校稱：「在紐西蘭之吾人，承認東南亞聯防公約，對於吾人及東南亞各會員國均極重要，紐西蘭爲一小國，需要集體之防衛，以增加吾人之實力，所以吾人對於東南亞聯防公約，將再度表示吾人之擁護，此次會議中所討論

(下接第23頁)

星加坡航訊・七月十四日

星加坡的工商貿易考察團

劉　中

星加坡赴中國大陸及日本的工商貿易考察團，醞釀了已經近一個多月，現在總算完成了。這個貿易考察團的動機，說起來還是前任首席部長馬紹爾所發起的。馬紹爾這個人完全是一個標準的投機份子，他自從到英國去作獨立談判失敗後，回來星加坡態度大異。他眼見英國人不捧他，於是轉過臉來，討好中共，過去他罵過中共，現在他口口聲聲說：「我去中國，要學習他們的經驗，中國是我們偉大的鄰邦」。他過去罵星加坡華僑學生左傾，現在贊成華僑應得公民權。他在臺上的時候，中華總商會收到北平方面的邀請，請商會組織一個觀光團回去，這是今年二三月的事，該會向馬紹爾請求，馬說：等倫敦獨立談判回來再說。英倫談判失敗後，他立刻主張組織工商考察團去大陸觀光。

馬紹爾這種做法完全是要討好當地的華人，其主要目的，乃在下屆選舉，他頗希望捲土重來。星加坡華人佔百份之八十五，華人的選票更是決定勝負的主要因素。他這一種作法顯然是投機。今天馬紹爾在星加坡的政治聲望，已經是一落千丈了。

他回來以後，在政治上失望之餘，乃與其老友葉平玉商量組織這個考察團。葉平玉是立法議會下貿易諮詢委員會主席，論身份與地位可以出來周旋一番。但他是土生華僑，頭腦簡單，不能分別是非與利害，易於被人利用，因此他以諮詢人的身份，出來作負責組織的人。在六月三十日中華總商會舉行月會，討論商會是否要派代表參加這個考察團，當時委員莊惠泉即指責他諮詢委員會主席不能作實際行動，葉在會上曾經憤而表示辭職，但經特別董事陳六使及會長陳錫九調解後，方平息此一場紛爭。陳六使復公開在會上贊揚葉中玉。洪永安亦强調：在商言商，必需派代表參加該團，因此才選出高德根，葉中玉，莊惠泉，藍天四人爲商會之正式代表。今天在星加坡已經沒有中國總領事館之設置，商會是中英絕交後華人最高之機關，大家一看這種最高機關也派出了代表，於是華人社團羣起響應，結果代表各業者計五十一之多，（名單見後），可鑒其影響力之大了。

考察團會在七月十二日在星加坡吾盧俱樂部舉行了一次會議，通過了考察團章程及團員公約。章程中規定此次去大陸商談貿易分為六個小組，計①樹膠組，②土產組，③布疋新貨組，④建築材料及五金組，⑤食品組，⑥運輸保險組。團員公約中在第二條內規定：本團之宗旨純為促進星加坡貿易繁榮，團員決不容有政治色彩或藉考察工作，進行政治活動，或發表牽涉政治性之言論。

這個考察團，據被選為該團秘書長之葉中玉向記者稱：此次是抱很大的希望去中國大陸的。他估計，如果貿易談成，星加坡可與中共每年交易叻幣五億元之生意。他說這個數字是比較保守的。

考察團一行人員，已經規定凡是去日本的應該在七月三十日在東京會集，彼等擬在日本作十至十四天之逗留。凡是去中共者必須在八月十二日至十三日，在香港集會，然後經廣州赴北平。他們擬在大陸上逗留六週。此間中國銀行居間替他們聯絡，據悉中國銀行方面亦將派員沿途照料。考察團擬訪問閩，粵，京，滬，平津及東北九省等地。

考察團的一行人員，其中不少是沒有政治背景，他們大半是老實商人，希望做生意，混飯吃。但其中也有是以前民主同盟的人物。他們不但左傾，而且在星加坡就有政治言行，貿易考察團本身是沒有政治色彩的，但這批人難望他們不作政治活動。這是一個很大的難題。

華人中申請的計五十一人，印人四人。已全由移民廳在七月十日下午四時批准。至於歐人，巫人則尚待審核中。據記者從接近官方人士之透露，移民廳接得此次申請，曾請示政務部長顧德，因為團體太大了，移民廳長不能作主。顧德認為完全可以批准，因為一切後果要看他們回星後再說。至於新聞記者想隨團訪問，政府曾非正式表示不希望記者隨行，但葉中玉會面懇首席部長林有福，希望他放寬，林仍未同意。

根據現在一般的觀察，不論考察團此行在商務上是否有所成就，星加坡政府目前正擔心兩件事情。第一，現在正傳說，由於促進星華間之正常貿易，中共方面，可能通過馬紹爾及考察團，下壓力給星加坡政府，准他派一個商務代表常川駐星，辦理雙方有關之貿易。這位商務代表，名義上雖非領事，而所做的事等於領事的工作。這個要求將使星加坡英國當局處於進退兩難的地位。第二，一般認為即使中共不派商務代表來此，它可能要求星加坡也准許他派一個貿易考察團，到星加坡考察考察。這個，在外交互惠和友好上，星加坡也不能拒絕的。而且，馬紹爾是當今勞工陣線主席，立法議會勞陣還是佔最大多數，這時他會在議會中向英國人用壓力，給英國人看看顏色，意思是：「你不給我獨立，我會同共產黨做朋友，使你拿我沒有辦法。」

英國人僅得這一點，因此代表英國非官方的報紙，英文海峽時報，不斷大罵馬紹爾，而且公開在社評中指出：「馬紹爾如今你下臺了，你去中國僅僅是一個平民的身份，你已經喪失了代表星加坡的資格，你不再是首席部長了，請你不要自我陶醉你還能代表星加坡一切，你與中共之會談，只能說是代表你自己的……」。由此可見，英國人已經把他的「把戲」叫穿了。這一次最熱中於派考察團前往中國者，乃是一批樹膠商，因為星馬兩地政府當局在六月四日發表樹膠解凍令後，直到現在中共連一批生意都未做成。於是許多膠商都非常着急，似乎惶惶不可終日。大膠商如陳六使，高德根及樹膠公會，樹膠裝配商公會都一致贊成，派一個考察團前往中國，試採試探。於是他們與馬紹爾，兩者之間一拍卽合。

至於馬來亞聯合邦方面，因見星加坡派出一個考察團，深怕生意要給星加坡搶去，因此也非常熱中於組織一個訪問中共工商業考察團。但他們還未成熟，可以說仍在籌備階段。最起勁於這個考察團的乃是馬來亞種植人協會主席顏德堯及膠商代表陳修信(按陳爲現任馬華公會秘書長，陳禎祿爵士之長子。陳爵士本人爲馬華公會會長)。其他比較熱心的，計有馬來聯邦西商會代表哈西及戈敦，印商聯會代表鄔巴杜拉，馬來商聯會代表拿督惹轄惹及馬勿，檳城樹膠公會陳文炳，葉夙慕，吡叻許錦亮，森美蘭顏啓明，陳有定，及雪蘭莪州李延年與李文理等人。

聯合邦政府當局對於這個考察團，和星加坡政府的態度，略有不同。第一，聯合邦首席部長東姑·押都拉曼宣稱：這個考察團，完全是個私人的組織，與政府毫無關係。政府僅願協助彼等取得回馬之簽證。第二，關於此次考察團團員之年齡，政府當局規定在四十歲以下者不發回馬簽證，凡欲持有回馬簽證之華人，其年齡必需在四十歲以上。因爲聯合邦正在剿共，雅勿欲使青年華人進入中國大陸後，重行返馬。第三，星加坡的貿易考察團頗希望與聯合邦的考察團能在香港集合，一同進入大陸。但是，這一點聯合邦政府當局已經明白表示，不准與星加坡考察團合併在一起。聯合邦當局並未說明不准之理由。他們大約最早在九月始能成行。第四，聯合邦政府規定他們去大陸所談者全係貿易，如涉及政治，或返馬後經調查不遵此次規定者，將科之以罪。

在一般情勢上看聯邦的考察團由英人操縱，而星加坡的考察團乃由華人操縱，其間是有區別的。

星加坡方面的華人團員計有總商會的四代表：高德根，葉平玉，莊惠泉，藍天。樹膠公會：陳永和，吳水閣，陳超羣，葉怡煎，黃慶昌，周孝德，李引桐，陳求進，林繼忠，蘇根柱，符歧逢。森林商業公會何招興。華僑出入口商公會：林國仁，許鎭國，張允中，吳必昌，黃文炳，陳清吉。中華船務公會：陳東禹，陳傳海。中國綢布雜貨入口商公會：林繼民。車商公會：邱瑞頗。樹膠製造商公會：顏財源。醬園金菓香汕三郊聯合會：張壽仁。華洋百貨公會：林道榮。星緬商業公會：李瑞軒。椰乾公會：許漢國。緬商公局：郭成源。汽車電漆帆布同業公會：方燕山。五金公會：柯進來。索絡鐵器漆料公局：蘇彩軒。中醫藥提煉業促進會：林煥熙。紙品廠有限公司：陳永義。樹膠裝配商：劉毓奇，丁馬成。建築村料商公會：孫炳炎，沈兆。中國貨輸入商及總代理：黃大經，林楷，廣鷲沙籐行：黃耀富。布行商務局：陳華木。中藥出入口商公會：林應標。椰油廠公會：吳金塔。亞洲保險有限公司：黃奕歡。暹郊公會：許程材。馬紹爾私人秘書：龔萬怡。五十一家文具商代表：莊金章。印人商會代表四人計拉芝(前立法議員首席代表)，咨敏巴(副首席代表)，馬吟特(團員)，沙氏(團員)。至於歐籍團員三十七人，巫人三人尚未批准。歐商代表方面據悉：有鐵箱有限公司總經理葉羅，亨利華有限公司代表。同時北婆羅洲立法議員兼大膠商李道生亦申請加入云。

至於考察團全體職員，已於十二日選定，計團長高德根，副團長陳永和(歐，印，巫籍副團長人選未定)，秘書長葉中玉。總務(正)陳永進，(副)李引桐。財政：(正)許鎭國，(副)陳超羣。六個貿易小組之正副組長計一、樹膠組：蘇根柱，劉毓奇。二、土產組：吳必昌，許漢國。三、布疋新貨組：林繼民，陳華木。四、建築材料及五金組：孫炳炎，蘇彩軒。五、食品組：林楷，張壽仁。六、運輸保險組：張允中，邱瑞頗。

(上接第21頁)

者皆是具體問題，已進入集體防衛之本身問題，吾人希望在此和諧空氣及友善精神中，促成會議之實際成就，使東南亞公約發揮眞正力量。」

巴基斯坦軍事代表團團長華基哈特准將稱：「……吾人將可能使東南聯防公約組織成爲謀致和平之一有效機構，吾人維護公約國之和平及安全，將阻止無論來自何方之侵略。吾人在此方面之進展，已使吾人有相當之保障，吾人此次之會議，必能以過去和諧之精神，加以討論，使本會議有所成就。巴基斯坦政府願動用全國力量，貢獻於這個機構。」

澳法兩國之軍事代表團團長威爾頓准將(澳)及馬申尼上校(法海軍)也作上述相同之演說。澳代表方面，則主張重實際，因過去理論方面的東西談得太多了。

六月十一日的會議，只是一個開幕式，以供各國新聞記者採訪，僅是一個官樣文章的場面。據可靠消息從十二日起十四日一連三天是正式討論的階段，這是一個軍事會議。三天舉會時，會場四週完全封鎖，甚至會議中的廢紙及議程等，在每天會後，必有專人負責燒燬。但從各方面看來，此次會議中要談的是統一軍令，調遣軍旅，配合行動，……軍器等問題。

十五十六兩天各國軍事代表將分別前往星加坡及馬來亞視察各有關軍事基地。在星加坡海軍人員要視察海軍軍港設備。這是遠東最大的一個軍港。從可靠方面傳出消息，此次會議中將討論一旦戰事發生，星加坡海軍軍港乃爲公約國海軍之後方基地。星加坡將負起後方給養的責任。各國海軍艦隻屆時將集中在星加坡聽命駐守在星加坡的海軍聯合總指揮部。

至於空軍方面在星加坡有二個軍用機場，在馬來亞聯合邦有三個。這五個軍用機場都可以供巨型噴射轟炸機之昇降。這五個機場可以配合××架飛機。現在由英澳紐三國空軍使用。(其實美國空軍及法國空軍已在友誼下使用了，尤其是美國的空軍隨飛隨降，英方隨時供給氣象……)

各國軍事代表團團員及觀察員赴馬來亞聯合邦視察軍事基地之便，復將由聯邦剿匪總指揮部至森林內××地區，實地視察剿匪之戰。順便由各代表研究一下森林地帶之作戰戰術。

此次各國代表團正式團員之人數計八十六人。(觀察員不在內)，英國二十八人，泰國次之，計十八人，菲列濱十二人，美國，法國及巴基斯坦，每團各有團員八人，澳洲七人，紐西蘭五人。大會主席設正副二人。正主席爲英國之波一中將，副主席爲英駐遠東空軍總司令部作戰處處長摩亞准將。

各國軍事代表人員皆分別由英駐遠東海，陸，空三軍總司部招待。十一日晚陸總盧文上將晚宴。八國代表每晚均有晚宴，星馬兩地政府及有關各國之外交領事官員也設宴招待。七國駐星之海，陸，空三軍武官也參加上項會議，但他們是以列席身份參予大會的。

大會在十七日下午四時閉幕。五時公約國總新聞官將發表一個統一新聞，公諸世界。

葛藤

(四續)

聶華苓

四

次日，當我醒來，陽光已洒滿了一屋，世界變得特別亮了！

「怎麼？看你這副行頭，是出遠門嗎？」陶太太在院中說話的聲音。

「小茜的病好了，我帶她先去看看她爸爸，再到新竹一個朋友那兒去住一些時。」那是白綾的聲音。

「什麼時候回來？」

「不知道。」那聲音很低沉，好像只是對自己說的，但我仍聽見了，我的聽覺對她的聲音特別敏感。

我的手正按在心上，手隨着心在顫動，陽光立刻黯澹了起來。她要走了嗎？爲什麼昨夜並未對我說起呢？我不能一日沒有她。雖然以往我也不能天天看到她，但我和她同在一個屋頂之下，共着一堵牆，我可以聽得見牆那邊她慵懶的脚步聲，和她輕微的咳嗽聲；我可以幻想她坐在窗口，靜靜的做着繡活，胸脯因爲心中壓抑的熱情而震顫；或是嬾散的躺在長沙發上，眼中噙着淚，微微的嘆息。但是現在，她走了，走到一個我完全陌生的地方，那地方與我沒有任何關連，甚至於幻想的飄渺的快樂也不可能有了。假若她是愛我的，爲什麼又要走呢？但是誰又知道呢？她什麼時候說過愛我的？不過，頭晚她將以往的一切全告訴了我，這不就證明她對我的信任與好感嗎？我爲什麼當時不對她說我愛她呢？啊！我爲什麼要想到這些呢？這一切又與我何干！我已是一個有妻兒的人，我不能再愛。我躺在床上這樣想着的時候，忽然聽見了什麼人說話的聲音，我驀地坐了起來，以爲她又回來了。但是，不是的，是陶太太和倒豬水女人說話的聲音，我不禁在心裏罵：討厭的女人，她永遠是喋喋不休的！我的頭熱烘烘的，十分沉重，我不知道是否還有力量再起來。不知什麼時候我又昏昏睡去，冥冥中，看見白綾站在一隻船的甲板上，海和天都是陰鬱的灰藍色，我在岸上聲嘶力竭的喚着漸行漸遠的白綾，踉蹌的追至陸地盡頭。海風吹起了她的紗巾，她嘲弄的笑着對我說道：「你是什麼人？你麼？你有了妻子，有了孩子，還要想得到我的愛嗎？」那譏諷而美麗的笑臉在霧中消失了。我彷彿脫離了軀殼，突然感到身子像一片羽毛一樣的輕捷，輕輕飄起，我咬緊牙向高處飛去，我要飛到海角天涯去追尋她。但我飛不動，我用盡了全身的力氣，揑緊了拳頭，瘋狂的在空中揮動，我要粉碎一切阻礙我的力量，但四週只是黑暗與虛無，我仍滯留在空中。突然，我發現遠遠的山巔上有一個熟悉的身影，頻頻向我招手，她的耳墜在灰藍的天幕上娉娉的搖擺。我兩腿使勁一蹬，想一下就蹬到那山巔之上，但我却跌回了地面，正落在另一個人面前，她兩隻手在腰間一叉，輕蔑的對我說道：「我全知道了，你還想逃到那裏？」我痛苦的蒙着臉，她走近來要拉開我的手，我大聲咆哮：「不要再逼我了，我受不了啦！我受不了啦！……」

醒來時，我彷彿還聽見了自己的喊聲，發現自己還在這間斗室之中，才輕吁了一口氣，坐起來喝了一杯冷開水。我要抓住一點什麼，好像一個掉到海中的人，拼命要抓住一塊木板。於是我提起了筆給素芳寫信：「我不能一刻沒有你，等我們有了房子之後，我再也不離開你了！」那天我去學校上課時便去總務處催房子，總務主任說學校現正籌欵蓋新房子，大約要半年以後才可以蓋得好。其實，我目前這間房雖小，只有四個半榻榻米，但兩個大人和一個小孩，一定要擠，也可以擠下去的，假若要和妻兒聚在一起，不讀書不寫作又算什麼？何必一定要等學校的房子呢？但不知是一種什麼潛意識在作祟，我不願素芳住到那小院裏來，不願她來踏破了我那一塊聖地。

我沒有病，但打不起精神來，全身輭弱無力，我向學校請了幾天假，整日躺在那斗室之中。我要遠離人羣，我要孤獨。一天晚上，陶氏夫婦到我房中來，陶太太遞給我一封素芳的信。

「怎麼？病了嗎？你眼中全是紅絲。」陶太太含有深意的笑令我有點窘。

「沒有什麼，只是有點不舒服。」我摸摸自已的頭，藉以蔽掩我的眼睛，不願碰上他們在我身上搜索的目光。

「孫先生，你太太爲什麼不來臺北住？」陶太太的眼睛仍盯在我臉上。

「等學校蓋好了房子就來。」我遞給了陶耀中一支煙，並爲他燃上，吹熄了火柴，又拿起素芳的信看一看，我不願靜止下來，我需要一連串的動作。

「孫先生，我看你太太也不要等房子了，馬上來吧，你們這樣兩頭吊着也不是回事，你好像心事重重，是不是想太太？」

我低頭折素芳的信，心裏想：多嘴的女人！你永遠要賣弄自己的聰明，尤其是不肯輕易放過你認爲神秘的事。

「我看是有點不對了，老孫，我是個直腸子，不會轉彎抹角說話，你是不是對隔壁那一位——」陶耀中壓低了聲音，把嘴湊到我耳邊，眼睛斜睨着牆。

「不要大驚小怪的，人家早不在家了！」陶太太笑着說。

「不在家了？我也鬧不清，反正她在家也是沒聲沒氣的，和沒有人一樣，喂，到底怎麼一回事？」陶耀中拍着我的肩。

「我不知道應該怎麼說，我只曉得我需要安靜。」我這樣回答。

「我看，老孫，你是有點危險了，嗯——，一個人到了中年就想來點新刺激了，這也難怪，這是人性。」陶耀中兩手叉在胸前，一面說一面點頭，然後猛然拍一下我的肩說道：「老孫，這都是靈感呀！可以寫進你小說裏去的好句子呀！」

陶太太收斂了笑容。

「什麼人性不人性，你們男的就會爲自己找藉口。」

「是，是，算我說錯了。」陶耀中掛着一臉的笑對太太說，然後又轉過頭來一本正經的對我說道：「說實話，她也怪可憐的，一個人孤苦伶仃的，帶着一個孩子。」

「那才怪，無論怎樣可憐，一個女人的德行總是第二生命。孫先生，我心直口快，你是掉到陷穽裏去啦！」

我再也不能忍耐了，用盡了全身的氣力叫道：「我不承認那是陷穽，我只覺得幸福！」但我馬上蒙住了嘴，低聲說道：「謝謝你們，你們提醒了我，我們都是結了婚的人，不能再糊塗了。」

我感到一陣昏眩，往床上一倒，一隻飛蛾正繞着那熾熱的燈光飛舞。

白綾已經走了幾天，我無論如何也不能恢復昔日的平靜生活，那種痛苦而又甜蜜的心情，凡是眞正愛過的人都會知道，沒有那種經驗的人是不會懂的。我只是癱瘓在床上，什麼事也不想做，一躺就是幾個鐘頭，天花板上，牆上，窗玻璃上，全閃動着白綾憂鬱的笑。我的剃鬍刀已蒙上了厚厚的一層灰，自從白綾走後，就沒動用過它。我將寫好的稿子全撕了，那些東西在當時的我看來實在無聊。她爲我縫過鈕子的那件襯衣仍放在枕邊，那兒印有她杏仁形的指痕，她豐潤的嘴唇就曾貼在那兒咬斷了縫線。那嘴唇，正如同哥德所說的：「它們好像專誠張開來吸收樂器中發出的悅耳聲，再從她可愛的櫻口中，囘應出美善的聲浪。」我抱着那件襯衣，撫摸着那顆神奇的鈕子，嘴微張着，彷彿在等待什麼。我將頭埋在衣中，嗅着、吻着、低喚着她的名字，我的心因滿漲的愛情而顫抖！

她走後的第七天晚上（我記得淸淸楚楚，多難熬的七天啊），我正躺在床上輾轉不能入眠，忽聽見隔壁開門鎖的聲音，就喀噹那麼一下，幸福便像無數隻數不清的小靈精，全張開奇麗的翅膀向我飛來了。我由床上一躍而起，屏住了呼吸，傾聽牆那邊的動靜：拖鞋上疲倦的脚步，椅子的挪動，輕輕的咳嗽，全是些可愛的小聲音！我又倒在床上，我要睡眠，安靜而恬適的睡眠！我從未那樣酣睡過，那簡直是混沌而原始的睡眠。

當我聽見了第一聲鳥叫，便跳起來了！我首先洗了一個冷水浴，感覺自己十分强壯，彎着肘臂，試試臂上的筋肉鼓得多高。剃鬍刀生銹了，我使勁將它扔到牆外，由抽屜中拿出了另外一把新的，那是一個朋友新近送給我的。多溫暖的友情啊！我吹着口哨，小鳥應和着我的口哨叫。新刀太快，我用力太猛，在臉上刮破了一個口，還流了一點血，我用手輕輕拭去了，對鏡聳肩笑了笑，自己覺得那笑又年青又瀟洒，多少年前師友在紀念冊上題的讚語全想起來了。我很餓，去路口小吃店吃了一頓豐盛的早餐。早晨的空氣清新而純淨，樹枝上飄浮着薄薄的霧，我又愛上了自然，停步向郊野走去，初昇的太陽照耀着引我前進的砂礫小徑，兩脚踏在沾有露珠的草葉上，沁涼的。

我走回那籬笆小門時，便發現白綾躺在園內一張躺椅上，她的背正朝着我，帶着晨起的慵倦，一隻手搭在胸上，另一隻手拿着一條白手絹，搭在一邊。她並沒囘頭看我，但她手中的白手絹却輕輕落在地上了！我恍恍惚惚的走近她身邊。她沒有說話，一閉上眼，眼淚就淌滿了一臉。我俯身挨着她說：

「白綾，白綾，我怕你不囘來了！」

「我原也這麼想，但我畢竟囘來了！」

「爲什麼呢？你好殘酷！白綾，你瘦了！」

自那以後的一段日子是我生命中最綺麗的時光。我以前也曾戀愛過，但只有這一次我是傾全靈魂愛的。我雖有時也感到矛盾的痛苦，但心裏的矛盾越來越多，也就不願去想了。現在當我執筆之時，我的心雖然痛苦，但比起那一段燦爛美妙的日子，這痛苦又算什麼？世界上只有傾心愛過而也被愛過的人是最不應該怨天尤人的，因爲他已愛過，已經被愛過，他就有福了，而那些沒有嚐過眞正的愛情滋味的人才是最悲慘的人。寫到這裏，我的心也變得寧靜了，否則，我不知是否還有足够的心力繼續寫下去。

五

以下是我與白綾相愛那段期間所寫的日記，我只是將有關她的部份摘錄了下來：

四十三年十一月三日

今夜的月特別美，月並不圓，也不亮，周圍有一圈薄薄的雲翳。小茜睡覺之後，我和白綾散步到水塘邊。那兒很荒涼，只有一棵盤根大樹，但無論什麼單調的景物在我們眼中自有它美麗之處。我們坐在樹根上，看石縫的小花，和圍繞我們飛舞的彩色小蝶。有一個時候我們俯身在地上找小花蛇，看水塘中悠遊的藍色小魚。樹枝上盤着脈落一樣的蛛網，燈心草柔順的貼在水塘邊。這些常見的小事物都很容易使我們感動。我在她耳邊輕輕說道：

「白綾，你快樂嗎？」

「別作聲，我怕把它驚走了！」

那時正有一隻小白兎跑來我們脚下，小紅眼珠向我們一溜一溜的轉動。白綾說話的聲音十分低微，我不知她怕驚走的到底是那隻慧黠的小白兎，還是我們的快樂。

微風顫動，水塘邊的小野花紛紛飄落水面，白綾對我說道：

「你看，水上那朶小白花好美！」

我彎下身隨手拈來一朶給她。她用那潤濕的花瓣輕撫着她的眼簾，微闔着眼說道：

「你看這兒是不是很好？我說的沒錯吧！」

「眞的很好。白綾，我奇怪爲何有些很美妙的事物我以前沒發現。」

月光下，她的臉明亮而睿智，微笑着用那朶小白花揉她的臉。

「你常來這兒嗎？」我問道。

「嗯。我一落空就來這兒，有時帶着小茜來。這些農家起初對我這個孤獨的客人感到很好奇，常有人走過來用懷疑的眼光看我，後來我來的次數多了，他們也不覺奇怪了，有時還走過來和我搭訕幾句。」

她彎着身子，將手放在水中，不勝依戀的輕輕拍着水，月光像一襲輕紗似的罩着她，水珠濺在她臉上，在紗裏閃光。她的眼睛是含笑的。她一面拍水一面說：

「我不知爲什麼如此愛水，一見水，我就情不自禁的要去摸摸它，你不信試一試，把眼睛閉上，彎下身子，讓水波接觸你的眼皮，那種感覺眞會叫你醉了！」

水塘邊的泥又鬆又滑，她的一隻脚已半陷在泥中。我拉着她一隻手說道：

「小心，別滑下水裏去了，我可不會游泳。」

她笑笑：

「不會的，我這麼愛水，水不會現在把我拉去的。它知道我還沒活够，現在我才知道生命原來是如此莊嚴美麗。」

忽然一陣鳥叫由樹上洒下，月光中的鳥聲特別清亮，白綾抬起頭看樹上。

「人都說臺灣鳥不語，花不香，怎麼今天的鳥叫得這樣好聽!?」

她的眼由樹梢移到我的臉上，月亮正被一片浮雲蔽住了，她的眼，和她的耳環一樣，在黑暗中閃光。我也受了那熱情鳥聲的感染，心中洶湧着新奇而强烈的情緒，像酒槽中流溢的醇酒。一種神秘的歡樂，在我們四週飄浮。我再也不猶豫了，將她擁在懷中，吻着她的唇，她的額，她的眼，喃喃的說：

「白綾，白綾，我愛你愛得發狂了！」

「煥之，我快樂得只想哭，這眞像一場夢，我不敢相信眞實有這樣美，女孩時代我就做過這樣的夢。」她將臉貼在我胸前，「一見到你，我就整個兒亂了，我知道你是有妻室的人，而我也是一個有夫之婦，我們不應該這樣，我曾幾次逃避你，但我畢竟辦不到。」她抬起了頭，淚眼涞濛的說道：

「煥之，你說，你說，我們怎麼辦呢？」

我將她擁得更緊，怕她像那隻小白兎一樣，一霎眼就溜掉了。

「我沒想到這些，我只知愛你，其他一切我都管不了了！」

「但是事情總得有個結果。」

「讓一切順乎自然吧！有什麼結果讓它自己來好了。白綾，我眞恨不得宇宙從此無變化，一切事物都停留在這一瞬間的狀態上。」

「那不可能的。你太太遲早會來的，小茜的爸爸也總有一天會出來。我眞不曉得到那時侯我們怎麼辦？。」她沉默了半晌，突然說道：「你說，我們的愛是有罪的嗎？」

「不，白綾，我要說千萬遍的不，愛的本身永遠是聖潔的。」

月光朦朧中，我們發現水塘的那一面有一羣人在蠕動，夾雜着哭聲與叫喊聲，岸上有幾支燈光在水面掃射，偶而掠過我們這邊，將我們的眼也掠花了。白綾由我懷中坐起，眼角掛着淚，微啓着嘴。警車帶着尖銳的哨聲由我們身後疾駛而過。

「怕嗎？」我問她。

「不，有點冷。」

我脫下了毛衣，搭在她身上，我觸着了她的手，冰涼的。

「唉，又結束了一條命！爲什麼剛剛碰上我們在這裏就發生這樣的事呢？」白綾轉過頭對我說道。

我沒說話，只是將她的手握得緊緊的，我要使她由那噩夢中回醒。對岸的嘈雜聲漸漸消沉下去了，哭聲却越來越清晰了，好像是一個老婦人的哭聲：

「我的兒，你丢得你的老娘好苦呀！」

「回家去吧！」白綾對我說，聲音是暗啞的。

歸途中，我滿心悒鬱。我們沒說一句話，像兩個幽靈一樣，迷漠的在那淸冷的月光中走着。

十一月五日

人們正鬧疏散，怕匪機來轟炸，人心惶惶不安，同事們都在談論着如何去鄉下找房子，但也止於談論而已，房租太高，沒有一個人租得起。

由學校回來後去看白綾，我站在她窗外，兩手抄在褲袋裏。她正在房內插花，那麼專心，竟沒有注意到我的到來。她插好後，退後了一步，偏着頭，睇着眼看花。她今天有一種煥發的美，穿着一件藍布衫，領口別着一個象牙扣花。她穿上什麼衣服在我眼中都是美的，但不像這樣深深滲入了我的靈魂。她看着花，我看着她。我輕咳了一聲，她戰抖了一下，她總是那樣神經質，好像是戒備着什麼侵害她的力量。

「你嚇了我一跳。你看，我的花插得好麼？」

我向房內走去，說道：

「凡是與你的手接觸過的東西，對於我都是美好的。看你這付悠閒樣子，令人不敢相信外面的世界是那樣亂哄哄的。」

她好像沒有聽見我的話，一面整理花束，一面說道：

「插花對於我也是一種享受，有時我一個人會插上一兩個鐘頭的花，甚麼都忘記了。」她由花束中間抽出了一朵小紅花，將莖折斷了一小截，然後綴在瓶口的一朵黃花和一朵白花旁邊。「你看，這一朵小花插在這兒怎麼樣？」

我偏着頭一看，說道：

「眞是，這樣一來，整束的花就顯得更出色了！」

「插花也是一種藝術啊！」她這句話的尾音拖的又高又長，我發覺凡是她心情好的時候常有這樣的尾音，特別甜美。

「眞是一種巧妙的藝術，我想插花大概和寫小說一樣的，是一個活的有機體，即令是一小朵花安排得不適當，也會破壞了整個的美。」我這樣說。

不知從什麼時候起，白綾的房中已不復是昔日凌亂的樣子了。牆上多了一張金框的聖母像；窗帷與桌布全是新換的，淺綠的底子襯着一朵朵小白玫瑰；牆壁剝落的地方，都巧妙的用照片或是飾物蔽掩住了；桌上一隻景泰藍的花瓶，插着鮮花，陽光照耀在瓶上，反射出絢爛的光彩。我的愛已使她對生命的熱情復燃了！白綾坐在椅子上，突然對我說道：

「你剛才說什麼亂哄哄的？」

「外面的人在鬧疏散，都去鄉間找房子。」

「我是不走的，你看這間房多好！」她一隻手向旁一攤，然後對我說道：「煥之，我現在不再希望什麼，我有了現有的一切，已經很富有了。」

「你難道眞滿足了嗎？」

「假若一切沒有變化，我們能永遠這樣生活下去，不也很幸福嗎？」

「但我可不能滿足於這種把握不住的幸福。我要你，整個兒的。」

「你以為幸福可以把握嗎？我認為對於幸福的想望，比幸福本身還令人幸福，因為幸福一到手，人就不會感到幸福了。」

她幽悄的說着，那聲音像詩。但這些話並沒深入我的心，我只是看着那俊俏的嘴唇的翕動，看着那一對眸子中光與影的變化。我走到她身邊，俯身逼視着她說道：

「你這個迷人的小精靈，我可沒有你那樣超脫。」

她好像忽然想起了什麼，由椅中站起說道：

「你等一等，我給你看一樣東西。」

她跑進內房，拿出了一個古銅雕花煙盤。

「你喜不喜歡？」

「好極了！細緻得很。」我一面把玩那精巧的煙盤，一面說：「送給我的嗎？」

她笑着點點頭，然後接過煙盤往小几上一放，頭一偏，又是她慣有的那一付嬌媚的獨斷神情，對我說道：

「但是不准拿出這間屋子！」

我在几旁坐下，伸直了兩腿，頭向後靠在椅背上，燃起了一支煙，煙霧裊裊中，我感覺我會一輩子這樣幸福。

十一月八日

她聽說我愛吃木瓜，特為我做了一大罐木瓜醬，味道非常好。奇怪得很，我現在對一切的事物，縱令是一草一木，都有一種特別新鮮的感覺，彷彿以往的日子我都在昏睡的狀態中，只到現在，我才醒過來，而且突然增加了無限的智慧。

素芳來信了，怨我的信太少。這些日子，我什麼也不願去想，也無暇去想，一切與白綾無關的思慮我都拋開了！

十一月十日

萬物都沾染了我們的愛，牆角的小花，石縫的野草，彷彿都變成了愛的化身。我開始以憐憫的眼光看這世界，甚至於人們的冷漠與輕蔑，我也不以為意了。今天陪白綾去教堂做禮拜。陶耀中夫婦也去做禮拜，陶太太本與白綾坐在一張椅上，但她一發現白綾也在那兒，便馬上換到前排去了。白綾轉過頭來看了看我，便又低頭祈禱。我原是個無宗教信仰的人，但當我看見白綾低頭喃喃禱告的時候，剛才陶太太那一臉鄙夷的神色我完全忘記了，突然感到心中有了神的存在，靈魂也被提高了，我不禁跪下和她同聲祈禱，心中對萬物充滿了感激，感激得幾乎落淚。

十一月十三日

我已經許久不提筆了，寫作是清醒人的事，而我却是醉着的。

今天摘了三朵手植的白玫瑰送給白綾，她將花插在瓶中對我說道：

「上次你送我的那朵紅玫瑰還留着呢！」

她走進內房，拿出一本書，是「卑微的人」，她一面翻書一面走出房外，然後將打開的書向我面前一攤說道：

「喏，你看，那朵花還夾在這裏！」

花已經枯萎了，顏色也變得深黯了，有一片花瓣已經脫落，但白綾却說道：

「這朵花多美，像血染過的！」

收音機播送着「藍色的多瑙河」，小茜和着音樂的節拍跳舞，她隨意舞着，沒有一定的步法，但她的動作有一種優美的旋律，一顰一笑都揉和着音樂。白綾低聲對我說：

「你看那小妮子！煥之，一個女人能做母親實在太美妙了！」

十一月十七日

今晚我和她在燈下共同讀着「少年維特之煩惱」，維特說：「威廉，沒有愛情的世界於我們的心有何用喲！」當我們讀到這一句時，我們的手便緊握在一起了，她悄悄說道：

「煥之，一個人遲早會碰到他所愛的人。」

「而愛來的越遲，也就越强烈。」我這樣回答。

十一月十九日

今天正當我在白綾房中時，小茜遞給我一封信，我接過一看，是素芳的信，便忙亂地將信塞在衣袋中。

「是她來的信嗎？」白綾的眼睛望着窗外說。

「誰？」昏亂中我竟不知如何作答。

「你的……」她低下了頭，玩弄着一條手絹，將那手絹疊得小得不能再小了，便又放開來。

「是的。來，白綾，我們玩點什麼玩意吧！」我將她由椅上拉起。

我們都極力想使空氣輕鬆，我們玩着撲克牌，笑着，談着。但不知為什麼，空氣中像攙雜了點什麼異樣的東西，我們都像在戒備着什麼。我不敢看她，也不敢碰她一下，我的腿在桌子底下擦了一下她的腿，我像觸電一樣急忙縮回了。她一人玩着卜卦的遊戲，我坐在她側邊，看着她纖美的手指熟稔的將牌三張一翻三張一翻的放在桌上。紅心象徵愛情，黑桃象徵事業，梅花象徵煩惱，方塊象徵財富。她方塊那一項的總分最多，有三十三分，紅心的總分最少，只有四分。她繼續熱切的翻着牌，好像這一局牌眞會決定她的命運一樣。她一連翻了幾張都是方塊，我笑着說：

「你是這世界上最富的人！」

她兩眼仍凝視着牌，用手指着紅心說道：

「若沒有這一項，我還是個窮人，我願以所有的方塊換它。」然後她將牌伸到我面前說道：「喏，你替我翻一次，我沒有勇氣再翻下去了！」

我接過牌來。她却像孩子要大人變魔術時的神態一樣虔誠，將眼閉上了，希望一睜開眼魔術師就會變出了奇蹟。我翻了三張一看，是一個梅花九，於是我靈巧的將第二張紅心十換了上來，將牌放在桌上用力一拍叫道：

「你看！」

白綾睜開了眼，發現了那張紅心十，高興的搖撼着我說道：

「我害怕得閉上了眼，我心裏想，假若又不是紅心，我這一生就完了！」她拉着了我的手：「你看，我的心還在跳！」然後她收起牌說道：「我不甘心，我要重來一次，我要最多的紅心！」

她嚴肅的洗着牌，好像是不敢冒犯她命運的主宰，她將牌沉重的一張張放在桌上，順着次序，整整齊齊的，摸了又摸。那肅穆的氣氛也影響了我，心中泛起了一種莫名的憂鬱，感覺命運的巨掌隨時籠罩着我們的存在。白綾臉上的陰影越來越暗了，牌來得很糟。我拿出了一枝烟，當我轉身找打火機時，只聽見嘩啦一聲，我轉過頭來一看，原來白綾將牌全扔到窗外去了。她沮喪的用兩肘支着下頷說道：

「一張紅心也沒有！唉！人生就是如此，要得到的得不到，不要的却送上門來！」

我將烟扔了，走到她身邊，將她的頭按在我胸前，不知道說什麼才好。

十一月二十三日

素芳來信說孩子患感冒，我對孩子感到一種說不出的歉疚，好像是我害他生病似的，我將所有的錢全寄回家去，再三囑咐素芳好好照顧孩子。

白綾送了我一條領帶，深紅色的，正好配我那套灰藍西裝，我從未配戴過紅色領帶，我喜歡素淨的顏色，但因為這領帶是白綾送我的，就覺得這種顏色與我十分調和，甚至驚奇自己以前為何那樣老氣，我還很年青呢！

今天去白綾房中，她正伏在桌上寫什麼，我走近一看，發現一張紙上寫滿了「煥之」與「白綾」，我問她道：

「你在想什麼？」

「什麼也沒想，我只是喜歡看到我們倆的名字連在一起。」

我俯身握着她拿筆的那隻手說道：

「來，我教你寫個字。」

我在「白綾」那個名字上加上了個「孫」字並且笑着說：

「這樣不是成為一體了嗎？」

她忽然嚴肅起來：

「不，這個姓永遠不能和這個名字連在一起的，已經太晚了！」

我常常要逗她快樂，但結果總是使她更憂鬱，我的心也因此黯淡起來。屋外傳來花生小販的叫賣聲，窗外幾片稀疏的芙蓉樹葉單調的搖曳着。

「我們何必想得那樣遠呢？人生幾何，在一塊時何必總鬧得不高興呢？來，今天我來燒幾樣小菜給你吃。」白綾拉着我的手說。

我在廚房給她幫忙，為她洗菜洗碗。她胸前罩着一條淡藍圍裙，兩個小口袋繡着白色菊花，她低頭切菜，眼睛一眨一眨的，睫毛在臉上投下的陰影也一閃一閃的。我忽然想起素芳在廚房所穿的那件空蕩蕩的藍布大褂，想起她蓬着頭，敞着衣領，拿着一把破紙扇扇火的神情。我從未為素芳在廚房中幫過忙，我厭煩那些生活瑣事。但今天和白綾在一起，這些討厭的瑣事也變得如此甜蜜，我倒願和她在那充滿煤氣油味的廚房裏守一輩子。

小茜放學的時候到了，白綾忙着做飯，我去幼稚園接小茜。她一看見我，就高興的向我身上撲來，一面和她的小朋友說再見，邀她們去她家門前的大水溝撇石子。

有生以來，這是我最愉快的一次晚餐，我們還喝了一點烏梅酒。白綾為我夾菜，為孩子夾菜。她笑我食量大，說我吃飯的樣子一點也不像我平時那樣斯文，我在她耳邊輕聲說道：

「和你在一起我就餓了！」

小茜問我說了什麼，一定要我告訴她，我塞了一塊豬肝在她嘴裏，對她說道：

「別作聲，快吃飯，明天星期天帶你去動物園玩！」

孩子安靜了。

「你一定是個好爸爸！」白綾笑着說。

她額上的髮影令我心醉。(待續)

「落月」後記

彭歌

「落月」是去年寫完的一部東西，在「自由中國」上發表完畢，現在要印單行本了，編者問我是否有甚麼意見要說不；始而覺得無話可說，可是，再一想，確也有些附帶的補充說明，可以就便提出來報告的。

先說我寫「落月」的動機，那是非常偶然的：有天晚上，獨個兒在家裏聽收音機，恰好是一段平劇錄音節目，不但唱念清晰，敲打齊全，連觀衆喝采和咳嗽的聲音都聽得很清楚。聽了一會兒，我忽發奇想，如果我自己會是劇中人，現在來聽這一段廣播，當有甚麼感想呢？進而我把這個第一身的「我」轉化為第三身的「她」，首先有了下面這一段的幻想：

『……她的心境很蒼涼，聽着那曾經是自己的而又已經不是自己的盪氣廻腸的歌聲，她簡直要羨慕起「昨日之我」來了。再加上那曾經是爲自己而現，在並不是爲自己而發來的喝采聲，她苦笑着，閉上了眼睛，摸索着把收音機關掉了……』

這一個念頭，自己覺得挺得意，於是便在枕上胡思亂想了半晚上，居然就有了一個故事的輪廓。初稿大約在去年七八月間寫好的，我自己也記不清那一段時間何以能有如此大的衝勁。可是寫得快就不免粗濫，幸而事後有好幾位朋友替我細心地看過、改過、批評過，這一段討論和批評的時間，差不多倒有四五個月。以後輪到我自己再修改。有的部份確曾三易其稿；結尾的兩三章，差不多都是躲在木柵鄉下熬夜工重新寫過的。有時改得很懊惱，曾經想：「落月」之後，甚麼也不願再寫了。我本來就是一個筆下極遲鈍的人，這樣修修改改，差不多到今年春天才算定了稿。

說到內容，在最初幾節發表的時候，有些朋友問我：「你是不是在寫×××？」這把我弄得很窘。×××是臺灣的名伶，近年才退休的。但我和她祇不過見過一兩次，對她的身世毫無所知，不可能也無必要以之來做爲我故事中的人物。所好者，全文發表之後，那些朋友們也相信了我的說法：「你原來眞的不是在寫她。」

也許我的讀者之中還有存着這種誤會的，所以我很願意有這個機會再解釋一下。我堅信莫泊桑的話最有道理：一個作者，在寫作範圍之內，應該有絕對的自由。他可以自由地想像，自由地表現。想像力如果受到約束，那就根本不容易寫出東西來了。所以，「落月」中的人物，也正如別的小說中的人物一樣，她是許多印象的集錦，再加上想像的產物，而並非某一個特定人物的剪影。

「落月」如果說還有一點特點的話，也許就是故事中關於平劇的介紹了。我之所以這樣做，其道理有二：第一、平劇是一種大衆化的藝術；雖然現在有日漸衰徵之勢，但仍然是爲很多人欣賞，可以使人「動感情」的。它仍然是最足以代表我們的風土文化的一種藝術形式，它的普遍性和潛在的教化力量都是不容輕估的。第二、我自己對於平劇曾經愛好過一陣子，很小的時候，我就是一個小戲迷。十多年前，我家住在北平西長安街，有兩家第一流的戲院，新新和長安，都在這條街上，我大約每星期總有兩天晚上是跟着家人去聽戲。家裏各種平劇唱片大約也有幾百張；生活在這種環境中，雖然還遠不夠談懂戲，但至少可以說是喜歡戲，也聽了不少的戲。把熟悉的平劇引入小說中，這也算是我自己的一種嘗試。

許多朋友——尤其有些本來不懂平劇，甚至討厭平劇的人——都認爲我這一嘗試很不壞。還有一位海外的朋友來信更說：我讀了「落月」最初的幾章，竟引起了他的故土之思，終日悵然。

我不認這個嘗試的本身有甚麼「道理」，而我重視它所給予我的教訓。那就是說：在小說的寫作中，選擇一個熟悉的題材，的確比較容易顯得有「實感」，有味道。這是許多大作家們說過多少次的話，這一次我才認眞地相信此說確實是大有道理。

在近代生活中滿懷失望的人說：人，不過孤獨地「生存」在一個上帝已死去的世界裏。人和人的行爲，都沒有半點兒價值。他們說：人越瞭解自己，越認識自己，就會變得越壞。人之所以能活下去，就是要活着接受最壞的生活——因爲這個世界太壞了。

而這和人類以往抱着無窮希望的心情，是南轅北轍的。十八世紀的人們，確信人性善良，人力萬能，認爲從桎梏中解脫出來的人是永無止境地走向一個較好的更好的世界；甚至於他們敢於說人類就可以創造天堂。他們不會想像得到，在今天多少具有理性的人都變成了失望的人的情景。

我承認我對於人生是有某種程度的悲觀；但還不是灰色的絕望的悲觀。我深喜彌琪朗基羅的一句話：「人生就是無盡的痛苦與犧牲。」我把它奉爲座右銘已有多年了。我肯定了人生的不美滿，而且還可能是永遠的不能美滿；因此我寫下了許多人生的悲劇。但是，我並不認爲人就該在這壞世界裏接受最壞的生活。人，還應該有更高一層的境界。

像羅素和湯因比之流的思想家，都認爲救今日之世者惟有宗教；我愧非任何一種宗教的信徒，但我也相信能夠使人類從憂患重重之中能脫出來的，惟有那種「天人合一」的感情，那就是愛，純潔無私的愛。

愛，是人性中最精華的部份；惟有愛，才可以使痛苦成爲溫柔，使犧牲成爲榮耀，使平凡而多難的人生，也充滿了燦爛光華。

巴爾札克有一句話最說中了我的心坎：「愛也是一種宗教；但是，信奉它比信奉任何一種宗教爲高。」其實，擴而大之，愛上帝豈不也是一種愛？眞的，一樣的受苦，我們寧願爲愛而受苦；祇有這樣的痛苦是有所寄託的，是可以忍受的。

而這種想法，我已把它引注於「落月」中了，如果我表現得不夠，那麼，我現在又笨拙地把它再說一遍。

這也就是我爲甚麼在「月亮從顫抖着的芭蕉葉上滑落」以後，猶熱切地期待着第二個「明天」。「落月」不是一個結束，人生永遠不會悄然結束，祇有我們對它永遠具有廣博無涯的希望和愛心。

我所歌頌的，就是這種愛；同時，還有藝術生命的不朽。

最後，我要向每一位鼓勵我、指教我的朋友致謝；若沒有他們的熱心策勉，「落月」之完成幾乎是不可思議的。

四十五年七月廿六日

讀者投書

應該加强我們的外交活動

易健吾

最近兩個月裏，筆者曾參加過兩次很有意義的歡迎外國友人的茶會，一次是歡迎澳洲廣播評論家潘南惕斯先生，另一次歡迎的是西德漢學家施唐格教授。

筆者所說的很有意義，並不是因爲被歡迎的是兩個外國人而感到光彩，實是在這兩次茶會中，從外國友人的嘴上，得到了兩句「不吐不快」的逆耳忠言。記得潘南惕斯先生在歡迎茶會上發表談話時，剛轉入談話的主題就說：「自由中國在各方面的努力，確實值得敬佩，但是在國際間並不十分了解。」施唐格教授則在結束他的談話時說：「臺灣政治經濟各面亐的進步情形，德國人是不大清楚的。」爲什麼會有這樣的結果呢？據潘南惕斯先生的意見，認爲是中國的宣傳不大受人注意的緣故。

潘南惕斯先生的說法，雖然未必就絕對正確，但是近年來，我們的外交活動或對外宣傳，應該澈底作一次檢討，似乎是十分必要。尤其是從今年開始，國際間的變化，益趨複雜陰險，同時，我們所受到的現實刺激，也應該可以使我們從大夢中覺醒才對。

譬如最近立法院長張道藩先生的訪日活動，雖然得到日本官方的殷勤招待，但是日本新聞界所表現的冷淡態度，不能不說是給自由中國訪日團一種變相的難堪；譬如埃及這次承認共匪僞政權，我們的駐外人員事先竟茫然無知，這種尷尬的場面，在國際活動上，也不能不說是一樁非常「那個」的事；再譬如近年來有許多國際間的活動與集會，共產匪黨竟然以代表中國人民的姿態被人邀請參加，這把眞正代表中國人民的自由中國置於何地呢？這種種事實，我們是不應充耳不聞的。

當然，我們也可以列擧我國在外交上的勝利事實，譬如否決外蒙古進入聯合國，譬如歷次瓦解俄帝在各種國際會議上剔除中國代表資格的陰謀，譬如這次國際反集中營委員會對共匪的譴責等等，都可說是我們在外交上的很大成就。但是這些成就，實是我們外交上應有的成就，我們絕不能以此而感到滿足。說句良心話，今天我們要求生存，就必須反攻大陸，要反攻大陸，在這世界安危的總體裏，我們就必須爭取更大更多的同情與黨助。這個道理，差不多人皆能言，但是事實上所表現的，我們不但沒有做到，甚至與要求還差得太遠。不然像潘南惕斯和施唐格等外國友人，絕不會在歡迎茶會上，那樣不客氣的指出我國對外宣傳沒有發生多大作用的話來。面對現實，我們再不能自我陶醉，更不能再自我欣賞了。

檢討我國的外交活動與對外宣傳，首先，我們應該澈底清除「辦洋務」的因循政策，與所謂「正統外交」的重點主義。不可否認，我們的對外宣傳在這雙重政策的鉗制下，漸漸地忘記了宣傳的普遍性，同時，重點主義也並沒有達到深入宣傳的效果。在這種不健全的情況下發展，我們的國際活動，自然就只有一天一天的孤單，這如何會引起國際間對我們的重視呢？所以爲了適應反攻復國的要求，我們一定要放棄過去「辦洋務」的作風與重點主義。我們不但與大國要有外交，我們與小國也同樣要有外交，不但政府與政府間要有外交，國民與國民間也同樣要有外交。

其次，我們應該改正過去我們對外交活動的一個錯誤觀念，認爲「弱國無外交」，因此推而至於「弱國無宣傳」，這是絕對錯誤的思想，我們今後要加强外交活動，應該把這個觀念除去。我們不但要相信「弱國有外交」，而且要相信「弱國更需要外交」，同樣，也要相信：「弱國有宣傳」，而且「弱國更需要宣傳」。這種說法，並不是理論，而是有事實根據。就以共匪近年來的對外活動來說吧！匪僞政權於三十八年成立後，除了共產集團和小數媚俄國家相繼承認外，世界上的其他國家，不是根本對它毫無所知，就是把它視如蛇蝎。可是經過共匪幾年來的瞎吹瞎撞，和再三碰壁後，到了今天，公然有許多國家漸漸跟它眉來眼去的勾勾搭搭。就以今年爲例，共匪應邀出去活動的所謂「訪問團」，或「代表團」，算到五月中，已多至二十四個以上，訪問對象，幾乎包括了歐亞所有的主要國家。至於歐亞各國組團去匪區訪問的，算到五月中，也多到二十五個以上。而這些數字裏，還沒有包括蘇俄集團間的相互訪問。我們從這活的事實來看，我們能相信「弱國無外交」嗎？

再次，我們在對外活動上，往往不能把握時機。辦事效率濶迂低劣，是我國政治上的一個致命的瘤，這在國內辦事，也許關係較少，但是這種顢頇的作風，用在對外活動上，眞是捉襟見肘，失敗立見。記得今年三月三十日，潘南惕斯先生在歡迎他的茶會上，曾呼籲加强中澳兩國的友誼，並且希望中澳兩國人士應互組訪問團相互訪問，這個建議，當時曾得與會人士的熱烈鼓掌支持。但是不知什麼緣故，這個建議却遲遲不見實現，而共產匪黨竟先下手爲强，反以最快捷的手續，邀請由澳大利亞澳中協會會長奎帆・費茲吉拉德爲首的澳大利亞文化代表團，在五月四日進入匪區訪問去了。從這件事情的發生，豈只是一種諷刺！所以，今後我們如何把握時機，也是值得研究的。

再其次，在我們加强對外活動上，我們要取締一些動機不純正的活動。外滙固然要花，但是若果花在私人的遊樂或謀求不正當的利益上，非但與國家無益，並且還可以由此斷送國運。我們一定得認識，我們的國民外交，一定是文化的、精神的、政治的、或是經濟的聯繫與意見的交換和溝通，絕不是送汽車車掌留學，或到外國去考察洋房設備一類的玩意。

總之，我們要談反攻大陸，就不能忘記宣傳戰的功用。我們要求贏得這場聖戰的勝利，我們一定放棄過去在對外活動上所表現的作風與作法。我們不僅要注重政府的外交，而且更要注意國民的外交；我們不僅在對外活動的次數要加多，而且要做得好，做得其時。最後，筆者再要重提一句：「弱國有外交，而且更需要外交；弱國有宣傳，而且更需要宣傳。」

給讀者的報告

本刊最近幾期連續爲文討論我外交問題，因爲我們認爲如果我們要想反攻復國，除了在內政方面來個徹頭徹尾的大改革外，還必須加緊外交工作。在本期社論(一)中，我們認爲現階段的外交目標應該是締結中韓越三國軍事同盟。在未達到此一目標之前，應該先成立一個聯合參謀部，其次，三國首長每半年舉行一次最高層會議。對於外交問題，除社論(一)之外，我們又發表一篇讀者投書「應該加强我們的外交活動」，這篇投書對於我當今的外交工作有許多很好的建議，可供我外交當局參考。

本期社論(二)是論述解決我經濟問題的關鍵之所在，我們認爲，若要解決全盤的經濟問題，必須首先解決財政問題。至於財政問題，力求收支平衡應是當前唯一的要務，如何才能收支平衡呢？我們認爲在目前的狀況下，節流是剩下來唯一可行的辦法。因爲對於歷年預算決算情形，不得詳知，我們無法具體指出那一些項目的支出可以減削。我們只能指出政府開支可以減削；在不致損害戰鬪實力的條件下，軍費開支可以分別輕重而從事撙節。關於財經問題，除社論(二)外，我們又登出白瑜先生的「論新所得稅法」，該文敍述實行新所得稅法所引起的種種問題，希望我財政當局予以考慮。

由於牛哥事件，又一次的文淸運動正在醞釀之中，在社論(三)中，我們表示贊成這個運動的動機，但我們要特別提出：必須先有了足够的文藝自由，才能產生優秀的作品；必須提高作品的品質，才能獲致文化的淸潔。

伴耘先生在「徬徨歧途的美國外交」一文中，對於蘇俄和平攻勢在國際上所發生的影響，對於「中立國」的心理狀態，都有獨到的看法。他在文中一再指出，蘇俄近來的作風，是蘇俄想成功之前不得不冒險的作風，現在由波蘭的罷工運動以及東歐附庸諸國的不安狀態觀之，可證明伴耘先生所料不差。該文希望美國人面對共匪這一轉變，要檢討自己的對策，要針對共匪的策略而決定一個新的策略，以免中了敵人之計—和平共存。讀者讀這篇文章時必須了解一點：就是這篇文章含有對蘇俄新貌挑釁的意味。

佛洛伊德是一位揭露了人性之謎的大思想家，在我們當今的社會中，在人的生活中，在文藝、繪畫、音樂、戲劇等各方面，都或多或少，間接的或直接的受着佛洛依德學說的影響，東方既白先生在「佛洛伊德學說的背景與其影響」一文中，對於佛洛伊德的學說有扼要的介紹。這篇文章寄來已久，因爲連期稿擠，延至本期刊出，謹向作者致歉。

「羅素自述」是羅素自述其思想的演變，以及他對於現代世界若干主要問題的看法。羅素對於當今的世界有兩個看法特別值得在這裏强調的：一、他認爲在現代世界中，任何違反科學的措施，都沒有獲得最後成功的機會；二、他又認爲，被統治的人，由於人的慣性、仇恨、恐懼、和嫉妬這些人性中最惡的因素作祟，因而在他們自己之中互相競爭，這對於享有特殊權力的少數統治者是極爲有用的。

自由中國 半月刊 第十五卷第三期 總第一六二號

中華民國四十五年八月一日出版

發行人
兼主編 『自由中國』編輯委員會

出版者 自由中國社

社址：臺北市和平東路二段十八巷一號

電話：二八五七〇

自由中國　第十五卷　第三期　內政部雜誌登記證內警臺誌字第三八二號　臺灣省雜誌事業協會會員　五〇〇

本刊經中華郵政登記認爲第一類新聞紙類　臺灣郵政管理局新聞紙類登記執照第五九七號　臺灣郵政劃撥儲金帳戶第八一三九號（每份臺幣四元，美金三角）

自由中國

FREE CHINA

第十五卷第四期

要目

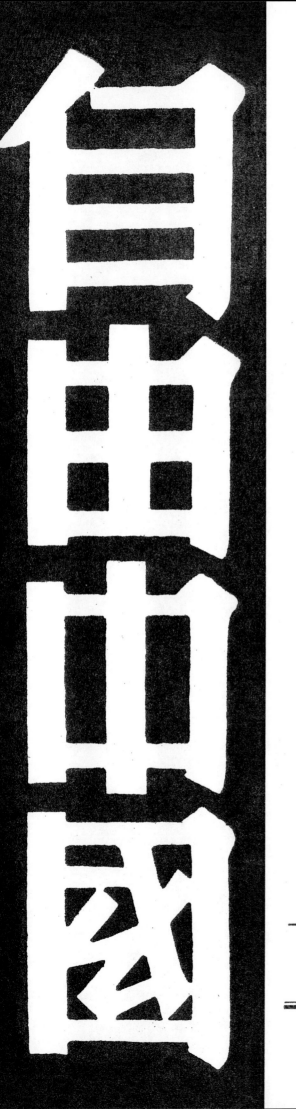

中華民國四十五年八月十六日出版
社址：臺北市和平東路二段十八巷一號

半月大事記

七月二十五日（星期三）

美國國會對援外撥款法案，獲致折衷協議，通過卅七億六千六百餘萬元，決禁止對南國一切軍援。

以阿邊境續起衝突，約但擊落以機一架。

美參院軍委會通過軍事建設授權法案，以廿一億美元從事各項工程。

七月二十六日（星期四）

埃及宣佈攫奪蘇彝士運河管理權，報復美英撤銷阿斯萬水壩援助。

七月二十七日（星期五）

英法對埃及攫佔蘇彝士運河提出抗議。艾登與美法兩使節緊急會商。埃與英法關係面臨危機。

埃總統納塞宣稱，接收蘇彝士軍事事，不容國際團體過問。

七月二十八日（星期六）

基隆外港四大工程舉行落成典禮。

埃及悍然拒絕接受英法兩國所提抗議。

英下令凍結埃及在英存款財產。

七月二十九日（星期日）

美英法緊急會商如何應付蘇彝士運河危機。

蘇彝士運河地區情勢緊張，俄製驅逐艦已駐塞得港，沿河埃軍進入警戒狀態。

七月卅日（星期一）

美英法三國會議發表聲明，確保航行自由。英法主張成立運河國際管制委員會，要求美國同意採强硬對付手段。

艾登向下院宣稱，英國作戰物資停止運往埃及。

埃輸出貿易禁止用英幣，對運河通行費，拒收英支票。

七月卅一日（星期二）

美海軍上將雷德福來華訪問。

美英法三國同意向埃警告，不得干擾運河交通。

英下令在運河兩面採取海軍行動。

共匪佔緬境若干據點，曾與緬軍衝突。美注視匪軍侵緬事，正待駐緬使館報告。

日俄恢復談判，重光堅持索還領土，謝波洛夫表示不再讓步。

八月一日（星期三）

艾登通知杜勒斯，為應付蘇彝士運河危機，英法準備使用武力。英已下令三軍作最大應戰準備。

杜勒斯與艾登會議，美支持英堅定措施，但對使用武力，則持保留態度。

艾森豪簽署美援外撥款案，總額為卅七億六千餘萬。

埃保證遵守條約義務，維持運河交通。

美英法同意召開運河國際會議，並同意邀俄埃參加討論。

八月二日（星期日）

納塞作强硬表示決保衛蘇彝士運河。

美英法邀請廿四國商談共管蘇彝士運河，在建立共管辦法前，由英保持水道開放。

八月三日（星期五）

法議會通過譴責納塞。

緬與匪軍在緬東北部一度激戰。匪已在緬建永久性工事，並在滇省趕築通緬公路。

蘇俄悍然拒絕日本所提索回領土要求。

杜勒斯向全美廣播，運河情勢面臨危機，表示主張國際管理而無需訴諸武力，任何計劃應保護埃及合法權益，並謂美國並未作使用武力的「任何承諾」。

俄報評論日俄和談，認已完全陷入僵局。

美財部下令放寬對埃及貿易限制，但並未解凍埃在美財產。

八月五日（星期日）

埃拒國際管制運河，準備使用武力據守。

『自由中國』的宗旨

第一、我們要向全國國民宣傳自由與民主的真實價值，並且要督促政府（各級的政府），切實改革政治經濟，努力建立自由民主的社會。

第二、我們要支持並督促政府用種種力量抵抗共產黨鐵幕之下剝奪一切自由的極權政治，不讓他擴張他的勢力範圍。

第三、我們要盡我們的努力，援助淪陷區域的同胞，幫助他們早日恢復自由。

第四、我們的最後目標是要使整個中華民國成為自由的中國。

八月六日（星期一）

美助理國務卿希爾發表演說，表示對於反對匪入聯合一事，美國朝野立場一致。

英兩航艦駛地中海，傘兵一旅隨艦出發。美軍艦十一艘自義駛地中海。

埃與俄商軍事計劃，武裝部隊完成動員。

伊拉克支持埃及，阿拉伯各國為埃幫腔。

八月七日（星期二）

艾森豪再函布加寧，促俄同意開放天空，拒絕俄所提削減兵員建議。

埃會商運河情勢，考慮提安理會，認為英法行動威脅世界和平。英拒絕聯合國採取行動。

重光葵在俄京會晤謝彼洛夫，加速和約談判進行。

美國務院再度聲明，不准美記者訪匪區。

八月八日（星期三）

英聲明對運河爭執，願以和平方式解決，保證倫敦會議不討論使用武力。

美已限制對埃援助，開始削減重要運輸，繼續運送涉及農業項目。

厄瓜多爾西部，駐軍發生叛變，馬納必省陷於混亂。

八月九日（星期四）

埃表示攫奪運河初衷不變，拒絕國際管理運河。

俄接倫敦會邀請，但提阿拉伯國與會，並要求更改會議時間與地點。

八月十日（星期五）

英拒絕俄所提倫敦會議延期要求，不論蘇俄埃及參加與否，決定如期舉行。

美向倫敦會建議，設置國際機構經營管制運河。

俄拒日領土要求，日俄和談暫停。

社論

(一) 我們應該怎樣來反共

世界的反共運動發展到了現階段，自由世界的政治家應該能够看出一個重大的問題：反共國家在內政上是否必須與國際間的反共政策一致？就事實的需要來說，對于這個問題的答案必須是肯定的。這也就是說，反共的國家不僅在國際關係上必須與自由民主的國家站在一邊，而且在內政上也必須是自由民主的。不然，反共運動得不到實質的收獲。國際關係之離合是表面的，浮邊的，最不可靠。到形勢改變之時，所用金錢和技術援助，將付諸東流。南斯拉夫的改變是最顯著的例證。

從表面看來，在反共陣營裏，很少有人口頭反對民主自由的。但是，在事實上，有些標榜反共的人將反共與民主視為不相容的兩件事。照他們看來，目前最重要的課題是反共。既然反共，大家就得規規矩矩，不許亂說亂動。自由民主的事，現在慢提。這樣一來，在事實上自由民主的發展就受到嚴重的妨害。

在妨害自由民主的同時，他們怎樣反共呢？他們有一項中心主張，就是以其人之道還治其人之身；『用共產黨的方法反共』。他們說，我們不能因敵人做什麼我們就不做什麼。他們認為只要收效，敵人怎樣做，我們也可如法炮製。例如，共黨講組織，我們就應該以組織對組織；共黨講訓練，我們就應該以訓練對訓練；共黨拿機槍大炮打人，我們就要拿機槍大炮來還敬。他們認為「只有」這樣，反共才有成功的希望。

幸喜得很，全世界反共人士中抱持這見解並且依照這見解而行的並不多。假定多的話，那末世界反共事業的意義和價值將被勾消得一乾二淨了。以為非用共產黨的方法不足以反共，這種想法十足表示創造力之枯竭。這且不論。我們現在所要考慮的是這種見解以及依之而行的可能後果是什麼。

共產黨之所以為共產黨，並不是因為他挂了一塊招牌『共產黨』三個字，也不一定是純政治權力推移的問題。共產黨之所以為共產黨，就在它與一般民主政黨截然不同的作風和性格。它的那一套作風和性格所給予每一個人的實際影響和眞正滋味，與民主政黨所給予每一個人者之不同，是非常顯著的事實。『服堯之服，行堯之行，斯堯矣。』假定全世界的反共人士都染上了共產黨的性格，而且都採取了共產黨的作風，那末，在實際上——不是在名義上，世界反共陣線與共產陣線即令依然非常明顯，也不過淪為一場毫無原則的權力鬪爭而已。

共黨侈言『組織』。民主國家未嘗不講組織。但是，二者組織的目標與原則大不相同，不可混為一談。民主國家是為了人而講組織。人是目的；組織是手段。因此，民主的組織，既不在人之下，又不在人之上，而是在人之間，共黨則是在一開始即為權力而講組織。於是，組織是目的，人是手段。所以，組織高高在上。組織可以要你生；也可以要你死。民主國家的組織是為了每一組成分子共同的目標；因此，在組織之時，不用說些玄虛誇大的言詞來騙人。共黨的組織是為了一黨的私利；因此，在組織之時，常需說行馬列主義之類的空洞言詞來驅策人衆。這兩種組織是名同而實異的。

民主國家未嘗不講訓練。民主國家之所以講訓練，主要是為了特定的技術目的。至於受訓練者的政治立場如何，思想如何，言論如何，則認係私人之事，概不過問。更沒有要把人訓練成何人何黨的私有工具之事。共黨訓練的目標根本在政治。照共黨的邏輯看來，人間的一切必須從屬於共政治。在共黨統治之下，人要活下去，必須受共政治的洗禮。這種政治的洗禮就是訓練。共產黨佔有了你的身體還不滿足。他還要把他的神經部隊開進你的神經中樞：洗掉你原有的思想，再裝進他在政治上所需要你有的那種人生觀和世界觀，好讓他在每一個人的大腦裏發號施令。這個樣子的所謂訓練，豈可與民主國家的訓練同日而語！

共產黨的特徵，不在用機槍大炮打人。全世界的人打仗都是要用機槍大炮的。共產黨的特徵在他們那種與衆不同的心理狀態。他們具有十足的『絕對精神』。因此，他們自認為係眞理的準繩：一切眞理都在我這一邊。是我黨羽，有百是而無一非。非我黨羽，有百非而無一是。看着別人的思想言論與我的尺寸稍有不合便眼紅，必欲消滅之而後快。古往今來，最澈底的宗教迫害，不過如此。在國際間有這樣的組織存在，那裏會得安寧！在一個國家內部有這類的組織存在，怎會不弄得人人神經緊張！

根據上面的分析，假定今日從事反共的民主國家都染上了共產黨的性格，都採用了共產黨的方法來反共，那末其所產生的實際的具體結果為如何，我們便不難想像了。假定有了那些具體的結果的話，那末，最低限度，今日反共的民主國家賴以反共的理由會被自己的實際行動抵銷得乾乾淨淨。到那時候，如果世界尙有戰爭，那末便是純暴力的比賽。純暴力的比賽，只有乞憐於純物理的力量。乞憐於純物理的力量時，任何一方面只有拜倒於洲際飛彈，核子武器，氫彈，鈷彈之下，從事毫無意義的互相毀滅。試閉目靜思，那還成個什麼世界！

『事有必至，理有固然』。假若世界反共的國家都染上了共產黨的性格，都用共產黨的方法來反共，那末就會演出上述的光景。所以，反共人士萬不可飲鴆止渴拿共產黨的方法來反共。這個道理並不難懂。但是，仍有少數人昧於此理，實在可惜。之所以如此，原因當然很複雜，而最主要的原因則是眼前的一點現實的利害關係。復次，就隨聲附和者來說，當着他們認爲現實的權利發展的方向係一既定之數而無可移易之時，他們只好調整自己的思想角度甚至於情緒以與之適應。這樣一來，他們便覺自身安全，便覺自己的活動有了充足的理由，且潛藏心靈深處的人格分裂之苦痛可以解慰於一時。此乃這一時代若干知識分子遭逢的厄運所形成的病癥。此一病癥，流行已數十年之久，不過於今爲烈罷了。

精神剛健的反共人士是不會被這種流行症所感染的。我們認爲際此時日，無論就國際大勢看或是就國內人心的背向看，只有實行民主才是反共的光明大道。此外都是飲鴆止渴。此外都是旁門左道。

反共比救洪水還嚴重。我們得拿出眞本領來；我們得拿出眞貨色來。自我恭維，無損於共黨之毫末。鋪張粉飾，並不能增加眞實的力量。今日之事，亟宜團結海內外的力量，悉力以赴。但是，團結問題，也談了幾年，似乎離題日遠，流產而爲名人回國觀光。回國觀光的新聞價值多於實際價值。團結問題爲什麼離題日遠呢？基本的癥結在不肯犧牲排場。在不肯犧牲排場的前題之下要人團結，實際就變成要人服從。在實力所能控制的範圍以內要人服從，是可以做到一個表面文章的；在實力所能控制的範圍以外可就非常困難了。要怎樣才能眞收團結之效呢？實行民主！只有在實行民主所造成的氣氛之中，大家才能站在平等的地位上對國事自由發抒所見。只有經過這種程序所得到的『意志集中』，才是眞正出自內心的意志集中。只有出自內心的意志集中，才能發揮眞正的力量。

從抗日戰爭結束十多年來的經過觀察，我們要想維繫國族命脈並反共復國，必須埋頭做培養生機的切實工作，不可做些鋪張揚厲華而不實的事。做鋪張揚厲華而不實的事，固然可以自我陶醉於一時，但却離題日遠：眞正反共的志士決不爲也。在一切政治方式之中，民主是最能培養生機的運作方式。假定一個社會的每一層面和每一個人都不能自發自動有所作爲，而事無大小，一切都得靠領導，一切都得依照命令而行，且個人的時間和精力必須用于曲折穿越層層規格的限制，那末這個社會便完全成了統治欲的發洩對象。從某一個角度看來，這樣的社會對于想以自己的意志或好惡支配一切者而言確可稱心如意。然而，在這稱心如意的表面之背後的，却是一套沒有生機的命令機器。命令猶如單程行車，沒有交互作用的：命令只能由上而下，不能由下而上。這樣的一副機器是沒有自動調節作用的。機器出了故障不能自行修理。社會出了弊病不能自行改正，直到耗竭爲止。這個樣子的社會不可能發生什麼動力。不能發生動力的社會是什麼任務也負不起的。解救這一沉疴之最有效的藥劑就是實行民主。唯有實行民主才能使一個銷沉的社會自動恢復它的活力。有了這種自發的活力，然後培養生機才成爲可能。

有些人之所以熱中『用共產黨的方法反共』，除了基于一己利害的打算和囿於見聞及拗於心理的反射習慣以外，係被共黨方法所收之速效所吸引。然而，這些人士却不明瞭這種速效是完全經不起考驗的。這種方法所收的速效要能保持，最重要的先決條件是保持純軍事武裝力量和其他特殊力量。假定人衆暴露在這些力量以外的話，那末水落石出，所謂速效便會立刻消失。我們必須明瞭，在高度控制之下的社會是對赤色勢力毫無社會性的抗毒素之社會。這種情形與抗生素針打多了的人，一旦沒有抗生素，病人對細菌便失去抵抗力相似。

不僅如此，可能的情形比這還糟。我們試加比較的研究就可明瞭這個道理。對于民主社會的生活毫無虛心體驗的人，不能想像民主自由的社會生活方式對于共產黨的統治方式之抗力有多廣大。世世代代生活在民主自由社會裏的人，他們從來不曉得接受一黨專政乃一應然之事，他們從未養成視政治當權人物爲司命的主宰之心理習慣，他們從來沒有認爲人只可信仰一種政治上的主義，他們從來不抱逆來順受的人生態度，他們從來沒有想到遇見不合理的事要往肚裏吞，他們也從來沒有經驗過必須殺人流血才能獲致幸福。這樣的人，假若共黨向他們介紹一黨專政，要他們把政治上的一種主義視爲絕對眞理，要他們視政治當權人物爲司命的主宰，要他們抱着逆來順受的人生態度，要他們眼看不合理的事往肚裏吞，要他們聽信必須殺人流血才能獲致幸福的宣傳，那末，這簡直像把久住溫帶的人忽然送往嚴寒的北極，他們一定很不習慣，一定受一驚，一定要反抗。可是，如果一個社會裏的人根本很少民主政治生活的經驗，一打開眼睛就碰到一個強有力的黨派統治，他們被訓練得習于向權勢屈從，他們認爲人只當信仰一種政治上的主義，他們習於逆來順受，視麻煩苛刻爲故常，那末，碰到共黨那一套就不覺得生疏，就不太不習慣，就不太格格不入了。自然得很，這樣的社會，當其金甌無缺的形式未倒時看起來似乎很牢固，其實對于共黨的抗力極其脆弱。一碰到大的變動，便潰爛不可收拾。這樣的經驗教訓是夠多的了。問題只在反共者是否願意虛心正視事實。這樣一作比較，我們就可以看出，民主自由的社會對共黨之侵透具有豐富的內在抗毒素；而受統治的社會反而很少。所以，凡眞爲反共前途着想而不是爲了某種私人企圖的人，必不願飲鴆止渴拿共產黨的一套來反共而摧殘民主自由的。

在世界反共運動的途程上正橫着許許多多困難，有待我們一個一個地去克服，而在反共陣營內部，反共國家的內政必須民主化，則爲反共勢力長成的基本關鍵。這個問題不得解決，自由陣營的力量不會眞正堅强起來。所以，怎樣促使反共國家的內政民主化俾與反共的國際形勢配合一致，這是自由世界的政治家之一大課題。當然，這也是一道難題。因爲，要解決這種問題，勢必碰到各地殘存的權勢人物之花樣百出的摧抑。可是，眞有大抱負的政治家必不怕面對這個難題的。

社論

(二)建立法治

近年來我們政府的高級官員，漸漸有點怕談民主(附註)，但他們却又常常强調法治。這一現象，凡是留心觀察的人，大都可以看得出。其實，在現代的意義下，法治與民主是不可分的。强調這一個，諱言那一個，就是對兩者都沒有正確的認識。

在當局强調法治的同時，有好幾宗引人注目的案件，在司法的處理上（有的在判決上、有的在其他程序上）是與法治精神相反的。我們很高興聽到政府當局常講法治，但我們也很失望地常常看到司法案件是在違反法治。所以我們覺得這個老生常談的「法治」課題，在今天還有提出溫習之必要。

一、現代意義的法治，法的本身必須都是民選的立法機關制定的。凡是未通過立法程序的東西，不僅在名義上不能稱之為「法」，在實施上也不同於法律。這一要點，說起來很簡單，但强調法治的人們，不一定人人都懂，例如臺灣省實行三七五減租的初期，減租的依據只是臺灣省政府所「創」制的命令，並不是經過立法程序制定的法律，因之那時地主與佃農間或其他方面因減租而發生的若干糾紛，法院不能受理。當時法院方面曾因此挨過行政當局的痛駡。殊不知法院所能適用的，只限於國家立法機關依法定程序通過的法律和行政部門依法頒布的命令，三七五減租的辦法，在四十年六月以前，只是臺灣省政府自我創制的命令，並沒有法律根據，法院當然不能理睬它。然而當時的行政當局竟因此光火。這就說明有些口頭强調法治的人，對於法治的第一個要件，竟不了解。

二、司法獨立，是法治的又一要件。這一要件如不存在，根本就談不上法治。惟有司法獨立，才可做到法律之前，人人平等；惟有司法獨立，才可量刑持平，不致偏重偏輕。司法如何獨立呢？即：任何其他的權勢（至於執政黨黨部，更不待言。）不能干預司法；法官在司法過程中，唯法是守，不接受任何指示。在君主時代，固然沒有現代意義的法治，但有的時候，賢明的君主很能尊重司法權，而執法的官吏很能執法如山，不屈於權勢。漢文帝與廷尉張釋之曾留下這樣的史實。有一天，漢文帝出巡，經過中渭橋，有一人從橋下走，把皇帝坐車的馬嚇了一跳，文帝大怒，把這個人交付廷尉張釋之治罪。張釋之審訊結果，知道這個人只是過失犯，並無他意，罰欵了事。文帝認為罰輕了，大發脾氣，但這位廷尉並不因皇上的一怒而枉法，反而向文帝面爭，他說：「法者，天子所與天下公共也。今法如是，更重之，是法不信於民也。……廷尉，天下之平也。壹傾天下用法皆為之輕重，民安所措手足？唯陛下察之！」文帝想了一下，說：「廷尉當是也。」這個故事，並不同於現代意義的司法獨立，但我們在二千年後的今天，還要引用這個歷史故事來談司法獨立，這眞是我們現代中國人的恥辱。

為建立法治，除掉以上兩個要件以外，還有一個很流行的錯誤觀念必須革除。我們常常聽說，治亂世用重典，這句話好像是諸葛亮治蜀流傳下來的。其時其人，有這樣一句名言，是不足為怪的。如果我們處在現代的人還奉這句話為圭臬，那就說明我們尙不知現代意義的法治為何事。是的，在現代法治的國家，到了戰時，也有「戒嚴法」。「戒嚴法」比起一般刑法來確也嚴厲得多。但戒嚴法究竟還是經過立法程序制定的法律，在適用時也有一定的條件。至於主張亂世用重典的人，他們心中的所謂「重典」，並不是指的戒嚴法，而所謂「亂世」也沒有一個確切定義。亂世用重典的想頭，實質上是中世紀「梟首示衆」的思想殘餘，與現代的法治精神是絕不相容的。

此外，還有一個引用法律的問題。法官判刑，在法律條文規定的範圍內，本有酌量輕重之權。但案情類似的罪刑，應該引用一種法律，不可甲案適用某法，而乙案又適用另一種法。在現行的法律中，彼此出入之處甚多。統一整理，是立法機關應做的事，但法院在引用法律時，決不可因法外的原因或干涉而上下其手。

「建立法治」，可說是政府與人民的一致呼聲。可是我們用心體會，常常察覺若干政要之强調法治，只是看到法律功用的一小部份，即消極地懲治不法的人民；忽略了現代法律的最大功用，即保障人民權益，限制政府權力。這一點，也是法治前途的一大障碍。

在這幾年的官式文字和言論中，常常有人把現在的行政院稱之曰「崇法務實的」內閣。在前些時司法行政部的檢討會議上，俞院長也說到要建立司法權威。建立司法權威，也就是我們現在所說的建立法治。如何建立呢？我們試把我們所想到的這幾點寫出來，以供有關方面的切實反省。

(附註) 教育部長張其昀先生為慶祝蔣總統七十華誕，向學者名流徵求文章，以備印成慶祝專刊。青年黨陳啓天先生曾擬就「民主政治在中國固有思想（儒墨道法）中之綜合研究」一題撰文。張部長看到這個題目以後，即從電話中對陳先生說，文章裏面談民主政治可以，題目上請不要用民主政治四字。陳先生覺得原題去掉「民主政治」四字即無法着筆，現已改寫「曾國藩在中國學術思想上之地位」。

集權政府中央行政組織形態的剖析

——兼評共匪國務院組織

邱昌渭遺著

邱昌渭先生是自由中國研究政治學的權威學者，也是一個篤信民主政治的人。他早年在美國哥倫比亞大學提出的博士論文，題爲 Speaker of the House of Represatatives Since 1896，經由該大學印行作爲大學叢書出版。這一部著作的完成，不僅使他獲得博士學位的榮譽；而且此後美國的百科全書中對於美國衆議院的說明部分，也引用了邱先生的意見。由此卽可證明邱先生的治學精神，是透過深刻的思考，然後發爲獨特的見解。回國之後，歷任北京大學政治系主任及東北、清華、中央政治各大學的教授。後來雖服務政府，擔任要職，但是沒有一個時間放棄他對學問的鑽研，始終不失其作爲一個學者的風度。其平生著作已發表的有：議會制度、比較政府、美國的議會與政治制度、美國的總統、政治常識、民權初步新編等書。除此之外，還不斷的在各雜誌報章發表過許多文章。他曾爲本刊寫過好幾篇，大都是闡揚民主政治的理論，甚爲讀者所歡迎。不久以前，編者又曾向他索稿，承他於公務繁冗之中，給我們寫了「集權政府中央行政組織形態的剖析」一文，就是本期發表的這一篇。在這篇文章送來的時候，他並給編者寫了一封信。信上說：「送上拙著『集權政府中央行政組織形態的剖析』，乞指正。現在債務算淸了罷。你眞是高利貸的借主，把我逼得不敢與兄見面了！」從這封信的寥寥幾十個字中，可以看出他對本刊的愛護，百忙中仍願爲本刊撰稿；同時也可以看出他的風趣。很不幸地，這一位飽學深思之士，竟於上月廿四日上午八時，因腦溢血不治，病逝臺大醫院。對於這一個學人的萎謝，我們實感到無限的痛惜。這一篇文章是今年六月二十二日送來的，本刊因連期稿擠，延至本期才能刊出，而邱先生却已不及親見此篇著作之發表，這是我們深致遺憾的事。我們願以邱先生這篇遺作鄭重排印出來，作爲我們對邱先生的最後的敬意。上圖爲邱先生的遺照。——編者敬識

一　楔子

本年五月十四日各報載有共匪國務院裁撤重工業部，另增設十二部會的新聞，據匪方通訊社報導，其眞象是這樣：

僞全國人民代表大會常務委員會在十二日擧行了第四十次會議，會議通過了調整所屬財經部門組織機構如下：

(一)撤銷僞中華人民共和國重工業部，僞中華人民共和國第三機械工業部，僞中華人民共和國地方工業部。

(二)設立僞中華人民共和國國家經濟委員會，僞中華人民共和國國家技術委員會，僞中華人民共和國冶金工業部，僞中華人民共和國化學工業部，僞中華人民共和國建築材料工業部，僞中華人民共和國電機製造工業部，僞中華人民共和國食品工業部，僞中華人民共和國水產部，僞中華人民共和國農墾部，僞中華人民共和國森林工業部，僞中華人民共和國城市建設部，僞中華人民共和國城市服務部。

(三)撤銷僞城市建設總局，設立僞物資供應總局和專家局，直屬僞國務院，原來的專家工作局改名爲外國專家局。

由於上面這一段消息，實有使我們對於集權政府的中央行政組織形態加以剖析的必要，現在我們且以匪俄爲主要對象，從頭說來。

二　共匪國務院組織的變遷經過

民國三十八年共匪竊據大陸，成立僞中央人民政府委員會，設所謂主席一人，副主席六人，委員五十六人。在這委員會之下，設立僞政務院，作爲最高的行政機關。僞政務院由僞中央人民政府委員會任命「總理」一人，「副總理」若干人，「秘書長」一人，「政務委員」若干人組成之。僞政務院又設「政治法

律委員會」，「財政經濟委員會」，「文化教育委員會」，「人民監察委員會」和其他部、會、院、署、行共計三十個。其中「內務部」，「公安部」，「司法部」，「法制委員會」和「民族事務委員會」的工作，由「政治法律委員會」指導；「財政部」，「貿易部」，「重工業部」，「燃料工業部」，「紡織工業部」，「食品工業部」，「輕工業部」，「鐵道部」，「郵電部」，「交通部」，「農業部」，「林墾部」，「水利部」，「勞動部」，「人民銀行」和「海關總署」的工作，則由「財政經濟委員會」指導；「文化部」，「教育部」，「衛生部」，「科學院」，「新聞總署」和「出版總署」的工作，則由「文化教育委員會」指導；只有「外交部」，「情報總署」和「華僑事務委員會」的工作，不屬於任何委員會指導之列；至於「人民監察委員會」，則負責監察匪偽政府機關和公務人員是否履行其職責。各委員會的主任委員和各部的部長，得由政務委員兼任。

民國三十九年九月，偽中央人民政府委員會舉行第九次會議，決議在偽「政務院」之下，增設「人事部」。同年十二月，偽中央人民政府委員會第十次會議，決議撤銷「食品工業部」，將其所管關於糖、菸、油脂、糧食加工等業務，劃歸「輕工業部」主管，漁業方面的業務則劃歸「農業部」主管。

民國四十年十一月，偽中央人民政府委員會舉行第十三次會議，決定將「林墾部」改爲「林業部」，其所管轄的墾務工作，則移交「農業部」辦理。

民國四十一年八月，偽中央人民政府委員會舉行第十七次會議，通過增設「第一機械工業部」，「第二機械工業部」，「建築工程部」，「地質部」和「糧食部」，並將原設之「貿易部」，擴分爲「商業部」和「對外貿易部」。但同時則裁撤了「情報總署」和「新聞總署」。同年十一月，偽政府委員會第十九次會議，又通過增設「國家計劃委員會」，「高等教育部」，「體育運動委員會」和「掃除文盲委員會」。

民國四十三年九月，共匪召開所謂「第一屆全國人民代表大會第一次會議」，通過偽中華人民共和國國務院組織法，將原來之「政務院」改稱爲「國務院」，由下列人員組成：(一)「總理」；(二)「副總理」若干人；(三)「各部部長」；(四)「各委員會主任」；(五)「秘書長」。偽國務院設下列三十五個部會：(一)「內務部」，(二)「外交部」，(三)「國防部」，(四)「公安部」，(五)「司法部」，(六)「監察部」，(七)「國家計劃委員會」，(八)「國家建設委員會」，(九)「財政部」，(十)「糧食部」，(十一)「商業部」，(十二)「對外貿易部」，(十三)「重工業部」，(十四)「第一機械工業部」，(十五)「第二機械工業部」，(十六)「燃料工業部」，(十七)「地質部」，(十八)「建築工程部」，(十九)「紡織工業部」，(二十)「輕工業部」，(二十一)「地方工業部」，(二十二)「鐵道部」，(二十三)「交通部」，(二十四)「郵電部」，(二十五)「農業部」，(二十六)「林業部」，(二十七)「水利部」，(二十八)「勞動部」，(二十九)「文化部」，(三十)「高等教育部」，(三十一)「教育部」，(三十二)「衛生部」，(三十三)「體育運動委員會」，(三十四)「民族事務委員會」，(三十五)「華僑事務委員會」。

到了四十四年七月五日，共匪舉行「第一屆全國人民代表大會第二次會議」，對於偽國務院的組織，又加以變更，裁撤了「燃料工業部」，增設「煤炭工業部」，「電力工業部」，「石油工業部」，「農產品採購部」和「第三機械工業部」。

最近他們又裁撤了「重工業」，「第三機械」和「地方工業」三個部，另增設前述那十二個部會，因此，現在共匪「國務院」的組織，就是如下表所列了：

偽國務院組織表

國務院
總理　副總理（若干名）
各部部長
各委員會主任
秘書長

內務部
外交部
國防部
公安部
司法部
監察部
國家計劃委員會
國家建設委員會
國家經濟委員會
國家技術委員會
財政部
糧食部
農產品採購部
商業部
對外貿易部
第一機械工業部
第二機械工業部
冶金工業部
化學工業部
建築材料工業部
電機製造工業部
紡織工業部
食品工業部
煤炭工業部
電力工業部

石油工業部
森林工業部
輕工業部
水利部
水產部
地質部
農墾部
農業部
林業部
建築工程部
鐵道部
交通部
郵電部
勞動部
文化部
高等教育部
教育部
衛生部
體育運動委員會
民族事務委員會
華僑事務委員會
城市建設部
城市服務部
秘書廳

三　共匪先進國家—蘇聯的經驗

各國共產黨所持的理論既同是一套，其政府的體制亦是同一模型，就是平日不研究共產國家政制的人，也可推而知，所以我們要研究集權政府的中央行政組織形態，批評共匪國務院的組織，不能不略述蘇俄部長會議的組織情形。

依照一九三六年蘇俄憲法的規定，部長會議—亦曾稱爲人民委員會—是國家的最高行政機關，對最高蘇維埃會議負責，其地位相當於某些國家的內閣；共組成份子計爲以下各種人員：(一)主席一人，(二)副主席若干人，(三)國家計劃委員會主任，(四)監察委員會主任，(五)各部部長，(六)農業器具委員會主任，(七)藝術委員會主任，(八)高等教育委員會主任。

因爲蘇俄是聯邦國家，所以其部長會議中之各部，則分爲兩類：一類是屬於全聯邦性的部 (All-Union Ministries)，另一類是兼具全聯邦與各共和國性的部 (Union-Republic Ministries)。依照一九三六年蘇俄憲法，關於前者計有以下各部：(一)國防部，(二)外交部，(三)國際貿易部，(四)鐵道部，(五)郵電部，(六)水運部，(七)重工業部，(八)國防工業部；關於後者計有以下各部：(一)糧食工業部，(二)輕工業部，(三)木材工業部，(四)農業部，(四)國家農場部，(六)財政部，(七)內政部，(八)國內貿易部，(九)司法部，(十)公共衛生部。

蘇俄部長會議中之各部，依一九三六年憲法，固然如上規定。但是蘇俄的領袖們根本就沒有所謂「法」的觀念，誠如奧格(F. A. Ogg)和辛克(H. Zink)兩氏所論：「比較重要而足資注意的一點是，蘇俄的領袖們每不顧基本大法的永久條欵如何規定，只要有新的情形發生時，他們總願把政府的組織更改」。所以蘇俄各部的數目，向來就沒有一定。根據范叔德氏 (Merle Fainsod) 的統計，蘇俄政府各部數目的變遷，有如下表：

年份	屬於全聯邦性之部	兼具全聯邦及各共和國性之部	合計
一九二四	五	五	一〇
一九三六	八	一〇	一八
一九四七	三六	二三	五九
一九四九年初	二八	二〇	四八
一九五二	三〇	二一	五一
一九五三年三月十五日	一二	一三	二五

從上表，我們可以看到，蘇俄政府在一九三六年時才設十八個部，但到了一九四七年，陡增爲五十九個部，遝各國政府設部的最高紀錄。這項紀錄只維持了二年，到了一九四九年，便裁減爲四十八個部。據他們說出的理由是，各部的職權分劃得太細，影響平衡調整工作的進行，同時高級行政機關用人增多，浪費了可以用於實際工作的人力，所以不得不將有關工業方面已經多設的幾個部，予以裁撤。雖然一九四九至一九五二年間又增設了幾個新部，但是到了一九五三年三月史達林死去以後，各部的數目便銳減爲二十五個，其名稱爲：(一)外交部，(二)內務部，(三)國防部，(四)國內外貿易部，(五)農業部，(六)文化部，(七)輕工業與糧食工業部，(八)冶金工業部，(九)機械製造工業部，(十)運輸與重機械製造工業部，(十一)電力站與電力工業部，(十二)煤炭工業部，(十三)石油工業部，(十四)化學工業部，(十五)國防工業部，(十六)建築材料工業部，(十七)紙張與木材製造工業部，(十八)重工業與機械廠建築工程部，(十九)運輸部，(二十)交通部，(二十一)河海運輸部，(二十二)衛生部，(二十三)司法部，(二十四)財政部，(二十五)監察部。

嗣後，蘇俄的中央行政組織，仍不時變更。最近根據本年六月三日紐約時報所載莫斯科路透社電，蘇俄政府公佈，爲着免除不必要的中央集權，並賦與各自治共和國以更大的經濟行政權，俾實施更有效的工業管理起見，以前屬於以下各部的業務均改隸於各自治共和國各有關主管部門：(一)糧食部，(二)肉食牛奶生產品部，(三)漁業部，(四)採購部，(五)輕工業部，(六)紡織工業部，(七)建築器材工業部，(八)紙張及木材製造工業部，(九)公路與汽車運輸部，(十)內陸水道部，(十一)公共衛生部，(十二)零售貿易網組織及(十三)公共給水廠等；並將紡織工業部與輕工業部合併，稱爲輕工業部；採購部 (Ministry of Procurement) 改組爲穀類產品部 (Grain Products)，裁撤公路與汽車運輸部將其所屬道路建築司改組爲全部道路建築管理處，隸屬於部長會議之下，其餘機構設備則移交各有關自治共和國經管；裁撤內陸水道部；裁撤司法部，其業務移交各自治共和國司法部主管，並另設法制委員會，負責辦理有關法規之編纂整理與法案之草擬等事項。

統括蘇俄政府各部變遷的情形，自二次世界大戰以後，以迄於今，短短不過十年，其會經設置的部名大致如後所擧：

(甲)屬於全聯邦性之部，計有：國外貿易部，鐵道部，交通部，海洋運輸部，內河運輸部，煤炭工業部，石油工業部，動力站部，電力工業部，鋼鐵冶鑄工業部，非鋼鐵冶鑄工業部，化學工業部，航空工業部，造船工業部，農業機器製造工業部，軍火工業部，重機械製造工業部，汽車與拖引機製造工業部，機器與工具製造工業部，農業工具部，重工業建築工程部，紙張與木材製造工業部，機器轉動工具製造工業部，造路與建築機器製造工業部，運輸機器製造工業部，糧食物料儲備部，勞工儲備部，交通設備製造工業部，機器工業建築工程部，棉業部，地質調查部，國防部，國內外貿易部，冶金工業部，機械製造工業部，運輸與重機械製造工業部，電力站與電力工業部，國防工業部，重工業與機械廠建築工程部，運輸部，河海運輸部，公路與汽車運輸部與內陸水道部。

(乙)兼管全聯邦及各共和國統一性之部計有：外交部，糧食工業部，漁產工業部，肉類與牛奶工業部，輕工業部，木材工業部，農業部，貿易部，財政部，內務部，國家安全部，司法部，公共衛生部，監察部，建築器材工業部，高等教育部，電影事業部，國家農場部，林業部，海軍部，軍事部，文化部，輕工業與糧食工業部，採購部，糧食部與漁業部。

由上所述共匪與蘇俄的情形比較看來，我們很容易明瞭現在共匪國務院所以增設到四十八個部會的原故，完全是爲着要掌握全國經濟事業，大量發展重工業及軍事工業，和控制全體人民的生活，而抄襲蘇俄所會經採行過的制度。張君勱先生最近著文批評共匪的僞憲法，劈頭就引：『孟子之言曰：「女子之嫁也，母命之，往送之門，戒之曰：往之女家，必敬必戒，無違夫子，以順爲正者，妾婦之道也」』。嗚呼！號爲求自由平等之「中華人民共和國」，其所制定之根本大法，不獨於基本方針，不敢稍異於蘇俄；卽在制度方面，除其便利於一已者外，亦以「亦步亦趨」爲事；甚至詞句之間，竟成俄憲之翻版，此眞孟子所謂：『以順爲正之妾婦」也』。(見張著「中共憲法之奴顏婢膝」。載本年五月七、八、九日香港工商日報)觀乎此，更可以證實我們所言不誣了。

四　官僚政治的典型

共產主義的理論，認爲國家是「階級統治的工具」，所以共產黨便要毀滅政治，打倒國家。但是奇怪得很，凡是在共產黨攫得政權的國家中，「國家」一詞無不特別地被强調着，而其政治權力之强大與泛濫，却無與倫比。因此在它們的國家中，存在着典型的官僚政治，形成了廣大的官僚集團，這就是共產集權國家政府所以設部特多的一個主要原因。

所謂集權國家，就是除了一般屬於國家性質的事務以外，政府還要把有關人民生活的一切事項統統加以管理，於是在實際上幾乎沒有了所謂私人的事業或工作，而只有國家資本，一切有工作能力的人都是國家僱用的人，無論是工廠的經理或勞工，政府人員或農場工人，都是政府的雇用者。「人民與政府的關係，成爲單純的雇傭與雇主的關係。像蘇俄一樣，全國是一大工廠。政府是工廠主人，政治的統治者兼資本家。一個雇傭開罪一個主人，即開罪所有的主人；此路不通，其他的路也不通。丟了差事，不僅是丟了官，簡直是斷絕了生活之道。人民的職業，前途，生活與安全，完全仰統治階級的鼻息，官僚資本政治是必然的結果」。(見拙著「經濟計劃乎？計劃經濟乎？」一文，載民主評論第五卷第二期)在極權國家裏，除少數掌握權力中心的統治者外，其餘的人，可以說都是行尸走肉無靈魂的動物。這種情形，加以之與封建時代領主只控制鄉村和農奴，城市尙可自由發展的情形相比，一爲全面的澈底的控制，一爲局部的有限度的控制，則集權政府的苛暴，實比封建領主尤有過之。因此，在鐵幕內各國，凡是可以做工的人都是政府的工人。他們大體可分爲兩種，一種是勞力的工人，一種是非勞力的工人；前者是普通的工人，後者他們叫做智識份子——我以爲引用我國固有的名詞「士大夫階級」來迻譯——却更爲洽當。此所謂智識份子——即士大夫階級，如果就是意指「工人階級」中之曾受教育者，那我們就說它是蘇俄的統治階級，自是非常適當的。

在共匪竊據下的中國大陸，究竟屬於「統治階級」——即官吏——的人數有多少，因爲它沒有統計數字發表，我們實無從確知。我們於此不得不一覽共匪先進國家——蘇俄的官吏數字，同時就足以幫助我們了解共匪僞政府的人事情形。根據小穆爾 (Barrington Moore Jr.) 的研究，在蘇俄的統治階級中，有一部份叫做「權力代表」，包括立法機關的代表，政府的委員，蘇維埃會議的主席及委員，法官，軍官和內政部公安部的官員等人，除此以外，蘇俄統治階級人員的分類和數目，可如下表所列：

級別	職稱	人數
第一類（高級）	公共衛生及文化機構的行政官員	四五〇、〇〇〇
	國家工廠，商店及各工業部門的主管及高級人員	三五〇、〇〇〇
	共產黨的領導人	四四、〇〇〇
	小計	八四四、〇〇〇
第二類（中級）	集體農場的正副主席和集體畜牧場的主管	五八二、〇〇〇
	機器站，拖引機站，國家農場和國家畜牧場的主管	一九、〇〇〇
	生產和合作組織的主持人	四〇、〇〇〇
	百貨店經理和各部門主持人	二五〇、〇〇〇
	餐館和公共食堂的經理	六〇、〇〇〇
	各種各類的文官（包括軍中的文職人員）	一、五五〇、〇〇〇
	小計	二、五〇一、〇〇〇
第三類（具有很小或全無指揮監督權的中級人員）	工程師和建築師（廠場及其各部門的主持人與其他行政人員除外）	二五〇、〇〇〇
	農業科學家	八〇、〇〇〇
	其他農業科學人員（如土地測量人員，土地改良人員，農場管理人員和家畜孵育工作人員）	九六、〇〇〇
	科學工作者（如大學教授等）	八〇、〇〇〇
	藝術工作者	一五九、〇〇〇
	醫師	一三二、〇〇〇
	經濟和統計工作者	八二二、〇〇〇
	司法人員（推事，檢察官，偵查人員等）	四六、〇〇〇
	大專學校學生	五五〇、〇〇〇
	小計	二、二一五、〇〇〇
第四類（低級）	中級技術人員（技師、建築人員、森林工作人員、鐵路站長等）	八一〇、〇〇〇
	教師	九六九、〇〇〇
	簿記和會計人員	一、六一七、〇〇〇
	中級醫藥人員（緊急救護士、助產士、及護士等）	三八二、〇〇〇
	文化和教育工作者（新聞記者，圖書管理員，俱樂部經理等）	二九七、〇〇〇
	地方蘇維埃會議的代表	一、二八一、〇〇〇
	小計	五、三五六、〇〇〇
總計		一〇、九一六、〇〇〇

上表所列，係參照莫洛托夫在一九三九年蘇俄共產黨第十八屆大會的報告編製而成，這些統治階級的人員，如連他們的家屬計算，其人數幾等於蘇俄全人口百分之十七，與同年全美國的官吏，包括學校教師，只有三、八二〇、〇〇〇人，佔全人口百分之三弱相比較，則其數目之龐大，實屬驚人。雖然蘇俄政府不承認他們有這麼多官吏，他們只承認上表所列的第一類人員和第二類中的各種各類文官，才是官吏，其數目在一九三七年間爲一、七四三、三〇〇人，(上表所列一九三九年的數目自然又增加了)；但就我們的見解，所有上表所列的人員，都是受政府的僱用，執行政府的工作，其爲官吏，當無疑義。

不特如此，蘇俄政府的官吏人數，誠有與日俱增之勢，夏勃 (Samual N. Harper) 和湯普遜 (Ronald Thompson) 兩氏曾以蘇俄的官吏，工人和農人各年期的人數，列成百分比率表，茲譯述於下，以見一般：

年期	一九二一	一九二九	一九三七	一九四六
官吏	四一%	一九%	二九%	三六%
工人	三九	五六	四二	三八
農人	二〇	二五	二九	二六

我國大陸面積廣濶，人口兩倍於蘇俄，據周匪恩來四十三年九月在僞第一屆全國人民代表大會第一次會議中報告，僞政府在大陸設立有二十五個省，內蒙古自治區，西藏地方，昌都地區，三個直轄市，二千一百一十六個縣和相當於縣的行政單位。一百六十三個市，八百二十一個市轄區，二十二萬零四百六十六個鄉，以及六十五個縣級以上的所謂民族自治地方的自治機關。由中央省以至於鄉鎮，每一級都設立僞人民代表大會和僞人民委員會，而僞人民委員會的組織又非常龐大，例如僞第一屆全國人民代表大會的代表多到一二二六名，其常務委員會委員多到七十九名，僞國務院除「總理」，「副總理」外，還有百餘名正副「部會首長」。僞地方各級人民委員會組成人員的名額，省直轄市二十五人至五十五人，市九人至四十五人，縣九人至三十一人，市轄區九人至二十一人，鄉，民族鄉，鎭三人至十三人；至其所設行政機構及職員人數之多，也是空前。他們所以這麼樣擴大各級機構，主要的原因自然是要極盡控制人民的能事，與羈縻籠絡各尾巴黨派人士的意思。再加上這幾年來，共匪正急速地推行所謂「社會主義的國營經濟和各種類型的合作社」，大量發展重工業及軍事工業，其增設的各種各級有關經濟行政的機構，數目必然很多，所用官吏的人數也必激增。就只拿農業生產合作社一項來作例子，據周匪恩來報告，在四十三年八月已經發展到十萬個，預計四十四年春耕時將達五十萬個以上，這幾十萬個合作社的主持人和技術人員，爲數當不在一百萬人以下。那末，只就合作社一項來說，這幾年來，匪僞的官吏已增加一百萬名以上了。以前薄匪一波曾報告過：一九五〇年匪僞政府須養活軍政公教脫離生產的人員九百萬人；但另有人統計，當時匪僞的軍公人員約有一千四百萬至一千八百萬人；現在自然是倍蓰於此數了。

因爲共匪把大陸人民私人的經濟，社會和文化生活，都置於政府的控制之下，使他們不得不俯首順從其統治；把少數尾巴黨派的人士包容在其政治機構之內，實施利誘威逼的手段，使其不敢發生軌外的行爲；所以便建立起典型的官僚政治，形成了廣大的官僚集團。他們各級組織機構之龐大，僞國務院設立部會之多，就是根源於此。我們試看美國政府九個部中，屬於經濟性質的只農業與商業兩部，屬於社會性質的只有勞工一部；英國政府在一九五二年共設三十四個部會，屬於經濟性質的只有運輸燃料動力聯繫部，工商委員會，農漁部，供應部，糧食部和燃料動力部，屬於社會性質的只有勞工部，衞生部和保險部；而蘇俄的情形則如下表（見兩氏合著前書一八一頁）：

部別數目 ╲ 年份	一九二四	一九三六	一九四七	一九四九年初	一九五二	一九五三年三月十五日
總數	一〇	一八	五九	四八	五一	二五
政治與行政性之部	四	五	六	七	八	七
社會與文化性之部	〇	一	三	三	三	二
經濟性之部	六	一二	五〇	三八	四〇	一六

(見 Merle Fainsod, How Russia is Ruled, 1953, p. 334)

至共匪的情形，則又如下表：

部別數目 ╲ 年份	三十八年	三十九年	四十一年	四十三年	四十四年	四十五年五月
總數	三〇	三〇	三八	三五	三九	四八
政治與行政性之部	一四	一五	一六	一五	一五	一九
社會與文化性之部	四	四	四	三	三	三
經濟性之部	一二	一一	一八	一七	二一	二六

那末，其個中消息就可從而得知了。

五　「名」與「實」不符的無責任制度

上面說過共匪要全面控制人民的經濟社會和文化生活，發展重工業和軍事工業，以及安置尾巴黨派的官僚份子，所以僞國務院便增設部會到四十八個之多；此外還有許多「直屬機構」不計算在內。以這樣人數衆多的會議，是很難作爲有效討論與決定政策的機構的。英國雖然有三十四個部會，但是參加閣議的部會首長只有十六個。所以僞「中華人民共和國國務院組織法」第四條不得不規定：「國務院會議分爲國務院全體會議和國務院常務會議。國務院全體會議由總理，副總理，各部部長，各委員會主任，秘書長組成，每月舉行一次，在必要的時候，由總理臨時召集。國務院常務會議，由總理，副總理，秘書長組成」。這個常務會議，我們固可以把它當作民主國家的「核心內閣」或「內層內閣」看，但是從實際上考究起來，則又大異其趣了。

民主國家的「核心內閣」眞正是一個討論與決定國家最高政策的機關，僞國務院常務會議却不能擔負起這項重大的任務。大家都知道在集權國家中。共產黨居於至高無上的領導地位，政府的一切措施都受着黨的領袖的支配，在蘇俄，依照它的政治制度看來，關於國家的一切大計，最高蘇維埃會議或其主席團應具有最高的決定權限，但是因爲共產黨居於最重要的地位，以及政府與黨幾乎不可分，最高蘇維埃會議所處的地位，便使人難於理解。再就最高蘇維埃會議組成人數之多，每年只有一二次會議，每次會期只有十日這幾點而言，它絕對不可能成爲討論與決定國家大計的機構，因此，一切大計皆係由黨的領袖決定，最高蘇維埃會議只有照予通過，而部長會議不像英法二國內閣對其國會負責一樣對最高蘇維埃會議負責，事也很爲顯明。我們只要注意赫魯雪夫實際上比布加寧較爲活躍，更有權威，問題就更易於瞭解了。

共匪的情形也無不同之處，他的政策最高決定權也是握在黨的領袖之手。不過毛匪澤東從史魔達林學習，結果是「青出於藍而勝於藍」，毛匪藉僞中華人民共和國憲法的規定，把匪黨領袖和僞政府主席的兩項權力給「統一」起來，俾利其遂行政治上的控制作用。誠如張君勱先生在前文中所論，凡便於毛匪一己之私利者，雖經史魔達林之所非，指一人主席，一人元首制與共黨之集體領導原則不合，而猶在僞憲法中，定下一人獨裁的主席制。他有權公佈法律和命令，任免「國務院總理」，「副總理」，「各部部長」，「各委員會主任」，「秘書長」，「國防委員會副主席」，「委員」，發佈戒嚴令，宣佈戰爭狀態和發佈動員令，可見其權力之大。而此項廣大的權力，乃由於黨的領袖權轉化而來，蓋極顯然。

因爲僞政府的最高決策機構是匪黨，所以我們不能把僞國務院當作英法等國的內閣，也不能把僞國務院各部會當作民主國家中央各部會。因爲民主國家的內閣及部會，都是直接擬定與實施政策的機構，而僞國務院及其部會不過是執行匪黨政策的單位而已。這是「名」與「實」不符的組織。徒有其「名」的僞國務院實際上不能決定國家的政策。事實上決定國家政策的，是不見天日的共產黨中央政治局。他在國家體制中沒有地位。他對人民也不發生責任。這樣制度，是無責任的制度。

僞國務院及其部會祇是執行機構，所以僞國務院的組織可以盡量地擴大，只要某時間需要推行某項政策，或發展某項業務，他就可以特別設立一個部門，擔負這項任務。平時匪黨不但是最高的政治指揮者，而且滲透於整個社會各階層，掌握國家的重要行政機構，指導並監督黨的政策的推行。所以當這些部門執行任務的時候，就有匪黨的機構在暗地裏幫忙着僞監察部去做監察的工作。行政部門雖然增加，仍然無妨於匪黨對政治的控制，抑且更有利於他的「分而治之」的作法。再僞國務院既非討論與決定政策的機構，更不會因爲行政部門的增加，致使其超過了有效討論的作用限度。試細察上面所述蘇俄政府在第二次世界大戰以後，爲着發展各種工業，便紛紛增設有關各部，對爲僞國務院最近增設部會的道理，自然就更易於領悟了。

在共產黨獨裁制度之下，事雖可以如此做，但是中央集權的原則，本身又存在着一個限度，超過了這個限度，工作必將受到阻礙。因爲各種政治經濟事務，有些固然具有全國一致性，可由中央集權辦理，但有些却與地方和人民密切相關，非由地方政府去處理，則不能奏其充分的績效。蘇俄共產黨特別在經濟設施上面，已經大大地超過了中央集權的限度，以致阻礙了生產事業的發展。因此他們最近不得不領受失敗經驗的教訓，採行了上面第三章所述各項經濟分權的措施，過去由聯邦政府辦理的若干經濟生產業務，現在均交由各自治共和國政府去管理。他們公佈這種措施時，坦白地說明是要爭取工業生產的更有效的管理，擴大生產成果的更善利用，以及充分地滿足國家的經濟需求，那我們就可以明白他們是在退一步，要想去進兩步了。這是行政組織原理制服了他們，共匪將來也必在眞理之前屈服，已可預卜而知。

六　行政組織原理的考驗

由於以上各節所述，我們知道匪俄的中央行政組織形態，乃是共產獨裁制度下必然的產物，它的產生乃有其產生的條件和理由，但是它能夠經得行政組織原理的考驗嗎？我們試先看看英美民主國家中央行政機關的組織情形，或者可以比較出一些道理來的。

美國在華盛頓做總統的時候，他只有權任命三個部長，即國務卿，財政部長和軍政部長。因爲那時美國聯邦政府的權限很小，所以它只有這幾個部長。後來聯邦政府的職權逐漸增多，行政部門便跟着陸續增設，不過到了現在，它一共也只有九個部，至於陸軍，海軍，空軍三個部，則隸屬於國防部之下，其部長不是「閣員階級」。

有人會說，美國聯邦政府雖然只有九個部，但是其他由美總統直接指揮監督的機構，如署，局，會之類，則有六十五個之多。就是因爲美總統直接指揮監督的機構過多，一九四七年美國國會才通過設立政府行政組織改革委員會(The Commission on Organization of the Executive Branch of the Government)，由前總統胡佛任主席，負責規劃改革行政組織的事宜，這就是大家所知的胡佛委員會，該會邀請知名之士約三百名參加工作，組成了二十四個專門工作隊，到一九四九年提出研究報告書。關於總統直接指揮監督的機構問題，該報告書建議減少至原數的三分之一。由此可見中央行政部會的數目，如果太多，在行政上不但無效率，而且是浪費。

英國在一九五二年邱吉爾最後一次內閣的時候，中央行政各部的數目是三十四個，而關於司法的四部，則不計算在內。在這三十四個部當中，參加內閣會議的部長十六個，不參加內閣會議的部長十八個，英國所以有這麼多部會，並非出於有計劃的合乎科學的規劃，而是和其憲法一樣由於歷史上的演變而自然產生的。其中有些已是名存而實亡，連機關也業已不存在。關於部會的裁撤或增設，內閣有權處理，故歷任內閣都任意變更其部會組織，以致數目日趨增多。這種情形，非屬合理，英國人亦自知之，但因爲他們察重現實，只要事實

(下轉第17頁)

我對解決蘇彝士運河爭端的看法

蔣勻田

埃及總統納塞強收蘇彝士運河公司爲國有的舉動，在美、英相繼拒絕援助亞斯萬水壩工程之後；而美、英拒絕埃及要求援助水壩的興建，又在赫魯雪夫大吹「中東若有戰爭，蘇俄不能坐視」云云之後，所以納塞國有蘇彝士運河的用心，不只是對於美、英拒援的報復，犯了片面撕毀國際條約的責任；很明顯的是納塞想利用赫魯雪夫大吹大擂的空氣，以敲詐美、英。納塞在宣佈沒收蘇彝士運河的強硬態度演詞中說出：「埃及是與蘇俄訂定軍火交易的，並不是與捷克訂立軍火交易」云云，可以證明納塞想借重蘇俄的直接援助，以恐嚇美、英。以弱小對於強大的報復心理，尚可同情；然納塞希圖依靠蘇俄而演出敲詐的行爲，以助長蘇俄冷戰之勢，則不能寬恕。

美國拒絕援助亞斯萬水壩建築費用的決定，據華盛頓七月三十日美聯社電報說：在公佈的十日前已告知英國首相艾登了。杜勒斯國務卿所以採取拒援的政策，是用其顧問的建議，目的在揭穿蘇俄不顧援助埃及鉅額財政的心理。假使美國是根據這一目的而採取拒援的政策，則拒援後一切惡果，杜勒斯必皆已考慮及之，並且在公佈的十日前即已通知艾登，即說明拒援的政策是兩國深思熟慮的結果。目的既在揭穿蘇俄誘惑納塞的技倆，豈有不等量赫魯雪夫的「中東若有戰爭，蘇俄不能坐視」云云的價值嗎？納塞若僅依賴赫魯雪夫的吹擂，以恐嚇美、英，設想未免太幼稚了。

美、英、法三國外長倫敦會商的結果，決定召集二十四國會議，商訂國際共管蘇彝士運河的方略；先是蘇俄對於國際管理蘇彝士運河的傳說，已作可以商談的表示，而接到三國的通知後，未即刻答應參加，亦未即拒絕，其不願硬助埃及在中東闖禍之態度，可謂畢露無遺。報傳納塞連日與蘇俄駐埃大使互續密談，臨事慎重，須多會商，理固宜然，然亦可以忖知蘇俄尚無斬釘截鐵的態度了。英國在那裏調兵遣將，積極備戰；法國也爲桴鼓之應，進行作戰的準備，這樣可以逼出蘇俄的態度，究竟是戰是拖。蘇俄若無援助埃及作戰的決心，或將代替埃及參加倫敦會議，變疆場的殺伐爲會場的鬬爭。蘇埃兩國對三國的邀請，所以未能立即決定答覆的態度，恐怕即在磋商之中。然埃及之不肯出席，接受國際裁判，則爲情理之常。杜勒斯自倫敦返美後的電視廣播，在主張蘇彝士運河國際共管的前題下，既云要尊重埃及權利，又說美國並未承擔使用武力的責任，所以表明公正立場，圖保埃及民族的情感，使之容易接受邀請，參加會議。無論將來會議的結果如何，這一段美、英的雙簧表演，總算掌握了主動。根據這一次的教訓，祇要民主國家對蘇俄能下決心，逼着它不得不隨着西方國家的動作而反應，則主動自然可以操諸西方國家手中。

蘇俄若不承當與埃及並肩作戰，雖大量援助埃及軍火，縱輸援之路無阻，埃及亦無力對抗英、法聯軍，美國當然無需武力的承當了。假使蘇俄願與埃及並肩作戰，豈只美國終必加入戰鬪，所有民主國家亦必先後加入，雖號稱中立的印度，亦無法幸免，此可斷言。杜勒斯並無武力承當之言，記者紛傳已使英、法當局驚異，此乃未加深察之言，余意英、法當局應瞭解其涵義，或事前已預知，杜氏必向世人宣佈此言，以盡對蘇俄外交戰之妙運，尚何驚異之有乎？

從美、英、法今日之立場言之，能藉國際會議得埃及之同意，決定蘇彝士運河自由航運的前途，事屬最妥。所以我認爲美國能以尊重埃及的立場，爲埃及廣開加入會議之門，應爲民主國家外交上爭之着。蘇俄倘無作戰決心，當不願納塞太攖英、法之鋒，逼使英、法以武力解決蘇彝士運河管理權之爭，祇有勸埃及共同參加會議，蘇俄雖將在會議中努力爲埃及爭取權益，然既無勇氣與埃及並肩作戰，已足暴露其弱點，而減輕納塞依賴蘇俄之信心，因而蘇俄在中東冷戰之阻力增加，實爲中東和平建設之福音。

假使倫敦二十四國會議開成，蘇俄、埃及能共同參加，西方國家應有一公平可行的方案，盡量尊重埃及主權，優予埃及對運河收益的分紅，凡能讓予埃及者，應儘早提出，勿待埃及之爭吵。其有礙運河交通之重點，雖蘇俄代之力爭，亦勿畀以討好之機會。此雖係外交上技術之末節，然甚有關於心理作戰，其重點不在外交技術，而在使蘇俄煽動力量與阿拉伯民族運動隔離。

納塞之依賴蘇俄，片面撕毀國際條約，造成今日中、近東的緊張風雲，此種橫衝直闖的現象，不應掩蓋阿拉伯民族運動之真象。西方國家應針對阿拉伯民族自尊的心理，擬定彼此和平互惠相處的方式，切不可再圖建築自己的繁榮於弱小民族痛苦的基礎上，投蘇俄以利用民族間仇恨的心理，爲其冷戰的資本。

埃及在十九世紀開端，軍事領袖磨罕默德阿利主政的時候，就效法西方國家，革新庶政，使埃及達到局部工業化，當時中產階級亦有欣欣向榮之姿，本可成爲政治近代化的中心力量，因爲埃及具備戰略地位的重要性，磨罕默德阿利的革新努力，始終遭受外來力量力的干攖，而無法解脫。拿破崙於一七九八年曾侵入埃及；土耳其亦時時侵入，迨第一次世界大戰英國乃宣佈埃及爲其保護國。百年之間，埃及無時不受強隣侵略的威脅。雖一九二二年埃及宣告獨立，而實際情形並未改善。一九三六年英埃簽訂的條約，還未使埃及脫離英國的東縛。英國在蘇彝士運河區的駐兵權，就是根據一九三六年的英埃條約。

一九四四年十二月，以埃及爲首的八個阿拉伯國家，組成了阿拉伯同盟，這是阿拉伯民族團結的具體化，也是阿拉伯民族思想的高潮時期。恰巧在這個時候，以色列復國了，得到西方國家的相繼承認，而加入聯合國爲會員，這對於阿拉伯民族係一嚴重的挑戰。十餘年來，中、近東擾攘不安的局面，這是主要的原因。

西方國家應該認識這一鬱結待伸的民族自主的情感，不能以武力壓制，尤其不要逼使這種民族自主情感的衝擊，與蘇俄的煽動陰謀衛結起來。世界交通孔道的蘇彝士運河，戰爭主要物資的汽油，都是西方國家與阿拉伯國家隨時可以發生爭執的主題。西方國家應循貿易的方式，與經濟互惠的原則，

（下轉第23頁）

論鼓勵出口聲中的矛盾現象

夏期岳

一　前言

我們的外滙貿易政策，又在醞釀改革，其內容傳說不一，報紙上所發表的各種消息，主管人員也曾加以否認，眞相如何，無從懸猜。但，可以想像得到的，對於「鼓勵出口」這句話仍將列爲重要目標之一，因爲這一點是主管當局和工商界乃至社會人士在觀點上完全一致，從未有人反對，也是歷次改革中所一再强調的口號，故敢預言。

這幾年來，我們在軍事上的進步，已爲中外人士所共認，但軍事力量的增强，有賴財政的支持；要財政收入充裕；首須經濟繁榮，臺灣是一海島，天然資源有限，要發展經濟，最主要的便是擴展對外貿易，並以「鼓勵出口」爲核心。因之，出口之盛衰，不特影響經濟之榮枯，兼與財政收入之豐嗇以及軍事力量之强弱，皆息息相關，故外滙貿易政策中應特別强調「鼓勵出口」者在此，其爲社會人士所密切注意者也在此。

過去幾年，我們在財經方面的進步，不能說沒有，但社會上對財經措施的不盡滿意，却屬事實，尤以外滙貿易爲甚！翻開報章雜誌，對這方面的批評、建議、呼籲、幾乎無日無之，主管當局則以一般人士不明事實爲由，對這些意見有時雖也略加解釋，或允許改善，但實際所行者很少，因之未能博得輿論的支持和共鳴。同時，有些措施本身就有許多矛盾存在，在理論上既不易解釋；與事實也有相當的距離，很難使大家心悅臣服。就當前環境而論，有些地方不能不牽就事實，我們也不能苛責。不過「可以做」，而且「應當做」的事，如果一再拖延敷衍，這就不是負責者應有的態度了。現在外滙貿易新辦法既在草擬中，何日實施，尚未可知，爲使新辦法能够有所進步，我們對既行「鼓勵出口」有關的重要措施，逐項加以檢討。但本文非爲理論的研究，重在事實的分析，兔遭空泛與不切實際之譏。爲使對貿易確能發展，希望主管當局對這些基本問題，澈底檢討，以期眞能達到「鼓勵出口」的目標。即使新辦法在短期內不公佈，也可以逐項改進的。

二　各種鼓勵措施的檢討

目前鼓勵出口的主要措施有：(一)辦理出口貸款；(二)鼓勵勞務輸出；(三)協助推廣外銷；(四)結滙證的運用；(五)抑低出口底價；(六)進口原料退稅；(七)供應加工原料；(八)鼓勵出口聯營等。這些措施，對出口的效果如何？現在分別加以檢討：

(一)辦理出口貸款：因爲出口無利可圖，市場上的資金，多不願投向出口事業，自上年度政府對放款採取緊縮政策以後，出口商在資金融通上所遭遇的困難也隨之加深，因此在今年一月間出口商乃請求政府舉辦出口貸款，主管當局曾允許由臺銀撥新台幣一億元作爲一般出口貸款，另外還有茶葉、香茅油、鳳梨等專案貸款。半年來業者不斷請求，希望早日實現，終以資金來源無着，分配的技術上有困難，而主辦單位皆怕負責任，大家推來推去，左一個磋商；右一個研究，截至目前止，僅鳳梨貸款在最近才決定辦理。其他貸款，迄今仍無確息，尤其茶葉貸款，早在春茶生產以前即已決定，現在生產早已結束，據七月廿八日聯合報報導：「財政部對一千二百萬的茶葉貸款已考慮延至明年茶季再辦，因目前茶季已過，貸款並非迫切需要」。至於一億元的貸款似已雲消霧散，不再談起了。我們知道，在本省出口貨品中，除糖、米外，茶和香茅油等物品，皆居很重要的地位，幾佔民營出口總值的半數，年來由於國際價格下跌，以致出口不振，其需要貸款之迫切，自不待言。主管當局所以決定貸款，或亦導因於此，但竟遲不實施，使業者望款興嘆，這實在是「鼓勵出口」的一大諷刺！

如果說，出口貸款因爲資金無着和分配困難而遲不辦理，我們也未敢盡信，因爲目前政府所辦理的各種貸款很多，除一般性的生產貸款外，用在進口方面的即有多種，除已經辦理的三千五百萬黃豆進口結滙貸款和即將辦理的一億二千萬原棉貸款外，物資局有五千五百萬的民企貸款，大部爲受配美援商業採購、特案外滙以及專案易滙等之貸款；最近臺銀又增辦工業原料貸款一種，亦以核配工業原料外滙之工廠爲對象，此種貸款每兩月一期，需款在三千萬以上，這兩種貸款在性質上已屬重複，如再加上商業銀行本身的放款，上項進口將享有三重貸款之便。這些貸款的數字，皆遠較茶葉香茅油貸款爲高，時間亦長，手續也很簡便，爲什麼對出口貸款規定要製成品抵押，使出口商要有兩套資金，才能貸款，並且困難重重，一再牽延？這一點，令人大惑不解。固然以上所說貸款也有一部份與出口貨的生產有關，但並非爲着出口而辦。本來出口商靠貸款來經營並非正途，正當商人也不希望靠貸款經營生意，因爲貸款不但手續繁多，還有利息負擔，有一位出口商曾經感慨地說過：「眞正出口商並不希望向政府貸款，祇要政府不扣押出口商應得的錢，他們就很滿意了」。蓋出口商因出口所獲得的結滙證，不能隨時兌現，無形中就被凍結着。還有一點，政府的貸款，因爲利息低，已成爲變相的津貼，大家都要爭取。誰都知道，目前進口的利潤是比較優厚的，出口是艱難的，他們對國家的貢獻也是很大的，如就輕重緩急以決定貸款先後，現在進口既然享受貸款之利，出口更應當優先辦理，這樣才能使我們「鼓勵出口」的政策名實相符！

(二)鼓勵勞務輸出：這幾年來，本省許多工業如紡織品，橡膠製品，麵粉，味素，電風扇等等，皆不斷發展，品質多已符合國際標準，但國內市場有限，早已飽和，亟待外銷。同時，本省人口不斷增加，就業問題日趨嚴重，提倡勞務輸出，極為正確，而工商界在這方面的呼籲和請求也很多。有些產品經過業者多方奔走達成外銷願望者，固然不少，但大體說來，都是困難叢生，許多產品主管當局也同意外銷，惟經一再磋商而未能實現者，亦不勝枚舉，如紗布外銷已研究多年仍未實現。其中原因是這樣的：早在幾年前本省紗布產量即已過剩，業者乃請求外銷，今年二、三月間由於棉紗內銷減縮（據七月廿一日徵信新聞報導，每月一萬五千件生產能力的棉紗業，除紗廠自用者外，每月僅銷售一千多件），各廠存紗增多，資金凍結，部份工廠被迫減產停工，業者對外銷之爭取乃益趨積極。據報載他們建議政府請由下列三種方式中任擇一種：①由中信局統購統銷，外銷所得外滙金歸政府，另請中信局撥一百萬美元，作為外銷用所需原棉資金，該局以投標比價方式交紡織廠代為紡織，各廠收取合法的加工費，藉以維持其生產；②以外銷所得外滙進口八〇%的棉花，一六%的紡織器材，四%按官價結售臺銀；③所得外滙採取進出口連鎖制，進口政府許可之物資，或由政府指定某幾種物資作為進出口連鎖物資。就爭取出口的立場言，上項建議中之任何一種，皆無不可，如能實現對增加外滙收入，解救失業，充裕進口物資，增加稅收等，均有裨益。其所以拖延不決者，主要原因有二：①是政府僅能允許以八〇%的外滙進口棉花，其餘二〇%須全部結售臺銀，以免其他各業援例請求，此與紡織業所要求者相差一六%的外滙，以致外銷陷於僵局；②是織布業反對棉紗外銷，誠恐外銷而引起國內紗價上漲，他們主張以棉紗織成棉布外銷，故主管當局對此一問題也多方考慮。關於前一原因，政府想多保留一些外滙，本無可厚非，問題是紡織業外銷的利潤如何？如果利潤很高，即使政府保留五〇%的外滙也未嘗不可。相反的，假如外銷利潤很低，甚至無利可賺，要他們賠本輸出，那就不可能了。作者以為這一六%的外滙，政府儘可放寬，因為他們是進口紡織器材，對省內工業的發展大有帮助的。如不予外銷，紡織業需要補充必須的器材時，政府還得另撥外滙，這不是更不合算嗎？至於其他工業請求援例外銷，那更所歡迎，也是我們最希望的事。這正是我們鼓勵出口的目的所在。關於後一原因與棉紗管制辦法有連帶關係，這幾年來，政府對棉紗時而管制，時而開放，買賣既不自由；限價亦不合理，以致紗價波動不已，如上年十一月廿支紗價黑市曾高達一萬四千元，幾為配價的一倍，現在配售辦法規定紗廠雖生產過剩，存紗再多，但不能自由出售，而需要用紗的織廠以及一般直接用戶雖急需用紗，亦不准向紗廠自由購買，不得不求之黑市，故紡織双方對現行辦法均嘖有煩言。再則配售辦法中曾規定各紗廠產品須由中信局掛牌，收取佣金，紗廠自己的職員反無事可做，連紗廠自用紗，既不需經過配售，又無需進廠出廠，而中信局也要抽取千分之五的手續費，他們認為這種辦法，無異是為了中信局的佣金而管制，既妨碍紗廠的生產，又妨害布廠的業務，殊不合理（見本年六月廿五日徵信新聞）。故目前織廠也希望政府准由織廠與紗廠自行接洽，價格以不超過限價為原則。

政府不肯放棄管制的主要理由是維持供求平衡，以免紗價波動，目前供過於求，乃暫時現象，在各方面所提解決辦法中，以消極方法居多，如政府收購，向臺銀抵押貸款等，甚至竟有人主張以減少原棉供應量的方法來限制生產，這完全是削足適履的辦法，不但與幾年來扶植工業，增加生產鼓勵外銷的政策相背，且將迫使紡織業導入衰頹之路！

從上面的分析，可以看出紗布能否外銷的癥結，一方面是外滙處理問題；另方面是怕外銷而引起國內價格上漲，其實這種顧慮是多餘的，因為外銷所得外滙，仍購回原料，省內供應怎會減少？如外銷利厚，供應尚可增加。據統計以目前生產情形每月可外銷三千件棉紗；十五萬疋棉布，可得千萬美元以上的外滙，其他毛巾，襯衫……等等均可外銷。能如此則紡織業閑置的設備可以充分運用，業者為了爭取外銷，必然要改良品質，降低成本，可以促成其進步。如果怕外銷引起國內價格上漲因而不予外銷，這理由既不充分，而且也是因噎廢食的辦法。我們有許多產品的外銷，都受此種觀念而被阻碍出口，如毛豬銷港也是如此。大家都知道，毛豬外銷不但有經濟上的價值，尚有政治上的意義，但主其事者惟恐引起國內肉價上漲而畏首畏尾，在今年春節是香港需要毛豬最多的時候，我們反停止輸出，如此做法，何能爭取市場？又何能對匪經濟作戰？當然，因外銷而引起國內價格上漲，這是非常可能的，但要知道，這種現象是暫時的，不會長久的！因為出口增加，外滙收入增多，進口物資隨之增加，省內產品因價格上漲而增產，日久以後物價非但不漲，還會下跌呢！何況過去數年，許多物品，雖未外銷，價格也會大幅波動？作者以為任何外銷品，祇要在不增加政府外滙支出的原則下，儘可放寬，讓業者去開拓市場，這都是有益而無害的。我們現在紡織業所用的棉花是靠美援，將來美援中止了怎麼辦？在這個時候如不爭取外銷，到那時候想爭取也來不及了。我們既然有鼓勵勞務輸出的決策，就應當切切實實地推行，而且要積極地行動才對！躊躇不決的態度，是不合乎時代的要求的！據七月廿九日徵信新聞報導，政府為獎勵勞務輸出，爭取外滙，現正研擬有效辦法，一俟核定，即可公佈。當局由提倡口號而制定辦法，在時間上雖然晚了一點，仍不失為一可喜的消息，我們希望它能早付實施。

(三)協助推廣外銷：扶助民營出口事業，推廣外銷也是鼓勵出口的重要口號之一。但根據統計，本省歷年出口總值中有八〇%以上係屬公營，民營出口所佔比例甚低。這種趨勢的形成，一方面因為現行外滙政策對出口不利，大家束手不前；另一方面是由於大宗的貿易都屬公營，比較有利的出口，連物資局和中信局也爭先恐後，最近才把他們的業務範圍劃分淸楚。無利可圖的出口，誰也不願多事，新興的外銷品，牽涉範圍較廣，困難更多，出口商多視爲畏途。自從葉外長訪問泰國高棉歸來以後，在公開的談話中曾特別强調共匪對東南亞各國的經濟攻勢非常積極，爲了爭取僑胞，打擊共匪陰謀，應即擴展對外貿易，葉氏更坦白指出：「我們在觀念上不要以爲華僑是富有的，動腦筋向華僑伸手要東西，應給予僑胞貿易機會，使他們能生存，有生意可做，獲得一點他們在希望的利潤，他們方能拒絕共匪的利誘，維持對政府的忠貞。現在共匪已開始給華僑利誘，而我們還在來向華僑講主義，向華僑訓話的時代。我們不能空口說白話，必須以貿易方法對付共匪在海外所展開的攻勢」。（見七月十二日徵信新聞及聯合報）這幾句話，道出貿易與外交和政治的關係是如何的重要，主管當局更應特別警惕才對！

現在當局已決定以電風扇，自行車，縫級機……等等十八種工業品，由中信局委託各地僑商代售。並請使領館人員就近調查商情。當局這一次的積極行動，是值得我們興奮的。惟據報導，現在中信局已收到部份地區的答覆，外銷品雖有希望，却發生三大困難：①進口手續限制過多；②國外需要「種類」「銷路」及「估價」等詳情尙未明瞭；③寄售僑商如何尋覓，尙待接洽。本來這些問題在推廣貿易時，算不了什麽大事，如由私人經營，很快地便可解決，但中信局是公營機構，若處理不當，即有責任問題，在手續上須力求完備，少不得又要和有關單位會商研究，在時間上又勢必覊延。

誰都知道，國際貿易要把握有利機會，對時間的爭取，是非常重要的。尤其共匪不惜以廉價傾銷的方式來爭取市場，如果我們在時間上不能佔先，在手續上不能簡化，對於貿易的成敗，是不言而喻的。同時公營貿易機構的工作人員，對貿易的利害得失，會不會像貿易商自己經營那樣關切？我們很不了解，既然要推廣外銷，何以不讓貿易商直接去開拓市場？爲什麽要透過公營貿易機構？難道貿易商的經驗，業務上的運繫與利益的爭取以及推廣的效率等不如公營貿易機構？再則，和我們沒有邦交的國家，我們沒有設立使領館的地方，是不是就不去推銷？我們希望由貿易而促進邦交，公營機構能完成這項使命嗎？這些問題如證諸以往的事實，使我們不能不深加懷疑。根據中東近東工商考察團劉景山團長報告，我們對中東地區的貿易頗有希望，但是他們不知道我們有什麽東西可以出口，價格品質如何更不得而知，因此無法貿易。從上面這幾句話我們可以看出，過去以公營爲主的對外貿易在推廣與宣傳上顯然是不够的，我們再不能過份地信賴了。再看華僑在越南的工商界佔着重要地位，去年一年間日本貿易商在越南開設了四十三家貿易行，我們竟一個都沒有。現在我們要全力爭取外銷，政府以及公營貿易機構對民營出口業的協助和輔導是應當加强的，但作者以爲鼓勵貿易商自己去開拓市場，更爲重要。

（四）結滙證的運用：結滙證的重新啓用，是去年三月外滙貿易改革的重心，當時大家都希望它能發生鼓勵出口的功效，孰料使用範圍，使用期限以及轉讓的限制等重重束縛，使其功能盡失，出口依然不振。嗣經各方面的批評指責，自去年九月以後乃陸續放寬，現在較一年前雖已進步，但能否有鼓勵輸出的作用？目前出口商每一美元除按滙率取得十五元五角五分的台幣外，尙有八〇%的結滙證，按商業銀行拋售價格十三元五角計算，美金八角的結滙證合台幣爲十元八角，兩者合計爲廿六元三角五分（十元八角的結滙證不能立刻兌現，故實際所得仍較此數爲低）此一價格不但與黑市價格相差甚遠，與臺銀的優滙滙率也相差四分之一！何況結滙證每兩個月祇有幾天的時間可以出售，不在結滙期間便無人問津，因此出口商的這批資金就被凍結着無法運用，出口愈多，被凍結的資金也愈多。爲補救此一缺點，經出口商的請求，遂訂出抵押貸欵辦法，過去是按臺銀牌價六元八折抵押，現在可以按十三元五角的價格照七折抵押借欵，但出口商除有利息負擔外，尙有下面幾個問題：①出口商的出滙單要調換結滙證以後才可以抵押；②商銀抵押貸欵係按十三元五角計算，臺銀認爲商銀所收的結滙證押欵到期如不能兌現，按十三元五角價格由臺銀收購在帳面處理上尙有問題，將影響相對基金的滙率；③結滙證有效期間須在六十五天以上始可貸欵，故出口商不能隨意在任何時間內以所有結滙證抵押貸欵。因此這個抵押貸欵又打了一個很大的折扣，難怪有人說，這又是「口惠而實不至」的辦法。其實即是結滙證貸欵沒有這些問題，完全如數抵押，也不過是把官定滙率與市場滙價的距離縮短一點，出口賠本的事實，並未能解決，更談不上鼓勵出口了。

在這裏使我們又有一種感想，許多事爲什麽捨簡就繁？以結滙證價格爲例，有臺銀牌價，商銀拋售價，臺銀抵押借欵價，商銀抵押借欵價以及市場上的買賣成交價等等，弄得複雜不堪，現在既可抵押，又可轉讓，却不准設立公開市場，因而產生許多麻煩，對出口商固然疲於奔命，對主管機關也增加不少的煩惱。至於結滙證應當放寬限制以發揮其鼓勵出口之功能，這不但是出口商的請求，連七中全會也早有決議，主管當局也承認應當放寬，這是一紙命令便可實現的事，爲什麽遲不行動？有人認爲結滙證放寬可能引起投機及不良反應，故應愼重將事，我們要反問，自去年九月放寬以後，究竟發生什麽不良現象？作者以爲任何決策祇有在不合理的措施之下，才會產生惡劣的後果！

（五）抑低出口底價：出口底價的規定，旨在防止出口商短報出口所得外滙，尤其在幣值高估時更易發生。假如底價定得合理，確可防止出口貨對國外的傾銷與國內的搶購，要發揮此種功能，首先要滙率合理，底價要準確，並且要適應國際市場的變動機動調整，反之，非但無益尙且有害。因爲底價高於國際市場價格時，則出口商無利可圖，縱有輸出機會也不願出口；如偏低，則助長出口商逃避外滙。這幾年來主管當局每以抑低底價的方法以鼓勵出口，據本年五月廿二日聯合報報導：「出口底價低於國外售價一成至四成，其差額外滙，由出口商以黑市套滙獲得利潤彌補出口損失，致使每年損失一千二百萬美元外滙收入」。這是抑低底價的證明。就鼓勵出口立場言，當局的用心亦屬良苦，但這與管制外滙防止套滙的目的豈不大相逕庭？

不但如此，有時我們的底價也高得驚人，據本年三月一日出版之貿易週報報導，有些底價竟與市價相差一倍者。另據四十四年十月廿六日徵信新聞報導，上年本省茶葉無法外銷，都因國外訂貨價格不足出口之底價者爲多，如丹吉爾，黎巴嫩等地商人，很多向本省訂購，但都被出口底價阻碍未能出口。近來主管機關對底價的調整，比較過去機動，但不切實際之事依然存在，據本年八月三日徵信新聞報導，監察院邀出口業座談當前外滙貿易問題時，赤糖公會總幹事謝敏初曾舉例說明底價的不合理，嚴重的阻碍了出口，據稱：「過去赤糖的出口底價爲每噸一〇五美元，後經中信局與物資局等機關向國外調查，獲得確實的底價爲八十二美元，主管當局却認爲一下子跌得太多不好看，遂核定爲九十美元，底價與國際市價這樣大的距離，如何能鼓勵出口？」

根據這些報導，我們可以看出，任何一個措施，它合理與否，對出口的影響皆是非常嚴重的。因爲滙率的不合理，底價偏高偏低皆會產生不良的後果，而高低的決定，又無明確標準，僅憑少數主辦人員任意爲之，不但是弄權舞弊的淵藪，更使生產貿易陷於混亂狀態！

（六）進口原料退稅：上年七月政府公佈「外銷品退還稅捐辦法」一種，立法原意在減輕外銷品成本，兼使生產廠商在資金運用上可以靈活，在公佈之初出口商與與論界曾交相稱道，譽爲最進步的措施，惟該法第八條規定：「外銷品退還稅捐，由主管機關按各類外銷品產製正常情況所需原料數量核定標準計算之」。也就是說，各種加工品退稅的標準須另行制定，現在原辦法公佈已逾一年，而退稅標準尚未見公佈，各種加工品，究應退回多少稅款，尚不得而知，因此廠商也無法計算成本，對國外常無法報價，據悉有幾家出口商接到國外信用狀後，又復退回，其原因在此。再則，退稅手續，極爲繁瑣，業者多不易明瞭，而退稅之限期又規定爲兩個月，一般罐頭，自行車，縫級機等其進口原料與輸出產品數量所需之原料，固不能同一數字，而出口物品每批數量不一，計算不同，加之原料進口有先後之別，在規定限期內常無法辦理。另外百分之二的港工捐仍須繳納，還要收取千分之十五的手續費，逾限未能外銷的產品，除向擔保人追繳其應納欵外，並且要按日收滯納費千分之一，這些費用看起來不算太高，但在國際市場競爭激烈的情况下，就舉足重輕了。故一年來因退稅所發生的鼓勵作用，也是極其有限的。

（七）供應加工原料：徐部長柏園於本年七月二日發表談話稱：「本省工業品不能外銷，與外滙滙率之影響不大，其主要原因乃廠家生產成本太高」。至於外銷與滙率的關係，各方面評論已多，茲不贅述。惟成本過高的原因，倒是值得檢討的。目前政府供應廉價原料之目的，旨在降低成本，進而鼓勵出口，但爲什麼成本依然很高？這幾年來確有不少工業爲爭取政府的廉價原料而發展很快，工廠也增加了不少，但是有許多工業也因此而陷於困境。因爲工業原料，不能自由進口，由政府統籌分配，在數量上受嚴格的限制。結果工廠和機器是增加了，而每期的原料外滙却並未比例增加，以致機器多於原料，不是停工便是減產，所有設備多不能充分運用，更無法達到標準化或最經濟的生產單位，業者如欲進口新式機器去更新設備，又受外滙配額的限制，不易批准，試想，在原料不足，設備不能更新的双重壓力之下，成本如何降低？這方面所發生的實例也很多，例如本省廿五家膠鞋工廠，倘日夜開工年產量可達九百萬双，本省需要量僅二百五十萬双，如原料充足可以外銷六百五十萬双。上年香港膠鞋業對各方訂貨日夜開工仍應接不暇，曾向本省接洽訂購一百廿萬双，終以原料不繼未能成交，而本省工廠竟有三分之一自動停工。又如僑泰興麵粉廠，有最新式設備，但因原料不足，經常只能開工三分之一，既不能大量生產，成本亦無法降低。再如本年第一期肥皂業松香外滙配額，潘澤廠僅配八美元，安全及榮昌廠各配十三美元，其他配二三十元者甚多。以此少量原料，如何改良品質？又如何增產外銷？同時，公營機構所配售之原料常寓有財政收入之目的，亦增加成本之主要因素，並且時斷時輟，亦影響生產，如去年十一月間在麵粉與花生油價格上漲時，曾由國外進口成品，而省內麵粉以及搾油工廠則因原料不足而停工，此與發展本省工業以及鼓勵勞務輸出之目標豈不完全背道？至於因原料分配不公而引起之流弊與糾紛，各方報導亦多，茲不細贅。

（八）鼓勵出口聯營：主管當局曾鼓勵設立外銷品聯營機構，藉以控制產地價格，以免發生搶購情事而影響外銷，除上年六月成立的茶葉聯營公司外，尚有九月成立的香茅油聯營公司，省青菓產銷聯營委員會等。本來聯營的目的是在「產銷合作，利益分享」，用意至善。惟目前辦理外銷之聯營機構並無生產者代表在內，祇是以聯營力量去決定產地價格，在主管當局認爲此種方式可以防止搶購，使出口貨品的價格穩定，有利於出口。我們既希望出口增加，又想控制其價格不漲，這種兩全的想法，是有背經濟法則的。每個出口商和生產者對自已的利益都會精密地計算，在有利可圖時，他們才會出口或增產，在無利可圖時，不會盲目地搶購或增產；而且會自動停止出口或減產，此非任何行政力量所能控制。如果我們怕出口商或生產者獲利太多，藉聯營的方式去壓低，那更違背「鼓勵出口」的原則了。目前聯營機構對出口的功過，是非常明顯的，如果說它有鼓勵出口的功效，也還待考。證諸本年五月間因香蕉出口次序，使產銷方面的聯營機構發生很大的爭執，双方均在各報紙刊登大幅廣告，互相攻擊，我們也可藉此了解聯營機構的眞相了。

從以上各節分析，我們可以看出，主管當局對鼓勵出口確也非常注意，並且定出不少的辦法，惟所收成效，却相去理想甚遠，原因何在？以作者管見，一方面由於執行機構未能秉承決策的原則去澈底推行，大家怕負責任，虛衍敷事，使原定目標完全變質，結果徒有鼓勵之名，而無鼓勵之實；另一方面有不少人對民營出口始終懷有成見，總以為成本過高，品質太差，再加鼓勵也沒有太大的希望，在釐定辦法時，其出發點便是「防弊」重於「鼓勵」，各種規定惟恐不嚴；各種限制，惟恐不週，為了澄清這種不正確的觀念，作者謹引用一位僑領和一位國際友人的談話加以辨正；一是泰國自由職工工會理事長黃鴻秋先生將本省自行車，縫紉機，電風扇，電錶等攜往泰國展覽，認為本省產品在品質方面勝過共匪工業品，價格不比日本貨為高，如外滙當局對工業品外銷儘量放寬，在東南亞市場對匪經濟作戰必獲勝利。另一位是本年二月間中日文化經濟協會舉行座談會時，日方代表佐伯俊雄曾謂：「中國對外貿易政策，雖提倡鼓勵出口，但實際上出口並未獲到獎勵，反觀任何進口都獲利甚豐，市面上多以進口貼補出口，同時加於出口限制太嚴，釐定底價與外滙處理辦法，缺點甚多，對於出口阻碍極大，故實際情況已變成獎勵進口與禁止出口的政策，中國欲振興出口，實應就此點加以澈底的改善」。（載自由中國之工業五卷四期廿一頁）這一段話把我們現行外滙貿易政策所有缺陷已描繪得淋漓盡緻。深盼主管當局就此澈底檢討！

三　結論

從本文的分析，我們看出現行鼓勵出口辦法雖多，但有許多矛盾存在，例如：既允許出口貸款，却遲不兌現；要鼓勵勞務輸出，又瞻前顧後，躊躇不決；要推廣民營出口貿易，又要委託公營機構統銷；明知結滙證放寬運用，可以增進出口，但又不肯放鬆管制，想防止外滙逃避，但又助長套滙；工業的生產設備既不斷增加，原料却不予充分供應；要減免外銷品捐稅，又不肯放棄收入，希望產品外銷，又怕內銷漲價；既怕商人賺錢，又怕商人賠本；希望產品大量外銷，又要逐項專案核准……等，這許多矛盾互相衝擊的結果，一方面使鼓勵的原意逐漸消失；另一方面在政策上便顯得舉棋不定或是朝令夕改，使商民惴惴不安，投機取巧之事亦應運而生，正當的出口商為免虧損只好袖手旁觀，也不敢作長久打算，出口自難有起色！

任何決策不可能十全十美，也不會有百利而無一害，不過決策者應當權衡利害，為大多數人民的利益着想，任何措施，在未決定以前固應縝密研究，但須廣徵民意藉收集思廣益之效，不宜閉門造車，以免窒碍難行。既經決定以後就要全力推行，不能輕率改變，主管人員尤須抱着為人民服務的精神，不要當着權力的運用，能如此，雖不成功，亦不遠矣！其行之於出口，縱無鼓勵之名，亦有鼓勵之實！

（上接第11頁）

上行得下去，也就不再嚴格要求。

英國所以設置這麼許多個部會，上面已經說過，是由於歷史的演變，同時也是因為它仍然保留着王室，以及它是個聯合王國和擁有許多殖民地的關係，才多設了好幾個部會，例如財務委員會，樞密院，大掌璽及自治領部，蘇格蘭部，殖民部，王室私產保管部等等便是。

英國中央各部會的組織雖然這樣地複雜，現在猶且仍其舊貫，這並不就是說明他們沒有進行過改革的計劃，一九一八年間，英國政府就曾以赫爾丹子爵(Viscount Haldane of Cloan)為首，組織了一個委員會，從事規劃調整各部會的工作。根據精密調查研究所得的結果，該委員會便建議將中央政府的職掌區分為以下十項：(一)財政，(二)國防。(三)外交，(四)情報與研究，(五)生產運輸與商業，(六)人民就業，(七)物資供應，(八)教育，(九)衛生，(十)司法。對於這種分類，英國行政學博士格拉典氏（E. N. Gladden）在其所著行政學緒論（An Introduction to Public Administration）一書中，雖然提出若干修正的意見，但是關於這種分法的根本觀念，却備致推許，而以英國政府後來不予重視，未加接納為可惋惜。可見就行政組織原理講，中央行政部會的數目，自是愈少而愈好，愈簡而愈靈。

在原理上講，為什麼是愈少愈好，愈簡愈靈呢？我國有一句老話「執簡馭繁」，是很適合於組織原理的。組織原理上有所謂「掌握限度」這一個問題，上級機構指揮下級單位的數目，受着這個「掌握限度」所限制。尤其因為中央行政機關應該是綜合和決定國家政策的機構，和下級的執行機構不同，其部門必須簡化，主管人數必須儘量減少。雖然有效掌握的人數限度應當是多少人言人殊，關於高級方面，有的說三至四人，有的說五至六人；基層方面大約是十至十五人，但無論如何，這個原則總不致太過於乖離事實。如果違背了這個原則，超過了這個掌握限度，就必須增設一種「中間機構」，方能盡統馭溝通的作用。（參考王撫洲著組織與效率）英國內閣有所謂特種委員會的組織，由各有關部會首長組成，作為調整（Coordinate）政策的機構；在第二次大戰時及戰後，甚至曾指派國務大臣，專負調整有關糧食，運輸，經濟及原子能研究等政策。在蘇俄，部長會議的副主席，曾經有過十五名，這十五名副主席，分別負責協調若干部的工作。我們在上面也曾敘述過，共匪在民國三十八年初設偽政務院時，曾經在院與部會之間，設立過四個委員會，分別負責指導各部會的業務。自偽中華人民共和國憲法實施以後，偽國務院原設之四個委員會已不復存在，更於偽國務院之內分設八個辦公室，除國家計劃委員會，國防部及外交部外，其餘各部會概分屬於各辦公室。辦公室設主任及副主任，其職責當係調整與配合各有關部會的業務。凡此種種，都是由於在組織上「掌握限度」已發生了問題，才設想出來的彌縫和補救的辦法罷了。

現在蘇俄的中央行政組織形態，已為行政上的集權限度和組織上的掌握限度所制限，不得不放棄過去的設施，將部會的組織裁減。共匪固然追隨蘇俄之後，重蹈蘇俄的覆轍，但是它將經不起行政組織原理的嚴酷考驗，乃屬必然。

教育計劃中的優先事項

James Quillen著
周淑清譯

現代的文化愈趨複雜，委之於學校的工作也愈加繁重，因之教育中的優先問題，也愈益增加其重要性。雖然確定教育計劃的優先，在意思形態衝突的時代，是很困難的一樁事，幾乎也是不可避免的爭論。在學校課程內決定優先，應該根據當代文化的特徵，與一些理想及價值的觀念，和最好而有利益的知識，關於個體發育的性質與進展，以及學習的程序。

決定優先的根據

有些權威學者，對於教育優先，給予了許多的供獻。研究行爲學的科學家們供予關於當代的社會與文化和個體發育與進展的性質，與學習程序的知識。哲學家們幫助證明學校所應推行的眞義和理想。從事教育的人們，由他們的經驗和研究所得，可以證明學校究竟能作些甚麼有功效的事。兒童與青年們能表現他們的需要和興趣，以幫助證明教育家相信爲重要的學校目標。父母們，外行的領袖們，和公民們可以幫忙證明現代文化的方向，就是他們所要傳遞的，和有的地方就是他們認爲應該要改進的。他們可以指出他們相信學校的任務，應該是從事於文化的永存、改進、社會化以及人格的發展。

公家教育最終的管制，是操在地方、州和全國階層人民的手中。在解決教育問題，人民有責任去廣泛的參加。無論如何，職業教育家們的權限是應該公認與尊重的。公家教育與公共衛生一樣，需要高度的職業能力水準。另一點應該留意的是，公立學校是要對支持它的全體社會和州負責的。它的功用是爲個體和公共的福利而服務。最重要的，是學校不能被某一特殊利益團體控制，無論那些特殊利益羣是如何的有勢力。

在決定教育優先，有人認爲在學科與兒童需要和興趣之間，以及智力與情感和感覺之間有衝突的地方。這些都是很重要的錯誤與矛盾。需要與興趣是受環境的支配，在這環境當中，個體有交互作用的。同時需要是常可以滿足的。祇要有學識與技能，與興趣是可以追求的。在所有學習情況上，都有智能與情感的因素。對於知識的努力與尋求易使個人得到一種態度和感覺。例如有些人不喜歡歷史是因爲教授他們的方法使他們討厭。

學校的任務是具備學術上豐富而有刺激的環境，在情感上，用以滿足知識的經驗。在這種環境當中，學生感到他們眞正的需要發揮廣潤的興趣，並求得知識，理想，技能和必需的能力，足以有效的生活於現代的社會。如此做法，每個學習的人和學業與社會的要求，都可以達成。

課程的原則

在解決教育的優先，必須先回答這一問題，課程的原則是甚麼？有人狹義的說，課程的原則僅包括些基本的技能如讀、寫、算，有人則主張課程的原則包括學校課程內所有的要素。這些要素對於完成學校的功用是很緊要的。

教育，是把人的行爲，向好的方面改變。這既然是眞確的，家庭、教堂、同輩羣、大衆中間，和學校全都對於教育功用，有所供獻，像整個的生態社會一樣。奇特無比的，就是學校是要審愼的製造與管理環境，以期達成行爲上適合意志的改變。學校是工具，由於這個工具文化才能永存不朽。當文化界的人們相信應當特別設置機構以保證知識，理想和能力的發展適應保留並繼續他們的生活方式的需要，學校就建立和保存起來了。

從發展個體上，學校對於文化的保存和改進有所供獻。他們負責去領導個別學習者，去發展他們的潛伏力量以至於極點的程度。輔導他們找到他們在社會上，應當享有的位置，並發展他們的能力，去履行他們的任務如父母們，工人們，公民們和富有創造性的人類，使他們知道他們自己內在的才德，並且對於別人的幸福和權利也很敏感的。

美國學校教育計劃中的優先事件，應該基於民主觀念的眞義與理想，表現出美國優良生活的意義，並且建立美國人民的行爲標準。這些眞義和理想就是我們經過學校，所要尋求而保存與完全實現的。當民主眞義和理想廣事宣佈的時候，多半美國人同意以下的信念；

一、個人偉大的眞義和神聖的尊嚴。
二、每個人享有平等機會去發展和使用他的潛力。
三、基本的權利與自由是屬於全民的。
四、根據於平等合作的原則用組織的方法解決問題。
五、用推理來解決問題。
六、美國人夢想着，所有的人民都應當享有較好的生活，這個觀念就是我們相互尊重，機會平等，公民自由，個人自發，合作和使訴諸理智，在現在與將來，我們都繼續解決我們的問題和改善我們的生活方式。

美國人民計劃在迅速變遷的工業城市文化中，保留這些理想。有些文化的特徵是：增加商業化，以產生高度的生活標準和充裕的閒暇時間；高度的衛生水準，由於人口迅速的增加和較多的年老人；增加專業化，互相依賴和集中化；增加標準化和一致化的壓力；城市與市郊生活的優勢；從首要到次要團體關係的改變；限制兒童和青年，參加日常生活上重要活動的機會；在城市文化當中許多人感到無名與孤寂；滿佈着恐懼與憂慮的心情；流行着違法和犯罪；意思形態的矛盾同共產主義和法西斯主義對於生活方式的恐嚇。

美國學校所謂優先是行爲上的特徵，在迅速變化的工業城市文化當中，足以保持更能廣潤的實現民主政治的眞諦。這些行爲的特徵可以用學識、眞義、技能和能力來說明。今天具有效能的人需要；

一、了解我們文化的變遷，包括地方、州、國和世界。

二、崇高的理想和眞義的標準，包括廣博的興趣，精美的欣賞，基本的忠誠，同純潔的態度。

三、基本社會技能包括讀、寫、講、聽、觀察和運用數字。

四、有反省的思維力應用於經濟、政治、社會、物理和生物問題上。

學問與理解

在學問與理解的領域內，現代最大的要求是能理解這些根本抽象概念的意義，如民主政治、自由資本主義、法西斯主義、共產主義、個人主義或類似的。現在多半的社會活動要經過次要團體的參加，然後擴張到廣大的地域。這樣的參加，大部份是概念的。如個人對主要的概念，缺乏有作用的認識，很可能被詭辯的與論製造者，如以線牽傀儡似的操縱。因此學校今天重大的優先事件，是發展主要概念的根本意義，用作現代文化的決定。

在發揮一種了解，對於我們改變的文化，應該在過去與現在或者將來之間，有一適當的權衡。大多數學校裏，現在流行的，特別在中等學校必須對現代時事和經濟、政治、文化計劃和社會將來的趨勢，予以較多的注意。對於硏究地方，州與國和世界之間必須要有適當的權衡。硏究現代的文化是專門的和彼此互依的，從地方以至世界水準，最重要的，是兒童和青年人的了解，包圍全世界地理上的區域，民族和文化。很多學校忽略歷史，地理和文化。美國許多中學畢業生對於世界地理，歷史和文學還沒有接受過較深的訓練，祇不過小學程度，有的還不及小學程度。當然的，對於地方、州同本國地理歷史和文化必須繼續注重，而給予高度的優先。

在決定教育的優先，課程的濶度或範圍是件重要的事。課程包括內容的選擇和從全部文化中而得來的經驗。倘若學校是爲今日的世界培植合格的國民，那麼所有的重要方面，關於現代工業城市文化必須包括在課程內。我們文化方面含有重要教育意義的是：

一、改進家庭生活。

二、發展好的體力與智力。

三、組織—管理—培養好的公民。

四、發展和正當利用物資—保藏。

五、生產，分配和消耗物品與服役—發展職業的和消耗者的合格。

六、運輸人民和物品。

七、交換事實，感情和意思。

八、娛樂和遊戲—有建設意義和健全的利用閒暇時間。

九、明示倫理的標準—道德和宗教。

十、明示和欣賞審美的理想—文學，音樂和美術。

眞義與理想

在眞義的領域內，最重大的優先，應該歸之於發展民主政治的理想，廣濶的興趣和高尙的道德標準。民主政治的理想，應該透過學校環境，和課程的內容與經驗，而用以去啓發了解它們，和時常的應用它們。在學校內應該繼續不斷的作到彼此尊敬，機會均等，合作，善用理智和優良的風氣。在整個的學校裏，教師學生共同策劃，以爲課室的基本工作。更應該人人廣事參加，並分擔責任。單獨注重於民主政治的理想，還是不够的，應該客觀的硏究共產主義，法西斯主義和其他的意思形態。因爲它們是對於現代世界自由生活方式來挑戰的。

處於迅速變化複雜的文化中，尋求多方面的興趣，和依賴自己，對於個人的成就是重要的。在學校裏，任何人不能把所要知道的，都能學到。因此，學校所能做的，最好是訓練培養其對於現代生活上重要的事項，使之發生濃厚的興趣，並依賴自己能力去追求它們。這個還須附有豁達的胸襟，與求新知識的熱忱和新的興趣。教授青年人學習他們所不喜歡的是害多而利少。

歐廉，布萊得將軍把現在的時代叫做『核子巨人，倫理小兒』"Nuclear giants and ethical infants"時代。各方面都證明必須發展高尙的倫理和道德標準。學校對於這些地方負有重要的責任，但是它不能單獨進行的。發展青年人的好品德是家庭和教堂，最終還是整個的社會和學校一同來負責。學校必須與所有關於樹立品德的機構，取得密切的合作，特別是家庭和教堂，但是公立學校必須使它們自己脫離教派的影響，倘若憲法規定把教堂與政府分開，那麼良心自由，宗教自由是應該保留的。

技能與能力

在教育計劃當中，在基本技能的方面，高度優先應該是發展讀書要能了解它的意義，敍述的和解釋的文字要清晰，客觀的討論爭執的問題，能夠說外國語言，高水準的定量的思考和由於聽和觀察而獲得的正確有用的知識。在讀的方面，注重字的意義，關係着以前會經討論過的概念的重要性。很明顯的，普遍於現代的文化中，從軍事的會報以至於報紙編輯欄的通訊，寫作需要有清晰和正確的交通功用，公立學校和大學都要注意去練習作文式的寫作。

在我們文化當中最大的需要是能鎮靜的，不動感情的來討論一個有爭執的問題。我們常說所謂討論爭執問題，不過是重新調整私見而已。我們民主政治最終是基於討論和理性的說服。所以學校應該予以高度的優先去練習討論多種的爭論和問題。

在美國，能說外國語言是另一個重要的通訊媒介，傳統的由於移民，我們說外國語的人，有大量的儲才。從一九二〇以後，這個來源大爲減少。若是美國要實踐它的領導地位，那麼學校爲社會觀念去發展才能，應予以優先考慮。

運用數目字與定量的思考，是另一個應注重的基本技能。工業城市文化根據於廣濶的數學基礎的。現在的工藝學和科學是不能繼續存在的，除非許多人的數學能力能達於高度水準。因此學校不僅需要發展算術上的計算能力，還要啓發高度的定量思考。這是一個嚴重的問題，因爲僅有少數受過訓練的數學家，參加公立學校任教。

聽和觀察或者是最容易被忽略的兩種基本技能。典型的成人由於聽和觀察所獲得的時事知識比較

（下轉第28頁）

吉隆坡航訊・八月五日

馬來亞華僑當前的三難

施勛

一

馬來亞行將在一九五七年獨立了。目下當政的首席部長東姑・押都拉曼，以他最近的作風來看，我們不能不懷疑他，已在推動他一貫主張的「排華政策。」今天在馬來亞境內，幾乎可以說大小經濟的命脈完全操縱在華僑手中，從北面的玻璃市一直到南邊的柔佛州的新山，所有大小商業幾乎完全在華僑手中。許多年來，馬來人由於疏懶及無能，早已經看得眼紅了。東姑在沒有上臺的時候，已存有排華的意念，要不是馬華公會會長陳禎錄爵士，極力主張與巫人合作，相信華巫民族間早已流血了。

東姑上了臺了，第一個使華僑爲難的問題，便是獨立以後的公民權問題。這個問題星加坡與馬來亞都鬧得漫天風雨。星加坡由中華總商會在努力，馬來亞則由怡保僑領劉伯羣等人在設法奔走。在東姑的政府的解釋，除非是在獨立後馬來亞當地出生的華人才有資格取得公民權。至於從外地而來（包括中國及香港等地者）的華人或是在獨立以前出生於當地的華人，必須在馬來亞繼續居留凡有十五年以上者（其中不可有中斷者），始有資格申請公民權。

這個規定尚未明令在憲法上公佈，但東姑代表的巫總確有此意。現在英國方面正派了憲法專家李德，在馬來亞成立一個李德憲制調查團，決定今後華僑在馬來亞憲法上的地位。

於是現在全馬的華僑眼看這是關乎自已和以後子孫的切身問題，每州每市均紛紛團結起來，在開會討論，向李德憲制調查團提出意見，公開呼籲，並說明華人在此之地位及立場。

吉隆坡的僑領曹堯輝，怡保的僑領劉伯羣及檳城的僑領林連玉等人組織了一個全馬華人註冊社團代表大會，這個大會專門負責折衝重訂馬來亞的憲制事宜。他們本月十九日向憲制調查團提出備忘錄詳情一通（請見本文後頁）外，復要求接納以下四項問題：

（一）土生公民權原則須無條件接受，（二）凡外來華人在此邦居住五年以上者，並以本邦爲永遠家鄉，且能效忠本邦者，則可申請公民權，無須經過語言之考試及其他煩難之手續，（三）除英語巫語外，須添採用華語爲政府各級議會之通用語言，並列華文爲官方語文之一，（四）廢除一切不平等法律，對聯合邦公民權無種族，膚色及宗教之分，皆給予以平等之待遇。

至於華人註冊社團代表大會向李德憲制代表團所呈之備忘錄全文計：

（A）第一章：「出生地公民權問題」（一）以出生地爲當然公民的一項原則，爲世界文明國家普遍公認者，倘馬來亞拒絕此項原則，即等於違背國際公理，抑亦違反人權初步的一切權利，不管當地有任何特殊情形，本邦不願有此不公平、含歧視的公民權法律永遠存在。（二）在現行憲制下，巫人已獲得優厚待遇，致令非巫籍人民之情緒感覺失望與沮喪，倘本邦不能贏得華人之竭誠效忠，可說是有民族歧視之政策存在，現行憲制在民衆强烈反對下，竟於一九四八年二月一日實施有效，從此非巫籍的馬來亞人，對本邦之興衰無權過問，甚至本邦之居留與經營亦須仰人鼻息。（三）於一九五五年七月廿七日舉行首次聯合邦選舉，給吾人帶來充份認識，以爲如果英政府給本邦人民以自治獨立，則對現行公民權法律，應有重訂之必要，鑒於過去巫人在整個選舉區之投票，已擁有百份之八十之優勢，除聯盟（按指華巫聯盟，乃馬華公會與巫總之聯合）投票誌有若干非巫籍民爲候選人而獲得成功外，其餘均屬巫民，苟非聯盟預有安排，馬華公會與馬來亞印度國大黨之間先獲諒解，則現在政府中非巫籍民休想要佔得一席位。在這次選擧後，聯合邦首席部長曾作公開聲明，指出如無巫民族總一機構之勢力在後支持，則今日之政府中，斷不致有華人之席位。造成此種現象之根源，祇因現行公民權法律之不公平，而使非巫籍民不易領取公民權而引致有投票之權。（四）檳城與馬六甲兩個殖民地，現已列入聯合邦範圍以內，此二地出生之人民自動成爲英籍民（British Subject），自公民權法律實施後，此等英籍民又自動成爲本邦公民，如此情形，豈非一種諷刺。（五）在戰前凡出生於馬來州之華人概作「受保護民」看待，如其欲到外國旅行，又可領取英國之護照，惟此種情形，迄今無復存在，因出生於馬來亞之華人在今日之地位遠遜於戰前之地位，由於其地位之被剝奪與降減，不難成爲政治上之被排斥者。（六）除非出生於本邦之華人或其他非巫籍民可自動享有公民權之平等待遇，否則要建立新馬來亞國家，而臻於和平、幸福繁榮的統治目標，仍屬空談。

（B）第二章：「申請公民權問題」（一）如所週知：馬來亞乃由外來民族組成之邦，除却沙蓋族（按爲馬來亞原始之土人），試問現在於馬來亞的任何民族集團，誰非從外邦而來者。（二）前任馬來亞民政官威蘭氏所提出的一九三一年戶口調查報告書，其中有一段引述如下：「然而即使巫人自稱以曩昔的山林荒野之馬來亞爲其原始誕生地，此是無可能的，同時此說亦不足爲訓，因英人、華人，及印度人亦稱：當年開闢馬來亞時確未獲巫人之協助，而且本邦之巫籍移民，係成羣成隊絡續而來本邦者，顯然巫人以此地適於落居也」。（三）在一千年前華人已居此邦，遠在唐朝時代（公元六一八至九〇〇年），華人已移居馬來亞，以迄今日華人尙被稱爲「唐人」，有史可稽，此外經數百年前遺下之中國古物，迄今亦尙存留於馬六甲州。(四)雖然馬來亞無明確之史乘，但一般史家均表同意，以今日的巫人言，其祖先乃是鄰邦之土著，其移來馬來亞疆土，雖先於華人，但相距之期並非遠久，由於巫人接踵而來之故，其移民遂告日見擴大，於是在數目上握得民族上之優勢，洎乎一八〇二年移來本邦之華人其數目已遠可觀，俟一八七四年邦咯協定訂立之後，馬來亞乃隸於英國之保護矣，由於英所設移民政策且有種種鼓勵條件，於是南下之華人爲數日衆。(五)目下尙居留本邦之廣庶華人，雖非出生本邦，但其在本邦居留已以此地爲其永遠家鄉，並以此地爲其效忠之對象，今日馬來亞，在經濟上之發展達到相當水準，全賴若輩華人之克苦耐勞，爲本邦多方貢獻有以致之，倘若輩限於公民權之領取，即是爲馬來亞造福之人士，反而不能穫享收成之果實。(六)華人本是最活潑的民族，其所到任何國家居留，無不裨益該國，由於其傳統文化，華人是愛好和平之民族，華人祇爲謀生，苟能在貿易與工商方面，成功致富，其成功之因素，並非以其他民族榷取而來者，乃係以其克苦耐勞之精神而求之者。華人所獲取之資財，概留以本邦，故能促成本邦之富庶繁榮，至若有某方面人士，因此而生嫉妬，實無理由也。苟施嚴例而阻止此等居民領取公民權，如欲建立繁榮與和平之國家則萬難實現。(七)聯盟認爲謀取馬來亞之獨立，在進行重訂憲制中，對外僑問題，須交於一個特別委員會詳加研究，爲了選出該委員會，聯盟已經上書各州蘇丹，同時聯盟以此一委會，須具有種種特殊權力，俾可調查人口，提供計劃，使外僑問題，能圓滿解決。

(C)第三章：「多種語言問題」(一)關於採用語言一問題，實有極大理由在，是故聯合邦政府議會應依照星加坡辦法接納多種語言方式，聯合邦內有三大民族，如華人，巫人及印度人，雖語言風俗各異，但猶能和諧共處，歷代以來，本邦方言教育，在殖民地政策下，獲得自由發展，從未要產生一個馬來亞化前途之意圖，亦無意要設立一個共同語言而爲各民族傳達與交換意見之工具。至於英文教育，其主旨不外欲造成一些人才專爲殖民地政府及殖民地經濟機構服務，於是進英校求學之男女學生其人數有限，比諸方言學校之學生數目，相差懸殊。據一九五四年九月間調查報告，計各校學生之總數爲八十萬零三千七百五十三名，其中英校學生僅佔十五萬八千四百八十五名，以目前情形看來，各民族們依其原來習慣，讀其本國書，吸收其本國文化，華巫兩族，以其宗教與風俗互異，宛如兩個世界，如欲此一民族能精通彼一民族之語言，持此理想，決難實現。(二)所有「市場巫語」雖被普遍使用，惟此項語言，過於簡單，若以此項語言作爲議會上交換意見之工具，定詞不達意，且語寫不詳，事實上此項語言在效用上無濟於事。(三)在目前程序，若在議會中之議員，欲求交換意見，而使用其本族語言，固然比較流俐，比較方便。(四)馬來亞聯合邦現有人口總數，以華人佔百分之四十計，即有二百四十萬人，至若華人中能操英語或巫語者，僅百分之十而已。如欲以英巫二語作爲議會中之法定語言，則對民選之選擇，範圍甚爲縮小，假定新馬來亞國家，仍重視民選制度，但依然有語言之限制，此乃不符民選之原則。(五)在過去幾十年來，政府各機構，所有發表或刊行各種告示，均用華、巫、英、印四種文字，其次，馬來亞廣播電臺，及其他宣傳機關亦認識華文之重要性，因之上述各機構，無日不用華文，此外，在馬來亞各級法庭，亦准許各民族自由使用其母語，祇透過通譯員傳達意見，此已爲法庭日常之慣例，由此更可證明本邦大部份人民尙未能操通用之巫語及英語。(六)在馬來亞通用之四種語言，其重要性可從每日出版報章證明之。(甲)各華文日報每日刊行總數爲一九五·〇〇〇份。(乙)各英文日報每日刊行總數爲一三五·〇〇〇份。(丙)各巫文日報每日刊行總數爲四〇·〇〇〇份。(丁)各印文日報每日刊行總數爲四〇·〇〇〇份。(七)關於語言問題，在聯盟政綱第十頁，中有一段引述如下：「馬來亞之公民所用各種語言，不論其種族，宗教之區別，應予以合法承認，而使彼等獲得法定與基本權利，從而保存其本族之語言及文化。

(D)第四章：「不等待遇問題」(一)聯合邦憲制，係以撫慰巫人愛國熱情爲基礎，是故現行憲制中所定下條文與方策，多存偏袒及不公平之趨向，此無非以保留巫人之特殊地位。總而言之，此一個民主國家竟行不民主之事。今日馬來亞踏上民主之途，如對各民族之待遇，一有偏袒，則可造成未來馬來亞之公民有優劣等級之分，如此，決不能使民族和諧共處，甚至馬來亞亦不能達到一個進步之國家。須知一個有多種民族的社會最要者，須先謀各族獲致和睦親善，由於不公平與存有歧視之法律持續保用，則民族間將滋生不信任、憎恨及引致悲慘的結果。巫人獲得其他較先進民族之協助，此項協助須在道義上而非在法律上着手，若以法律上之協助可促成巫人爲優越階級，另一方面，又可養成巫族之依賴性而失去其自尊之心，吾人不欲長大巫人之依賴性，但願其有自力更生之能力。(二)如欲建立一座對付非巫民族之壁壘，以爲就可促進巫人之發展，持此非正途之理想，當無收效，反之可使非巫籍民頓萌憎恨與失望。(三)爲謀本邦之幸福，所有一切不平等不公平之法律應予以廢除，同時，對各民族亦應予平等待遇，然後始可使各民族共同合作與親善，且可引致巫人獲得更有希望，更可樂觀之前途。

上述之備忘錄已提交憲制調查團，據說將在本月中旬，該調查團要請大會代表劉伯羣、曹堯輝及林連玉三先生當面再開一圓桌會議，聽取他們的意見，然後再行定奪。現在聯合邦境內各地華僑，爭取公民權的聲浪，此起彼伏、紛紛向憲制調查團，提出意見書及備忘錄，因爲篇幅有限，茲不多述，僅記載了全馬性的備忘錄，供海內外國人參考。

二

馬來亞華僑現在面迎着的第二個難題，乃是聯合邦政府於本年五月六日正式公佈，且在同月十日，由聯合邦立法議會正式通過之「一九五六年教育委員會報告書」。當這個報告書通過後，全馬華人，一致譁然。因爲這個報告書內的教育政策，很明顯底是說明了一九五七年馬來亞獨立後，要消滅中華文化。因該報告書規定「本邦最終之目的，以巫文爲教學之媒介」，又如有「……注意使馬來語文明爲本邦國家語文之意向」。這一切已經在在說明東姑領導的政府的施政，已經走上排華之道。這是泛馬二百四十萬華僑所不能容忍的。因此，從七月開始，這個事態便自然而然的擴大了。

馬來亞二百四十萬華僑一致起來反對這個教育委員會報告書，因爲這裏存有消滅中華文化的陰謀。首先對這個教育報告書「開炮」的，乃是泛馬華人教師總會主席林連玉於七月廿二日在隆坡波歡迎全馬華校校長會議席上稱：「華文教育的前途，值此時，此時是空前暗淡的，尤其是中等教育，更加考慮，首先教育報告書第二章第十二節，是巴恩氏(按恩爲英人，力主排華)的衣鉢眞傳——一九五二年教育法令(按該法令亦是主張淘汰華文教育者)的借屍返魂，實在要不得。其次，整部報告書，標榜英巫文的精神，因爲巫文程度尙低，就全部爲英文所獨佔，華文與印文都沒有地位。再次，執掌權力的人，嘴中說的是一件事，寫在紙上的又是另一件事，看原則是一件事，問事實又是一件事，報告書可以隨意曲解，條條可以隨時發生，政令又不統一，我們根本無法產生信仰。又次，自從聯盟政府成立以來，對於華文教育不合理的待遇，不但不改，且變本加厲」。

林氏又指出：「華巫印三大民族，非推誠相見，建國的工作一定不能實現，我們歷來認各民族爲兄弟，對於巫人不但十分尊重，並以誠意的作儘可能的協助，希望巫族人士，回報給我們眞誠的友誼，不然，華巫不能合作，結果另有人以陰謀作祟，漁翁得利」。

林氏警告各地的華校校長稱：「全馬來亞的華校校長和家長們啊！你們的子弟就要一大批一大批的無書可讀了，尤其是要升入中學的青年，將會更加無路可走，大家願意去讀巫文嗎？我們願意接受人家擺佈給我們的命運嗎？我們應該趁早醒覺了，人家要消滅我們祖宗千辛萬苦從國內渡海帶來的可貴的中華文化」。

林連玉，這個呼聲喊出以後，全馬華人及全馬一千二百多華校校長，一致起來響應，羣起反對，並主張嚴格向聯合邦政府交涉。但聯合邦政府當局還是堅持已定之決策，於是各地的不平之鳴，更是蜂擁而起。於是各地校長在七月廿三日在教育部召開之民族校長會議，提出了(一)關於新教育政策問題。一九五六年教育報告書中有許多缺點，雖經交涉要求更改，但政府仍任意曲解排斥華人地位，爲華文教育前途計，吾人認爲殊無理由加以接受。今後華校校長準備自力更生，始足以圖存。(二)吾人堅決爭取華文爲吾人教育上之母語，吾人堅定要求發展母語教育，母語教育不得有絲毫損壞。

在七月廿四日晚上泛馬教師總會特別理事會也舉行了一次非常會議，討論結果教總特別理事會對一九五六年教育報告書，決定了(一)我們對一九五六年教育報告書表示不滿。(二)我們即召開第三屆馬華中央教育工作委員會及董教聯席會議，以公決華文教育問題。七月廿五日聯邦校長會議最後一天的會期，其中以新山中學嚴元璋博士及檳城韓江中學黃尊生博士攻擊最烈。嚴氏說：「……如依照教育報告書去實行，英校與華校都完了，我們華校校長並非不喜歡與英校校長在一起，而是，我們與英校共同合作，必須有一個光明的前途，但是，現在看來，這個光明的前途已沒有了」。嚴氏說完以後，年逾花甲之黃尊生博士(按黃氏曾任英士大學教授)亦激動地道：「今天的事情誠爲不幸之至，我要說明者，乃爲新教育報告書是不能接受的，……根據新教育報告書，不但華文教育有被消滅之虞，英文學校亦然。它對華英學校，均爲不利。馬來亞爲華巫英三大民族滙集之地，各民族教育必須獲得正常發展。任何民族之文化，必須在獨立之馬來亞獲得滋長；任何不合理之法令，不利華校部份，將使人發生反感，我們對新教育報告書，將堅決反對……因爲該報告書第二章第十二節規定『本邦教育之最終目的，以巫文爲教學媒介』，根本是要不得的」。

黃氏在返檳城時，又呼籲全馬華文教育工作者應與印校及英校同仁，聯成統一陣線，如此則力量將更龐大，新教育報告書不單是華校校長不滿，即印校校長及一部天主教主辦之英校亦然。黃氏認爲孤軍奮戰之志，誠屬可嘉，但如聯合友軍，在戰略上更勝一籌。他指出政府當局現在所實行之教育報告書乃「一石雙鳥之政策」先擊敗華校，以後再擊敗英校及印校，然後實行所謂全部馬來亞化，其存心實極陰惡可怖。他呼籲全體華人都奮臂起來抵抗。

現在這個事態還在演變下去，泛馬中央教育工作者及董聯會將在下月召開大會，屆時將向政府作一場殊死的鬬爭。

三

馬來亞華僑面迎着的第三個難題，乃是聯合邦教育部決定在明年三月舉行全馬各民族教師之檢定考試。如果及格，准許繼續執教，如果不及格，不管他教了十多年書，一樣取消資格。至於華校教師之檢定，表面上說是整頓華文教育，實際上乃是變相的消滅華文教育。這件事情也是引起了全馬二百四十萬華人的憤恨與反對。七月廿日泛馬教師總會主席林連玉，副主席沙瀾如，特聯名上函教育部內稱：「關於明年三月大部準備舉行之教師特別考試，現因消息流傳，已使所有教師人心惶惶，深感不安，敝會之意，認爲此種情形，……必須從長研討，以求至善。尤其是考試之目標及辦法，必須詳細公佈，使眞相大明。以釋羣疑」。

可是這個消息傳出以後，全馬華校教師，認爲政府簡直拿辦教育在開玩笑。於是首先受到馬六甲勞工黨分部秘書賴政宏指責。賴氏指出：一九五六年教育報告書是由政府授命組成之十五人教育委員會對政府所提出的一個教育上政策的建議，惟眞正的教育法令，至今仍未見釐定，今在該法令未釐定與通過之前，試問教育部所頒佈之「教師檢定考試制」，係從何作根據？何況教育報告書中並無教師檢定之建議。

賴氏又指出：假使政府有理由檢定已經註冊之各民族教師，吾人亦同樣有理由檢定服務多年之政府行政長官。假使將檢定考試，改爲晉級考試，則係一項極明智之舉，蓋此爲鼓勵教師進修，眞可使教學相長。……但倘若政府藉「檢定」之機會，淘汰一般「政見」與政府相左之教師，在信仰自由的民主國度中，實行此種政策，政府必蒙受極大之損失。……凡馬來亞已經註冊之教師，應爲馬來亞當然之教師。

在麻坡方面，麻華教師公會曾在七月廿二日召開執行委員會，一致起來反對所謂教師會考的辦法。他們指出：……所謂特別考試，可謂毫無意義，其原因何在？更令人迷惑不解，因爲如說是提高教育效率，則最重要之教學法及國文何以並無試題？今以東拉西扯，不三不四之考題，好像將教師作爲小孩子，甚麼智力測驗，甚麼烹飪，此種考試，實史無前例。

在笨珍方面，該地規模最大之培羣中學校及那那育民學校教師，一致不贊成這種考試。該校校長丘林容稱：每一位教師之資格、學歷、思想，都經過政府三五次之調查，歷時二三年，始獲准註冊，政府若有懷疑，乃是自打嘴巴。

各校校長會議，在吉隆坡召開時，對於這個教師檢定考試，也引起不少極長之激昂發言，但會議中因對於考試之內容詳情尚未完全明白。於是會中決定暫不表示意見，僅議決：「明年三月擬舉行之教師檢定考試，吾人要求先明白考試之目標及內容，然後由教總召集會議，公決吾人之態度」。

但是在七月中旬聯合邦教育部正式答覆教師總會所詢的考試內容，並明白指出：「如考試不及格，即不承認爲標準教師」。於是在七月廿九日在吉隆坡舉行了一次全馬華校教師之千人大會，由林連玉爲大會主席，會議情況至爲熱烈，會議中一致議決：堅決反對參加教師特別考試。

林連玉在本會中大聲疾呼道：「教育當局口口聲聲說：參加教師檢定考試後，就可以參加統一的薪金制，就會提高薪金，大家要知道我們今天是爭取保存中華文化，是要求合理平等的教育制度，而不是爭個人的飯碗，如果爲了自己得到多少利益而參加考試者，就是民族文化的罪人。我們爲了維護民族文化，就應該團結一致，更應該會同全馬教師團結起來，共同挽救華文教育的危機」。

林連玉又提出道：「政府口口聲聲說推行巫語，但我們不能爲了推行巫語，而曲解中華文化，如果照目前的情形，就是我們民族文化的消滅，我們到死都是要反對的」。

在檳城和威省方面的檳威教師公會華文組於七月廿二日也舉行了一次會議，會議結果議決：政府擬在明年三月一日對華校教師實施之檢定考試，對於已經註冊之教師既係不合理，而且不公允，故議決一致反對。

會議中復決定將是日之意見提交檳威華校教師公會執行委員會討論。

可是政府方面呢，看上去態度也十分堅決，其勢似乎是勢在必行。因爲在雪蘭峨州城方面，華校總視學官楊稚靈已經在七月廿九日在吉隆坡華校教師公會內，分發教師檢定考試之通知。在雪蘭峨州中各教師已完全獲得上項通知，但在其他各州方面現在由各州市之視學官負責分發上項通知。相信不久可以遍及於全馬之各教師手中。

這個問題看上去在明年二月定然會見分曉。華校之各校教師，以全馬來亞說，中小學在一起，不下一萬多人。現在他們的態度也十分堅決。他們一定不參加這個檢定考試的。

上述三個難題，正是使馬來亞的華僑感到百倍困難。華僑方面都是火燒在心上，因爲許多年來受盡了委曲，無處發洩。如果上述三個難題中，設若有一個不能得到合理解決，相信全馬華僑，輕而言之，實行全馬總罷市，總罷工。重而言之，會造成流血慘案。希望政府當局及國人君子，不要忽視了今天馬來亞華僑面迎着的三個生死關頭的問題。而尤希望我政府當局能發出呼聲，予以支持全馬華僑的立場，此時我們應該說話了。

（上接第12頁）

換取使用權之得以繼續，不能再以殖民地的姿態，強迫使用，而侵犯阿拉伯國家的主權。所以我主張，蘇彝士運河的管理，雖可置諸一國際組織，而航運的收益應儘先多數交於埃及，以爲埃及建設之用。而此一國際管理運河的組織，尤應屬於技術性質者多，屬於權力性質者少，其權力的主體則設於聯合國中，埃及派一水利管理專家長川駐在聯合國，爲該小組委員會之常任主席。埃及既爲聯合國會員國之一，管理蘇彝士運河之主體如此建置，無論就形式與實質言，皆不影響埃及的主權。如此則使用國家與主權國家，均可求仁得仁，相安無事矣。

這篇文章的目的，在從良心上提供我的一點原則意見，所以不願多加參考變幻的風雲現象，也不必預測能否引起大戰。不過我看蘇俄不願因蘇彝士運河之爭，而引起大戰之心，已畢露無遺了。祇要英、法能認識阿拉伯文化的特質，阿拉伯民族運動的癥結，與蘇俄如何想利用此矛盾情形，以滲透中東與北非的陰謀，在政治上向阿拉伯國家讓步，在經濟上予阿拉伯人民以實惠，徐圖恢復彼此的情感；然後從教育文化的互相觀摩，從中產階級經濟地位的培植，導致阿拉伯文化走向自由民主主義，自然危險獨裁人物如納塞之流，不會掌權，此乃解決中、近東及北非與西方國家衝突根本之道。

美、法的聯合作戰決心，只宜用以逼使蘇俄不敢煽動納塞，流爲橫決，絕不宜再用以壓迫阿拉伯民族。假使再用武力壓迫阿拉伯民族，勢等爲淵驅魚，逼使阿拉伯人一面倒向蘇俄了。我希望美國在這個關頭，要拿出領導國家的風度，勸說英、法在中、近東與北非，撤退殖民地的一切藩籬，從經濟上採互惠平等的原則，以幫助落後地區的建設。即此援助建設之學，亦須在互信恢復之後，視各國之需要而行。假使英、法不願接受勸說，美國亦可乘時施用壓力。老實說，單憑英、法的聯合作戰決心，絕不足嚇退蘇俄的兇鋒，實因有美國的龐大力量在旁所致。所以在這個時候，美國應當可以說服英、法放棄一切殖民政策。假使美國能樹立此公正領導的威信，確爲世界一切問題走向和平會議解決的先聲。

葛藤

(五續)

聶華苓

十一月二十四日

今天我和白綾帶着小茜去逛動物園。一個小孩在勸物園門口賣報紙雜誌，我向他買了一份雜誌，問他多少錢，那孩子不過六七歲，閃着一双狡黠的小眼，他告訴我六塊錢一份，但我身後的一位軍人說：

「這小子，撒謊，明明是四塊錢一份，他說六塊錢！」

我轉過頭去對那位軍人微笑着點了點頭，然後轉過來摸了摸那孩子的禿頭，拉出他的右手，在他手心上放了四塊錢說道：「這是報錢！」，又拉他的左手，另放上兩塊錢說：「這是給你買東西吃的，小朋友！」

那小孩眨了眨眼跑開了。白綾用肘彎輕輕推了我一下說道：

「你眞有耐心，年紀那樣小就知道撒謊，眞應該說他幾句。」

「不，他沒錯，只是這個世界有點毛病！」

我不知那兒來的靈感，答出了這兩句話。當時我處理那件小事時，決沒想到這些冠冕堂皇的道理，我不知爲什麼要那樣做，我只曉得自與白綾相愛，我的心地就變得特別寬宏，對人特別慷慨，眼中沒有了罪惡。

我對白綾談論着我在抗戰期中的學生生活。我告訴她，同學之中有一個是憂鬱的詩人，成天在壁報上歌頌一個梳有兩條烏黑小辮的姑娘；一個是富有政治天才的志士，憤時嫉俗，他領導學生揭發了學校一個會計的貪汚，最後當選了學生自治會的主席；另一個是個謙虛的基督徒，愛幫助人，從不與人爭執，他後來放棄了留學的機會，去窮鄉僻壤傳道。我們性情雖不同，但一樣的沸騰着滿腔的熱血，憎恨平庸與腐敗，希冀戲劇性的人生。獨山失守的消息傳來，我們幾個人在寢室中談得聲淚俱下，四個人全從了軍。入伍之日，每個人給淪陷區的家人寫下了悲壯的遺書，「馬革裹屍」、「殺身成仁」的字樣都寫了上去，我們將遺書交給一位要好的同學，萬一我們犧牲了，便請他日後將我們的遺書送回家去。我還將一件穿了四年的舊呢大衣送給了那位同學，心裏想，假若我陣亡了，他看見了衣服就會想起我。有一次，我步行四十里路回到學校，我站在操場中央，一羣同學圍着我聽我講軍中生活，有人還走過來摸摸我的灰布棉軍裝。

我就這樣對白綾滔滔的談着，好像自己也突然變的年青了！

「假若那時我們就碰見了該多好！」白綾突然插進了這句話。

「那我們的感情一定沒有現在這樣複雜。」我停頓了一下，又繼續說道：「白綾，人到了中年，眞是一個充滿了矛盾的階段，連戀愛也是矛盾的，要愛，又不敢愛，我年青時就卑視這種不死不活的愛情，但現在我們不就是這樣的嗎？」

「不這樣又有什麼辦法呢？」

這時我們正走到動物園的小山頂上，山下是一片碧綠的平疇，山坡上有些小樹叢，白綾的手指着前下方對我說道：

「你看，那是什麼？」

「一棵被葛藤纏死了的枯樹。」

「你說那棵枯樹像不像我們人？」

我黯然點了點頭，說道：

「那層層的葛藤就像我們與生俱來的，擺也擺不脫的種種束縛，這就是人生。」

「你比喻的很對，我還不能說的這樣透澈。我想，每一個人在他生下來時就註定了他將走什麼樣的路，許多力量推着他，不那樣走不行。」

我們在談話中忘記了一切，忽聽得小茜在前面喊道：

「媽媽，快來喲！多美的孔雀喲！」

我們停止了談話，向前走去。人們嚷着：

「快來看！孔雀開屛了，好運氣！」

當我們走近時，看見一隻孔雀正展開它的兩翼，像一位高貴的女皇似的，驕傲的向人們展示它的美麗，那種絢爛的色彩，只有雨後的彩虹才能比擬。小茜高興得只拍手，突然問道：

「媽媽，什麼是孔雀開屛？」

「是天使打開他的扇子！」白綾俯下身在小茜耳邊說，然後又站起來對我說道：「煥之，我眞高興，一個人一生中難得碰見一次孔雀開屛，而我們碰見了，我們要交好運了，我們不會分開了！」

我從未看見白綾的臉這樣明亮，但我並不快樂，她的話在我心中反而引起了一股莫名的悲哀，她竟痴心到把自己的命運，寄託在這些偶然的迷信上！我握住了她的一隻手，默默站在欄柵前面。

「煥之，你在想什麼？」白綾凝視着我問道。

「我在想——我在想愛情是何等神奇，竟把這個充滿了血與淚的世界變成了一個樂園！」

我確曾如此想過，但那時我所想的，卻是橫擋在我們面前那漆黑一團的未來。我又撒了一次謊！

十一月二十八日

白綾，白綾，寫着這個名字時，我都是幸福的。妳變成了空氣；妳變成了光。我可以呼吸到妳，感覺到妳。不，還不止此，妳對於我是整個的宇宙，有了妳，才有我的存在。

十二月一日

今天我和她散步到水塘邊，我們偏愛那個小水塘。每一對愛人都有一個屬於他們自己的神妙的地方，在那兒，他們可以看到天堂，而屬於我們的，就是那個荒涼的水塘。雲在水中悠悠的游，幾片枯葉在水上飄浮，大樹的葉子全已凋落，成了一棵禿樹。那兒的景象與我們第一次去時完全不同了。我不禁嘆息，人在生命中追求永恆，而宇宙却在不斷的變動。

今天我在她身旁感到十分不自在，我感覺我們都在欺騙自己。我們一直避免提到兩個人——她的丈夫和素芳。好像這樣他們就可從我們的生活中退出去了。多麼可憐而又愚蠢的欺騙啊！

近來素芳的來信，情緒十分不安定，一會兒說她生活得很好，一會兒又表示焦灼不安，希望快見到我。唉，她畢竟是無辜的，但是，但是，誰又是有罪的呢!?

十二月五日

我送給白綾兩張畫，配着乳白色的彫花鏡框。一張兩旁是嶙峋的山巒，一條小溪靜靜的向谷中流去，澄碧的水中映着珍珠色的雲影。另一張是一片翠綠的草原，一望無垠，草原上疏疏落落的點綴着白色小屋，兩隻小羊在一灣水塘旁啃草。

「這兩張畫我都喜歡，一張給人深邃之感，一張象徵着和平寧靜。」白綾一手拿着一張畫說道。

「白綾！這不就是我們所想望的地方嗎?」我指着那一片青青草原說。

「唉！不知什麼時候才能過那種好日子！」白綾的眼睛仍盯在那張和平的畫面上。

於是我們談到昆明的草原和那兒美麗的雲彩。我們永遠談着過去，不談未來，不談那黑漆漆的未來！

後來我們又讀「少年維特之煩惱」，白綾熱愛這本書，她讀的時候，眼中含了一汪淚，對我說道：

「煥之，我覺得維特的每一句話都是為我們而說的！」

十二月七日

人與人之間由於疏遠而造成的誤會是可怕的。近來很少和陶耀中夫婦接觸，我們之間的空氣就好像纏雜了點什麼不愉快的東西，尤其是陶太太，她遇見我時總是藉故把臉側到一邊去，裝着沒看見我。今天小茜在院中和小朋友玩得正高興的當兒，那小朋友的家人在門口喚她回家，小茜拉着她不放手，要她到外面廣場上去捉迷藏，那小孩對小茜說道：

「不行，放我走，我媽媽不讓我來你家玩，她說你爸爸坐牢，你媽媽不是個好人，和別的男人好。」

那小孩跑了，小茜還在背後喚她，陶太太在窗口叫道：

「吵死人，有娘養無娘教的東西！」

小茜哭進房來，我一手抱着她，一手握着白綾的手，她的眼呆呆的望着前面。

「白綾，白綾……」我輕聲喚她。

她轉過了頭，對我愴然一笑：

「我一點也不在乎，只要有你在我旁邊，這一切都不相干的。」

十二月十日

她出去了，帶着小茜，提了些食物，大概是去探望那獄中人的。

但我不敢問她。在這樣的場合，她好像與我又離得很遠了！

心，亂得很……

十二月十日晚

她回來了。我們之間的空氣從來沒有這樣令人窒息。她的嘴唇吃力的戰抖着，許久，她才自言自語的說道：

「唉，我早知是個夢，但不知道夢醒得這樣快！」

我拉起了她的手說：

「我知道你一定有許多話不願意告訴我，你太折磨自己了，我要你告訴我，白綾，是不是他知道了……」

她搖搖頭，眼睛無神的向下望着。我再也忍耐不住了，一手將她拉在懷中，猛力搖着她：

「到底是什麼事?白綾，到底是什麼事?」

「他：他也許要出來了！」

「什麼時候?」那好像已不是我的聲音了。

「現在疏散期間，只要是刑期滿了三分之二的犯人都可申請假釋，他已經申請了，只要上面一批准，他立刻就可出獄了。」

我抱着她的手鬆了，她的聲音漸漸遠去。許久以來，素芳和白綾的丈夫那兩個黑壓壓的影子雖然隨時威脅着我們，但那兩個黑影只是暈暈的一團在遠處搖幌，然而現在，其中的一個竟向我們慢慢逼來，終將現身在我們面前，將白綾由我懷中奪走，並且冷笑着對我說：「她是我的！走開！」一想到這我就不能忍受。現在我才意識到我與白綾之間橫梗着一股巨大不可抗的力量，那股力量是社會的習俗、法律、道義滙合而成，那個力量隨時隨地在警告我們：

「你們不能愛，你們不能愛！」

但直到現在，我才聽清楚了那殘酷而有力的聲音。我重新抱緊了白綾，我的眼中必定迸發着反抗的火焰。

「白綾，我們走，好不好，讓我們毫無顧忌的在一起，走，好不好？」我一口氣說下去，喘息着。

「唉，一個人第一步走錯了，以後的步子就亂了！我眞不知如何是好。」她沉吟了一下說道：「我們到那裏去呢？我們走多遠也走不出這個海島！」

「我們離開臺北，我可以去鄉下找一個敎書的位置。我有一個朋友在谷關的一個學校敎書，那裏靜極了，你幾乎看不到一個人影，他說只要我肯去決沒問題。白綾，你不就喜歡那樣的一個地方嗎？白綾，我們在那裏可以有一個很好的家，白綾，白綾……」

「你的話對我的引誘力太大了，你所要給我的，正是我日裏夜裏所夢想的。」她停了一下繼續如醉如痴的說道：「是的，我們可以有一個很好的家。你可以專心寫作，我爲你做飯，爲你洗衣，爲你在燈下縫補，跪在地上爲你洗脚，做你溫柔而又幸福的奴隸。煥之，現在我才知道幸福也可以在屈服裏找到的。以前小茜的爸爸總是因爲一些日常瑣事而發脾氣，說我不會料理。我有時也耐着性子去照料他，但在我心底，却總覺得那是一種屈辱。」

白綾講到這裏，使我不禁想到素芳，冷靜的想一想，她對我也可以說是體貼入微，但她的體貼有時反而使我感到厭煩，她常說：「你呀，你對誰都好，就是對我不好！」現在白綾的這些話却使我心中滿懷感激。然而我不得不承認，對於素芳，我已經有一絲歉疚之感了。我怎麼能够拋棄那個曾經給我一個家，爲我生過一個孩子的善良女人呢？

「煥之，一個人的命一彆扭，就會彆扭到底的。我又想，假若我們眞是拋開一切走了，我們又是否會眞的快樂呢？」

我不知如何作答，我的周圍到處是素芳一雙淚汪汪的眼睛，白綾繼續說道：

「你必須拋棄以往的一切，重新開始另一種生活，剛開始你也許會感到新鮮有趣，但日子一久，恐怕就不是那麼一回事了，因爲你已失去了滋養你的一切外在因素。再說，我從未聽你講過你太太如何不好，由你談話的語氣中，我想她一定是一個好人，錯的只是你們之間沒有愛。你對她又如何安排呢？」

「這就是一直困擾我的一個問題，假若她對我沒感情，我反自由了。」

「再說，你又未必捨得你的孩子？」

「我的確捨不得他，他畢竟是我的一點骨肉。但是，只要我能爲他們的生活作合理的安排也可使我心安一點。然而在目前，我是無能爲力的，以前在家鄉，我們不會爲衣食而愁，我們都是有根的人，像這類的問題也就好解決多了，現在像我們這樣無根的人，是什麼自由也沒有了！白綾，我問你，假若我們走開，你願意離開他嗎？」

「我一直對他就沒甚麼，你是知道的。但我不得不承認，若叫我此時離開他畢竟於心不忍，他好容易望到了出獄的一天，一出來，就遭這麼一下，就是他能忍受，但在我而言，總覺得是太不厚道，假若他現在和以前一樣得意，我反而有勇氣，那我什麼也不怕，什麼也不會考慮的。要走也得等他回來講個明白。」她將耳鬢的一綹子頭髮向後掠去，接着說道：「煥之，算了，我們現在還是不談這些吧，只要我們在一起的一天，我們就應該盡情享受它，何必想得太多呢？有了你的愛，我就覺得這一輩子沒有白活了、以後就是受罪也不是白受的。」

我托起了白綾的下顎兩眼逼視着她說道：

「白綾，答應我，讓我們用我們所有的智慧，所有的時間，好好快樂幾天，好不好？不要搖頭，嗯？好不好？……」

我還想說下去，但白綾用一陣熱吻堵住了我的嘴，她第一次自動吻我……

六

我的日記寫到上面那個地方爲止。自那以後，我迷亂得連日記也沒有法子寫了。我們像沙漠中兩個焦渴的旅人，狂熱的啃着難得的甜菓，吸吮它醇酒般的菓汁。我們相約不談令人傷感的事。莎士比亞說過：「僅僅是愛的影子，已經給人這樣豐富的歡樂。」而我們倆人，更進而佔有了愛的本身。我們在黑暗的池邊，孤獨的大樹下，狂笑得落淚；在那高懸於杜鵑園的陽臺上，我們又吮着那有點兒酸澀的檸檬，談着第一次去那兒的情景，白綾又戴着那付珍珠耳墜。有時我會咬咬自己的指頭，以證明我自己眞實的存在。愛情沖昏了我的腦袋！

我們盡量接近自然，我相信，我們那段時期的快樂已不復是「人」的快樂，而是自然的快樂了！

我永也忘不了那一天，我們去基隆港口小山上的公園，在那蜿蜒的石道上散步，道上飄洒着枯黃的落葉。海是平靜的，岸邊停着無數繫纜的小船。我們向高處走去，濃密的大樹在我們脚下，隔開了喧嘩擾攘的世界。頭頂一棵棵奇大的樹又爲我們遮住了天空，我們就在那個綠色的夢中遨遊。白綾說道：

「我們現在上不見天，下不接地，在這裏你可完全屬於我了！」

我一隻手臂圍抱着她的肩，用手揉搓她肩上柔潤的頭髮。

「白綾，我想愛就是這樣的一個境界，在愛情中的人自以爲超越在萬物之上，滿心洋溢着詩的熱情，要向天上飛去，但『人』的本能又要把他們拉回地上，於是他們停留在天地之中……」

這時林中的小鳥正熱烈的叫着，白綾本偎在我身邊聽我講話，她忽然打斷了我的話。

「你聽！」

我們的頭上、脚下，鳥聲像春潮似的泛成一片，整個小山彷彿也因爲它們的熱情而震顫了。白綾激動的對我說：

「煥之，小鳥也懂得愛麼？你聽這叫聲！」

那天我們在海灘消磨了一個下午，我們很少說話，只是感覺。我們坐在沙灘上，沙是鬆軟的，白綾的脚是滑潤的。我用手撈起一把沙，讓沙由我指縫飾下，順着白綾的腿向脚背流去，流進了她脚趾之間，她笑着用脚趾搓着脚趾。我們躺在突至海中的岩石之上，閉着眼，聽海浪浩浩的拍擊岩石，我摸索着白綾的手，她的手正撫摸着岩石，我抓着了，告訴她說，她的手很溫暖，她對我說，岩石是溫暖的。我們手牽着手沿着海岸跑，在沙上找尋我們的脚印，一陣白浪湧來，像雲一樣，在我們脚下溶化了，白綾指着遠處地平線上的一個小白點喊道：「漁船回來了！」我們喜歡驚險，向海中跑去，迎接大浪，浪花在我們四週迸濺，浪聲和笑聲混成一片。我們赤着脚，攀登陡峭的岩石，白綾的脚磨破了，我抱起她走。當我們經過那黝黑的山洞時，火車正好駛過，山洞中充滿了窒人的煤烟，火車像一條大黑蟒似的，凶猛的向我們衝來，我們緊抱着躲在一旁。火車在我們面前轟隆而過，白綾幽幽的說：

「我不想離開這個黑洞了！」

我又抱着白綾向前走，海邊有一些漁人在水中撈魚種，他們都抬起了頭驚奇的望着我們，然後帶着輕蔑的神情轉過身去。白綾拍拍我的肩說道：

「放我下來，多不好意思！」

我第一次違拂她的話，大聲說道：

「怕什麼？人家愛怎麼想就怎麼想。我要告訴全世界，告訴上帝，告訴整個宇宙：我愛你。」

「煥之，這不像你的聲音了，和浪聲風聲一樣，是『自然』的聲音了！」

已經是十二月中旬了，臺北到處洋溢着愉快的聖誕氣息。聖誕節正是學校校慶，我可以有幾天假期，本預定那幾天和白綾帶着小茜去日月潭。但素芳來信說她準備在聖誕節來台北，她說：「我再也忍不下去了，我要馬上看到你，爲什麼你的信越來越少了呢？我心情壞極了，但我相信一見到你，這種心情就不會有了……」

對於素芳這樣哀怨的信，我已無暇去思索，凡是冷靜的理智所能看到的東西，我都看不見了。我被包圍在一團美麗的火焰之中，至於在前面等着我的究竟是死亡，還是新的生命，我也來不及去顧慮了。

我和白綾眞太天眞，我們學着舞文弄墨的人說：一個人只要享有了一瞬間的幸福，他就佔有了永恆。但現在我們才知道什麼一瞬永恆之類的話，不過是小說家們，在無可奈何中，創造出來安慰人的美麗的謊言。實際上，人並不能那樣空靈超越。我們就不能以那一刹那的幸福爲滿足，我們要永遠厮守在一起。白綾自從曉得素芳要來臺北的消息後便變的十分沉默，她的眼色更柔和更悲哀了。

一天晚上，我們又到那池邊去過一次，仍坐在那盤根的大樹下，但我們的心情可完全兩樣了，沉甸甸的。白綾的手在水中擺來擺去，望着那粼粼水波不知在想什麼。我想起了她第一次去那池邊的神情，想起了那晚月光下她含笑的眼睛，對她說道：

「白綾，你這拍水的樣子我永也不會忘記的。」

她沒理我。

「白綾，想什麼？」

「我在想第一次來這裏的時候那個淹死的人。」她的眼仍看着水。

「想這幹什麼？」我打了個冷噤。

「我想甚至他也比我强，他的一切苦惱可以一死了之，而我，還必須活着磨。」她沒有拍水了，抬起頭來繼續說道：「我想死也許並不如我們想像的那樣可怕，你想，一個人靜靜的躺在那兒，蓋着青草小花，人間的悲歡再也影響不了他，有什麼比這更美的境界呢？」

那晚的天色是陰沉的，連一顆星也沒有。冷清的水光中，心綾的臉更蒼白了，我感到一陣冷，一直冷到心頭。

「白綾，我不要你有這些傷感的想法。」

她輕拍着我的手說道：

「放心，我捨不得死的，只要有你在這個世界上，我就不願離開它。」她分明在笑，但她的聲音却是哭着的。

那天晚上，白綾在我房中，我煮了兩杯熱紅茶，面對着白綾在桌前坐下，她正在玩弄桌上一朵凋落的殘花，說道：

「這比盛開的花美，美得叫人不忍多看它，它好像是在幾天之中耗盡了全部熱情，然後就無聲無氣的凋萎了！」

這時外面傳來了救火車嘡嘡的警鐘聲，白綾一驚，抬起頭說道：

「失火了！」

我們走到窗口。火場在禮拜堂後面那個方向，離我們還遠，但由頂空迷漫的濃烟，我們知道火勢一定不小。警鐘的聲音更急了，窗外芙蓉樹的枯枝颯颯的響。

「風不小！」白綾望着我說。

我握着她一隻手。漸漸的，我們可以看見一條條小火舌像一條條小金蛇似的向上躓動，陰沉的天也被照亮了。火舌越竄越高，最後終於聚成了一團輝煌的光，禮拜堂的塔尖和附近的樹梢都閃耀在一片金光中。白綾細聲的說：

「我眞不忍心說，多美的火！」

我低頭對她說：

「白綾，我們現在就好像在那一片火光之中，四週在燃燒，我們却不知死活的在欣賞火的美麗。」

「假若我們在一起燒死了呢？」

「那樣不也很好嗎？我們就可永遠在一起了！」

「我下輩子還是要做女人，這一輩子我活的還不够，下一輩子我還要做女人，你仍是男人，我們再遇到一起，——祇是要早一點。」

她將頭靠在我肩上，她額前的短髮像絨毛似的掠着我的臉，也掠着我的心。風更大了，火更瘋狂了，芙蓉樹梢也變得透明了。我一手將她擁在懷中，她抬頭看我。

「煥之，你把我勒得透不過氣來了，你看你手上的筋鼓得多高！」

我俯身向她，她直望入我的兩眼說道：

「煥之，你的眼怎麼回事？你眼裏也像有一團火！」

那聲音，那眼色，使我的心只抖，我的頭更低了，但她轉過頭去，望着窗外說道：

「火，你看，火更大了！」

我扳過她來。

葛藤(五續)

「讓火將一切燒成灰燼吧！」

聖誕前夕，想不到那就是我與白綾相聚在一起最後的一天。那天晚上，我去到她房中，外房靜靜的，我悄悄走到她臥室門口，她正靠在門旁，拿着一杯酒，我走近她身邊，將她手中的酒接過來一口喝下了。

她望着我，一直望入了我心底。

「你明天不在這裏了吧！」

「嗯。白綾，我還是要和她談我們的事，要求她給我自由，我已經顧不了許多了！白綾，你還猶豫嗎？」

她搖了搖頭。

「但我要等小茜的爸爸出來。」然後她走近我，仰起頭，用一種又溫柔又懷疑的眼光望着我說道：「煥之，我怕我們不能再在一起了！」

「白綾，」我兩手扶着她的肩說道：「我不要你說這樣的話，你知道的，無論什麼力量也不能阻止我。白綾，你這樣望着我幹什麼？望得我好難受。你笑笑，好不好？許久不見你笑了！」

她眞的笑了，但那笑比淚還慘，比淚還涼。

「煥之，你今天爲什麼不吻我呢？」

待我捧起她的臉，她已淚流滿面了！

「你的那本少年維特之煩惱呢？」

「在我的書桌上。」

「你去拿來，好不好？」

我去房中將那本書拿了過來，我們一同坐在沙發上讀着，那天晚上讀着這本書時，我們悲哀得不知如何是好，當我們讀到維特給夏綠蒂的遺書時，白綾伏在我身上哭了。她要我把那本書送給她，她說：

「你走了，我總得做點什麼。」

几上的小鐘仍在嘀嗒，但那晚的聲音却特別淒清。時光在流逝，一分鐘一分鐘腐蝕着我們的心。遠處傳來了彌賽亞的歌聲，我們依偎着靜默的坐在沙發上，好像一直要坐到「時間」終止。那時，我心中所感到的，已不是那種燃燒的，有佔有慾的愛，而是一種清明純淨的感情，而當我的靈魂隨着那莊嚴的聖樂，在高空遨遊的時候，我更認淸了那個有着美麗軀體的靈物。

「煥之！」白綾摸着我的手臂輕聲喚道。

「什麼？」

「我怕你走了！」

「我不明明在你旁邊嗎？」

「我以爲我在做夢。」

「白綾，白綾，」我聽見自己的聲音在那寂寥的夜空中，像一根柔絲似的，悠悠廻盪。

我們就那樣沉默的坐着。彌賽亞的歌聲停止了，這個世界受了那聖樂的洗禮之後，也安詳的入睡了。白綾摸着我的臉、我的眼、我的頭髮，絮絮的說：

「啊，是你，眞是你，煥之，你說點什麼，我要聽你的聲音，你說你愛我，就是假的，你也說一聲！」

「白綾，你知道，整個宇宙知道，我是愛你的，愛你一切的優點，愛你一切的缺點。」我俯在她耳邊說，聲音是低微的，但却注入了我的全靈魂。

她又安靜了，微笑着依在我懷裏。我們就這樣睡着了。待我醒來時，玻璃窗上已泛着玫瑰色的曙光，我不忍喚醒她，將她輕輕抱到床上，放在她孩子身邊，當她醒來，就可以看到孩子，她可以感覺好一點。我躡脚走了出去，走到門口，還聽見白綾在囈語：「煥之，煥之……」(待續)

(上接第19頁)

讀書爲多，可是學校對於發展聽和觀察的技能，所做的工夫很少。關於聽的方面，在聽『auding』的名辭下剛才從頭做起，但實際上，對於觀察的技能沒有給予有系統的注意，雖然電視已經很快的發展，成爲民衆顯著的通訊傳達工具。

對於各方面，學校應該發展反省的思考，那是極其重要的普通才能。在全學校課程當中更應該注重於問題的解決。在科學和數學的班上，對於解決問題，給予優良的機會，但是還有較多應做的事，如把有訓練的思想應用到政治，經濟同社會問題上去。巨額的款項專用於研究物理或生物科學，殊不知物質方面的改變已遠超過人類關係和品德的發展。這些是重要的優先的事件，在學校必須盡量發展其社會思想的能力。

自由與紀律

在發展解決問題的能力，立刻引起他在課程上所居地位的爭辯。富有效能的學校的課程是包括爭論的問題的：第一、因爲幾乎所有的事件，有時都可能成爲爭論的。第二、因爲對爭論問題的審慎考慮爲發展有判斷的思考與維持一個自由社會的必要。一個自由的社會基於個體公民們，都能作有效的自由選擇，並且兒童和青年們都能學習怎樣達成有效而有指示的選擇，祇有在學校可以得到自由的選擇。因此，學術自由的存在，不單爲保障教師，更要緊的是保留自由生活方式。

總括的說，在一個自由社會裏，考慮到教育優先事項，自制和自導應居最高地位。紀律在任何羣衆活動中，是重要的，但是一個民主政治的社會是基於自制，較勝於被制。教師在課室內，有維持紀律的責任，必要時得以强制執行。但是由於教師和學生共同計劃，可以達成與學生分擔責任，並且鼓勵學生要自制自導。這不是『溫和的教授法』(softpedagogy)。相反的，這正是一種教學法，企圖使每一個學生利用他自己的自動力去學習，達於最高的可能性。就是這種教學方法，才能用作準備個人爲生活於迅速變化的工業城市文化中，而在該處，他有黨同解決緊要問題的責任，倘或他要作一個有效用的公民，他必須在有生之日繼續學習。

原載 Teachers College Record

讀者投書

評僑務教育函授學校

簡會元

傲寰先生：

年來僑務，在鄭委員長主持之下，確有若干進展，尤其是這次復辦的僑民教育函授學校，更切實際需要。不過，我們於接到簡章、報名表、以及保證書細讀之後，發現其中頗多有可議之處，不能已於言者，願借貴刊的寶貴篇幅，予以披露之。

(1)報名表過於繁瑣，如中國地方自治函授學校格式已足，何必一定要塡入父母妻子兄弟，不知用意何在？

(2)簡章第五條第一欵規定繳驗證明書，而所附來者竟是保證書，保證事項爲「忠愛祖國，品行純正，熱心華僑文教工作，在學期間絕對遵守校規，接受學校指導，努力進修。」保證人資格卽定爲當地使領館華僑學校，文教社團或當地忠貞僑領。對此應分述如下：

1.國人往海外者，都是要經商賺錢，而我們這批傻瓜，偏偏幹起了工作最繁重而報酬又最低的文教工作，憑什麽來懷疑他們有不忠愛祖國，品行不純正，不熱心華僑文教工作呢？而且他們一向是爲人師表，還會有不遵守校規之慮嗎？他既願意參加入學，還有不接受學校之指導嗎？

2.在目前的海外文教工作者，尤其是像緬甸已經承認匪僞政權的國家，我們幾乎無時無刻都準備着跟尾巴共特們作殊死的鬭爭，我們爲了要參加函校，竟須覓人保證，似乎我們的忠貞都還有問題呢！

總之，這對文教工作者簡直是一種侮辱，是完全不必要的用來打擊文教工作者的自尊心的一種官樣文章，採取的完全是在大陸時訓練團所用的一套官樣文章。在今天，中共正在大展其笑面，向海外拉攏反共華僑返回大陸去觀他們的「光」，縱使有共產黨的文教工作者喜歡讀我們的書，我們有什麽理由來拒絕他們呢？在我們看來，正是求之不得的呀！

(3)簡章第七條的規定也大可不必，假如參加的人不按月作「問題筆答」與「閱讀報告」，修業期滿後，沒有成績或成績不够，卽不予畢業，是一種極合理的辦法，何必一定要停發講義呢？卽使他不能按時閱讀，難道這些講義不可作爲他必要時的參考嗎？這些都是於事無補的規定。

我的意思是：這一函授學校是極好的，希望能更進一步採用空中教學，則收穫必更大，但辦法要愈簡單愈好，限制也要愈寬愈好，甚至能由海外去爭取匪方的文教工作者來參加則更好，不知先生高見如何？耑此敬請

文安！

弟簡會元啓

七月廿二日於緬甸棉城

啟事（一）

由於本刊第十四卷十二期中近東問題座談會紀錄上記下蔣匀田先生關於回教的一段話，有一位回教朋友白孝先生寄下一篇「談回教思想與反共」一文。該文除一小部份係對蔣先生的談話申辯以外，大部份係在宣揚回教教義。不登載任何宗教的宣傳文字，向爲本刊選稿的一個消極標準。故將該文奉還作者（請原諒！），而將其有關申辯的部份摘登如下：

「讀六月份自由中國第十四卷十二期中近東問題專號，其中中近東問題座談會上各位先生的發言，多爲精闢之論。……但是在同一座談會中，獨蔣匀田先生對回教思想的論斷大相逕庭。……蔣先生所云，穆罕默德對羅馬皇帝說過的那一段話，本人經請教此間對伊斯蘭教義有較深修養的人士，均謂該言並無出處，實爲無稽之談。至於穆罕默德一手執經一手執刀之說，尤屬笑料。因爲古蘭是在穆罕默德爲聖二十三年當中，眞主零星啓示給他的。當他去世後二十二年，他的門徒歐默爾始將古蘭編整成帙，這是略有宗教常識的人都會知道的。」

啓事（二）

本刊收到以「斯文掃地」爲題的一篇投稿（作者筆名「讀書人」），對於蘇雪林敎授「爲可議的臺灣師範大學質孫鎭沅先生」一文（登在本年七月廿七日香港時報），指責四點。其中一點是這樣寫的：「蘇教授終於用大帽子壓人了。他說『孫先生攻擊劉眞，使反共同胞對政府失望灰心，因而信念動搖，成爲共匪統戰政策俘虜。孫先生你寫這篇文字是眞心規勸國民政府，還是想替共匪幫忙？』這還有什麽可說的呢？」關於蘇教授這一段話，我們也覺得是有失風度。但爲愛護這位心無瑕疵的反共名作家，我們不忍把這篇措詞過火的「斯文掃地」全篇登出，我們希望蘇敎授經這一指責以後，在寫作方面不再受時代惡疫的感染，而能繼續保全其既得的榮譽。

「讀書人」先生來稿，未寫眞實姓名及住址，無從退稿，特在這裏答覆。

代郵

嘉義中學一位教員大鑒：關於前校長蒼寶忠一經傳訊卽被扣押一事，來函對於案情未詳敘，不便照登。

編者敬啓

僑委會鄭委員長來函

> 本刊收到此函後，曾與鄭委員長函商，請其不必發表，但未獲同意。其間經過，請參閱附件(一)(二)(三)(四)。——編者

儆寰吾兄惠鑒：

貴刊「自由中國」七月十六日出版第十五卷第二期內，有范益生君署名之「與章勳義先生一席譚」一文，十八日彥棻即接章勳義先生來函，不但否定范君文中各項報導，且根本否認曾與范君同席談話，是范君在此文中所謂應邀參加為章氏送行之宴會，與章氏談了三個半小時之說，顯非事實；而所報導之各項之事例，其來源並非出自章勳義先生之口，亦至顯然，范君在此文中，一則曰「文中所述，乃是對事不對人，」再則曰「都是希望國家好，決無其他之用心」，則范君之用心，當屬無他，而貴刊所以揭登此種報導，其出發點亦以為揭露事實，以促當局注意，即予改善。凡此彥棻都認為是善意的指摘，可作他山之助。惟該文所舉事實，並不正確，已經章勳義先生來函鄭重指出，除將章先生致彥棻原函送請貴刊全文揭登外，仍恐其中尚有滋人誤會，以訛轉訛，致令外界人士以至海外僑胞惶惑，而對自由中國的信譽，亦發生影響者。故特將其中有關問題，再加申說，以明事實眞相，亦冀由此引起更多之事實報導，以作改進依據：

一、關於本會外派人員之操守及作風問題，本會對外派人員曾訂定視導守則（載在視導手册內附送參考）嚴格規定，視導人員不得接受餽贈，年來亦未接獲任何方面報告，關於出差人員對僑胞需索或接受餽贈情事，如各方知有具體事實，請向僑委會檢舉，俾依法澈查，如確有其事，自當依法懲處。

二、關於僑委會工作人員之省籍問題，雖已經勳義兄否認曾經如此說過，彥棻仍願作更具體之說明。僑委會現設副委員長二人，其中閩粵省籍者各一人，目前一、二、三、四處處長粵省籍者二人，閩省浙省各一人，參事四人中，閩粵各二人，專任秘書之人中，閩粵皖各一人，主計室主任，蘇籍，人事室主任，湘籍，各處科長十二人中，閩粵皖各三人，其餘為浙、皖、魯等籍，茲將上開人員名單抄奉，藉供參考。（附件三）

三、關於刊物作風問題，彥棻認為報導一樁事實，不離時、地、及人物，而參加活動之人物，尤不可少，無論文字與照片，都應如此。如報導的內容是反映事實眞相，則難免有參加活動之人物在內；如只以人為中心，而忽略事實之報導，自屬自我宣傳。彥棻檢視本會出版物及其刊載之照片，都是針對事實而作報導，如仍有側重個人而超越事實報導之範圍者，希望讀者加以指正，自當切實檢討改進。（附件四）

四、范文中關於朱永鎭教授在泰遇難之報導，亦與事實不符，除其中有關梁子衡君應負道義責任一點，已由章勳義先生予以否認外，至說朱教授錢用完了，大使館及僑委會都不肯替他設法一節，查朱教授係於四月十五日由臺啓程赴泰，除回來旅費照實數發給外，並照政府規定，每天膳宿什費美金八元，預發四十五天，共美金三六〇元，均經於四月十三日具領，由起程之日以迄遇難前一日，不過二十三日，此外尚有講學所需之工作費美金二百元，亦經由朱敎授於行前具領備用，關於朱敎授在泰之用度問題，事實如此，特為說明，免淆觀聽。

以上四點，為章勳義先生來函所未詳及者，敢以贅陳，至希連同章先生致彥棻原函一併刊載，以期使讀者明瞭事實眞相，無任感荷。專此藉頌

著祺

鄭彥棻敬啓　七月二十八日

(一)附抄章勳義先生七月十八日致彥棻原函乙件請併同刊出。

(二)附送參考資料專供貴刊參考計有：

(1)視導手册一本。

(2)僑委會正副首長及科長以上主管人員名單一紙。

(3)最近出版刊物八本。

章勳義先生七月十八日復鄭委員長函

彥棻先生委員長賜鑒昨奉

大敎承示自由中國所載「與章勳義先生一席譚」一文弟於昨晨閱後亦不勝詫異當即擬與

先生在電話中指陳該刊之錯誤適

先生公出經與盛荃兄及樸生副座略述一二並經電知該刊負責人雷震先生應予更正查勳義此次出國訪問歷在菲律賓泰國星馬越南等地宣揚政府德意堅定僑胞反攻復國信心各地僑報均有翔實報導當為

先生所洞察如勳義在泰國公開演講中曾說明委員長愛護勳義關懷僑眷梁子衡兄時亦在座在越南時亦曾於記者招待會中說明委員長極能接納各方意見麥思源兄亦可證實至勳義赴星訪問期間從未有與范益生君其人晤談即於六月十一日友朋午宴中亦無范君其人參加時有中興日報王建生兄在座可以佐證茲將該文重大錯誤各點略致如下：

一、所稱勳義會說「今天僑委員儘是廣東人天下」勳義是廣東人與委員長係屬同鄉弟雖至愚當不致出此。

二、該文以勳義口吻謂：「我不要僑委會顧問的名義……」等語查勳義係僑委會委員決不致有此錯誤論調其係假藉勳義口吻之發言錯誤之處可以概見。

三、所稱中興日報辦理經過內部狀況勳義在星時間短促無暇過問亦不知情

僅在席間有人提及該報在通衢中與附匪南洋商報及左傾星洲報品字並立匪報建築雄偉該報小屋數間相形見拙而發行份數又少有失僑胞期望希望勳義返國報告當局改善該報王建生兄在座且勳義承陳國樑兄陪同在星馬各地訪問極感其盛情招待決無有該文所稱如此不實之發言。

四、該記者指稱洪門爲黑社會自相殘殺無惡不作等語可見該記者對洪門無理誹謗顯與勳義立場相悖謬至是日午餐談話中勳義說明雖非負有政府使命但謂僑胞如有意見可以代向當局轉陳因此曾交換下列數點意見：

一、關于我方出版宣傳技術有人提出改善意見如謂共匪影片「梁山伯與祝英臺」彩色極佳全以歌唱串演故事在星洲爭取極多之觀衆無形中使僑胞誤認共匪宣傳技術進步有建議我方刋物不可動輙登載首長相片及演詞應減少政治性以免沖淡宣傳效果此勳義極表同情。

二、朱永鎭教授之被害席間有人問及勳義曾將被害經過略加說明並謂梁子衡兄適太太到泰剛好遷出否則亦同遭不測勳義決無稱大使館與梁子衡兄應負道義責任之語。

三、關於僑委會派人到星工作事席間曾有論及星馬僑胞閩粵籍爲多不應派遣與僑胞語言隔閡如李菊休兄外省籍人員以免工作無法開展。

四、關於文教會議有無代表情形席間絕未提及。

五、對僑委會外派人員之誹謗言詞純係出諸該記者杜撰若干僑胞對外派人員間有不滿容或有之惟該文全以勳義口吻發言顯係挑撥中傷另有作用至深遺憾除函請該刋更正外重承

鼎囑尤感不安謹將經過情形縷陳如上敬祈

垂察無任盼禱耑此奉復敬頌勛綏

弟章勳義拜上七月十八日

附件(一)　本社雷社長第一次復函

彥棻吾兄委員長左右：敬復者本年七月廿八日

惠書暨附件，敬悉一是。先是本年七月廿五日章勳義先生已來函更正，本刋當卽付排，於本年八月一日出版之第十五卷三期發表矣，知注敬復，肅頌

勛安

弟雷震敬啓　四十五年七、卅

附件(二)　僑委會鄭委員長第二次來函

儆寰吾兄惠鑒：本年七月卅日

復示敬悉。棻認爲

貴刋第十五卷第二期所刋「與章勳義先生一席譚」一文，及第三期所登章先生之更正函，暨編者之按語，均涉及棻本人，棻七月二十八日致台端一書，係根據出版法第十五條之規定，提出更正要求之辯駁書，惟未承貴刋於接到要求之次期(卽第三期)刋出，時效上已覺稍遲，玆再依此規定，重抄前函及附函各一份，隨函寄奉，卽請

詧收，務於貴刋次期(卽本月十六日出版者)刋出爲感。吾兄素重法治，至希

惠允，仍盼見復爲幸。耑泐卽頌著祺弟鄭彥棻　四五、八、九。

附前函及章勳義先生來函抄本一件

附件(三)　本社雷社長第二次復函

彥棻先生勛鑒：

(一)　八月九日大函及附件均敬悉。

(二)　七月廿八日大函及附件，「自由中國」半月刋未於八月一日出版的第十五卷第三期登出，固由於時間不太許可，但最重要的原因，在於下列的考慮。

1.章勳義先生直接給本刋的更正函，當時已經付排，在更正的意義上講，直接函件當比間接函件更能見信於人。所以我們覺得大函及章先生覆台端之函，似無登出之必要。

2.將章先生覆台端之函，與他直接給本社之函兩相對照，稍具常識的人卽可看出前者是在極不得已的情形下寫的。我們自由中國今天還能夠在國際反共陣營中保持一個地位，對內對外尚能號召反共者，是我們與共匪政權比較，至少至少尙有不說話的自由，如本刋將大函及章函發表，不僅對於台端個人有害無益，而且對於我們自由中國之影響更壞。

(三)　以上兩點，震於七月卅日簡單覆函中已作暗示，玆接八月九日大函，函中並援引出版法第十五條，以示尊意仍在堅持發表章函，我們基於愛護台端及愛護自由中國之愚忱，特再詳陳，以瀆清聽，如台端仍堅持成見，仍要本刋發表七月廿八日大函及章函，則請於本日下午八時以前以書面示覆，(因排版的時間關係，不容再緩也)，本刋爲履行法定義務，當一併照登也。專此奉陳，敬候卓裁，祇頌勛祺

弟雷震敬啓　四十五年八月十一日。

附件(四)　僑委會鄭委員長第三次來函

儆寰吾兄惠鑒：頃接本日

大札，敬悉一是。按貴刋第十五卷第二期所登「與章勳義先生一席譚」原文，章先生與棻，並爲該文涉及之人，原無直接與間接之分。故棻與章先生各別所爲更正之要求自應同爲

貴刋所接受。至來示所謂「章函是在極不得已的情形下寫」一節，棻認爲在今日自由中國之中，不獨有言論之自由，且亦確有不說話之自由也。仍祈吾兄一本崇尚法治之精神，惠予將七月廿八日函及附件照登，以資更正，爲幸。耑復祇頌著祺

鄭彥棻敬啓　八月十一日

自由中國　第十五卷　第四期　內政部雜誌登記證內警臺誌字第三八一號　臺灣省雜誌事業協會會員　五三二一

給讀者的報告

我們應該怎樣反共？反共必須實行民主，這是我們一貫的看法，在本期社論(二)中，我們重申反共必須實行民主的堅決信念，我們要反共，就必須團結海內外的反共力量，但如何才能眞收團結之效呢？實行民主！我們要反共，就必須培養國家生機，如何培養國家生機呢？實行民主！只有在一個民主自由的社會中，才能抵抗共黨的侵透。

「法治」是一個老生常談的題目。近年來，我們的司法有欠獨立精神，這是不容諱言的，但可喜的，政府當局仍在强調「法治」，我們有鑒於此，特別在本期社論(一)中，再來談談法治應有的內容。

邱昌渭先生在「集權政府中央行政組織形態的剖析」一文中，是批評蘇俄部長會議的組織和共匪國務院的組織，從而談到行政組織的原理。最近共匪國務院裁撤重工業部，另增設十二部會。邱先生認爲，凡是在共產集權國家中，特別强調「國家」一詞，因此政治權力無比的强大，統治階級的人數也特別多，例如蘇俄政府的官吏在一九二一年估三一%，而到了一九四六年竟增加到三六%。因此，匪俄的中央行政組織形態，是共產獨裁制度下必然的產物。但邱先生認爲，它終將經不起行政組織原理的嚴酷考驗。

自從埃及宣佈攫取蘇彝士運河權以後，自由世界和共產集團的冷戰日趨緊張，這一個問題的解決對於日後世界和平的關係十分巨大。蔣勻田先生爲本刊讀者所愛好的作者之一，他在「我對解決蘇彝士運河爭端的看法」一文中，認爲民主國家應尊重埃及的立場，採取主動，暴露蘇俄的弱點，減輕納塞依賴蘇俄的心理，使蘇俄煽動的陰謀不得施展。這樣，中東才有建立和平的希望。

鼓勵出口政策對我經濟的繁榮至爲重要，因此，在此外滙貿易政策改革聲中，特別登出夏期岳先生的「論鼓勵出口聲中的矛盾現象」一文。夏先生在這篇文章中指出存在於鼓勵出口辦法中的許多矛盾現象，這些現象若不設法消除，便完全失掉了鼓勵出口的原意。本文着重事實的分析，希望我主管當局對這些基本問題加以澈底檢討，拿出一套實際的辦法來。

「敎育計劃中的優先事項」是一篇很精闢的文字。譯者周淑清先生曾在美國哥倫比亞大學專研敎育。該文認爲學校敎育中的優先事項，應該基於民主觀念的眞義與理想。但是，僅僅注重民主政治的理想還是不够的，還應該客觀的研究共產主義、法西斯主義和其他的思想形態。

馬來亞和新加坡最近都將走上獨立或自治之路，可是這兩個以華僑力量開闢和建設的地方，華僑的公民權反而發生問題，華文敎育又將被消滅，當地政府這種作爲，簡直是在爲共產黨造機會。本期通訊欄特別登出一篇通訊「馬來亞華僑當前的三難」，希望僑務當局要切實從這些實際問題上爲僑民作事，不要專做些觀光祝壽的表面工作。

簡會元先生現執敎於緬甸毛淡棉培本中學，他以親身的體驗而「評僑務敎育函授學校」，至爲中肯。我們十分贊成他的意見，所以特別將他這篇投書登出來。

自由中國　半月刊　第十五卷第四期　總第一六三號

中華民國四十五年八月十六日出版

發行人兼主編　『自由中國』編輯委員會

出版者　自由中國社
社址：臺北市和平東路二段十八巷一號
電話：二八五七〇

航空版
香港　友聯書報發行公司 Union Press Circulation Company, No. 26-A, Des Voeux Rd. C., 1st Fl. Hong Kong

總經銷
臺灣　自由中國社發行部
美國　自由中國日報 Free China Daily 719 Sacramento St., San Francisco 8, Calif. U. S. A.

經售者
日本　東京僑豐企業公司
韓國　漢城裕昌德號
馬尼剌　大中華日報社
印尼　新疆書店
越南　椰嘉達天聲日報
緬甸　泗水文光圖書公司
印度　西貢中原文化印刷公司
澳洲　仰光振成書報店
北婆羅洲　加爾各答塔梅學校
新加坡　雪梨瑞田公司
西利亞坡青年書店
檳榔嶼、吉打邦均有出售

印刷者　精華印書館
廠址：臺北市長沙街二段六〇號
電話：二三四二九號

本刊經中華郵政登記認爲第一類新聞紙類臺灣郵政管理局新聞紙類登記執照第五九七號　臺灣郵政劃撥儲金帳戶第八一三九號
(每份臺幣四元，美金三角)

自由中國

FREE CHINA

第十五卷 第五期

要目

中華民國四十五年九月一日出版

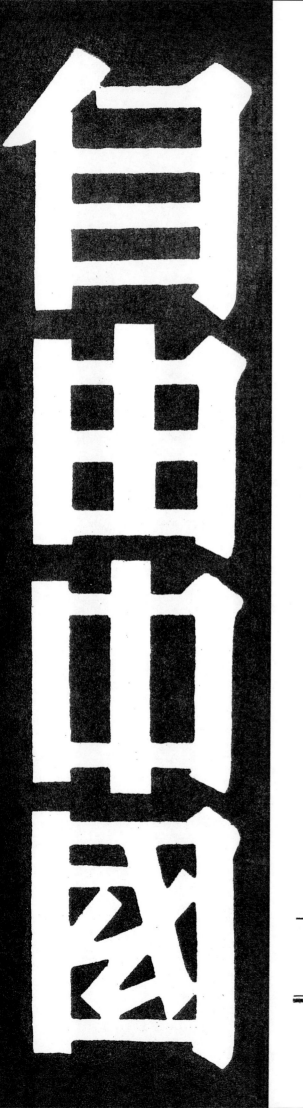

社址：臺北市和平東路二段十八巷一號

半月大事記

八月十一日（星期六）

英正式向俄提出照會，拒絕俄對蘇彝士運河會議的要求。

埃及工會聯合會的委員會在開羅集會，煽動阿拉伯總罷工。

美國防部長威爾森發表演說稱，美國即將擁有洲際氫彈飛彈。

八月十二日（星期日）

納塞拒絕參加倫敦會議，另提折衷處理辦法，主張邀有關國家舉行擴大會議，重訂新協定保證運河通行自由。阿拉伯同盟集議決支持埃及。

美總統艾森豪邀高級顧問與國會領袖會議，商討應付蘇彝士運河的危機。

俄向日提最後通牒，限兩日內簽訂和約，重光葵決定予以拒絕。

英開始調遣軍隊空運地中海區。

八月十三日（星期一）

英拒絕埃及擴大會議要求，決如期開倫敦會議。納塞在記者招待會稱，英法倘用武力，將引起全面戰爭。

美對運河危機政策，兩黨領袖均表支持。

美民主黨全國大會今在芝加哥正式揭幕，開始下屆總統候選人提名。

阿盟政委會表示，全力支持埃及。

八月十四日（星期二）

美國務卿杜勒斯赴英出席倫敦會議。

美原子能委員會宣佈，美原子動力機，加入一次燃料，可連續開動六十六晝夜。

日本各界親善訪問團抵臺。

美宣佈設立「中東應變石油委員會」，統一支配美油工業資源，以預防中東石油被切斷。

八月十五日（星期三）

西方三外長已達協議，運河交由國際管制。

敍利亞羣衆大會決議，西方國家如對埃開戰，敍即切斷境內油管。

阿拉伯世界發動罷工，抗議倫敦運河會議。

八月十六日（星期四）

倫敦運河會議開幕，杜勒斯提出四點計劃。

埃及未參加倫敦運河會議，謝波洛夫在會中重彈擴大會議濫調。

阿拉伯各國總罷工，抗議倫敦運河會議。

史蒂文生贏獲美民主黨總統候選人提名。

八月十七日（星期五）

俄建議召開新蘇彝士運河會議，以圖破壞共管運河。西方三國集商對策。

西德宣佈共黨非法，下令沒收共黨財產，兩百共黨外圍組織亦被取締。

八月十八日（星期六）

美英與俄幕後談判運河問題解決辦法。

克佛威贏獲美民主黨副總統候選人。

八月十九日（星期日）

美國務卿杜勒斯擬定折衷計劃，以打破運河問題僵局，建議組織國際委員會負責管理運河。

納塞堅決反對國際管制運河建議。

杜勒斯與重光葵會議，討論日俄和約談判。

八月二十日（星期一）

美共和黨代表大會今在舊金山揭幕。

杜勒斯今向倫敦會議提出關於國際管制運河計劃的新建議，倫敦會議面臨攤牌階段。

印提出新的蘇彝士運河計劃，以解決運河問題，然此計劃與西方的要求相距甚遠。

『自由中國』的宗旨

第一、我們要向全國國民宣傳自由與民主的真實價值，並且要督促政府(各級的政府)，切實改革政治經濟，努力建立自由民主的社會。

第二、我們要支持並督促政府用種種力量抵抗共產黨鐵幕之下剝奪一切自由的極權政治，不讓他擴張他的勢力範圍。

第三、我們要盡我們的努力，援助淪陷區域的同胞，幫助他們早日恢復自由。

第四、我們的最後目標是要使整個中華民國成為自由的中國。

八月二十一日（星期二）

俄大肆評擊美國所提運河案。

八月二十二日（星期三）

蘇彝士運河會議中，十八國贊同美計劃，俄帝支持印度建議，大多數國家皆主不作正式表決，推澳總理孟席斯將杜卿計劃攜往開羅。

美英法三外長集議，研究杜卿計劃遞交埃及方式。

西班牙內閣會議批准中西文化條約。

越南頒佈嚴峻法律，取締共黨煽動。

八月二十三日（星期四）

美一巡邏機在浙江附近公海上空被擊落。

美共和黨正副總統候選人，艾森豪尼克森兩人獲得全體一致提名。

運河會議宣告閉幕，西方同意以國際化計劃，由五國代表團交埃及。

俄向埃保證，願支援埃及，協助維持運河航運。

美已停止派遣援埃技術人員，運輸器材亦暫停交運。

匪軍又一批侵緬，破壞邊境標誌。

八月二十四日（星期五）

五國蘇彝士運河委員會決以秘密方式與納塞交涉。

八月二十五日（星期六）

五國委員會照會埃及邀請納塞舉行會商。

匪軍三次侵緬北，在距密支那四十二哩處，建立營房裝置砲位。

重光葵會晤杜勒斯，就日俄和談事徵詢美國意見。

八月二十七日（星期日）

艾森豪休假總部宣佈，俄曾在西伯利亞境引發核子武器爆炸，威力達百萬噸黃色炸彈。

社論

(一) 法治乎？黨治乎？

在中國國民黨的建國程序中，有所謂「訓政時期」。在訓政時期中，國民黨中央黨部在事實上與法制上都是國家的最高權力機關。它不僅可以直接指揮政治，也可直接指示立法，至於司法自也不能離黨而獨立了。這就是所謂「以黨治國」，簡言之，就是所謂「黨治」。

從理論上講，「黨治」的價值是正是負，從事實上看，「黨治」的後果是壞是好，我們現在不講它。這裏，我們要指出的只是：現在是憲政時期了。憲政時期，憲法是國家施政的最高準繩，任何政黨，包括執政黨在內，只是一個政治性的社會團體，其一切活動均須納於法定範圍以內，再不能有超乎法律的權力，再不能以黨的權力去「直接」指揮政治，去「直接」干預司法。換言之，憲政時期，就是要以法治代替黨治。

可是事實怎樣呢？在大家高喊「法治法治」的今天，黨「治」的事例還有的是。涉訟中的工人報事件之所以鬧到涉訟者，就是一例。

關於司法方面的話，在本案宣判以前，我們爲尊重司法精神的獨立，不講一言半句。我們現在所要說的，是本案進入司法程序以前，內政部處理本案的內情。

工人報發行人變更登記的聲請，是在去年五月間由前後發行人陳天順黃遹霈二人依法聯名向臺北市政府提出，請其層轉內政部核辦的。內政部審核後會經以書面認定該項聲請與出版法之規定並無不合。但是對於於法並無不合的聲請，內政部爲甚麼又不能依法定時限核准，換發工人報發行人登記證呢？在拖延換發發行工人報登記證的時期中，臺灣省總工會出來主張發行權利，並於取得法定權利以前，即自行印刷工人報發行，以致在同一地方有一名兩報的怪現象。鬧出這個糾紛以後，還可依照出版法的明確規定解決發行人問題，但是內政部竟把發行人問題與所謂產權問題(即令有產權問題的話)混攪一塊，簽呈行政院命令雙方去循法律途徑解決。「循法律途徑解決」，是再也冠冕堂皇不過的。可是出版法也是法，而且是規定發行權的特別法，特別法優於普通法。爲解決發行權問題爲甚麼不適用出版法，而要「另」循所謂「法律途徑」呢？問題就暗藏在這些地方。

當事人黃遹霈因恐法院判決於己不利，而且他確知此一事件之所以發展到如此地步，內政部之所以不能依據出版法確定他對工人報的發行權，乃是受了某種力量的影響，因此他不能不在法院判決之前作緊急的打算，要求監察機關對內政部不合法的處置予以調查。他乃於七月二十五日赴監察院請晤某監察委員(非國民黨籍的)，面提訴願書，請求作緊急調查。按監察法，人民於其權益受到損害，基於時間上的理由，可以向某一監察委員提出訴願，該委員即可依據此項訴願予以緊急調查。那位接見了黃君的監察委員，當即接受了這個案件，當日即親往法院向主審推事游開亭查詢，游推事答稱此案應請與院長一談，於是那位監察委員又去訪問了趙執中院長。依據審判獨立原則(憲法第八十條)，主審推事對其所主審的案件原有獨立審判權，法院院長應無權過問。游推事當時之請那位監察委員去問院長，其用意何在，我們雖不便懸揣，然而事實的經過是如此。

次日，那位監察委員再赴內政部會晤警政司長李騫，請調閱該案全卷，李司長謂全案已送至鄉間歸檔，約定第二天去看。到了第二天，如時前往，李司長即將案卷繳閱，可是這一宗「送至鄉間歸了檔」的檔案，很明顯地有裝釘後又經折抽的跡象。在那一疊檔卷裏面，內政部發出之文件中，赫然有「副本抄送第五組」的字樣(國民黨中央黨部的第五組是專管民衆團體的)。同時李司長並說，此案最好請向中央黨部(指國民黨)負指導宣傳責任的某巨公進行調解。由於上述的這些事實，我們很顯然的可以看出內政部對工人報一案之所以如此處理，實在是另有苦衷，因爲受了另一種力量的牽制，遂使其不能依法行使職權。更明白一點說，即是因爲總工會是受國民黨領導的民衆團體，國民黨當然要支持總工會。因之，依據法律，內政部對黃遹霈申請變更發行人登記，雖不能不承認其爲「與出版法尚無不合」；可是它又不能依法予以照准，於是才只好節外生枝命令雙方循司法途徑去解決。「循法律途徑解決」，這句話，好極了。在法治國家，一切一切的糾紛(包括人民與政府之間的權利義務問題)，都得循法律途徑解決。可是在本案進入司法程序以前，我們已知道有黨「治」(干預)的事實，那末，在進入司法程序以後，我們就更要强調法治了。

在民主政體中，一個執政黨對該黨所主持的政府，在政策方面具有決定與領導的作用，自屬必然之理；但是決不可由黨部來直接干預行政的業務，因爲如果黨部直接干預行政的業務，則一遇黨的利益與人民的利益發生衝突時，或黨的決定於行政法規相牴觸時，從政黨員便無法作公平合法的處斷。因此，一般民主國家的政黨，只能要求從政黨員實現黨所決定的政策，而不能由黨課以利用職權對行政業務作有利於黨的措施，當然更不能有損及於人民的權益。中國國民黨過去曾經過一段「一黨專政」與「以黨治國」的階段，雖然今天已是行憲的政府，而黨部的負責人及從政黨員仍未能拋開其以往的觀念，總認爲黨是最高權力機關，不特從政黨員應該服從黨的命令與決定，即是政府的行政業務，也要經過黨部的決定，接受黨的指導。大之如各項政策與各重要機關的人事，小之如地方政府的各種措施，幾乎都要由中央黨部的常會來先作決定。於是不特國民黨的中央黨部變成了「太上政府」的形式；而中央黨部的各主管部門以及各級地方黨部也都無形中自認爲是政府有關各部門與地方政府的指揮機構。這樣一來，政府在決定政策與執行政務的時候，便難免不隨時受到黨部的干涉，各縣市黨部向各縣市政府行文，是司空見慣之事，內政部對工人報的處理，將副本抄送黨部，就是一個顯明的例子。於是，今天我們的政治究竟是黨治，抑或是法治，便不能不令人懷疑。

社論

(二) 遏止這股反時代的逆流！

——從麻豆鎮的「神水」說起

不久以前，在臺南縣麻豆鎮發現所謂「神水」，據說是可以「却病延年」，於是引動了若干男女前往祈水，眞個是人山人海，盛況空前，連遠在臺北各地的居民，也有不辭辛苦跑去求一勺之水的。其實所謂「神水」也者，不過一窪濁水，不僅無「却病延年」之功，而且經過衞生機關化驗，證明其中除含雜質甚多之外，還有密度極高的細菌。有些吃了「神水」的人，曾發生嘔吐腹瀉的現象，更是最有力的事實證明；然而卽此並不能打破一般愚夫愚婦的迷信，還以爲那是由於祈求之心不够虔誠所致。在二十世紀的六十年代，人家正在從事原子能的研究，眼看着第二次的產業革命很迅速的就要到來，而我們這個地方還在相信「神水」可以治病，眞令人有啼笑皆非之感。

或者有人以爲這原是一件不足重視的事，因爲那只不過是某一部分知識不够的人之迷信與妄舉；但是我們如果從當前一般社會現象來看，這種事情之產生，不能不說是某一個弱點的暴露；而且與「神水」相同的一類荒誕不經的事，在臺灣實是數見不鮮。例如：過去在臺北市曾發現甚麼刀片割傷小兒的事，當時是轟動了整個的社會，報紙上連篇大幅的刋載這個新聞，警察局爲此出動若干人員明查暗訪，據當時一般人的傳說，是有一個神秘幽靈般的女人在施行巫術，於是繪影繪聲，相驚伯有，許多人都不敢帶小孩上街，小學生上學有的派人保護，或竟有因此請假輟學的。再如臺南有一位叫做「吳半仙」的人，據說能以符水治病。這個人本來是一個在警察局犯有積案的騙子，可是社會上仍有許多人對他的符水治病，仍舊深信不疑。當他到臺北來的時候，據聞還有政府某要員將其恭迎到廍所去治病。後來這位騙子雖終於再被捉進警局去。這也都是一些令人啼笑皆非的事。

如上所述，這一類的事情之所以能在我們這個社會裏面不斷的發生，而且可以使不少的人並不懷疑其眞實性，跟着盲從附會，其原因何在？如果認爲這只是偶然發生的情形，不足計較，那我們覺得未免是一種太自恕的說法，因爲第一，這裏面包括的人，並不完全是沒有受過近代教育的所謂「愚夫愚婦」；第二，我們從社會進化的觀點來看，這類荒誕不經的思想和行動，除了在今天若干極落後的地區中的土人社會中，還能够產生之外，應該不是一個文明社會中所可能發現。然而，在此時此地的自由中國，却層出不窮，眞不能不說是一件值得大家羞愧的事。我們卽令不自甘承認爲文化最落後的社會，至少是在我們這個社會中，有不少的人缺乏近代知識，沒有相信科學的意念。卽以上述三事而論，「神水」與「符水治病」固屬荒謬之極，無待駁斥。就是說刀片割傷小兒一事，那些神怪的傳說，原不值識者一笑，許多家長居然會因此不敢將小孩送去上學，這不是顯然的表現出我們大家的無知嗎？

由於上述這些事實的演出，暴露了我們這個社會的最大弱點——落伍，而這種落伍的現象之造成，並不是現代知識沒有傳播到我們這個地方，乃是我們這個社會中有一種濃厚的反現代知識的傾向。在我們這羣人當中，有許多人不重視現代知識的研究，而以發揚古代文化爲急務；不相信科學的實用，而狂熱的去推崇那些違反科學，違反時代的東西。以立法院可以通過籌設中醫學校案一事而論，卽是最好的證明。那些提案和同意通過此案的立法委員先生們，你能說他們沒有受過現代教育嗎？而且據我們的了解，他們之中大部份都是受過高等教育的；然而這些受教育的結果，並不能堅定其對現代知識的信心，他們反而會背離時代去從事於反現代知識、反科學的運動。揹着維護民族固有文化的招牌，找出若干似是而非的理由來作爲其擁護中醫的論據。還有些報章雜誌也撰文附和，甚至說反對籌設中醫學校便是「數典忘祖」，便是有意破壞中國的固有文化，其罪似乎可以與漢奸國賊同科。人家對於生理與病理，可以用解剖和各種科學的檢驗方法，拿出眞憑實據來看，人家的醫術是不斷的進步，新的特效藥在不斷的發明，而我却死抱住那些五行生剋、氣血調和的道理不放，自認那是中華民族固有文化的寶貝，試想這與淸末士大夫之反對建鐵路，坐輪船，惟恐「用夏變夷」者有何差別？我們不要以爲當時那些人的想法是幼稚可笑，其實，用現代知識的眼光來看，我們今天這些用大力推動時代逆流的人，又何嘗不是一樣？在政治上、社會上有地位，曾受過高等教育的人尙且如此，又何怪乎那些等而下之的人相信「神水」可以治病。集全世界醫學界的研究力量，到現在還不能找出病源與有效的治療方法的癌症，而我們的中醫竟而說是可以治好，並不斷的在報紙登出這類廣告，你說這究竟是我們的光榮，還是我們的恥辱？

從所謂「中學爲體，西學爲用」的時代到「五四」運動，再從「五四」運動到現在，中間經過的時間差不多有一個世紀之久，而我們至今現仍停滯在這種落伍的、反科學的情形當中，還有不少的人在拚命開倒車，還有人相信「神水」「符水」可以却病延年，還有人相信一個像幽靈一般的神秘女人可以在不知不覺中施用巫術去割傷小孩，還有人認爲中醫可以治癒癌症，還有人主張大規模的提倡中醫，這一股逆流很明顯而有力的在阻擋社會的進步，爲着國家的前途着想，怎能不使我們感到無限憂疑？

今天我們不是口口聲聲的喊着要建設三民主義的新中國嗎？而創立三民主

(下轉第9頁)

丁文江留英紀實

胡適

「丁文江的傳記」是胡適之先生為中央研究院紀念丁先生逝世廿周年而寫的。這裏所登的幾章是該傳記的第四、五兩章，是記載丁先生在英國留學時的一段刻苦生活，特別值得青年學子一讀。今承中央研究院將這兩章文由本刊先予發表，謹此致謝。

——編者

（一）海上的救星

這三個大膽的青年，一路上「仍是花錢遊玩，並不着急。」有一天，在君在船上聽人說，藹丁堡距離倫敦還很遠，每人火車費要多少錢。他們估計手裏的錢已不够買車票去會見吳稚暉先生了。他們這時候才着急起來了。

他們船上頭等艙裏有位姓方的福建客人，常常找他們三個人談話。船到了新加坡，方先生約他們一同上岸去看林文慶先生。林文慶先生請他們吃飯，談起康有為先生現住檳榔嶼，船經過時，他們可以去看看這個戊戌維新運動的領袖。

到了檳榔嶼，他們去拜訪康有為先生。康先生見了他們，問了各人的情況，頗表關切的意思，臨別時送了他們十個金鎊，還托他們帶一封信到倫敦給他的女壻羅昌先生。後來羅昌先生收到他丈人的信之後，也寄了二十鎊錢給他們。李祖鴻先生說：「康南海的贈金救濟了我們途中危險。……羅昌君的二十鎊支持了我們不少的日子。……至于所贈的三十鎊，我聽見在君說，于南海先生逝世之前，他曾償還一千元，以示不忘舊德。」

他們到了倫敦，當夜趕火車北去，到藹丁堡見着吳稚暉先生，吳先生已給他們預備了住所。他們把他們的志願和經濟實況告訴了吳先生，吳先生替他們計畫：他自己同莊文亞到利物浦 (Liverpool) 去過最刻苦的生活，因為莊家沒有錢再接濟他了。丁李二人仍留在藹丁堡學習英文，因為他們兩家也許都還可以勉強籌點錢寄給他們。在三十多年後，祖鴻先生說：

「在君和我所以不去(利物浦)，是恐怕那種(最刻苦的)生活不宜讀書。若不讀書，則不免失去了我們到英國來的目的。」

在君自己也說：

「我是一九〇四年到英國去的。當時聽見吳稚暉先生說在英國留學有六百元一年就可以够用，所以學了幾個月的英文就大膽的自費跑了出去。到了蘇格蘭方始知道六百元一年僅僅够住房子吃飯，衣服都沒有着落，不用說念書了。」(蘇俄旅行記四，獨立第一〇七期)

吳稚暉先生一生宣傳「留學」，往往用他自己能忍受的刻苦的生活做標準，勸人往外國去留學。丁文江、莊文亞、李祖鴻三個青年「受了這種引誘」，做了吳先生的信徒，冒了大險，跑了出去。他們到了藹丁堡，才明白「那種生活不宜讀書」，吳先生自己陪了一位信徒到利物浦去過苦生活。剩下的兩位信徒決心要在比較適宜的生活狀態之下求點新學術，他們只好懇求他們家裏寄錢來救濟了。

（二）在英國留學七年（一九〇四年——一九一一年）

關于在君在英國的留學生活，李祖鴻先生寫的「留學時代的丁在君」(獨立第二〇八期)有很詳細、很動人的紀錄。在君自己的蘇俄旅行記的「楔子」第四段(獨立第一〇七期)寫他在民國廿三年(一九三三)八月路過倫敦時「偷空到我十八歲進中學的鄉鎮去了一趟」的一個下午，足足寫了四千字，眞是寫的有聲有色，細膩親切，是最有趣味的一篇文字。我現在寫他留學英國的七年，全靠這兩件資料。

在君自己有一段概括的敘述：

「我是一九〇四年到英國去的。……幸虧(在藹丁堡)無意中遇見了一位約翰斯密勒醫生。(李文誤作「司密士」，又註英文 Smith，似應作 John Smiller?)他是在陝西傳過教的，知道我是窮學生，勸我到鄉下去進中學。于是我同我的朋友李祖鴻同到英國東部司堡爾丁 (Spalding) 去。這是一個幾百戶的鄉鎮，生活程度很低。我一個星期的膳宿費不過十五個先令(合華幣不過三十元一月)，房東還給我補襪子。中學的學費一年不過一百餘元，還連書籍在內。我在那裏整整的過了兩年：書從第一年級讀起，一年跳三級，兩年就考進了劍橋大學。

「斯密勒先生是本地的紳士，他不但給我介紹了學校，而且因為他的關係，所以他的親戚朋友都待我如家人一樣。每逢星期六和星期，不是這家喝茶，就是那家吃飯，使我有機會澈底的了解英國中級社會的生活。

「我是一九〇六年離開中學的，以後只有一九〇九年去過一次。……」

他在二十四年後又回到他的「第二故鄉」去，還有不少的老朋友很熱烈的歡迎他，很親切的同他敘述二十九年前的舊人舊事。有幾段故事應該收在這篇小傳裏的。

例如這一段：

「出了學校向右手轉不幾步就到了維蘭得河邊的小橋。當年我住在河的右岸，每天要經過此橋四次。從寓所到學校不過十分鐘，但是遇到雨雪也就很狼狽。記得第一年冬天，鞋子穿破了，沒有錢買新的。一遇下雪，走到這座橋，襪子一定濕透了。從學校回家，當然可以換襪子的。可是襪子只有兩雙，一雙穿在脚上，一雙在洗衣坊裏。沒有法子，只好把濕襪子脫下來在火上烘。吃中飯的時候，往往濕襪子沒有烘乾，就得穿上跑回學校上課去。」

又如這一段：

「出了藥房門，沿河走去，早望見法羅 (Farrow) 在門前等我。他歡天喜地的接着我進去。……他同我向各處看了一遍：『這是你以前睡過的房子。這是你教我解剖田鷄的臨時試驗室。……你同班最要好的幾個人都很好。司金諾得了文學博士，現任沙賴省最大的中學校長。……你記得嗎？當你沒有升級以前，第一都是他考的。等到你考在他前面，他不服氣，到教員棹子去偷看你的卷子。看了之後，他反特別同你要好起來。……』

又如這一段：

「梅 (May) 貝遲同我去看……班奈兒夫人，她今年八十二歲了。一進門看見她和她的第三第五兩個女兒坐在家裏做活。……班奈兒夫人的第五個女兒對我說：『你還練習鋼琴嗎？我記得你跟我學了兩星期就能够彈 Home! Sweet Home!』我笑道：『你不要挖苦我了。你難道不記得：後來在鋼琴上彈那個調子的時候，我一點聽不出。你氣極了，就不肯再教我了？』『不錯。你的耳朵是差一點！』……」

在君和我都沒有音樂的耳朵，他曾親口告訴我這個笑話。

他在中學時，不但曾學彈鋼琴，還曾學騎馬。那天他去拜訪一位顧克 (Cook) 先生，老先生已成了瘋子，老太太也龍鍾了，都不認識他了。他惘然的走了出來。

「到了門口，一個白頭的老僕對我說道：『老太太不認得你了，我却沒有忘記你。你記得我在這邊草地上教過你騎馬嗎？』『怎麼不記得！你故意的把馬打了亂跑，幾乎把我摔死！』『哈哈！他們那時都說你如何聰明。想不到你騎馬那樣不中用！』……」

但是在君騎馬的本事並不是「那樣不中用」。這一點，我可以用他自己的話來說明。他在「漫遊散記」的第七節(獨立第十四期)，曾詳細的敍述他學騎馬的經驗：

「我十幾歲在日本的時候，就到體育會去學騎馬。教授站在場子中間，拿一根長繩子拴住馬，再拿一根很長的鞭子把馬打了轉圈子跑。初學時，馬跑的慢。以後逐漸加快。等到練習了許多時，馬跑快了也掉不下來，教授就叫你把脚蹬去了騎。再等幾天，不但脚蹬去了，韁繩也得放下，兩隻手先交叉在前胸，再交叉在後背，單靠兩條腿夾住馬背。我初學的時候進步的很快。但是到了把脚蹬去了，就常常要掉下來。等到把韁繩放了，一兩分鐘內一定摔在地上。學來學去，一點進步沒有，一失望就不學了。」

這是他在日本學騎馬的經驗，可以補充李祖鴻、湯中兩位先生的追憶。以下他敍述他在英國學騎馬的經過：

「到了歐洲，七年不騎馬」……他忘了那個僕人在草地上教他騎馬的事了。——「從前所學的一點工夫都忘記了。一直等到要回國來的那一年，爲預備旅行，又到馬術學校去上課。那裏的教法沒有日本的複雜。你騎上馬，教員在旁邊看着。先顛着小走，再顛着大走，再學奔馳。等到奔馳不至于容易摔下來，就教你打着馬跳過一根離地二三尺高的木槓。我學的成績和從前一樣，起初學的很快，但是到了奔馳的時候總不免要摔幾交。一到跳木槓子，沒有一回能够騎住！」

他自己的結論是：「一個人爲天才所限，縱然積極訓練，到了相當的程度以後，很難再向前進一步的。」

×　　×　　×　　×　　×

在君說他在中學兩整年，「一年跳三級，兩年就考進了劍橋大學。」但他在劍橋大學只住了半年，就決定離開了。他離開劍橋，主要原因是經濟上支持不了。他那時還只靠家中寄錢，其中一部份是泰興縣的公費。他曾上書給兩江總督端方，端方曾指令泰興縣每年津貼幾百元的公費。(見文濤先生文。)但劍橋大學的生活不是一個窮學生擔負得起的，所以在君在一九〇六年的年底就決定不再進劍橋了。因爲英國學校的學年中間不能改進別的大學，他就到歐洲大陸去遊歷，在瑞士的羅山 (Lausanne) 住的最久。

一九〇七年夏天，他到蘇格蘭的葛拉斯哥 (Glasgow)，他自己在本城的工科學院 (Technical College) 預備明年考倫敦大學的醫科，又邀他的朋友李祖鴻來進本地的美術學校。

一九〇八年，在君考倫敦大學的醫科，有一門不够及格。這是他一生不曾有過的失敗。他從此拋棄了學醫的志願，改進了葛拉斯哥大學，專學動物學，以地質學爲副科之一。到了第三年(宣統二年，一九一〇)，他的主科動物學之外，還有餘力，他又添了地質學爲主科，地理學爲副科。「到一九一一年，他是葛拉斯哥大學的動物學和地質學雙科畢業。」(見李祖鴻文。)

他在葛拉斯哥大學的時期，得中國駐英公使汪大燮的幫助，補了每月十鎊的半官費。到最後的一年，他有補全官費的希望。但他因爲將要回國，請求把官費讓給李祖鴻。李君不但補了全官費，還領得一九一一年一月到五月追補的官費一百多鎊。李君和在君留英七年，總是有無相通的，他知道在君性好遊歷，屢次遊歷歐洲大陸，還想回國時遊歷中國內地，所以他就把這補領的一百多鎊送給在君，作爲旅行中國內地的遊資。于是丁在君就在一九一一年的四月離開英國，五月初經過西貢海防，搭最近剛通車的滇越鐵路，進入雲南，五月十日到勞開，滇越路的第一天的宿站，在紅河的右岸，對岸的河口就是雲南的地方了。

他在那一天記着：

「我在一九一一年五月十日……到了勞開，距我出去留學的時候，差不多整整的七年。」

對於丁文江所提倡的科學研究幾段回憶

——紀念丁在君逝世廿週年作

李　濟

還是在美國當學生的時候，忽然看見紐約自然歷史博物館的館刊有一期在「扉頁」的地位，印了一位中國地質學家的半身照片；他的銳利的目光與側出的兩鈎鬍尖，均給了我鮮明的印象。那時在美國留學，要是眞想學點「什麽」的話，常常地不免有寂寞之感；寂寞的是，同道的人太少了。譬如在無數的科學雜誌，所看的無數的科學新發明新發現及論文，與中國人有關的，差不多見不着；因此，有時在這些刊物內要碰着一個中國名字，那衷心的喜悅，就有點像在科舉時代，家裏出了一位狀元公似的。

我與丁在君先生的接觸，在我這一方面，可以說是從那一次認識他的照片開始。民國十二年回國後，在天津教了兩年書；那時他正在北票煤礦公司作總經理。有一天下午，帶了一封介紹信，我跑到「義租界」北票煤礦公司總辦公處去拜會他。一見面他就說：「老兄回國了，好極了，你可以多作點研究工作，像我這個人，又要作生意，又要辦行政，剩下的工夫太有限了，雖說想作點研究，也作不了多少。」他隨卽以對話的方式考了我一陣子，大概是想測驗我的肚子裏，究竟有多少油水。一個初回國的留學生，好像初出籠的包子似的，總帶了些熱氣。那時他的興趣，有一部份集中在人類學，恰恰是我學的一套。所以雖是初見，兩人很談得來。一談就談了差不多兩個鐘頭。我記得臨別的時候，他把開始說的話，又重複了一遍。到現在回憶，這一次當面接觸的印象，除了他的兩鈎鬍尖，及一隻銳利的目光外，最深的就是他的爽朗氣象。他的談話的懇切與熱誠，使我感覺一種舒適；他的恢宏的見解，更提高了我對於中國學術的希望。他鼓勵我作研究工作，是非常切實的。收藏家們大概還記得河南新鄭縣出過一大批銅器，就在這一時期；他知道了這個消息，就要我去新鄭作點發掘工作，並籌了兩百塊錢作工作費，調派了在地質調查所工作的譚錫疇先生幫助我。後來因爲土匪攻城的謠言，以及當地人的不合作，這工作並沒完成。唯一的收獲就是在出土銅器的坑中找到幾塊人骨。

以後他又直接地或間接地幫助我進行了幾件別的研究。十四年的春天前後，有兩件事情發生，決定了我的三十年來的工作方向：一件事情是淸華學校成立淸華研究院，約我作講師；另一件事是美國佛利爾藝術陳列館約我加入他們派在北平的田野考古工作隊。第二件事情的開始，遠在第一件事以前。我雖說是在美國作過五年學生，但與外國人沒共過事。所以當我收到這一美國學術機關駐華代表來信談此一事時，我很躊躇了些時；最後我就決定請教「丁大哥」去。我很淸楚地就兩點疑問向他請教：(一)是否應該放棄教書的職業，去作專門的研究工作？(二)如何與外國人合作？他對這兩個問題的答復，都很直截了當。他說：教書固然是很好，研究更爲重要。所以他主張我選研究工作；他並且舉了幾件很顯豁的例，證明他如此看的理由。(二)與外國人合作，他說，最好開始就把條件講清楚；至於與他們如何相處，他的勸告是：「直道而行」。他用了一個英文字 (Straight) 來說他的意思：我這一譯法，我想是不錯的。這一點，我三十年來每每回味；深感到的是：在君給我的這一箴言，不但是他的經驗之談，並且確實證明他已認清楚了東西文化及人生觀的基本分別。中國古聖人提倡的禮教，原想培植一班人內心的謙德，結果大部份人只注意了虛僞的外表；把「求眞」、「求直」的本能抑制到下意識裏最下層去了。兩千年來的禮教到現在只養成了一種超等的阿世取容的技術；對於「眞理」與「直道」，都當着精神上的玩弄品，沒有任何嚴肅尊敬的氣象；或者根本不承認它們對於人生的價值。儒家與道家，就這一面看，是沒有什麽分別的。

我離開天津後，在君也隨着從事政治工作；因此也沒有常見面的機會。直到他從上海卸任，在大連住的時期，因爲一家日本報館在報紙上造謠，說他已在大連購了地皮，預備在那裏建築房子作寓公；我有點信不過，就寫了一封信去問他。他很快地答復了我的信，絕對地否認有此類計劃。那時正是北伐時期，河南成爲戰場，平漢路截成數段。我住在北平，因爲想到陝西去作點調查工作，就必須坐海路繞道上海到漢口，再往西北；因此坐了一條日本船從天津南行，路過大連時，就便問了在君一次；正值他的太太有病，濟瀛(文治的太太)尚沒結婚，與他們同住作伴；我進門時正看見她替姑父畫地質圖。我與在君談了數小時，沒有感覺他作了一任大官的味道，也沒感覺到他有什麽失意的氣象。他仍是我在天津與他初見面的那個樣子，想法子幫我完成旅行調查的計劃；替我寫了好些介紹信。

北伐將完成時，在君遷到北平去住家；十八年的春天，成立不久的歷史語言研究所也由廣州遷到北平。那時他與中央研究院沒有什麽正式關係，但他對於這一研究機關，却寄以極大的同情並予以極大的注意。雖說他最感關切的工作屬於在南京成立的地質研究所，但歷史語言研究所近在北平，而主持史言所工作的傅孟眞先生與他在北平一見如故(他與傅孟眞締交，是中國近代學術史上一段佳話)，所以他能對史言所的工作計劃，幫助的機會還多些。據我所經驗的以及所知道的，他的影響，且不以工作的設計方面爲限；連人事方面，孟眞都常向他請教，並聽他的勸告。史言所那時的工作，分爲三組；我所負責的考古研究，在他的廣泛興趣中所佔的地位也是很重要的；他是最先介紹我們到關外作田野工作的。梁思永十九年到齊齊哈爾與熱河之行，就是他的建議。最初所籌備的本是一個比較持久的計劃，但因爲九一八事變隨卽發生，這一成績甚好的開始，就沒得繼續下去。從我們所計劃的考古立場上說，這是一件無法估計的損失。由於最近田野資料初步整理，東亞的細石器時代與新石器時代早期的文化，很可能地在蒙古及滿洲一帶有若干重要的中心；日本的鳥居與法國的桑志華以及德日進，美國的納爾遜，瑞典的貝格滿都在這一帶作過工作，而思永在齊齊哈爾以及熱河的成績，與這些人相比，是有他特別的貢獻的。在這一區域，我們若能繼續下去，有好些懸而未決的中國古史問題，到現在也許不成問題了。

楊杏佛的暴死時，敎育文化界一班的反應都認爲繼杏佛中央研究院的職守的人，以在君爲最適宜。嫉妬他的人，譏笑他是「超科學家」；但是這些流言，對於他却沒有絲毫的損害；支持他的，並不完全靠欽佩他的幾位朋友；最實質的理由，是他留在社會的及敎育文化界的若干成績：地質調查的工作，以及北京人的發現（他是新生代實驗室的名譽監督），與張君勱玄學與科學的論戰——都可使人相信他不但是一位有成績的科學家，並且是一位有理想的科學家；以他作中央研究院的領導設計人，豈不是一件最適宜的安排吧？在君在中央研究院的工作，已有朱騮先生的記載。在這一時間因爲職務的關係，有幾件事，我知道略爲詳細，想藉此作點補充說明。

在君死在中央研究院總幹事這一職守上。當他最初接到研究院的聘請時，他非常的躊躇。據他自己對人說，最使他遲疑的是他的身體；所以他就到協和醫院作了一次澈底的檢查。他有點迷信遺傳學的若干假設；他常自己計算他的壽命，說他不會活過五十歲，因爲在他的父系血統中，他的上三代人，都沒超過這一大限。結果他的預言，是不幸而中了！

但他任中央研究院的職，雖只是短短的一個時期，他却爲科學工作者作了幾件示範的工作：大的如創置評議會，改組總辦事處，及若干研究所——是大家週知的事，沒有在此處重提的必要。我想特別提出的是他堅守的幾個作事的原則：

他是最相信分工合作這一原則的；他認爲現代所謂「知識」，只有科學的知識才算是「眞知識」，而科學知識的取得，（一）必須有一羣受過實際訓練的人，作基礎工作；（二）必須有一個健全的組識，作一個神經中樞，負安排調度的責任。那時的中央研究院，對於他的寄望，雖不是條件全備，但至少也是具體而微了。他到了研究院後，初期努力的目標，就原有的基礎加强這兩點。由一件事，我們可以看出他的努力方向所透出的精神。第一，他是絕對地要避免浪費的。他常說，中國是一個窮國家，無論根據什麼理由，浪費金錢就是罪惡；他作總幹事的最早兩件事：爲設法將社會科學研究所與中基會所辦的社會調查所合併；請社會調查所的所長陶孟和到中央研究院來作所長；將科學社的生物研究所與研究院的自然歷史博物館合併，請生物研究所的秉農山來中央研究院作動物研究所的所長。前一事他作成了；後一事他失敗了。不過這兩件事，都是根據他的避免浪費說發動的。他的理由，詳細說來，是很動聽的。他說，中國的科學人才不多，而金錢更少；我們現在化一個錢，就應該有一個化這一個錢的意義。現在中國的學術機關，往往以科學研究的名義，買了很多儀器，却常常地沒人用；等到上了鏽，糟塌了，也沒人管！這豈不是浪費？這毛病就是有責任的人，不但對於「錢」的價值，沒有眞正的認識，對於「人」的價值，也沒有眞正的認識。而這種損失，不特是金錢的、人才的浪費，更難估計的，爲那追求的目標，將愈離愈遠。

不過他却並沒有慳吝的習慣。若是一個顯然有價值的工作計劃拿出來了，得到他的同意，他可以全力以赴爲此一目標籌欵的；他爲化學研究所籌欵研究鋁鑛，爲工業研究所設置棉紡織染實驗館，爲歷史語言研究所發掘侯家莊，都是這一類的例。

關於侯家莊的發掘，丁在君的很大的貢獻，外界知道的差不多沒有。原來歷史語言研究所雖設了一個考古組，但對於田野考古工作，是向來沒有特別預算的；每年的經常費，也只同別的工作單位一樣。最初幾年，田野考古工作的經費，差不多全由中華敎育文化基金董事會捐助；但每季不過三、五千圓，還要東拼西湊，史語所方能把田野工作的經費對付下去。到了第十一次安陽發掘的一年——那時正是梁思永在侯家莊工作——田野工作的經費到了必需增加的一次。思永作了一個預算，數目在二萬元以上，比早期的要加多五至十倍。他說，不如此作，我們就等於毁了這一遺址；這責任可就大了——據我的經驗，思永說的，句句是實話；而所要的錢，又是從最經濟處打算；但同時我更知道，除非總幹事特別注意，錢是無法出的。我把思永的預算送給總幹事看（那時傅孟眞所長不在南京）。他不加任何條件，就答應了。到現在，中央研究院最爲國際所欣賞的一部份成績，就是思永用這筆欵子得到的結果。

在君的決定，却是有他自己的根據的：他有豐富的田野工作經驗，因此他知道得清楚，田野工作的正當需要；他看見過考古組的成績，以及思永對於考古的貢獻；他更知道思永的工作能力；所以他的這決定，是一種科學的判斷。以後得到的結果，可以說超過了他的期望。

但是這一筆欵，是從那裏來的咧？這問題的答覆，牽涉到在君提倡科學研究工作的另一計劃；而是沒有完成就被日本侵犯所破壞的一件計劃。

遠在楊杏佛作總幹事的時代，中央研究院與英庚欵會及教育部商量好了，中央博物院的籌備由中央研究院來擔任。代表中央研究院作這件事的，爲歷史語言研究所的所長傅孟眞先生。他的名義是：中央博物院籌備處主任。但是研究院與博物院具體的合作計劃，是在君到職後方才完成。合作的要點爲：(一)博物院不重複研究院的工作，研究院採集的科學標本(如生物，地質，考古等)，研究完成後，均交博物院保管及陳列。(二)研究院尚未成立的學科之研究工作，博物院可獨自、或與研究院合作進行之；(三)博物院對於研究院進行中之採集工作，得派人參加，並補助其經費。中央研究院在侯家莊第二、第三兩次發掘的經費，大半出自中央博物院的補助費。那時在君是中央博物院的理事；我繼傅孟眞之後爲中央博物院的籌備主任；所以這問題就得了一滿意的解決。

歸納前後十餘年與他接觸的經驗，我覺得在君所提倡的科學研究，有幾點值得紀錄下來：

(一)他最注意的第一件事，是培植人才及選拔人才；他確具有量才使用的能力，他說科學工作並不是天才人物的專利；大有大的工作，小有小的工作。但是作領導的人，就非頭等人不可了。若是領導的人不適宜，這機關不但等於沒有，並且是一種逆流的影響。他到中央研究院後，爲堅持這一見解，就獲罪了不少的朋友；但是他的立場，却沒人能反駁他。

(二)他認爲一個機關的領導人，固然自己要作研究工作，尤其緊要的是延攬人才，並幫助下一代。他嘗責備物理研究所所長丁西林，不留心爭取頭等物理學家。因此，他的這位本家就感覺了不安，而萌了求去之意。大家都同意在君對西林的責備是很公道的；但同情丁西林的，也大有人在；要在英美的社會，了解在君這一見解的人！或者可以更多了吧！

(三)他是一位民族意識很敏銳的人；他要把中國研究水準提高了與世界最高的標準相較；他是絕對地不甘心於第二等品質的。他欣賞朋友的與青年的成績同自己的一樣；他憐惜人的愚蠢，好像是自己的過錯，他也不護自己的短，他認爲一個科學家有了錯誤，應該自己承認。對於中國科學家的眞貢獻，更是極力的宣揚。他的驕傲——假如可以用此一名詞的話——是驕傲自己的民族與自己的文化。他提倡科學，正是要補中國文化的缺點。他最厭惡的是一種假科學名義，開空頭支票的人們。

四十五年七月卅一日於臺北

(上接第4頁)

義的孫中山先生，便是一位學自然科學的，是最早便接受現代知識的人，是絕對相信科學的，那麼我們如自承爲孫先生的信徒，要繼承他的遺志，又如何能違反他的基本信念，不相信科學，不接受現代知識？也許有人以爲孫先生曾經主張保存中國固有文化，因而我們必須將我們固有文化的一切均視同無上瓌寶。殊不知孫先生所指的是固有文化中之某一部份，而不是毫不選擇的全盤接受。更明確一點說，即是指屬於倫理道德方面和極少數的關於政治方面的原理原則。例如在古代孔、孟的學說中，我們也可以發現政治應以人民爲本的主張，但這並不能說這便是完整的民主政治的理論，我們今天要實行民主政治，還是應以歐美先進國家的民主政治爲法，因爲他們已經有了一套完整的理論和制度。希臘是最早實行議會政治的國家，可是今天歐洲各國所行的議會政治，其性質與希臘古代所行者已迥然不同，這就是說明古人創立的那些理論與制度，對近代人只能說是有啓發的功能，而決不能有實際的效用。這也正如自然科學一樣，是日新月異的在進步，絕不能墨守成規。再以醫學來說，孫中山先生便是一個學西醫的，在他的遺教中，找不出主張提倡中醫的意見，而今天他的信徒們却對中醫之推崇不遺餘力，如果孫先生在天有靈，我們眞不知他會作何感想。

總括起來講，我們的意見是：今天這一股可怕的反時代、反科學的逆流在我們這個社會中盪漾發展，不僅是上述那些荒誕不經的事情會層出不窮；而且它將阻止我們整個國家社會的進步，乃至窒殺一切新生的生機，更說不上復國建國的大業。因此，我們要在此向全自由中國有頭腦、有思想的人士呼籲，大家應以最大的努力來遏止這股逆流的進行，要強化一般人對科學的信心，要儘量的介紹現代知識。與其去翻印那些古代的典籍，不如用同等的力量來介紹新書。即以保存固有文化一點來講，決不是僅憑翻印舊書便可辦到；而是要運用現代知識與科學的方法，才能達到「取精用宏」的目的。同時我們更應認定，我們的固有文化乃是保存在文化生活之中，而不是玩弄那些故紙堆就可以保存得了，可以發揚得出來。在「五四」運動的時代中，吳稚暉先生曾主張將線裝書丟到毛坑裏去，那種說法固然未免過激，可是「讀經救國」那種等於「半部論語可以治天下」的落伍思想，在今天這個時代中是實在應該被拋棄的了。

最後，讓我們再重複的說一下：我們堅決的認定，從今天起，我們大家惟有誠心的接受現代知識，相信科學，然後才能促使國家社會的進步；如其還要讓那些落伍、開倒車、反時代、反科學的逆流存在，甚至助長其發展，則我們的前途只有更加沒落。只知道船堅砲利便可以戰勝敵人，而不能從思想與生活方面去要求革新，則其觀點與清末那種所謂「中學爲體，西學爲用」、抱着一個陳腐的僵屍不肯放手的那些人們，毫無二致，我們眞不敢想像其能負起復國建國的大責重任。孫中山先生說：「夫革命者，順乎天，應乎人，適於世界潮流，合於人羣需要，而爲先哲所決意行之而無不成者。」我們誠懇的希望今天修談革命的先生們，記住「適於世界潮流」的這一句要緊的話！

論「籌設中醫學校」案與所謂中西醫問題

如濱

前言

立法院於今年三月二十七日通過一項議案，請政府籌設中醫藥研究機構，並同時設立「中醫學校」。該議案通過之前，立法委員反對此案者亦不乏人，尤以伍智梅委員最爲堅定激烈。此案既經通過，香港自由人報丁文淵先生首先著文批評議案之不當；繼之，臺北「自由中國」半月刊十四卷八期社論表明嚴正之態度，認爲「籌設中醫學校」案是不能接受的，因爲該案之通過，是反現代化的，開倒車的。行政院曾爲兵役法施行法第十四條的修正案行使過憲法所賦予的覆議權，因此該雜誌嚴正呼籲行政院應卽將該「籌設中醫學校」案移請立法院覆議，認爲這次事件遠比兵役法施行法第十四條的修正案，更爲重要。接着，臺大毛子水先生在自由中國半月刊十四卷九期發表同樣的意見，認爲該案之通過是可以阻礙學術進步的。並且說：「在無奇不有的世界裏，許多科學家正在那裏計劃月宮旅行，我們在這個寶島上辦一座中醫學校，算不得一件什麼了不得的事情」，以一個研究中國文化歷史的學者身份來說這種話，其憤慨悲痛之忱，我們可想而知。

最近，在四月十八日及五月上旬間，伍憲子先生在香港自由人報先後發表了幾篇有關此案的文章，大意論述「中醫」在歷史上之偉大成就及其衰落之原因，且主張要發揚「中醫」，整理古醫籍和研究中藥，必須應用「科學方法」，討論透澈，態度持平，筆者實深敬佩。惟伍憲子先生既主張必須用「科學方法」來整理古醫籍和研究中藥，又贊成於設立「中醫藥研究機構」之同時，亦創辦「中醫學校」。筆者對於此點高見，委實不敢苟同。其理由至爲簡顯，因爲中醫藥既須應用「科學方法」予以整理研究，在沒有整理就緒，研究透澈，決定取舍之前，何以能創辦中醫學校？如云中醫學校者是「純中醫性」的，那豈不是一面「科學」的整理研究，一面又「不科學」的愈「辦」愈亂？如云中醫學校係採用科學方法造就中醫學生，那又何不請求政府加强現有的科學教育呢？筆者認爲中醫藥要整理研究是一回事，而創辦中醫學校又是另一回事，這裏不但牽涉到許多科學不科學，教學材料，教學人才，教學制度等等問題，並且是有關國際觀瞻，學術進步，和建國復國之大業，筆者不甘緘默，特抒管見，以就教於各界先進。

中國醫學的起源

醫學屬於自然科學與應用科學之範圍，談科學，應無國界之限制，更無中西之分，如必須有所分別，則只有古今新舊之不同而已。提到醫學的歷史，我們中國人確實够驕傲的，因爲我國是目前世界上唯一巍然獨立的文明古國，迄今已有五千年的歷史，世界醫學之發展，如自黃帝時期算起，當以我國爲最早，而歐洲國家之古醫學，却比我國遲了二千年左右。其醫學理論必定深受我國古醫學之影響，殆無疑義。我國先祖列宗的智慧實在是很驚人的，數千年前就發明了印刷術、火藥、紡織和醫藥知識？由於國勢强盛，外國朝貢，通商及傳教等關係，我國醫藥知識隨同印刷術、火藥及紡織等先後輸往印度、中東和歐洲國家，是以「漢醫」無遠弗屆。今日世界各國醫學院講授醫學史，必定提到我國古醫學之發展情形。

世界醫學之發展，無論中外，最初都經過一個所謂「迷信時期」，以爲疾病死亡，是由於鬼神作怪所致。嗣後，人類文化思想逐漸進步，古醫學家開始注意觀察人體各種現象，辨認病情，復藉偶然巧合之經驗，予以某種治療，此卽所謂「經驗醫學時期」。在此時期，醫學理論，頗爲盛行。大約在二千年前，希臘古醫學家希波格拉底氏，發現人體有黃色、紅色、白色三種液體（大概是指血液、膽汁、精液而言）與疾病有密切關係，於是創導「三精五氣」和「四元」學說，風行一時，殊不知很早以前，我國古醫學家已有「陰陽五行」「六經」「氣化」之說，彼此所論頗符合。惟以時間先後言之，則希氏之說極可能係受我國古醫學說之影響。由此可知，我國古醫學在數千年前之重要性。

在經驗醫學時期，我國古醫學家著作甚多。例如內經、素問、傷寒論等，對於疾病現象已有記載。查此等著作之完成時間，至遲在一千八百年前。由此可知當時先祖列宗之研究精神是何等偉大。而最令人敬仰不置者，當係神農氏（據考可能係後人託名者）之「嘗百草」，「以身試藥」，記載某些藥物，何狀何色？服後起何反應，何藥可解？藥物如何配伍？有何禁忌等，全憑一己之生命，測知多種藥物之大略性質，開創「動物實驗」醫學之先河，其研究精神委實令人敬佩，其研究成就，更足以爲當時文明生色。歐洲古醫學家，在經驗醫學時期，亦有類似之成就，不過在時間上遠落我國之後。

中國醫學不能進步的原因

經驗醫學時期，中外古醫家之貢獻，固屬難能可貴，然究因缺乏科學方法，對於個人觀察所得，不够眞切，徒知其然，而不知其所以然。各醫家理論，在當時雖可自圓其說，仍難免「事實不透澈，詞意不清晰」之虞。最令人痛心者，卽我國醫學的歷史發展最早，影響力最大。而後代子孫，不但未能就先祖之經驗脚踏實地，努力研究，繼續發揚光大，甚且徒將先祖之醫學理論，附會爲「玄奧」之學，以先祖之光榮成就爲「自滿」，以玄虛之說自欺欺人，固步自封。其所以不能進步之原因，固極繁複，但筆者以爲有兩個最重要之因素：

一是我國古時習醫者，幾爲讀書人之副業，士大夫而能通醫理者，是爲博學之士，因此有儒醫之稱。我們知道所謂士大夫是一種知識特權階級，讀書是他們的權利，亦是他們的生活享受。日常除讚書本外，對於生活環境之事事物物，很少加以詳察理解，生活嚴謹，不近鷄犬，不辨韮麥，加之儒家之「遠庖廚」及佛教思想之影響，視殺生驗屍爲忤逆之作(驗屍一業，古已有之，惟向被目爲下賤之工作，稱爲忤作。並非今日之驗屍官——法醫官，對於命案極具權威者可比)，因此醫學缺乏實驗研究，難有進步。

至於古時醫學教育制度，確實很早就有設置，歷代執政當局均極重視，尤以隋唐最盛，然當時教學方法，仍多限於「讀書」，而教學內容則限於數千年前之「古醫籍」，於是學生們就在古書堆裏，「陰陽五行」之中來回打轉，而結果還是「古人之見」，談不上創造發明，固執地維持了一種古代典籍傳統，歷數千年而不變，當然，在此期間，我國醫學史上亦出現了許多偉大人物，例如神農氏華陀氏等，他們一如數千年後之歐洲科學醫學祖宗們，甘冒大不韙和危險，或親嘗百草，或暗中進行解剖獸屍和人體，因而測知某些藥物之大略性質，發現人體解剖臟器之大略位置(如神經系統之徑路穴道和其他內臟)，研究繪圖，流傳後世。如我後代子孫苟能承襲神農氏華陀氏等人之研究精神，繼續研究，則我國在人體解剖學、生理學、藥物化學方面之成就，必定優於歐洲醫學祖宗之研究所得。更不至於此次有人在立法院散發數千年前之「穴道圖」，以爭取通過中醫學校案之事發生。今日我們來散發數千年前之穴道圖，感覺自滿自得，實在是愧對祖宗！祖宗希望我們繼承他們的「精神」，並不希望我們保持他們當年的成績！

另外一個使我們古醫學不能進步的原因，就是國人不能够發揚和運用科學的精神與方法。科學的做事精神，就是實事求是，精益求精，繼續不斷，貫澈始終。科學的唯一主旨，就是澈底研究出萬事萬物之「眞實」的情狀，所以對於任何一件事物，不明白當然要研究明白，已明白還要求澈底明白，未做好，當然要做好，既做好，還要做得更好！總要天天有進步，天天有新的道理和新的東西發明出來！這就是大學上所講的「苟日新、日日新、又日新」的道理。古人說：「人而無恒，不可以作巫醫」，這句話就是勉人以繼續不斷，貫澈始終的意思。試想作一個迷信時期的「巫醫」，必須要有恒地不斷研究，精益求精，那麼做一個合乎時代的醫師，更需要發揚科學精神，實事求是，不斷地力求進步，天天發明「新的道理」和「新的東西」出來。可是我國古醫學到今天，仍然停滯在「陰陽五行」的階段，仍然是「老東西」，並且還不肯虛心，甚至罵那些主張「現代化」「科學化」，反對籌設中醫學校的人爲迷信「洋務」！

醫學的科學方法

至於科學的方法很多，因限於篇幅，這裏只約略引申四點與我國古醫學之所以不能進步最有關係的說明如下：卽①分工與合作，②研究與實驗，③分析與統計，④改進與發明。

先說分工與合作！人類文明的進步，完全歸功於分工合作，無論學問與事業，必須分工始能專精，必須合作始能成功。我們國人的聰明才力，本來不比外國人差，只是國人在學問上與事業上，都缺乏互相合作的精神，而外國人因爲既能分工，更有合作的精神和習慣，所以他們研究學問成就事業的功效，比我們格外大。這種批評對於我國醫學的發展而言，眞是一針見血！我們古代醫學的成就，足爲當時之文明生色，但是各醫家理論與方法，向例是對外秘密，只講家傳秘方，「傳子不傳婿」，所謂祖傳秘方，葫蘆裏的藥，外人不知，此不但造成江湖投機之氣氛，妨礙合作進步，甚且當時祖宗一點心得，經過若干年代後，既未經公開研究繼續發揚光大，亦就失傳了，過時了！因此我國古醫學到今天，仍舊談陰陽五行，還在散發數千年前之穴道圖，還是舊東西。

同時，我們要知道，醫學的發展，不單只需醫學界個人之間要分工合作，並且更有賴於其他科學之研究進步，最後應用到醫學上來，於是才會有今天之科學醫(俗稱西醫)。因此，醫學離不開科學研究工作。

其次，我們再談研究與實驗。任何事物，一定有他的道理之所在，我們必須將道理研究明白，然後解決各種問題，而成就我們的學問和事業。這一點對醫學更其重要，不但將道理研究明白，並且要抱一種知之爲知之，不知爲不知之謙虛忠實態度，切不可故弄玄虛，含糊了事，自欺害人。經過研究之後，最緊要的事情，就是實驗。因爲研究所得的，往往還是空洞的理論，必須經過實驗，然後可以證實，才可以判定研究所得的理論是否正確，是否適合實際的環境。近代科學，無論是自然科學，社會科學，無不極端注重實驗。凡是能够成功一種眞理或定論的學問，一定要經過無數次的實驗才可成立的。我們古醫學家倡導陰陽五行之說，以及各種經籍對於疾病之記載，歷時已數千年。此種研究心得，在古時確實是難能可貴的，但如以今日之科學眼光論之，則此等研究心得，只不過虛有其表，缺乏科學實驗，理論空洞，不合實際。茲根據我國醫典列舉數端以說明之：

中國醫學缺乏科學的依據

今日科學醫知肺爲五葉，並且可以施行肺葉切除手術，而中醫却以爲有六葉；肝臟居於腹腔右方，而中醫以爲居左，心臟有四腔(二房二室)，而中醫却云有七孔。腎臟主要功能爲泄溺，而中醫以爲藏精，不知藏精另有精囊，前者屬於泌尿系統，後者則屬於生殖器官。至論發病原因，中醫之說亦有甚多令人費解之處，如瘋癲症乃由於腦神經系統之病變，而中醫以爲「痰迷」。「中風」一症，素靈、仲景之書，皆主於「風」，劉河間則主於「火」，李東恆則主於「氣虛」，外受「風邪」。朱丹溪則主於「痰濕」，而不知其病源實由於腦部血液循環障碍，血管痙攣或破裂所致。且與高血壓和血管硬化症有密切之關係。談到陰陽五行，那更是令人有迷亂恍惚，蜃樓海市，不可測繪之感。如心屬火，肝屬木，脾屬土，肺屬金，腎屬水，以六臟强配五行；赤入心，青入肝，黃入脾，白入肺，黑入腎，以五臟强配五色。此在老祖宗們或有所悟，但對今日稍具物理化學知識者而言，則甚難牽强附會，獲得了解。查此等在解剖、生理、病理學方面之含糊空虛，顚倒錯誤，實不應責怪我們的老祖宗們，因爲古時研究人體解剖，非常危險，至於「動物實驗」，更其困難。最可痛心者，即後人竟然以訛傳訛，將錯就錯，抱殘守缺，執迷不悟。

醫學既屬於自然科學，它的進步需要基本科學知識(物理、化學、數學、生物)，和經過無數次的科學實驗和改正，且與其他科學之發展齊頭並進。並非如一般無科學頭腦者所云：我國古醫學已經歷時數千年，亦即實驗(非科學實驗，只是「經驗」)了數千年，遍及全球，並且外國人亦在研究！甚至唱出「我國古醫學是玄奧的，超科學的」等等妙論。今天還有中醫治病是事實，外國有中醫，外國人研究中醫，亦是事實，但是我們必須先承認同一時代同一環境中之某種現象，不是單純一色性(Monochromatic)的。尤其是我們中國現在還是新舊交替的過渡時期，有進步之科學醫，亦有保守之古醫學(舊醫)。同理，外國亦有「中醫」，只不過外國進步一點，從前中醫非常流行，現在則很少了。尤其那些科學特別昌明的國家。因此我國中醫「盛行」，適足以說明我們科學之落後。至於外國人收集中國古醫籍，研究中醫，並不是將我國古醫籍作課本，更沒有請我國所謂權威中醫師到他們的醫學院去授課。我們不要以爲他們有意開倒車，要我們祖宗再活過來，指導他們研究「原子醫學」。他們研究我國古醫籍的主要目的：①是搜集醫學史實，②是窺測我祖宗當年之光榮「文化」遺產，③發掘我們祖宗研究心得，作爲一種研究參考。我們對於祖宗之成就，固不可妄自菲薄，亦不可自誇爲超科學超時代的光榮。

缺乏分析與統計

再次，我們引述分析與統計之重要性。凡是一個計劃或一個事業，在實驗的時候，一定發生許多現象，或是好的，或是壞的，或是成功的，或是失敗的，或是在意料之中的，或是在意料之外的，或是次次相同的(必然性)，或是間或發生的(或然性或巧合性)。我們應當就這一羣的現象，加一番分析與統計的工夫，以發現我們的缺點在那裏，優點在那裏，而判斷我們原來的計劃或理論之正確性，和事業的進展達到什麼程度，以及將來應該採取什麼方針，走什麼途徑。這種分析、統計和判斷的工夫，與我們一切學問和事業成敗關係最大，如果沒有這種分析判斷的能力，則對於一切客觀的事物，必不能辨認清楚，而始終陷於紛亂糊塗、無條理、無次序的狀態中，找不到一條合理的成功的途徑。

我國古醫學之所以不進步，不能現代化，其最大原因之一，就是缺乏分析和統計的工夫。舉例說：古醫學家張仲景所著之傷寒論，列論傷寒有一百餘種，雖然大略予以分類，仍難免錯綜不清，此在一千八百年前有如此巨著，固屬難能可貴，而以今天科學進步情形言之，則此論之缺乏分析與統計方法，實不足採用。因爲①張氏之傷寒論，只是一些有關傷寒症或類似傷寒症之各種病象之記載，②因無顯微鏡之發明和細菌學之研究，對於眞正致病之病原物尙不知道，而對於身體之病理變化更不明白，因此很籠統的把現在科學醫完全證實之流行性感冒(病原物主爲濾過性病毒，病象極似傷寒之第一星期之病象，惟其病程不超過十天，可以自行痊愈，張氏稱之爲傷寒之中寒)、中暑(此病純由於物理因素，即體內外熱度失却平衡所引起，張氏稱之爲傷寒之暍症)和瘧疾(此乃衆所週知之由於瘧蚊傳染瘧原蟲所引起之寄生蟲性疾病，「有時」極似傷寒，張氏傷寒論中所論之病，有的極可能就是惡性瘧疾)等等，都搜集在他的傷寒論裏面。

中醫現在還有一句口頭語，就是「擺子轉傷寒」，擺子是瘧原蟲所致之瘧疾，傷寒之病原物却是傷寒桿菌，彼此風馬牛不相及，怎能「相轉」呢？其所以有這句話，就是「病原」不分，現象却「有時」相像，首先錯在沒有作深一層的科學研究，辨別病原物，其次缺乏詳細的科學分析和統計，於是難免陷於「紛亂糊塗」。筆者無意罵我們的祖宗。我們的祖宗在一千八百年前能有此傷寒論之巨著，在今日我們子孫只有敬佩之情，可是我們決不可以祖宗之成就爲滿足。甚至硬要抱殘守缺，將錯就錯，不求進步。張氏的成就，在當時是偉大的，可是祖宗的遺產，並不是永遠都是好的，祖宗遺產之能永垂不朽，永遠完美，是要靠後代子孫不斷努力發揚光大！

此次中醫界在向立法院請願書中，擬了一個所謂「中醫學校」之課程表，其中百分之九十是目前科學醫院之醫學課程，但却另列有傷寒論和瘟病等名目。試想，我們怎能够拿數千年前之古醫籍，作爲今天科學時代之醫學課本!?中醫界自稱：將古醫籍之名詞，改爲今日之名詞，則可以使人容易瞭解，便於教學，却忽略了一件最重要的事實，即古醫籍之「內容」問題！即使退一萬步，不談內容，只談名詞，而古醫籍所載之各種疾病，由於缺乏科學方法，往往彼此糾纏不清，界線不明，名目紊亂，試問如何改成今日易懂之名詞，何況名詞離不開內容！

張氏在一千八百年前，當然未曾解剖死於腸傷寒病之病人屍體，無從發現其主要之病理變化之部位，是在小腸之廻腸部分。更不知此病於發病之第二、三星期間之潰瘍變化，有百分之幾病人腸穿孔？有百分之幾病人發生腸出血？張氏更不知此病只要不發生合併症，可以「自行痊愈」！至今中醫還以爲傷寒之痊愈，是用了幾劑「柴胡湯」治好的！張氏憑個人經驗，發現此病不可亂吃東西，亂吃東西易致死亡，因此採受「忌嘴禁食」療法，設若個人身體健康，老本錢足够者，可以拖過危險期，「僥倖」不死。其體格衰弱者，往往不出二、三星期就告死亡(餓死！無抵抗力而死)。如此治法，有多少死亡，多少恢復，其復元者是否眞乃「柴胡湯」之效？有何分析統計否!?

今天科學醫由於澈底研究，知道腸傷寒之自然過程，設能利用時機(發病之第一、二週內)，予以營養豐富易於消化之飲食和適當的照顧，維持體力，即使不用特效藥(即市上之氯黴素)，病人亦可靠自身之抵抗力以度過危險期。至於特效藥氯黴素之發明，乃係根據腸傷寒之病原菌——傷寒桿菌之性能，經過細菌學之實地試驗，而確定其療效的。筆者雖未將「柴胡湯」作過化學分析，但可確信其對腸傷寒之病原菌，沒有直接之效果。因爲中醫所認識之腸傷寒，只是它的籠統病象，並不知其病原——傷寒桿菌。既不知「根本」，何以有「根治」之方法!?若有所治療，亦只不過是症狀治療而已！症狀治療，乃係一種消極之治療，只可應付表面之病象，如頭痛鎮痛，腹瀉止瀉，或可收一時之效，但藥性一過，病象又生，最後聽候疾病之根本原因「自行消除」而告痊愈或者死亡。腸傷寒就是一種不拖死則可「自愈」的疾病。

最後一個科學的治事方法，就是改進與發明。治事做學問要求進步，必須不斷改進，精益求精，努力發明新的道理，新的方法和新的東西，以求「盡善盡美」。醫學屬於自然科學的範圍，科學需要不斷改進與發明，何況醫學的對象是人命，更應夙夜匪懈，朝夕警惕，力求進步。我國古醫學，因襲經驗時期之醫術與科學演進，形成脫節，其改進與發明情形如何？盡人皆知。或謂我國古醫學到今天原子時代，已經有了新發明，何者，即發揮古人「以毒攻毒」之理論，服用蜈蚣蛇蝎或所謂無名「秘方」，以包醫癌症是也。則我無言矣！

歐洲醫學由朦瞶到進步

現在我們再來談談我們醫藥知識，隨同火藥，印刷術和紡織等先後傳往歐洲大陸以後的情形。前面已經提到歐洲醫學之鼻祖，乃希臘人希波格拉底氏，他是一個哲人，亦是一個醫學家，他在二千年前首創「三精五氣」之說，據所謂中醫權威批評稱：此說與我國數千年前之「陰陽五行、六經、氣化」等學說，恰相符合。然仍無我國醫學之「微妙」「精奧」，我想這是很可能的，我表示十二萬分的贊同。但是我們看一種學問和事業之偉大，不能回頭向後面看，往古代看，只看當時的。我們應當抬頭向前看，往將來看，並且永遠看下去，看什麼？看他如何進步，如何發揚光大！

歐洲醫學發軔之始，亦曾經過若干年之朦昧階段，對於人體之各種現象含糊不清，因之有「三精五氣」「四元」學說。且自希氏以後，理論派別甚多，爭執紛擾，莫衷一是，歷時幾一千年。迨至十六、七世紀，即三百年前，史家謂之文藝復興時代，當時學者打破繁瑣學派之謬見，糾正古人之錯誤，加以時疫流行，宗敎改革，醫學家得以逐漸養成面對現實，忠實觀察自然之風尚，醫學之面目乃爲之一新，同時自然科學之物理、化學、數學、生物等基本知識，以及各種機械之日益發明進步，醫學家受其影響，至爲鉅大，於是隨時代之演進，才有今日科學化之醫學。

歐洲醫學之所以能配合科學之演進，逐漸發展至今日之規模，實乃因近五百年來歐洲醫學家，勇於摒棄古代所謂「陰陽不調」、「精氣不合」等含糊空虛之理論，儘量發揚科學精神和運用科學方法，實事求是，利用科學知識，從事科學實驗，虛心硏究，合作無間，不斷發明，精益求精。歐洲醫學進入科學實驗階段，應自十五世紀起始。在十五世紀，醫學史上有兩件大事：其一卽韋薩理斯宣布實地解剖人體之詳情，因而得知人體各種組織器官之確實位置及彼此間之關係。其二卽顯微鏡之發明及其利用，發現人體各種致病病原微生物——各種細菌，螺旋體(如梅毒、廻歸熱)、寄生蟲(如瘧疾原蟲、血絲蟲)等，並進一步認識人體組織器官之內部結構，於是奠定了實驗醫學之基礎。以後，再由於基礎科學知識(物理學、化學、數學等)之充實和利用，吾人對於人體生理狀況和病理變化日益增加了解。因此，不但逐漸獲知了疾病之眞正原因，發病原理，並且對於疾病之診斷、治療及預防方法，亦愈趨科學化。

中醫仍停留在古醫學階段

所謂「中醫」，在診斷疾病方面，今天還是限於採用數千年來「望(卽視診)聞(卽臭診)問(卽問病情病史)切(卽切脈摸脈)」等四種方法。據說這四法之中，又以切脈(卽用三指按於前臂之撓動脈上，憑三指之感覺及個人經驗可辨別搏動情狀，以確定病情)最爲重要，且最爲「奧妙」，甚至「奧妙」到不可言傳的地步。現代科學醫則根據人體解剖學、生理學、病理學、物理學、化學之知識，實行物理的和化學的診斷方法。「中醫」診斷萬病都靠切脈，切脈決定一切診斷。現代科學醫之物理診斷學，亦有脈診一項，惟非主要診斷方法，因爲疾病現象複雜，且變化多端，如欲獲知眞正原因(決定診斷)，必須利用各種方法，並收集各種檢查結果，加以分析判斷，並非「脈候」一項卽足者。何況「脈候」是一間接徵象，其直接診斷價値不高。更何況許多許多疾病是沒有「脈候」的。今試以心臟病爲例，而比較說明之：所謂「中醫」，對於「心」或心臟的構造和功能，可說是莫明其妙的，至於心臟爲什麼會生病？心臟病有幾類？那更是瞠然不知。卽使說出一個名堂來，亦是含糊空虛，令人啼笑皆非。心臟乃循環系統之樞杻，心臟有病，除「脈候」外，最好設法直接檢查心臟。檢查心臟，必須首先具有心臟之解剖、生理、病理和血液化學等知識，否則無從下手。科學醫之心臟專家，除了應用他的手、眼、耳(聽筒)，察知心臟搏動，大小及心音變化外，進一步應用電學原理，利用心態電流儀器，直接測定心臟之電流動態，以判定心臟某一部分之病變。必要時(如施行心或肺臟手術之病人)，還要再進一步應用化學原理，利用一種特別設計的導管，經由手臂之血管途徑放入心臟內，直接採取心臟某一腔室之血液予以檢驗，以作診斷治療之參考。當然，這些檢查所獲得的結果，並非三指切脈就可以知道的。數月前美國艾森豪總統之心臟左心室前面，由於心冠狀動脈血栓症所引起之出血性壞死，卽是利用心電器測知者。中醫既不知心有幾個腔室，更不知冠狀動脈爲何物？至於心臟之電流動態，在中醫卽或是所謂六經氣化裏面的一經或一氣吧！

同時科學醫爲了增加診斷之準確性，對於各器官之功能，儘量設法求得深切之瞭解。並做成很多有關各器官之功能試驗，以備診斷之參考。例如肝臟有多少種功能，有多少種試驗可以測量出來，此在診斷肝病幫助甚大。並不是隨便用陰陽，精氣、胃寒、肝火等字眼玄奧一陣可以了事的。此外，科學醫利用×光及各種手術鏡(如氣管鏡、食道胃鏡、腹膜鏡、膀胱鏡等)來檢查疾病，其直接了當，更不必說了。今天，科學醫學已經成功地移植眼睛角膜，接種皮膚，移植血管和骨頭，甚至在動物實驗方面已經證實可以更換心臟，由此可見科學醫在理論方面實用方面已經進步到何種地步，並且正在不斷求進步之中。

科學醫的最大成就，並不以診斷治療之確實可靠爲滿足，其最終目的，是努力研究實驗，設法預防疾病，延長生命，改進人類的幸福生活。目前有許多疾病，已經可以獲得絕對預防的把握，此乃衆所週知的事實。

立法院違背時代精神的決定

自從原子彈爆炸以後，科學已經進展到原子時代，醫學也已邁入原子醫學時期，目前科學醫學家已經很成功地應用放射線同位素進入人體，以觀察體內各種新陳代謝和組織細胞之活動情形，繼續發掘許多前所未知的新知識，並且利用來診斷和治療某些癌症及許多痼疾。試想，今日科學已經發展到這種地步，醫學應當如何配合原子科學，隨同進展，尤其是我國科學一向落後，更應朝夕警惕，看準目標，迎頭趕上。目前我國政府已經成立原子能委員會，臺大醫學院和國防醫學院亦準備從事原子醫學之研究和應用工作，而立法院却通過了「籌設中醫學校」一案，豈不令科學工作者寒心頹廢？豈不是有意貽笑世人？豈不是有意辱駡祖宗!?祖宗希望我們「進步」，我們硬要「後退」，後退到他們的墳墓裏去，大念舊「醫經」，鬧得他們陰魂不安！

因此從歷史的觀點和科學的立場來說，我國古醫學到今天，實在是太陳舊了。同時，我們可以獲得一個了解，即醫學無國界限制，無中西之分，只有新和舊，科學不科學之別。檢討五千年來醫學之發展過程，我國古醫學與後起之歐洲醫學，好像是在競技場上舉行一個五千米的接力賽跑，我國接力隊於比賽之初，可以說是一路領先，並且一口氣遙領了二三千米，但是我們太自大，太自滿，太迂腐，太不瞭解運動精神 (Sportsmanship)，徒以「初期勝利」沾沾自喜，竟在二三千米之途中逡巡不前！歐洲接力隊原先根本不知道如何「跑」，只不過在我們後面「學步」，但是他們自覺年輕，能够虛心，合作無間，繼續努力，果然後來居上，並且正在突飛猛進之中。而我們呢？還在中途(二三千米之途中，即相當於二三千年前)！並且聲嘶力竭的大吹大擂「我們是超時代超科學的！勝利是我們的！」筆者同意，最後勝利可能是我們的，但假如我們不善自發揮運動精神，不善自運用科學方法，急起直追，那麼我們只是永遠「落後」，全世界的觀衆可以永遠盡情的欣賞我們是如何的陶醉在「精神勝利」之中。

歐洲國家不但在醫學方面，有長足之進步，並且利用我們祖宗所發明的火藥、印刷術和紡織等知識，努力研究發展，已經造成高速自動印刷機，尼龍衣料，噴射飛機和原子彈。我們固不可自誇，但亦不必自卑，我們應當虛心檢討過去，把握現在，策勵來茲。

結論

走筆至此，筆者似應對於設立「中醫藥研究機構」和創辦所謂「中醫學校」，表示一明確之態度，作爲本文之結論。

一、「中醫」承襲經驗時期之醫術，迄未進入科學階段，雖然經驗時期之醫術有時亦可治療，究竟不合科學原則，不可創辦學校。正如我們應當設立科學化的工學院，以造就現代工程師，却不可開辦「泥水匠學校」一樣。

二、中醫典籍之整理和中藥之研究，必須採用科學方法，此乃大家公認之事實。在整理尚未就緒，研究不够透澈，決定取舍之前，無法創辦學校，既已完成整理和研究工作，屆時「中醫」完全科學化，則毋須創辦學校。

三、現代醫學，離不開科學知識。中醫界擬議了一個所謂「中醫學校」之課程表，其中百分之九十係現代科學醫學院講授之科學課程(例如生物學、細菌學、寄生蟲學、實驗診斷學及放射線學等等)，只不過加了幾門所謂「難經」、「瘟病」、「內經」和「傷寒論」等數千年前之舊「醫經」。既然如此，何不請求政府在現有的科學醫學院裏添設一個中醫研究部門呢？數千年前的舊「醫經」有待整理，豈可作爲今日之課本？豈不有意折磨學生，誤人害命？顯然，另辦學校其名，自立門戶，混亂目前教育系統其實。

四、從進化觀點言，生活在現代世界，就得要求知識現代化。現在科學時代，且已有了科學醫，則應盡量加强科學醫之醫學教育，獎勵科學醫之研究工作，而不該在此原子時代大開倒車去創辦所謂中醫學校。目前獸醫亦已脫離「古時獸醫經驗時期」，獸醫師普遍接受科學訓練，生於今日的猪狗鷄馬，都在盡情的享受二十世紀六十年代的科學成果，而我們却於此時此地創辦所謂經驗醫學時期的中醫學校，此眞乃「人不如猪狗」！

五、今日反共抗俄，必須加强民族精神教育，恢復我們固有的民族德性，使全國國民具有國家觀念和民族氣節，以拯救國家民族的浩刼。同時我們要知道，我們反共組織的精神，是「自强不息，日新又新」，今日的戰爭，需要鬪智鬪力，除了充分發揮我們的精神武器外，我們亦應盡量運用科學方法，來完成復國建國的偉大任務。這裏所說的固有民族德性，並不是舊「醫經」，這裏所說的科學方法，更不是創辦所謂「中醫學校」。

六、至於研究中醫問題，絕不是現有的中醫師所能加以科學研究的。因爲醫學屬於自然科學之範圍，設無基本科學知識，則無從着手研究。在這一方面，未受過科學訓練的中醫師，充其量，只能「協助」整理我國古醫籍而已。

七、筆者認爲「中醫」與「中藥」不能混爲一談。所謂「中藥」，應指「中國出產之藥物」而言。並非指「中醫」根據「經驗醫學」所使用之「中藥」。「中醫」所用之「中藥」，乃根據所謂「秘方」或自出心材隨意配製，既不知其化學成分，更不知其在人體內之眞正藥理作用。雖有「寒、熱、溫、平」之說，究竟是缺乏科學實驗之抽象名詞，與「陰陽五行」同出一轍。筆者承認我國出產之藥物，產量豐富，苟能應用科學方法，加以定性定量分析，鑑定其藥理作用，必可成爲今日各科學藥廠之製藥材料，進而可以出口，充裕國家財源。故「中藥」應當科學化，乃屬當然之事。中藥由國人加以科學研究者固然很多，但其經由外國人加以研究者亦復不少。希望國內化學家、生物學家、植物學家、藥理學家、生理學家和各科學醫專家聯合起來，共同努力，對於中藥作一有計劃之研究。在此，筆者要特別聲明的，即研究中藥，煉製中藥，需要湛深的科學知識和高度的科學技術，並非目前沒有經過科學訓練的「中醫師」和藥材店裏的「中藥師」所可勝任的。(脫稿於四十五年五月十日)

波蘭人的反共怒潮

龍平甫

本年六月二十八日，擁有三十六萬五千人口的波蘭大工業城市波次南(Poznan在德國統治時代名叫波森 Posen)，發生了規模龐大的反共革命。這是一九五三年六月十七日東德反共革命後的第一件轟動世界的鐵幕內人民的反共怒潮。

波蘭人是一個多災多難的民族，在十七十八世紀之交，波蘭經俄國、普魯士及奧地利三次瓜分而亡國。第二次世界大戰歐洲部份的導火線便是波蘭的但澤走廊問題，接着希特勒和史大林瓜分波蘭。大戰結束，不但波蘭的東部被俄國併吞，而且蘇軍佔領波蘭，成立傀儡政權。英國爲息事寧人竟不支持合法的流亡波蘭政府。在政治上波蘭是蘇俄的附庸國，其國防部長 Rokossowski 本是蘇俄的元帥，武裝勢力可說在俄人控制下。經濟上波蘭更受蘇俄的搾取。波蘭是世界主要產煤國之一，但是所產的煤却以每噸美金三元的賤價大量售予蘇俄(每年出口二千五百萬噸中有一千一百萬噸向蘇俄輸出)。波蘭的經濟和蘇俄及其他附庸國打成一片，而受蘇俄的控制。波蘭民族雖在蘇俄及其傀儡政權的雙重控制下仍不斷地從事反抗鬪爭。不久以前一家波蘭共產黨報紙說：「自一九四五年以來；全波蘭一共有三萬共產黨幹部及軍警人員爲『人民之敵』殺死」。由此可以證明反共勢力是如何的强大。事實上波蘭人至少有百分之九十是反共的。波蘭國內的反共勢力是天主教會、農人、工人、智識份子及青年學生。

關於天主教會的反共勢力與影響，我們可由一個自稱爲激進的馬克思主義的波共青年運動與知識份子的週刊 Po prostu(註一)在七月中旬發表的一篇論文可以看出，該文說：「天主教會是許多反對共產政權的人(尤其是農民)的凝結中心，許多教士的爲上帝服務及犧牲的精神遠勝於共產黨員對黨的熱忱。而一般人的無神論及唯物論僅是爲了獲得職務的外表動作，共產主義的唯物論宣傳使人討壓，共產黨的幹部在實際生活中却遵奉天主教的儀節」。(註二)

波蘭知識份子的反共怒潮，半年以來日益强大，更因清算史大林運動而空前高漲。本年三月在華沙召開的波蘭作家會議，一些作家很不客氣指責當局，例如說：「過去幾年間波蘭處在黑暗時代」，以攻擊波共政權的專橫。又說：「如果所有的波蘭人遵奉當局命令完成經濟計劃的百分比，則波蘭民族將告滅亡。」本年一月起在 Katowice (現名 Stalingrad) 開設一個記者與作家的地窖俱樂部，牆壁上許多漫畫猛烈諷刺蘇俄的制度。其中一幅漫畫題名爲「毒藥——集體勞動」的瓶子，由此瓶發出的動力轉動一架機器，產生大批地區性新聞記者，在這些記者上面寫着這樣一句話：「不能說眞話，祇好抄『眞理報』。」(註三)

波蘭青年對共產黨失望及由此產生的反共思想可由本年五月間一個名叫 Michel Bruck 的十八歲青年致波共「新文化」(Nowa Kultura)雜誌的一封信予以反映。他是華沙工業專門學校的學生，他說他在十歲的時候，他的哥哥 Lech 死於華沙人民反德暴動之役。但是共產黨的歷史教科書却說他的哥哥及其他死難的人死得不光榮，是爲倫敦波蘭流亡政府的不正當的理由而死，他在以前祇認爲有一個波蘭，自十歲起却發現幾個波蘭，因爲不知那一個波蘭是他的祖國，因而不相信「祖國」這個神聖的字眼。到十五歲時他不再相信上帝，因爲他認爲上帝是殺害他哥哥的人的盟友。此時他接受一青年朋友的勸告而加入共產黨，於是他感覺對人生有目標，對人類有信心，但是經過三年發現他家庭所說關於史大林的罪惡是眞實的，而歷史却是假造的。他的思想已經三次改變，他對於作第四次改變感覺羞愧，說不定將來奉命改變思想言論使今天的改變更無意義，因此他覺得他的朋友、他的黨及欺騙他的人都是可恥的。他對他自己的愚笨與輕信一樣覺得可恥而不敢抬頭，他覺得他已失去任何信仰的基礎。(註四)這封信表示波蘭共產黨因淸算史大林運動而失去青年的信仰，同時表示波蘭青年對共產黨的厭惡。這次波次南革命事變發生，該城高級工業學校的學生利用學生軍事訓練的槍械參加反共革命，僅此一事足以表明青年人在失望後的反共情緒。

波蘭工人的生活極爲困難，一個普通工人的薪資每月是六百個 Zloty，但是買一雙普通皮鞋得付六百至一千 Zloty，一套像樣的西服得付二千至三千 Zloty，一公斤奶油價五十八 Zloty，一公斤糖十二 Zloty，一公斤劣質牛肉三十三 Zloty。(註五)日用品不但非常昂貴，而且很難買到，家庭主婦往往排隊等候買不到食物而空手返家。一般工人的薪資固然很低難以養家，即是那些所謂模範工人每月有二千 Zloty 的最高收入也難有像樣的生活。工人如此，農人更苦，祇是農人的反抗情緒不易表現。

工人對自稱專爲工人謀福利的共產政權深感不滿，尤其是那些曾在外國作工(很多人曾在法國作過工)而返國的波蘭人急急欲再離波蘭。去年波次南博覽會期間，好幾千波蘭工人擁到法國館來參觀，實際上他們是來陳述他們的痛苦，他們深悔在一九四六年嚮應波共政權的號召而返國。其中若干人因在法國參加共產黨活動被驅逐回波，他們也對共產政權失望而企圖逃出。甚至有人向法國某汽車商建議請求裝在箱中偷運出境。這些訴怨的工人要求法國人向世界宣佈：「百分之九十的波蘭人討厭並反對共產政權」。(註六)

在這種情形下波蘭的局勢可謂已十分緊張，任何微小的事故都可引起重大的紛擾，甚至革命流血。波次南人民爭取自由民主的反共革命便是在這種情形下發生的。但是事變發生的直接導火線却是波次南近郊 Cegielski 機器工廠 (現名史大林工廠或 Cipo 廠)的三萬工人的薪資問題。該廠製造鐵路機車、貨車、客車及若干種機器。其生產品在過去以軍用品爲多，爲鼓勵工人生產，其待遇較一般工人高百分之三十，近來該廠因無軍用品生產，於是當局在事變發生半月前修改工人計薪標準，減低工人薪資，於是工人提出抗議，由工廠委員會派代表到華沙去和機械工業部長菲德爾斯基 (Fidelski) 進行交涉，談判無結果。菲德爾斯基拒絕工人要求，他說：「如果你們要罷工遊行，我便以武力對付」。六月二十七日工人代表返回波次南報告，引起工人的憤怒。不久又傳說工人代表被捕，於是工人決定罷工。二十八日晨八時該廠工人離廠到市中心去。同時號召其他工人參加，不但工人響應，而且市民及青年學生也紛紛附和，不久商人罷市，交通斷絕，示威者的市政府前廣場聚集五萬以上的示威人羣。示威者的標語和口號是「自由和麪包」，「要求釋放紅衣主教Wiszinski」，「擁護戰時倫敦流亡政府領袖 Miko-ldjczyk」，及「俄國人滾出去」等等。因為情形已很嚴重，菲德爾斯基不得不讓步，接受工人要求，但是時間已太晚了。這時罷工者已將若干政府機關佔領，他們認為被捕的代表在監獄中，於是打開監獄釋放二百多名囚犯。警察局及特務機關也被佔領，有關人事調查的檔卷都被焚燬，幾座公共建築物也着了火。罷工者佔領外國廣播干擾臺及廣播電臺，但是未能發出廣播。一些青年人擁到波次南博覽會將蘇俄、中共及其他附庸國的旗幟予以撕燬。

二十八日上午十一時首次發生槍聲。據一位西德記者的目擊，第一名死難者是示威者，但是參加示威的人並不因此畏懼，他們抬着死者的屍體，持着血染的國旗，奮勇前進。許多波蘭士兵或同情示威者或加入示威行列。一軍官命令士兵開槍射擊示威者，為一士兵拒絕，於是這個士兵成為第二名死難者。示威的羣衆由軍隊及戰車衝散（據英國某旅客報告，有蘇俄軍官指揮波蘭士兵向人民開槍）。但是示威者以自民團及監獄衞士繳來的槍械佔據若干建築物從事巷戰，波共政府一共出動了二百架蘇俄戰車，費了三天的時間，至三十日午後始將抵抗完全消滅。(註七) 這次波次南反共運動的死傷確數無法獲知。據七月十七日波共當局宣佈：波次南事變死五十三人（其中九名係軍警人員），傷三百人，現在醫院治療者尚有一百二十七人，（其中三十一名係士兵，十三人係警察，五名係團丁。）這個死傷數字是無法證實的，實際的數字應比此數字為大，有些人估計死亡四百人至六百人。至於被捕的人，據官方公佈將有三百二十三名以「持械攻打機關，擾亂公共秩序」的罪名被起訴。

波次南事變發生的第二天，波共機關報「人民論壇報」(Trybuna Ludu) 社論以「製造事端」為題，承認波蘭經濟情況嚴重，工人的許多要求應予滿足，而對波次南事變的責任則諉之於敵人間諜的鼓動，說「它與工人的要求毫無關係」。社論並說：「應該嚴懲事變的負責者，但共產黨與政府的民主化政策將賡續推行」。七月十六日莫斯科「眞理報」社論將事變的責任歸之於「敵人的間諜」。這種無理的掩飾自己罪過與自己無能的宣傳，不但是侮辱波蘭人，而且是任何稍有常識的人所不能接受的。連意大利親共的奈尼 (Nenni) 派社會主義黨機關報 Avanti 也不能不說：「如果波蘭工人沒有痛苦與絕望的情事，則敵人的間諜是不會發生作用的」。波蘭官方這種侮蔑的言論一定在國內引起很大的反感，所以不久波共的宣傳便不再着重「帝國主義的陰謀活動」，不再罵罷工者為「匪徒」，而坦白承認波次南事變是人民不滿的結果。七月十八日波共中央委員會開會，波共秘書長 Ochab 提出一個很長的報告，說：「對波次南的事變責任，如祇歸咎於帝國主義的活動是不對的，其原因並不簡單，其發生表示黨和各階層人民的嚴重不協。」

自波次南事變發生後，自由世界各國輿論一致讚揚英勇的波蘭民衆，並譴責波蘭共產黨政權。

（一）英國：一般英國人認為波次南事變為對赫魯雪夫及布加寧的最佳測驗，認為赫布二人已走到十字路口。不少的英國人認為波次南事變不是一種革命，但是「每日快報」(Daily Express) 却說它是一個新的七月十四日（法國大革命紀念日）。有些英國人怕暴力行動會妨碍共產政權「開明化」的進展。（這是一種錯誤的看法：共產政權以暴力為基礎，祇有民衆的暴力反抗纔能使它更為「開明化」，使它放棄極權統治。）「太晤士」報說：「波次南的叛亂雖易鎮壓，但此事表示一種廣泛的心理激盪，蘇俄當局清算史大林以實行較為開明的政策，但是人民對自由的胃口一天比一天大，蘇俄當局如在附庸國讓步，則將失去其在戰爭末期所獲得的地位」。「每日郵報」(Daily Mail) 甚至說：「這是赫魯雪夫跨臺的開端」。但「觀察」週報 (Observer) 則認為「此事雖不能使波蘭解放，但足以證明蘇俄對波蘭及其他附庸國的殖民主義仍未放棄」。英國外交部則對波蘭人民的英勇行為表示敬意。

（二）法國：各報的見解也互有出入。「世界報」著論以「人民需要更多」為題，它說：「波蘭是清算史大林運動進展最速的國家，數日以來波蘭當局已作重大犧牲，希望能平息人民的不滿，但是波次南事變證明人民需要更多。」Figaro 報說：「數月來情況的改善使反對派領袖更大膽的公開表明其要求。」「狙擊手報」(France Tireup)（傾向於社會主義）說：「波次南事變將對其他附庸國發生影響，波蘭的『解凍』並非如某些阿諛的旅行家所說的平安無事。久經堵塞的洪流，一旦突破堤防將無法遏止。」「震旦報」(L'Aurore) 也持相似的言論。「自由歐洲協會法國分會」發表聲明說：「蘇俄共產主義所高唱的社會正義及人民福利口號所代表的價值如何，可由今日波次南的叛亂獲得說明。」法國社會黨，工人之力總工會 (C. G. T.—F. O.)，人民共和黨，及塞納 (Seine) 省議會通過議案對波次南死難人民誌哀，並向抵抗極權，爭取自由的波蘭工人致敬。

（三）西德：聯邦政府總理阿德諾說：「此事足以充分證明東歐人民是如何的反抗蘇俄政權所加諸的制度」。「時代」週報 (Die Zeit) 則說：「這是波蘭人民對自由和麪包的渴求。」西德各報一致同情波蘭示威工人，並將其比之於一九五三年六月的東德反共革命。西德社會民主黨致電華沙政權提出抗議，並要求它接受工人的要求。

（四）奧地利：「工人報」(Arbeiter Zeitung)（社會黨）說：「此事已表明附庸國政權已達生死關頭。此等政權為維持生存，將再來恐怖與屠殺政策，因此共存即將告終。」「新聞報」(Die Presse)（無黨派）說：「波次南事變證明波共政權的脆弱。」

（五）美國：「紐約先鋒論壇報」說：「共產黨將

加强控制，並可能暫時成功，但是自由是一種不能滿足的饑渴。』「紐約時報」說：「來自波蘭的消息，可知波蘭工人誤解該國的情況，他們以爲波共承認過去的錯誤後，自然可以自由行動，行使請願、集會等權。然而大量的死傷已證明此種想法錯誤。」在另一社論中它說：「這是波蘭民族和蘇俄算總賬的開端。」「每日新聞」(Daily News) 則要求政府以金錢及武器援助鐵幕後的反抗者。美國副總統尼克森說：「波次南事件充分表明共產主義的現代殖民主義。」紐約州長哈利曼發表致波蘭工人書，對彼等抵抗共產主義的暴政的英勇行爲表示崇敬之意。美國當局對波次南革命事件所表現的遠景非常樂觀。杜勒斯說：「共產世界的開明化浪潮是不可抵抗的，十年之內世界局勢將全部改觀。」

西歐的國際團體及文化界的知名之士對波次南的工人表示充分同情，並向波共政權提出抗議：(一)「歐洲運動中歐及東歐委員會」(名譽主席有英國財政部長 Macmillan 等人) 通過議案向保障自由民主的波次南工人致敬，並對蘇俄傀儡政權壓制下的民族表示同情，同時要求波共政權滿足工人的願望，並且不得行使流血的制裁辦法。(二)歐洲的知名的知識份子及學者如 Karl Jaspers (德國哲學家)，Arthur Koestler (奧國)，Francois Mauriac，Albert Camus (法國)，Stephan Spender (英國)，André Philip (法國社會黨人) 等十一人發表宣言對死難者同情，要求國際調查波次南事件，並公開審判被捕者。(三)法學者國際協會(在海牙)致電波共政權要求允許派法學家出席旁聽未來波次南事件被捕者的審判。(法國共產黨以外的各黨議員也有同樣的提議。)

波次南事件發生後波蘭共產黨內部矛盾日益顯著，據西歐報紙分析：波共內部對當前局勢的應付態度有三種不同的傾向：(一)死硬派，以波共秘書長 Ochab 及副秘書長 Manzur 爲代表，(二)緩和派以波蘭總統 Zawabski 爲代表，主張實行所謂「開明化」政策，(三)依違兩派之間的有波共政府總理 Cyrankiewicy 及外交部長 Rapacki，三派勢力不相上下，但對於應付當前局勢都無辦法，因此，它們和新近被釋放的前波共秘書長郭木爾喀 (Gomulka) 談判，希望他出任要職。但是後者提出兩大條件，(一)不能由「旁門」進入政府和黨的中央組織，要由「大門」進入，(二)對其政敵及對現經濟情況負責的人(包括副總理 Minc，他是多年的波蘭經濟獨裁者)予以免職。他的條件爲 Ochab 一系所反對，加以俄酋布加寧來華沙爲死硬派撐腰，結果郭木爾喀沒有出任職務。事實上郭木爾喀雖以狄托主義者聞名，但他出來並不能對當前波共的危機予以解決，也許他看中此點，提出不能接受的條件以免負擔失敗的責任。因俄酋的親來華沙干涉，波共中央委員會開會的結果沒有什麼改變，雖承認許多錯誤，但仍要加强所謂階級鬪爭。

蘇俄頭目們對波次南革命事件心驚膽戰，布加寧及朱可夫於七月二十一日到華沙爲死硬派打氣，發表演說反對可疑的民主化。布酋此行引起波蘭人的極大反感，認爲是干涉波蘭內政。波蘭今日需要大量的金錢外援，波共政府對此事向蘇俄談判，但迄無結果。想來蘇俄政權因內部經濟困難也弄得焦頭爛額，無法援助，不然的話，莫斯科是沒有理由不援助它的搖搖欲墜的波蘭傀儡政權的。

波次南革命事件發生後，共產集團的危機益形嚴重。匈牙利獨裁頭子 Rakosi 被迫去職。保加利亞也傳聞發生大規模兵變。尙有其他種種象徵都表示鐵幕世界今後將有類似波次南的事件發生。因此我們可以說今年六月二十八日的波次南革命事件是共產世界崩潰的喪鐘。

四五年八月二日於巴黎。

(註一) 意爲「簡捷了當」，「爽快地」，該週刊主張自由批評，每期印八萬份，頃刻售罄，黑市每份售價達五十 Zloty.

(註二) 見本年七月十九日 Times 報。

(註三) 見本年七月十四日 Times 報。

(註四) 見本年五月十一日紐約時報。

(註五) 每一 Zloty 官價約爲美金一角，但黑市約値美金三分。由工人收入數字難以說明其生活水準，而應以收入所能代表之購買力爲準。

(註六) 見本年六月卅日世界報。

(註七) 見本年六月三十日，七月一、二日紐約時報。

臺北通訊

吳廷琰其人其事

雷震遠

筆者與吳廷琰相識已有八九個年頭，從民國三七年以後，在反共的大業上，我們便一直密切的合作着，很多次他曾因爲政治的極大困難與失敗，想棄掉紅塵，遁入修院，筆者認爲他的最大使命，乃在挽救越南民族，脫離殖民枷鎖與共黨的極權統治。爲此屢屢相勸阻，終於使他放棄這種理想，而勇敢的擔負復興重建越南的大業。此次吳氏受任總統以後，堅邀筆者前往協助，數月以來，在反共倒蘇的大業上，我們一直在積極的工作着，筆者這次重返故國(按雷氏已於勝利後，歸化我國，稱北平人)，也是爲了促進自由中國與越南，在反共上積極合作，承各方友人敦促，對吳氏作一較具體的介紹，爰於百忙中，抽暇爲文，刋之自由中國半月刋，以答各方盛意。

殖民主義的失敗

從畢諾 (Mgr Pigorlan de Behainl) 主教說服路易十六世與其閣員，在凡爾塞宮簽定越法條約以來，到一九五四年奠邊府的法國大失敗，時間整整是一百七十七年了。奠邊府的法國大失敗，許多人都認爲軍事上的失敗，其實，這次的失敗並不止是軍事上的失敗，而乃是法國殖民主義的整個失敗。

奠邊府的失敗，法國在越南的統治權，實是敲了最後一次的喪鐘；不僅如此，法國在東方的威望，也因之一掃而無餘了。德國某大報紙曾以百年爲題，作了一幅漫畫，對法國極盡譏諷之能事。漫畫的內容是：百年之前代表整個遠東的中國(一位官員)在向法國國王叩頭，百年以後，法國總統(殖民主義者的代表)竟而匍匐在越南小醜胡志明的胯下（漫畫上在胡的後面還有毛澤東在耀武揚威站着）。可惜這漫畫還缺乏一個子題：殖民主義者的末路。

法國遠征軍與保大的越南軍隊，沒有得到越南民衆的支持，在越盟的共產軍方面呢，一方面他們有共產主義的妄想與中共的支持，另一方面最利於越盟的，便是他們打着民族主義的旗號，以越南獨立爲藉口，要求所有的越南愛國志士，萬衆一心，羣策羣力來打倒殖民主義。法國殖民主義的劣跡，早爲每個越南人所周知，所痛恨，而共產黨的美麗謊言與陰謀，則很少爲越國所明瞭。

越共有了中共的援助，再加上口號的動人，愛國的幌子，奠邊府的戰爭在未戰時已操勝算一半，何況在日內瓦會談時，越共爲了爭取未來，作完了他們所能作的一切，因之戰爭完全勝利了。

反觀法國軍隊與保大的士兵，却沒有讓他們興奮與瘋狂的刺激：作戰唯一的理由是爲了保護法國在遠東的利益。這一種理念，並不是有力的理念，而只是一種防禦攻擊的應戰。防禦是消極的，攻擊是猛烈的。我在「內在的敵人」一書中曾說過：中共在抗日戰中，也因利用愛國主義，抓住了無數的青年，在中國北部，中共的力量，由十萬增加到三百二十萬，這是由於中國青年的愛國而作出的奇蹟，可是得利的却是中共。

在越南也是同樣情形，越共是在愛國家、求獨立的口號下，抓住了無數的熱血青年，他們提倡民族主義，國家主義，愛國的志士們大都投到他們的麾下。奠邊府之戰不過只是一個階段而已，這一階段使北越共產黨在一九五四年七月廿四日獲得日內瓦和談的勝利，越南分成了兩個，以十七度爲界，在德國、韓國而外，又多了一個分成兩個的越南。然而越共的企圖並不止於此，他們還想在不久便要統一越南，作成毛澤東的附庸，布赫等人的徒孫。

吳廷琰臨危受命

根據日內瓦和約，一九五六年的七月，全越要舉行普選，以便決定越南的命運。須知在日內瓦和約以後，越共統治下的人民，比較越南爲多，共產黨的頭子們，深知並深信這對他們是絕對有利，越南將瓜熟蒂落的成爲越共與中共蘇共的勝利果實。

保大身爲越南皇帝，可是他却不肯常川在越南，而只是流連法國加恩。在日越戰爭時，他曾任命胡志明作爲最高軍事顧問，在越共與越南大戰時，他依然深宮醇酒，無意國事，在日內瓦會談時，他也沒有力爭國家民族利益，一切唯法國之馬首是瞻，法國乃是借花獻佛，慷他人之慨，於是出賣了越南。

在這樣危急存亡之秋，吳廷琰的代表團在日內瓦，對於這些決定，實際上是一無所知。但是他們爲了防患於未然起見，曾有過建議與抗議，然而他們的建議與抗議不但被共產黨所輕視，並且更爲法國人所睥睨。日內瓦和約的簽字，却沒有自由越南人的參加，而只有英法代表的御筆，美國人的作證而拒絕簽約。由於這一簽約使九百萬自由越民陷入鐵幕，無形中大爲加强了越共的實力，自由越南，危若累卵，岌岌不可終日。

這時候，誰也不肯擔任指導越南，但是愛國志士吳廷琰却不顧一切，受任於危難之際，作了越南的總理，名義上也得到了全權，我們說名義上，因爲指揮軍事的阮文興，保大也給了方便行事的全權。當時的南越不僅是外患而且內部也是四分五裂，危機重重。吳廷琰總統，縱是最大的愛國者，如果不是最虔誠的天主教徒，有堅强的信心，因之而有了超人的勇敢，他是不會就職的，他會誓許爲國捐軀，挽救南越，個人成敗利鈍，再所不計。

越共方面，他們已經加多了九百萬民衆，而南越部份，同情共產主義者尚多，他們深信在一九五六年的選舉時，南越一定會跌入共產主義的魔掌內，越共也深深知道吳廷琰所要遭遇的困難是超人的，這個吳氏本人也深深知道，下面，我們將吳氏所遭遇的最重大的困難，開列幾條，以見吳氏的努力與成功。

困難重重

第一種困難是共產黨在反對吳氏。共產黨在越南有許多組織以及許多同情他們的組織，也都在反對吳氏。雖然根據日內瓦協定，除去法國與南越軍隊以及同情南越的人民，都必需撤退外，北越的共產軍，遊擊隊也必需從十七度以南的地區撤退。撤退是撤退了，但是越共都在南越建立了許多共產黨的組織，留下了很多的共幹與鬬士。此外共產地下遊擊隊的組織在南越留下的更多，待機而動，對南越當然是一個最大的威脅，還有不少的地下軍火庫也留在南越，在我居留南越的時候，有許多這樣的機構被自由越南發現了。

但是目前在越南的共產組織還不少，他們遍及每一個小小的鄉村，在那裏，他們用盡辦法，從事反美運動。

另在南越很多人民還不大認識共產黨，他們有的同情共產政治的，因爲越共過去在建國之初，也如中共在大陸一樣，曾是取消大地主，分配田地，越南小資產階級以貧民並不因此而吃虧，有的還得到利益。殊不知不久之後，越共的本來面目便要露出的。然而南越的人民所有的只是這第一期施惠的越共政治的印像，而還沒有共產殘暴的經驗。

第二種困難便是法國殖民主義，也就是說來自法國方面的困難，法國政府到現在還要保持在越南的殖民彩色，在法國人的眼內，吳則是一位絕不讓步的愛國者，反法者，法國人對他的怨恨更超越了對胡志明的忿怒。

我們說法國人，並不指一切法國人，而只是指那些殖民主義的法國人，他們隨時隨地，宣傳吳氏是一位反法者，一位精神偏狹而永久不能獲得民衆支持的獨裁者。

這些法國殖民主義者，他們想說服法國人民，利用在越的遠征軍，以及法國在越南的總部，來運用各種方法，破毀吳廷琰的政府並破毀吳氏的影響。他們曾在越南組成各種封建式的小部落，給他們裝備與武器，用來反對吳氏，並且廣爲收容吳氏政府所驅出的共產黨，而給以組織，用來打擊吳氏，廣播的詆毀更其餘事了。

第三種困難是南越的三大組織，即所謂三種教派：第一個是平川派，這原是在西貢附近的一個地方，因地名派。這一教派佔據着西貢與勺隆之間的地區，本是一羣海盜與土匪，他們由於勒索華僑與越南民衆而發財。他們向保大捐得了西貢，勺隆的警務處與安全署的指導權，漸漸他們的力量伸張到整個越南，他們捐給了保大幾百萬越幣，保大就又讓他們開辦一切妓館，賭博場，煙館以及各種不名譽的事業。

第二種教派是和好派，他們相信一些佛教理論，擁有武力兩萬，是法國人武裝起他們來作反共之戰的，他們佔有半個南越，他們並且招兵買馬，向老百姓徵稅。

第三個教派是高臺教，成立約有三十個年了，他們的現在領袖是一位叛教的天主教徒，稱爲高臺教宗，他們也有自己的軍隊。

這三個教派都對吳氏先有希望，但是他們却都願意吳氏承認他們的合法，認爲他們的軍隊是國家軍隊。吳氏知道他們這種心理，於是先和他們簽了一個互不侵犯與共同協防條約，因爲如果他們一旦反叛，吳氏的首都立陷重圍，那末吳氏自然也只有場臺了。

吳氏的努力

第一個問題和最迫切的問題是要掌握二十萬越南國軍的問題。但是我們知道這二十萬軍隊是在阮文與將軍手中，他是法籍的越南人，一向爲法國政府所提拔，是著名的親法派，加以保大的挑撥，他對吳氏不滿，且曾公開嘲駡吳氏，在越南國家廣播電臺也辱駡過吳總理，並且以戰車包圍過總理府，保大並想藉阮氏的力量，打垮吳氏，但是吳總理如何呢？

他因深深得到了民衆的支持，二十年前，他曾作過中越南的內政部長，當時的內政部長，即等於今日總理，有權指揮各個部會，這一任務，使他接近民衆，民衆對他印像很深。

此外吳氏還有美國無條件的支持，美國朝野名流，認爲只有吳氏是唯一能挽救越南的人物。雖然有不少的美國人員在越南曾受過法國人挑撥與離間，想要使吳廷琰依照他們的見解行事並任用他們所支持的人員，但是吳廷琰是具有鐵一般的意志的，他要完全自由，美國人是崇拜勵精圖治的英雄，大公無私的人物的，因之吳氏雖然每次逆着美國顧問團的建議行事，仍能得到他們欽佩。

八十萬難民，從北越倉皇出走，逃出共黨竹幕，完全是爲了保持他們的自由與信仰。吳氏本人很多次告訴我，他們所以能有今天成功，可以說是由於這些難民們的犧牲，與祈禱所致，尤其是三十萬公教難民的呼求，使自由越南充滿了希望，而使總統本人也有了新的精神，敢於着手於眞正而健全的革命。

吳氏本人是固執於正義的，此外，他對於越南未來，也具有保證的信心，這個使他能從容不迫的處理一切。吳氏的所以能有如此信心，他本人也曾多次告訴我，完全是因爲他堅決的信仰冥冥中有上智者的安排。他相信他是具有使命來挽救越南以至東南亞於共產的魔爪的。

吳氏雖然有這樣的信心與把握，但是許多的法國人以及自由世界甚至一部份南越人士，認爲這不過是死前的掙扎，日落前的廻光而已。越共方面認爲除了美援以外，其他的事也只是兒戲而已。然而六個月過去了，吳廷琰氏完成了使人意想不到的事件。他改善了許多事件，使整個世界的輿論爲之震驚。

安內的第一步，吳氏先完成了軍事的改革，一九五五年五月，吳廷琰在攆走了阮將軍以後，利用這批軍隊打垮了平川亂黨。作戰的前後，各國觀察家認爲戰爭一定要經過很長時期

（下轉第21頁）

新加坡通訊

華人力爭出生地公民權

——爭取『公民權』的新高潮——

佘陽

新加坡和馬來亞的華人社團對出生地『公民權』的爭取，最近有高潮的發展。

四月廿六日，新加坡中華總商會召開理事會議，決定致電在倫敦與英國談判獨立問題的馬紹爾，促其『實踐諾言，向英國爭取華人的公民權』。

次日，馬來亞各地華人社團亦爲爭取『公民權』在吉隆坡召開『泛馬來亞華人社團大會』。在大會中且有人領導高呼『中華民國萬歲』。

新加坡首席部長馬紹爾在倫敦電覆中華總商會說：『公民權問題前已有協議，如果獲得獨立，公民權亦可迎刃而解。』

馬來亞首席部長拉曼曾對華人領袖表示：『公民權』的改善，須照英方意見，但有關方面在英國殖民地當局所得的答覆是：目前的馬來亞政府，有權解決『公民權』問題。

新加坡、馬來亞華人爭取出生地『公民權』，過去一般人以爲交涉的對象是英國，現在馬紹爾、拉曼的推卸態度，則星、馬兩地的以巫族爲主的『半自治政府』，似也負有相當責任的。

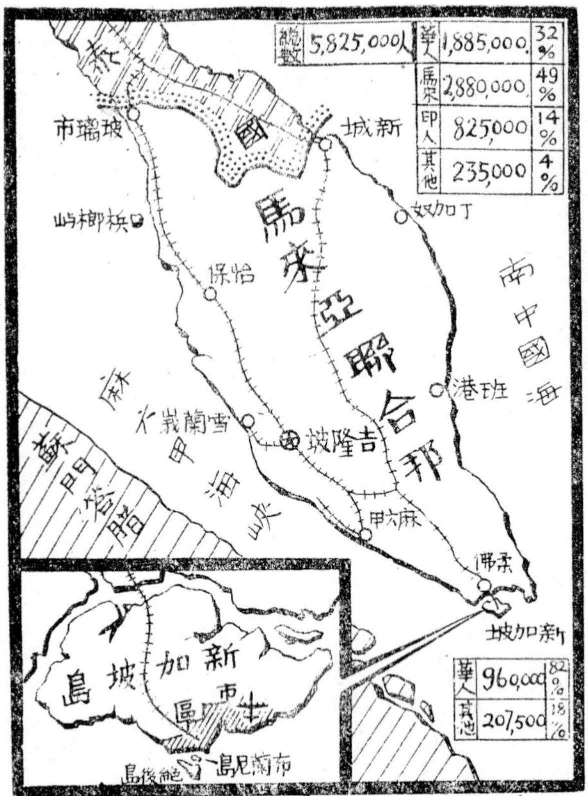

馬來亞新加坡人口與公民權問題

不合理憲制的結果

根據去年年初新加坡、馬來亞兩地選舉以前的統計，馬來亞的總人口約五、八二五、〇〇〇人，其中馬來族(巫族)約有二、八八〇、〇〇〇人，佔總人口百分之四十九；華人約有一、八八五、〇〇〇人，佔總人口百分之三十二；其他印人、錫蘭人、白種人合約一、〇六〇、〇〇〇人，佔總人口百分之十八左右。

上項統計中，馬來族雖比華人爲多，但在經濟，文化方面，華人比巫族爲高，對馬來亞的建設前途，華人的地位實比巫族重要。至於政治活動方面，華人如不受不合理的限制，亦當是馬來亞獨立運動的主流。

在新加坡一百十六萬餘人口中，華人約有九十六萬，佔全人口百分之八十二；印人、巫人和白種人，合約廿餘萬人，佔百分之十八左右。華人在新加坡佔最重要的地位，亦是不容置疑的。

可是在去年三月（星洲）及七月(馬來亞)的選舉中，巫族却佔絕對優勢，星、馬兩地的半自治政府，竟由巫族所把持，甚而是拉曼和馬紹爾一上臺後就有協同英國人限制華人乃至印人錫蘭人取得出生地『公民權』的傾向，這怪不得星、馬華人社團和僑領『沉不住氣』，公開提出其嚴正的指責和要求了。

依據一九五三年年底開始起草，一九五四年五月通過的新加坡新憲法及一九四八年英國頒佈的馬來亞新憲法；巫族被規定爲星、馬兩地的土著居民，華人是僑居者，因此在該種規條之下，星、馬兩地的巫族所擁有的選票——出生地公民，自然是大大地超過華人。

舉馬來亞的例子來說，去年七月大選前登記的「合格選民」爲一百二十五萬二千人。但華人所佔的「合格選民」只有十四萬餘人。換言之，華人的「合格選民」只佔總數百分之十一點六，而巫族竟多至百分之八十以上。人口的比數，巫族祇多華人半倍，但選民的比數，巫族却多於華人八倍，這可說是由於偏私的憲法規定所造成的不合理的現象。

誰是星、馬的土著居民？

根據可考的歷史記載，中國人與巫族都非馬來亞和新加坡的土著居民，那裏原有的土著是沙盖族 Sakai、西芒族 Semang、巴西西族 Basisi、曹賁族 Jakun 等。這些原有居民的文化，都比後來到達星、馬的外來民族低落，於是漸漸被迫居住於僻落的山野地區。

外來民族中兩部較早的——中國人與巫族，幾乎同在三世紀前後絡繹移植於星、馬兩地。

中國歷史記載，兩漢、六朝至隋唐，中國商賈到達南洋——越、暹、星、馬、蘇門答臘、爪哇等，已經很多，而到蘇門答臘、爪哇等地，星、馬幾是必經的地區。漢書地理誌中的『皮宗』，就是馬來半島、中國與皮宗——馬來半島，兩漢至隋唐，已有使節前往頒當地之來朝貢者，由皮宗再南向之商賈，爲數更多。

研究西漢（紀元前百年間）的對外貿易路線，陸路上一已通至新疆及東部中亞細亞，一由雲南通至印度，而海路則由今日的廣東沿中南半島（扶南、撣）入麻六甲海峽通至印度（身毒）。通向海路的貿易路線，無疑的馬來半島、新加坡是必經的中間站。換句話說，在中國人、馬來族遷居於星、馬最盛的時期以前，中國人是有相當數量在馬來半島居住經商了。

如果說誰先到星、馬，單就中國人與巫族比較，中國人應是先於巫族的。

馬來人遷入星、馬，不用說比白人、印人爲早，但不會在中國人之先。歷史上馬來人曾達『三佛齊』（蘇門答臘）及『蘭者伯夷』（爪哇）兩國，三世紀期間，又在新加建『單馬錫』（Temasek），但卽「亡國」遷往馬來亞，看情形當時新加坡的華人已比巫族爲多，「亡國」之說，就是無法在更多的中國人勢力之下建立國家。進一步說，當時的國家，祇是一個較有組織的部落而已。

由於華人在星、馬已有先入爲主的文化影響，因是，馬來人的社會習裕，亦有不少有中國色彩。中國的銅鑼銅鼓，在馬來族中是常用的樂器，至於服裝，關係更密切。

印度人、錫蘭人到馬來亞，大約是七世紀期間，英國人更是後到，比葡萄牙人還慢數十年。

中國人流血流汗，斬荆披棘，開錫鑛，種植橡園，造就了今日馬來亞，而結果讓英國坐享其成，今日英國更爲了其統治利益，將巫族定爲出生居民，將華人、印人定爲外來僑居之居民。這不但否定了歷史，而且是屬於剝奪歧視；今日不但華人爭出生地公民權，其他印人，錫蘭人都聯合起來要求享有此一開拓星、馬，出生於星、馬的『公民權』。

由印度移植於馬來亞的印人，多數居住於西北部的霹靂地區，最近，該區的印人響應華人社團行動，會同華人、錫蘭人在霹靂的怡隆舉行包括華人、印人、錫人各族聯合大會，並組成三民族人民制憲權利委員會，決定爲下一代子孫之權益計，不惜力爭出生地『公民權』，使三族人民不會在政治地位上受歧視。

星、馬華人爭出生地『公民權』此一行動是值得注意的，尤其在社團大會上高呼『中華民國萬歲』，作爲領導華僑的僑務委員會，應該正視此一問題，研究此一事態的發展，進一步的幫助他們，運用輿論成全他們的願望。我們中國人在海外僑居，有一美德就是沒有領土野心，但生活的權益是不能毫不關心被隨意剝奪的。

（上接第19頁）

才能解決。然而不過四十八時內，便將他們打垮，不久以後平服了最有力的敵人和好軍，高臺敎派很快的中立起來，吳氏認爲這些勝利，乃是天意安排。他告訴我說：他的事好似在大霧之中，最遠不過看見一公尺，然而他是具有一定勝利的信心的。

另一件震驚自由世界的事件，是一九五五年十月二十三日的交付複決的選擧，五百萬以上的選民中，吳氏獲得了百分之九八以上的票數，保大被打垮了，廿六日便成立越南共和國，吳氏作了第一任總統。

在這一次大選中，共產黨雖然用盡了力量爲保大及共黨自已拉票，結果合計起來還不過二十萬張票，這使自由世界認爲並相信吳氏的成功，以及越共在南越是失敗了。

越南的未來

自由越南當前最困難而辣手的一個問題，自然也是吳廷琰的最難解決的問題，這對未來的越南，是生命攸關，也可以說對東南亞關係最密切的問題，那便是今年七月間南北越的普選問題。日內瓦會議的決案，吳廷琰並沒有簽字，他沒有責任遵守並履行這一條約。共產黨方面現在深知自由越南對越南全部是一個最大的吸引，他們想用全力予以破壞，如果吳氏不接受普選，越共有三條路線在準備打垮吳氏。一、組織南北越聯合政府，起用溫和派人士參政，因爲他們知道吳氏是太過反共的。這是共產黨和平共存政策的又一運用。當然聯合政府組成不久之後，南越就會演爲淸一色的共產政治，東歐的前車，吳氏與越共都是深深知道的。

二、南北越通商，這樣北越可以藉通商機會，多建基地，並可利用販毒等事，破壞南越。

三、撤退美軍顧問團，但是越共却不肯提出撤退蘇俄以及其他衞星國的顧問團。

自由越南的問題當然是難於解決的，不過由於吳氏對反共有經驗，是一位老舵手，絕不會陷入共產黨的圈套的。此外吳氏又有天主教的反共原則與理念，這是共產黨所最恐怖的原則與理念，我們相信自由越南的未來是光明的。

四十五年五月

陳啓天先生來函

編者先生：頃閱貴刊第十五卷第四期社論（一）建立法治一文附註所記，啓天與張部長其昀商量寫稿題目事，查與實際情形不完全相符。題目雖會由啓天用電話與張部長談過，但並未用書面寫交張部長看過。張部長亦未對啓天說過學術史論著不能討論民主政治。果如貴刊社論（二）附註所記，「張部長說文章裏面談民主政治可以」，則此事不是爲「怕談民主」之佐證明矣。茲爲免除誤會，不得不聲明如上，務請惠予照登爲荷。此頌

大安

陳啓天上八月廿二日

編者按：把陳先生來信與本刊上期社論（二）的附註對照一看，除掉「談過」與「看過」這一點有出入以外，我們不知道陳先生所更正的是甚麼？

斜輝（一）

孟瑤

一

我生了一場幾乎死去的病，在床上足足躺了三個月。雖然醫生找不出病源，只說我受刺激過甚；我自己則衷心明白，一場美夢的幻滅，早使我的眞正生命趨於死亡，如今躺在床上的，只是一堆可厭的生命糟粕，我隨時企圖淸除它。

我能從一場噩夢中醒轉，這是值得慶幸的，但却不能不惋惜它竟然消耗掉我六年的青春。如今，只剩下這生命協奏曲中的最後一個音符，揚起那悽惻而哀傷的餘韻，在寂寞的斜暉中抖動。

我不想淸算這一筆感情上的債，無論是別人欠我，或者我欠別人。減輕自己痛苦最聰明的辦法就是遺忘。是的，遺忘！遺忘我所有的往事！沒有往事作爲張力，生命的琴絃，便將此闇啞。至於那使人憎厭的軀殼，就讓它自然地腐朽吧！因爲這個世界上，還有着眞正關心我的人。

人生眞像一場一萬公尺的徑賽，其實，跑到一半距離時，便已大局可定，但是，殘忍的觀衆却故意向那落選者鼓掌，希望他去爭取那光榮的失敗，他們怎能體貼出一個筋疲力盡的失敗者，在羞慚、倦怠、落寞、絕望中，多麼希望能中途悄悄退場！我，正是那絕望的落後者，我一直在焦慮着這退場之計。

誰都說自殺是弱者的行爲，我却連這弱者的勇氣都沒有。爲此，我無法取得這最徹底的解脫。但，我必須想法怎樣去「遺忘」。除了退隱深山，還有比這更好的辦法嗎？

正當我爲退隱的問題所苦的時候，我看見報上有這樣一則啟事：

茲徵求文牘一名，限女性，擔任抄錄、閱讀、覆信⋯⋯等工作。佳處係一濱海別墅，環境幽美，待遇從豐，合意者請函平城郵箱一二○號。

雖非深山，却是海濱，我從未與海爲伴，但我相信海的浩瀚穆肅，將更有助於我的隱居；何況平城更是一個能勾起我回憶的地方呢？記得念大一的那一年，因爲要做一個社會問題的個案調查，我曾與同系十幾位同學，拜訪過這一個濱海的山城。它離鐵路線有三小時沒有良好交通工具的路程；所以，它便一直被冷落着。但是，這一座山城的風景奇美，有使人追懷的私人花園，有放馬疾馳的綠野平疇，有晝夜吟唱的大海波濤。它穆肅中有熱鬧，熱鬧中又有寂寞。我們一羣人在那裏流連了三天，這一羣年青的孩子們幾乎都忘記了此行目的，不時地走向淺灘，竄入碧波⋯⋯這是一個可愛的地方。而且，它似乎還縈廻着我的一個夢境，雖然我把握不住它的內容。

於是，我按照地址寫了一封信去應徵，我想，這地方至少是我養傷冬眠的好去處。

三天以後，覆信來了，他爲我安排了三個啟程日期，歡迎我去，並且說明，這三天之中的任何一天都會派人到車站來迎接我。

我沒有猶豫，挑了最近的一天準備啟程，我身無長物，孑然一身，眞如佛家所說的無罣碍。只是我的靈魂並不輕鬆，因爲這個世界上有負我的人，也有被我所負的。對於前者，我準備饒恕他；對於後者，則我必須使他們的情緒安靜，不要爲我的失蹤擔憂。於是，在我秘密公開的最後一刻，我留下了一封信，我告訴他們說，在人海中，我願意從此隱去，思過、養晦、懺悔，以求靈魂最後的安貼。

就在這一個隆冬的凌晨，我披上冬大衣，頸項縮在高大的領子裏，因爲久病，步履飄然，恰似一個漫蕩着的遊魂。到了車站，我鑽進車廂中的一個角落裏蜷曲着。我眞不願在我感情最脆弱的時候，有人看見我。好在早車的人並不多，我可以用手帕蒙住臉，痛快地哭掉那堆最後的感傷。

車行漸速，汽笛聲揉合上鐵輪壓到車軌上的聲音，份外淒涼。這景象極可悲，我知道。而我却不幸地做了這景象中的唯一主角！面容憔悴，神色淒涼，拖着病體，携着箱籠，孤獨地跨上時光的車輛，沉默的走向生命的無極。這樣的主角由我去扮演，這安排使我不甘。

車至十年前我曾遊過的舊地，它多半也經過了不少滄桑，依稀彷彿中，我很難找到一點似曾相識的面目來，它風塵滿臉，垂垂老矣。我摸摸自己瘦削冰冷的面頰，不免長嘆一口氣。雖然我曾與它依偎過三天，但，在我面前展開的道路，我到底應該選擇哪一條呢？我的主人說會派人至車站迎我，他並沒有遵守諾言。每一處都找不到一點歡迎我的跡象。

我徘徊着。

時已過午，我終於走進一家飯館，要了一點茶和點心，一面想振作一下我的精神，一面却暗自盤算着，假若我始終無法找到我的新東家的話，我是不是應該用那「弱者的行爲」去獲取我的歸宿？沉默中沒有多久，忽然一個聲音問我：「你是不是叫陳丙慧？」

我吃驚地一抬頭，看見站在我的面前問話的是一位憨直的鄉下人，雖然態度粗疏，却很誠恪樸質，我直覺到他就是我的新東家派來迎接我的男僕，於是我回答他：「是的，你們東家是不是姓吳？派來迎接一位女文牘的？」

「沒有錯！」他爽直地：「跟我來吧！」

他提起我的行囊，引我走向兩匹馬的身邊，一面安置東西，一面扶我上馬，却埋怨地說：「我想到一定會有一個男人把你送來的；路又遠，又有行李，一個單身女人怎麼行？所以我總沒想到我所要接的那個人就是你。眞的，你爲什麼只一個人？」

爲什麼呢？我不得不苦笑着說：「我只有一個人。」

「啊？」他奇怪地打量了我半天，才跨上另一匹馬向前引路。

鑾鈴輕響，蹄聲有致，握轡扶鞍，十年往事又上心頭。當我第一次來平城的時候，我緊握青春的繮繩，跨上理想的龍駒，馳騁在坦蕩，絢爛，充滿了雄心的平野，一切是如此美麗，發揚，也充滿了希望。十年後的今天，我又來了，以一個煢孑帶病之身，跨上那一蹶難振的瘦馬，徜徉在這心靈中坎坷的窄徑上，勉力存活：這景象使我十分難堪。

「陳小姐，該快一點了，」這鄉人說：「我們要在天黑前趕回家。」

「怎麼，」我有些驚異：「路很遠嗎？」

「騎馬跑快，也得三個鐘頭，現在快兩點了，不快點走行嗎？」

「唔，這樣遠嗎？」我答應着，心不在焉地拉緊了一下馬繮。

離開平城，我們順着海濱的一條大道前進，這位鄉下人健談，不時地找一些使人聽了發笑的話做題目，使我忘記了許多記憶中的不快。因此，在一次他結束了某一個話題的時候，我問他：「你姓什麼，在他家是幹什麼的？」

「我叫老高，」他回答我：「我在我們老爺家裏呀，什麼都做，打我們父親起，就在李家做事，現在是我；如今，連我那傻女兒也找來幫忙了。唉！我的老爺呀，我們太太呀…眞是。」他欲言又止，忽然沉默起來了。

「你很愛說話的，」我催他：「爲什麼忽然不說了。」

「太太囑咐過，不許亂說話，我這是遇到了你在外面才有話說，要是在家裏，那是一點聲音都不許有的；那個家，眞是…」他又鎖住了嘴。

「到底怎麼了？」

「這是大家都這麼說的，鬧鬼，」他把馬靠得我很近，聲音很輕：「那房子眞鬧鬼，我看見過。」

我笑了，便免不了逗這鄉下人：「你看見過鬼？鬼是什麼樣子？」

「我看見過兩條黑影子，却沒弄淸是什麼長相！」

我不覺又笑了，對他說：「你不用嚇我，我是不怕鬼的。」

「我也不是嚇你，你也不要回去跟太太說，」老高有些駭怕，向我搖搖手：「她知道了，會駡我的。」

「太太很兇嗎？」我想知道一些這個家庭裏的情形：「老爺是幹什麼的？」

「你不要問了！」他有點怕自己會多言取禍，於是拒絕道：「到了家，你一切便都明白。」

果然，他眞不肯再多說一個字了，兩馬疾行，四野荒寂，想到老高談到有鬼的傳聞，心裏不免有一點發冷，雖然，我不相信有鬼，也不怕鬼，更想明白鬼的究竟，必要時與他做做朋友，看看他們是否比人更可交遊些；但，一想到這些，心裏總不免感到異樣。於是，我拉了一拉衣服，又嘆了一口氣。

「陳小姐累了嗎？」老高倒很關心我：「前面有個亭子，我們已經走了一半的路了，可以進去歇一會兒。」

不久，我們便到了那座小亭子，裏面空空如也，只有屋頂可以遮蔽風雨，只有低矮的圍欄可以供人憩息。我下了馬，倚柱而坐，放眼周遭景物，青山禿樹，藍天蒼海，幾抹微雲，數行波濤，把人世點綴得這般安詳；也許人世本來是安詳的，煩惱多由不智者招來。

「前面有一個小斜灣拐過去，再走不遠的路，就可以看見我們那座白房子了！我們上馬吧！」他說着，指向前面。

我們繼續前進，果然，不久我卽看到那所白色的海濱小別墅，隱約中，我不僅發現這所別墅的建築很典雅，而且更值得讚佩的是它的地勢，聳立在一座高高的山尖上，又在衆山前面，靜靜的伸向海中，它比羣山更得海的寵愛，所以分潤到海的風姿也特別多；我想，假若我有幸福住在裏面，我一定能成爲海的朋友，去愛他，了解他，並望能依戀他。越走越近，因而發現這別墅很蒼老，很衰頹，我便惋惜似的說：「這樣一座漂亮房子，不修整，多可惜。」

「誰叫它是白色的呢？」老高接下去：「又喪氣又易髒，我記得小時候聽我爸爸講過，他當時是老老爺的親信，首先就反對粉刷白顏色的，老老爺不聽，你看如今家…」

「家怎麼樣啊！」我忙着問。

「不怎麼樣，」他支吾着：「你看，我們快到了。」

「你是說家裏鬧鬼嗎？」

「就算是吧！」他含糊不淸地。

「這與房子粉刷白顏色也沒有什麼關係呀！」

「是呀！是沒有什麼關係！」他快馬加鞭，衝到我的前面去。

順着山路往上爬，我們到了別墅的廣場前。平地上，花樹很多，但冬日中都萎謝了，廣場的後面就是白色別墅的正門，它比我們在遠處看的高偉得多，而且構造結實，門窗欄檽，都粗壯得可愛，有一層樓，猜想中，裏面的佈置一定是十分精緻的。

我從馬上下來，正呵着兩隻凍僵的手，老高牽去我的馬，又在我耳邊輕聲地說：「到了家，你以後少找我說話：我去叫傻丫頭替你開門。」

他走了，從房子的後面繞了過去，我在冷風中瑟縮靜候着。一會兒，大門呀的一聲開了，那聲音很沉重也很寂寞。我很快地走向前去，從大門進去，中間還有一片更精緻的小花圃，雖然枝葉凋零，我想春天來時，它一定是十分美麗的。通過花圃，便是這座別墅的正廳。莊嚴，陰森，但是華麗；因爲面積大，裏面的陳設很多，而且是中西合璧的，有雕花的大紅木桌椅，也有重大的絲絨沙發，窗戶的玻璃都是有色有形，配合成最美麗的圖案，緯幔都是絳紫色鑲金邊的；這一切使得大廳的光線很黯，氣氛很神秘，風姿很豪華，我已經略可猜出主人翁的富有了。

劉覽不久，女主人從左邊的室內出來，她的步履很輕，面色蒼白，却穿一件黑色旗袍，看見我，並沒有歡迎的笑容，室大人少，我感到一陣寒風隨她而起，向我面上撲來，我開始有了一點恐懼的感覺，不自覺地矜持着站直了一些。走到我的面前，她像古代最精明的貴族選買她的奴隸一樣，那樣仔細地端詳我。於是，我也用眼睛端詳她。她那創造的兩道假眉，畫得太高了一些，顯得有些不安份，一對眼睛發着凛凛寒光，使人望之生凉；鼻型還美，但高得驚人，也許眞是希臘式的吧？但放在慣生柔和線條的中國人的臉上，便覺得它有喜馬拉亞山一樣的高。嘴唇薄而秀，但深深地抿持着，又給人一種頑强固執的感覺，除非笑，她是不易使人親近的。我們彼此沉默了半天，終於我被逼迫得退後了一步。

「你是陳丙慧小姐嗎？」

「是的，」我用語言反抗她：「我是應徵來的。」

「好，」她一點也沒有表示歡迎的意思：「你可以住在這裏。」

「爲什麽不可以呢？」我想。我並沒有哀乞她收容我的意思，我的來，是雙方於同意後，所簽訂的一個合作契約。她的語氣使我有點受辱的感覺而想反抗她，就在這時，與她面對着的屋子裏，響起了一陣摔東西的聲音，接着，是一串男子的低吼聲，這聲音像一隻深夜中被困在陷阱裏的野獸的嗥叫，絕望凄厲，又有一份用生命來反抗一切的狂暴。它使我渾身的肌肉痙攣着，幾乎想立刻從這所陰森壓人的屋子裏逃了出去。女主人對這聲音的感覺似乎更敏銳，她先無聲地望了我一眼，似乎在禁止我的妄動，然後，她才穩定地向那間屋子走了進去，進去以後，那房門又立刻被掩好；不久，裏面安靜了下來，她又出來了，沒有爲這件事解釋什麽，却繼續着她自己的話題：「樓上有一間你的臥房，你自己可以上去，就是對着樓梯，開着房門的那一間，你的行李早已先送進去了。工作在短期內還不會有，你的伙食，會每次按時間送到你的屋裏去。」說完，她沒有再盡一點任何女主人應盡的情誼，匆忙而嚴峻地退回她自己的屋裏。

這一份不禮貌的冷靜，引起了我極嚴重的反感，不是時已黃昏，我會立刻從這不被人喜歡的氣氛中退出去的。我眞有點後悔我的衝動，一個單身女人，貿然地闖入一個陌生人的家庭，總不是十分安全的舉動，而且那奇怪的聲音，那鬧鬼的傳說：我開始感到自己愚蠢地把自己孤立起來。看看四周，一切毫無辦法，還是先回臥室休息的爲是。於是，我上了樓，樓上的構造與樓下相似，但敞亮得多，我那半掩着的臥室地位，與樓下發出怪聲的那一間相同。我推門進去，這房間所帶給我的快樂，幾乎使我把悲哀的人生觀都改變了。因爲它完全是另一番天地，推開兩扇大玻璃窗，空氣，光線，濤聲：都毫不吝惜地擁了進來。因爲這一座別墅，面山負海，我的屋子正是最靠後的一間，所以，我伸手便能擁抱住海，我靜坐時海又能環繞着我了。我是愛海的，我默禱能與它終身相守。

我關上房門，脫去大衣，搓搓凍僵的手脚，再拴好窗戶，壁爐中的暖度漸漸升高起來，頓覺滿室生春，舒暢無比。踱到窗前，透過玻璃，我又面對着海了。啊！海，它竟然這樣一片澄碧！靠近山脚的淺灘邊，一層層地捲起白浪，像一條被仙女抖動着的多彩舞裙。窗正面西，落日斜暉，都從窗戶外面跑了進來，擠滿一室。那黃金色的光彩，使我視線所及的每一部份都豪上一層歡悅。誰說黃昏的情調是感傷的？假若我生命的黃昏能把握這樣一片美麗的光輝，我必能忘掉過去的一切，再振作起來。溫柔，滿足，沉醉，我願意生命在這種值得人回味的韻緻中結束。

躺在床上，閉目靜聆，我似乎聽見生命的沉滯脚步，逐漸地輕揚了起來。(待續)

葛藤（續完）

聶華苓

七

素芳到臺北時天正下着霏微的雨，陰暗的天，像是要塌下來的。她一見面，就吃驚的問我：

「你的臉色怎麼這樣壞？叫你吃維他命你吃了沒有？你總是這樣不注意自己的身體。唉，你就離不了我，一離開我，就搞的不成人樣了！」

我佯裝沒聽見她的話，和小袠廝混，但小袠許久不見我，對我也陌生了，我俯下身吻他，他扭過頭跑開了，我要爲他扣胸前的鈕子，他撅着嘴跑到素芳面前說：「我要媽媽扣！」

只有幾個月不見面，素芳比以前蒼老多了，她那天還着意修飾了一番，但臉上浮着的脂粉仍蔽掩不了她眼角的魚尾紋。當我們在月台上走着的時候，我發現她耳邊正戴着我爲她買的那付假珍珠耳墜，不由得就想起白綾戴着那付耳墜的嫵媚神情，想起她在草山坐在大樹下微笑的樣子。素芳發覺我的眼睛一直盯在她耳朵上，轉過頭來對我說道：

「你看我戴這付耳環好不好？」

「不好！」我的眉梢必定是緊蹙着的。「妳不適合戴這種耳環。」

她忙將耳環由耳朵上摘了下來，說道：

「你這個道理我眞不明白，既然不好，你爲什麼又給我買？我還以爲你喜歡看我戴這樣的吊吊耳環。」

我沒有回答她，由她手中將旅行袋接了過來說道：

「我來拿！」

藉口房東不歡迎小孩，我將他們安頓在旅館裏。雨越下越大了，窗玻璃上那連綿的雨滴，好像白綾臉上淌着的淚水。素芳在收拾東西。我拿着一張報紙坐着，一個字也看不進去，我總想找個適當的機會說出我想說的話，趁素芳的臉還沒轉過來對着我的時候，我問道：

「你怎麼忽然想到到臺北來？」

她轉過身來。我將報紙舉得高高的，正好遮住了臉。她一面向我這邊走來，一面說道：

「近來我的心亂極了。老早我就想來，但來一趟臺北也不容易，要花很多錢，又躭誤你的時間。這一次我再也忍不住了。」她走到我身邊一隻手撲着我的肩說道：「煥之，你不知道我想你想得好苦，我對你總是不放心，我和你一分開就日夜不安，尤其你最近信又少，我就胡思亂想，我明明知道你不會怎樣的，都是中年人了，又是一個孩子的爸爸了，還會做糊塗事嗎？但我沒看見你總不好受。有一天我在報上看到一篇小說，是寫一個中年人，家庭很美滿，因爲受不住一個美麗女人的誘惑而遺棄了他的太太，等他遭了那女人的遺棄而醒悟過來時已經遲了，他的太太已經走了。這種故事原也平常得很，但我讀過之後，心裏却特別難受，一夜沒睡着覺，第二天一早就寫信告訴你我要到臺北來。煥之，我到底什麼時候才可以搬到臺北來呢？」

「快了，還有兩三個月就有房子了！」我的眼沒有離開報紙。

素芳已坐在我椅子的扶手上，只聽見她說道：

「你看了半天原來是在看百貨公司的廣告！萬貨皆備，無物不廉，冬季大減價，你看這個幹什麼？你這個人常常是莫明其妙的。」她用拐肘把我一推，接着又拉起我胸前的領帶說道：「咦！我才注意到你戴着這樣一條漂亮領帶，幾時買的？怎麼你也變得喜歡紅顏色了？我再穿紅衣服，你可不會再說話了，你這個人呀，最難伺候了，東不是，西不是，不知道叫人怎麼辦才好，你……」

「你讓我安靜點，我很累。」

「煥之，你怎麼說話哭聲哭氣的，像死了個人一樣。」

她的眼光在我臉上逡巡。我站起身來，走到窗口，雨水嘩啦打在窗玻璃上，我發現下面是一條又長又窄的小巷，我這才明瞭，若沒有白綾，我的生命就像那條陋巷一樣，又冷，又陰，又長，永遠見不到歡樂的陽光。

吃過晚飯，素芳打開箱子，爲小袠找毛衣。我坐在地上跟小袠玩積木，聽見他那衷心快樂的笑聲，看見他那惹人憐愛的小臉，我不禁想：果眞我離開了他們母子，這孩子將來不知成什麼樣子了，沒有爸爸，他以後會快樂嗎？

「小袠，今天聖誕節，你還記得你說過什麼話的？」素芳一隻手扶着箱蓋說道。

「我說我要送爸爸一件背心！」

「爲什麼送背心呢？」素芳笑着向我眨眨眼。

「爸爸在家裏時候，我看見他一脫衣服，就露出背心一個大洞。」

素芳笑了。我將小袠抱在懷中，使勁吻他，不住的說：

「小袠，小袠，你愛不愛爸爸？你愛不愛爸爸？」

「得了，得了，別膩人了！你幫我挽挽毛線，天雨不能出去逛逛街，今天聖誕節，街上一定很熱鬧。算了，我們就一邊纏毛線，一邊談天吧！」素芳由箱中拿出了一大把毛線對我說。

我放下孩子，將毛線綳在手上。素芳一面解線一面對我說道：

「對了，還有一件事沒有告訴你，我在臺中的朱鐵口那裏算過一次命，他說我一生如行雲流水，榮夫耀子，要我兩倍的錢。管他的，只要命好，多化幾個錢也可以。煥之，你看我是不是個福像？」

我沒有作聲，却想起了我第一次去白綾房中爲她挽毛線的情景，想起了幽黯的暮色中她那一張蒼白的臉。我再也不能忍耐了，迸口而出道：

「素芳，你饒了我吧？我實在挽不下去了！」

「你今天怎麼回事？」她將線接了過去，綳在椅背上，但她疑慮的目光並沒離開我。我站起身來說道：

「那是你們女人的事！」

每一細小的事物都好像在有意傷害我，令我心痛。我疲憊無力的倒在床上，臉向着牆。

「唉！」素芳嘆息了一聲。

我轉過臉去，她正抬起手來拭眼淚。

孩子的眼睛已有睡意，但素芳說一定要孩子在我面前認完了字再睡覺。她拿着一盒方塊字，牽着孩子走到我的床前說道：

「喂，你兒子已認得一百多個字了！」

「這全是你的功勞！」

我誇誇她，希望她就此罷休，讓我安靜，但她仍不肯放鬆我，指着一個個字塊要孩子認。

「舅—祖—媽—爸—孫—……」

小褒認不得「百」字。素芳敲了一下他的腦袋喝道：「你怎麼回事？在家裏認得好好的，一到臺北來就糊塗了，你今天認不好不得讓你睡覺，認！認十遍！」

小褒哭喪着臉不斷的唸着：

「百、百、百、百……」

但是我聽到的是：「白、白、白、白……」那連續的單調的聲音像一根根皮鞭似的，抽打着我。

「白、白、白……」

我頭痛如劈，再也忍不住了，不禁搥着床沿大聲叫道：

「不要再認了，你讓他睡覺，讓他睡吧！你…」

我不知還會說出什麼傷人的話來，素芳叫住了我：

「煥之！你太叫人傷心了！」她的聲音有點發抖。

我沉默了！

入寢以前，我擰熄了燈，我喜歡深沉的黑暗，只有在黑暗中，白綾的影像才特別清晰，我好像在每個黝黑的角落裏都看見了她耳墜的閃光。

「你爲什麼不吻我呢？」一個聲音在黑暗裏說。

那句話是白綾對我說過的，我向着那個聲音摸索着走去，碰着了一個人，我緊緊的抱着她，由她的頭髮一直吻到她的脚，最後抱着她的脚嗚咽：

「我再也不離開你了，我再也不離開你了！」

一隻手將我扶起來了，那隻手是溫暖的，就和那天在海邊岩石上的那隻手一樣溫暖。我握着那隻手躺在床上，鐘聲又在嘀嗒，爲何沒聽見白綾的呼喚呢，像昨夜一樣的溫柔的呼喚？我摸着身邊那個人的臉和她的頭髮說道：

「叫我一聲，叫我一聲，我要聽聽你的聲音！」

「煥之，朱鐵口的話一點也不錯，我是有福氣的！」

我清醒了，發覺躺在我身邊的原來是素芳。她一双手摟着我的頸子說道：

「我總怕你變了心，但現在好啦，你明明躺在我旁邊，我的心也安了！」

我側過頭去說道：

「睡覺吧！」

素芳睡的很安穩。我很疲倦，但不能入眠，一心想着白綾，想着她的每一個細小的動作：她拍水時含笑的双眼；跪着合掌祈禮時嘴唇的翕動；低頭切菜時睫毛投在臉上的陰影的變化；在港口小山上她被那一片鳥鳴所感動時淚眼欲滴的樣子—這一切都銘刻在我心裏。我只離開了她一天，但那一天對於我却好像是一世紀那樣冗長。頭天晚上，此時此刻，我正和她靜坐在彌賽亞的歌聲之中，但現在，我却躺在另一個女人的身旁了！素芳在睡夢中忽然嗚咽起來，那尖銳而凄厲的哭聲好像荒野裏一頭受傷的野獸的嗥叫，令我心寒。我用力搖她，她睜開眼來，迷惑的看了看我，問道：

「我在那裏？」

「素芳，你怎麼了？」

她側過身來，將臉偎在我懷中，輕輕噓了一口氣。

「唉，幸虧你把我喊醒了，我又做了一個可怕的夢。」

「什麼夢？」

「以前我也常做這樣的夢，但沒有這一次這樣逼眞。我剛才是不是哭了？」

「你哭的聲音可怕得很，到底是什麼夢？」

「唉，你眞把我害苦了，連在夢裏你也在折磨人。」她吻了一下我的臉，又繼續說道：「我又夢見你變了心，我必需翻過很高的山去找你，爬也爬不動，爬得我累死了，好像還是停留在原來的地方，後來不知怎麼回事，又忽然到你身邊來了，但你不理我，挽着另一個女人走了！那女人一副賣妖的樣子，我在你們後面追，喊你，哀求你，你瞪着兩眼，甩開了我，我就倒在地上哭起來了。」

我轉過身去，背對着素芳，淚水已浸濕了枕畔，我在心中憤憤的說：

「你這個不貞的丈夫，不忠的情人！」

風雨中，飄來了彌賽亞的歌聲……

次日，天已放晴，上下午都有朋友爲素芳接風。晚餐時他們在席上談着頭天的暴風雨，許多低窪地帶被淹了，有的公路被冲毁了。我却一心在想白綾，一夜風雨，不知她睡得可好。第三天一早，我就抽身去看她。在大門口碰見了房東老太太，她剛從女兒家回來，她望望白綾的窗子對我低聲說道：

「出了事了！」

「什麼？」

「小茜死了！」

「眞的？」

「昨天一大早她在那邊大水溝旁邊玩，頭天下了大雨，水溝的水漲到路上來了，小茜掉到水溝裏去了，等到人發現時，已經遲了！大人眞是該死，她……」

我沒等她說完，便向白綾的房內奔去。外房沒有人，屋角仍放着小茜的小鋼琴，開着蓋，好像那小手剛在那兒彈過似的，一個椅子上還搭着小茜的一件黃毛衣，小茜從幼稚園回來時，白綾常拿着這件毛衣對小茜說：「好乖乖，天涼了，把這件毛衣穿上！」我急速的向內屋走去。門是關着的，我輕輕扭開了。眼前黑黝黝的，什麼也看不見，我站住閉了閉眼，眼前才漸漸淸晰起來。原來那屋子的窗子全是緊閉着的，帷幔低垂，牀上有一堆白東西，像黑夜中的一朶白蓮。牀旁邊坐着白綾，她正背對着我，頭無力的垂在一邊。

「你來了嗎？」

「是的，白綾。」

我完全被這凄慘的景象怔住了，懷着一種虔敬而悲哀的心情慢慢向白綾身邊走去。這時我才看清楚牀上那一朶白蓮就是小茜的屍體，她和平日睡覺時一樣的靜謐，穿着一件白色小舞衣，裙邊繡着小紅蝴蝶，正是那天我第一次來白綾房中看她繡的那一件。白綾坐在那裏，兩眼木瞪瞪的看着她的孩子，我用手扶着她的兩肩，低聲喚她：

「白綾，白綾，可憐的白綾！」

我的眼淚不斷的洒在她的頭髮上。隔了好一會，她才摸着我的手慢慢說道：

「我很好，在這兒和我的孩子在一起。」

「但這間屋子太黑了，你不能這樣折磨你自己！」

「不，不，只有在黑暗中，我才最接近我的孩子，才使我感到是和她同在一個墳墓裏。」

「白綾，就是在墳墓裏，我也不離開你了！」

聽見了這句話，她才抬頭看我，像幽靈一樣慘然一笑，然後搖搖頭說道：

「不，你不能這樣，我已經不是以前的白綾了，這兩天我和孩子在一起時，才想通了，我的想法完全不同了！」

我蹲下身去，伏在她膝上，迫切的問道：

「白綾，你不再愛我了嗎？」

「不要問那樣的傻話，你知道我的心還是和以前一樣的，不過以前我對你的愛是佔有的，是一團熾烈的火，可以燒毁人的，現在我對你的愛是淸涼的，是超脫了一切私慾的，這種愛可以帶我們去天國。」

「你爲什麼有這樣的想法呢？」

她指了指死去的小茜說：

「是她給我的啓示。我必定是犯了極大的過錯，必定是以前的事做錯了，上帝才以她的死來懲罰我。我對不起孩子，我沒有以全付的愛來愛她。你走之後，我太受不了，那一夜暴風雨，我一想到你那雙曾經撫摸過我的手又去接觸另一個人，我就難受的發抖。你帶走了我整個的心，我精神恍惚，顧不了孩子，我一個人關在屋裏想你，結果孩子掉到大水溝裏去了！」

「白綾，離開了你我也活不了，這兩天，我只是行屍走肉的活着，從今以後，我再也不離開你了！我今天就不走了！」

她咬着下唇，好像是怕她梗在喉頭的話會像小鳥一般飛了出來。良久她才說道：

「那些話我不應該對你講的，那已經是過去的事了。我現在對你只有一個要求，希望你看在我們以往的感情上，答應我。」

我的心痛苦得流血。我不敢問她是什麼要求。

「白綾，你說話爲什麼把我推得這樣遠呢？這不是你心裏話，這不是你心裏話，我們已經够苦了，何必還要這樣折磨自己呢？」

「煥之，平靜一點，讓我對你說。我們以前是在做夢，但現在我不做夢了，我思索，我的心越變越淸。這幾天我想通了，你這個人簡直就是一團感情的化身，而我呢，一直生活在夢裏，看不淸事實的眞象。我們問題的癥結就在此。煥之，我們的感情只不過是一團燃燒的火，終歸要將一切燒成灰的，一絲絲風就吹散了，除此之外，還剩下什麼呢？」

「永世難忘的美麗的記憶。」

「那是因爲我們沒有得到滿足，假若滿足了，連那些虛幻的記憶也沒有了。幸福的本身人永也得不到的，但人可永遠保有對幸福的幻想，這就够了！你聽聽我的話，煥之！」

她那一聲「煥之」喚的從未如此之柔，在那一聲呼喚之中，有着她全部的感情。我不禁站起身來，欲俯身吻她，但她顫抖着把我輕輕推開了。

「不，我們不能再錯下去了，我求你幫我渡過這一關。」

她說這話時並沒有看我，大概是怕我的悲哀的臉色會影響了她。過了好一會，她才側過頭來對我說：

「我的要求你肯答應嗎？」

「你指的到底是什麼事？」

她兩手緊緊捏着椅子的扶手，好像需要什麼東西來支持她，她堅定而淸晰的說道：

「從今以後，我們不再見面了。」

「那怎麼可以？白綾，那怎麼可以？」我已熱淚盈眶。

「就是你來，我也不見你。」她更堅定的說下去，但我聽得見她的牙哆嗦的咯咯作響。

「那麼，你等那個人回來嗎？」

「當然。無論在法律上，在世人的眼中，我都是屬於他的。他昨天來信說他假釋的申請已經批准了，他三兩天之內就可出來了。」

「爲什麼呢？你拒絕你所愛的人，而到一個你所不愛的人那裏去，你這不是自找痛苦嗎？」

「這種境界你不會懂的。一個人遭受了最深刻的痛苦之後，他不但不避免痛苦，反而要去自找苦吃了。我要看看，命運到底和我作對到什麽程度？煥之，切勿憐憫我，我雖痛苦，但我很平靜。」

她說最後兩句話時，臉色靜穆而虔敬，那時我幾乎以爲她不是個「人」，而是個淨化一切私慾的神了！

「白綾，我的白綾，你叫我如何活下去呢？」我絕望的叫着。

「你漸漸會好起來的，你還有一個愛你的妻子，還有孩子，他們會使你漸漸快樂起來……」

她的聲音漸漸微弱下去了。我站在她身旁，昏昏迷迷的，像被釘牢在那裏一樣，麻木得毫無感覺了。過了好一會，白綾彷彿由夢中醒來，抬頭對我說道：

「你還沒走嗎？」

「我要和你一同離開這間屋子。」

「你是說你要我離開我的孩子嗎？」

我點了點頭。門縫透過一絲陰慘的風，床帷像鬼影子一樣飄動着。

「我不能離開她！」她幾乎是生氣的說道，語氣十分堅決。

「你不走，我也不走了！」

我已無力挽回一切，現在我只有盡力使白綾離開那間陰森的屋子。

「好吧！」

她霍然站起。但是，她一站起來，我的心反而更往下沉了。她要我離開的決心竟勝過對她孩子的依戀！

我們一走出內屋，兩人都同時用手蒙住了眼睛，外面的光太刺眼。當我們再放下手時，兩人的目光相遇了。我這才看清楚白綾的兩眼像兩泓冰凍的水潭，又冷，又深，又暗，一股冷氣一直襲入我心底。一隻小貓正睡在小茜的小鋼琴上，就是和小茜一同追過皮球的那隻小貓。白綾的眼睛盯在那小鋼琴上，貓跳下來跑了，但白綾的眼睛仍未移動，漸漸的，她眼中有光在流動了，冰凍的水潭溶解了，水潭上蒙着一層薄薄的霧，那一層霧又慢慢凝結成了水珠，大顆大顆的淚水流下了！她突然投到我懷中。

「煥之，我沒有一個親人了，小茜也丟掉我了，煥之，不要離開我，在這個世界上，你就是我唯一的親人了！」

我已泣不成聲，緊緊抱着她，好像抱着我最後的生命。

「白綾，……我的白綾，……哭吧，好好哭一場！我……我……我陪你一起哭，白綾，哭吧！……」

我已經感到輕鬆了許多，無論如何，一個人若還知道哭，他就還有生命。然而，出我意外的，她由我懷中猛然又站了起來，驚惶的說：

「天，我做了什麽？我做了什麽？煥之，你還是走吧，不要那樣望着我，我受不了，煥之，我的好人，你走吧，我轉過身去，你就走，不要回頭，煥之，我的親人，我一定不會再望你一眼了，你走吧！你走吧！」

她背着我朝牆站着，雙手蒙着眼，彷彿連她自己的眼睛也不敢信任了。

「好，我走，立刻就……就……就走，但你必須答應我，我以後再來看你。」我的心痛苦得腫脹了，熱淚涔涔而下。

「不，煥之，不要來了，不要再說這樣的話了……好，好，我答應你，你可以再來看我，只要你現在走，你走，我求你，煥之……」

後來我又到她那兒去過兩次。第一次我還可以在門外聽見她的聲音，她只是避不見我。她將門窗關得緊緊的，我苦苦哀求，伏在門上啜泣：

「白綾，開開門吧！我……我只要看看你，我一……一定不……不碰你，一下都……都不碰你。我……我……我只要看你一眼，白綾，白綾……」

「不，煥之，你還是走吧，不要再喚我，不要再引誘我了，我受不了啦，煥之，走吧！小茜的爸爸說不定今天就可以回來了，我在等他。煥之，你走吧，你再喊我也不會答應的。」她的聲音是顫抖的。

「白綾，白綾，連看……看你一眼也……也是罪惡嗎？白綾，我們不……不應該這……這樣虐待自己，白綾，開……開……開門吧，白綾……」

「煥之，我……我在這兒跪……跪着求你，不要再再……喊我了，煥之，我的好人，煥之，走吧！……」

我們倆，隔着一扇門，伏在地上嗚咽……

從那次以後，連她的聲音我也聽不見了，我在門外喊的聲嘶力竭，她也不回應。我跪在地上，一面哭着，一面吻着她的門檻，吻着那上面沾着的她鞋上的泥沙。

此後幾天，風很大，天黑壓壓的，蓋在頭上，宇宙好像越縮越小，越來越黑。我終日痴痴的躺在床上，抱着白綾爲我縫過鈕子的那件襯衣，在那上面洒滿了我的淚和吻。至於那幾天素芳是如何度過的，我完全不知道，我的感官只爲白綾而存在，其他一切我看不見，也感覺不到了。

元旦那天晚上，我又去白綾那裏，我已不忍再擾她，只是要在黑夜中去看看她的房門，看看那個她坐過的水槽，甚至於就是看看那個曾輕蔑過侮辱過白綾的陶太太也是好的，她既和白綾住在同一屋頂之下，呼吸着同一空間的空氣，她好像也變成我的親人了。一進大門，我就看見了白綾門上的鎖，怔怔的站在門口。

「哎呀，孫先生，你怎麽變得不像人樣了！」陶太太由窗口探出頭來叫道。

「她呢？」我指指白綾的房門問道。

「她……」

「她出門了？」我跑近陶太太窗口，焦急的問。

她搖搖頭，對我望着，我第一次感覺她的眼睛這樣柔和。一個可怕的念頭在我心中掠過，使我的心一震。

「你是說她……」我不能說下去了。

陶太太點點了頭。

「唉，孫先生，眞是天有不測風雲，人有……」

「陶太太，到底是怎麼一回事？請你快告訴我！」脚下的地好像在微微震動，我站立不穩，將身子靠着牆。

「前天下午，她一個人出去了，我正在窗口關窗子，看見她出去的，我問她去那兒，她說出去走走。天太冷，又刮風，晚上我和耀中關在房裏，也沒注意她是否回來了。唉，那天我們開門看看她房裏就好了，也許不會出事了，後來我還埋怨耀中，他應該提醒我一下的……」

「陶太太，請您快說，求求您。」我的一隻手扶着了窗檻。

「第二天一大早，一個警察跑來問我們這裏有沒有一個女人失踪了，我們這才注意到她不在家裏了。警察說有一個農夫當天早上在後面水塘裏發現了一具女屍，要我們去辨認一下到底是誰。我的天，我嚇的只發抖，耀中可不怕，他去看了，我一直還沒看見，我一生沒看過死人像。耀中這次可累壞了，裝殮埋葬的事全是他辦的，剛剛才有空出去理髮洗澡去了，他……」

「陶太太，她到底是怎樣死的呢？」我的手緊握着窗檻，我怕我會暈懨倒下。

「據那個農夫說，頭天下午，她就坐在那水塘旁邊的大樹下，他們說她常常去那裏，也就沒疑心，天黑以後，風很大，天氣又冷，他們很早都關門睡了。第二天一早，就發現水塘裏漂着一具女屍，但不知道她是失足掉到水裏去的，還是自己跳水的。」陶太太停頓了一下，好像突然想起了一件頭條新聞一樣；「哦，對了，晏先生回來了，你知不知道？」

「回來了？什麼時候回來的？」

「昨天上午，警察來通知我們之後他就回來了，據說他一看見他太太屍首，就抱着她大哭說：『我從前待你不好，這幾年我悟過來了，覺得對不起你，我以爲回來以後和你帶着孩子過幾天好日子，但你又死了，孩子也死了，我一出來就家破人亡了。』他一面哭一面摸她睜開的眼皮。」

「他呢？」

「剛出去了，好像是在說找什麼人談修墳的事去了。」

「陶太太，你可知道她留下了什麼東西嗎？」

她搖搖頭說：

「沒有，」但她馬上又接着說道：「啊，是的，有一本書，一本甚麼維特的煩惱，那個農夫在水塘旁邊大樹下拾到的，被水冲濕了，耀中拿回來我就放在這書桌上晾着，還沒還給晏先生。」

她回過身去，在書桌上拿起那本書，走出房外，我不禁伸出抖着的雙手。

「陶太太，您能把那本書給我嗎？」

「嗯——好吧，就給你吧，晏先生也不會注意這本書的。」

但她沒立刻將書給我，却將書前前後後翻了半天，書中忽然掉下了一朵黯紅色的殘花，就是我送給白綾的那朵紅玫瑰。

「啊，陶太太，那……」我說不出來了，聲音梗在喉中，喉嚨與眼睛都是熱哄哄的。

「哦？還夾着一朵花？我還不知道呢？」陶太太說。

花掉在地上，碎了，碎成一瓣瓣的，我接過書後，便俯身在地上將那些破碎的花瓣一片片珍重的拾起，夾在書中，將書擁在胸前，對陶太太說道：

「陶太太，您……您……您眞好，謝謝您，謝謝您！」

我木然走了出去，使勁咬右手的中指，血流出來了，正好滴在那本潮濕的書頁上，泛開來，顏色由深而淺，和那些枯萎的玫瑰花瓣一樣的。手好痛，痛得我的心只抽搐。這證明一切是眞實的。我像在一團濃霧中行走，兩脚踏在飄飄盪盪的水上，水面上到處漂浮着白綾的影子。

回到旅館，一走進房，我再也支持不住了，昏倒在地上。素芳將我的頭抱起。我的心是清醒的，但說不出話來，當我恢復知覺時，便抱着素芳大聲哭了。

她拍着我說道：

「煥之，你哭，你哭，痛快哭一場，你哭，別忍，你哭！」

我的嘴唇只抖，不能說話，她將我的頭按在胸前說道：

「不要說了，你哭吧！我不敢聽，我早知道了！」

「那……那……那你不是忍……忍得太多了嗎？」

她握住了我一隻手。

「唉，不忍又怎麼樣呢？我們女人可忍慣了。無論如何，你還是回來了，老天爺待我就不薄了！」

我抬起了頭，素芳的臉上已迷漫着一抹淚光。夜，是蒼涼的……

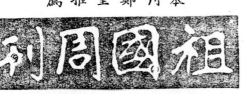

——完——

讀者投書

（一）大學應是通才教育麼？

敬啓者，邇來主管教育最高當局對於大學教育倡「通才教育」之說，大學一二年級不分系別，三四年級方始分系授與專科學識。弟非專攻教育出身，對於此種立論，不敢妄加月旦，惟頗感迷惑，甚望貴社能有所指正，以開茅塞。竊以爲我國教育程度因長期離亂早已跌落，質言之，大學一二年級之程度不過如歐美之高中（High School），而中國大學教育之目的爲造就專業人才，學例言之，大學教育決非中學教育之延長，而係就所愛好之課程作進一步之研究。弟抗戰前畢業於北方某大學，願以爲例。就弟記憶所及，如歷史系而言，除三民主義、英文、國文、軍訓等課爲文學院生所共同必修外，就專門課程而言，在中國歷史方面，約可分爲上古史（先秦史）、秦漢史、三國六朝史、隋唐史、宋元史（附金遼史）、明清史、近代史、近世外交史，就外國歷史而言，有歐洲上古史、中古史、近代史；就國別言，有英國史、美國史等；就史册研究言，有正史（廿四史）概論，史學名著評論等；就史學方法言，有史學概論，中西歷史研究法等，此外尚有有特殊性之課程，如東北史（九一八以後）、中西交通史等，不便再舉。就此課程而言，對於人類悠久生活之遺跡及浩如烟雲之史册，四年中所得，猶不過萬牛一毛，亦僅能作再進一步研究之準備工作，或從事教育工作時，對於教學或可稍免錯誤之指示而已。今者所爲「通才教育」課程，約略可分爲科學、社會、人文三範圍，一二年級不分文法理工均係共同必修，三四年級方始分就所愛好者作僅二年短期之研討，此非僅不能達成「通才」之目的，而確能造成一批四不相之庸才，遑論再作進一步之研究或從事教育工作？此外，學生因興趣關係，對於所學之系別，有所選擇，本年大學聯合招生考試之前，各大專學校長如錢思亮劉眞等先生均於報紙上撰文請考生就興趣而選系，不要祇着眼出路。此種意見確甚寶貴，但「通才教育」適得其反，强不愛數理之文法學生勉修自然科學，强對史地頭痛之理工學生强修社會科學，四年時光，轉瞬既逝，謂能造就「通才」，恐三尺童子，亦不置信。

此致

自由中國社　弟劉濟華上八，十五。

（二）大學畢業生爲甚麼不能再讀書？

編者先生鈞鑒：竊讀者係國內大學商科畢業生，畢業後旋蒙校方保送來臺進入一公營事業機構服務。任職以返，逐漸發現個性與擔任工作格格不合，雖迭經努力調整自己，仍感無法適應，乃決定以餘力重新攻習一實用技術科學。惟本月初至此間大專聯招處探詢報名手續，却據負責人告稱部令大專畢業生不得報考大專，詢以根據，答曰：「問教育部去。」

貴刊素主正義，更樂爲讀者服務，爰敢提出疑問數則，敬祈貴刊惠登。

（一）教育部令頒四十四學年度專科以上學校招生辦法十一條：「專科以上學校不得招收專科學校畢業生爲新生，並不得招收大學或獨立學院畢業生爲新生或轉學生」之規定，本年度是否繼續生效？報名處所稱是否確實？其根據爲何？上項部令抑另有新令或特殊釋例？

（二）教育部頒行該條規定之背景，緣起或原因，理由爲何？其目的，作用何在？

（三）該規定係據何項法律制定？與大學法所定大學教育宗旨，大學入學資格是否並行不悖？

（四）該規定係臨時措施抑永久辦法？如爲前者，則在何種時機，何種條件下始有解除、廢止之可能？

（五）世界各國有無類似情形與同此限制？

讀者江志平謹上　七月七日。

更正

本刊第五卷第三期（八月一日出版）所載白瑜先生「論新所得稅法」一文，內中有云：「全年綜合所得淨額超過一百萬元以上者，就其超過額課徵百分之六十五，此一百萬元，按照稅法第十二條『本法規定各種金額，均以國幣爲單位，其因事實上之需要，而使用當地通用貨幣者，應依當時政府規定之比價折算之』，只值新臺幣三百萬元，能值美金幾何。」（見該期第九頁上格）。據白先生八月二十四日來函，事後查明，財政當局實際征收時，係按子法「中華民國四十五年所得稅稅率條例」第二條「本條例規定之各種金額均以新臺幣計算」，則此一百萬元，就是新臺幣一百萬元，能值美金「幾何」，爲數更少矣。特此更正。

——編　者

給讀者的報告

五四運動的兩個口號是：民主與科學。今日的世界潮流仍是這兩個口號：民主與科學。我們要想復國建國，就必須適應這個世界潮流。本刊這一期的文章，便是依據這個原則而選擇的。

在社論(一)中，我們仍強調民主的根本精神：法治。我們今天到處高喊「法治法治」，但實際情形如何呢？在這篇社論中，我們談到黨治與法治的分野。由目前涉訟中的「工人報」事件看來，我們今日的政治到底是黨治還是法治呢？對於這個問題我們表示懷疑。在社論(二)中，由於麻豆鎮的神水我們談到現代知識的必要，我們呼籲大家誠心接受現代知識，相信科學。同時本期又登出如濱先生的「論『籌設中醫學校』案與所謂中西醫問題」，以強調我們在社論(二)中所提出的呼籲。

胡適之先生的「丁文江留英紀實」是胡先生的「丁文江的傳記」中的第四五兩章，記載丁先生留英時的那一段刻苦的學生生活。李濟先生的「對於丁文江所提倡的科學研究幾段回憶」是記述丁先生對於學問和工作所持的科學態度。丁先生是一位絕對相信科學，而對中國的教育文化有巨大供獻的科學家。今年是丁先生逝世廿週年紀念，本期特別登出這兩篇文章，一方面提倡科學研究，一方面表示我們對於這位學人的敬意，並悼念他的科學精神與行誼。「丁文江的傳記」即將由中央研究院於二個月內出版，特此預告讀者。

龍平甫先生在「波蘭人的反共怒潮」一文中，將於六月間在波蘭的波次南發生的反共運動有詳盡的報導與分析，這次反共運動的直接導火線是由於工人抗議減低工資而起，但其基本原因乃是由於鐵幕內一般人民對於共產極權的不滿與憎惡。

雷震遠先生在「吳廷琰其人其事」這篇通訊中，對於這位反共鬪士有詳細的介紹，在反共倒蘇的大業上，我們與越南是應該積極合作的。因此，我們對於這位越南的領導者也應該有進一步的認識。

華僑在星加坡和馬來亞兩地的人數很多，在星、馬兩地的經濟、文化各方面都佔有很重要的地位，但在這兩個地方，華僑的出生地公民權竟發生了問題。本期登出一篇余陽先生的通訊「華人力爭出生地公民權」，報導華僑爭取公民權的情形。希望我僑務當局對於華僑的生活權益予以有效的援助，幫助他們達成他們的願望。

本刊從這一期起開始連載孟瑤女士的另一長篇小說「斜輝」。據孟瑤女士自己說，在她已寫出的一切作品之中，這一篇構思最久，費時最久。「什麼也不要說，讓讀者自己去評斷。」這是孟瑤女士作為一個作者的話，也應該是一個編者的態度。

雷震遠先生和余陽先生的這兩篇通訊都寄來已久，因為連期稿擠，延到本期才登出來，謹向作者致歉。

自由中國 半月刊 第十五卷第五期 總第一六四號
中華民國四十五年九月一日出版

發行人兼主編 『自由中國』編輯委員會
出版者 自由中國社
社址：臺北市和平東路二段十八巷一號
電話：二八五七〇

航空版
香港 友聯書報發行公司
Union Press Circulation Company, No. 26-A, Des Voeux Rd. C., 1st Fl. Hong Kong

總經銷
臺灣 自由中國社發行部
美國 自由中國日報
Free China Daily
719 Sacramento St., San Francisco 8, Calif. U.S.A.

經售者
日本 東京僑豐企業公司
韓國 漢城裕昌德號
馬尼剌 大中華日報社
印尼 新疆書店
椰嘉達天聲日報
泗水文光圖書公司
越南 西貢中原文化印刷公司
緬甸 仰光振成書報店
印度 加爾各答塔梅學校
澳洲 雪梨瑞田公司
北婆羅洲 西利亞坡青年書店
新加坡 檳榔嶼、吉打邦均有出售

印刷者 精華印書館
廠址：臺北市長沙街二段六〇號
電話：二三四二九號

自由中國　第十五卷　第五期　內政部雜誌登記證內警臺誌字第三八一一號　臺灣省雜誌事業協會會員　五六四

旅行遠東名地
請乘民航客機

本刊經中華郵政登記認為第一類新聞紙類　臺灣郵政管理局新聞紙類登記執照第五九七號　臺灣郵政劃撥儲金帳戶第八一三九號
（每份臺幣四元，美金三角）

自由中國

FREE CHINA

第十五卷 第六期

要目

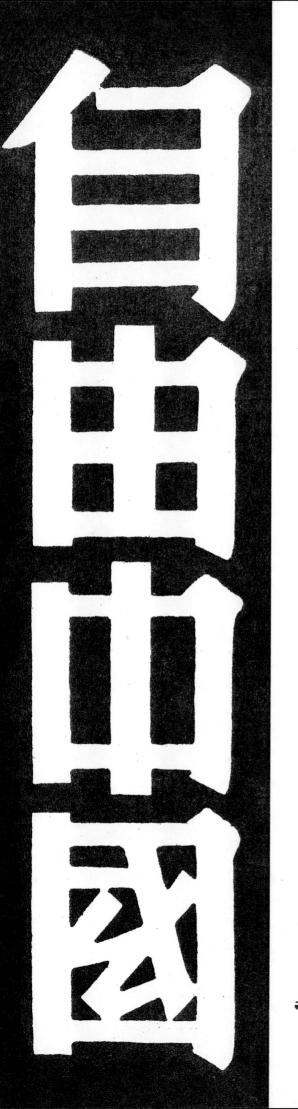

中華民國四十五年九月十六日出版
社址：臺北市和平東路二段十八巷一號

半月大事記

八月廿八日（星期二）

埃及總統納塞答覆五國委會，同意會商運河危機，但仍堅拒國際管制運河之計劃。

美國務卿杜勒斯痛責蘇俄阻撓運河談判，稱譽納塞接受談判邀請。

緬甸反對黨民主黨領袖要求緬政府對匪宣戰。

八月廿九日（星期三）

美總統艾森豪聲明，美決支持西方和平解決運河紛爭之計劃。

蘇俄指責西德禁止共黨活動的行動是一項戰爭行動。

英法兩國同時宣佈，將組遠征軍駐塞島。

八月三十日（星期四）

行政院會議通過任命杭立武爲駐泰大使。

法軍運抵塞島，塞島極端份子攻擊英軍。

美國務院聲明，美對巴拿馬運河享有完全主權。

八月卅一日（星期五）

美總統艾森豪告記者，各國對蘇彝士運河權利獲條約永久保障，不容埃加以侵害；同時並重申和平解決紛爭之立場。

艾森豪宣佈蘇俄在西北利亞又引發另一原子爆炸。

美政府發表强硬聲明，斥匪無理擊落美機，要求賠償一切損失。

九月一日（星期六）

外交部宣佈，中國政府對越南海軍侵略南沙羣島主權的行爲，已向越南政府提出抗議。

爲應付蘇彝士運河危機，法軍繼續開往塞島，並在阿爾及爾集結軍隊。

九月二日（星期日）

美機被匪擊落事，匪誣美挑釁，竟提反抗議。

五國運河委員會離英赴開羅，將與納塞談判。

塞島英總督簽署命令，美法紐澳等國軍隊，均得開抵塞島駐防，客軍與英軍享同等權利。

九月三日（星期一）

强烈颱風黛納中心，横貫本省北部，各縣市均有災害。

開羅會議正式開始，孟席斯將杜卿計劃面交納塞，納塞重申運河主權不受國際管制，堅持擴大會議，保證航行自由。

東南亞軍事顧問八國會議閉幕，集商反擊共黨侵略。

越南政府宣佈，越共若再南犯，東南亞各盟國立即軍援越南。

五阿拉伯國家宣佈支持納塞，對法軍移動準備提抗議。

美原子能委會宣佈，俄又在西北利亞爆炸核子武器。

九月四日（星期二）

法外長畢諾拒絕阿拉伯國家駐法大使集體求見之請求。

董大使在美退伍軍人協會演說，謂共黨在亞洲侵略改採漸進方式。

九月五日（星期三）

英法外長集議巴黎，討論應付運河危機。

史敦普向東南亞組織保證，會員國若遭遇攻擊，美英部隊均將馳援。

北大西洋公約組織理事會，在巴黎集會，討論運河問題。

美總統艾森豪在記者招待會稱，西方已贏獲冷戰，並盼運河問題和平解決。

九月六日（星期四）

行政院通過出席原子能機構規約國際會議與國際貨幣基金及國際開發銀行第十一屆理事會代表人選。

泰總理鑾披汶指責共匪侵入緬甸，表示將隨聯合國採取對付行動。

蘇俄奴工營奴工向聯合國人權委會呼籲，要求聯合國援助烏克蘭境內被屠殺壓迫之人民。

越南總統吳廷琰簽署法令，禁止外人從事某些種類之小生意。

九月七日（星期五）

運河談判停頓，英美磋商次一步驟。

東南亞公約組織軍事顧問會決定軍事總部設於曼谷。

日本政府決定派遣松本赴俄，咨詢俄對和談態度。

西德總理艾德諾呼籲美英法俄四國重開談判，促成德國統一。

九月八日（星期六）

孟席斯向納塞提最後備忘錄。杜勒斯邀晤英法使節，尋求打開運河談判僵局之方案。

東南亞公約軍事顧問會結束，保證加强防禦力量。

蘇俄拒絕西德再開統一德國之談判，反責西德再行武裝。

九月九日（星期日）

孟席斯與納塞舉行最後一次會議後，飛返倫敦報告。

英首相邀法總理至倫敦，舉行緊急會議，聽取孟席斯報告。

九月十日（星期一）

美國務卿杜勒斯與英法兩國大使會談，尋求挽救運河談判之計劃。

埃及照會各國，建議另組談判機構，續謀和平解決運河危機。英法兩國斷然表示拒絕。

行政院長俞鴻鈞表示，政府早經決定籌劃召開反共救國會議。

美空軍部長鄺爾斯稱，自由世界比共產集團享有較大的空軍優勢。

反共會議在西德舉行，討論抗共有關問題。

日外相重光葵宣稱，美國支持日本要求蘇俄將第二次大戰後所佔之領土歸還日本。

五阿拉伯國家同意加强約但防禦力量，對抗所謂以色列的侵略。

『自由中國的宗旨』

第一、我們要向全國國民宣傳自由與民主的真實價值，並且要督促政府(各級的政府)，切實改革政治經濟，努力建立自由民主的社會。

第二、我們要支持並督促政府用種種力量抵抗共產黨鐵幕之下剝奪一切自由的極權政治，不讓他擴張他的勢力範圍。

第三、我們要盡我們的努力，援助淪陷區域的同胞，幫助他們早日恢復自由。

第四、我們的最後目標是要使整個中華民國成為自由的中國。

社論 (一)

研究貪污問題的第一課

——違反經濟法則的制度是便利貪汙的

我們希望有人能把貪污問題當作一種專門學科來從事研究。我們相信此種研究定然對人羣社會有莫大裨益。為便利此種研究，我們願在此推薦一宗極寶貴的資料，那就是本省林政的全部實況，從這裏，我們當能發現許多有關一般貪污現象的基本法則。

本省林政，從來就是黑漆一團，貪污事件，層出不窮，理不勝理，而最近更因最高林政當局林管局長皮作瓊氏之涉嫌被押而達到高峯的發展，其牽涉人員之衆多，與傳聞中貪污數字之龐大，均屬駭人聽聞。皮案發生以後，社會一般反應，對涉嫌人員責難者較小，對林政制度提出批評者則甚多，似乎大家都一致承認，在這樣一種制度之下，要避免經管人員之貪污，幾乎是一件不可能的事。從皮案，大家可說已讀到了貪污學的第一課；它告訴我們，有一種制度，不僅便利貪污，鼓勵貪污，並且還能使貪污成為不可避免。

貪污學可包含如下的原理：

(一)凡是使政府機關處理有關經濟事務的制度，都是便利貪污的；

(二)凡是使官吏與商民經常作種種業務接觸的制度，都是鼓勵貪污的；

(三)凡是一種造成經濟特權，而經管人員又可憑其個人判斷以決定把特權給予某甲而不給予某乙的制度，都會使貪污成為不可避免。

在便利並鼓勵貪污的制度下而能免於貪污，那是好人；在使貪污成為不可避免的制度下而竟能免於貪污，那簡直是聖人。為此，我們對皮作瓊那樣的人，實在不忍深責；他也許還不失為好人，但又豈能以聖人相期望呢？

林政的毛病，出在過去的林班特賣制度，與木材配售制度，現在特賣制度已廢，配售亦已改變而為標賣。改制未久，是否能掃除積弊，尚在不可知之數，我們應把最後的判斷保留。現在的林業貪污案件，還是在清算過去實行配售制度時所留下來的舊賬。但這過去的教訓，仍值得我們詳加檢討，以警惕將來。

林政之為一種經濟事務，且常常要與商民接觸，本不用說，它是先天的具備了便利並鼓勵貪污的條件。但僅僅如此，不一定就能造成經濟特權；所以能造成經濟特權，則另有其政策上的依據。一般的說，一項經濟政策如果是違背了市場法則，不管它是出於無知，或是出於有意，都一定會造成特權。照市場供求法則，物資求過於供，必然漲價，倘若硬性的把價格平抑，則一定造成市價與官價間的距離，而這個差額便是特權的依據，特權之大小，與此差額之大小成正比；而貪污機會之大小，亦與此特權之大小成正比。我們過去的林業政策，標揭兩點：一是為保養自然資源而限制採伐，二是為減輕使用者的負擔而平價供應。此二原則，分別的看，似均有其冠冕堂皇的理由，但如合在一起，而卻正好拿市場法則來開了一個天大的玩笑。

本省的林產究竟應開採到如何程度，才能一方面滿足當前的需要而另一方面又能維持將來的供應，那是一個非常專門的技術問題，我們不便輕易主張。於此我們僅擬指出：過去，政府當局所一再高唱的口號是保養重於採伐，並勸告一般公私建築多用水泥以替代木材，明顯的偏向於限制生產。但據最近一部分專家的意見與空中偵察統計的結果，似又顯示政府當初的政策，並不一定正確，深山林木多有未及採伐而在林地朽腐的情事，因此頗有人主張儘可加強採伐，而多注意於新林之造植，生產周期不超出三四十年，亦不致造成將來資源之枯竭。此說是否能成為最後定論，誠不可知，但無論如何，政府對限產原則，似總應再度詳細的檢討一下。

至於木材平價配售，則早就被事實證明為一個荒唐的失敗。說是為了減輕使用者的負擔，而事實上有幾個使用者真能照官價配到？近年來木材黑市價格之高漲，遠遠的超出了一般物價水準，特權者一轉手之間，獲利倍蓰，而使國家與人民，兩受其害。像這樣的一種平價政策，居然能實行數年之久，到最近才漸漸考慮改變，真是一個大不可思議。

在本省人口激增，對建築材料的需要一天天增加的情形下，政府政策竟是對木材既要限產，又要限價，其造成官價與市價之龐大距離，造成特權，造成貪污，正可說是種瓜得瓜，今天涉嫌被押等輩，祇是做了這個政策可憐的犧牲品而已。

從林政實況，我們應能領受一次很大的經驗教訓。我們目前雖尚不能主張政府應放棄一切經濟事業的經營。但無論如何，我們總以為政府所掌握的經濟事業，必須順應市場法則，仍把它當作一項企業來處理，因為一切違背市場法則的作法，都可能造成類似林政所發生的那種流弊。在自由經濟，應該根本沒有「配售」這麼回事；買賣祇是認錢不認人，根本用不到買方來「申請」而由賣方來「核准」。一有配售，一有申請核准等類手續，就說明供不應求，就說明必然會發生官價與市價的差額，倘能做到差額不大，造成的特權不大，貪污的機會不會多，已經算是萬幸了。

今天的自由中國，仍到處存在着配售制度。許多工業原料是配售的，若干種生產成品(例如水泥、棉紗)是配售的，進口所需的外滙也是配售的。我們不擬從自由經濟的觀點來討論這些辦法，僅從政治風氣的觀點，也能發現這些辦法可能帶來很大的流弊。政府當局縱然對自由經濟不感興趣，無論如何總不能對政治風氣也同樣的不感興趣吧。

我們鼓勵貪污學之研究，此種研究可以幫助我們發現必然會造成貪污的基本原因，並設法予以消滅。總有貪污學的指導，情形總應該好一點，至少像本省林政那樣的政策與制度，應該能夠及時補救了。萬一不幸，貪污學的原理竟也像經濟學的原理那樣的，不能被普遍接受，則我們害怕，今日有許多政策與制度，都可能成為林政之續。

社論

(二)　失言乎？實言乎？

「中國一周」第三三二期社評（二），題爲「自由中國社論的失言」，指責我們對當前敎育設施，强詞攻訐；對張部長其昀無端毁謗。那篇文章，除對張部長的「思想」與「言行」吹吹捧捧以外（其中有云「他（指張部長）引孔子的話：『天下有道，丘不與易也。』」），有關本刊者爲左列兩點：

一　對於本刊前此對當前敎育設施的評論與紀實，認爲「有好些是與事實不符的，甚至有時其歪曲事實的程度，引起了社會人士的慨歎」。其所謂「引起了社會人士的慨歎」，不過是摘引一位瞿某攻擊本刊及頌揚抗戰時期張其昀氏主辦的「思想與時代」的一段話。因此該社評遂作結論說：「足見公道自在人心，凡實踐篤行者精神上自不乏同情與鼓勵。」

二　對本刊第十五卷第四期社論（二）「建立法治」的附註，認爲「顯係不合常識的中傷」。並說他們曾問過張部長，張部長說道：「我可負責答復：『張部長看到這個題目以後，卽從電話中對陳先生說那些話』，那是絕對不確的。陳先生看到之後也非常驚奇，眞是無中生有。自由中國編者，如非以悞傳悞，就是有意中傷」。因此該社評卽作結論說：「我們的感想：社論的作家，應該鄭重將事，信而有徵，抱着負責任的態度。對任何人都不應該無中生有，無端誇毁，難道所謂自由民主就是這樣的嗎？」

關於上述第二點，我們用不着爭辯，請大家看看「自由中國」第十五卷第五期第二十一頁上登載的陳啓天先生更正函，就可了解「自由中國」社論的附註是不是無中生有？是不是無端謗毁？「中國一週」社論作者實在太性急了，應該俟陳啓天先生更正函發表後，再寫文章。

上述第一點，大概是指本刊第十四卷第六第七兩期對敎育部兩大方案的批評（包括讀者投書在內）而言，因爲對過去敎育部辦理學術奬金之不當和去年高中留學生考試之破壞考試制度等等，我們並未加以評論（因爲未有評論，我們很受到敎育界讀者嚴厲的指責，尤以對學術奬金一事）。

我們對敎育部兩大方案是說了話的，其中尤以對國民學校畢業生免試升學初中實施方案說了很多話。因爲這個方案關係於敎育設施的前途至深且鉅，我們辦刋物的，自不能不懇切陳詞請敎育部重新考慮。

茲將我們過去對國校畢業生免試升學方案所貢獻之意見，摘要錄述如次：

一　我們認爲國校畢業生免試升入初中，用意確是很好的，任何人不能加以訾議，惟目前臺灣的處境，不是立刻行得通的。如欲勉强行之，其結果是利未見而害先至。不僅不能作爲延長義務敎育九年之準備，反嚴重的損害了義務敎育之素質。至對戕害兒童身心健康的惡性補習，不過推之於後一階段罷了。

二　免試升學之學生，必須就讀「學區初中」，資質出衆者不能自由選擇優良之學校，以宏其造就，亦屬國家之嚴重損失。且縣市立初中師資原已缺乏，今陡然增加，中學程度必更普遍降低，寖假所及，足以使將來高中與大學的水準，隨卽降低。

三　目前各縣市國民學校尙缺敎室六千餘間，幾達全省國校班級三分之一，以致義務敎育不能正常進行，致令國校一年級至四年級實行二部制，實際上只是上課半天。而敎員名額少，待遇菲薄，素質不齊，敎學復不認眞，影響程度甚鉅。因此我們建議應從速實行下列各事：

a　擴建國民學校校舍，廢除二部制，使一年級至四年級的學生得以整天上課。

b　提高敎師待遇，使國校敎員不必另謀增加收入而去擔任補習。

c　精選師資，增加敎學設備，使小學六年畢業生，眞能修完六年預定之功課，而有小學畢業生之實力。

四　逐漸增加初中班次，俾多多容納國校畢業生。初中考試新生題目，不得超出小學課本之範圍。

上面這些意見，都是針對實際情況提供出來的，不曉得甚麼地方是歪曲了事實？甚麼地方又是强詞攻訐？

這個方案於今年三月二日在臺北各報刊出之後，立法委員也有反對的，報紙上也有批評的，座談會中也有不贊成的，政府當局也有不同意的，不管怎麼樣，敎育部原擬於今年暑假全省一齊實施，而且於三月十日(45)普字第2778號令知敎育廳查照辦理的國校畢業生免試升學方案，現在改在新竹一縣試辦，顯然是這個方案陳義太高，考慮欠周，無法照原定計劃普遍立付實施。

現在的問題，乃是這個方案在新竹一縣試辦的結果如何？茲摘錄聯合報、自由人及正聲電臺最近的報導和評論如左。

一　「新竹縣試辦國校畢業生免試升學初級中學，其不足之經費，敎廳會商決定辦法，准予依法募捐」（八月七日聯合報）。

二　「新竹縣試辦國校畢業生免試升學，其鄰縣桃園縣受到池魚之殃。因爲新竹縣今年試辦免試升學的增班經費，雖然獲得省府一百二十萬元的補助，但據說這筆補助欵只够增班經費的半數，不足之數要由新竹縣府及地方負擔。因此，新竹縣敎育當局爲籌募增班經費，乃決定以入學新生樂捐方式而加以攤派，規定凡新竹縣新生每名負擔增班經費五百元，而其他縣市籍的新生每名則須負擔一千元。

「因爲這一攤派性的『樂捐』規定，所以一部分家境貧寒的新竹縣籍國校畢業生，因爲無法負擔此五百元的『樂捐』，只得放棄免試升學權利，而跑到鄰近其他縣市去投考初中。本縣省立桃中及五省中聯合分部放榜的結果，就已經發現錄取此類新生三十二名。據估計全縣各中等學校可能錄取的新竹縣籍學生，當在一百五十名之譜。桃縣今年度初中一年級增班數字係根據志願升學最低比例百分之四十二計算，本來已感困難，如果再被新竹縣籍學生佔去這批名額，則無異剝奪一五〇名桃園縣籍學生升學的機會。這批失去在本縣升學機會的學生，如果要到新竹縣去升學每人則須負擔一千元的『樂捐』，因此家長們紛紛不平，認爲這種措施太不近情理」（八月五日聯合報）。

三 「國校畢業生免試升學初中辦法，動機極善，爲敎育上一項頗具進步性的改革，然其必需條件與準備基礎諸多欠缺，無法全面施行；退而求其次，改『施行』爲『試辦』。新竹縣爲試辦之實驗區，復以經費不敷，遂課初中新生以鉅額之『樂捐』，藉襄盛舉。各生不勝其『樂』，爲『逃捐』計，紛紛投考鄰縣中學，使學區制發生重大紛擾，而此一『新政』，殆亦變質，形同前清之『捐例』，出錢可買功名。『試辦』便如此，『施行』更如何？」（八月九日聯合報）

四 「昨天本報黑白集『樂不思竹』一文，是談新竹縣試行『免試升學』，利猶未見，弊已先生，結果憂慮到試辦已是如此，施行更將如何？說實話，每一個關心敎育的人士，皆當對此一『革命性』的大措施，持保留的態度。顯然的，這件事卽使是試辦，也發生了一種早熟的病態。早熟的果子不大可口，早生的孩子不好養育，急就章的『創學』自然弊病叢生了。

「免試升學的目的之一，是按學區升學，以減少學生的跑路時間和路局的廉價票虧損。但是現在免試生尙未入學，却已發生新竹清貧學生一百四十二名，逃避『免試』，越區考進桃園學校，引起桃園抗議；而桃園學童如欲享受『免試』，乃可『樂捐』千元，越區就讀，似此『學童交流』，往返通學，豈非大背初衷？如果新竹的優秀學生因爲『樂捐』不出而被排擠出本縣，那就成了一種反淘汰的現象，這當然不是敎育當局與縣民所希望的。再說，這也給人一種『貴族敎育』的印象，學生的去留，不憑成績，全看有沒有五百元，而鄰區的太保太妹，花一千元就可以『捐』一個初中學額；那麼，學生念書用不用功又有什麼關係呢？新竹學生的背井離鄉，是因爲『有貝之才』不如人，當非心甘情願，他們對於這一『劃時代的新措施』，自無法予以好評。就學生及其家長來說，如果因爲成績不如人而進不了理想學校，他們是心平氣和的。這一點也就是鼓勵孩子用功的原動力。假如因爲窮而被趕出，則他們的感想如何，不難測知。社會上貧富不公的現象已經太多了，如果敎育也落入這一軌道，窮人還有路可走嗎？

「所以新竹縣的『强迫樂捐』方式必須廢止，否則敎育當局恐難以自圓其說。至於以『樂捐』之名而行『攤派』之實，則尤屬惡劣，因爲事近欺騙，非敎育界人士所應爲』（八月十日聯合報）。

五 大意謂「新竹國民學校畢業生，紛紛爲「逃捐」計都到外縣投考去了。於是學區制度便發生很大的紛亂，刻下輿論多表非議。……敎育當局應採納輿論，收回新竹試辦之成命吧！」（八月二十二日香港自由人報）

六 「四十五學年度開學在卽，實施初中免試升學的新竹縣，現在面臨了很多困難，等待解決。新竹縣在中等敎育方面遭遇的困難，第一是經費上的困難，第二是敎室的無着落，第三是主持敎務的校長名單迄未公佈等等三大項。其中經費上的困難，因最近縣府同意增加七十萬元補助，使各鄉鎭市負擔減輕不少，不致有碍大局；敎室的問題，縣敎育當局已決定暫時借用國校敎室，緩和『有敎無室』的困難；惟對校長人選的遲遲不決定，却招來不少棘手的問題」（八月二十五日聯合報）。

七 八月二十五日晨七時三十五分臺北正聲電臺播送「你說對不對？」的評論節目，大意說：新竹國校畢業生很多放棄免試升學權利，紛紛跑到其他縣市投考初中。其原因有二：一爲新竹縣原來初中不够，今竟臨時拼湊，敎室師資兩俱缺乏，新增初中一定內容空虛，父母孰不欲其子女進個好學校，故情願離開新竹放棄免試權利而到其他縣市投考中學。二爲逃避捐欵。新竹初中入學新生要繳五百元之建築費，致家境貧寒的學生因無力負擔而逃至他縣投考。

上述這些「利未見而害先至」的結果，我們早已預料淸楚，且已於三月十六日的社論中懇切陳詞了。有些了解敎育實情而態度公正的立委諸公和敎育界人士也盡情說出了，無奈張部長剛愎自用，不能接納，致有今日的惡果。如果他眞有「中國一週」所說的「有則改之，無則加勉」的態度，新竹縣的初中敎育何至於鬧到這樣的地步！新竹一縣試辦之結果已是如此，如果照原定計劃全省二十二縣市局一齊實施，其結果又將如何，我們敢斷言：免試升學一事必會把臺灣整個社會鬧得一團糟的。

爲提高國民敎育程度，把義務敎育延長到九年，這個理想當然是很好的，惟應如何實行，必須計劃周密，按步實施，方期發揮制度的長處。譬如，爲獎勵學術發展而設置「學術獎金」，當然是一件有意義的事。但辦理學術獎金應該如何愼重將事，方期社會上重視學術獎金，使學者以爲得到獎金爲榮。像張部長去年辦理學術獎金，用「封贈」辦法來指定得獎人（按「封贈」二字，是自那次學術獎金發表以後，社會上公認的），那是害了學術獎金的制度。張部長如不相信，請再辦一次，看看有幾個有實學有氣節的學者再送著作來審査！

總之，敎育是百年大計，應該愼重將事，實踐篤行，不可好大喜功，任性衝動。如果張部長仍持續這種作法，自由中國的敎育前途，將不知伊于胡底！

貨幣供給理論概述(上)

瞿荊洲

一　引言

我們自由中國近來在經濟上所最感困惑者，恐怕要算包括物價、利息、外滙等問題在內的金融問題了。「由抽緊銀根以抑制物價」、「市面上銀根緊俏」、「工商業週轉資金短絀」、「放棄結購已核准之外滙」、「黑市利息高昂」……等論調，在文字上及口頭上已鬧得「洋洋盈耳」，可以說是經濟上之一場大風潮。在這一場大風潮中，出現了一個成爲「議論中心」的命題，那就是：「貨幣供給量」或簡稱「貨幣供給」(Money Supply) 這個名詞。筆者因職務的關係，認識了許多工商界特別是銀行界的朋友，他們最近在業務上遭遇着前所稀有的困難，其困難的核心就在這「貨幣供給」的問題上面。謬承他們以筆者爲「識途老馬」，「時相過從」的來對此問題發揮了許多議論，或提出若干疑義。最近大半年來，筆者除了前被拉差參加了一個貿易會議花費了整整三個月外，其餘的大部份時間，幾都被「貨幣供給」這問題之議論所困擾，由此也可以想見此一問題在我們自由中國的金融經濟上關係之普遍與嚴重。

「貨幣供給」在我們自由中國是一個較爲新穎的名詞，過去我們銀錢業中人，只談「頭寸」、或「銀根」，學者專家們有時論及與此相近似的「貨幣數量」，甚少有提到「貨幣供給」者。若是用電影的名詞來和金融的名詞相對比，「頭寸」、「銀根」等名詞就好像「影戲」(Movie)「活動寫眞」(Cineograph) 一樣，而「貨幣供給」則是「新藝綜合體」(Cinema Scope) 或「超視綜藝體」(Vistavision) 了。在本質上雖是事同一律，在技術上則頗有廣狹新舊之別。

「貨幣供給」不但是個新穎的名詞，也是個饒有書卷氣的名詞。這個名詞在我們自由中國流行起來，究竟始於何時？自無確切的「起居注」可資考證。據筆者寡陋見聞之所及，除了前些時聽到幾位慣於「掉書袋」的朋友偶爾提及外，正式見之於文字的，最早要算臺灣銀行編印的「金融統計月報」，而研討此一問題的論著則以孟慶恩先生的「臺灣之貨幣供給量統計及其分析」爲嚆矢。(原文載在「臺灣銀行季刊」第七卷第四期並已抽印爲單行本)這篇論文說明了「貨幣供給量」之意義，並分析其變動因素及其效果，可算是有關「貨幣供給」的學術上之一重要文獻。其次，本年四月廿三日臺灣各報均揭載有財政部主管金融人員對於金融政策之說明。這篇說明之作者爲誰，報紙上雖未透露，但在字裏行間，已呼之欲出，所以這篇說明，實在就是一篇「官文書」。其中有：「銀行創造貨幣之機能已日在增長」、「貨幣供給量之大部份屬於銀行創造貨幣」、「本省貨幣供給量銀行創造貨幣亦佔百分之卅七」等語，頗有一股學術的氣氛，這是在普通「紹興師爺式」的官樣文章中所不可多見的。竊以我國人對於企求改進經濟的熱忱有餘，而如何改進經濟的學術每嫌不足，此次在「貨幣供給」這一問題上，却有注意於學術研究的傾向，實在是一種差堪欣慰的現象，假若說自由中國有什麽進步的話，這應當算得是重要進步之一。

自從上述的一篇論著和一篇說明公表之後，近來的刋物上若干有關金融經濟的論文，都有意無意的論到「貨幣供給」，本年五月廿日臺灣銀行十週年紀念會中一位長官致詞也提及「貨幣供給」的功能。六月廿一日，臺灣省財政當局，在臨時省議會上提出報告，亦以貨幣供應量與物價關係密切爲言。其他學者和專家們對於「貨幣供給」更是議論紛紛的了。在許多的議論中，對於「貨幣供給」具有正確理解的固不乏人，但對此「不求甚解」甚至「曲解」或「誤解」的也實繁有徒。尤其是最近我國的金融呈現一種「虣虓」的狀態，有關各方每舉出「貨幣供給」一詞以爲似是而非的辯解，這實在是一種「美中」之「不足」。細繹癥結之所在，殆係由於大多數人對於「貨幣供給」之理論缺乏明確的了解之所致。筆者學殖荒疎，素不慣於空談理論，惟鑒於與大家有密切關係之事，而大家未能正確的明瞭其理，可能產生不良的後果而感到不安，特檢出母校教授山口茂博士的講義，參以歐美學者之著述，就筆者對於金融之一知半解，撰爲此稿，謬誤之處，在所難免，只盼能由此以引起高明的研討與指正，使大家對於「貨幣供給」之理論獲得較正確的了解，則有小補於當前經濟之改進亦未可知。

二　貨幣之職能

要研討「貨幣供給」之理論，須將「何謂貨幣」至少是「貨幣具有如何的職能」先解釋清楚。關於貨幣的定義，在教科書中已有詳明的講述，此處無須複贅；至於貨幣之職能，通常的說來，不外乎是：「價值尺度」、「交換媒介」、「支付手段」、及「價值保藏」等數項。這幾項職能是在互相補充的關係上纔能達成，所以它們是互相關聯着的。貨幣在達成其爲交換媒介之職能時，它必須能衡量交換之比率，因此就非借助於「價值尺度」之一職能不可。在交換進行時，賣主以財貨交給買主，買主以貨幣付與賣主，貨幣循着與財貨移動方向相反的方向以移動，這正是貨幣在發揮其爲「支付手段」之作用。貨幣爲了達成其爲「支付手段」之職能，又有具備「價值保藏」職能之必要。因爲賣主賣出其具有價值的財貨時，其所以願收受貨幣者，實因貨幣具有「價值保藏」之職能故也。所謂「價值保藏」，可以是由於貨幣本身內在的具有實質的價值(卽其素材具有價值），也可以是由於貨幣對於任何財貨都具有購買力。此種「價值保藏」之職能，全在於貨幣之能够成爲「支付手段」，而「支付手段」之職能，又在於它可使貨幣之「交換媒介」的作用成爲可能。於是，在今日的流通經濟中，可使「實物交換」成爲「貨幣交換」。像這樣，貨幣之作爲「支付手段」，或作爲「交換媒介」，在達成這兩種任務時，它必須具有作爲「價值尺度」之職能。

以上這一小段反覆生硬的敍述，旨在說明貨幣之各項職能原係立於互相補充的關係之上，而每一職能却各有其爲獨立職能之地位；在這些職能之中，又以「價值尺度」之一職能爲最一般的最基本的職能。在貨幣欲達成其他職能之任一職能時，「價值尺度」這一職能具有必須與之協同工作的性質，這也就是在貨幣經濟之交換流通中，用貨幣單位以計算價值乃是不可或缺的事。「交換媒介」及「價值保藏」原是貨幣之具體的職能，也是在流通經濟中，貨幣具體活動時所能達成的職能，但「價值尺度」這一職能却是貨幣達成上面具體的職能時所必要的職能。換言之，卽是貨幣在達成其爲「交換媒介」之職能及「價值保藏」之職能時，必須假其爲「價值尺度」之職能以行。所謂「交換媒介」之職能及「價值保藏」之職能，都是由於貨幣之具有價值，此種貨幣價值，是由於貨幣素材之有價值，或是素材雖無價值但在流通經濟中基於其流通性而有價值，那是無須加以區別的。也就是說：因爲貨幣具有價值，貨幣纔能够達成其爲「交換媒介」及「價值尺度」之職能。反之，他可以說：因爲貨幣能够達成其爲「交換媒介」及「價值保藏」之職能，貨幣纔算有價值，此種關係，是在研討「貨幣供給」之理論時，所必須明白確立的觀念。

「交換媒介」之職能與「價值保藏」之職能二者之關係是互爲因果的。卽是：因爲貨幣符合於「價值保藏」之目的，所以它能够達成其爲「交換媒介」之職能；又正因爲貨幣得以達成其爲「交換媒介」之職能，所以它能够成爲「價值保藏」之手段。此種關係，在貨幣有素材價值之場合與無素材價值之場合其方向基礎雖不同，但在今日流通經濟中，貨幣之有無素材價值已不足重視，因爲貨幣價值是將基礎置於流通經濟中的購買力之上的。這又是我們研討「貨幣供給」之理論時所不可不有的認識。

基於上述的觀念和認識，我們就可知道：不但「金屬鑄幣」及「銀行鈔券」等之有素材價值或爲「法償」(legal tender) 者是貨幣，銀行活期存欵卽所謂「存欵通貨」(deposit currency) 自亦係貨幣。關於銀行存欵究竟是不是貨幣，貨幣金融的權威學者們原有「肯定」與「否定」兩說，倡導「存欵貨幣肯定說」的李福曼 (R. Liefmann) 及主張「存欵貨幣否定說」的布德格 (S. Budge)，等各有精湛的論證，此處不遑多所引述。要而言之，在研討「貨幣供給」之理論時，將能够達成貨幣職能的「存欵通貨」與「金屬鑄幣」及「銀行鈔券」合起來包括於「貨幣供給量」之內，應當是沒有什麼不妥的。

除了「貨幣」一詞外，還有「通貨」(currency) 及「資金」(fund) 兩個名詞，我們以後會常常提到，爲了行文的便利，附帶的在此說明一下。

如前所述，「交換媒介」與「價值保藏」是貨幣之兩項具體的職能，這兩項職能是互爲因果的而又是各自獨立的。「交換媒介」是「由原有的財貨換爲貨幣，再由換得的貨幣換進另一財貨」(以W代財貨，以G代貨幣、以W'代另一財貨、其式如次：「$W \rightarrow G \rightarrow W'$」) 的交換方式中之職能，就整體的鳥瞰的看來，乃是社會的貨幣之流通。至於「價值保藏」如亦表示出其交換方式來，則是「由原有的財貨換爲貨幣、再由換得的貨幣仍換回原有的財貨」($W \rightleftarrows G$) 方式中之職能，卽是將貨幣儲存起來以保藏其可作爲購買力的價值，就其與貨幣所有人之關聯言之，乃是貨幣之積蓄。故此，從「交換媒介」之職能來看貨幣，則貨幣是社會的流通手段，卽是流通貨幣，簡稱之曰「通貨」。從「價值保藏」之職能來看貨幣，貨幣是積蓄的購買力，自所有人之立場言之卽是「資金」。像這樣，同一貨幣，它有兩項職能，猶楯之有兩面，將此二者各別把握時，則一爲「通貨」，一爲「資金」。

「貨幣」、「通貨」、「資金」，本來都是可用常識判斷的名詞，無需多說；其所以要在此處作一番簡略而頗爲笨拙的敍述者，盼其有助於我們對於「貨幣供給」之理論的研討。也

三　貨幣之流通

前節已由貨幣之職能將「貨幣」(連同「通貨」及「資金」) 略予說明。現在擬將「貨幣之流通」加以敍述，然後卽可進而論及在流通中之「貨幣供給」。

貨幣挾着「價值尺度」之職能，流灌爲流通經濟之「流量」(flow) 時，有兩種場合：一爲達成「交換媒介」之職能而流通，一爲基於「價值保藏」之職能而流通。前者是作爲通貨的貨幣，後者是作爲資金的貨幣。作爲通貨的貨幣，是由於買賣以財貨相交換而流通。作爲資金的貨幣，是由於借貸以融通購買力而流通，並且是穿插在作爲通貨的流通之內的。所以貨幣或由於買賣作爲通貨以流通，或由於借貸作爲資金以流通，這兩種意味的流通是在「從貨幣之發行起到貨幣之消滅止之整個流量」中互相交替而活動的。總之，貨幣在達成「交換媒介」之職能時，通過買賣方式、爲通貨以流通、是爲通貨之「產業的流通」(industrial circulation)。貨幣在基於「價值保藏」之職能時，由於借貸關係、作爲資金以流通、是爲資金之「金融的流通」(financial circulation)。「通貨之產業的流通」與「資金之金融的流通」二者合起來，卽形成貨幣流通之整體。惟人類經濟行爲之目標是在於滿足慾望，「產業的流通」中之財貨乃是直接滿足慾望之手段，而貨幣之流通是爲了財貨之交換纔有必要，所以貨幣

流通中之「產業的流通」實係基本的流通。至於「金融的流通」則是以「產業的流通」爲舞臺而在其上面串演而已。換言之，卽「金融的流通」乃是爲了供給「產業的流通」所需要的通貨而流通，以使「產業的流動」成爲可能，穿插在「產業的流通」之間，在供給作爲資金的通貨的意味上，是由於貨幣借貸而發生的流通。

以上所述的貨幣之流通分爲「通貨之產業的流通」與「資金之金融的流通」；而二者之性格，前者是基本的，後者是輔佐的，這是我們研究「貨幣給供」之理論時所必須先予辯明的。

我們通常有一個不甚正確的觀念，總以爲金錢是萬能的。一般人都以爲經濟的命脈完全操在財政金融主持者的手中，凡在經濟上發生了困難，輒歸咎於財政金融措施之不當。而主持財政金融的人也自以爲有「無上的」威權，可由「貨幣供給」之伸縮以控制一切經濟的活動。這都未免有些「過當」、和「偏差」。看了本節以上的敍述，當可了然於「產業的流通」纔是基本的流通，但產業本身之隆替，其因素甚多，決非金融業者所能直接爲力。至於「金融的流通」對於產業自然並非沒有重大的影響，但究係處於輔助的地位。我們把銀行的宗旨規定爲：「調劑金融、扶助經濟建設」（見臺灣銀行章程第一條），特別採用「扶助」字樣，其用意卽在於此。若是把「貨幣供給」當作「萬應藥膏」，以爲財政金融可操生殺予奪之權，此種觀念殊大有修正之必要。關於此點，試略作更進一步的說明。

在今日的流通經濟裏面，「產業的流通」之全貌可由財貨之生產、交換、分配、及消費以顯示出來，又因爲是「貨幣經濟」，故亦可由貨幣之流通與財貨自生產、交換、分配以至消費整個過程相關聯以顯示出來。前面已經說過：人類經濟行爲之目標在於慾望之滿足，故財貨從生產起到消費止卽所謂「實物經濟」之流通，成爲流通經濟之中心。惟因又是所謂「貨幣經濟」，「實物經濟」之流通均係通過貨幣之流通卽所謂「金錢經濟」以進行。在此意味上，經濟問題常須通過貨幣問題以求解。財貨之生產、交換、分配、消費、係通過貨幣之流通以進行，由於貨幣之流通，纔得以促進財貨之生產、交換、分配、並對此繼續從事於投資及消費。因此，「金錢經濟」乃是與吾人最接近之一層面，通過此一層面之活動，在居於其背後的「實物經濟」之層面上，財貨之生產、交換、分配、消費等活動，纔得以順利的推行。在「實物經濟」之層面上，每年有新的投資，其已有的生產會次第擴張，有所謂發展的「均衡」（equilibrium），在與吾人最接近的層面卽「金錢經濟」之層面上，亦必須成立與之相應對的均衡關係。惟此種均衡狀態，無論在「實物經濟」上或在「金錢經濟」上，都是難以完全達到的，祇能儘可能的使其趨於相近的程度。因爲在「實物經濟」及「金錢經濟」兩方面，經緯萬端，可以發生影響的因素太多了，決不是很簡單的就可操縱自如的。故此，現實的經濟常常是不均衡的連續，繼續不斷的動搖着的。所以無論在「實物經濟」之一層面上或是在「金錢經濟」之一層面上，各層面上都各自不斷的發生差誤，而兩層面之間的關係自然更是要不斷的發生差誤。這些差誤決非某一項單獨的措施如「貨幣供給」者所能完全補正的。

以上一段抽象的說明，假若「於理無誤」、「於情尙合」的話，則我們對於財政金融的措施如「貨幣供給」，不要存着「過當」與「偏差」的觀念，當可獲得進一步的了解。

「實物經濟」與「金錢經濟」兩層面雖然各自不斷的發生差誤，而兩層面之間的關係更是不斷的發生差誤，呈現出一種錯綜複雜的動搖現象；但是，若將此種現象加以分析觀察時，則吾人可從錯雜的事象中，發見出一種「常住的」和「一定的」骨幹體系來。此種骨幹體系可以成爲將整個流動經濟包括「循環」、「發展」及「推移」在內加以整理把握的基本，同時並具有一種作用，可將流通經濟從「破滅」、「混亂」中解救出來，且使其得以存續下去。在這錯綜複雜而又繼續動搖的「實物經濟」層面與「金錢經濟」層面上，任一層面上之一點，在另一層面上，都可以找出與之相應的一點來。所以，「實物經濟」中之骨幹體系與「金錢經濟」中之骨幹體系是互相照應的。此種互相照應的關係，如作爲市場問題來看，則是商品市場與金融市場之互相照應。在這兩個市場互相照應的關係之下，財貨之流通與貨幣之流通大致得以約制着使其能並轡而行。但是在我們自由中國目前的商品市場與金融市場都是「發育不全」的，所以在研討「貨幣供給」之理論時，又不可不顧到其現實的「分際」。

以上「貨幣之職能」及「貨幣之流通」兩節，已將研討「貨幣供給」理論所應事先了解的各點淺略的加以說明，其次卽可進入流通經濟中「貨幣供給」理論之研討。

四　流通經濟中之貨幣供給

如前節所述，流通經濟有「實物經濟」與「金錢經濟」兩個層面，這兩個層面相結合而成的現實形態，就是「價格」或「物價」。通過價格或物價的形態，財貨之流通與貨幣之流通並轡而行，由此以供應國民每年的消費同時並擴大其生產力，是爲流通經濟之全貌。通過價格形態而流通的財貨，自其經濟的性質觀之，有的是成爲商品的每年生產物，有的是生產設備及商品資本的原料品，有的是天然資源的土地、水力、礦場、漁區等等。其中以每年生產物之流通佔最大部份，其價格係由「所得部份」與「資本部份」所構成，合起來就形成全國國民總所得。在這年生產物之生產、交換、分配、消費、及投資之過程中，貨幣從事於供給，流出又流回；按財貨之流通與貨幣之流通相照應的基調，年生產物之流通與貨幣之流通在年生產物之價格形成中相結合，其中的貨幣之流通流出又流回，是爲「貨幣供給」。全國國民之年生產物，大部份係供作消費，其餘部份係用以儲蓄及投資，由此以維持國民生活，並擴充生產設備以增强其生產力，與此相應的貨幣，爲「貨幣資本」與「貨幣所得」，我們由此對於「貨幣供給」可作較爲切實的說明。

國民的年生產物照常生產出來，對於這個生產卽有「貨幣供給」，而「貨幣供給」之基礎則是生產物的價格。生產物的價格係由「從固定資本流入的部份」及「從流動資本流入的部份」所構成。而流動資本部份又分爲兩部份，一爲原料，一爲對勞務所支付的工資等之所得。固定資本部份與流動資本中之原料部份都是過去所生產所投資的資本部份，在生產過程中取得了商品生產物之外形，其實乃是舊生產物之變形。就作爲商品言之，雖然是新生產的生產物，但這一部份實在是舊生產物，不能說它是純生產物的新生產物。新生產的生產物中，眞正說得上是國民經濟上之純生產物的只有對各種勞務作爲所得以支付的那一部份。因此，就一個生產物言之，由國民經濟全體看來，凡是生產物都是由舊生產物與新生產物混合而成，對此以從事於「貨幣供給」時，關於舊生產物部份，所供給的是「貨幣資本」(monetary capital)，對於新生產物部份所供給的是「貨幣所得」(monetary income)。

現在試設想有一生產者，他只有固定資本，沒有流動資本。其生產物因其努力經營得以生產出來，並轉送到市場上去。對此所供給的貨幣，就是「貨幣資本」與「貨幣所得」作爲生產物的金融以供給的，它隨伴着生產物之流通以至處分，究竟是如何的進行呢？在此場合，生產物在市場上的銷售，係由生產者開發票據，依照信用交易的方式以施行。其票據拿去貼現，取得銀行鈔券之供給。於是，無論是對於生產物裏面的「資本部份」所供給的「貨幣資本」，或是對於純生產物部份所供給的「貨幣所得」，都是由生產者開發票據，(此種票據之債權人是生產者債務人是販賣生產物的商人）經過貼現手續，用鈔票以支付。此時屬於「貨幣資本」的那一部份，由於生產者之「生產資本」及原料商人之「商業資本」之回轉，卽是作爲生產者及原料商人之「貨幣資本」而收回的銀行鈔券了。這一部份銀行鈔券，由於票據期限屆滿，仍須流回銀行。屬於「貨幣所得」的一部份，也和「貨幣資本」一樣，同是經由生產者之票據，用銀行鈔券以支付的。這一部份銀行鈔券，係作爲「貨幣所得」分配與所有對生產有貢獻的人們。如此分配的「貨幣所得」，一部份供作消費，用以購買純生產物中之「消費財」(consumption goods) 而消費掉了。卽是這一部份銀行鈔券成爲了支付出去的「消費所得」，由對生產有貢獻的人們交付與販賣生產物的商人，到了票據滿期時，仍流回銀行。「貨幣所得」的其餘部份，則是作爲儲蓄，卽是「儲蓄所得」。此種「儲蓄所得」，或用以購買股票及公司債票，成爲生產者的「貨幣資本」；或存入銀行作爲「儲蓄存欵」，間接的由銀行用以投資。這一部份的「儲蓄所得」，結局都成爲生產者之新的投資，用以購買純生產物中之「生產財」(productive goods) 而擴充生產設備。換言之，卽是「儲蓄所得」的這一部份銀行鈔券，因購買「生產財」而交付到販賣生產物的商人手中；此種商人的營業資金也是由票據貼現而靠銀行供給的，到了票據滿期之日，這部份銀行鈔券自亦會流回銀行。

上面的例子，由生產者看來，其經營資本，全部不是自己的資本，乃是靠短期流通由銀行所供給；販賣生產物的商人也是依賴銀行之貼現，自己的資本幾等於零。這當然是一個極端的例子，實際上，生產者及商人都要爲了次一生產行程而有所準備，有保留「貨幣資本」之必要，前由銀行所供給出來的鈔券，有一部份仍留在工商業者的手中，只有一部份流回銀行。所以，銀行發行的鈔券，發出去的多，流回者較少，總有一個相當的發行餘額。這是最一般而又最基本的「貨幣供給」。

以上已將流通經濟中的貨幣供給，粗線條的白描了一個大概，通貨之如此的流通，乃是流通經濟中之基本的流通，卽所謂「通貨之產業的流通」。次節卽可進而研討「金融的流通」中之「貨幣供給」。

五　金融的流通中之貨幣供給

前節所述流通經濟中之「貨幣供給」，是貨幣隨伴着財貨之流通以供給出來，乃所謂「通貨之產業的流通」。在此場合貨幣達成了「交換媒介」之職能，使流通經濟得以成立，此係貨幣供給之目的。惟通貨係由信用之授與而供給出來的，根據此一事實，必須以經由通貨借貸交易而來的通貨作爲材料，而後「通貨之產業的流通」始能成立。換言之，卽是在流通經濟中有最重要關係的「產業的流通」却不能不借助於由通貨借貸而產生的「金融的流通」了。「金融的流通」係以通貨之交易爲內容的，它必須通過以金融機關爲中心的通貨交易那一層面而成立一個體系。茲略述如次：

近代的銀行已成爲各種金融機關之中心，其中心的業務，就是從通貨之供給者那裏收受通貨，並由其自身造出信用，以放欵給那些需要通貨的人。也就是本文所要研討的「貨幣供給」。各銀行都有一張「資產負債表」，若將全國銀行資產負債科目蒐集攏來，可作成一份「綜合資產負債表」。此表之借方爲銀行資金，卽是負債。此表之貸方爲由放欵而授與的銀行信用，卽是資產。銀行資金乃是放欵的源泉，茲特簡略分析之以顯示出「金融的流通」中之「貨幣供給」。

銀行資金係由次列兩部份所構成：一是銀行收受社會之「儲蓄所得」；一是銀行以社會對銀行的信任爲基礎，由所謂信用創造以創造出來的資金。前者謂之「儲蓄資金」，後者謂之「創造資金」。

「儲蓄資金」是對生產直接或間接有貢獻的人們之「貨幣所得」沒有用作消費的那一部份所構成的，這又可分爲兩部份：一部份是銀行本身的資本金及公積金等所謂「自有資金」；另一部份是銀行以對社會負擔債務的形式所得來的所謂「吸收資金」。此種「吸收資金」又分爲「直接存欵」及「債券發行」兩類。而「直接存欵」又可分爲三小類：第一是「儲蓄存欵」，第二是「消費存欵」，第三是「營業存欵」。「儲蓄存欵」乃是純正的「儲蓄資金」，銀行可用以作爲長期放欵或投資。「消費存欵」及「營業存欵」。是暫時存於銀行，存欵人爲了消費上及營業上之需要是要隨時提取的。此類存欵銀行只能短期的運用其一部份，必須對之保留充分的付現準備。最近我國厲行的「付現準備金」辦法，即是着眼於這一點。由債券發行所得的「儲蓄資金」及「直接存欵」中之「儲蓄存欵」均可由銀行轉用以投資或作爲較長期的放欵。至於銀行「自有資金」，旨在用以作爲銀行對外負債之保證，並非以投資運用爲目的，除了特種銀行以「自有資金」作爲重要的「銀行資金」外，一般的銀行仍以不將「自有資金」當作放欵或投資的源泉較爲妥當。

「創造資金」係銀行以其社會的信用爲基礎而創造信用，包括「銀行鈔券」及「劃撥存欵」或「轉帳存欵」(transfer deposit) 兩類。關於「銀行鈔券」已爲大家所悉知，無待贅述。所謂「轉帳存欵」，係銀行承做放欵給客戶時，除了以銀行鈔券交付客戶外，多係由客戶在銀行開立帳戶，即以所借之欵額轉帳作爲存欵，用支票提取，故謂之「轉帳存欵」。就銀行放欵言之，借欵客戶是銀行的債務人，就銀行發行鈔券及收受存欵言之，則銀行是客戶的債務人，雙方互爲債權人及債務人，成立了一種「相互債務關係」。像這樣的創造資金，可以在生產物既已生產出來之後轉送到市場去買賣時，從事於貨幣供給，以成爲「貨幣資本」與「貨幣所得」；也可以在生產物未經生產出來之前，先爲「貨幣供給」，以誘導生產物之生產，形成「貨幣資本」與「貨幣所得」。這兩個場合，都是「創造信用」，前者是基於創造信用之可能性，供給一種尚未準備的購買力，於事後促進生產。後者則是由於創造信用，先行供給購買力以誘導生產。

如上所述，銀行資金係由信用之授與，以「供給」與資金之需要者。這樣供給的資金之用途，可大別爲二：一是爲了生產物之交易，一是爲了新的投資。「銀行鈔券」及「轉帳存欵」都是短期性的貨幣，祇能通過短期內即可收回的票據貼現及短期放欵，使用於生產物流通金融及商業金融。如此短期的供給資金的通貨，亦分爲「貨幣資本」與「貨幣所得」，「貨幣所得」又分爲「儲蓄所得」與「消費所得」。其中「貨幣資本」與「貨幣所得」中之消費所得二者，依照前節所述「產業的流通」程序，或則暫時作爲「消費存欵」及「營業存欵」存入銀行，但須隨時提取。或則並不全部存入銀行而留一部份在手中用以購置原料或補充固定資本(因其有一部份已流入生產物中去了而亟須補充)。或則完全不存入銀行而用以購買「消費財」以供消費。惟以上三種情形，其通貨都會輾轉的流回銀行。至於「貨幣所得」中之「儲蓄所得」，由於「儲蓄存欵」及「債券發行」及銀行可以動用的「自有資金」同爲「銀行資金」，可用以作爲新的投資金融從事於長期放欵或投資於股票及公司債。如是，由「儲蓄所得」所構成的「貨幣資本」，得以增加農工業的設備資本，此種新的投資的資金係用以購買「投資財」(即是與「儲蓄所得」相應對的實物所得)，因此「儲蓄所得」即是成爲「貨幣資本」的通貨也仍然流回銀行。如此繼續從事於新的投資，則一國的生產即可順次增加，而生產物交易金融，亦將隨之而日益增大。

本節以上所述「金融的流通」中之通貨流量，乃是以「產業的通流」爲背境，而將「金錢經濟」流通之基本關係表現出來。在金融市場上，貨幣流通情形至爲複雜，在上述的關係之外，還有很多信用授與情事，不過，在複雜的金融市場之洪流中，總以本節所述者爲主流，以此主流爲中心，其他一切的「流列」(stream) 大都是隨着這中心以滾滾的注流。這可以說是「貨幣供給」之本體。

六　貨幣供給之兩個立場

前節已將「金融的流通」中之貨幣供給略加敘述。其實在「金融的流通」中所融通者，就主體見地言之，雖是資金，但此種資金之融通，其現實的形態，則是通貨。所以在「金融的流通」中所授受貸借的資金，仍須在「通貨」的層面上予以敘述，作爲「貨幣供給」以論列之。今日的「貨幣供給」完全是由銀行鈔券及存欵通貨所構成的「信用貨幣」(credit money) 之供給，各國國內通流的貨幣，也都是「信用貨幣」，因此硏討一國的貨幣供給問題時，應以「銀行鈔券」(「金屬鑄幣」可附在其內)及「存欵通貨」爲內容。又如本文第四節所述，一國的貨幣供給是爲了使其全國的流通經濟得以成立，也就是直接的爲了「產業的流通」而施行的。因此，「貨幣供給」之方法與數量，必須與「實物經濟」即由財貨之生產與流通所發生的交易上之需要相適應。其供給須「適時適所」，不宜有過剩或不足情事，這是吾人在金融經濟上之一大要求。由財貨之生產與流通所發生的交易上之需要，因其性質、地位及時效等而各不同，「貨幣供給」欲與之相適應，有其正確的形式。照前述「產業的流通」之所示，此種形式即是與生產物之價格相照應而供給通貨。具體的言之：即是在生產物轉送到市場上時，開發票據，此種票據原是一種「私的信用」或「個別通貨」，經過提付貼現成爲存欵通貨後，即可取得「一般通貨」的銀行鈔券之供給，其路線如次：

「生產物→價格形成→開發票據→票據貼現→存款通貨→銀行鈔券」這個由生產物到銀行鈔券的路線，就是「產業的流通」中之「貨幣供給」，也就是「貨幣供給」與「實物經濟」以及其交易上的需要相適應的關係。由「個別通貨」的票據出發，獲得「一般通貨」的銀行鈔券之合理的供給，此「一般通貨」的銀行鈔券完全與生產物相表裏，只要是遵循這個路線以進行，則貨幣供給卽不會有過剩或不足之弊。像這樣「貨幣供給」雖係由發行鈔券的銀行專司其事，其實係由生產者或工商業者在那裏指使發動。貨幣之供給完全是與「實物經濟」相適應而伸縮。這種立場，係以「個別通貨」的票據作爲「一般通貨」的銀行鈔券之根源，因此，作爲「一般通貨」的銀行鈔券，就沒有祇由中央銀行集中發行之必要，由多數銀行，基於「個別通貨」的票據，都來發行銀行鈔券，也沒有什麼妨害。再進一步就是銀行鈔券與存款通貨二者無須區別，因爲銀行鈔券固然是比較更「一般」的通貨，但在貨幣之職能上，存款通貨亦是頗足重視的通貨。這種想法，係十九世紀前半期英國的「銀行主義」(Banking Principle) 或「銀行學派」(Banking School) 所主張。他們認爲銀行鈔券之發行，除了與交易上之需要相適應外，不必另有若何限制。照這個方法，只要貨幣供給完全與交易上之需要相適應，流通經濟卽可安定，發行鈔券的銀行也不會因着經濟的理由而有擠兌的風潮，發行銀行鈔券之「正貨」(specie) 兌換準備並無强制的規定之必要。這和我們今日發行銀行鈔券而無需準備兌換之情形倒是很相合的。

與銀行主義對立者有通貨主義 (Currency Principle) 一稱「通貨學派」(Currency School)。通貨學派主張從相反的立場以爲銀行鈔券之發行。銀行學派以爲一國的貨幣供給只須能與國內生產物之生產及流通相脗合，就不必太顧慮到國際關係；反之，通貨學派則先顧慮到國際關係，主張由此立場以供給一國的貨幣。卽是認爲銀行鈔券之發行須以國際流通之結果所分配於各國的黃金爲基礎，由此以導致國際間物價之均衡化，使國際的流通經濟得以成立，卽所謂國際金本位制是也。對於貨幣供給，銀行學派主張其直接的適應國內經濟，通貨學派則主張其在適應國際經濟關係之下，並以間接的與國內經濟相適應。我們今日的貨幣，並不採用金本位制，但以外滙爲樞紐，與國際經濟頗有關係，尤其是我們自由中國以海島經濟而特別注重國際貿易之立場，對於通貨主義理論似亦應予注意。

銀行學派及通貨學派對於銀行鈔券發行之兩個立場，於十九世紀的前半期，最初在英國成爲問題。蓋當時銀行鈔券之發行，在原則上，幾已作爲期票的延長，無論那一家銀行，都可以無任何限制的以自由處理。而「英蘭銀行」鈔券之作爲通貨，其重要性愈見增加；至一七九七年因英法戰爭勃發而停止兌換，於是銀行鈔券發行制度遂成爲大家所注意的問題。經過了二十餘年的停止兌換以後，纔漸漸的恢復兌換，那時恰值英國產業革命完成，倫敦取得了國際金融之中心地位。從此以後，英蘭銀行鈔券每因經濟恐慌而面臨再停兌換之危機。此種情形，使得輿論界對於銀行鈔券發行制度問題，要認眞的研究起來。因此當時積極的議論，以爲英蘭銀行鈔券已成爲社會的支付工具，爲了確保其能兌換起見，自應嚴格的規定其正貨準備。此種主張與英國當時的自由貿易論相呼應，遂成爲國際金本位之理論的根據。儘管通貨學派之主張，沒有直接的與國內經濟相適應，並且限制了貨幣供給之伸縮性，但至一八四四年，由皮爾條例 (Peel Act) 之通過，終於實現。其後世界各國之貨幣制度，都傾向於這一方面；銀行鈔券原由多數銀行均可發行者，概改爲由中央銀行集中發行。在本世紀的初葉，以英國爲中心的國際金本位制，有輝煌的成就，吾人得見世界經濟機構之安定。但是，世界各國雖然都有作爲世界經濟之一環而存立的必要，同時却又不斷的面臨着非直接的適應其本國國內經濟實情不可的場合。因此，各國對於銀行主義就不能不時常加以考慮。尤其是在第一次世界大戰之後，出現了所謂「管理貨幣」(managed currency) 這一個名詞，於是各國就想在通貨主義與銀行主義之間，制定其銀行鈔券之發行制度。一面顧到國際經濟關係，一面又須直接與國內經濟相適應。關於銀行鈔券之發行，在過去有許多很重要的制度，例如：保證準備發行限額制、保證準備發行伸縮制、比例準備制、發行最高限額制、及證券繳存制等。將這些制度加以檢討可使貨幣供給理論得以展開；惟關於這些制度之說明，在較完善的教科書或參考書中，都可以找得到，此處只得從略。茲擬於次節將存款通貨及管理通貨關於創造信用之界限略加敍述，以對於貨幣供給作較進一步的研討。

（下期續完）

蘇彝士運河事件的面面觀

伴耘

一

當前的世界「大事」，無疑地是七月廿六日埃總統納塞宣佈蘇彝士運河國有，這件事如成爲大戰的導火線是不足爲奇的，不過這與朝鮮事件有實質上的不同；就英法的利害言，韓戰是不必打的，因爲那與他們的切身利害無關，所以韓戰期間，美國得不到她們的合作演了一幕啼笑皆非的獨幕劇。聯合國也者，不過是一種幌子而已。今天情形却嚴重萬倍，運河交通及中東近東油管，是她們的「生命線」，她們大有不惜一戰之勢，這在美國是求之不得的，因爲這是英法美利害相同唯一的時機，這個「合作」是精誠的，只要美國認定現在是攤牌的時機，同時也有獲勝把握的話，不妨將人類的前途孤注一擲。在戰勝者總是對的國際原則下，不必再費唇舌，輕氣彈高高在上，已成了宇宙法度，是非就由輕氣彈決定了。假定美國認爲這不是一個妥善的辦法仍乞靈於舌劍唇槍的話，對於這一件事就得多用腦筋，並且對今後國防外交應作通盤的思考，自己要標榜顯明的立場及原則，讓世界各國在兩大集團間自動有所取捨。不錯，美國人有的早已認淸共產勢力在亞洲初度安定後，必指向非洲，這不是是與非的問題，宣傳與滲透不是國際犯罪的構成條件，美國同樣可以作，問題是誰作得有效果誰就成功。蘇俄之想將共產主義傳佈到非洲，正如美國用種種方法要東歐人民脫離共產勢力一樣，客觀地講起來，都是對的，美國必須有這種客觀態度，才能悟出如何使其他地區不落於共黨之手的方法來。所謂眞正的民主，是容許相反意見的存在，在國際間尤應如此，美蘇相互攻擊其制度，希望其他國家效法，只要不用武力，都是正當的作風，如一旦向其他的國家擺出面孔說，你不跟着我走，你就是我的敵人，如認爲這種武斷態度也是民主的話，我們是不敢苟同的。眞正的民主與自由是反抗極權唯一的武器，用好的口號作一時權宜之計，是經不起駁辯的，我們最好將國際問題也視爲國內問題一樣，美蘇是世界的兩大黨，誰能得着多數選票，誰就有優勢當選。美國如能這樣想，就知道獲得民心遠較獲得一個當權者支持有效多了。運河事件是一件大事，解決之道不僅應合理，也應澈底。

二

在我未討論到納塞態度及運河法律問題之先，我要先談一點什麼是今日的「大勢所趨」。就整個世界言，人心是畏戰厭戰。美國人如此，蘇俄人亦然，其他國家更不必論。美國人有很好的物質享受，用點錢來管一下外面的閑事是可以的，剩餘物資用出去，一方面可以收買人心，同時也可有助於維持國內的高度就業，一舉兩得，但要他們以生命去要人家效法自己，誰也沒有這種傻氣。就蘇俄言，她認爲推行世界共產只是時間問題，有餘力有空隙就前進，主要目標是在自己範圍之內與美國作「生活水準」之爭，戰爭對於蘇俄毫無好處。至於美蘇之間的國家，更是希望和平，因爲美蘇作戰對他們無絲毫好處，說不定是首當其衝的戰場，是以蘇俄的「新貌」攻勢，雖然得不着美國信任，仍然贏得喝采，而艾森豪總統也不得不以「和平」爲其三年半來最大的成就作再度競選的號召。第二種趨勢，便是二十世紀是人民的世紀，任何政權要想維持下去，取得人民支持是唯一的條件，軍隊、秘探、黨員、團員，也是來自民間，他們也有人性，也有不能忍受之時。今天，任何一國，國民對內政的要求很簡，在經濟生活上，他們不僅要有足够的保障，而且要能不斷地將享受水準提高。工業落後的國家，必要發展工業，以應付人民的要求。工業發達的國家，必要使機器成爲人的奴隸，減少工人工作時間的結果，固不影響生產同時也不影響工人的收入。至於在政治生活方面，民主自由絕不是標榜的口號，這種表示意志的自由是全民的權利，而不是任何特權階級的權利，民主自由所導來的權利是實質的，一切載之於法，絲毫不容含糊及曲解，至於這個國家的外形或是王國或是共和國是不關重要的。第三個大勢是殖民主義的沒落，被壓迫者的民族獨立運動的興起。過去半世紀，中國爲自身獨立而擺脫帝國主義的束縛，作過英勇的奮鬪。更遠一點，今日强大的美國，也是由殖民地解放出來。兩次大戰後，殖民地以獨立姿態出現者更多。是以今天凡是未得到完全獨立的地區，當地人民自然不會長期忍受這種不平待遇。

上述的趨勢，是非常簡單明瞭的，所謂外交上的主動與被動，就是在於誰能把握它利用它。就美蘇的外交戰言，這個「勢」不是任何一方的專有品，蘇俄固可以運用，美國也不是不能利用的，事實上由於美國顧慮太多，結果蘇俄成了和平的愛好者，民族獨立運動的扶助者，美國在世人眼中成了被告的地位，蘇彝士運河事件不過再度說明美國不能如何運用「勢」之一例而已。

三

歷史告訴我們弱小國家唯一生存的機會，是利用强國間的矛盾，否則，所謂瓜分，所謂勢力範圍等，均隨之而至。中國過去一百數十年來，對於此道當有痛苦的經驗。今日埃及之利用美蘇衝突，以求解放自强，在原則上，無可厚非。美國今日對埃及之失策，就錯在一貫以金錢買得友誼的心理，而忽視「勢」之所在。納塞當權，不流血而推翻荒淫無恥的法魯克，充分表示人民不願此特權階級的存在。納塞想爲埃及作點一新耳目的事情，對外要以埃及爲中心將所有阿剌伯人團結起來；對內籌建阿喜萬水壩以改善人民生活。無疑地都是會得着全民擁護的。納塞向人民作了興建水壩的諾言，爲了經費的籌劃向美蘇雙方玩弄手腕乃是意中之事。就顧客的利益言，必有兩方競爭，他才有討價還價的機會。美國如早想到這一點，要就根本不提借貸築壩之事，願意借欵就不必以埃及政治動向視爲借欵條件，可以商業貸欵視之，條件好就貸與埃及，反之，就不必貸欵，用不着作任何諾言而又撤回，同時在情報上更應探清蘇俄官方是否對納塞承諾建築水壩的貸欵。美國於埃及承認中共之後，以爲她將進一步走向共產世界，而向納塞撤回貸欵的承諾，在美國一方面想折穿蘇俄的空頭支票，同時也表明不再受任何以中立爲名的國家的「敲詐」。美國當然有權如此作，可是其效果如何？是加速納塞將運河收歸國有的決心，使埃及向共產世界更爲靠攏。當今天大家注意點集中在「運河危機」上面時，蘇俄今後能否履行貸欵諾言已是次要問題了，不僅美國原來的目的沒有達到，更使阿剌伯人對美國過去的口號失了信心。美國主張的第四點計劃是設法改善落後地區人民的生活水準，納塞之貸欵築壩，也是想提高人民的生活水準，與第四點計劃的原則並不相背。同時，納塞的計劃是想作根本的解決，不願作一個伸手求援的國家。這種自立精神獲得國人支持，當無疑意，然而美英諾之於先，失言於後，在美英講是有其利害關係的考慮，而在埃及人看來，美英之貸欵計劃不過是政治圈套買人反蘇而已，推而廣之，美國的一切口號，皆可作如是觀，所謂改善生活水準，不過想以剩餘物資永久保持其施主的地位而已。杜勒斯氏於八月廿七日向報界宣稱，納塞於兩年前就有將運河收歸國有之企圖，美國之收回貸欵事件，不過爲其藉口而已。那麽美方既早知如此，何以又給納塞以獲得全民支持的藉口？當納塞將運河宣佈國有之初，英法調兵遣將，美國亦宣稱支持英法政策。美國如了解被壓迫者對於英法的仇恨心理，當不難想像自己在阿剌伯人心目中會被視爲帝國主義的夥伴，反將蘇俄陪襯出來成爲弱小民族的救星。美國如將貸欵問題，純視之爲商業行爲，貸欵與否的事件本甚容易解決，想借的時候給與埃及優越的條件，不想借時，提出條件令埃及不願接受。即令目的在折穿蘇俄的西洋鏡，先必待蘇俄提出具體貸欵方式時，那時再作決定也不爲遲。如果眞料定蘇俄財力不足，不妨就讓蘇俄與埃及完成貸欵協定，大可不必以爲蘇俄會貸欵埃及始則爭先貸欵，終則撤回貸欵承諾，將貸欵問題與埃及的政治行動混爲一事，給蘇俄以可乘之機。近十年來美國外援的結果，都爲蘇俄「接受美援等於喪失自由」的宣傳，引起了受援國的反感。今天仍蹈以前覆轍，豈非不智已極！納塞的報復行爲，除了美國決心一戰以求世局的總解決外，無論結果如何，都是使西方成爲阿剌伯人的敵人而提高蘇俄的聲威。這一次中東的外交戰，西方則緊張萬分，蘇俄坐享其成。美國如無意以武力作最後的解決，今後外交必須作根本的檢討，助人與不助人美國自己可以單獨行動。千萬要注意的是，那種「我援助你，但你必須聽我的話」的態度是自取其辱的。美國如不援助人家，並不會得罪人；如決定援助某國，必須澈底持「施恩不望報」的態度。友誼的投資與商業投資是絕對不同的。美國應以運河事件爲最後的教訓，蘇俄對此機會之利用是當然的。

四

就法律的觀點論，納塞將蘇彝士運河收歸國有，是主權國應有的權利。同時納塞一再宣稱運河將對各使用國船隻一律開放，也表示他並不忽視運河在國際法上的特殊地位。法律問題當然可以法律方式解決。倫敦會議時，西方國家一再以一八八八年康士坦丁會議的條約爲準，主張國際共管，而防止埃及今後以運河作爲政治上的要挾。就我看是很勉强的。這個條約全文計十七條，着重點則在第一條運河絕對不能封鎖，無論平時戰時對各國商輪軍艦一律開放。就英國言，這是英國企圖將該運河中立化，與法、德、俄、義、西班牙、土耳其、奧匈帝國、荷蘭等八國所成立的協議。這一條約埃及可以援引情勢變遷條欵，一筆鈎銷。事實很明顯，這一條約是英國以保護國地位自居代其殖民地所簽訂的。所謂平時戰時一律開放一節，當時根本就忽視埃及的存在，埃及在當時只是一個地理上的名詞，境內一切聽由主人支配而已。今日的埃及已是獨立權國，如埃及一旦被攻擊，我們也期待埃及將運河開放歡迎敵艦入境炮轟開羅嗎？就巴拿馬運河爲例，在平時也是遵守中立原則的，可是到了戰時，而美國也成了交戰國時，美國就有權設防運河而不令敵船通過。今日埃及對於蘇彝士運河之權利正於美國之對於巴拿馬運河之權利一樣。昔日對埃及之不會捲入戰爭漩渦不能單獨對外作戰之假定，今日已不成立。如再以該約爲藍本與埃及討論運河之國際共管問題，自然埃及不會接受。這是無庸蘇俄挑撥離間的。是以關於運河的使用，應由埃及出面召開一使用會議，另訂新約來規定，西方能爭到運河平時應對任何船隻開放，戰時如埃及非爲交戰國之一方，亦應對雙方採中立態度的原則，也應可以滿意，如一定堅持十八國贊同的方案爲談判內容那是最後通牒的方式，除非西方準備一戰而決，目下是行不通的。美國說話最好也保留餘地，支持英法而又尊重埃及的獨立，有無衝突之處，最好研究清楚。尤應將巴拿馬運河同蘇彝士運河在法律地位上不同之處向世人解釋清楚，不要讓世人誤解以爲不同之處僅在美國是强國埃及是弱小民族這一點上。這樣在宣傳戰上是極爲不利的。對於運河事件，美國的宣傳要埃及人聽得入耳，認爲公正，而不是美國以爲公正就了事的。

至於英法怕埃及今後利用運河作政治的資本一節，大可不必過慮。目下的埃蘇，我們可以說是互爲利用。蘇俄利用埃及使西方在中立人民眼中難堪；埃及也利用蘇俄爲今後獨立行動撐腰，這種關係，當不會如阿剌伯人對埃及支持之誠懇，是以英法不願整個阿剌伯世界走向蘇俄，則對埃及不必逼之太甚。運河問題如埃及得到滿意的解決，並不一定證明埃及就向蘇俄一邊倒；反之，英法如仍以帝國主義姿態出現，則整個非洲走向蘇俄是必然的趨勢，美國最好向英法多加壓力，令她們不要爲蘇俄製造機會，而不必事後斥蘇俄投機取巧以弱小民族的救星自命。美國要了解殖民地人民的心理，他們都視帝國主義爲匪盜，一旦有力量捉住了匪盜，必要將贓物追還原主。由於美國同英法的關係太深，這些弱小民族便權以蘇俄爲捉捕盜匪的國際警察，不到帝國主義者所有的贓物吐出，或者美國挺身而出作國際警察時，美國的宣傳是無人聽得入耳的。寫到此地，埃及總統已宣佈同意與西方代表會談，但是會談內容並不以西方十八國的方案爲限，蘇俄本身未提出辦法，但却支持印度所提的辦法，似乎更爲納塞樂於接受。會議期間，國際局勢又會是緊張之狀，可是美國如認爲不能以戰爭解決，英法如決定在埃及用兵，其結果勝不足喜，敗則自取其辱，希望英法慎重考慮，美國尤應作全局的衡量。

五

談到個人對納塞斷然將運河收歸國有的態度，在原則上我是同情而贊同的。有人說納塞的作風，有點感情衝動，事實上這決不會是納塞一人的感情衝動，恐怕整個埃及人都在支持這種衝動的行爲，尤其是埃及的青年人。提高人民生活水準是今天漂亮口號之一，借款築壩，在埃及人看來是根本解決民生辦法之道。蘇俄在國際的信譽如何，與之打過交道的人自有分寸，美國未作通盤考慮，率爾出爾反爾，在埃及人看來，美國援助他國人民高提生活水準是虛僞的，美國撤回貸款之舉，很容易被解釋成有意使埃及人永遠過着貧困的生活，要不然，必須唯美國之命是聽才能使生活改善。當他們再想到若干國家生活水準之高，是過去掠奪殖民地的收穫時，舊恨新仇，當然引起了他們的報復。其次對於西方應付此事的態度，也覺得原形畢露。第一、這是一個法律問題，納塞並未宣稱運河不讓英法船隻通過，何必故作緊張，集大軍於塞浦魯士島以便軍事行動？第二、這一問題，是聯合國會員國之間的糾紛問題，平日大家擁護憲章，今天爲什麼不能交聯合國解決。同時憲章規定，會員國間的糾紛應以和平方式解決，英法何以要採威脅方式？憲章是否僅爲強國可以自由解釋的憲章？西方不願將此問題提交聯合國解決是否有法律上的弱點？第三、美國對此一問題，行動上完全站在英法一邊，如凍結埃及資金，停止對埃援助，倫敦二十二國會議完全支持英法的提案而漠視埃及人仇視英法的情緒等。這種三強對一弱國的恫嚇姿態，即令錯誤完全在埃及，亞非弱小國家的同情也會站在埃及一邊。美國一再宣稱不是帝國主義，在這一個試驗中，美國的措施却令旁人難以深信阿刺伯人以爲英國不主持正義如此，假定沒有蘇俄的存在，他們豈不永遠淪於殖民地的地位，受人宰割。他們本不親蘇，可是今天在美蘇之間作一選擇，他們却選擇了蘇俄。因爲蘇俄是支持他們的。西方自己促成蘇俄勢力的擴張，他們不檢討自己的作風，而斥責蘇俄，殊不知愈斥責蘇俄，愈使阿刺伯人深信蘇俄是他們的支持者，他們的關係會愈加密切。世界上那有這種拙劣的辦法？蘇俄宣傳上的挑動，西方行動上的逼迫，今後非洲何去何從？當可不難想像了。納塞之收回運河，是一種羣衆運動，是一種全民感情衝動的行爲。假定美國有此認識，先平其氣，然後導之於理智的談判，其結果大可挽回這個局面。至於英法的備戰行爲，我們知道美國是在幕後加壓力，也很了解美國的用心。可是爲了取得阿刺伯人的信心，與其幕後加壓力，不如公開說明美國不贊同英法武力解決的態度。世人都知道沒有美國的支持，英法是不敢在非洲作長期的游擊戰的。今天英法如在埃及用兵，世界上有色人種多會支持埃及。這一個反帝戰爭如延長下去，可給自由世界一個有效的諷刺。英法今天應當冷靜認清這已不是百年前的帝國主義全盛時代，凡是在旁人領土內的權益應自動地重新締約規定。凡是受過帝國主義壓迫的民族，今天無意要他們低頭，但是，也不會再接受他們的所謂優越感及威望。

六

人類要和平，要好的生活，自由的生活。被壓迫的地區要完全獨立的自由。這是世界的「勢」。我說過就美蘇互相爭取人心言，這個「勢」不是蘇俄的專有品，美國也可以利用的，蘇俄自有「新貌」以來，就表示她已知道世局之解決，不能靠武力，而靠宣傳與滲透，就宣傳言，美國是否同樣可以指出蘇俄的弱點？美國說蘇俄人民是不自由的，今天蘇俄開始給人民一點自由，未始不是宣傳之效。那麼可以根據這個題目繼續宣傳下去，要蘇俄以事實證明其人民是有自由。就滲透言，蘇俄能作的何以美國就不能作，美國說蘇俄不自由，因爲共產黨是不容許意見相反的政黨存在的，假定美國對共產黨的態度一如英國對其國內共產黨態度一樣，美國豈不更處於有利地位，更可以要蘇俄同樣拿出「自由」的事實來。美國之根本假定共產主義萬惡正如蘇俄之根本假定資本主義萬惡一樣，都不令第三者發生興趣。美國官方批評蘇俄的滲透方式時，謂其正以選票 ballot 代替槍彈 bullet，企圖取得政權。一個政黨要以選票取得政權，是政黨政治之常軌，何陰謀之有？這豈不是爲共黨的新貌作宣傳嗎？今天又有多少政黨政治的國家，政黨的行爲是完全淸白的？今後許多十字街頭的國家，如其政府是靠選票而不靠槍彈而產生，這一國家已是上了民主的第一課了。

談到反對帝國主義一節，美國對蘇也有攻擊的地方，東歐的國家，尤其波羅的海沿岸三小國，美國可以不斷的宣傳，引起她們的獨立運動，空口宣傳仍無補於大局，必要有勇氣支持宣傳的諾言。運河事件，蘇俄一再支持埃及，並宣稱埃及如被侵作戰，是一種正義戰，決不孤立，蘇俄將遣送自願軍加入作戰，美國是否也有此勇氣向東歐人民說，你們提出蘇俄勢力是一種獨立復國運動，美國一定遣送自願軍加入作戰？假定美國的宣傳與行動不相配合，加上東歐政府也給人民經濟上相當的滿足，那麼美國的解放運動永遠會成爲紙上談兵。所以我說「勢」是雙方都可以利用的，問題是用的「技術」。在冷戰中蘇俄之所以處處得心應手，便是蘇俄善於用「勢」，美國始則不知「勢」之所在，終則技術幼稚，自然一敗塗地了。誠然今天非洲一部人心開始傾向蘇俄，同樣的東歐一部人心也許在期待美國，今後如雙方不以原子武器決高下，那麼誰勝誰敗，就看誰能把握人心了！

毛筆與國文

張清徽

本年度大專文武院校的統一招考，利弊如何，本文姑置不論。現在僅就此次考試國文規定「限用毛筆」（用鋼筆寫扣五分！）一項來談。

此次國文考試作文的題目是『國文之重要』。這可能是針對當前輕視國文之風氣以及事實上一般中學生國文程度之低落而發，用意不爲不善。但考國文竟附帶一個條件，就是：「限用毛筆」。這件事實令人難解。如果說「限用毛筆」所以表示注重國文，那就好像說讀經讀史非用線裝木刻本不可了。這似乎是一個笑話！

據我做學生時候的記憶，以及教書的經驗，書法好同時國文程度也好的自然是有，但是書法不高明而國文極佳的往往都是。（聽說近代學人劉申叔的字跡卽極拙劣！）無論如何，書法的好壞與國文程度的優劣沒有什麼關係，乃是隨時可以察識的事情。以前北平琉璃廠、隆福寺那些書鋪子的老板夥計，不都是寫得一手好字嗎？由來機關裏的錄事，無一人書法不工整，他們中間國文好的固然很多，但不能連綴篇章的亦就不少。

我國書法（指用毛筆寫字而言）是一種藝術的修養；在我國文化史上它和畫法並稱，（雖然比畫法難於見功！）都足以陶情怡性。一個讀書人自小學描紅摸子寫影本開始，直至初中畢業，因爲學校定有習字一課，在校在家經常都須練習書法。經過這八九年的訓練，有興趣而又肯用功的，寫的字多半可以成個樣子；那些無心於這一道的，寫的字始終是歪歪倒倒，十分拙劣。究之，一種藝術，決不是每一個人所能學會的。既然不是每一個人所能學會的，我們便不能以此求備於每一個人！所以我以爲毛筆字在中小學裏，應該和彈鋼琴一樣，可讓學生自由選習，不必作爲正式的校課。

再說寫毛筆字有寫毛筆字應備的條件。在國難時期，『窗明几淨』固然談不到；至於所謂文房四寶——筆精墨妙，紙要好，硯要佳，這些起碼的要求，在今日的臺灣，試問能有幾人辦得到？不說精妙的筆墨，卽普通的材料，已够一般家庭負擔了！

至於考場上用毛筆寫字，更有特別的困難。考場發下來的試卷是報紙直格；（寫毛筆應用毛邊紙或連史紙或白摺子才對！）桌椅又低矮逼窄；（有的甚至沒有桌子，只有右邊加寬的扶手。）考生不見得都有好筆（普通可用的小楷總須十元以上）：這種工具和環境，已足使考生緺眉了。黑盒久已作廢，此地很不容易購到，於是有的人用一個化學代用品或鞋油盒；絲棉買不到，多數用一團亂布條塡實其中。用硯太麻煩，有的乾脆拿一瓶臭墨汁。在這種情形之下，烏漆墨黑的塗上去；寫出來的字，有的如蚯蚓，有的如符咒，寫的乾淨清爽的極不易見。本來今年作文內容已嫌千篇一律，閱卷人員大受折磨，再遇上這些「墨卷」，撲鼻臭氣，更是令人欲嘔。

因爲用具的限制和不便，考生們要很謹愼小心的注意他的筆硯臺，文思便大受阻礙。胸中蘊積，自難儘量發揮。加上毛筆速率遠不及鋼筆，所以作文考卷的字數平均都不過數百字。國文閱卷的規矩，以往都是兩人分閱一卷，今年改由一人包辦，可能是爲作文篇幅短的關係，姑無論是功是過，都該由『限用毛筆』負責。

大家知道，不管毛筆、鉛筆、鋼筆、自來水筆、原子筆，都是一種寫字的工具。毛筆寫得出經天緯地的文章，鉛筆、鋼筆、自來水筆等亦寫得出；毛筆可以箋經注史，鋼筆亦何嘗不可以！反過來說，自來水筆可以寫出禍國殃民的文章，毛筆亦一樣可以寫出。這些關係，不在乎筆而在乎用筆的人。但就便利和經濟言，則自來水筆比毛筆好得多了！在五六十年前，國人書寫文字，都需用毛筆。清末設立新式學校，乃漸漸用起鋼筆和鉛筆來。二三十年以來的自來水筆以及近來的原子筆，通行各地，寫字的工具日見便利。現在臺灣的小學生，差不多人人都有一枝自來水筆了。可見爲著應用的便利，自來水筆代替了鉛筆和鋼筆，更代替了毛筆。

寫字工具的日趨便利，是近代工藝的賜予，是人類的幸福。生在現代，我們自然要享用這種便利。譬如有了電燈不用油燈，有了自來水不用井水，有了電報不需跑驛馬，有了汽車不坐騾車，有了新式武器不再用古時的干戈矛戟：凡此種種，道理都是極顯明的。然則今年大專統考的國文，不用易於攜帶易於書寫的自來水筆，非用麻煩的毛筆不可，豈非違背了時代，辜負了科學的賜予？這種作爲，說得俗一點，便是「開倒車」！若以爲毛筆是我們的文化所寄托，豈不是跟古人開玩笑！豈不是小看了我們的文化！

總之，大專入學考試限用毛筆，是有害無利的。如果當局目的是在提倡國文，事實告訴我們，毛筆字的好壞與國文的優劣無關；要提高學生的國文程度，不從根本着手，一切都是白說。（鄙人曾有文論及這點，見去歲八月十五日中華日報。鄙意要提高中學生國文程度，須注意四事：一、師資的培養；二、教材的編選與註釋；三、作文之刪改及講解；四、教學的勞逸。教材編選一項，尤爲切要，容當另文討論。）如果目的在提倡書法，那是少數對書法有嗜好、有天資者的事，萬不應當在考試時給大家受罪。今天我國中小學生在校的功課，既苦太繁重，我們大可不必再叫他們在毛筆陣裏銷磨大好的時光了！希望賢明的敎育當局，一切措施，要實事求是，以現代知識爲權衡，勿惑於流俗人的見解！

擴張不已的殖民帝國——俄羅斯

華明譯

現在，西方國家正因「殖民主義」而在世界各地遭受着指責。同時，蘇俄則正在擺出像是殖民主義的反對者的樣子，裝扮爲殖民地人民的朋友。

然而，當你把世界地圖在近五十年之內所發生的變遷研究一下的時候，你就可以發現：西方各殖民帝國，經常在萎縮，而俄羅斯殖民帝國，則繼續在擴張。

西方列强，正在世界各地犧牲她們的權益，在允許了一個殖民地獨立之後，又允許一個殖民地獨立，美國對於這項運動，有很大的貢獻。美國自己讓菲律賓獨立了。她又促使英國退出埃及和蘇彝士運河區，壓迫法國讓越南三邦獨立，幫助印尼在荷蘭統治下獲得自由。

現在，美國發現：在她幫忙打破了別人的帝國之後，共產黨正在移到西方國家退出了的地方去。

這種情形，發生在亞洲。那些曾經受過西方勢力支配的地方，共產黨正在接收。現在共產黨已經控制了亞洲廣大的區域——中國大陸和中南半島的一部份，法國人退出了中南半島，共產黨正在打算移進去，取代他們的位置；英國人犧牲了緬甸，共產主義正在緬甸成長；英國人在馬來和新加坡遭遇到困擾，共產黨則在幕後製造這些困擾；荷蘭是讓印尼自由了，現在，印尼人投共產黨的票的，比鐵幕以後任何國家投共產黨的票的都要多。

在非洲，也在發展一種和亞洲相同的傾向。這個廣大的大陸，曾經全部爲西方列强所統制。現在，殖民地也逐漸從西方國家手上溜掉了。法國已經讓摩洛哥和突尼西尼自治，並在從事大規模的戰爭，以抓住阿爾及利亞。利比亞現在是個獨立的國家。獨立不久的埃及，正在從共產國家手上獲得武器。

當西方國家的勢力在非洲衰退的時候，共產黨的勢力則正在勃興，在非洲和中東事務方面蘇俄正在成爲舉足輕重的國家，這是史無前例的。

無比的擴張

現在，一種新式的殖民主義——共產黨殖民主義，正在發展，已經是明顯的事，這種殖民主義，要比任何西方國家所獲得的規模都要大，也已經表現出來了。

俄國自從共產黨執政以後，在殖民地的擴張方面，已經造成了一項近代史上無可匹敵的紀錄，俄國已經用征服的手段，攫取了大塊的土地，把牠們兼併於蘇俄，牠又用顚覆和革命的手段，獲得了一連串的衛星國家。這些衛星國家，由受俄羅斯支配的共產黨政府，予以統治。

由於兼併和衛星國家的增加，自從一九一七年以後，俄國已經在十七個國家之內，把七萬三千二百萬人民和五百萬平方英里土地，置於共產黨統治之下。

反之，西方國家，在這一個世紀，已經放棄了曾經擴及於全球的帝國，牠們已經允許了二十二個國家獨立，這二十二個國家，共有人口六萬九千四百萬，土地九百萬平方英里。

這還只是一部份。俄式的殖民主義在內部和在國外一樣實行，在蘇俄本土以內，你可以發現：俄羅斯正在統治由五十多個國家所組成的一個殖民帝國。這五十多個國家，都是在最近五個世紀之內，被俄羅斯實行侵略所征服的。

這五十多個國家裏面的人民，就是在今天，也有千千萬萬人，不把俄羅斯語當作他們自己的土話。在蘇俄境內，講着八十多種不同的語言。

在這些國家裏面，有很多仍舊記得：在俄國征服牠們以前，牠們都是獨立的國家。因此，牠們經常奮鬪，以免除俄羅斯的統治，內戰曾經一再在俄羅斯帝國境內進行，就是牠們向莫斯科爭取獨立的表示。

在共產黨統治時代，這些在蘇俄境內的被奴役的人們所作的奮鬪，和在沙皇時代所從事的一樣。

例如，在第二次世界大戰時，大批的烏克蘭人，把進襲蘇俄的德國軍隊，歡呼爲解放者，很多烏克蘭人參加了德軍，以攻打共產黨的軍隊，蘇俄境內不願做奴隸的人們，組成了一個軍，渴望和他們殖民的主人作戰。

死亡和分散

爲了撲滅這種國家主義者的興起，俄國人曾經有幾個世紀實行殘忍的掃除和壓制運動，有些小的國家，實際上已經被大屠殺完全消滅了，較大的國家，人口有幾百萬的，人民都被掃地出門，被遷居到蘇俄境內遙遠的地方去，所有的民族，都因强迫分離而星散了！

在沙皇時代，俄羅斯禁用非俄羅斯的文字，各國的文字消滅了。俄羅斯文和文學——與俄羅斯法令一樣——都是用以哄騙千百萬非俄羅斯人的。强迫性的俄羅斯化的計劃，每一朝代都努力實行。

然而，到今天，蘇俄仍舊是一個殖民地的集合體。據蘇俄政府所公布的統計數字，俄羅斯人只佔全蘇俄人口的百分之五十八。他們統治着說八十多種語言的五十多個國家。

現在，蘇俄全境有八百五十萬方英里土地和二萬一千六百萬人民，再把各衛星國家的四百九十萬方英里土地和七萬零七百萬人民加上去，你可以發現：俄羅斯現在統治着有史以來最大的一個殖民帝國。

俄羅斯帝國的這一千三百四十萬方英里的土地，佔全球陸地面積的四分之一，在共產黨統治下的這九萬二千三百萬人民，則佔全世界人口的三分之一强。

然而，大英帝國，在她的全盛時期，也祇統治全球人口的四分之一。

在一四六二年，俄羅斯的面積，只有一萬五千方英里乃是莫斯科四周的一片彈丸之地，從這麼小的地方，變成一個這麼大的帝國，征服是主要的手段。

沙皇時代的擴張

沙皇伊凡大帝，由於打敗了諾夫哥羅特，佔領了牠那廣漠的土地，便開始大大的擴張，把俄羅斯的疆域，向北伸張到北冰洋。

沙皇伊凡這個暴君，又戰勝韃靼人。到一六〇〇年，俄羅斯已經擴展得西越烏拉山，南抵裏海。

在十七世紀，俄羅斯人開始穿過廣大的西伯利亞地區，大事擴張，奴役或驅逐西伯利亞的土人，沙皇亞力克西斯，和波蘭作戰，攫取了東烏克蘭。俄羅斯人又打贏了土耳其，獲得了土屬烏克蘭的一大部份。

到一七〇〇年，俄羅斯帝國，已經從黑海擴展到了太平洋。

彼得大帝曾和瑞典作戰二十年，結果把俄羅斯的領土展延到了波羅的海。在凱沙林大帝時代，波蘭的被瓜分了，俄羅斯人佔領了一大片波蘭的領土。凱沙林又曾兼併克里米亞，有更多的非俄羅斯人，遭受俄羅斯人的羈絆。

到一八〇〇年，俄國的沙皇，統治着三千六百萬人，其中絕大多數，都不是俄羅斯人，俄國人一隻脚踩在歐洲，另外一隻脚則跨到太平洋，而且，擴張仍舊在繼續。拿破崙進擊俄羅斯，結果俄羅斯把拿破崙打敗，一八一五年的維也納條約，沙皇又攫取了波蘭更多的土地。俄國再度戰勝瑞典，獲得了芬蘭。俄國打敗土耳其，增加了比薩拉比亞，俄國擊潰波斯，又取得了亞米尼亞，使牠在裏海建立了海軍，俄國人再向中央亞細亞進軍，又攫取了土耳其斯坦，克瓦和布加拉。

到十九世紀，俄羅斯又在遠東擴張牠的領土，使國境遠及於日本海的海參威。

一九一四年，當第一次世界大戰爆發的時候，俄國的沙皇統治着一個大帝國，土地有八百七十萬方英里，人口有一萬六千萬人，這一萬六千萬人，大部份仍舊不是俄羅斯人。

第一次世界大戰結束，暫時使俄羅斯的擴張受到了打擊。俄國喪失了波蘭，烏克蘭的一部份，芬蘭，愛沙尼亞，拉脫維亞，立陶宛和比薩拉比亞。

共產黨的遺產

接收沙皇政權的共產黨政府，繼承了一個約有八百二十萬方英里土地和一萬四千五百萬人口的帝國，他們必須從事作戰以維持這些遺產，被奴役的人民，在遭受沙皇時代的長期壓制之後，於沙皇倒台之時，發現了一個脫離俄羅斯統治的機會，內戰爆發了，在邊疆地區，建立過幾次獨立的政府，共產黨，和沙皇一樣，用武力把這些興起的獨立運動打倒了，俄羅斯帝國，依然是一個被奴役的殖民地的集合體。

在共產黨統治之下，有二十年之久，俄羅斯人都在他們的帝國境內，十分忙碌的鞏固他們的統治，以確保他們在國外攻城掠地的冒險。然後，第二次世界大戰來了，俄羅斯人的擴張，再度開始。

在一九三九年克里姆林宮與希特勒簽訂互不侵犯條約，和德國人把波蘭瓜分了。就在這一年，俄國人入寇芬蘭，到一九四〇年，戰爭結束，芬蘭喪失了一部份土地，在一九四〇年，俄國又侵略波羅的海三小國，把拉脫維亞，立陶宛和愛沙尼亞兼併了，其結果，有六百五十萬非俄羅斯人，被置於俄羅斯人的統治之下。

到一九四一年，由於希特勒毀盟，進攻蘇俄，俄國人節節潰退，擴張暫時停止，在戰爭初期，俄國有很多土地，被德國人佔領了，可是，到第二次世界大戰的末期，俄國又在進軍，以征服的手段，擴展更多的領土。

在一九四五年，俄國攻佔了德國東魯普士的庫尼格斯堡，搶奪了波蘭七萬方英里的土地，攫取了羅馬尼亞的比薩拉比亞和布哥維納兩省，獲得了捷克的下克爾巴阡的魯斯尼亞。這幾塊土地，都合併於蘇俄，使俄羅斯邊界，更向西邊擴展，深入歐洲。

雅爾達協定增加得更多

在遠東方面，俄羅斯也擴張，雅爾達協定，把南庫頁島和千島羣島給了史達林，這些地方，也併合於蘇俄之內了。

一年之後，一九四六年，俄國又兼併了唐努烏梁海，這地方，原來是蒙古的一部份，曾成立僞組織，受蘇俄的保護。

由於上述各項兼併的結果，蘇俄增加了二十六萬四千二百方英里土地，有二千四百三十九萬六千個非俄羅斯人，遭受到俄羅斯人的統治。

衛星國家的增加

上述種種，祇是共產黨帝國主義的故事的一部份。在蘇俄以外，增加的殖民地，是以國家衛星化的手段獲得的。在第二次世界大戰結束以後的幾年之內，莫斯科在東德、波蘭、外蒙、阿爾巴尼亞、保加利亞和匈牙利等地，建立了僞政府。

在一九四八年，俄羅斯在捷克發動了赤色的大政變，於是捷克成了俄國的殖民地，在羅馬尼亞，共產黨驅逐了國王，於是莫斯科衞星國表冊上，增加了一個羅馬尼亞，另外一個僞政權，是在北韓建立的。

俄羅斯的第五縱隊，在一九四九年篡奪了中國大陸。中國共匪又使共產黨在中南半島興起，到一九五四年，北越闖進了鐵幕。

總括起來，在蘇俄本土以外由共產黨統治的國家，面積總共有五百萬方英里，人口有七萬零七百多萬。再加上各衞星國被蘇俄兼併的部份，共產黨所發表的數字，是土地五百一十五萬五千一百四十七方英里，人口七萬三千一百七十萬零二千名。這些土地和人民，全都在共產黨殖民主義的統制之下。

西方國家解放的殖民地

和俄羅斯的情況相反的，被俄國批評爲殖民帝國的西方國家，近數十年來，是正在解放殖民地，而不是在擴張疆土。

英國，曾經是世界上最強大的帝國，直接統治全球四分之一的土地。現在，牠所統治的，只佔全球土地的二十分之一，英國所解放的殖民地，其面積比共產黨所攫取的土地還要多。

（下轉第24頁）

中共攻擊緬甸之經過

仰光通訊・八月廿日

蘇榴生

最近中共軍隊侵入緬甸的事件，在八月初仰光英文民族報首先報導出來。該報指出中共軍大約八百餘人（其實約一個團），自滇西走廊，分向葡萄、密芝那、八莫、滾弄等地推進，其勢甚猛，中共軍已證實無撤退之跡象。現在緬軍在中共軍的射陣與視線內守住陣線，卡瓦山邦前線的戰事就是這樣陷入僵局，因爲現在緬甸政府堅決以和平談判方式及和平共處五原則來解決這個問題，於是束縛了緬軍的還擊。

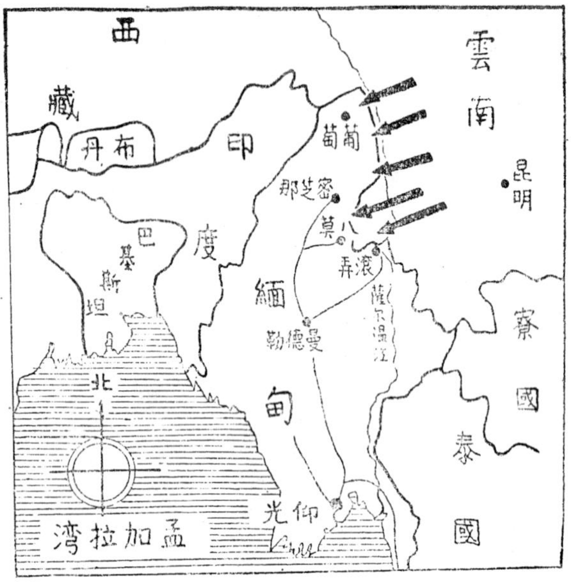

現在緬軍第六旅的部隊，已全部調至薩爾溫江以東，在中共軍與緬軍之間，雙方是僵持着。同時，緬方保持嚴格防禦態度，希望和平解決，但中共進入該地後，根據前方消息，正以政治方法煽動少數民族，來仇視仰光政府。中共軍在這幾天內除了佔據幾個據點以外，也曾數次派出巡邏部隊，潛入緬軍區域，偶爾還伏擊成單之緬軍，例如最近又有一名傳達兵，他在兩個營地之間宣告失踪，調查之後，發現他已爲共軍俘去了。

根據緬甸陸軍當局指出：此次共軍之進佔，從許多跡象上看來，乃是有計劃的，乃是繼一九五五年十一月廿日上午八時第一次進攻緬甸的下一個軍事行動。現在共軍的總部，經判明是設在畹町。

自從這件事情發生以後，八月七日聯邦總理宇巴瑞經過數次緊急之閣議，乃正式招待中外記者，參加的官員計有第三副總理德欽陣，宣傳部長德欽七貌，軍部帽旺枝上校，總理秘書宇丹等入。

席間宇巴瑞總理解釋中共武裝部隊越境之事，略謂：今日中共武裝軍隊進駐之處，屬於過去英政府與中國國民政府所商談的中緬未定界地區，該地區雖已劃定，祇是沒有豎立碑石，以誌標明。現在聯邦政府已根據事實提出抗議，現在尚無答覆。關於此事之結論，仍有待於雙方之商權與討論。但緬甸政府的立場，必須先待中共軍撤出後，方能同意舉行談判。

巴氏簡單說明此事件之經過後，於是有位記者乃道：然而這一種界線，是過去英政府所作的，今日緬甸業已獨立，是否應該追認該案？巴氏答稱：不能，此事一如今日印度與巴基斯坦領土之相爭。

又有一位記者問道：過去曾有國民黨軍隊在上述地區活動，總算已經獲得解決，但今日又有中共軍隊越境的問題發生，聯邦政府是否亦準備以同樣方法對付。巴氏答稱：政府必須盡力尋求良好之方法及合理之解決。

又有記者問道：聞在此等地區中發生戰鬪，確否？答：是的，曾經發生戰鬪，但情況不明。最後一位記者問道：最近中共與緬甸政府在雷基舉行會議，內容究屬何事？氏稱：在雷基舉行之會議，純爲促進雙方之友好與諒解，與世界商談毫無關係。

此事發生以後，仰光一度十分緊張，各國武官紛赴前線及卡瓦山區，調查眞相。於是引起了緬甸人民反共聯盟主席宇敏的注視。宇敏氏曾在七日也向記者發表談話。這位年已七十七歲的老人，白髮蒼蒼，但精神仍是十分健旺。他認中共這個行動是俄帝的陰謀。現在不過是陰謀的開始。

另外一位是緬甸人民反共聯盟秘書長德欽健，他在去年到過自由中國，他指出：緬甸此次被侵，我們早已斷定中共是侵略者，是俄帝的幫兇，過去高唱「和平共存」的濫調，完全是一種烟幕。

德欽健接着又說：「中共這種侵略的行爲無異扯下了和平的外衣，暴露出猙獰的面目，在緬甸來說，已粉粹了親共者和平的美夢，認清了獨立自由的可貴，緬甸反共人民的力量，更堅強壯大起來。」

記者問他：「那麼你們主持的緬甸人民反共聯盟有什麼表示呢？」德欽健說：「爲了這件事，我們特別召開執委會議，對中共犯緬表示嚴重的抗議，我們曾當場通過了三項議案。（一）對於非法侵犯緬甸領土的中共軍隊，促請政府採取有效的辦法予以肅清；（二）對緬甸聯邦政府及軍隊抵抗中共軍的侵略，應該不分黨派與種族，表示最大的擁護與支持。（三）對中共侵略緬甸，促請緬聯邦政府向聯合國提出控訴。此外我們還發表了一篇文告，喚醒聯邦政府與人民的注意。」

最近中共侵略緬甸，外界都不明其內因，根據仰光政界有資格人士之分析，有下列數點事實，頗值得提出來研究。

第一，由於中印邊境附近的西藏

境內，最近發生一連串的反抗中共的人民暴動，中共軍與藏民作大規模的戰鬪，這種消息每每由大吉嶺傳達新德里，根據傳聞，雙方傷亡慘重，這使中共對西藏的統治發生動搖，不得不以大軍鎮壓。據說中共已急速增援重軍，足見事態之嚴重。中共恐反共之藏軍獲得外援，乃同時調遣大軍防佈中、印、緬邊界。正在這個時候，中緬未定界的卡瓦山族人民廿多萬，因不滿中共之壓迫與摧殘（按本年五月中共曾派人至卡瓦山區，計劃土改，爲山民不滿，五六月間曾數次發生激戰），他們也一致奮起與共軍作戰，他們以劣勢的武器憑藉天時地利人和來抵抗共軍，戰鬪堅持兩個多月了，雖然卡瓦山族遭受挫折，但他們並不屈服，中共恐怕卡瓦族獲得外來的援助，或遭到其他方面之干涉，乃不得不先發制人，突然出兵侵緬，實則乘機解決卡瓦山民之問題，以免後患。

第二，誠如中共的招供，「緬甸政府聲明中所說的卡瓦邦，正是中緬邊境南段未定地帶，在這段邊界劃分的問題上，緬甸有着同中國不同的看法，這種分歧應該通過兩國協商來求得解決。」所以中共要出兵，而且深入緬境六十至一百英里，認爲這些都是未定界，故意做成事實，作爲未來談判的基礎，這是共黨一貫的手法，因爲這種手法永遠得到便宜而不會吃虧的，等到緬方眞的願意跟中共談判時，便可以討價還價，於是可以把一九五五年十一月事件，重提滇緬公路問題及移民問題，及邊界防衛問題，到頭來祇是符合了中共的利益而已。

第三，中共此舉除了表現擴張領土野心及製造邊界糾紛之外，另一個最大的作用是給予緬甸境內賽諾叛軍的鼓勵，也可以說督促賽諾叛軍擴大叛亂。這枝叛軍原是中共一手訓練和裝配的，賽諾叛軍是直接受中共指揮，這等於北越的胡志明一樣，賽諾部隊在雲南保山，芒市等地受訓，陸續潛返滇緬邊區，時間已有三年，依然毫無動靜，緬北地區雖然隱伏危機，但爆發的日子，可以隨時發生。

第四，緬甸的前任總理德欽宇奴原是企圖走尼赫魯的中立路線，但他不明白印度在地理上有她走中立路線的資本，緬甸無法中立。等到今年大選，中共發動在仰光的中國、交通兩個銀行，協助左派競選，宇奴幾乎被擠下去，因此，推出宇巴瑞的總理，政治上一反本來面目，强烈反共。宇巴瑞的新政府成立後，爲了鞏固邊防，在邊界上駐紮重兵，他又表示堅決要肅淸國內的叛亂，當然諾賽叛軍也不能例外，中共恐坐失時機，不得不催促諾賽叛軍及早發動事變，製造成「南北緬」，以便如法泡製一次「日內瓦會議」，在緬甸建立共黨政權，與仰光政府分庭抗禮。

自從這一事件發生以後，東南亞聯防公約機構在曼谷的軍事小組曾秘密派人與仰光政府接洽，此事外界都不知道，仰光政府也不公佈內情。據記者探悉，緬甸原不在東南亞聯防公約機構以內，當初組織時，曾經請過緬甸，但緬甸那時正高唱中立之歌，對這個毫無興趣，所以婉拒。但公約機構方面表示，如果緬甸認爲需要，可以隨時向公約機構發出「S、O、S」的呼救訊號，公約機構定可以立刻行動。以記者之意推測，此次公約機構，派人來仰光，恐仍與此事有關。

目前入境之共軍仍未撤出，但亦未向前，相信這宗事件，不但未了，現在還僅僅是個開始呢！共軍的箭頭是永遠指向仰光的。

馬來亞公民權的規定

（吉隆坡航訊）

施　信

馬來亞華、巫、印聯盟，爲研究本邦獨立憲制及公民權問題，而成立之政治委員會，經三個半月之協商及召開十二次會議後，已經擬妥向李特（李特爲英國派到馬來亞制定憲法的，是英國的憲法專家）憲制調查團提出之備忘錄草案，經記者探悉其詳，特誌於後，以供國人之研究。

查聯盟乃本邦之現時執政黨，又是華、印、巫三大民族的聯合政團。他們所擬定的草案，有關於公民權與國籍問題的建議，可綜合如下：

（一）在本邦獨立的已屬聯合邦公民者，在獨立後將自然成爲聯合邦之國民，但於本邦獨立後一年內聲明放棄公民權者，則不在此例。

（二）在本邦獨立之日及獨立後，在聯合邦境內出生者，成爲當然之國民。

（三）本邦獨立後在任何地方出生之兒童，其父親於其出生時，已屬聯合邦國民者，當然成爲本邦之國民。

（四）與聯合邦國民結婚之女子，有成爲國民之資格。

（五）在本邦獨立之日，未屆廿一歲，而於本邦出生，並在本邦居住者，倘使其父親乃一聯合邦國民，即使在廿一歲以下，亦可登記成爲國民。

申請爲聯合邦國民所具備之資格：(甲)在本邦獨立以前，於聯合邦境內出生者。㊀已屆十八歲或十八歲以上，而在本邦出生者。㊁品行端正者。㊂宣誓效忠本邦而放棄其他國籍者。㊃願意永久在本邦居留者。㊄在申請前之七年內有五年乃在本邦居住者。㊅須參加簡單之語言考試，但在本邦獨立後之一年內可以免考。(乙)非在本邦出生而於獨立前居住本邦者，㊀已屆十八歲或十八歲以上者。㊁品行端正者。㊂宣誓效忠本邦，而放棄其他國籍者。㊃願永久居留於本邦者。㊄在申請前之十二年內有八年乃在本邦居住者。㊅須參加簡單之語言考試，但在本邦獨立後之一年內，年齡達四十五多歲或四十五歲以上者可以免考。(丙)非在本邦出生，而於獨立後方來本邦者：㊀已屆十八歲或十八歲以上者，㊁品行端正者。㊂宣誓效忠本邦，而放棄其他國籍者。㊃願意永久居留本邦者。㊄必須參加語言考試。㊅在申請前之十二年內必須有十年乃在本邦居住者。

至於所謂單一國籍的解釋，據備忘錄草案上稱：「我們認爲只有當聯合邦已成爲一個獨立國之後，方能建立單一的聯合邦國籍，我們建議，凡在本邦宣佈獨立之日，已屬聯合邦公民者，將被視爲獨立後本邦之基本國民。」

至檳城與馬六甲（按上述兩地爲英殖民地，與星加坡、香港相同）所出生者，「在現行法律規定下，他們都是英籍民，即爲當然之聯合邦公民，因爲此故，我們建議，凡在本邦獨立以前，在檳城及馬六甲二地出生者，在本邦獨立之日或獨立以後可以成爲聯合邦國民，但彼等可在本邦獨立後之一年內，自行選決或放棄其聯合邦之國籍。」

關於獨立後之出生：「我們建議，在本邦宣佈獨立之日及獨立後在聯合邦出生者，即爲聯合邦之國民。」但巫統主張應有一附帶之條件：「在本邦宣佈獨立之日，或獨立後在聯合邦出生之人士，其父母雖然不是聯合邦公民，但可於成年時加以聲明者，可自動成爲聯合邦國民。」備忘錄草案中稱：「在本邦獨立後，不論在任何地方出生之嬰兒，當彼出生時，倘其父已是聯合邦國民者，則彼將有取得聯合邦國民之資格。我們建議，在本邦獨立後，本邦駐外之總領事館，大使館及公使館，應有辦理登記之機構。我們建議凡與一名聯合邦國民結婚之婦女，將有資格成爲聯合邦公民。我們亦建議，在本邦宣佈獨立之日，凡年齡在廿一歲以下，而在本邦出生及居住之任何人，其父又是聯合邦國民者，則可登記成爲一聯合邦國民。登記辦法，祇要其父爲兒女之姓名錄入其國籍證明書中，即發生效力。」

關於獨立前之出生者：備忘錄中指出：「我們承認目前本邦有衆多的外籍人，而這些外籍人的繼續存在將無助於民族團結。我們認爲保持此種團結的要素，是本邦獨立後的國民，應由眞正以本邦爲永久家鄉，及唯一效忠對象之人所充任。職是之故，我們認爲必須盡可能，尋求辦法，以解決本邦的外籍人人口問題，並促進民族團結。此外，我們也應制定一些條件，以吸引眞正渴望成爲本邦之國民者。基於上述，我們建議，凡在獨立前，在本邦出生，而且有下列資格，並願遵照以下之手續辦理者，應鼓勵其申請聯合邦國籍。㊀申請人必須在本邦出生，而已屆十八歲或十八歲以上者。㊁品行端正者。㊂宣誓僅向本邦效忠。㊃聲明欲在本邦永久居留。㊄在申請前，七年內，曾在本邦居住五年之久者。㊅參加最簡單之巫語口試。(我們建議在獨立後之一年內，可暫免巫語口試。)

關於出生證件之問題，備忘錄草案稱：「由於聯合邦各州廿年至三十年前，始施行出生註冊制度，因此，吾人認爲有關報生紙之宣誓紙，可予接納，但爲了防止作弊事件起見，吾人建議，凡犯有發假誓之罪者，應嚴懲之。申請聯合邦國籍者，應宣誓乃在本邦出生，並須有兩名品行良好而本身又是聯合邦國民之人予以擔保。

倘使申請人之宣誓證明爲虛構者，則其聯合邦國籍將被取消，此外復須受法律之制裁，其擔保人亦同樣受法律之制裁。我人建議凡在本邦獨立以前提出之公民權申請書，將根據收到之先後次序，優先處理之，至於在獨立日尙未辦理之公民權申請書，將被視爲獨立之聯合邦國籍法下之申請書。」

至於外籍人問題，根據備忘錄中稱：「外籍人獲准入境人數之若干，其條件如何，將由政府根據對國家之利益而決定之。憲法中將根據民主政治之原則，保護外籍人之權益，外籍人之權益，將由政府根據合理的條件處理之。」

這個公民權的問題，其規定大致如上。由於聯合邦有華僑二百多萬人，公民權關係至爲重大。頗望我政府當局能仔細硏究，以免使華僑吃虧受愚。同時星加坡也在鬧這個問題。將來可能也會步聯合邦之後塵。單一國籍與雙重國籍的問題，必然會隨之而來，這些問題，政府在保僑立場上都應該替華僑說話出力的。因爲要爭取華僑，此其時矣。

上述公民權備忘錄，雖未在馬來亞正式公佈，但已有不少人接到這個藍本了(英文)，但是外界的反應則不一，代表馬華公會參加聯盟政治委員會的一位要員告記者稱：在聯盟政治委員會討論此重大問題之過程中，華、巫、印三政團代表始終表現出忍讓協和之良好精神，此點可爲本邦前途之極佳徵象。

他又說：「聯盟政治委員會對公民權問題所達成之協議，尙稱差强人意，將來如予施行，本邦多數華人，均可獲得公民權，至於華人獨得公民權者，究將增加若干，一時尙難有確實之估計。但隨着華籍公民人數之增加，將來擧行大選時，華籍選民人數之增加，乃意料中之事。」

但據一九五五年度聯合邦常年報告書揭露，去年本邦大選之選民總數一百廿八萬餘名中，華人僅佔百分之十一左右，將來大選，則不止此數也。

又據記者探悉，聯盟政治委員會會建議本邦獨立後應定名爲「南加蘇卡」(Lang Kasuka)，其理由如下：「馬來亞」乃殖民地統治者所給予本邦之名稱，本邦獲得獨立後，可仍沿用此名，殊不相稱，至於「南加蘇卡」之釋義，係指「快樂的園地」，半島最先開發的一個大邦，乃馬來半島開拓初期最繁榮的一個大邦。

聯盟雖然制定了這個馬來亞公民權的備忘錄草案，但將來實施又將如何，尙不得而知。然而馬來人方面排華情緒，實在是與日俱長，頗堪令人杞憂。

馬來亞有兩個最排華的執政人員，一個是現任首席部長東姑．押都拉曼，一個便是以親英排華起家的那督翁(此人在大選前爲內政部長，現爲馬來亞國民黨主席)。他在本月十九日在吉隆坡記者公會午餐後，大放厥詞，攻擊華人。

那督翁致詞稱：英政府如有誠意協助建立一個眞正獨立的馬來亞國，則應立即發表一聲明，對檳城及馬六甲二殖民地的問題，以及本邦英籍民將來的地位，必須加以澄淸，而不應根據倫敦獨立會談所達成之諒解，遮瞞其眞正之目的，許可英籍民在馬來亞獨立後，仍保留其英籍民之地位。

那督翁向聯盟政府發出挑戰，請其於明年八月三十一日宣佈一個眞正獨立及有主權之馬來亞共和國的成立，而不是徒有獨立之名，且隨便加以貼補的折衷方案，骨子裏則缺乏了獨立的要素。

那督翁又提出詢問口吻道：「在獨立之馬來亞，所謂獨國之一部份地方，也是屬於另一國家的地方，而所謂獨立之馬來亞的一部份公民，也是英國的公民與國民，這究竟是怎樣的獨立呢？」

他繼道：「在任何獨立自立的國家裏，只有一種公民權及一國籍，每個人應該是名符其實的公民，而不應是李特憲制調查團工作綱領中所規定的那一類「雜種」公民。

「我們不能也不應有馬來亞人與英人的混合，也不應有馬來亞人與華人的混合，也不應有馬來亞人與印度人的混合，以及與本邦公民權接駁之那種『雜種』的公民權。」

那督翁又道：「我認爲此種公民權的地位，與一個國家的獨立自主是不相稱的，任何人建議或要求該種形式的雙重公民權，根本就是不效忠於馬來亞。」

在演說最後部份，那督翁更表現了他狹隘的民族主觀之濫調。他說：「自李特憲制調查團成立以來，許多公衆團體均向調查團提出有關憲制變革之意見，但這些意見均以此爲角度——這是將馬來亞認作國家的機會，但他們却忘記了他們的良心，及馬來人本身對本邦的更大要求。」

他極力强調稱：余認爲獨立後馬來亞之公民權問題，是獨立前必須解決的。數年前，我因爲大膽暴露本邦一部居民之不能與吾人合作(按他雖未明指華人，但實含有此意)而遭受一部份立法議員之攻擊。在最近一年來，這些居民更爲囂張，而自稱對本邦效忠，要求享受平等的權利與待遇，但今日，甚至於參加向余攻擊之首席部長，亦於二三月前指摘余過去駡他虛僞之人。(按其可能指怡保僑領劉伯羣，因劉氏現正努力公民權之爭執，他是怡保馬華公會負責人)。

「……我們聽到實施公民權出生地主義的原則，我們也聽到關於放寬居住年限及語言口試，俾獲得公民權要求，但這些要求是否眞成問題呢？我們是否應該考慮產生新馬來亞『基本公民』的主要問題呢？我們現在應該決定馬來亞獨立後的人可以被接受爲基本公民！」

又訊，聯合邦馬華公會常務委員會將在本月廿六日(星期日)正式硏究聯盟草擬的公民權備忘錄，印度人的國大黨也要開會，看上去還有一番熱烈的爭執呢！　(八月廿二日航訊)

一個煙盒的故事

黃思村

有一年，我害了一場副傷寒，離開醫院以後，就遵照母親的囑咐，回到祖宅去養病。

我在那裏住了兩個月，健康完全恢復了，本當可以回校復學，但收穫季節又開始了，家裏的人都下鄉收租去了，只留下我一個人，孤零零的。

這樣過了幾天，到了有一天的晚上，天刮起大風來，夾雜着暴雨，吹打在宅邊的大樹上，發出可怖的聲音。

我一個人留在房間裏，穿着一身睡衣，無聊得轉來轉去，不時跑到窗口去看打在玻璃上的雨絲，看閃電在玻璃上發出亮光。

在房裏，一支洋燭在燃燒着，幽暗的光照着有霉漬的墻壁。在一張靠墻的長檯子上，一架有木刻裝飾的老鐘，隱隱約約地響着。在四面墻上，排着我的祖父母的遺像，還有大伯，他們都是另一個世界裏的人了。然而在這天晚上，我覺得他們都像要跨出鏡框來的樣子。

「砰！」

我清清楚楚地聽到一聲尖銳的槍聲，隨着風聲傳過來，立刻被一個響雷掩住了。就這次的槍聲聽來，我知道它是一把四寸手槍所發出的。

「一定是小板，他又在玩槍了。前年他退槍彈，把手指放在扳機上，打穿了自己的脚掌，大概還不够教訓吧！」我心裏想。

我的房門忽然被手掌敲響了，聲音非常急促。我跑去開門，看見廚娘安吉奶奶站在門口，手上拿着一盞油燈，另一隻手擋着風。我看見她的神色緊張，訥訥地說道：「趕……趕快，隔壁汪先生尋死了……」

她一揮手，油燈立刻被風吹熄了。我把門開大一點，讓她進來。

「這種事找我有什麼用，應該去找醫生去。」我說：「他現在怎麼樣了？」

「他身上有血，好像還沒有死。」她說。

這個姓汪的人，剛搬來不久，我同他在前門碰過一次面，彼此只是善意地點了點頭，根本沒有什麼交情。可是現在他出了事，不去看看，實在也說不過去。這樣想着，我披上了膠布雨衣，戴了頂舊帽子，跟在安吉奶奶的背後，在閃電中走入了後面的小巷。

我到了那裏，看見門開着，裏面一片漆黑，連油燈也沒有一盞。不過，我對這所房子是很熟悉的，它本來是我們祖宅的一部份，後來因爲屋多人少，才出讓給別人的。

我摸着了門框，跨進門去，聞到一點火藥味，知道是這裏出了事，便從身邊拿出火柴來，把它劃燃了。在火光中，我看見我面前的地板上，躺着一個人，如果我進門時把步子跨得大一點，就會踏在他的身上了。

他躺在地上，左手捫住自己的肋骨，另一隻手支撐在地上，歪斜地坐着。離腿子不遠的地方，躺着一把陳舊的小手槍。

我擦然了第二根火柴，在桌子上找到一盞油燈，順手點燃了，回到他的身邊，蹲下來，移開他的手，看見近腋下的地方，有一個小小的傷口在冒着血，情形似乎不嚴重。我脫去他的上衣，把他的襯衣撕碎，將傷口包紮起來。

「你是怎麼一回事啊？」我問。

「我鬧自殺，開了一槍不成功，第二槍就沒有勇氣了，死的意志不够堅決。」他喘息着說。

我把他的創口紮好以後，叫廚娘幫着把他抬到床上，讓他睡好了。對他說道：「我替你去找個醫生來。」

「不，這麼大的風雨，你用不着去，我知道是點輕傷。我希望你留着。」他說。

我在他的床邊坐下來，廚娘看看事態並不嚴重，放寬了心，含糊地說了幾句，帶上門，走出去了。

「你到底是怎麼回事啊？」我問：「你爲什麼無緣無故把自己打一槍？」

他的頭在枕頭上猛烈地搖擺着，似乎不想回答我。

外面的風繼續刮着，雨下得更大了。枯樹枝落在屋瓦上，發出擲石子一般的聲音。在房裏，油燈照着破舊而雜亂的傢具，充分表現出他是個生活不振作的人。

我站起身來，說道：「你就這麼躺着吧，我替你去找點止血藥來。」

他伸出手來，臉上顯出驚惶的樣子，說道：「我不答你的話，一定使你生氣了。那末，請你坐下來，讓我慢慢說給你聽。」

「如果你不方便說，我也不一定想知道。」我說。

「不，我一定要說給你聽聽，」他從床上坐起來，說：「你可以給我倒一杯水嗎？水在隔壁的爐子上。」

我站起來，走進廚房，擦了好幾根火柴，才把那壺水找到。他喝了水，重又躺下去，低下頭來望望自己的傷處，說道：「你身上有錶嗎？」

「我沒有帶錶，不過我知道十二點早過了。」我說。

「外面的雨好大呀！」

「很大。」我隨便應了一聲，但心裏覺得奇怪，一個鬧自殺的人，怎麼會關顧到這些事上去呢。

「剛才，家裏只有我一個人，我覺得活着非常辛酸，愈想愈覺得做人沒意思。尤其是今天晚上的風雨，觸起了我的傷心事……可是現在，我又不想死了。甚至連回憶一下都有點害怕。」

他說完這段話，望着我，我說：「我不能瞭解那是甚麼樣的情緒，我也不明白那樣的收場對人有什麼好處。」

「有人說過，一個想自殺的人，對於做人的意志固然薄弱，想死的意志倒也不很堅强。比方剛才我向自己的胸口開了一槍，沒有打中致命的地方，只是火辣辣的一陣。要打第二槍，就沒有勇氣了……對了，你看看我上衣的袋子吧，我懷疑我是打中煙盒子了。」

我從椅背上取過那件上衣來，發覺正面的上衣袋附近有一個小小的彈洞。在裏面的衣袋裏，我摸到了一個盒子，取出來一看，盒子已經洞穿，扭歪了。裝在裏面的香煙，有幾支已經斷了，盒子裏都是煙末。我看了看，把煙盒遞給他，他翻來覆去看着，露出笑容，取出一支煙來，遞給我說：「抽一支煙吧。」

我搖搖頭，說道：「你比我還鎭靜，我到現在還不想吸煙呢！」

我替他擦燃火柴，點上香煙，他接着說道：「你把事情看得太認眞了。其實呢，做人並不是一件了不起的事。在這次以前，我也自殺過一次，那次用的不是槍，而是毒藥，結果昏迷了一整天，吐了些白沫，想死的念頭又是煙消雲散。」

他十分自在地吸煙，好像剛才開槍自殺的人並不是他一樣。

「你知道，今天一整天，我都過得非常愉快。我幹了活，看了朋友，開了玩笑。在大風剛起來的時候，我還一個人在街上逛，看商店的橱窗，想買個彎柄的煙斗。後來，天下雨了，我就在街角上躲雨，同小販扯談。等到雨稍稍停一點，就一口氣跑回家來。當時，我感到有點口渴，就跑進厨房去燒水。可是不等水開，我的情緒就忽然變得很壞。我把爐子熄去以後，天已經黑了，我在房裏走了一會，想上床去睡覺，但床墊還不及睡暖，我又起來踱走了。這樣，不到四個鐘頭，我連燈也不點，就到箱子裏摸手槍去了——」

他說完，望着我，不住地搖頭。

「我實在想不清楚。」我說：「你總應該有一點感觸才會選擇這一條路的。」

他取出第二支煙來，燃上了，說道：「感觸當然是有的。最初是由於客地寂寞，過後是因爲這些風聲和雨聲。」

「風雨聲對你的情緒怎麼會有影響呢？」

「你知道，我是一個外路人，到這裏來，只是作客性質。在這以前，我在大城市裏有事業，有安定的生活。可是有一個像這樣的晚上，我的太太要跟別的男人去了。我記得那天晚上，也有大風，也有雷雨，我很誠懇地告訴她，既然她的心已經不屬於我，我也願意讓她走。不過她必須看在我對她的眞情面上，等風雨停一下再走。可是她呢，提着箱子，穿着雨衣，瘋狂地暴跳，告訴我她連一秒鐘也留不下去了——我請你注意，她說的是一秒鐘——我就對她說，卽使是逃避魔鬼，也用不着計較一秒鐘的。然而她呢，堅執不肯，把我推開，躥出大門，在風雨中滑滑跌跌，就這樣走了！」

「哦，你原來是受了這個環境的刺激。」我說。

「啊，你想，」他指着我說：「一個女人，你眞心愛她，用全部生命去愛她，而她對你却一點感激的意思都沒有。這一點，我也不去說它，但她總不應該把我看得連魔鬼都不如，竟說連一秒鐘也不願留下！難道說，她在結婚證書上面的圖章，是我拿着手槍逼她蓋下的嗎？」

「這樣看來，你一定很愛她。」

「這還用說嗎？要不然我不會逃避那個天地，跑到這個小縣城裏來的。」

我們沉默了約摸一分鐘之久，我說：「你的辦法未免太消極一點，你應該把這方面的缺陷補上才對。」

「我的確有過這樣的意思，不過每當須要向女人求婚的時候，心裏就會害怕，彷彿覺得自己又跑到老路上來了。」

「這是病態的。」

「可能有一點，但不是全部。」

談到這裏，戶外的風雨已經不像先前那麼猛烈了。這使我想到這一天的意外，應該就此結束了。

「現在大概有三點鐘了吧？」他問。

「差不多，也許已經過了。」

「你可以替我再倒一杯水嗎？」

我倒給他一杯水。當他喝水的時候，我從地上拾起那把小手槍來，想遞給他，但又遲疑着。他見到這種情形，笑着對我說道：「我不會再用它了！卽使再有那種時機，也應該換一個方法了。」

我把槍彈退出來，一起放到枱子上，說道：「早一點睡吧，我明天再來看你。」

我剛想開門，他又把我叫住了，說道：「這一件事，就當沒有發生過一樣好了。那時雷雨很響，不會有什麼人知道的。」

我點點頭，走出去。外面飄着雨絲，似乎還隱隱地有一點月光，從雲層裏透出來。

× × ×

這以後不久，我回校了。其間他寫了一封很長的信給我，說他正在與一個女教師相戀，可能趕上這個寒假結婚。婚後打算回到自己的地方去。在信的末尾，他說：「……照情形看來，生命倒是一個循環。我彷彿覺得失去的日子，又回到我的身邊來了……」

寒假，我回家不久，就跑去看他。在穿過小弄時，我心裏回想着那天晚上所發生的事，於是風雨啦、槍聲啦、煙盒子啦，都屬集到我的腦海裏來了。

我跑近那扇門一看，門敞開着，裏面傢具放得整整齊齊，只是一個人也不見。我走進去，往先前他住過的那間房子瞧了瞧，情形也全然不同了。正當我發呆的時候，一個老婦人走到我的背後，問道：「你找誰呀？」

「哦，我找汪先生。」我說。

「啊，姓汪的，他搬家已經一個多月了。你不知道嗎？」她望着我說。

我向她說聲對不起，就退出來了。

後來，據安古奶奶告訴我，他在與女教員結婚以後，就回到老家去了。說到這裏，安吉奶奶忽然想起一件事來，連連地拍着手，說道：「吒！我差點忘了。他還留給你一樣不成名堂的東西呢！」

一會，她找出那件東西來。我解開紙包一看，原來是那個有彈孔的煙盒子，裏面寫着這樣的子句：讀華兄，這件東西是我們建立友誼的紀念，我把它留給你。汪洪。

× × ×

這樣又過了好幾年，我始終沒有與汪洪碰過面，甚至連音訊也不通。一直要到四年以後，我在一個極偶然的機會中，又遇上了他。

這一次，他一個人孤獨地坐在公園裏的櫈子上，正在欣賞落日。我把他認出來時，他感到極度的高興，不住地拍我的肩膀。

「我們就在這裏坐下來談談吧。」他說。

我坐下來以後，朝着他笑。但心裏却聯想到有彈洞的煙盒子和女教師這些事情上面去。

「算來又是四年了，多有趣啊！」他搖搖頭，感歎着。

「能够見到你眞有意思，你使我窺到了人生。」我說。

「你知道。」他拍着我的腿子說：「我現在已經是一個樂觀的人了。」

「當然，我知道你得到補償了。」我心裏想着他的婚姻。

他用手指攏攏頭髮，細心地端詳着我的臉，說道：「讀華兄，一個人不管他有多大年紀，總有點稚氣。譬如說我自己，在四年以前還幹過那麽幼稚的事，到現在回想起來，已經不值一笑了。」

我覺得他說這樣的話，完全是因爲那位女教員給他帶來了幸福的緣故。

「這樣看來，」我說：「那個煙盒子對你的生命眞是太重要了。」

「你還保存着那個煙盒子嗎？」

「當然，我把它保存得很好。在我看來，它簡直是有生命的。在我的一生中，像那麽有意義的紀念品還不會有過。即使是那張大學文憑，我也把它看得很平常。」

他抓住我的手臂，搖撼着，說道：「你是個感情很豐富的人，你看重友誼。」

太陽落下去了，樹梢上留下橙黃色的光亮。像這樣的景色，對於我們來說，特殊容易產生感想。因此，我說：「汪洪兄，你爲什麽不同你的太太一起出來走走呢？」

他愕然地望着我，使我也感到驚異，以爲他誤會了我的問話，隨即加上一句說：「我說的是那位女教員。」

「哦，對了，我還不曾對你說過這件事。她呀，早在兩年以前離開我了。」他說。

我聽了他的話，心裏覺得非常難過，甚至還對自己所提出的問題感到後悔。

「這眞是我所沒有想到的，我滿以爲你們過得很幸福。不過，事情既然這樣，我勸你也應該達觀一點，不必過份自苦。」我說。

「不，你想錯了，」他說：「完全是我的主動，是我拿着箱子離開她的。」

「是你？你爲什麽要離開她呢？」我覺得很奇怪。

「唉，我到事後才知道，男女之間，等到一個人不再愛另一個人的時候，眞是一件難以忍受的事！你寧願捨棄一切，甚至生命，都非離開她不可。」

他說到這裏，使我無法置喙，因爲他所說的，使我不能明白。

「的確是這樣的，」他加强語氣說：「當我離開她的時候，她依然非常愛我，搶奪我手上的箱子，聲言只要我留下來，她一切都願意順從我。」

「你爲什麽不忍讓一點，照她的意思做呢？」

「這不是可以忍讓的事，而是我打從心底就不愛她了。」

「假如她也向你提出，希望你多留一秒鐘呢？」

「我也不會考慮——雖然這只是一種談話的方式！」他說。

（上接第17頁）

曾經由英國直接統治的加拿大、澳大利亞、紐西蘭、南非聯邦、巴基斯坦和錫蘭，現在都成了大英國協之內的一個國家，享有充分的獨立和自由，這些國家，除了加拿大之外，都是在本世紀獲得自由的。

愛爾蘭、緬甸、埃及、蘇丹、以色列和約但，也都被英國管轄過。現在，這些國家，不但全都獨立了，而且完全在大英國協之外，和英國沒有一點關係。

另外還有些仍舊在英國控制之下的地區，則正在走向獨立之途。當大英帝國崩潰之際，共產黨則正在努力抓取這些地區。

法國，和英國一樣，她那大殖民帝國，也正在瓦解，法國曾經統治過整個的中南半島，現在，寮國和高棉都獨立了，南越也是一樣。但是，努力逃脫法國管轄的北越，現在，她發現，只不過是變成了另外一種形式的殖民地，她只是共產帝國的一部份。

印尼，被一種相似的命運威脅着。這個富饒的島國，曾自行努力掙脫了荷蘭的統治，現在，發現共產黨打算從她內部取代地的政府。

接收、滯留、擴張

全球各地的情形都是一樣。西方國家退出解放了的殖民地，共產黨就移進去，予以接收。共產黨移進到什麽地方，就滯留在什麽地方，並沒有莫斯科允許她任何殖民地自由的紀錄。

紀錄所顯示的情況是這樣的：俄羅斯人正當西方國家放棄殖民主義之際，仍適當的實行她們自己的殖民主義，當西方各殖民帝國變小的時候，俄羅斯殖民帝國則繼續不斷的擴張。

（譯自美國新聞與世界報導）

編者按：本文原擬於上期發表，臨時因稿擠抽出，而封面上之標題則未及删去，除於本期刊出正文外，並向譯者與讀者致歉。

斜暉（三續）

孟瑤

二

我愛上了這裏的環境，因爲我愛海。

雖然朝陽晒不進我的屋子，我却依然醒得很早，因爲昨日旅途勞頓，夜間我有極沉酣的睡眠。陌生的環境與神秘的氣氛引誘着我，又知道沒有什麼新的工作可做，所以我便決定早一點去拜訪海。開門出來，樓上所有的房門都緊閉着，像一個沉默的人緊閉着他的嘴一樣，我不敢輕於開啓。下樓走出後門，面前也是一片廣場，兩排房子像別墅的手似的從兩邊延伸出來，從左邊的一間中，我看見老高，他正在忙早飯，於是我走到廚房門口，向他招呼了一聲：「老高，早！」

「哦，陳小姐，怎麼一個人就往外跑呢？」

「怎麼？不能一個人往外跑麼？」

「頂好不要亂跑，這裏沒有什麼好看的。」他低頭說。

「還不好嗎？」我伸手向外指着：「簡直是風景如畫啊！」

他只看了我一眼，又去忙着他的工作，我不便再打擾他，便從廚房裏出來，從廣場向海濱走去，快要達到山的邊緣，老高忽然從身後追了過來，喊着說：「不要再往前走了呀，小心摔下去。」

我停住脚，望望前面，靠山的邊緣上，似乎有着雕花的欄杆，但早已年久失修了，再前面便是很深的斷崖，直垂到地，很幽很暗，從山脚延展到海邊的是一片亂石嶙峋與陰滑苔溼的陸地，這一切沒有給我美感，因此，我指着欄杆對老高說：「這些欄杆怎麼不修一修呢？從這峭壁上摔下去，那是必死無疑的。」

「誰來修？」老高冷冷地回答我：「除了你，誰也不會往這裏走。」

「這樣美麗的海，難道我們就只能站在山頂上看一看嗎？」我惋惜着。

「看呀！」他把手向左邊指了一指：「那邊不是一片平展的淺灘嗎？四處都是軟沙，冬天去晒太陽舒服極了。」

我望了過去，左邊果然是一片令人喜愛的海灘，淺黃一片，接上淡藍的海水，充滿了安詳與和悅。從山頭下去，有一串長而整齊的石階，大概是在修別墅的時候同時建好的，我想我以後一定會常去那兒流連。再望望這山的右邊，亂石較多，便沒有海灘美麗了，我問老高：「這一片是什麼呢？」

「順着這一片，就是我們來時的道路呀！從這裏往前走，完全是松林，沒有什麼好看的。」

「好，那我就從石階往淺灘去晒太陽！」

「不要到峭壁下面的岩洞去，」他囑咐我：「那裏鬧鬼！」

「我不怕鬼，」我說：「倒是那裏的風景我一點也不喜歡就是了。」

「還有，」他湊到我的耳邊說：「你以後少往外跑，太太不喜歡這樣的。」

我笑了，我倒不必去取得太太的喜歡以保留我這個職位，我隨時可以去，而且，當我把海看厭了，或者嫌惡了這個家庭的氣氛以後，他們想留住我也不可能呢！於是，我望望戰戰兢兢的老高，調侃似的說：「對於太太，你眞忠心呀！」

「哼！」他冷笑了：「我是爲老爺忠心。」

「眞的，」我說：「老爺呢？我怎麼還沒有看見？」

「恐怕要等一些時候，」老高說：「他不太愛見人。」

「伺候老爺是你的事嗎？」

「不，」他恨恨地：「太太根本不許我們去前面，伺候老爺是她的事，零碎事情由我們的丫頭去做。」

「哦，原來是這樣的！」我隨意回答他，便準備下山坡到淺灘去閒坐。

「還有，」他又囑咐我一句：「你以後沒有事少找我們說話，這也是太太最不喜歡的。」

「好了，我懂了，」我向他搖搖手，就從石階走下淺灘。

到了淺灘，一片軟沙輾轉於我的脚下，輕柔有聲，海水離這裏還有一段相當長的距離，我開始領會出，這一帶山丘，沿海而前，像一座天然的防波堤，細長蜿蜒。那別墅挺立的部份，恰似一條鰻魚的頭部，游向海中。於是伸出的部份與山陵本身環成一半圓形，那便是這海灣的面積，這一切所構成的畫面極美。現在正是隆冬，假若是在夏日的話，這海灣的一泓淺碧，正是戲水的好地方，那時希望我的情緒不似近日低沉，我與這一家神秘的人物也能安靜相處，我想，海水浴對於我病後的健康是大有裨益的。

淺灘邊，我徘徊甚久，才找到一堆亂石堆做靠椅坐下。與世無爭，與人無忤，過去的悲哀在微風海濤中淡然忘懷，未來歲月在斜暉星月中無痕過去，人我兩忘，一堆生命的糟粕，在這樣平靜的調子中慢慢排遣，反而是太美了。

朝陽升起，晨霧散去，我從早晨流連到正午，才悵悵然地歸去，回到別墅，一切安靜如常，除了大廳上的鐘在來回擺動而外，我發現不到一點活的跡象，不見人影，不聞人聲，每一間房門都是嚴閉着的，像是鎖着成堆的秘密，我無權去探悉它們。於是，我只得靜靜地回到臥房，推窗面海，痴立半晌，三餐飯有秩序地送進來，一整天無聲息地溜過去。

入夜，我更愛這裏入夜的情調，這是我昨夜困倦入睡時並沒有能發現的。

是的，伺候在我窗外的是一片大海，就在別墅不遠的海中，有一座燈塔，我不知當初的主人選中這座山頭，是不是也有點因爲這燈塔的原因？實在，我以爲增加這別墅入夜以後在氣氛上的美麗的，燈塔有最了不起的功績，這有秩序斷續轉移的光線，像一個多情而有恆的戀人一樣，不停地把它的光與熱照顧到它所愛的，却生活在陰冷黑暗中的戀人。

這夜，我入眠很遲，當然是爲那些想忘懷而又無法忘懷的往事感到悲愴；但是，當我的情緒陷入最低沉最淒涼的時候，它——那燈塔的光彩，那樣柔情而耐心地撫慰着我。頓時，我開始領悟到這環境的美，雖然我們的居處是靜立在闃寂無人的郊外，但它似乎並沒有被冷落，海浪終日起伏，低吟着生命的哀歌；塔光入夜照耀，關切着孤傲的靈魂。

假若這裏的出奇神秘是代表危險，我對自己的生命本無貪戀；假若這裏靜寧的美麗能培育智慧，它又正是我思過，懺悔，與養晦的好去處了。

三

連日陰寒，夕陽斜暉有幾天沒有到我的臥室來訪問了。那被我深愛着的海，也引不起我的興趣來，寒風中，腥鹹的海水氣息陣陣送來，給人一種不愉快的感覺，海浪高響低鳴，增人愁緒。而且空氣中的溼度又大，對於我這個生長在高原中的人，這氣候是十分不合式的。有人批評過我是一個愛寂寞而又不耐寂寞的人，於是我問我自己，是不是我又在開始厭惡這個海濱的環境了呢？這座白色別墅的形勢，我已經熟悉了，它位於通往平城的岔路上，面山負海，東向是一片蜿蜒不絕的海岸，西向是一泓淺碧的海灣，離後門不遠是峭壁，靠別墅附近是松林，如是而已。

在海濱，我拾過貝殼；在山徑，我採過野薇；在窗前，我目送斜暉；在床上，我沉思默讀……此外，我還能做些什麼？這一個神秘的家庭，男主人始終沒有見過，我一直懷疑那天發出被困獅吼的人是不是就是他？女主人輕不露面，見到時，那一對逼人的眼睛也使你近身不得；那位憨直的老高，來時我們還在路上東一句西一句地談過，回家以後他也像懼怕着什麼似的，很少與我搭腔；他的女兒，那個傻大姐，是一個低能的白痴，除了機械地送飯送水而外，你不可能從她的「語無倫次」中，探悉得什麼。說話，在這裏變成了比珠寶還貴重的東西，於是，這人類感情的聯繫工具，便從此中斷了。

潮溼的空氣，使我的呼吸有一點發緊，百無賴中，我又開始小病。驚濤拍岸，發出單調而冗長的聲音，像一個嘵舌的婦人，向你喋喋不休；遠處的浪花，翻滾着沉滯而灰黯的顏色，像一羣不散的陰魂，向你層層包圍。我終日沉浸在這奏不完的生之哀歌裏，觸目傷情，病中光景，大感難挨。也沒有誰關懷到我，我不能再欺騙我這不受歡迎的地位了，無論在家庭，在人間。

就在我不耐到幾乎想悄然離去的時候，忽然像是一陣微風吹進了洞穴，冬眠的昆蟲有着輕輕的蠕動而開始醒來。我奇怪是什麼東西，使這一座別墅發生騷擾？我不僅聽見脚步聲，說話聲，而且比墓地還更寂寞的我下面那間屋子，甚至於傳出了一串笑聲，那隻被圍獵而負傷的獅子，像已通過險困從陷阱中跳了出來。我以爲一切的歡樂都不會再屬於我，無論別人的復甦，我總該被拘囚在這間小屋，靜候，晝夜的流轉。但是，並不，我那終日靜閉着的房門，居然響起了叩門的聲音，而且開門進來的，不是那經常送飯的傻大姐，是另外一個女孩子，只有十七八歲，長圓臉，鼻子與眼睛都很吸引人，笑得很甜，身材玲瓏，姿態動作，又活潑輕盈，所以雖然沒有驚人的美麗，却能在這黯淡的建築，陰森的空氣中，閃爍着可愛的光彩。我不知道她是誰？我只得從床上坐起來，她掩上門，走到我的床前，很自如地自我介紹：「我叫翠微，你是陳小姐吧？媽媽請你下樓吃飯！」

「我？下樓？」我指着自己，不相信會被這樣優待。

「是的，」翠微說：「今天是週末，我們應該在一起聚餐，你……躺在床上是不舒服嗎？可不可以下樓？」

「沒什麼！」我從床上起來，不僅因爲有人關懷我而高興，而且我想，那位從不露面的男主人，我可以有機會一識廬山眞面目了。

稍作收拾，我隨翠微下了樓，在飯廳裏，我遇到她的母親，最使我急欲一見的她的父親沒有在場，却有一位我並不相識的客人，二十三四歲的年紀，是一位極秀美英俊的年青人，論儀表，比翠微更動人些，或者可以說，他稱得上是位美男子的。適中的身材，白皙的皮膚，靈活而含情的眼睛，鼻挺嘴薄，在男性中，屬於多情的一型，却常易失之於輕率而不深刻，他不是我的趣味所喜好的。冷嚴的女主人帶着費力的微笑，爲我們做着這樣的介紹：

「這位是陳丙慧小姐，這位是我的內侄，夏致中。」

我又有好些天沒有看見女主人了，我不相信她會生出一個活潑的女兒，翠微一點也不像她；雖然她在翠微的面前，竭力使自己顯得比往日慈愛得多，在感情上却依然有着春冬的距離。而且席間無事，我觀察出許多值得我懷疑的現象，我不僅疑心她們不是親母女，而且我更懷疑女主人與致中不是親姑侄。不然，這一對青梅竹馬的戀人的感情不應該如此新鮮而浮動；這兩位姑侄間更不應該有一種無法描繪的顧忌與不自然了。這是一家人的聚會，我奇怪男主人爲什麼沒有參加？是不是他依然病着？我不是這家庭中的一員，雖然我已不再是一隻被冷落的小鷄在他們身後啁啾着，但我畢竟還是新加入的。

飯後回屋，渾身有着溫暖的感覺，翠微雖然不是一個了不起的女孩子，但是在這個家庭，却像一朵冬日的太陽，不僅可愛，而且必需了。她使我略感不適的身體有些振奮，也使我對這個家庭的印象好轉了一些。

翌晨，我還在朦朧中，即聽見了叩門的聲音，當我正在懷疑的時候，翠微已經含笑地呈現在眼前，並且對我說：「你有沒有意思陪我們出去騎馬？」

「騎馬？」我幾乎感到十分意外。

「我想，你一定沒有去過漁村，我們可以去參觀一下漁家的生活，買一點魚鮮，並且，這一條通向漁村的路，美得很。」

「這都是你和夏先生的事，我去，不多餘嗎？」我笑着問她。

「你眞會開玩笑！」她紅着臉跑到我的面前：「我才不這麼小器呢！而且，約你一起去，也是媽的意思！」

「那我一定奉陪！」我從床上起來，略作收拾，一起到下面用早點，男女主人都沒有露面，我們匆匆吃完，便到門外，三四馬已經鞍轡整齊，等待着我們了。

我有一點四肢軟弱，膽怯不前；翠微很快地跨上馬背，致中也追隨着做了，看見我半天沒有動靜，翠微才問：「怎麼還不上馬？要我扶你嗎？」

「不了！」我鼓起興緻，跨上雕鞍，自傷老大的感觸，不覺又襲心頭。

「在這裏，沒有好交通工具，差不多都要學會騎馬，」翠微回頭對我說：「否則，無論走哪裏去，都太不方便了。」

沿途的風景本來不弱，但冬日的嚴威沒有誰能抵擋得住，許多樹木都只剩光禿禿的枯枝，寂寞的伸展着，一如我這毫無光彩的生命，殘喘於凜寒的冬日。

這一對戀人原來還怕冷落了我，不時地找我說幾句話，但不久他們卽走到我的前面，竊竊私語着，我不願打擾他們，故意信馬由韁，離得遠遠的，途中無事，不免想到那位對我充滿了敵意的女主人，爲什麼讓翠微來約我同行？她是不放心她的內侄？還是她的愛女？還是示惠及我這個新來的陌生人呢？我總覺得這個家庭，充滿了一團使人不安的神秘氣氛。

漁村在望，翠微與致中又開始等我同行，到了漁村，這裏面沒有什麼可以打動我的地方，勤勞、寒苦、無異於農家，只是神態上顯得靈活些，無怪古人說：「仁者樂山，智者樂水」了。在漁村裏徜徉了很久，翠微買了一些魚鮮，又吃了一點漁村中所特有的小吃，翠微與致中，有着一種在我面前掩飾不住的愛慕，翠微是個純稚而天眞的女孩子，一份少女的熱情，像灼人的五彩火焰，燎燃到她所愛的人的身上。沉緬在這種歡醉中，她是幸福的；致中的感情我還分析得不很淸楚，他有一張極易惹人喜愛的漂亮面孔，他內在有些什麼，我還捉摸不淸；但是，我看出他是一個有感情而沒有個性，够活潑而不够堅强的人。

屬於愛人的時間是特別容易飛逝的，而我又因爲初次作戶外流連，所以時間不自覺地晚了一些，等他們從醉夢中醒來，已經是午後三點了，冬日晝短，加上一小時多的路程，到家的時間必已黃昏，所以當翠微發現了的時候，便非常着急地跳上馬說：「眞糟，我們恐怕太晚了，媽叫我四點以前一定回來，現在却非四點以後不可了。」

「急什麼，晚一點沒有關係的！」致中寬慰她。

「不，我不願意媽不高興。」

因爲翠微的着急，歸途中就沒有什麼閒情逸緻了，落日斜暉中，我們才趕到別墅山脚的小道，未及廣場，我看見女主人正在那裏徘徊等候，神情焦灼，是爲她愛女的遲歸嗎？我不明白。翠微看見她，夾緊馬腹，一衝而前，便喊着：「媽，今天玩得太高興，晚一點了。」

「翠微，慢一點，別摔着！」女主人慈愛地扶住她的愛女，却不自覺用那一對使人寒慄的眼睛凶狠地向致中一瞬，它的力量，無異於判決了對方的死刑。致中低下了頭。我迅疾地躲了開去。我知道我於他們不發生關係，與其和他們做無聊的酬對，不如回到室內，推窗面海，接受那許多天都不肯光顧我房間的斜暉。

於是，我匆匆地上了樓。

四

就在這美麗而寂寞的海濱，我蟄伏了一月有餘，神秘的氣氛沒有打破，不安的威脅沒有加深，感情如死水似的停逗着，心創於麻木中待康復。祇謂歲月會永遠如此無痕的過去，沒想到一陣微風又開始襲向我。

這天淸晨，當我正習慣地仰臥床上，靜聆窗外濤聲時，從不輕入的女主人忽然叩門而進，帶着冷嚴的微笑對我說：「他今天病好了，要你進去替他抄一篇散文。」

「好極了！」我不能不表示歡迎，閒居月餘，第一次有獲得工作的榮幸，匆匆地從床上起來，我以爲她會離開我，讓我有一番從容收拾的時間，不想她在我桌前的一張椅子上坐下，似乎是想親自擔任那導引的工作，於是，我不得不在被威脅的狀態中加緊穿着，好在我的動作很快，幾分鐘後就隨她下了樓，內心忐忑不安，我有這一個常識：根據善獵者的經驗，一隻負傷的巨獸，比一隻康健的更富於危險性，因痛苦而引起的急躁，對傷害所感到的威脅，爲不安所發生的恐懼，增强了牠生之欲念與對外的反抗，所以捕獵者對於那負傷而逃亡的巨獸必盡全力尋獲而加殺害才能保證自身以後的安全。我不是那獵者，也沒有尋獲那巨獸的企圖，不過，我有一些無聊的緊張，那位不時發出痛苦低吼的獅子，是不是也可能傷及我這無辜？

門被推開了，我看見我的男主人，他很安靜地坐在一張大書桌前，他不僅沒有發怒，而且很安靜地坐在那裏，這似乎是一張使我早生印象的臉，好像在哪裏見過，雖然我也模糊得說不淸。他不是一位十分健康的人，好像被許多問題困擾着，膚色有點蒼白，肌肉緊張地繃持着，額部寬廣突出，充滿了智慧與思考，眼型秀美，光彩凝定，看來十分冷峻，雖然不如女主人的傷人，却同樣地能拒人於千里之外。鼻高嘴薄，許多地方像翠微；年齡在四十以上，頭髮整齊，衣飾修潔，器度於儒雅中表現着自負，神態於安詳中略顯不寧。他聽見我們推門的聲音，又略作矜持，十指交叉地伏在書桌上沒有作聲。

「陳小姐來了！」女主人嗓音中充滿了少有的溫和。

「唔！」男主人毫無動靜地從喉嚨裏哼了一聲。

「你就在這張椅子上坐下！」女主人把桌頭邊的

一張椅子指給我，男主人的傲慢使我不安與臉紅，我無言地坐了下來。這其間沒有延遲多久，女主人又望望他的丈夫問：「現在就可以開始工作了！」

「好，」男主人的聲音依然低沉着，連一分感情也捕捉不到：「你先出去，替我把門關上。」

「好！」女主人的聲音雖然是溫和的，而眼神中却有掩飾不住的輕蔑，雖然把眼神轉向外面，我相信他丈夫還是會看出來的。我不明白他們之間到底有多少仇恨？既然彼此厭恨着，爲什麽又要結爲夫妻呢？

門重重地被關上了，低沉，單調，像山洞中傳出的空虛響聲，男主人皺了一皺眉，然後從懷裏掏出一條手帕，擦擦眼睛，又擦擦那寬廣得出奇的前額，沒有作聲。至於我，他幾乎忘記了我是坐在他的身邊。爲了掃除這份尷尬，於是我開口說：「您說要寫一篇散文，現在就開始嗎？」

「唔！」他從見到我，就沒有正式看我一眼，我知道我並沒有吸引人之處，不過，談話時四目相注，對陌生人說，應該是禮貌問題，我不知道我什麽地方使他輕視，他什麽地方值得倨傲，使他的目光始終望向遠處與我對答：「貴姓！」

「陳！」我也有些不耐：「方才已經說過了！」

「大名？」

「丙慧！」我說。

「唔！」他依然皺眉望着遠處：「是哪兩個字？」

「甲乙丙的丙，智慧的慧！」

「丙……慧！」他玩味着，又像竭力思索什麽，以手支頤，半晌沒有再說一句話。

我靜候着，希望他在苦思那文章的結構與辭藻。隨後，他又像提醒着自己：「好，我們開始吧！」

我不明白工作用什麽方式進行下去，因此問：「您唸我記嗎？用什麽紙筆？」

「靠近你的第二個抽屜裏面有紙筆，你拿出來。」

我依言打開第二個抽屜去找尋，裏面只有兩本舊書，一目瞭然，沒有什麽地方可做紙筆隱身之處，於是我說：「裏面沒有，是不是您記錯了？」

「我不會錯，」他從桌上跳了起來，表示出一種驚人的暴躁，用手猛擊着桌子，怒吼着：「我不會錯，一定又是她們亂動了我的東西！去，叫她來，叫她來。」

雖然我猜度他是一個患着極嚴重歇斯底里症的人，我依然不能原諒他的粗暴；雖然我是一個不會計較一切的厭世者，却依然不能容忍他的失禮，我關好抽屜，用一種把冷水澆潑到火焰上的惡作劇的態度回答他：「這不是我應做的工作。」

正當他要回身吞噬我的時候，女主人自己推門進來了，安靜得如一尊神像問：「什麽事？」

「誰叫你們把我的東西亂換地方。」男主人揮動着發抖的兩手：「我的筆呢？我的紙呢？」

女主人用那極相反的安詳，打開第一個抽屜，拿出他要用的紙筆，然後用一種接近於諷刺的冷淡聲音說：「你生病的時候，我替你整理書桌，放到第一個抽屜裏面去了！」然後把紙筆用力往桌上一放，說：「用吧！」

她出去了，沒有理睬她丈夫的狂妄，和我的不安。

男主人的憤怒，逐漸下落，他用手帕擦去額上的汗，以求使自己的態度更自然一些，我莫可奈何地問他：「寫下去嗎？」

「寫什麽？」一點情緒都沒有了！」他生硬地說了這兩句話，然後又竭力和緩自己的語氣，雖然沒有看我，却是在向我道歉：「對不起，你去休息吧！」

我從來沒有遇見過這樣乖張的人，不知應該原諒他的脾氣，還是反抗他的矜慢。終於，我只悵悵地收好紙筆，關好抽屜，沉默着，輕悄地，從室內退出，當我剛要帶上門的時候，忽然想到我的一條手帕正遺落在那張大書桌上，便想回身去取；剛打開門，我看見男主人從桌邊站起來，摸索着，正往他後面的臥室走去，我所坐的那張椅子正好擋住了他的去路，他無所睹的碰了上去，於是踉蹌而前，我搶前要去扶他，但房門與桌子間有着一段距離，因此沒有來得及，他終於摔到地上，我去攙他，並且問：「摔傷了嗎？」

「不要碰我！」他嚷着，兩眼依然望着前面，我才發現他是一個瞎子。

一種對於不幸者的悲憫，使我前嫌盡棄，我不僅原諒他的不正常，而且進而想積極地幫助他了。一位失明者，比失戀者有着更多的不幸，雖然他們同樣地生活於黑暗中，沒有依恃，沒有關愛，沒有光熱，終身沉浮在那悒鬱的海裏，去忍受那無休止的憂傷；但，有眼睛的人，還有權利吸取一些現實世界的光色，復甦一下久疲的神志；而失明的人却連每一根汗毛的呼吸都是陰濕的。黑暗是那樣殘忍地威脅着人，我們走一段黑路，都會熱烈地企盼着前面會有一盞明燈；而盲者所經過的那條黑路，却會緊追着他的生命至最後……望着他那呆定的眼神，聽到他那急促的呼吸，雖然他强硬地拒絕別人的幫助，我終於勇敢地抓住他那發抖的手說：「還是我把你扶到裏面臥房裏去吧？」

「不，不，你出去！」他依然固執地掙開，並且向我揮着手：「你出去，我會走到床上的，你替我帶上門。」

我悵悵然地退出，正掏手帕準備擦去那被激動出的眼淚，却驀然發現女主人正站在大廳那一邊她的臥房門口，她遙伺着這一邊，陰鷙得像一隻夜鷹，狡猾得如一尾狐狸，沉靜地把眼睛糾纏到我的全身，却一句話一點表情也沒有，我幾乎被她的神情驚嚇得大叫起來，半天，才鎮定住自己，找不出合式的語言來和緩當時的空氣：「他的眼睛壞了，他……在生氣。」

「隨他去吧！」平靜中有一種難掩的嫌惡：「向來他發脾氣的時候，只肯留他自己一個人在屋裏。」她平靜地說。

「是的！」

我迅疾地退出，回到室內，關上門，推開窗，那樣一片汪洋大海，也無法使我起伏慌亂的情緒安靜下來，我所新加入的環境，不僅空氣太窒息，環境太神秘，而且人物也太奇特了。

看來工作又會有很長的時間不會開始了，今後，我又將把自己深鎖在屋裏，聽海濤，送斜暉，擔心樓下困獸的低吼，忍受長日無俚的壓迫了。我想，我這個一意冬眠的寒蟄是埋錯了她的洞穴了。

(未完)

書刊評介

日本國會制度

羅孟浩編著　正中書局出版

陳固亭

議會制度，不是日本固有的歷史產物，乃是模倣歐美各國的制度，並依明治憲法的施行，在一八九〇年十一月二十五日，召集第一回帝國議會，這是日本實行歐美式議會制度的開始。那時的欽定憲法，是以君主主義爲基礎，而兼採兩院制的立憲主義，這和歐洲各國君主虛有其位，不過問實際政治的立憲主義的憲法，完全不同。因此帝國議會迺是天皇之下立法上的協贊機關，所以日本議會的權限，比之其他君主立憲國家，較爲狹小，不能充分實行政黨主義的議會內閣制。

原來上述的欽定憲法，是起草人伊藤博文採取德國國法學者斯坦因(Stein)國家主義憲法的意見，一面要强力維持天皇之大權，將宣戰、媾和、締結條約、軍事大權置於議會權限之外，另一面却有三權分立的立憲政治體制與臣民自由權的各種規定。這顯然是國家主義和自由主義妥協的產物。既屬妥協，當然不免模稜兩可，富於彈性，這在解釋運用尺度的差異上，對於日本命運前途的發展，是有決定性的。所以在明治大正之交，東京帝大的憲法學教授們會作不斷的激烈論爭，如上杉愼吉，穗積八束兩教授將帝國憲法，作極端國家主義的解釋；美濃部達吉則依據立憲主義作自由民主的解釋，於是乎日本政治的發展，總是搖蕩在專制主義的傾向和立憲政治的傾向之間。雖然自大正年代以來，日本民主化的趨向大體是前進的，但到了「九•一八」事變前後，則急轉直下，由側重國家主義的發展而達到了法西斯蒂主義的橫行，因此掀起侵略戰爭，招致敗降，可見憲政的好壞，實關係國家的禍福與衰。

二次大戰後，日本在政治社會各方面，改革很大，其中最值得注意者，就是一九四六年十一月三日新憲法的公布。筆者在四年前曾迻譯美濃部達吉氏著「日本新憲法釋義」(正中出版)，對於國會制度，在日本新憲法所佔地位的重要，略知梗概。因爲新憲法的特點之一，就是國會中心主義。依照新憲法第四十一條至六十四條的規定，舊日屬於天皇大權的事項，幾乎全由國會或內閣處理，而且內閣的存亡，繫於國會的信任。所以新憲法國會第一章，開首就是「國會爲國權之最高機關，並爲國家之唯一立法機關。」我們要明白現代日本政治的動向，必先瞭解新國會的體制和運用。

羅孟浩先生編著的「日本國會制度」，月前由正中書局出版，這是給國人了解現代日本政治最需要最切實的一本專著。

原書十萬字，共分三篇，簡介如下：

緒論篇分三章：①國會地位的演進——敍述由明治憲法的議會演變到戰後新憲法國會的沿革。②國會的職權——就新憲法及有關國會職權法規，歸納分析，對法律制定權，財政和一般政務監督權，國會自治權等，說明甚詳。③兩院制的特徵——先就各國國會中兩院所行使的職權，比較研究，結論認爲日本新憲法下的兩院制，殆與法國相似。

組織篇，這是著者寫這本書最用力的部份，所佔篇幅較多，剖析精密，條理明晰，計分五章：④國會議員——對於議員的選舉，職權、待遇、兼職、辭職等，有詳盡的說明。⑤議長——議長的產生和職權，結語認爲「議長的職權相當廣大，而且地位尊崇。」⑥議院會議——對於新議院的組成，國會各種集會的召集，院會的體制，敍列平實，體系分明。⑦委員會——委員會的體系，委員、職員，以及議會審查程序。⑧行政組織——就兩院分設的事務局、法制局、彈劾裁判所、國會圖書館，加以簡約的敍述，最後論列國會職員人事制度，讀後，可見整個國會行政管理的全貌。

程序篇，這一部份是富有技術性，而且是民主政治活動中心。⑨立法程序(Legislatine Process)。這是依據議會法律及議事典則等種種規範，以完成立法工作的進行程式，也可稱之爲造法(Lawma-king)的程式。在這一章中，關於提案、審議、表決、兩院協議，公佈等法案的制定程序，著者都能執簡馭繁，作條理的說明，這些繁複精細的程序；所直接拘束的對象是國會議員，他們是代表選民行使立法權的造法者，所以有關立法程序種種法例的制定，必須特別周密，而且合理。原著在章末附有立法過程圖表，使讀者更易明瞭。⑩其他職權行使程序——第一質問權的行使程序，著者先將英法兩國質問權的行使方式，加以簡約的說明，進而論列日本國會兩院議員質問權的行使。實有類乎法國的質問制度，但日本設計了種種預防辦法，可以避免法國由質問，而導致內閣不安的流弊。第二彈劾裁判權，行使程序，第三人民請願處理程序，都能依據法理，說來頭頭是道，使讀者不感枯燥，誠屬難得。

筆者曾讀過淺井清氏(慶大憲法學教授，日本人事院長)著的「國會概說」，內容分兩大部份：序論「國會制度之發達」，分五章敍述；本論「新憲法與國會」分六章論列，和羅先生的大著比較，大同小異，惟前者序論特詳而後者序論僅一章，似覺太簡而已。

總之戰後日本的新憲法，是麥帥授意日本政府制定的，它的內容和舊憲法完全相反，美濃部達吉氏常稱新憲法的制定爲「無血革命」，以說明此日本根本大法澈底變革的事實。關於議會制度，在日本實施達五十七年之久，戰後新國會制度的實行，已經九年，它在憲政上的措施運用，以及有關國會法規的逐步改進，都可供我國的參考借鏡。古人云：「他山之石，可以攻玉」，當此自由中國民主憲政正在邁進之時，對於友邦日本的國會制度，實有研究參考的必要。

孟浩先生對憲法有精湛的研究，曾著「中國憲法釋論」等書問世，年來繼續撰著各國國會制度，已出版的有「美國的國會」。他的治學精神，素爲朋友所敬佩，這本「日本國會制度」的刊行，是他持久研究的又一成就，筆者獲先覩之快，略爲評介，並就教於讀者和著者。

讀者投書

（一）

評師範生代職實習的試辦

章子鈞

去春臺灣省教育廳，根據教育部之『提高國民學校師資素質實施方案』，頒訂『臺灣省立師範學校畢業班學生代理國民學校進修教師職務期間實習指導辦法』，目的在延長師範生實習時間，以增進其對國校教導設施之經驗，與處理行政之能力；並加强其瞭解國民教育實況，使發掘實際問題，進而激發其研究與學習之興趣，以培養其專材。其實習時間，暫定爲三年級上學期，卽以一個學期，完全生活在國校裏。在分發方面，列有五項要點。實習方面，除規定實習生應注意之八點外，對師範學校與國校之指導教師，又另訂十六條指導要項。賅其要旨，一面在延長師範生實習時間，一面代理國校進修教師職務而實習，不致影響國校秩序，較之過去實習辦法，確有所革新，而於加强國校教師之訓練，又可兼籌並顧。

當時試辦的學校，是南北兩師範；北師四班，南師兩班。於八月底各分發至所屬輔導區，以代職爲實習。其公糧副食待遇仍舊，另由各所在縣市政府，月給每生津貼百五十元。祇以倉卒施行，在下者固舊習未除，而在上者辦法亦未盡週到，因此問題叢生，故辦法仍有待於檢討；且本年又將由該兩師範續辦，爰就見聞所及，願貢蒭言。

實習時間　原頒辦法對實習時間，暫定三上級一個學期，甚爲適當，因學年度之開始，其在教學與管理上，均有方便，較之過去在三下級實習一個月，確多改善；且以一學期的實習時間，既可發掘實際問題，更可不受人事牽制，而提供師範及國校再作研究，以爲當局改革師範教育與國民教育之準備，其效果又較師範畢業生，實習三年爲强。至於一些實習生所以認爲半年時間過長，其原因確係雙方未能切實瞭解辦法，以致各執一詞，遇事推諉，國校視實習生爲無能，實習生視國校爲不能，遂造成實習生自生自滅現象。是以今後宜每月由師範學校，會同輔導區之縣市教育科局，召集其國校校長及指導教師，與實習生之小組長，舉行座談會，檢討過去，策勵將來，以免實習生誤了前程，而再疏忽兒童課業。

分發場所　按照規定，實習生二名代替一位進修教師而實習，每校應分發四人至八人爲一小組。但以進修辦法爲暫行，使縣市當局因要求進修者衆，又不知是否續辦，遂不能選自一校；故有一校分發兩實習生，發生宿食不便之嚴重現象。今後縣市當局，亦可將兩校或三校應行進修教師，暫行調至一校，移出班級，庶利集中實習，而便師範學校之指導。至於被分發實習之國校，除應擇交通方便，設備充實以外，最要者其校長須要學驗豐富，勇於負責爲宜。關於實習生宿食一事，原辦法雖未顧及，國校當局既負有訓導管理之責，宜設法挪出房屋使用，以免代租民房，增加學校擔負，更有待遇不一之影響；若聽其自租民房，則有失時加管束其生活之責，況女生住宿校外，其不便更多。

實習行政　學校的行政與教學，兩者是相輔相成的，且原辦法既謂代職實習，則實習行政與教學，自不可偏廢。過去以國校多不予行政之實習，或臨時指定代課，或代批改作業，如同打雜，此不僅忽視功令，且予實習生以不良印象，今後自應改善而加强，卽在一學期內應實習的行政，分爲教務、訓導、總務、研究等，由國校訂其分期實習時間，庶不致顧此失彼。至於打罵教育，及塗改兒童出席簿，僞造兒童健康檢查等行政上作弊惡習，更不可使善良的實習生傳染，且宜自己檢討。

實習教學　原辦法爲規定實習教學，事前須做教案，事後要檢討；並須每週至少有三次參觀所在實習國校，優良教師之教學，以養成其觀摩習慣，故實習生二人實習一班者，在便於學習教育兒童外，得有時間研究教材教法，對國校方面，亦不致影響原包班制度。又原規定實習一個月後，其教案得以從簡，殊不知因此養成青年學生之惰性，甚至有在教學以後補記教案者，或竟留空白等等弊病，故不宜規定簡略；更宜有先由指導者核閱之規定。至實習班級，宜自低年級始，逐漸至高年級，如此可使實習生在教學進程上，得一完整的經驗。而參觀優良教師之教學日程，宜由國校切實排定，既便教師準備，復免實習生疏忽。再則實習所需之教具，與兒童實習材料等，亦宜多予方便，雖然大家都呼其爲『老師』，畢竟是在實習，處處尙須要扶持與鼓勵，而實習生亦不可專存依賴心理。

進修研究　由於學無止境，以及教學相長，實習生必須進修，進修後要研究，如教學過程，指導課業、管理兒童、自製教具等。原辦法訂每週舉行小組座談會一次，每月有研究教學一次，並須閱讀有關教育參考書籍，另作讀書報告，但過去多未能切實做到。今後對於小組座談會及研究教學事項，仍宜由國校先期排定日程，以免小組長之疏忽，其他實習生之逃避，以及指導教師之推辭。研究紀錄，每兩週由師範學校，編成實習通訊，印發所有實習生，再共同研討，如此更有助於實習。至於閱讀書籍一事，以其在校須受三年必修課程，今既離校實習一學期，又未規定延長肄業時間，不免有部份課程不能學習或趕受，使其在學業上打了折扣，如不早日釐訂精確辦法，則應在實習時閱讀書籍方面，可改由師範學校規定其未學習之必修科，由指導教師予以自學輔導，訂期抽查其作業，或予以測驗，以爲補救不可。

指導考核　根據試辦成績，其不能達到預期的效果，多由於指導與考核之疏忽；原因肇於兒童尊實習生爲老師，國校指導者多藉口爲同事，不便指導，或以實習生好談理論，難與實際經驗配合，或僞稱落伍而推辭，既失其個人教學相長之態度，更有虧於政府賦予指導與考核之職責，何況又受師範學校之聘，按照原規定，並由其主管機關，予以職務加給，自無推卸職責之必要；今後唯一焦點，是在與師範學校指導者，如何配合！而師範學校對每一實習生之指導，亦宜改爲每月兩次，注意其言行，切實調閱其批改簿本，並利用座談會，解答其問題，暨與國校指導者交換意見。至於師範學校之指導者之間，亦宜交換意見，使實習有所繩準。

屬筆至此，憶及去秋一般人士，常譏實習生爲『童養媳』，此中況味，可想而知！今而後，我教育當局如欲澈底改進師範生實習辦法，宜於前一學年度開始時決定，以免師範學校師生，於學期中準備辦理而有趕課之苦；並須加强師範學校與被分發代職實習國校間的聯繫。其指導各表，可實行三聯單制，以便下次指導考核之根據。關於師範生在實習期間，倘有不能虛心實習與研究者，或拒受指導，或品行不良，確有不堪造就者，當從嚴懲戒，或令退學，不能如以往調至其他師範寄讀，以免貽害於將來，而矯正社會人士對師範學校每年招生時期之落後，謂爲救濟成績欠佳暨爲貧苦子弟而設的觀念；以及師範生所認爲師範教育，是保障職業之教育的種種錯誤心理。至於指導方面，當責成有關縣市教育科局與師範學校，對指導教師之考核，應切實配合，以爲考績之參考。而師範學校，更宜藉指導實習生之便，再會同督學于實習生所在實習國校，予以一般性的輔導，料效果更大。

總而言之，教育是立國大計，學校是爲社會所有，兒童是國家未來的棟樑，師範生是明日的國校教師，教師是負有傳道、授業、解惑的責任，際此反攻前夕，千鈞一髮，對教育的設施，大家如仍年年『試辦』，誠非今日所應有！

（二）高考及格者應考研究院所問題之商榷

黃健生

高考及格者（指未得有學位者，以下同）應考國內大學研究院所之問題，各方議論紛紜，莫衷一是。不佞不揣淺陋，謹就見聞所得，彙集一文，藉以拋磚引玉。

甲、主張高考及格者得應考研究院所之理由：

（一）五權憲法的要義之一，即在使考試權獨立行使，考取天下英才，高考乃國家最高之考試，凡高考及格者其任官之資格，已較高於大學畢業者。（見公務人員任用法）得以應考研究院所，自屬當然。然而教育當局對是項資格與能力竟否認之，是不啻以行政機關之地位否認立法機關與考試機關之權限，此與五權分立之原理似不無背戾之處。

（二）大學畢業與否，並不是衡量學識的唯一準繩。經由自修而考取高考者，其學識可能超過大學畢業。如研究院所只供大學畢業生投考，而不讓高考及格者投考，自不免要犧牲許多人材。而且是把苦學青年的艱辛成就置之不顧。

（三）美國研究院之研究生可分二類，其一爲攻讀學位者，須先得有學位，始可入院修業；其二爲不攻讀學位者，有志深造者得以其他資格入院研究，不以得有學位爲必要。我國教育部於去年及今春所舉辦之公自費留學考試，以專上學校畢業或高考及格者爲應考資格，即可爲攻讀美國研究院不以得有學士學位爲限者之明證。爲甚麼投考本國之研究院所要限於大學畢業生，而不許高考及格者投考呢？

乙、反對者之理由：

（一）以爲考試院職司考試，其任務在選拔人才；研究院所職司教育，其主旨在培育人才，未可混爲一談，故高考及格者雖有任官之資格，仍不得應考研究院所。

（二）以爲研究院所係授予碩士學位之機關，高考及格者既未得有學士學位，其不得入所攻讀，固所當然。

除陳述兩方意見如上以外，我要提出下列幾個問題：研究院所過去既可准予未得有學士學位者入所攻讀，今日何以不可？此其一。同一國家之內，同一教育系統之下，同一時間（去秋）之招生，何以臺大八研究所高考及格者可應考？政大師大之研究部所卻不可？此其二。據政大政研所浦薛鳳所長稱，該校四十三年之研究生，部份係以高考及格資格錄取。是高考及格者之學力不在學士之下，已有事實之明證，教育當局爲振好學之風，本應繼續確認其資格，何以竟取消之？此其三。未得有學位者既可出國留學，何以不可在國內深造？此其四。各級學校均准同等學力者應考，何獨研究院所不然？此其五。

研究院所以造就人才爲主旨，今高考及格者所要求的，僅「應考資格」而已，並非免試入學，教育當局似不必將其堅拒校外，使其彷徨無措。

自由中國　第十五卷　第六期　內政部雜誌登記證內警臺誌字第三八二一號　臺灣省雜誌事業協會會員　五九六

給讀者的報告

「研究貪污問題的第一課」是本期第一篇社論的題目，讀者一看這個題目，必定感到新奇。我們希望有人把貪污當作一個專門的學科來研究，並無諷刺或立異之意，而是提醒政府當局要從一些貪污事件中眞正領取其敎訓。我們要從根本上發掘出貪污的原因，以澈底防止貪污事件之發生。事實證明，任何違反經濟法則的制度都是便利貪污的。從整肅政治風氣的觀點衡量，除了已被公認爲弊端叢生的林政以外，我們今天在財經上正有甚多的政策與制度，須要重新加以檢討。過去我們有很多違反經濟法則的措施，輒假所謂民生主義經濟政策之名而行者，而一切對國營公營事業的批評，常被官方斥爲自由放任之見，以致造成經濟上之疾重難返。現在我們抛開經濟觀點而僅從政治風氣的觀點來檢討其得失。「政府當局縱然對自由經濟不感興趣，但總不能對政治風氣也同樣不感興趣吧！」

本期第二篇社論是答覆「中國一周」對本刊的指摘。「中國一周」的社論作者指責本刊對教育設施的評論是「强詞攻訐，無端毀謗」。我們站在輿論立場，批評時政，從來都是實事求是，公正負責，絕不唯唯諾諾，吹吹捧捧。誠有「失言」之處，別人的批評，我們當然是要誠懇接納的。但令人失望的是「中國一周」對我們的指責，乃是罔顧事實，只站在頌揚張部長的立場而作的違心之論。爲了證明我們對敎育設施的評論之是否失言，我們將六月前所說的話，和今天的事實與輿論界的一般反響，重加陳述與比較，看看究竟是誰在强詞攻訐？是誰在無端毀謗？

瞿荊洲先生的近著「貨幣供給理論概述」一文，是就當前大家愛談的貨幣供給問題，提出理論的探討。瞿先生不僅是財經界的「識途老馬」，同時也是學殖豐富的經濟學家。如作者所云，是篇之作旨在使吾人對「貨幣供給之理論獲得較爲正確之了解，俾有小補於當前經濟之改進」。本文以文長，將予分兩期載完。

蘇彝士運河現在已經成了東西冷戰的焦點，局勢的緊張頗有大戰一觸卽發之勢。最近五國委員會與納塞的談判已告失敗，西方國家今後當如何打開僵局，和平解決紛糾，實與世界前途攸關。朱伴耘先生從各種不同的角度來觀察運河的局勢，他對西方國家不免因愛之深而責之切。我們研究國際問題不能僅憑一相情願的想法，而須客觀地從各方面去了解，才有助於問題的解決。

張清徽先生的大文，在批評本年度大專學校招生規定國文考試限用毛筆之不當。在寫字工具日趨進步的今日，而規定考國文必須用毛筆，實在是大開倒車的做法。假如考國文一定非用毛筆不可，我們倒要先請那些達官貴人們走出新式轎車改乘四人大轎才對。

本期通訊兩篇，仰光通訊報導「中共攻擊緬甸之經過」，吉隆坡通訊評述「馬來亞公民權的規定」。後者關係馬來華僑之地位，前者足以影響東南亞反共之形勢，都是値得我們注意的問題。

近期因稿擠的緣故，很多佳作均未能及時刋載，如張佛泉先生的「言論自由與百家爭鳴」，張致遠先生的「史家的靈感」，陶賓之先生的「適時調整公敎待遇平議」，齊佑之先生的「論現階段法國第四共和的政治」，傅正先生的「國家要把人當人」，孟浩先生的「論議會機關應有的專家機構」及劉國增先生的「論美元銀行承兌滙票」等大文，均將在以後數期中陸續刋出，謹先預告讀者。

自由中國 半月刊　第十五卷第六期　總第一六五號

中華民國四十五年九月十六日出版

發行人 兼主編　『自由中國』編輯委員會

出版者　自由中國社

社址：臺北市和平東路二段十八巷一號

電話：二 八 五 七 〇

航空版

香港　友聯書報發行公司 Union Press Circulation Company, No. 26-A, Des Voeux Rd. C., 1st Fl. Hong Kong

總經銷

臺灣　自由中國社發行部

美國　自由中國日報 Free China Daily 719 Sacramento St., San Francisco 8, Calif. U. S. A.

經售者

日本　東京僑豐企業公司

韓國　漢城裕昌德號

馬尼剌　大中華日報社

　　　　新疆書店

印尼　椰嘉達天聲日報

　　　　泗水文光圖書公司

越南　西貢中原文化印刷公司

緬甸　仰光振成書報店

印度　加爾各答塔梅學校

澳洲　雪梨瑞田公司

北婆羅洲　西利亞坡青年書店

新加坡　檳榔嶼、吉打邦均有出售

印刷者　精華印書館

廠址：臺北市長沙街二段六〇號

電話：二 三 四 二 九 號

本刊經中華郵政登記認為第一類新聞紙類　臺灣郵政管理局新聞紙類登記執照第五九七號　臺灣郵政劃撥儲金帳戶第八一三九號（每份臺幣四元，美金三角）

自由中國

FREE CHINA

第十五卷第七期

要目

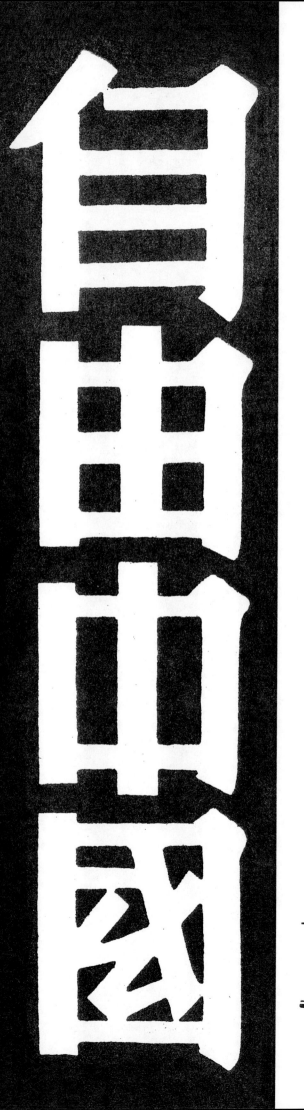

中華民國四十五年十月一日出版
社址：臺北市和平東路二段十八巷一號

半月大事記

九月十一日（星期二）

英法會談運河問題，協議將提交聯合國處理，並表示運河航運如遭干預，即以武力對付。

美總統艾森豪召集會議，討論運河危機。納塞宣稱準備從事戰爭，以防禦蘇彝士運河。

艾森豪發表聲明，必須打開鐵幕裂口，以促進環球諒解，實現持久和平。

九月十二日（星期三）

艾森豪表示，爲保持蘇彝士運河的開放，英法有權採非軍事的有力步驟。

英首相艾登在下院報告，美英法三國同意另組運河國際新協會，保障使用國權益，要求國會授權必要時訴諸武力。

緬甸在野黨反共領袖德欽巴盛抵臺訪問。

美國務院公佈致日本照會，支持日向俄索回領土，並承認提擇國後兩島屬日。

日前首相吉田指責鳩山赴俄，爲向俄無條件投降。

蘇彝士運河外籍領航人員集體向埃辭職。

九月十三日（星期四）

蔣總統對美記者發表談話，警告自由世界提防共匪宣傳詭計，謂中共將利用「八全大會」追隨俄帝和平攻勢。

杜勒斯表示，美支持西德就統一問題，向俄施行世界輿論之壓力。

杜勒斯聲明支持運河使用國聯合會，呼籲埃及尊重公正和平方案。

以色列指控約但軍侵境。

埃及堅決反對西方運河新計劃。

布加寧致函法總理莫萊，商運河危機問題。

九月十四日（星期五）

英國會信任艾登對運河政策，如埃及拒絕協會計劃，英法即訴諸安理會，但仍不放棄以武力爲最後手段。

納塞表示，埃及能够單獨經營蘇彝士運河。

約但軍事發言人宣稱，以色列又向約但攻擊。哈瑪紹呼籲尊重停火協定。

九月十五日（星期六）

運河外籍職員撤離，埃及領航員接管工作。

納塞抨擊西方建議，指爲戰爭宣言。

俄帝指責英法對埃及施用威脅，已使運河情勢危及和平。

俄帝支持埃及召開二十國會議。

俄酋布加寧再度拒絕艾森豪裁軍建議，要求禁止核子武器試驗。

聯合國停戰調查員指責以軍襲擊約但。

九月十六日（星期日）

臺閩地區實施戶口普查。

敘利亞宣佈，埃及敘利亞和約但決定採取共同行動，以抵抗「以色列對約但的任何侵略」。

蘇俄表示將否決任何使聯合國對埃及採取行動的企圖。

九月十七日（星期一）

杜勒斯首途赴英參加倫敦會議，宣佈美國已準備在必要時，資助美國石油輸往西歐。

李承晚指責埃及爲蘇俄奪取運河之掩護。

外籍領航員撤離後，運河交通已呈延滯。

美海軍軍令部長柏克上將稱，運河危機可能爆發熱戰。

九月十八日（星期二）

立法院第十八會期閉幕，俞院長出席報告施政。

新任美軍顧問團長鮑文抵臺履任。

運河使用國十八國在倫敦集會。

埃及照會安理會，反對運河協會計劃，要求緊急處理。

日內閣決定派松本赴俄，探詢蘇俄對領土立場。

九月十九日（星期三）

杜勒斯在運河會議中，提議組織運河使用國協會。

阿拉伯九國聯盟政治委員會指責西方成立運河使用國協會之計劃爲對埃及的威脅政策。

埃及宗教領袖宣言支持納塞。

艾森豪演說，謂美國已盡最大努力挽救運河危機。

以色列指控埃及掠奪以國船隻。

九月二十日（星期四）

杜勒斯在英倫演說，主張和平解決運河糾紛，認國際管制爲公正原則。

塞島希人罷工罷市，抗議三青年被處絞刑。

埃及外長與蘇俄印度兩國代表舉行會議，磋商運河情勢。

九月廿一日（星期五）

俞院長在立院答覆質詢稱，對於蒙藏抗暴運動，政府已採相當措施；改善公教待遇事，正謀根本解決。

外交部發言人稱，關於越南修改國籍法問題，政府已有具體辦法，交蔣代辦對越交涉。

塞島三青年以暴動與謀殺罪，被英當局執行死刑。

美陸軍部長希魯克表示，美軍力能應付任何不測情勢。

倫敦會議結束，同意組織使用國協會，並定十月一日舉行第三次運河會議，商討技術問題。

雷德福演說，謂遠東面臨侵略危險，美須繼續軍援亞洲。

九月廿二日（星期六）

納塞赴沙地阿拉伯京城，會晤沙敍兩國元首，商討運河問題及以埃情勢。

法政府宣佈，法國將參加運河協會，但主張以維持國際管理爲原則。

美大使强生在日內瓦會談中，拒絕匪代表放寬禁運之要求。

九月廿三日（星期日）

英法要求安理會處理蘇彝士運河問題。

英殖民大臣演說，謂英國能控制埃及水源，使埃及全國變成沙漠。

艾森豪向美國會報告，美援半數用於遠東，中韓越三國獲大部份。

「自由中國」的宗旨

第一、我們要向全國國民宣傳自由與民主的真實價值，並且要督促政府（各級的政府），切實改革政治經濟，努力建立自由民主的社會。

第二、我們要支持並督促政府用種種力量抵抗共產黨鐵幕之下剝奪一切自由的極權政治，不讓他擴張他的勢力範圍。

第三、我們要盡我們的努力，援助淪陷區域的同胞，幫助他們早日恢復自由。

第四、我們的最後目標是要使整個中華民國成爲自由的中國。

社論

（一）

教育部長張其昀的民主觀——君主的民主

「民主」一詞，到了現在，加上去的形容詞越來越多。這也就是說，它的品種也越來越多。赫赫有名的品種，有「人民民主」，有「新民主」，還有所謂「民主專政」。這些新奇的品種，已經夠政治科學家去研究了。想不到，接踵着這些新奇的品種之後的，還有更新奇的品種出現。它就是「君主的民主」。這個名詞，也許讀者覺得陌生，也許有的人士覺得自相矛盾。因爲，既然是「君主的」，就不是「民主」的；既然是「民主」的，就不是「君主的」。「君主的」和「民主」二詞不能放在一起鑄造成一個合理的新名詞。然而，在事實上，「君主的民主」確實已經出現。出現的地區，至少就表面看來，不能不說是屬于自由世界這一邊。

如果有的讀者對于「君主的民主」這個名詞惶惑莫名，那末請看現任教育部長張其昀氏所講的「民主政治三大眞諦」(刊在政論周刊第八十八期)便知。在那篇講演詞中，張其昀氏對民主的解釋是這樣：

「民主政治的三大眞諦，一曰愛民，二曰敎民，三曰養民。」

這眞是不折不扣的「君主的民主」之定義。

對于民主缺少認識的回國華僑青年，或中國其他部份的人民，也許一時看不出隱藏在這一「詮釋」背後的君主思想。爲了幫助大家對民主有正確的認識，我們且把隱藏在這一「詮釋」背後的君主思想揭示出來。我們所做的這種工作，不是別的，只是像晒照相底片一樣，把底片上不易辨識的圖影晒露出來，給大家看個一淸二楚。

首先，我們所要分析的是「愛民」。「愛民」一詞，乍聽起來，並不犯錯呀！難道你反對「愛民」嗎？但是我們要提醒你：在西方現代民主國家，根本沒有「愛民」這一說。只有在東方的專制時代，才有「愛民如子」之聲。在從前，作個把縣官，就叫做「父母官」。他是那一縣所有老百姓的「共父」。這位共父，只要不太擾民，在任內修了幾座橋，老百姓就送他一塊「愛民如子」的匾。這是「愛民」的歷史文化傳統淵源。「君主的民主」論者之「愛民」說是接着這一傳統來的。

提起「愛民」，無可避免地引起一些嚴重的問題：誰來「愛民」呢？誰有「愛民」的先天資格呢？愛民是否某一類人底特權呢？是否有另一類的「民」非接受他們底「愛」不可呢？「愛者」與「被愛者」之間是怎樣的一種對應關係呢？是像老子與兒子之間的關係嗎？如果是的，那末根據何在？如果不是的，那末「民」不願被「愛」時是否有罪？對於這些根本問題，倡「愛民」說者必須明白解答。決不可含含糊糊。如果含含糊糊，那末一定是有毛病。

倡「愛民」說者又從講「愛民」跳到講「愛國」。他們說「愛民必須愛國」。這一箭步怎樣跳得過，我們且不去管它。他們馬上接着說「自由主義者」是「不愛國的」。如果國家不存在，「自由主義者」便無立錐之地。

此時此地，是否有他們口中所說的「自由主義者」，我們不知道。無論此時此地是否有他們口中所說的「自由主義者」，在事實上，我們從來沒有聽過眞正的「自由主義者」不愛國的。如果「自由主義者」不愛國，那末歐美民主國家在第二次世界大戰期間早亡於希特勒了。「自由主義者」所不能「愛」的，是任何政黨總是藉口把國家置于其獨佔之下。這一獨佔，看來似乎很有理由；而一究其實，不過是一點點權利欲和支配欲在作怪而已。「自由主義者」所不敢亦不忍苟同的，是任何政黨無論把國家弄到什麼地步，國人一概不能過問，一概不能究詰眞相，只有無條件地贊同的分兒。也許，這正是「自由主義者」令人看來不够溫順之處。

至少就中國近幾十年來而論，「自由主義者」所致力的主要工作是啓蒙運動。他們不會耍槍桿，不作實際的政治鬭爭。他們對于一個政權也許不够盲目「效忠」。然而，無疑，他們是中國社會進步革新之最重要的動力。摧毀了這一動力，中國社會的生機一定死滅。極權暴政者如共黨之流之剷除自由分子不遺餘力，可以證實「自由主義者」對于共產集體制度如何構成實質的阻礙。「自由主義者」之爲一個國民，與抱持任何「主義」者之爲一個國民無殊。既然「自由主義者」也是一個國民，於是他生長在一個國家的土地上，當然也就有了「立足之地」。他們沒有帶來一寸土地，也不會失去一寸土地。國家的土地是屬於人民全體的，不是任何政黨賞賜的。除了移植的以外，任何政黨都是國土裏生長出來的。在未有該政黨以前，早已有國土了。近幾十年來，如果掌握政權的政黨稍微注重中國人作人的美德，自我謙抑一點，「自由主義者」何致弄得「無立足之地」！「自由主義者」無辜。那既要獨攬國家存亡的命脈但却又無法穩定國家大勢者，是沒有資格批評「自由主義者」的，也沒有資格批評政治漩渦以外的任何人。

倡「愛民」說者從「愛民」轉到「愛國」，又從「愛國」轉到「反對帝國主義」。時至今日，要談「反對帝國主義」，當然只有反對蘇俄帝國主義。但是，反對蘇俄帝國主義，不是已經包含在「反共抗俄」口號之中了嗎？既然有了「反共抗俄」口號，何必另起爐灶，特別强調「反對帝國主義」呢？被指爲「帝國主義者」的，除了蘇俄以外，只有西方。現在既然除了抗俄以外還要强調

「反對帝國主義」，所反的似乎就是西方了。反西方的種種原因和心情，我們是很能了解的。我們且不討論這些原因和心情，我們現在只想提醒一點：聰明人決不於同一時間在兩條線上作戰。這是一個起碼的常識。如果一個人違背了這點常識，他勢必日陷孤立的。

第二、我們要分析「教民」之說。既然高談「教民」，自然是以「作之君，作之師」自居。這麼一來，「教民」說所引起的問題，在基本性質上，與「愛民」說一樣：誰來「教民」呢？誰有教民的先天資格呢？復次，在「教者」與「被教者」之間的關係是怎樣的一種關係呢？「教者」是否先知先覺而「被教者」是否後知後覺呢？如果是的，那末這一區分是以什麼爲根據呢？假若有人不接受這個樣子的「教」，那末是否因其「違反革命教育」和「自甘墮落」而施以懲處呢？這些問題倡「教民」說者有義務予以明白的解答。

我們必須明瞭，只有極權國家才把「教民」之事掌握在政府手裏。蘇俄所實行的是「計劃教育」，「革命教育」。西方民主國家向來不過問教育的事。照西方的傳統看來，教育乃屬良心自由，知識自由之類的事。教育之正當目的，決不是灌輸黨化思想，或把人當做政治工具；更不是藉官方力量，强迫配銷官方製造的世界觀、國際觀、和人生觀。教育之正當目的，是使每一個人的心身得有健全的發展；使每一個人能够客觀地認識自然界、社會界、和國家的眞相；使每一個人獲致謀生的技能和知識。

倡「教民」說者的思路，從「教民」輕輕溜到「治民」。他們談「治民」，就是依據「國家有機論」，來「組織與訓練民衆」。藉此，他們詬病「自由主義者」，說「自由主義者」主張「無爲而治」。

「國家有機說」在理論上之不通，今日已成政治社會學說上的常識，在實際上它已被用作極權統治者扼緊人衆的「哲學基礎」。「國家有機說」者把「國家」看作一個大有機體，個人是這個有機體內的細胞。這種說法，根本是建立在錯誤的類比推論之上的。利用這一錯誤說法者之實際的作用，不過想藉國家之巨靈，來吞沒一切個人而已。

「自由主義者」並不主張「無爲而治」。「無爲而治」是古代的事。「自由主義者」所不敢苟同的，是藉「有爲而治」之名，行控制萬人之實。西方世界可以說主要地是「自由主義者」的世界。西方社會治道之良，豈是動輒强調「控制」者所可比擬？「自由主義者」並非不講組織。如果「自由主義者」眞的不講組織，何能打敗組織堅强的希特勒勢力？現在何能抵禦共產勢力？不過，「組織」與「驅策」是有分別的。「自由主義者」口裏不叫嚣「組織」，他們的組織是堅固的。叫嚣「組織」者則是在事實上藉「組織」以行「驅策」。一行「驅策」，就是把人不當人。這樣的「組織」，「自由主義者」當然不能同情。

第三、我們要分析「養民」說。倡「養民」說者道，「自由主義者」對「國計民生」主張放任，聽其自然。於是，經濟上自由競爭的結果，造成貧富懸殊的現象。

我們眞是抱歉，這種說法簡直是從共黨那裏原封不動地抄來的。可惜，抄襲者太孤陋寡聞了。這是共黨的過時貨。共黨所攻擊的是以十八世紀的西歐爲對象。現在是二十世紀六十年代了。在二十世紀六十年代還要摭拾共黨用以攻擊十八世紀西方「資本主義」的論據來攻擊西方，眞是無的放矢。從名詞來了解事物常常是盲目的，最可靠的方法是觀察實際的情形。從實際的情形來看，十八世紀式的西方「資本主義」幾乎成爲古董了。近幾十年來，英國經濟之直接或間接受費邊社的影響，這是不用說的事實。美國的「資本主義」，在根本上逐漸脫離「資本主義」發展的初期形態，而步入「資本主義」晚期的形態。這一形態，美國人自己叫做「人民資本制度 (People's Capitalism)」。蘇俄所行的在實際上是「國家資本制度 (State Capitalism)」。在這種制度之下，代表國家的官方成爲資本家，人民則成爲勞工。爲了保持這種制度，蘇俄廣植特務警察以控制人民的身體活動；藉宣傳「主義」以蠱惑人民的頭腦，使他們認爲這種制度是到幸福之路。美國則提出「人民資本制度」以與之對抗。人民資本制度的特色，乃資本爲人民大家所共有。反托拉斯法案之確立，獨佔趨向因而逐漸消滅，於是社會日益福利化。美國許許多多工廠，工人可以隨意購買股票。勞資雙方蹐蹐一堂決定大計。醫藥養老人壽保險，等等顧慮之周到，不是自由世界以外的人所能企望的。所謂「勞資對立」，不流一滴血，不費一粒彈逐漸消弭於無形。還有何「資本主義」可言？

西方世界這種經濟制度是經過幾百年的試驗，而且現在還在繼續不斷試驗之中。事實證明它是效率最佳的經濟制度。倡「養民」說者，認爲中國今日在經濟上面臨的問題，既非放任又非計劃問題，而爲能否培養民力，充實國力的問題。請問他們拿得出什麼具體的辦法呢？多少年來的經驗告訴我們：經濟的事，經官方過手，就變得事事限制，處處掣肘。在這種情況之下，又如何「培養民力」？

綜觀上面所說的「愛民」，「教民」，和「養民」說，其中含有軍國主義、法西斯主義、復古主義、狹隘的民族主義、國民經濟主義、尤其是「牧民思想」。然而却找不到一絲一毫民主思想的痕跡。這是很令人失望的事。

既然在上述的思想之中找不到一絲一毫民主思想的痕跡，何以硬要叫做「民主」呢？這就是用名詞之自由的問題！照上述的思想看來，所謂「民主」也者，就是一個大君主爲中心，輔以從龍之衆，在一套由極少數人定奪的大計劃之下，來「愛民」，來「教民」，來「養民」，以完成一個「偉大的歷史使命」。這也就是所謂「大有作爲的政治」。這種「民主」，我們實在無以名之，只好名之曰「君主的民主」。「君主的民主」，做到極好處，充其量不過是「慈惠的君主專制 (Benevolent Despotism)」而已。然而，慈惠的君主專制，一與現代統治技術結合，只要稍微有點偏私，就變成極權暴政！

我們現在只提醒大家一點就够了。民主的眞正核心是基本人權之肯定。凡避開基本人權而談民主者，不是對民主感到不安，便是對民主沒有誠意。

社論

(二)

司法偵查權不容侵越

在監察院九月的月會中通過了一個有關保障人權的提案。案由照錄如下：「爲臺灣省保安司令部對於無軍人身份之人民及官吏，往往輒行逮捕，經長期間之扣押偵訊，然後移付法院，不惟逾越軍法劃分之權限，抑且有損法院檢察處之偵查權，擬請司法委員會調查，以重人權，而崇法治。」關於此類問題，我們過去曾數度爲文論及；我們認定司法與軍法如不能嚴格劃分，則法治無由澈底樹立，人權難期確實保障。但政府雖曾一再表示厲行法治之決心，而此種不正常的情形却依然存在。現在監察院方面既已有此與我們相同的看法，認爲應予調查，相信必能於調查之後，提出具體的糾正辦法。

保安司令部，爲一軍事性質的維持治安的機關，凡不屬於足以構成擾亂治安的罪嫌，該部應無權過問。尤其在四十三年俞院長上台以後，將四十一年五月陳院長所制頒的軍司法劃分辦法作了更進一步的劃分之後，更明確的縮小了軍法的管轄範圍，只有㈠軍人犯罪及㈡犯戡亂時期檢肅匪諜條例懲治叛亂條例所定之罪是屬於軍法，其餘如㈠犯懲治盜匪條例所定之罪，㈡非軍人勾結軍人犯懲治走私條例所定之罪，以及㈢犯刑法公共危險防害秩序之罪於地方治安有重大危害者，均劃歸司法範圍。依此規定，可見保安司令部所能偵查、拘捕與審訊的只限於間諜罪與叛亂罪兩種，即與治安有重大關係觸犯刑法公共危險防害秩序之罪，亦已不在保安司令部職權範圍之內，則其他與間諜罪或叛亂罪無關者，保安司令部當然更無權過問。這是政府的煌煌法令所規定，如果不嚴格遵守，便是越權，便是違法。政府爲維持威信，對於任何機關有越權違法之情事，自均應予以糾正或制裁，決不能明知不問。然而事實告訴我們，自四十三年俞院長明白規定軍法司法劃分的辦法之後，保安司令部所辦理的案件，經報紙公開報導的，如商人漏稅、走私、官吏貪汚舞弊，以及官商勾結等等，均顯然不特與匪諜、叛亂無關，而且與地方治安也毫不發生連帶關係，可是保安司令部仍然照常偵查、拘捕、審訊，必須等到人犯俱全，審訊完畢，然後才移送法院。遠的且不用說，即以最近臺灣省政府農林廳林產管理局局長皮作瓊涉嫌貪汚舞弊一案而論，即是一新鮮而顯明的例證。上述監察院調查案之成立，是否即係有感於皮案而發，我們雖未便懸揣，但是這一個案件至少對於保安司令部之侵犯司法偵查權是一個最好的說明。

皮作瓊身爲省政府的高級官員，如其涉嫌貪汚舞弊，不僅任何機關可以檢舉，即普通人民亦可檢舉，但除主管長官及司法機關之外，則其權力只限於負責檢舉，而決不能直接處理本案。保安司令部在得悉皮作瓊涉嫌貪汚舞弊的情事之後，只能將此項情報通知省政府、農林廳或監察院，依法處理。如果保安司令部認爲本案情節重大，恐防洩漏機密，以致被犯罪者淹沒罪證，也可以立即通知司法機關，由司法機關發動先行拘捕，再行查辦或偵訊。可是對於皮案，保安司令部根本沒有按照上述的手續去做，竟爾直接將皮作瓊以及其他涉嫌人員予以拘捕。這一干人犯在保安司令部扣押達數十日之久，然後才將其移送法院。對於皮案本身，既經司法機關受理，我們暫不表示意見。但是我們對於保安司令部顯然越權違法的情形，則不能不深感遺憾。我們記得俞院長上臺之始，即揭櫫「崇法務實」爲施政之本，今以臺灣一省之保安司令部竟能不遵中央軍法司法劃分之規定，侵犯司法獨立之權，而未聞及時予以糾正制裁，眞不禁使我們要問一問：這究竟是所「崇」何「法」？所「務」何「實」？

或者有人認爲憲兵和警察原具有司法警察的身份，因而對於觸犯普通刑法之罪犯可以逮捕，因此保安司令部自可派憲兵去拘捕那些觸犯普通刑法之罪犯。或者又有人認爲省政府主席是兼保安司令的，則其以此項資格下令拘捕省府犯罪屬員，似屬無可非議。同時嚴家淦主席在皮案發生之後又曾向人表示，該案之所以由保安司令部辦理，乃是因爲案中牽涉有軍人身份的人員。凡此種種說法，只要是一個稍有法律常識的人，都可以明白其爲似是而非，甚至可說是故意曲解。我們知道，所謂憲兵和警察之具有司法警察身份者，乃是便於接受司法官之指揮，協助辦案，而非憲兵和警察本身即具有處理司法案件的權力。同時，即令是警察機關拘捕現行犯，亦只以二十四小時爲限，超過此一時限，如未獲司法機關之許可者，即爲違法。現在保安司令部對於觸犯普通刑法之罪犯，竟可因調查偵訊，將嫌疑人犯拘押數日或數十日之久，這是顯然侵犯了司法機關的權限。至於省主席與保安司令雖同爲一人，然其機構與權責各別。皮作瓊既非擁有武力足以拒捕，省主席一紙文書，即可移送法院，自無庸借重保安司令部的名義或動用保安司令的力量之必要。如再以嚴主席所持之理由來說，因該案牽涉有軍人身份者，即須由保安司令部辦理，這更是不通之論。該案主犯既非軍人，案中縱或有軍人身份者被牽涉，亦只能於案情確立後將其牽涉軍人之部份移送軍法審判，決無全案交由保安司令部辦理之理。果如嚴氏所云，則行政院過去之將「非軍人勾結軍人犯懲治走私條例之罪」劃歸司法範圍，豈不是不應該的嗎？而且自皮案發展到今天，根據各報的記載，我們還沒有發現那一個罪犯是具有軍人身份的，因而對於嚴主席的那一個辯解，更使我們爲其不能自圓其說而擔憂。

保安司令部辦理匪諜案件是有其輝煌的成績的，但從維護法治及保障人權的立場來看該部的若干舉動，必得嚴加糾正。我們希望監察院這個調查案能够成立，更進而考驗我們政府「崇法務實」的眞實性。

言論自由與「百家爭鳴」

張佛泉

共匪近來提出「百花齊放，百家爭鳴」的宣傳口號。毛匪澤東先在僞「最高國務會議」席上宣佈了這個「對文藝工作主張百花齊放，對科學工作主張百家爭鳴」的「政策」。僞「宣傳部長」陸匪定一又在懷仁堂發表一次長的講話。這個二「百」口號居然引起了許多人的注意。

共匪最長於這類的文字戲法。他們常採取民主國的流行名詞，用以代表一套完全不同的事實。這樣便很能收「魚目混珠」，「以紫亂朱」的效果。他們並且還會利用同一名詞反擊原有的名詞。例如以他們所謂「民主」「自由」批評英美的「民主」「自由」，並誇稱青勝於藍。

這種文字魔術，何以居然能騙過許多人呢？其實，這並不足爲奇。原來受騙的正是一些天眞的，對於自由民主制度全無瞭解的人。這正如相信祖傳秘醫的，多是一些沒有科學頭腦，而寄望於奇效金丹的人們。

但如欲「破」這種文字戲法，却是極難的。我們看科學的醫學贏得人們信仰是如何之難，也就可推知欲「破」共匪的這種巧妙宣傳將是如何的不易了。我們必須對民主的理論建構和它的實際運用先有了澈底的瞭解，方能看穿共匪甦子下面的手法。若要大衆的人能對共產病魔取得永久的免疫性，則更有待於建立實實在在的自由民主制度。

現在先讓我們試着對自由民主的理論建構，作一番解說，然後指出共匪的「百家爭鳴」，遠非民主制度中的言論自由。

一　言論自由與民主過程

我們如對民主理論建構及民主程序加以分析，便可以見到以下的諸「預設」(Assumptions) 及特點。

(1)「人當人」的原則。這是近代民主學說中最基本的預設。人盡是人。人人都爲「目的」，而不是「工具」。人人都有他的價值與尊嚴。人不得否認人。人之生係出自神恩，而不須經另一人之許可。人生斯世，都係理直氣壯的，而不必對任何人持抱歉態度。我們在此不論此預設之道德的及宗敎的來源。只就民主政治而言，此預設乃是絕不可少的。有此「人當人」的原則，方有自由平等可言。近代所謂「個人」主義，主要係指民主理論逕以諸「個人」爲起點而言。

(2)共同生活目的乃係自討論中形成的。「人當人」的原則並非一孤立原則。當我們提及「人當人」時，同時已含有共同生活的意義。人的生活主要是共同生活。現代生活尤不可能是孤獨的。人彼此承認爲人，因彼此須相依賴。共同生活必有目的。此目的非由天外飛來，亦非由內自然發生，乃係衆人在共同生活中努力創造出來的。共同生活目的之創造與決定，正是在自由討論中所完成的。愈是牽涉到每人生活的目的，愈是重要的共同生活目的，便愈需詳細的和熱烈的討論，便愈需衆人參加討論和主動接受其結論。重要的共同生活目的之決定，例如國體問題或財產制度問題，必須經過相當長時期的爭論，方望能達成一正式的決定。

(3)一代一代的問題，大致均望自討論中求得解決。這又是民主政治的基本預設之一。人類開化的歷史，證明了人的生活乃是愈演愈複雜的。在民主生活方式下，因人均有充分提供問題的自由或權利，故問題發生亦最多，論辯、磨擦、競賽、爭奪、……幾乎層出不窮。但人們在此生活方法中却更信一切問題都可自討論中予以消除、解決、超越。此正「論難往來，務求至當」之謂。民主生活不僅承認人各有其優點，亦承認人及其所組成之團體均有其劣點，均犯錯誤，均顧自私自利；但同樣相信一切錯誤、愚蠢、弊端、等事實均可自討論中發現，藉此以尋求新的改正。若遇有重要問題，不能自討論中求得解答，而竟演爲流血爭鬪時，即視爲民主方法之最大失敗。民主政治不以砍殺爲方法，而以自討論爭辯中創造與再創造實際生活之和協爲方法。

(4)人權的保障。爲求民主生活之得以進行，人乃以法律力量保證若干「權利」。這些權利主要正係民主生活方法。例如被稱作「第一自由」之言論自由，即正是民主生活中基本方法之一。又如置產權，亦正係保證個人尊嚴之基本方法。若以玄學的觀點而論，則人之思想與財富莫非整個社會之產物，而個人權利反係出自「抽象」。殊不知，此等權利之保障正是共同生活中所必不得不採的方法。爲保證個人之得充分發揮其無盡的潛能，爲使共同生活得以達到其無限的成就，諸權利之保證實是民主生活之開始的條件。有此人權與自由始有建立民主國的條欵。由首先確認「自然」權利與諸自由，民主國乃得達成。吾人若分析現代民主國「構成法」(即憲法)中之「人權表」或前於「構成法」之「人權宣言」，即可見現代民主國之正式起點恰係諸權利與諸自由。

(5)革命與建國的區分。革命本是人民最後的武器。當政治上種種措施爲人民所不能忍受，且無任何和平方法得加以改善時，人民便只有革命。普通所謂革命係指利用武力推翻原有政權而言。但革命與建國在民主觀念下，却被視爲截然不同的二事。革命之成功，只是舊治之推翻，不即是民主國之建立。民主國的建立須依據諸基本自由。立國之目的須先經過衆人之無限制討論與自由接受。若以推翻舊治時的武力一直應用到建國程序中，即成爲「以暴易暴，與亂同道。」這樣的革命不僅將循環無已，即任何一次革命亦已失去其道德根據。爲爭奪天下的流血「革命」與以武力保持的永久革命只值得我們呪咀，而不值得歌頌與誇耀。

(6)社會與邦國的區分。在民主觀念下，社會與邦國應各有界限。民主國乃係建在社會之「上」或說是建在社會之「旁」的。人的某些方面的動作稱爲社會生活，這些動作的另些方面則有時須受法律管制。例如男女結婚必有法律保障，但圓滿家庭生活卽屬於社會範圍。又如人們的自由討論屬於社會生活，在討論中發生了糾紛，便轉由法律程序予以解決。故言論可說是人與人彼此間的事，保障每人的言論機會則是政府的事。(這正如玩棒球。拋球、打球等動作乃是球員的事，裁判員的職務主要是執行球規)。社會與國的界限是很重要的。僅有社會而無國，則必陷於混沌。如以國吞併社會，則必成極權統治。社會與邦國相輔相成，人的生活始得圓滿。古代人類生活簡單，社會與國的差別，不易見到。近代社會生活愈演愈複雜豐富，因而需要一種政治組合只保障與協和社會生活，而不干擾此種豐富與自主的生活。這樣才有民主國的興起。故我們可以說社會生活是慢慢演變出來的，而近代民主國則是用「人權表」與「構成法」所構成的。

(7)由討論以至控制。人們藉着邦國以保障他們得在社會中討論問題，爭辯是非，創造公意；復以此公意爲依據轉而透過議會制定新法。民主政治主要是這樣一個創造過程。個人、團體、政黨、議會、內閣等都參與這討論過程。人民不只參加討論，表現意見，爲切身利害而奮爭，進一步，更藉着投票的方式，決定柄政者的去留，運用最有效的控制權力。得民心的便得當政，失民心的便不得當政。(卽使情感上的喜惡，也成爲重要的因素。)這樣才是人民控制了政府，而非政府控制人民。這才是人民作主，而不是由誰作民之主。所以在民主制度中，柄政者必有任期，必有進有退；只有進而無退，人民便等于失去控制；進人易，退人難，人民亦未算牢握住控制權。

由以上的分析，我們可以見到，言論自由乃是主要的民主方法之一，在民主過程中具有極重要的作用。

二　極權制度與「百家爭鳴」

根據上面對民主理論的瞭解，我們再來分析極權制度與這次共匪所倡的「百家爭鳴」。

(a)我們都曉得，共匪之政權乃是在我國長期抗日戰爭中，利用詐騙，藉着暴力才取得的。共匪以搶奪人民財產分給一些一無財產的鄉愚，當爲徵兵的手段，然後發動人海戰術，來爲他們爭取天下。打天下就是他們所謂「革命」。這「革命」又是永久繼續的，永無期限的。它的「敵人」永是掃不盡的：有內敵，有外敵，有行動敵，有心中敵。所以要「三反」「五反」，「坦白」「批評」。

(b)馬列主義是神聖目的。共匪不只以武力爭得了天下，並以馬列主義爲最高目的，强加到幾萬萬人的頭上。馬列主義不是中國的，尤不是現代的。馬列主義(卽使是社會主義也好)如有被接受爲中國立國的最高目標的可能，最少要先在中國討論爭辯一百年。這種「主義」不但影響到每一人，並會急劇地改變每一人的全部生活，改變全社會的傳統與制度。然而馬列主義沒有經過我國人的討論，却被共產黨代立爲中國人全部生活的總目的。這目的一經確立，便更成爲不可議的。

(c)普羅階級高於一切。共產黨的另一「預設」就是普羅階級利益高於一切。近代極權制度都以「整體」作爲出發點。意大利法西斯以 Nazione，德國納粹以 Volk 爲至上，所有共產黨則以工農階級爲至上。他們認爲這「整體」才是眞實的，個人只有在此「整體」中方有生命，方有意義。個人無所謂目的與價值。只有「整體」方有目的與價值。所有的人都是此「整體」的工具。

以上三點就是共產黨全部理論與實施的基本「預設」。這與民主制度所根據的前三個「預設」恰是針鋒相對的。民主所根據的「預設」乃是經過推敲的，並且不斷受着推敲，它是顚撲不破的。極權所根據的三基本預設則是十分可疑的。所以共產黨不敢討論它，更不敢容人討論它。討論它便是反革命，反社會主義，反階級利益。反三者中任何之一，立刻卽成爲「人民之敵」。

近代極權歷史的經驗，已證明「整體」之說，多半是文字魔術。「整體」常被當作一張虎皮，蒙在它下面的實是一隻驢——是這隻驢在嚇唬其他的動物，是這隻驢依着自己的意志在作威作福。共匪革命與民主革命亦不能相提並論。共匪革命的目的，在爭奪天下，在搶到政權以奴役其他所有的人。民主國不斷努力消除社會差別，共產黨却傾全力製造階級對立。最值得挑戰的，便是馬列主義或社會主義。我們堅決向這類極權主義挑戰！吾人共同生活目標與價值是要我們自己在自由討論中創造，要個人主動接受的。一人如何得代其他所有的人訂立生活目的？我們完全懷疑一人如何得以計劃其他無數人的生活，如何得以計劃無數後代人的生活！沒有人有這種特權！人的生活，尤其近代生活，是需要計劃的。但計劃必須有限度。計劃如何被公衆採納，首需經過澈底討論。覇佔了政權，利用强制力，一人以他的理想或意志來支配其他無數的人，乃是最危險的企業！一人無限度的計劃其他所有人的一切，是完全沒有道德根據的！不允許對某一學說的基本「預設」加以討論，便是最違反科學精神的，最武斷的！

我們再看一看共匪「言論自由」的實際。

(d)在這方面我們立刻要指出，共匪的言論自由乃是一種「恩准」。他們不是將言論自由當爲自然權利予以無條件承認，復當爲基本權利予以有效的保障，如我們在上面(4)節所述。在民主觀念下，言論自由乃是開國的條件之一。現在共匪却拿「百家爭鳴」，當爲一種「政策」，由毛匪在僞「國務會議」

上來宣佈！由此更可見僞憲法第三章中所訂「基本權利」全是虛假的。民主邦國不以言論自由爲政府的「政策」，而以之爲「天經地義」(請恕我借用這幾個字)。言論自由，在觀念上，可說是在邦國之先的。共匪何以在此時不早不晚宣佈此政策？除了爲緩和國際間的批評，以配合「笑臉攻勢」，主要由於共匪現在自信它的政權已相當穩固，不怕人們不痛不癢的批評。以言論自由當爲一時的「政策」或策略，恰好說明共匪的不民主。

我們還很容易指出，(e)在社會主義國家內一切宣傳工具完全在政府控制之中，違背政府的言論無處可以發表。(f)，在共匪政權下，人民的胃腸亦是受着控制的。尤其一些殘存的能言能論的人們的胃腸完全要仰「人民」政權來塡充，除此之外，他們沒有方法自去覓食。一天早晨人民政權忘記供應，能言之士的胃腸到下午便要轆轆作鳴。百家能言之士的胃腸得不到供應，百家胃腸便很快「爭鳴」起來。百家的口惟有響應百家胃腸的鳴。百家胃腸既經國營，「百家爭鳴」的企業亦必然是國營的。

我們在上面第(6)點中所說，人民的自由必在邦國與社會區分之下，才能得到完全的保障，乃是十分重要的。保障基本自由必藉重邦國，享用諸自由則必在社會中進行。消滅了社會便等于消滅了享用基本自由的環境。極權制度以邦國吞併了社會，完全吞併了社會。在這種情形下，他們會有言論自由？亦只能有「百家爭鳴」罷了！

(g)這樣的「爭鳴」更不會產生甚麼效果。我們在前面第(7)點中指出，民主國人經過自由討論，求得共同認識與一般見解之後，更可由此決定當政的人選。民主國人可以在不同的政黨中選取一黨。藉此法，人民對政府運用實際的控制。試問在一黨獨裁之下，「百家」在「爭鳴」之後，對于匪黨這個黨不滿意時，有甚麼和平容易的方法能把他們去掉？不能產生重大的政治效果，「百家爭鳴」又有何意義？在專制時代，卽使有人敢冒死陳詞，皇帝在他的萬言書上批個「知道了，欽此」，就算了事。「百家爭鳴」所得到的效果不會大於這樣的一道御批。

總之，共匪在開會在討論時都是有控制的。他們先有結論，再透過會議的方式利用全體的名義予以公佈。這就叫做「民主集中」。普通人講話，若不先揣摸到「中央」的思想方法，不犯偏左，便必犯偏右的錯誤。馬列主義還要憑官方解釋。你若依己意引經據典大發議論，教條主義的罪名立刻加到你的頭上。一切須聽「毛主席」的宸斷。「百家爭鳴」的「政策」，往最好處說，不過像以前皇帝下詔求直言。皇帝旣求「直言」，臣下便不得不言。他們也有一套現成的應付方法，那就是「舍大規小，留餘地以自全，而聊以避緘默之咎。」這正是沒有不說話的自由。

共匪明明是罷黜百家，獨尊馬列，現在却來倡「百家爭鳴」！我們要正告天下，這是騙不過人的把戲！有馬列一家，便容不得百家。至此，我想替共匪的宣傳文字略加修飾。共匪所用的「百花齊放」，「百家爭鳴」，「花」字對「家」本不妥當。「花」字應對「鳥」或「蟲」。這「政策」不如卽稱爲「百花齊放，百鳥爭鳴」。(或「百蟲爭鳴」)。「鳥」指鸚鵡、百靈等(「蟲」指一些應聲蟲和可憐蟲)。「百花齊放，百鳥爭鳴」，正是懷仁堂前的適當的點綴。

「百花齊放，百鳥爭鳴」，如何能比附民主過程中的言論自由！

(上接第10頁)

外謀生活；國家與人，有其不容絕對分離的關係。但儘管彼此的關係，有如此的密切，究竟國家只是工具，人才是目的。因爲國家畢竟是一個抽象的概念，人才是具體的存在；所以國家不應爲本身這個抽象概念而存在，也不應爲統治者而存在，而應爲人民而存在。

所以說：國家要把人當人。

在政治思想上，有所謂無爲主義，像老子的主張；也有所謂無政府主義，像克魯泡特金(Knopotkin)的主張。這類思想之所以發生，主要的原因，是由於有爲和有政府的結果，非但無益於人，而且有害於人。雖然這類主張，並非絕對的眞理，但要是有爲和有政府的結果，反而使人民的生活更悲慘，又爲甚麼要主張這種的有爲？更憑甚麼主張有這種的政府？假使有國家的結果，不能使人的生活更完滿，反而是不把人當人，又爲甚麼要國家？不管人類的祖先，究竟是根據何種理由，而建立了國家。試靜心的想想：莊子所謂：「夫赫胥氏之時，民居不知所爲，行不知所止，含哺而熙，鼓腹而遊。」擊壤歌所謂：「日出而作，日入而息，鑿井而飲，耕田而食，帝力於我何有哉？」這兩種初民時代的混沌境界，儘管物質生活比現代落後，但比到生活在極權主義的國家裏，其逍遙自在和悠然自得的神情，豈不太值得留戀？太值得嚮往？

但事實很明顯，現代的人，似乎根本無法與國家絕緣，所以儘管國家不好，究不能便主張廢除國家。幸而國家雖非必然把人當人，也不是必然不把人當人。

根據以上的分析，國家是否把人當人，主要的關鍵，在這個國家的政治，是建立在民主主義抑或是極權主義的基礎上。這是因爲：民主主義的國家，把人當人；極權主義的國家，不把人當人。

人旣然是人，便該活得像一個人。誰能有資格否定這一點？誰能有特權否定這一點？但極權主義的國家，旣然不把人當人，凡是人，便有權打倒統治者，使自己的國家，把人當人。所以生活在極權主義國家的人，便不該聽任國家的壓搾，寧可做「叛徒」，絕不能做奴隸。具體的說，便該起來爭民主，使自己的國家，成爲一個民主主義的國家。

國家要把人當人

傅　正

一

所謂國家，在政治學的立場，作爲一個概念而言，是指一羣爲共同目的而結合的人民，佔有一固定的領土，具有一個表示或執行最高意志的機構，不受或幾乎不受外來的統治。

所謂人，是指構成國家要素的人而言，包括你我他在內，是一個有血有肉有思想有情感的有機體，是實實在在具體存在的，但又是不能絕對脫離國家而獨自存在的。

很明顯，國家與人，是無法絕對分離的。所以，國家的活動，自然會影響到個人；個人的生活，當然也受到國家的影響。

國家與人，既如此密切相關，所以國家應該把人放在甚麼地位，實在是一個最根本的問題。

二

對於國家應把人放在甚麼地位的問題，我們的答案是：國家要把人當人。就是說：國家要把人當目的，不要把人當工具。否則，國家便不應存在。

因爲國家這種組織，在人類眞正進化成爲人以前，總是沒有的。國家總是人類的產物，絕不是先人類而有，也不可能與人類同有，而是因人類生活的共同需要而有。所以國家只是人類生活史上的一項工具，本身絕不是目的；只有人，才是國家的目的。

人類在世俗社會裏生活，爲滿足各種不同的欲望與需要，而有各種的組織與結合。人類爲了政治上的目的，而有國家的組織；這種組織，雖然範圍比較廣大，任務也比較複雜，但究只是人類所建立的一種組織，而不是唯一的組織。國家並非萬能的，國家絕不能包括人類的全部生活，只是一項效用有限的工具。所以國家只能以人爲目的，發揮其工具的性能；超過這範圍，便沒有存在的理由和價值。

這種原則，實際上是一般政治學者所公認的。例如洛克 (Locke) 認爲：政府的目的，是在謀「人類的幸福」。斯賓諾莎 (Spinnoza) 認爲：國家的主要目的，是在「保持自由」。李騏 (Ritchie) 認爲：國家的目的，不過在「使個人達到至善的生活而已。」因爲國家既是由人所構成，所謂國家的目的，自不能離開其構成份子而言；國家是因人而存在，國家是爲人而存在。

雖然也有一部份學者，站在純粹唯心的觀點，過分的强調國家的地位。例如黑格爾 (Hegel) 認爲：「國家是倫理風化的觀念或精神的實現。」「國家是最後目的，有處置個人的絕對權力。」根據這種說法，國家似乎在人類以外，而另有一種神秘的目的。其實，國家的目的，不管是消極方面的建立秩序，或是積極方面的促進幸福；但其所以建立秩序，並非爲了秩序的本身，而是爲了人類的需要；其所以促進幸福，並不是爲了幸福的本身，而是爲了人類的需要。總之，都是爲人，都離不開人，都是以人爲目的。

雖然也有人根據黑格爾的基本觀點，進而誇大國家的行政權力。例如墨索里尼 (Mussolini) 說：「法西斯認爲國家是絕對的東西，國內的一切個人或社會團體都是相對的。……法西斯國家，已經可以操縱國家的經濟活動了，並且要利用國家所創造的那種團體社會及教育制度，使國家的權利，達到民族生活的各方面。……全國的一切政治，經濟，及精神活動。」假使人類在自己的國家裡，其處境竟然如此，必須處處以國家爲目的，而個人所具有的思想和情感以及各種活動，都被忽視和壓制，沒有人之爲人所必需的自由，則內心所感受的痛苦，當較遺世而獨立時還要大還要深。所以主張自由的穆勒 (Mill)，早就反對一個社會的成員，都是「猿猴式的模仿」(Ape-like imitation)。大科學家愛因斯坦 (Einstein)，也是希望在人生道上，逍遙自得的拉一匹馬車，而不是在一個命令下，做成羣結隊的工作。大哲學家羅素 (Russell)，希望社會是一個合唱隊，大家用自己喜愛的樂器，擔任不同節目的演奏。因爲人雖然不能完全離開國家，但究非完全屬於國家，尤其不是國家的工具。

人是自己的主人，而不是國家的工具。因爲國家發揮了工具的效能，人能過一種的確是人的生活，進而享受到人生的意味和情趣，才會盡自己的聰明才智，充分發揮自己的優性，以求有所創造和貢獻；儘管各人的創造和貢獻，有大小的差別，甚至不過是一點一滴；但人類生活的改進，以及社會文明的發展，總是由於各人自我發揮其優性而來，而非靠國家的極端控制，以至於把人不當人而來。歐洲文藝復興的一段歷史，便是一個有力的證明。這是因爲人只有被國家當做人看待，才能意識到人生的意義與價值，才能盡己之性，以盡人之性；由盡人之性，進而盡物之性；再由盡物之性，而贊天地之化育，進而與天地相參。唯有如此，人類才可能感覺到：人生是喜劇而不是悲劇，國家是可愛而不是可怕，世界是可戀而不是可厭。

三

國家要把人當人，在民主主義的國家，是信守這項原則的。

所謂民主主義的國家，是指這個國家的政治建立在民主主義的原則上。簡括的說，便是這種國家，有如林肯 (Lincoln) 所說：「民有、民治、民享的政府。」

但是，為甚麼這種國家，是把人當人呢？

因為這種國家：是為人民所共有，是永遠屬於人民的。既沒有超人民而存在，更沒有脫離人民而存在，而是依附於人民而存在，以人民為最後目的。國家絕不是屬於政府的，尤其不是屬於統治者的。所以在這種國家裏：人是國家的主人，而不是國家的工具；人民的自由權利，受到了法律的具體保障。這種國家，並不是一個大熔爐，企圖使各種不同個性的人，都失去各自的原形，完全化而為一；相反的，是承認人與人間個性的分別，才智的不同，體質的差異。每個人可根據自己的興趣和標準，從文化中追求眞，或從道德中追求善，或從藝術中追求美，進而享受眞善美。

因為這種國家：政治是人民所共同治理。國家的權力，是來自人民，而不是來自國家本身；所以最高的權力，是操之於人民，而不是操在國家本身。所謂政府，只是國家的工具，國家又只是人民的工具。所以在這種國家裏：政府的官員，只是人民的公僕，而非人民的統治者。政府絕不能冒充國家，而透過國家，進而奴役人民。政府完全聽命於人民，服役於人民；要是政府不能使人民感到完全滿意，人民隨時有權力，撤換政府的官員，以至改變政府的形式。所以政府必須隨時看着人民的眼色，以人民的意向為依歸，處處尊重人民，時時討好人民。人民可以依據自己的意志，透過政府這項工具，而完滿的實現。

因為這種國家：利益是為人民所共享，人民永遠是享受利益的主體，政府只是促進利益的工具，國家也只是發展人民幸福的手段。所以在這種國家裏：國家的一切活動，政府的一切設施，都是以追求人民的共同福利為目的。所有因為這些活動或設施而加於人民的某些限制，實際上因為這類限制而受到利益的，還是人民本身；這只是根據人民自己的意思，認為某些人某方面的權益，應該犧牲，以求換取另一部份人另一方面的權益；或認為某一時期某一環境的權益，必須放棄，以求爭取另一時期另一環境的權益。

總之，這種國家，是以人為目的，以人為主體，以人為權衡價值的最後標準。人永遠活得像一個人，一個不折不扣的人。

四

國家要把人當人，雖已經是一項普遍的眞理，但在極權主義的國家，却是採取否定的態度，也就是不把人當人。

所謂極權主義的國家，是指這個國家的政治，建立在極權主義的原則上。關於極權主義，根據巴恩斯 (H. E. Barnes) 的簡括解釋：「極權主義一名詞，用以指明今日的獨裁者，並且說明在獨裁政府之下，生活的各方面，大致都受到極端而完全的控制。」

然而，為甚麼這種國家，是不把人當人呢？

因為這種國家：是為統治者所獨有，完全是屬於統治者的。不但超人民而存在，而且脫離人民而存在，是以統治者為中心，以統治者為依歸。所以在這種國家裏：人民是沒有地位可言的，只是一項為統治者所掌握的活的工具，如此而已！人在這種國家裏，所謂個性或人格尊嚴之類，根本是沒有的事。至於文化，道德，藝術之類，嚴格說來，也是不存在的；如果說存在，那也決不是人的文化，人的道德，人的藝術。人所該完成的，便是所謂國家所付託的神聖使命而已！

因為在這種國家：政治是統治者所獨裁。國家的權力，是來自統治者，而非來自人民，最後的權力，當然也就操之於統治者。統治者是國家的主宰，統治者運用政治的魔術，由透過政府，而透過國家，進而奴役人民。所謂人民，成了國家的工具；所謂國家，又成了政府的工具；所謂政府，只不過是統治者的工具。所以在這種國家裏：政府不再是人民的服務機構，而是掌握人民命運的衙門；官員不再是人民的公僕，而是決定人民命運的魔鬼。國家的意志，取決於統治者，人民完全處於被動的地位，為貫澈所謂國家的意志，而作無條件的犧牲和奮鬥。否則，便是「敗類」，便是「叛徒」，便會受到最嚴厲的懲處；即使是生命，也不過視同草芥。這種國家，很可能也有所謂議會，或所謂代表人民的立法機關；但這只是裝門面的，只是做工具的，用來愚弄人民或聊以安慰人民的。因所謂議會或立法機關，根本上是御用的，只是貫澈統治者意志的，使統治者的一切非法行為，反而得到一個合法的名義。所以這類機構，非但不是代替人民，用作控制政府的良好工具；反而是統治者，用來控制人民，一項殺人不見血的工具。

因為在這種國家：利益是為統治者所獨享。人民只是實現統治者利益的工具，統治者的特殊利益，便是建築在人民的犧牲上。所以在這種國家裏：國家的一切活動，政府的任何設施，都是為的統治者；儘管名義上也是打的甚麼國家的招牌，但那是騙人的謊言。在這種國家，活動愈多，設施愈多，人民所受到的實際損害也愈大。國家的財產，不是全體人民的，而是統治者的；連國家的本身，以至於人民的本身，也不過是統治者財產的一部份而已；統治者永遠是享受利益的主體，統治者的特殊利益，在整個國家內，是至高無上的。

總之，在這種國家裏，是以統治者為目的，以統治者為主體，以統治者為評判一切的最高標準。人的地位是悲慘的，人的本身是沒有價值和意義的；人不是一個眞正的人，人只是一項活的政治工具而已！

五

歸結說來，國家既不能脫離人而獨自存在，而現代人也不能完全在國家以

(下轉第8頁)

貨幣供給理論概述（下）

瞿荊洲

七 存款通貨——創造信用之第一界限

照銀行學派理論之指示，現代貨幣供給之路線，始於生產，通過票據貼現，以至銀行鈔券之發行，其間有銀行存款之發生，由此以施行「存款通貨」之供給，具體的言之，即是由支票以創造貨幣。在貨幣供給這一問題上，通貨學派主張對於銀行鈔券之發行，要設置種種限制的規定。銀行學派却對之痛下批評，認為銀行鈔券祇不過是通貨之一部份，對於這一部份，任是如何限制，若是對於支票、滙票等「私的信用」不予限制，則通貨學派所主張的適當的貨幣供給是不會有什麼效果的。存款通貨的支票之流通，在一國的交易量中，佔有重要的部份，已是普通的事實；因此，如前所述：「個別通貨」是「一般通貨」之基礎，即是說存款通貨是銀行鈔券之基礎。現在就其在交易量中流通數額言之，存款通貨之作為通貨之重要性，實不能不有較高的評價。

存款通貨之供給，在前述的「通貨之金融的流通」中，乃是創造資金的轉帳存款，而在銀行則係現實的收受進來的營業存款。此種資金，作為營業存款以存入銀行，對其存款餘額簽開支票以為貨幣之供給；或按生產物流通之需要，開發票據，洽做貼現，取得現金，作為活期存款以存入銀行，再對此存額簽開存款通貨的支票以流通。在此場合，營業存款本來是吸收資金，對此所簽開的支票，不能算作新創的貨幣供給；使轉帳存款得以形成的完全是信用之授與，則是新創的貨幣供給了。銀行之所以能夠放款給客戶，使之轉帳為存款以創造信用者，實由於銀行先收受了眞實的存款，而這些存款並不致同時提支淨盡，留有餘額可資利用之故。所以，由轉帳存款以創造信用，乃是以現實的存入銀行的原始存款為基礎，由此並可創造數倍於原始存款的轉帳存款以為新創的貨幣供給。

銀行收受存款，若僅以現金存款為限，而不收轉帳存款，則不會另外創造信用。但是，銀行以收受的現金存款為基礎，應客戶之要求而為貼現放款時，在信用經濟發達之今日，客戶由貼現放款所得之款，轉作客戶名下之存款，對此簽開支票以提用，乃是很普通的事。如此成立的存款，即是銀行創造的資金，其餘額可能比原以現金存入之額為大。由貼現放款而產生的存款，固然可由簽開支票陸續提取以消滅，但如此簽開之支票，不特可以收付兩抵，且其兩抵的餘額存入其他銀行作為存款時，又成為新的存款。這樣一來，銀行即可造出超過其所收受的現金存款以上的存款通貨。不過，銀行創造存款通貨並非漫無止境，它實有其一定的界限。茲將費立普斯 (C. A. Phelips) 氏之計算法介紹如次：

先以一定額的直接存款為基礎，算出某一家銀行放款擴張可能額，由此以計算其創造信用可能額，然後再將所有各銀行總括以計算之。

某一家銀行（僅就此一家銀行立論，暫不考慮來自其他銀行的影響）以其直接存款為「本源存款」或「原始存款」，並以之為基礎而從事放款。借款客戶對於借得之款，不提取現金，祇以之轉帳作為存款，是為「派生存款」或「引伸存款」。客戶基於這「派生存款」簽開支票，提取現款時，銀行即用其由「本源存款」所收受的現金以支付。換言之，即是銀行必須付出與「如此簽開的支票金額」相等的現金。此種現金之付出是銀行在擴張放款之際所不能不預先想到的。銀行在其由「本源存款」所收受的現金中，拿出一部份來支付如此簽開的支票以後，其所餘存的現金必須足以充作對於所有各項存款之準備金。此即我們今日所規定的所謂「付現準備金」。費立普斯氏為了計算放款可能額，先作如次之假設：

C代「本源存款」之餘額

C_1代因新放款而支付出去的現金數

x代以c為基礎的放款擴張可能額

r代對存款總額應保有的準備率（即付現準備率）

K代「派生存款」餘額對放款額所佔的比率

經過如上的假設之後，可成立如次的關係：

$(1-K)$ 是因支票之簽開、由「派生存款」中所提取的金額對放款額所佔的比率。由此，可得如次的算式：

$$C_1=(1-K)r$$

$(C-C_1)$ 是銀行於支付放款後所餘存的現金額（即銀行庫存現金及存於中央銀行之活期存款或備抵票據交換差額之存款）。

Kx 是「派生存款」尚未提取之餘額。

C為「本源存款」之餘額，已如上列之假設，銀行所餘存的現金 $(C-C_1)$，對「本源存款」之餘額C、及「派生存款」之餘額Kx、二者之合計，應保有r之準備率，始能放款。由此可成立如次的算式：

$$C-C_1=r(C+Kx)$$

將上式遷項，可得次式：$C_1=C-r(C+Kx)$

因為 $C_1=(1-K)x$，已如前述，故上式又可改列如次：

$$(1-K)x=C-r(C+Kx)$$

由上式可求得x之值如次：$x=\dfrac{C(1-r)}{Kr+1-K}$

對於上列之算式，假設r爲一〇%，K爲二〇%，則根據「本源存款」餘額C一千元，放款擴張可能額x應如次：

$$x=\frac{1000(1-0.1)}{0.02+1-0.2}=1097.56\text{元}$$

以上僅就某一家銀行之營業而言，若把「來自其他的許多家銀行的影響」均計算在內，則其關係便會複雜起來。由某一家銀行因「派生存款」而付出的現金，如經過其他各家銀行而後再流回於最初付出的銀行時，前列算式中K之值愈因以增大，而銀行放款擴張之能力自亦愈見加强。假若許多銀行同時均從事於放款之擴張，則其關係就會更加複雜。將許多銀行綜合起來，計算其根據「本源存款」的放款擴張可能額，羅傑士(J. H. Rogers)氏將費立普斯氏之算式加以發展，先爲如次的假設：

C代全體銀行中之一家A銀行新增收的現金存款(即「本源存款」)。

C_1代各銀行因擴張放款所付出的現金其一部份再作爲存款存入其他銀行之金額。

x代各銀行放款擴張額。

r代各銀行對於各項存款應保有之平均付現準備率。

d代「各銀行的「派生存款」之平均餘額。

K代「派生存款」平均餘額d對於放款擴張額x所佔的平均比率。

X代因A銀行放款擴張之結果使全體銀行增加的放款擴張可能額。

P代各銀行付出的現金中，停留於流通市場的部份對放款擴張額所佔的比率。

經過如上的假設之後，並以B銀行及C銀行……代表A銀行以外的其他銀行，依照費立普斯之算式，可得如次的兩式：

$$\text{A銀行放款擴張額}\quad x=\frac{C(1-r)}{Kr+1-K}\quad\cdots\cdots(1)$$

$$\text{A銀行派生存款之餘額}\quad d=\frac{C(1-r)K}{Kr+1-K}\quad\cdots\cdots(2)$$

惟各銀行因放款而付出的現金中其停留於流通市場的部份爲x之P倍，故$x(1-P)$即是銀行付出的現金中再作爲存款存入其他銀行的部份與A銀行的「派生存款」餘額二者之和，依照式(1)，即可得次式：

$$x(1-P)=\frac{C(1-r)(1-P)}{Kr+1-K}\quad\cdots\cdots(3)$$

由式(3)之值減去式(2)之值，其差額即爲存入B銀行之「本源存款」C_1，其值可由次式以表之：

$$\text{B銀行之}C_1=\frac{C(1-r)(1-P-K)}{Kr+1-K}\quad\cdots\cdots(4)$$

因此，B銀行之放款擴張額x'之值如次式：

$$x'=\frac{C(1-r)^2(1-P-K)}{(Kr+1-K)^2}\quad\cdots\cdots(5)$$

B銀行因放款所以付出的現金，有一部份作爲存款存入次一銀行即C銀行，如此輾轉遞增，則C銀行之放款擴張額x''之值，將如次式：

$$x''=\frac{C(1-r)^3(1-P-K)^2}{(Kr+1-K)^3}\quad\cdots\cdots(6)$$

由此展開，則n銀行之放款擴張額x'''之值，將如次式：

$$x'''=\frac{C(1-r)^n(1-P-K)^{n-1}}{(Kr+1-K)^n}\quad\cdots\cdots(7)$$

全體銀行放款擴張額X將爲式(1)、(5)、(6)……(7)之總和，

$$\therefore X=\frac{C(1-r)}{Kr+1-K}+\frac{C(1-r)^2(1-P-K)}{(Kr+1-K)^2}+\frac{C(1-r)^3(1-P-K)^2}{(Kr+1-K)^3}+\cdots\cdots+\frac{C(1-r)^n(1-P-K)^{n-1}}{(Kr+1-K)^n}$$

上式可列爲「收斂級數」如次：

$$X=\frac{C(1-r)}{Kr+1-K}\left\{\frac{1-\dfrac{(1-r)^n(1-P-K)^n}{(Kr+1-K)^n}}{1-\dfrac{(1-r)(1-P-K)}{Kr+1-K}}\right\}$$

全體銀行之家數如極爲衆多，上式中之$n≒\infty$時，則

$$\frac{(1-r)^n(1-P-K)^n}{(Kr+1-K)^n}=0$$

$$\therefore X=\frac{\dfrac{C(1-r)}{Kr+1-K}}{1-\dfrac{(1-r)(1-P-K)}{Kr+1-K}}=\frac{C(1-r)}{r+P-rP}$$

上列最後的算式中之r及P，如照美國之一般的情形，設$r=0.1$; $P=1/6$，則X=3.6。此即表示A銀行新收受「本源存款」現金一千元，在全體銀行中，各維持百分之十的付現準備時，總共得以擴張放款三千六百元，即基於「本源存款」，放款擴張額可爲其三點六倍。

以上所述「存款通貨」的創造信用之界限，其範圍之大小，自因一國銀行制度及交易方法之不同而各異。惟在健全的財經社會中，貨幣供給總有一個限度。在這個限度之內，務須使金融的流通得以與產業的流通相適應。所以，我們在研究貨幣供給理論時，對於創造信用之第一界限，應作一番實質的檢討。

八　管理通貨

本文第二節中，已說明今日的貨幣，包括「金屬鑄幣」、「銀行鈔券」及

「存欵通貨」三者在內。關於存欵通貨，已詳見上節，而「金屬鑄幣」在研究貨幣供給理論時可附入於銀行鈔券以一併討論。銀行鈔券之發行乃是管理通貨之主體，茲於本節略敍述之。

今日的銀行鈔券之發行，既非依照通貨主義的金本位制，亦非如銀行主義的自由任放，乃是第一次世界大戰後的所謂「管理通貨」。管理通貨之主要目標，在於使貨幣之供給得以與國民經濟之發展相適應。管理通貨的對象不僅限於銀行鈔券，其他信用貨幣亦均在管理範圍之內，惟管理對象之中心則仍是銀行鈔券。現代化的國家之管理通貨，一方面要顧慮到國際關係以與世界管理通貨之動向相協調，另一方面更要週密的顧到國內經濟以力求國民經濟之安定與進步。故其決定政策之目標，直接的是在於調整物價、利息、及涉及國際關係的外滙；間接的是在於促進處於物價、利息、外滙現狀下的生產，流通及消費。要而言之，貨幣之供給，不外乎是要適應按其全國生產力所發生的交易上之需要。蓋通貨需要之根源，乃是前述的生產價格形成、流通價格形成、及消費價格形成。換言之，也就是說：由於這些價格形成，纔喚起了通貨之需要。為了應付此種需要而供給的通貨，在實際上多係通過存欵而與銀行鈔券保持一定的關係。所以對於銀行券之管理，亟須將次列的一種聯鎖：

「價格形成→開為票據→票據貼現→存欵通貨→銀行鈔券」

作為一國經濟中的「合計數量」而把握着，由此以推計銀行鈔券發行之適當的數量而為貨幣供給之管理。

以上的說法，頗嫌過於「抽象」，茲試作較具體的闡述：各種價格形成「合計數量」之推計，是和通貨之需要相關聯的，它對於國民所得的關係，祇是國民所得中的貨幣所得那一部份。不過，此種場合之貨幣所得，並不是「純所得」，乃是由「總所得」以推計，而此種總所得已包含有生產物價構成中的資本部份在內。既然如此，由各種價格形成所發生的一國貨幣總所得之合計，是不是就照此數量不增不減的以表示出通貨之需要量呢？吾人對於此種關係，在理論上的回答是肯定的，但在事實上却不盡然。

試先將理論上肯定的回答略加說明：生產價格形成中的總所得裏面，包括「從固定資本流入的部份」、「原料部份」、及「純生產物的所得部份」，所以其中含有資本部份。另外還有販賣利潤，單獨作為所得部份，或附加以所得部份之內。對於這些項目之合計，均不能不為貨幣之供給。這種生產物送交到商人手中，順次轉移，每轉移一次，即有一次價格形成，在此場合，為了流通上之必要，都新有不能不供給的通貨。如此供給出來的通貨，就是增加起來的總所得部份。而這總所得部份乃是由於每次價格形成而從新附加的資本部份與所得部份。對於在流通價格形成中的商人進貨成本，已由業經供給出來的通貨予以供應，對於所得增加部份，則必須從新為通貨之增發。蓋貨幣供給由銀行放欵以施行，如此供給出來的通貨，在作為總所得以分配後，都流回銀行或存入銀行時，商人進貨之貨欵，可用業經流回銀行的通貨作為放欵，以供其週轉。原來購進生產物的商人將其購得之貨銷售給第二商人時，其所需要的通貨，仍可照上面之例，用業經供給出去的通貨，通過銀行再予以週轉。於是，生產物之價格，在每次價格形成時，多半即有所增大，只有對於這增大的部份，銀行纔有予以新的貨幣供給之必要。

以上的關係，係將貨幣價值之安定置於假定的基礎之上，工商業者間之價格形成所需要的通貨完全由銀行放欵以供給，而工商業者收進的現金均掃數歸還銀行或存入銀行，這是一種理想的狀態。在此種理想的狀態之下，若是貨幣總所得可由全國國民經濟中的價格形成以把握，則可由此以推知各種價格形成之合計，而適當的貨幣供給量也可測算出來。不過，在流通經濟之實際上，貨幣供給若僅囿於上述的範圍，那馬上就會阻碍流通之靈活。因為業經供給出去的通貨，並不會像以上所想像的那樣全部流回銀行，而銀行放欵給商人作為其進貨欵之週轉的，也並不一定是使用已回籠的通貨，多半是由新增發行的通貨以供給。因此，吾人應當依照理論並顧到實際，努力於把握着一個適當程度的通貨需要量，由金融機關的銀行之立場言之，則是一個適當的貨幣供給量。對於這個適當的程度超過或不及的距離如果太大，則會招致「實物經濟」與「金錢經濟」間之乖離，那就不成其為通貨管理了。關於如何方能求得適當的「貨幣需要量或貨幣供給量，試於次節作進一步的敍述。

九 貨幣需要量

測算適當的貨幣需要量或適當的貨幣供給量的方法，頗為繁雜，茲僅就由於讀了本文以上的敍述所能得到的了解略申論之：

生產物離開了生產者之手，在商人與商人之間，轉來轉去，最後或落到消費者手中以供消費，或落到生產者手中用作投資，每移轉一次，即有一次價格形成。對於生產價格形成所必需的通貨固然要全部為新增的供給，但對於生產物移轉到商人手中的流通價格形成，只有增大起來的那一部份纔要供給以新增的通貨。生產價格之內容，如前所述，包含有從固定資本流入部份、原料部份及純生產物的所得部份。而所得部份又係由工資、地租、利息、利潤、及販賣利益相合而成。此種生產物作為商品轉入商人手中時，遂有資本部份及所得部份之增大，這樣增大的部份，通常都把它作為商業利潤。今試以每次流通價格形成時所「增大之部份」（以下簡稱「增份」）為a，價格形成之次數為 n，於是，則生產價格形成1次，流通價格形成為 $n-1$ 次。對於每次價格形成而發生的交易，銀行都由放欵以供給資金，像這樣的放欵累計額假設為L。銀行或用回籠的通貨以放欵，或由從新創造信用以放欵，都不加區別的包含在L之內。再以生產價格形成中的貨幣總所得為A，則可成立如次的關係：

$$A=\frac{1-a\{(n-1)+(n-2)+\cdots\cdots+1\}}{n}\cdots\cdots\cdots\cdots(1)$$

在上列的算式中，$a\{(n-1)+(n-2)+\cdots\cdots+1\}$ 是在流通價格形成中，於生產價格之上所增加的部份，把這一部份從放欵累計額L中減去，其差額即是生產價格形成之 n 倍，如以 n 除之，即可得出生產價格來，由此以表示生產總所得。在這上面再加上每次流通價格形成中的「增份」即各次價格形成中的總所得的「增份」$a(n-1)$，即可算出「貨幣總所得」來，而不致有所重複。如將某一期間內的國民貨幣總所得假設為Y，則Y之值如次式：

$$Y=\frac{L-a\{(n-1)+(n-2)+\cdots\cdots+1\}}{n}+a(n-1)\cdots\cdots(2)$$

這就是一國的貨幣總所得之合計，正表示出從一國生產物之生產及流通所發生的對通貨之新需要。這種貨幣總所得係由一國生產物之生產及流通所發生的，並不是純所得，它只將使用通貨所做交易額表示出來，凡是自己生產自己消費的生產物之所得不在其內。這與將自己消費以及自己投資都包括在內的所謂國民所得不同。上列的算式中，每次流通價格形成中的「增份」，因生產物而不同，即是同一生產物，其各次價格形成亦各異。吾人對此且不再加分析；試設消費價格為 Pc，生產價格為 Pp，則每次流通價形成中的「增份」a 之值，可如次式：

$$a=\frac{Pc-Pp}{n-1}\cdots\cdots\cdots\cdots(3)$$

以上所列算式(1)、(2)、(3)，係就個別的生產物加以考量，同時亦係就國民經濟全體加以考量，即是所謂「巨視經濟學」(Macroecomics) 的看法。如照「微視經濟學」(Microeconomics) 的看法，則須計算按商品別或產業別的銀行放欵累計額L，算定價格形成之次數 n 及流通價格形成之「增份」a，並算出按商品別或產業別的生產價格形成中的貨幣所得。在這上面再加上按商品別或產業別的流通價格形成中各階段之「增份」$a(n-1)$，以計算出按商品別或產業別的貨幣總所得Y來。由於這個合計數額，可推算出全國對於通貨之新需要量。此種算法，可先簡單的假設：按商品別或產業別的生產價格形成中的貨幣總所得為 A A′ A″……，放欵累計額為 L L′ L″……，價格形成之次數為 n n' n''……，每次之「增份」為 a a' a''……，從按商品別或產業別的計算達到全國整體的計算，其程序如次：

$$A=\frac{L-a\{(n-1)+(n-2)+\cdots\cdots+1\}}{n}\cdots\cdots\cdots(4)$$

$$A'=\frac{L'-a'\{(n'-1)+(n'-2)+\cdots\cdots+1\}}{n'}\cdots\cdots\cdots(4')$$

$$A''=\frac{L''-a''\{(n''-1)+(n''-2)+\cdots\cdots+1\}}{n''}\cdots\cdots\cdots(4'')$$

$$a=\frac{Pc-Pp}{n-1}\cdots\cdots\cdots(5)$$

$$a'=\frac{P'c-P'p}{n'-1}\cdots\cdots\cdots(5')$$

$$a''=\frac{P''c-P''p}{n''-1}\cdots\cdots\cdots(5'')$$

前列之算式(2)原可簡化為：$Y=A+a(n-1)$，若依次演算，則Y之值可如次式：

$$Y=(A+A'+A''\cdots\cdots)+\{a(n-1)+a'(n'-1)+a''(n''-1)+\cdots\cdots\}$$
$$=\sum A+\sum a(n-1)\cdots\cdots\cdots(6)$$

照以上之計算，式(2)之貨幣總所得與式(6)之貨幣所得均難與實際相符，因為前者對於按商品別或產業別的放欵累計額之正確性不易獲得，而後者對於各個生產價格及生產量亦難把握。已經發生的生產與流通，於事後決算尚不能把握，如何可用以作為將來管理通貨之準繩？不過吾人對於上述各項目之實際數額雖難一一確計，但可按前後期相同的條件求出其相關的比率來。況且流通經濟乃是一個專體的連續，過去與現在，現在與將來，都是一直連續下去；照上述的計算由事後決算的貨幣總所得而推算出來的通貨需要量，再加上若干對於將來的預先的考慮，以作為次一期的通貨管理之準則，或亦未嘗不可。而適當的貨幣需要量或貨幣供給量即可由此以得着一個概略。

十　財政資金——創造信用之第二界限

如前所述，貨幣供給之目標，在於供給產業資金使其得以與生產物流通金融相適應。惟近代的財政不僅是一如過去的量入為出或量出制入，僅有消極的作用；它具有國家投資或興辦公共工程等主動的積極的功能，因此對於貨幣供給却發生重大的影響。本來，國家財政資金是和國民消費資金一樣，同是以產業資金為基礎而定的。在原則上，國家財政資金和國民消費資金必須是從產業資金裏面分泌出來，然後在經濟的實體上「實物經濟」與「金錢經濟」方不致陷於乖離的狀態。若是國家財政資金之一部份，因稅收不足，須靠發行「赤字公債」或「借欵」(Deficit bond or Deficit covering loan) 來彌補，而企業之新投資，亦賴銀行創造信用以供應時，則產業資金就必定要超過貨幣總所得。於是，貨幣之供給量就不能不在原來預定的貨幣總所得之上再加上由創造信用而來的財政資金與產業資金所需要的通貨。國民消費資金的本體是從產業資金中作為「消費所得」以流出的，另有一部份亦是從產業資金裏面以稅捐或公債的形式成為財政資金，然後再作為公教人員之薪津俸給以移轉出來的，凡不是由此而來的消費資金，都要由赤字公債及企業上之「赤字會計」以調度。

在投資及消費兩方面，國家財政及企業都需要資金，金融機關為了應付其急需，往往須由創造信用以供給。如此供給出來的資金與生產物的交易上之需要並無關係，在此場合，為了防止其趨於「惡性通貨膨脹」(Vicious inflation) 起見，必須作種種調節與安排。茲假設國家財政所需要的資金數額為B，企業所需要的資金爲b，一國的通貨需要總額爲Z，引用前節的算式(6)，則成立如次式的關係：

$$Z=\sum A+\sum a(n-1)+B+b$$

上列式中，吾人應考察 $\sum A+\sum a(n-1)$ 與 $B+b$ 之關係如何。關於 $\sum A+\sum a(n-1)$ 前節已有說明，茲將 $B+b$ 之內容加以檢討。$B+b$ 是爲了國家財政及企業投資之需要由創造信用而供給的資金，其中一部份係由國家及企業作爲工資、薪給以支用而直接加在國民消費上，另一部份作爲新的投資以支用可使以後的生產得以增進。國家及企業如此的由創造信用以施行的新投資，依照「乘數理論」(Theory of Multiplier)，及其與「消費性向」(Propensity to Consume) 之關係，在一定的秩序之下，可由生產物及其儲蓄與之相表裏。關於此點，凱因斯氏在其「一般理論」中已有說明。我國坊間介紹凱因斯學說的出版物已有多種，此處姑且從略。若用通俗的說法簡單的說來，由新投資之結果而來的所得，若是多用於消費，則「實物經濟」不能與「金錢經濟」相表裏，或須經過一較長時間其所投資始有生產物足以與之相抵償；若是少用於消費，則可提早生產物足以與之相抵償的時間。在此場合，新的所得增加，其所需要的通貨供給自亦隨之發生。此時就業的機會可能增加，失業的問題或可得以緩和，但因生產物尚不足以與之相抵償，物價會因以騰貴，而貨幣供給就逾越了適當的程度了。

$\sum A+\sum a(n-1)$ 係作爲生產物流通金融而供給的通貨。所謂生產物流通金融是在生產物剛纔生產之後或在生產物即將生產之前以供給通貨。與之相表裏的生產物已經存在，故無供給過剩之弊。至於 $B+b$ 乃是在目前與生產物的交易上之需要無關而供給的通貨，祇因其是用於新投資，將來總可能有生產物以與之相抵償，不過，這要看其投資之對象如何，因種種條件之不同而會有很大的差異；在性格上，它和作爲生產物流通金融而供給的通貨是大有分別的。若是國家及企業將如此創造信用所供給的財政資金支用後，雖可能有生產物以與之相抵償，但需要很長的時間，或竟沒有生產物以與之相抵償，則這個$B+b$就應當受較嚴格的限制。這是創造信用之又一界限。吾人研討貨幣供給理論，對此仍不可不加以愼重的考慮。

(15)

十一　結　言

本文至此，所佔篇幅已多，應即作一結束。綜觀全文，關於說理部份，多係引用東西各國學者及教授們的著作和講義拼湊而成。外國有一句刺諷的話，謂「學者和教授們往往會把一件普通的事物說得令人不懂」，本文因係以學者和教授們的學說爲藍本，在文中用了許多術語，而措詞造句更是累贅冗長，頗有晦澁生硬之嫌。撰稿時屢欲矯正此一缺點，但覺得學者教授們之所以採取那一種寫作風格，實亦有其充分的理由，因爲若不如此，則需要耗費更多的篇幅而且不能那樣週密而連貫。故此始終不敢破壞他們的風格之完整。但筆者已儘可能的使其簡明易解。所以這篇論文，在精通金融經濟學理的先生們看來，或會譏其膚淺，在對金融經濟素不關心的人士看來，或會嫌其艱深，惟廣大的常識豐富的讀者只要肯耐心細讀一過，一定能够「油然」而「會心的」了解。本來像這種概述理論的論文，在許多先進國家，是無需乎登載在像本刊這樣的定期出版物上的，在比我們更落後的國家，他們還沒有達到讀這種論文的時期，惟有在我們自由中國，正如本文「引言」中所述，却似乎是一篇應有的應時的作品。筆者無意於仿照其他的學術論文在此作一堂皇的結論，只擬將以上各節所述的要點提出來，請讀者諸君把我們自由中國的實情與之較量一下，看看我們有那些應興應革的地方。茲略擧其較重要者如次：

一、本文第三節貨幣之流通中，曾述及「實物經濟」與「金錢經濟」二者各自不斷的發生差誤，而二者之間自然更是不斷的發生差誤，形成一種錯綜複雜動搖不安的現象，殊不易達到經濟發展之均衡。但在錯綜複雜動搖不安的現象中，却有一種「常住的」和「一定的」骨幹體系。這種骨幹體系可將流通經濟從「混亂」、「破滅」中解救出來，並可作爲調節整理流通經濟中「循環」、「推移」及「發展」之基礎。具體的說來，這種骨幹體系，如作爲市場問題來看，則是「商品市場」與「金融市場」之互相照應。我們自由中國目前的商品市場與金融市場都是「發育不全」的，所以我們的「貨幣供給」自有其現實的分際。這段文字正面的意思，無非期待着這兩個市場能够發育健全起來。但盱衡目前的實情，這兩個市場之發育不全，倒也有它的好處。只要看我們市面上所謂銀根緊俏，工商業週轉資金短絀，各方面大聲疾呼，不是已經大半年了嗎？這種情形，說不定還會延長下去；但我們的社會經濟並沒有混亂破滅，反而較前顯得安靜起來，這正是由於商品市場與金融市場幸而「發育不全」之故。這兩個市場素來就是不那麼靈活的互相照應，一旦任何一方發生了滯碍，對於另一方的影響自然也就會遲鈍或減輕。抗日戰爭期內，筆者曾有一個短時期旅居福建省之南平，該處商店多裝置電燈，只因線路不整，電力不足，以致燈光暗淡，須另燃臘燭或點油燈以照明。這自然是很「不經濟」的，惟行之既久，如遇停電之時，却可不致感受停電的痛苦。此事雖小，可以喻大。我們今日的情形，殆類乎此。由此並可附帶的領悟我們未便立即建立證券市場以及資本市場等現代化的制度之緣由。爲了應付特殊的環境，在萬不得已時，祇好如此的暫時渡過，但如力爭上流，自不可長此因循。正如爲了提高南平地方之生活水準，南平電廠仍須努力重新整建其發電變電送電的體系以使其電力充沛一樣。

二、許多人士爲了貨幣問題發生爭論時，有的是基於銀行主義，有的堅持通貨主義，往往各執一端。其實我們今日所採用者，既非銀行主義亦非通貨主義，乃是二者之間的管理通貨。惟所謂管理通貨，並不是遇着以銀行主義來相繩者，即以通貨主義與之相抗衡，遇着以通貨主義相責者，則舉銀行主義以駁覆；更不是對銀行主義也不依從，對通貨主義也不遵守；而是要一面通過外滙而顧到國際的關係，一面更須直接的使其與國內經濟相適應。因爲國內的生產力，通過國際間物價均衡關係，纔是支持外滙的眞正有力因素，所以貨幣供給應特別側重於適應國內經濟之一面。我國的貨幣供給在這方面努力之程度如何？應就其研究、設計及實施各點爲虛心而切實的檢討。

三、本文第七節提出存欵通貨的創造信用之界限，應當是大家饒有研討興趣的問題。我國最近金融上的困難情形，除了是由於某一同業存欵緊急收回之一種偶然因素所引起外，最主要者還是爲了限制銀行之創造信用。此種限制之實體，表現在充實存欵準備金及規定付現準備金之上。按照生產物流通及新投資二者之需要，限制銀行創造信用，使其合於適當的程度，乃是在管理通貨制度下當局者應當運用的權衡。不過，其問題乃在如何纔是適當的程度這一點上。關於這一問題之解答，第一似宜參照本文第五節的敍述對於銀行資金加以分析，其次尤應對於有關創造信用之各項目，依照學理，顧到事實，連同銀行制度及交易方法等作一番綜合的硏究，如此或可獲致使大家較爲折服的結果來，使工商業者不怨不尤，而當局者亦可無愧無怍。

四、我國今日的銀行鈔券之發行制度，限內發行額有黃金爲十足的準備，限外發行額亦有黃金、外滙及提貨單爲準備，究其實體仍是現代的管理通貨。照本文第八節所述，管理通貨決定政策之目標，直接的是在於調節物價，利率及滙率，間接的是在於促進處在現行物價，利率及滙率之下的各種經濟活動。目前物價、利率、滙率以及工商各業活動情形，有待於改進者尚多，這些尚待改進之事，固然不是「貨幣供給」一項所能單獨的爲力；但其屬於由「貨幣供給」之改正即可奏效者亦復不少，所以欲使物價、利率、滙率以及工商業之產銷情形更能接近理想，在貨幣供給方面應當大有努力的餘地。

五、本文原是以「貨幣供給」爲題的，但第九節却論及「貨幣需要」，由「供給」改爲「需要」，頗爲耐人尋味。其實「貨幣供給」與「貨幣需要」，乃是一事的兩面。由國民經濟的立場言之，謂之「貨幣需要」，由財政金融的立場言之，纔是「貨幣供給」。我們如以國民經濟爲重，則毋寧捨「貨幣供給」而談「貨幣需要」，正因其如此，我們除了已有「貨幣供給量」之統計外，對於「貨幣需要量」似亦宜作一番學問的研究。近年來中央政府對於國民所得之統計，已有相當的成就，如再繼續努力，必不難將貨幣總所得推計出來。同時，臺灣省政府舉行工商查普及農業抽樣調查，其所得的結果雖未公佈，其中必有很多可供參考的資料。另外還有統一發貨票之施行，及公私各機關之調查統計，均可爲推計「貨貨需要量」之一助。切實的研究，總比「競尚空談」好得多。

六、最後，財政資金與創造信用之第二界限，照通俗的說法，多半是說財政收支不平衡足以導致通貨膨脹。關於這點理論，凡是現在的成年人不但充份明瞭而且幾乎都親自體驗過，可以說是家喻戶曉了，本來無庸贅述。惟在我們自由中國財政之歲入歲出只能接近平衡，而公營事業仍須借欵以充作資本支出時，似尚有附帶一提的必要。

「貨幣供給」之理論，本來是很簡單的，但仔細研究起來，却也相當的繁難，除了本文所敍述者外，還有物價的基本理論、利息的基本理論及滙兌的基本理論都與「貨幣供給」理論有密切的關係，本文因限於篇幅，只得存而不論。又所謂理論，乃是學者教授們的學說，並不是宇宙間的公理或定理。凡是學說均有待於學者專家們多方蒐集有關的資料，規劃縝密的方法，努力不斷的研討，然後始能獲得改進和展開。貨幣供給理論，自亦不能例外。誠如本文篇首所云，我們自由中國此次在「貨幣供給」問題上，已有注意於學術研究的傾向；盼能因本文之作，可以增添大家的研究興趣。蓋惟有對學術作勤勉樸素的研究，纔能使國家民族得着眞實長足的進步。

四五、七、一五。

(上接第19頁)

的清算不僅給黨員帶來不安與徬徨，同時使一羣黨員對過去爲共產黨「奮鬪」的意義感到懷疑。例如六月三十日蘇共中央委員會宣言發表後，陶里亞梯在「國家晚報」(Paesa Sera) 宣稱：「蘇共在建立社會主義化社會所循的途徑是正確的；但對史達林錯誤所持的不同意見的存在是可能的，同時一次誠懇的討論當有助於彼此的了解。」此說與其對「新辯論」所發表的談話顯然大相矛盾。也許說得過火，引起蘇俄政要的反感而來一個「修正」。但此「修正」言論也可能是對義共內部而發。因爲義共黨內對蘇共近來態度有正反兩派意見。而黨內不安、徬徨、懷疑及反感等現象將影響黨的勢力，所以陶氏將取兩種不同的立場以對付黨外人士及共產黨員。法共第十四屆大會並未運用蘇共第二十屆大會決議來數說史達林的罪狀。其原因在怕鬧出大亂子，使托雷茨等史達林份子垮臺。更何況法國社會黨很想對法共內部不安現象加以利用；而義國奈尼所領導的政黨也要想有其活動呢。

這裏我們不妨對法義共黨今後的行動下一結論：該兩黨將一如往昔受蘇共的領導；但目前在黨內不會有因清算史達林運動而產生「清算」與「昭雪」事件；因在該兩黨中尙需要偶像如陶里亞梯及托雷茨來號召的。對外則以「自主」政黨外衣來繼續拉攏社會黨合作，以打擊右派政黨，使國內政治逐步左轉。

一九五六、八、一五、草竣於巴黎

註：去年赫魯雪夫與布加寧訪問南斯拉夫時曾指責貝利亞爲唆使蘇南關係惡化的罪犯，今則將此責任完全卸到史達林的肩上。

西歐通訊

清算史達林後的法義共黨

齊佑之

一 赫魯雪夫的秘密報告

本年二月十六日米高揚 (Mikoyan)和蘇斯洛夫 (Souslov) 在蘇俄共產黨第二十屆全黨代表大會首次公開而激烈地評擊「人物崇拜」，主張重新建立所謂「集體領導原則」；米高揚更首次公開指責史達林。繼之，在二月二十五日舉行的一次秘密會議席上，赫魯雪夫亦提出了清算史達林的秘密報告。赫魯雪夫於報告後並說：「我們不能把這個報告在黨外公開；更不得將其公佈於報章」，「所以我這次利用秘密會議向大家報告。要知道，我們不能隨便的將有利的武器供給敵人；更不應在敵人面前洗滌我們的污穢的衣服。」然而三月十七日的紐約時報及路透社首先摘要披露赫魯雪夫的秘密報告，接着整個自由世界的報章不斷發表關於此問題的報導與評論。至六月四日美國國務院將赫魯雪夫的秘密報告全部公佈；雖然美國國務院在公佈此秘密文件時，聲明無法保證其眞確性。但其眞實性已經西方蘇俄問題的權威證實了。更何況蘇俄政府當局已經默認，莫斯科政權已在鐵幕國家中發動「清算史達林運動」及昭雪史達林麾下的寃鬼；並在蘇俄「共產黨」(Kommounist)雜誌公佈列寧遺囑之後，復由「眞理報」在七月二日發表蘇俄共產黨中央委員會的攻擊「人物崇拜」的宣言，公開清算史達林了呢。

赫魯雪夫對史達林的控訴係建立於下述三點：①列寧在其遺囑中指責史達林為不能信賴而粗俗不堪的人；②史達林對黨內同志的整肅與迫害；③史達林於第二次世界大戰中，在戰事指揮上的不可寬恕的錯誤。赫魯雪夫同時更以馬克思、恩格斯及列寧反對「人物崇拜」的理論，指責史達林的驕縱橫暴的作風及建立個人超越地位的錯誤。如果我們把赫魯雪夫清算史達林的秘密文件分析一下，該文件中係以事實直接攻擊史達林個人，而非欲攻擊史達林派系。同時我們感到：①赫魯雪夫根據列寧所言，指責史達林之所為違背列寧思想，用以攻擊史達林三十年來在蘇俄及其他共產國家中所樹立的個人超越地位，並打倒黨內對史達林偶像崇拜的觀念。其在報告中所引證的列寧遺囑僅係指責史達林的部份，其他如列寧對托洛茨基及布哈林(N.I. Boukharine)的評論却隻字未提。②關於史達林對黨內人士的整肅與殺害事，以自一九三四年基諾夫(Kirov)被暗殺始，涉及一九三七至一九四〇年間有Eikhe, Postyshev, Kossior, Chubar, Mezhlauk, Rudzutak 等人的失蹤或整肅，一九五一年 Voznessensky 等人的被整肅。但對一九三六年至一九三八年間大批布爾雪維克黨首領、紅軍將領、蘇俄外交人士及國際共產首要的清算與殺害，並未明白的加以解說。對 Zinoviev, Kamenev, Boukharine, Radek, Rakovsky, Piatakov, Toukhachevsky 的被整肅更未提及，同時對暗殺托洛茨基事在文件中亦未涉及。③赫魯雪夫在其秘密報告中更指責蘇南關係的惡化完全因史達林的錯誤所致，並引有史達林的「橫語」：「只要我的小指微一動，狄托即再也不會是狄托了。」將蘇俄與南斯拉夫關係惡化的責任全部放在史達林一個人的頭上(註)。④赫魯雪夫對史達林執行集體農場制，及因此而有大量農民的被殺或放逐，及對非共產黨人士的屠殺却不提及。最後赫魯雪夫把未能及時制止史達林的錯誤及政治局支持史達林培養黨內的「人物崇拜」思想解釋為：因政治局內部的意見不能一致。並且史達林在執政初期亦本列寧思想使國家工業化、社會主義化及建立農業集體化，贏得羣衆的「愛戴」。史達林在黨內可影響大批幹部。在戰時大家意見分歧將影響士氣，使戰爭不利的，及如在史達林生前將其擯逐會產生一種普遍性的無政府現象。同時史達林有秘密警察以恐怖手段足以消除任何反對勢力。

赫魯雪夫為自己卸除責任的解說是經不起辯駁的。因為：①史達林建立其個人獨裁及實行其暴政實有賴於莫洛托夫、馬林可夫、赫魯雪夫這些人的助紂為虐。②今日當政的蘇俄要人都是史達林所扶植起來的，他們都有一幅難以洗滌的血手。清算史達林更應清算史達林的幫兇。

二 陶里亞梯的態度

自赫魯雪夫在蘇俄共產黨第二十屆全黨代表大會提出清算史達林的秘密報告被美國國務院披露後，雖引起軒然大波，在自由世界國家中的共產黨部開始對之多採沉默態度。僅英、美兩國的共產黨個別在其所屬機關報倫敦及紐約「每日工人」(Daily Worker)節略發表美國國務院公佈的赫魯雪夫報告。紐約「每日工人」並稱：「該報告雖未經有關方面正式公佈，但很可能是正確的。」倫敦「每日工人」則同時聲明英國共產黨尚未收到該報告的原文。六月七日的紐約「每日工人」社論中，指蘇俄當局未能在事後即刻公佈赫魯雪夫的報告為一錯舉；更對該報告中未曾述及迫害猶太人的罪惡行為認為不妥。

法、義兩國共產黨在開始時對「清算史達林運動」採取沉默態度是有其原因的。法、義兩國共產黨的環境與衆不同，他們在組織上是鐵幕國家外最大的兩個共產黨，同時他們也是最史達林化的兩個，而且在法、義兩國國會均握有衆多的議席。因此他們在對清算史達林事明白表示以前，須顧慮到反對黨的態度及羣衆的反響。否則立即發動會使羣衆對黨產生離心力，以致影響他們在各該國政治上所能發生的作用。但輿論的逼迫使他們不能持久的沉默下去。義共黨魁陶里

亞梯於 (Palmiro Togliatti) 於經過黨內同意後，就赫魯雪夫報告在「新辯論」(Nuovo Argomenti) 雜誌及六月十七日的「統一報」(Unita，義共機關報) 發表談話，其大意謂：①如認爲今後蘇俄將放棄其多年來所奉行的理論與所從事的行動，並放棄其多年來完成的事業乃爲一錯誤的觀念。②如認爲赫魯雪夫的報告象徵着蘇俄內部將有爭奪權位事件的發生或派系的鬪爭亦爲錯誤的見解。③他承認蘇俄社會中在過去及現在均有一部人士陶醉於對史達林的崇拜，以減低其在思想上及行動上的批評力與創造性。④他承認史達林時代對高級官員施行殘暴的整肅。⑤他指出蘇俄首要過去對史達林的讚揚過於誇大，今日對清算史達林雖有功績，但其威望毫無問題的將因對史達林的清算而受損傷。⑥因此陶里亞梯提出下述問題：第二十屆代表大會中怎會發生指責史達林錯誤的事件？怎樣在一個如此長的期間內會不斷的侵犯「社會主義化的民主生活」及平等？同時指出這事該是整個主政人們的集體責任，「連今日提出清算史達林的同志」亦不能卸其責任。⑦他指出今日蘇俄黨政首要會協助建立史達林個人的超越地位；他同時不贊同赫魯雪夫的下述說法：「如將史達林在其生時擯棄，會引起一種普遍的無政府狀態，何況史達林手中有軍隊及秘密警察將利用恐怖手段劃除一切反對勢力。」⑧他指出過去曾把史達林捧得「上帝」一般，而今日又將其從百分之百的「是」說成百分之百的「非」；缺少根據馬克思主義以解釋何以在「進化中」的社會主義的社會中會產生此類錯誤。⑨他聲明今後蘇俄不再是蘇俄以外共產黨的模範，並提出：「建設社會主義陣容已擴大，整個社會主義制度已變成多中心的，」的理論，建立蘇俄以外共產黨的獨立性。最後他並提出對今日蘇俄當局負責人的三點指責：①雖如赫魯雪夫所稱，史達林握有軍警使他人不得有其他行動，但今日蘇俄當局負責人曾參與史達林的錯誤與罪惡的行爲是無法掩飾與饒恕的。②今日蘇俄首要曾首先替史達林的偶像崇拜的建立擔任宣傳。③克里姆林宮主人們向把俄蘇境內所發生事件對蘇俄以外的共產黨保持完全秘密。

六月二十四日陶里亞梯在義共中央委員會提出的報告中，除對赫魯雪夫的報告所述事實，稱此報告並未能使所有問題獲得滿意的答案外，並聲明問題的本身不僅要改正一切錯誤，同時要愼防此類錯誤的復發，他並說「我們需要繼續找尋自己的途徑，以達到社會主義。」陶里亞梯更主張共產黨組織間的關係應建立於各別的雙邊關係上，如此可使彼此的關係更加密切，並舉例如建立不久的義共與南斯拉夫及義共與蘇俄共產黨的新關係。但今後義共的政治動向將根據陶里亞梯的報告，而在十月間舉行的義國共產黨第八屆全國代表大會予以追認。六月二十八日義共機關報「統一報」公佈義共中央委員會的決議：①全體同意承認蘇俄共產黨第二十屆全黨代表大會決議案的重大價值，並一致通過對黨內和蘇俄國內社會平等及民主的被侵害等錯誤的揭發和處置辦法。②對共產黨中央與南斯拉夫共產重建友好關係表示滿意。③希望擴展共產黨間的接觸，並與各國內「社會主義」政黨及主持自由「解放」的團體發生密切聯繫。

三　奈尼對赫魯雪夫的指責

這裏應該敍述一下奈尼 (Pietro Nenni) 的態度，因爲義共在其國內政壇中並非爲唯一的極左派政黨，奈尼所領導的左翼社會黨亦佔有義國極左派政治的一半勢力。該黨在政治上是義共的友黨，同時在過去的行動中亦時與「莫斯科同志」的行動相配合。此次奈尼於六月十八日及二十四日在該黨機關報「前進」(Avanti) 報載刊文章對赫魯雪夫的報告加以討論。其六月二十四日所發表的文字，以論文體材及嚴酷的態度對赫魯雪夫攻擊頗甚，如指責赫魯雪夫在一九三四年授權於史達林作處決「偏差份子」報告的提議人，等等。奈尼對清算史達林的評論爲：①關於蘇俄與南斯拉夫的關係問題，赫魯雪夫指出蘇南兩國關係惡化的責任在史達林一身，但未說明史達林在此方面的錯誤。②赫魯雪夫的報告中未發現有以馬克思主義爲根據對蘇維埃社會的分析，亦未見有對史達林攫取政權時的客觀、甚至主觀的歷史性的敍述。③造成蘇俄危機的不僅是史達林的錯誤，同時那些形成蘇俄制度的種種經常變化的事象亦係其主要因子。④今日的問題爲如何清除戰爭性的共產主義的痕跡，以新的工具及方法以促成人民對政治上的自由創造性。⑤在清算史達林運動中，莫斯科未曾顧慮及世界上其他共產黨的意見。⑥就最近事態而論，則各工人團體、社會主義政黨及共產黨須自行整頓陣容，以適應新時代。奈尼雖未與陶里亞梯及其友人分夥，但聲明這是重新調整社會黨與共產黨間關係的時候。

四　法共的初步反應

法國共產黨方面的反應是很謹愼的。本年三月九日法共黨魁之一的杜克略 (Jacques Duclos) 在召集巴黎區黨員報告出席蘇俄共產黨第二十屆全黨代表大會經過時，對赫魯雪夫的秘密報告一字未提，只稱非蘇俄籍代表不出席特別會議（指秘密會議）。另一方面法共機關報「人道報」(L' H umnité) 亦默不作聲。至美國國務院公佈了赫魯雪夫的報告及陶里亞梯的談話發表後，「人道報」的繼續沈默，使法共黨員感到不安與徬徨，因此法共政治局不能再等待七月十八日召開的法國共產黨第十四屆全國代表大會，而先行公開表示其對「清算史達林」報告的態度；並於六月二十二日在巴黎召集中央委員會。

法國共產黨負責人雖亦對目前蘇俄政要及赫魯雪夫有所指責；但其態度遠較陶里亞梯緩和，同時對黨今後工作方針的意見亦甚保留。僅指出：①自始對指責史達林錯誤的解釋未能滿意。②將蘇俄共黨以往的錯誤行動完全加諸史達林一身有失平允、③並指責蘇共未能將赫魯雪夫報告中所述史實公諸共產黨員。法共並聲稱已向蘇共中央委員會索取赫魯雪夫秘密報告的副本，並促黨員對蘇共第二十屆大會的結論加以研究與學習。六月二十二日法共中央委員會除對政治局決議採取的態度予以通過，重申法共爲馬列主義理論的忠實信徒，承認蘇俄人民爲「社會主義」的先導，維護法共與蘇共的團結，及通過下屆全國代表大會議程外；並追認政治局與南斯拉夫共黨重建友好關係的決議，並希望本次會議有助於「工人階級的聯合行動」。建立新的「人民陣線」，以期完成建設「社會主義」的法國。六月二十五日法共更派政治局委員法戎(Etienn Fajon)，羅舍(Weldeck Rochet)及賽爾萬(Marcel Servin)三人赴莫斯科請示，並研討今後有關蘇共與法共兩黨及與「整個國際團體」的事務。事後「人道報」雖未公佈赫魯雪夫的報告，但在分析陶里亞梯談話時特別指出陶里亞梯所說的這一句話：「各黨(指共產黨)的完全自主性爲最適合今日情景的解決辦法。」

五 西方各國共黨的反響

法義共產黨的意見公開發表後，英美兩國共黨首先對陶里亞梯在「新辯論」發表的談話表示贊同。六月二十日的紐約「每日工人」除部份發表陶里亞梯的談話，並引證陶氏言論攻擊赫魯雪夫外，該報更公佈美共秘書長戴尼斯(Eugene Dennis)的文章，指責史達林的罪惡爲不可饒恕者，並稱共產黨員應勇敢的分析赫氏報告以尋求結論。倫敦「每日工人」稱：「吾人應將社會主義化民主如何被剝削的經過加以解釋。」並稱：「蘇俄共產黨首領們有權利及義務對此問題提出解釋。同時對第二十屆大會結論的研討與辯論不得被利用來摧毀共產黨。」六月二十一日英國共產黨政治局並公開表示贊同陶里亞梯及法共政治局的態度；對共產黨員僅能自敵對方面獲悉赫魯雪夫的報告，感覺遺憾。同時挪威奧斯陸共黨機關報Friheten報，芬蘭赫爾辛基共黨機關報Tyoekansan Sanomat報，及丹麥哥本哈根共黨機關報Land of Folk報亦均表示贊同陶里亞梯的意見。荷蘭共產黨遲至六月二十六日纔首次正式公佈對清算「人物崇拜」的反應。指出西方國家共黨對此事所持態度務須謹愼。該黨黨魁戴古特(Paul de Groot)認爲法共政治局及陶里亞梯的意見並未能對問題探本溯源，根據其個人見解得同時注意蘇共的態度。荷共執行委員會更公佈將在九月召開全黨大會以討論第二十屆大會後蘇俄所發生的變化。

六月二十七日蘇俄「眞理報」轉載有美共秘書長戴尼斯在十八日紐約「每日工人」報發表的文字。這是蘇俄報紙首次披露有關赫魯雪夫報告的文字。該文主要部份稱赫氏報告對衆多問題並未能解答；並指此秘密報告實際只是赫魯雪夫在第二十屆大會中所提出的政治報告的補充資料而已。

六 蘇共中央委員會的宣言

七月二日「眞理報」公佈蘇共中央委員會六月三十日通過的關於清算史達林事件的宣言。這個宣言的發表與其說是向蘇俄民衆解釋爲何清算史達林，不如說是答覆西歐國家共產黨對此事件所提出的問題，並予以駁斥，更以平息美國國務院揭發赫魯雪夫秘密報告以來在共產黨圈子內所引起的紛擾。該宣言內容對史達林的攻擊轉趨緩和，關於史達林自一九三四年始至其臨死時止所爲的錯誤行動幾乎未予述及，而將史達林在某些建設性的方面却予以表述。對史達林違反「社會主義平等」行動的描述，幾乎在爲史達林辯護。此宣言的編輯毫無疑問的係受赫魯雪夫的指示，其目的顯然在制止蘇共勢力在執行清算史達林運動中的損失，洗刷昔日史達林伙伴(今日在位者)的責任，及緩和在蘇俄及其附庸國境內和西方國家共產黨內因赫氏秘密報告而掀起的緊張不安的局面。同時建立共產黨的新正統，來繼續領導整個共產世界。該宣言最後對法共的態度予以局部同意，對陶里亞梯的言論則認爲謬論；並稱此類言論的是否在說蘇俄社會已經腐化了。看來對義共頗爲斥責。

七 法共十四屆全黨代表大會

七月十八日至二十一日在勒哈佛(Le Hayfe) 召集的法共第十四屆全黨代表大會，其經過甚爲平靜。該黨秘書長托雷茨(Maurice Thorez)的報告被大會一致通過。除主張與社會黨建立統一陣線，攻擊政府的阿爾及利政策，及反對北大西洋公約和反對歐洲政治的陳詞老調外，亦提出一新穎的建議，卽：共產黨將請求出席斯塔士堡歐洲會議諮詢大會(L'Assemblée Consultative du Consli de l'Europe de Strasbourg)。該黨大會並承認一九四八年對南斯拉夫的錯誤態度，且熱烈承諾與南共重建正常關係的建議。對清算史達林事，托雷茨在其報告中僅輕描淡寫。決議中則稱史達林的錯誤極爲嚴重，同時對蘇俄對此問題所提出的「勇敢而公開的批評」加以讚揚。另一方面雖決議重建列寧的「集體領導」原則，將黨內秘書處改隸黨中央委員會以下，擴充政治局的職務；但黨內行政仍由秘書處執行政治局決定及中央委員會決議。換言之，秘書處仍是執行機關，是托雷茨的工具，是一套換湯不換藥的辦法。這次大會非但未曾涉及「人物崇拜」。而史達林信徒托雷茨仍以秘書長名義對黨繼續控制；同時蘇俄第一副總理蘇斯洛夫代表蘇共出席會議對托雷茨予以支持。結果清算史達林運動祇在法共知識份子間引起一些波浪。法共當局認爲此事有百害而無一利，便大事化小，小事化無了(至少表面如此)。

八 今後的法義共黨

前面已經說過法義共黨的特殊性。而蘇共第二屆大會所提出對史達林

(下轉第16頁)

馬華社團大會不同意憲制備忘錄

吉隆坡航訊・九月二日

施勛

關於馬來的公民權問題，聯盟憲制備忘錄詳情，已由本刊記者專文報導，但現在馬華社團大會認爲備忘錄中把巫人地位，等於賦有特權表示不服。特於八月廿四日在吉隆坡中華大會堂召開大會，申明不同意憲制備忘錄之內容。在較早時間，即在同日上午十時，全馬華人註册社團代表大會十五人，計劉伯羣(吡)，葉茂達(森美蘭)，王景成(檳)，陳貞舜(丁加奴)，林堅固(吉打)，余金鑑(柔佛)，梁長齡(商聯會)，曹堯輝(雪)，林連玉(敎總)，梁志翔(董總)，蔡榮與及馬六甲，彭亨，玻璃市等，前往會見憲制調查團團長李頓勛爵，團員詹寧爵士(英)，馬力(印)，阿都哈密大法官(巴)及麥克爾爵士(澳)。會談由上午十時半至十一時廿分，完全保守秘密，但記者探悉會談內容如下：

(一)華人應爲公民：各代表提出本邦之憲法應該各民族平等，應該同等待遇，華人應該獲得公民權，理由是華人對本邦是效忠的，華人對本邦之開發是有極大之功，根據前殖民地及馬來聯邦之欽差大臣佛郎士滑頓在其所著之「英屬馬來亞」書中明白指出：「華人是本邦採礦的先導，彼等歷盡艱險，出力不少。他如政府之建築物、道路、橋樑、鐵路，自來水工程等，多爲華人所造，凡歐人不敢冒險之處，華人則盡量投資，經商開店，又用其所有輪船開闢各埠航線，在工人缺乏之時，運來大批工人，開往毫無人跡之森林中，開發富源，凡此工作及其所用奢侈品之課稅供給全國稅收十分之九，故馬來聯邦之進展實賴華人之力，得有今日之成績。」這證明華人對本邦是有莫大功勛的，當然獨立後這有功的華人應該獲得平等的公民權的待遇。

各代表更指出，華人不但對本邦有功，同時亦係效忠本邦的良好公民，例如在本邦進行戡亂工作時，全馬華人極力支持，就以華鑛家來說，各地均自費組織保衛團，使開鑛工作能繼續進行，雖然這是保護自己錫鑛，但對本邦治安與經濟維持亦有重大的協助，就以近打一區，即雇用自衛團團員二千名，每月經費爲十二萬元，這筆開支都由華人鑛家負擔，尚有其他，無庸多言，總之華人是本邦的公民，應該無疑。

(二)巫人特權問題：各代表曾對此作嚴正之聲明，目前所謂「馬來人特權」，其限度如何，吾人不清楚，不過，我認爲如果其「將來的特權」即如「現在馬人特權」(按現在政府給予巫人之特權，乃指某些地區，不得出售於任何人士，祇有巫人有特權購買)，則我人當不反對，可是，如果有超出此限度，另有其他特權時，則吾人當予反對，因爲各民族之間，如有一民族擁有特權時，即無平等可言，在不平等之下，當會引起各民族間的誤會，甚至可能引起民族間的互相摩擦與鬬爭，所以吾人認爲本邦之憲法必須取消任何特權的規定，各民族應有平等之待遇。

據悉會談中李頓勛爵曾問：「吾人目前未知馬來人特權爲何？如果馬來人有特權，諸位有何意見。各代表答稱：要使各民族都能效忠本邦，大家應一心一德致力建設馬來亞國」，當然各民族的義務與權利都應該平等，否則，在某一民族有特權的話，乃等於有階級之分，在不平等的現狀下，勢必引起民族間之紛爭，那末馬來亞國就不會有安寧的，倘若要使國家安寧，必須各民族待遇平等。此外，李頓勛爵亦復問起社團大會的情形，各代表一一奉答。在辭出時，各代表一致指出，如果獨立後各民族不能平等待遇，則寧可不要獨立。故希望憲制代表團能建立一個公平合理的馬來亞的憲法。

各代表辭出後，下午立刻舉行會議，由劉伯羣爲主席，席間一致主張再度致函馬華公會，表明對公民權之態度與立場，請該會注意下列三事：

(一)據報載，聯盟向憲制調查團提呈之備忘錄草案，建議應規定英巫文爲本邦之官方語文，對佔有本邦半數人口之華人應用語文，則不承認爲官方語文，全馬華人對於此點，決不能同意。(二)關於出生地公民權原則，我們要作澈底的爭取，據報載，聯盟憲制備忘錄草案，主張於本邦獨立後如實行此原則，此亦爲全馬華人所不能同意的。(三)聯盟憲制備忘錄中建議，在本邦獨立後之十五年內，巫人應繼續享有特權，這是我們所反對者，因吾人認爲任何民族皆不得享有特權。

大會上劉伯羣氏稱：十五人工作委員會之任務，已完成了百分之九十，但吾人決堅持對於本邦憲制之四大原則，此四原則即(一)土生公民權應無條件接受。(二)外籍人住滿五年者，得申請爲公民。(三)各級議會應採用多種語言制，列華文爲本邦官方語文。(四)不平等條件要取消。上述四大目標，一天不能達到，我們便一天不能放棄責任。

馬華敎師總會主席林連玉則指出：現在聯盟向憲制調查團提呈之備忘錄，草案內容，現在已經洩漏了出來，市上知道的人很多，其內容不知是否屬實，如果是確實的話，那麼，我們便應致函馬華公會，請其注意以下二件事情：(一)聯盟備忘錄建議以英巫文爲本邦官方之語文，對華文則不承認爲官方語文，如衆週知，我們華人社團所通過之議案，均要求以華文爲本邦官方語文，官方語文是一個很重要的問題，例如說，一九五二年敎育法令之施行，要消滅華文敎育，其最大理由就是華文非爲本邦官方語文，一九五六年敎育報告書第二章第十二節規定最終目的，以巫文爲各校之敎學媒介，馬華敎育中央委員會致函詢問政府，政府答覆稱：「在本邦教育政策下，當然要以官方語文爲教學媒介，這樣看來，除非我們爭到華文爲本邦官方語文，否則華文教育遲早將被消滅，如所週知政府所發的文告，是要給人民看的，華人佔本邦人口之半數，文化程度甚高。他們有什麼理由不列華文語言爲官方語文呢？另一方面，英國人是舊的統治者，在過去以英文爲官方語文，是統治者的政策，而是無可奈何的事，但本邦獨立後，英文最多只能用作辦外交及商業上之語文，也不能在教育上居於媒介的地位，可是眼前，聯盟却繼續承認舊統治者的語文爲官方語文，而放棄了佔本邦半數人口的華人應用語文，關於這點，我們應告訴馬華公會，全馬華人對於此事，決不能容忍。

林氏繼又道：「其次關於出生地公權原則，我們必須作澈底的爭取，如果規定在本邦獨立後始實施此原則，也是我們所不同意的，我們應致函馬華公會，向其指出：我們華人註冊社團代表大會，是代表了全馬華人之公意，馬華公會的會員有許多人也是華人社團的會員，馬華公會是一個政黨，它應該尊重民意。」

梁志翔氏指出：本人除了同意林連玉先生所提出的兩點意見外，還要指出，聯盟備忘錄草案建議，在本邦獨立後之十五年內，馬來人可以繼續享有特權，這也是我們所堅決反對的，我們認爲任何民族皆不應享有特權，吾人致馬華公會之函中，應特別强調此點。此尤爲重要之大事。

自從這個會議開過以後，市上紛紛傳出反對巫人特權之呼聲。於是聯合邦首席部長東姑、押都拉曼，正式拉開了排華的面。他在廿四日下午在加影縣署公民訓練班結業的一個茶會上向一千餘名羣衆，大吼道：「我要警告全馬之非巫人人民，如果你們反對馬來人保有特殊地位之『大聲吵鬧』將引起國內種族之鬭爭，這是會造成流血慘案的。」

東姑指出：目前聯合邦有三項重要課題，亟須聯盟政府之從速解決，除了馬來人在本邦特殊地位之問題外，其他二項，則爲馬共份子之作亂及工業普遍不安寧之現象。

東姑繼稱：「在過去沒有人曾反對馬來人，在他們自己的國家內享有應享之權利。至於非巫人，我們不但允許他們前來本邦，而且准他們在此安居樂業。有些非巫人，甚至比巫人還要富有，而我們巫人對此並不介意。」

東姑大聲疾呼的說：「現在本邦獨立有期，而非巫人却提出反對馬來人享有特權，我現在籲請非巫人停止這種吵鬧。」

東姑一方面並請非巫人緊記，巫人在與馬共作戰中，曾犧牲了寶貴之血液（按這句話可能是說華人不肯去當兵，因爲現在馬來亞當兵作警士的全是巫人。槍桿全在馬來人手上，一旦有事，華人是要吃眼前虧的，因爲華人雖有錢，但巫人看了眼紅。華人手無寸鐵。）爲捍衛本邦之國土而戰，假如全馬各民族人士，能爲本邦稍作犧牲，則馬共份子可在六個月內，全部被清除。

東姑上述的談話，經報紙及廣播傳出後，聯合邦華人大爲不平。相信在這幾天內華人方面必然有行動可以表示出來。華人和中華文化是決不可侮的。這個民族的問題——本質上取消排華——如果聯合邦政府不謹愼的去解決，記者可以斷言，在不久的將來，馬來亞必有一場大流血，這樣會把華人逼上梁山，弄到走頭無路時，大家都投到森林內，寧可與馬共合作，來一個種族戰爭，亦未可知呢？

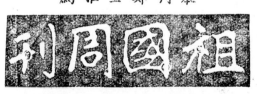

脚踏實地說老實話

——讀「文學雜誌」創刊號——

周棄子

「文學雜誌」的編者在致讀者裏說：「我們希望讀者讀完本期本刊之後，能够認爲這本雜誌還稱得上是一本『文學雜誌』」。這開宗明義的幾句話，是頗堪玩味的。此時此地，我們的文學雜誌已經太多了。不論那一種雜誌，每期至少總有篇把小說，首把詩，可以說凡雜誌必文學。至於由「領導」方面所主持，以文學的全貌與讀者相見的雜誌，似乎也並不缺少。於此，有人辦一種名叫「文學雜誌」的文學雜誌而希望讀者承認它是「文學雜誌」，如非編者說話。齒不清，則作爲讀者的人似乎是值得深長思一下的。現在，我以讀者一份子發言，答覆編者說：是的，稱得上是一本「文學雜誌」，但還不太够。

所謂不太够，當然不是說它售價五元而只有薄薄的那麼一本。文學不比豆腐，不是以塊頭大取勝的。這裏所計較的，應該是內容方面。

一個文學雜誌的內容，究竟應該如何？是否眞有所謂「規格」？我實在不大清楚。我想最好是聽聽編者的意見。「文學雜誌」並沒有發刊辭之類的文章，但致讀者裏倒也提出了幾點。編者說—

「我們只想脚踏實地，用心寫幾篇好文章。

「我們雖然身處動亂時代，我們希望我們的文章並『不動亂』，我們所提倡的，是樸實、理智、冷靜的作風。

「讓我們說老實話。

「孔子說：『繪事後素』，就是這個道理。

「我們不相信單憑天才，就可以寫作，我們認爲：作家的學養與認眞的態度，比靈感更爲重要」。

這些話，其本身的意義，實在很平凡，但我們今日聽來，却別有新鮮的感覺。編者說得含蓄，意思還是十分明顯。正因爲現在的風氣是不脚踏實地；不用心寫文章；不說老實話；正因爲現在有不少人是以自命天才强調天才來掩飾其本身學養的怠惰與貧乏；所以這些卑無高論的老實話特別值得重視。我願意坦率的指出，此時此地，眞正好文章的泉源實屬枯澀，有數的幾枝筆，任憑如何用心寫，總不過那幾篇，量的豐收是不可能的。「繪事後素」；現在只有仍然從「脚踏實地」上來努力。「文學雜誌」這一方向是對的，應該堅定不移悉力以赴。在此一意義下，我覺得編者另外的兩句話：「我們不想逃避現實」；「我們不想提倡『爲藝術而藝術』」；倒都屬於不妨「容緩再議」的問題。「時代的精神」之爲物，說法有太多的不同，若干「八股」，正是「反映」的產品。「爲藝術而藝術」固然好像有點落伍了，但究竟能否從此絕對的予以否定，也還得慢慢商量。（本期勞貞一先生的文章就有可供參考之處）本來，人誰能自外於人生與時代？現實是不可逃避的；單純而孤立的「藝術之藝術」是沒有的；問題在於「說老實話」。把握住這一點，也就可以執簡馭繁了。

「我們認爲：宣傳作品中固然可能有好文學，文學可不盡是宣傳」。

這兩句話也是很重要的，可惜沒有說得透。我以爲應該補充兩句：「我們不可以把分明是宣傳品的東西認作文學；尤其不可以硬性規定『只有』宣傳品才准許認可它是文學」。我想這補充的兩句話，可能本是編者意中所欲言的，其所以婉曲保留，我們也並非不能了解。我們現在，說話並非毫無困難，但我以爲，人之欲善，誰不如我？只要我們不挾私見，不涉意氣，我想道理總是說得清楚的。如果過份謹言，乃至本無必要的諱避，那不是一個說老實話者應有的態度。

我們現在要反共，要一切爲反共。假如有這樣的一種邏輯結構：在反共的前提下；文學必須是宣傳品；宣傳品外必須無文學；否則無益乃至有害於反共。假如是這樣，那麼我主張我們乾脆捨文學而取宣傳，大可不必替宣傳品穿上文學的外套。但事實上文學與宣傳不惟是截然兩事，而且在反共的意義上也本來是不悖的。廣義的說，凡文學沒有不是反共的。因爲文學之本在人性，人性之本又離不了自由，這就是以極權奴役爲本的共產主義之大敵。而宣傳品的製作，則是在一個戰略指導之下，運用有利於我的資料，針對敵人的弱點，通過相當的技巧與形式，發揮煽動、搖撼、刺激、瓦解敵人的功能。它與文學相較，在時間價值上固然有永久與短暫之分，但在反共效果上並無高低優劣之別。因爲它們本質上原來不相同，所以二者不能交互代替其功用，因之也不能指鹿爲馬。至於宣傳品中也有好文學，那其中的關鍵在於宣傳品的製作之人。討武曌檄和美國獨立宣言都是宣傳品，也都是好文學，那是由於駱賓王和傑弗遜本來都也是以文學擅長，他們寫的是宣傳品，「也」就成了好文學。就宣傳的效果來說，一篇「也」是好文學的宣傳品，固然錦上添花，增加光彩。但這光彩基本上還是發自所宣傳的事物的本身。如果本來沒有可宣傳的和值得宣傳的，則雖有倚馬之才，雕龍之筆，也就無法收到宣傳的效果。我們試設想叫駱賓王寫一個「通緝徐敬業歸案究辦令」，或是叫傑弗遜寫一個「叛徒華盛頓死刑判決書」，文章當然不會不好，恐怕也都不見得一時轟動而萬古流傳。李舒章侯方域二人的文采不相上下，侯方域替史可法代筆的復多爾袞書，到現在還是國文課本所必選的教材，而李舒章替多爾袞起稿的去信，文筆何嘗不好？但念得出的人就少了。總之由此可見：宣傳是宣傳；文學是文學；宣傳品中可能有好文學是一回事；宣傳的效果又是一回事。

近年有一班仁人志士，因爲對於反共大業望效心切，困思衡慮，併出於一途，因而有文學團體的組織和「戰鬪文學」的號召。此種集中力量齊赴目標的動機和決意，誠然是值得欽敬的。但我們冷靜地一檢查其結果，積極方面的收穫似乎太少。陣容和場面是够熱鬧的，但每一個人都了然於心就是那麼一回事。當此文運天昌之際，忽然有一本文學雜誌的編者希望讀者承認他們的文學雜誌是「文學雜誌」，且諄諄以「繪事後素」爲言，這絃外之音，不值得我們玩味嗎？不錯，天下萬事的得失之間，原也難於執一而論。假使我們所失之於文學者能得之於戰鬪，那麼就時代言，我們毋寧是應該如此取拾的。無奈事實昭示，又並非如此。我們誠然據說有了很多的優秀作品，但究竟那一部具體地明顯地表現了它的反共的戰鬪力，似乎很難擧出實績來。像這樣兩頭落了空，卽令僅止於一種徒勞和浪費，已經值得我們虛心檢討。何況利之未見；弊且難免呢？

何謂弊？大凡每一種主張，一種辦法，不論其立意如何之善，在實踐過程中，往往會發生一些副作用。這些副作用，又往往是負數的，如此，就可以稱之爲弊。譬如說，「戰鬪文學」的首倡者諸君，本是基於仁人志士的用心，期有裨於反共大業。他們的原意，應該是文學爲體，戰鬪爲用，這理想不能說不對。爲了這理想加速有效的實現，因而想出種種責效的辦法，這自然也是題中應有之義。於是對於每一個從事寫作的人，無不多方羅致。範之以「組織」；導之以「理論」；炫之以「名位」（如理監事頭銜等）；動之以「貨財」（奬金）；再加上發表出版的「地盤」；以「捧」爲「評」的標榜。凡此種種，在主觀上都是合理的，可行的。但客觀上則發生了如下的副作用：

（一）一般地說，妨礙了文學上必不可少的創作自由和批評自由。也就是有人表示懷疑過的「規格」化。我們戰鬪本是爲了反共，反共就是要爭自由，現在反共尙待繼續努力，而先把自己的自由戰鬪得沒有了；這豈非大背初衷？當然，戰鬪文學的理想的本身，並不一定包含與文學自由抵觸的這一先天性，但由理想演化爲事實，這一抵觸是無可避免的。

（二）由這一結果，又滋生出一種誤解。有人以爲我們文壇上的主持者，是要假借一塊堂皇的招牌來遂行其對於文學包辦和統制的意願。於是，我們聽到了文藝工作者籲請「權力退位」的呼聲。我相信這是誤解，但我認爲不應該讓這誤解長此存在，要趕快用實際表現來消融它。

（三）大多數從事寫作的人，本也堅信自由爲文學所必需，開始是很不願意「就範」的。無如文藝圈中，瀰漫着一種空氣，好像如不「戰鬪」，卽有「問題」。於是老一輩的，從前是著譯等身，近年則「洗手不幹」。年輕一輩的，旺盛的發表慾遽難遏抑，只好折節以從，積久漸安，也就忘其所以了。其嚴重的影響是，因此斷送了若干前途有望的人，將來的歷史會要證明這一筆損失。

（四）最可注意的是，有不少本來應該與文學絕對無緣的人，莫明其妙的擠上了這一條路。文學的果實固然人人可以享有它，但作爲一個栽培灌漑的園丁，也各有分工，而每一分工，又必有其堪以勝任的具體條件，比方說天才、學力、生活體驗、基本練習等等，都不是單憑興趣就行得通的。至於本無興趣但抱着一個「目的」而來者，那不用說更是羣中的害馬。而如前所擧，製造「問題」空氣，招致「權力」誤會者，也正就是這批害馬。因爲他們「文學」雖然不行，「戰鬪」則甚有研究，而且對他們本身來說，「戰鬪爲文學之本」，實在也是除此別無他法。古人云：得其情則哀矜而勿喜；我們對他們本也不該多所苛責。何況這些人中間，原也有不少智勇辯力之材，用之得當，都可以大有造於斯世。是什麼形勢和力量使得他們走錯了路？我們豈可不仔細的想一想嗎？

這上面一大堆話，在我心裏藏之久矣。過去之所以沒有說，是因爲說了也不會有人肯聽。這本來也不過是淺顯易解的老實話，但這個年頭的人，「心有是非口無可否」，老實話固然不肯說，肯聽的恐怕也難得找。此時因有感於「文學雜誌」編者之言，信筆把它寫出。這並不是什麼一吐爲快，而是覺得，一本以「說老實話」自律並以勉人的「文學雜誌」，對這樣大的問題，應該特予注意並明白宣示它的態度，這才叫「不逃避現實」。我想「文學雜誌」是有此抱負的，我於此並重申人之欲善誰不如我的信念。

以下，試就「文學雜誌」創刊號的文章，來一個粗略的鳥瞰。大體上說，這些文章，都很樸實、理智、冷靜；足副編者之所言。但「重量」分配方面，似乎尙未十分恰當，譬如散文方面，共計三題六篇，再加上一篇一次登不完的譯作，質量均失之太重。相反的在小說方面，只有兩個短篇，（黎譯「老囚犯的哀傷」，目錄註明小說，但我讀後覺得只是一篇隨筆，尙非小說，譯者附記中也稱之爲短文）又失之太輕。詩三首，也太少一點。只有理論方面，共佔兩篇，尙屬適中。再就排列順序看，編者似乎是同時採取「文」「人」兩個觀點，這結果使人看起來覺得有點「亂」，似乎也不太好。依我想，不如照這樣的順序來排——

李商隱燕臺詩評述
論散文詩
一枝箭，一隻曲子
日落時
矮籬外
瓊　君
峴　山
老囚犯的哀傷
龍泓寺前外三篇

斜暉（三續）

孟瑤

五

隆冬過去，孟春來臨，海濱風光雖然明媚動人；但，如此寂寞的歲月，連我這退休隱居的人，都感到有些不耐了。由冬入春，眞是美麗得驚人，萬物都在生長，枯枝上看得出隱約的綠色。雀鳥唱出歡躍的歌聲，連海水都靠得我們脚跟近些……只是，大地無論如何美麗，生命對於我却總是一種無聊的消耗，勝負大局已定，這後一段的跋涉使我愧恨。據說，深海中的魚兒，每至春天，都要找一個最安全的地方去產卵，但是這千百萬的數目中，最大多數都做了其他魚類的犧牲，只有極少的一點才會幸運地長成，在人生的舞臺上，我不正處在那可悲者的地位？

自從和那位盲主人作過一次極不歡愉的見面以後，轉眼兩個月又過去了，他還沒有再肯召喚我。這樣也好，因爲我這種不願拜見生人的癖性，亦正不在他之下呢。可是事實有些奇怪，我們雖然沒有見過第二面，但是他的不幸却始終縈廻我的腦際不去，我不知是不是因爲自己的不幸，才特別同情別人的不幸；還是因爲他竟然也是一位文學的愛好者、作家、或者是文學家。我們第一次見面的理由，正因他要叫我去抄一篇散文。

提到寫作，我也曾小作嘗試，那時，我已無法再欺騙自己，我勇敢地告訴自己說我是失戀了。情緒上俯仰無主，愛與恨的烈焰在內心猛烈地燃燒着，幾乎毁滅了自己，但是，我不甘對方只用欺騙就能換取了我的生命去，於是，我反抗，我要固執地活下去，那怕含羞與忍辱。這意念比死還痛苦我，我不得不找一點排遣，這樣我拿起了筆，我寫了一本自傳式的小說「幽居」。這其間，有我的懺悔，我的怨懟，以及我對自己愚昧的咒罵，當我寫的時候，我沒有一點目的與企圖。我不過感到我的靈魂在滴血，於是，我以懺悔作筆，醮和着血淚，譜出一篇哀傷的心曲，同時，我也不自覺地向一羣如我似的盲目者呼籲，不要把一塊破玻璃當作金剛石；不要把謊言當作了詩篇。鑽石有它的强光，有它的硬度；珠寶有它的凝鍊，有它的結晶；最珍貴的東西成功於它的內涵，不在它的虛表……感情像流水似的向外傾洩，一篇十萬字的長篇，在無法停筆的一個月中完成了。

那時，我自殺的欲念很强，但，一方面爲恐懼心理矛盾着，一方面也眞不甘心爲一份虛假的愛情而犧牲，於是，我想起歌德寫少年維特之煩惱的軼事，他從創作中得救，也從創作中成功。於是我閉門效顰，日以繼夜地忙了一個月，像扔棄一塊疾病似的，把它送往郵局，它很快地被發表了，而且赢得意外的好評。事實上，當「幽居」被許多讀者討論得十分熱烈的時候，正是我心力交瘁，寂寞臥病的時候，我開始嚐到一個成功者的空虛。別人以爲我收獲甚豐，我却知道我身無長物；我願意用生命去換取一段眞實的愛情；却無法用身外名利去醫治愛情上的損害。於是，我在觀衆的掌聲下，連掀幕一面的勇氣都沒有，而悄然引退……

我不應該再想到這些，這不是我願意逗留與囘憶的往事，生命是一條河流，這一段只是被錯入的港汊，今後，它應該洄入正式的河床，那怕歸去的一段是十分平淡寂寞的。

鳴

我和書

古屋雜憶(上)

這中間，我最喜歡的是「古屋雜憶」。霍桑的文章的特色，我覺得是密、厚、重。這一篇即係如此。齊文瑜先生譯筆不苟，慘淡經營之迹，隨處可見。我把它連讀兩遍之後，忽然有一點悽惶之感，今生想能寫出類似這樣的文章，已經是沒有希望的了。於是聯想到前面吳魯芹先生那篇「我和書」。他說：「現在已漸入中年，知道來日無多，心中也常黯然，某些書還未讀過，總是此生對不起自己的事之一」。大概像這些念頭，即是莊周所謂以有涯逐無涯，那是非「殆矣」不可的。倒不如學思果(疑是梁實秋先生)先生那位鄰居，一天到晚哇啦哇啦的「鳴」，反而暗合養生之道。這三篇散文，對於我總算是「開卷有益」的了。

「寫素描總比寫一些不三不四所謂抒情的散文好(叫這種作品做散文詩，等於侮辱了散文詩)。這些作品……對自己更一無益處，因爲會養成一種矯揉造作的文章風格，和對自己不誠實的習慣」。我鈔下梁文星(論散文詩)先生這幾句話來，希望也對某一些人「有益」。

胡適之先生的譯詩，梁實秋先生給打幾分，我不敢妄加揣測。不過「就詩論詩」，我總覺得胡先生對這一門是「賢者有所不能」的；不論作的譯的都一樣。我已非少年，應該更不敢輕議前輩，所以斗膽寫此一筆者，以「文學雜誌」要我們「說老實話」也。祈胡先生恕之！夏菁先生的「日落時」，譬喻能工，義兼比興。但「恐夜露銹蝕了光芒」句，「光芒」可否改作「鋒鋩」，好像比較穩一點，而且與上句的「金箭」更貼切。

很喜歡看小說，越看得多越不懂，對於彭歌林海音兩位先生的新作，還得仔細領略一下，暫時不敢說什麼。不知爲不知，這仍然是老實話。但單就文筆而言，林先生的條理暢達，彭歌先生的深婉清新，那是我們老早就很熟悉的了。

裝幀很精雅，紙張印刷也清楚。校對上有兩處重要的錯誤，第十頁第三行皇甫謐十二行李謐兩個「謐」字都應該作「謐」，此係人名，宜勘正。

四十五年九月二十四日未埋庵讀書記

往事的不堪回首，使我僞裝的平靜起着動盪的波瀾，放下一份無法下嚥的早餐，我又挾起一本書，穿出別墅，向後門的小院中走去，外面的空氣很好，那不肯光顧我內室的春日朝陽，正普照着大地，我先到峭壁邊的欄杆旁流連半晌。向前望，是一片浩淼的海；往下看，是一個深可碎身的谷。這谷，帶些神秘性與恐怖性，因爲光線黯弱，野苔滋蔓，沒有誰向這小谷中涉足過。從欄杆邊走開，我從斜坡下去，走向海灘，這淺灘邊的一片細沙眞叫人喜愛，軟軟的，暖暖的，像少女的感情，引人親近。我再走遠些，在灘邊的石堆中坐下，這是一塊可坐可倚的舒服地方，於是，我展開書，靜靜地吟味消遣，疲倦了，我凝眸於眼前海浪，它們晝夜不停地活躍着，像一羣調皮的孩子，活潑地竄到你的脚下，沒有等到你抓住它呢，便又躲了開去。春陽柔和，我又情緒厭倦，斜倚在石上，我竟然睡着了。當我被叫醒的時候，翠微正站在我的面前，她是我喜愛的一個小女孩，這個嚴冬似的家庭，只有她是唯一的能化解那冰凍的陽光，幾月來，我們常常一起遊樂，連我的幾許寂寞，也是她的天眞排斥開的。

「眞舒服，你怎麼會在這裏睡着了呢？」她皺着眉埋怨我。

我揉揉惺忪睡眼，迷茫地：「可不是，我眞睡着了。」

「你猜什麼時候了？」她這樣問，隨意地便在我身邊坐下。

看看太陽，已經向西，而且翠微已從學校回來，那麼已是午後了嗎？我還沒有吃午飯呢！竟然沒有誰來喊我一聲！但是，誰該來喊我一聲呢？於是，我只得淡淡地笑了：「已經兩三點了吧！我竟然睡得這樣久。」

「昨夜一定沒睡好。」

「是的，我常失眠。」

「失眠，那一定是有心事。」

聽了她的話，我即刻掩飾說：「不，我是愛那海中的燈塔，晚間它所發出來的光，像一個最有耐心的母親撫慰她寂寞的孩子。」

翠微沒有再說什麼，望着前面的海，沉思起來。她一直是個活潑天眞的女孩子，是什麼煩惱竟然會使她也痛苦起來？這使我不得不關心，便拍拍她的肩問：「你怎麼了？」

「爸爸今天又對我發脾氣了！」說完，她用手掩面，竟然輕輕地抽搐起來。

我同情她，我知道她的環境必須使她分擔一些父親的煩燥與母親的冷嚴，雖然她是如此被嬌寵着，但這嬌寵的裏面不是沒有針芒的。於是我同情地輕撫着她的背問：「哭什麼？告訴我，到底是爲了什麼事？」她沒有回答我，於是，我又加上一句：「你應該明白，處於你父親那樣的地位，誰的心情也是不會好的。」

她沒有理我，哭了半天，終於擦乾了眼淚，突然問我一句：「你覺得致中的爲人怎麼樣？」

我知道他們兩人正熱戀着，她的問話，無異於叫我去讚美兩句，只是致中給我的印象不是十分美好的，他的內在，不如他豐儀的什一，他似乎沒有受過十分良好的教育，感情是浮動的，個性也很軟弱，但是這些批評，我不能坦直地對翠微說，經驗告訴我，她不僅不會採納，而且會生氣地反駁我。戀愛期中的人，比一個盲者更少看見事物的眞象。於是，我只能泛泛地說：「他有一些聰明，而且和他在一起的時候，會覺得很好玩。」

「還有呢？」

她還嫌不够呢！於是，我又勉强地加上一句：「他也許很多情。」

「是的，他很多情，」翠微接下去說：「我們已然十分相愛，但是，當我今天回來對父親提到訂婚問題的時候，父親竟然毫無理由地罵了我一頓。」

「訂婚？」我也對這件事感到突兀。

「是的，感情既然這樣好，爲什麼不訂婚。」

「不過，你畢竟年紀太輕了。」

「訂婚怕什麼呢？」她反對我：「反正等畢業以後結婚就是了。」

我一直在懷疑他們表兄妹的關係，我想他們決不是青梅竹馬的感情，因此我問：「你們認識多久了？你父親見過他嗎？」

「我們認識也快一年了，」她說：「我曾引他去父親那兒談過一次話，但，從那次以後，父親便不肯再見他了。」

「沒有告訴你什麼理由嗎？」

「你到我們家也這樣久了，爸爸的脾氣，你也許了解一些，爸爸自從眼睛壞了以後，不但脾氣壞，而且對於一切的事情都固執得可怕。我是他的女兒，當然遇事忍耐，媽也眞好，從來都不肯說一句什麼。但是，雖然我們遇事都肯退讓，這是我的終身大事，假若爸爸眞的不肯，我是不惜於脫離家庭的。」

多麼醇摯的少女感情啊！她和我的往事走着同一條路子，同樣的熱戀，同樣的肯犧牲，但願不要同樣地被欺騙。於是，我提醒她說：「爲什麼你不能晚一點提出這問題呢？」

「感情已然走到這一步，不得不如此呀！」她毫不考慮地回答我。

可憐的人，永遠是前一個人摔了交，第二個人再照樣地蹈入覆轍，我有這經驗，但沒有誰肯接受我的。只是我依然不放棄這應盡的忠言：「假若我是你，我一定再晚一些提到這件事。」

她果然不肯再理我了。

我們閒坐了很久，彼此都找不到適當的話說，我有一些餓了，於是我站起來，還隨意地說了一句：「我們該回去了，今天致中沒有陪你回來？」

「一塊兒回來的。」翠微也站起身來回答我：「我想和你單獨談一談，他回我母親屋裏去了。」然後，她不甘心地望了我一眼，才像有一點勝利把握似的回答我：「你也覺得我們的事早了一點，你可不知道，主張我們訂婚，正是母親的意思呢！」

聽了她的話，我心裏頓起狐疑，這狐疑也許並沒有什麼理由，我只是有些奇怪，何以這一對夫妻的意見，會如此相左？

翠微回家的時候，我們常在一起吃晚飯，這天也是依照一向的習慣，席間，我又遇見了那位冷嚴的女主人，她不似往日的寡言與淡漠，她先開始找我說了幾句平常的話，然後，又告訴我說，她將要去平城一行，要耽擱一個星期左右的時間，家裏的一切要求我照料，尤其是她丈夫的飲食起居，更希望我能替他親自料理……這囑託無寧是我不希望接受的，想想那位永遠在發怒的男主人，我眞不願意他增加我的不快樂，於是，我示意她：「他不願意陌生人隨意進他的屋子，我可以嗎？」

「這件事我早已與他商量好了！」她說着，並有意義地望了我一眼：「你知道嗎？他對你的印象極好！」

這話從哪裏說起呢？我們雖然生活於一所房子裏有幾個月，却至今還只見過一面呢。

六

我所接受的新職務，很使我感到緊張。

我知道他是一隻負傷的巨獸，比未被襲擊以前猛鷙得多，牠可能極殘忍地危害那接近牠的一切。他被環伺，他被奇襲，他負傷，他有一份可怕的激情，這一切，威脅他，並燃燒着他。爲了保護自己，他敏銳地提防着所有接近他的人，他根本不允許陌生人進他的屋子；但是，他的妻女離去後，我必須負起協助他日常生活需要的工作，我必須接近他，爲此，我有一些害怕。

早上，我到廚房裏去收拾他的早餐，老高又顯得比平常的話多了一些：「太太到平城去了，有你去管老爺的這些事，我眞高興。」

「太太已經去平城了，你爲什麼還不到前面去呢？」

「還是不去的好，她正在找我的由頭好不要我呢！我還是老實一點吧！」

我把食盤收拾好，端到前面，我非常謹愼地先敲敲門，裏面立刻答應了一聲，聲音很平靜，我膽大許多，推門進去，他依然與第一次一樣地端坐在桌前，表情平靜而沉鬱，我把早餐放到室中的小圓桌上，又回身對他說：「李先生，早飯在圓桌上，要我扶你過來用嗎？」

「不了！」他用手帕擦着那寬廣發亮的額際：「你出去，替我帶上門。」

我沒有力量反抗他，我知道他是一位因失明引起了自卑感，而自尊心又十分強烈的人，他拒絕陌生人的同情，又痛恨別人看出他行動上的狼狽，於是，他永遠關上門，獨自摸索着，摸索着……

我輕輕地退出。

我獨自回屋，用着自己的一份早餐。我知道我也不是一個輕鬆的人，我身負重傷，靈魂上染過汚點，渾身蒙受着羞辱，我也像一隻負傷的弱獸，要找一個掩蔽的洞深藏起來，因此他的心情，我能深切體會，並且萬分同情。我漸漸覺得，與這樣一位主人相處，將更合式，因爲我們同病相憐，都是深懼別人看出我們自身狼狽的人。

室內徘徊半小時，我又去敲門收拾殘羹，看到桌上杯盤狼藉，我心裏難受至極，牛奶洒了，麵包屑滿桌皆是，水菓的瓤心沒有刮食乾淨，這完全是一個一兩歲的孩子第一次準許自食後的景象。我想，在飲食的位置上有一份合理而固定的安排，將能減輕這許多類似的困難，但是，這不是我這陌生人所應該代庖的。我靜靜地收拾着桌上的一切，他也依然端坐不動地沉默着。在人前，他是不肯輕動以掩飾他失明的短處的。直到我剛要移步出門時，他忽然開口了：「我們那一天的散文還沒有開始呢！一會兒，你能再來一趟嗎？」

「好！」我答應着，便加快地收拾着一切，趕着回來。

在第一個抽屜裏找來紙筆，他的聽覺很銳敏，知道我一切都準備好了以後，便開始口述，我快速地將它記了下來，這裏面，美麗的辭藻與崇高的意境吸引了我，憑心論，我從未高估過他在寫作上的才能，更從不輕許一篇散文的成就。寫散文，談何容易？它的成功仰仗於本身最美的形式與最眞的內容，它不似小說可以依賴故事的結構，也不似詩歌，借重於熱情與音節。散文就是散文，它唯一的成功就是它自身的光彩；所以，我很難找到一篇如此成功的散文。

「你再念一遍！」他打斷了我的思路。

於是，我明晰地朗誦一次，他又斟酌着改了幾個字以後叫我謄正。這只是一篇不足二千字的散文，很快地，我便抄寫完畢，於是我問：「怎樣寫，怎樣寄出去呢？」

「你先寫上我的名字，」他這樣回答我：「柳塘，柳樹的柳，池塘的塘。」

沒有一件事情會使我吃驚到這種程度！柳塘！他就是柳塘，我唯一心儀的文學家會是他？這位崛起最晚，成就最大，從不與任何人相周旋的神秘而驕傲的作家，會就是這眼前孤僻而失明的人？我的情緒可怕地起伏着，臉紅了，手也有些發抖，當一個人發現了自己所最憐憫着的人，却正是自己早應該頂禮膜拜的人；當一個士兵發現了他正在炫耀自己作戰本領的對象，却正是他所最崇拜的軍事專家；他們該有多少慚愧與緊張，恨不能找一條地縫鑽進去，我這時的心情，也正如此。

「寫好了嗎？」他的聲音比往日平靜：「這是別人早已約好了的一篇文章，在心裏蘊育了很久，這才算是有機會把它寫下來了！」於是他又告訴了我寄信地址。

我沉默而謹愼地做好這一切，然後才問他：

「就寄出去嗎？」

「不必這樣急，明天老高買菜時帶去得了！」

退回室內，我徘徊着，內心充滿了喜悅與憂傷。喜悅的是，我這個隱居者今後將不再願以冬眠的昆蟲自況了，我想到我是一個飄流到荒島上的魯濱遜，與世隔離，是被迫如此，獲得一位相投的伙伴，却是我額外的幸福；憂傷的是，因爲同好，很快地縮短了我與他之間的距離，往日，我對他的不幸，只是路人似的平凡同情，恍惚間，我已覺得他是我的家人，解除他的不幸，不僅是感情的，而且是責任的了。

寫作上，他有逼人的才華，這一點不必憂慮，引起他自卑與煩躁的，恐怕是由於生活行動上的不便，這一點，我正有方法減少它。經過一番深思熟慮，我有成竹在胸，午飯時，我到厨房裏去安排一切，我像一個學生，遇見了他久別重逢十分敬愛的老師以後，願意死心塌地爲他服一切的勞役；這一個新刺激，增加了我許多生命的活力，我挺了一挺胸，我把食盤端進屋裏，當我收拾圓桌的時候，我毅然地提出：「對於您吃飯時所發生的困難，我有一個建議！」

碰傷了痛處，他果然臉紅地從桌子旁邊站了起來，緊握着拳頭，好像立刻就要打人的樣子。

「假若，」我勇敢地繼續進攻：「每一樣東西有它固定的位置的話，這困難便已解決了一半，今後，四菜一湯，湯在中間，右邊的兩碗是葷，左邊的兩碗是素；靠面前右邊是筷子，左邊是碗，湯匙與小碟放在碗筷的前面一點。」

我勇敢地揭穿他的弱點，然後鎭定地接受他的打擊，果然他兩手按着桌子，咬緊牙，睜着那對大而失神的眼睛，半天，才掙扎出幾句話來：「你少管我的事……你出去，帶好門。」

我沒有被他擊敗，我知道他會暗中依順我；我崇拜他，願意傾全力以幫助他，但我知道不能操之過急，於是，我沒有再說什麼，便依照他的話退出，並且替他關好房門，飯後來收拾碗碟時，發現他早已退到臥室裏去了，並且門上了裏面的一道房門。我悄悄地收拾好了東西退出。回屋以後，不免又回想起第一次讀柳塘的書，以及對他崇拜的情形，那本奠定他在文壇上崇高地位的，如散文詩一樣的長篇小說，我是躺在床上一口氣把它讀完的。我忌妒造物者何以賜給他一份這樣照眼的光華，他把詩、散文、小說，熔於一爐，來製造一部震爍當今文壇的傑作。那時，我正沉溺於無可救藥的狂戀中，幻想着另外一個美麗的世界中有着滴血的眞情，却盲視於現實生活棘藜上的光艷僞裝；不久，我即被那幕愛情的醜劇欺騙了，我踉蹌地從那熱鬧的舞臺上退了下來，而病倒在醫院裏，徘徊於生死的邊緣。病後，衰弱賜給我冷靜，我開始能對人生保持一個適當的距離去觀賞，因此我看出了多少令人發噱與痛心的醜惡；那時，我開始讀他那本書，我便不僅只被那散文式的美麗辭藻，詩人般的崇高意境所迷惑了。進一步的，感情上因被人性愚昧所刺傷而感到痛苦，由痛苦的煎熬中提鍊出一份悲憫，這悲憫更深重地刺激了我，於是我憬然而悟；人世間多少歡樂與靜寧，常是由那些勇敢地背負起十字架的人去換取的。我的不幸，即是多數人類的不幸，如今我應該做的，只是從人生舞臺上退出，去思過，養晦，懺悔。

現在，與我生活在一起的，就是這樣一位長者，他使我在心境惡劣中獲得平靜；感情的孤航，從激流的險灘轉入無波的中流。

今後，我們的距離會拉得很近。在學養上，他是我的師長，在命運上，我們却同是兩個海上遇險的倖存者，我們同時抓到一塊浮木，同時漂到一個荒島上，彼此相望，雖然都狼狽得可笑，然而這一份親切相依的感情，是別人無法體會出的。（未完）

書刊評介

各國憲法及其政府

薩孟武 劉慶瑞 合著

李聲庭

筆者最近始從美國回到祖國來；受國立政治大學之聘，于下學年講授憲法。當筆者在美國留學及幫辦律師事務時，對美國憲法即甚注意，因之關于美國憲法及其他法律問題具有通常的了解。爲了講授憲法而收集材料時，第一部所讀到的書便是本文所評的薩孟武劉慶瑞合著：「各國憲法及其政府」。該書于中華民國四十四年六月印行，由臺灣大學法學院事務組及臺北各大書店經售。全書分六章：第一章，英國；第二章，美國；第三章，瑞士；第四章，法國；第五章，德國(及附錄：西德)；第六章，十八世紀以來，憲法的基本原理的變遷。上面說過，筆者留學美國，對美國一切比較熟悉，故先從第二章讀起。這章書從八十九頁起至一百七十三頁止，共計八十四頁。筆者一口氣讀完之後，就記憶所及，覺書中似有若干錯誤。因恐記憶不足爲憑，於是設法找到原文材料加以校對。因薩劉兩先生的書只於第二章末(一七三頁)列擧十餘本參考書，並未于文中註明引書的出處，所以欲找尋其所引之材料或翻譯之原文異常困難。茲就能找得到的材料和筆者能見得到的錯誤，一一列擧出來，以就正於著者，且望有機會再版時，著者能採及芻蕘，加以改正。這是筆者寫這篇文字的動機。至于其他五章是否也有同樣應改正的地方，筆者因校對這一章已經費去不少時間，只好讓別的讀者去判斷了。

薩先生在序文中說：「余知劉先生研究各國政制，極有心得，精通英德日三國文字。……劉先生費時一載，才告完成。余又費時三月，細加校正。」可見，兩先生確費了不少心血在上面。但著書校書的艱難，古今同慨；千慮一失，是智者所難免的。

第九十一頁第十四行：「而總稱爲美洲合衆國(United States of America)。」這裏美洲合衆國想是美利堅合衆國之誤。正當的歷史或地理書，從沒有把 United States of America 譯作美洲合衆國的。美利堅合衆國中之美利堅是譯音，而著者譯作美洲，實在足以使讀者疑惑！下文接着又說：「這就是現在美國的前身，然其性質又和現代的美國不同。」原來現代的美國還有一個前身，其名字叫美洲合衆國(原文是 United States of America)；那末，現存在的 United States of America，又叫什麼合衆國呢？

第九十七頁第十五行，「如外交、軍備、郵電、……專賣及版權的特許等是。」這裏有兩個應改的錯誤。第一，美國聯邦憲法只規定聯邦政府有設立郵局及建築郵道的權。原文是這樣的：

Article I. Section 8. [7]. To establish Post Offices and post Roads; 在中國，郵政和電報均由政府經營，所以有郵電之稱。美國政府只管郵政；電報、電話都由私人經營。今把「郵電」連起來講，豈不貽誤讀者！其次，所謂專賣及版權的特許，不知指些什麼？筆者再照抄原文如下：

Article I. Section 8. [8] To promote the Progress of Science and useful Arts, by securing for limited Times to Authors and Inventors the exclusive Right to their respective Writings and Discoveries;

這一項裏那一個字是指專賣？那一個字是指版權？憲法只規定保證于有限期內一些獨占權而已。此處所指著作人與發明家的作品與發明，按聯邦最高法院的解釋是包括版權與專利權兩者在內。如果只述其一便是失當。而且並非特許，只是加以保證。

筆者有一點感想在這裏值得一提。一般人見慣了本國的東西：如郵電、專賣、特許等名詞，於是不管別人有沒有這些東西便隨隨便便的給人家按裝上去。這樣的疏忽，完全出自著書的人的大意！試問美國專賣那些東西？美國而有專賣，便不成其爲美國；而且美國的法律是禁止專賣的！

第九十九頁第十一行，「只惟選擧歸化及檢疫才假手各邦官署執行而已。」此處選擧及檢疫不談。歸化英文字想必是 Naturalization。按原書所稱「才假手各邦官署執行」一語想必是說：選擧、歸化、及檢疫由聯邦立法交由各邦執行之。如果是這樣的話，那可以說是錯了。選擧一項太複雜，此處無法討論。檢疫爲地方經辦事項，無討論之必要。而歸化假手各邦官署執行，則是筆者所不能十分了解的。如許多中國人所熟悉的，歸化屬美國聯邦司法部的移民與歸化局，便是聯邦按照聯邦憲法修正案第十四條第一項的規定，由聯邦國會制定法律，由聯邦政府執行；從來沒有假手各邦任何官署執行過。如有人堅持曾經或現在正假手各邦官署執行的話，請問是假手各邦的那一個或那幾個官署執行？根據那一條條文的？

第九十九頁最後一行，述及聯邦憲法修政時謂：「非得各邦全部同意，不得修改(第五條)」。原文是這樣的：

...,when ratified by the Legislatures of three fourths of the several States, or by Conventions in three fourths thereof,

這便是一般人所指美國的憲法是剛性憲法，須經各州四分之三之州議會或四分之三之制憲大會之批准，方能生效。如果原書所說「非得各邦全部同意，不得修改。」美國聯邦憲法便永無修改的可能了。不悉是否美國聯邦憲法第五條的本身已經修改了——從原來四分之三的大多數改成了上面所說的全體一致？否則「非得各邦全部同意，不得修改」一語，大約是著書的人想像之辭；他認爲美國的憲法還不夠剛性，改爲全體一致之後便百分之百的剛性了。

第一百零六頁第二行：「邦法經聯邦最高法院宣告無效之後，各邦若不受命，則將如何處置。這個時候，總統可以用兵力強制之。」在這裏，原書著者似乎太過於大意，致犯了一種嚴重的錯誤：替美國聯邦最高法院解釋美國聯邦憲法。筆者再引原書一段，可以知道原書著者運用邏輯方法大前題、小前題、結論、三段論式替美國總統打出一條出路來。原書同頁第三行：「因爲總統須注意聯邦法律是否忠實施行(第二條第三項)，又須竭力維護聯邦憲法(第二條第一項第八目)，現在各邦既然違反聯邦憲法，而致聯邦法律不得施行，那麽，總統當然可用兵力强制之。」

筆者試把這一段文字照三段論法排列于下：

大前提：(一)總統須注意聯邦憲法是否眞實施行
(二)又須竭力維護聯邦憲法，

小前提：現在各邦既然違反聯邦憲法，而致聯邦法律不得施行。

結　論：總統當然可用兵力强制之。

注意「當然」兩字下得十分有力，與前面「既然」兩字互相照應，眞够得上老吏斷獄。可惜太大膽了一點！一個國家的憲法絕不能用「既然」「當然」等等語詞輕輕的去下註脚。除非聯邦最高法院有判例可循，最好不要憑自已的臆測去代人家「解釋」起憲法來。這種事情是很危險的。

第一百三十九頁十一行：「一八六七年國會通過 Tenure of Office Act，禁止總統自由罷免這種官吏，總統 A. Jackson 認爲違憲，交還覆議。……Jackson 仍認爲違憲，置諸不顧。這便是 Jackson 受到國會彈劾的原因之一。」據筆者所知：美國第七任總統 Jackson 生于一七六七年，于一八二八年當選爲總統，連任兩屆(一八二九年至一八三七年)，死于一八四五年。原書所說一八六七年的總統絕不可能是 Jackson，因他已死了二十二年。原書所舉的總統 Jackson，是第十七任總統 Andrew Johnson 之誤。Johnson 是林肯 Abrahan Lincoln 第二屆連任總統時的副總統；林肯于一八六五年被刺殺而他便成爲總統。Johnson 作總統後，因缺乏政治技術，是時國會爲激烈的共和黨所控制；因此，國會不顧 Johnson 的否決而維持原法律案以圖限制行政部門的任免權。原著者在該書三行內連續三次提及 Jackson，可見並非偶然的錯誤。兩位總統的名字都是 Andrew，而 Jackson 與 Johnson 又相像，這大概是著者筆誤的原因。但著書的人在這等地方的疏忽，是不容易得到讀者的原諒的。

第一百四十七頁第十行：「⑥當事人雖是同邦人民，但其所爭的土地却在另一邦領土之內的爭議。」何謂另一邦領土？筆者實在想不出何以有這樣的翻譯法。原文如下：

Article III. Section. 2. [1].—between Citizens of the same State claiming Lands under Grants of different States,

這裏 different States 是另一邦嗎？這樣的翻譯憲法，實在犯了過於草率的毛病。正中書局印行的「美利堅合衆國憲法」第十九頁譯作：「同州公民間爭執各州讓與土地之訴訟，」把 different States 譯作各州，雖不甚妥，但並不錯；改爲「不同州」便更好。

第一百四十八頁最後一段：「其上爲上訴法院，全國分爲十個司法道 Judicial circuit，各置一個上訴法院，推事人數不一，大道六人，小道僅有三人。」這裏有幾點需要補正。第一：美國聯邦上訴法院，除上面所說分全國爲十個司法道之外，尙有華盛頓區 (Washington, D. C.)，專管該區上訴案件的上訴法院。因此，一共有十一個司法道。第二：上訴法院推事的人數，小道是三人不錯；大道則推事六、七、九人不等。第五、第六第七諸道各六人，但第三、第八、第九諸道則各七人，而華盛頓區則爲九人。這些地方，只要著者稍微小心一點，便可不至有這些缺漏！該書下面接着又說：「每次開庭，由推事二人主持，二人意見相反，則案件移到最高法院審理。」這裏「每次開庭由推事二人主持」一語，不知是根據那條法律來的？難怪在下面接着加以補充：「二人意見相反，則案件移到最高法院審理。」上訴法院原是以三人審理，判決時取決于多數；從來沒有聽見過有兩個推事審判案子的事，更沒有二人意見相反，則案件移到最高法院審理這一回事。原書中這類的錯誤，亟應於再版時改正！

第一百四十九頁第二行：「但是最高法院可應訴訟人的要求，於上訴法院尙未宣佈判決之前，將案件移歸最高法院審理」一事，筆者完全不能了解，且相信並無此事。希望原書著者將所根據書籍章節頁數見告！

上面所舉的錯誤只是筆者一人于短期內在第二章所能發見的。但筆者希望只這一章有錯誤，而且只有這些錯誤。

此外還有一些翻譯不妥帖的地方，作者也附帶的在此指出，以作本文的結束。

(一) Judicial proceedings 不是法院的判決。(見原書第一〇二頁) Proceedings 是程序，即訴訟手續；判決包括在 Proceediugs 之內，但其本身不是判決。

(二) full faith and credit 應譯作「完全的信賴與信任」。原書譯爲「充分的信賴」只說出 faith 一字而遺漏了 credit。(見原書第一〇二頁)

(三) Removal suit 原書作轉來的案件，不對；應譯作「移轉或移送來的案件」。(見原書第一四八頁)因我國刑事訴訟法稱「移轉」，而民事訴訟法稱「移送」，故移轉或移送可通用。

(四) Veto 不是拒絕，應譯作否決；此字爲人人所知，不宜故違衆意，自造新詞。(見原書第一四九頁)

(五) Secretary of the State 應譯作州政府秘書長，卽我國的省政府秘書長。美國各州與各縣市，無上下統屬關係，故州政府並無民政可管。著者大約因爲我們的民政廳長兼選擧監督，而民政廳又辦理選擧事務之故。殊不知美國的州 Secretary of the State 並不與我們所謂的民政廳長相當，反之却與我們的省政府秘書長相當，故以譯作州政府秘書長爲宜。(見原書第一六八頁)

(六) Exclusive jurisdiction 應譯作「專屬管轄」，Concurrent jurisdiction 應譯作「共同管轄」。原書稱爲「獨占的審判權」與「共同的審判權」，誤解了 Jurisdiction 一字。(見原書第一四七頁) Jurisdiction 是管轄權而非審判權。如欲知二者的區別，請讀者看我國刑事訴訟法論著便知，此處不加解說。

總之，一本範圍廣博的書，當然免不了錯誤。在出版事業發達的國家，大多數的好書都是經過幾次修正以後才成爲沒有瑕疵的名著的。筆者很希望原書再版時，這篇書評有可以供原著者採取的地方。

讀者投書

(一)「結果圓滿」了嗎？

余明遠

編者先生：頃閱貴刊第十五卷第六期社論「失言乎？實言乎？」對國校畢業生免試升學方案提出寶貴意見，並指出此次貿然在新竹實施所發生的流弊，立論公正，無限欽佩。但閱九月十九日各報刊載張其昀部長於十八日在立法院答覆立委的談話，竟謂本年新竹縣試辦方案，已圓滿達成目標，對同一事件，大多數人都認爲已搞得一團糟！但張部長却認爲結果圓滿，眞令我們辦教育的人不寒而慄！

張部長在該談話中有幾點是值得我們研究的：

一、張部長說免試升學初中方案的最大動機是消除國校惡性補習，但令我們奇怪的是：教育當局爲什麼不敢正面用行政力量去禁止戕賊兒童的惡性補習，反向惡性補習低頭，改變教育制度？這是不是表示教育當局的無能？再者，因國校畢業生免試升入初中，致初中程度大爲降低，因此將來初中亦將發生惡性補習，屆時教育當局是不是爲了消除初中惡性補習而實施免試升入高中？

二、張部長又說該方案的原意是提高中小學教育水準。但我們認爲免試升學不但沒有提高水準，反而降低了水準。因爲可以免試，失去了競爭，國校教師教學鬆懈了，學生認爲反正可以升學，讀不讀書也沒有關係，所以國校畢業生程度突然降低，更從而影響初中程度，這是有目共覩的現象。張部長是沒有到下層來看呢？還是故作昧心之論呢？

三、張部長又說：「外間傳說初中學生在經濟上有超額負擔而有易地求學之說，決無其事。」新竹縣的情形在貴刊已有報導，而張部長認爲「決無其事」，究竟是誰錯呢？我們認爲不妨請立監委們到新竹民間去探聽一下，便可知誰是誰非了。不過，也許張部長認爲一個初一新生入學時要「樂捐」五百元，並不「超額」吧？

四、我們認爲張部長在行一種「新政」時，往往祇聽得進贊成的意見，而聽不進反對的意見，並且在實施之後，則片面的抽取一些有利事實來證明他「新政」的成功，而把新政所產生的許多流弊和缺點撇開不談，這是一個由學者而從政的張部長所應有的態度嗎？

最後，我應該坦白地告訴編者先生，我是一個縣立中學的校長，任職五年以來，沒有今年這樣痛苦的，雖然本縣尚未實施免試升學，但因近年初中大量增班，問題愈來愈多，我自已無法解決，一個有良心的校長眼看着中學教育一天比一天糟！眞是心痛如絞！實在不願對教育當局歌功頌德。我現在只拿兩件事來說：

一、教育當局每年叫初中增班，試問興建教室的經費籌措了沒有？本校去年增加兩班，應蓋兩間教室，但結果未蒙上級撥發分文，今年又增一班，則奉撥兩萬五千元，按增一班，至少增加五十付桌椅，一塊黑板，一張講桌，以上共需大約七千多元。兩萬五除去七千元，僅餘一萬八千元，如何可以蓋一間教室？錢不够，上級不管，叫你校長想辦法；但是教室沒有，學生上不成課，校長仍要負責。

二、今年中學教師的缺乏，已經嚴重到了極點，教育當局拼命下令增班，但師資並未早爲儲備，以致很多中學請不到教師，許多校長跑到臺北到處託人介紹教師，往往徒勞往返，到教育廳人事室請求介派，該室也無能爲力，教育部更是不管。現在各校均已開學，教育當局不妨派人到各校看看，便可知道師荒是多麼嚴重！例如省立新竹中學在本月廿日左右，連登兩天中央日報徵聘教員，該校係省立，且過去聲譽甚好，尚且有此現象，其他縣市立學校更不必說了。因爲當局要求大量增班，而師資不够，以致發生下列後果：(甲)教師流動太多，甲校向乙校拉人，省校向縣校拉人，城市的學校向鄉村的學校拉人。(乙)學校聘請教師不得不降格以求，祇要檢定合格，能够有人教課，關於學識經驗和品德已無從顧及，所以中學師資素質日趨低落，(丙)因爲大家知道學校當局聘師困難，所以有些教師認爲我教學可以馬虎一點，工作可以鬆懈一些也沒有關係，不怕學校不繼續請我教書，因爲你把我解聘以後，還不易找到人上課！

這些問題，張部長是不是知道呢？還是已經知道而認爲「圓滿」呢？如果此一現象張部長以爲沒有什麼了不起，或者發表聲明「決無其事」，那麼我們從事實際中學教育的人，還有什麼話可說呢？

余明遠敬上

(二)過則勿憚改！

游紹虞

自由中國執事先生大鑒：前讀貴刊『失言乎？實言乎？』社論，彙學國校畢業生免試升學在新竹地區試辦後，發生種種毛病之情形。正深慨歎！不料今日報載中央社訊，張部長其昀在立法院會中，答復立委李鈺先生所提質詢，竟謂此案試辦情形『業已圓滿達成預期的目標』。依我看，如果教育部原來預期的目標，是要把臺灣教育攪成一團糟，則當然可謂業已圓滿達成。否則事實與公論具在，豈能如此變說？張部長云：『外間傳說初中學生在經濟上有超額負擔，以及因超額負擔而有易地求學之說，決無其事。』不知此所云超額負擔，是否卽係新竹免試生須『樂捐』五百至一千元之問題？如果是的，而又『決無其事』，則聯合報自由人正聲電臺等，皆須負造謠惑衆誣謗政府之言責，此亦必須弄清楚者。至於易地求學，如果『決無其事』，則作此報導之記者，應卽逐出新聞界，以爲揑造消息者戒。總之，政府亦猶個人無法不犯過錯。犯了過錯，只要動機光明，亦不算一回事。但必須勇於悛改，所謂君子之過，如日月之蝕也。倘事實證明其犯了過錯，而一定要堅執護前，一錯到底，則非所望於今日之賢卿大夫者矣。聞張部長以孔子自比，足見其宏偉之胸襟。謹爲誦孔子之言曰：『過則勿憚改』！

游紹虞　四五、九、一九。

內政部警政司長李騫先生來函

自由中國編者先生：

敬啓者：頃閱貴刊第十五卷第五期社論(一)『法治乎？黨治乎？』一文，其中所載與事實經過情形頗多出入，茲特分別一一說明如次：

(一)貴刊所載之監察院某監察委員，係於本年七月底偕同監察院某專門委員，來本部調查工人報發生糾紛一案，當經騫將本案經過及本部處理情形，詳予說明，某監委當時並未表示調閱本案檔卷，騫亦從未說過『最好請中央黨部負責宣傳的某巨公進行調解』等語，貴刊所載顯係傳聞失實。

(二)第二次某專門委員前來調閱有關檔卷，因本部檔卷室地址遠在安坑，交通不便，一時無法調到，故約請改於翌日再行來部查閱，次日某專門委員卽來部查閱，貴刊所載『到了第二天如時前往，李司長將案卷繳閱，可是這一宗送鄉間歸了檔的檔案，很明顯地有裝釘後又經折抽的跡象』一節，亦與事實不符。查本案仍在繼續處理中，依照慣例，在未經結案前不予歸檔，惟本案案情複雜，爲便於查閱起見，經送往檔案室整理，因調卷時間匆促，未及整理完竣卽行送回，此爲本部處理文件之慣例，亦爲一般機關管理檔案之常情，不應以此慣例與常情，而加以檔卷有抽拆的跡象。

(三)查出版品申請變更登記時，自應依照出版法規定辦理，惟如發生糾紛，本部向係通知雙方先行和解，或循司法途徑解決，在未獲解決前，本部均係從緩核准變更登記，複查此次工人報雙方爭執之癥結所在，係屬私權糾紛，事涉民事範圍，自應依照民法處理。

本部處理案件，一向重視法治，從未逾越憲政常軌，貴刊所載各節，顯與事實不符，尙請惠予更正，又本案現已由雙方當事人循司法途徑解決，在司法機關未判決以前，無須空言爭辯，並希諒察爲荷

卽頌

撰安

李　騫啓　九月十日

編者按語

內政部警政司長李騫先生這封信，指本刊「所載各節顯與事實不符」。此一認定是我們所不敢苟同的。事實就是事實，不容歪曲，亦不容閃避。因此，我們不能不就函中所舉各點，一一予以答覆。眞象如何，讀者不難據以判斷。

(一)李函謂某監察委員來部調查工人報糾紛一案，僅由李本人說明處理情形，「某監委當時並未表示調閱本案檔卷」。這句話就非事實。實則宋監委(英)到內政部去就是爲了要看案卷，當時卽曾向李司長明白表示。衡之情理，豈有監察委員查案而不要求調閱案卷者？倘非宋監委要求調卷，則李司長何須約期將已送往鄉間檔案室的檔案，取回繳閱？

其次，李司長確曾向宋監委與宋專門委員說：「此事最好請宋委員向黃少谷先生進行調解」；而且不止一次。宋監委以責在查案，並非調人，初未遽允，嗣後爲求糾紛早獲解決計，且曾訪黃少谷先生，面告本案經過及調查所得。在原社論中，我們爲避免直指其名，故稱「中央黨部負責指導宣傳責任的某巨公」。黃先生現任行政院副院長及國民黨中央常務委員兼該黨中央委員會宣傳政策指導小組召集人。黃先生負責指導黨的宣傳政策，李司長說要請黃先生進行調解工人報糾紛，自是基於此故，而非因爲黃先生是副院長。因此，我們這樣寫法，當然是不錯的。

(二)關於第二點，李司長所欲辯的，是說檔卷並未歸檔，只是送往檔案室「整理」而已。歸檔也好，整理也好，反正檔卷是從鄉間的檔案室調回。這是李司長已承認了的。此是細節，可以不提。最重要的是：「內政部發出的文件中，赫然有副本抄送第五組字樣。」這一點，李司長則未加「更正」，想必無「與事實不符」之處！

(三)關於第三點，無非仍是內政部當初據以處理工人報的「說詞」，並無新義。對此，我們前在社論中已經評論甚詳，無待再贅。

給讀者的報告

「政論周刊」第八十八期上登載有張其昀氏的一篇演講，題爲「民主政治的三大眞諦」。張氏說：「民主政治的三大眞諦，一曰愛民，二曰敎民，三曰養民。」這眞是駭人聽聞的銓釋，聽來完全是一派君臣主奴的口氣。如此這般，人民該成了張部長輩所要「愛」、要「敎」和要「養」的客體，那裏還有絲毫「主」人的身份。那還成甚麼中華「民」國？這樣的民主觀眞可謂之「君主的民主」。張其昀氏位居敎育部長，負全國敎育之重責，居然說出這樣的言論，實在是不能原恕的。因此，我們不能不著論駁斥，以澄清這些荒謬的觀念和思想。

我們的第二篇社論是評論最近監察院通過的一項有關軍司法範圍劃分的議案。該案指出保安司令部常有逾越軍司法劃分範圍，侵害法院檢查處偵查權之情事發生，要求進行調查，以重人權，而崇法治。對於監院這個提案，我們由衷表示支持。軍司法範圍的劃分，關乎司法獨立與人權之保障，我們過去曾多次爲文呼籲。兪院長上臺以後，曾明確宣示縮小軍法範圍，而事實上這幾年來保安司令部並未能確實遵守，誠有損於政府之威信。因此，我們寄望監察院能根據這個議案，切實調查，迅予糾正；同時更望保安司令部今後能自行約束，不再侵越偵查權，以維護司法之獨立。

共產黨人最長於玩弄文字的魔術，以遂行其欺騙說謊的技倆。他們常竊取民主國家的流行名詞，用以代表完全不同的事實，於是而收「魚目混珠」、「指鹿爲馬」之效。他們製造「新民主」、「人民民主」等名詞，圖亂民主之眞。最近中共又提出所謂「百花齊放，百家爭鳴」的宣傳口號，以比附民主國家的言論自由。其實這不過仍是一種文字的魔術而已。對民主自由制度眞有認識的人們，是從不會被這種魔術所欺騙的。本期張佛泉先生的大文正是要揭穿中共的文字魔術，從自由民主的理論建構，以破共匪虛僞之宣傳。

人爲目的，而非工具。這是民主政治的基本精神。國家與個人，何主何從，其對應的關係，應予分辨清楚。否則很易使我們的思想迷入歧途。須知個人是目的，國家是工具。國家應爲個人而存在，並非個人爲國家而存在。故「把人當人」實爲政治之第一義。民主與極權之分野，卽在於此。關於這方面的理論，傅正先生在其大文裏有扼要精闢之發揮。

本期兩篇通訊，都是上期未能排出的。通訊稿件大多具有時間性，因稿擠而致延誤了發表的時間。是我們要向齊施二先生致歉的。

最近我們接到十數封讀者投書，對敎育部長張其昀氏在立法院中爲免試升學方案提出的答覆，指爲枉顧事實。篇幅所限，我們只擇出其中的兩篇在這期刊出，其餘不再發表。該案實行的「成效」究竟如何？我們願請立監兩院委員不妨實地去調查一番，就不難明白眞象了！

自由中國 半月刊 第十五卷第七期 總第一六六號

中華民國四十五年十月一日出版

發行人兼主編 『自由中國』編輯委員會

出版者 自由中國社
社址：臺北市和平東路二段十八巷一號
電話：二 八 五 七 〇

航空版
香港 友聯書報發行公司 Union Press Circulation Company, No. 26-A, Des Voeux Rd. C., 1st Fl. Hong Kong

總經銷
臺灣 自由中國社發行部
美國 自由中國日報 Free China Daily 719 Sacramento St., San Francisco 8, Calif. U. S. A.

經售者
日本 東京僑豐企業公司
韓國 漢城裕昌德號
馬尼刺 大中華日報社
印尼 新疆書店 椰嘉達天聲日報 泗水文光圖書公司
越南 西貢中原文化印刷公司
緬甸 仰光振成書報店
印度 加爾各答塔梅學校
澳洲 雪梨瑞田公司
北婆羅洲 西利亞坡青年書店
新加坡 檳榔嶼、吉打邦均有出售

印刷者 精華印書館
廠址：臺北市長沙街二段六〇號
電話：二 三 四 二 九 號

本刊經中華郵政登記認爲第一類新聞紙類 臺灣郵政管理局新聞紙類登記執照第五九七號 臺灣郵政劃撥儲金帳戶第八一三九號 (每份臺幣四元，美金三角)

自由中國

FREE CHINA

第十五卷第八期

要目

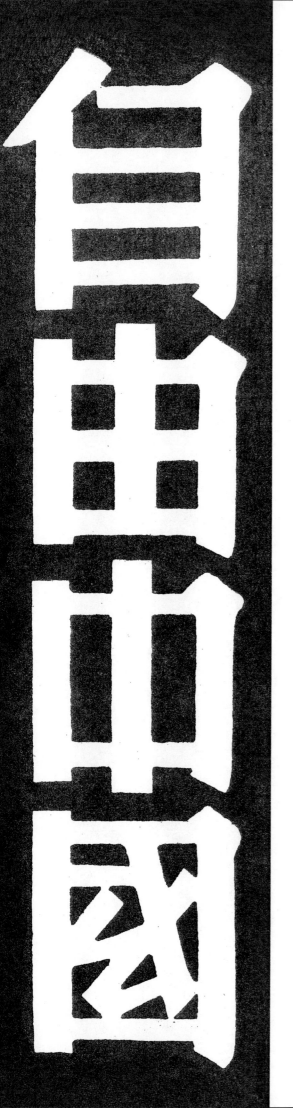

中華民國四十五年十月十六日出版
社址：臺北市和平東路二段十八巷一號

半月大事記

九月廿四日（星期一）

埃及、沙地阿拉伯、敍利亞三國會議結束，一致支持埃及立場，要求西方與埃直接談判。

星加坡政府下令關封左傾的華僑中學學生聯合會。

美國務院發言聲明，即暫不放棄使用武力，美絕不談禁運問題。

九月廿五日（星期二）

行政院副院長黃少谷在立院答覆質詢表示，反共救國會議可能在明年上半年召開。

光復大陸設計委員會舉行第四次綜合研究會議，陳餘主席提「國家建設綱領」案。

埃及在安理會反控英法對埃武力威脅。

緬總理宇巴瑞警告中共稱，談判如無協議，緬將採其他措施。

九月廿六日（星期三）

國防部長俞大維陪同史督敦飛金門前線視察。

杜勒斯對記者稱，埃及獨力經營運河，無成功可能。

曾往大陸匪區之八僑胞抵臺觀光。

以色列軍攻擊約但前哨，約但陣地及警所被毀。約但軍亦發動報復性反擊。

哈瑪紹召集以約美三國代表，會談以約戰爭。

共匪「八全代會」通過所謂「新黨章」。

美與東南亞四盟國在南中國海舉行聯合演習。

九月廿七日（星期四）

安理會決定優先考慮英法控埃案。

艾森豪在記者招待會表示，盼埃及接受解決辦法，保障使用國利益。

美空軍部長鄺爾斯稱，美將以核子武器打擊侵略武力。

狄托隨俄酋赫魯雪夫飛往莫斯科訪問。

九月廿八日（星期五）

英首相艾登與法總理莫勒結束爲期兩日之會談，拒絕和緩軍事準備，決定共同應付運河危機。

韓副總統張勉遇刺，手部受傷。李承晚保證嚴懲兇手。

九月廿九日（星期六）

蒙藏委員會委員長劉廉克在記者招待會稱，藏胞抗暴運動擴大，政府已採支援行動。

法總理莫勒偕外長抵德，商薩爾歸德問題。

哈瑪紹向安理會報告中東情勢，盼望各國遵守停戰協定，解決中東危機。

蘇俄與日本交換照會，同意先建邦交。

美邀俄捷波何等國派遣觀察人員赴美，參觀下月總統選舉。

九月三十日（星期日）

俞院長告反共義士大會稱，政府正採相當措施，支援大陸反暴革命。

法德兩國總理商獲協議，決定薩爾歸還德國，兩國將爲歐洲統一而努力。

美國務院否認減少對南援助之傳說。

南斯拉夫政府宣佈，狄托赴俄會談，旨在解決俄南兩國之歧見與困難。

十月一日（星期一）

蔣總統公佈新軍事審判法，即日實施。國防部成立軍法審判局。

三軍各部隊舉行頒發授田儀式，蔣總統頒訓勉三軍。

第三次第十八國運河會議閉幕，正式宣佈成立運河協會。

法總理演說，抨擊納塞，指其威脅世界和平。

十月二日（星期二）

杜勒斯表示，美與英法間並無歧見，美國目前並未計劃對埃從事經濟戰爭。

日內閣通過鳩山赴俄。

蘇俄接受邀請，派員赴美觀察大選。

新任法駐華公使鮑里育抵臺。

蘇俄與埃及兩國外長分別抵美，參加安理會辯論運河問題。

十月三日（星期三）

英政府宣佈，英國考慮與歐洲大陸共同建立一部份自由貿易地區。

尼克森發表政策演說稱，謂對自由世界任何部份，美均不予放棄。

比利時參議院友好訪問團抵臺訪問，將參加我國慶典禮。

十月四日（星期四）

政府開始分區頒發戰士授田憑據。

泰國與馬來商獲協議，共同撲滅邊境共黨活動。

星加坡議會通過議案，支持政府強硬對付共黨。

十月五日（星期五）

艾森豪表示，國際管理未獲協議前，美不停止試驗氫彈。

狄托返抵南國。

外交部長葉公超表示歡迎英國反共人士來華訪問。

俞院長在立院答覆質詢稱，調整公教待遇，政府將予優先解決。

十月六日（星期六）

義共代表抵南斯拉夫訪問。

美國支持英法運河提案，安理會開始辯論。

十月七日（星期日）

艾森豪發表聲明，美不停止徵兵。

星加坡教育部長指控共黨控制僑校。

日首相鳩山啓程赴俄。

南共報紙報導，俄南兩國歧見，在兩國會議中未能獲得解決。

韓國會訪華團抵臺訪問。

十月八日（星期一）

埃及在安理會拒絕英法建議，主張成立談判機構，並認埃有權將運河收歸國有。

義國會訪華團抵臺訪問。

「自由中國」的宗旨

第一、我們要向全國國民宣傳自由與民主的真實價值，並且要督促政府（各級的政府），切實改革政治經濟，努力建立自由民主的社會。

第二、我們要支持並督促政府用種種力量抵抗共產黨鐵幕之下剝奪一切自由的極權政治，不讓他擴張他的勢力範圍。

第三、我們要盡我們的努力，援助淪陷區域的同胞，幫助他們早日恢復自由。

第四、我們的最後目標是要使整個中華民國成爲自由的中國。

社論

(一)

我們對於反共救國會議的幾點初步意見

反共救國會議的籌開，是四十二年双十節蔣總統根據國民黨內部的決議，正式向國人宣告的。那時，蔣總統在其告全國軍民同胞書中，說了這樣一句話：「要從速籌開反共救國會議，以擴大我們海內外同胞的意志與民族力量的大團結」。

樓梯這樣大大地響了一下；三年了，還沒有看見下樓人！最近有了消息，說是政府又在籌備召開反共救國會議。在這消息聲中，行政院長兪鴻鈞曾於九月十日對中央日報記者發表過談話，副院長黃少谷也於九月廿五日在立法院答覆過質詢(均見中央日報)。看樣子，這件事確在醞釀中。反共救國會議，照政府所宣佈的，是「以團結海內外反共非共之力量，在同一目標之下，展開反共救國工作。」像這樣的會議，爲什麼不能早開呢？今天，如果大家還肯正視國內外的局勢，這樣的會議，似乎更不能再緩了。

現在假定政府是在積極籌備這個會議，並假定黃少谷氏所講的明年上半年召開的話可以實現，我們願就我們此時所考慮到的幾點，提供政府參考。

整整三年前的今天(四十二年十月十六日)，也即是蔣總統發表上述双十節文告以後的六天，本刊第九卷第八期發表過一篇社論，題目是「寫在反共救國會議之前」。在那篇社論中，我們對於當時擬議中的反共救國會議，提出了四點希望或主張：(一)「我們希望：在反共救國會議召開以前，各方面要具備一個精神條件——天下爲公，互信互賴。」(二)我們主張：反共救國會議應在國民大會之前召開」(當時已決定於四十三年二月召開國民大會)。(三)「我們主張：反共救國綱領必須顯示出我們國家前途是趨向民主的。」(四)「我們希望：政府在召開反共救國會議以前，做幾件一新耳目的事，顯示我們的反共，爲的是民主和自由。」

三年前的四點意見，第(二)點已失時效，其餘的三點，今天仍然可以適用。除掉這三點以外，我們今天再補充幾點意見如下：

(一)這個會議，要能切切實實地提出問題，討論問題，解決問題。政府決不可把它當作政治裝璜，當作宣傳機構，以期自我陶醉。

(二)這個會議，不同於排場面的民衆大會。被邀請的人須各有其代表性，而人數不宜太多，五六十人應已足够。政府方面參加的人數，最好不超過全體的五分之一。

(三)平常反對政府的人，只要他是反共的，不僅「可以」邀請他來，而且「必須」邀請他來。要會議就是要聽取反對方面的意見。從相反的意見以求協和，才是會議的價值所在。

(四)會中預備討論些甚麼，事先應該把綱要告知被邀請的人。一方面使他們認識這個會議的眞實價值，一方面使他們有所準備，得以充分思考。

關於事前政府應做幾件一新耳目的事，除在三年前所講的以外，我們今天也得有所補充。關於這一層，我們主要的是爲政府着想。我們想到，反共救國會議如果召開，會中自不免有些人對於近年來政府的一些不當施爲要加以指責。政府方面，言辭的答辯遠不及昭昭的事實可以塞人之口。所以我們希望政府主動地於會前做幾件改變大家觀感的事，以示改革的誠意和決心。這樣，不僅可以壓低將來會議中指責之聲，同時也可鼓勵被邀請者踴躍與會。概括地講，政府應該及早：

(一)從反法治的途徑上轉過來，正面向着法治的途徑開步走。——近年來反法治的事例經輿論指出的實在不少。而這些反法治的事例，有的是由上而下的妄加指示，有的是由下而上的揣摹意志，還有國民黨的從旁干涉。最近三個月來本刊對於法治問題，曾先後寫過三篇社論（一、建立法治，二、法治乎？黨治乎？三、司法偵査權不容侵越）其他報刊（如香港、星島日報等），也每有論列，可是，有關當局，有的置若罔聞；有的答辯得牛頭不對馬嘴。這是政府最自毁威信的地方，必須把它矯正過來。

(二)放寬新聞管制，尊重輿論——事實勝於雄辯。儘管有關當局最近還在說「對於某一項新聞應該登，某一項新聞不應該登，政府無權干涉」，可是凡不說謊的人，都不會否認臺灣之沒有新聞自由。由於新聞之不自由，輿論也就不被尊重。尤其是近年來有少數政要在這方面充分暴露了他們的痼習。他們滿以爲只要取得最高當局的首肯，任何事卽可肆意孤行。於是對上以蒙蔽謊報爲能事，對下則假上意以唬人。是非顚倒，黑白混淆，把怨聲載道的事，硬說成是造福人羣，以圖一手掩盡天下人耳目。這類事雖然多是出自一二部門的首長，不足以歸咎於整個政府，但這樣的首長如能繼續安於其位而仍照這樣作風作下去，大家就無法爲政府原諒了。在籌開反共救國會議的今日，政府在這方面也當加以糾正和整飭。

以上兩點，一屬於法治方面，一屬於民主方面。只要政府把握住民主與法治而從事改革，當前應做而可做的事多的是。我們佇待政府明智而決斷地早日揀幾件事着手（前幾天英文中國郵報報導出入境管制辦法政府正在硏究改善。這是個好消息，我們希望這是一連串改革的開始）。

(4)

關於反共救國會議的話，我們暫時說到這裏爲止，最後，我們要附帶地指出一個問題——也許是大家不大留心的問題，請行政當局與立法委員注意：

據中央社報導，行政院副院長黃少谷九月廿五日在立法院答覆立委關於反共救國會議的質詢時，一則曰「依個人之意見」，再則曰「據個人推測」，三則曰「個人以爲」。這類的詞句，用在答覆質詢，是與憲法的規定是不相符的。查憲法第五十七條第一類所規定的立法委員的質詢權雖是以行政院院長及行政院各部會首長爲行使的對象，但答覆質詢的人，不管是行政院長或部會首長，都是代表行政院的。因爲第五十七條的條文，是規定「行政院依左列規定對立法院負責」，而不是說行政院長或部會首長個人對立法院負責。黃少谷氏以行政院副院長的身份代表行政院長答覆立法委員的質詢，在法律上的地位，仍然是代表行政院的。在這種場合，沒有個人發表意見的餘地。如有個人意見，儘可於私人談話中向立法委員表達，在立法委員依法行使質詢權時，答覆的人不管是行政院長或副院長或部會首長，都是代表行政院的。這樣，才符合「行政院……對立法院負責」之規定。

行政部門的首長在立法院答覆質詢時，和黃副院長犯同樣錯誤的也許還有別人，但黃副院長在這次答覆中，似乎特別强調這一點，因爲他一而再，再而三地提到「個人」。因此給我們一個明晰的印象：他所答覆的話，行政院是不負責任的。對於行政院不負責任的答覆，依法行使質詢權的立法委員應該拒絕聽取，並應該請答覆者改以代表行政院負責的態度重行答覆。但據報紙刊載，立法委員似乎沒有這樣作。

憲政的實施，除一部成文憲法以外，還要靠一些符合憲法精神的憲例。憲例的成立，要靠各有關方面多用智慧」。「如果在某種緊要關頭」，「大家都疏忽過去，以致留下違反憲法精神的惡例，那就會妨碍憲政的推行」；「甚至使憲政變質。這一點很關重要，所以我們特就這一次黃副院長的答覆質詢來申論，以期大家注意。

社論

(二) 再論「君主的民主」

中國一周週刊第三三七期刊載了一篇社評。這篇社評的標題是『糾正「自由中國」的謬論』。我們看到這個標題之出現，衷心深感欣慰。我們所欣慰的是，該社此舉表明係以言論對言論，而不是以巨棒對言論。這一事實，證明自由中國尚有自由的氣息，實際的情況非若外間傳聞之甚。這是中國民主前途一線的希望。在我們看來，只要是以言論對言論，而非以巨棒對言論，是非曲直總有明白的一天。

照常識來說，自居於『糾正』別人的『謬論』之地位者，至少自己之所言必須站得住脚。我們見到『糾正「自由中國」的謬論』一文以後，以誠惶誠恐的心情，敬謹接受的態度，細心閱讀，準備接受『糾正』。不料讀過全文以後，竟大失所望。我們發現該文所論，很少與民主有何相干之處。我們現在把所見的要點指明出來：

首先，我們不能明瞭愛國與民主有何特殊的關聯。張氏在政論周刊八十八期上的大文『民主政治三大眞諦』中，將『愛民』列爲『民主』三大『眞諦』之一，又說『愛民』必須『愛國』。中國一周週刊這篇社評又强調此說。既然如此，那就表示『愛國』與『民主』有不可分的特殊關聯。然而，就我們之所知，極權政治，專制政體，也無不强調愛國。『愛國』與『民主』並沒有不可分的特殊關聯。以張氏學識之淵博，諒不會不知道墨索里尼和希特勒之流是愛國的，而且恐怕是『非常愛國』的。卽令是斯達林，在第二次世界大戰期間，也鼓勵俄國人從事『偉大的愛國戰爭』。然而，這些人不都是民主的死敵嗎？講求民主的人，沒有不愛國的；「强調」愛國的人，不見得就忠心民主。

中國一周的這篇社評又徵引林覺民烈士等人的言行證明『愛國』與『民主』有關，這更是風馬牛不相及了。林覺民烈士這個類型的人物之思想，站在「革命」的觀點看，是可貴的。那是『拯斯民於水火』，『吾儕不出，如蒼生何』之類的思想。這種思想只是『以天下爲已任』的思想，與民主何干？該社評作者動輒引用『革命先烈言論』，在彼固已成神經反射習慣，但是總弄得文不對題。不錯，黃花崗烈士『我死則國生』的話，是『用血寫的』。然而，這是搞『革命』，不是行『民主』。搞『革命』可以用『血』來搞，行民主却不能。民主不是『鮮血之花』。民主見了『血』，便會退避三舍。民主是理智，商討，與和平的產品。『民主』與『革命』是不能同時進行的。該文作者却將此二者扯在一起，想用『革命言論』來證明『民主的眞諦』，豈非南轅而北轍，愈扯愈遠？

該篇社評爲了申述其所謂『民主的眞諦』，引用『地方自治實行法』爲證。實行民主的國家固然實行地方自治，然而實行地方自治的國家是否就是民主，因而我們可否拿『地方自治實行法』來證明有民主，這個問題且留待讀者去判斷。我們現在所要指出的，是該文說『中國古代哲理，本重教養兼施』；而且

『漢唐盛時，保民理民之責並未放棄』。該文作者徵引『漢唐盛世』來證明『敎民』與『養民』之應爲，當然不會不知道『漢唐盛時』中國尙在君主專制時代，而現在則是中華民國四十五年。該文作此徵引，用意是否要現在的中華民國實行『漢唐盛時』之『君主的民主』呢？

該文又說：『最可笑的，「自由中國」編者一面揑造名詞——「君主的民主」——想加害於人，一面又說張先生「這種說法簡直是從共產黨那裏原封不動地抄來的。」這使我們想起一九四四年羅斯福總統生平最後一次在波士頓芬威球場的競選演說：「有些人(指反對黨)說我是一個君主主義者(Monarchist)，他們同時又說我是一個共產主義者，我不能兼任此兩者。」當時全場聽衆轟堂大笑。』想不到羅斯福十幾年前競選時的口邊語，竟在今天被捧作救命符。可惜得很，該社評作者不知道一個人既可以是『一個君主主義者』，又可以是『一個共產主義者』。這一點也不『可笑』，而且平常之至。斯達林不是『一個共產主義者』嗎？同時，他不又是一個新沙皇嗎？

總而言之，我們拜讀了這篇社評，除了讀到最後所說並不反對基本人權一點而心靈稍得補償以外，通篇所表現的是觀念模糊，思路不清，東扯西拉，滿紙浮詞泛語，尤其動輒引用權威來壓人，這實在使人失望！

話說到這裏，我們不得不提出一二重大問題，以就敎於讀者和中國國民黨賢明的諸君子。

張氏的講話『民主政治三大眞諦』刋載於政論周刋。爲張氏講話辯護的文章出現於中國一周週刋。這兩個刋物雖標明「中國新聞出版公司發行」，但很多人知道是與中國國民黨有密切關係的。張氏是中國國民黨前任的秘書長，現任的中央常務委員，又是自由中國政府的敎育部長。我們現在要問：張氏的這種『民主理論』，是純粹以個人身份發出的呢？還是以自由中國政府敎育部長的地位發出的？抑是以中國國民黨中央常務委員的地位發出的？

本刋只談事理，不以任何個人爲對象，絕不攻擊任何人身。此一原則，自出刋七年以來，諒爲公正讀者所共見。同人與張氏個人更無絲毫恩怨可言。因此絕無以張氏個人爲抨擊對象的意思。假定張氏不以敎育部長的身份對海外華僑青年將『民主』作那種駭人聽聞的解釋，而只出之以平民身份，我們也就不把這事看的如此嚴重。因爲，我們提倡民主，尊重各人的言論自由。反正社會上流行的奇怪言論甚多。張氏多添加一種，也無礙於天地之大，無妨於言論之衆。無如張氏係以自由中國敎育部長的身份發出此言，於是他的言論正確與否，關係乎國際視聽，牽涉到海內外對整個自由中國的印象。這就與私人發言不能相提並論。張氏對民主的解釋之荒謬，稍有常識的人都可看出。假若海內外人士不幸『以偏概全』，以爲自由中國政府的官員上上下下都是這個調調兒，則所招致之損失，豈非自由中國全體？凡屬自由中國的國民，爲了自由中國的前途和利益，不能不對張氏此言寄予嚴重的關切。我們司言責者當然更不能明知其謬誤而隱忍不言。

中國國民黨是歷史悠久的堂堂執政黨；而且它現在正負起領導全民反共抗俄及建立自由民主國家的重大責任。此時此日，國家的形勢到了這個地步，環顧日在發展中的國際局勢，回憶過去，展望將來，凡屬稍有常識的黨人，都不能不勾起一點『危亡之感』，和『憂惕之心』，對任何言行都出之以理智和謹愼而又客觀的態度；決沒有一心以爲有恃而無恐，我行我素，自說自話，糊塗顢頇，自我陶醉，一味只求表面鋪張揚厲之理。像張氏這種言論，關係乎其本人者實小；關係乎中國國民黨聲譽者頗大。中國國民黨旣是自由中國的執政黨，而海內外中國人士無不對民主之實現抱最高的熱望。因此，海內外中國人士對中國國民黨實現民主的意向如何，渴求洞悉。假定張氏所言確乎代表中國國民黨，而張氏對民主的解釋又與極權統治毫無不同之處，則中國國民黨實現民主之誠意爲何，天下之人立卽由張氏之言而洞悉底蘊。這麼一來，遭受損失的，似恐不止張氏一人而已。所以，我們以爲中國國民黨對張氏此言應有一明確而正大的表示。

適時調整文武公教人員待遇平議

陶寶之

一　引言

近幾年來，大家都感到物價漸高，生活日艱了。尤其是文武公敎人員，更深切感着生活鞭子的苦撻。政府當局，自然也沒有漠視這些現象。祇因財政經濟各種因素的掣肘，凡觸及文武公敎人員待遇調整一類的問題，便輕描淡寫似的掠過去，或者「王顧左右而言他」！其實，其內心何嘗不對這些問題，也正在焦思熟慮？祇因力不從心，空言無補，不得不如此罷了。

不過，文武公敎人員生活艱苦，這是事實。如果當局不面對現實，妥籌補救之道；而任這些事實繼續下去，則影響所及，必令士氣低落，政風腐敗，整個國家社會，將黯然無光。所以我們現在對這些事實，旣不可熟視無睹，又不可諱疾忌醫。必須拿出決心和勇氣來，面對現實去求解決之道。

當然，調整文武公敎人員待遇，是介於國家財力負擔和公敎人員生活兩者之間的問題。不可單就一方面去檢討以求解決；必須就這兩者兼籌並顧去衡量以求解決，所以我完全以持平的態度，憑客觀的事實，就問題的本質，加以檢討，冀能求得解決方法。因爲我檢討本問題的態度是客觀的，公平的，故題曰平議，以就正於政府當局和有心人士。更希望藉此而收「拋磚引玉」之效，引起大家熱烈的討論，促其實現。作者區區之忱在此。

二　為什麼要適時調整文武公教人員的待遇

我爲什麼要在此時此地來談這個問題？原來政府遷臺以後對文武公敎人員的待遇，業經於三十九和四十二年，先後作過兩次的調整。自第二次調整以來，又近三年了。「歷年來的物價，步漲不已，而文武公敎人員的薪津所得未變，自然無法適應；以致生活日艱。倘若再不設法補救，對國家社會必將發生嚴重的惡劣影響。最主要的便有下列幾項：

一、如不適時調整待遇，必將導致士氣和行政效率的低落。我們都知道，無論要什麼人去做什麼事，如果希望他能把一件事做好，必須要有健康的身體，相當的常識和能力，而且要能集中精神去做。但是當前的文武公敎人員，已陷身於生活艱苦的環境之下，日常必須節「飲」(飲料也)縮食。早已感到營養不良，精力不充。再則因爲待遇素低，家無餘財，便得時時要顧到一些家庭瑣事，還能集中精神去盡瘁公事嗎？而且有較好的學識和能力的人，必將時存「五日京兆」之心，去選擇待遇較優的工作；一有機會，便會隨時辭職而他就。情形如此，士氣安得不低，行政效率安得不落！有許多機關(軍事機關)，不得不用法令來硬性規定「不得無故辭職」和「非奉批准不得離職」以資限制。但結果還是一樣：「士氣和行政效率低落！」這確是當前的嚴重問題，還不值得重視嗎？

二、如不適時調整待遇，必將導致軍紀和政風的敗壞。論語曾記載孔子在陳絕糧時，對子路說過兩句話：「君子固窮，小人窮斯濫矣。」這裏所指的「小人」，應該是指和君子對稱的普通人。世界上够得上稱君子的究屬極少數，而絕大多數是普通人，眞正爲非作歹的小人也是極少數的。文武公敎人員中，自然絕大多數都是普通人。這些人一旦不幸淪於生活艱難，甚至連他的家屬也瀕於啼饑號寒的時候，如果要他們不顧現實的物質生活，希望他們把物質生活昇華到禮義廉恥的精神生活境界，談何容易！有聖人之稱的孔子，也確切地指出他們會「窮斯濫矣」。也就是說，一般文武公敎人員，在薪津所得不足以養廉，甚至入不敷出，而深感生活艱難之際，恰逢中飽，侵佔，或貪汚的機會，求生求樂之慾，必定勃然而起，本能的衝動，會不顧法理去貪贓枉法，以追求物質生活的滿足。還會顧到什麼軍紀和政風呢！

三、如不適時調整待遇，必將導致國民道德的墮落。在我國，「士爲四民之首」，已成爲文化特徵之一。一直到今天，智識份子還是社會的中堅。智識份子也就是文武公敎人員的來源。無疑的，智識份子並非全屬君子，大多數也是普通人，不免「衣食足而后知禮義，倉廩實而后知榮辱。」(管子)換句話說：這些人到了倉廩不實的時候，便會不知榮辱，到了衣食有缺的時候，便會不顧禮義。事實上的確如此。遠的不說，我們祇須回顧抗戰前後的情形便够了。抗戰以前，社會經濟比較安定，一般人，尤其是智識份子多是倉廩充實，衣食富足的人，所以他們的言行，多是自尊自重自愛的。抗戰開始以後，社會經濟日見破壞，政府財力也愈來愈弱，軍公人員的待遇也愈來愈薄，於是言行也不免日見卑汚。爲非作歹，男盜女娼的勾當，所謂智識份子，居然靦顏爲之者，比比皆是。智識份子羣中對這些現象，最初是交相指摘，繼則背後唏噓，最後則視爲情有可原，或視爲當然，恬不爲怪了。原爲社會中堅的智識份子尙且如此，其他各階層人士，還不起而效尤嗎？

我們今天生息於此，所爲作來？不是爲了反共抗俄，和反攻復國嗎？倘若沒有廉能的政府，沒有忠勇的軍隊，沒有優良的國民，靠什麼去反共抗俄復國呢？換句話說，要達成反共抗俄復國的目標，必須憑藉着：旺盛的士氣，高度的行政效率，廉潔的政風、整嚴的軍紀、和優良的國民等等。前面已說過，要如此，那麼適時調整文武公教人員待遇，便是最主要的一着。我們一定要正視現實，不容漠視！

三　三十九年以來兩次文武公教人員的待遇調整案

誠然，文武公教人員待遇的合理調整問題，政府未曾漠視。有力的說明，便是中央政府遷臺後，在三十九年八月和四十二年十二月兩度調整待遇的辦法和事實。

本來文武公教人員，是根據官等官俸等法令支給的。官等官俸，原是經過主管官署和專家們，根據社會經濟程度，國民生活標準，國家財政情形，以至歷史倫理因素等，通盤衡量考慮而擬訂的。應是合理的標準。政府倘能據以支給，對國家、對社會、對個人，應該都有裨益。無奈連年變亂，國家財力日艱，不能根據所訂官俸支給，僅能基於國家財政立場，按官俸標準，減低支給生活費，於是才有所謂調整待遇之說。

中央政府於三十九年初遷臺。當時本省生活費用之高，據說是僅次於日韓而已。生活費用雖然日高，但是匪共已瀕海伺隙而動，戡亂之戰未已。而且外無國際援助，內瀕經濟崩潰。可是政府仍能認識文武公教人員生活困難問題的嚴重性，雖在如此困難情形之下，畢竟毅然決然於三十九年七月五日，公佈了全國公教人員待遇暫行辦法。這一次調整案的精神和要點，我們可從原辦法的總則，辦法和附則上看出來。摘錄其原文如次：

甲、總　則

一、爲謀全國文武公教人員生活之安定，特訂定本辦法。

二、爲獎勵生產促進建設，特提高技術人員之待遇。

三、爲使全國文武公教人員之生活，免受物價波動之影響，特將生活必需品，實行定量配給實物。

四、爲激勵全國文武公教人員共甘苦之精神，務須做到待遇一致，並使均能維持生活。

乙、辦　法

五、全國文武公教人員及父母配偶子女，配給生活必需品，其品種數量詳附表。

六、全國文職人員薪俸，比照武職人員薪俸調整。其等級數額詳附表。

七、全國文職機關各級主管人員職務加給，比照武職人員職務加給支給。其等級數額詳附表。

八、……對農工礦醫及其他技術人員之待遇，得依照其本俸提高三〇%至八〇%。對於教師，得比照其本俸，提高五%至二〇%……。

丙、附　則

九、全國文武公教人員醫藥衛生及子女教育補助辦法另訂之。

這一次的調整案所訂薪津標準，雖較當時實施標準，提高無多。但調整案的精神，和生活必需品之配給實物的制度，也許是值得稱許的。可惜國家的經濟和財政，並不能長此安定。物價仍日在波動之中。漸漸地，這一套薪津支給標準，已不敷生活費用；另一方面，有些規定如醫藥補助費之申請和核發，已發生流弊。於是行政院於四十二年十二月十六日，又頒佈調整軍公人員待遇辦法。這便是第二次的調整案。第二次調整案的精神和辦法，還是和第一次調整案相同，但薪津支給部份，除「各級主管人員，職務加給」不計外，一般人員薪津，比第一次調整案大約增加了百分之六十。爲了便於說明起見，茲將兩次待遇調整項目，列表比較如次：

全國公教人員兩次待遇調整項目比較表

項目	第一次調整案	第二次調整案	備考
統一薪俸	按等級分別規定	仍照原規定增加數額	
實物配給	分米、煤、油、鹽四項，按人口大小分配	仍照原辦法	
眷屬生活補助費	武職每口三十元，文職每口二十元，以五口爲限	同前	技警以兩口爲限
婚喪生育及子女教育補助費	按實際情形補，全年各以相當一至二個月之數額爲限	同前	
醫藥補助費	同前，全年以相當兩個月之數額爲限	取消原辦法，按兩個月之數，分月發放	
災害補助費	按實際情形補助，以相當薪津一至三個月爲度	廢止	
交通費	每人每月三十元	停發	
職務加給	各級主管人員之特別津貼，按職分等發給	照原辦法增加數額	

上表所列各項補助費、津貼及實物配給，並不是全部可以領用。如婚喪生育及子女教育等特殊補助費，皆是有條件的發給；眷屬實物配給及生活補助費，須有眷屬之累的人才能領得；職務加給，也僅限於各級主管人員，非一般人員所能分配領受。所以文武公教人員無條件領得的，也僅有統一薪俸、服裝費、交通費(第二次調整時已取銷)、醫藥衛生補助費（第二次調整時改爲分月

撥發）等貨幣收入，及本人的實物配給而已。實物配給，除食油不敷外，已足食用。而薪津所得，在調整之際，三口之家，如無特別開支，亦堪敷用。現在的文武公教人員，即三口之家，日常開支，已有捉襟見肘之象，倘人口較多，或有婚喪、生育、及子女教育以及疾病等項特別開支，祇有借錢或典當之一途了。究竟爲數幾何？第二次調整較第一次調整又實增若干？茲根據原有附表之資料，編製行政機關公務人員兩次調整薪津數額表於下，以概其餘。

表一　三十九及四十二年兩次公務人員待遇調整數額及其比較

階級別	(甲)第一次調整之薪津額 各級金額	(甲)第一次調整之薪津額 平均金額	(乙)第二次調整之薪津額 各級金額	(乙)第二次調整之薪津額 平均金額	(乙)較(甲)增加之百分數
簡任：一級	二八二	二六五·〇〇	四七〇	四三五·〇〇	一六四·一六％
二級	二七七		四六〇		
三級	二七二		四五〇		
四級	二六七		四四〇		
五級	二六二		四三〇		
六級	二五八		四二〇		
七級	二五三		四一〇		
八級	二四九		四〇〇		
薦任：一級	二四四	二一九·〇八	三九〇	三四二·九二	一五六·五三％
二級	二四〇		三八〇		
三級	二三五		三七〇		
四級	二三一		三六〇		
五級	二二六		三五〇		
六級	二二二		三四五		
七級	二一七		三三五		
八級	二一二		三三〇		
九級	二〇七		三二五		
十級	二〇三		三一五		
十一級	一九八		三一〇		
十二級	一九四		三〇五		
委任：一級	一九八	一八二·七五	三一〇	二八七·五〇	一五七·三一％
二級	一九四		三〇五		
三級	一九〇		二九五		
四級	一八五		二九〇		
五級	一八一		二八五		
六級	一七六		二八〇		
七級	一七一		二七三		
八級	一六七		二六五		
九級	一六二	一四九·〇五	二六〇	二三八·七五	一五九·九七％
十級	一五八		二五五		
十一級	一五三		二四七		
十二級	一四九		二四〇		
十三級	一四五		二三五		
十四級	一四〇		二三〇		
十五級	一三六		二二五		
十六級	一三一		二二〇		

說明：1.第一次調整薪津額包括統一薪俸、服裝費、交通費及醫藥衞生補助費四項，（按醫衞補助費規定須因病檢據報銷，但流弊所及，均可申請，故予列入計算）
2.第二次調整薪津額包括統一薪俸、服裝費及醫藥衞生補助費三項。
3.實物配給及職務加給兩項，均未列入。

四　從物價步漲情形談到適時調整待遇之必要

文武公教人員的待遇，究竟到了應該調整的時候沒有呢？要正確回答這個問題，最好先行檢視一下歷年物價波動的情形。表示物價波動情形的最好指標是物價指數，且讓我們來檢視歷年物價指數罷。

在臺灣的物價指數，據我所看到的有：臺省主計處編「臺北市躉售物價指數」，臺大（財政經濟月刊社）編「臺北市商情動態指數」，中國經濟月刊社編「臺北市重要商品批發物價指數」，聯合報社編「臺北市重要商品批發物價指數」及徵信新聞社編「臺北市重要商品躉售物價指數」等。這些指數的名稱雖略有不同，實際上都是臺北市躉售物價指數。上述五種指數的基期和計算公式都相近似。惟所選物品項數，各有多少不同。（如省主計處選用五十項，中國經濟月刊社選三十項，臺大選二十四項，徵信報社選二十項。）此五項指數中，以臺大所編者爲最高，省主計處所編者較低。究竟那種指數最妥當呢？這不在本文討論範圍之內。茲採用省主計處主編的物價指數如次：

表二　臺北市躉售物價指數

基期：三十八年六月十五日＝一〇〇
公式：簡單幾何平均

年月	總指數	年月	總指數	年月	總指數	年月	總指數	年月	總指數
三九、八	二六五·七四	四一、三	五六八·二四	四三、三	六三九·九二	四五、三	七六八·三三
九	二九四·五八	六	五五一·二八	六	六〇四·四八	六	七七六·五五
一二	三四四·七一	九	五四三·九三	九	五九二·九三		
四〇、三	三九六·六四	一二	五四四·〇二	一二	六一六·〇六		
六	四三三·八〇	四二、三	五六九·四二	四四、三	六六七·三一		
九	四六八·五〇	六	五九三·三三	六	六七三·八五		
一二	五三六·二四	九	六二一·六七	九	七一七·七三		
		一二	六三〇·八一	一二	七九〇·五七		

說明：本指數包括食物類、衣着類、燃料類、金屬電料類建築材料類及雜項等六類，各類有類指數，此爲總指數。

由上表觀察可知物價趨勢，除了間有季節性的極小回落外，都在步漲之中。自三十九年八月至四十五年六月，在此相去八十三個月的時間，究竟漲了若干呢？按照上表所列指數，四十五年六月較三十九年八月，實已上漲百分之二九二·二一。大概說來，物價已上漲了三倍。換句話說，以前一元可買到的物品，現在便要花三元才能買到；以前如果支薪津三百元的文武公教人員，現在必須支薪九百元才能維持生活了。事實上怎麼樣呢？軍公人員薪津，仍然是四十二年十二月待遇調整案所定的數額。茲根據表一和表二的資料，試編「歷年臺北市躉售物價指數與公務員支給薪津數額比較表」如次：

表三　歷年臺北市躉售物價指數與公務員支給薪津數額比較

時期	臺北市躉售物價指數		簡任薪津平均數		薦任薪津平均數		委任(一—八級)薪津平均數		委任(九—一六級)薪津平均數	
	三八年六月一五日＝100	三九年八月＝100	金額	比率 三九、八月＝100	金額	比率 三九、八月＝100	金額	比率 三九、八月＝100	金額	比率 三九、八月＝100
三九年 八月	二六五·七四	100·00	二六五	100·00	二一九·〇八	100·00	一八二·七五	100·00	一九四·二五	100·00
四二年 三月	六三〇·八一	二三七·三八	四三五	一六四·一六	三四三·九二	一五六·五三	二八七·五〇	一五七·三一	二三八·七五	一五九·九七
四五年 六月	七七六·五五	二九二·二一	四三五	一六四·一六	三四三·九二	一五六·五三	二八七·五〇	一五七·三一	二三八·七五	一五九·九七

由上表所示，物價自三十九年八月到本年六月，已上漲了百分之二九二·二一以上。而公務員的薪津呢，自三十九年八月至本年六月，僅僅提高百分之一六〇左右。大概說來，物價已上漲三倍之鉅，而文武公教人員，現在所支薪津，僅較第一次調整待遇時，提高二分之一而已。但是這僅就表面數字所估計，實際上公務員薪津調整，第二次較第一次，尚不至如此之高。因爲第一次調整待遇案的改革精神：原爲做到文武待遇一致，提高技術人員待遇，和生活必需品（米煤油鹽）之定量配給；並非重視提高一般公教人員之薪津。所以當時調整的薪津標準，略高於中央機關原標準，較之若干地方行政機關，不僅沒有提高，且有減低者。所以說，就較低的薪津標準比較是增加了些，其實增加有限。持如此標準所給之薪津所得，如何能適應上漲三倍之物價下的生活？一般文武公教人員生活之艱苦，亦不言可喻了。

不僅如此，倘舉實例言之，也許印象更深。作者一身兼有主婦和公教人員雙重身份，對於當前一個安份守法的公教人員家庭之收支狀況，當然深知其中甘(艱)苦。今假設有一個四口之家的「高貴」家庭、夫妻「學驗俱深」，於是丈夫是政府簡任一級主管，月入八二〇元（統一薪等合計四七〇元及職務加給三五〇元），妻子是薦任一級主管，月入五九〇元（統一薪俸合計三九〇元及職務加給二百元），外加眷屬補助費四十元（子女各二十元）。這個夫榮妻貴的家庭月入共計一、四五〇元。幸而米煤鹽三者已經敷用，（食油尚差十日所需）那麼，這個家庭每一個月的開支要多少呢？其最低限度，也不會少於下列估計數。

全家膳食費……………………………五〇〇元
傭工工資……………………………二五〇元
兒女學雜書籍交通等費（每月分攤數、下同）……一〇〇元
全家服裝等費……………………………二〇〇元
家庭器具補置費……………………………八〇元
醫藥衞生費……………………………一〇〇元
星期日特支……………………………八〇元
應酬費……………………………二〇〇元
其他……………………………六〇元
合計……………………………一、五七〇元

請注意，這個特例所擧的家庭，不特夫榮妻貴，均有收入，而且是不煙不酒……不賭的模範家庭。但收支兩抵，每月的「家計赤字」是一二〇元，換句話說每月夫妻收入，僅敷全家支出百分之九十三而已。他們尙且如此，其他絕大多數的文武公教人員，收入遠不及此，而支出不會減少若干。（因爲上述估計數，均屬生活必需品，伸縮性當極少。）其生活之苦，情況之窘，更不必說了。

所以就歷年物價步漲程度，以至文武公教人員的薪津所得之微和他們在最低生活程度下所需的生活費等等看來，足徵他們現在實已走到恐慌艱辛之苦海邊緣。適時調整文武公教人員待遇以資救濟，已屬刻不容緩之圖！

五　從特殊機關的畸形待遇談到適時調整待遇之重要

一般文武公教人員，固然在生活艱苦線上掙扎，但另外也還有一羣幸運兒，度着豐衣美食或衣食無虞的生活。他們的薪津所得，都較一般文武公教人員爲高。茲根據本年五月二十一日聯合報，及八月四日自由人報所載有關的文字，及監察院對美援運用委員會優厚待遇糾正全文，略述如次：

一、美援有關機關員工待遇：這一類的機關，包括美援運用委員會，農村復興委員會，美安全分署及經濟安定委員會等。這些機關間的待遇，彼此也略有不同。茲以美援運委會爲例說明。該會的待遇，依照監院糾正文所稱：「現行待遇爲底薪百分之六十，加基本津貼一百元，再乘美滙率九·八倍。另有房租水電津貼、醫藥補助費、子女教育補助費、年終獎金等，亦均以九·八倍發給。憑調查所得，底薪八百元者，平均月支新臺幣七千五百四十六元。底薪五十五元者，二千零九十元。工友司機，最高支一千二百四十六元，最低支九百六十元。超出中央公教人員五倍有餘。政府簡任官員，大學教授，身負國家重任者之收入，約與該會之工友司機相埒。相互對比，懸殊太甚。」而且，該會秘書長的交際應酬費用，據說是無限制開支的。至其所屬各處主管，每月額定

交際費各為五百元。「其他各項員工福利之享受，不勝枚舉」(聯合報原文)。

二、郵電機關員工待遇：這類機關，因為歷年政府補助多，營業情形好，所以員工的待遇，也逐漸提高。近年已從一般公營事業機關脫穎而出，成為美援機構及半洋化單位(如經濟安委員)以外的天之驕子。他們的薪津，已較一般同級的公務人員高百分之六七十以上。高級人員比較更優。其他各種福利的享受尙不在內。

三、一般國營事業機關員工待遇：在這些機關之間，如果所得補助多，營業情形好，或收入較豐的話，待遇往往較郵電機關還好。卽令它的營業情形不好，利潤不豐，倘能得到什麼補助(如國庫或美援補助)，營運資金不虞缺乏，也會在營業費項下，巧立名目，提高員工待遇，至少也較一般公敎人員高出百分之五六十以上。而薪津以外的待遇，如宏敞的宿舍，完善的子弟學校和附屬醫院，以及年終獎金或生產獎金等，合計起來，為數也是可觀的。

四、海關員工待遇：海關員工，分正式與臨時兩種。臨時人員較一般公務人員略高。正式人員，遠較一般機關人員為高。正式人員待遇最高的為稅務司階級。稅務司一級，大陸時代須經主管官署考試升等，現在大約按年資提升。稅務司據說仍按洋員舊例辦理，待遇之優厚可知。此外退休金、緝私獎金、福利設備，各項特別津貼等，上自總稅務司，下至工友，均可按等級差等享受，為數也可觀。

五、金融機關員工待遇：這一類機關的員工待遇也各因營業情形而大同小異。如中信局、臺銀、中國、交通、中央各行局，以及省營各行局除員工一般薪津，按規定標準支給外，而宿舍之宏敞(如央行之武昌新村宿舍，臺銀宿舍)子弟學校與醫院之設置，各種加班費及考成獎金以及特別補助等，合計起來，自然也高出一般同級公敎人員五六成以上。高級職員尤甚。

六、民意代表機關：立監委月支不到三千，國大代表月支不過一千元，雖比一般公敎人員高一些，但較之以上各機關人員待遇，自不能說優厚。祇是「去冬財政部長曾以斬釘截鐵的口氣說，因財政關係，公敎人員改善待遇無望。但卽在同時期，立監委員每人之出席費便增加一個中級公敎人員待遇之數額；國大代表亦以光復大陸設計委員名義再月增交通費二百元」(八月四日自由人報)。可憐不能組織團體如「聯誼會」「同業工會」之公敎人員，竟無人為之呼籲力爭，就此閉口不談調整待遇，「不無遺憾」耳。

此外政府部份首長和單位主管如司、局、署長之流，在與其業務有關或其個人歷史有關之財政金融機關兼董監事，支可觀之薪津者，實繁有徒。其著者如「行政院長俞鴻鈞兼中央銀行總裁，經濟部長江杓兼工業委員會召集人，財政部長徐柏園兼中國銀行董事長，交通部長袁守謙兼交通銀行董事……」(聯合報原文)其兼職的薪津，遠超其本職薪津若干倍。這些「舍魚而取熊掌」的辦法，與主計法規固然相合，但為公務員服務法所不許。

我們祇要一看上面所述的特殊人員的畸形待遇，再看看一般公敎人員，月入不到一千。「相互對比，懸殊太甚」。卽令是合法的，合理的，也得把其他文武公敎人員待遇，相對的提高一些，以期「均能維持生活」(三十九年調整待遇辦法總則原文」。何況許多特殊待遇，都從欺上矇下，移花接木，巧立名目……各手法演變而來。例如美援運用委員會，「於三十七年七月成立，當時員工待遇，係按國營事業機關標準支給，尙能符合政府同工同酬之原則。三十八年初，因金圓券貶值，物價飛漲，情形特殊，當時應美經合分署署長之建議，改定職員薪金，為金圓券底薪乘百分之六十，加百元基本津貼，再乘生活指數。自遷臺以來，改以新臺幣計值，仍照上項辦法，遂至越出常軌。……四十三年五月，行政院迭奉　總統指示，文武職人員待遇，應從新檢討，評議比較平均之辦法。經召開座談會，成立專案小組。其後以感於問題複雜，牽涉廣泛，經再分一般公務人員，軍隊官兵，公營事業人員及美援有關機關等四組，分別評議。有關美援機關一組，主管單位出席人員，均以其機關待遇，係接受美方建議及增强行政效率為辭，未獲結論，因循至今。」(監院糾正案原文)這簡直是上下串通，以推拖壓三字訣處理這一公案。其他許多機關的許多特殊待遇，何嘗不是用同一手法演變而成。

最奇怪的，倒不是這些機關「擅自訂定」員工支薪之標準，而是主管機關之如行政院者，不僅熟視無睹，「反進而承認既成之事實，動輒謂……施行已久，降低困難」。那麼，這些機關人員，除民意代表外，同屬國家公務員，而且同是行政院所屬機構。難道長此任令他們一部份享天堂生活，其他一部份度貧民生涯嗎？監院糾正案針對各機關待遇懸殊太甚一點說：「而其他機關之員工，不免因不平心理以致減低工作情緒，……影響人心士氣，後果堪虞。」衰衰諸公，卽不為絕大多數的文武公敎人員生活着想，難道不為「減低工作情緒」「影響士氣人心」的嚴重後果擔心嗎？所以就這一點說，適時調整文武公敎人員待遇以資激勸，亦屬刻不容緩之圖！

六　從歷年政府財政支出概況檢討調整待遇之財源問題

文武公敎人員待遇，就國家財政立場言，是否有調整的可能呢？這得從兩方面去衡量。第一、開源方面，倘若政府的歲入數額能够增加一些，對文武公敎人員待遇的調整，自然可以順利達成。第二、節流方面，倘若政府當前的歲出數字再能撙節一些開支，對於調整文武公敎人員待遇一着，自然也有挹注之方。

就開源方面說來，政府的歲入數額，能不能增加呢？近年政府歲入來源，第一是稅課及公賣收入，第二是稅課外收入(包括罰欵及賠償、規費、營業盈餘及事業、財產孳息、捐獻及贈與、愛國獎券盈餘、結滙證書售價等等收入)。

第三是差額抵補收入（包括美援協欵、財產收回及變價、以前年度歲計剩餘、及公債等收入）。而稅課及專賣收入爲大宗，歷年均有增加，據估計，近年收入約佔歲入總額百分之七十五以上。所以談到開源，還是要靠稅課及專賣收入確有把握，但稅課之能否具有把握，端視國民所得之增減情形而定。我國歷年國民所得，據報章雜誌所披露的專家估計數，大約如下：

時期	國民總所得 以當年幣值表示（百萬元）	國民總所得 以卅九年幣值表示（百萬元）	平均每人所得 以當年幣值表示（元）	平均每人所得 以卅九年幣值表示（元）
三十九年	六、一六〇	六、一六〇	七四九	七四九
四十年	八、八八五	五、三五三	一、〇四九	六三三
四十一年	一二、九五七	六、三四〇	一、四八五	七三九
四十二年	一七、六九〇	七、九五八	一、九五八	八二一
四十三年	一八、五三二	八、一四〇	一、九七六	八六八
四十四年	二二、一一三	八、五一八	二、三九〇	八二三

由上表觀察，六年來的國民所得，以當年幣值表示雖增加二·六二倍，但以三十九年幣值表示之國民所得，僅僅增加百分之三九·五。平均每人所得，以當年幣值表示雖增加二·〇六倍，以三十九年幣值表示，僅僅增加百分之一七·七。國民所得增加率，近年日漸降低。又因人口增加之原因，平均每人所得之增加比率，恒低於國民總所得之增加比率。這些事實，都是表示今後國民所得額增加之不易。再進一步基於財稅觀點，衡量歷年稅課收入與國民所得之變動關係，以測度稅課可能增加程度，令人更憬然於增加稅課收入之困難。因爲就報章雜誌披露的消息和專家估計，歷年租稅負擔對國民所得之比率，年有增加。大約三十九至四十年約爲百分之十五，四十一及四十二兩年，已躍近百分之十八，四十三年已超過百分之十八，四十四年可能已達百分之二十二以上。顯示國民負擔能力已達飽和程度。當前的實例，便是烟酒公賣加價後，則上等貨品滯銷，收入並不能比例增加，且有減少者，卽是最好的說明。那麼，稅課收入的增加不易，則開源一途，希望不大了。

現在，祇剩有節流以資挹注一條路可走。要考慮政府撙節靡費，挪增文武公教人員待遇，也得分兩方面去衡量：

一、審愼的裁減軍警等費支出　就一般見解或皮相的看法，可能認定此說荒唐。因爲大敵當前，正須整軍經武，自當軍費第一，豈可輕言裁兵節費！但另一方面，也有一些深思熟慮之士，他們雖知大敵當前，國防第一。但是現代的戰爭，並非全仗兵多將廣，而是必仗兵精械良；不僅在兵精械良，更須顧及整個國家經濟建設之發展，財政金融之安定。所以現代戰爭並非純軍事底，而是綜合軍事、經濟、政治、文化的總體戰！以今日國富力强如美國者，其國防當局且有裁兵省費以發展新武器，用以克敵致果之新觀念，何況今日的我們。而且就當前的國際局勢和國內情形看來，最近幾年似乎不會有什麼大的風雲變化。如果能在不致損害戰鬪力條件之下，毅然決然從佔歲出比例額最大的國防及保警支出科目項下，加以最適當的緊縮；節省之費，移作與國防極有關的經建之需，和提作軍人待遇的財源，豈非一舉而數便，這是上策。那麼，對於適時調整軍公人員的待遇問題，也可迎刄而解。

二、覈實削減政費等支出　關於政費，究竟浪費到什麼程度呢？因爲政府收支預決算書成爲政府的最高機密，我們既不能得窺全豹，卽令看到它，也不能作爲論據來發表。既沒有這些重要資料以供參考，自然無從詳加分析。我現在僅能用些零碎資料來作蠡測。

根據報章雜誌的零碎資料和專家估計，以編算歷年的財政支出，約如下表：

表四　歷年中央省縣市鄉鎮財政收支分配百分比

機關	項目	三十九年度	四十年度	四十一年度	四十二年度	四十三年度	四十四年度
中央政府	一、政費支出	一〇〇	一五〇	二〇〇	三〇〇	三六〇	四四〇
	二、國防及保警支出	：					
	三、事業及投資支出	：					
	四、其他支出	一〇〇	四三〇	三〇〇	三〇	七〇	一〇〇
臺灣省政府	一、政費支出	一〇〇	一一〇	一三〇	二四〇	二四〇	二六〇
	二、國防及保警支出	：					
	三、事業及投資支出	：					
	四、其他支出	一〇〇	五八〇	九九〇	六〇〇	一、六五〇	一、八五〇
臺省各縣市鄉鎮	一、政費支出	一〇〇	一七〇	二五〇	三一〇	三五〇	三五〇
	二、國防及保警支出	：					
	三、事業及投資支出	：					
	四、其他支出	一〇〇	一六〇	六三〇	六〇〇	七九〇	三五〇

由上表足知政府政費支出，逐年增加。中央政費部份，四十四年度較三十九年已增加四倍有餘。省級政費部份，因三十九年支出已經龐大，然而四十四年度較三十九年度，也增加二倍半以上；而「其他支出」一項四十四年度較之三十九年度，竟增加一十八倍半以上。縣市鄉鎮政費及其他支出部份，四十四年度較三十九年度，各達三倍以上。或者會懷疑這些歲出預決算數字的增加，殆因用人費用增加之故？然而中央政府人事仍在緊縮中，省級政府人事也在凍結中。其用人費用究有若干？雖不確知。但可從各級政府歷年公務人員統計上間接推斷。茲製就中央及臺省政府公務人員統計表如下：

表五　中央政府及臺灣省政公務人員

	中央政府公務人員		臺省府行政機關及其附屬機關	
	人數	百分比(以三十九年人數爲一百)	人數	百分比(以三十九年人數爲一百)
三十九年底	一〇,五七七	一〇〇·〇〇	二四,四一八	一〇〇·〇〇
四十年底	一一,四八六	一〇八·五九	二三,八九六	九七·八六
四十一年底	一三,一七一	一二五·〇七	二三,八七五	九七·七八
四十二年底	一三,四七一	一二九·八〇	二六,三三一	一〇七·四三
四十三年底	一五,一〇七	一四二·八三		

資料採自統計提要和臺灣統計要覽。

上表所列人數，近年資料不全。但中央「人事緊縮」，地方「人事凍結」，年來雖略有增加，在比例上看，必定甚小。試將上表與表四之歷年比例數加以對照，(四十三年待遇已調整，比較時請注意。——作者)便可以看出公務員逐年增加之比例，遠不及政費和其他支出兩項逐年增加比例之大。由此可以顯然明白政費或「其他支出」逐年擴張之原因必另有在，用人費絕不是它增大的主因！

政費等項逐年擴大的原因究竟何在？

我可以指出一項事實：浪費和中飽的根源，多在歲出預決算數內的臨時門項下。因爲歲出預決算的經常門，僅包括用人費、事務費及購置修繕等費，較有常軌可循，所列數額不會過當。而且各機關情形相似，決算時的稽核也比較容易，所以各機關主管人員，對這一項的預決算數，也頗能依法處理。惟有臨時門支出，除臨時費一欵外，大概各不相同，所以噱頭最足，花樣最多。編造預算時，莫不借題發揮或巧立名目，以期擴大數額，當預算成立後，便以改頭換面，張冠李戴，或化整爲零各手法，藉遂其流用支出順利報銷之目的。

我還要指出一項事實：我曾經以偶然原因，看到某部近兩年的詳細預算書，其臨時門一欵下有兩點事實使我印象極深。一是臨時費數額，列有數十萬元，幾乎全爲小車輛油脂、車輛修理費車稅等等所分配。此費即達該部半年用人費而有餘。一是臚列各種事業費，合計數額一百數十萬元。經查這些事業，有些早具虛名，並無什麼事業可言，有些事業雖還待舉辦，但所費無多。顯然，這些事業費大部份是準備挹注其他費用之資。再一比較臨時門和經常門的數額，臨時門竟大過兩倍以上，以緊縮預算見稱的一個部尙且如此，那麼，美援機關的經臨各費，向以來源較易，莫不從寬編列，其濫費情形，更可想像得之。

實在說來，中央機關政簡費少，立監兩院也比較稱職，而且行政首長亦多以廉能自勵，情形尙且如此，他如地方政府收入較多，監督力較弱，其浪費情形不難想見。試就表四觀察，中央政費歷年增加之比率，似乎較臺灣省政府爲大，實際上因爲臺灣省政府政費支出，三十九年度便已擴大，以此龐大的政費爲基數來作比較，歷年數字便顯得較小罷了。況且臺灣省政府的財政支出中更有「其他支出」一項，歷年增加比率很大，具見上表四，再查其數額，又遠較政費爲鉅。例如四十年度大過政費百分之七〇；四十二年度大過政費百分之一五〇以上；四十三年度大過政費百分之一二〇；四十四年度大過政費百分之一三〇以上。其「其他支出」究竟包括些什麼科目？和如何開支？雖不得而知；但以數額如此之鉅，竟無特定科目以範圍之，足徵其挪用之易，和稽核之難。地方政府的濫支和浪費情形，表現在事實上的，如某些下台政客的富有，各級政府小汽車和三輪車之多，高級職員官舍之宏敞富麗，以至出差津貼之繁且鉅……倘「御史臺」設法前往調査地方政府支出情形，必有可觀的驚人資料發現。

至於縣市鄉鎭之財政支出，情形更濫。縣市府及其所屬機關首長，幾乎都是居有宏敞華麗之官舍，行有新式之汽車，一切公私所需之開支，自然會有公欵或經費的流用科目爲之報銷了。甚至有些鄉鎭首長，亦復如此。前不久報章上便有某機關職員每月報出差費超過三十一日以上的新聞；新竹縣議會調査該縣「出差費」眞相，發覺臨時費、業務費、設備費、推廣費、管理費等四十多種不同名稱，每一種費用的數額，多達五六六、〇〇〇元，少亦近千元。——本年八月十三日聯合報——由此可見一斑。無怪乎以待遇優厚第一著稱的美援機關某君也抱怨說，他們的待遇，實際上和鄉鎭公所的人員相近云云。

會計界有一位朋友看到我以上一段文章後，便笑笑說：「你祇知其一，不知其二。許多事業機關的營業預算，因爲性質複雜，不易稽核，所以這類機關，莫不根據擴大的原則去編預算，以遂其流用濫支之私。行政機關瞠乎後矣！」說罷相對唏噓。

總之，許多機關的臨時費，和「其他支出」，以及事業機關的業務費，美援機關的經臨各費，已蔚成寬列濫支的頹風，實在都可以大加削減。記得上年政府某首長，感到疎散辦公房屋不敷的時候，曾「借題發揮」的說，政府雖裁員三分之二，也不會妨礙政務之推行云云。誠然誠然。可是他不知道：這些隨政府來臺的人，都是國家的孤臣孽子；而且輔導人民就業，政府也責無旁貸。政府祇可發展經建事業，以輔導公務人員轉業。豈可冒昧以裁員手法，造成多人失業。所以該大員這一番話，並未贏得社會人士的喝彩聲。然而我却可仿他的語氣來說一句老實話：各級政府預算上的臨時費削減三分之二，「其他支出」項下的不當支出完全剔除，也不至妨礙政務之推行。此外，事業機關的業務費美援機關的經臨各費，即嚴實大加裁減，一樣可以不會妨礙其業務之推行。把上述各項費用，果能嚴加削減，所節省下來的數額，「估計必在用人費若干倍以上，這還不够調整待遇的財源嗎？

所以要談調整文武公教人員待遇問題，並不是沒有辦法。祇要主管當局能够高瞻遠矚，毅然決然拿出魄力和勇氣，舞動着節流兩把刀——酌裁軍費，削減政費——必能從困境中劈出一條出路來。我們果能覈實編製預算於前，嚴密稽核用途於後，節餘的數字，必大有可觀。這麽一來，不但歷年的赤字財政，不再見於今日，而調整文武公教人員待遇問題，也可迎刄而解！

七　結　論

從以上各節可以知道：在一般公教人員方面，因為物價日高，而薪津所得未變，日在相對減少之中，自然無法適應其生活之所需；同時有些特殊機關的待遇又特別高，在此懸殊對比之下，更令人心易於激動。在政府方面，歲入固然不易增加，但政府財政支出如：一般行政機關的臨時費，事業機構的業務費，特殊機關的經臨各費，……都可覈實大加削減，足以籌得一筆綽有餘裕的調整待遇之財源。所以我們從供求兩方面說，這個問題，確已到了必待解決和可以解決的時候。萬萬不可再讓它長此因循，釀成嚴重的後果！

為了使這個問題能够順利解決，並且使將來也有一個合理的結果，我更主張：

一、行政當局應該舊案重提，立即遵照總統在四十三年指示有關「文武職人員待遇，應從新檢討評議比較平均之辦法」的意旨，立即恢復原設之專案小組，並賡續分為一般公務人員，軍隊官兵，公營事業人員及美援有關機關等四組，分別評議。為了避免重蹈過去的覆轍起見，不妨由總統府及五院，各推派負責要員，組織督導機構，限令該專案小組，尅日檢討評議一個合理可行的方案來。決不可因襲故常以維持苟安局面為能事，更不許不肖官吏，挾外自重，藉詞推諉！

二、為了避免「議論未已，人已餓死」的現象，應由行政當局，即日擬訂「文武公教人員借支薪津」的標準，准各人照標準按月借支若干，以資救濟。將來即由薪津調整數冲轉。這些欵項，除武職人員暫由國防費項下的預備金和保留數撥借外，文職公教人員，即在各該機關臨時費或業務費等項下墊付。對待遇特別高的若干機關，員工薪津，着減發成數，同時必須扣發其經臨各費若干成，或令飭保留經臨各費若干成，以昭公允而杜流弊。

三、為了杜絕浪費，以裕庫存，凡屬不當支出或緩辦之件，如新車輛（包括三輪車）之購置，小轎車之行使，官舍之購置與修飾，各項特別津貼及越出法令規定範圍之一切費用，……應該由最高行政當局，即日通令制止。（應令飭臺省府遵照，並轉飭所屬遵照，因為這些機關也是濫用欵項的。）同時，通令全國各機關，分別對經臨各費凍結一部份；如有節餘，也不許流用。

四、將來釐訂公教人員待遇時，除注意其薪津支給之標準外，凡屬機關之宿舍、交通工具、附屬醫院及子弟學校、員工招待所……等福利設備，亦應予以考慮，以免機關與機關之間，高級職員與低級職員之間，再發生待遇的懸殊現象。

是時候了，希望主管當局拿出魄力和辦法來！　四五、八、廿。於臺北

附作者來函

編者先生：

前奉上「適時調整文武公教人員待遇平議」一稿，旨在敷陳事實，激起共鳴。茲尙有幾項意見臚陳如次藉供　參考。

一、關於政府收支數字問題（略）

二、關於美援機關的待遇和存廢問題　最近美援運委會編送：「中美合作經援概要」，我遍查美援機關的法案根據，似乎祇有中美双邊協定中之相對基金之用途：「在我國境內推行美援業務所需之費用」，（其中還有「中國農村復興經費」一欵）一欵。（第二頁）由此遂成立美援會和農復會，在大陸地廣業務繁，當時也許有此需要，但中央政府遷臺後，是否還有此必要？許多人主張分別劃入行政院，成立一組（政院本來是分組辦事）及經濟部一司，以主持其事即可。但當局不特不設法緊湊機構以節省經費和增進效率，更進而增設一臺灣經濟安定委員會。最妙的是經安會由省主席任主任委員，部長人物任委員兼小組召集人，別瞧這個委員會，有時其權力且超過行政院，這是什麼體制？其實經安會許多議案或決策，都應該由院會決定。如果說為便利美方提供意見嗎？但美方人員的意見，儘多向我表達的辦法，為什麼如此不顧體制而出此下策？如果說這批主持美援機構的人員却屬自由中國的瑰寶？儘可提升他們去主持行政院或經濟部，以期政策之推行，幹嗎要如此廣設機構，形成「特殊待遇」階級，浪費相對基金？

三、關於機關小轎車及三輪車的限制問題　機關設交通車，在目前也許必要，（將來政府果能把公共汽車辦好，便可廢除機關交通車了。）至於主管人員配置小轎車和三輪車呢，在標準上說，漫無標準，（如同屬中央機關，有些司署長級人員有汽車，有些且無三輪車。而地方機關委任級主管亦配有三輪車一輛，中央機關簡任人員也一律跑路，擠公共汽車。）完全視各機關有無足够的經常費及臨時費以為斷；經臨費多的廣配車輛，否則從簡。在現象上說，不按時上下班的，多半就是汽車階級！這正表示「汽車人物」並沒有利用交通工具以從公，相反的，正利用它以便私。但是一部三輪車的購置費修理費和車伕生活費已相當二個公務員待遇。而一輛小轎車購置修理油耗和司機等費合計下來，足以抵二十個簡任公務員待遇而有餘了！機關配置專用車輛一事，確有限制之必要。（下略）

耑此，敬頌

撰祺　　陶賞之敬上　四五、九、四。

論現階段法國第四共和的政治

齊佑之

一　前　言

自第二次世界大戰末期法國戴高樂政府重整河山勝利還都以來，已有十二個年頭，一般人稱第二次大戰後的法國爲「第四共和」，因爲戰前的「第三共和」已告死亡。「第四共和」的憲法自一九四六年九月二十八日由法國制憲會議(Assemblée Constituante) 以四四〇票對一〇六票通過後，於同年十月十三日付諸全國公民投票複決，獲九、二九七、四七〇贊成票(佔有效票總數百分之五十三)而得最後通過，於同年十月二十七日公佈實施後，迄今亦有十年的歷史了。雖然有很多制憲會議的議員們仍繼續出席第四共和的三屆國民大會(Assemblée Nationale) 事務，但是一般人認爲今日法國第四共和已走向它的末路。

一九四六年制定的憲法未能配合法國政治經濟發展的需要。國會權限的太大隨時干涉政府，而政府的存在却依國會各黨派的連合或分裂而決定，於是政府壽命既短，來再建那勝利後滿身創傷的法國已不容易，更不容易應付戰後許多新問題。政府的政策可說是在朝黨集團意見的妥協，可說是現實的應付辦法，而不是斬釘截鐵敢作敢爲的人所願作的大刀濶斧的作風。政府對於許多重大問題往往因拖延而貽誤，如印支問題，歐洲問題及北非問題等，法國却從未能及時在對其有利的條件下尋得滿意的解決。在內政及財經方面工作上，除引起一般人民的反感，如稅政，則因中小商人捐稅繁重，物價騰貴，引起中小商人及中小市民的不滿意而有抗稅運動的發生；而津貼私立學校法案又引起左派政黨對天主教政黨更趨尖銳化的對立。今日法國在財政預算上尚難平衡，其經濟發展上亦未達到完全滿意的境域，且自戰後房荒問題迄仍不得解決，而因北非戰爭局部動員，更加重法國的財政負擔，拒絕奉召入伍從征的事件也發生過幾次。這些都是法國政治上的不景氣現象；在國際間除使對法國產生輕蔑感外，確也因法國的不振而削弱自由世界的力量。這些現象却又給蘇俄以可乘之機，擴張宣傳，使法國共產黨勢力膨脹。本年一月二日法國大選時中間政黨的失敗，主要是對經濟及殖民地問題處理失敗使人民不滿意所致。

法國的政治制度並非基於「人民主權」(Souveraineté Populaire)，而係基於「國會主權」(Souveraineté Parlementaire) 制定的，行政雖由內閣負責，但內閣總理的授權組閣 (Investiture) 及其維持操之於國會，因此國會爲法國政治的最後負責人。故法國第四共和的今後存亡當繫於本年一月二日選舉產生的第三屆國會了。

二　第四共和的第三屆國會

在第二屆國會時期，一部份國會議員們眼見國會勢力的龐大及其組成的複雜，使內閣無法尋得從容的時間作政治上的建設工作。同時第四共和憲法上並沒有奉行憲法的管制 (Controle de la Constitutionalité)，以決定一切措施是否違憲。實際上法國政治毛病在於憲法，因此有許多人主張修改憲法，在一九五三年，尤在一九五四年曾有憲法上的修改，以減小國會對政府的過份牽掣。事後各政黨或個人又曾提議再度修改憲法，如①戴高樂派自始主張加强政府的權限。②溫和派雷諾 (Paul Reynaud) 提議重訂憲法，使憲法能隨時勢的需要予以修正，並在一任內閣任期不滿二年時，其所提出的信任投票案如不被國會通過，則國會當立即解散由公民投票來解決國會與內閣間的糾紛，也就是說重新大選。③孟德斯法朗士曾提出Ⓐ强迫投票制(指在大選時)，Ⓑ減少國會集會次數，使政府有充分的自由依照國會的決策自行處理一切問題，Ⓒ修改憲法關於解散國會的條文，以增强政府對國會的抵抗力，Ⓓ修改選擧法等。但去年十一月二十九日國會拒絕佛爾內閣的信任案，因而依憲提前解散第四共和第二屆國會，將法蘭西共和國不妥善的民主政治制度的修改責任留給其繼承人。

今年一月二日產生的第三屆國會就組成而言，較之上屆國會尤爲複雜。在競選時此現象早已暴露無遺，一時各政黨歸併成四個「臨時」陣容，互相對立。新國會議員政見甚爲散漫，無法團結一致作重振第四共和的政治，而另一方面共產黨及布雅德派却乘第四共和的脆弱政治，儘其宣傳分化能事，以期坐大。這兩個政黨都是第四共和的死敵。自一月二日以後「前屆多數黨集團」(Majorité Sortante) 究竟作些什麼？其今後政策是些什麼？就目前情勢分析，在國會中，除布雅德派反對任何一團體組成的政府外，談不到誰是支持莫雷(Guy Mollet) 內閣的多數黨集團，誰又是政府的反對黨。最近杜舍 (Roger Duchet) 代表溫和派發言時亦只指責莫雷內閣接受共產黨支持的不當，請莫雷今後在共產黨與右派中應作一明確的選擇。莫雷以「共和陣線」組閣之初，所獲得四二〇票擁護票中包括共產黨與右派政黨。前者擁護莫雷期在聯合社會黨重組法國的「人民陣線」；後者如人民共和黨則在牽掣「共和陣線」，使莫雷內閣不致爲了拖拉票數投入共產黨的圈套，導法國政治的左傾，在左右相爭下使莫雷內閣得以維持。今日的法國政黨中，除共產黨外，普遍的產生一種無所適從的觀感，而任何黨派均不能對法國現階段的政治有所左右。因之，莫雷雖沒有足够的支持者，但在此矛盾情勢下，他却是第三屆國會中唯一能够獲得一「遇合多數」(Majorité de Circonstance) 的支持而主政的人。

三　共產黨在找尋什麼？

前節已經說過法國共產黨支持莫雷的「共和陣線」內閣的原因所在。然而法共企圖恢復「人民陣線」遠在一九五三年六月該黨第十二屆全國代表大會即已表現。是時法國共產黨因感於自身過於孤立，於是向社會黨招手，號召成立

「無產階級統一陣線」(Front Unique Prolétarien)；次為阻碍歐洲軍的成立及欲達到放棄越南於胡志明的運動，旋於一九五三年十月末由杜克略及托雷英倡議重組「人民陣線」。去歲第二屆國會解散後法共又建議社會黨組「人民陣線」聯合競選。社會黨雖對其屢次拒絕，但是共產黨的努力並非一無成就可言。

此次蘇俄共產黨第二十屆全黨代表大會給法國共產黨內部帶來了不少的騷擾。法共在西方國家的共產黨內要算是最崇拜史達林的，該黨中負責人亦一貫的運用着「個人崇拜」傳統作風。但今日為了執行蘇俄的訓令，亦正在開始攻擊「個人崇拜」，同時該黨在政治上的運用已由維辛斯基式的「否」，積極的轉變成布加寧式的「微笑」。這一個向以積極「反資本主義」，「反殖民主義」，「反戰爭」相標榜的法國共產黨，竟也在儘量運用「左派統一行動」(Unité de la gauche) 的口號，擴大策動「人民陣線」，促成莫雷總理及畢諾 (Christian Pineau) 外長莫斯科之行，甚至在國會中接受莫雷政府的以軍事、政治並行的對阿爾及利事件的處理政策。這一個新的作風却使法共黨員羣感到無所適從，如何繼續團結內部，並使黨員羣衆接受此一新的轉變，想係不久將在勒哈佛 (Le Havre) 召開的大會討論的課題。

就另一方面看來，法共新採用的「微笑」政策在黨外却有不少收獲。在國會中競選國會主席，選舉各委員會的主席，反對通過關於敵黨議員資格的核准等等時，共產黨却成了社會黨的好伙伴。因之在社會黨籍議員中絕對反對與共產黨合作，成立「人民陣線」的人數亦無形減少。社會黨議員雖仍舊一致支持政府的阿爾及利政策，但多少也有受法共「感動作用」所影響者，而可能導致明白的分裂。然而尤為複雜的仍係歐洲問題，社會黨中有因前歐洲軍問題與莫雷本人起而衝突的政敵，今後可能再因歐洲原子能聯盟 (Eurastome) 等歐洲性問題與莫雷二度意見見左，而有該黨內部再度分裂的危險。目前社會黨已不再如往昔一般對共產黨存有戒心，相反的其議員政見，甚至莫雷的外交作風，使人有撲朔迷離之感。不過法國政界人物是善於運用政治手腕的，社會黨人何嘗不是在運用手腕對付共產黨的運用，同時對其他政黨討價還價，尤其是利用人民共和黨的反共心理來威脅，使其無條件的支持社會黨內閣。

四　人民共和黨的兩面

人民共和黨創立之初即以左派政黨自命，也就是說，他們的政治是主張激進，富有改革性的，不像其他保守性的右派政黨；然而自一九五一年以來，在上屆國會下該黨因支持「對教會學校津貼案」(巴昂瑞法律，Loi Barangé) 而與右派携手，迄一九五四年六月曾未間斷的參加內閣，主持外交政策，同時支持越南戰爭，使該黨成為中間偏右的政黨。今日該黨政治表示重歸舊途，支持莫雷內閣而不要求任何代價的原因，旨在重建奠邊府戰役後該黨所損失的信譽；尤其重要者乃係在切斷共產黨的路，使社會黨不致因法共的獻媚而與之携手。在歐洲政策方面，人民共和黨政見雖與莫雷領導的社會黨份子甚為接近；但在內政方面，尤如津貼教會學校問題上兩黨隔閡尚深，何況人民共和黨中如皮杜者仍極力支持右派政見。更何況目前「共和陣線」主持的內閣僅一半勢力操於莫雷之手，而另一半勢力却握於人民共和黨死敵孟德斯法朗士掌中。這一些人事關係與恩怨問題看起來似無若何重要，然在高度個人主義化的法國對政治的影響並不小。

五　不受歡迎的布雅德派

本屆大選中布雅德派 (Poujadiste) 的興起，一方面削弱了各右派在國會中的實力，另一方面更使法國複雜的政治近於混沌。該派勢力包括組織有：①商人與手工藝者保障協會，②農民保障協會，③法國青年協會等，及本年四月三十日該派在聖色奈 (Saint Céré) 地方召開全國代表大會時決定組織的「生產人員保障協會」和「公職人員協會」。布雅德派初起時純係一超政治的「職業性團體」，由一些小本工商業人士為保障個人切身利益，在布雅德策動下而成立，不斷發動抗稅等行動。這一個「運動的崛起，實導源於人民對國家政治現狀的不滿，因之也證實了法國第四共和的病態與危機四伏的現狀。布雅德派的投入政治係在第二屆國會解散後聲明參加競選時始。又因布氏個人為一獨裁，武斷，且甚自負的極端國家主義者，故其勢力的產生時即被認為法國法西斯勢力的崛起。

布雅德派的政治可稱甚為單純，他們以布雅德為崇拜偶像，絕對反對目前法國所行的「代議制度」(Régime Parlementaire)，僅主張召開如法國大革命時召開的「國民會議」(Etats généraux)，以整頓今後的法國。其對所屬近五十名議員的訓示為：「布雅德派議員應聽從人民，促成國民會議的召集；而非站在國會的一方面繼續維持第四共和的代議制度」。布雅德在該派全國代表大會席上且自負的說：「法國必須有一些改革，而布雅德運動則為法國的最後一張王牌。」此外，就布雅德派議員在已成立四月有餘的第四共和第三屆國會內工作表現分析所得，誠可說他們對國家目前對內對外一切事務上是毫無政見可言，即使在稅政方面亦不能提出有效的建議。這一羣的存在僅能加重國會的病態，並阻礙今後任一內閣的改革行動。

目前在國會中，這一個新興的黨派非但不受他人的歡迎，且受各黨派的排擠，只可惜各政黨對布雅德派的攻擊僅基於個人或黨派的利益關係，並不能促各民主政黨的團結。

六　「共和陣線」的內爭

「共和陣線」也是在這次大選中由社會黨，激進社會黨，民主社會抗敵同盟及莎伯戴拉馬斯派的社會共和同盟實行聯合競選而組成。是時社會黨企圖聯合紅極一時的孟德斯法朗士而在大選時獲得更多選票，成立國會中的「共和陣線」的多數黨集團。事實上「共和陣線」的如意算盤並未實現，在本屆國會中僅握有一百七十餘席而已。莫雷組閣的成功原因前已略述，左右兩派實行互相抵制政策而促成「共和陣線」組閣的實現，然而成立迄今僅五個月的「共和陣線」却已名存實亡。莫雷組閣之初，社會共和同盟因新閣將撤換駐阿爾及利總督 (Gouverneur Général) 蘇斯特里 (Jacques Soustelle 社會共和同盟籍)，且社會黨所採取的新北非政策未能明白解釋，因而拒絕參加內閣，事後雖得解決，但激進社會黨方面却因人事問題及對阿爾及利政見的異同對社會黨及莫雷本人發生不滿，雖經孟德斯法朗士「解說」，然此裂痕日益加强，最後孟德斯法朗士本人也辭職了。

據云於「共和陣線」成立之時孟德斯法朗士與莫雷之間已有默契在先：如二人中一人出任內閣總理時，則其他一人在將來內閣中的職務將由其自行選擇而不受任何牽掣。在莫雷組閣時孟德斯法朗士本屬意外交部長一職，結果莫雷背約。當時人民共和黨聲言如孟氏出任外長，人民共和黨將在投票時拒絕莫雷組閣的信任案。因是，莫雷不得已而請孟氏出任財長，並以社會黨中政見溫和的畢諾出長外交部。表面解釋雖如此，實際上莫雷並不希望外交落在孟氏手中。孟德斯法朗士以自由經濟制度與社會主義的經濟原則相違為理由，主張在社會黨籍的閣揆下因以社會黨人出任財長為佳，同時不願因個人出路而影響「共和陣線」的前途使組閣事不能實現，故僅接受不管部閣員(部長銜)名義參加內閣。這却也是表面的理由，實際上孟氏認為今後激進社會黨及其個人的出路必須與社會黨合作始可有重振之機，故肯讓步。然而孟氏的讓步却引起激進社會黨中少壯派(支持孟德斯法朗士者)議員的憤怒，後經孟氏再三勸說始告平息。孟氏雖是內閣的首席閣員，但僅是備員而已，二月間莫雷到北非去時並未請他代理閣揆，這次莫雷去莫斯科雖請他代理却不能發號施令弄得他很不痛快。自二月以來阿爾及利局勢惡化，在四處炮火聲下，駐阿爾及利部長 (Ministre Résidant à l'Alger) 拉哥斯特 (Robert Lacoste，社會黨籍)對該問題軍事處理以外，有關政治方面的決策與孟德斯法朗士政見見左，曾在內閣會議席上數度發生爭執，且莫雷支持拉哥斯特的政策，因之又激起激進社會黨少壯派的不滿。該派份子認為社會黨對阿政策將在擴大戰爭，不能建立和平秩序，故羣起請孟德斯法朗士辭職，並聲言將無法繼續支持目前政府政治。甚至孟氏基本臺柱「快報」(L'Express) 總主筆史賴伯 (J.-J. Servan-Schreiber) 亦與少壯派艾爾尼 (Charles Hernu) 等人站在同樣立場，並在四月十三日發行的「快報」中激烈撰文促請莫雷內閣辭職。另一方面激進社會黨少壯派人士除提議該黨籍閣員全部退出內閣外，並盡力利用充滿情感的演詞擬說服社會黨人士羣起阻止拉哥斯特强硬政策的推行。

在孟德斯派人士羣起請孟氏退出內閣時，激進社會黨內另一批人士如毛利斯，葛儀，馬利等却乘機進行另一工作，擬使該黨政治重返舊途，導激進社會黨左右兩派又行將分夥，孟德斯法朗士雖自復活節以來因與莫雷及拉哥斯特對阿爾及利問題意見歧異亦曾三度表示倦勤，但恐因此與社會黨發生不歡，致而彼此發生隔閡，導至「共和陣線」的瓦解，甚至恐因此會使孟德斯法朗士派在政治上形成孤立，並因法國目前正在開始局部動員推行阿爾及利方面的綏靖工作，且又值莫雷和畢諾赴莫斯科前夕，故一時未退出內閣。畢竟今日孟德斯法朗士已非去年大走紅運的時候了。為了要顧及其黨中的反感，及其今後在法國政壇上的活動潛力的培植，甚至其朋友的督促，於五月二十四日提出辭職，退出內閣。但事前曾召集激進社會黨籍閣員討論，授意該黨閣員繼續參加內閣，同時事後經黨中執行委員會宣言繼續支持政府。雖如此，但事實上激進社會黨與社會黨間在政策上已呈現不可收拾的裂痕，因之脆弱的「共和陣線」已名存實亡。

七　國會議員的「自行審核」

這裏筆者想敘述一下法國民主議會制度下的一件趣聞。自一九五一年大選開始實行黨派聯合競選制度以來，各黨派實行聯合競選聲明的提出係根據選舉法規定，經內政部或所屬省府當局審查後認為合法時始行提出的；且選舉結果又係由人口統計委員會 (Commission de recensement) 稽核後而公佈的。但是自一九五一年以來國會諸公為了各該黨的自身勢力的擴展，對選舉法重加解釋，使在二次大選中，經公民投票中選的議員們須再經國會小組再行分別審核鑒定，然凡經審核而不能通過的議員所空出的名額，並不需要由公民重選，只須由落選者獲票最多者遞補。如此在國會中各黨為了要獵取更多的議席，則盡量彼此火併，找漏洞說對方競選手續不合法，或所公佈的選舉結果的數目字不妥，而不顧公民投票的民主精神。在本屆國會選出後，迄今已四閱月，然而審核工作尚未結束，各黨盡力攻擊布雅德派，指責其在數選區中所提出的聯合競選名單未能合法，而不予以通過。

八　一條應走的路

綜合上面各節我們不難看出今日法國政治困難問題的癥結；其困難原因不僅是由於各黨間的利害衝突，或個人的利益矛盾。實際上法國第四共和政治的大毛病確係受其政治制度所牽掣的緣故。把國家最後主權交給一個太任性的國會。這樣就表面看上去似很民主的，因為就理論來說這也確是間接民主的基本條件。但是在多數政黨組成的法國國會却因同床異夢而無法協同維持一個較長的內閣的壽命，使內閣成為五日京兆，這在第四共和的三屆國會中已給我們無數實例。然而民主政治是必須有政黨存在的，因為唯有政見相悖的政黨的存在纔能廣泛的發揮公民的意見，否則何言民主，而民主又不能在一黨專政或無政黨角逐下存在。今日法國需要一强有力的政府，及一能負責而有能執行憲法所賦予的監察機構以維護憲法及糾舉違憲情事。然而强有力的政府並不是說「行政獨裁」。如果法國的行政首長能直接由全民投票選舉產生，其所行政治雖對國會負責，但立法與行政兩部門遇有不能和解的糾紛得交由全民投票來解決，換言之即如英國所行政制，在內閣不能受國會多數支持時，則國會立即解散，而由全民投票重新改選國家的立法與行政機構。或採行美國的「總統制」，正如法國目前魏德魯 (Georges Vedel) 及杜威爾澤 (Maurice Duverger) 二位名教授所主張者。但這些都不是法國一九四六年憲法所能付予的，這還須要第三屆國會諸公能忍痛割愛，為法國前途虛心討論一番。否則不僅法國內政永遠不得整頓，同時在國際問題談判時誰又肯放膽的與一個不受人支持的政府開誠談判呢。

亞洲協會的工作

羅勃•布侖姆作
章雅谷節譯

——布侖姆博士係亞洲協會會長。原文載美國「太平洋事務」雜誌，本年三月出版的二十九卷第一期，本文係原文之節譯。——譯者

第二次世界大戰結束以來這十年中，國際組織、各國政府、以及民間團體在國外援助方面已用去鉅額款項，近年來對於所謂未充分發展之地區之經濟援助，規模更趨龐大。在這廣泛的外援經驗中，特別在亞洲未充分發展的地區，我們注意到幾項顯明的原理，不少亞洲人士早已看清二項在建國大計中遭遇的困難，第一是缺乏有經驗的領導人才，第二是缺乏物資和資金。如果西方國家的援助目的及執行方法與受援國的文化形態有衝突時，受援國的容忍也是有限度的。

亞洲大部份人民衷心渴望和平，經濟進步，社會正義及法治，政治安定，國家和人民的尊嚴。至於達到這些目標所應採取的途徑，亞洲人有自己的看法，與美國不同。這是無可避免而且是正常的現象。美國人不可因此感到驚異，因爲亞洲人有獨立的思想、人格，以及民族自決的要求，此種特性正和美國傳統吻合。

有的美國人忘記了美國歷史，亞洲人士已表示出——特別對這類忘記自己歷史的美國人——外援若能成功，必需幫助亞洲各國領袖來利用民間的自發力，如何鼓勵當地人士發揚自動的精神，外援最終目的也必需爲當地人士所衷心接受者。如果有不耐煩的美國「專家」强要亞洲人接受西方知識和技術，而不是站在從旁協助的地位，使亞洲人運用西方的知識及技術，那麼美國所貢獻的金錢和努力都有付諸流水的危險，同時也可能損害到國際合作的友誼。

根據我們的經驗，純粹的經援和軍援是不够的，事實上也可能不是永遠最重要的。把荒漠變成綠洲，把疾病掃除，都是直接能看到的，一種連最困苦的人也能感受的利益。歷史上可以看出無論是東方或是西方，對於國家進步要緊的仍然是天然的條件——如資源，如全國風調雨順的氣候，如國民的特性。所以國際合作並不是僅把人員、金錢、機器送到亞洲，如果沒有當地領導者的努力，如果沒有他們引起羣衆信心和支持的能力，這種國際合作難以獲得預期的效果。譬如拿抽水機來說，裝妥後，要人繼續不斷的保養，使抽水機隨時可以工作，否則是不能發生功效的。

很多美國人不能意識到國內私人團體自動對社會及經濟方面所作的偉大貢獻，亞洲人士來美觀光，輒指出美國自動性的民間組織是美國民主社會中重要的一環，具有獨特的性質。這些團體工作的精神和能力，及對公衆利益的熱心給予訪問者較美國政府機構有更深的印象。亞洲各國也有類似的組織，然而亞洲人士覺得這些組織在質和量的方面不够發達，原因在缺少適當的領導人才、熱心的會員以及羣衆的支持。亞洲協會看到亞洲人士正想在這一方面尋求發展。

一九五一年自由亞洲協會在加利福尼亞洲成立，是一個非營利非官方的機構，到一九五四年秋季重新改組易名爲亞洲協會。

亞洲人士不歡迎美國人來告訴他們誰是朋友誰不是朋友，他們不輕信言論宣傳，要用事實來判斷誰是朋友，並主動地表現或隱藏他們的友誼或仇視。却司脫•鮑爾司 (Chester Bowles)——曾任美國駐印度大使——說得好：「對亞洲人最大的侮辱和毀謗是說亞洲情願爲一碗飯出賣靈魂。亞洲人正像別的人一樣要自由也要麵包，而且有極大的決心來獲得麵包和自由。」

一九五三年的春季，我們對本會的存在的價值及其目標和活動範圍有進一步的了解，在一年另六個月的工作經驗中發現新的原則，在一九五四年的秋天正式通過了組織規程的補充方案，包涵了新的原則，並改名爲亞洲協會 (The Asia Foundation)，補充方案說明本會的目標：

一、在亞洲爲和平、獨立、個人自由及社會進步而努力的人士及團體給予美國非官方性的援助。

二、基於互相尊敬互相了解的基礎上促進社團的國際性合作，不論是亞洲的社團、美國的社團或其他國際社團抱有共同理想和目標者。

三、與其他美國人士及團體合作以促進美國對亞洲人民、亞洲歷史文化等進一步的瞭解。

根據上述的原則及累積的經驗，在亞洲廣大的地區展開了有系統的工作。自從一九五四年秋季改組以來。本會最高層組織是一個由二十四人組成的董事會，每年開常會四次，地點不在紐約就在舊金山，經費由各大公司、公益事業、慈善事業及私人的自動捐欵。在寫本文的時候，本會有十三個代表分佈在亞洲各地，可說是工作重心點，包括所有亞洲的非共國家，從阿富汗往東到日本、寮國及越南，惟有印度一國不准我們派駐代表。

代表的責任就是在本會工作原則下和亞洲人士共同研討，以最合宜的方式來援助民間組織以期對社會國家之進步有所貢獻，本會所有的援助計劃的實施工作都由當地人士和社團來執行，沒有一個計劃是例外的。對於任何一個計劃，當地人士的推進

和支持是一個重要的因素；如果沒有這種支持，任何計劃我們就不加考慮了。援助力量並以逐漸減少爲原則，希望各項計劃設施有一天能依靠當地人士的支持自給自足。我們認爲如果一個計劃不受當地人士的熱烈的繼續不斷的支持，是不應當——也不可能——永遠靠外援來維持的。這種原則不時被各代表人應用在計劃中，以這原則也最容易對本會援亞工作的程度作一估計。

本會工作注重機動性，所以一切援助工作主要由當地代表決定，而不是由舊金山總會決定。因爲這樣才可避免美國人武斷性的決定。一個武斷的決策即使是無意的，可能對實際問題完全不切合。本會採取各種可能方式使工作獲得良好效果。我們有經濟或物質的援助，旅費補助，俾使民間領導人物與其他人士交換意見，請外國專家——最好是亞洲人士——到亞洲地區擔任訓練指導等工作。然而往往本會所給予道義的支持、精神上的鼓勵，最受歡迎。

一個理想的本會代表是一個社會熱心份子，在亞洲人的社會裏他負起他應負的責任，時常往來的人主要應當是當地人士而不是美國人，他的與趣應與當地人士一致，這樣一位代表對於當地各項問題經過相當時期的琢磨，當然進一步的了解當地人民的需要和希望。亞洲各國政府通常都承認缺乏足够的資源或財源來解決人民的需要，同時也深信民間的努力支持是必要的。同時，本會深信和當地政府的國策必需配合，所以決不與各國政策背道而馳，但是本會覺得和民間合作最有效果也有更大的價值，惟有各國政府深信本會宗旨，這種觀念才能付諸實施。本會代表的初步工作先求得各項問題的充分了解，對於已在進行中解決該項問題的方案也需充分了解，所以本會代表保持經常連絡的機構有聯合國，哥倫布援助組織，美國政府機構，當地政府，以及其他當地和外國的有關組織，這種聯繫可以避免工作的重覆或矛盾，並往往產生聯合性的工作計劃，有時發現新的工作值得推行，可由某一合適的機構接受援助而展開。

因爲工作機動地配合當地需要，本會工作分門別類難以簡單地一一說明。主要的工作可以說是在教育方面，然而因各國的需要不同，本會援助的方式也因時因地而異，如教育設施之改進，校舍及圖書館設備之增添，協助學生中心之設立，學生宿舍之建立，協助文盲或成人教育之推進，與其他亞洲教育或研究機構合作進行其他教育性工作。在日本，共產黨控制教師協會，對於年青的一代影響頗大，本會和那些深信教育建於民主原則的學校團體及人士合作，另一長期性的工作是鼓勵研究民主教育的原則，並符合東方傳統思想，切合日本今日所面臨的實際問題，出版及訓練方面本會也有援助，希望民主教育的原理變成實際教育方法。

在香港，自中國大陸逃難來港的學者接受本會直接的獎學會援助，令其學術研究不至中斷，這種研究包括根據個人經驗的中共實況研究。在臺灣及韓國，學術界深感參考資料之缺乏，有的失去時間性，也有的已遭毀損，文教界人士和本會代表洽商供給最新的參考資料、書籍及設備等。在臺灣，本會送給中央研究院近代史研究所不少參考的資料和書籍；在韓國，本會援助建立一個社會科學及人文學的研究所，主持者是漢城四個大學校長。印尼方面，本會在獎學金及辦公設備方面幫助與印尼大學有聯繫的社會及經濟研究所。巴基斯坦一研究人類關係的組織也獲得本會援助。

佛教在泰國幾乎是每一個人信奉的宗教，鄉村裏僧侶非但傳教，而且開辦小學，講解非宗教性的課程，兼作商業及家務方面的指導，爲了在佛門中訓練師資，泰國皇家麥哈麥庫脫學院（成立於十九世紀的佛教教育機構）成立麥哈麥庫脫大學及印刷廠（麥哈麥庫脫是大皇冠的意思），本會除補助新教室的建造外，並供給各種書籍，俾使僧侶對非宗教性課目之研究更能擴大範圍，對該大學之僧侶教授及麥哈麥庫脫學院的高級人員則補助國內旅費。又幫助設立英文課程，能使學生在「比較宗教」及「政治學」方面加以研究，因目前關於這方面的合適的泰文教課書尚感缺乏。對於前述印刷廠也有幫助，目的在使佛教在社會價值方面更形發展，出版有關今日泰國民衆生活的資料，讀者對象是青年。

馬來亞的新村地區（New Villages）有五十萬華僑，該處有五個原來自給自足的中文圖書館，現在受本會援助。本會另幫助一個文化性的團體。因本會的援助，原來五個圖書館在今年夏天已變成五十三個圖書館。又幫助馬來亞公共圖書館協會發動一個戲劇隊在城市及新村地區演出。亞洲地區學習英語的風氣很盛，本會在這一方面的援助計劃日益擴大，起先是日本要求本會派遣美國年青大學畢業生到日本省立各大學擔任英語教師，同時這些來自美國的教師仍可選擇研究自已有興趣的課目，去年本會負責送四位美國青年去日本，今年增加三名共七名，又送三位去韓國，四位來臺灣。對於這些人，此外還有八位由富白萊基金派往日本的英文教師，本會都使他們能够在密歇根大學接受英文教學的基本訓練。

扶植亞洲年青的一代，本會也接受請求予以援助。以錫蘭來說，一半以上人口的年齡在二十一歲以下，在格爾(Galle)有錫蘭南方青年協會的民間組織，要本會資助成立青年中心，俾使年青人學習手工藝及其他技藝，先由一當地農民捐送土地及耕作機械，於是農耕訓練開始，這批受農耕訓練的青年來自城市，政府答應他們一旦學成即可領賜土地。第一期訓練班已結業，每一學員獲得政府所允諾的土地。另外受訓的有木工、技工、無線電技術人員及畫家等。數月前本會收到一封該處一青年領袖的信，他說：「錫蘭南方青年協會已經爲貴會及貴國獲得數千在南錫蘭的青年及其家屬的友誼。至於在計劃中的錫蘭青年總會，不管搗亂份子如何阻擾，將毫無疑義地獲得數十萬錫蘭青年的友誼和合作。」

男女童子軍組織幾乎在每個有本會代表的國家都受到本會援助，童軍手冊譯成中文、馬來文、坦密耳文（Tamil 錫蘭南部人民言語）、孟加拉文及印度回教徒的歐爾度文（Urdu），童軍組織的成年領導者曾被送至美國、英國及亞洲國家，受「領袖人才」訓練。韓國這類組織比較少。童子軍猶如一種模範性的私人團體，本會協助建立一個訓練中心在漢城近郊，該中心的土地係由童軍組織自己籌欵購置。在緬甸，本會也有同樣的援助。在日本、錫蘭、菲律賓及東孟加拉的青年農會，本會給予精神和經濟的支持。

本會另外一個文化工作是送書籍給亞洲學生，此一計劃之得以實施係依靠全美國大學學生團體，出版商及各圖書館的充分合作。這個計劃，爲應學術界領袖的要求，在大約一年以前開始的。那些人都對亞洲許多大學中適當課本之缺乏十分關心。在亞洲各國我們有分配書籍的機構。我們先決定亞洲各大學對於英文原文書籍之需要種類及數量——主要在社會科學和人文學方面——各地代表把書單送至舊金山總會，由專門小組向美國各大學，圖書館，書店及出版界要求照單捐贈新舊書籍，卽使是舊書也必需整潔完美。本會負責一切在美國國內及從美國到亞洲地區的所有運費。到一九五六年的一月，運至亞洲的書籍已達十一萬七千一百九十六册，定期刊物達一萬零五百卌五册，五十餘所美國大學及許多圖書館、出版商、書店參加這個贈書運動。

我們也幫助不少出版業，希望他們對自己國內的文教界有更大的貢獻。東巴基斯坦一個非營利性的書籍出版組織，本會給予貸欵，購置器材設備，俾使出版成本低廉的英文及孟加拉文教科書、教育雜誌及其他讀物。在緬甸和錫蘭，本會有同樣的協助，着重在業務制度之健全及崇高的出版目標，至於在營業及編輯方面，本會不加任何控制。亞洲國家往往遭遇的問題有共同性，本會資助有地位的人士，不論男女去參加亞洲會議，商討共同性的問題，一九五五年的八月，十幾個亞洲國家的民間組織的代表前赴東京出席東亞農村復興會議，旅費均由本會負擔，會議中討論如何使各國農業界接受現代的農業技術，如何使農村社會的發展計劃更有效地展開——特別在土地改革和提高農村生活水準方面。

除了支持此類會議外，本會也幫助其他有資格的人士到別處去擔任工作。菲律賓一位研究社會發展及社會自助的專家，被臺灣的團體請到臺灣工作。新聞事業方面，曾請一批美國對新聞編輯及業務方面有研究的人到印尼訪問，到耶加答等重要城市開辦研究班。

巴基斯坦藝術協會想請緬甸、馬來亞、印尼、泰國及菲律賓的音樂舞踏團體到達加參加盛會，希望各鄰國的人民通過文化和藝術有進一步的了解，本會支持此一盛舉。先由選拔小組在各國網羅人才，在達加的表演，結果獲得一致好評。數月前，菲律賓舉行了一個東南亞音樂會，主催者爲菲律賓全國音樂協會，派代表出席者十一國，地點在菲律賓大學，音樂會的口號是「從音樂中了解鄰居」，麥加賽賽總統及其他高級官吏均熱烈贊助，本會負擔各國代表在馬尼拉的生活費用。

在美國本土除收集書籍外，也有其他工作，目的均在加强我們在亞洲的工作，舉一個例，本年度會第一次幫助二個新聞記者——一爲日本人，另一爲印度人——到哈佛大學，以尼門獎學金副研究生的資格從事進修。在史丹佛大學本會也設立新聞學獎學金，是爲期一年的二個研究生名額，對象是有志於新聞事業的亞洲學生。哈佛大學每年舉辦國際研究會，使亞洲和歐洲的學者共聚一堂研討學術問題，本會特別捐欵充實其預算，使亞洲學術界有更多的人參加。本會在美國專爲亞洲留美同學出一小型周報，名「亞洲學生」，這是唯一由本會直接支持的出版物，辦事人員大部係亞洲人，該報讓同學看到美國報紙不克登載的本國消息及亞洲留美同學的消息，同時也是同學自己著文討論亞洲問題的園地。

關於本會各項工作祇能在此作一代表性的介紹無法一一例舉。本會工作有各種各類的，正如同那些發起及執行我們工作的亞洲人民及團體一樣的繁多。也因爲如此，本會的援助性質自然地造成一種獨特的形態。我們相信如果援助數字過大，或者我們的意見給別人强大的壓力，當地人士的責任就會減輕甚至消滅，我們必需依靠當地人士的推動，策劃和領導，否則非但浪費人力，而國際合作的最終目的也消失了！

今日亞洲正面臨一個動亂的時代，一個社會正在演變的時代，我們相信亞洲需要外援，一種不侵害主權完整，不侵害民族及個人尊嚴的外援。亞洲人接受援助，並不是把命運交在外人手裏。不管這種援助如何龐大，爲自身經濟建設，社會公正，政治團結及個人自由的奮鬪不能依靠外人，必須依靠自己的力量和百折不屈的精神。

西歐通訊

西德共產黨之解散

萬　森

一　戰後的西德共產黨

西德共產黨的歷史從組成到被解散為止，可以分成四個階段：

(1)第一階段——第二次世界大戰德國戰敗投降後，全德被美、英、法、蘇俄四國分區佔領，是時共產黨就在各佔領區內分別成立。在這一個階段中，各佔領區中的共產黨有其自主的中央委員會及主席或秘書長。換言之，該時西德的共產黨在組織上還不是一個整體，而是在美、英、法三國佔領區內分別成立的三個共產黨。一九四六年初，當蘇俄佔領區共產黨經佔領當局的扶植與社會黨合併「社會主義統一黨」(S.E.D.)後，西德方面的共產黨亦致力於此一行動，但為舒馬赫(Kurt Schumacher)領導的西德社會民主黨所拒絕。

(2)第二階段——一九四七年二月西方三佔領區的共產黨與蘇俄佔領區的「社會主義統一黨」合併成為「德國共產黨工人聯盟及東德社會主義統一黨」(Union Ouvrière du Parti Communiste d'Allemagne et du S.E.D. d'Allemagne Orientale)。但此一行動在工作上對西德的共產黨毫無利益，僅加强俄人對各黨的直接約束而已。

(3)第三階段——一九四八年四月三十日的格爾奈會議(Conférence de Gerne)決議實行合併美、英、法三國佔領區的共產黨，成立西德共產黨(K.P.D.)。且由英國佔領區共產黨主席艾曼(Max Reimann)出任合併後的西德共產黨主席。(今日則追隨莫斯科決議執行的「集體領導」原則，取消主席職而改任秘書長)。並於一九四九年一月三日決議與東德「社會主義統一黨」脫離組織上的聯繫，同年又召集第二次西德共產黨全國會議。(格爾奈會議為第一次會議)。這一個時期可說西德共產黨成立以來的全盛時代。在一九四九年的大選中獲得一、三六〇、四四三票，佔全部選票百分之五·七，獲得十五名國會議席，而得直接參予西德政治，並在一些工會中發生作用。一九五一年三月由艾曼主持召集西德共產黨第一屆全黨代表大會，出席代表有一、一四八人之多。當時西德共產黨宣佈該黨黨員數額為十七萬八千人。艾曼生於一八九八年，出身礦工，其在魏馬(Weimar)德國時代的共產黨成立不久即行入黨。是時艾曼在德國共產黨中並無地位，僅任地方黨部秘書，活動於魯爾(Ruhr)區。在希特勒統治德國初時，艾曼參加共產黨秘密組織，積極活動。至希特勒全部解決共產黨秘密組織時，他出走至邊境被捕，囚於薩克森豪森(Sachsenhausen)集中營，他在集中營繼續作共產黨的組織活動。戰後獲釋，重新公開活動，除擔任英國佔領區共產黨主席，及合併後西德共產黨主席，後以秘書長身份於一九五二年十月代表西德共產黨出席蘇俄共產黨第十九屆全黨大會。更經常往來東德參加共產黨主持人會議。且曾於一九四九年獲選為國會議員。

(4)第四階段——西德共產黨的全盛時代為時頗暫。一九四九年大選中的成功僅曇花一現而已。不久又步入衰落時期。一九五三年大選時西德共產黨慘敗，僅獲選票六〇七、四一三票，佔全部選票百分之二·二，未達西德選舉法規定的百分之五的最少比例，(根據西德選舉法參加競選黨派必須獲得百分之五的選票始能獲得議席)，因此不能在國會中有議席。同時該黨並受到被禁止活動的威脅。因之，該黨活動雖仍公開，但認為有組織「地下」秘密活動的必要。一九五四年十二月二十八日至三十日在漢堡(Hambourg)舉行的西德共產黨第二屆全黨代表大會出席代表七〇〇人。部分會議採取秘密方式，而所產生的五十九名中央委員會委員亦迄未公開發表。共產黨在西德政治上的勢力雖告退却，但自一九五五年以來表現起色，而引起政府當局的注意。這當然是其轉入地下工作的結果。一九五五年十一月三十日都特門(Dortmund)地方有名的威斯特伐利鋼鐵廠(Westfalen Hutte)舉行廠務會議委員選舉的結果，共產黨有十四名獲選，其餘民主社會黨委員九名及無黨派委員兩名，而後兩名無黨派者尙係親共份子。在同年底在漢堡船塢，埃森(Essen)的克魯伯(Krupp)廠及一些其他重工業工廠及礦廠的廠務會議選舉時亦獲有類似的成績。同時在地方選舉及部分大選中共產黨勢力亦頗有進展，如：①Rhenanie-Westphalie邦一九五三年大選時獲選票百分之一·九，在一九五四年地方選舉時進展為百分之三·八。②Hesse 邦自百分之二·四增至一九五四年的百分之三·四。③Brême 邦自百分之三·九增至一九五五年的百分之五。

二　被解散的一幕

本年八月十七日西德聯邦克勒斯汝(Karlsruhe，地名)聯邦憲法法庭判決西德共產黨及所有共產主義組織為違憲團體，同時禁止其一切活動，將其所有財物充公。自此結束了這個幾近五年的訴訟。此一包括百餘頁的判決書是根據西德聯邦憲法第二十一條成立的。該條文內容稱：「……凡其宗旨及其黨員行動意在推翻民主秩序及擾亂國家(西德)安全者應予以取締……」。該條文在一九四九年大選後取締新法西斯主義政黨時曾經被引用。

關於取締共產黨事，西德聯邦政府遠在一九五一年十一月二十二日即向克勒斯汝聯邦憲法法庭提出控訴。而聯邦法庭經過愼密的考慮及長期的猶豫，至一九五四年十一月二十三日始行開庭審理，中間並經中斷兩次。在判決書宣讀之前，聯邦法庭主席溫特斯博士(Dr. Wintrich)聲稱：此次對共產黨違憲的判決，處理該案法官月來收到不少恫嚇信件，但均被置之不顧。法庭非判決馬克思及列寧學說，而取締共產黨並不違反波茨坦協定；更不會影響德國統一問題。該判決書僅執行於西德聯邦境內，法院對共產黨自認爲「合法組織」，且指責政府行動有違憲法的反駁未予接受。法庭認爲共產黨的活動確在進行推翻德國聯邦民主制度，而以共產制度代替之，故得依照憲法第二十一條予以應有的處分。西德內政部長施諾德博士(Dr. Schroeder) 在「政府新聞官報」中稱政府有執行憲法第二十一條規定的義務，除對違憲組織予以控訴外並無其他辦法。

八月十七日聯邦法庭判決書宣佈後，在西德各大城市中出動警察封閉各地共產黨部，拘捕黨員。在杜色爾都爾夫 (Düsseldorf) 等城搜查共產黨總部等七百十二處，共查出印刷宣傳品十噸，汽車十二輛及現欵三、五○○馬克(Marks，約合八七○美元)。但至查封共產黨機關報「自由民族」(Freies Volk) 報社時，僅搜獲機器及傢俱，而在百姆 (Brême) 邦僅查出銀行存欵一五・九○馬克 (不及四美金)。當日西德司法部長旗郎亞爾(Valentin Kielinger) 聲稱判決書並不在西柏林執行，因該黨在此地區並未被准許活動。同時西柏林內政部發言人並證實關於取締西德共產黨的判決書並不能執行於「社會主義統一黨」及共產黨主持的「自由德國總工會」(F. D. G. B.)。因「社會主義統一黨」已在整個柏林准予公開活動；而「自由德國總工會」亦經准予在英、法、蘇三區公開活動。但西柏林方面已在各方面準備以制止西德共產黨轉入西柏林活動。

前面已經敘述過西德共產黨勢力年來在各方面的進展，且根據調查在西德所成立的泛共產主義組織的數字龐大而驚人，僅在波恩 (Bonn) 一地就有兩百以上，其中最重要者爲「自由德國青年」(F. D. J. 總會設於東柏林)。雖然此次聯邦法庭的判決書取締西德共產黨及所有共產主義組織。但許多人認爲共產黨今後將集中力量從事秘密活動以增強其在社會階層中的勢力。

三　共產世界的反應

西德共產黨被判違憲停止活動後，東柏林及整個共產世界的反應非常激烈。在東柏林「社會主義統一黨」的機關報「新德國」(Neues Deutschland) 特爲此事發出號外。東柏林的「基督教民主黨」亦反對西德聯邦法庭的判決。八月十九日有所謂「民主德國國家陣線」主持舉行示威，當時並有多人發表演說指責西德政府。「社會主義統一黨」政治局委員希爾得溫 (Karl Schirdewan) 發言稱「西德取締共產黨爲摧毀建立和平的民主基石。」並指責「阿德諾政府此舉加深德國的裂痕，使不得統一。」擔任國務副總理的「基督教民主黨」主席奴失克 (Otto Nuschke) 斥責阿德諾此舉在尋求戰爭；因共產黨在領導爲「和平」而奮鬪。

莫斯科廣播電臺對此事予以强烈的抨擊，辱罵西德取締共產黨爲一「卑鄙可恥」的行爲。南斯拉夫「政治報」(Politika) 的評論與東德態度相呼應，指責西德在外交政策上企圖阻撓東西德人民的和諧的接近。而英共黨魁鮑立特 (Harry Pollitt) 更促請全英民主人士對西德作風「掀起反抗巨潮」。法共政治局亦對阿德諾提出斥責。義共秘書處並致電共「親愛的西德同志」予以同情的慰問。

梵尼岡電臺稱西德取締共產黨事在證實教會對共產主義的判斷是正確的。並認爲世界共產黨報紙對阿德諾的攻擊是不值顧慮的。且對西德聯邦法庭對處理共產黨的判決予以贊許。更斥責東歐國家肅清反對黨的殘暴行爲。

在西德方面的反應是頗爲一致的，整個與論中及在整個政治圈子裏對此事的處理均認爲是：「在法律立場上無理由予以攻擊；但在政治方面來說，此舉似不合時宜。」如西柏林社會民主黨主席牛曼 (Franz Neumann) 指西德行動的不當，他認爲西德政府應以有效的社會政治辦法使共產黨與人民隔離。

四　一個比較

這次西德的取締共產黨，在德國的歷史中已是第二次了；第一次是在希特勒攫取政權時。如果我們把這兩次拿來比較一下，就法律觀點着眼，可以發現很大的差別。在法治的民主國家中，政黨的活動一如結社的自由是受到保障的，故對一個政黨的取締是必須要根據憲法的規定，在某黨的行動在危害國家安全，違反自由民主，致與憲法精神不容時，當局本民主法治精神訴諸國家最高司法機構，以求合理且合法的裁判。在一九三三年希特勒的行動僅以政治武力，强迫解散一妨害國家安全的共產黨的一切活動；其行動並未經合法的手續由國家司法機構接受政府控告而後根據憲法宣判共產黨爲一違憲組織後執行取締。換言之，當時希特勒的行動沒有法律基礎；是一違反魏馬憲法的舉動。而今日西德政府却不然。過去政府已控告新納粹黨而爲法庭判決違憲予以解散。阿德諾政府解散共產黨是本憲法的規定而執行的。該案自一九五一年政府本憲法所付的義務向聯邦法庭提出控訴，經過近五年的審理後始被依法提出違憲的結論。就政治方面看來，在一九三三年納粹黨在國會中並非多數黨，僅在强迫解散共產黨後而在國會始能操縱裕如，而今日則又不然，在一九五一年西德共產黨雖在國會中握有議席，但至聯邦法庭對共產黨開始提起控訴時（一九五四年十一月二十三日），西德共產黨在國內政治上已無幾何作用，原在國會中的勢力，經一九五三年大選的慘敗已完全喪失。故西德政府解散共產黨對其政治而言是毫不發生影響的。

在歐洲國家中除法、義及冰島三國外，其他國內的共產黨勢力並不强於西德，而其他民主國家對共產黨採取姑息政策使人頗爲不解。當然對共產黨的排斥有更好的辦法，如西柏林社會民主黨主席牛曼的主張。但是禁止共產黨可以加强政治及社會秩序的安定，使人民對共產黨提起警覺，俗語說「星火燎原」。西德有充分理由禁止納粹及共產黨的活動。我們對西德此次的解散共產黨的行動感到滿意，同時對其所採的以法律爲基礎的方式更感欣慰；因爲民主國家的一舉一動是不能違背法治精神。但希望西德政府一本民主自由精神好自爲之，不讓共產黨在地下發展勢力。

四五、八、三一、草竣

星加坡通訊

星加坡在轉變中

星洲政府解散左傾社團，逮捕共黨份子。

司馬夫

星加坡自從第一任民選政府與英獨立談判失敗，前首席部長馬紹爾辭職，現任首席部長林友福就任之初，一切措施殊令自由人士焦慮與疑懼，尤以華文教育界為甚。在所謂「中學生聯合會」的組織與控制下，華校師生終日惶惶不安，人人自危。且在中正中學分校，竟有學生控訴教師宋某之大會發生，其他數校亦有「鬥爭」教師、散發傳單、靜坐罷課等舉動。閙得滿城風雨，人心惶惶。華文教育之前途，眼見將被摧毀無遺。此輩別有用心之活動分子開口閉口都是「維護中華文化」，實則他們的一切荒謬言行，全是違背中華文化的。星加坡政府一直不聞不問，任其滋長。在上月公佈自明年起所有華校均須接受全部津貼或毫無津貼法令後，中正校長當初亦想予以反對，但響應者寥寥，最後看大勢已去，亦允接受。學生方面則對此沉默無言，大家意識到這是暴風雨將要來臨的徵兆。但從另一方面得來消息，透露出政府也將採取行動。

果然，在九月十八日晚及十九日的凌晨，即分別先後逮捕了下列各人：

一、林振國：福建人四十三歲，任星加坡各業工廠商職工聯合會主席，新加坡農民協會主席及馬來亞黃梨工友聯合總會主席。

二、陳蒙鶴：浙江人，二十八歲，女性，馬來亞大學畢業，中正中學教師。並任新加坡婦女聯合會主席，新加坡反黃總機構主席，新加坡失業者協會執委。其父為此間三江幫著名商人之一。

三、彭垂裳：福建人，三十八歲，中正中學教務主任。

四、陳孟輝：客籍人，三十九歲，中正中學訓育主任。

五、陳廣鳳：大埔人，三十四歲，裕華學校校長，小學教師聯誼會主席。

六、陳玉興：廣東潮洲人，二十四歲，女性，南僑女中畢業，曾任孺廊學校教員。

七、許統英：中正中學學生，「中學聯」康樂部副主任。

當日午後二時半，首席部長林友福氏，接見中西各報記者及各通訊社通訊員，表明此次逮捕行動是為了本邦人民之利益，並謂「在倫敦重開憲制談判以前，政府不獨將竭力使國專得到成功，且將為星加坡人民最佳利益而行事。……將以強硬之動作對付對人民不利之組織，故政府決定採取步驟，對付共產外圍組織滋長之威脅，及共產黨與其同路人之滲透活動，所以政府下令解散星加坡婦女聯合會及銅鑼音樂會。蓋政府認為該兩團體乃共產黨外圍組織。至於林等五人，（據即前六人因招待記者時，陳孟輝尚未就捕，）乃在驅逐法令下被捕，因渠等之活動，係完全對人民之利益有碍。」繼又謂：「彼等之被捕係與工會或任何組織無關，而係渠等之私人活動。」又答覆某記者詢問如「因此而發生任何工業不安，政府是否準備採取任何對付之步驟」時，林氏以強硬之語氣稱：「任何對人民不利之行動，均將採取步驟予以對付。」最後稱：「政府此項行動乃一切行動之開始，且為經過部長會議通過者，各被捕者將於最近一次航船遣回大陸，但各人均得上訴。」

此消息一經披露，各界大為震動。各政黨中除人民行動黨外，均表示支持政府此項行動。各有關工團則紛紛召開緊急會議，謁見首席部長，抗議宣言，閙成一片，然林氏一再表示決以行動對付一切非法行為。各工團揚言將以此事籲請聯合國人權委員會。並謠傳將於二十四日聯合學生，罷工罷課。按九月十七日至二十三為本坡華校秋假期間，二十四日始開始上課，但至二十四日，因政府之強硬態度，各工廠並未能如願罷工，僅停工一小時開會，以示抗議。學生亦照常上課，唯於夜間各校學生分別集合。殊料政府即於二十四日晚封閉中學生聯合會，各中學分部亦被同時封閉，且搬走一切文件器具。而各校亦受警告自每日下午七時半至次日上午七時半，學校內任何集會均屬非法。此訊一出，各校集中學生亦紛紛離校。至今已照常上課，且秩序較經常為佳。但敏感的人士都認為這並不是此事就已如此安定下去，工人方面議決每日八時至八時十五分默坐，以示抗議。

此項逮捕行動後，最可笑的事是首席部長於得到許多函件中，除掉大部份稱讚他為「強人」，擁護他這種行動的以外，竟有一封類似土匪的恐嚇信。那信的內容是：

「林首席部長：

請你從速將昨日扣捕之無辜市民釋放，不然就當心你的狗命。

馬來亞解放軍」

二十八日教育部長周瑞麟也收到一封類似的函件：

「忘本的周瑞麟：

請勿濫用草帽上之「學習」與「共產」等文字，來加罪我那無辜被捕同胞及年青中華學生，當心吧！你那條狗命。

人民解放軍」

因為周教育部長曾謂「中學聯」的一切「學習」運動都是共產黨的一套手法，且謂「學習」運動乃共黨之一種宣傳策略。而次日政府發言人即從新近來自大陸的一位僑胞頭上所帶

旅美小簡之十九

智者的旅棧

陳之藩

有個最好的朋友，最近來信報告他的近況：「我最近改了職業，在一個幼稚園當事務，其實是看房子。我很欣賞這個職業，可以有些空閒，多念些書，等於留學。近來作了一篇論文，是在美國哲學評論上發表的，寄上一份，請多指正。」我在燈下很快的讀了他的這篇論文，使我想起許多往事。

在臺北住了四五年，交到的談書的朋友只這麼一位。他總是陰天下雨前後，騎了一輛除了鈴不會響，各種零件全響的自行車，到我的小屋來聊天。照例是他坐在沙發上，我躺在床上；我是亂說，他是不亂聽，但總是忘了已到深夜，我們依然在談。吃飯的時候，我們就坐下來吃，主人都吃完了半小時，這位客人依然吃不完，如姐的解釋是他吃的慢；但他自己的思考比較周密，他總是補充說，除了吃的慢以外，也是吃的多。

這樣一位朋友，把吃飯的時間都考慮得這樣周密，當然對任何問題都能分析的非常清楚，在他的眼光中，一句話有一話句的定義，把這句話的定義詳細弄清楚，可以減少許多無謂的麻煩。

因此，他選了一件幼稚園工友的職業，他的理由是這種職業，就等於留學。

他這種看法，如果是我在臺北的時候聽見，一定與他打起來。可是，我已在美國的文化都城住了一年半，到世界的學術燈塔普林斯敦，巡禮了一周以後，我才感覺他的話是眞的。是對的。

美國的大學生，上研究院是相當少的，他們所以沒有繼續唸的原因，是忙。由一邊作業餘工作，一邊送牛奶，一邊上學，這個學不會上的太好，所以畢業以後，就從事生產去了。上研究院的人，還是要作工的，不論教書與研究，都是在拚命賽跑，很少時間坐下正正經經的讀書。慢慢有心人才發現這個從生忙到死的社會，要埋沒許多智慧的天才，於是才創出普林斯敦高等研究所，這是惟一美國不忙的地方，令智者可以休息一下的旅棧。

在美國獨立節那天，外間的人都湧向有獨立紀念廳的費城時，我卻出費城到普林斯敦去參觀。

這個機關大到什麼樣子呢！問津於道旁的車夫，溪邊的釣者，以及來往的過客，都瞠目不知普林斯敦高等研究所的所在。我最後，只有守在信筒旁，等待郵差取信時再問，問清了地址，到達了這所樓前時，才感覺奇怪。這竟是一個小到令人無法想像的小樓。在中國的鄉村，有時都可以見到。樓前是一片廣場，樓後也是一片廣場，孤零零的一幢小紅樓，確是像個小燈塔，立在綠色的草海中。

我走入第一層，是兩位數學家正在破皮沙發上下棋，牆上還掛着一幅中國人物畫，桌上有一堆報紙雜誌，面積不會大於三十個場場米。上二樓，已是圖書室了。過道裏全是書。轉三樓，也是書。上四樓是一個餐廳，放着一二十張小桌子，茶几上還有一個日本製的泥娃娃。

這種規模小的地方，在中國可以找到不知多少，然而，在美國，如能到這個地方來，須要成就像愛因斯坦，歐本海默以及我們中國的楊振寧等那樣高才可以。這個地方的惟一好處，是聽自己支配時間，聽自己覓取題目。供給旅客休息，給予旅客自由。而在此邦，想來一個這樣地方，竟如是其難。

我的朋友，到幼稚園去當看房的工友，不是正如到普林斯敦一樣嗎？我不敢說他的成就已像他的同學楊振寧那樣高，但卻可以說他已選擇好與楊同樣的環境與悠閒了。

留學的定義如果是爲求學，我的朋友的看法與作風是無可非議的。時代變異以後，對一切事務的眞正價值要重估。現在交通那樣快速，使雜誌論文，十日可以作半球的往還；現在書籍那樣便利，使一個窮學生或窮機關，都可以訂幾份或借幾份學術雜誌。而我國的教育制度又與美國制那樣近似，可以很容易地追縱它的學術水準，那麼，爲什麼要學唐玄奘的行爲，跋山涉水作郵吏呢？留學如果爲求學，應該找一智者的旅店，而不是到美國來。

我復信給我的朋友說：「我祝賀你有一個這樣好的職業，看房子的工友，畢竟比端盤子的侍者閒在些。我明天滿腦子要充塞古老肉與咖里鷄的茶名！」

四十五年八月二十日於費城

的一頂草帽來證明周氏的話是不錯的。那頂草帽上就印有大大的「學習」兩個字。

到記者擬稿時爲止，情勢似已轉緩。因各被捕人士已各延聘律師爲之上訴，而政府已以一週時間准予上訴。兩被解散的團體也正準備上訴。至於「中學聯」則在被解散時，即由主席孫羅文（按孫已非中學生，曾一度肄業南大，現已退學）立即召開幹事大會，組織一個「星洲華文中學生維護人權及爭取恢復中學聯註冊委員會」，來負責處理恢復「中學聯」註冊及被捕師生的上訴事宜，且已聘請前爲「五一三」事件被捕學生辯護之英國布里特律師，彼已定於下月十五日來星。表面上情勢雖已和緩，但暗流似仍洶湧，例如各校仍有不少照中共歌曲新塡歌詞的歌譜發現，同時亦有自由分子的「擁護政府反共行動」的一類標語張貼於街頭牆上。這次被捕七人中竟有四人爲中正中學的人：兩個主任，一個教師，一個學生。也就難怪政府對之特別注意了，現在該校只剩下一個自由分子主任——王建生，來撐持這個局面，但將來的發展如何，卻要看政府是否有決心維持她的威信和新加坡人民的利益了。

九月廿九日于星洲

勘　正

編者先生：

拙作「脚踏實地說老實話」後段，提到「論散文詩」一文，作者本是林以亮先生，寫稿時筆誤爲梁文星先生，無任惶愧。請代勘正，爲感！

周棄子敬啓　十、三。

斜暉（四續）

孟瑤

七

自從他所嚴防的弱點被我攻破以後，我們變成了朋友，他的活動不躲開我，我的談話也不避諱他，於是，這幾天中，我們相處得非常和諧。

他的作品很少，換言之，每一篇文章在他心裏的蘊育期很長，直到成熟了，抄寫倒變成了極輕便的工作，所以這一方面的事務，經常是沒有的；每天(當女主人還沒有回來的時候，)我除了照料他的飲食而外，就是爲他讀報，並處理一些往來信件，他的信件很多，除了出版商雜誌社來商談一些索稿印書的事情而外，更多的，倒是讀者來信，一批批仰慕崇拜的文字從這些信裏面流出，有時連我這局外人都受激動，而他却始終保持那份驚人的冷淡，從不表現什麼，這天，我被一封讀者的來信深深地刺激了，我不自覺地對他作一種多餘地提醒：「這封信應該回一回吧？」

「不必了！」他依然冷冷地，不加思索。

「我不相信您的寫作動機是爲了稿費，而不是爲喝采，我明白一位作家要獲得別人讚美的虛榮是十分驚人的。」

他暫時沒有理我，在桌上拿到煙與火（經我的固定安排，他已能自由取用他所想要的東西了。）靜靜地吸了兩口才對我說：「你的話應該修正，你應該說，當一個作家有着生之樂趣的時候，他想獲得別人讚美的虛榮心是很重的。」

「那麼，您的意思是，您之對於這一方面十分淡泊，正是因爲失去了生之樂趣？」

他默然地吸着煙，未置可否。

「不過，」我說：「我不相信熱烈的崇拜與讚美不能激起你生的樂趣。」

柳塘沉重地嘆了一口氣，然後黯然地說：「我不樂意被崇拜，我的寫作目的，只是爲發洩自己衷心的感觸。」

「但是，一個作家却沒有辦法拒絕別人因他的作品，所引起的共鳴！我原是你最忠實的讀者之一，也許您已感覺出來，當我第一次發現你就是柳塘時，我的感情是如何地激動。我不僅崇拜你，而且把您尊爲我現實生活中的偶像，得益於您文章的指示，我從憤懣的情緒中，得到平靜。」

「那麼，你現在該知道這一切都是欺騙了，因爲我自己就是第一個平靜不下來的人，我的脾氣一直很急躁。」

「不過，最近幾天却非常平靜。」我說：「情緒平靜以後，對於自己的成就，就不可能十分淡漠了。我在這一方面的收穫不如您，可是當我已經引起別人注意的時候，那一份衷心的喜悅，依然是無法壓抑的。」

「那麼，」他立刻注意到了：「你也是從事於寫作生活的人嗎？你不是叫丙慧嗎？你寫過什麼？」

「我的筆名叫丁維，我只寫過一本『幽居』，」我後悔我失言，因此這樣彌縫着：「只是，它是我最初一本也是最後一本小說了。」

「丁維，幽居，」他思索後，終於笑了：「這件事情我知道，你就是那位在文壇上曇花一現，始終使人不識廬山眞面的丁維嗎？」

想想傷痛的往事，想想在他面前感到十分寒傖的工作成績，我臉紅難堪地低下了頭。

「不過，」他又開口了：「你那一本書我還沒有拜讀過，現在離吃飯還早，你肯念一遍給我聽嗎？」

「這眞成了在孔夫子面前賣文章了。」我輕鬆了一句，拒絕着。

「去，」他鼓勵我：「不要說笑話，你看，我的每一篇文章都經過你過目，並研究推敲過，爲什麼你的作品就不願意叫我知道呢？」

被他催促着，化去三小時的工夫，我把那篇小說，向他朗誦了一遍，這是一個氣氛十分悲鬱，又沒有下文交待的愛情故事，他竟然也受到一些低沉空氣的感染，半晌，才問我：「多一半人的第一部小說都是自傳，你也是嗎？」

我不願意在任何人的面前洩露我的悲劇，因此我沒有直接回答他，只逃避地看了一看錶，便站起來說：「現在已經快一點鐘了，讓我去替你開午飯吧！」

跑到厨房忙碌着，一直無法冲淡重提往事的辛酸，致使心情萬分沉重，午飯時，他又留我與他共餐，所以更感到秘密隱藏之不易，好不容易忙到飯後收碗，柳塘又不放鬆地喊：「丙慧！」

「什麼？」我受驚地一抬頭。

「今天的天氣怎麼樣？」

我望望窗外，答應他說：「無風也無雲，是一個最好的天氣。」

「那麼，」他期待地：「我們今天免除午睡，你陪我到外面去走走，行嗎？」

雖然我的心情不好，却依然無法拒絕他，因爲他是一個深居簡出的人，今日能如此，定是特別與奮的緣故。因此我只得說：「當然行，是前面的廣場，還是後面的海濱？」

「當然是海濱。」

相將出門，到了後面的土坪，他忽駐足前指：「面海處有一道欄杆，是嗎？」

「那裏年久失修，並且下臨峭壁，」我說：「我們不如去海灘更有趣些。」

走下斜坡，我們漫步而行，天暖風微，海灘的細沙軟綿綿地躺在那裏，脚踝輕吻了上去，感到一些溫柔，柳塘雖然失明，而這一帶的地理他是熟悉的，所以非常自如，走到石堆附近，他向我笑笑說：「這裏有一堆石頭可以休息，坐坐吧！」於是，我們相鄰坐下。

天氣很好，輕濤拍岸的聲音繼續着，海色澄藍，偶然泛起一些白色的浪花，這聲音不寂寞，這顏色不單調，人在振奮的時候，看什麼都像帶着一些光彩。

沉默了許久，柳塘忽然說：「你不該叫那個女孩子一個人跑開的。」

這又是「幽居」中的故事了，事實上，哪裏有那個女孩子？又哪裏有那麼一個美麗的故事？我不過是虛構出它，以合式於我悲愴感情的發洩罷了。他是一位作家，居然也被我騙過，想想我也會在讀者中得到一些相同的反應，我不禁笑了。

「你就是那個女孩子嗎？」他又問：「爲了那愛情上的深重傷痕，來到這海濱靜居休養？」

「那只是一篇小說，」我把語調放得極其輕鬆：「而且，我不是一個女孩子，我正自傷老大。」

「寫作上，沒有無根的感情，也沒有無憑的故事，這一點你我都明白，」他說着，嘆了一口氣：「一個不靠寫作維生的人，便把寫作當作治病的藥石，他切盼它能減輕一些心靈上的痛苦。」

他觸動了我的悲哀，我又無法向他痛哭，强行壓抑，使我內心感到可怕的痛苦。

「一個單身女人，有勇氣應徵一個窮鄉僻壤的陌生人的要求，而毅然獨往，這不是一件十分平常的事，更需要一個强大的動力；它不會是窮，窮人不會先投資一筆相當大的旅費；那麼，對於一個女人說，只有愛情是其次的原因了！」

他的思想正確而有系統，緊逼得我難於閃躲，於是，我不得不開玩笑似的回答他一句：「您比一位大偵探更善於推理！」

「一個五官不全的人，常常會產生一個第六官，而且特別發達，你不要小看我！」他說完，他笑了。如今他已習慣於不在我面前保護他的弱點，這使他由緊張而輕鬆，由輕鬆而和藹可親，想想他過去的暴躁，更看看他目前的歡樂，我又不禁笑了。

「怎麼，你還不肯把你的故事說幾句話嗎？」他收住笑容，關切地。

「也不過是一個極平常的故事，」我輕訴着：「像許多小說家筆下所寫的一樣，沒有什麼特別吸引人的地方；只是，假若自已眞的做了這個小說中的人物的話，這痛苦却多半是難於忍受的！你也許早已明白，我隱居海濱，就如一隻垂死的鳥隱蔽在一無人注意的暗處。」

我證實了他的猜想，他臉上的肌肉做着痛苦的扭曲，半晌，他又忍不住問：「就像幽居裏面所說似的，一片聖潔的愛情，錯奉給一個卑劣的靈魂；一份慘鉅的犧牲，換來一些醜惡的責備嗎？」

「我的遭遇是這樣的，」我躲不開他的追迫，也不放棄對這善心人的傾訴：「我一生認爲世界上最寶貴的東西是愛情，但我却始終無法遇到，對於這，我並無怨尤，因爲我相信世界上不會有太多的人能有機會獲得這種幸福的；但是，有一天我發現我自已居然已經墮入情網了，這一份快樂，你也許能體貼出！於是，我暗自祈禱，希望我能從裏面得到最大的快樂與最稀有的幸福；假若不可能的話，爲了愛，我也能犧牲一切。而事實上，果然環境不允許我順利地得到它，許多意想不到的阻碍接二連三地發生，最大的阻力是家庭，我出生於一個清白的世家，父親因爲我所愛的人的行爲卑劣，而强迫我終止與他的來往。他的劣行，雖然我也時有所聞，一則涉世不深，不太明白究裏；一則是過份地熱愛他了，以爲一個再壞的人，只要懂得情字，其他一切，便都可以原諒了。」

「你這種看法，並不算是很大的錯誤。」他說。

「於是，我便一直固執下去，終至與家庭決裂到脫離關係！」說到最傷心處，我哽咽無言了。

「那麼後來呢？」

「我放棄一切而投向他的懷抱，他却冷冷地責備我，不應該做這一類的傻事，一方面不應該鬧得滿城風雨，影響到他的名譽；另一方面，便是更明白地責備我，不應該放棄可驕傲的家世，而影響到他事業的發展了。起始，我未嘗不欺騙自己去作極端的容忍；以後，他的不斷欺凌，再加上發現他早已又在別一個女人身上用工夫的時候，我便只得碎心的離開了。」

「於是，你便離開他，來到這海濱了。」

「不，當我的感情被欺凌得最不堪的時候，我寫下那本幽居，隨後我又大病一場，父母來接我回去，但是我的驕傲負傷過重，沒有什麼力量可以再支持我去與家人重聚了。與權勢比，我既然只是一片過眼浮雲，那麼還是讓它飄遊得更遠一些的好。」

談話因爲我的激動而停了下來，終於還是柳塘這樣寬慰我：「耶穌說，饒恕他們吧！因爲他們不知道自已到底做了一些什麼。」

「這是耶穌的胸襟，我却不能，想到這件事，常使我終宵不眠。」

「世俗一些的，爲名利所牽；超越一些的，爲愛情所苦。」柳塘嘆息着：「這就是人生！不要深責他們，了解人性是這般脆弱，我們應該懂得憐憫。」

他的話說得很對，但是，我在想，我是否能够做到。當然，不能從愛情上超脫，與不能從名利上超脫同樣可憫。

「我知道你是一個個性剛强的人，」他又接了下去：「飛禽中有一種老鷹，牠雖然被人類馴養着，依然不會改變那强傲的性格，當牠的主人放牠去捕捉動物時，假若牠失敗了，寧可餓死，也不肯空空而回的……我了解你的痛苦。」他嘆息着，又接了下去：「只是，我們應該活得平靜一些，你還比我多一對眼睛，還是多觀賞一些這美麗的大自然吧！你看，這白的雲，青的天，遠山近樹，風鳴海嘯，我們生活其間，實在是並不寂寞的。」

「想想人們 太相信自己的視覺所造成的愚昧，我眞應該把自己的眼睛剜掉，他實在不比一個沒有眼睛的人看得更正確。」

這一句話說得柳塘笑了，半天，他才回答我：

「我倒寧可用一切去換取一對可以看見的眼睛呢！」

「假若可能的話，我願意送給你！」我立刻說，於是，我也不得不笑了。

我們的談話又中止，沉默中，他像在思索什麽，一會兒又問：「你是叫陳丙慧嗎？」我答應着。

「平城是第一次來？」他又問。

「不，是第二次了，」我說：「念書的時候，曾與一羣同學們來玩過幾天！」

「還記得有一個李園嗎？」

是的，我們是在那座李園停逗過三天，園主是我們的老學長，他招待我們的食宿，還舉行過一次晚會，在那裏，我曾與那位園主學長婆娑共舞，那麽，那位瀟洒倜儻的中年人，會是痴坐在這裏的柳塘嗎？我不覺仔細地觀察他，想找出一些往日的印象來。

「你想在我的臉上找出一些往事的痕跡嗎？」他敏銳地感到我的動作，又笑笑說：「事隔十年，一切的變化都太大了，不過，我還記得一個叫陳丙慧最調皮最活躍的女孩子，那一天她穿的是一套淺藍襯衫，工裝長褲的旅行服，穿一雙球鞋，我們還一起跳過舞呢！」

他和我所想的一點也不差，那麽十年的時間也並不算長呢！這往事使我們的感情又躍進一步，於是我問他：「平城那樣大的花園房子不住，跑到這海濱隱居幹什麽呢？」

「這別墅你不愛嗎？」

「愛是愛，只是太寂寞了一些。」

「這是我父親晚年靜養的地方，我再也沒有想到我這個年紀也會搬到這裏來住。」他長嘆着：「自從我的眼睛失明以後，我不願見人，又恐懼黑暗；於是，我便想到這裏，我愛這裏的濤聲，失明不影響我去領受它，而且它提醒我是生活在一個有生命的人間，因而我聯想到春天的花，夏天的雨，秋天的月，冬天的雪，那麽，雖然我的心田多半是寂寞的，但我生存的世界畢竟燦爛似錦。」他說到這裏，忽然警惕住：「有人來了，是彥珊。」

我吃驚地一回頭，果然彥珊（我那位冷嚴的女主人）只差兩步就要到我們的面前了。這意外使我倒抽一口冷氣，幾乎要喊出來，再加上她兩眼射出的寒光，更使我有點手足失措。

「我剛回來，看見你們在海濱，便也來湊熱鬧了。」爲了打破沉默，她的聲音變溫和了些。

柳塘沒有作聲，我心裏也有些討厭她像一隻捕鼠貓似的輕悄悄地偵伺在我們身後，這使我懶懶地從石頭上站起來，拍拍渾身的泥沙說：「你陪李先生，我先走一步了！」

沿路，我的心境始終不愉快，不僅因爲彥珊的態度刺傷了我，而且發現柳塘就是那一座李園的園主而感到震盪；更因爲我輕率地訴出了我的遭遇——被辱的遭遇，我的驕傲與自尊，便再也無法在他面前抬頭了。

悵悵然地回到臥室，斜暉滿地，推開窗，大海上金光萬道，燦爛至極。回顧淺灘，彥珊正扶着柳塘蹣跚歸來，這背景雖然輝煌，這情調却太悲愴一些。

八

好像一個和美的旋律突然被終止一樣，我感到十分不安。

幾日來愜意的生活，因爲彥珊的歸來而中斷，我這隻冬眠的寒蟄剛被春陽呼喚而伸直了頸部，一陣風暴，便又縮了回去。

小室蹀躞，寂寞環繞着我。

我又變成了一個被人冷落被人遺忘的失敗演員了，在這人生的舞臺上，我只能惶恐地悄悄退下。上午，柳塘又沒有什麽需要抄寫的東西喊我去做，三餐飲食不必要我去料理，午後品茗閒話的節目當然更不需要我來擔任了。於是，我只能懷着期待的心情在室內。我必須找點什麽來排遣內心的空虛，幾日來的談與，很給了我一些靈感，我很想繼「幽居」再寫點什麽，譬如以海濱爲背景的散文或詩，以盲者爲主角的小說……但是尋覓終日，我總難於落筆，心靈像是被什麽牽縈着，要想沉靜下來，眞是一件極其不易的事。

一切現象，皆因彥珊歸來太突然而引起，我像一個疏於防守的士兵，忽然遭受到猛襲，雖然僥倖地逃開，總不免倉皇失措。

我必須重新安排一下我的生活與情緒。

我不是一個不會享受精神生活的人，那麽，讓我現在獨自享受它。我忽然記起柳塘與我談起十年前的往跡，他所記得的只是一些事實，而我却把那時的每一感受又都重新揚起，我記得當我與他婆娑共舞的時候，曾經揉合進去多少少女的美麗遐想；當我發現他有一位溫馴賢淑的妻子的時候，曾經發生出來多少熱烈的愛慕與忌妒。無怪當我在報上看到平城這兩個字的時候，發覺有一個多麽渺遠的夢境逗引着我……但是一切都成過去，而且已經十年了，十年呢！在人生的跋涉中，並不是一段過短的旅程，樹木會由幼小變成壯大，山川河流都能改變它的形貌，人呢！一段最美麗的青春便會在這串歲月中消逝……我攬鏡自照，一切的光色，都不會再屬於我了。

我不知道柳塘的眼睛因何致疾？中途失明的痛苦，比從來沒有欣賞過大千世界的人還更難耐，這是可以斷言的。無怪他的脾氣是那樣急躁了，這一段茫茫歲月，將是多麽難於排遣啊！無怪他要遷居海濱了，當什麽都看不見的時候，能不斷地聽到那寂寞而單調的濤聲，內心也是滿足的。

由於往事的聯繫，使我對於他的不幸，加倍關懷。

整個別墅被凍結着，沒有感情也沒有聲音，我眞希望翠微能早一點回來攪動它。

彥珊不是柳塘原配的妻子，現在我已經完全肯定了，十年前，我有幸被李園主人招待的時候，他的妻子多麼溫良，那不是她！我不明白柳塘的妻子是何時去世的？我更不明白他何以肯娶彥珊？那兩道寒流般的目光，那從不肯輕易牽動的臉上肌肉，那高過喜馬拉亞山峰的鼻準，再加上那諷刺的嘴角，冰山似的身材，我直覺她是一個被派下的密探，來這海濱追索什麼，我是否他窺伺的對象呢？這使我萬分氣惱。

挨過了午睡，也打發掉經常喝茶的時間，大概是午後四點吧，我聽見翠微回來了，她似乎直接跑到她父親的屋裏，我留神聽出他們父女談話的聲音，談話的調子不太輕鬆，似乎有一個嚴肅的題目彼此辯論着，起始還只像山澗溪流，使你感到匆忙急亂；終於，疾風驟雨的聲音傳了出來，許久沒有聽見柳塘那負傷巨獸的低吼，又再度響起，翠微尖銳地哭泣爭辯着，一點也不肯向她父親讓步，這兩部音階的合奏，非常震動我的心絃，因而無法安靜下來。當然，這只是他們的私事，他們的家務，却依然無法終止我的衝動，我匆忙下樓，跑到客廳，彥珊與致中正坐在那裏，很安詳地談着話，不知道是什麼東西保護着，那室內的風暴，居然沒有影響到他們，倒是我的來臨，使他倆有些吃驚，致中停止了說話，彥珊也從椅子上站了起來，費力地撥開臉上的雲霧，想和我說些什麼，却臨時找不到合式的話。

「他們鬧起來了，要進去看看嗎？」為通過他們，我不得不這樣問。

「是的，翠微這孩子又不知鬧些什麼！」彥珊也假作關切。

我首先推門進去，柳塘站在桌前，蒼白着臉，瞪着那對大而失神的眼睛，渾身發出因痛苦所引起的輕微痙攣，翠微站在他的近處，雙手捧住臉，抽搐着，依然是一個被寵愛的孩子在受完責備以後的撒嬌，彥珊比我搶先一步跑到她女兒的前面，輕撫着她的兩肩，安慰着：「不要哭，我送你回屋去吧！」沒有再對柳塘說什麼，她扶着她的女兒出去了。

室內有着片刻的沉靜，看到柳塘所受的痛苦，我不自覺地走近他：「我扶你到床上去。」

他顯得很歉弱，沒有反抗我，進臥室躺下以後，他滿臉的肌肉緊張，眼淚簌簌地流了下來，終於又把頭埋在枕頭中抽搐着，痛苦的痙攣，使床和牆壁都發出同情的震顫，我既不能離去，又找不出愷切的話來安慰他，我知道他生活在一個特別的環境中，有我不知道的秘密，有我同情着的痛苦，有我困惑住的難題，這一切，我目前還不知道，但我必須盡全力去發掘它，當然，柳塘是不會告訴我的，不幸使得他盲，環境又強迫他啞，這痛苦我不相信他能忍受多久。

一段長的時間過去，柳塘知道我還站在他的面前，他回身緊緊握住我的手，半天才掙扎出一句話說：「十年前的往事，你千萬不要對任何人提起。」

「我一定記住你的話，」我輕輕地回答他，又問：「翠微對你說了什麼，使得你這樣傷心。」

他咬咬牙，半天才說：「這孩子太傻了，她輕視我沒有眼睛，不能看東西，其實，我比她看得清楚得多，一種對異性的衝動使她忽視了父親對她的眞愛，一些可詛咒的奸讒又使她否決了我的經驗與閱歷，她這樣執迷不悟，她是太傻了。」

「奸讒？」我不明白：「這是什麼意思呢？」

「你也不必問了，或者你會明白，當然，你不明白更好！」

「還是為了翠微與致中的婚事嗎？」

「一個十七八歲的女孩子，談什麼婚姻？」他說：「這其中有鬼啊！」

「你不要性急，事情得慢慢地加以開導，」我勸慰他：「而且，對致中，你也不能成見太深！」

「連你也不相信我了，」他發出低聲的怒吼：「我眞恨我自己瞎了眼睛，讓你們都覺得我是一個無用的人；我更恨，我更恨……」他戛然而止，沒有再說什麼，只痛苦的蒙住臉，於是室內又充滿了窒息人的沉默。

「對不起，」他竭力使自己平靜，鬆開手，把臉朝向我：「你上樓去勸勸她，好好地告訴她說她太小，婚姻大事無論如何還談不上；雖然她有一對眼睛，並不比我這沒有眼睛的人看得更清楚，千萬不要被別人愚弄，」忽然，他的聲音大了起來：「那些存心不善的鬼啊！假若再鬧下去，我會殺死他們的。」

「何必這樣衝動，」我立刻止住他：「說這樣不好聽的話有什麼用？」

他果然不再說什麼，抿住嘴，竭力使自己平靜，半天，才向我點點頭：「好，我謝謝你　你去吧！看看那傻孩子究竟在幹什麼？」

我離開他的身邊，匆匆拉開房門，我發現彥珊正站在那裏，彼此閃避不及，都感到一些意外，我倒抽一口冷氣，她為保衞自己，在神態上更顯得凛然不可侵犯，半天，我才恢復了神志，對她說：「李先生叫我上樓去勸勸翠微。」

「唔！」她從鼻孔裏哼出了一聲，又指指柳塘的房門問：「脾氣下去了嗎？」

「是的，」我說：「已經躺下睡了。」

匆忙地，我從她的精神威脅下逃了出來，上樓去叩翠微的房門。

「進來！」裏面答應着。

我推門進去，翠微正仰臥凝思，雖然我走近她的面前，也沒有能影響她的神情，於是我俯身問她：「快該吃晚飯了！」

她把頭掉過來望着我，依然沒有說什麼。

「方才，你與父親鬧得很厲害。」

「還不是為了與致中的事！」

「明知道他不會同意，你何必這樣快又去提呢？」我有點責備她。

「這是媽的意思，」她固執地反駁我：「而且我眞愛致中！」

十七八歲女孩子的愛情（連成年的女人也不例外），眞無知到可怕的地步，用感情的眼睛去找尋一點事物的美麗，便硬把它命名為眞象的全部，於是任性而行，為自己造下那坎坷的世途，却是用終身幸福都無法去填平它的。我是在這上面傾跌過的人，我體會得出這種痛苦，我換取過這種經驗，但是，這痛苦與這經驗都無法傳遞給她，人類的智慧還沒有發展到能接受別人經驗的地步，除非親身遭逢的。這一個神秘的家庭，我知道的事情並不多，但至少，我知道彥珊在挑撥柳塘父女間的感情，這是很明顯的，雖然其目的我還不能明白。只是這一切我這局外人都無法明說，我只含混地勸慰着：「聰明人都不會這樣早就決定自己的婚姻大事！」

「愛情沒有選擇，也用不着聰明！」她固執地反駁我，很不禮貌。

爲了不使她跌入一個美麗的陷阱而蹈入我的覆轍，我原諒她的失禮，並且勸慰她：「即或你們眞正地這樣愛着，也不可太傷父親的心啊！」

「當然，我也懂得怎樣孝順我的父親，」翠微冷冷地說：「但是你也明白，我父親在失明以後，脾氣變得太孤僻了，沒有誰能够侍候他，使得他快樂；而且，我更知道，父親只有我一個女兒，他怕失去我，他不願意我與任何人講戀愛，那不是致中好不好的問題，那是爸爸的自私，他願意我永遠像孩子似的，追隨在他身邊；但是，你明白我們是兩個時代的人，我們生活在兩個不同的世界，且各自有不同的興趣與快樂，我應該孝順他，但是却不可能犧牲我終身的幸福。」

她的話使我聽起來很不順耳，但是我原諒她。曾經有一次，我也如她似的，發生過相同的感情，說出過相同的無情話，假若一個女人眞正地愛了，那麼便沒有什麼力量可以阻止她，除非她所憧憬的夢自身幻滅。但是爲了柳塘，我依然對翠微說：「你不能生活於你父親的世界中，但要考慮到他能習慣地生活於你的世界中。」

「他是一個孤獨的人，他不願意與任何人在一起，連媽媽都要常常受他的氣！」

我不明白彥珊有什麼法術，能從一個父親手中奪去他的女兒。關於柳塘，我正在向他作着心靈上的探險，我比普通人都了解他。他的性情不孤獨，他的內心充滿着愛。他雖然有着令人寒慄的脾氣，但是他本身却是一顆溫暖的太陽，充滿了光與熱，只怪那討厭雲層遮住了它，才會引起懾人的風暴。通過這一層，他是十分和藹近人的。他的妻子不了解他，他的女兒更不了解他。於是，我不得不激動地向翠微解釋：「你父親的脾氣不好，那是因爲失明所引起的痛苦，你應該領會得出，有時我們也會陷身於黑暗中，或在暴風雨影響室內黑了燈，或者錯誤地走進一條陋巷，這一點暫時的變化都能引起我們的驚懼和不安，但是，黑燈有重亮的時候，陋巷有走完的時候，你的驚懼和不安便也會立刻過去。但是，你有沒有想到，假若你的世界永遠不會再有黎明的一天，你的心情會怎麼樣？絕望，急躁，悲愴，是不是？更希望有一個人攙扶着你。這一個永遠看不見光明的不幸者就是你的父親。」

說這一段話時，我的情緒可怕地激動着，於是，天性純厚的翠微也終於哭了。

「所以，」我又接了下去：「你是他唯一的希望，也是唯一可扶持他的人，那麼，就是爲了自己的終身幸福，也應該避開衝突，取得調協啊！」

翠微從床上跳了起來，沒有對我說什麼，又匆匆地下樓去了，我明白，這孩子去向她的父親懺悔了。

我獨自回到屋裏，有一些輕鬆，因爲我幫別人解決了一個問題；也有一些悵惘，因爲我又獨自回到室內。我推開窗，海浪輕舒着舞姿，莊嚴中帶一些嫵媚，我這感官的世界，是不是眞的一天比一天美麗呢？

晚飯是送進來吃的，在這個家庭，我始終是額外的一員。一個局外人應該習慣於幫助別人，並且習慣於被別人遺忘。柳塘把我忘記了，他會叫我去幫助他的女兒；翠微也把我忘記了，我會提醒她去承歡父親。想來現在他們父女早已和好了，當然我應該獨自坐在室內，看看斜暉，聽聽海濤，默默地想想，靜靜地坐坐。

入夜，我捧起一本書上床，心靈太空虛，反而無法閱讀，我索性捻滅了燈，夜光錶已經指向十點，這是海濱生活的深夜了。環境出奇的安靜，我應該聽見一切細微的聲音，但是窗外起伏的海浪淹沒了一切。倒是遠處燈塔的光彩呼喚我並且安慰我，我披衣而起，開窗面海，窗外，星月璀璨，藍海的海浪，悄悄地取悅他們，揚起許多美麗的姿態，我憑窗遠眺，被一份靜穆而略帶恐懼的氣氛籠罩，稍久，遍體生寒，正預備關窗歸寢，那西邊的海灘遠遠地竄來兩條黑影，步履輕疾，在蒼白的月色中，更顯得陰森森的，我預備關上窗，又怕驚動他們會跳到我的面前；於是，我緊倚牆角，連動也不敢動，直到那黑影向峭壁下隱沒，我才輕拉窗門，鑽進被窩，渾身發着抖，連呼吸都幾乎被扼抑了。

答李聲庭君評「各國憲法及其政府」

劉慶瑞

本人以讀書人的身份，對於李君所作評語，不用尖刻的話——例如「眞够得上老吏斷獄」等類之言——答覆，致害及自由中國學術界的尊嚴。

著者首先承認拙著中有若干錯誤，例如「郵電」兩字，意義失之太廣，但所錯的不在於電不能「管」(regulate)，而在於電不能「辦」(operate)；「專賣及版權的特許」，宜改為「專利及版權的保障」；Andrew Jackson 確係 Ardrew Johnson 之筆誤，這幾點當在再版時更正。只惟評者所舉出的許多重要問題，有不少不但著者沒有錯誤，而反是評者犯了大錯。茲逐一辯正如下，以就正於評者與讀者。

評者以為現在美國沒有「前身」，則著者不敢贊同。照各國學者所說，美國在一七八八年以前是邦聯，一七八八年以後是聯邦。國名都是 United States of America，然而國家的性質已經改變。所以為區別邦聯時期的美國與現在的美國起見，把前者譯為「美洲合衆國」(這個譯語是否妥當，當可再商榷)，而謂前者為後者的前身，似無不可。

關於歸化可否假手各邦官署執行，評者說美國的歸化程序「從來沒有假手各邦任何官署執行過」，這是評者的錯誤。評者只知歸化屬美國司法部的移民與歸化局，而却不知歸化程序是可以，並且很早就假手各邦法院辦理的。且看 E. S. Corwin 所編的「美國憲法」一書二五八頁說："Congress' power over naturalization is an exclussive power. *But power to naturalize aliens may be, and early was, devolved by Congress upon state courts having a common law jurisdiction."* (The Constitution of the United States of America, Senate Document No. 170, 1953)。美國國籍法 (Nationality Code) (U. S. Code, 1941 ed., Title 8) § 701 又明白地規定 "*Exclusive jurisdiction to naturalize person as citizens of the U. S. is hereby conferred upon the following specified courts*: District Courts of the U. S...; *also all courts of record in any state* or Territory..., having a seal, a clerk, and jurisdiction in action at law or equity, ..."。其他又可參照同法 § 731, 732, 734 各條規定。至於有關美國政府的一般參考書，都有這類記載。因為篇幅所限，不擬一一舉出。

評者又說：「歸化……便是聯邦按照聯邦憲法修正案第十四條第一項的規定，由聯邦國會制定法律」。但是，這又是評者的錯。憲法修正第十四條第一項原文如下：

All pensons bron or naturalized in the United States, and subject to the jurisdiction thereof, are citizens of the United States and of the State wherein they reside. No State shall make or enforce any law which shall abridge the privileges or immunities of citizens of the United States; nor shall any State deprive any person of life, liberty, or property, without due process of law.

這一項是規定美國公民的範圍，及保障美國公民之生命權自由權和財產權的。這裏面有那一句可以解釋為聯邦國會有制定歸化法之權呢？再者，憲法修正第十四條通過於一八六八年，即在南北戰爭之後，而聯邦國會第一次制定歸化法，却在一七九〇年，即比憲法修正第十四條早七十八年。然則國會在一七九〇年制定的歸化法是根據那一條呢？這並不是根據評者所說的憲法修正第十四條第一項，而是根據憲法第一條第八項第四款。原文如下："The Congress shall have power to establish an uniform rule of naturalization..."。

評者關於拙著九九頁之憲法修改程序的指摘完全是斷章取義的。關於美國憲法的修改程序，固然憲法的一般條文如經各州四分之三之州議會或四分之三之州批准大會之批准，則可修改 (關於這一點，拙著第九五頁已有詳細說明)。但是還有一個例外，就是各邦在上議院的平等投票權，非得該邦同意，不得修改 (見於憲法第五條最後一段，原文如下："...and that no state, without its consent, shall be deprived of its equal suffrage in the senate")。拙著九九頁最後一行所要說明者，就是這一點。評者忽略憲法第五條最後還有一段規定，而竟說著者把美國憲法改為百分之百之剛性，這是評者疏忽的。

關於總統可否用兵力强制各邦服從，著者並非任意「代替美國總統打出一條出路來」，更不是「代替美國最高法院解釋憲法」。茲先舉美國的權威著作為證。W. B. Munro 在 The Government of the United States 一書 (一九四六年第五版) 一八九頁裏說："And, if the need arises, *the President may use the armed forces of the nation to see that its laws or treaties are faithfully executed*." 其他 Ogg and Ray, Essentials of American Government, pp. 295-296，也有相似說明。評者若謂這些著作也是「臆說」，不足為憑，則可參照最高法院在 In re Debs 案件中所說的一段話。即：The entire strength of the nation may be used to enforce in any part of the land the full and free exercise of all national powers and the security of all rights intrusted by the constitution to its care ...If the emergency arises, *the army of the nation*, and all its militia, *are at the service of the nation to compel obedience to its laws.*" (In re Debs, 158 U. S. 564-1895)。總統以兵力强制各邦服從，固然美國歷史上未曾發生過這種事例，而將來也許不會發生。但憲法規定：「總統須注意聯邦法律是否忠實執行」，而最高法院判例亦謂：「總統在必要時得用兵力强制對聯邦法律的服從」，現在某邦制定一個法律違反聯邦憲法或法律，聯邦法院判決該邦法律無效，而該邦猶不受命，這不是不服從聯邦法律嗎？不服從聯邦法律，照上舉最高法院解釋，何以在法律上不可解釋總統可用兵力强制之。

評者關於司法道和推事人數的指摘，著者亦有辯正的必要。第一、拙著謂：「全國分爲十個司法道(judicial circuit)」不錯。美國法院組織法 (Judicial Code—U. S. Code, 1941 ed., Title 28) § 211 規定：「全國有十個司法道」(There shall be ten judicial circuits of the United States)。又 Ferguson, The American System of Government, 1950, p. 338; Ogg and Ray, Essentials of American Government, 7th ed., 1952, p. 349 及 Munro, The Government of the United States, 5th ed., 1946, p. 582，均說「全國分爲十個司法道」。的確，美國聯邦上訴法院，除上面所說分全國爲十個司法道之外，尙有華盛頓區 (Washington D. C.) 的上訴法院。這一點拙著當可補加。惟華盛頓區的上訴法院與其他十個司法道的上訴法院體系不同，前者是根據憲法第一條第八項第一七欵而設立，後者則根據憲法第三條第一項及第一條第八項第九欵而設立，所以不宜合併稱爲「共有十一個司法道」。第二、關於上訴法院的推事人數，亦不能說「三人至六人」不對。據上面所擧的法院組織法 § 213，「第一、第四道各三人，第十道四人，第三、第五、第七道各五人，第二、第六道各六人，第八、第九道各七人」，但這個數字是一九四一年的人數。以後如何變動，因手邊沒有新版的法規集，所以拙著便採用了一九四六年出版的 Munro, The Government of the United States 五八二頁及一九五〇年出版的 Ferguson, The American System of Government 三三八頁所記載的數字，而寫三人至六人。第三、拙著以「每次開庭，由推事二人主持」，似宜改爲「……至少由推事二人主持」。因爲法院組織法及上述 Ferguson 及 Munro 各書均有「上訴法院審判案件以二人爲法定人數 (quorum)」之語(見於法院組織法 § 212; Ferguson, p. 338; Munro, p. 582)。而 Ogg and Ray 前引書三四九頁也說：案件通常由三人，至少由二人審理之。所以評者謂「從來沒有聽見過有兩個推事審判案子的事」不知是有何根據。如果案件由推事二人審理而意見相反，則案件可移到最高法院審理。關於這一點請評者參照 Munro, The Govervment of the United States, 5th ed., 1946, p. 582. "There is a circuit court of appeals for each of these ten circuits, such courts having from three to six judges, but two judges are always required as a quorum for the hearing of cases. In case of a tie the issue may be certified to the Supreme Court for decision."

「最高法院可應訴訟人的要求於上訴法院尙未宣佈判決之前，將案件移歸最高法院審理一事」，評者說「完全不能了解，而相信並無此事；希望著者將所根據書籍章節頁數見告！」，故著者不怕麻煩地將其根據擧出之。法院組織法 § 347 大意規定：「最高法院得應訴訟當事人之申請，將上訴法院之案件，移送於最高法院審理」。原文如下："In any case, civil or criminal, in a circuit court of appeals, or in the U. S. Court of Appeals, for the District of Columbia, it shall be Competent for the Supreme Court of the U. S. upon the petition of any party therto, whether Government or other litigant, to reguire by certiorari, either before or after a judgement or decree by such lower court, that the cause be certified to the Supreme Court for determination by it with the same power and authority, and with like effect, as if the cause had been brought there by unrestricted appeal." 其他 W. American Government, p. 582; C. A. Beard, American Government and Politics, 10th ed., p. 236; W. B. Munro, The Governmen of the Uuited States, 5th ed., p. 569; J. H. Ferguson and D. E. McHenry, The American system of Government, p. 336. 均有說明，只看上面所擧的任何書籍，都可以明白。誰是誰非，無須贅言。

評者對於拙著中的若干譯詞，也提供了許多高見。著者承認譯詞確有不妥帖之處，因爲恐怕不妥帖，故註出原文。不過著者對於翻譯一事有一點意見。就是我們要翻譯憲法上的名詞，絕對不能把一個名詞單獨拿出來，做一個像中學生對英文生字的翻譯般的翻譯。應該把這個字放在它前後的關係中，並且盡量探求這個字所包含的意義，然後才能够做一個適當的翻譯。評者所提供的高見，其中適當者，著者當可作爲參考。但有些却看不出評者的譯詞與著者的譯詞究竟有何差異。例如 Removal 著者譯爲「轉來的案件」，評者譯爲「移轉來的案件」，這有何區別？ full faith and credit 評者譯爲「完全的信賴與信任」似亦不甚妥，不如照拙著第一〇三頁譯爲「完全的尊重與信任」較符合原意。此外，評者所擬的譯詞，有幾個我們認爲根本不能用。例如 veto 在拙著一四九頁絕不能翻譯爲「否決」。試問「否決執行該項法律」成了什麼意義呢？何況 veto 用於總統對議會的法律案固然可以譯爲否決，若用於最高法院對於違憲的法律，則只可譯爲拒絕執行（其實宜譯爲適用）。因爲美國最高法院沒有權力否決法律的效力。而只能拒絕適用。

讀者投書

（一）一件不容忽視的小事

王大川

現在國民教育上有一件小事，而影響却非常重大。教員着急，家長歎息，但各級政府當局或者說教育當局，則絲毫未予注意。這件事是什麼呢？就是迄今國民學校的課本只發了一部份，半數以上尚無消息，何時可以發到學生手中！

國民學校照例是九月初旬開學。今年因爲戶口普查，國校教員都是普查員的關係，遲至廿日才開學。國民學校課本是由教育廳統印發給各縣市教育局科轉發各校應用。各校各年級需要課本若干，暑假前由各縣市彙報教育廳照印。即使各縣市不報，教育廳也會估計知道這些數目，這是一件照例的事，且是定期辦理的事，竟超過開學日期一個月，未經辦妥。社會一般人只覺得因戶口普查，就誤學生兩週課業之可惜，然未注意到又兩個星期以無課本白白地荒廢過去了。

國民學校課本一個月未能發下的錯過究在什麼地方呢？是教育廳未能如期印出呢？還是已經印出以行文手續繁複致遲到各縣市呢？或已發到各縣市，而局科長未加注意放在儲藏室裏呢？這非局外人所能得知。但課本未發全是鐵的事實。

這件事象徵着教育行政效率之低，然其事還小，就誤數十萬兒童兩週的課業那損失就大了，至於給教師和家長以不良印像更爲餘事矣。

我是臺中市一個國民學校教員，迄至十月四日未領全課本，心中極爲難過，故特向貴刊請教。

讀者王大川上　十月四日

讀者投書

（二）高考及格應考研究院問題之質疑

李清源

編輯先生：

頃閱九月十六日貴刊讀者投書欄載，黃健生君「高考及格者應考研究院所問題之商榷」一文，因此發現另一事實與教育部之威信大有關係，亦有其不能自圓其說之處，蓋四十二年六月廿二日教育部曾對各大學及獨立學院作如下之通令（四二臺指字第五〇九〇號令）云：「查高等考試及格者，准予應國外留學考試，早經規定在案，茲爲使該項及格人員在國內繼續進修起見，特規定凡高等考試及格者，准予依照高等考試及格種類報考大學或獨立學院性質相同之研究所，惟未取得學士學位者，研究期滿後由校發給研究期滿證明書，不授予碩士學位，仰即知照。」等語，由教育部發動恢復設立之國立政治大學於四十三年招收研究生時，即會列高考及格者爲應考資格之一，而以該項資格報考經錄取者亦佔大部份，但去年該校招收研究生時忽將該項應考資格删除，以後其他各院校見與教育部有特殊關係之政治大學如此，致亦相繼援照辦理，迭經高考及格有志研究者向教育部呼籲及中國考政學會之據理請求教育部飭令各院校遵照教育部原令辦理，而教育部置若罔聞，但該項通令教育部又未明令撤銷，如此，不知用意何在？又何以不顧自身之威信？謹請貴刊披露此項事實，並請教育部有以明白解答，以釋羣疑，不勝感禱！此請

撰安

李清源上　九月十七日

蔣勻田先生來函

儆寰兄惠鑒：前在「中東問題座談會」中的發言，曾引默罕穆德對羅皇帝所說的一段話，有人懷疑那段話的出處。查那段話實出於 Joseph Gaer 所著的 How the Great Religion Began 一書中，出版者爲紐約的 Mead & Company。按當時中近東一帶均在羅馬帝國統治之下，默罕穆德對統治者能說出那一段話，其衞道的偉大精神，實足崇敬。故著者在其所著「偉大的宗教如何肇始」一書中，强調述之，以示其推崇之意。因原書不在手中，託人在美國代查，稽覆爲罪。弟嘗對西方朋友說：三大教主都出於東方，實爲東方精神文化高極於天之徵，津津引以爲榮。然文化末流之弊，勢所難免，正後人應求改進之處，不必掩飾。注意文化末流之弊，不是即對肇始者的偉大失其崇敬之心，此應爲學人正常之面目，不識高明以爲然否？敬頌

撰祺

弟蔣勻田拜啓　九月廿六日

臺灣省政府教育廳來函

自由中國編者先生：

敬啓者：頃閱貴刊第十五卷第七期「讀者投書」欄所載余明遠先生通信，文內自稱係「縣立中學校長」，經查本省所有縣市立中學校長內，並無「余明遠」其人，特函請查照惠予披露，以免淆惑視聽，爲荷。敬頌

撰祺

臺灣省政府教育廳秘書室啓　十月九日

編者按：余明遠爲投稿者之筆名。在刊物立場，當投稿者要求以筆名發表時，則此一刊物必須遵照投稿者之意見，並有代守秘密之義務。我們以爲，教育廳所該查的，不應是要「驗明正身」似的找出作者其人，而應該是要查明其事，以求所以改進之道。

自由中國　第十五卷　第八期　內政部雜誌登記證內警臺誌字第三八二號　臺灣省雜誌事業協會會員　六六〇

給讀者的報告

三年前的國慶日，蔣總統在其告全國軍民書中，曾宣示要籌開反共救國會議。時隔三年，仍然是：「只聽樓梯響，未見人下樓」。最近又傳籌備召開的消息，不知是重理舊案，還是受了共匪和平攻勢刺激的反響？爲了加强反共號召和團結的力量，這個會議實在老早應該召開的。現在雖然時間已覺稍遲，但還未爲太晚。但望這一次行政院長兪鴻鈞和副院長黃少谷談話不再是又一次的樓梯響！因之，我們在本期社論(一)裏，要對「再度」籌開中的反共救國會議，表示「幾點初步意見」。我們除重提三年前所說的以外，並期望政府能在法治與民主方面切實從事改革。我們以爲，只要政府眞正具有誠意，切實提出問題，討論問題，解決問題，而不是把它當作政治裝璜耍的，則這個會議不但可以開成，而且一定能有俾益於我們反共的形勢。

上期出版之後，我們接到很多讀者（其中很多是國民黨員）來信，對於本刊上期社論(二)裏所指責之張其昀氏的民主觀，同聲慨嘆，咸認身爲教育部長與國民黨中央委員的張氏不應發此言論。但另一方面我們却看到，也是僅僅看到「中國一周」爲張氏辯飾的一篇社論。這篇社論題爲「糾正自由中國的謬論」，我們耐心讀後，竟罔然不知其所云。像這樣一篇不通的文字，我們當然不敢認爲它能代表國民黨的。前幾天立法委員胡秋原在質詢教育問題時，曾抨擊張其昀浪費國家財力辦了很多爲他本人作自我宣傳的刊物。當前的事實，可爲胡氏之言作證！說實話，像「中國一周」這種社論是不值一駁的。這一期我們之所以要「再論君主的民主」者，主要是希望國民黨當局能對此有明白之表示。因爲張氏在黨在政府都位居要津，如使國民以爲張氏的意見是代表國民黨的，這影響可太壞了！

公敎人員生活之淸苦是我們當前「國計民生」的一項嚴重問題。現在實已到了不能再不調整待遇的時候了。本月五日兪院長在立院答覆質詢時，表示對調整待遇事已在考慮之中，可見政府對此問題之嚴重性已予重視，希望在不久的將來能作合理有效的解決。陶實之先生論此問題的大文早於八月間便擲交本社，以連期稿擠延至本期才能發表，然也正是確當其時。陶先生在大文中提供了很多實際資料和寶貴的意見，足供當局決定方案的參考。

齊佑之先生留學歐洲多年，研究歐洲各國政治，深有心得。過去各期，齊先生爲我們寫的分析歐洲政情的通訊，議論警闢，文字流暢，極爲讀者所稱譽。本期登出他的專論「論現階段法國第四共和的政治」一文，允爲先生之力作。文中對法國政治現狀有深刻之議論，研究各國政治者不可不讀也。

本期譯文介紹「亞洲協會的工作」。亞洲協會是美國民間組織，該會以純粹服務的立場，援助亞洲地區的文敎事業。此一工作，對促進亞洲地區政治之安定，社會之進步，將有極具價值的貢獻，故樂爲介紹之。

自由中國　半月刊　第十五卷第八期　總第一六七號

中華民國四十五年十月十六日出版

發行人兼主編：『自由中國』編輯委員會

出版者：自由中國社
社址：臺北市和平東路二段十八巷一號
電話：二　八　五　七　〇

航空版
香港：友聯書報發行公司 Union Press Circulation Company, No. 26-A, Des Voeux Rd. C., 1st Fl. Hong Kong

總經銷
臺灣：自由中國社發行部
美國：自由中國日報 Free China Daily 719 Sacramento St., San Francisco 8, Calif. U. S. A.

經售者
日本：東京僑豐企業公司
韓國：漢城裕昌德號
馬尼刺：大中華日報社
印尼：新疆書店
越南：椰嘉達天聲日報
緬甸：西貢中原文化印刷公司
印度：泗水文光圖書公司
澳洲：仰光振成書報店
北婆羅洲：加爾各答塔梅學校
新加坡：雪梨瑞田公司
西利亞坡青年書店
檳榔嶼、吉打邦均有出售

印刷者：精華印書館
廠址：臺北市長沙街二段六〇號
電話：二　三　四　二　九　號

本刊經中華郵政登記認爲第一類新聞紙類　臺灣郵政管理局新聞紙類登記執照第五九七號　臺灣郵政劃撥儲金帳戶第八一三九號
（每份臺幣四元，美金三角）

自由中國

第九版

FREE CHINA

第十五卷第九期

要目

恭祝總統七秩華誕

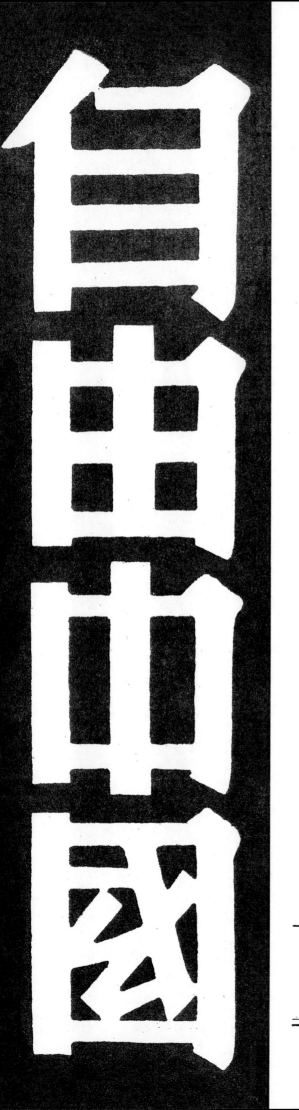

中華民國四十五年十月卅一日初版
中華民國四十六年三月十六日九版
社址:臺北市和平東路二段十八巷一號

半月大事記

十月九日　(星期二)
杜勒斯在安理會演說，聲明支持英法對運河問題之建議。

十月十日　(星期三)
蔣總統發表國慶日告全國軍民同胞書，並主持閱兵典禮。
港九僑胞慶祝國慶，匪徒撕毀國旗，因而釀成騷動。

十月十一日　(星期四)
九龍毀旗事件擴大，騷動地區死傷多人。港政府宣佈實施宵禁。
美陸戰隊總司令派特上將抵臺訪問。

九月十二日　(星期五)
星加坡政府下令接管兩座華僑中學。
約但呼籲阿拉伯國家給予軍事援助。
日首相鳩山抵莫斯科。

九月十三日　(星期六)
英法與埃及對解決運河問題商獲六項原則性之協議。
日參院考察團抵臺訪問。
美國防部長威爾森在記者招待會表示，美明年度國防經費將增加廿億元。

九月十四日　(星期日)
安理會在蘇俄否決英法國際管制運河之議案後，一致通過繼續談判之六項原則。
哈瑪紹建議英法埃三國繼續談判運河問題。
美政府發表畢克萊中將繼任美第七艦隊司令，殷格索專任臺灣協防司令。
伊拉克代表團抵約但，兩國舉行軍事會議。
匈牙利前總理納奇恢復共黨黨籍。

十月十五日　(星期一)
蔣總統諭示總統府函知各機關，重申謙冲至意，提示六點，廣徵衆議。
國際環境衛生會議在臺北揭幕。
英政府宣佈，中共已就港九騷動事件，向英國提出抗議。
伊約兩國商討使用伊軍抗以，英政府聲明支持伊軍駐約。
約但要求安理會考慮以攻約案。
日俄和約談判在莫斯科舉行。鳩山向俄提五點和平方案，領土問題留待將來談判。

十月十六日　(星期二)
美國防部長聲明不停止氫彈試驗。
九龍全區解除戒嚴，港政府發表九龍事件經過。
英首相外相赴法，兩國會商中東及運河糾紛。
艾森豪表示，美將以有限度援助，給予南斯拉夫。
英首相艾登與法總理莫勒在巴黎舉行會談後，發表聯合聲明，促埃及提供具體建議，保證運河自由通航。

十月十七日　(星期三)
英外交部宣佈拒絕中共對香港騷動之抗議。
以色列總理向國會宣稱，以國一旦遭受攻擊，決在敵國境內作戰。
約但政府宣佈，若再遭受攻擊，決即要求英伊援助。
南斯拉夫外交部宣稱，美國對南援助所附之條件，不合獨立與平等合作之原則。

十月十八日　(星期四)
英外交部表示尊重英約兩國之盟約關係，約但如遭攻擊，英政府即有援約之義務。
美參院派代表七人分赴歐亞各地調查援外情形。
史蒂文生競選演說，主張停止氫彈試驗。
中菲兩國貿易議定書在馬尼拉簽訂。

十月十九日　(星期五)
日首相鳩山與俄總理布加寧在莫斯科簽訂宣言，結束兩國戰爭狀態，同時並簽訂商務議定書。
日政府內閣會議批准鳩山與蘇俄簽訂之恢復邦交宣言。
安理會商討以約互控案，英俄兩國支持約但要求制裁以國之建議。
聯合國駐巴勒斯坦停戰監督人柏恩斯少將稱，約但與以色列邊境有爆發大規模戰事之勢。
匈牙利大學生展開自由鬪爭，要求廢除必讀俄文之規定。
波蘭共黨開特別會議，一度因「狄托主義」罪名而被囚的共酋戈慕卡重復舊職。
艾森豪演說，指責史蒂文生主張停止征兵爲走向投降之路。
我外交部情報司長江易生指責越南干涉華僑國籍，希望越政府改變態度。

十月二十日　(星期六)
戈慕卡在保警支持下，取得波蘭政權，承諾舉行自由選舉。
赫魯雪夫結束波蘭之行，飛返莫斯科。
布加寧再函艾森豪，傳係要求廢止核子試驗。
匈牙利三千大學生退出共黨青年團，自組獨立團體。

十月廿一日　(星期日)
艾森豪發表聲明，對波蘭人民抗俄行動，表示精神支持。
美副國務卿墨菲晤波蘭駐美大使，傳波蘭如要求經援，美將予以有利考慮。
蘇俄公佈布加寧予艾森豪之函件，促美與俄協議，禁止氫彈試驗。
艾森豪函覆布加寧，責其干涉美國內政。

十月廿二日　(星期一)
杜勒斯聲明，美英法三國對處理運河與中東情勢問題已獲致共同政策。
羅馬尼亞共酋訪南斯拉夫，與狄托舉行會談。
波蘭共黨改組政治局，戈慕卡出任第一書記，史達林派均被排除。
杜勒斯表示，美將經由和平途徑，助波擺脫俄帝控制。

「自由中國」的宗旨

第一、我們要向全國國民宣傳自由與民主的真實價值，並且要督促政府(各級的政府)，切實改革政治經濟，努力建立自由民主的社會。

第二、我們要支持並督促政府用種種力量抵抗共產黨鐵幕之下剝奪一切自由的極權政治，不讓他擴張他的勢力範圍。

第三、我們要盡我們的努力，援助淪陷區域的同胞，幫助他們早日恢復自由。

第四、我們的最後目標是要使整個中華民國成為自由的中國。

社論

壽總統蔣公

今天是中華民國總統蔣公七旬華誕，這是國家元首的大慶，我們理應追隨國人之後，在此謹致祝賀之忱。蔣公對國家的貢獻，諸如北伐之成功，抗日戰爭之勝利，以及對外不平等條約之廢除，這一聯串的豐功偉績，均早爲國人所熟知，無須我們細說。到今天，他以七十歲的高齡，仍然擔當着領導反攻復國的重大任務，對國事獨挑大樑，國人對他的崇敬與感激，非筆墨所能形容。一般人到這樣的年齡，也該享受一些優游林泉的清福，無奈國步維艱，蔣公還是擺脫不下，國家與國人對他所負實多。我們爲蔣公祝壽，應想到今後該怎樣的替他分憂分勞。

據憲法規定，總統的任期爲六年，連選得連任一次。蔣公的第二屆任期，到今天已過了二年四個月又二十天，任期屆滿，還有三年七個月又十天，到那時候，蔣公已經是七十四歲。我們不能預料，在三年半以後，反攻復國的大業能够完成到如何程度，世界局勢與國家處境，又是怎樣一個情形。我們所能想見的，到那時候，蔣公雖可以政黨首領的身份，繼續對國家盡其貢獻，但這究竟祇能採取一種間接的方式，國家究竟也不能長期仰仗蔣公一人的照顧。瞻望前途，我們總覺得有點惴惴不安。

今後三年半的時間是特別值得寶貴的。時間已非常短促，但我們却希望能在這短促的時間內完成特別多的事情，爲復國建國，打定更爲確切而堅實的基礎。當然，有些事多少要遷就客觀情勢的發展，不能單憑我們的主觀要求；但也確實另有不少的事，爲我們自己的意志所能確切控制與操縱的。如制度之建立等等就是屬於後一類的性質。制度之建立，本來在今天以前即十分重要，但由於國家多難，竟再次三番擱下去，到今天還不能說是規模粗具；今後的三年半，實已臨到成敗的決定關頭。過去國家制度未能堅强樹立，尚賴有蔣公的領導，才沒有出太大的亂子。但這種幸運，祇能期之於一時，不能期之於永久。蔣公猶如國家的保姆，但國家總有一天要離開了保姆而自立。到那時候怎麽辦？蔣公一定比我們大家更爲關心。

復國建國，應無時間上的程序之分。可能有人認爲建國是反攻勝利以後的事。其實，這不是正確的見解。過去辛亥革命時，頗有人認爲建國的程序應放在革命成功以後；北伐與抗戰兩役，一般人的觀念仍然沒有顯著改變，還是把建國放在次要的地位。我們今天却已受到了此種錯誤的慘痛教訓。正因爲我們把建國工作延遲，我們革命、北伐與抗戰的成果，竟均被國家的敵人所竊取。今日退保臺灣，才開始痛悟前非。蔣公早有復國建國應成於一役的明白主張，他所一再强調的把臺灣建設爲模範省的號召，即表示我們決不能再像過去那樣的把建國看成次要，以致長期的躭誤下去。

建國大業，眞可說是經緯萬端，決非一篇短短的文字所能盡。祇是我們感覺目前最使人憂慮者，約有三點。這三點，也可說是一切問題的根本，不僅關係當前，而是關係永久。

第一是選拔繼任人才的問題。我們於此，不單單想到第三任總統之誰屬，同時還想到第四任，第五任，以至無窮。我們誠知，憲法已規定得有總統選擧的程序，當然無須另立制度。但憲法所規定者，祇是民主憲政的格架，而非爲其實質。我們一直到現在，對總統候選人之選拔，似乎誰都不知道究竟應遵照怎樣的一種方式。第一、政黨政治沒有確立；第二、今日之執政黨及其它黨派的內部民主，也都沒有確立。這樣，我們可說根本上就缺乏一個新的國家領袖得以產生的機體。在古代君主政體，儲君之不立，常爲禍患的根源，直到長子繼承制確定以後，好好歹歹才算有了一個秩序。今天誠然談不到這些，但在民主政治，各領袖之產生，毫無制度，毫無成規，就可能引起比君主時代更大的混亂。

蔣公今日的地位，與華盛頓在美國開國時所處地位，極相類似；所以在我國，第一、二任總統之人選，也像美國第一、二任總統一樣的不發生問題。華盛頓未卸任以前，美國政壇，漸漸形成哲弗遜與漢彌爾登兩派主張的對立，而華盛頓本人於此，無所重輕，乃無意中造成了美國兩黨政治的基礎。美國開國時的這一段歷史，是我們很好的一個借鏡。我們今天，可以採取兩種方式來奠定政黨政治的基礎：第一是可以由執政黨來扶持反對黨，第二是在執政黨內部來扶持反對派。但這些工作，都要在今後三年半的時間內顯出成就。尤其重要的是，黨內的民主風氣，更要能够積極培養起來，領袖人物之產生，不憑執政當局個人之信賴，要從羣衆中爬出來。今後數十百年的治亂興廢，殆將以此爲決定的關鍵。民主政治難免要發生爭奪，我們總要使此種最高權力的爭奪成爲一場有規則的球賽，而不要成爲一場無秩序的混戰。而今天正是設定規則的時候了。

第二是確立責任內閣制的問題。照憲法規定，我國的中央政制，以行政院爲中心。憲法對總統的職權，取列擧方式，而對行政院長的職權，則僅說明其與立法院的關係，並無明文限制。根據這一點，一般學者都認為我國憲法，在精神上為一種責任內閣制，行政院長實為全國施政的最高首長。制度之確立，必從中央機構開始，此猶如一座建築之正樑，不容有所偏斜。祇是，我國行憲垂十年，責任內閣，事實上還是徒有其名。其所以致此，一方面可能是由於一黨執政，為時過久，民主政治各方面的制衡作用，無從發揮；另一方面也可能是由於歷屆的行政首長，類都為蔣公一手提拔的後輩，就難免要多受一點蔣公個人的影響，以致對施政的得失成敗，都未能負起積極的責任來，國家成了一個由蔣公獨柱擎天的局面。這種情形，也是不能行諸永久的。

任何制度之實施都需要經過一個「練習」的階段，而民主政治的組織與機體，尤較其它政制為複雜而微妙。我們極願有關百年大計的一切制度，都能在蔣公親自的督促之下，打定基礎，為百世子孫示範。為此，我們更覺今後三年半的時間，再不能輕易錯失。

第三是，實行軍隊國家化的問題。在今日的世界，這問題幾乎可以說是為我國所獨有，但是，國家化的要求提出多年，似至今仍鮮實效，原因何在，實在值得我們深自反省。我們發現，自民國成立以後，幾乎從來就是把長官個人視為軍隊效忠的對象；士卒知有長官而不知有國家，這已成了不容易打破的傳統。北伐以前的軍閥混戰，就是此種觀念的直接結果。統一以後，有一個時候，以黨治軍，共黨匪徒，亦正以此而與兵作亂。一直到抗戰期間，對外雖能做到一致抗日，而內部依然派系紛歧，到勝利以後，更在剿匪戰役中，顯出了分崩離析的弱點。最近年來，乃是憑藉蔣公個人的感召，漸漸做到軍隊之一元化，情形較諸過去，誠有若干的進步。但是我們仍不免憂慮，除了蔣公以外，是否還有人能夠僅憑個人的威望來統率三軍？即令能得其人，這種辦法又是否能與我們所希望建立的民主政治相符合？

在民主政體之下，不僅軍隊的長官可以隨時更動，即連國家的執政者也可以隨時更動。軍隊祇知效忠於國家，受人民所選擇的政府之節制，不受個人的影響，亦不受黨派的影響。這在先進國家，早已是一個不成問題的問題，但對我們似乎尚相當遙遠。不僅如此，我們甚至尚未開始向軍隊灌輸這樣的一種觀念。現在，蔣公可以代表國家，但國家究竟不是常能找出一個個人來代表。我們決不能因今天尚無嚴重問題而不想到將來。這也必需在今後三年半的時間內作一個澈底部署與準備。最少，像標語所示「主義、領袖、國家、責任、榮譽」這種觀念，我們應該即刻矯正。

以上三事，都是關係制度，也可說是法治的起點，早為國人所一再強調。本來，人治與法治的問題，在學理上就可以有許多的爭執。也有人說，徒法不能以自行，雖說是比較置重點於人治，但在今日的世界，究竟沒有人能主張可以完全不要法治。明末黃梨洲先生的「明夷待訪錄」中有言：『使先王之法而在，莫不有法外之意存乎其間。其人是也，則可以無不行之意；其人非也，亦不至深刻羅網，文害天下。故曰：有治法，而後有治人。』這是說，人的問題非不重要，但必須納人才於法的規範以內，才是長治久安之計。我們想到後之來者，未必能賢於蔣公，更不能期望他能有蔣公那樣的功業與威望，今天為蔣公慶祝七十高齡的誕辰，豈能不一則以喜，一則以懼。

蔣公對自己的壽辰，雖不願國人為之多事舖張，曾以「壽人不如壽國」之至意向我們大家昭示，並希望與論機關對國事儘量提供意見，以供採擇。本刊為響應總統的號召，特邀約一些作者，分別撰文，出了這一期的專號。本刊同人，站在與論的崗位，更不敢有所隱諱，特就我們所感覺最關緊要的幾點，坦陳如右，以代我們的頌祝。

試談文化的建設和反共的理論以壽蔣總統

毛子水

「自由中國」為響應蔣總統於十月十五日所提示的六點，發行專號，要我寫一篇文章以作送給總統的壽禮。我謹就平日所觀察到的事情寫了一些意見。這份壽禮，雖然算是我送給總統的，但我亦希望全國上下在這個大慶的日子共同來幫我呈獻。

（一）關於文化建設的　文化一詞，所包括的很廣。從學術教育文藝以至風俗習尚，都可包括在文化以內。現代的學者們對於文化的見解還沒有能够一致，所以文化的範圍亦不能十分確定。但我們把學術、文藝和教育看作文化的事物，是很妥當的。我們的學術、文藝和教育應該走那一條路？我們應該怎樣去辦？這都是大問題。詳細說起來，每一個小題目都可寫一篇萬言書。在本文裏，我只能簡單的把重要的意思說出。

一、學術　學術為國家富強所繫，重要自不待言；辦學術須有充足的經費，亦是人人所知道的。但最重要的事情，還在得有內行而能幹的辦理學術的人。現在自由中國內的高等學術機關，就國立的而言，如國立政治大學，國立臺灣大學，國立中央研究院（目前以歷史語言研究所的設備為最充實），國立清華大學研究院，國立中央圖書館，都有極適宜的人為首長。他們非特學識優越，亦皆通達大體（這一點極重要！）。苟政府能够予以獎助，使得儘量施展長才，則我們國家的學術，定可蒸蒸日上。這一件事情的重要，恐怕很少的人能完全了解。

二、教育　近三年來我們國家的教育當局對於推行國家的教育不可說不努力。種種設施，都可以說是應該做的事，至少亦是可以做的事。間有未盡滿人意的，差不多都是由於缺乏人才和經費的緣故。照我的意思，在這個人才和經費兩樣都不够的時候，只應當斟酌情形辨清緩急以定先後的次序，決不可想到就做。因爲這樣一來，便可能有苦窳的弊病了。(關於這一點，我在中華日報上寫的較詳，所以這裏從簡。)

三、文藝　文藝對於國家和社會的重要，僅次於學術。我們教育部近兩年來，設置中華文藝獎金，成立國立歷史文物美術館，建造國立臺灣藝術館，都是促進我國文藝發展的事情。這些事情，用意都很好，但亦是因爲人才和經費的缺乏，所以一切進行，還沒有能够達到理想的地步。這當然不能怪辦理這些事情的人，亦不能怪我們的教育當局，不過我們還是應該恪守循序漸進的規律！

文化的事情，和其他一切有價值的事情一樣；做是應該趕緊去做的，却不能過於急忙。文化的建設，跟物質的建設有點不同。有許多物質的建設是可以速成的；文化的建設則大部份都沒有速成的方法。文化的建設，譬如耕種；沒有合法的培養，沒有足够的時日，決不能有預期的果實。「善人教民七年，亦可以即戎矣。」「善人爲邦百年，亦可以勝殘去殺矣。」這兩句話裏的「可以」，下得十分有意思。七年百年，古今自不能相同；但無論如何，好的事情，都是不能用「助長」的方法做成的。教育尤其是這樣！

在非常時期，自可施行非常時期的教育。但非常時期的教育，在方法上，比正常的教育尤爲困難。一有鹵莽的舉動，流弊所及，十年乃至百年或尙不能除淨。起因雖爲愛國，結果實爲害國。關於這點，我亦在別處談及，所以這裏不詳說了。

至於現在國內從事教育的人薪資的微薄，確爲教育進步的一大阻礙。這件事，在從事教育的人，固然應體諒國家財政的困難；在政府方面，似不可不時時想起敎員的境況而遠謀調整他們的待遇。

（二）關於反共理論的　最有效的反共的行動，莫如切切實實的推行民主；最有效的反共的理論，亦莫如闡明民主眞正的意義。

我對於民主政治的觀念，就是：有一部爲全國人民所信受的憲法而政府和人民都能够嚴格的奉行這部憲法。我們中華民國的憲法，雖然有幾點沒有切合實際的情形，但大體還不錯。「有勝於無；」我們全國上下如能以大公至正的態度來奉行，已可以安定國家了。所以我們目前最要緊的事情，乃是：人民守法；政府守法。「上行下效，」政府守法比人民守法尤爲重要！這好像是一句古董話，但仔細想起來，實可以驚心動魄的。

所謂「民主的風度」，亦可以說就是「守法」。大概講起來，無論那一個人，都不是自小便喜歡守法的。「人之性惡，其善者『爲』也。」一個人要有守法的習慣，起初當痛自貶抑；到了「若固有之」的地步，便可覺得「樂在其中」。——非特「樂在其中」，並且可以「無敵於天下」。民主先進的國家，若英若美，執政的人，因爲自小便受社會良好習慣的薰陶，即使是一個奸雄，亦莫不兢兢守法。所以這些國家政治的局面能够相當的安定。

這個意思的民主，在平時固然好，在戰時亦好。所以現在雖然在反攻復國的預備時期，我們儘可放心的實行民主。我們已可以實行民主，我們自可以大膽的闡揚民主的理論。人人明瞭民主政治的好處，人人知道民主和共產主義是不相容的，則對於共產主義自然有一種厭惡的心思。眞正的民主，是自由的保障。不是一個喪心病狂的人，沒有不喜愛一個公民所應享有的自由的。政府能保衞人民這種自由，人民便會自然而然的擁護政府。

在戰爭的時間，政府自應有便宜行事的地方。但便宜行事，並不需要違背法律。至於軍隊應當恪守紀律，士兵應當受嚴格的訓練，乃是文明國家的通例。但所謂紀律，所謂訓練，都應當一本於國家的法律。國家明白規定合理的軍中法律，並且能够大公至正的遵守着，則無論怎樣嚴格的訓練，士兵都所樂受。所以更多的民主，可以引致更堅固的軍心，而得到更大的勝利。

許多人的懼怕自由和民主，由於不懂自由和民主。這樣的人，往往是不懂法律，亦是不願意守法的。我的意思：自由、民主和守法，差不多可以說是三位一體的。在一個民主的國家裏，只有自己不願意守法的人，才怕人講民主、談自由。如果自己能够守法而怕人講民主、談自由，那眞是無事自擾。孔子曰，「名不正則言不順；言不順則事不成；事不成則禮樂不興；禮樂不興則刑罰不中；刑罰不中則民無所措手足。」正名對於國家有這樣的關係！共匪在大陸的僥倖，當時我們政府中人怕人講民主談自由亦是一個小原因。

今天是總統蔣先生的七十壽辰。以總統對於國家的豐功偉烈，尋常的壽禮都不足道。我願我們全國上下，從今天起，都能以守法自勵，以發揚民主的精神，以爲總統壽。

政治建設的根本問題

王師曾

蔣總統婉謝祝壽，以六事諮詢於國人，切盼海內外同胞，直率抒陳所見，俾政府洞察輿情，集納衆議，虛心研討，分別緩急，採擇實施。總統所提示的六點，除第六點希望對他個人平日言行與生活以及個性作具體的指點與規正，係充分流露他的謙冲與至誠，使國人深爲感動而外。其餘五點，概括言之，都是屬於政治建設範圍以內的問題。有關這五點的各種要政，急務，應有措施，具體辦法，實施計劃與行動準則等項，總離不開政治建設的本源，而且是以政治建設的本源爲決定一切的前提的。因此，筆者爲響應總統之號召，請就政治建設的根本問題提供芻蕘之見。此所謂政治建設的根本問題，就是「民治」與「黨治」問題。

本來中國行憲已經九年，民主憲政的規模已經建立，是不應該還有民治與黨治問題發生的。然而自由中國的政治，在形式上雖是不拆不扣的民主憲政，但在實質上則日益回轉到國民黨訓政時期黨治的途徑上去。由此政治實質所顯示出來的國民黨的政治趨向，關係國家前途甚鉅，大家不能不澈底加以研討。

國民黨專政的黨治觀念，導源於中山先生的訓政主張。中山先生關於政治建設的主張原有兩種，其一是民國元二年間所宣揚的政黨政治，其一即具體規定於所著建國大綱經訓政以達憲政。中山先生關於政黨政治的見解和主張，曾經崔書琴先生加以整理，以「國父關於政黨政治的遺教」爲題，刊載於四十三年中國新聞出版公司的三民主義半月刊第二十九期，而以前言介述道：「國父孫中山先生，在民國元二年間，曾就政黨政治發表了多次的演講。凡是與政黨有關的各種問題，差不多他都曾加以討論。他所講的政黨政治，正是西方民主國家實行多年的政黨政治。他所提出的說明，大體上與實際的情形以及一般政治學者所講的政黨政治是相合的。」中山先生此兩種關於政治建設的主張，同是要達成民主憲政之治，不過層次上略有出入而已。就中山先生一生實際的政治行動看，他雖有經訓政以達憲政的主張，但並不堅持非經過國民黨一黨訓政纔實行政黨政治不可。在民國成立之初，中山先生懇切盼望能夠實行政黨政治，情見乎屢次對自黨對他黨的講演詞，假如沒有袁世凱之毀法叛國，中國此時就能奠定政黨政治的基礎。其後中山先生開府廣州，以護法號召天下，假如護法成功，就必依據中華民國臨時約法而制憲行憲，步入政黨政治的正軌。一直到民國十三年冬季，北洋軍閥曹錕政權崩潰，其時中山先生已改組國民黨並建立黨軍，仍斷然北上，主張召開國民會議解決國是，國民會議之構成份子，明白列有各政黨代表在內，足徵當時中山先生如能及身而實現召開國民會議的主張，中國將是各黨並存而非一黨獨佔的政治局面。由此中山先生有關政治建設的兩種主張和實際的政治行動，可知國民黨在訓政時期那一套違背民主的專政觀念和作風，如所稱「黨權高於一切」，「黨外無黨」等等，是不合於中山先生之意旨的。

國民黨在訓政時期所以形成那一套違背民主的觀念和作風的原因不外三種：一是過去受進步黨政學會等政團打擊的餘恨未消，遂因噎廢食而厭惡政黨政治；一是炫惑於德意法西斯及蘇俄布爾雪維專政的績效，遂存心借鑑而採行一黨專政；一是以革命得來的政權應爲一黨所有，要藉專政的辦法來長遠保持政權。國民黨黨治的觀念和作風形成之後，不易急遽而澈底的改變。譬如說；以總統在國民黨的地位，於十九年中原戰爭結束之際發表江電，主張制定約法，有考慮早行結束訓政的意思，首先就遭遇胡漢民的反對；三十五年制憲國民大會之制定現行的這部憲法，係經總統暨孫哲生先生等費大力說服國民黨內堅持五五憲草的死硬派才底於成功的。

自制憲行憲之後，國民黨黨治的觀念和作風，本可逐漸的改變，且已逐漸在改變。不幸行憲伊始就值俄帝共匪禍亂的擴大，大陸旋即全部淪陷，國民黨檢討大陸失敗的原因，竟以爲係因於實行民主，黨失控制，遂轉而謀在政治的實質上恢復從前訓政時期的作法。是乃今日自由中國還發生民治與黨治問題的癥結所在。究竟大陸的失敗是由於實行民主抑由於實行民主嫌遲的問題，各人有見仁見智之不同，筆者不必在此評論。在目前的情況裏，民主政治不能依照憲法充分實施的困難，我們頗能諒解。但爲國家計，爲國民黨計，我們不能不以一言掬誠奉告國民黨者，就是：國民黨不可在民主途徑上徘徊，更不可從民主途徑中退却。以下試略抒所見。

今日中華民國政府與過去國民政府最大的區別，就是中華民國政府是依據憲法產生的民選政府，要對全國人民負責，國民政府是由國民黨產生的黨治政府，只對國民黨一黨負責。國民黨今日在國家所處的地位與過去排滿倒袁北伐時期不同，過去是站在革命黨的立場推翻政府奪取政權，今日是站在執政黨的立場討伐叛逆排除侵略。因此，國民黨不可超執政黨的立場或失執政黨的立場，而以從前革命時期的身份自居，或以革命時期的姿態臨人。據聞唐君毅先生前次來臺時，曾經向當道進言，謂海外人士反共之目標一致而立場有五種不同，國民黨須要表現其係站在國家的立場而非站在一黨的立場反共，然後才足以籠罩各方，團結一切反共力量。唐先生的看法我們具有同感。目前海內外反共力量能否團結，反共聯合陣線能否建立的關鍵，在國民黨是否嚴守憲法政府的執政黨崗位，在政治的實質和趨向上，堅定而明朗地表現是民治，進而與各方謀情緒的融洽。

反共在基本上是民主自由對極權暴政的思想鬬爭。反共的終極目的是民主自由，反共最有力的武器亦是民主自由。自由中國要達成反共抗俄的勝利，應善造並善用民主自由這一個最有力的武器。蓋就國內言，要求民主自由，是六十年左右以來中國的各種政治改革運動之目標，已成全國人民的共願。共願所趨，雖共產黨亦不敢公然遏抑，共產黨至今還在曲解民主僞裝民主以欺騙人民。但共產黨徹頭徹尾反民主反自由的本體，決不是它的僞裝所能掩蔽，身受共產極權暴政蹂躪的大陸人民，愈爲迫切要求民主自由。故自由中國反共的政治號召，必需強調民主自由以適合人民願望。就國際言，世界性的反共鬬爭，已成爲民主主義者對共產主義者超國家的鬬爭。自由世界領導國家美國的反共理想，是造成未來的世界爲一個民主自由的世界，美國無論是共和黨或民主黨執政，其所衷心願意幫助的，總是民主的進步的國家。至於國際性的民間反共運動和組織之擴大，如亞洲人民反共聯盟之類，是以民主自由的共同理想爲基礎的。自由中國需要有民主政治的實績，才能獲得國際廣大的同情與聲援。

以上所述，意在指陳：國民黨應守民主政治的政黨地位，善盡執政黨的職責，循着民主的大道邁進。既不可在民主途徑上徘徊，以損復國建國大業之推進，更不可從民主途徑中退却，有負各方的殷期與國民付託之重。國民黨爲首先倡導民主之黨，時至今日，於理於勢，皆不會從民主途徑中退却。然而就國民黨把政治的實質回復到訓政時期的黨治各種跡象看，則不能不令人以爲國民黨在民主途徑上徘徊，缺乏一直前進的決心和勇氣。至於那些事實係黨治的表現，留心政情的人士皆能道及，本文不必具體指出。我們所甚爲注意的，是政治的本源問題，希望國民黨在民治與黨治之間正本清源，確定民治的方針，摒除黨治的觀念。只要國民黨能夠如此，則各種不合民治的措施，自必切實改善，其確有不得已而採取跡近黨治的措施，亦易使人諒解。以下請提出兩點與政治本源有關的較爲具體的意見。

（一）中華民國憲法是中國的國本，亦是自由中國收同大陸以後重建國家的圖案。現在政府和國民黨關於憲法之闡揚不够積極，如在某些學校或訓練機構之內，講國父遺敎總統訓詞而不講憲法，有些人士鑒此情形，以爲是國民黨並不重視憲法的表現。並且從而就國民黨方面有關重建大陸的資料加以揣測，以爲國民黨對於重建大陸的腹案，是經軍政訓政然後憲政，即是要依照中山先生所著建國大綱重新做起。這種揣測可能是錯誤的，國民黨決不會有此開倒車的腹案。爲澄清這種錯誤的揣測，尤其爲普遍闡揚憲法的規定及精神，暨昭示大陸同胞以建國的輪廓起見，政府或國民黨似可作下列幾點措施：1.各級學校的公民敎材，儘量編入憲法的要點及精義。2.在講國父遺敎總統訓詞之某些學校或訓練機構內加授憲法。3.向大陸同胞宣揚憲法，附帶駁斥共匪政權的僞憲，並告以一俟大陸收復，即依照憲法舉行普選改組政府。4.由立法院早日制定省縣自治通則，用以昭告大陸同胞，匪僞政權瓦解以後，各省縣市即依照通則實行自治。這四點如能實施，對於憲法之促進和對大陸同胞之號召不無裨益，亦足以顯示國民黨維護憲法的熱忱和決心。

（二）政黨政治必需有兩個以上的政黨平流並進。在目前中國的情形，須要國民黨有容忍他黨活動的雅量，不利用政權壓抑他黨之發展，然後他黨才有和平合法以謀發展的機會與可能。因爲政黨是以知識爲中心，必須讓知識份子的職業與社會地位，不受黨籍的影響，然後知識份子才能享有信仰自由並選擇政黨之自由，知識份子有選擇政黨之自由，然後各黨發展的機會平等。現在知識份子作公務員、敎書以及經營與政府直接或間接有關的工商業等事，無一不受黨籍的限制。那即是非國民黨黨員不行，非加入國民黨不便。青年黨民社黨因此而受的困難和痛苦不必在此引述。像這樣的情形，國民以外的政黨是很難發展的。國民黨如眞有容忍他黨活動的，切實做到黨派平等的雅量，應即作下列兩點措施：1.由政府正式通告各機關，公敎人員之任免升降黜陟，不以黨籍爲抉擇的因素，並指明對有青民兩黨黨籍及無黨籍之人員與國民黨黨員一體看待。2.由國民黨中央通告各級黨部，申述黨派平等及三黨合作之旨，澄清國民黨一部份黨部及黨員的「友黨」是「異黨」，「異黨」即「敵黨」的觀念。這兩點簡而易行，如能見諸事實，是國民黨有誠意促進政黨政治的一種表現。

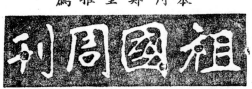

述艾森豪總統的兩個故事給蔣總統祝壽

胡　適

十月十九日，我接到胡健中先生的電報，要我趕成一篇短文，依據蔣總統「婉辭祝壽，提示問題，虛懷納言」的意思，「坦直發表意見」。因爲時限太迫近了，我只能說兩個故事，都是美國朋友近年告訴我的，都是關于美國現任總統艾森豪先生的故事。我很誠懇的把這兩個很有政治哲學意味的故事獻給蔣先生。

中華民國四十五年十月廿一日　在美國加利福尼亞州立大學

故事一

艾森豪將軍就任哥侖比亞大學校長之後，有一天，大學副校長來對他說：「大學裏各部分的首長都想來見校長，談談他們的工作。可否讓我替你安排一個日程，約他們分日來見你，每天可以見兩三位，每人談半個鐘頭，總够了罷？」艾校長贊成這個提議。副校長又說：「哥侖比亞大學的各學院的系主任太多了，你見不了那麼多。我們可以約相關學科的聯合部(Division)主任來談。各學院的院長當然都要約的。」艾校長也贊成了。

過了幾天，這個日程就開始了。艾校長每天接見兩三位院長或聯合學科部主任，他很耐心的聽他們述職，有時也很虛心的問問他們各部門的需要。

他接見了十來位先生之後，打電話把副校長請來。艾校長說：「照你那個日程，一共有多少位先生是我必須接見的？」

副校長用鉛筆在紙上計算了一下，他說，「一共有六十三位。」

艾森豪校長把兩隻手舉向頭上，喊道：「天呵！太多了！太多了！副校長先生，你知道我從前做同盟各國聯軍的統帥，那是人類有歷史以來空前最大的軍隊，在那個時期，我只須接見三位受我直接指示的將領，——我完全信任這三個人。他們手下的將領，我從來不用過問，也從來不須我自己接見。想不到，我做一個大學校長，竟要接見六十三位主要首長！他們談的，我大部分不很懂得，又不能不細心聽他們說下去。我問的話，大概也不是中肯的話，他們對我客氣，也不好意思不答我。我看這是糟塌了他們的寶貴時間，于學校實在沒有多大好處！副校長先生，你定的那張日程，可不可以完全豁免了呢？」

這個故事是前幾年哥侖比亞大學一帶盛行的一個故事。告訴我這個故事的朋友說，這是哥侖比亞「校區」(Campus)裏傳出來的一個含有譏笑艾校長的意味的故事。

故事二

艾森豪將軍在一九五二年被選出做美國大總統，一九五三年就職。去年我在紐約聽見我的朋友蒲立德先生談艾總統的一個故事，我也記在這裏。

有一天，艾總統正在高爾夫球場上打球，白宮裏送來一件公事，是總統的「助理」(約等于「秘書長」)亞丹士先生送來的，說有一個問題急須候總統批示可否。亞丹士先生擬了兩個批稿子，一件是準備總統批示許可的，一件是準備他批示否決的。

艾森豪總統在球場上拆開公函，看了兩件擬稿，他一時不能決斷，就在兩個擬批上都簽了名，另加一句話，說，「請狄克替我挑一個罷。」他封好了，交來人帶回白宮，他仍繼續打他的高爾夫球。(狄克 Dick 是副總統尼克森。)

蒲立德先生說，這是華盛頓傳出來的一個譏笑艾總統的故事。

故事的後記

這兩個故事，據說都含有譏笑的意味。但我聽了只覺得這兩個故事都最可以表示艾森豪先生眞有做一國元首的風度。做人類有史以來最大的軍隊的統帥，而能全權信任三個替他負全責的將領，不必接見第四個人，這是何等風度！一個第一流的軍人做了一個世界有名的大學的校長，而能自己承認沒有專門的知識，願意全權信任負責的首長，不敢輕易「糟塌了他們的寶貴光陰」，這是何等風度！做了世界第一强國的元首，遇着了自己一時不能決斷的問題，能够自己不輕易下決斷，「請狄克替我挑一個罷」，這是何等風度！

中國古代的政治思想家也曾細細想過這個一國元首的風度的問題。我曾指出呂氏春秋對于這個問題曾提出很值得政治家思考的說法。呂覽說，一國的元首要努力做到「三無」，就是要「無智，無能，無爲」：「無智，故能使衆智也。無能，故能使衆能也。無爲，故能使衆爲也。」呂覽說，這叫做「用非其有，如已有之。」這是最明智的政治哲學。

我們的總統蔣先生是終身爲國家勤勞的愛國者。我在二十五年前第一次寫信給他，就勸他不可多管細事，不可躬親庶務。民國二十二年，我在武漢第一次見他時，就留下我的一册「淮南王書」，托人送給他，盼望他能够想想淮南主術訓裏的主要思想，就是說，做一國元首的法子是「重爲善，若重爲暴。」「重」是「不輕易」。要能够自己絕對節制自己，不輕易做一件好事，正如同不輕易做一件壞事一樣，這才是守法守憲的領袖。

二十多年的光陰輕輕的飛去了。蔣先生今年七十歲了，我也六十六了。我在今天要貢獻給蔣先生的話，還只是淮南王書裏說的「積力之所舉，則無不勝(平聲)也。衆智之所爲，則無不成也。」要救今日的國家，必須要努力做到「乘衆勢以爲車，御衆智以爲馬。」

怎樣才能够「乘衆勢以爲車，御衆智以爲馬」呢？我想來想去，還只能奉勸蔣先生要澈底想想「無智，無能，無爲」的六字訣。我們憲法裏的總統制本來是一種沒有行政實權的總統制，蔣先生還有近四年的任期，何不從現在起，試試古代哲人說的「無智，無能，無爲」的六字訣，努力做一個無智而能「御衆智」，無能無爲而能「乘衆勢」的元首呢？

我所了解的蔣總統的一面

徐復觀

一

我同意「自由中國」編者的意見，當總統蔣公要大家講話而大家不誠懇底講幾句，則我們平日所說的千言萬語的用意，好像都是在與當局為難而不是想對他們有所幫助。我現在是響應蔣公所提出的第六點的號召，而對蔣公本身陳述點意見。

到現在為止，國家是整個底失敗了。失敗的原因，有的是來自歷史，有的是來自社會，有的是來自國際，尤其更多的是來自我們知識份子的本身；若說一切責任都應由蔣公個人來負，這和說一切責任都不與蔣公相干一樣的不是事實。我的假定是；蔣公所應負的一部份責任是來自他領導上的錯誤；而形成這種錯誤，同樣有很複雜的原因，甚至蔣公本身也受有許多的委曲，但一部份錯誤的來源不妨說是來自蔣公個人的性格；我在這裏所要說的，正想接觸到這一面。

知人，是一件非常困難的事；尤其是對于蔣公這樣偉大人物的了解。同時一個人的性格，站在私底立場，和站在公底政治底立場，所作的評價應當是兩回事。譬如說，一個人性情孤僻，這在政治上常會引起許多不良後果；但站在個人來講，並不關係到他人格的好壞。因此我對蔣公所作的觀察，不僅把世人說得太多的成功的一面略而不提，並且可能在我所提的一面，也犯了很大底錯誤。但在我誠懇底動機中，及站在一個國民來檢討國家興亡成敗的立場上，對蔣公的偉大人格，決沒包含有絲毫貶損的意義在裏面。

二

蔣公也和其他的偉人一樣，具有一副堅强的意志。但是，他的成功是靠着這種堅强的意志，他的失敗也是因為這種堅强的意志。他幾多次賴有此一堅强意志而渡過難關，但接着便又因此一堅强意志而陷入窘境。我們如何來了解這一事象呢？

意志堅强是力量集中的表現。任何事情都靠力量，尤其是在過渡的混亂的時代。意志是屬于人的主觀的一面，它常要求客觀的東西從屬于自己，使客觀的東西主觀化，以聽主觀的安排，接受主觀的驅遣，此即普通所說的「貫澈意志」。談政治必定要有政策，我們不能想像完全沒有政策的政治。政策是白紙寫黑字的東西，要把白紙寫黑字的東西賦與以血肉靈魂，使其在實現中解決問題，這就要靠執行政策者的意志，亦即是要靠政治家主觀上的努力。但是，意志雖然是個人的主觀，並不是說凡屬主觀的東西便有價值；主觀之有無價值，是要看一個人構成主觀的過程而定。**從政治上說**，一個人主觀意志價值之大小，和他在構成意志的過程中所了解的客觀情況及接受客觀不同意見之多少成一正比例。換言之，意志的主觀是要通過一條客觀的道路來形成，因此，這是以客觀為基底的主觀，是許多客觀的東西，經過吸收消化、凝結而為主觀的形式，這種主觀的意志才有價值。由直感及私人慾望而來的主觀，缺乏廣大的客觀作基底的主觀不能作高的評價。可是，一個人對客觀事物之接觸和了解，常與其環境有密切的關係。政治地位太高、權力太大、而又保持得太久的人，常常妨礙他與客觀事物作平等底接觸(在平等接觸中，始能了解客觀事物)，于是常常僅根據自己的直感慾望來形成自己的意志，常常把由權力自身所發生的直接刺激反應，誤會為自己意志在客觀事物中所得到的效果。這樣一來，意志不復是由不斷向客觀事物吸收消化而來的結晶，而只成為更無開闔伸縮性的殭化物；于是頑固代替了堅强，經常陷入于與客觀事物相對立不下的狀態，而成為解決問題的一大障礙。在這種環境中的假定不是有强的外底制約，和深的內底反省，便很難逃過此一難關。歷史上許多英明之主，為什麼晚年總不如早年，在這裏多少可以得到一點說明；而蔣公自身似乎也不會跳出這種格局。

更重要的是，政治上為了實現主觀的意志，必須形成一種客觀的設施，有如典章法制，及貫穿于典章法制中的各種原理原則。沒有這些東西，則意志將成為散兵游勇，或者只是不可捉摸的詩人的感情，對事實一無用處。但是典章法制，原理原則，雖然是產生自人的主觀意志，可是產生以後，則係離開人的主觀意志，而成為客觀的存在，反轉身來要與人的主觀意志以約束，使人的意志，必須在它所約束的軌道內作合于軌道的前進。即是此時人的意志必甘心從屬于這種客觀的東西，受這種客觀東西的支配。正因為如此，一方面，人的意志才能脫離其轉變不常的混沌狀態，向一個條理分明的方向發展，不至陷于前後自相矛盾。另一方面，原理原則，典章法制，因為它不屬于某一個人的特定主觀範圍，而係一客觀的存在，便可能成為多數人所共同承認的標準；一個人的意志，順著這些共同的標準而表達出去，這即是主觀的客觀化，個性的共同化，使國家的各種意志，能向一共同的方向凝結，不至陷于彼此間的矛盾。還有典章法制，原理原則，當然不是代表不變底絕對性的眞理；但它比之一個人的意志，則有其更大的安定性與持久性；這些東西，通過人的意志的努力而賦有血肉靈魂，而人的意志，則通過這些東西而可建立一條具體底、安定而持久底共同軌道，于是一個國家，不再是某一特殊意志在直接發生支配作用，而是這些為多數人所承認的客觀東西在直接發生支配作用，國家才能建立起精神上的基礎。在安定而持久的精神基礎上，才能建立起物質的基礎。因此，一個處于開創時代的偉大政治家，他的堅强意志，必表現于建立這些客觀的典章法制和有關的原理原則之上，並率先信守而貫澈之，他的努力才有結果。蔣公一生也會不斷底作了這樣的努力。就國民黨內部說，他非常重視組織，也不一次的通過政黨政綱，要大家共同遵守；就一般說，他也提倡科學管理，分層負責，權責分明等等，尤其是作爲我們國家根本的憲法，當時假定不是他盡量運用個人的影響力量，可能歸于流產。這都是他偉大的地方。但是，凡是客觀性的東西建立起來以後，人反而好像是從屬于這些客觀性的東西，致使不能自由發揮自己的意志，而失掉了對客觀的主宰性。在這種時候，必須有一更高的意志，以消解自己的意志爲意志，即是中國過去所說的「無爲而無不爲」的意志，來消納此一矛盾，但是蔣公似乎沒有昇進到這一步，于是他似乎常陷于主觀與客觀相對立之中，形成他精神和行爲上的困惑。加以政治上客觀性的東西建立起來以後，有些地方常常會和個人的脾氣不合，這便有賴于自己的克制工夫，有的地方並不能有利無弊，這便有賴于高瞻遠矚的衡斷，有的時候在實行上會發生許多困難，這便有賴于堅强貫澈的努力。蔣公似乎因爲做不到第一點，便也做不到第二點和第三點(他的才力是可以做到的)，于是他對于國家的政治問題，似乎有點像精力過份充沛的工程師，一個工程圖案剛剛開始打樁劃線，工程師又變了主意，重新再來；或者在一件工程的進行中，因工程師隨時擧棋不定的修改而不能不限于停頓。加以有機會和蔣公親近的幹部，常要利用此一弱點，便以各種方法助長此一弱點。因爲只有在此一弱點之下，可以不顧客觀的拘束性而得到政治上的暴利；于是使社會感到不是國家的典章法制在治理我們，我們不是在典章法制上得到政治生活的規範，而只是根源于蔣公及蔣公所信賴的的少數人的主觀意志，國家的典章法制，似乎是在可有可無之中，這便使蔣公一世辛勤，但站在國家客觀基礎上說，幾乎是所成有限。蔣公的機會和才能，本可以當中國的華盛頓或林肯，但他到現在爲止，還不能說是成功的華盛頓或林肯，這是什麼原故？因爲華盛頓和林肯，心裏不滿意國會，但非常忠實于國會；心裏不滿意憲法，但非常忠實于憲法；心裏非常討厭那些異己的人，尤其是華盛頓，但對于異己的人在公務的接觸上，是非常誠懇而親切有禮（背後還是罵的），遇到兩方有爭執的時候，總是刻制自己的感情，拋棄自己的成見，站在超然的立場，作誠懇底(不是僞裝底)折衷調處。他們的部下，不斷以軍事爲理由，要求他兩人實行軍事專制，總是嚴加拒絕（以上參閱正中書局出版之「美國國家基本問題對話」第四第五兩章）。蔣公有許多地方與他兩人相同，只在這種地方和他們多少有點不同。不甘心于客觀化的堅强意志，不甘心受客觀制約的堅强意志，是古今中外悲劇英雄所走的道路，而我們的蔣公，似乎也是走的這一條道路；因爲主觀的意志有時好像能壓服客觀的要求，但這只是暫時的，表面的；客觀的要求，最後必然會否定沒有廣大底客觀作其底的主觀意志。今日國家的根基便是一部憲法；我懇切希望蔣公自今以後把畢生剋服各種困難的毅力，一貫澈于憲法之中，把學校中教授三民主義的時間，分一半出來教授憲法。根據憲法來重新訓誡自己的幹部，重新安排政治的設施，使每一人都在這一常軌上運行，相扶相安而不相悖；使國家在風雨飄搖之中，奠定精神和法理的基礎，這將是蔣公的旋乾轉坤的一大轉機，也是我們國家旋乾轉坤的一個起點。

三

政治上客觀的活底反映便是輿論，便是由背景不同而來的各種不同的意見。政治的任務，便是要聽取這些背景不同、觀感各異的不同意見，加以折衷調和，使其歸于大體的一致。這中間有的是關係于政治的本質，有的是關係于政治的藝術。應邵的風俗通義，記有這樣一段故事，大意是說漢文帝的治績，並不如傳說的那樣好；他之所以得到過分的恭維，主要是因爲他對于向他陳述意見的人，不論意見的好壞，他總是笑臉相迎，使人滿意以去。這即是所謂政治的藝術。受言納諫，是中國專制政治中的一貫要求，是現代民主政治中的起碼條件，此一與政治本質上的關聯，我相信蔣公會知道得很清楚；但蔣公因爲他主觀與客觀不斷互相剋制的性格，因而對于這種藝術修養的拙劣，這是大家有目共睹的。尤其是到了臺灣以後，蔣公的聞見，更是經常在濾過器的保障之下，決沒有一點不純的空氣成分滲了進去，這使蔣公比在大陸時更容易感到精神上的寧靜。這裏，也有蔣公自己本身所受的委曲，例如說話者常懷有私人企圖，或不明瞭實際情況等等。但是由此所發生的影響却是很明顯的。第一、蔣公所願聽的話，和各種實際情況，中間不斷發生距離；蔣公左右最偉大的幕僚，只能以很辛苦的方法， 在此種距離中作點彌縫工作，有如陳布雷和王雪艇兩位先生之所爲，但誰也不能作澈底而有系統的貢獻。至于一般聰明才智之士，則只能竭盡其聰明才智，作「臺詞」的準備，以便必要時在蔣公面前背誦舞臺上的臺詞，而臺詞的最大要點，便在防止不致因激刺感情而碰上釘子。所以這種臺詞，只對蔣公的感情負責，而不敢對客觀問題負責，並常常增加與客觀問題的距離。于是有機會得到親近蔣公的人，既不敢伸張自己的個性，也不敢面對客觀的問題，只是經過若干歲月後把自己磨練得像圓光光的彈子，出去負國家各種重要責任；內有奧援，外無顧忌，花頭百出，實績毫無，便是此一新官僚系統及新官僚風氣的特色。第二、因蔣公對于受言納諫的藝術的拙劣，遂使一般作官人發生一種變態心理，認爲凡是有批評性的輿論，都是存心不良，對政府搗亂；于是有權力的輒出之以橫蠻，無權力的即應之以頑鈍，使社會與政府無法可以通氣， 把社會逼得與政府愈隔愈遠。其中也有特別聰明而會做八股的人，經常用「總裁說」來作自己行爲的根據；因爲引一句總裁的話，比在客觀問題中找根據要來得單純有力；既可以表示自己的忠誠，鞏固自己的地位；萬一遇到反對的意見，便可運用一條極簡單的邏輯，我所作的是總裁說的，你要反對便是反對總裁；反對總裁便是背叛黨國——將任何不同的意見嚇退。作得好，自己可以報功；作得不好，有總裁代我負責。我可以總結的說一句，一切政治的弊端，社會的離心離德，主要是來自不能培養輿論，接受輿論；這是自國民政府成立以來最大的致命傷。現在蔣公已經有一澈底的轉變，政府的官吏，也好像在迎接此轉變，這眞正是政治的一大生機，過去的不幸可以由此結束，將來的光明都由此而開啓；我希望政治中的要人們，千萬不要把這一生機攔了回去。

蔣公主客不能統一的性格，表現在用人方面，則對于情意上的要求，在不知不覺之間，常重于在專實上的察考。一個幹部，若作了一件合乎蔣公情意的事，則不論因此而受到多大損失，蔣公內心還是歡喜。本來在現在一般政治人物中只有蔣公求才之心最切，而且也是最有氣魄提拔人才的。但「好而知其惡，惡而知其義」，蔣公似乎沒有完全作到。于是在培養人才之中，不免有時糟蹋人才，甚至釀成不幸的後果。我曾留心觀察蔣公所特別提拔的人才，他們實在都有長處。但蔣公常常對他們的責任加得太重，以致壓垮了他們的負荷能力；又喜歡運用非常的手段以加强他們的權力，以致破壞了他們精神上的均衡；並無形中鼓勵他們蠛視國家法軌的觀念。于是常常因爲一人的「喑嗚叱咤」，而使政府內的「千人皆廢」。加以在此一背景之下，此種人物爲了急于作英雄的表現，便常常以「放烟火」式的工作，代替了經常性的工作。但政治的力量，一定是要從經常性的工作中蓄積起來的。更有一種最壞的風氣，即是每一個有特殊權力的人，都想培養一批「自己的學生」作幹部，覺得只有自己的學生才可靠，只有通過自己的學生去控制旁人才有辦法。于是國家費了這麼多的錢所培養出來的各種大專學生，在這些特殊學生之前，都不配與政治發生直接關係；他們所學的學問知識，對政治一無用處，有用處的只有通過這些特殊學生去建立特殊的政治關係。斲喪國家的元氣，離散社會的向心，侮辱青年的人格，莫此爲甚。其實，站在私人的立場來講，這些人，多半是我很尊敬的人。但現實的政治情勢是，一二人的成敗，即係一個政權的興亡。我不僅沒有力量，也決沒有動機想去打倒什麼人，一介書生，只有成就他人的志願，決沒有因仇視而想打倒什麼人的志願。我之所以說這些話，只是要求在蔣公偉大號召之下，大家有一個切實的反省。

以我這樣渺小的人，提起筆來敍述一個偉大的人格，並想因此而希望對此一偉大的人格有所獻替，內心的惶恐是無法掩飾的。同時，古今的聖賢豪傑，誰也不能具備一種萬能萬善的性格，我如何敢以此來苛責我平生所最推戴的人？但我的千言萬語，只歸結到一句，即是希望蔣公把個人主觀底意志，解消于政治的客觀法式之中，使國家政治的運行，一循此客觀法式前進，既可減輕蔣公個人宵旰的憂勤，亦可培養國家千百年的基礎，這才是一條簡易可行之路。並且就個人來說，使自己主觀的意志服從客觀的法則，正是孔子所說的「克己復禮」。與蔣公所提倡的中國文化精神是十分吻合的。

民主、法治與制度

徐道鄰

民主、法治、制度，這三個名詞，在二次世界大戰後，差不多在世界上每個角落都成了「時尚」fashion。任何一個政府，不管它實行的是屬於某一種形態的政治，任何言論家，不管他提倡的是屬於某一種思想的理論，沒有一個不是在天天講民主，講法治，講制度。但是這三個名詞，它們所代表的究竟是甚麽？這三者之間的相互關係究竟是怎樣？倒不是一件十分簡單，一目了然的事情，而使我們研究社會和政治科學的人，認爲有加以闡明的必要。

一、所謂民主政治，就它在歷史上發展的情形而論，是以保障人民的自由和權利爲目的，而以使人民選舉代表參預政權爲方法。但是方法和目的，畢竟是兩回事。所以要推行民主政治，必須要實行人民選擧，但是祇有了人民選擧，還不能就算是達到了民主政治。因爲必須有待於人民的自由和權利，**確實得到了尊重和保障，這個政治才算是眞正的民主。**

二、民主必講法治，但法治不一定就是民主。民主是有其確切的內容的：**自由和人權是也。**法治則不然，它祇是一種形式，一種工具：因爲同是法治，它所根據的，可能是極不同的法律；它所追求的，可能是極不同，甚至於極端相反的目的。因爲所謂法治者無他，祇是切實遵守「法律」而已。而「法律」者，也祇是一套具有某一種形式的章則，它可能是保障自由和人權的，可能不是保障自由和人權的，甚至於可能是摧殘和壓迫自由和人權的。商鞅和李斯統治之下的秦朝，希特勒統治之下的德國，就是後一種法治國家的代表。而希特勒執政以前的德國，何嘗不是一個高度法治的國家？但是威瑪政府執行的法律，是尊重自由和人權的法律，希特勒政權執行的法律，是壓迫自由和人權的法律。同一個國家，同一的法治，不但他們民衆所遭受者大不相同，而爲其國家民族所引致來的後果，更大不相同如此。所以講民主政治，一定要講法治。但是祇空洞的講法治還不够，一定要一個「民主」的法治才行。

三、至於法治和制度的關係，這一點更爲微妙。因爲要講法治，必須尊重制度，而尊重制度並不一定就是法治。而且，制度這一個名詞，其涵義頗爲含混。**我們有在習慣上沿襲下來的制度，有隨時建立起來的制度。這些差別，我**

們必須一一加以分辨。

一般說來，必須具有一段悠長歷史的，才能成爲制度。就是說，必須是從習慣上因襲而來的，才是眞正的制度。用行動論（現代社會科學裏一個新興的領域）的術語來講，制度者就是『一個社會中各份子所「內化」internalized了的各種社會規律』。就是說，這個社會裏的人，在人與人的行爲之間，根據他們自然的觀點，都一致認爲應當如此，而不應當不如此；其如此者，應當得到社會的認可，其不如此者，應當得到社會的制裁，那麼，這些就是在這個社會裏通行的「制度」。

制度是一個社會之能運行的先決條件，如同社會是人類之能生存的先決條件一樣。人類因其生理和其生存環境條件的限制，沒有有意識的分工合作，是無法在地球上生存的。而制度就是人類一切分工合作的基本規範。所以，制度就是人類文化的出發點。沒有制度，就沒有人類文化，有了制度，才有文化，而且，制度愈發達，文化才愈有成就，人類生活條件，才愈爲提高。

因此之故，任何社會，多多少少，都有某一程度尊重制度的現象。但是這些制度，不一定就是法治；神治，巫師治，尊長治，族長治，這些和法治極端相反的治術，無一不是一種「制度」，而且有時候是歷史非常悠久的制度，而一直被尊重和奉行着的。所以我們上面說，尊重制度，不一定就是法治，就是這個道理。

但是要講法治，却必須第一先尊重制度。因爲法治的目的，是要以法律的規範，代替風俗習慣的規範，作爲一切社會行動最基本的、最具有强制性的準則。法治的一個過程，就是要使一種「人爲」的，由某一種國家機構「制定」的成文章則，在其影響人民行動的效力上，代替和超過了由於習俗上「因襲」而來的由人民「內化」了的不成文的章則。所以法治的第一要點，是要法律制度之被尊重。而法律制度之要被尊重，其第一要點，則在政府權力機關之率先尊重它。政府權力機關，如若對其本身所制定之法律制度，率先不尊重，而希望民衆能對之尊重，等於賣薑的人，高聲說它不辣，而想有人來買，其不可能一也。普魯士的腓烈大帝，想推行法治，故意說他莫愁宮外老農的風磨太吵他，命令老農不許使用，老農認爲他自己的磨，在法律上，要怎樣用就怎樣用，偏不聽他。腓烈要收買，他偏不賣。告到法院，腓烈竟大遭敗訴。到今天二百年後，這座「歷史風磨」，依然巍立在莫愁宮前，爲萬人景仰之資。這就是老腓烈表示他怎樣尊重法律制度用以推行法治的一個戲劇性的表演。

實在說來，提倡法治和尊重制度之爲不可分，也可以說是老生常談。商鞅在要施行他的「變法之令」之前，先在國都南門立一根三丈的木頭，懸賞有人能搬到北門的，給他十兩銀子。民衆認爲是開玩笑，沒有人肯搬。商鞅把賞金提高到五十兩。有一個人搬着試試，馬上得到五十兩銀子。因之下令之後，馬上令行於民。這又是一幕尊重法律制度的戲劇表演。

但是，這兩個例子，也告訴我們，如若想推行法治而不尊重制度，甚至於破壞制度，其對於法治的反影響，又將是如何的可惜。如若腓烈控告老農，而法院違法把老農的風磨拆除，秦國的老百姓搬木頭，而商鞅竟否認他五十兩賞金的諾言，那麼普魯士和秦國的法治和富强，恐怕很難成爲事實了。

我們近年來力倡法治，但在尊重制度上，似乎未曾加以足够的注意。我們在設法推行種種新的制度之先，未曾對於制度推行後可能遭遇的困難，予以充分的考慮和準備好適當的對策。因之往往在建立一種新制度時，高度的强調其重要性，而在偶爾遭遇到實施時的困難時，馬上爲了顧全事實而犧牲了制度。我們最近幾年才施行的首長任期制度，似乎就是面前一個很好的例子。重要的任期制度都如此，其他次要的制度，還說甚麼？這樣和立木懸賞而故意不予兌現，又何以異？我們在勵行法治推行民主政治的路上，對於「輕予建立制度，輕予破壞制度」這一點，實不可不十分重視之也。

請從今天起有效地保障言論自由

夏道平

中華民國四十五年十月三十一日，是我國元首蔣總統七旬大慶的一天。總統謙沖爲懷，除手諭禁止祝壽以外，接着又號召國內外同胞對於國事乃至對於他個人平日言行與生活以及個性等各種缺點，「直率抒陳所見」，以代替其他任何祝壽的舉動。由於這一號召，我們可以事先想像到，在這一天出版的報紙雜誌，大半會面目一新，有些平時不易刊出的至言讜論，可以無甚顧忌地刊印出來。

這確確實實是件盛事。以壽蔣公，再好不過；爲壽中國，爲壽自由中國，非此不可。

我們知道，在歷史上有些比較開明的君主，遇到國事艱難的時候，常有下詔求直言的故事。這類事在君主時代是可貴的。我們又知道，在今天臺灣，還有些嚮往漢唐盛事的先生們。這些先生們或許會把蔣總統這一號召，看作聖朝盛事而歡欣鼓舞。可是，這一看法是陳腐的。作爲一個現代邦國的國民，對於政治領袖的期許，應該符合現代的政治理念。因此，我們對於蔣總統這一號召，不能看作「求直言」，而應看作言論自由的保證；不應看作一時或一天的盛事，而應看作一個新時代的開始，言論自由有了保證的新時代的開始。

在今天以前，臺灣有沒有言論自由呢？我們想，最公允的說法應該是這樣：就常識講，臺灣並不是絕對沒有言論自由。但就現代民主政治的理論來講，我們不得不說，臺灣沒有言論自由。

先就常識來講，臺灣的言論自由，若隱若現地可以從極少數的報刊看出。其中「自由中國」半月刊是比較顯著的。因爲這極少數的刊物，對於政府的措施或顯要們的言論，常常有批評或剖駁，而且有的批評得很嚴厲，剖駁得很冷峻。但是這類刊物，並未經常受到外來的太大的干擾。這一事實，可以證明臺灣不是絕對沒有言論自由。也可以這樣說，有限的言論自由，臺灣是有的。

在常識中的這種有限的言論自由，有沒有甚麼用處呢？有，當然有。第一個用處就是爲自由中國這一政治性的國號，增加了光輝。自由中國這一國號，是我們用以對付共匪奴役政權的。這一國號的光輝增加一分，即是反共的精神力量增加一分。而且有了一兩種常常批評政府的刊物，主管宣傳的官員也可以昂着頭對人講：「你說自由中國沒有言論自由嗎？試看這個刊物」。請聽，這句話多麼響亮，多麼有力，多麼叫人興奮！第二個用處，是爲民主思想做點啓蒙工作。我們始終認爲，反共鬭爭是一個文化鬭爭，是一個思想鬭爭。反共如果不把握住這一要點，反來反去，很容易給被反者利用而不自覺。過去三十年的反共，沒有從思想上用過很深的工夫；沒有認識到共產黨那套理論上的把戲，只有在純正的民主自由的理論下，才可解析出它的罪惡來。因爲缺乏這一認識，所以我們政府在反共的宣傳上，從沒有强調民主自由的眞實價值；在政治的措施上，更沒有叫人民體會到民主自由之可貴。所以三十年的反共，在大家的心目中，只是國共兩黨政權之爭而已。歷史告訴我們，在僅僅政權之爭中，人民的心理傾向，總是喜新厭舊的。在反共鬭爭中，我政府既沒有讓人民知道自由民主之可貴，也沒有讓人民知道共匪政權是與自由民主不相容的，那末，反共的結果，反而是共匪政權的建立，這並不足爲怪。但是，這一慘痛的敎訓，我們不應該一時或忘。現在我們要讓大家了解自由民主的眞實價值，從而爲自由民主這個理想而反共，不要讓國人再以爲反共只是政權的問題，而漠不關心。這一思想上的工作不能求速效，但我們相信，目前有限的言論自由，對於這方面的啓蒙作用，或多或少是有點益處的。

除這兩點用處以外，言論自由應有的主要功用——對於實際政治的影響，在有限的言論自由下，似乎很少明顯的效用。軍法審判在法制上的幾度改革，輿論是盡了一點力量的；最近，免試升學的敎育方案不全面實施而改由新竹試辦，也是受了輿論的影響；至於因爲羣情鼎沸，輿論譁然，政府痛痛快快承認錯誤，馬上改正而不拖泥帶水的事例，若干年來只有一次，就是四十三年十一月間行政院對於內政部所公佈的「戰時出版品禁止或限制事項」，下令「暫緩實施」。

由此可知，常識中的有限的言論自由，對於實際政治的影響，實在微乎其微。現在由於蔣總統這一次的表示，我們希望從此以後不僅是常識中的有限的言論自由得以放寬，而要做到：以現代民主政治的軌範來衡量，臺灣也是有言論自由的。下面我們再從理論上爲言論自由作一極簡單的申述。

言論自由是諸項基本人權中之一項。人權而冠以「基本」二字，是表示這幾項人權是人之所以爲人的要件。基本人權不是邦國或政府所賦予的，而是先於邦國或政府而存在。人們爲保障這些權利，才出讓點其他權利(例如在美國憲法中財產權就不是絕對的)，以便形成邦國，組織政府，將那些可讓出的權利信託政府去運用，以保障不可出讓的基本人權。這是現代民主政治理論最基本的一課。

言論自由雖不靠政府賜予，但在運用上却要政府根據「除碍」的原則予以有效的保障(「除碍」是「阻碍之阻碍的原則」的簡稱。關於這個「雙重反面」的說法，其精義詳張佛泉敎授「自由與人權」一六八——一七八頁)，有了這種保障，則言論自由的運用，就可無過無不及。每項自由均受其存在的道理之限制(裴瑞敎授 R. B. Perry 的話)，過此就是濫用。濫用是要負濫用的責任的。另一方面，有限的自由，在常識上雖可以說得過去，但在理論上講，自由無所謂有限不有限；有限的自由就是不自由。

爲什麼今日臺灣只有常識中的有限的言論自由，而無理論上可以承認的言論自由呢？儘管我國憲法第十一條明白規定「人民有言論、講學、著作、及出版之自由」；第二十三條又規定「以上各條列舉之自由權利，除爲妨止妨碍他人自由，避免緊急危難，維持社會秩序，或增進公共利益所必要者外，不得以法律限制之。」但是在事實上，大家都知道，有許多不涉及憲法第二十三條所規定的得以法律限制的言論，也只能在私人談話中說說，不敢公開出來。這種苦衷，一般新聞記者是體驗得最深的。有位記者曾經這樣講過，儘管臺灣沒有事先檢查新聞的制度，但是每個記者本身，就是他自己的檢查員，檢查的標準愈嚴愈好。爲什麼呢？他的結論說：「我們沒有『不虞恐懼的自由』」。這番話是富有代表性的。由這番話可以想見言論自由之在臺灣是怎麼一回事。上面說過：從理論上講，有限的自由就是不自由。再聽這位記者所說的話，所以我們不得不說，臺灣是沒有言論自由的。從而，我們在上面所說的那點常識中的有限的言論自由，與其說是言論自由的運用，不如說是爲爭取言論自由而奮鬭。

現在，蔣總統要國人「直率抒陳所見」以代替祝壽，我們希望經由蔣總統這一表示，言論自由之在中國，開始一個新的紀元。從此以後政府將依據除碍的原則，給言論自由以有效的保障；從此以後讓輿論界乃至人民代表們在說話或寫文章的時候得有「不虞恐懼之自由」。如此，我們相信，政治上的許多積弊和官僚惡習，當可滌除不少。請記取，言論自由是政治上的防腐消毒劑。

今天，各報刊討論國事批評時政的文章，足夠琳琅滿目了。以之壽蔣總統，照我個人看，有點像擊鼓催花，以求熱鬧於一時。熱鬧一時也未嘗不可，但最好的辦法，應該是植樹造林，以留紀念於永久。從今日起給言論自由以有效的保障，才是類似植樹造林的辦法。以此壽人，不朽；以此壽國，萬萬歲。

現行經濟機構怎可不再改革？

翁之鏞

一　經濟現狀的簡略分析

自由中國在最近幾年的經濟情況，已爲各方所稱道，自然値得欣慰；但夷考進步的實績，並未能如理想的圓滿，那也是無可否認的事實。因爲正在向前邁進的階段，遭遇了不太容易克服的困難因素。概括說來，至少有二：其一、爲人口增殖率的不斷增漲；其二、爲貨幣貶値率的未能制止。可說一切努力多半被這兩大因素所抵消，即有所剩已屬無幾。當然能有所剩，已經煞費經營，難能可貴，不該苛求責備；至少可稱安定。雖然進步還得靠未來更多努力才行，畢竟在難能可貴的安定基礎之上再求進步，總比一無基礎可資憑藉的情況要強得多；不過總不宜自滿。本來在東南亞各國之間，眞能全免這兩大困難因素的干擾，難得其選；若非兩者有其一，即屬兼而有之。自由中國面臨雙重壓迫，亦非無偶。但是各國自身的經濟結構不同，其與國外的經濟關係互異；所以應付現實環境所採行的策略與操持的方術亦各有殊；遂使其所獲致的成就與其發生的影響，也就有了很大區別。要想作一等量齊觀的事實比較，而定其高下頗非容易，甚或不太可能。因爲現在還未能得到一共同的客觀標準，可以彼此適用而足以表達眞象。其實即令可能，也並不宜以此比較用爲表功或卸責的依據。蓋人口增殖率的高漲，原出於自然趨勢，應當在意料之中，即或有時出於意外，亦不致無因而至；有經濟政策者，即欲使此出於意外者，重新納入於人爲力量之內，從以補救。若圖補救而無效，則用力有未當；倘聽其自然而不圖，則有力而未用。無論誰屬，責有未盡。至若貨幣貶値率的未能截止，原因至雜，大抵主要者不出三端：一則國用浩繁，財政收支有虧短；二則出口萎縮，國際收付有逆差；三則消費多而生產不足，生產與消費失衡。三者有其一，已足爲累，若並發而無一缺，則貽患更深且鉅。雖然就跡象以推，似若出於環境之壓者居其半，出於人謀之不臧者亦居其半；可是更進而追溯其根源則所以形成環境的壓迫，正因人謀不臧所致。惟以人謀不臧才會醞釀環境壓迫的誘因，等到誘因一旦暴露，更使原已不臧的人謀，叢積其困難，而致彈動不得。苟無更張大計的明智抉擇，可能永在漩渦中打滾。多一次打滾，則環境多一分壓力，人謀少一分效用；彼長此消，非到了向環境投降不止。東南亞地區的捲入此一漩渦者不獨一國，有的較淺，尙易自拔；有的深入已久，挽救極爲費事。我自由中國盤旋於此漩渦不算太深，但已不淺，倘不迅謀自拔，勢將愈後而挽救愈難。決不宜安於現狀而自滿，應該進一步研討。

二　經濟機構的亂與無效率

自拔之道，當然有賴於確當經濟政策的切實實施。經濟政策之能否確當？須待縝密周詳的設計，暫置不談；實施之能否切實？則要有能行見效的機構，敢再申論。

經濟機構爲執行經濟而見重，乃最近之事，所以現代國家往往將此任務交付給原有機關執行，多以調整或擴大其職權爲主；非萬不已，不願隨便添設。美國在工業猛飛突晉的今天，祇有農部而無工業部的設置。英國貿易糧食已設專部，而經濟事務則仍沿襲傳統而歸財相主管。德國在財政部之外另設經濟部，專司經濟行政且賦與其金融管理之權，則受賠欵影響所採的政治策略。我國昔時向以經濟活動局限於農業社會的形態，幅度不廣，關係不繁，政府不甚干與；即或有所措施的必要，大抵交由兼管民財兩政的機構——遜淸在中央爲戶部，在地方爲布政司，——處理。民國以來，民財分途，因籌財而財權漸重，遂凌駕民政之上，於是財用觀念獨自稱尊，自然而然的籠罩了經濟活動。雖然自遜淸開辦新政以來，曾有不少經濟機構陸續出現，且有變成政務機構者，但多偏於經濟事業的行政管理，對象既簡單，範圍更狹窄。利於專司，短於統籌。但以當時除財政收支與經濟事業的行政管理認爲政務以外，其他一般經濟事務的輔導與經濟行爲的干涉，還未引入政務範圍；即使財用觀念稱尊，也不致與人民生活發生直接影響；縱有流弊，爲患更不致過於普遍而深重。但抗戰一起，情勢不變，隨軍事變化而須財源的支援益殷；欲裕財源，不能不謀經濟力量的增强。因欲增強經濟力量，遂有來自觀念不同方式不一的經濟措施。凡屬輔導生產，供應糧食，調節物資，抑平物價，管理貿易外滙，限制人民經濟行爲從而訂定取締等，都已網羅在內，並且訂定不少辦法，其主要目的自難免爲求財。所以這些林林總總的措施要使實行，而達目的，非得配置適當機構不可。事既緊急，考慮不免稍疏，機構的功能，始終未及詳究。兼以大局動盪，經濟事態變動益劇；措施的更張益頻繁，機構隨之繼增。然而新機構可添，舊機構不易去，仍須保留如故。既以保留，自當賦與其事權；而此事權所賦與者，或則牽制了新設機構的行動，或則割裂了原有事權的完整，或則重複而甚或矛盾，或則衝突而竟至越俎。流弊之多，大抵出人意料以外。因此一個機關固非專管一件事務，而一件事務，又非一個機關所能專管。每件事都有參與的名分，但無一件事可有單獨決定的權力。於是遇事開會，乃唯一處理的捷徑；而開會又未必即有所決定。因爲參加的人大抵是代表；祇代表簽到，不能代表意見；稍有疑難，動輒請示。如其碰到非有決定不可的場合，祇有等候下次會議；如下一會議幸而能決，仍待借重正式公文。爲明責任，更須辦理會稿。儘管會議已經同意，依然可以反臉不認諾言；再得在會稿時期彼此商量，才算了事。講到會稿，更是傑作，稿面蓋上了一顆一顆圖章，愈久愈多，幾使後辦者無餘地留名。稿裏黏上了密密層層的簽條，議論縱橫，琳瑯滿目，叩其究竟，無非堅持本位主義的說法。字數超過原文那是常事。會稿在往返磋商結束公文旅行之後，而能判行，時間也就拖得很久，兩三個月不算長，半年也不爲奇。倘遇有其他機關有涉而爲某一機構主辦的稿件，主官認爲應當考慮，不論其有無考慮的價值，總得遲辦。如其不合胃口，可能留中，若非關鎖於辦公桌的抽屜內，即塞進公事包裏，公文旅行之外，又有公文睡覺甚或長眠。如此一擱，多半長期禁閉，不知待諸何時才能重見天日？這樣拉扯的結果，辦完了公文，並非即能解決了實事；可是雖不一定能解決實事而仍不得不借重於公文。實情演變至此，機構早已失去了設置的原意，究竟是否可以一概撤消呢？那又不盡皆然。

本來在現代國家執行國家行政的機構，應該先把政務與事務劃分清楚，不獨經濟機構爲然；而經濟機構則更較其他機構爲有必要。政務性的機構，責在政策的監督，貴能統籌而聯繫宜歸於一。事務性的機構，職在奉行政策規定的實務，重在分工而專司，不妨其多。故可由一個統籌機構部勒衆多專司機構，如網在綱，有條不紊。多年來的病根，即在於政務機構與事務機構的功能未爲釐清，分際混淆；遂使權與責離，事與權違。有的機構有權而無責，有的機構有責而無權，有的機構理其事而越權，有的機構行其權而攬事。甚致政務機構非分的攬事，兼帶了一部份事務機構的任務，不肯放鬆，還有爲了安插人事和辦理報銷的方便，千方百計以保持其親理事務性的任務爲得計。萬不得已，也得控制幾個事務性機構在手；能有業務機構爲其安排，更所深願。事務機構也有僭越的干與；攘奪了政策性任務。其初不過權宜，稍久即成慣例；久假不歸，乃至積非成是，竟有誤認爲應有的制度。有權干涉的政務機構，並非昧無所知，徒以自身也有非分，未便認眞，勉爲容忍，期能相安。追溯原因，本非出於故意，一旦演爲既成事實，遂即成爲自設的陷阱乃致收拾爲難。其實苟能釐清政務與事務的界限，重整權責的分際，則現行流弊雖未必一掃而空，至少也能各盡本分。

最近幾年，因爲獲致友邦援助，爲謀中外合作，機構頗有新添，爲事而設機構，原無可議，但設機構而破壞了行政體制與功能，則爲不可原諒的錯誤。這種的錯誤造成，半出於客氣而誤會，半出於故意的曲解。何以言之？請述其故：(一)美國政府爲期援外政策的執行而眞能見效，以示信於其國內的納稅人，於是設置了不少國外機構。其原來目的，本爲協助、聯繫、諮商或代解決困難，藉以求達援助國與受援國間共同企求的目標；並未帶有干涉受援國內政的意圖。但受援國如我國現在的政府，則保有東方人的謙遜態度，以爲既化了友邦的資財，應當多多尊重其意見，未便擅作主張；無形之間，放棄了其應當表示的意見或堅持的主張。但美國政府卻還在夢裏，即當作對其處理滿意到無意見的程度，同是未見主張，更以爲其援外已盡其能事。但其駐外人員的報告或建議隨時見到；一面之詞浸潤既久，自易流於偏聽。雙方政府與政府之間，既由一方的過分的謙遜養成了一方無可避免的偏聽；遂使居於其間的中美事務人員，獲得了擺佈賣弄穿插的機會。於是買辦抬頭，成爲天之驕子，氣燄迫人，常使路人側目。更爲沒有修養的所謂美國專家，助長了其驕狂。在此力求進步安定的自由中國之內，平添了無數難以置信的怪事。(二)我國自遜清以來，向有專辦洋務的特殊階級，本已漸次匿跡，最近卻又重新活躍。因爲政府存有客氣，不免優遇，更使其有所憑藉，而任意多方曲解了。據說有一次美援運用委員會秘書長，答覆立法院質詢時會表示其自己也不知道究竟爲中國官吏還是美國官吏？雖作者並未親聞，不敢遽認爲眞，尚待證實。如其果有此言，豈非使人啼笑皆非？美援運用委員會無論從何依據來講，確係十足的中國機關，不應有何疑問，怎能謂非中國官呢？難道管理動物園的人，也會不知道自己是否爲動物還是人嗎？不過話又說回來，確有不少人援引一九四八年的中美雙邊協定，加以曲解，以爲依據協定組設者，視若非純粹的中國機關。其實雙邊協定所要求於中國政府者，須指定一個機構，專辦美援事務。其主在於期望專務洽商的對象有固定性，更進而保持處理事務之持續性，並無必須添設新機構的約束。當然另設一專管機構也爲協定所許，但這是我國國內的事務，與協定無涉。就是指定的機構爲財政部經濟部或外交部，亦無不可，祇要能達固定性與持續性的要求，也無違協定的精神。今乃藉口雙邊協定，執爲美援運用專設的條約依據若非故意欺人，即屬無知曲解。居然有人信以爲眞，怎不令人擲筆三歎！(三)美援一來，洋氣驟張；配合美援遂成官僚買辦間脫口而出的時髦口號。然其所主持的機構遇有處理合配的事項，卻無所措手。這倒不能苛責；因爲有的根本無此權力，有的人事不齊。所以機關間，中國機構的主管，與美國的駐外人員間，東一次座談，西一次會議，雖不一定有何成議，廢話卻已說得一大堆，耗時誤事，大家覺得不太合適，拖到不能再拖的時候，乃有所謂經濟安定小組(Economic Stabilization Board) 出現，簡稱爲 ESB。這是借用了美國在二次大戰期間管理物價與工資機構的名稱，而其地位則遊離在中美雙方之間，內容則擴大得很多，中美雙方有關機構都參加，原意不過交換意見增進瞭解；故地位的遊離尚無大碍。其後即以分送備忘錄方式，提醒各機關帶有催促之意。反應就有不同。繼即約束性積漸增强，幾與決議案具有同等效力，地位的法律依據大成問題。本來ESB對參與的機構並非眞有拘束的力量，祇因有美人在座，其所決定的事項，參與機構特別重視；且亦有挾此自重以遂行其所圖者，遂致演成對經濟事務在法律以外頗有決定性的權威。推其所以然，何嘗不是由不負責任所招致的惡果。時經不久，以此小組爲中心，又有分門別類的小組層出不窮，曾引起輿論的指摘，幾經波折，乃改頭換面而有現在的經濟安定委員會，確定爲行政院以下的正式機構。地位至此算已確定，但其體制終究未免奇特，職責又多不倫。既隸於行政院當然為中央機構，乃主任委員由地方首長的臺灣省主席兼任。其他委員則凡行政院有關各部首長多已網羅在內，幾至無一不相重複。若就政策的決定權言，則儘可歸行政院會議，毋須重叠；若就事務的監督權言，則已有不少原有機構，更相衝突。尤其內部組織，不僅叠牀架屋，且是左道旁門。此外又規定每一小組或分組開會，都邀外人參加，名為觀察者 observer，實際則陰握操縱的實權。舉世各國，殆無先例。當其籌議改組之前，作者在新生報的專欄論文中評論，認為此一機構與經濟部衝突，即令有必要，必須能負「上下貫通左右聯繫」的任務；苟不然者，即無意義。據說當籌議將定未定之間，美方有識之士也認為應該權歸經濟部，懷疑其有無改制的必要。但以事屬我國內政範圍，未便多所主張。就在這微妙之間，而經濟安定會以嶄新的姿態出現了。既經成立之後，上下未能貫通，而徒紊亂體制；左右未能聯繫，而更增加重複。故無論就行政機構的功能或實際事務的處理言，此一機構實無存在的理由。但有關機構則利其為責任的躲避所，有分謗之用；縱或有時感其重複而妨其職權，遂亦不再深思，認為有也不妨。其實如果經濟安定委員會而有必要，則財政經濟兩部即當廢止；倘財政經濟兩部仍非保留不可，則經濟安定委員會應即取消。兩者不可兼，兼則不僅徒召糾紛，且為改革機構的絆脚石。果欲重整權責的分際，從以改革經濟行政，則宜面對此絆脚石，早下決心。原本此一絆脚石來自誤會與曲解，祇要誤會消除，曲解澄清，即可無形消除。但際此時會，則多所瞻顧，決心亦不易。縱然如此，仍然希望突破困難。

三　改革的重要原則

綜上所述，為了執行經濟政策而使能有效，必須先將現行經濟機構澈底改革；如欲澈底改革經濟機構，則首宜劃分政務與事務之權責。苟能據此為準，則對當前宜先作統盤籌計；而統盤籌計之前，必當以自投於陷阱為念，尤必先自濟除絆脚石為始。就作者所見，認為下列各事宜早妥為部署：

(一)為勵行民主國家的負責政治，而完成其法治的正常體制，應將現行經濟部迅謀合理的調整，確定其為最高經濟行政機關；並賦與其法定的職責，使能克負統籌政務與監督事務之全權。

(二)經濟行政牽涉甚為廣泛，必須依據政務事務劃清的原則，釐清其權責；使以事實的需要而定政策，以執行政策的要求而設機構，以執行功能的分際而定人事。

(三)經濟政策在決定以前，須有多方之考慮與審慎之選擇；得在行政院以內設置經濟會議 Economic Council；現行經濟安定委員會即行撤消。此一會議，須依下列要點設置：

(1)會議由經濟、財政、國防、交通、外交、僑務各部會首長參加，不得派代；並由經濟部長充任秘書長。

(2)得聘專家為顧問，不限國籍，祇對會議提供意見，不負實際事務責任。

(3)秘書事務由經濟部兼辦；原有經濟安定委員會所經辦的事務，其有繼續必要者，各以性質歸還法定機關接辦。

(四)美援運用應配合美國援華政策的動向，重新考慮釐訂新政策，並調整其業務。調整須依下列要點為準則：

(1)美援運用的政策應歸經濟會議先行審議，再送行政院會議作最後決定；遇有對外交涉事項，統由外交部辦理。

(2)美援技術之處理，由中美雙方另組技術合作委員會，受經濟部的監督與諮詢。

(3)現在由美援運用委員會所雇用的顧問公司，即移歸技術合作委員會，並由其重新考慮取捨或增減，提出建議。

(4)相對基金帳戶之處理，依據協定重歸中央銀行主辦。

(5)現行秘書處全部撤除。

(五)恢復中央銀行制度，並重新調整有關金融機構的職權與業務，使中央銀行以銀行之銀行地位，執行現代信用管理政策。調整須以下列原則處理：

(1)專業銀行業務應即釐正，外滙收付的業務，交由中國銀行辦理；農工生產資金的貸放，交由中國農民與交通兩銀行分別經管或監督。

(2)指定臺灣銀行為中央銀行的區行，仍委託其繼續發行新臺幣與代理國庫；但應限制其已有其他銀行經營的普通銀行業務，以免不必要的重複。

(3)商業銀行與其他金融機構，由中央銀行透過提存準備，實施正常管理；現行左道旁門的銀行管理或督導，應即撤消，不合時宜的中央銀行法與銀行法，亦即同時修正。

(六)貿易行政歸經濟部，貨物進出口的必要處理事務，歸還原有法定的專司機構接辦；外滙政策由經濟會議決定，政策之監督保留於財政部，業務之管理重移中央銀行。現行外滙貿易審議委員會無存在的理由與必要，即當撤消。

(七)上述政策與事務機構劃清以後，再應將事務機構的專業，與行政管理的標準，釐訂其規範，以與政策機構的權責相配合。篇幅所限，恕未能詳；容有機會，再為申論。

四　結論

上述建議，粗看似若變動太驟，或者不無顧慮，自亦言之有理。顧未來世變方亟，經濟非有長足進步，不足以應需要；而病根久積已深，要使有所展布，非先重大改革不可。凡所建議，不過最低限度的要求而已；倘此而尚有所憚，則非吾敢知矣。因為上面所提及的亂與無效率，已為衆皆週知的事實；即主其事者，在私人談話間亦深致其不滿之情。不過不肯公開承認，且當有人批評時，仍不得不盡力辯護。所以現在的問題，不是能不能改革，而是肯不肯改革。當此總統求治至切、海內外人民望治至殷之際，改革正是其時；但若絆脚石不先濟除，恐難自拔於陷阱。一切計議，可能多半落空。所以敢請問負責當局：如此機構怎可不再改革？並且請教賢達進而教之！

祝望造成一個現代的民主憲政國家

張士棻

總統誕辰求言的消息，在本月十六十七日各報登載後，曾使自由中國各界人士，奔走相告。行政院新聞局的公函，也同時送達到各報章雜誌。臺北中英文報紙，曾派記者訪問各界，徵詢意見。本人在起草這篇短文以前，對於這個問題，還沒有發表過一個字。我想這一件消息既然能轟動社會，使大家奔走動色相告，至少可以證明自由中國各界是想發言，更是想利用國家元首求言的機會，對國事發表意見。政府領袖有求言的意嚮，民衆有樂於發言的熱心，從大體上說，這總是一個可喜的現象。進一步說，如果上下有眞誠利用這個機會，對國家前途實可造福無窮。

從一個研究政治學及歷史的人來說，這一個消息至少呈現了一個政體的意識問題。若從政體意識問題上加以剖析，我們冷靜的觀感或不同於一般的情緒。「下詔求言」和「下詔罪己」，中國歷史上的事例是極多的。唐書紀唐德宗「行在詔書始下，雖武人悍卒，無不揮涕激發」。又稱德宗既還京師「李抱眞來朝奏曰，陛下在山南時，山東士卒，聞書詔之辭，無不感泣，思奮臣節，臣知賊不足平也。」這裏所引的唐德宗時的書詔，就是中國歷史上第一位名政論家陸贄(宣公)的手筆。朱泚之亂，陸贄嘗從容奏曰：「此時詔書，陛下宜痛自引過，以感人心，昔禹湯以罪己勃興，楚昭以善言復國，陛下誠能不吝改過，以言謝天下，俾臣草辭無諱，庶幾羣盜革心。」中國歷史上制誥文獻，陸宣公的撰著是隻立千古。蘇軾論陸贄：「才本王佐，學爲帝師。論深切於事情，言不離於道德。智於子房而文則過，辯如賈誼而術不疎。上以格君心之非，下以通天下之志。但其不幸，仕不遇時。德宗以苛刻爲能，而贄諫之以忠厚。德宗以猜疑爲術，而贄勸之以推誠。德宗好用兵，而贄以消兵爲先。德宗好聚財，而贄以散財爲急。……如此之流，未易悉數，可謂進苦口之藥石，鍼害身之膏肓，使德宗盡用其言，則貞觀可得而復。……」

君主專制時代沒有議會，沒有自由的報紙雜誌。所以遭逢時代的轉捩點，君主要「求言」，要「罪己」。臣民要伏闕上書。君主專制制度下面，轉捩時代、一新耳目的措施，大抵不出於「罪己」、「求言」或「大赦」等方法。照中國歷史上的記載，那許多「罪己」「求言」等措施，不但文字感人，意旨眞誠，在行爲事實上確也做得相當澈底。所以能使臣民「揮涕激發」，在人心上收到極大的功效。民主憲政制度下面的議會，原始的職能，便是論議講話。英國巴立門初期的職掌，原是聽取人民的訴願。民主憲政國家有了議會制度，原爲政府經常去聽取人民對國事的意見，民主憲政進步以後，議會經常表達人民意見以外，還有輿論傳載全國各種意見。所以君主專制政體下面，政府要求言，要罪己；在民主憲政國家，國家把發言的機構經常制度化而且強制化了。君主專制國家不易聽到人民的眞意，所以要請人民在某種時機坦白陳詞，就是求人民說話。民主憲政國家整天整年，隨時隨地，都可聽到人民的意見，而且人民的意見，政府是必須聽取與採取的。所以把眼前各國的實例來說，英國伊列莎白女皇，或艾登首相，沒有向英國臣民求言，美國的艾森豪總統，也沒有向美國全國各報紙雜誌求言。中華民國今天是民主憲政國家，中華民國是自由民主世界的支柱，我們對國家第一個希望，是造成一個現代的民主自由國家，而不是發揚過去歷史上的君主傳統。所以我們不希望產生陸宣公一流人物，來灑翰草詔，使人民揮涕激發。我們希望在議會中產生雄辯家，在論壇上產生大政論家，把人民要說的話經常在議會在報紙雜誌，自動與經常的在那裏發表。

我們第一點意見，認爲這次總統求言的盛意，在總統府辦理方法上，似乎應該由秘書長舉行一個記者招待會宣布這個意旨，不必採用文告，更不必由新聞局用公文書送達各報紙雜誌。因爲現在所採的方式，似乎太近「下詔求言」，而書詔的內容，實在不及陸宣公之十一。今天不需要陸宣公，而只要白宮新聞秘書來傳達這件意旨。這是政體意識上的一個大問題。

第二、無論今天我們要實現的三民主義是對整個中華民國，或對一個臺灣省，我們最重要的是要實現民有民治民享的國家與社會(憲法第一條)。換句話說，也就是要培成一個民主憲政的現代國家。民主憲政不能離開政黨政治。民主憲政下的政黨政治，是黨隸於國，不是國隸於黨。抗戰勝利以後，我們既已遵照國父遺教，結束訓政而入於憲政，憲政下之各個政黨，無論其爲執政黨或在野黨，又無論其歷史與地位何如，應該是一律平等的。我們偶而聽到國民黨以外的人士談起，今天中國國民黨的黨治，是不是民國十七年以來最澈底的一個時期？這一句話，實在值得我們深刻的反省。我們今天要不要進入民主憲政的道路，還是留戀於一黨執政的局面？換句話說，我們要黨治，還是要民治？如果我們終須進入民治的路，那便不能藉口當前局勢的非常，而膠着於黨治，不肯放鬆。我們希望以總統之威望誠信，尤其在今天非常的形勢中，應盡其全力導國家於民治憲政之途，執政黨領導培養反對黨之成立長大。這是對國家，對國民黨本身，都有極大好處的。我想一國的國力，要靠各種錯綜力量之分道發展。執政黨在政治、經濟、文化、社會各方面應在法律範圍內讓民間的力量自由發展，自由競爭。即在執政黨本身內部，也應盡量培養自動自發的精神，摒棄統制羈勒的方法，使得自好自愛者，也稍稍能自見。使得蠅營狗苟之徒，也稍稍能斂跡。這樣，黨的元氣自能充沛康强。我們希望在總統當政時，眞誠培養一個或一個以上的反對黨，更希望在總統領導中國國民黨時，使國民黨確切能代表一個堅强、活潑自由而前進的民主政黨，也就是一方面重紀律、負責任，而另一方面講是非、崇節義，趨向活潑自由的民主政黨。我們在經濟、社會、及文化方面，千萬不要阻塞執政黨以外各政黨之生存與發展，如果能辦到這樣，自然有豐富與自由的言論，也自然能在經濟文化等四大建設中，有輝煌的成績。今天大家疾首蹙額的各種政治、經濟、社會、文化問題，自可根本爲之改觀。

第三、官僚政治在政治學上並不是一個壞的名辭，官僚習氣却是一個阻礙進步建設的。今天政府的情形，如果容許我們坦白而大膽的說，可說全政府之內，除了總統先生以外，可說全部是大小的官僚，也可說全部染着官僚的習氣。換句話說：今天政府之內，除了總統先生以外，各級首長，百分之九十九是敷衍因循，圓滑不負責任，勇於謀私，怯於爲公。一個國家政府之內充塞了大羣的鄉愿，由這羣大小鄉愿所傳播的流毒，豈但今天國家不能有所建設，還恐流毒所及，貽禍及於數代。所以今天要謀任何建設，必須將這瀰漫政府的官僚氣氛，掃除乾淨。我們想建議：㈠自今以後，政府對各級首長，循名責實，授以實權，然後課以責任。在法令範圍以內，各級首長應給予伸縮的大權——無論用人與財政。而且法令凡有妨碍此種權責分明的原則者，均應迅速予以修正。官吏先要給以權，然後課以責任。㈡嘗考今日世界各國政治家之年齡，除了特殊領導人物，如英前首相邱吉爾，現西德總理愛德諾等，因憑其獨特之地位才望，國內外輿論，對這類特殊之政治家，只有表示崇敬，絕不會討論他們的年齡。再考昔日邱吉爾領導的內閣，與今日愛德諾政府的各部門首長，其平均年齡，均在六十歲以下。我們今天應該請高年和多病的首長，不論在那一部門，均應及早引退。官僚習氣與暮氣是分不開的，暮氣沉沉的人，那裏能有肩膀有抱負？更那裏會講是非，謀公利？我想這多年我們官僚習氣之甚，讓許多高年人和病夫佔居高位是重要原因之一。㈢登庸幾位明識大體而倔强有肝膽骨格之人，自然風氣能爲之一變。今日取人以忠貞爲第一。這是當然不錯的。不過忠貞單是在表面上表現，甚至如走路說話的姿態，也以倣效國家元首爲忠貞的表現，起碼這種人是僞而詐，是不可用的。靈魂血液中沒有半點中國文化，也沒有半點西洋文化，而惟知表示服從，滿口唯唯諾諾，這種 Yes Man 的「忠貞」，這種「忠貞人物」的相繼大用，也是造成官僚習氣的重要原因。

朱子上宋孝宗封事有一段話，可以對今日忠貞問題作一個註解：「夫仗節死義之士，當平居無事之時，誠若無所用者。然古之人君，所以必汲汲以求者，蓋以如此之人，隨患難而能外死生，則其在平世必能輕爵祿。臨患難而能盡忠節，則其在平世必能不詭隨。平日無事之日，得而用之，則君心正於上，風俗美於下。足以逆折姦萌，潛消禍本，自然不至眞有仗節死義之事。非謂必知後日必有變故，而預蓄此人以擬之也。惟其平日自恃安寧，便謂此等人材，必無所用。而專取一種無道理，無學識，重爵祿，輕名義之人，以爲不務矯激而尊寵之，是以綱紀日壞，風俗日偷，非常之禍，伏於冥冥之中，而一旦發於意慮之所不及，平日所用之人交臂降叛，而無一人可共患難，然後前日擯棄留落之人，始復不幸而著其忠義之節。以天寶之亂觀之，其將相貴戚近幸之臣，皆已頓穎賊庭，而起兵討賊，卒致於殺身湛族而不悔，如巡遠杲卿之流，則遠方下邑，人主未識其面目之人也。使明皇早得巡遠等而用之，豈不銷患於未萌。巡等若早見用於明皇，又何致爲仗節死義之擧哉，商鑒不遠，在夏后之世。」(朱子全書)革除舊有官僚政客之具體意見，中國歷史文獻中汗牛充棟，但就上面所引朱子一段話而加以研討，這一問題的解答，亦思過半矣。

第四、如何貫澈反共抗俄，如何團結海內外反共意志，增强反攻復國實力？這是一個問題，這一個問題的核心，在原則，在觀念，在意識，而具體辦法次之。今天要謀反共抗俄之貫澈與成功首先在原則上，意識及觀念上，應該一反共產主義共產黨之所思，所言，與所爲。姑且避開民主自由的名辭，我們就三民主義的術語來講，我想大家應多發揮民權與民生主義的理論及其實施，而不必鍥鍥不舍於民族主義。惟有着重了民權與民生主義，而個人尊嚴，個人自動自發，以及經濟自由平等諸類觀念與辦法可得而發揚。今天卑之無甚高論，在反共基地上，我們應請政府充分保障人民「免於恐懼之自由。」惟有人民享着這一個自由，一切的創造力量才能期其彙爲康强之國力。在這個大前提下面，不惟特務機關的權力範圍，應縮減至國家安全的一部份，而在司法行政的整頓，實爲勵行法治最基本的條件。今天司法獨立精神的受到損害與破壞，實在是大家有目共睹的事實，因爲司法獨立精神受到損傷，司法官的風紀，乃爲衆口指責之目標，如果這點基礎讓其破壞下去，縱使再提倡法治，而法治的工具首先腐爛，這是我們立國的天大問題，整頓司法行政，絕對維持司法審判獨立精神，健全培養司法人才，是今天國是方面應該積極搶救的一宗大事。國家只要實實在在勵行法治，就是團結海內外反共意志的具體與根本辦法。也是四大建設成功發達的保證。

第五、我們敬謹祝望我們的總統先生，做中華民國的華盛頓、傑佛遜、或林肯，而不希望他做凱撒、克林威爾、拿破崙、或弗里特立克。中華民國民主憲政的近代國家，由我總統領導而奠其萬年無疆之休。因此我們希望總統的生活，是一位民主的平民的開國政治家。國家遭遇非常，而我總統以常道處之。以民主憲政之常道，對俄共千古未有之劇變。總統一身繫民族國家之安危，自由世界之成敗，安全警備，當力求其完密，自爲天下所共喩。然而堂陛過於森嚴，則內外上下之意志易於隔絕。辭色之威過於不測，則官民之趨避惟恐不遠。海內外報紙雜誌，帶有批評性或甚至反對性者，能否經常上達宸覽，民間社會之好惡臧否，能否悉心採訪，朝廷之好惡愛憎，能否一與民間之好惡愛憎，力求其相符而不使睽隔日遠，幹部之教育能否端其趨向，一是以民主憲政之大道爲依歸。人倫之衡量，能否摒除恩怨與情報，而時時爲之檢討抉擇。前日擯棄留落之人，今朝眷遇優隆之徒，能否默察而平心考量其長短得失。過去報章雜誌乃至民意機關所呼籲，有無值得檢討而毅然付諸實施者，「使耶穌基督者歸於基督，使凱撒者歸於凱撒。」班書藝文志：「道家者流，蓋出於史官，歷記成敗存亡禍福古今之道，然後知秉要執本，淸虛以自守，卑弱以自持，此君人南面之術也。合於堯之克讓，易之嗛嗛，一謙而四益，此其所長也。」

改革政治、團結人心

陳啓天

本年十月十五日，蔣總統婉辭祝壽，曾經號召全國言論界，就六項問題提供意見，以代替祝壽的舉動。這是一種十分有意義的昭示，實在值得全國言論界的贊佩與鼓舞。爲響應此一號召，我特地就六項問題中有關於政治方面的個人意見，擇要草成本文，分爲三節說明。我深信政治問題是一切國事的總樞紐。要一切國事有辦法、有成效，必須先在政治上講求大辦法、大成效。我希望今後中國有大辦法、大成效，所以選定這個題目，陳述幾點忠實意見，以供政府和國人的參考。究竟對不對，還請高明指敎。

一　政治戰與政治號召

就反共抗俄的戰爭規模說，原是一種總體戰。所謂總體戰，除軍事戰外，尙包含有政治戰、(包括內政與外交兩方面)思想戰、宣傳戰與經濟戰等。政治戰是軍事戰的先驅，也是軍事戰的後盾。故欲求軍事戰的勝算，除注意軍事準備外，尙須先行、並且始終致力於政治戰。政治戰有了勝算以後，乃可增强軍事戰的勝算。如果忽略了政治戰，便不免先在政治上相形見絀，而使軍事戰的勝算減少了。近年政府對於反共軍事戰的準備，確有相當進步，足以保衛臺灣，這是值得人民欣慰的。不過欲用中國現有的軍事力量，發動反攻大陸，則尙須等待時機。況且自韓戰越戰相繼停止以來，國際局勢趨向和緩，復行冷戰。而俄共又採用和平攻勢，搖惑民主國家，助長中立勢力，致世界大戰暫時不會爆發。在冷戰拖延的國際局勢下，我國必須多方致力於政治戰，以求不戰而勝與戰而必勝。所以我認爲政治戰是當前反共抗俄的急務。

狹義的政治戰，本可只限於國內政治問題。不過反共抗俄的鬭爭，早已成爲國際政治問題。現代國際政治問題與國內政治問題，息息相關，互有影響。所以當前的反共政治戰，應包含外交戰在內。換句話說，我們須將外交戰與政治戰配合起來，使其相輔而不相害。至於反共的思想戰、宣傳戰與經濟戰等，亦應與政治戰聯繫起來。因爲政治戰的號召問題須在思想戰上求同一原則，並在宣傳戰上求同一效果。而經濟戰亦可有助於政治戰的展開。所以政治戰應認爲是當前反共抗俄的核心戰略，不宜忽略。

政治戰既爲當前反共的急務，那末我們究應採取何種政治原則做政治戰的基本號召呢？關於這個問題的解答，在消極目標方面採用反共抗俄來號召，大家都無異議。不過我們不能只爲反共而反共，只爲抗俄而抗俄，還須有一種積極目標來號召，才能發生廣大的影響。這一種積極目標的政治號召，是該用民主自由呢？還是該用黨治呢？是該用多黨政治呢？還是該用一黨政治呢？關於這個問題的意見，大家似乎稍有出入。要將這種意見的出入歸於一致，莫如將民主與黨治的號召力，扼要加以比較。就對國際的號召力說，黨治不如民主。就對海外華僑的號召力說，黨治不如民主。就對大陸同胞的號召力說，黨治不如民主。就對黨外的號召力說，黨治不如民主。就對黨內的號召力說，黨治亦不如民主。無論從任何方面說，黨治的號召力決不如民主之大。那末我們當用民主自由做政治戰的積極號召，自應不成問題了。不過我國自民國三十六年行憲以後，才開始結束訓政，推行憲政，多數人民尙未養成民主習慣。行憲不到三年，又遭逢大陸淪陷的浩刼。政府遷台以後，有些人不詳究大陸淪陷的眞實原因，而完全歸咎於戰後實行民主。於是有人懷疑民主，而復行傾心黨治了。近年黨治一天加强一天，已有跡象可尋。國民黨外的多數人民以及國民黨內的多數黨員都漸漸趨於消沉，便是一個證明。在加强黨治的空氣下，很少人敢說一句負責的話，也很少人敢做一件負責的事。如此發展下去，便很難發生廣大的號召影響。黨治不能作爲政治號召，早已爲一般人所承認。於是有人主張對外號召用民主，對內措施用黨治。這種主張將號召與措施分爲截然相反的兩事，未免自己矛盾，難得取信於人。政治措施既不可與政治號召完全相反，於是又有人以爲政治措施可用「七分黨治，三分民主」的辦法，以求應付當前的難關。這種辦法雖無人公開主張，然多少接近事實。因此我們不可以說目前自由中國政治完全沒有民主自由，只可說黨治的成分太多，而民主的成分太少。今後自由中國的政治措施，必須減少黨治的成分，增加民主的成分，以求一面增進施政的實效，一面擴大同情的支援。這是反共政治戰的要務，希望政府予以考慮。

更進一層說，民主自由與一黨政治在本質上原是互相衝突的。如果要實行民主，便須放鬆黨治。不放鬆黨治，便無由推行民主。所以今後中國的政治動向，應是由黨治到民主，應是依照現行憲法的規定，繼續推行民主自由制度。我在這裏所說的放鬆黨治，並不是要國民黨放棄政權，而只是希望國民黨政府依據民主自由原則，一面改革政治，一面團結人心，以求反共必勝、建國必成而已。至關於改革政治與團結人心的具體意見，則分述於以下兩節。

二　改革政治與反對黨

據我看來，依據民主原則，講求改革政治的具體方法，當以培養和平的健全的有力的反對黨爲第一要務。沒有這樣的一個反對黨，便很難促進實際政治的不斷改革。因爲任何政府黨，如果缺少反對黨在野監督，便必然釀成專權專利的流弊，並養成不負責任的官僚習氣。要減少專權流弊，革除官僚習氣，只有實行民主政治，只有實行多黨政治，讓一黨在朝執政，他黨在野監督。所以反對黨是民主政治不可缺少的一個要件。反對黨既可促進政治改革，則政府黨應視反對黨爲警鐘、爲諍友，而不應視爲點綴、爲敵人。孫中山先生很明白反對黨的重要性，所以曾說：

政黨之作用，在提携國民以求進步也。甲黨執政，則甲黨以其所抱持之政策，盡力施行之。而乙黨在野，則立於監督者之地位焉。有不善者則糾正之，其不盡善者，則更研究至善之政策，以圖進步焉。(見國民月刊出世辭)

這是說明政府黨與反對黨，相反相成，各有其用，不可缺一。反對黨對政府黨的功用，除以上所說警鐘和諍友的監督功用外，尙有比賽與接替的推動功用。一個政府黨如果沒有反對黨與之比賽，便難免趨於自滿自大，安於養尊處優，而不肯切實改進政治。但一經有反對黨比賽，又有裁判比賽的人民，則政府黨不得不抖擻精神，盡力改進。萬一政府黨不知自己改進，亦有獲得人民支持的反對黨可以起來和平接替。於是原來政府黨退爲反對黨，仍有再起執政的機會。多黨如此公平比賽，輪流執政，自易推動政治隨時進步了。這是英美民主政治之所以能長治久安的訣竅所在。我們要實行民主，改革政治，便須像孫中山先生一樣認識反對黨的重要性才行。

無論何國，有政府黨，就自然隨着產生反對黨。反對黨能否發展成爲一個和平的、健全的、有力的民主政黨，則首須視政府黨的態度如何而定。各國政府黨對反對黨的態度，大概可分爲四種：一是摧殘，二是利用，三是寬容，四是培養。一般專制國政府對反對黨的態度，大多摧殘，而間或利用。不過摧殘反對黨的結果，常常只能將溫和派逼成激烈派，將和平的反對黨逼成革命的反對黨。淸末政府及民初袁氏政權對反對黨的態度及其結果，便是如此。無論任何反對黨一經政府黨完全利用，卽難免成爲御用黨、點綴品，而失却了反對黨應有的功用，不足稱爲反對黨了。一般民主國政府對反對黨的態度，都採取寬容，任其自由發展。反對黨縱有嚴厲批評，政府黨亦毫無不加以摧殘，例如英美兩國。由黨治進到民主的國家，例如土耳其凱馬爾，曾於政府黨之外，又培養一個反對黨，使其政治得隨時進步。由此可見凱馬爾不僅是一個善戰的名將，而且是一個有遠識的政治家，值得人們贊佩。

我個人曾經參加靑年黨活動三十三年，深深感覺在中國辦反對黨非常艱難。一般社會人士對於反對黨既不敢多接近，而政府黨在戰前以及戰時又未聽任和平的反對黨自由發展。因此我國的反對黨，例如靑年黨、民社黨，便難得健全有力。戰後因爲結束訓政、實行憲政的緣故，靑民兩黨乃得以友黨的身份公開出現。然又因時局劇變，不得不隨政府倉卒來臺。我們在轉徙流離中，辦和平的反對黨，自更難上加難。今後中國要培養健全有力的反對黨，除反對黨自己繼續努力外，還希望政府黨給反對黨以自由發展的餘地。反對黨有了自由發展的餘地以後，不但可使反對黨漸次健全有力起來，亦可促進政府黨隨時革新不已。如此，然後中國乃可成爲一個名實相符的民主國家。

我對於改革政治的具體意見，除上節所說者外，再提出四點來談談。

第一點、爲政府黨宜盡量鼓勵言論自由。言論自由，明定於憲法，人人可以享有，原不只限於黨派。但是近年自由中國的言論界，無論有無黨派，大多趨於消沉，缺少活氣。這種現象是否由於言論及新聞控制過度，亟宜加以檢討，酌量放寬。我認爲在臺灣，不怕人多講話，只怕人不講話。多講話，不但可以表現各方的意見，而且可以疏通各方的情意。此次蔣總統「切望全國報章雜誌，直率抒陳所見」，卽是鼓勵言論自由的重要指示。我希望言論界接受這種鼓勵，繼續直率抒陳國事意見，以促進政治的改革。

第二點、爲政府黨宜盡力扶植民間報紙。民間報紙爲一般人民的必要喉舌，亦爲反對黨的必要機關。政府黨如欲易於察知輿情，則有賴於民間報紙。所以民間報紙是民主政治的一個要件，也是改革政治的一種動力。然而自由中國的民間報紙，因爲不若政府黨報紙憑藉之大，方便之多，尙未能十分發達起來。現有的兩家民間報紙(公論報與聯合報)似乎只能勉強掙扎。因此我認爲政府黨如欲澈底改革政治，便須盡力扶植民間報紙。只有健全的民間報紙，才能提出反對意見，促起政府黨的注意考慮，而不致故步自封。言論不貴完全淸一色，所以民間報紙有亟待政府黨扶植的必要。

第三點、爲政府黨對於地方選擧宜從速重訂改進辦法。地方選擧爲地方自治的必要步驟，宜讓政府黨以外的人士，亦有競選的同等機會，以免造成「一人競選」的現象。政府黨欲其候選人當選，固爲人情之常。然若缺少反對黨及無黨派人士競選，則無由考驗政府黨候選人能否眞正獲得多數選民的支持。政府黨欲在地方議會中獲得多數議席，亦是人情之常。然若缺少反對黨及無黨派人士當選，亦不足構成一個民主的議會。因此我認爲一切地方選擧，候選人宜由各黨提名，公平競選。凡屬只有一名當選的地方自治人員選擧，必須有政府黨及非政府黨候選人共兩名以上同時競選。凡屬地方議會的選擧，不但要有非政府黨人士競選，而且要有非政府黨人士當選。政府黨至多只宜在地方議會中希望獲得多數議席至十分之六七，其餘少數議席則宜讓非政府黨人士(包括反對黨及無黨派人士)有當選的機會。如此改進地方選擧，然後乃易於提高候選人的品質，增進政黨與選民的關係，以求臺灣漸次成爲地方自治的模範省。

第四點、爲政府黨宜鼓勵立監委員自由發表意見。依照現行憲法，立監兩院爲監督政府的機關，具有自由發表意見的權責。不過現在立監兩院的少數黨(青民兩黨)議席，似乎少得太少了，縱有意見，絕難影響院議。而多數黨的立監委員，又因須受國民黨中央黨部指示的約束，也似乎難得自由發表意見。因此立監委員不得不漸趨消沉，缺少生氣。我認爲政府黨對其所屬同黨立監委員，固可於重大問題上作必要指示。但在指示以前，宜先徵詢立監委員的意見，再作決定。指示以後，如果政府黨立監委員多數表示異議，亦宜重加考慮。至未有指示的議案，則應完全任其自由發表意見。如此，然後可使各立監委員盡量發揮其聰明才智，並可使立監兩院能盡力完成憲法所賦與的職責。從政黨說，立監委員固有服從其所屬黨部指示的必要。但從憲法說，立監委員又有遵守憲法行使職權的義務。所以政府黨仍有鼓勵立監委員自由發表意見的必要。

三　團結人心與反共救國會議

古人說：「天下歸之之謂王，天下去之之謂亡」。這是說明一個政府要注意人心的向背問題。在從前君主時代尙須注意這個問題，在現代民主時代自更須注意這個問題。

當民國三十七八年間，一般人心對政府的態度，趨向離散，以致造成大陸淪陷的慘劇。政府遷臺以來，痛定思痛，力求安定，漸使自由中國轉危爲安，足以鼓舞人心。今後欲早日光復大陸，除必須進一步改革政治外，尙須同時設法團結人心。

蔣總統深知團結人心的重要，所以在六項問題中列有一項，希望大家提出「團結海內外反共救國意志，增强反攻復國的戰力，不尙空談，務求實效的具體辦法」。我對於此項問題的主要意見如下：

團結人心的有效辦法，莫如從速定期鄭重召開反共救國會議，展開三大自由運動，以造成一種反共抗俄的大形勢。

關於反共救國會議，政府在三年以前本已定爲施政方針，並曾有所籌備。不料遷延至今，尙未召開。最近政府雖有於明年上季召開的說法，然亦尙未十分確定。我認爲政府既一再宣言籌開反共救國會議，便宜從速定期，不可過度遲緩，致影響人心的歸向。爲政以立信爲第一要義，似乎不宜只說不做，也不宜早說緩做。

要求反共救國會議開得有好結果，則宜鄭重，而不草率。如何才是鄭重召開？我認爲必須注意以下數點：

一、政府先行提出一個以民主爲號召的反共救國會議綱領草案，徵詢海內外重要人士的意見，以便斟量修改，成爲全國遵行的共同綱領。

二、政府先行擬就反共救國會議辦法草案，徵詢各方意見後，再作成正式定案。

三、大型及小型反共救國會議繼續召開。政府從前所擬開的反共救國會議規模，係大型的會議，可約數百人參加，以求擴大宣傳作用。不過素來關心政治的海內外重要人士，認爲大型會議，近於羣衆大會，無法切實討論問題，不如只開小型會議。爲折衷以上兩種意見起見，我認爲大型會議可先召開，廣泛交換意見。小型會議繼續召開，切實商量辦法，並推進各項工作。大型會議，即大會，可廣泛約人參加，每年開會一次。小型會議即常會，只約各方重要人士四五十人參加，每月開會一次。

四、反共救國會議宜隸屬於總統府，由總統召開，以增加號召力與影響力。

五、反共救國會議的決議，雖不能具有法律效力，然亦須經由參加會議的人士，尤其須經由政府黨盡力設法促其實行。政府黨以外人士最怕這個會議只成爲一種會而不議，決而不行的羣衆大會。所以要希望海內外重要人士踴躍應邀參加這個會議，最好請政府黨對於此點，先行作一個負責的公開聲明。

六、政府宜早日派遣適當的專人，携帶反共救國會議辦法及綱領草案，分赴香港、日本、美國及其他各地，約請重要人士參加，並徵詢其意見。

反共救國會議的重要任務，在一面促進改革政治，一面加緊團結人心。然若無經常工作，繼續推進，則亦不免一鬨而散，效果不大。所以要此會議發生廣大效果，必須藉此會議展開三大自由運動。第一、爲超黨派的自由中國運動。凡屬自由中國的人民，應不分黨派，不分地域，不分海內外，不分階層，不分宗教，儘量聯合起來，維護自由中國，致力光復大陸。只有展開這樣的一種運動，才易於使國民黨以外的人士傾心協作。也只有展開這樣的一種運動，才易於使國民黨人士開拓心胸，保證成功。第二、爲超國界的自由亞洲運動。凡屬亞洲的自由國家，應不分國界，不分民族，不分宗教，不分大小，盡量聯合起來，抵制共同的敵人——蘇聯及共匪的侵略，以保障亞洲的安全。第三、爲超東西的自由世界運動。一切自由國家，不分東方西方，亦不分反共非共，盡量聯合起來，共同奮鬪，以便一面保障自由世界，一面解放鐵幕國家。本文只能略述三大自由運動的旨趣大略如上。至其推行辦法，則宜留待反共救國會議詳訂，並將展開這三大自由運動的責任，分別交給參加會議的人士去執行。

超黨派的自由中國運動，是想造成全國大聯合的形勢，以壓倒共匪的統戰工作。超國界的自由亞洲運動及超東西的自由世界運動，是想造成國際大聯合的形勢，以打擊蘇俄及共匪的侵略氣燄。我們要團結人心，必須積極展開此三種運動。我們要求政治戰有大效，更必須展開此三大運動。

貫徹法治壽世慰親

陶百川

寫這篇文稿的時候，我面前正放着十月十七日的一份報紙，上載蔣總統給總統府的諭示，徵請海內外同胞，就他提示的六項要旨，「直率抒陳所見，俾政府洞察輿情，集納衆議，虛心研討，分別緩急，採擇實施」。

從這個諭示，我聯想到總統五十華誕的盛況和他那時所發表的一篇感言「報國與思親」。總統在那篇感言中紀述他母子二人早年的遭遇和奮鬪。他說：「中正九歲喪父，一門孤寡，煢孑無依」。那時清室政治腐敗，法紀廢弛，「吏胥勢豪，夤緣爲虐」。總統家中「門祚既單」，而又稍有資財，於是成爲他們覬覦的目標。「欺凌脅迫，靡日而寗」。曾因橫征田賦，强令供役，「產業被奪，先疇不保」。最痛心的是法律不能予以保障，抑且「甚至搆陷公庭，迫辱備至」。在這種昏天黑地之中，哀哀小民，大家自保不暇，當然是「鄉里既無正論，戚族亦多旁觀」。總統母子因此「含憤茹痛。荼蘖之苦，不足以喩」。

國家沒有法律，社會沒有公道，老百姓將何所依恃？自然祇得靠自己。於是總統的母親，是「本其仁慈，堅其苦節，毅然自任以保家育子之重。」而總統自己則「立志出國，學習軍旅。」那時風氣閉塞，大家不屑當兵，而總統又是王太夫人的獨子，所以「鄰里譁異，輒相泥阻。」但是太夫人不爲所動。後來「報國與思親」中說：「其力排羣議，拮据籌維，以成其學者，吾母也。」後來總統在留日期間加入了同盟會，這在鄉人看來乃是造反，在搢紳先生們看來乃是犯上，那還了得！所以「戚族相戒，莫敢通問」。但是總統的母親，却不是這樣想法。總統追念着說：「其篤信不疑，多方委曲，以壯其行，辛苦持家，以堅其志者，吾母也」。

我以常理推測這位賢母當時的心理，她之所以能够這樣地堅忍不拔，我想未始不是有激而發。「報國與思親」中有「吾母子含憤茹痛」一句，就是總統母子早年堅忍奮發的張本。她曾對總統說：「吾以煢煢孤嫠，歷人世難堪之境，當其孤苦，曾不知何以自全」。照現代政治的使命來說，那時政府就當給以救助：吏胥勢豪，不准夤緣爲虐；門祚雖單，不成覬覦之的；搆陷則予以平反，公庭自有公理；當局能正躬率物，鄉里必有正論。可是滿清末年的政治，那裏談得到這些道理。所以總統的母親祇得無可奈何地說：「孤寡弱小之賴以自存，舍奮勉自立，刻苦自强，更無他道」。在總統矢志革命之後，她乃勉以大孝報國之義。她寄厚望於總統說：「追念吾家往昔岌岌不保之苦狀，即當推而廣之，俾人世無復有强凌衆暴之慘史」。這是賢母的最後遺訓，總統在二十年前尙自勉地說：「迄今猶無以慰吾母九原之望！」

「艱難夢月，逝者如斯」，現在我們已能將賢母所責望於後人的一一實現，「俾人世無復有强凌衆暴之慘史」麼？沒有。因爲人世還有强凌衆暴的慘事。大陸上的情形不必說，人人皆知共黨是口含天憲，殺人盈野。我們正在準備反攻，救民水火，但因力猶未逮，一時愛莫能助；賢母有知，定蒙鑒諒。我們現在所當檢討的，乃是臺灣是否已無强凌衆暴之事。臺灣的吏胥勢豪，是否尙可夤緣爲虐魚肉人民？人民受了吏胥勢豪的壓迫凌辱，是否呼籲有門，而且一定有效？法律的尊嚴，法治的貫澈，應該是現代社會的屏障，可是司法官的審判能否獨立而不遭受干涉？民間是否已無含憤茹痛之人？獄中是否已無六月飛霜之冤？我們做監察委員的，因爲深入民間，所知較多，每一念及，輒深惶愧。

我們今天慶祝總統的七十大壽，大家應當想到「壽人壽世」的古訓。總統這次號召求言求治的初衷，大約也是本着「以所壽人者壽世」的意思。因此，政府和人民所當注意的，不僅是枝枝節節的孤立的個別事項的建議和改革（這些也有必要），而應該首先着眼於制度，看制度上那裏需要興革。這樣才合壽世之義。其中最根本的一點，我以爲就是法治，就是總統倡導了卅年而今尙須努力的法治。總統在給總統府的諭示中，一再指示建議要率直，要具體，所以我今天不必隱諱，不尙空談，直率地，具體地，指陳下列有關法治的一些事實和意見。

第一、法治的最基本要求，是司法獨立。所謂司法獨立，是指審判獨立而言。而所謂審判獨立，是說一切訴訟案件，應由經辦推事，本着他自己的認識和判斷，去採取證據，去適用法條，去決定主文。他不必請示他的上司，他的上司也不得敎他怎樣判法。換言之，他的審判不受任何他人的干涉。

依據學說和統計，政府機關中最會干涉司法或審判的，莫過於行政機關。而在行政機關或其人員充任訴訟當事人（或做原告或做被告）的時候，基於孟德斯鳩所謂「有權者必弄權」的定律，干涉尤所難免。那時老百姓就會失去法律的保障，而總統母親所痛恨的慘史，就會不斷地演出。爲求審判獨立的確保，使它不受行政機關的干涉，而且把干涉的機會和可能性也根本加以杜絕，現代法治國家所以都把法院獨立起來，不讓它再隸屬於行政機關。

我國憲法第七十七條也明白規定：「司法院（不是行政院——百註）爲國家最高司法機關，掌理民事刑事行政訴訟之審判及公務員之懲戒。」可惜這條規定，現在祇實行了一部份。司法院所掌理的四大對象中，實際祇掌理了兩項和兩項的三分之一。行政訴訟的審判和公務員的懲戒，是歸司法院掌理的；但因行政機關也得以命令撤免所屬公務員的職務，司法院對公務員的懲戒權是已經不算完整了。至於其餘兩項，民事和刑事訴訟的審判，屬於中央的雖歸於司法院，屬於省和縣市地方的，却透過司法行政部而屬於行政院。具體地說，掌理民刑訴訟之審判的最高法院，雖留在司法院，而同樣掌理民刑訴訟之審判的臺灣高等法院和各縣市的地方法院，則一概屬於行政院。如說行政院應當掌理民刑訴訟的審判，那麼最高法院也應屬於行政院，如照憲法的規定，民刑訴訟的審判應該歸於司法院，則高等法院和地方法院自應劃歸司法院管轄。這樣才可杜絕行政干涉司法的途徑，確保審判的獨立。欲談法治，這是急務。

第二、整個臺灣，現在都在戒嚴地域之內，而且正當國家總動員時期。依據戒嚴法、國家總動員法和妨害國家總動員懲罰暫行條例各項規定，人民的財產和自由，這時依法不受憲法的保障，人民隨時隨地有觸犯法網的危險。國家的處境這樣艱難，法律的規定又這樣嚴厲，人民自當忍受和諒解。但是戒嚴的範圍是否可以縮小一點？總動員的手段是否可以放鬆一點呢？這似乎尚有考慮的餘地。

依照國家總動員法的規定，在實施國家總動員法的時候，(而現在就在實施的時候)，政府可加於人民生活財產和自由的干涉或限制，計有二十三種之多。其對象包括一切物資的生產修理支配供給輸出輸入和保管，以及各色人等的生活行動。該法第十六條，甚至規定，政府於必要時得令債權人不准向債務人討債。現在中國銀行不發在臺民股股東的官息和紅利，據說就是根據這條法律。至於戒嚴法的規定，更屬駭人。在一次鼓勵僑資外資來臺的座談會中，一位朋友就提到這一點。他說：「臺灣治安雖較好於其他若干地區，可是臺灣還在戰時，處於戰地，『戒嚴』二字，就足使人聽了却步。其中最使僑胞感到威脅的，就是來了不容易出境。現在每年還有若干僑資回來，實屬難能可貴。假使臺灣能夠解嚴，一切正常化，僑資或可來得更踴躍了。」

我看解嚴恐不可能。但是技術上確有改革的必要。戒嚴法分戒嚴地域爲警戒地域和接戰地域，臺灣本島似乎應該是警戒地域，一切不妨放鬆一些。例如軍法和司法案件管轄權的兩次劃分，對於人民生命財產和自由的保障有着極重要極顯著的貢獻，但我以爲軍法的管轄範圍，還可縮小一些，若干違反劃分辦法的個別的例外，更應加以糾正和杜絕。以期早日實現憲法第九條的規定：「人民除現役軍人外，不受軍法審判。」其實臺灣治安鞏固，人民守法，不比當年大陸時代，用不到再「軍法從事」。

尤其是軍事機關保防人員的活動，尚須進一步求其制度化。這主要是說他們的活動範圍，似乎也應照軍法司法劃分辦法，縮小一點，不得藉口戒嚴和治安，多所干涉。例如保安司令部遊查小組的活動，就應加以限制，他們的工作方法，似乎也有改善和制度化的必要。臺灣不是接戰地域，祇是警戒地域，關於警戒的任務，警察應該已經能夠勝任，似乎不必多勞動軍人。二十多年前，我從外國回來，船到上海碼頭，看到軍警荷槍警戒，人數總在十人以上，心裏很不自在。因爲在外國街上從來不看見陸軍在站崗，警察多是徒手，好多警察(例如倫敦)且着便衣，而且街上很少看見他們，在有些地方，住上三五個月，却沒有看見一個警察。這種情形看慣了，陡見碼頭上軍警林立，人人不免暗暗吃驚。同行二位外國太太，以爲岸上出了什麼亂子，更覺惶惶不安。我們現在看慣了，已經無動於衷，可是新來的僑胞和外國人，也許仍會因此擔心我們的治安可慮。其實我們的治安確是最好的，軍事機關可以少管一些了。

第三、法治的基礎，是守法。老百姓要守法，執政的人更要守法。因爲「法之不行，自上犯之。」不知那位聖人說過這句名言：「法律之前，人人平等。」可是惟有發揮守法的精神，才能做到這步田地，也惟有做到這步田地，才算已是法治，而惟有達到法治，才算奠立了國家的基礎。可是我們目前就缺乏這個守法精神！所以我們還不能達到「法律之前，人人平等」，也不能達到「法律之內，人人自由」，(這句話似乎是蔣總統說的)因而在法律之下就有着許多「例外」的事和「特殊」的人，因而我們還不好以法治自詡。這是我國一大憾事。

這種「例外」和「特殊」的事和人，時時都在發生，處處都可看到。面子、權勢和關係，早已成爲法治的障碍，近來又加上金錢作祟，於是法律更得退避三舍。案頭適有一些關於中央信託局的資料，正好引以爲例。就我所知，該局近來被發現的「例外」和「特殊」事件，有如左列：

該局法定員額，祇有四百十六人，但現在却用着六百四十五人；其中臨時職員一百零九人，借調人員四十六人，其他約聘人員等七十四人。此其一。

自備外滙不准用以輸入物資，但該局年來却替一位龍君以自備外滙輸入人造絲四萬八千鎊，賺了一百六十六萬二千元，又替他輸入人造棉紗二百四十件，賺了四百三十五萬三千元，他兩次共賺了六百餘萬元。此其二。

京亞熱水瓶廠是一民營事業，借了該局的錢還不出，依法應該破產。但該局却爲代管，去年不獨無力還債，而且尚須該局貸欵以彌補虧空。此其三。

該局放欵本有內規，條件很嚴。但該局四十二年底先後兩次放貸新臺灣紡織公司二百萬元，並無抵押品和殷實商保，後來借期一再屆滿而一再展期，迄今三年，尚未收回。此其四。

揚子木材公司老闆就靠這種「例外」和「特殊」發財，想不到雖經糾彈，然當局仍任其繼續「例外」和「特殊」，而且產生了新「例外」和新「特殊」。該公司現欠該局已達一千萬元，財政當局決定要它宣告破產，但又例外規定，如果拍賣所得不足抵償債務時，可以不必拍賣，即由國家行局接辦，不使中斷。該局遵命催告揚子公司依法破產，但該公司到現在仍是延不執行，該局等也不予以强制處分。現聞該公司又在想法要效上述龍君故技，請求以自備外滙輸入物資，據稱非此不能還債。此其五。

類此的「例外」和「特殊」事情，以臺灣之小，已屬更僕難數，中央信託局不過其中一例而已。滔滔之中，面子、權勢、關係或金錢，已對法治開始總攻了。大陸淪陷前夕，上海有人慨乎言之：「守法者死，玩法者富，違法者貴，毁法者(按指共匪)富而且貴」。覆轍可尋，我們還可坐視法律在滔滔中慘遭沒頂而不加以搶救麼！

自由中國誠有許多好的地方，蔣總統這次諭示求言，就是一件好事。但是法律假使不能貫澈，守法的精神和風氣假使不能建立，則好法會變成惡法，而所謂「吏胥勢豪，貪緣爲虐」、「搆陷公庭，迫辱備至」的「强凌衆暴之慘史」，不獨不能根絕，且恐祇是禍之小焉者耳！重讀「報國與思親」，更覺得有强調貫澈法治的必要了。

謹獻對於國防制度之意見

雷　震

總統蔣公七旬大壽將屆，特下令徵詢國人對於國事的意見，欲以對國事諍言代替個人祝詞，以壽國者壽人，誠為我們反攻復國之轉機，乃是一件值得慶幸的事情。總統之謙冲至意，更值我們欽佩。

我以為一國國防制度之良否，關係於一國之前途至深且鉅。日本因軍事制度之不良而覆國，其失敗則殷鑑不遠。我們職司言責者，對於這樣重大的問題，如明知之而不言之，而不能反復言之，對國家是不忠，對總統是不敬，將為國家和總統的罪人。用特率直貢獻愚忱，敬祝總統壽考無疆，反攻復國成功。

一

我們今日是在建國的階段。惟建國必從建立制度着手，否則，空中樓閣，基礎不固，國將無由建立。

一國各種制度的良窳，關係於一國之盛衰與替至鉅。故我們對於百年大計之一切制度——政治制度、經濟制度和國防制度，必須小心翼翼一點一滴的建立起來，既不可爲一黨私，也不應求個人便。

本文要討論的，是我們今後的「國防制度」。

我們今日建立制度的唯一根據，就是中華民國這部憲法。現任總統既是根據這部憲法選擧的，現在的立法監察乃至行政司法考試各院，也是根據這部憲法產生的。是故大家必須奉行這部憲法，一切制度必須根據這部憲法而建立。憲法是一切權力的來源。因此，我們要建立的國防制度，亦必須根據憲法之所示，然後才可以名正言順行之而無阻。凡有絲毫違反憲法的國防制度，不問有甚麼理由可借，不僅制度不易建立起來，如欲勉强設立，必爲各方爭論之的而不能鞏固其基礎。

二

我們國防制度應該怎樣來建立，憲法第十三章基本國策中「國防」這一節規定得很明白。玆將有關條文，錄列如次：

一、全國陸海空軍，須超出個人、地域及黨派關係以外，效忠國家，愛護人民(憲法第一百三十八條)；

二、任何黨派及個人，不得以武裝力量爲政爭之工具（憲法第一百三十九條)；

三、現役軍人不得兼任文官(憲法第一百四十條)。

我現在略述上列幾條條文所含的意義，用以說明我們將要建立的國防制度，不僅要能符合民主憲政的制度，並要使國家臻於長治久安的境地。

在現代民主國家中，要把軍政與民政分開，要使軍政機關受治於民政機關者，其主要目的是要避免以武裝力量爲爭奪政權的流血慘劇。要達成軍政與民政分開的目的，必須使全國陸海空軍，超出於個人、地域及黨派關係以外，變爲維護國家獨立之國防軍。因此，必須禁止現役軍人參加政黨的活動，禁止現役軍人兼任文官。像美國則更進一步，軍人非俟解除軍職滿了一定期限後，不得改任民政官吏。不僅此也，在法美等民主國家，就是行政元首也不能親自統率軍隊，儘管在形式上行政元首是兼任陸海空軍總司令或大元帥之職。這些國家的陸海空軍部長人選，亦均以文人充任，就是要堅守軍人受治於非軍人的原則，以期國家得以長治久安。有人把這叫做：「秀才管着兵，有理講得清」。

再從制憲的歷史來說。這部憲法是根據政治協商會議所協議的憲草原則而起草的。在國共和談的時候，因爲共產黨擁有武裝力量，割據地方，使國家四分五裂，行政不能統一，故國民黨政府提出「軍隊國家化」，要求共產黨把軍權交出來，俾國家免於分裂之禍。而當時的政府軍隊，亦同樣是採行黨化政策，故參加該會議之其他黨派人士，非常贊同此主張，希望國家由實行憲政以造成統一的局面，今後彼此不再以武裝力量爲政爭的工具。故在制定憲法的時候，特規定「全國陸海空軍，須越出個人、地域及黨派關係以外」，及「任何黨派及個人，不得以武裝力量爲政爭之工具」。

此次共匪稱兵作戰，竊據大陸，是以武裝力量來爭奪政權，乃是叛變行爲，我們要實行討伐者這是理由之一。

三

我們再進而討論現在的國防制度。就國防組織法草案的內容及其立法程序來說。

憲法第一百三十七條第二項規定：「國防之組織，以法律定之」。我們行憲工作係於三十六年十二月二十五日開始，行政院於四十一年二月五日將國防組織法草案送請立法院審議。立法院因該案內容牽涉範圍既廣，復與現行憲法多所牴觸，故審議甚久而未予通過。行政院嗣復撤回修正一次，乃於四十三年六月三十日再將修正案送請立法院審議。可是同年七月二日報載中央社訊：「總統七月一日令：特任陸軍一級上將周至柔爲國防會議秘書長」。政府不久又明令蔣經國爲副秘書長。依據報載，國防會議所屬機構，如國家安全局、國家動員計劃局等亦均次第成立。

先從形式上來講。國防之組織，以法律定之，故國防組織法必須經過立法院通過、總統公布後，政府始能付諸實施，否則就發生「違憲」問題。國防組織法草案第四條列有「國防會議」的組織，這是國防組織法的重點所在，亦即立法院過去審議甚久而不解決的爭論之點。現在國防組織法草案尚未經立法院通過，國防會議當然不應成立，可是事實則不然，國防會議之秘書長副秘書長既已任命，而其所屬機構亦相繼成立。是國防組織法儘管未經立法程序，而事實上政府已在依照草案規定，付諸實施。從這一點來說，政府顯然是違背憲法。

次論國防組織法草案的內容，有左列四點是與現行憲法所定原則不符。

一、在總統之下，設置「國防會議」。其組成分子爲副總統、行政院院長和副院長、總統府戰略顧問委員會主任委員、總統府秘書長和參軍長、國防部部長和參謀總長、外交部部長、財政部部長、國防會議秘書長及總統指定之其他人員，以總統爲國防會議之主席（國防組織法草案第四條）。

二、國防會議之任務爲（同草案第六條）：

1. 審議國防政策；
2. 協調政略戰略；
3. 審議國防方案及陸海空軍適度發展；
4. 審議國家總動員計劃。

三、國防會議之下，設置國家安全局、國家動員計劃局及科學顧問委員會（同草案第五條）。

四、國防會議之決議案，經總統核准後施行（同草案第六條）。

茲說明其違憲理由於左：

現行憲法對於行政部門的組織，是採行「責任內閣制」的制度。責任內閣制的特徵有三：

（一）行政院長乃是「行政權」的首領，憲法第五十三條規定「行政院爲國家最高行政機關」，就是表明這個意思。

（二）一切政務均須由內閣處理。憲法第三十七條規定：「總統依法公佈法律，發佈命令，須經行政院院長之副署，或行政院院長及有關部會首長之副署。」

（三）行政院須對立法院負責（憲法第五十七條）。

茲就上述責任內閣制的三個特徵，來說明國防組織法草案之不妥當。

第一　在國防會議裏面，行政院院長只不過是構成分子之一員，而與行政院的構成分子的外交部長、財政部長和國防部長則立於同等的地位。換句話說，行政院長在這裏自無指揮外交部長財政部長和國防部長之權。從國防會議的任務來說，國防會議已變爲太上的行政院。這種制度以下的行政院，當然不會是國家最高行政機關了。

第二　根據責任內閣制的第二特徵，總統是不能直接處理政務的。換句話說，一切政務，事無巨細，均須透過行政院而處理之。即令根據統帥權發動的政務，亦應如是，因爲軍令與軍政是不能截然劃分的。國防會議之組織以總統爲主席，這是總統直接處理政務。

第三　依照國防組織法草案第六條規定：「國防會議之決議案，經總統核准後施行」，是國防會議之決議案，毋須經過立法程序，依此規定，不僅總統可以處理政務，而行政院必變爲聽命和奉行的機關了；行政院對立法院負責一事，也就變爲有名無實了。因爲總統是不對立法院負責的；總統之行爲，立法委員是「無權」質詢的。

四

再進而申論國防會議之任務。這實已侵越了行政院的職權。茲述其理由如次：

國防會議之任務有四：一曰審議國防政策；二曰協調政略戰略；三曰審議國防方案及陸海空軍適度發展；四曰審議國家總動員計劃。這四項任務，其內容包括之範圍極廣，與一般政務均有密切關係，並不完全屬於統帥權的發動，亦不僅與外交財政有關。如徵兵則與內政有關，運輸則與交通有關，國家總動員計劃，除與內政交通有關外，復與教育經濟有關。這四項任務應該屬於行政院職權範圍之內。如果行政院不能管理「全部」軍事，包括軍政和軍令在內，像行憲前一樣，在行政院之外，另設一個軍事委員會以主管軍事，那末，我們的責任內閣制會完全落空的。這種政治可能走上軍人政治的道路。

行憲前的軍事委員會，其所屬機關有軍政部（也是行政院所轄之一部）、軍令部（即過去之參謀本部）、軍訓部（即過去之訓練總監部）、海軍軍令部、航空委員會、軍法執行總監部、戰地黨政委員會、運輸統制局、軍事參議院、政治部等機構，組織龐大，其職權往往凌駕行政院而上之。於是當時的政治變爲「雙軌政治」，齟齬傾軋，隨處可見。論者謂此制之採用，似不免受日本軍事制度之影響（註二）。

戰敗前的日本，因陸海軍首長賦有「帷幄上奏」（不經由內閣討論、由陸海軍首長直接上奏於天皇者，稱之爲帷幄上奏）之權，對於軍事問題可以不經由內閣閣議而直接上奏於天皇，俟其裁可之後，又可以不經由內閣而直接處理。於是陸海軍首長對於內閣則呈現「獨立自主」的狀態，而造成「二重內閣」（雙軌政治）的變局。於是軍部派兵至濟南而內閣猶不知之，關東軍在鐵軌上安置定性炸彈以炸死張作霖而內閣猶不知之。接着關東軍發動了「九一八事變」，而內閣猶懵然不知其行徑。宇垣一成大將組閣，軍部為報復其過去縮減軍備起見，竟不推薦陸海軍部長人選而迫其組閣流產，復發動二二六事件，殺死內閣總理犬養毅……等等。由於軍人自由行動的結果，始而發動七七事變，繼而偷襲珍珠港，而造成二次世界大戰之局，最後日本因此而亡國。由此觀之，內閣如不能管理「全部」軍事，不僅不是內閣制，不能走上憲法政治的正軌，可能造成軍人專政之局，而貽國家以無窮之災害。殷鑑不遠，我們在建立國防制度之初，要充分考慮這些問題。

五

國防組織法草案第五條規定：「國防會議之下，設置國家安全局，國家動員計劃局及科學顧問委員會」。這又是侵犯了行政院的職權。例如國家安全局，乃是主管及監督秘密警察事項。查秘密警察之任務，乃是保障國家安全，自應由行政院管轄之。今竟脫離了行政院而另成立一個獨立系統，那末這一部份政務是好是壞，行政院既不能管理，自不能對立法院負責，而立法院也就無權過問，對其所作所為也就不能有所質詢了。故國防組織法草案一旦通過實施，不僅內閣制要大大的變質，而立法院也就名存而實亡，一部中華民國的憲法，也就只剩軀殼而無靈魂了。

或者有人要說，國防會議乃是仿照美國艾森豪總統所設的「國家安全委員會」的模型而如法泡製的。其實，這兩個機構是不能相提並論的。第一、美國的行政組織是總統制，我國則是責任內閣制。在總統制之下，國家行政權係由總統一人把持，內閣閣員只是他的屬僚，對他個人負責。而總統只對國民負責，並不對國會負責。責任內閣制則於總統之外，另有實際執行政務而以內閣總理為首領的「內閣」，在我國憲法上稱之為「行政院」，其首領稱為行政院長。內閣或行政院要對議會或立法院負責，總統不能直接處理政務，因此總統不負責任。所謂「不負責任」，即元首的公共行為必須預徵內閣總理同意，由內閣總理副署，始生發生效力。第二、美國安全委員會純屬諮詢機關，並無執行政務的權力，故下面未設有關政務之機構，只是將會議結果，提供總統參考而已。即令如此，而今日美國的憲法學者和政治學者，尚有認為這個機構是違反憲法，不應設置的。

六

建立軍事制度必須使軍隊成為國家之軍隊，不能為一黨或一人所有。故建軍之目的要能符合於憲法第一百三十八條第一項所示：「中華民國之國防，以保衛國家安全、維護世界和平為目的」。

今日國民黨在軍隊裏面，包括陸海空三軍和聯勤部隊以及類似武裝部隊之憲兵警察等等，均設立國民黨黨部（稱為特種黨部），這當然是違反了憲法第一百三十八條「全國陸海軍，須超出個人、地域及黨派關係以外……」之規定。這是使軍隊脫離了國家而成為一黨之軍隊。民主政治就是議會政治，亦即政黨政治。就是說，國家政治權力之移轉，只憑人民投票決定而不訴諸武力，庶不致演成流血的鬪爭。如果一國軍隊只屬於一個黨派，不僅他黨一旦執政而無法指揮軍隊，可能演至以武力為政爭的工具。這是我們在建軍的時候，不能不預為之防的。

有人或者認為今日與共匪從事鬪爭的時候，共匪握有黨軍，我們亦應建立黨軍以對抗之。有人又認為為防諜保密起見，在軍隊裏設立黨部才是最有效的辦法。這種論調，似是而實非。我們可以說，正因與共匪作殊死鬪爭的時候，故必須建立全國一致擁護之超黨派的國防軍，才可號召所有反共人士起來共同反共。這正如蘇俄在對德戰爭中，當莫斯科與列寧格勒岌岌可危，軍失鬪志、人民惶恐不安的時候，史太林為挽救國家危亡起見，曾將軍中列寧照片取下，而換上了彼得大帝的照片，取消軍中政治部而換上了「俄國正教」，甚至放棄了共產主義的口號而以「愛祖國」來號召，結果才把前方將領和士兵的鬪志堅强起來，把後方民衆渙散的心理團結起來。這樣才渡過了覆亡的危機，而獲得了最後的勝利。史大林這種做法，只是手段。而我們今日行的是「多黨政治」的憲政，軍隊國家化不是一時的手段而是天經地義。若只許國民黨可以在軍隊裏設立黨部，不許他黨設立，反使他黨反共人士離心離德而不能團結一致。若各黨均可在軍隊裏設立自己黨部，宣傳各黨政治信仰和主張，則軍隊將不復成為捍衛國家之軍隊了。軍隊是要絕對一元化的。故國民黨在軍隊裏設立黨部一事，不僅違反了憲法，而且違反了民主政治的基本原則，實非反共國家應取之途徑。而團結要從實際問題着手，亦非徒託空言所能濟事（註二）。

其次，今日在軍隊、軍事機關和警察機關裏，遍懸「主義、領袖、國家、責任、榮譽」的標語。這也是造成一黨私有軍隊的工具，應予取消。

七

國防組織法草案是不合於這部憲法及其精神，我在上文中已經詳加闡明了。因此，國防組織法草案應該根據憲法所示加以修正，將軍事完全隸屬於行政院之下，使行政院能够完全統轄軍事。

其次，今日軍隊中的國民黨黨部應即取消，現役軍人暫准保留其黨籍，但不得參加政黨的活動。現役軍人在各種選擧的時候，只可參加投票，不得公開表示擁護或反對任何人，務使軍隊超出黨派關係以外。

（註一）　參閱王世杰氏著比較憲法下册第二三三頁。
（註二）　本文大部份係採用拙著「制憲概述」。該文曾由香港祖國周刊發表。

清議與干戈

劉博崑

「清議亡而干戈興矣」，這雖然是一句老話，但却很精確的說明了輿論與治亂的關係。治亂興衰，在中國歷史上本來有極豐富的經驗或教訓，可惜的是，了解歷史的人，不一定有力量影響歷史，而足以影響歷史的人，又太缺少足够的知識從歷史上記取教訓。近代中國的政治變遷極大，而進步却極慢。古老的君權觀念，與近代的民主思想在這長期的演變中，不斷的互相衝擊。所謂清議云云，本來是君權下無權無勇的文人議論朝政的美名，實際與民主政治下的輿論在本質上有極大的區分。但是在近代中國的政治演變中，就是中國傳統君權下的所謂清議，也完全喪失了牠本來就十分微弱的作用。

十九世紀下半期的滿清政權，經太平天國的襲擊，本來是搖搖欲墜，但經曾左的奮起，清廷的壽命又得以延長。如果當政的人以國家人民爲重，在當時的國際環境，中國還足以有爲，滿淸的政權也不至於那樣快的崩潰。同治就位時，意大利才開始成立國會，太平天國滅亡，是同治三年，當時的美國還正在南北戰爭中。日本德川幕府歸政明治天皇是同治七年，而法國第三共和國於光緒元年才得成立。所以同治以後的內外局勢不是不足以有爲，而滿清之所以不免覆亡，並禍延全體中國人民的，完全是由於當政者的無知及其家天下的君權思想在作祟。戊戌政變在近代中國革命史上沒有牠的地位，但是知識份子以國士自許而與專制政體相抗爭，以求國家生機之延續，這在歷史上有其永久不可磨滅的莊嚴意義。那拉氏的淫威足以撲滅康梁等的維新運動而有餘，她在躊躇滿志之後居然鬼迷心竅，煽惑起拳匪的排外運動，而許景澄袁昶因反對這種荒謬的舉動竟而被殺。後代讀史的人，甚至於懷疑那拉氏是否是瘋狂或喪失理性，但是一切暴君這類引火自焚的愚蠢行動，完全是由於迷戀權位醉心專制，所以才有這種倒行逆施的行徑。最後京師淪陷，聯軍壓境，那拉氏挾光緒流亡西安，而於庚子七月廿六日居然發出如下的所謂上諭：

「我朝以忠厚開基，二百數十年，厚澤深仁，淪浹宇內。……不謂近日釁起團教不和，變生倉猝，竟致震驚九廟，慈輿播遷，自顧藐躬，負罪實甚。然禍亂之萌，匪伊朝夕，果使大小臣工，有公忠體國之忱，無泄沓偷安之習，何至一旦敗壞若此。爾中外文武大小臣工，天良俱在，試念平日之受恩遇者何若，其自許忠義者安在，今見國家阽危若此，其將何以爲心乎？知人不明，皆朕一人之罪，小民何辜，遭此塗炭，朕尚何所施其責備耶？……要之國家設官，各有職守，不論大小京外文武，咸宜上念祖宗養士之恩，深維王辱臣死之義，臥薪嘗膽，勿託空言，……滌慮洗心，匡予不逮。朕雖不德，庶幾不遠而復，天心之悔禍可期矣。……」這是一篇典型的中國帝王的官樣文章，開首是官冕堂皇的假話，繼而是不敢面對現實，避重就輕的陳腔濫調，薄責自己，痛駡臣工，畫符念咒，以期天心回轉。但是他却永不忘記炫耀他的君權，而把希望寄託於神權。

瓦德西雄踞中南海，終生「一意做官」、而生命已近黃昏的李鴻章已無從發展他的「洋務」經綸，城下之盟的屈辱已經無可避免，於是那拉氏情急了，於庚子十二月初十日，又以光緒帝的口氣發出如下的上諭：

「……自播遷以來，皇太后宵旰焦勞，朕尤痛自刻責，深念近數十年積習相仍，因循粉飾，以致成此大釁。現在議和，一切政事，尤須切實整頓，以期漸圖富强，懿訓以爲取外國之長，乃可補中國之短，懲前事之失，乃可作後事之師。……着軍機大臣，大學士，六部，九卿，出使各大臣，各省督撫，各就現在情形，參酌中西政要，舉凡朝章國故，吏治民生，學校科舉，軍政財政，當因當革，當省當併，或取諸人，或求諸已，如何而國勢始興，如何而人才始出，如何而度支始裕，如何而武備始修，各舉所知，各抒所見，通限兩個月，詳悉條議以聞。……倘再陷日循敷衍之故轍，空言塞責，省事偷安，憲典具存，朕不能宥。……」

那拉氏雖然又極力炫耀她的威風，但是環繞左右的都是俯首貼耳的順臣，不僅像康有爲、梁起超這類的讀書人沒有了，就是戊戌政變時曾經告密一度被視爲親信的袁昶也因爲犯顏直諫，反對拳匪而被殺，還有誰敢再說話呢？何況那些信得過的大小臣工們，只有聽主上吩咐的美德，那有自己說話的份兒。皇上本來責成他們的只要聽話，而今忽然又要他們說話，這種突變的情況，實在難以適應。這正如今日在大陸的可憐文人，對於沒有講話的自由，本來早已心領，而對於沒有不講話的自由，委實感覺惶惑。但是那拉氏仍不肯放鬆這般吃皇糧的人們，於是庚子十二月廿六日又是一道上諭：

「……近二十年來，每有一次釁端，必申一番誥誡，臥薪嘗膽，徒託空言，理財自强，幾成習套，事過以後，循情面如故，用私人如故，敷衍公事如故，欺飾朝廷如故，大小臣工：清夜自思，即無拳匪之變，我中國能自强耶？夫無事且難支持，今又遭此奇變，益貧益弱，不待智者可知。……

一旦顚危至此，仰思宗廟之震驚，北望京師之殘毀，士大夫之流離者數千家，兵民之死傷者數十萬，自責不暇，何忍責人，所以諄諄誥諭者，則以振作之與因循，爲興衰所由判，切實之與敷衍，即强弱所由分。固邦交，保疆土，舉賢才，開言路，已屢次剴切申諭。中外各大臣其各凜遵訓誥，激發忠忱，深念殷憂啓聖之言，勿忘盡瘁鞠躬之誼，朕與皇太后有厚望焉。」

這道所謂上諭，讀來固然音調鏗鏘，但仍不外是「天王聖明，臣罪當誅」的老調。可是那拉氏忘記了，是她自己專政四十年的結果，所以才造成當時這種奄奄一息的政治局面。她個人的權勢慾是充分發揮了，所謂清議早已滅絕，而滿清帝國也不旋踵而隨同毀滅。歷史就是這樣因果不爽，而極端無情不斷的在演變。

司馬光奉命所編著的歷史，宋神宗命名為資治通鑑，足見神宗是頗想從歷史上獲取教訓。可是司馬光雖是書生，而對於實際政治，因目擊身受更有深切的了解。他知道皇帝是最難教導的，所以書成之後，於進資治通鑑表中，近乎苦肉計的這樣苦口婆心的說：

「臣今骸骨癯瘁，目視昏近，齒牙無幾，神識衰耗，目前所為，旋踵遺忘，臣之精力盡於此書。伏望陛下寬其妄作之誅，察其願忠之意，以清閒之宴，時賜省覽，鑒前世之興衰，考當今之得失，嘉善矜惡，取是捨非，足以懋稽古之盛德，躋無前之至治，俾四海羣生，咸蒙其福，則臣雖委骨九泉，志願永畢矣。」

神宗會否認眞的讀過資治通鑑，史無明文，讀後究竟有無心得，更難確切考證。宋代以後，識字無多的人而君臨天下者仍大有人在，如那拉氏就是這種人。她大概是讀不懂通鑑，也不會想去讀。就是讀過通鑑，而仍然不顧與情專制自娛的，那也只是未曾讀。司馬光在通鑑裏關於盛衰興亡有許多精闢的議論。對於清議與治亂的關係也有一段極精采的論斷。這一段話，專制時代的皇帝如果不想亡國，需要細讀，就是現代的主政者如果心在國家也值得平心靜氣的一讀。話是太消極了一點，可是如果能從正面設想，那就不能說是消極，而應該認為是一種極有價值的教訓，所以值得引來結束本文：

「臣光曰：天下有道，君子揚於王庭，以正小人之罪，而莫敢不服；天下無道，君子囊括不言，以避小人之禍，而猶或不免。黨人生昏亂之世，不在其位，四海橫流，而欲以口舌救之，臧否人物，激濁揚清，撩虺蛇之頭，踐虎狼之尾，以至身被淫刑，禍及朋友，士類殲滅，而國隨以亡，不亦悲乎！」

忠誠的反應

蔣勻田

中國數千年來的政治，只講求治術，而不講求治道，所以始終開拓不出民主憲政的規模。治道與治術之分，譬如衞生與醫藥的關係一樣。醫藥固能去病，然勤講衞生原理，却可杜絕病源。我們數千年來的先聖昔賢與明君良相，只注意到治術，能創立一時的開明專制；然病源未塞，使數千年的歷史，始終循環於「一治一亂」的局面中，致一般人迷於治亂興亡的定數，而忽於基本治道的講求。

政治的要件有二：屬於政府者爲權力；屬於個人者爲自由。歷來善講治術的君相，知所以調和兩個條件的法術，羈勒權力的行使，俾人民得以自由生活，安居樂業，形成開明盛世，無爲而治。到了濫用權力，侵犯人民的自由過甚，就逼成我國的湯武革命；陳吳的揭竿而起；武昌的新軍起義；英國則有克倫威爾的逼宮；美國的獨立；法國則有巴黎的平民暴動；俄國則有克倫斯基與列寧相繼的革命。這些歷史上轟轟烈烈的事蹟，雖云肇始各異，結果不同；然其主要原因，皆由政府的權力，侵犯人民的自由，逼着人民無以爲生，不得不鋌而走險，釀成國家的劇變。

英國經過克倫威爾的事變，漸悟自大憲章以來，政府自身羈勒權力，使不侵犯人民的自由，不如以人民的自由，限制政府的權力，永閉權力侵犯自由之門。因而更進一步承認反對黨是代表人民自由的組織，監督執掌權力的在朝黨。三百餘年，英國只有外患，而無內爭。證明以個人的自由權利，限制政府的權力；以強大反對黨的監督，鞭策執政黨的精進，乃國家長治久安之道。

華盛頓領導美國獨立成功後，因主觀的認識與當代人物的抗衡，立刻開拓出治道，建立憲政的規模。美國的憲法，是世界上第一部成文憲法。其所以採取分權制度，以議會監督政府，以司法獨立判案，即係以自由限制權力。憲法公佈一年，猶以爲未足，又於修正案中，列舉人民自由的權利清單，以彰著人民不可讓渡的自由權利。此乃說明美國在開國之初，即深解治國之道，與其使權力系統自行勒束，不去侵犯人民的自由，不如養成人民自衞權利的能力，使政府的權力受制於人民的自由權利。因而開國不過一百六十餘年，已成世界第一強國。

法國於第一次革命後，又經數十年反覆流血的政變，全國上下才認識治平富強之道，不在政府權力的強大，而在人民自動自發精神的發揚。故第三共和憲法，不惜削弱政府的地位，以確保人民的自由。百十年間，雖遭遇兩次大戰的破壞，仍得躋於強國之林。

中國數千年來，雖飽經易代的變亂，而假藉神權的革命，與假藉民權的革命，皆以保姆的態度對待人民，人民迄無養成自主的機會。及乎民意與政權相背，乃一變保姆之心，利用其所掌握的權力系統，盡力壓制民意的伸張，而作出殘民以逞的行爲，逼着人民走上「梁山」。所以數千年來，只有流血革命，更換朝代；不能走上政黨政治的道路，憑民意的向背，以決定政權的誰屬。

以自由限制權力者爲民主憲政；以權力控制自由者爲專制極權。專制極權的動力發於少數執政者的觀念，未必合於人民的意願，因而形成以少強多，不能不憑藉武力。民主憲政的動力，出於多數人民的政治認識，政府政策根據人民多數的態度，自有上下相諧之利，而成治平之局。

決定人民對政府政策的價值觀念者，是人民受了政策影響的生活經驗與興趣。非與人民享共同的生活，無法獲得與人民的一致的認識。生活的經驗與興趣，又常隨文化的進步而變遷。只有退居在野的反對黨，才能與人民享受同樣的生活。執政年久在朝黨的政綱與觀念，與人民的生活要求相去日遠，自難爲人民所接受，應一時退而在野，再從人民生活的內容中，體驗新識，重訂政綱，庶幾代表人民的權利，增進生活的內容，復爲柄政的準備。

時至現代，民主政治的內涵，已非昔比。一二政治領袖的觀念領導力量，已日形微小；而民衆的自覺力量，已日居上流。故現在英、美民主國家朝野的更迭，已非決之於左傾右傾觀念之辯，而是誰能滿足人民生活意願之爭。空頭主義號召的時代過去，實際行爲感應的時代開始。善用政府的權力，以滿足人民生活的意願，此是政黨保持政權之術；使人民自發自動，以實踐其生活的理想，乃是國家長治久安之道。美國今日地方行自治，工廠亦漸行自治，皆所以發揚人民自發自動的精神。用政府的權力，拑制人民的政治動向，既非治術，更非治道，當然也無法保持政權。只有逼成革命，置國家於循環變亂之中。英國政府，稱在野黨爲英皇陛下的反對黨，同時國庫以首相同等的薪俸，付予在野黨的黨魁，使其專心致志領導反對黨，以監督政府。華盛頓在其退休告別詞中，憂心黨爭足以分裂國事之言，不惜反覆道之；然美國實際政治的發展，仍不能脫離英國兩黨更迭柄政的軌道。證明蒲萊士爵士的話：「政黨乃民主政治的副產物」之合於眞際。英、美兩黨更迭的民主政府，對內已早顯其長治久安之效；對外因兩次大戰的勝利，又證明其爲有效的政治制度；即對今日反共的使命，英、美的民主力量，外而居於領導屏障的地位，內而使共產黨無法發展，其效更彰。因此，我們可以說：㈠保障個人的自由權利；㈡培養反對黨的強大，對內固可長治久安，對外更能堅強不屈。

以上從民主憲政的理論，推論及於民主憲政的效驗，皆係說明治平富強之道，不在政府權力的强大，而在人民心理的和諧。這不是說政府不需要權力，而是說權力的使用，不能違背人民的利益。欲使國家權力的使用，不違背人民的利益，最有效的一着，就是使國家的權力嚴格的中立於黨爭之外。具體言之，就是任何政黨，不能黨化國家的權力組織，以爲一黨的力量。

國家權力最大的組織單位，首爲軍隊，次爲警察，再次爲情報機構，即普通人所說的特務。這些組織是國防或治安的定力；也是對付政敵的有效武力。惟其有效，必爲各黨所樂爭。黨爭可以決定於民意，譬如美國共和、民主兩黨，現在爭奪白宮寶座，已達白熱化的階段，而全國皆宴然等待十一月六日選票的決定。假若兩黨皆蓄有武力，則禍亂之來，難以想像矣。美國現在處兩黨爭奪政權劇戰之際，而能全國宴然無事者，即由於美國的軍隊、警察、特務皆嚴格的超然於黨爭之外，拒受任何政黨的影響。是以美國現役的海、陸、空軍人，有衛國干城的名將，無一黨一人的信徒。其高貴如此，其所以博得國人的景仰亦在此。艾森豪參加共和黨總統候選人競爭之前，必須開去五星上將的榮銜，而變成艾森豪先生的身份。此可說明現役軍人平素必須遠離政黨。杜魯門移交白宮寶座於艾森豪之後，其女兒戲稱之爲杜魯門先生，民主政治所養成的恬澹風氣，令人嚮往。平素追隨保護杜氏的特務，當時恭送杜氏上車，即行告別，杜氏不得私而有之。此種上下公私藹然的精神，實富有大國民的風度。此即說明特務人員乃國家安定的力量，不願爲任何政黨的私武。美國的警察，屬於地方自治系統，更無參加黨爭之可能。此皆美國所以治平富强之道，吾人若求建國，應予留意體察模倣。英國、法國，亦莫不如是。蓋民主國政權的更迭，惟有決定於選票，國家的武力，遠離於政爭，卓然保持其定力的尊嚴。艾森豪政府不能化國家的公器爲一黨的私武；與杜魯門政府不能化國家的公器爲一黨的私武，係同一信念。即民心只有以政績滿足，武力不足以久保政權。化公爲私，以力臨政，殊違治道，絕無久享之理。

民國三十五年，政治協商會議召開於重慶之始，「軍隊國家化」之口號甚響，周恩來於其開幕詞中，强調中共之扛起槍杆，乃係逼上梁山。周氏迎合當時輿論，其辯甚狡。張君勱先生於對日抗戰之初，函勸毛澤東交其軍隊於今日的蔣總統，以一指揮，永杜亂源。此乃正本清源之圖，當爲毛氏所拒絕。政協召開之前，我與毛氏在重慶相晤，談及張先生勸彼交出軍隊之函，毛氏說：我自信共產黨的政治鬥爭技術，不在任何政黨之下，但在國民黨不斷以武力摧殘我們的生存時候，我不能交出軍隊。你們也係被壓迫的在野黨，張君勱先生沒有機會練兵，他有機會練兵，亦必與我一樣云云。我即反問之，假使我們的心理已可銷釋武力摧殘的威脅，你們願意放下武器嗎？他以滑稽的態度說：希望有此一日，使蔣先生(指筆者)的意見成功。我說：只要有一造先下決心，打破此僵持之局，此日立刻可來。後來君勱先生回國，我詳述此一段話的結果，引起民社黨拒絕現役軍人入黨的決議。此一決議雖無補於中國今日的命運，然此種決心，仍有介紹的價值。

根據以上的決心與認識，所以君勱先生執筆起草憲法時，即想隔離國家的武力於黨爭之外，因有今日憲法第一百三十八條的規定：「全國海陸空軍，須超出個人、地域及黨派關係以外，效忠國家，愛護人民。」可是現在的實際情況，並沒有遵照憲法的規定。海陸空軍內部，除一黨人員獨佔的政治部外，尚有國民黨黨部的設立，這是我們深引以爲憾的。說者認爲用以反共的武力，須經過思想的訓練，變成黨軍，然後才能打敗共產黨的軍隊。此說果眞，則我對反共的信心將更低了。因爲民主集團的反共軍隊，現在仍以美、英、法、土的兵力最强，這四國的軍隊，皆係純粹的國防軍，未與任何政黨發生關係。西歐將要建成的西德軍隊，東亞將要建成的日本軍隊，兩國皆在多黨對立的政治下，也不可能經過一黨的訓練。即與韓共對峙的南韓軍隊，亦非南韓自由黨的黨軍。其他如北歐南美各國的軍隊，西南太平洋聯合集團的軍隊，皆係保衛民主的武力，然皆未受其國內任何政黨的洗禮。單憑我們這一隻曾經黨化的兵力，爲有效對抗共產黨集團的兵力，縱使一以當百，還是有衆寡懸殊之感。所幸沒有經過黨化的民主國軍隊，對抗極權的戰爭，總是打勝仗。戰勝歐洲日杜魯門的廣播說：「這些愛好和平的國家團結在一起，已經在西方表現他們的兵力是遠比曾經一度稱我們輭弱無能的獨裁者的力量、或軍閥們的專橫强大多多。」因此，從正反兩面的理由看，非經黨化的軍隊不能反共之說，應該不能成立。老實講，今日國民黨黨化軍隊的設計，還是黃埔練兵時，受蘇俄顧問的影響，所生的觀念的回顧，也可以說是歷史的惰性，沒有什麼新的內涵，發生不了新的奇蹟。打破歷史的惰性，如同斷絕嗜好一樣，須要痛下決心。政府今日與美國訂有軍事協防條約，而美國又與其他民主國家訂有同樣條約，是中國的兵力已與民主國家的兵力，聯爲一根陣線。無論從內在理由說，或是從外在的形勢看，都該是國民黨打破歷史的惰性，痛下決心，放棄舊的觀念，將軍隊完全國家化的時候了。現役的將校官兵，已有黨籍者，爲表現其軍人光明嚴正的精神，准其聲明脫離，今後不許再入任何政黨，長保超然公忠的地位，負荷神聖衛國的任務。軍隊既經國家化，更盼執政的國民黨再下決心，令警察與情報人員亦一律退出黨的關係，純爲安定國家的力量，永不涉足於黨爭之中，專負其爲現代國家不可或缺的使命。左舜生先生在香港自由人報發表政論，希望國民黨在反共救國會議召開以前，「退爲普通政黨，以減少會中各方的責難。」洵爲知言。所謂退爲普通的政黨，就是要將黨化的國家權力系統，一齊奉還於國家，與國中其他政黨處於平等的地位，俾其他政黨與國民黨有相異之見，可以立於同等地位相爭；與國民黨有相同之見，可以立於共同立場合作。今國民黨武有軍隊、警察、特務；文有學校、青年救國團及報紙，可以說已盡握國家的兩大動脈，使其他政黨處於絕對劣勢，反對和監督的力量，當然無法養成。教育、宣傳都在一黨之手，一般人浸漬於一種論調，無法鼓起公正的社會風氣。政府官員在獨佔無競氣氛之中，自易沓泄成風，無人負責；而貪汚之充斥，猶其餘事。如此頹萎的政風，何以擔當歷史得未前有的艱鉅使命？然此糜廢之象，實由於特殊優越的條件所養成。孟子說：「外無法家，內無拂士者國恆亡。」現在的法家拂士，就是反對黨與自由的人民。黨不變爲普通的政黨，在一黨籠罩之下，不但不能有强大的反對黨，也不能有眞正的自由人民。由現在一黨獨佔泄沓的政風觀之，可以反證確保人民的自由，承認反對黨的監督地位，是憲政立國的規模，也是長治久安的大道。

國民黨不同與普通政黨的原因，不在其長期執政，而在其黨化軍隊、警察、特務、學校，只要國民黨願眞奉還這些組織力量於國家，則立可變爲普通民主的政黨。雖則變爲普通政黨，然在立法院中，仍居絕對多數，自應賡續柄政，以實踐其所懸的政治理想。此乃憲政的常軌，亦是近代民主國家的公例。以上說明了治道與建國的規模，然後再進而解答蔣總統博徵衆議的六大課題。

總統的六大課題，包羅甚廣，治道與治術兼備。非從治道進解，總是捨本逐末，難期實效。譬如第一課題——實現三民主義的興革急務，若不從治道設想，只求加重黨化，實等南轅北轍。此鎖能開，全局皆活，可以說是六個課題的樞紐。

三民主義是國民黨所懸的政治理想，將民族、民權、民生三個理想付諸實行，成果應爲民有、民治、民享的民主國家。中山先生如此立說，憲法上亦如此規定，應無疑義。民有、民治、民享乃林肯的演詞，亦係美國當年的政治理想。覘其所以實現此理想的成規，首在確認人民有不可侵犯的自由權利，雖黑奴亦不例外。人民有自由權利，自可形成强大的反對黨，監督執政黨。本此治道，林肯當時統一了脫離的南部各邦，而未形成中央的集權；解放了黑奴，而未招致種族的對立；變更傑佛遜的農業自由經濟，成爲保護工業政策，私人資本因而發達，然未構成官僚資本，影響政治的淸明。人民有權，反對黨有力，實爲政治防腐的要劑。美國政府有此防腐要劑，所以能實現民有、民治、民享的理想。國民黨既懸三民主義爲其政治理想，倘循美國的成規，以普通執政黨的地位，求其理想的實現，我們惟有樂觀厥成。我們居於反對黨的地位，只有看其實現理想的方法與結果，是否有損人民的利益以批評之。

民主國家執政黨所標的政治理想，已因選舉的勝利，獲得人民的批准而執政。執政的使命，即在實踐理想。只要尊重國家公器，不因政權在握之便，化公爲私，雖因實行政策而有更張，不可視爲黨化。一九四五年英國工黨柄政之初，對於鐵路、銀行、煤礦、鋼廠相繼收爲國有，以實現其所標榜的社會主義，保守黨只能批評其成績的好壞，不能責之爲黨化。假使工黨假政權之便，本其所信仰的主義，以訓練軍隊、警察、特務與青年，則非保守黨所能容，亦非英國國民所可許。當今副總統陳辭修先生長行政院時，余適爲其閣員之一。陳先生力主實現中山先生耕者有其田的理想，提出耕者有其田的方案於行政院會議，余卽席聲明曰：此爲國民黨執政以來，第一次向人民實踐所允許的政綱，乃近代政治負責的態度，我願樂觀厥成。其後我又以此意，報告於民社黨中央常務會議，並主張支持國民黨土地政策的成功。此乃政黨所以容忍彼此互異之道。我們對國民黨決心在臺灣實行三民主義，絕不認爲是黨化臺灣。可是三民主義的目的是：民有、民治、民享。建設民有、民治、民享的臺灣，必先確認人民爲主人的地位，政府的官員要變成公僕的身份，向人民負責。所謂向人民負責，卽去留之權，操諸人民，而非由於上峯之好惡，對於下屬之錯誤，以責罵而了事。必使官員深凜監督者在傍，替代者在後。如此，則政府官員祇有注意民意之好惡，而不至揣摩上司之意旨，則負責勤奮之風可揚，而官僚泄沓之習可替。以當時目覩行政院實行土地政策所具的負責態度，我可預斷：遇事推諉，遇事請示的政風，難有建成民有、民治、民享臺灣的奇蹟。國民黨果欲完成其歷史的任務，第一要着，必須變爲英美式的普通執政黨，嚴格遵守憲法，交還武力的組織於國家；交還青年學生於淸靜的學校；黨員退出司法機關；警察屬於自治範圍；確保人民不可侵犯的自由權利，肯與在野黨立於公平的地位，有了這些驚天動地的措施，對國民黨則可以滌盪黨員內心的優越感。這些優越感，就是使人民離心，政風貪墨的魔鬼；對海內外的反共同胞，可以表示國民黨已澈首澈尾走上普通民主政黨的道路，這就是團結海內外反共救國意志的共同基礎。有了這些蓬勃向上的氣象，與恢宏豁達的風格，可說已從精神方面奠定了制服共產黨的力量，至於掃除不良政風，勵行節約生活，乃餘事耳。以上所論，看似迂濶，實是基本，顧在力行如何耳。

打破歷史的惰性，須要至大至剛的決心；開創新的局面，必賴獨來獨往的人物。國民黨以黨治國，垂三十年了。中經艱苦的對日抗戰，現又遭反共的慘痛失敗，退處孤島，仍循加緊黨治的舊路，謀啓新元。荏苒八年，環境日形嚴重，而新元終無可啓。總統以對國民黨先知先覺的身份，發表六點博徵救國意見的號召，據聞幾又爲近習所隱閉，可知歷史的惰性，實足阻碍奮發的鴻圖。總統第六點意見，希望國人對其個人作歷史價值的判斷。此種「君子之過，如日月之蝕焉」的態度，至足爲人嚮往。然我盼望此次總統的六點號召的動機，是至大至剛的決心，必達打破歷史惰性的結果；是獨來獨往的風度，必收創造新元的奇蹟。於此，則總統將以領導北伐的史事；領導抗日的史事；加以行憲反共的表徵，付予千百年後的史家了。

民主政治的基本精神——合法的反對

魏正明

蔣總統於本月十六日發佈了一項手令，除對各方為其本年七十生辰的祝壽之舉表示婉謝之外，並提出了六個問題，希望全國報章雜誌，徵請海內外各方人士加以研討，直率抒陳所見，提出具體辦法，以供政府採擇。從蔣總統所提的六點來看，可以說輿論所需要批評的對象，均已包羅無餘。即是蔣總統個人，也表示願意接受大家對他的平日言行、生活與個性作坦率的批評。這種虛懷若谷的精神，是非常值得欽佩的。以元首之尊，年屆古稀，全國各界表示慶祝，自屬事理之常，原無可非議；不過，祝壽究竟是一種世俗的舉動，現在蔣總統不僅表示謹辭，而且希望大家轉移這一份祝壽的熱情去研討國事，以批評代替祝賀，以正言危論代替歌功頌德，將對國事的意見作為祝壽的禮品。這一個轉變的辦法，眞可說是化庸俗為高明，化腐朽為神奇，不特是顯示出蔣總統個人高度的智慧，開明的作風；而且使中國今後的政治更增多一些民主的氣氛，從而逐漸走入一條較寬濶的道路，宜乎獲得各方面良好的反應。

本來，嚴格的說，所謂「廣開言路」，只是君主時代的一個作法。在民主政治之下，「言路」是永遠開放着的。因為民主政治就是輿論政治，一切以民意為依歸，自無所謂開放與不開放的問題。不過，近幾年在臺灣，雖然是根據憲法實施民主政治，而且有不少的人正在為爭取言論自由而奮鬭着；但是當政的人，總唯恐一旦言論的尺度太寬，便有損於政府的威信，或者會無意中授與共匪以攻擊自由中國的口實，甚且疑心到會被共匪所利用，於是雖則並無對言論新聞的檢查制度存在，而無形中却有一種限度，因而有許多對人對事的意見，即無法見之於報章雜誌之中。這些意見既無法公開發表，大家就難免有一種抑鬱牢騷，私相議論，這從很多私人的談話中，都隨時可以聽到。我想我們每個人都會有這同樣的經驗，在私人談話的場合，談論到政府某一個措施的不當，或臧否某一個顯要人物，大家的意見都是一致的，乃至在座如有政府高級官員，他也覺得大家的批評是非常允當的，然而他在會議的場合與當局的面前，却並不敢作此同樣的主張，或者將他所聽到的意見轉述出來。這樣一來，政府與人民之間自然會因壅塞而發生距離，民主政治便會逐漸變成「官主」政治，這是一個潛伏的重大危機，如不及時糾正，很可能導致民心的離散，豈只於削弱反攻復國的力量而已？現在蔣總統既經明白的表示，要大家盡量的來批評，不論其方式是否尙有值得批評的餘地，但我總覺得是一種極可喜的現象。能夠打通這一個壅塞的障礙，使大家可以放膽的說出其所要說的話，自必能變抑鬱為舒暢，化戾氣為祥和，國家轉圜剝復之機，也許就在此一念一舉之間。因此筆者也願以極為興奮的心情，提供如下的幾點意見。

首先，我認為今天如不談促進政治的改革則已，不談建立民主政治則已，要談，第一件要緊而必須做到的事，便是要政府拿出最大的魄力和最大的容忍來扶植一個有力的反對黨。因為在民主政治中民意的表現是以議會為中心，行政部門必須要向議會負責，如果議會中沒有有力的反對黨，則行政與立法機關便成了一鼻孔出氣，執政黨的政權既永無失掉之虞，在唯我獨尊的情形之下，當然也就不會力圖進取，注意改革，甚而至於不顧民意，獨斷專行。英國是一個歷史最悠久、制度也最完整的民主先進國家，而她也就正是一個最能尊重反對黨的國家，英國國會中的反對黨稱為「英王陛下的反對黨」，其領袖且由國家給予固定的年俸，因為他們認為容許合法的反對，乃是民主政治的基本精神，而且反對黨的存在，不僅不會破壞團結的力量，相反地會促成一種更忠誠的合作。英工黨領袖艾德禮曾經說過：「堅強的反對，對民主很有裨益，反對黨在英國扮演要角，它不僅服從政府，且與政府合作。」這幾句話，實足以破除今天許多人害怕反對黨產生者之迷惑。我們自行憲以來，於茲八年之久，始終不能在議會中形成一個有力的反對黨。我以為民、青兩黨人士之未能自奮自發，甘處於完全在野的地位，固然也是原因之一；然而更重要的，還是國民黨與國民黨的政府，缺乏扶植的決心與雅量。今天蔣總統既已誠懇的表示，要求國人對國事及其個人，直率批評，提供意見，而這一個表示，又不同於過去聖君賢主之「開放言路」，只是議論由人，取捨在我，並且所謂國事，範圍甚廣，所謂興革，因時而異，自必須有一班作此經常批評的人，有一個經常從事檢討，提出意見的機構。這個機構，就是議會；這些人，就是反對黨。因此我要在此重新提出，我們一向贊成在立法院中成立一個有力的反對黨的主張。有了這個反對黨，由於朝野兩黨爭取選民的強烈競爭，自必會隨時迫使執政黨根據民意之趨向，接受輿論的批評，從事不斷的改革，蔣總統所急迫要求的革除官僚政客與力圖改革的願望，也就可以實現了。關於扶植反對黨的問題，蔣總統在其手著之反共抗俄基本論中亦會指出：「本黨（國民黨）民權主義當前的任務，一方面要鞏固黨內政黨政治的基礎，而另一方面，同時還要對於反共抗俄的友黨，輔助其長成壯大，為本黨反對黨樹立規模。」由此足見筆者在此強調這一主張，也就是蔣總統所一向主張的，那末今天我們所要求的，不過只是希望政府能將蔣總統所說的，付諸實現而已。

其次，我們為蔣總統的此一指示，其所要求於國人對政府提供意見與批評，如果是並不以此一次為止，而政府的所行所為，還需要國人不斷的發表意見，予以批評，俾能使政府不斷的根據這些意見與批評以從事改革，則出版、言論自由的澈底作到，實爲當務之急。因爲一般對於政府所提供之意見與批評，是不限於一時一事，也無法遇事向總統去作書面報告，那末最好發表此類意見與批評的地方，便是報章雜誌。歐美民主先進國之所以特別重視出版、言論之自由，且認爲民主政治即與論政治，即是此理。今天在臺灣，我們不能說絕對沒有出版、言論的自由，但是這種自由是有限度的，也是無可諱言的事實。以出版而論，對雜誌刊物之尺度較寬，對報紙則似乎已經不再准許新的民營報紙創立，其所持的理由是紙張的供應不敷，這當然是不能成爲理由的。按照出版法，人民創辦報紙，只要依法申請登記，即可出版。而今天在臺灣，請求核准一個報紙的登記，那幾乎是不可能的事，於是報紙的登記證變成可以頂讓的財物。最近工人報所發生的糾紛，就是因爲頂讓登記證的緣故，如其創辦民營報紙，政府不加限制，則工人報的糾紛就根本不會發生，這是一個極新鮮的例子。在政府方面，以爲民營報紙太多，管理必更困難，於是以不發登記證的辦法來加以限制，實則揆諸民主政治的原則，根據憲法的規定，這都是違法而不合理的。出版法的制訂，其目的乃在保障出版之自由，而不是爲限制這種自由的。

至於言論方面，近年來雖已比較放寬，但並未達到理想的程度，這是每一個辦刊物報紙的人都能感覺得到的。每每有許多關於政府的措施，一般人私下議論，都認爲是不當的，然而却不能公開批評，或是事先受到勸阻，或是事後受到警告。殊不知「防民之口，甚於防川」，私室的議論，其影響決不下於公開的批評；而且公開的批評，可以促起政府的憬悟，如與事實不符，政府還有申辯解釋的機會，而私室的議論，則等於無形中培養怨氣。左舜生先生最近在香港「自由人」三日刊寫過一篇文章，曾指出臺灣一般人的情形說：「敷敷衍衍於稠人廣衆之中，疾首蹙額於私人談話之際」，這是實情，也是最大的危機。等到「舉天下如居積薪之上，人人懼焚，而朝廷相蒙，曾莫之省」，那末雖有聖哲，也就無法挽回了。政府之所行所爲，不是永遠沒有錯誤的，如其永遠沒有人指出，也就永遠不會有改正的可能，民主政治之所以尊重與論，其理在此。在今天的臺灣，也許有人認爲過多的批評政府，會損害政府的威信，無異授予共匪以宣傳的口實。其實這只是一種因噎廢食的想法，掩耳盜鈴的打算。你以爲政府的不當措施，人民的不良反應，只要不形之於報章雜誌，共匪就會永遠不知道嗎？須知我們今天所爭者，在於以最賢明進步的政治來挽回已失去的人心，只要我們有事實可以證明，共匪的惡意宣傳是不會發生效力的。古人云：「人非聖賢，孰能無過，過而能改，善莫大焉。」我們今天不應該怕有過錯，就怕知過不改，諱疾忌醫，不讓大家批評，而來粉飾太平。筆者曾聽見有一位國民黨的朋友轉述，說蔣總統曾在某次的會議當中，指示大家：不要因爲害怕共匪拿去作爲宣傳資料，便不讓大家把應該說的話說出來(大意如此)。由此足見蔣總統本人的意旨，是同意與論對政府的批評。現在政府當局，如其不是想存心矇混蔣總統，那末就應該澈底的開放言論自由。

除了出版、言論的自由之外，還有一點與此有關的事，我要在此附帶的提出，而是政府應准許各種書報雜誌發行到它所能發行的地方去。因爲目前在臺灣，有許多書刊是不被允許發行到某些學校或軍隊中去。「自由中國」、「自由人」、「民主潮」等刊物在軍隊中被明令禁閱，「自由中國」曾在臺南農校被列爲禁書之一，這些都是有憑有據的事實。禁止的目的大概是因爲某些刊物刊載有批評政府的言論，而這些言論也就是他們所認爲有損政府威信的，唯恐那些人談了之後，對政府的信心發生動搖，於是乾脆禁止閱讀。其實這種辦法是非常笨拙的，你以爲不許他閱讀，他就永遠會看不到嗎？除非你永遠將這一大羣人錮禁在那一個小天地之中，不讓他們與外間接觸，否則這種辦法是不會有效的。而且，基於人類好奇的心理，愈是被禁止的東西，愈是流傳太廣。如其能够不時的看到，也許並不覺得有甚麼新奇，等到他忽然發現了的時候，他會感到了不得的嚴重。正如一個老於征戰的士兵，在槍林彈雨中，他仍能保持沉着；而一個毫沒有戰爭經驗的人，一聽到槍聲便會魂飛魄散，這是同樣的道理。俗語說：「紙包不住火」，如果政府或社會上有某種不良的現象發生，他們也會有機會可以聽到，他們也同樣會去思考，會加以議論與批評。防民之口，固然不可能，掩閉人民的耳目，也同樣是辦不到的。求知是人類的本能，辨善惡，別是非，也是常人所具有智慧，既不能禁其不知、不見，也就無法禁其不想，如能使其隨時可以看到這些並非「大逆不道」或是「爲匪張目」的文字，也許正可以幫助其判斷與認識的更能正確。反之，如果認爲這一大羣人，只要一接觸到這些書刊，他的思想與其對政府的信心就會動搖，會使之失去控制，那麼這種控制力也就薄弱得太可悲了。我希望設計這種辦法的人，要作進一步的考慮，更希望政府要澈底的廢除這種禁令。

如上所述的三點意見，讀者看過之後，也許認爲這只是平淡無奇的老生常談，而且有許多人已經先我而說過，即是「自由中國」這本刊物，也曾不斷的刊載過此類主張的文字；但是我以爲這幾點平淡無奇的老生常談的意見，乃是今天國民黨及政府所必須下最大決心去做到的，也是實施民主政治與團結人心，充實國力完成反攻復國大業的最基本的條件，今後能否旋乾轉坤，撥亂反治，亦正是以此爲其契機。因此，筆者不憚詞費，再加强調，以促起大家的注意。

最後，關於反共救國會議一事，我想亦在此略爲談及。自從行政院副院長黃少谷氏在立法院答覆了立法委員有關此一問題的質詢以後，雖則他一再表示那只是「個人」的意見，然而海內外人士却爲此而表示重大的關切，寄以殷切的希望；但也正因黃氏曾一再表示是「個人」的意見，於是不免使人懷疑到政府究竟有無召開此一會議的誠意。最近復因蔣總統提示了上述之六大問題，要求國人共抒所見，有些人又想到也許這就是代替反共救國會議的一種作法，眞意是否如此，我們雖不便妄加揣測，可是我總以爲政府對於這一件事，至少應該有一個確切的說明，不容含混其詞。支票已經開了兩年，尚未兌現，現在於再度提出之後，又閃閃爍爍，不敢正面答覆，這倒是眞會有損政府的威信，使人感覺到政府對於這類問題是根本沒有誠意的。

建立自由教育必須剔除的兩大弊害

羅大年

今年的十月卅一日是蔣總統七十華誕的日子，總統深感大陸沉淪，國難方殷，所以一再婉辭各方發起的祝壽舉動，並籲請海內外同胞對政治、經濟、社會、文化各方面「率直抒陳所見，俾政府洞察輿情，集納衆議，虛心研討，分別緩急，採擇實施」。更望對其「個人平日言行與生活，以及個性等各種缺點，作具體的指點與規正」，對他古稀之慶作更有意義的紀念。

由於總統誠懇態度的感人心腑，適足以讓人堅信總統有使中國建立更完美民主政治的決心，所以文告一出，海內外爲之歡呼，深感總統求言之至意。我以一個多年從事教育工作的人，也不揣冒昧，謹陳管見以爲總統壽。

本來，今天教育上需待辦決的問題和可議之處很多，重要的如各級學校學生的升學問題，國民學校畢業生直升初中問題，畢業生的出路問題，開放或關閉留學政策問題，僑生的教育問題，教師的待遇問題，畢業生受軍訓時間的長短問題，大學招生的聯考問題，減輕學生課外活動問題，教科書問題……等等，眞是不一而足。不過，如果我們說，當前急務厥爲反共抗俄，建立民主政治，則這些問題尚可說是「小焉者也」，而對於當前教育，最具惡劣影響急應改善者，我以爲有兩項：

一、青年反共救國團問題：青年反共救國團的成立，這是近三年來教育界最重要的一件事，因爲它直接的影響了中學和大學的教育。而救國團自成立以來的後果如何呢？我們應不客氣的說：「只見其害，未見其利」。

甲、强迫同學參加，違反民主教育：救國團讓同學參加，在名義上是「志願」，其實，這是天曉得的事！請問「今日之域中」可否有非救國團團員身份的學生。名爲「志願」，實爲「强迫」，所以在同學辦入團手續的時候，多有怨言，而且也使青年學子的心靈上，印上一個很不光明的痕跡。

乙、干擾學校行政：本來一個學校的事情，就是由學校當局來管理，這是天經地義的事。可是現在憑空又多了一個「管主」，而且「活動繁多」、「軍令如山」，使學校當局「應付有心」而「招架無力」。所以學校當局沒有不深感頭痛，可是也只有敢怒而不敢言，甚至是連「怒」也「不敢怒」。

丙、浪費國家公帑：救國團自成立以來，眞可以說是三日一小事，五日一大事，活動頻仍，其開支的浩繁，概可想見。今天國力這樣艱難，政府在各方面都盡量撙節開支，公教人員和前方戰士的待遇如此微薄，而坐視救國團的浪費公帑，這是不可理解的一件事。

教育是國家的百年大計。國家培育後一代人材，只有用「正常」的教育方法，沒有任何捷徑。而一個學生的報國之道，就是把自己做成一個好學生。所謂好學生，就是在智德體三育都能達到優良的成就。在學生時代能做到這些，就是報國救國了。如果不此之務，天天參加各種活動，這不是救國，其結果實在是誤國。在教育體系之外，另立許多組訓學生的系統，只能擾亂學生身心，耽誤學生課業，對於學生不能有甚麼好處。當此總統誠徵興利除弊之言的時候，我們是否應該從根本上改革一番，以不使擾亂了正常的良好的教育呢？

二、研讀總理遺敎，總統訓詞，總裁言論，三民主義問題：這幾年來，減輕學生的課業負擔，是教育當局特別致力的一項工作（主要的是中學），所以國文、數學、歷史、地理、物理、化學等各種功課的時數減少了。然而，是否學生課業負擔減輕了呢？沒有。何以各種功課都減少而同學的負擔仍未減輕呢？可以說教育當局根本沒有正視這個問題。教育當局所想的辦法是藥不對症的，甚或可說是風馬牛不相及，因爲使學生負擔繁重的並不是課業，而是三民主義、總理遺教、總統訓辭、總裁言論，救國團發下的小冊子等等。而且經常舉行考試或測驗，學生們除研讀之外，更要整段整篇的背誦純熟，才能得到圓滿的分數。學生本身的課業，再加上這些課外的課業，自然是太多了。這就是幾年來學生課業負擔不能減輕的眞正原因。

我們遍觀世界上的民主國家（恕我們不能把新民主主義的國家包括在內），沒有任何國家是勒令學生必讀某一種主義，必讀當政者的言論和訓辭的。華盛頓、林肯對美國的貢獻雖大，但從未聞美國政府强令美國學生必讀他們的言論。邱吉爾對英國的貢獻雖大，但在他當政時，也從未聽說要英國學生恭讀他的訓辭（當然他也沒有訓辭）。

我默察這幾年來自由中國的教育趨勢，實在使我不能不抱有很大的隱憂。按照通常的考慮，身爲教育當局者和身爲長輩的人，應如何珍愛其後一輩之學子，應竭盡一切可能，使他們受最合理的教育，最好的教育，充實他們的學問，健全他們的民主觀念，以使他們日後長大成人建立更好的國家和社會。但是目前的趨勢，似乎正與此相反。

我很奇怪，以總統領導北伐，消滅反動的軍閥勢力，結束軍政、訓政，建立民主憲政，抵抗赤色極權，數十年如一日的苦心孤詣要想建立民主中國的決心，早已爲海內外同胞和世界各國人士所共悉，可是總統的某些部屬們，竟不能爲總統分憂，不能善體總統的意願，有意無意做出很多和總統建立民主政治初衷相反的措施。總統是締造中國走向民主政治的偉人，我們可以想像到，像他這樣的民主巨人，絕不願意看到有任何組織或團體破壞了中國的自由教育，也絕不願意看到世界已經進入原子能時代的時候，而中國的學生們還全都抱着總統言論來背誦。試想，如果因爲這些措施而使人懷疑了總統建立民主的誠意，總統聽到如何能不疾首痛心？

我相信自由中國的大小官吏都是愛戴總統的，都希望總統能有更高的聲譽和成就，那麼你們應盡力的爲總統分憂，善體總統的民主夙願，多多的建立民主措施，這才是眞正的愛戴總統。我以一個從事教育工作者的身份，期望教育當局也能善體總統的意願，建立良好的自由教育，剷除目前教育中的弊害。

給讀者的報告

今天是蔣總統七秩華誕，這是我們自由中國擧國上下所應歡欣頌祝的日子。爲了響應總統的昭示，我們特地出版了這一期的專號。我們一方面將這一期的發行日期提前一天，而在蔣公華誕之日出版；一方面將篇幅增至三十六頁，並將通訊文藝各欄的稿件暫停一期，全部登載響應總統昭示的文字。我們願藉這個機會，重申我們對國是的意見和主張，作爲我們向蔣公祝壽的一份更有意義的賀儀。

這一次，蔣總統頒佈手令，以「壽人不如壽國」之意，婉謝國人對他的祝壽，並揭擧六項問題，希望全國報章雜誌，徵詢海內外各方人士，加以硏討，直率抒陳所見，提供具體辦法，以供政府採擇。蔣公這種謙冲虛懷的精神，誠使國人欽佩。本來，對國是發表意見應是輿論經常的責任，固不必限於今日。本刊自創刊到本期的發行，恰已屆滿七年。這七年間，我們一直本此立場，中間所發表的政論文字何止數百篇？無一而非指陳時弊，促請政府改革者。現在蔣總統既公開「求言」，我們當然更應知無不言，言無不盡，以善盡輿論之責任。這正是我們編輯這一期專號的用意之所在。

這一期的專號，除一篇社論以外，一共有十五篇文章，每篇都是抒陳國事意見的議論。由於這十五篇文字之同一性質，所以編排次序只能按照作者姓名的筆劃爲序，同筆劃的則按部首先後排列。這是本刊編輯方式上一次特殊的先例，應予在此說明的。

本期我們所約集的作者，包括各方面的人士，他們的議論應能客觀地反映出大多數國人的意見。這十五篇文字或談敎育文化，或論政治經濟，或對蔣總統個人作坦率的批評，或對國家政治改革有所建議，要皆針對蔣總統所提示的六項問題。這裏篇幅所限，我們不可能就十五篇文字的內容一一加以介紹。但是這十五位作者雖是各別撰文，而意見則不約而同。綜合言之，不外以下諸端：㈠確立民主政治的制度；㈡扶植有力的反對黨；㈢有效地保障言論自由；㈣實行軍隊國家化；㈤保障司法獨立；㈥敎育正常化；㈦從速召開反共救國會議。這些意見實爲國人一致的要求，亦本刊一向所持的主張，今天不過是再度申述而已。希望因蔣總統公開求言的機會，這些意見能爲當局所採納實行。則由這個開端將導國家於光明的前途。

再本期十五位作者多半是應本刋之約而撰稿的，只適之先生一文原爲中央日報而作。本期專號因時間倉促，初未及向胡先生索稿。胡先生於接獲中央日報電報後草成一文，同時分寄該報與本刊，以壽蔣總統。故胡先生此文在今天同時載於本刊與中央日報。

本期時間倉促，編輯與校對上之疏漏，在所難免，尙請讀者指正。

自由中國 半月刊　第十五卷第九期　總第一六八號

中華民國四十六年十三月十六日九版

發行人兼主編：「自由中國」編輯委員會

出版者：自由中國社
社址：臺北市和平東路二段十八巷一號
電話：二　八　五　七　〇

航空版

香港：友聯書報發行公司 Union Press Circulation Company, No. 26-A, Des Voeux Rd. C., 1st Fl. Hong Kong

總經銷

臺灣：自由中國社發行部
美國：自由中國日報 Free China Daily 719 Sacramento St., San Francisco 8, Calif. U. S. A.

經售者

日本：東京僑豐企業公司
韓國：漢城裕昌德號
馬尼剌：大中華日報社
印尼：新疆書店；椰嘉達天聲日報；泗水文光圖書公司
越南：西貢中原文化印刷公司
緬甸：仰光振成書報店
印度：加爾各答塔梅學校
澳洲：雪梨瑞田公司
北婆羅洲：西利亞坡青年書店
新加坡：檳榔嶼、吉打邦均有出售

印刷者：精華印書館
廠址：臺北市長沙街二段六〇號
電話：二　三　四　二　九　號

自由中國　第十五卷　第九期　內政部雜誌登記證內警臺誌字第三八二號　臺灣省雜誌事業協會會員
六九六

本刊經中華郵政登記認為第一類新聞紙類　臺灣郵政管理局新聞紙類登記執照第五九七號　臺灣郵政劃撥儲金帳戶第八一三九號
（每份臺幣四元　美金三角）

自由中國

再版

FREE CHINA

第十五卷 第十期

要目

本刊第八年

中華民國四十五年十一月十六日初版
中華民國四十五年十一月二十日再版
社址：臺北市和平東路二段十八巷一號

（２）

半月大事記

十月廿三日（星期二）

俄艦駛入波蘭領海，波政府要求俄艦撤退。

波蘭三大城發生强烈反俄示威。

法捕阿叛軍首領，北非發生普遍騷動。突尼西亞向法提抗議。

匈牙利醞釀政變，學生示威要求改組政府。

日代理首相重光葵重申不與中共建交之立場。

十月廿四日（星期三）

匈京反俄示威，俄機與坦克大肆屠殺羣衆拒絕匈政府招降通牒。

匈共政府改組，納奇出任總理。

法拒釋阿叛軍首領，召回駐埃大使，抗議埃以軍火援阿。摩洛哥暴動，屠殺歐洲人，抗議法捕阿叛軍首領。

戈慕卡與赫魯通話後，赫魯同意戈慕卡較自由政策，俄海陸軍開始撤退。

艾森豪拒斥史蒂文生之建議，宣示在國際協定成立前，美決繼續試驗氫彈。

十月廿五日（星期四）

匈共內部再度改組，由卡達爾取代吉羅，納奇廣播呼籲羣衆停止戰鬪，表示願與蘇俄談判撤軍。

華沙人民示威，支援匈京反俄運動。

法摩關係緊張，摩召回駐法大使。

埃約敍設立聯合統帥部，埃派空軍增援約但。

十月廿六日（星期五）

匈反共人民聲勢壯大，控制匈境東南地區，宣佈成立革命政府，若干俄軍倒戈參加抗俄行列。

法向安理會控埃及，對阿叛亂負有責任。

星加坡發生暴動，星政府實施宵禁。

越南頒佈憲法，吳廷琰宣誓就任總統。

十月廿七日（星期六）

匈京戰事慘烈進行，死傷已逾萬人，匈軍五師起義，與反共人民協力抗俄。

杜勒斯宣佈西方三國同意將匈危機提聯合國。

法政府正式將薩爾歸還德國。

十月廿八日（星期日）

華僑經濟會議在臺北揭幕。

匈總理諾奇宣佈俄已同意撤軍。

安理會開緊急會議討論匈境局勢。

奧內閣決定庇護匈國難民。

十月廿九日（星期一）

安理會決定將俄軍屠殺匈人民案列入議案。

中央社電，廣東省內及新疆南部曾不斷發生抗暴運動。

納奇下令匈軍停止射擊，與起義部隊談判，匈京俄軍開始撤退。匈革命委會提十項要求，促俄軍撤離匈境。

俄籍波蘭國防部長羅柯索夫斯基去職波蘭紅衣主教恢復自由，波共內部進行整肅。

艾森豪促請以色列保持中東和平。

十月三十日（星期二）

華僑經濟會議閉幕。

以軍進攻埃及，西奈半島發生激戰。美要求安理會阻止以軍行動。

英法向以埃提警告，十二小時內如不停戰，英法軍將開入運河。

俄酋發表聲明，拒在匈境撤軍。匈總理宣佈取銷一黨制度，準備進行自由選舉。

十月卅一日（星期三）

蔣總統七秩華誕，各界熱烈祝嘏。

納塞拒絕英法通牒，英法開始向埃聯合進軍。艾森豪呼籲英法撤消進軍計劃。

安理會商中東戰事，美停火案遭英法否決。

十一月一日（星期四）

英法空軍聯合出動，猛炸埃及機場，並結集特種部隊準備全面進攻。埃及宣佈與英法絕交，聲稱將進行全面戰爭。

以軍控制西奈半島，要求埃軍投降。

艾森豪告美人民，不介入中東戰爭。

安理會決定召開聯大緊急會議，討論中東危局。

約但與法國絕交。敍利亞全面動員。

布加寧致函艾森豪，傳將派「志願軍」赴埃。

納奇告俄大使，匈決退出華沙公約。並抗議俄軍開入匈境。

十一月二日（星期五）

西奈半島埃軍總崩潰，以軍進抵運河邊緣。

埃及宣佈戒嚴，征收英法銀行，並關閉運河。

聯大通過美國所提中東停火建議。

俄軍兩師開入匈境。匈革命委會宣佈全國總罷工已結束。諾奇要求聯合國由四國保證匈牙利中立。

敍利亞與英法絕交，約但批准敍軍入境。

十一月三日（星期六）

英法兩國拒絕聯合國停火建議。英首相艾登在下院聲明，提出停戰三條件。

俄軍包圍匈京，封鎖通往奧國公路。

安理會將匈境情勢案列入議程。

伊拉克宣佈伊軍進入約但。

十一月四日（星期日）

美國宣佈撥欵二千萬元協助匈牙利。

蘇俄對匈牙利發動閃電戰，佔領匈京及各省首府。匈政府要員全被俘。匈革命軍呼籲聯合國火速援救。

聯大通過派遣警察部隊赴埃。

蘇俄在安理事否決自匈撤軍案。

十一月五日（星期一）

英法保證佔領運河後以軍即能撤退。

聯大決議譴責俄帝在匈暴行，命令俄軍撤離匈境。

英法傘兵空降塞港，埃軍治商投降。

聯大通過在中東設置國際武力，由柏恩斯少將指揮。

十一月六日（星期二）

美國發表聲明，反對蘇俄出兵中東，要求俄軍撤離匈境。

美國選舉總統，各地投票踴躍。

以埃戰事停止，以國同意停火。

蘇俄撤回駐以大使，照會英法，抗議進軍埃及。

十一月七日（星期三）

美國大選揭曉。艾森豪、尼克森當選連任。民主黨在參衆兩院均佔優勢。

英法總部宣佈中東地區停火。蘇俄與埃及舉行會商，意圖干預戰事。以色列表示將繼續佔領西奈半島。

美國務院聲明，奧中立如受侵犯，將視爲威脅和平。

「自由中國」的宗旨

第一、我們要向全國國民宣傳自由與民主的真實價值，並且要督促政府(各級的政府)，切實改革政治經濟，努力建立自由民主的社會。

第二、我們要支持並督促政府用種種力量抵抗共產黨鐵幕之下剝奪一切自由的極權政治，不讓他擴張他的勢力範圍。

第三、我們要盡我們的努力，援助淪陷區域的同胞，幫助他們早日恢復自由。

第四、我們的最後目標是要使整個中華民國成為自由的中國。

社論

(一) 消弭中東戰亂與解放東歐

——兼論美國對中東及東歐政策

舉世注目的美國大選已於七日揭曉。艾森豪以壓倒的優勢擊敗民主黨候選人史蒂文生而連任總統。美國忙於大選期間，世界局勢發生了重大變化。英法聯軍進駐蘇彝士運河區與埃及發生正面衝突，而蘇俄紅軍亦乘美國忙於大選與英法在中東多事之秋，進兵匈牙利，蹂躪和鎮壓匈牙利人民爭取自由獨立的運動。中東問題與東歐問題的發生是有密切關聯的，我們認爲中東問題是蘇俄敢於進攻匈牙利的「因」，如果沒有中東的糾紛，我們相信，蘇俄恐怕不敢明目張膽地派兵鎮壓匈牙利的爭取自由反抗蘇俄的運動。

現在的情勢非常明顯，我們爲了自由世界着想，自由國家必須致力消弭中東的戰亂。美國大選業已分曉，艾森豪蟬聯總統，美國政局已歸穩定。我們希望艾森豪總統掌握時機，有所作爲，並採取堅定的政策，團結自由世界，共同對付蘇俄。

中東戰亂，遠因雖多，但是近因則是導源於蘇彝士運河。埃及佔據運河後，英法與埃及的關係日趨惡化。運河問題雖經國際磋商，但迄未獲公平合理之解決。英法突乘以色列進攻西奈半島，藉口派兵進駐運河區。英法用兵殊非明智之舉，不僅違反國際糾紛和平解決之原則，且造成中東的危機。埃及對運河問題的蠻橫態度固堪痛惡，但英法訴諸武力之舉却是舊殖民主義的殘餘作風。英法這一行徑更將使自由世界紛擾，而可能爲蘇俄陰謀所乘。蘇俄一貫的政策就是在自由世界製造紛亂，削弱自由世界的力量，進而實行其滲透、侵略和征服世界的野心。我們誠懇地希望英法兩國以自身和自由世界的利益爲重，停止在中東的任何軍事行動，如果中東局勢更趨嚴重或擴大，不僅英法將陷入泥沼無以自拔，亦爲自由世界招來無窮的禍患。

美國對中東所採取的政策是值得稱許的。她的政策是不介入中東戰爭並透過聯合國消弭衝突促進中東和平的實現。現在聯合國在中東停火的努力已著成效，聯合國警察部隊已前往蘇彝士運河區負起保持中東和平的任務。從英法和埃及遵從聯合國決議的態度判斷，中東戰火或將不致蔓延。而獲致和平的希望較任何時期爲大。然而，最近蘇俄却正對中東加以滲透，企圖加深中東危機。蘇俄已聲言助埃及對英法作戰，並以新式噴氣戰鬪機和轟炸機增援埃及。莫斯科復於本月十日宣佈，准許「志願人員」赴埃參加埃及武裝部隊。蘇俄這種種的作法，可以證明蘇俄的意圖是加深中東的紛爭，而使民主國家自相殘殺，分散自由國家對東歐的注意力，爭取時間鞏固其在東歐的統治。

自由世界必須洞察蘇俄的詭計，並針對蘇俄策略採取適當有效的對策。我們除向英法呼籲撤退軍隊、恢復中東和平以及和平解決運河問題外，我們建議美國對蘇俄阻礙中東和平的意圖表示更堅强、更果斷的行動，因爲僅僅靠聯合國的努力是不够的。美國應向蘇俄警告：任何阻礙中東和平努力的行爲，將造成嚴重後果，美國決不能置身度外。蘇俄最懼怕的國家不是英法而是美國。如果美國態度堅定，有決心，蘇俄將不敢輕舉妄動。如此，則消弭中東戰亂的願望以及中東問題和平的解決，必可早日實現。

中東的戰火平熄和中東問題的解決，將使自由世界的聲望立場大爲增强，並可無後顧之憂，而得以全力對付蘇俄對東歐人民的橫暴壓迫。近些年來，受蘇俄壓迫的東歐國家人民一連串地掀起爭取自由的運動。最近匈牙利人民展開的爭取獨立自由的鬪爭是最堅決英勇的表現。蘇俄不顧聯合國憲章、國際公法和對匈和約，竟毫無忌憚地以二十萬大軍向匈牙利人民大舉進攻。這是人類有史以來最慘酷、最野蠻的大屠殺。匈牙利人民在孤立無援地狀態下，以頭顱和鮮血抵抗蘇軍的坦克大砲。這象徵鐵幕後人民抗暴的決心和爭取獨立自由的意志。他們不斷地向聯合國呼喚，並向領導自由世界的美國求援。

但是聯合國對自由匈牙利人民的呼喚，並沒有採取具體有效的辦法，僅通過了幾項決議來安慰他們。決議案內容包括：(一)譴責蘇俄對匈牙利人民的壓迫並要求蘇軍由匈牙利撤退；(二)承認匈牙利人民自由的願望，舉行自由選舉；(三)派聯合國人員至匈牙利調查；(四)予匈牙利人民人道性援助。美國除了由艾森豪總統致電布加寧要求蘇軍從匈境撤退、允許匈牙利人民自由選擇政府外，僅僅提出給予匈牙利二千萬美元糧食及醫藥援助的建議。

蘇俄對聯合國的決議和美國的要求，目前顯然已加以漠視。蘇軍不但沒有退出匈牙利，反而加緊實行慘絕人寰、泯滅人性的繼續屠殺。

自由匈牙利人民所要求的是有效行動的援助，而聯合國給予匈牙利的却是言語上的同情。尤其是領導自由世界的美國竟未明確表示貫澈其「解放政策」的決心，誠令人大惑不解。艾森豪總統曾一而再，再而三的倡導「解放政策」，要援助解放鐵幕後被奴役的人民恢復自由，享受人類尊嚴和價值。但是，鐵幕後人民奮起反抗奴役和爭取自由的時候，美國表現的却不够積極，這眞是大大的不幸。

匈牙利人民爭取自由的運動是考驗美國「解放政策」的試金石。美國必須果敢地以有效的行動和具體的援助協助匈牙利人民爭取自由。如果匈牙利人民爭取自由的運動變爲大悲劇，不僅將使匈牙利人氣餒，同時使正在醞釀革命反抗蘇俄的其他東歐國家——波蘭、東德、捷克、羅馬尼亞、保加利亞以及阿爾巴尼亞，均將大失所望，不敢再有所行動了。

美國當前的政策是透過聯合國解決國際危機和處理國際問題，這是美國忠於聯合國的一種具體表現。美國忠於聯合國就必須有促進實現聯合國的決議的決心。當前聯合國是否能有效處理匈牙利問題，我們大表懷疑。我們要提醒美國政府，就是美國於必要時，必須以自身的力量和決心支持聯合國的決議。美國是自由世界的領導國家，必須保持其精神領導力量和道義，犧牲了精神領導力量和道義，美國將不足以負起領導自由世界的責任。鐵幕後的人民已堅定了信心，爲自由解放而奮鬪。艾森豪總統的「解放政策」現正面臨新的嚴重考驗，「諾言貴實踐」，我們正拭目以待艾森豪的「新貌」！

社論

(二)

政府和輿論都應重視這一次的反應！

自從蔣總統提出六個問題徵詢國人意見之後，不僅各方對蔣總統的這種開明的作風表示欣佩，而且若干報紙雜誌在祝壽特刊中，大部份是刊登這類有關國事的意見及對蔣總統個人有所評論的文章，本刊上期所選載的十六篇文章，也都是屬於這一類。所有這一些發表的文章，我們認爲不只是表示作者個人的看法，同時是足以代表某一羣人的意見，因爲在這些文章發表之後，我們隨地都聽到許多人在以同樣的見解來談論這類問題，大有因「實獲我心」而表示無限快慰的味道。其實，據我們所了解，雖則蔣總統已經表現了非常開明的態度，希望大家暢所欲言，然而寫文章的人，在其着筆的時候，依舊抱持着很審愼、很保守的心情，正像「小脚放大」的一樣，並不敢放膽邁步。不過，儘管如此，究竟已經有許多大家平日認爲不便談、不敢談的問題被觸及到了，由觸及而逐漸變爲深入，由這一些問題而延伸到另一些問題，於是言論的尺度便慢慢的放寬了，輿論界由死氣沉沉而一變爲生氣蓬勃，這是一個可喜的趨向，是一個政治作風轉變的良好契機，我們必須好好的把握，讓它向前推進、開展，以促成中國民主政治之澈底實現。

爲着要把握這個趨向與契機，讓它得以向前推進、開展，我們認定必須政府與輿論界双方分別負起責任，共同努力去做。

首先我們要請政府當局注意的是：蔣總統現在既已誠懇的表示要聽取各方人士對國事的意見，則政府對於各方人士所已經提供出來的意見，決不能只停頓在「聽取」的階段，只讓大家能夠說出來便算完事，而必須就這些意見，作周詳的考慮，審愼抉擇後付諸實行。這許多的意見，固然我們不能說都是非爲政府採納不可，但是其中有不少的是針對時弊，且爲大衆一致的要求，政府決不應予以忽視，必須眞實不虛，毫不折扣的做幾件出來給大家看看。如果大家說了很多，而只是變成彙積的檔案，束之高閣，則不特有違蔣總統「求言」的原意，我們深恐從此會再沒有人願意說話了。這些說話的人，大都是社會上知名有識之士，他們對國事的關切與對國家的責任感，並不亞於當政的人，正所謂「身在江湖，心存廊廟」。他們原本不願輕易發表意見，此次爲着響應蔣總統的號召，認爲政府有誠意「求言」之心，故願一抒胸臆，剴切陳詞，每一件事的指陳，每一句話的傾吐，都是幾經考慮的，既非敷衍成文，也非無的放矢。如其政府竟不予重視，眞把它看作尋常獻壽的禮物，一擱完事，那末他們又如何還肯再說甚麼？這樣一來，不僅是政府的威信全失，而且等到大家有話不肯說、不願說的時候，這一股牢騷抑鬱之氣，轉瞬便化爲離心離德的情形，還說得上甚麼精誠團結，共同奮鬪？詩經上說：「雖無老成人，尚有典型，曾是莫聽，大命以傾」。這一個危機的造成，將不待外敵之來，我們即將自潰，實在太可怕了。因此，我們實不能不殷切誠摯的盼望政府當局對於這些意見，要細心研討，誠心接納，可辦的馬上就辦，不能做到的要向大家說明。換言之，就是對於這一次蔣總統要求大家獻給他的這份寶貴的壽禮，必須有一個交代。這一張支票開了出來，一定要兌現，決不能馬虎完事。我們之爲此言，決非故意作聳聽之危詞，而是古往今來盛衰成敗的必然之理，是每一個讀過歷史和懂得政治的人所都能了解的。同時，今天政府官僚習氣之深，其亟待革除，我們也與蔣總統所期望者相同。正因其如此，我們更不能不擔心這一份壽禮會有在官僚作風之下被淹沒以致毫無下落的可能。我們曾經看到報載政府某大員於蔣總統提出六個問題之後，即發表對總統號召遵循實踐的談話。蔣總統所提出的是六個問題，並非六個辦法，我們眞不知這位大員如何去「遵循」，去「實踐」。這種徒然只知道說好聽的話，不顧實際，便是十足的代表官僚作風。在此我們不得不特別指出來，因爲我們懷疑這許多人所提供的寶貴意見是否也會被他視同官樣文章來處理。

其次，關於我們輿論界方面，這一次的表現確是相當良好，使許多人都能發抒很寶貴的意見，而且都是大家想要說的話，這一種共鳴的發出，無論對國家對社會相信都會有很好影響。連一向最保守的中國國民黨黨報，也刊登幾篇黨外人士的批評性的文章，這尤其是難得的現象。但是，我們認爲卽此仍然是不够的。蔣總統這一次的表示，其目的既在希望全國人士關心國事，對國事提出意見，則當然並無事時人地的限制。所謂國事，包括範圍至廣，隨時隨地都需要聽取人民的意見，並不能說除蔣總統所提的幾個問題之外，其他的便不容許討論批評，也不能說是限於祝壽期內，以後也不容許再有討論批評，因此，我們輿論界的責任，只有因蔣總統的此一倡導而更加重，決不是這一陣「耳邊風」過去了，以後便毋庸再說。政府當局現在不僅是容許大家來批評討論，而且歡迎大家來批評討論，那末我們就更應該以至誠爲國之心來善盡其「言責」。民主政治就是輿論政治，輿論是發揮民意推動政治的主要力量，今後凡屬政府所行所爲，應該批評的地方，我們要儘量批評，應該改革的地方，我們應該毫不保留的提出意見，這就是我們上文所謂把握這個趨向與契機來促進其推進與開展之道。一般的報章刊物固應如此，卽以中國國民黨黨報——中央日報來說，我們也希望其能同樣發揮對政府進諍言的力量。對於政策，也許非中央日報之所得而加以評論，但是在執行上的缺點與錯誤，中央日報是應該可以批評的。民主國家的政黨機關報（其實他們並無一個直屬於某一政黨的機關報，而只是傾向某一黨而已）固無論矣，卽以蘇俄極權國家的黨報而論，對於政府執行政策有不正確的地方，也同樣予以批評，因爲必如此，它然後可以發揮其指導從政黨員的效能。如果一個黨報連政府之所作所爲有錯誤，有缺點，亦須曲意爲之辯護，則它本身就失掉了它指導政府的意義，這是非常可惜的。因爲談到輿論界的責任，涉論及此，我們想中央日報的負責人是應不以爲失言的。

社論

(三)

臺省府還有整頓林政積弊的決心嗎？

臺灣省林政腐敗，久已爲省民所詬病，自林產管理局局長皮作瓊貪汚案發生之後，同時也連帶發現了前任局長李順卿的貪汚情事，這一本臭賬才算是全部的被揭露出來。本案刻正已由法院受理，並經檢察官偵訊完畢提起公訴，司法機關應有公平合法之處斷，我們毋庸在此加以評論；但此一重大之貪汚案現已發生，我們竟未聞省政府對今後林政之整頓有何澈底改革之措施，以求掃除積弊，乃忽於最近發表了原任副局長之陶玉田升充局長，眞不能不使我們感到非常驚愕，無法相信省政當局對今後臺省林政還會有甚麼整頓改革的誠意與決心。

陶玉田之能力如何，操守如何，姑不具論；然而在同一機關內身爲副主管的人，對於整個機關之內發生了這樣大的貪汚案，難道說便沒有半點責任？誠然，在此次貪汚案在法院調查之後，沒有發現陶副局長有絲毫牽涉之處，而且在中國行政機關的通例，副主管是很少能與聞到全般工作情形，可是只要他不是故意裝聾作啞，或者是一個糊塗透頂的人，則身處於此積弊重重的機關之內，若干部門的主管人員都在到處伸出貪汚之手，難道他便會一無所知？衡情奪理，這無論如何是說不過去的。如果是一個潔身自愛之士，便應早日引退，以自避瓜李之嫌，又何能安然坐處，恬不爲怪？如果是一個勇於負責的人，便早應挺身出來，予以糾正，予以檢擧，又何能不聞不問，獨善其身？再從職務方面講，副主管之地位，僅次於主管，主管或離職，或公出，例由副主管代理，縱令中國官場習慣，副主管平日很少與聞全般業務，但不能說一無所知，一無所聞。皮作瓊在職時，據大家所知，卽有一個時期出國考察，此一期間，職務自然是陶玉田代理，如其對局務一無所知，又如何能代理局長職務？本此而論，陶玉田縱未涉嫌貪汚，但就其不能發現貪汚，不能予以糾正檢擧，這就是有虧職守。也就是說，他對該局此次重大貪汚案件之發生，不能說毫無行政上應負的責任。如果眞是不知道，足見其顢頇無能，如果知道而不謀所以自處與處置的辦法，則是不自愛，不負責。二者必居其一，其理甚明，無可置辯。我們眞不知省政當局爲甚麼還要升任這樣一個人來接充局長？難道說除了陶玉田之外，在臺灣將近一千萬人口之中，便找不出第二個人能够來當局長的嗎？今天我們政府天天在喊着要崇法務實，要厲行法治，而對法律上所應有的責任觀念竟如此糢糊，對人事上的考覈竟如此粗率，試問這究竟「崇」的是甚麼「法」，「務」的是甚麼「實」？誠不能不令人擲筆三歎！

據傳說皮案之所以被發現，是由於陶玉田的暗中擧發，省政當局以其有功，故特加升擢，以昭懋賞。究竟事實上有無此種情形，政府既未說明，法院起訴書中亦未提及，我們自無從懸揣，但是卽令有此情形，我們也認爲是不可爲訓的。因爲政治上鬼鬼祟祟的作風，是萬萬獎勵不得的。陶玉田之任副局長，爲時非暫（三十八年迄今），何以早不發現，而直遲到現在，讓此一有關全省命脈的林政業務受到重大損害之後，才來檢擧？足見其初無檢擧之決心，而事後始謀卸責之餘地，這種作法，是根本有負國家與人民的負托。第二，如其果屬動機純潔，則應先行辭去副局長的職務，向政府當局公開檢擧，以示其毫無私心，否則不能使人不懷疑其是想奪取局長的這個職位才來發動這個內部的攻勢。從省政府方面講，如果是因陶玉田檢擧有功，才升他爲局長，此種作法，亦很可能無形中助長投機取巧的風氣，決不是法治的常軌。而且此種風氣養成之後，獲得繼任的人，既然根本是挾着一個不純潔的動機，有意攘奪此一位置，則今後其所作所爲，必比較前於此者尤有甚焉，他的貪汚舞弊的手段，將更因有前車之鑒與深悉底蘊，會講求得更巧妙秘密，也許連讓人發現的機會都沒有了，那末還那裏談到上甚麼整頓改革的希望？

凡上所論，我們並不是對陶玉田個人有甚麼過不去的地方，因爲我們根本不知其爲何許人，也不知其能力品德如何，更無深文周納，故入以罪的企圖，我們只是就事論事，從法律、責任、人情方面來加以推論，覺得省政府之升任陶玉田爲局長，實爲一極不當之措施，這不僅是表示省政當局毫無對林政整頓改革之誠意與決心，而且縱令陶玉田抱有滿腹經綸，一腔熱血，亦將因其過去之毫無表現，對部屬之威信全失，而無法展其「偉抱」與「嘉猷」。爲陶玉田個人計，使其果爲束身自愛之士，也應該堅決的拒絕此項任命，以表示自己的責任感，以免社會上人士對他發生的不必要的誤會與懷疑。至於臺灣林政積弊之深，已爲人所共見之事實，全省的民意機關與輿論機關，亦曾紛加指摘。而省政當局，至今提不出一個全面性的改革方案，林管局方面業務的處理，亦未因皮案的刺激而有顯著的刷新。負責主管，雖也曾作了些「整頓」的空言。但究竟是準備從政策着手，從制度着手，抑是從人事着手？了無重點。如果說，整頓要從人事開始，則新局長之委派，已使我們大感失望。一位在任七年而竟毫無建樹的人員，要希望他負擔如此艱巨的整頓任務，我們憑常識卽可推斷其難以勝任。當局像這樣因循敷衍的辦法，那就只好讓這個已經腐爛的機構繼續加深其腐爛的程度了。

我們的態度

雷震

一

我們這本刊物，問世恰已屆滿七年，這一期正是進入了第八個年頭。七年的光陰，在人類歷史上固屬短短的一瞬，如從個人的生命來計算，殊不能謂為短暫。因為一個人究沒有太多個七年好活，尤其是個人工作的時間。一個人或一個團體如果決心要做一件事情而孜孜不休的去做，七年的經歷應該有點成就，除非是遭遇了意外的困難和環境的阻礙。在過去七年當中，承作者和讀者給與的很多幫助和指教，我們對於世界，對於國家，對於社會，總算盡了一點「言責。」不過，從七年的寶貴的光陰來衡量，我們的貢獻眞是微乎其微而不足稱道。這，大家只要看看我們的世界、國家和社會的現況，就可一目瞭然。再看看「輿論」在今日社會，尤其在我們國度裏，所能發揮的力量是如何，和它所及於各方面的實際影響是如何，也就更不難想見了。

可是，我們並未因此而氣餒，更不會從此而灰心，因為我們的背後究有廣大的人們在同情着，在支持着我們的工作，儘管有些人是在暗地裏，或是在心坎裏。我們經常接到許多讀者和作者的鼓勵信件，就是一個最好的明證。

二

我們工作的態度，可以用極簡單、極普通的兩句話來表達出來。即：

「對人無成見，對事有是非。」

這就是說，我們的說話，我們的批評，乃至我們的指責，對於任何個人都沒懷有絲毫的意見、偏見或惡意。我們既不諂諛逢迎的頌揚某一個人，亦不謗誹詆毀的傷害某一個人，完全站在「公平」、「客觀」的立場，就事論事，由分析事實去討論問題，由討論問題去發掘眞理。這樣，不僅問題的是非和眞相可以大白，而何去何從，和應行採取之途徑，自然就可明瞭了。換句話說，舉凡我們認為不對的事情、或不合理的措施，我們都要直言無諱的加以評論，指責其謬誤或不妥當的地方，或旁徵博引的說明其錯誤所在，務使對方了解；並儘可能的提出我們認為可行的意見，以供對方的採擇。所以，我們的一切批評和指責，都是「對事而不是對人」，只要是同樣性質的事件，任何人站在這個地位，我們都要加以批評的。

基於上述的原則，我們說話的時候，自己儘可能的有下列兩點約束：

第一，我們絕對不做「人身攻擊」(personal abuse) 的文章，不談論私人生活的事情，不管這些事情對不對，合不合於道德規範，只要他於公共利益或善良風俗無關。

其次，我們論事的時候，除非必須涉及個人，才能說明事情的曲折情節外，我們總是避開牽涉到個人。所以，我們不作「人物評論」之類的文章，在行文敘事的時候，也儘量避免提出個人的名字。

因此，我們的說話，我們的評論，總以國家民族的利益為前提，以人類正義與國際公道為準繩，以反共抗俄、收復大陸為當前的目標，以建立民主自由的社會為終極的目的。

三

政府有一位首長會經告訴我的朋友說，「他和我乃是幾十年的朋友，他辦的雜誌對我的言論為甚麼這樣不客氣。」言外之意，似乎我們太不講交情。又有一位在香港工作而經常來臺灣的朋友當面對我說，大家說我們是「六親不認」。這些不同來源的話語，很可以反映出社會對我們的看法。由這兩段話的意味，也就可以闡明了我們的態度。「六親不認」的作法是好是壞，我們且不去論他，但我們確是以「對事不對人」的態度來批評事物，來討論問題的。大家試想，如果我們的批評，對親者歌頌之，對非親者抨擊之，甚或誹謗中傷之，這種刊物還能成為眞正的輿論麼？這樣的刊物還能希其對國家社會有所貢獻麼？

有一次我邀請一位從政多年的學者為我們的刊物寫文章。他很坦白的說，要想寫好文章，必須從「兩層束縛」裏解放出來。第一，要從國民黨的觀點解放出來。即對三民主義、中山先生遺教等等，認為不對的要一樣的加以批評。第二，要從一切友情中解放出來。即對政府所有官吏，包括總統在內，不論是不是朋友，認為他們做得不對的都要批評。如不能超脫這兩點束縛，政論文章是寫不好的。

關於第一點，他現在還是一位國民黨黨員，故不欲批評中山先生的遺教。至於第二點，誠是一切評論家難得做到的境界，也正是一切辦刊物的人心理上最大的障礙。人孰無情感，下筆自易有偏向，如不能突破此限制，固不易寫出很好的評論，在刊物也不能達成輿論的權威。尤其像本刊有編輯委員十餘位，把大家的友情總和起來，可以說政府的首長都是本刊的好朋友。如果為着顧及友情而不去批評，那只有停筆不寫了，或者只有停刊不辦了。

與論既是對於公衆事情的批評，其目的是在為世界、國家和社會貢獻其一得之愚，最重要的原則是「公平」、「客觀」。當然，這個標準誠有見仁見智之不同，但評論的態度必須是公正無私，評論的動機必須是出自良心。

四

我們過去七年當中，一共發表了二百四十六篇的社論和若干短評。這些都是以上述的立場——對事不對人——來說話的。例如，我們過去很嚴厲的指責了金融管制的不當，籲請「政府不可誘民入罪」(「自由中國」第四卷第十一期社論)，乃是鑒於政府當時所採行的取締金融投機的作法，不僅損害了人民的合法權益(政府從未下令禁止銀行本票貼現之事。)可能誘致執行人員借機敲詐。

又如前些時，我們批評了教育部長張其昀氏對於民主政治三大眞諦的講話，是想指出他的見解的謬誤，而有害於民主政治的建立，且徒然貽笑於民主國家的反共人士。我們對於國事是負有責任的，當心所謂危之際，自不能緘默不言。然而，不論那一件評論，我們對於政策執行人或說話的個人，絲毫沒有懷着惡意或偏見，不論誰人站在同樣的地位來執行同樣的政策或說出同樣的話，我們都要嚴厲的加以指責。舉凡違反了公共利益或有害於建立民主社會的事情，輿論工作者既不能知之不問，如若瞻情徇私，也就失去輿論的立場。

誠然，我們批評金融管制的文章，曾經招致了很大的麻煩，因爲我們問心無愧，我們的工作並未因麻煩而鬆懈。也可以說，由於政府對於這一批評的措施，益使我們感到有加倍奮鬪的必要。讀者先生只要看看我們社論的趨向就可明白。我們堅決認爲不僅民主政治要靠「輿論」來建立，而一國之政治設施，如無公正有力之輿論來督責，勢必走上貪汚腐化的道路。人非聖賢，誰也免不了環境的誘惑，而公開的批評和指責，言之者怕觸犯法條而不敢隨便講話，聞之者足生戒心而自我約束。彼此督責，政治自會清明，社會才有進步。我敢斷言的：

「一國政治和社會之有無進步，端視一國之有無健全輿論以爲斷」。

大陸之失敗，日本軍閥和希特勒之垮臺，都是因爲沒有眞正的輿論來督責而有以致之。我們之所以堅信共匪政權之終必垮臺，這正是理由之一。英美政治之有進步，其主因乃是政治上一切的設施，包括軍事（僅作戰計劃除外）在內，讓大家自由批評，任意指責。其結果不僅黑暗腐敗之事不易發生，即偶而發生，亦不易滋生蔓長。而政府當局還可從許多評論的意見之中，得到改正補救的機會。因爲一切評論總帶有或多或少的建議的意見在內。

我們不要以爲俄國有堅强的組織，有鐵一樣的紀律，國家因以富强，社會賴以維持。須知蘇俄這類國家，完全靠着「鐵幕」這座大牢獄來籠罩着，使人民和世界隔絕，才能維持其堅强的組織和鐵般的紀律。這是經不起「風吹雨打」的。蘇俄一旦准許人民和其他民主國家自由交往，蘇俄社會馬上就會發生變化，跟着就會崩潰。所謂堅强組織、所謂鐵的紀律，都是沒有抵抗的力量的。此猶之如冬日移在溫室的植物，儘管在室內一樣開花結果，枝葉繁茂，而一旦移植室外，馬上就會凋零萎謝。因爲沒有力量抵抗環境，缺乏獨立自生的能力。

我們還要提醒大家注意一件事，即「組織」這個東西，必須被組織在內的人都是「心悅誠服」，他們覺得他們也是組織的一份子，與其他任何個人立於同等的地位，不受歧視，不遭迫害，這個組織才夠堅强，才有力量。茲擧一例言之。凡是移居美國的人，一旦做了美國公民，就會愛美國。這是因爲美國這個組織，在組織內大家一律平等，只要你不爲非作歹，誰也不會來干擾你的。一且觸犯法紀，完全依照法律來處理，任何人不能上下其手。政府若侵害了你的權益，你還可以到法院去告它。法院還可以判決總統的行爲違憲。你對國事如有意見，只要不構成誹謗罪，你可以任意發表，不會受到任何方面的警告。行政干涉司法之事，簡直是聞所未聞。法院逮捕嫌疑人犯，也是公開處理，既沒有失蹤不明的事情；也沒有被捕多日而其家屬尚不知情的現象。更沒有明明是被捕拘禁，而被捕人寫信通知家屬說是在醫院生病的花樣。

五

或者有人要說，中國人知識程度不夠，對政治問題的判斷力較差，我們實行民主政治和言論自由等等，決不能和美英相提並論。這句話驟然聽起來，似乎是「言之成理，持之有故」，我們也確實聽了幾十年了。但若「稍」加分析，就可明瞭這樣的說法，完全是罔顧事實，睜開眼睛說瞎話，而其出發點都是以「愛民、教民、養民」爲民主政治的眞諦的看法。

美國憲法是一七八七年制定的。華盛頓是根據這部憲法而於一七八九年當選爲總統的。我敢斷言：美國人那時的教育程度決不會比今日臺灣來得高，美國當時教育之普及，決不能比今日臺灣來得普遍，美國當時有學問有知識的人的百分比，也決不會比今日臺灣來得多。今日臺灣義務教育已到百分之九二・三三（四十四學年度），其普及的程度，據一位美國朋友告訴我，比今日美國還要高。這樣教育的普及和程度的提高，我們還能說人民知識水準不夠麼？須知政府是由人民產生的。知識水準不夠的人民，一旦擔當了政府的官吏，就會立刻出人頭地麼？至於說人民對政治問題判斷力較差，這也只能從「比較」來說的。美國當時人民的判斷力，決不會比今日臺灣人民來得高。誠然，今日美國人民對政治問題判斷力比今日臺灣的來得高，那是經過多年的政治教育培養出來的。而政治教育要從實際練習中獲取經驗，求得進步。美國今日仍是在實際練習之中，而且永遠是在練習的。在這個階段，誠不免有許多波折，但這是無須過慮的。猶如小孩子初學走路，總要跌上幾交才會走穩的。怕吃水則一輩子也學不會游泳。民主政治之實行，正復如是。

其次，美國在當時是一個歐洲移民的國家，民族複雜，利害互異，決不若臺灣今日之單純可比。我們民族相同，文化相同，像這樣單純樸實的民族國家，在世界上實不多覯。而美國當時各州是獨立自主的，各州利害之不同，非臺灣今日各縣市之單純可比。再就外在的環境說；我們今日固有强大的敵人在環伺着，可是在另一方面則有美國來幫助我們，美國當時固有法國爲友，同時亦有英國之敵，而法國當時之助美，則遠不如美國今日之助我。

然而，美國開國的先哲們，他們毅然決然於距今一百六十九年前制定一部民主憲法，並於憲法頒布後，大家誠心誠意的一字一句的照着憲法所示努力去做，誰也不肯稍爲違背一點。不僅憲法有明文規定的不肯明知故違，即憲法上無明文規定的，也要想法建立「民主的傳統」，以期永垂於後世。例如華盛頓不欲做第三任總統，就是一個很明顯的例子。因爲他們的先哲有這樣的決心，才能造成今日的富强，才能造成憲法前言之所示——樹立正義，奠定國內治安，籌設公共國防，增進全民之福利，並謀今後人民永久樂享自由之幸福。我們今日的環境較美國當時爲優，正是實行民主政治，建設一個「民有、民治、民享之民主共和國」的好園地。由於今日的實際經驗，俾他日收復大陸後可以搬上大陸去實行。今天在這個小範圍內如不敢放心去做，則打回大陸後，更不知何年何月可以實行民主政治了。大陸人民教育普及程度既較臺灣爲低，而幅員遼廣，交通復不方便，辦理一次選擧要花費許多時間，其阻碍當較今日爲更多。

六

與論界對於社會、國家和世界所負的責任，殊不少於政府工作的人員。主持評論的人是要時時刻刻的注意社會的動向、國家大事乃至世界局勢的推移，期以評論其是非得失，並預測其前途的發展，以提示我們應行採取的途徑。故評論者貢獻其知能的地方，爲國家獻替其所見，所得之處，正與執政當局、反對黨領袖和人民代表的心情和努力是一樣的。儘管方法上彼此有所不同，而其忠誠爲國、造福人羣之意願則完全相同，其目標則完全一致。世人譽稱新聞記者爲「無冕之王者」，乃以此故也。故政府決不能視與論工作人是不負責任，認評論者是說風涼話，或視與論之挑眼爲吹毛求疵，看批評之言辭爲危言聳聽。人孰無過錯，但我們從不敢說評論的話都是對的，人孰無偏私，批評的人也可能徇情自私，但這一切的一切，決不能逃過廣大讀者的眼睛；卽令可以矇蔽一少數人，亦不能瞞過大衆的判斷。廣大的讀者乃是最佳和最公平的裁判人。一張刊物如果經常刊載錯誤的報導，而其評論復多以「自私、黨利」爲出發點，不久必爲讀者所鄙棄，而不能在社會立足。卽令偶而不愼作出不當之批評，馬上亦會爲讀者所察覺而遭受譴責。故與論工作者是戒愼恐懼，時時自我檢討，以求無負於與論所負之任務。

民主國家之准許言論自由和新聞自由，而讓人民儘量批評政府的措施者，乃欲集中政府官吏、反對黨領袖和人民代表以外的全國各階層人民之智慧，使人人有參加政治討論之機會，使人人能竭盡心智以貢獻於國家，以期造成全國之和諧，獲求政治上之進步。英國前首相邱吉爾當政的時候，每逢新政策發表之時，輒喜人民加以批評，聽到反對者的反對意見，然後與高采烈的提出答辯，使新政策益發爲人民所了解，俾其執行可以順利無阻。他最怕新政策發表之後，人民反應冷淡，或竟置諸不理，而其個人對新政策之興趣往往亦因之而減低了。

政府官吏和人民代表的人數究屬有限，只不過廣大民衆的幾百分之幾，甚或幾千分之幾，其考慮和計劃當然不能周到。政府當制定政策和執行政策之時，如能集中全國人才之智慧而博採衆議，其政策的弊害必可減少至最低限度，而人民的大多數亦必易於接受。是故言論自由和新聞自由對於現實政治是有百利而無一害的。例如，國校畢業生免試升學一案，教育部原意臺省今年普遍實施，且已下令臺灣教育廳照辦。旋經一部分立法委員之反對和與論之指責(本刊連續發表了幾篇社論和讀者投書)，促請政府不可草率從事。現在改在新竹一縣試辦，其弊害固已照預見的現出，但可以把它局限於極小的範圍，而不至糜爛了整個臺灣的社會。因此，執政當局鼓勵人民儘量批評政治，使其貢獻一得之愚，不僅可以促成政治的進步，亦所以鼓勵人民關心國事，使政府與人民痛癢相關，休戚與共。民主國家具有無限力量而終能戰勝極權國家者以此。

有人認爲評論多是找政府的短處，揭政府的瘡疤，可能減低政府威信而動搖人民對政府的信心。此話大謬不然。須知政府的威信要建立在人民與政府互相了解上面。故政府必須接納人民的意見。人民如有意見而政府不能虛心採納，或竟視意見爲吹毛求疵，則政府與人民只有日益疏遠，愈加隔閡。人民如只有敢怒而不敢言的慄慄危懼的心情，對政府自不會發生任何的信心，此時政府如果有威信可言，亦不過建立在某種足以壓服人民的力量上面，而非使人民心悅誠服。

一件政治的設施，或一個新政策的制定，不能沒有瑕疵。因爲天下之事，有利亦往往有弊，沒有十全十美的事。故一個政策須儘量發揮其利而減少其弊。如有人經常發現其毛病而不斷的加以指責，政府可以補偏救弊，將毛病減少或使其局限於極小的範圍。這樣自然可以減少人民的痛苦，而增加其對政府的向心力。此猶之如一把米中可能滲有若干稗子，如能發現而加以淸除，對於人的身體，總是有好處的。

復次，假定政策是好的，而執行政策之人員則不能沒有偶爾的疏忽，如經與論不斷的指斥糾正，則執行人員可以發覺改正，不致使人民怨恨政府。

說到這裏，我們要明白：「與論不同於宣傳」。政府爲謀求某項政策之順利推行，當然可以大肆宣傳，冀求人民之了解和支持。須知宣傳所收之效果是有一定的限度，必賴事實之證明，方能獲得人民之信任。故政府必須時時了解人民對某項政策之意見。與論就是反映人民的意見，政府當局看到與論的動向，卽可測知人民對某項政策之意見，而某項政策之利弊得失，經與論多方的指摘和挑眼，亦可表現無遺了。

七

我們今天所作的評論，常常接到讀者來信，譽我們是「言人之所不敢言者」。他們一方面對我們表示欽佩之意，另一方面也確實爲我們擔憂，甚至有人說爲我們揑一把汗。我們接讀這些誠懇的來信，一方面覺得可以自慰，同時也覺得非常難過。我們不是立於民主國家之林麼？我們不是以民主自由來建國麼？我們不是以民主自由來反共麼？我們憲法第十一條不是很明白規定「人民有言論、講學、著作及出版之自由麼？」那末，還有什麼地方不准講話呢？那裏還有甚麼「言人之所不敢言」呢？這豈不是一個極大的矛盾麼？

只有在過去的專制時代，只有在共產的極權國家，才有文字獄，才有犯忌諱的事情，才有不許人民批評的問題，才有「維民所止」的曲解。至於民主國家應該沒有這一「恐懼」，除非是有誹謗的地方，那是要在法院吃官司的。誠然，我們今天還有一個出版法，規定有四點不許講話，此外任何的事情，大家都可以交換意見，公開討論的。我們也和其他刊物一樣，並沒有享有特別優遇，何以還有「言人之所不敢言」的地方呢？

今日言論界之所以形成這樣「死氣沉沉」的現象，依照一般的解釋，這裏面可能有兩種因素。第一、由於評論者不能有「免於恐懼」之自由，怕吃眼前虧，故時時避免觸犯忌諱。第二、由於顧慮友情或關係，不欲振筆直書，惟恐得罪了朋友或損害了關係而於自己前途不利。大家在「鳥籠」裏生活慣了的，精神一時尚不能解放出來，故提筆寫文章的時候，總是提心吊膽，生怕鬧出甚麼亂子，左顧右盼的結果，最好寫寫國際文章或者打打落水狗。因爲罵罵外國人沒有關係，就是以軍經援助我們的美國，不會因爲批評而動肝火的，有時他們還衷心的歡迎各方的批評，庶可改正他們自己不必要的錯誤。至對落水之狗自然儘量予以嘻笑怒罵而無所顧忌了。這些話並不是有意責備與論界，我們要了解實情，才能想法改正。

了。

趨吉避凶，人之常情，一失自由，完事大吉，縱有報國之心，亦無從報起一位新聞界的老朋友告訴我說，今日的新聞記者，自己就是一位很好的檢查員。經驗使他們善觀世變，何者可以說，何者不可以說，不必待他方之糾正而自己可以揣摩得明明白白了。

然而，七年來經驗告訴我們，國際問題的文章，無論寫得怎樣好，總沒有人來稱讚道好的。甚至有很多讀者連翻也懶得去翻一下。反共八股文也不能引起讀者的興趣，而那一期的銷路馬上會大跌而特跌，正如寒暑表一樣反應得非常迅速。這是甚麼緣故，實在值得我們虛心檢討。尤其是政府當局更應詳加檢討而切實反省的。這就是表明人心的趨向。

所謂現在的情況，就是民主不像民主，集權不像集權，經濟時而加緊管制，時而放縱不問。讀經可以救國，中醫可以治癌；有能力有學識的人則明哲保身(有一位朋友叫我加入他的黨。我問他是甚麼黨？他說這是「麻將黨」。他說唯有打麻將，才可以無災無難，唯有打得昏天黑地，才可以免掉胡思亂想)。這雖是開玩笑的話，然其內心之苦悶與沉痛，則眞是情見乎詞。如其人人都存着「國家事，管他娘」的想法，這個國家還有甚麼希望？又還談甚麼民主政治？個人既有力無處用，當然只好坐坐咖啡館，打打麻將；肚中有話不敢說，也就只有背後發牢騷。事實上每人都有想念的一本經，只是無處傾訴，一旦你給他們源源本本的道出來了，他們就會立刻感「實獲我心」而予以共鳴，好像給他出了一口怨氣似的。茲舉最近一例言之，有一位讀者讀了本刊慶祝總統華誕專號，來信說這一期不啻爲一服清涼散。這一期原已加印很多，旋又再版三版，可知人心之趨向。主政者如不能體察民心之向背，必然要失敗的。

這是臺灣的現實情況，如果不是故意蒙着眼睛而假裝糊塗，誰都看得明白。我們這羣人既不是甚麼先知先覺，也不是甚麼才識超羣，只不過是憑着個人的良知，盡着國民一份子的責任，將它傾吐出來而已！

每逢接到讀者來書或聽到讀者當面稱讚我們是「言人之所不敢言」的時候，我們總是感到幾分慚愧。因爲還有許多應該說的話，我們還是放在肚裏沒有說出來。有時縱然說了幾句，也是含蓄得很，而未能暢所欲言。還有，每次寫評論文章的時候，心情總是帶着幾分緊張，而下筆用字的時候，也是一再推敲，欲言而又中止，生怕鬧出甚麼亂子。出版之後緊張心情仍要繼續多日，惟恐……。依照前面某先生的說法，我們還是顧慮太多而未能眞正的解放出來，故不能振筆直書，暢所欲言，說話時仍不免要兜上幾個圈子。

前月有一位軍人讀者當面質問似的對我說：

「你們何以沒有批評軍事的文字？今天軍事之重要不比其他差些吧！不說別的，軍隊黨化一事顯然是違反了憲法，違反民主政治的基本原則，你們何以沒有隻字及此？」

我聽了這些詞嚴義正的責備，我心中萬分慚愧，竟啞然不知如何作答！我只有安慰似的答復說：「慢慢的來吧！我承認你所說的都是對的。可是我們並不是見不及此……。」可見軍人對於軍事現狀是有很多的意見，希望我們把他說出來。軍事也和政治經濟一樣，要有批評而後才有進步。

民主國家對於軍事問題也是一樣可以批評的，除非是作戰計劃和武器秘密。依此標準來衡量我們這本刊物，我們還够不上說是一本眞正的政論刊物，最多只能說是「初放小脚的改組派」而已！

因爲如此，海外有些讀者常常來信說我們的說話過於溫和，有人甚至懷疑我們是政府支持的刊物。所以，海外有些地方，本刊是不大受歡迎的。這是他們拿着當地的言論尺度來衡量我們的說話。拿韓國來說吧！儘管有人說李承晚大總統的作風有些獨裁，而韓國的言論尺度則很寬。報刊對於李大總統之批評，有時苛刻備至，政府或執政黨從未加以干涉。一國報刊如對於負實際政治責任(或多或少的)的人而不能指責批評，那就壓根兒不是民主政治。以印度而論，一般老百姓儘管擁護尼赫魯，而輿論界對他的指責，眞是毫不留情。以整個亞洲地區來說，中近東的情形我不敢說，除大陸共匪絕無言論自由不必計算外，臺灣的言論和新聞的尺度是比較狹窄的。例如英文中國郵報於本年六月二十九日登載了周匪恩來處置臺灣的新聞，竟受到行政院新聞局的指責（未提中國郵報名字）和保安司令部之嚴重警告，即此可見一斑。可是這裏一件很難索解的事情，即香港報紙登載了類似的消息，有時照常可以進口，美國報刊更是自由可以進來，大家則爭購閱讀。我們眞不知政府是採的甚麼政策！

其實，像周匪恩來那些胡說，應該讓老百姓知道的。所謂知己知彼，才能百戰百勝。臺灣老百姓決不會輕易動搖反共信念的。不僅如此，讀到這類新聞，只有增加老百姓同仇敵愾之心，而奮起滅此朝會了。

臺灣新聞界還有一些怪現象。某一不利於我的外國消息或論調，報刊照例不予登載，可是過了幾天，駁斥那些論調的文章，又忽在報刊上出現了。讀者如墜五里霧中，簡直有「丈二和尚摸不着頭腦」之感。這樣作法不僅扼殺了臺灣報刊發展的機會，徒給人民以惡劣的印像。是故政府對於言論和新聞之管制，無論從那一觀點來說，都是有百害而無一利的。

如上所云，乃是就當前社會國家的情形和我們的主張略加陳述，同時我們在此並要奉告愛護我們的讀者諸君，不論環境如何困難，我們爲追求民主政治之澈底實現的這個理想是永不會放鬆其努力的。我們堅決的認定，唯有澈底實現民主政治，然後才能抵抗共產主義，摧毀共匪的暴力統治，達成反攻復國的目的。而要澈底的實現民主政治，則爭取言論自由實爲其基本的工作。在今天的臺灣，雖然還能容許我們盡其「言責」，但仍有人覺得我們是「言人之所不敢言者」，足見仍有「不敢言」的人，而且我們也每感到有許多應批評與建議的事情，亦未能毫無顧忌的暢所欲言，這就是證明言論的自由還沒有完全做到。最近蔣總統爲婉辭祝壽，曾發佈一項手令，提出有關國事及其個人言行六項問題，希望全國報章雜誌，徵請海內外各方人士加以研討，直率抒陳所見。我們對蔣總統此一開明的措施，深爲敬佩，認爲這是一個轉變風氣的契機，除了於上期祝壽專刊中，刊載了許多篇對國事批評的文章之外，今後更將繼續不斷的就各種問題，提供我們的意見。因爲從茲以往，既已沒有甚麼「人不敢言」之情形，則我們自更應以忠誠爲國之心，發抒所見，以善盡輿論所應盡的責任。

甚麼是民主政治的眞諦？

江　宗　一

今日民主制度的來源，可以說有三個：一個是希臘的城市國家，讓人人有權參與政事；一個是使人人平等於法律前的羅馬法；一個是英、美的人權觀念，承認人人有獨立自尊的人格。

希臘的城市國家現在是不存在了，可是城市國家制度的精神，還普遍實行於民主國家的地方政治。英、美型的民主國家，州級以下的地方政事，完全由人民自治。儘管在分工的社會裏，各地人民還是有直接參與地方政事的機會。

希臘城市國家制度的精神，在今日的英、美，不僅在政治方面，創爲地方自治；最重要的還是近二十年來由政治的自治，而形成大工廠廠務管理的自治，使工人對於廠務的管理有過問的權力，將英、美舊的私人資本制度，完全蛻變成爲新的資本制度，而踏進經濟民主的門津。

羅馬法是根據當時盛行的犬儒派 思想編成的。犬儒派哲學的人人平等觀念，使羅馬法承認奴隸亦是人的身份，可以說爲後來洛克的人權觀念放一曙光。人權學說在人人平等的法律基礎上，又加重自覺自主的成分，主張個人獨立尊嚴的人格，應被尊重。個人獨立尊嚴的人格之被尊重，使民主政治有別於過去的君主政治；更使民主政治有別於今日的極權政治。

理由是這樣的：開明君主專制，必須有其公守的法度，然後始能君臨衆庶。中國有一句流行的老話：「王子犯法，一律同罪。」商鞅相秦用法，刑及太子。漢書張蒼列傳有言曰：「法者君王與天下共者也。」王子不能免刑，君王與天下共法，證明人民在專制王朝，也能享受法前平等。到了上無道揆，下無法守的時候，就是快要亡國了。故中外古今的開明專制，必須使其臣民皆得在法律前一律平等，始能保有國祚。羅馬法就是羅馬帝國所製訂的法律，它不但使羅馬人在法律前平等；且使其所統治藩邦的人民，亦得享受羅馬法的平等待遇。因此，人人在法律前平等的條件，不是鑑別君主與民主的條件。

君主專制是承接神權而來，雖由馬上得天下；既得天下之後，則自命承受神旨治理子民。此種君權承襲神權的形態，亦爲東西歷史之所同。君王以替天行道的態度，君臨子民，與洛克治者得「被治者的同意」而主政的意義，完全不同。須得「被治者同意」的觀念，實由社會契約論而建立。霍卜斯，洛克與盧梭皆倡導社會契約學說，以推翻君權神授的傳統，霍卜斯則認爲被治者既授權予治者，即不能撤回其所授之權。霍氏雖推翻神權，而偏於維持君權。蓋霍氏宗仰唯物哲學，認爲人係一堆原子的集合，無獨立尊嚴的人格，故非有君主操管敎之權，不能安定社會秩序。洛克與盧梭的社會契約論，皆認爲被治者所以授權於治者的目的，在求自由、平等、財產與社會秩序之得以保持。政府若違背授權者的目的，則契約隨時可以推翻，此乃革命權力之由來。洛克與盧梭所以相信人生來卽有自由、平等和自尊不可讓予的人權者，皆有其哲學淵源。洛克反對人係一堆原子的物質之說，從牛頓的物理學中體會出物、人與感官現象的三界關係，乃證明人有感受自覺的心靈。有此自覺的心靈對於宗敎、政治乃有了新的意義與基礎。洛氏旣承認人有獨立的心靈，所以主張人生而有自由、平等、和獨立自尊的人格。國家乃保障這些目的的工具。

盧梭的社會契約論，曾受洛氏學說的影響。但其哲學思想，則係自然主義的自由主義。自然主義以自然爲價值標準，反對傳統主義(conventionalism)。盧梭著有愛彌兒，專論自然主義的自由敎育。盧氏有言曰：「無論何物出於自然的創造，都是好的，一經手人，就弄壞了。」又說：「雖使兒童抱自主的念頭，使他作隨心所悅的事情，也不會有專橫的惡事。兒童厭惡不愉快的事情，所以不去作惡事，只有作他不可不做底事情而已。」又說：「所謂敎育，從世界開始以來，除去競爭，猜忌，嫉妬，虛榮，貪婪，以及可賤恐怖外，不能有何種發明，……」從所引盧梭之言觀之，可知盧氏的人生而自由、平等的觀念，雖云受洛克的影響，然實本於自然主義的哲學。因此，一切法制的目的，都應當爲保障人的自由與平等。盧氏的社會契約論裏就這樣說：「如果我們問什麼是應爲一切法制目的最好的事物——我們便發現這可歸納爲兩個主要的事物：一是自由，一是平等。個人憑其隸屬關係從國家那裏取得權 力，故須自由；又自由沒有平等，便不能存在，故須平等。」盧梭雖云人在政治組織中的自由，就是從國家那裏取得權力；也承認「主權體除了立法權以外沒有別的力量，故只有憑法律而行爲……，主權體只是當人民聚集一起時才能行使。」但是他所說的主權體就是「自然給人以絕對的權力，以指揮他的肢體，社約亦給政治的集體以絕對的權力，以指揮它的分子；這種權力在公共意志的指導之下，卽是我上面所說的主權體。」從上所引盧梭社約論這些論證，可以看出盧梭一方面旣認定個人之自由意志，而個人自由意志實現於社會關係時；又不得不一方面設定公共意志的絕對指導權力，形成了個人與全體間無法調和的矛盾。他爲確立公共意志的絕對威權，不但忽略其所主張生而自由、平等的個人，並且扼煞了廣土衆民國家實踐民主政治的方法。茲引盧氏社約中之言如下「公共意志永遠是『公正的』，爲公共利益的……」又說：「但不能因而說人民的決議是同樣正確的。……全體的意志 (will of all) 和公共意志 (general will)常有很大的區別，後者只考慮公共的利益；前者則顧及私人的利益，不過是個別的意志之總和而已。」總和的意志與公共意志的不同，據盧氏社約論中的說法是「如果人民從事決議；在事前具着充分的智識，又沒有把意見相互交換，則結果常常有互相一致的個別意志佔大多數以代表公共意志，而這種決議也終是妥當的。」盧氏既不主張個人意見相互交換，而欲獲大多數相互一致的意志，以代表公共意志，只有行之於城市國家。盧氏執着於其所假設的公共意志，並舉政黨對民主政治之作用亦反對之。盧氏之言曰：「如果有了營私的黨派，以公共的團體爲犧牲，則每個黨派的意志……對於國家言，便是個別的。……最後如果這些黨派中有了一黨其勢力大過其他，則結果互相一致的意見不復是個人個別意志的總和，而是黨派的單獨意志；這樣，便不復有公共的意志，」云云。盧氏一方面既主張個人自由，認爲「社約並沒有使個人放棄權利，」同時又說：「我們每個人把自身和一切權力交給公共，受公意之最高的指揮，我們對於每個分子都作爲全體之不可分的部份看待。」如上所言，是盧氏已將個人意志泯合於公共意志之中，欲保持個人意志的自由，不至消滅於公共意志之中，必須使個人意志自由的價值定向，從其實際生活的各方面，得到獨立尊嚴的地位，受制度的保障，就是盧氏所謂「從國家那裏取得權利」。但盧氏既反對個人意見的交換，又不贊成政黨對民主政治的作用，終使個人意志自由，無法從共同利益的組織中，脫穎而出。與德國黑格爾一方面承襲康德意志自由之說，一方面主張國家爲最高理性善以泯合個性之說，有同一歷史的結果。以上所舉出的盧氏的言論，雖證明盧氏思想之矛盾，然盧氏始終仍堅持個人的自由，平等觀念，因而保持個人在行政方面主權體的地位。盧氏之言曰：「行政權之受托者，並不是人民的主人，只是其任用的官員；人民可以憑其意志任用或罷免之；官員對人民沒有契約的問題，只有服從……」從這一段話裏，盧氏雖未將個人的意志與公共的意志之矛盾釐清，然個人的尊嚴，則非掌握行政權的政府，所能侵犯。

洛克以國家爲保護個人獨立自由的工具，以政府爲不得已的小惡；盧梭以受行政權委托的官員不是人民的主人，只有服從人民，皆是說明個人的獨立自尊自主之屬性，非專制王朝的臣民所能享有，也非任何極權政治下的人民所能享有。因此，我們可以說個人的自由、獨立、自尊是民主政治的眞諦。只有這一屬性，乃民主國家的人民所獨有，非專制與極權政治下的人民所共有。人民在法律前的平等，開明專制時代固能有之，即在德、意的極權政治下，亦能有之。故不能武斷的指法律前之平等爲民主政治的眞諦。良以民主政治的眞諦乃民主政治眞精神之所在，非其他類型的政府所能有。以共諦爲眞諦，有使民主政治與專制、極權混淆的危險，此不可以不辯。

盧梭不解個人意志自由是個人價值判斷的定向，本此定向，個人可以因社會生活的利益與興趣，參加各種社會組織。依利益與興趣爲分野的組織，既是個人意志自由的選擇；也是公共意志與個人意志的融通。至於個人與國家關係，雖受法律與傳統的束縛，不是價值的選擇；但是個人對於國家的建構與影響其政治生活的政府，仍應有其獨立自主的批判。此乃洛克與盧梭的社約說之眞義。假使個人因政治生活的興趣，而組織政黨，透過此種政治組織，以實現其共同政治生活的利益與興趣，即爲公共政治意志的顯發。盧梭竟然忽視政黨的價值，認爲政黨代表私見，不知公私之分，不僅決於主觀的觀念判斷，而乃牽涉到錯綜複雜的客觀生活問題。經過組織折中的甲黨政見，與經過組織折中的乙黨政見，何者可以代表盧氏所謂的公共意志，還須經過人民的價值判斷。此一多數判斷的結果，可說已經化私見爲公見，在民主國家內，亦即是盧氏所說的公共意志。民主國家的政黨依個人生活的利益與興趣爲分野，全國人民的政治利益與興趣不能一致，當然不能只有一個政黨。此乃英、美等民主國家政黨史的趨向。根據此一趨向，英國的蒲萊士爵士即肯定的說：「政黨乃民主政治的副產物」。所謂副產物者，即是有民主政治，就必須有政黨。朝野兩黨以上的對立，始能使人民的政治利益與興趣，有充分的代表。然我們檢閱各國憲政史，可說幾個先進民主國家的憲章，皆無政黨組織的規定；但沒有一個國家沒有兩個以上的政黨，可知政黨乃歷史演進的結果，因人民的利益與興趣而產生。政黨既非由於法律所促成，當然也不可能用法律以遏制。不過有一點必須交代明白的，就是政黨的功用在於代表人民的利益與興趣。所謂興趣，當然含有認識與觀念問題。因認識與觀念的相同而形成政黨組織，此仍係自由的選擇，經自由選擇所形成的公共意志，個人之自由獨立，仍依然無恙。假使依少數人的認識與觀念，以訓練方式，强聒人民的信從；或以控制生活的威脅，强迫人民入黨，此乃以少數人的觀念與認識壟斷組織，既不許有兩個認識與觀念以充分表達人民的興趣，只許有一個政黨存在，必助成極權政治。故多黨與一黨乃鑑別民主與極權的特徵。因此，也可以進一步說：「多黨政治乃民主政治的眞諦。」換言之，即只有民主政治始許有多黨平等的存在。在墨索里尼與希特勒專政下的德意，除納粹與法西斯而外，不許有他黨存在；所有共產主義國家，皆係共產黨一黨專政，也不許有其他政黨存在。所以多黨政治乃民主國家的眞諦，而非極權國家所可爭有的共諦。

政黨的政綱，經人民的判斷，即可化私見爲公見，上面業經說過。現代民主國家人民判斷的方式，即爲選舉。選舉的時候，在野黨根據現實政治，向人民指出執政黨的缺點與失敗，提出代表人民利益的政綱，以求人民的同意；執政黨根據實際的經驗與困難，一方面爲過去的政績辯護；一方面針對人民的新需要，提出新的政綱。同時各黨也推舉出各種公職候選人，以待人民的選擇。所以在選舉的時候，就是執政黨向人民交代責任的時候，也就是人民憑其自由意志選擇甲黨或乙黨執政的時候。因此，人民必須有充分的選舉自由，選舉的結果才能代表人民的公意。專制政府固然無人民自由選舉制度；極權政治所辦的選舉，既無反對黨堪與相競，每選區只有一個候選人，此乃假借選舉之名，以行指派之實，根本談不上選舉。所以我們也可以說「公平自由的選舉制度，也是民主政治的眞諦，」非專制與極權政治的共象。

鑑別民主政治的條件，當然還可以列舉很多，但都是從此三個基本特徵演繹出來的。只要一個國家的人民享有獨立不可侵犯的人權；執政黨之外有個强大的反對黨；同時朝野各黨皆能恪遵公平自由的選舉法，則我們可以斷定其爲民主國家。根據這三個特徵以鑑別民主與極權，則極權政治必無所遁形。

教育部長張其昀先生在政論週刊發表一篇演詞，題爲民主政治的三大眞諦。張先生開宗明義便說：「民主政治的三大眞諦，一曰愛民，二曰敎民，三曰養民。」姑置其所謂的愛民、敎民、養民的內容不談；若認定愛民、敎民、養民三者爲民主政治的眞諦，或民主政治只有這三個眞諦，則吾人必將無法鑑別民主政治與專制政治；也無法鑑別民主政治與極權政治。專制政府標榜愛民、敎民、養民的文告，史書上班班皆是。有時開明的王朝也確有愛民、敎民、養民的政績，中外的歷史，可以舉出的事例也很多，不容我們否認。同時我們若說愛民、敎民、養民是民主政治的眞諦，極權國家也可以說這三個條件是他們立國的眞諦。他們能舉出的事例也很多，眞假民主之爭，將無法斷定。

再就張先生所舉的愛民內容而加以分析，則張先生所說的愛民更不是民主政治的眞諦。張先生說：「講到愛民，就是要使國民都能安居樂業，欣欣向榮。對內言之，則爲社會安全秩序；對外言之，則爲抵抗強權侵略。故愛民必須愛國，愛國方爲愛民。」如此云云，則墨索里尼的獨裁政府，二十年間何常未使意大利人民安居樂業，欣欣向榮。對內安定社會秩序；對外不但抵抗侵略，而且要恢復羅馬帝國的榮譽，愛國愛民都經作到，我們能憑這個條件，認定墨索里尼時代的意大利是民主嗎？希特勒自一九三三年登台，五六年間使德國國力充沛，失土收復，揚威歐陸，張伯倫、達拉第匍匐以求苟安，史達林屏息而謀幸免。希特勒之熱愛德國，可說前無古人。我們能憑之卽認定希特勒時代的德國是民主嗎？史達林掌握政權三十年之久，對內則有三個五年計劃的相繼成功；對外則抵抗侵略，開疆拓土，爲俄國前史之所無。當德國大兵壓境之時，高呼蘇俄人民拯救祖國，我們能說史達林不愛蘇俄嗎？我們又能憑此認定史達林治下的蘇俄爲民主嗎？根據以上所舉的例證，倘以愛民愛國爲民主政治的眞諦，則中外歷代開明的帝制，法西斯與納粹的德、意，共產主義的蘇俄都可以說是民主政治，這豈非滑天下之大稽嗎？

反過來說，民主政治應是最愛民愛國的政治，因爲民主政治的主權體就是全體人民，當然會自愛的。國家的起原，無論從洛克與盧梭的契約觀點說，或是從康德的道德觀點說，一羣獨立自由的人，不但能自愛，同時也必能愛其所需要的國家。英國是近代民主政治的先鋒，它對內之能安定社會秩序，對外之能抵抗侵略，恐非任何類型國家所能幾及。第二次大戰初期，法國敗衂之後，英國單獨支撐德、意、日的攻勢。全國人民枕戈待旦，爲國捐軀的精神，任何專制獨裁國家的人民，皆不能望其項背。老實說，惟有獨立自主的人民，平素參與國事，深悉國事卽係已事，愛國始能出於眞誠。張先生說：「自由主義者强調民主(德先生)與科學(賽先生)，而把愛國思想輕輕放過了」，不知何所指而云然？如中國的五四運動喊出德先生賽先生的口號，根本卽是愛國運動。雖則民主政治能培養眞正愛國的精神，但我們不能說這是民主政治的眞諦，倘以愛國卽是愛民的說法爲民主政治的眞諦，必然便於極權專政混淆民主政治。因爲愛民必先愛國是所有類型政治的共象，不是民主政治的眞諦。民主政治的眞諦是：(一)個人的獨立、自由、自尊；(二)强大反對黨的存在；(三)公平自由的選擧制度。

張先生論到敎民一段說：「自由主義何嘗不重敎育，可是他們敎育思想是外來的，依舊是歐洲十八世紀思想的老套。」所謂歐洲十八世紀思想老套，大概是指我以上所引的盧梭的敎育思想而言。張先生又說：「中國有些自由主義者，崇仰老子，喜談無爲而治。訓練民衆，組織民衆，那是他們所厭聽的。」中國道家歸眞返樸的思想確與盧梭的自然主義敎育思想有相同之點；但是盧梭的敎育方法，雖重視自然的善，却不是無爲主義。茲引盧氏名著愛彌兒一段話如下：「我們能力機關內部的發達，是爲自然的敎育，應用此種能力機關的發達，就是人爲敎育，吾人向目的而進行，從四週環境所得的經驗，卽爲事物的敎育。」盧梭的敎育方法，雖注重人性的解放，然並不忽視事物敎育。可以說他一方面注重眞我的掘發，一方面也注視到經驗智識的培育。盧梭是浪漫主義者，浪漫主義的特徵是反對傳統，發揚主觀的理想。盧梭時代的敎育傳統是反自然、反自由的；過分重紀律的結果，乃流爲形式主義。盧梭之特別注重自然主義，完全是對當時傳統的反抗。盧梭雖是十八世紀思想界的彗星，但是他的思想確有內在的矛盾傾向。政治方面盧氏的矛盾傾向是既重個人自由，又重公共意志，易爲極權主義所利用。敎育方面則因盧氏過度傾向自然主義，而流爲反理智的敎育，此皆盧氏思想不成熟的結果，不能代表歐洲的自由主義思想。代表歐洲個人自由主義思想的，當然是自洛克以來的經驗派，他們雖然重視實證的理智敎育，可是仍以個性發展、思想自由爲正宗。對於「訓練民衆，組織民衆」的敎育宗旨，必然是「所厭聽的」。假使以「訓練民衆，組織民衆」的敎民方法，爲民主政治的眞諦，也必爲張先生所尊重的羅素先生所厭聞。張先生曾引羅素一段話批評歐美人對於政治社會的見解，未脫盧梭之窠臼，但是羅素最近的多種著作，仍一貫他的名著「自由與組織」書中的看法，一方面認定機械世界的生產集中趨勢；一方面堅定發展個性和思想自由的主張。恐怕對於張先生訓練民衆的敎育方式，也未必不發生疑問。假使以「訓練民衆，組織民衆」爲民主政治的眞諦，則史達林與希特勒皆是「訓練民衆，組織民衆」的魔王，豈不是史達林治下的蘇俄，與希特勒治下的德國，皆是頭號的民主政治嗎？

我不是說民主政治，完全不許訓練民衆。民主政府之訓練民衆，僅限於技術範圍，以解救就業的需要，絕不許有統一思想的訓練，尤不許訓練的目的在於招收黨員。張先生並未明言訓練的範圍是否及於思想，祇說「公民敎育的實施，卽爲組織與訓練……我們要嚴密組織，加强訓練。」我不願臆斷張先生的訓練公民，就是共產黨的洗腦訓練。對這個問題我們希望張先生能夠交代明白。

民主政治下的人民，當然不能沒有他們所需要的組織。所謂分工合作，就是組織。民主政治下一切的社會活動，就是人民基於利益與興趣的組織活動。

工會、商會、農會是以職業利益爲基礎的組織；各種學術團體是以學術與趣爲基礎的組織；政黨是因政治觀念爲分野的組織。愈是民主自由的社會，民間的組織愈發達。可是這些組織都由於人民的自發自動，所以每種組織皆富有內在的活力，遇到公共問題發生時，立刻卽可表現社會一體自覺(social soridarity)的力量。假使不是出於自覺的要求，而强迫代爲組織，儘管組織龐大，人數衆多，內無自主的活力，不會如張先生期望的「如身使臂，如臂使指」，「牽一髮而動全身」的。英、美的社會安全制度，是網羅全社會的組織，一個人失業或遭險，可以獲得全社會餘力的救濟，此誠所謂「牽一髮而動全身」。假使張先生提倡此種組織，我將擧雙手以贊成。不過不能說這就是民主政治的眞諦。我要重複的說，民主政治的眞諦是：(一)個人的獨立，自由、自尊；(二)强大反對黨的存在；(三)公平自由的選擧制度。

張先生養民一段話的內容，集中於批評資本主義。十八世紀以來資本主義的流弊，乃人所共知的事實。流弊的產生，實緣於自由放任政策，亦係不爭的史實。不過美國自羅斯福總統實行新政以來，新資本主義的形態，工廠變成經濟自治的單位，社會安全成爲救濟失業與協調勞資的制度，已大改變傳統的資本制度。這證明用民主方式，仍可領導經濟機構謀求公共福利，實現經濟平等，而無損個人自由。因此政治的自由與經濟的平等，不是不可調和的矛盾。張先生說：「三民主義的建設，不但須有政治民主，而且須有經濟民主。」我也認爲這是可能的事。以經濟建設來實現富國裕民的目標，這是現代任何類型的政府必有的責任，民主政府更應當如此，我們不能說它是民主政治的眞諦。張先生批評英、美的自由資本主義說：「講到養民，孔子主張富先於教，孟子亦以恆產爲恆心之始。國父則以民生爲三民主義之首要。總統亦說，國民革命最初的動因和最後的目的，都是在於民生。就此義言，自由主義者最大的弱點也正在此。因爲他們傾向無爲而治，對國計民生主張放任，聽其自然，以無政策爲政策。」張先生分明在責備英、美的自由主義者，不注意養民，假使我們因此說英、美的政治不民主，那與共產黨批評、英美的不民主，是一樣的說法了。反過來說，史達林等既是根據經濟的共產，說蘇俄是眞正的民主。請問張先生：承認英美是民主呢？抑是承認蘇俄是民主呢？所以，若以計劃經濟爲養民，更進一步以養民爲民主政治的眞諦，則共產主義的蘇俄固然是民主，納粹的德國與法西斯的意大利也都是民主，而英、美反不是民主。這豈非莫大的笑話嗎？所以我更須重複的說，民主政治的眞諦是：(一)個人的獨立、自由、自尊；(二) 强大反對黨的存在；(三) 公平自由的選擧制度。

凡是標擧某物某事的眞諦或特徵，必須爲他物他事之所無，然後眞諦特徵之義始成。眞諦與要件不同，不能稍混。假使我們說耳、目、口、鼻、眼之於人，是極重要的條件，當然沒有問題；可是我們不能說耳、目、口、鼻、眼是人的眞諦或特徵；稍一忽略，如此出口，則一切具備耳、目、口、鼻、眼的動物都與人混矣。因爲耳、目、口、鼻、眼是高等動物的共象，不是所以爲人的特徵或眞諦。假使說人之所以爲人者在思想，則其他動物無法與人混矣。因此，我們可以斷定能思想乃是所以爲人的眞諦。

我不像自由中國第十五卷七期的社論，採取嚴格的立場，從民主國家人民是主人的關係，問「誰來愛民？」「愛者與被愛者之間是怎樣的一種對應關係？」但我却不敢苟同「愛民必須愛國，愛國方爲愛民」的口號。這個口號是以國家民族的全體觀念，吞沒個人，此與黑格爾的話「個人實爲國家而存在」，有何不同？此與意大利法西斯理論家柔寇的話「法西斯主義以個人的生存係爲了社會，自由主義以社會係爲了個人；法西斯主義以社會爲目的，以個人爲工具。」有何不同？此與納粹德國的標語「汝乃無物，民族實係一切。」又有何不同？這種對等的愛民觀念，實卽以國家爲目的，以人民爲工具的觀念；所以張先生才攻擊向以個人爲目的，以國家爲工具的自由主義者。張先生批評自由主義者的措辭，在納粹理論家的書中，可以說是累牘連篇。我認爲政府應當無條件的愛民，說明白些，就是處處爲人民的福利設想，當然是民主政府的責任，也可以說是民主政治重要的條件，絕不能說是民主政治的眞諦。若張先生的愛民涵義，不但不是民主政治的眞諦，反構成極權政治的條件矣。

英、美兩國的中央政府，雖都無教育部的設置，但中央政府對於教育事業的補助經費，皆有相當的數額，證明他們不是忽視教育，更不是民主政治不能教民；而是他們認爲教育文化事業，應讓其自由發展，不宜由中央統制。張先生以組訓民衆爲公民教育的內容，或可與德國的軍國民教育等量齊觀，無法求之於英、美的自由思想界。我們對於英、美的教育成績，稍存客觀的態度，不能以「英、美人士的思想，仍多不脫盧梭的窠臼」，而抹煞一切。我承認教民也是民主政治的重要責任，不願如自由中國的社論，擧出作之君、作之師之不當；但是我確憂心組訓民衆的教民方式，是否會變青年如希特勒的衝鋒隊或像史大林的青年團？假使張先生以這樣教民爲民主政治的眞諦，則世界上根本無極權與民主的分別了！

張先生以爭取經濟民主爲養民之道，是正確之論，但是須要講求實現經濟民主的方法。共產黨對於經濟民主頗有只此一家之感。張先生擧出中山先生的民生主義，可是民生主義開宗明義便說：「民生主義卽是社會主義，卽是共產主義。」假使對於實現經濟民主的方法，稍一疎忽，在實現的過程中，可能發生與實行共產主義同樣的慘局。世界上不知有多少政治家以養民始，而以害民終。我也承認養民爲民主政府的責任，但是我認爲只有循民主的方法，走上經濟民主之路，像美國現在工人參與管理工廠，與社會安全制度，才可以分別民主政治與共產政治。

張先生以愛民、教民、養民，爲民主政治的眞諦，實犯了以條件爲特徵的毛病。以條件爲特徵，則發生大問題了。法治是民主最不可缺的條件，可是我尙不敢說法治是民主的眞諦者，因爲法治就維持社會秩序言，它是有能力政府的共象，不是民主的獨象。眞諦必須是獨象。所以我還須再重複的說，民主政治的眞諦是：(一) 個人的獨立、自由、自尊；(二) 强大的反對黨的存在；(三) 自由公平的選擧制度。

檢察官對少年竊盜贓物犯的處理問題

——起訴、聲請，兩者孰宜？

鄧澂濤

一　本題的釋明

戡亂時期竊盜犯、贓物犯保安處分條例，(以下簡稱本條例)，關於檢察官對於少年罪犯——即十四歲以上未滿十八歲之竊盜犯、贓物犯——之處理，並未有詳確的規定，究竟檢察官移送此類案件於法院時，其所用的文書，以起訴書爲宜？抑以聲請書爲得當？在司法行政部提出本條例草案於立法院時，既未有說明，卽在立法院審查本條例中，亦未有討論。在個人的理念，以爲檢察官對此類少年犯罪案件，其處理的方式，似以「起訴」之方式爲宜。惟前閱九月二日中央日報，所載浦德生君所寫「是立錯了法」一文，承其告知，檢察官對於此類案件，均係向法院聲請裁定，並非起訴。因此我個人的理念，與實際上的情形既不相同，遂有本問題的發生。且以聲請裁定與起訴、判決，在訴訟上所生的效果，亦大有差別，而影響於人民的自由權利，彼此各有歧異。茲以司法行政部對於本條例，既有修正草案提出之訊息。而此項問題，實亦有從新檢討的必要，爰不忖譾陋，擬撰此文，深冀促起社會上留心法治人士之注意，共同研討，務得一適當之方式，以資改善，俾本條例更獲得美滿的效果。

二　起訴與聲請在訴訟上不同的效果

在研究本問題之先，則須明瞭起訴與聲請之方式，於訴訟上產生若何不同之效果。茲爲一般讀者易於明瞭起見，對於此點不能不略予說明。

甲　由檢察官以起訴方式，提出於法院案件，法院對之，應進行正式的審判，於是有訊問被告，調查證據，言詞辯論等程序，被告人並得委任律師出庭爲之護辯，辯論終結後，被告之有罪或無罪，刑罰之輕重或免除等，皆以判決宣告之。被告如不服第一審之判決，可上訴於第二審法院，其審判程序與第一審相同。

乙　由檢察官以聲請之方式，提出於法院之案件，法院對之，僅就其聲請之事件，是否合法，而予以可否之裁定。並非必要訊告被告。及不須履行調查證據，言詞辯論等程序。被告更無委任律師出庭辯護之可能。被告如不服第一審之裁定，可抗告於第二審。第二審，認爲抗告無理由者，以裁定駁回之，認爲有理由者，以裁定將原裁定撤銷，於必要時並得自爲裁定，然皆爲書面上審理。揆之直接審理，與發見眞實之原則，殆有未盡也。

三　本問題從「人」、「事」、「法」三方面的研究

至於現時檢察官對於本條例之少年罪犯，其所以用聲請方式，請求法院辦理者，殆或比照刑法第八十六條，及根據刑事訴訟法第二百三十一條之規定而來。以爲刑法第八十六條，「因未滿十四歲而不罰者，得令入感化處所，施以感化教育。」與本條例第三條：「十四歲以上未滿十八歲之竊盜犯贓物犯，免除其刑，但應令入感化處所，施以感化教育。」之規定，性質相類，故刑法第八十六條之少年，可以用聲請方式，請求法院裁定移付感化教育，則本條例第三條之少年罪犯，當亦可以聲請方式，請求法院裁定，移付感化教育。且依照刑事訴訟法第二三一條第九款之規定，(法律應免除其刑者)既予不起訴處分，所剩餘之問題，乃爲應施以感化教育而已，因此聲請法院以裁定行之，認爲並無不當。但吾人從「人」「事」與「法」的三方面而細細研究之。則現行所採取之方式，實覺有未宜者，茲分別而論述之。

第一：先從「人」的方面言之：刑法第八十六條所指之「未滿十四歲之少年」，與本條例第三條所指「十四歲以上未滿十八歲之竊犯贓物犯」，在刑事責任上顯然大有分別。以未滿十四歲之少年，無論任何行爲，依於刑法第十八條「未滿十四歲人之行爲，不罰。」之規定，因此其行爲，並不發生有任何之罪名，例如利用未滿十四歲人共同犯罪。在最高法院疊有判例，亦以『刑法對於無責任能力者之行爲，既定爲不罰，則其加功於他人之犯罪行爲，亦應以其欠缺意思要件，認爲無犯意之聯絡，而不算入於共同正犯之數』(參照二十八年上字第三二四二號判決，及四十五年度臺非字第四二號判決)，故此未滿十四歲人之行爲，因欠缺犯意，根本上無所謂罪。若本條例第三條所指：「十四歲以上未滿十八歲之竊盜犯、贓物犯」，則不然，以該條所列之罪犯，在刑法上，並不認其有欠缺犯意。卽就該條文義釋之。其所謂「……竊盜犯、贓物犯」云者，顯見其罪已有成立。故在前者言之，則爲無罪之人。在後者言之，則爲有罪之犯。且因未滿十四歲之人，年齡幼稚，生理既未健全，亦未能勝任職業工作，移付感化教育，並未負有何罪，因此影響其個人的名譽，極爲輕微。若今日臺灣因氣候地理等關係，在十七歲以上未滿十八歲之人，其生理方面，早已成熟，有若成年，且多有已參加社會工作，(如工廠之學徒，商店之店員等)如一旦移付感化教育，在其個人雖可免除其刑，然不能謂之爲無罪，因此其個

人之名譽，自然大受損害。今對於此類少年之名譽權利，有所損害的處分，乃不依正式審判之程序爲之處理，而以聲請與裁定之簡略方式行之，不能不謂有剝奪被告人司法上受益權之嫌。

次就「事」的方面言之，凡事之措置，必當求其合理，然後不致有徒勞無功，或扞格不通之弊。今日檢察官對少年竊盜犯、贓物犯，適用刑事訴訟法第二三一條規定，先行予以不起訴的處分，然後再以聲請方式，聲請法院裁定，移付感化教育。此種辦法，是否合於事理，誠不無可議之點。

第一：檢察官認定事實，以爲被告人有罪適合法律上免除其刑之規定，如免除其刑，對於裁判上並無牽連之關係者。檢察官適用刑訴法第二三一之規定，爲不起訴處分可也。例如刑法第二百八十八條第三項（因疾病或其他防止生命上危險之必要而犯前二項之罪者，免除其刑）之規定。檢察官對之，予以不起訴處分。則一了百了，因其並無與審判上有牽連之關係，自不發生侵越審判之權。今本條例第三條之規定則不然，因該條內容有三件事，第一是「罪」，第二是「刑」，第三是「感化教育」。照該條全文——十四歲以上未滿十八歲之竊盜犯、贓物犯，免除其刑，但應令入感化處所施以感化教育——釋之，必先有罪之成立，然後有刑之可免，因刑之免除，然後有移付感化教育之需要。是罪之成立與否，乃與裁判上——卽應移付感化教育與否——有牽連之關係。今檢察官適用刑訴法二三一條九款，先予以不起訴處分，在其本質言之，是不啻先由檢察官判定被告之罪，業已成立。是則檢察官以原告身份，兼行審判之職權矣。其是否合理，實不能無所顧慮，此其一。

第二：本條例第三條，既明定免除其刑，則此類少年罪犯，在檢察官縱不依照刑訴法二三一條之規定先予以不起訴處分，而法院亦不能有予以處刑之判決。故檢察官依前述法條不起訴處分之所爲，對於被告刑之免除，實無絲毫之影響。行此一着，不特徒增案牘，勞而無功。抑且在法院審判上，有扞格不通之弊。誠以檢察官對於少年被告之罪，既不向法院起訴，則法院無從爲事實上之直接審理，被告之罪，是否成立，亦無從判定，罪之成立與否既無從判定，則其應移付感化教育與否之裁判，亦缺乏其正確之基礎。故個人的理念，以爲檢察官對本條例之少年罪犯，實不宜適用刑訴法第二三一條之規定，假如可用適用的話，似應增用刑訴法第二三二條（按本條規定認爲以不起訴爲適當者）併爲不起訴處分（卽不再聲請法院移付感化教育）則可。以整個案件，皆不起訴，自然與法院無牽連之關係，法院本於「不告則不理」之原則，亦無從對之而爲裁判，如此做法，或可認爲合理。又法院之判決，應對於起訴事件之全部，就事實上法律上各點，同予判決，不可分離，此爲「審判不可分」之原則，今檢察官對本條例少年罪犯，先照刑訴法第二三一條先確定被告犯罪之事實，因免刑而爲不起訴處分，然後，聲請法院裁定移付感化教育。是則使法院對於事件之全部，不能就事實上、法律上，同予判決，其是否侵越審判之職權，與破壞審判不可分之原則，實不能無所顧慮。此其二。

再其次就「法」的方面言之：本條例第三條之規定：因「罪」之確認，「刑」之免除，與「感化教育」之移付，三者實有牽連之關係。假使檢察官依據刑事訴訟法第二百四十三條之規定，將此類少年罪犯之案件之全部事實向法院提起公訴，訴請法院依照本條例第三條，爲免除其刑之判決與移付感化教育之判決。則法院可就事件之全部，作事實上、法律上同時判定。如此檢察官之職務，並無違背，而對於審判不可分之原則，亦可維持，蓋刑訴法第二百九十一條，但書之規定，『免除其刑者，應諭知免刑之判決』、此爲審判官之職權，固非檢察官所能越俎代庖也。

依以上所論述，則可知檢察官對本條例少年罪犯之處理，應將整個案件以起訴之方式向法院訴請判決行之爲宜，而不應僅以移付感化教育一事聲請法院裁定也。

四　對於憲法的顧慮及個人管見

憲法第六十六條規定：「人民有請願、訴願及訴訟之權。」此訴訟之權，其意義如何，吾人雖非大法官，不能作權威之解釋。但以吾人的常識論之，則所謂「人民有訴訟之權」者，無非是人民有受正式審判之權利而已，此「正式審判」之一語，當可以「通常程序審判」釋之，觀於刑事訴訟法第四百四十九條及第四百五十五條之規定卽可知其意。至所謂通常訴訟程序，在第一審與第二審，均採直接審理主義，第三審始採用書面審理主義，此在刑事訴訟法規定甚詳，毋待贅述。本條例第三條之規定，本以先有罪之成立，爲免除其刑，及移付感化教育之判決基礎，今罪之成立，乃不經通常程序審判，而先由檢察官確定之，法院對於檢察官移付感化教育之聲請，亦不能爲直接之審理，僅就檢察官聲請之書面，覆核無異卽予裁定，其有抗告於第二審者，第二審之法院，亦依樣葫蘆。（按此類案件因刑事訴訟法第四百零七條之規定，不能再行抗告）因此被告人由憲法賦予司法上的受益權，不啻被剝殆盡，按刑事訴訟法簡易程序，被告人對於處刑命令，如有不服，仍得於法定期間，聲請正式審判。（參照刑訴訟法第四百四十九條）而「法院認爲正式審判之聲請合法者，應依通常程序審判」之。（參照刑訴法第四百五十五條），今檢察官對此類少年罪犯之處理，以上述聲請方式，導致審判官之裁定，使不能依照通常程序之法軌，進行訴訟。比之處刑命令，尤爲苛刻。此種處理的方式，苟謂之爲合乎情理，適應憲法之精神。在個人之理念，實期以爲不可也。

或曰：今日法院案件甚多，對期此類較爲簡易之案件，如一一依照通常程序辦理，亦不免有廢時失事之感。此點在實際上亦有須予考慮之處。故個人之意見，爲減輕法院工作之負荷，似可依照刑訴法第四百五十九條之規定，取用略式判決，以圖救濟而已。鄙見所論，固不敢自謂完全確當。但願司法行政當局，對此問題，亦當重加考慮，倘認鄙見爲有可採擇之處，則對於檢察官現行處理少年犯之方式，似應予以糾正，以維護憲法之精神，以重人民之法益也。

民國四十五年九月十九日寫於臺北。

星加坡航訊・十月廿九日

星加坡大暴動的始末

史信

星加坡自十月廿五日起，由學潮而工潮，繼而私會黨等所搞起的大暴動，是星加坡開埠以來的一個大悲劇。從廿六日開始戒嚴，到記者寫稿時（十月廿九日）四天以來，僅僅每日開放三四小時，以後便全天全夜戒嚴。燒死事件，層出不窮，星加坡再不是女皇皇冠之珠，而是一個成爲死市的恐怖淒涼的荒島，文化似乎又倒退到一百年以前的馬來式的漁村。根據政府在廿八日發表的數字，死亡者計十五人，受槍傷者計三十八人，其他受傷入政府醫院治療者計千人以上。放火燒車之數字計三十宗以上。出動的軍警總計一萬五千人。辜克兵團及聯合邦警察調來協助平亂，尙不在其內。爲政府逮捕之人犯亦在千人以上，至於因犯共黨煽動嫌疑而被捕之農工學運之領袖，總計在二百三十四人，他們全是在公安法令之下逮捕的，拘押的時期，規定爲三年。

這一次大暴動事件，根據政府發言人指出，乃是以立法議員人民行動黨之林淸祥等人所主使的。他們企圖利用農、工、學三方面的人士，用暴力來推翻星加坡現有的政府，阻撓現政府完成其獨立與自治。以林淸祥爲首的這一批反政府人士，已全在廿七日淸晨爲警方逮捕。他們反政府的陰謀，政府已全獲得證據。首席部長林有福在廿八日晚上，在馬來亞電臺中向人民廣播，明白指出：「昨日政府引用公安法令所進行的逮捕，在目前的局勢下是很必要的，在現局勢下星加坡的一批人，發動了縱火與暴動，他們利用種種手段，煽動反對星加坡政府政策的推行，他們必須接受造成暴動發生的責任，因爲他們在觸發暴動時，曾搬演重要的角色。同時他們不但不想法阻止暴動，而且極端支持，把罪名全歸在政府頭上。……這二百三十四個人，是負責造成此項嚴重之局勢，自政府圍捕他們的工會，他們用暴力抵抗，且由政府搜到他們公會內的許多文件，證明了我們所採取的行動，是維護星加坡各民族各階層男女老幼的安全與和平。……在他們的文告中有『爲了鬭爭而死是光榮的。』另一項文件說：『我們現在已明瞭今日我們必須採取更加强烈的鬭爭。如果我們不敢鬭爭，那麼我們便是失敗者。』」

大暴動的開始，乃是從學潮先引起。原來星加坡有兩間人數最多的華文中學，一是中正中學，一是華僑中學，兩校之總人數計九千人左右。在十月十日那天下午，政府宣佈了逮捕中學聯主席孫羅文，先前又封閉了中學聯，因此兩校學生乃在十月十日中午實行召開大會，下午舉行罷課。他們要罷課的理由是因爲當天上午教育部長決定革除中正與華中兩校學生一百四十二人。（教育部認爲此一百四十二名學生乃是中學聯之主幹，且爲活動份子）。於是罷課乃成爲事實。兩校學生，集結在校內，進行「思想訓練」及「學習改造」等，工會方面及爲左傾份子操縱的家長聯誼會（按該會已宣佈爲非法），且捐贈大批欵項及食物，治安當局只好袖手旁觀，一無辦法。因爲根據英國的法律，學校是私人財產，在業主未請求政府出來干涉，警察無權進入私人產業之地，否則警察違法，人民可以控告政府，政府輸了，一定要賠錢（且上項賠欵，政府不得抽所得稅）。星加坡政府是非常法治的，因此政府明知他們在裏面實施「洗腦」教育，但亦奈何不得。

但是也有許多學生，不參加集中，他們希望眞正唸書。於是政府決定十月十三日分別登記兩校之教師及學生，分別在另外兩間空闊的政府建築的小學內，暫時上課，一面政府天天呼籲在兩校集中的學生，出來登記上課，並且說明用原來的教師，原來的課本，全力保守華校華文教育的傳統，一俟兩校學生散後，整頓妥當，重返原校上課。幾天來有一千多同學，出來登記，後來登記的人漸多起來了，在校內集中的學生，情緒上慌起來了，一面派出同學，每一家去說服他們，教他們不要去登記，指英國殖民當局在騙人（許多家長相信這一說，良以過去英人，在此的確是欺騙華僑，所以此地華僑，大多是反英的。在此住得愈久的華僑，反英情緒愈高），因此也收到不少效果，另一方面，他們在廿三四兩天中，每天上午分別派出學生，至他們原有的學校，勸同學罷課，育英中學、南華女中、南僑女中、中華女中……等，皆曾被他們騷動，於是同學紛紛離校，一部份進入中正或華中，集中「支援」，一部份則回家，各校上課人數大減。政府當局有鑒於此，認爲這個行動是侵犯他人的自由，不能容忍，乃依法企圖解散在兩校集中的學生。

於是廿五日晚上教育部長周瑞麒乃利用馬來亞電臺，向學生家長呼籲，勸他們在廿六日上午八時至下午八時，一段時間內，趕緊前往中正及華中兩校，將彼等之子女帶返，然後至教育部登記，即刻上課，顧念學業爲重。他復指出在廿六日，教育部將派出大批視學官及警察駐守兩校，協助家長帶返其子女。他也說明如果過了晚上八時，學生如仍集中不散，則政府將採取强烈行動，驅散學生。

從周氏的廣播，證明政府要整頓華校，已下了最大的決心。然而在廿六日中，全天由家長帶返的學生不足三十四人，而兩校集中的人數，共計四五千人（根據一位政府官員指出，尙有許多巴士車工人亦加入，集中在兩校內，以壯彼等之聲勢）。情勢顯然十分嚴重。華僑中學董事長李光前乃費了七個小時，與華中同學談判，勸他們回家，以顧及大體。學生方面提出要求，要政府保證今後不開除一百四十二名學生，保證不再逮捕學生。李氏完全答應下來，同意去向政府說話，但堅持學生一定要先散。學生方面堅持要集中。最後李氏道：「你們一定要先散，你們集中，乃是違法。我不能替違法的人說話。如果你們先散。出了什麼大事，我李光前可以挺身而出，向政府拼老命。我這麼大年紀了，決不欺騙我們中華子弟。你們一定不散，我忠告你們吃虧的是你們自已，是我們中華文化。」李氏苦口婆心，老淚縱橫，無奈學生年幼無知，不能體貼長者用心之苦。

在中正方面。到了下午六時，校長莊竹林及董事林樹彥，亦再度分別勸告學生，希望他們從大處着想。經過一小時之會商，學生方面提出三個條件。㈠立刻撤退警察。㈡請准許在學校內繼續逗留廿四小時。㈢廿七日上午派一代表團，與首席部長林有福協商。莊氏乃將學生的三個條件提交在場之教育部華校總聯絡官安獻今（按此人會在抗戰時代爲英駐華大使館參事），安氏立刻以電話向首席部長林有福請示，林氏認爲學生應絕對遵從政府之命令，抗命不從，復提出條件，與政府分庭抗禮，林氏大怒，乃在電話中斷然拒絕，並訓令安氏及警察總監穆禮恩嚴格執行政令。

到了這個時候，學生見大勢已去，於是乃堅守校內，拒絕離校。此時警察人數，愈來愈多了。一時氣氛至爲緊張。到了八時以後，在中正中學執行任務的副警監貝安斯一度率警衝入學生「陣地」，但學生大羣包圍上來，他在吉普車中，用無線電話與穆禮思談氏話穆卽令他退出。他乃立刻退至校門口。

正在此時，中正中學大門口，忽然有人紛嚷，謂月眠路（該中正在月眠路上）口有暴徒用石子及玻璃瓶向守在路口的警察投擲，他們企圖衝入中正，雙方已經衝突起來了。此時中外記者得訊後，乃在黑暗中，拔足飛跑，大約半華里遙，大家到達出事地點，但見暴民千餘人，正在與警察衝突，八時四十五分，警察二度將羣衆驅散，每次皆用催涙彈及木棍。氣氛非常緊張。在華僑中學方面，也在同一個時間，也有近千的羣衆用石子向警察投擲，當場有一名警察爲石子投了中腹部及頭部，立刻流血如注，傷勢嚴重。到了八時五十分，警方見情勢不佳，仍使用六枚催涙彈，將羣衆驅散。這一晚警方未解決中正與華中兩校集中的學生，但加派了更多的警員，在校內外駐守。然而，這一晚，星加坡許多地點發生燒車，投石子，及玻璃瓶內藏有硝酸，向警察投擲，暴民之狂，一如脫僵之馬。於是政府乃在廿六日零時宣佈全島戒嚴，並調大批軍隊，出來佈防，一個星加坡的南國的迷人之夜，頓然成爲一座死市。

到了廿六日清晨在中正與華中集中的學生，由警方在六時十五分，用廣播器通知他們快快離校，他們表示學校是私人財產，警方無權干涉，所以表示拒絕離校。此時警方乃動用數枚催涙彈，並用警棍擊散學生，學生中有數十人受傷。在華中散出的學生，繞了牛頓圈，仍舊不散，於是再由警方勸告，他們不聽，警方乃再施放催涙彈，他們乃沿途散去，不久乃集中於福建會館。至於在中正方面的學生，他們從中正散出，不久乃集中在光華小學。

這一天，從上午十時起至夜十一時，完全在暴民騷動之中，最嚴重的地區，是維多利亞街、直落阿逸街、大坡大馬路、小坡二馬路、新飛機場一帶軍警數次開槍，且空軍出動直昇飛機投擲催涙彈。暴民之狂潮，此起彼伏，無刻平息。全日間造成八死，七十餘傷害，失火之處，更是比比皆是。且兩個警局受到暴民之攻擊。此時政府乃宣佈戒嚴令，由下午三時起戒嚴至次晨六時半止。在此時期，如有縱火搶刧者，當格殺勿論。

這一天在戒嚴令未下之前，警察法庭爲人縱火，幸爲辜克兵團發覺，從二馬路頻開五槍，並電召救火車，及時撲滅之。這一晚人民在驚恐中度着。

這一晚星加坡三個政黨，人民行動黨、勞工陣線及民主社會黨皆分別呼籲，以和平方式，進行政治鬬爭。但最好笑的是人民行動黨李光耀及星首席部長林有福的談話。李光耀說：「由於勞工陣線政府對於目前事件，處理失當，遂致引起如此嚴重的局勢，政府本應及早注意他們在先前所採取的步驟，已激起了市上的不安與緊張，應趁早將之解決。但該黨政府，反而誤事，證明勞工陣線政府無能，因此我們要求他們總辭職。我們向市民呼籲，要解決此時的危機，不能用武力，更不能用燒車或襲擊無辜市民，要用和平的手段鬬爭下去。用不流血的手段來求政治上的進步」。

林有福的談話是繼李光耀的而後發出。他道：「余歡迎人民行動黨秘書發表之聲明，他是代表人民行動黨爲暴行悼嘆，但令人遺憾是該黨不承認政府任何之決策，而爲星加坡前途設想。法律及秩序是必須維持的，任何人惡意與抵抗政府者，必予以嚴厲之對付。李光耀先生似乎認定目前之不安及緊張情況，無可加罪於人民行動黨，而此種情況，實在就是人民行動黨一手所製造出來的。他是否爲該黨說話呢，因爲正是在暴動前一天的晚上，他的同僚林清祥（按林爲人民行動黨執委）會在一公衆集會中稱：吾人將告訴他（指林有福），人民將趕走他。林清祥明明是用暴烈的言詞來做成暴行。當人民行動黨聲稱：彼等將尋求最先機會，推倒政府，他唯一的辦法祇有鼓勵目無法紀的份子，以危害星加坡人民之生命及產業……」。

林有福的語氣是非常强硬的。因此在次日晚上，也便是廿七日深夜二時，出動了大批警員，至各業商店及工廠職工會，福利巴士車工友聯合會與農民協會等地，大肆逮捕職工運動之各領袖，計其中重要人物有各業商店及工廠職工會總務林清祥、秘書詹姆士、電車工友聯合會顧問蒂凡那、軍港工友聯合會秘書兀哈、各業工聯會副主席陳國偉、及巫籍執行委員陶兀、與武旺、農民協會秘書曾超卓、副秘書方瑞隆、福利巴士車工友聯合會總務方水雙、陸軍平民雇員聯合會副主席陳文英，在香港街各業工聯會第三分部逮捕四十八人，其中爲副財政郭大英。紡織工友聯合會主席陳麗英……等。

當警察當局在進行上述逮捕時，在武吉知馬區各業工聯會第四分部，一度遭到抵抗。據代理副警監芬智在一個記者招待會上宣稱：「……警長企圖打開他們的鐵門時，庭內一人以長四五呎之鐵棒，向該警長腦袋打去，我見狀，乃及時開槍，一連二響，只見鐵棒落地，不知對手是否中彈。」

芬氏續稱：「我們本來是奉命去逮捕數名顚覆份子，想不到會所內竟有這麼多人，於是全爲警方逮捕。」

廿七日上午在光華學校及福建會館集中的中正與華中的學生，也分別散去。然而這一天星加坡各地仍是不斷在發生騷動，人民損失不計其數，騷動中傳聞死十五人，傷一百人左右。

在廿七日上午一度發生巫人與華人搏鬪之傳說。這個傳說立刻散及全島。政府的領袖都非常着急，深怕引起民族間的仇恨。這個傳說的由來，是在廿六日暴動中，星加坡市議會有一名巫籍司機爲暴民擊斃，引起巫人之仇恨，所以在打死巫人司機地區的全體巫民，在廿七日上午十時左右，全體出來，拿了刀子，準備看見華人便殺，後來幸而副首席部長裕末，他以星加坡巫人總會主席的身份，趕到出事地點，向巫人勸說，巫人要求准他們在戒嚴時期出殯，裕末答應了他們的要求，總算一場紛爭，始告解決。許多人都在擔心，會不幸而引起軒然大波。這是大暴動中的一個緊急關頭。

其次在廿七日上午，暴徒在漳宜和裕朗兩個東西相對的地區，在同一個時間內，襲擊兩地的警察分署，參加的暴民，兩地各一千人以上。情勢非常吃緊，但後來幸賴軍警合力抵抗，方始把暴民擊退，這也是大暴動中的一個驚險場面。

到了廿八日情勢是比較和緩了，除了一間英文小學爲人縱火，完全燒光外，其他並未發生任何騷動的事件。廿九日仍是在戒嚴狀態中，亦未發生意外事件，全日在平靜緊張中渡過。

從三十日起，政府決定白天開放，晚間仍舊戒嚴。從上午六時至下午六時半爲開放時期。並決定如白天仍有騷動事件，則決定實行分區戒嚴以減輕人民之痛苦及不便。

這一次的暴動，據官方人士宣稱，是有組織的，在中正與華中的許多羣衆，都是在夜晚八時左右發動「進攻」兩校。作「裏應外合」之企圖。在漳宜和裕朗兩處之警署，也同是在清晨，時間上相同，行動也相同，說明暴民後面是有人指揮的。

根據廿九日下午星加坡政府發言人湯遜在一個中外記者招待會宣稱：證明此次暴動，是政府此次在公安法令下逮捕的那一羣職工會領袖所主使的。湯遜出示警方在各業工聯會及華僑中學校舍中所搜獲之證件。當局所出示的證件，共有三種：㈠在各業工聯會武吉智馬分部的一塊大黑板，這黑板上寫的是板報。名字爲「工聲」。湯氏說：「工聲」是一九四八年被政府宣佈非法的共產雜誌，最近有人曾以此名向政府註册，再行出版。㈡一被捕之各業工聯會職工所提供關於本月廿七日在武吉班讓區的情形（該文錄後）。㈢在華僑中學所搜獲中學生準備遊行的巨型油布標語，五張寫有四個桌面併起來那麼大的「勝利大遊行」，另一張是畫被封閉的中學聯主席孫羅文的巨型畫像及另一「學生領袖」謝運同的油畫像。湯氏說：「這批學生無疑是在政府準備讓步後，舉行大遊行，他們以爲政府會像去年六月一樣任學生無條件復課」。

至於出示證物的「工聲」的內容，其中載有本月廿六日本坡新聞。題目：「人民站起來了。」內容是：「警方的暴動鎮壓車二輛及七十輛無線電車被燒燬，工友們高興得連連拍掌不停，大喊『好呀！』羣衆看到高鼻子的英國人，就拉下車來警告或毆打，可見昨日羣衆之所以與警察衝突，是完全自動的，因爲他們不願看到政府這種無理的暴行，來壓制手無寸鐵的學生，他們正深深底了解到殖民官員，和林有福政府是出賣人民利益的眞面目。」

湯遜氏又指出警方搜查各業工聯會在武吉智馬區之分部，乃因該工會有傾覆活動之嫌，警方在搜查時，亦會抄獲到許多不法文件，其中包括以中文書寫之「學業」單張，及該會人員歷來舉行之非法會議紀錄。湯氏繼指出：此等文件已是證明此工會之所謂工運份子搞起來的傾覆活動。檢討市面情況時，湯氏指出，每當「農民協會」（已查封）會員麕聚之處，即有暴動之蔓延。

關於上文所提及本月廿七日在武吉班讓區有一位被捕職工供出來的一活動。據湯氏出示：其報告指出：在一九五六年十月廿七日本分會總部接獲布都查理（印人，已被捕，爲該工會執委）自密駝路來電話，投命所有工人總罷工，並須逗留在各工廠附近，聽候命令。此項命令隨即付諸實行。在十二時至下午一時間，布都查里又再來電話，投命工人須在楊協成醬油廠、謙拜廠及南洋製鞋廠集中，然後由分會組織一遊行隊，向市區進發，沿途與此等工人在各該區滙合。此「遊行」之目的乃往見首席部長，向他抗議大逮捕及解散各工會組織，同時派代表要求釋放不解任法庭審判之被捕人士。

在這同一的報告上又指出：該各業工聯會並決定組織一糾察委員會，包括下列人士。計㈠各業第一分會財政朱振南。㈡各業總會中委李宏基。㈢各業第一分會主席許南星。㈣鄭有功。㈤星加彼紡織工友聯合會主席陳麗英（女）。㈥各業屬下之淘化大同廠幹事會代表白庚碹（上述六人中已有四人被捕）。糾察委員會的任務，據湯氏發表：㈠各委員會維持工人間之秩序。㈡當工人與警察遭遇時，即應散開，然後再集會進行。㈢倘警方拘捕任何工人，其餘者即須要求將之釋放，若不獲准，則自動請求逮捕正身。

湯氏又透露該報告之內容稱：約在下午六時，一批約七十至九十名的工人抵達該會之所，渠等大多逗留該處。工人中呈現紛亂現象。直至下午七時，當李宏基及朱振南與陳麗英抵達時，乃由渠等三人，安定秩序，召開緊急會議，會議至午夜二時休會。會議中的重要經過是：㈠繼續罷工已獲强力支持，繼後獲悉，此乃由維護民權委員會號召者。㈡選出糾察委員會，組織工人及安排救傷準備，以備工人與警察衝突後之用。㈢出席會議者獲告謂由於戒嚴影響，渠等不能召集其他工人，但在次晨，彼等將各奔自己之工廠，集中支持力，然後遊行即開始。㈣工人又獲告謂：設若警察或軍隊使用武力，渠等即應手拉緊手，成爲一堅强隊伍，而抵抗所受之武力。

中共傾覆緬甸的陰謀

佘 陽

中共在緬甸內部的傾覆活動，比邊境事件還要毒辣可怕，而邊境的越界盤踞，非僅進佔未定界之手法，而是共黨特殊化緬北緬東北非緬族地區的開始。

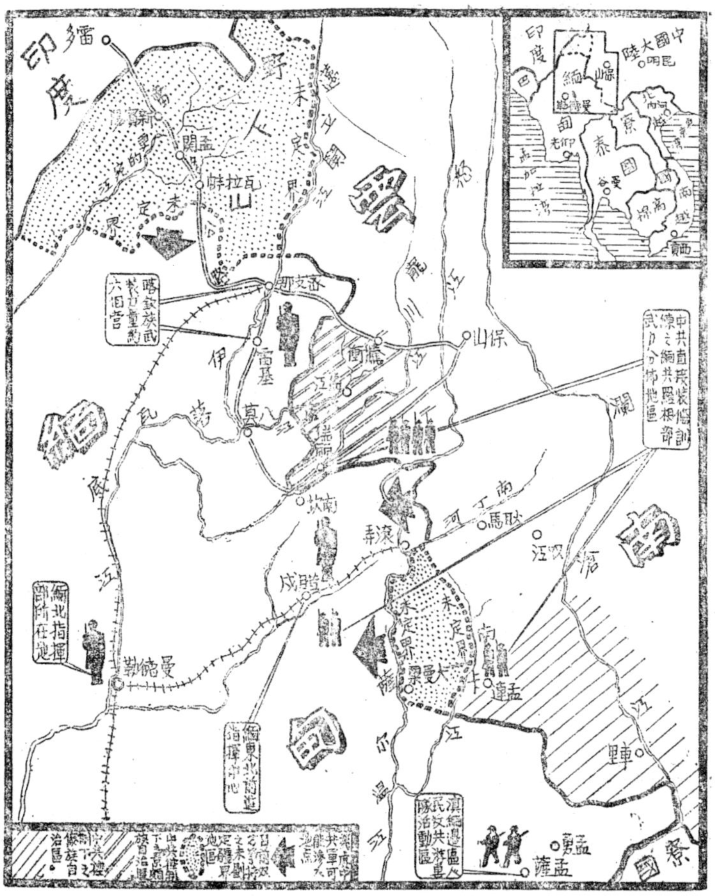

共黨使館的活動陰謀

今年六月間，緬甸前總理宇努公開宣佈其辭去總理職務的原因，是由於蘇俄及中共使館的活動難於應付，中立政策已告失敗。兩個月後，緬甸即屢傳中共軍越境磐踞不退的消息，現在再傳共軍近千進侵緬東北喀欽族東部地區。

蘇俄、中共使館在緬甸活動的情形，宇努雖沒有詳細指出，但據接近緬甸政要所得消息，共黨在緬甸的『外交人員』是露骨的在進行下列三種活動：

第一、幾乎是直接的指揮緬共武裝份子向北移動，以與雲南潛入的共黨滙合，企圖控制北部緬甸；在緬共北移之前，中共曾使緬共進行若干改組。

第二、中共半武裝的控制滇、緬(北部)的毒物販運及輸出，該等毒物販運所得利潤，交到中共駐緬『大使館』，然後再轉到緬共手中，用為活動經費。

第三、中共半强迫性控制華僑商人和商業機構，企圖建立鉅大貿易組合以操縱緬甸對外(共區)貿易，使緬甸之經濟發展逃不出共黨之圈套。

上述三項，包括了軍事、政治和經濟三方面的傾覆陰謀。第一、第二兩項，進行已近四年，有顯著發展，第三項成就不大，原因是華僑頭腦清醒，既痛恨共產黨在中國大陸的殘暴統治，當然不願再輕於低首為共產黨特務所利用。可是，祇第一、二兩項有進展，已足致令緬甸處於危險的境地了。

湯氏又稱：在警察至武吉班讓區各業分會逮捕時，曾發現工人，携有超過尋常大量之火柴及一長釘。

除了湯氏官方的聲明外，教育部長周瑞麒亦在廿九日夜七時在電臺中廣播稱：「……現在情勢已完全改變了，使我更加相信，今日面對吾人之局勢，是由於傾覆份子企圖傾覆合法政府的一致行動。……學生的幕後是有成年人在那裏指揮和要求，他們祇在繼續鼓動和引起紛亂。他們過去和現在的主要目的，是在造成紛亂局面，以便使他們的傾覆活動更為有效，最近事件已經明白顯示，學生的同路人乃是私會黨，一些巴士工人、和偽裝工運份子。最近搜捕武吉智馬各業聯會分部，業已充份暴露了此次暴動的全盤計劃。他們是處處利用學生……一九五六年六月十一日，馬共的訓令規定：『從在學學生中獲取支持比較軍事活動還要重要。』從這訓令中，很顯明的可以看出，此次暴動為何會發生。」

在周氏沒有廣播之前，政府當局已經大肆逮捕私會黨人，由於戒嚴，他們全在家中，所以大部份都落網。據接近政府人士的消息，此次大暴動某政黨曾利用四個私會黨，參加破壞。現在可以說，已全部肅清了。

三十日全市已恢復正常，各巴士車及電車也全開動了，商市也有行情了，但學校方面，政府急待於整頓，尚未復課。相信短期內可以上課。

星加坡似乎受過颱風一陣的襲擊，暴風雨過去了，星加坡在慢慢的蘇醒中，重新收拾這遍地的殘局！

中共支配緬共的經過

我們知道，緬甸共產黨分爲『白旗共軍』和『紅旗共軍』兩部份，紅旗共軍的政治主張，本來與宇努的社會黨是更爲接近的，白旗共軍是緬共主流（卽緬甸共產黨），一九四三年建黨，一九四八年三月因發動全國罷工，與宇努政府勢不兩立，轉入地下活動，並開始組織軍隊，進行武裝割據。初期白旗共軍武裝活動的根據地一在明布西部，一在仰光北部鐵路附近的溫柱，力量有九千人，一九五三年後，其總部已遷至曼德勒西南部的巴哥古。緬共形容溫柱如同中共的井崗山，而巴哥古如同延安，僅此兩個譬喩，已可看出緬共的野心了。

中共對緬共的影響和支持，提出的口號是政治軍事並進，政治的進是使緬共的組織在農村生根，並滲透如仰光、曼德勒等大城市；軍事的進是使緬共的『力量北移，控制北緬』，根據地由溫柱移至巴哥古，是武力北移的第一個階段。自李彌部反共游擊隊被迫撤離緬東北以後，緬共北移是進入另一個新的階段，目標是緬東北撣族集居的地帶和緬北喀欽族集居地帶。

白旗共軍的武力北移，與由雲南潛入緬北的武力滙合，已控制了幾及緬甸全部領土三分之一的北緬了。

紅旗共軍，力量約四千餘人，活動於仰光東南毛淡棉南部及仰光西部，年來部份歸政府收編，部份在緬共統一組織的引誘下北移投入緬共志願軍。紅旗共軍的主張，本來與緬甸執政黨的政策相近，但前則因緬甸政府對共投降的方法不佳，後則因中共的引誘對紅旗共軍已發生作用，以致預期可以歸化的紅旗共軍，半數以上爲緬甸所羅致。

中共握有侵緬武力

除白旗共軍和紅旗共軍兩股緬共武力外，直接由中共組織，裝備和訓練的，還有兩股緬共武力：

第一、由中共直接訓練裝備的是羅相部共軍。羅相是緬甸喀欽族人，曾任喀欽族土著中隊長，戰後因行動不容於鄉人流亡往雲南保山一帶，中共入滇後，羅相卽被中共利用爲侵略緬甸牙爪，自一九五一年開始，中共卽以雲南的瑞麗爲羅相招兵買馬總部，瑞麗隔瑞麗河卽爲緬境之喀欽族集居地，半以雲南民兵爲枝幹，半爲喀欽族人，在一九五三年以前，羅相部的武力已湊足三個團。中共扶植羅相的措施主要的幾項是：

一、在保山附近設訓練班，爲羅相訓練下級幹部，並訓練潛入臘戍附近礦區活動的技術工作人員。

二、在瑞麗和孟連，特爲羅相所部建置營地。並以瑞麗邊防部隊之兩個營撥歸羅相指揮。

三、負責羅相一切活動經費，並容許羅相經營緬北喀欽族地區的不法貿易，由該種貿易獲得羅相所需的一部份經費，同時並利用該種貿易去控制喀欽族若干土產的『輸出』（中共撥出部份物資爲羅相用以向喀欽族作『物物交流』）。

四、協助羅相部隊潛入臘戍山區礦區，建立奪取喀欽區，撣區的根據地，潛入臘戍山區的份子，都是保山訓練出來的各級幹部。

現在羅相已有五個團的武力，計一個團駐於臘戍東部雲南境的孟連，估計已有約一個營潛入李彌部游擊隊撤出後空虛下來的北部的山區——在瓦邦越界的中共軍，可能與此一團有相當關係，因孟連越過西部的南卡河就是瓦邦（南卡河與薩爾溫江間的山林地帶）。

在瑞麗的羅相部隊，約有三個團，此股力量，幾乎可與喀欽族軍六個營抗衡，喀欽族軍目前是緬政府指揮下拱衞北部的主要部份，以羅相部對喀欽軍，正是一個微妙的局面。此外，約有一個團潛入臘戍西南山地區（礦區），此股潛入的武力，如活動有成就，可說是未來羅相部隊入緬的先頭部隊。

第二、羅相部隊以外，另一與中共關係密切的就是緬共志願軍，緬共志願軍是在緬共統一組織之號召下組成的，與白旗共軍有密切連繫，但更聽從中共的調配，估計中共派在緬共志願軍各級擔負聯絡指導的人員不下三百餘人。緬共志願軍的組織對象，除緬族外，分佈於緬北緬東北的欽族、喀欽族及撣族等，都是組成的份子之一。現在曼德勒北部有不少地區是緬共志願軍的控制區，與羅相及白旗共軍比較，緬共志願軍頗有後來居上之勢。

既有白旗共軍，又有羅相的軍隊，再加上緬共志願軍，表面上似乎是重床叠架，或者似乎是力量分散了，事實上這正是中共的手法；先把羅相的軍隊加上雲南土著的『保護色』，再將實際將囊括北緬的緬共志願軍與白旗共軍分開，如是，可以使緬政府對緬共的畏懼及戒備減輕，亦避免國際間警覺到緬甸的處境已經危險萬分。

共軍越界和未定界問題

對中共軍分批越境侵據緬甸不退的行動，有人指爲那是因爲邊界未劃定界線，中共軍進駐的是『未定界中的無人地帶』，經過前文的分析，中共對緬甸的居心，決不止是佔據未劃定邊界地區，但是最近屢屢傳出的中共軍在未定邊界越境，究竟是怎麽一回事？

首先，我們指出，中共在未劃定邊界地帶推進，可說是利用未定界的不清楚的局面來掩飾共進軍的眞正企圖。

其次，八月間所傳的越界的中共軍（據宇努最近指證該股共軍的越境，已是去年十一月間的事），是入侵撣族（擺夷）集居之地。撣族與泰族是同一系統，一九五二年中共在雲南南端車里成立『泰族自治政府』（雲南南端車里、瀾越、佛海、南嶠數縣有泰族約二十萬人）。現在共軍由孟連一帶楔入緬甸，一方面是羅相駐孟連的軍隊越境進入緬甸與分佈於臘戍附近的滙合，另一方面應該說是車里『泰族自治政府』的擴張。此一地區位於『滇緬人民反共游擊隊』活動地區的北部，『滇緬邊區人民反共游擊隊』正因中共的慫恿受緬政府軍進攻，如是，中共的越境，還帶有乘虛而入的卑鄙行為呢！

最近所傳的中共軍的越界，是入侵喀欽族集居之地，喀欽族與分佈於雲南盈江、瑞麗、潞西、隴川、蓬山一帶的景頗族是同一系統，一九五三年中共接『泰族自治政府』成立之後，又在盈江成立『景頗族自治政府』，現在中共軍開入喀欽族地區，其企圖與情勢可與入侵撣族地區同比擬。

中共越界的企圖，一言以蔽之，就是擴張『泰、景頗族』的關係範圍，將緬北、緬東北非緬族地區特殊化而予以佔領。

緬甸的軍力及經濟條件

緬甸佳於中南半島西部，東北鄰雲南（北部的野山區和東北部南卡江與薩爾溫江間為中國與緬甸兩大未劃定邊界地區，此兩處未定界佔中緬全部交界線約五分之二），西北部與印度及東巴基斯坦為界，東部接寮國，東南毘鄰泰國，南及西南臨孟加拉灣，全國面積約六十餘萬方公里（野人山區不計在內）。一九五二年估計，全國人口約一千八百六十五萬人，其中緬族約一千二百二十五萬人，餘為克倫族約（一百萬）、撣族（約百二十萬）、喀欽族（約六十萬）、達瓦族等。在東南亞地區中，緬甸亦可說是個民族比較複雜的國家。

緬甸現有的兵力（正規軍，憲警及喀欽族團隊，不包括克倫族的二萬土著）全數不足五十個營——約六萬人。除應付中南部的緬共和克倫族軍外，可供緬北調動之用的，不外三萬人，此三萬人除駐防密支那、八莫、南坎、臘戍、景棟、曼德勒等主要城鎮外，用於備戍邊界的力量，可說微乎其微。除非中共及緬共不立即採取武力行動，否則共軍是旦夕可兵臨曼德勒的。

緬甸的資源甚豐富，伊落瓦底江中游的石油，戰前年產百萬噸，是東南亞的北婆羅洲、印尼以外第三個重要的石油區，其北部及西北部有新油區發現，但地方不靖，無法進行採鑿，鎢鑛戰前年產約六千餘噸，是中國大陸外世界第二個產鎢最多的國家，鎢鑛區分佈於臘戍周圍山區，若非治安不佳，產量當可增加，此外錫、鉛、鐵都有豐富蘊藏，伊落瓦底江及薩爾溫江下流，是東南亞四大產米區之一，戰前每年米產約七百萬噸，除自用外有約一半輸出，比泰國的輸出量還要多。緬甸東南部邊海地區，為橡膠產地，去年橡膠產量在三萬五千噸以上。

礦產蘊藏豐富，米產有大量剩餘，同時又有頗佳的石油出產，種種條件說明緬甸是個農工業都有前途的國家。現在，緬甸已漸漸覺悟親共黨為非計，宇努宣佈中立政策失敗於前，近緬甸陸軍部懸紅二萬美元通緝緬共領袖德欽、丹東，看情形緬甸是開始對共黨採取强硬政策，但如果無外力（不願接受外力援助）支持，緬甸反共未成，恐已為共黨所傾覆了！

新臺灣紡織公司來函

頃閱自由中國第十五卷第九期刊載陶百川先生「貫澈法治壽世慰親」一文內稱：「中央信托局先後兩次放貸新臺灣紡織公司二百萬元，並無抵押品和殷實商保，後來一再展時，迄今三年尚未收回」等語。查本公司於四十二年間，向中央信托局所借新臺幣二百萬元，係以廠中紡機（紗錠）一萬錠及其他機器設備為質押品，（價值美金卅四萬餘元）並另有保證人，經法院公證有案，中央信托局復派員駐廠，占有質押品，其慎重如此，且借欵以後，利息均按期給付，並已先後兩次償還本金新臺幣一百萬元。陶百川先生上文所述云云，頗有失實之處，事關本公司信譽，用特函請貴刊惠載本函以資更正為荷。此致

自由中國半月刊社

新臺灣紡織公司敬啓

四十五年十一月七日

編者按語

本刊接到新臺灣紡織公司的來信以後，當即將原函寄給陶百川先生。以下是陶先生對該公司來函的答覆：

自由中國半月刊編輯先生：

承示新臺灣紡織公司來函，敬悉種切。拙作所載與中央信托局有關各節，俱係採用官方資料，文中曾有交代。當時以為此項資料自甚可靠，故未覆查。今晨乃就該公司函示以為「失實」之兩點，親加查詢，用將鄙意附陳如次：

（一）關於抵押品及商保者。該公司謂曾以廠中紡機（紗錠）一萬錠及其他機器設備為質押品，經百川今晨查係事實。按中央信托局放欵規則第七條規定：「放欵質（抵）押品以存本局倉庫物資為原則」。今該公司獲准以使用中之機器等為抵押品，不可謂非例外。前引官方資料中所謂並無抵押品云云，或即指並無合於上項原則之抵押品而言。雖有語病，要未「失實」。又該公司所提供之商保，本為一家殷實之紡織公司，乃中途獲准改為呂君等三人之人保，自是又一例外。

（二）關於借欵之展期及償還者。該公司函謂已先後兩次償還本金一百萬元，當係最近之事，因本年九月上半月官方紀述此事之時，該公司固仍欠二百萬元也。查中央信托局放欵規則第十條所定之放欵期限：「一、信用放欵不得超過六個月，二、質押放欵不得超過一年。」今中央信托局特准該公司一再超過此項「不得超過」之法定期限，不可謂非例外。該欵迄今猶未清訖，即是「尚未收回」，拙作似未「失實」。

但因該公司之聲明，百川乃注意所引官方資料是否尚有應加斟酌之處。當於今晨查得關於龍君以自備外滙輸入物資變賣圖利一節中所述賺錢之數字，計算有誤，應予刪除。查一筆交易究賺若干，計算原不甚易，所幸賺錢之或多或少，在拙作中可謂毫無關係，自可刪去。但恐若干讀者或已就此打過算盤，傷過腦筋，則可謂非一項罪過也。理合附陳，順請

編安！

陶百川敬上，十一月九日

美國文學之瓌寶——白鯨記

彭　歌

這眞是一本遭遇奇特的書；在它出版問世以後的七十年之間，始終沒沒無聞；直等到它的作者死後約四十年，才又突然間被人「發現」，認爲它是世界文學的瑰寶之一。

這就是赫爾曼·梅爾維爾 (Herman Melville 1809-1891) 的「白鯨記」或者譯音爲「莫比·廸克」(Moby Dick)。

一般人之難於接受梅爾維爾也許是容易瞭解的；他的南太平洋上傳奇式的生活經歷，他對於海洋的淵博的知識，他的自成一格的描寫方式，尤其是他雄奇瑰偉的想像力，實在是震世駭俗而令人簡直不敢相信。乃至那些文學界的批評權威也格於成見，在長時間內對這部偉大的作品未給予其應得的重視與評價，實在有失公平，文人之遭遇有達與不達，除去諉過於命運之外，眞令人難以解釋了。譬如「劍橋美國文學史」這部煌煌巨著中，在一千四百八十八頁裏面，梅爾維爾其人祇不過佔了寥寥的十一行地位。提到「白鯨記」的則不過三兩句話。而這部文學史還是被公認爲態度謹嚴而且甚能提要鈎玄的一部書呢！

我第一次知道「白鯨記」，是好多年前看一個甚麼電影，那電影的名字和情節現在一點也不記得了；祇記得其中有一場羣衆慶祝遊行的場面（大約略似於歐洲的嘉年華會或我國的「出皇會」），行列裏有把著名的文學作品中的人物扮演起來搬上街頭的節目，像「李伯大夢」，「湯姆歷險記」等，是大家熟知的。有一個節目是一羣水手站在卡車改裝的鯨魚背上，鯨魚白色的肚子上寫着紅字 (Moby Dick)。當時雖然想到這大概也是出於一本書，可是後來在年事相仿的夥伴中始終打聽不出這究竟是一本甚麼書來。少年人往往自負，既然這本書大家都不曉得，想必也就沒有甚麼了不起吧。

後來，從許多間接的材料和評述中，陸續知道了這本書的梗概和它在文學上的地位。自從第一次大戰以後，美國專門研究梅爾維爾的著述，已經有將近五十部了。英國名作家毛姆寫的「世界十大小說家及其代表作」一書裏面，代表美國文學爭榮譽於世界文壇的，就是這部「白鯨記」。毛姆看來，梅爾維爾的聲名，竟在霍桑、愛倫坡、馬克吐溫、德萊塞和路易士之上，至於當代得過諾貝爾獎金的賽珍珠、福克奈爾和海明威之輩，全不在話下。毛姆這本書已有了徐鍾珮女士的譯本，對於梅爾維爾感覺興趣的讀者最好能找來一讀。那篇文章裏已有的材料，本文都從略了。

好幾年前，我無意中在臺北重慶南路一家書店裏找到了一本普及本的「白鯨記」，當時覺得很高興，就買回來讀，可是總覺得有許多地方艱澀難通，讀不下去。祇好擱在書架上敬謝不敏了。某年的聖誕夜到一個朋友家去玩，朋友是學西洋文學的，我就順便把書帶給了他。後來據他說這書以前也曾略略翻過，現在重新看，還是覺得有些段落嫌沉悶了些。

我想，也許這就是爲甚麼至今我們還沒有「白鯨記」的中譯本的緣故吧。不是沒有人能譯，而是躭心怕沒有人要讀它。

其實，「白鯨記」含有着一個很有「驚奇感」的故事：我們可以用最簡短的字句來說明其梗概。

波士頓附近的一個小島南塔基特，是十九世紀世界捕鯨業的中心。傳說海中有一條白鯨，兇悍無比；因它身上喪生的漁人，有三十人以上。有一條叫做彼可得號的捕鯨船，船長是獨腿的阿哈伯；因爲他的那一條腿就被白鯨莫比·廸克咬掉了。他唯一的願望就是要屠鯨復仇。這一次他們的出航，幾乎環繞世界一週，捕到了幾條別的鯨魚，途中遭遇了不少的風險。最後終於和白鯨遭遇，經三天的追逐，魚叉擊中了它，可是阿哈伯不愼纏在繩索裏，被綑到白鯨身上。白鯨狂憤中把船撞沈，全船人員同歸於盡，祇有一個叫伊希梅爾的青年水手遇救，這本書就是假藉他的口氣敍述出來的。

這是一部悲劇性的史詩，但它具有一種磅礴的氣概。像名批評家卡爾·梵·道倫所說的：「梅爾維爾的主題，像聖經的約伯記或米爾頓的失樂園那樣巨大，可是白鯨記並不能達到一個結論……梅爾維爾並不能超過哲學和宗教，去決定它們所不能決定的事。但是他實在知道，這個世界是比較那些說來頭頭是道的學說所顯示的更爲廣大。」

美國電影界靠了科學技術上的優越條件，最近又把這部文學名著搬上了銀幕，由約翰·赫士頓製片，由「羅馬假期」和「灰衣人」中的男主角格洛格里·派克飾演那個半瘋狂的阿哈伯船長。銷路數百萬份的生活畫報，配合這部影片的完成，特別邀約了一位研究梅爾維爾的權威薩謬爾·摩理遜 (Samual E. Morison)，寫了一篇以「如何讀白鯨記」爲題的文章。摩理遜從十七歲就崇拜梅爾維爾，他自己又曾寫過十四卷的美國海軍史。對於以描寫海洋爲主的「白鯨記」，他眞可以說是研究有素了。在這裏他提供了許多極具體的意見，可以幫助讀者「避過暗礁與淺灘」，讀到書中的精華部份。所以我不揣冒昧把它譯出來以娛同好，附於本文之後。

文學水準的提高，一方面靠創作，同時也要靠觀摩與吸收。在我們觀摩舶來作品時，我們不能祇挑選自己喜歡的，而更要接受值得我們欣賞的東西。這樣我們才不至於趕不上世界的標準。有許多外國流行的「每月暢銷書」，在臺灣有時會同時有好幾種譯本，而像「白鯨記」這樣一本巨著反而無人問津，未免是一件令人遺憾的事。我衷心盼望對於西洋文學有研究有興趣的朋友們能從事這一意義重大的譯迻介紹。

說到白鯨記這部書的「意義」，專家的意見頗不一致。我覺得孫晉三先生在一本書的序文中說的幾句話非常精當，他說：「……白鯨記並不祇是一個捕鯨的故事。如希臘史詩奧德賽一樣，它有着宇宙性的意義，故事祇是一個浮面，內部深藏着哲學意味的寓言。它有豐富的內涵，每個讀者可以在裏面找到深刻的含意。全書爲阿哈伯對白鯨的不共戴天的仇恨所控制，在這誓不兩立的衝突中，有的批評家看到了人與自然的鬪爭，有的看到了靈肉之戰，有的認爲白鯨是邪惡的象徵，也有的認爲它是死神的化身。阿哈伯所代表的人(或人的意志)，迄終不能克服宇宙的力量，而不免歸於毀滅……這種故事和寓言意味不可分，而寓意却又曖昧朦朧，難以明釋的小說，是現代小說中最風行的一種格式……二次大戰後存在主義的興起，都代表這一傾向，表現出人對人生神秘的無可奈何的絕望。這也許是梅爾維爾今日聲名的註解。」

看了這一段評介，我們當更爲這本書而神馳無已了。

※　※　※　※

以下就是摩理遜先生對於「白鯨記」一書的評介：

赫爾曼·梅爾維爾的「白鯨記」不僅是一部非常偉大的海洋故事，也許是有史以來的傑作；同時也是美國文學作品中的奇葩。大約距今一世紀以前，此書於一八五一年問世，其時作者年方三十三歲。在出版之後，終作者有生之世的四十年間，此書始終沒沒無聞，不爲世人重視。又過了約二十多年，由於一位英國批評家和一位美國學者的賞識，這部作品的聲譽，陡然平地春雷，震聲文壇，盛名至今不衰。

當作者在世的時候，白鯨記未能風行暢銷，其原因並不難理解。他是一個卓然獨立的天才，他有他自己的寫作標準與規則，正如同戈瑞柯 (El Greco) 之於畫，惠特曼 (W. Whitman) 之於詩。許多白鯨記的批評者問：「這本書究竟算是甚麼東西？小說嗎？寓言嗎？鯨魚的論文嗎？還是甚麼？」回答是——它三者都是，而且猶不止此。有些位久歷風濤的水手們批評這本書不高明。因爲書中主角阿哈伯船長當他瘋狂地追擊那條白鯨時，在船上用了副帆；而捕鯨船上是從來不用副帆的。我的朋友中有位優秀的海員，指責這本書的結尾「似不可能」。我回答他說：「如果你眞的讀懂了白鯨記，你會認爲除此之外，再不可能有別的結局了。」白鯨記的最後幾章眞是筆力萬鈞，勢不可當的。但你讀這個故事時，必須一步一步的來瞭解那發生在日本海上的悲劇，正如同你在瞭解耶穌釘死十字架這件事以前所做的準備情形一樣，必得要先瞭解在那以前所發生的事情。

我已不復記憶我初次拜讀白鯨記是甚麼時候——我也記不清，那必定是五十年前的舊事了——是誰提議我去讀這本書的。當時，從沒有一本美國的或英國的文學史曾提到過這本書；即在研究文學的教授之中，知道它的也寥寥無幾。這本書絕版了很久。那時候，不知怎的，我忽然熱中於海洋生活，盛夏炎炎，我泛輕舟於海上；寒冬寂寂，我閉戶捧讀一些海洋故事書。我無意中讀到了白鯨記，深受感動，覺得那本書彷彿是(現在仍然如此)第一〇七讚美詩中那九首詩擴而大之富有靈感的詩篇，這是我所能說得出的最好的比喻；那讚美詩的開頭是：

他們那些乘船飄遊海上的人，在大海中工作的人；
這些人看見了上帝的創作，和祂在大海中的奇蹟。

就我所知，本世紀初葉惟一曾讚許過白鯨記的文學界權威，是批評家約翰·馬西 (John Macy)，他和藝術家湯姆·法克斯 (Tom Fox) 加上我自己，我們成了「梅爾維爾迷」小集團中的核心份子。我們每年都至少要把白鯨記讀上一次，並且在波士頓的聖波地佛俱樂部裏討論一番。不過，梅爾維爾在書中是否還提供了一些在海洋故事以外的東西，關於這個問題，我們從沒有達到任何結論。我們也很少變更已見。

在第一次大戰之後不久，突然間打破了沉寂——三十歲的哥倫比亞大學教授韋佛 (Raymond M. Weaver) 在紐約「國家」雜誌上發表了一篇有關梅爾維爾的論文，這篇洞澈精微的文章，發表於一九一九年，也就是梅氏出生百年之後。又過了兩年，韋佛所著梅氏傳記也出版了，實際上這是第一本印行於世的梅氏傳記。一九二〇年，牛津大學出版社出了一種新版本的「白鯨記」。就是這種版本有幸輾轉到當時年高望重的英國文學批評家白瑞洛 (Augustine Birell) 之手。白氏讀之既畢，爲之擊節讚賞不已。他說這眞是「一部文字動人，刻劃人物維妙維肖的冒險故事之傑作。」他又說：「它可以使人心弦爲之震撼碎裂——你不僅分潤了皮可特號上水手們的情緒，同時也分嘗了他們所身受的艱難險阻。」

英國方面對這本久遭冷落的傑作所給予的推讚，再加上新版本「白鯨記」恰於此時出版，這兩件大事大大的刺激了美國的文學批評界，也喚醒了那些專治美國文學的教授們。成百的人「發現」了梅爾維爾。涉及他這個人的煌煌巨著和洋洋大文，接二連三地出世。研究生們更是苦心鑽研出梅爾維爾作品的淵源和旅行路線。心理學家和象徵主義者們則在熱心地搜求這本書內層所隱藏着的意義。

儘管如此，這本書倒底還祇是文學鑑賞家所愛好，而仍沒有爲廣大的讀者羣所接受，一般人所樂讀的海洋故事，總得要有那末一兩個妙齡女郎出現在甲板上，然後引起一些衝突和糾紛才行。但我預料約翰・赫士頓根據這本巨著所要拍攝的電影，一定可以使原著更爲廣泛流傳。因爲我們這一代，有了像卡爾遜 (Rachel Carson) 和林白 (Morrow Lindbergh) 這些位作家把有關海洋的知識介紹給我們，使我們更容易去瞭解「白鯨記」。你可以從白鯨記中看出上述兩位作者思想的胚芽。譬如在第一章裏，梅爾維爾提及納西薩斯的映影。〔譯者註：納西薩斯 (Narcissus) 爲希臘神話中的美少年，他愛上了自己映在水中的影子，終於含憂而死，變爲水仙花。〕他說道：「那就是我們在所有的江河湖海中所看到的幻影，那是不可捉摸的生命的幻影，而那也是探究生命奧秘的鑰匙。」又如在第六十章裏，「所有的人都生活在與世隔絕的捕鯨船上，他們生下來頸子上就拴着堅固的繩索。但一直到他們置身於倏焉而至的死亡之時，這才能認清了那沉寂、詭秘、而又亘古長存的生命中之危難。」這些話，對於二次大戰期間追擊過敵方潛水艇的人員，也不啻是暮鼓晨鐘，發人深省。

這位沒世三十年而又突然間名滿天下的梅爾維爾，究竟是何許人物呢？他是一個紐約人，沒有拿到文憑就離開了學校，投身於一條商船上航向利物浦。一八四一年，他乘捕鯨船阿卡西奈號自新柏德佛出發。他說：「這條船就是我的耶魯大學和哈佛大學。」就在那條船上，他聽到水手們講到了「莫察・廸克」(Mocha Dick) 的故事，莫察・廸克是一條白色的巨鯨，它吞噬捕鯨船猶如嚼嚥餅乾一般容易，而且它還逃避了所有可能殺害牠的人。

梅爾維爾在達馬奎薩斯羣島跳下了船，在島上那些土人之中過了好幾個月的田園生活。由於這一段經歷，他完成了兩部相當成功的作品——蒂比 (Typee) 和渥姆 (Omoo)。後來他參加美國海軍，做一名普通水手。那是他寫「白外衣」的基礎，「白外衣」是一本關於海軍生活的小說。另外還有一本「畢利・巴德」(Billy Budd) 寫的是一場叛變和一個烈士的故事，但這本書在他生前並未出版。

從海軍中解甲歸鄉後，梅爾維爾就卜居在麻省的畢茨菲爾地方，與當時的文壇巨子霍桑爲鄰。這時，他就開始着手寫白鯨記，也就是莫比・廸克，這是他把聽來的那條半神話的白鯨另外起的一個名字。這本書在美國是失敗了，在英國却得到了適當的成功。此後雖然他還寫了一些別的書，但他的下半生是碌碌無聞地被人淡忘了。當一八九一年他去世時，簡直就沒有一個人在報紙上寫一篇適度的讚揚文字來紀念他。

雖然白鯨記至今已被公認爲一本傑作，但還是有許多位讀者被這本書獨有的特色所阻難不前，特別是梅爾維爾隨時要炫弄他的學識，不免令人生厭。所以筆者願意爲讀者們做一個領航員，來開一條路，使能避過書中若干暗礁、淺灘和陷穽，以免分散了你的注意力而使你覺得讀此書是索然無味的。

作爲一個領航員，我的第一個意見是，要把白鯨記當做一個故事來讀，因爲它本來就是個故事。如果你在書中發現了寓言、象徵主義、或者別的甚麼東西，那都很好；但請你不要在一條捕鯨船上去找亞理士多德。同時，在你第一遍讀的時候，不妨跳過若干部份。你並不需要讀完了 Leviticus (舊約的第三卷)和 Habakkuk (希伯來人的預言，亦在舊約中)才能瞭解福音書的。

白鯨記並不像現在一般小說那麼長，全書一百卅五章都可以說是很短的——像第一百廿二章，描寫塔西特古遭到風暴的那一段，祇有短短的四行；這因爲梅爾維爾具有這種能力，能在四行之中說盡他所要說的東西。書中還有很少的一些海員的用語，對今日原子時代的讀者們而言，作者似未把那些用語的意思交代清楚。你也會讀到一些在十九世紀以來逐漸廢而不用的字。譬如第一頁上作者就說到他的 Hypos，這是一八五〇年「神經質」這個字客氣的俚語。你大可不必在字典上去查這些字眼，繼續讀下去好了。如果你終於讀完了一遍，而你又與我抱同感，認可這本書是世間偉大的傑作之一，那麼，你可以逐字逐句地詳讀下去，不要漏掉什麼地方。把其中特別精彩的章句，大聲朗誦給你的家人、朋友、或者任何樂意聽的人聽。

在讀第一遍的時候，可以將開始的部份略而不顧，即語源學以及「一個小小圖書管理員所供給的抄本」，不過千萬別忽略了噴泉旅棧的那一晚上。在那裏伊西梅爾 (Ishmael) 遇到了出生在太平洋米克朗尼西亞 (Micronesia) 羣島上的魚叉手魁貴哥 (Quequey)，伊西梅爾與他同榻而眠，當他看到魁貴哥用魚叉的刀口刮臉的時候，他嚇壞了。魁貴哥是這本書裏的重要角色之一；書中說他來自「寇寇瓦寇島……任何地圖上都找不到那個島；那都不是眞實的地方。」(將這話過細想想)這個人物闡釋着梅爾維爾的觀念：褐色和黑色的非教徒，祇要他們不被傳教士們所敗壞，他們將是現在留在這世界上最好的人類。你可以省略第七至第九章，那幾章是關於捕鯨水手的禮拜堂的；還有關於馬保神父佈道的那一部份，雖然從歷史觀點看，那正是波士頓海員教室宣揚教義的那一套，但這一部份也可以略而不讀。但你可千萬不能跳過敘述魁貴哥生平的那一部份，或是關於乘坐三檣帆船毛斯號，到南塔基特去旅行的情形。還有胡塞夫人的什錦菜——烹調之精美簡直勝過許多食譜中的秘訣，可是你若是認眞要在紐芬蘭不遠的地方去找做那種餅乾的原料，包你找不到的。

倘若你上了彼可得 (Pequod) 號船上，你一定也願意和伊西梅爾一齊簽合同在那條船上去遨遊上三年兩載。

在描寫了聖誕節那天自南塔基特有趣而喧囂的出發的情形之後，作者就介紹了彼可得船上的幾個船員：史塔柏克、史塔布、福拉斯克、印第安人塔希特古、非洲人岱谷，和那個拜火教徒。彼可得船上有這些不同國籍的人，關於這一點，沒有一點是虛構的。馬沙葡萄園的印第安人常常是天生的好魚叉手，他們在那些創立樸里茅斯殖民地的清教徒登陸以前，就用骨頭尖的魚叉捕鯨魚；而新英格蘭船長們，在他們出航環行時，就會搭載過阿左島的人、東印第安人、非洲黑人，以及所有各種在南太平洋中的島上的人。

自第二十七章至卅章，大部份是關於阿哈伯船長的；這幾章決不能忽略，因爲其中一方面刻劃了這位書中主角，同時對於熱帶的南太平洋也有很出色的描寫。某些段中，梅爾維爾不經意地運用了過多綺麗雕琢的字眼，正如莎士比亞一樣。我建議越過第卅二章，那幾乎純粹是一篇討論鯨魚種族分類的冗長可厭的論文。不過你要讀描寫有關捕鯨船上的生活和奇怪的習俗那幾章。第三十七章到第四十章，都是非常奇妙的描寫，足可引起心理學者們的驚嘆。但這幾章都很短。你一定要讀第四十一章，因爲白鯨莫比·廸克露面了。同時敍及阿哈伯船長和這條鯨魚的不世之仇。

跳過第四十五章吧，那裏邊講的是歷來有名的鯨魚的情形。第四十六章巡遊海洋的故事倒值得一讀。在下一章，你才第一次讀到「牠噴水了！」關於捕鯨這一場高尙的運動，此處有文學中最完美無瑕的描寫。捕鯨雖是一種營利事業，但我仍堅持它是一種運動，因爲鯨魚跟西班牙式鬪牛賽中的牛是不同的，它總有幾成致勝的機會。鯨魚往往並不逃走，倘若是像莫比·廸克這種饒有經驗的鯨魚，在逃走之前，它常是弄翻了一兩條捕鯨船，並傷害船上一些人員。

捕鯨人體嘗着許多不同的冒險，非其他行業所可比擬，也不是今天任何狩獵者所能應付的。正如梅爾維爾所描寫的：「不像一個沒有經驗的新兵，離開他妻子的懷抱去投身於生平第一次激動而熱烈的戰鬪中；也不像一個剛死了的人在幽冥世界中遇到了第一個從不相識的幽靈——一個人生平第一遭發現自己駛進四周全是那條被捕捉的抹香鯨所翻騰的，像着了魔似的白浪時，他所感受的那種奇妙而強烈的情緒，遠非前面那兩種人可比。」

當你要追擊一條鯨魚時，甚麼事都會發生的。最順利的時候，正如梅爾維爾所說的，是一場「南塔基特的橇戲」。捕鯨船在洶湧的波濤間顚簸，好像是在一片茫無際涯的滾球場上玩着滾球戲；有時海水的猛浪疾如刀鋒，幾乎要把船隻一劈兩半，船便在這樣的猛浪中顚擺，作短暫的垂死的掙扎；有時船身突然間浸在浪潮的幽谷裏；然後又被湧上了如山巨浪的巔峯；頭向前，像雪橇一樣，滑下了山的那一邊；捕鯨船上的頭目和那些魚叉手們大聲呼喊，槳夫們戰慄地喘息着。那條淡黃色的彼可得號也有一番奇妙景象，她向着那些鼓着帆的小艇駛去，「好像一隻熱狂的老母鷄追逐着她所孵出來的一羣尖聲嘷叫的小鷄。」最後，那鯨魚慢下來了，精疲力盡了。水手們把牠往上拖，拉着繩索，在適當的時候戳牠幾下就把牠結束了，然後在騷動中趕快拉起牠的屍骸來。梅爾維爾運用了多麼奇妙的對話來敍述這一場驚心動魄的追擊場面啊！你不僅具有眞實感，而且簡直好像自己也身入其中，甚至連你的血壓也爲之激升上去了。

如果你已讀到這裏，可以說航程已過去一半了，而你現在爲此書而引起的熱中之情，一定也會和我十七歲那年讀它時所感受的一樣（直到如今，每當我翻閱此書時，還是情不能已）。你或許希望放棹乎中流，一任所之，不聽任何人的忠告了。但是如果你要快一點達到高潮，我願指出一條途徑。第五十三和五十四兩章，關於彼可得號與通河號的情形，雖然相當之長，但却是趣味盎然的。我要略過第五十五到五十七章，那完全是描寫捕鯨的情形，現在誰還要去讀它呢？第五十八至六十章純粹是介紹捕鯨的技術，但行文甚美。第六十一章和下一章，寫到船員史塔布屠鯨的經過，那是無論如何不要錯過去的，再後面就是關於剖鯨魚和在船上煉鯨油的細膩描寫。在第八十二和八十三章裏，梅爾維爾企圖使捕鯨與古代的和聖經裏的神話發生關係，這幾章我建議繞過去，不甚重要；但第八十四章以及此後關於解剖的敍述却不然。

關於彼可得號這條船的敍述又見於第八十七章，第八十九和九十章可以不讀，第九十一至一百章是要讀的，包括布默告班吉爾這兩個船員間的對話，有諷刺和粗俗的諧趣。以後又是一些關於技術和歷史的章節，從第一百零一章到第一百一十章，我勸你在第一遍看的時候最好是不必去讀它。

現在，我們到了最後階段。雖然如此，梅爾維爾可並不急於讓我們知道彼可得號的命運。他還在途中採擷花朶，彷彿一個滿懷詩情的美國士兵在去聖羅城途中在諾曼第叢林中時一樣。在第一百一十四章裏，有一段關於平靜的、柔波盪漾的海洋的極美的描寫。正如史塔柏克所說的，「是不可衡量的可愛。」此外，還有一段是關於一條名叫「獨身漢」的捕鯨船的輕鬆描寫。那條船回航時滿載着鯨油，「連厨艙的大司務也把他不用的咖啡壺塞起來灌滿了油……眞是每一樣東西都充分利用到了，祇除了船長的褲袋裏沒有油。」阿哈伯船長打碎了他的四分儀，任何一位水手都看得出來他的噩運確是命定了。一陣颱風把正航行於日本海的彼可得號吹得只剩下了光禿禿的帆柱，桅頂的電光閃閃，好像是「聖壇之前巨大的蠟燭」，鬼火一樣照在「大黑玉」黑人袋谷身上，照在塔希特古像鯊魚一樣的白牙齒上，照着魁貴哥身上的刺花，「像魔鬼的藍色光燄」。這是此次出航最偉大的一瞬間。第一百一十九章描敍阿哈伯船長對於閃電的反抗，彷彿他是在發洩幾世代人對那條白鯨莫比·廸克的憎恨和憤怒。他命令他的夥伴史塔柏克「什麽也不要叉，什麽也不要驚動，祇要用力抽打每一樣東西……最高的桅桿是爲了最猛烈的風而造的，現在我的腦子就是那高桅桿頂上的小輪盤，疾駛在飛雲之中。」這一切告訴了他的讀者，也告訴了水手們，阿哈伯是被那控

斜暉

（五續）

孟瑤

九

不知是因爲我能分擔一些家務呢？還是因爲有其他的原因，彥珊回家不久，又告訴我說，她要去平城盤桓幾天，柳塘的生活，希望我能加意照顧。這工作自是我十分願意的，彥珊走後，當我爲柳塘送去晚飯時，我實在無法掩飾那一份高興。

「這幾天過得還好嗎？丙慧！」柳塘安詳地坐在沙發上，聽見我的脚步聲便問。

我想起這幾日來，除了因爲他發脾氣我曾進去過一次而外，他從來沒有呼喚我，去抄一篇稿，讀一封信，或者是其他的工作，這使我不免氣惱，便反問他：「你還記得我叫丙慧嗎？」

「你這是在生氣！」說這話時，他高興地笑了。

「我覺得你不僅是個失明的人，而且是個健忘的人。」

「失明是眞的，健忘却不盡然，」他依然笑着回答我：「你知道我連十年前的事情都全部記得。」

我沒有再說什麼，替他放好了碗筷，就準備出去，但是正當我剛移步的時候，他忽然說：「你爲什麼不陪我聊聊天，一起吃呢？」

「你並不需要我常常能陪你的。」

「你不要生氣，」他的情緒依然十分高昂地說：「將來一定會明白。」

我不便再說什麼，便陪他在一起用餐，他今天特別高興，常不自覺地獨自笑了起來，終於，他又像自語似的：「居然我有幸福找到一個同好了，當你第一次爲我朗誦那篇散文的時候，當你常常爲一兩個不妥當的字與我商討的時候，你的音調與問題告訴我，你是一個有、高深文學修養的人，果然在這一方面，你是有成就的。」

「不過，」我回答他：「我現在的心裏很亂，連一個字也寫不出。」

「心裏很亂？」他笑了：「是因爲最近的往事呢？還是因爲十年前的往事呢？」

我覺得他這一句話問得很調皮，便不肯再理他。而且一連幾日，我的睡眠一直不好，所以精神困倦，不自覺打了一個呵欠。

「怎麼，」柳塘的感覺很銳敏：「連吃飯都會睏嗎？」

「自從到了你們這座海濱別墅以後，我很難有一天好的睡眠。」

「爲什麼呢？」他收斂笑容，關切地。

想起那天海濱竄過的黑影，我不禁毛骨聳然，但是，我不願向他提起，怕他不信笑我幼稚，又怕他相信而生恐懼。於是，我便說：「你的這一座別墅，就是使人失眠的環境。」

「怎麼？」他不安地：「你也相信鬧鬼嗎？」

他既然先提到這一件事，我倒要與他談一談了，因此我說：「我是從來都不相信有鬼的，否則，在來這兒的中途，我早已退了回去，因爲老高在路上就不斷地和我談到鬼。只是最近我的觀點有一些改變，因爲前不久……」

「你眞的看見鬼了？」他驚異地搶着問。

「我眞的看見遠處有黑影，却不知道是不是鬼。」

「在海灘？在走廊？還是在後院？」

「海灘！」

「一個還是很多？」

制他的着魔似的仇恨弄得瘋狂了。

當暴風漸漸停息下來的時候，我們跟隨着水手史塔柏克走下阿哈伯船長的艙裏，那個小艙孤零而隱蔽，雖然四周全是自然的咆哮，仍籠罩着一片帶有嚐嚐之聲的沉寂。（多麼非凡的銳利的感受力，這些何曾爲其他的海洋文藝作家所注意過呢？）我們屏絕氣息注視着史塔柏克從架子上拿下一支手槍，思量着是否應該把那個發了瘋的船長幹掉好救出這條船；但是，恰巧在這千鈞一髮的當兒，阿哈伯船長夢囈似的狂呼打破了靜默，所有的人手都集中來挽救一個更壞的噩運。當阿哈伯「滿心懷着足以致命的自負」去調整羅盤針的時候，我們又被作者的懸宕手法所吸引了。我們有一種恐怖的預感，感到將有一口棺材停放在甲板上。我們爲瑞琪號船上的卡廸納船長而躭心。阿哈伯會拒絕協助他去尋他失踪的兒子；阿哈伯祇是一心一意想要得到莫比·廸克的鮮血。

這時，突然之間——

「牠在那兒噴水了——牠在那兒噴水了！一座鯨魚背，像一座雪山！是莫比·廸克！」

小艇都放下去了，「好像海上無聲無息的介殼，船頭破浪前進，但却慢慢牠接近敵人，當小艇划近白鯨的時候，海水顯得格外的平靜；好像海浪上張開了一層地毯，又好像一片日午的草地，安詳地舒展開來。」

現在，我們到達緊要關頭了。你必須精讀這最後「追逐」的三章（梅爾維爾稱這三章爲「追逐」）。在我看來，這二十五頁是近代文學中寫的最生動最緊張的精華；是用超絕非凡的手法寫成的。字字句句都是千錘百鍊，無法更易一字片語。當你讀完了整個的故事，看完了彼可得號已經葬身在汪洋海底以後，我相信你一定也感覺到你自己面臨着甚麼無法測度無法衡量的東西。一個「不可捉摸的生命的幻影」從你的意識中倏然閃過，然後又立即隱沒在人類感受力底下去了。

「兩個！」

「哼！」他冷冷地嘆了一口氣，神態上由關切變成憤怒。

「也許並不是鬼，是我的眼睛看花了。」我反而寬慰他。

他沉默着，皺起眉，很憂鬱也很嚴肅，半天，又掏出手帕去擦那寬廣的前額所沁出的汗珠，却始終忍耐着沒有再說什麼。我很後悔說錯了話，以致破壞了我們之間的美好空氣，因此，力圖挽救地說：「我是眞正不相信有鬼的，你放心好了！」

「丙慧，」他沒有理會我，只是依循着自已的思路問：「你在這所別墅裏已然住了這樣久，你也曾發現過有什麼使你懷疑的事嗎？」

那是太多了，但是，我都能很坦白地告訴他嗎？於是，我說：「沒有！」

「你又在欺騙我沒有眼睛了！」他笑了，雖然聲音很大，却十分勉强：「你想我相信嗎？」

「那麼，」我只得坦白了：「這一個家庭與這一所別墅，都使我十分懷疑。」

「譬如……」他拖長了語音，要我回答下面的話。

「譬如你與彥珊之間的結合。」我鼓起勇氣終於說出。

「是的，這是一個最根本的問題！」他說完，嘆了一口氣，又從口袋裏掏出一把鑰匙，摸出一個遞給我說：「你替我打開櫃門，裏面有一大厚本照相冊拿出來。」

我依言取出照相冊，翻開第一面，就是柳塘新婚的照片，是的，這才是十年前我印象中的柳塘，一對深邃而靈活的大眼睛，上帝使這樣一對眼睛失明，實在是一件十分殘忍的事。因爲濃密頭髮的覆蓋，寬廣的前額沒有今日顯明，失去了這兩種特徵，相片中的柳塘，與目前的他，相似之處已不太多，不是我十年前見過，這兩者之間，一個俊雅的青年，與一個頹喪的中年人，我是沒有辦法把他倆聯繫起來的。對於這兩個形象不斷的凝注，我有一些暗然神傷。

「你在看那第一張新婚照嗎？」柳塘打斷了我的沉思。

「是的，」我倉皇地回復他：「這一位新娘子是翠微的母親吧？」

「是的，往下看。」

我繼續地往下翻閱，這是一個家庭的幸福與不幸的記錄相片，這裡面充滿了人世滄桑，它很明白的告訴我他妻子的健康、衰病、與死亡，同時，它還告訴我，翠微原有一位小弟弟，他似乎是在五六歲時夭逝的。這一位童年殤折的孩子，常常和另一女人照相，這女人我在神態上看出來是彥珊。

「看完了嗎？」他性急地問。

「有一半了！」

「疑問還存在嗎？」

「還存在，」我說：「彥珊原來是你那男孩子的保姆嗎？」

「不，乾媽，」柳塘回答我：「也許你明白，我曾經有一個極和美的家庭，但是，當小弟病折以後，不幸便接二連三地來，翠微的媽媽因喪子而病，而死。我也因此萬念俱灰，我原來就有頭痛眼疲的毛病，從此加劇，漸漸變成視力模糊了，去醫院檢查，說是視神經上有一肉瘤必須切除，原以爲開刀後可以復元的，但是視神經已被痲痺，不能工作了。於是，我變成一個盲者，爲萬人輕視與討厭的盲者。」

他很痛苦，我也因他而憂傷，看看他如今因憤怒而引起的滿臉皺紋，生命的活力失踪了，人世間每一個歡樂的音符，不再在他智慧的五線譜上寫出樂章，同情塡滿了我與他之間的距離，是不是我還有力量爲他再響起歡樂的旋律？我無聲地嘆息着，再慢慢地把相冊的頁數翻過去，忽然，一張陳舊的相片呈現眼前，我認識它，那是十年前，我們駐足李園，邀請園主與我們同學一起拍的團體照，這裏面有我，有柳塘，有翠微，還有她的母親弟弟，這一切不禁使我脫口喊了出來。

「怎麼了？」他奇怪地。

「我看到了那一張相片！」

「哪一張？」他又忽然顯悟地：「你是說十年前我們在李園的合照嗎？」

「是的！」我說。

「你看，翠微那時多小！」他回憶着往事，笑了。

「是的，」我說：「你那時多年青，翠微的媽媽多溫靜。」

「這張相是你親自寫好，親自寄來的吧？」他問。

「你怎麼知道？」我很奇怪。當時這張相確實是我親自寫好，親自投向郵局的，因爲，返校以後，情緒受着奇怪的激動，久久不能平靜的緣故。

「你不要問我爲什麼，只告訴我是不是。」

「是的！」我承認並加解釋：「當時我是系裏的常務幹事，你又是園主，又是學長，照道理上說，我有責任寄這張相片給你。」

「是的，你說得很對，」他微笑着：「反正我是收到了你一張親手寄來的相片。」

「不要談這些了，」我移開話題：「我對於你與彥珊結婚的原因，依然不能明白。」

「對了，你把相片翻到第五頁，左上角有一張大相片是什麼。」

我翻過去看了，冷冷地回答他：「中間有彥珊。」

是的，她是小弟的乾媽，又是翠微媽媽的同學，一直都有來往，又加之她最愛我那小男孩子，於是就認她做乾媽了。」

「這是你娶她爲續絃的唯一理由嗎？」我反問。

「嗯！」他輕輕地嘆息了一聲回答我：「一個失明者的心情，沒有誰能體會得出，周遭看不見一點有光亮的東西，我不能忍受連我娶的妻子，都是我雖用想象也勾不出輪廓來的人！換言之，我失明，我必須續絃娶一個能够安慰我的人，而那個人又必須是我曾經看見過的。」

「這是第二個理由，還有呢？」我立刻追問。

「還有嗎？」他又嘆了一口氣：「當我最寂寞的時候，她給我的感情特別多，特別慷慨。」

「我懂了，」我說：「這已有足够的條件造成一個美麗的餡阱來捕捉到你了。」

「不過，」他阻住我的話：「這其間有一個極值得我考慮的地方而我沒有注意，你看出來了嗎？」

「你們的交遊曾經中斷過一個很長的時間。」

「是的，你眞聰明，」他有點驚奇：「不過，你怎麼會在短短的時間內就注意到這一點了呢！」

「這一本相片中說得很明白，」我闔上相片本，輕輕地拍了一下說：「從沒有那張男孩子的相片起，也同時沒有她的相片了。」

「一點也不錯，」他又考問我：「交遊中斷了很久，又有什麼足慮的地方呢？」

「這不很顯明嗎，」我說：「時間能加多人事的變化啊！不過，也無所謂，我想，你以後總會打聽得很明白的。」

「可惜的是，我一直到現在都還沒有弄得很清楚。」他嘆息着：「我不明白她在離別的幾年中到底幹些什麼？更不明白她是不是爲了愛情至上趕着嫁一個盲丈夫？」

「是的，你沒有弄明白，然而你又娶了，所以造成你今日忽陰忽晴的脾氣。」我覺得我的音調裏竟然充滿了諷刺。

「你不明白一個突然失明的人，需要援救的心情是多麼迫切！」他嘆息說：「尤其需要一個代替那失明的眼睛，這希望除了在愛他的妻子身上能找到，不會再有更好的辦法。」

「但是，你却沒有體會到能眞正地愛一個瞎子，實在是一件極不容易的事！」

這一句話使他感到相當的難堪與不安，他臉上的肌肉痛苦的扭曲着，使我非常後悔說出這一句過份坦率的話，而且我的眞心並不如此，只是泛論一種普通的心理罷了，然而他竟然這樣難受，於是，我便笨拙地解釋道：「當然，我的意思並不是指天下所有的人。」

「不，這一點依然是我無法寬恕的疏忽，致使我現在嚐到受不完的痛苦。」他又掏出手帕，擦去臉額上的汗，然後又咬牙切齒地詛咒着：「誰知道她從哪裏奔來這麼一位內侄啊！我決不讓我的女兒嫁給他，一定的！」忽然，他又從肯定的語氣中變成懷疑：「不過，丙慧，你告訴我，你比我多一對眼睛，而且又是旁觀者清，你告訴我，我阻止翠微的婚事正確不正確？是理智的還是感情的？」

「什麼理智的或感情的？」我問他，不懂他命意所在。

「理智的，就是我依據許多客觀的條件反對這件事；感情的則是我根本不願翠微離開我。」

果然翠微沒有誤解他，他確實是有一部份感情捨不得他唯一的孩子離開！於是我說：「是理智的，也是感情的！」

「那麼，理智的判斷是否正確呢？」他問。

「很正確。」

「那麼，那一部份感情也就沒有什麼值得批評的了！」

柳塘是個很敏銳的人，我不願意輕率而衝動地在他面前去討論一些份量過於沉重的問題，以致給他情緒上一些不良的影響，於是我又打了一個呵欠，準備躲開他，回去把新獲得的一切加以理解與分析後，有機會時再供他的參考。果然，他聽見我的呵欠聲便立刻說：「你眞疲倦了。」

「是的，今天天氣這樣好，環境這樣安靜，我眞想好好地休息一下。」

「那麼……」他猶豫着：「你去吧！」

「不，我先扶你回去！」

他樂意順從我的意思，我於是把他扶進臥室。這是第一次我有這樣從容的時間，閒暇的心情走到他的臥室，這間臥室，與我樓上寢室的地位完全相同，他只不過比我多享有一間前面的書房而已。兩扇窗戶，也能依欄面海，只是高度不够，不如我在樓頭能高瞻遠矚。

「今天的月色怎麼樣？」他知道我在窗口，便問。

「下弦月還沒有升起來。」我說：「海是一片黑色。」

「時間還早呢！」

「不，我該走了！」

替他帶上房門，我退了出來，像是已然發現什麼，又却故意地逃開它。

(未完)

書刊評介

赫魯歇夫秘密演說全文

一思

附：赫氏秘密演說補遺及中共之史達林禮拜

胡秋原譯註，解說，編纂　民主評論社發行　定價：港幣一元，臺幣八元

美國「生活」雜誌說：「在我們心裏所繪就的圖畫，支持共產主義血淋淋暴政的，是有系統的謀殺，酷刑，和揑造罪名。突然間第一號共產黨徒宣稱，是的，我們的圖畫不錯。」又說，「我們第一次覺得能够相信事實上赫魯歇夫所說的任一件事。實在說來，他所揭發的比一般人曾經信以爲眞的還要多。」

由此看來，可知赫魯歇夫秘密演說全文揭曉之後，世界反共人士感到如何驚訝。不僅如此，據報導，當此蘇俄共產黨第一書記在其歷時三時半的清算史達林演說之中，說到傷心處，不禁聲淚俱下；聆聽的一千三百餘名蘇俄共黨高級幹部，除了許多次的「場內憤慨」，「全場暴怒」，「場內擾動」之外，還有許多人當場昏倒在地。

這篇赫魯歇夫的演說是在本年三月蘇俄共產黨第二十屆代表大會的秘密會議中發表的。爲甚麼要秘密呢？赫魯歇夫說：「我們不能把這件事洩漏到黨外去，特別不能讓報紙知道」，因爲「我們不應該授敵人以武器；我們不應在他們眼前洗我們的臭內衣。」可是美國及盟國情報人員經十一個星期之久的努力，終於取得這份可能經過刪削的演說全文，並於六月四日由美國國務院發表。胡秋原先生的這個譯本即根據美國「紐約時報」所載國務院發表的全文，並參考日本「中央公論」所載日譯本而成的。胡先生研究共產主義有年，乃除翻譯全文之外，並對文中故實加以註解及評註；又彙集有關資料，成爲「補遺」；復採摘若干「中共之史達林禮拜」文件而爲「附錄」。如胡先生在其序文中說：「今在酷暑颱風之中，竟于赫某之文，除翻譯之外，幾乎用盡清人考據之全功——註解，輯佚乃至校勘。以其有新聞價值，或赫某爲俄帝之第一要人乎？實則以我觀之，百年以後，共產主義當成陳迹；赫某之名，在我國恐尚須賴我譯流傳。我所以不憚費心力者，蓋一葉知秋；知此爲俄國共產主義之訃文也。」又說：「觀赫文知暴敵之垂死」。這段話裏，除掉胡氏對其譯註工作，不免矜誇，對於共產主義之將來，不免作如願之想以外；其憚不費心力，在溽暑中譯註完畢；且在我國當前出版困難的情況之下，於美國國務院發表全文之後兩個多月，竟能使全書與讀者見面，可謂對反共的大事業作了一個非常具體的貢獻。

赫魯歇夫的秘密演說，英譯本有兩萬六千字，胡秋原先生譯文約五萬字。文中小標題和分段，胡先生根據「紐約時報」，並參照「中央公論」的日譯加以調整。另增加的兩個小標題，皆極允當。全文的小標題共五十有五；然讀過全文，就其大意，可大別爲三個段落。

赫魯歇夫首先抨擊對於史達林的「個人禮拜」，他說：「把一個人直捧上天，把他變成一個具有類乎上帝的超自然特性的超人，那是對馬列主義的精神，既不可容許，也是不相干的。」並且「這禮拜到了某一特殊階段」，變成了對於黨的「極端重大而嚴重的敗壞根源」。然後他引述馬克斯和恩格斯的「古典著作中，對於一切個人禮拜行爲的表露，曾經表示如何的深惡痛絕」。尤其是列寧的「教訓」，他「對一切個人禮拜每一表演却加以無情的罪名」。這樣以來，赫魯歇夫對史達林「加以無情的罪名」，便是甚爲合理的了。

赫魯歇夫是處處捧出列寧的偶像來打倒史達林的偶像的。當他歷數史達林的罪名時，他總是捧出列寧的功德，睿智，仁慈，來與之相對。「在列寧生時，共產黨中央委員會便是黨和國集體領導的一個眞正表現。」而史達林破壞了「集體領導」，他「在領導上和工作上絕對不肯容忍合議制度，他不祇對反對他的一切東西施用殘忍的暴力，凡在他反覆無常和專制的性格上看來似乎與他觀念不相合的東西，也是如此」。所以列寧生時尊重黨代表大會與中央委員會，而且要按時召開這些會議，但在史達林的「橫暴的破壞」中，「第十八屆和十九屆代表大會中間，竟相隔了十三年時光」，「中央全會簡直從未召集過」。在對人方面列寧採取「說服，解釋，和耐心與人民合作的方法」，甚至對於犯了「嚴重錯誤」的人，都加以寬容；史達林則「改用行政的暴力，集體鎭壓和恐怖手段」。而且「史達林創出了『人民之敵』的概念」，使成千成萬的人遭受「肉體毀滅」。

但是在理論上，赫魯歇夫所處的地位仍然是很窘迫的。第一：他雖然猛烈抨擊運用暴力，却又不得不替暴力的運用辯護。因爲「列寧對付革命的敵人，不會決定使用最嚴厲的方法嗎？」是的。赫魯歇夫一再强調列寧要求「絕不妥協的處置」，「毫不躊躇的使用最極端的方法」，「用嚴厲手段」。這和史達林的「鎭壓與肉體消滅」在性質上毫無不同之處。赫魯歇夫辯稱：「列寧是祇用這種方法來對付眞正的階級敵人，而不是用來對付那些犯了錯誤，犯了過失的人。」因此他稱列寧的暴力是「智慧」的表演，史達林的則是「只有野蠻暴力之示威」。但是二種暴力究竟難以劃分高下；何況如赫魯歇夫所舉出，史達林自有他的「我們愈接近社會主義，我們的敵人便愈多」的公式，並非全然無理的。所以赫魯歇夫並不反對運用暴力；有朝一日，他也許創出一個與史達林的相似公式，使千千萬萬的人「肉體消滅」。第二：他清算史達林個人，反而還得稱頌史達林主義。赫魯歇夫一再頌揚那個「偉大的政治的和思想的鬪爭」，在這場鬪爭中打倒了「托洛茲基份子，右派份子和小資產階級民族主義份子」，並且頌讚「國家之社會主義工業化，農業集體化，以及文化革命的大規模的工作」。其實這些正是史達林主義的豐功偉業。赫魯歇夫的辦法是在這些鬪爭和工作之上冠以「列寧主義」，冠以「黨的領導」；但終

不得不承認「史達林在這兒曾扮演了一個積極的角色」，「積極的爲列寧主義而戰」，或是「做了偉大的工作」。事實上史達林三十年的暴政和俄國共產黨三十年的擴張已不可分，史達林的功罪也沒有一個明顯的界限。赫魯歇夫在結束演講時所喊的「列寧主義萬歲」，旣使是從他眞心發出，而在他第一書記的寶座上，史達林主義依然多於列寧主義。第三：赫魯歇夫只能把一切個人禮拜的罪惡歸咎於史達林的「很要不得的品性」，「迫害狂」，「濫用權力」，以及貝里亞「利用了史達林的弱點」等等，他便不能再進一步檢討共產黨的教條，權力的性質和限制了。我們在此可以借用赫魯歇夫的一句話：「在這裏，有整個黨的悲劇」！

所以，讀赫魯歇夫的秘密演說，我覺得這第一部份（大致由第一頁到第三十四頁）最爲重要，因爲由這一部份可以看出赫魯歇夫的淸算史達林運動究能達到何種程度，以及他對共產主義企圖作何種樣式的改變。

第二部份是全演講中最精彩的一部份，大膽並且充分揭露了史達林治下的血淋淋的暴政。這一部份對於史無前例的大規模屠殺，除了統計數字以外，還有悲慘動人的供詞，和繪聲繪影的描述。赫魯歇夫從第十七屆黨代表大會的命運說起。這一屆的中央委員和候補委員百分之七十被捕和槍決，一千九百餘名黨代表中有過半數遭受同樣的命運。這只是一九三七年到一九三八年大屠殺的一部份。然後他再從一九三四年的基洛夫謀殺案追述到第二次大戰期間的肅軍，一直到戰後的猶太醫生案。赫魯歇夫若不說到「我們黨的狂妄敵人，一個外國情報機關所雇用的特務——貝里亞」，顯然是不能停止的。「這個淸算了成千成萬的黨和蘇維埃工作者的貝里亞，沒有在史達林生時被揭穿面具」，總算在史達林死後被赫魯歇夫等「經過特別仔細的合法手續，貝里亞可怕的大罪成立，遂加槍決了」。

赫魯歇夫舉出艾赫、魯朱塔克、羅生勃魯姆等案件證明史達林「大規模鎭壓」的口實完全出於揑造。「當史達林說某某應該逮捕時，那麼人們便必須接受這一信仰，卽某某是一個『人民之敵』」。赫魯歇夫說：「這種毒惡手段所以進行無阻，是因爲NKVD早已預備好了名單，還事前定下了他們的判決，送到軍法會審宣判而已」。而這些被判決者的罪名，則有賴於他們自己的「坦白」。關於「坦白」，我們得承認赫魯歇夫畢竟是蘇俄的老劊子手，會得史達林的秘傳。你看他下面這一段描述，多麼深刻，簡潔，有力：

什麼證據呢？只有被捕者的「自白」，而偵查官接受這些「自白」。一個人怎樣會招認那些他從未犯過的罪行呢？祇用一種方法就成——用肉體壓迫，用酷刑把他打到不省人事，剝掉他的判斷力，奪掉他的人類尊嚴心。這樣，自白書便得到了。

據赫魯歇夫的描寫，史達林「那種猜疑成病的心理，使他對認識了許多年的黨的著名工作人員，却發生一種普遍不信任的態度」。「他會看着一個人說：『你的眼睛今天爲什麼那麼遊移不定呢？』或是『你今天爲什麼那樣把頭轉來轉去，不敢正視我的眼睛呢？』」這使得追隨史達林左右的人極端恐懼。赫魯歇夫引證了一段他和布加寧的談話：

在當時正流行的一種情況之中，我曾與布加寧談天。有一次，我們兩人在汽車中旅行之時，他說「常常一個人，以一個朋友的資格接到史達林的請帖，到史達林那裏去。當他坐在史達林旁邊時，他不知道，第二天他要到什麼地方，是到家中呢，還是進到牢獄」。

關於從一九三七到一九三八年的大規模消滅肉體案件，赫魯歇夫說，「從一九五四年到現在，已平反了七千六百七十九人的寃獄，許多人是在死後才昭雪的」。

赫魯歇夫演說的最後部份，除掉從「史達林略傳」，「聯共黨史」的著作，以及史達林獎金、國歌、地名、銅像等方面挖掘史達林如此這般自頌自讚之外，便是要求從個人禮拜解放，要求從歷史、文學、藝術各方面淸除「有關個人禮拜的傳佈極廣的錯誤意見」。而根本的救治之策，赫魯歇夫大聲疾呼說：回到列寧，遵守列寧的集體領導原則。

讀完赫魯歇夫的秘密演說之後，我們當卽發現他的目標和方法都非常簡單而實際。他自始至終不曾忘掉隨時提到列寧，隨時捧着列寧來與史達林對抗。他提到列寧時，那便是集體領導；他提到史達林時，那便是個人禮拜及其罪惡。關於後者，赫魯歇夫用力最精，因而佔去他演說的大部份篇幅；舉世爲之驚異的亦在此一部份。然而若他不抬出列寧，他怕壓不倒史達林的餘威，也不易爲他的集體領導開路。事實上赫魯歇夫沒有創什麼理論。他的理論便是列寧。胡秋原先生在評註第五中說：「赫氏必求反個人禮拜之根據于馬列，表示彼等之無知。」是胡先生沒有注意赫氏之簡單實際的目標與方法。此外，赫氏演說首尾一貫的使用訴諸情緒的方法。他不至一次爲列寧抱不平，他說道：「現在出席的百分之九十九的人，在一九二四年以前關於史達林並不大聽說過和不大知道，而列寧則是大家都知道的，全黨，全國，從小孩到白鬍子，全都知道的。」這樣激烈的訴諸人類情緒的方法，固然一向是共產黨的拿手好戲，而赫魯歇夫能在羣衆中喊出列寧來，他的成功已有了一半把握。

至於赫魯歇夫演說產生的實際背景和它的政治效果，自由世界所已知的資料太少，殊難判斷。但我們可以說，這是一項經過深思熟慮和冷靜分析的政治行動，斷非倉卒間發生的事。因此，我不同意胡秋原先生認爲赫文急就成章（序文），或是米高揚逼出來的（評註三，八二）等看法。

關於胡先生的評註，其有關事實部份，甚可幫助讀者了解原文，但有些評註似可省去。例如：「此是藉舊事打擊馬林可夫」（評註十三），「此攻訐科孝，亦恐嚇莫洛托夫」（評註一二六）等，有點過份推測，可以不要。又如，「這一段文章不壞」，（評註九二），「此段話說得甚好」（評註一〇二），「這說得有趣」（評註一〇八），近乎老先生批作文，也可不要。

最後，我同意胡先生的見解，卽是這本書是人人皆當一讀的。而且，我以爲愈是關心國際現勢和反共前途的人，愈應該讀這本書。

讀者投書

(一)為縣市長省議員候選人提名向國民黨進一言

陳紹基

這兩天，中國國民黨的各級黨部正忙於兩件事，似乎尚未為人所注意，其一，縣市長候選人的指定提名。其二，臺灣省臨時省議會議員候選人的投票提名。

上述兩項候選人的提名，即將分別舉辦，筆者為愛護此一有六十年歷史的政黨，願向該黨中央當局進一言。

五六年來，中國國民黨在縣市區鄉鎮長候選人，省縣市議員候選人的提名政策方面，有過多次變化，每次轉變政策，都會遭遇過黨內外嚴酷的批評。第一屆時期，提名政策因無先例可據，採用指定提名方式，如非當時地方環境簡單，民間對於民主政治認識不深，其結果眞不可思議。第二屆時期，地方自治各種選擧進入熱潮，該黨當局為適應局勢，乃一律擧行投票提名。結果成敗互見，成功的地方成於候選人僅有一位，失敗的地方失之於高傲輕敵。使候選人變為一位的，大多係當地縣市黨部主任委員為顧全自己位置，用壓力迫使違紀競選黨員及黨外人士放棄競選所致，更因一班治安人員穿插其間，黨外有膽識之士，懷於「特權」，自然不敢與鬪矣。下級黨部此一胡作胡為的結果，就該黨政策言，損失是很大的。

各縣市第三屆鄉鎮長選擧時，據統計有二分之一以上的鄉鎮候選人只有一位，此外，臺灣省二十六個新農田水利會的會長候選人中，初期登記頗為熱烈，到後來竟有二十個單位成為「不競當選」的一人局面。據說該黨當局為三屆鄉鎮長及水利會會長選擧的提名輔導政策，曾發生過很大爭執，結果還是照下級使候選人變為一個的意見，獲得通過。

現在該黨第三屆縣市長省議員候選人提名初步工作之黨內登記已於十月十一日截止，在辦法上又有重大變更，玆分述如次：

1. 縣市長候選人之提名，廢止由黨員投票產生舊法，改用中央指定提名辦法。在提名前由各登記競選人印備資料表列述優點，分發各區各小組討論反映。縣市黨部將所有意見統計後，全案送省黨部，省黨部當就某縣市所報若干人中，遴拔三人呈報中央。中央即根據省案三人內、決定一人。

前項縣市長候選人名單之發表，應在省議員候選人投票前。

2. 省議員候選人的提名仍採用由黨員投票老辦法，與上屆不同者為候選人須印資料表數千分，送小組研討。

上述提名辦法，一採指定，一採投票，實極堪注意。結果得失，目前無人可以斷言，但筆者有望於該黨者為左列五事。

一、中央辦理縣市長候選人提名時，應先重視其人之學識、道德、行政經驗等，其言行向為社會所不齒者，應不予考慮。

二、中央對於適格候選人之籍貫，應不論其為本省外省，打破過去何處應為外省人，何處應為本省人的政策。

三、縣市長候選人提出後，應由國民黨中央嚴令省黨部不得在某縣某市使候選人變為一個，應以候選人之政見號召選票。

四、黨外競選人士之活動應絕對任其自由，應由政府通令各級治安人員免除調查，以重民主政治。

五、省議員提名時，除婦女係異性應保障外，其他農漁工退役軍人等應不設保障名額，以昭公允。

我們對於中國國民黨過去六年在地方自治各種選擧方面所表現的成績，實難推許。第一，法規應為死物，乃該黨不惜因某人某事予以變更。第二，下級娛媚上級，以一人競選局面自我陶醉，實違反現代選擧精神。該黨此次新辦法能否成功，尚無人可以預料，但如能痛改前非，對筆者所提供五項意見有所採納，相信當不致失敗過慘也。

(二)何以沒有讀「自由中國」的自由？

編輯先生：

容我向你們陳述我的幾個意見：

我是省立臺中一中的學生，平時喜閱讀雜誌，關心時事政局，因而喜歡閱「自由中國」雜誌，而且每期必看，學校同學們當然也喜歡看「自由中國」！因貴刋言論卓著，比他雜誌報章都為公正，能不避大不韙糾正時政的過失，且幫助民主的發展，樹立優良的民主風氣，充實自由中國軍民的民主自由思想和精神，此處我衷心地感佩貴刋的功勞。

現有問題與各位編輯先生討論，使我能得到解答。本校圖書館素來都有訂閱「自由中國」，但本期（十一月上半期）因貴刋登載有關對「總統廣徵各方意見」一事，各位作者都能澈底表示他們的意見，我想這對總統先生有很大的幫助，因這些意見可以說是對症下藥的好藥，希望當局應加以採納。但這些文章學校當局或視為「?」或不順眼，竟把這期的「自由中國」收禁起來，不讓同學們閱讀，我眞不知道學校當局為何把它收起來。照我看來，這些文章篇篇都是好文章，對同學們的知識是有幫助的，而學校却如此做。

這些小意見，很盼望貴刋能予以披露出來，為何作為一個自由中國的青年學生，竟沒有看「自由中國」的自由，最後我期望能在下期的「自由中國」裏面，得到一個圓滿的解答。

敬禮

省立臺中第一中學
學生　敬禮敬上

編者按：

一、敬禮是投書人所用之筆名，遵囑不發表其眞姓名。

二、我們也聽到一些學校的報告說，學校當局對這一期「自由中國」，只許教員看，不許學生看。說是學生知識程度不够。我們眞不懂這是甚麼「教育理論」呀！

自由中國　第十五卷　第十期　內政部雜誌登記證內警臺誌字第三八二號　臺灣省雜誌事業協會會員　七二八

給讀者的報告

本刊創刊迄今，業已屆滿七年；從本期開始，便進入第八年了。回顧過去七年之間，我們站在輿論立場，不遺餘力地闡揚民主自由理論，批評政府施政得失。我們不敢說我們的努力對國家有何實際的貢獻，但我們愛國救國的忠忱，則爲讀者所共鑒。本期雷震先生將「我們的態度」再度宣示於讀者之前，以闡明本刊的信念和立場。本刊創刊之初，卽曾明白揭櫫其宗旨。七年以來，我們奉行不渝，今後更當繼續爲此而努力。

本刊上期爲響應蔣總統昭示，發行專號，所選載的十六篇文字，都是忠誠坦率的諍言，所以發行不到三天，很多地方便銷售一空，適本刊印刷版面尚未拆除，因於本月四日再版供應；但不料再版本又於數日內售罄，而各經銷處及若干讀者仍紛紛索購甚急，不得已乃電香港友聯書報公司將本刊航空版之紙型，航運寄回，並趕於十三日發行第三版。再版的紀錄在本刊發行歷史上曾有兩次，一次是創刊號，一次是第十三卷第九期（因該期載有「自淸運動要不得」之社論一篇）；而本期則更創三版之紀錄。這不僅在本刊發行歷史上，而且在國內雜誌界，也都是空前的。我們將此事實報告於讀者，非眩耀本刊銷數之廣，實證明本刊之能說出一般人所想說與要說的話而已。這次蔣總統謙冲求言，輿論界已有很好的反應。各方對國是提供了甚多寶貴的意見。然而這些意見不是說了便算完事的。我們希望政府當局能對這些意見加以整理，採擇實行。這樣才不失總統求言之初衷。另一方面，我們也期望輿論界更當繼續勇於進言，爲言論自由創新風氣。這是我們在本期社論㈡裏所要表示的意思。

最近半月來，國際間發生兩件嚴重的事件：匈牙利人民之抗俄革命，與英法以之進軍埃及。此兩事件連日在報紙上搶盡了鏡頭，甚至使美國大選的消息，都顯得相形遜色。聯合國已對中東事件採取適當行動，局勢已有緩和的可能；而匈牙利人民的革命則不幸已葬身於俄帝的坦克與砲火之中。對於英勇壯烈的匈牙利人民，自由世界竟不能及時予以支援，能不深自愧咎？現在艾森豪總統既已當選連任，我們但望他能眞正實行其所揭櫫的「解放政策」，以拯救鐵幕內渴求自由的人民。這是我們社論㈠所責望於美國當局的。同時我們希望，聯合國對要求俄國撤兵要能貫澈到底。俄國如仍一意橫行，聯合國和美國要繼之實際的行動。

本期第三篇社論在質問省政當局有無整頓林政的決心？本省林政之腐敗久爲省民所詬病，林產管理局長貪汚案已在法院審理之中，而省政當局不但未聞對林政改革有何措施，乃忽聞發表原任副局長升任局長的消息。我們非欲對副局長陶玉田個人有所臧否，但覺此一任命在「政治責任」上之不當，更見省府對林政改革之毫無決心也。

此外我們還須介紹其餘兩篇專論，其一是江宗一先生的「甚麼是民主政治的眞諦？」其一是鄧澂濤先生的「檢察官對少年竊盜贓物犯的處理問題」。江宗一先生是國內有名的政論家，本文是用筆名發表的。當民主政治的「贋品」，充斥「市場」之今日，江先生的大文誠有正本淸源之功。至於鄧文則在檢討戡亂時期竊盜犯、贓物犯保安處分條例中對少年犯處理過當之處，並提供補救的意見，是關心法治者所應注意的。

自由中國 半月刊　第十五卷第十期　總第一六九號

中華民國四十五年十一月十六日初版
中華民國四十五年十一月二十日再版

發行人兼主編　『自由中國』編輯委員會

出版者　自由中國社
社址：臺北市和平東路二段十八巷一號
電話：二　八　五　七　〇

航空版
香港　友聯書報發行公司
Union Press Circulation Company, No. 26-A, Des Voeux Rd. C., 1st Fl. Hong Kong

總經銷
臺灣　自由中國社發行部
美國　自由中國日報
Free China Daily
719 Sacramento St., San Francisco 8, Calif. U.S.A.

經售者
日本　東京僑豐企業公司
韓國　漢城裕昌德號
馬尼剌　大中華日報社
新疆書店
印尼　椰嘉達天聲日報
泗水文光圖書公司
越南　西貢中原文化印刷公司
緬甸　仰光振成書報店
印度　加爾各答塔梅學校
澳洲　雪梨瑞田公司
北婆羅洲　西利亞坡青年書店
新加坡　檳榔嶼、吉打邦均有出售

印刷者　精華印書館
廠址：臺北市長沙街二段六〇號
電話：二　三　四　二　九號

本刊經中華郵政登記認爲第一類新聞紙類　臺灣郵政管理局新聞紙類登記執照第五九七號　臺灣郵政劃撥儲金帳戶第八一三九號
（每份臺幣四元，美金三角）

自由中國

FREE CHINA

第十五卷 第十一期

要目

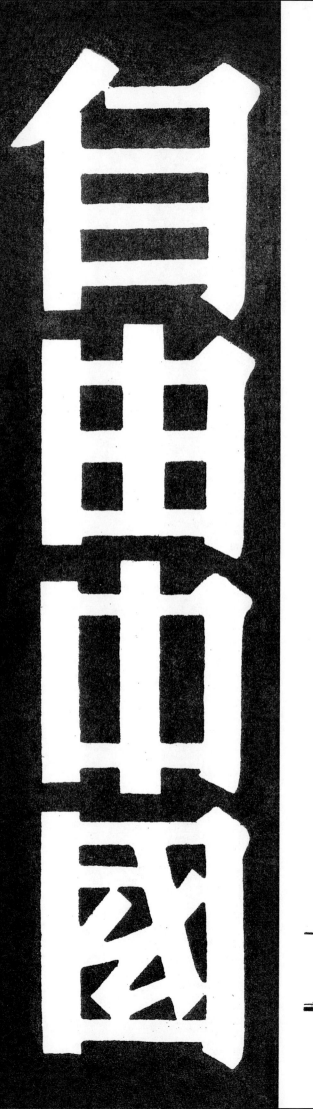

中華民國四十五年十二月一日出版
社址：臺北市和平東路二段十八巷一號

半月大事記

十一月八日（星期四）

全球美軍指揮官員奉令加强防務。

行政院會議決議派袁子健出任駐越南公使。

聯合國大會決議要求英法以三國撤軍，並設顧問委會，籌建中東警察部隊。

我代表在聯大演說，譴責蘇俄為侵略者，主由聯合國保障匈牙利獨立。

十一月九日（星期五）

布加寧復函艾森豪，拒絕自匈撤軍。以色列同意自埃撤軍，並與國際部隊合作。

十一月十日（星期六）

聯合國大會通過決議，要求俄軍立即撤出匈境，並由匈牙利舉行自由選擧。

國防部下令三軍，加强防衛與戒備。

國際警察部隊啓運，先遣部隊赴義轉埃。

蘇俄宣佈准「志願人員」赴埃作戰。中共宣佈成立援埃機構。

艾森豪覆瑞士政府，拒絕參加高階層會議，願在聯合國處理國際危機。

十一月十一日（星期日）

首批國際部隊抵達那不勒斯。

十一月十二日（星期一）

第十一屆聯大開幕，通過蘇丹、摩洛哥及突尼西亞入會資格。

埃及同意國際軍進駐。

英官方透露，蘇俄正以大量軍火運往埃敘兩國。

捷羅兩國政府濫肆拘捕人民，企圖防止暴動。

哈瑪紹促蘇俄准視察員入匈。

十一月十三日（星期二）

立法院通過決議，促聯合國將蘇俄除名。

北大西洋聯軍統帥葛倫瑟向俄提警告，如向西方攻擊，蘇俄將被摧毀。

匈牙利各業工人繼續舉行總罷工，要求卡達爾政府改組，定期自由選擧，並釋放被捕者。

伊拉克警告阿拉伯國家，蘇俄「志願人員」到達中東，足以造成大戰。

匈共拒絕聯合國派員視察，表示接受藥物援助。

路透社消息，匈前總理納奇在南國使館獲政治庇護。

十一月十四日（星期三）

義大利第二批議員訪華團抵臺。

艾森豪反對蘇俄及中共派遣「志願軍」入埃，將透過聯合國加以阻止。

美第一艦隊派艦廿餘艘，加强太平洋區防衛。

聯大通過將匈牙利與中東問題列入議程，匈案將優先討論。

匈被俘自由鬪士被解押赴俄，鐵道工人罷工抗議。

華沙電臺報導，波共領袖戈慕卡赴俄會談。

東德共黨宣佈取消政治教育。

十一月十五日（星期四）

蘇俄再度揚言派「志願軍」赴埃，埃及表示將正式向俄呼籲。

蘇俄拒絕聯合國視察人員入匈。

匈總理卡達爾向工人屈服，同意自由選擧，並促納奇再任總理。

狄托談話透露蘇俄內鬨甚烈，否認匈波兩國反俄起義係彼造成。

艾登告瑞士政府，英國不贊成此時擧行高階層會議。

十一月十六日（星期五）

蔣總統主持國軍年終校閱大典。

哈瑪紹抵開羅，國際部隊續運赴埃。

布加寧函英法以三國，反對國際駐軍運河，要求三國賠埃損失。

十一月十七日（星期六）

聯大通過美建議，本屆大會不討論共匪入會問題。

美國務院發言人稱，北越發生抗暴運動，起義人民會獲若干共軍支持。

哈瑪紹與納塞擧行談判。

蘇俄提全面裁軍計劃，建議召開五國高層會議。

十一月十八日（星期日）

俄軍廿師開入匈境增援。

中央日報消息，康藏人民發生武裝抗暴運動。

哈瑪紹與納塞會談結束，飛離開羅。

蘇俄宣佈試爆新核子武器。

俄波共酋會談結束，公報表示支持埃及。

十一月十九日（星期一）

蔣總統發表談話，維護世界持久和平，必先消除大陸共匪政權。

埃軍繼續射擊，英法向聯合國抗議，埃政府聲言，如戰事再起，埃即接受「志願軍」。

以色列駁斥蘇俄照會，拒絕予埃賠償。

波俄簽訂協定，准俄駐軍波蘭。

蘇俄眞理報警告狄托，勿干涉外國共黨內政。

十一月二十日（星期二）

美向聯大提出確據，證明蘇俄押解匈人出境。

南斯拉夫軍隊開抵匈國邊界，俄軍繼續源源進入匈境。

戈慕卡返波，波人抗議示威。

南前副總理吉拉斯被捕。

塞港聯合國觀察員調查埃軍射擊事件。

埃及外長聲言續向共黨國家購買軍火。

北大西洋盟軍統帥葛倫瑟辭職，由諾斯達接任。

匈牙利工人總罷工，反共學生佔領鈾鑛。

十一月廿一日（星期三）

國際軍開抵塞得港。哈瑪紹促英法以說明撤軍計劃。

敘利亞宣佈廢止與英法所訂合同。

十一月廿二日（星期四）

聯大通過古巴提案，令俄停止放逐匈人。

英法以通知聯合國正在埃及撤軍。

莫洛托夫出任監察部長。

十一月廿三日（星期五）

立法院以二二三對二〇五票同意蔡屛藩任審計長。

塞得港英法聯軍開始撤退。

納奇於離南大使館後被逮捕，南國向匈抗議。

「自由中國」的宗旨

第一、我們要向全國國民宣傳自由與民主的真實價值，並且要督促政府（各級的政府），切實改革政治經濟，努力建立自由民主的社會。

第二、我們要支持並督促政府用種種力量抵抗共產黨鐵幕之下剝奪一切自由的極權政治，不讓他擴張他的勢力範圍。

第三、我們要盡我們的努力，援助淪陷區域的同胞，幫助他們早日恢復自由。

第四、我們的最後目標是要使整個中華民國成為自由的中國。

社論

(一)

從波匈抗暴看特務政治的毀滅

特務政治，它本身就含有自我毀滅的種子。這句話，是近年來權威的政治學家，尤其是對蘇俄問題有深刻研究的專家們所獲致的結論。

這一結論，不像我們所常常聽到的那些膚淺幼稚的一相情願，而確是眞理。波匈抗暴事件接二連三地發生，正是這個眞理的證明。

特務，是俄國的特產。在帝俄時代，沙皇的淫威就是以特務爲爪牙。前一輩的俄國人對於特務是恨透了的。所以在革命時期，消滅特務組織，成爲當時共產黨最流行最響亮的口號之一。這一口號，對於推翻沙皇統治，無疑地發生了很大力量。可是當共產黨奪取政權以後，由於黨的特質與沙皇的統治有其共[illegible]所以共黨政權不僅不能取消特務，而且還要把特務組織更加擴大，更加強化。起先有所謂「全俄特別委員會」的組織，這一組織的簡稱爲 Cheka。後來經過幾次改變，由 Cheka 而G·P·U。而O·G·P·U。而N·K·V·D。而M·V·D·與其雙生的M·G·B。這些幾經更名的特務組織，到了史達林宰掉了雅谷達，把特務頭子的任務交給他的親信貝里亞以後，規模更加龐大，滲透也更加深廣。

史達林時代，以貝里亞爲首的特務組織，人數在一百萬以上（不屬於這個組織而只替它做情報工作的人員不算），其中有六十萬人組成了最精銳的武裝部隊。他們有自己的軍官，不屬於紅軍系統；有大砲、有坦克、也有飛機。這一百多萬特務所偵察、所監督、所控制的對象，不僅是人民，而且包括共產黨員在內；不僅是黨員，而且包括政府的各級官吏，乃至包括與史達林同等地位的顯要人物；不僅如此，卽正規軍隊，上自司令下至士兵，也是特務工作的對象。人民之被屠殺、被放逐、被送進集中營、被驅作奴工，都是特務幹的；幾次大整肅、淸黨、肅軍，殺掉許許多多赫赫有名的大人物，也是特務幹的。在蘇俄本國是如此，在其附庸國也是這樣。總而言之，史達林的淫威，在國內以及在附庸國家，都是靠貝里亞指揮下的一百多萬鬼影幢幢的特務來支持。

爲着國家安全或社會治安，特務也許是不可免的。但是，一個政權，專靠特務來支持，以特務控制人民，以特務對付政敵，甚至以特務的報告來判定文武百官的「忠貞」與否而加以生殺予奪，這樣的政權，畢竟是不能長久的。不錯，波、匈抗暴事件的連續發生，是在史達林已死、貝里亞被殺、特務組織失掉領導以後，但在邏輯上，我們決不可就以此來推斷貝里亞如不被殺，蘇俄特務組織仍可繼續保持其威力，因而附庸國的反俄事件也就無從發生。現在，爲要證明特務政治的本身孕育着自我毀滅的種子，我們必須從貝里亞之必然被殺說起。

儘管蘇俄是鐵幕國家，各方面的眞相，外面人很難全盤知道，但特務政治在鐵幕裏面釀成的後果，研究蘇俄問題的專家們經常可從「自由俄聯」或歐洲其他方面得到若干資料。據專家們研究所得，在史達林晚年，特務政治的後果，足以毀滅特務政治本身的至少有下列幾項：

一、黨政方面的重要人物，儘管據有高位，並在某一方面握有很大的權力——也正因爲在某方面握有權力，經常有惴惴不安之感。

二、在各種生產部門工作的人員，包括共產黨員在內，雖不敢對特務有何積極反抗，但消極的怠工現象，則很普遍，以致影響生產，使所謂「共產主義的經濟」一天困難一天。

三、「階級消滅的一天，就是國家枯萎的時候」，這是蘇俄人民聽慣了的共產黨傳統的論調；同時史達林也一再自豪地說過，蘇俄已完成了共產主義，消滅了階級敵人。於是大家就會想到，既然如此，爲甚麼還要保有假國家之名而無孔不入的特務勢力呢？尤其是知識分子很普遍地感到憤恨。至於克里姆林宮所說的「資本主義國家的威脅尙存在」的謊言，經過第二次世界大戰，已不能叫人相信了。

四、軍隊既然也是特務的工作對象，軍隊之恨特務也是理所當然。

以上都是在史達林晚年已經表面化了的現象。所以史達林一死，蘇俄政局發生一連串不平常的事件：由於上述第一點，就有所謂集體領導代替個人獨裁，以謀相互的安全；由於第二點，政府對於人民的控制，在某些方面也稍稍放寬，以提高人民的工作情緒；由於第三第四及其他各點，偕大勢力的特務頭子貝里亞終於被殺。由此我們可以知道，特務頭子之被殺，循至於特務政治的毀滅，是蘇俄式特務制度本身的必然結果。

貝里亞被殺後，蘇俄的特務勢力，尤其是在附庸國的勢力，失掉了靠山。特務失掉了靠山，他們自己也會人人自危，從而也就無法控制別人了。於是只要有點星星之火，就可很快地成爲燎原之勢。前此波蘭事件與最近匈牙利事件都是這樣起來的。到這時，原爲人民所怕的特務，反過來要怕人民了。在匈牙利抗暴運動中，布達佩斯的街頭巷尾到處貼着「殺特務、趕俄人！」的標語。當時蘇俄的眞理報也刊有匈牙利人殺特務的照片，藉以向其國人宣傳匈牙利人的殘暴。其實蘇俄這一宣傳，其效果將會與它所希望的恰恰相反，因爲蘇俄人民之痛恨特務，也許比匈牙利人更深。

人民痛恨特務的例證，在波茲南事件的審判記錄中，有一段原爲特務者的供詞。這段供詞，陳述他聽到老百姓痛恨特務、暗地裏殺害特務之後，趕快設法脫離，不料脫離特務以後，任何地方都找不到工作。他不僅備嘗失業窮困的痛苦，而且受盡了人間冷落。後來，有一工廠準備僱用他，但經該廠工頭一查，查出他曾經做過特務，於是又不用他。而這位工頭，還是一位共產黨員哩！其實，做特務的也是人，有血、有肉、有良心；問題是在那種便於作惡的特務制度害了他。

目前，因爲蘇俄軍隊大量地開進匈境，那裏如火如荼的革命運動暫時被抑制下來。但我們相信，這不是事件的了結。已經動起來了的東歐人民，終會由間歇性的「殺特務、驅俄人！」的運動，達到國家獨立、人民自由的最後目的。據外電報導，不安的現象在東歐附庸國家，除捷克以外，正在普遍地開展。卽在蘇俄本國，也以莫斯科大學爲中心，露出了對政府憤恨的徵兆。照這個趨勢發展下去，我們可以相信一位美國名記者同時又是蘇俄問題專家達鄰 (David J. Dallin) 在「蘇聯眞相」中所寫的一段話：

「許多觀察者和許多俄國的共產黨員已不止一次地預料軍隊會和特務(MVD)發生衝突，甚至在戰時也聽到這種預測。可是到現在爲止，這類的預測都是無稽之談。但是，如果第一道春天的陽光照在嚴寒的地上，由於軍民合作，首先倒下來的堡壘，將不是黨，甚至也不是集體農場，而是一個以殘忍、奴役、和死亡著名的無比威嚴的機構——特務組織。」

這段話，現在眞的已在開始實現了。同時，我們再證以上面講過的專家們對特務政治所下的結論——特務政治的本身含有自殺的種子，我們不無理由可以希望自由世界反共的目的，不必藉第三次世界大戰來達成。因爲共黨政權靠的是特務組織；特務組織倒了下來，共黨政權也就無以自保了。

我們對於東歐事件獲得這樣一個結論，就我們自由中國來講，並不是意味着我們可以放棄軍事上反攻的準備，坐待共黨集團發生內變。但是，這一結論卻告訴我們不要一味地期待第三次大戰來解決我們的問題。而今而後，我們也應該在政治方面多做些符合民主精神，保障人民自由權利的事體，以維繫並增强大陸人民對我政府的信賴，從而鼓舞他們在其他附庸國人民羣起抗暴的運動當中，也能够配合地乘機行動起來，東西呼應，以達成我們反共復國的目的。這豈不是最理想的嗎？最近越南北部的人民也發生了局部的反共運動，越南總統吳廷琰接着就說出這樣自豪的話：「我們不須戰爭卽可以推翻北越共黨政權」。我們希望，我們自由中國的政府也當有此信心：深信卽令沒有第三次大戰，我們也可以民主自由的政治力量，瓦解大陸極權奴役的政權，重建一個現代化的獨立而民主的中華民國。

社論

希望於我們的人民代表們 (二)

在民主政治的體制之下，人民不能個個來行使他的權力，於是乃有代議士的制度產生，由人民選出代表，代替他們自己來行使對政府監督、指導、決定政策與制訂法案之權。大至於有關世界、國家的大事，小至於人民日常生活衣、食、住、行的問題，作爲人民代表的代議士均有權過問。以中央政府的制度來講，中央行政部門是要向全國性的立法機構負責，推而至於地方政府，一切有關民衆權益的行政措施，也同樣要得到地方民意機關的同意。因此，民主政治之能否達到健全的地步，是否能澈底實現，是要看民意機關是否能善用其權力與發揮其權力以爲斷。我們今天是在學習民主政治，就必須從這一個根本的地方起做好；如其不然，只將澈底實現民主政治的責任屬望於行政當局，那不僅有背民主政治的原則，實際上也是不可能做到的。

近年以來，我們政府雖早已完成憲法之治的體制，臺灣省也早已實行地方自治，然而據我們旁觀默察，老實不客氣地說，無論是在中央或地方，我們的民意代表們實在是沒有盡到他們應盡的責任。競選的時候，無一個不是向選民表示其決心爲選民謀福利，一等到競選成功，坐上了人民代表的席位，除了私人權益的圖謀之外，好像與選民已不相關，漫說關心到政府一切與人民權益有關的措施，卽是例行的會議也不熱心出席參加。我們只看那些民意機關開會的情形，寥若晨星的出席人數，遲到早退的習慣，似乎大家都已視若故常，毫不足怪。身受人民負託之重，而且還拿着人民所付給的「俸祿」，難道他本人還有其他比參加所屬民意機關的會議更重要的事嗎？除了是不負責任，有虧職守之外，我們實在找不出其他更合適的解釋。

據我們的了解，在中央民意機構中，那些不多參加會議的委員們，大概是有下述兩個原因：有一種人是認爲凡他個人所不感興趣、或非他所參加的委員會所屬的議案，卽無出席之必要，所以通常的會議，他是不出席的；另外一種人，則是根本抱持一種消極的態度，他的意志既不能自由發揮，隨聲附和更非所願，於是便產生了「國家事，管他娘」的心理，樂得拿錢吃飯，逍遙自在。這兩種人雖然也有其值得諒解的地方；但是就對選民的責任來講，究竟是不應當的。人民代表的職責就是代表選民出席會議，發表意見，參加表決，絕不應由個人興趣去決定出席與否。至於自由意志之發揮與民意之眞確反應，雖然有時不免於形格勢禁；但是站在人民代表的崗位上，只有努力去爭取，却決不可因有阻力而遽抱消極的態度。須知一個人的消極與不盡責任，卽是若干選民的權益失掉了保障，這是千萬要不得的。如果我們的民意機關還不能積極的培養和發揮民主政治的精神，那麼我們的民主政治將永無澈底實現之一日。

再從地方民意機關的情形來看，那種遲到早退，不守時開會，以及出席人數稀少的現象，更是人所共見的事實。過去有某些縣市議會，也曾自己感覺得太不像話，於是曾議定自動整肅的辦法，如對不守時的議員予以警告，或公佈名單之類，但結果並無效力，這些先生們當日競選的那股熱情，不知道到那裏去了。他們所最感興趣的，只有那些甚麼「聯誼會」、「考察團」以及酒家請客與說情送禮之類的事，從而民意機關的風氣也就不免日趨敗壞。據最近報載，臺北縣政府為酬謝縣議員的辛勞，特製匾額若干方分送各議員，共費臺幣三萬元，此款由民政、教育、社會三局經費項下開支。這眞是民主政治中的怪現象！臺北縣政府的荒唐，已經令人難以想像，我們眞不知道那些議員們又如何能毫不考慮的接受這份禮物？這種由省、市、縣政府贈送禮物——如鋼筆、手錶之類——給議員們的辦法，過去曾數見不鮮，後來經輿論指責，省政府似曾下令糾正，不圖又於今日見此怪事，眞令人有啼笑皆非之感。

在今天臺灣省、市、縣政府與省、市、縣議會之間，還流行一種極為錯誤的觀念，卽是所謂「府會一家」，不知這究竟是誰的發明？府會既然變成一家，那麼又何必有府會的分別組織？在這一個美麗的口號之下，府會之間的交誼固然已經做到精誠合作的地步，可是選民所賦予議員們應盡的監督政府的責任，也就無形中打了最大的折扣。例如最近公路汽車加價，此種有關人民權益的措施，事先省府既未向省議會徵詢同意，事後也沒有聽到省議會有人提出質詢，這大概應算是「府會一家」最好的說明了。總之，府會「合作」愈密切，選民的意見便愈難以發揮，選民的權益便愈無保障。我們澈底實現民主政治的希望，很可能在這一個口號中被斷送得一乾二淨，無怪乎臺灣省政府會大膽的制訂所謂「縣市議會開會期間政府派員輔導辦法」，公開通令施行，而我們的縣市議會也公然認為理所當然，毫無反對「輔導」的表示。誠然我們今天是學習民主，既稱「學習」，當然需要「輔導」，但這並不是「訓政」時期，政府是以「諸葛亮」自居，而視人民為「阿斗」。今天的學習，是人民固然要學習，議員要學習，政府也同樣要學習。難道說政府所「派」之「員」都是有高度民主政治素養的人，足以有為人師表的資格，因而縣市議會便不能不接受其「輔導」嗎？這也可算是我們今天學習民主政治當中的怪現象之一。

凡上所述，已使我們深深的感覺到，在當前作為我們民主政治體制中的最重要的一環——民意機關——實在是太不够健全的了。各級民意機關中的人民代表們，都沒有盡到他們所應盡的責任，他們似乎已經忘記了他們是選民選出來的代表，而把議席當作了官位，甚至還有些人利用這個地位去達到求財取利的目的，其心更不可問。這樣下去，我們民主政治的前途確是太可悲了。為此，我們不得不向我們各級民意機關的委員、議員們作嚴正而緊急的呼籲。

首先，我們希望人民代表，要認清本身職責的重要，這一個重要性是超過他本人所兼任或兼辦的任何工作；因此，在會議期間必須按時出席，按時退席，既不應以其他的事務就誤了出席會議的時間，也不應就個人的興趣作為出席與否的選擇標準。如果是因為意志不能自由發揮而感到苦悶，那麼只有兩條路可以選擇：一是積極的爭取；二是辭去這個職務；尸位素餐的消極主義者，或以不出席來表示抗議，那都不是合理的辦法，因為他在責任上對選民沒有交代。

第二，我們希望我們的人民代表們，應該盡量將時間花費到研究的工夫上去，舉凡一切庶政設施的問題，都須從搜集資料，詳加研究中去求得澈底的了解，然後才能在質詢、審查、討論的當中抓住要點，發抒卓見；那些在會議場中含糊籠統，偶然想到的見解，對於任何問題的認識與解決均將毫無作用。我們每每能聽到有些委員、議員在會場中以慷慨激昂的姿態而發出淺薄可笑的言論，那都是十足的表現其缺乏研究的工夫。

第三，我們希望我們的人民代表們要認清你們的職責是為民謀福利，是站在人民的一邊去執行其監督政府的任務。因此，所謂「府會一家」的觀念是根本錯誤的，必須澈底糾正。民意機關雖然並不是要遇事與政府為難才算盡職；但必須保持其超然的立場。如果「府會」變成「一家」，行政的首長原來就是民選的，那又何必要多此一民選的機構，至於臺灣省政府所訂的那個「縣市議會開會時派員輔導辦法」，更是違背了民主政治的原則，應予從速公佈廢止；各縣市議會也應該予以拒絕採用。

第四，關於我們的人民代表們的操守如何，也是使我們不能不至表關切的問題。因為從報章上的報導與我們所耳聞的消息，確實有某些人的操守是值得懷疑的。過去曾經有立法委員、監察委員、省市縣級的議員牽涉在貪污或走私案件中，或被除名，或經法辦，這都是人所共聞共知的事實。其未被發現的，自然不能說沒有。我們選民固有檢舉之責，我們更希望各級民意機關要自動的加以整肅，不要讓那些貪污不法之徒存在於我們神聖莊嚴的議壇之中！

上述四點，道理雖極尋常，然而如果我們各級的人民代表們都能做到，相信我們的民意機關必能很迅速的健全起來，克盡其發抒民意、監督政府之職責，以促進民主政治之澈底實現。我們的人民代表，請你們每個人捫心自問一番，是否有一於此？是否應該從速自動改正，以無負選民對你們的付託和期望？

史家的靈感

——兼論陶恩培的治學經驗

張致遠

一　史家的思想角度

吉朋在寫完他的「羅馬帝國的衰亡」以後又寫了一部自傳，這本自傳由於文體雅潔至今成爲英國文學的名著。陶恩培在他的「歷史研究」第十冊，全書第十三篇裏敍述他個人如何研究歷史，與寫作「歷史研究」的經驗。他的博學與修養使他對於歷史觀與方法論具有高明深遠的見解，爲常人所望塵莫及。

爲什麼人們研究歷史？爲什麼他自己從小就讀歷史，並且化了三十年功夫寫這部畢生大著？對於這個問題每一個史家有他自己的答案，各人會說出各人的經驗來。陶恩培認爲史家，正如任何人那樣，有他的人生的目的，這是「一種神召，思索祂，尋求祂」。(Acts, XVII, 27)

第二個問題，「歷史的意義是什麼？」陶恩培又從他自己的經驗說，歷史是神的啟示，神在想接近祂的純潔心靈裏的顯示，這個幻覺雖然暗澹，却是畢眞的。歷史學者的穎悟和數學家、物理學家、詩人、先知同樣有他們特殊的角度。陶恩培指出歷史思想能產生六度時空，除了相對論的四度時空外，尙有五度的生命——時——空 Life-Time-Space，最後則爲聖靈所提示的第六度，由於精神自由的覺悟與運用人類心靈在接近與違離造物之間擺動。

二　歷史事實的吸引——感受與好奇

歷史既係在行動的神的創造，我們就不難想像歷史經驗在史家心裏的精神意義，它是活的，有生命的，從神的源泉到神的終極目的。人類思想天生能攝取歷史的印象，但歷史變遷有時平靜，有時動盪，因此印象的強弱須視個人的歷史環境而有差異，例如，南北戰爭時代美國南方長大的兒童要比北方更富於歷史想像，經過普法戰爭與巴黎市團叛變的法國青年，較諸同時在英、比、瑞士等國的人民能有更深刻的歷史感。社會環境的刺激往往是史家靈感的淵源，自然也有它的限度。

從他的感受到好奇心理的激發正如陰之於陽，從消極變成積極，使歷史研究具有創制精神，眞能行動，走向海濶天涯的發現航程。沒有創造的好奇心理的激盪，宏偉的歷史遺留祇是啞吧，寂然無聲，要有慧眼才能洞識它們的生命。

創造的火花也得經過一次挑戰與反應，這個眞理我們可由近代西方學者伏爾納（Volney）身上獲得證實。他生長在法國，曾在一七八三——五年間遊歷回敎世界。從人類文化史的立場來說，法國站在世界的邊緣，要等到漢尼巴爾戰爭(公元前二一八——二〇一年)才有文化潮流的波及，他所遊歷的世界要比高盧的歷史早了三四千年。近東和中東滿是古代文化的遺跡，但它們對於人類生活的意義要由這位西方學者的好奇心理加以揭發（參看 Volney C. F.: Les Ruins, ou Meditation sur les Révolutions des Empires, Chaps 1 and 2)，並在一七九八年拿破崙遠征軍中所帶的法國學者身上獲得豐盈果實。

金字塔開闢了四千年歷史的新視線，法國學者替近代西方社會發現一個新的歷史研究的領域。近代的黎明曾經產生希臘文化的文藝復興，這是由於希臘與拉丁文學的鑽研。一七九八年以後象形文字與楔行文字漸次獲得解釋，西方學者的視線並且轉移到回教社會的阿剌伯與波斯文學，中國的漢學，印度的梵文，他們現在不以希伯萊文爲滿足，並且進一步研究祆教經文。這些都是空前的成就，需要最大努力才能探究這許多古代語文與文化。一七九八年西方學者對於埃及文化的發現確係偉大的創舉，要比十四、十五世紀的歐洲文藝復興更有意義。現在已經有十一個文化重新復活，引起學術研究的熱情。從陶恩培出生到今天(將近六十幾年)也有了四個文化的發現——殷商文化——印度斯文化——赫泰與米諾文化——並且學者對於其他文化的知識也眞是有增無已。同時一般人士對於考古學的興趣日益濃厚。一九二二年十一月四日吐登赫門（Tutankhamen）墳墓的發現簡直轟動一時。一九二四年以後陸續出版的劍橋古代史的頭幾部，使過去被人遺忘，新近由考古家加以確切闡明的古代歷史，又能引起一般讀者的活潑興趣。希臘拉丁雖不再是人文敎育的基本課程，但在大學學習古典文學的青年並不見得減少。

陶恩培的考古旨趣係由希里曼（Schlieman）的燦爛成績所激動，希里曼對他自己驚奇動人的生活環境所引起的反應，使這個在溫徹斯特（Winchester）學院研讀荷馬史詩的青年發生無限仰慕的熱情（參看 Toynbee, A Study of History X, 13)。發掘特羅伊古城與邁西尼寶藏的考古家，由於他父親講述滂貝的發掘與特羅伊戰爭的故事大爲感動，從他的神遊冥想轉向地中海與世界史的研究範圍。希里曼醉心荷馬史詩及其發掘的成功對於少年陶恩培的心靈留下了深刻印象。剛在九歲的時候他開始閱讀四部古代民族的歷史（Ancient Egypt; Assyria; Media, Babylonia, and Persia; The Saracens)。這些都在 Fisher Unwin 主編的 The Story of the Nations 叢書裏。最幸運的是他有一個學歷史的母親，因此他的歷史興趣啓發很早。他的天眞的問語充分表現他的好奇心理的活躍。在中學時他已追縱希羅多德斯的遊與與經驗，在大學他愛讀斯文赫丁，斯坦因，馬可波羅的遊記與著作。畢業後就在羅馬與雅典的英國考古學院從事學術研究。一九一九年陶恩培曾經參加巴黎和會英國代表團，對土耳其問題貢獻意見。第一次與第二次大戰中間他也受過 C. G. Yung 的影響，研究心理。在二次大戰後進入經濟問題與商業循環的學理研究，並對歷史上法則與自由的關係有所闡明。到了一九五二年(他的六十四歲)寫完「歷史的研究」，他又在計劃新的工作。關於這一點陶恩培以格羅特 (Grote) 與布瑞斯 (Bryce) 爲他個人的模範。格羅特在寫畢他的希臘史第十二冊時，就着手進行兩部關於柏拉圖和亞里士多德的著作。布瑞斯寫他的「近代民主政治」時已逾八十高齡。

除了學習阿剌伯文，土耳其文，及波斯文以外，自一九二四年起陶恩培還替皇家國際關係研究所撰寫國際政治年鑑 (Survey of International Affairs)。他在一九二七年已經開始有系統地蒐集「歷史研究」的材料，並自一九三〇年起和年鑑交換地寫作。從他在溫徹斯特時期(一九〇二——七年)奠定希臘拉丁文學根基以後，就有野心學習回教世界的古代文字。他的足跡遍及中東與遠東的歷史名勝，經過幾十年的學習，遊歷，與寫作，他依舊精神充沛，與趣蓬勃，對於人類文化的普遍探討尤能孜孜不倦地熱心進行。

沒有好奇心理不易成爲史家，這是因爲靜的感受不能變成動的思想，對於人類不會發生意義。好奇心理所以能有價値就因爲它能發揮力量，能有更高的創造。如果它在眞空中打轉，那就會使心靈趨於貧瘠，甚至窒息創造的精力，不能使歷史家的精神思想開花結實。陶恩培批評西方敎育的考試制度，他認爲敎育應該培養積極的生活，考試的層層壓迫會束縛青年思想。學者應有行動的學術生命，努力向創造方面發展，不要閉門造車，自以爲滿肚子學問，最後却把食而不化的知識帶進墳墓裏去。創作必須經過一番艱苦，學術的意義就在苦盡甘來的一線光明。在人類學問不斷擴展的無邊大洋裏，個人生命所能貢獻的祇是一滴清水。不從事研究與創作的人脫不了驕傲，疏忽，與懶惰的惡習，這是大家應該引爲警惕的。

從但丁以後西方學者總是在想解決一個不能解決的問題，他們在對小而又小的問題要想知道多而又多 (to know more and more about less and less)。這和浮士德要想知道一切，結果發現自己一無所知的情形同樣有毛病，並且更加不切實際。浮士德事實上把自己禁閉起來，不會向窗外眺望。近代科學的高深研究證明無窮的細微和無窮的廣大同樣複雜。經過一九〇〇——一九一一年他的青年時期的連續考試，陶恩培對於這種制度表示十分厭倦，一九一一年他就立即從事羅馬雅典的學術旅行，藉以滿足他的求知慾望，積極展開他的一生研究計劃。最近幾年來他把寫作當做日常主要工作，閱讀與旅行成爲蒐集材料的準備工作。他能不拘成規，有所自拔，這是根據一個明顯的眞理：生命是行動 (Life is Action)。行動或創造能給無止境的好奇心理一個節制，這樣生命和精力就不至於散漫無紀。浮士德最後對於行動的渴望是可以慶幸的。傳曰：「太初有道」這就使我停滯！誰能助我前進？……聖靈助我，驟然我聆悉箴言，自慰地寫道：「太初有行」。

從太初有道變成了實踐，這是創造的生命的眞實意義。不是行動的生命就要失敗。這是神召，是造物的賜與。先知，詩人，與學者都擁有行動的精神使命，並且眞是影響深遠。

三　研究歷史事實關係的衝動

我們已經說過，史家的消極的感受必須變成對於歷史事實的積極興趣，他又必須駕御漫無止境的好奇心理，使其成爲有目的的創造。他不僅須具有要想知道歷史事實的慾望，並且能給它們意義；這種做學問的態度包括幾個不同的階段，因爲事實意義可能在它們的相互關係，也可能在內部本身的關係，以及藏匿在事實背後的意義。這種追求最後是在歷史裏神的行動的顯示；並且這裏第一步思想程序幾乎就是摸索，要想瞭解歷史事實如何互相連繫，以及對於明顯矛盾與具有挑戰性質的現象的考證態度。陶恩培幼年曾讀 Z. A. Ragozin 著的「米提、巴比倫、與波斯」(Media, Babylon, and Persia) 時，已經在找尋波斯民族登世界政治舞臺的前後線索，並和 S. G. W. Benjamin 寫的「波斯」(Persia)(同一叢書內)互相比較以後，發現了矛盾，他感覺驚異與失望，五十三年後當他寫完歷史研究時，這個記憶還是活躍着。這件事同時也就告訴他，學術權威並非絕對的；他開始領悟歷史的智慧，發現歷史事實的矛盾能引起學者的懷疑精神與考證工作。另一方面對於歷史事實關係的直覺也能產生正面的解釋。我們在時空距離遼遠的遺物裏能够發現文化的類似因素，例如，公元後一四三九年意大利藝術家 Vitore Pisano 爲東羅馬君主 John Palaiologhos 所鑄的銅質奬章，和 Piero della Francesca 畫在 San Francesco at Arezzo 敎堂壁畫中的同一君主，頭上均戴有埃及的雙重王冠 (Egyptian Double Crown)，這是公元前三一〇〇年 Narmer 統一上下埃及後埃及的王冠和國徽。可是這個尼羅河上古代的神聖標幟怎麼會在四千五百年後博斯福拉斯河上東羅馬君主頭上復現？歷史家的想像認爲在信基督敎前的羅馬君主曾經有這個野心，要想承繼古代埃及的傳統，也許採用這個象徵的標幟，後來就從舊羅馬傳到新羅馬去了。

這種例子不勝枚擧，但必須謹愼運用，不能過於猜想，否則就容易牽强附會。概括地說，問題的核心是，「這個怎麼會從那個產生?」'How did this come out of that?' 與「那個怎麼會變成這個?」'And how did that turn into this?' 這是每一個史家心裏所必須擁有的。這些問題的發生普通由於兩種原因。

1.由於社會環境所激動

我們如果分析幾位大史家的傑作，就會發現他們的社會環境是他們研究歷史的動機，也眞可以說是挑戰與反應。在人類文化史上戰爭往往是社會變遷的顯著原因，大家會追問，戰後的情況怎樣從戰前狀態產生。五位史家會經有過同樣的經驗與靈感，英國內戰 (1642-47 A. D.) 對於克拉倫敦 (Clarendon)，茹斯丁尼戰爭之於普羅可披斯 (Procopius)，羅馬——猶太戰爭 (A. D. 66-70) 之於約瑟夫斯 (Josephus)，雅典——伯羅奔尼斯戰爭對於修西提提斯，美國南北戰爭對於羅滋 (James Ford Rhodes)。他們都是親自經歷一次戰爭，不論積極參與或敏銳地旁觀，並且眞能認識其中意義，立志寫成歷史大著。同時他們察覺人類社會的革命性的變遷要比戰爭更爲重要。克拉倫敦的中心題旨係英國傳統憲法的演進，他的觀點可能有偏見，他却洞識英國內戰的意義是憲法的。修西提提斯的主題是一個自由繁榮的文化被破壞的悲劇，約瑟夫斯關心敍利亞與希臘文化的悠久衝突，普羅可披斯在問羅馬人戰勝汪達爾人與東哥斯人的原因，他指出茹斯丁尼之以希臘文化爲前提和 Belisarius 的武功同樣重要。羅滋認爲美國南方的奴隸制度，使他們和北部西部逐漸隔離。

再如坡烈皮埃斯 (Polybius) 寫他的世界史的動機係根據當時希臘世界的政治革命。這個革命怎樣產生？征服世界的羅馬民族究竟是怎麼樣的人？歷史研究的範圍應該如何？羅馬人心裏要想實施的政策是什麼？在他們手裏的軍事與經濟資源又是什麼？希臘世界在他生時的實際統一引發這位史家的視線，注意歷史的延續性，普遍性，與整一性。

「歷史著者與讀者均應全力注意事實的前因後果以及同時的相互關係。如果把一件經過的『爲何』，『如何』，『從何發生』及其所發生的影響從歷史裏除去，那末歷史就不成其爲科學，祇是任人喜悅的一般作品，對於後世毫無裨補。」(Polybius, Oecumenical History, Book III, Chap. 31)

坡烈皮埃斯在他的世界史裏曾經提及，從歷史專著要想獲得世界史的形態學的全貌是不可能的。他認爲祇研究西西利與西班牙的專實經過，不能認識它們本身的意義。這些變遷必須由羅馬帝國統治世界的偉大成就去找解釋。這也就是他爲什麼要寫世界史的答覆。(Polybius, op. cit., Book VIII, Chap. 2)

拉希埃丁 (Rashid-ad-Din) 在伊兒汗國所寫的波斯文史記（原名歷史全集 Jami-al-Tawārikh, A Comprehensive Collection of Histories)，亦由廣泛的立場檢討敍利亞社會怎樣遭遇蒙古人的入侵，並以世界史的觀點敍述蒙古人之征服世界。「這個人類歷史的空前動盪怎樣會產生的呢？」「這個在我們時代征服世界的民族究竟是些什麼人？」「什麼是歷史研究的適當範圍？」依照拉希埃丁的自述，他自動地研究歷史，但他的寫作歷史確係接受蒙古大汗的指示。他的史記詳述這個橫跨歐亞兩洲的遊牧民族的歷史，以整個世界歷史與地理做他的研究對象。這位波斯史家的根本問題是，「什麼變遷程序會使全世界在五十五年時間內服屬於蒙古統治之下？」他在史記的序言裏說：

「每一個新宗教或新帝國的興起形成一個顯著的新時代。什麼專情還能比成吉思汗王朝的肇興更值得紀念，或更是一個新紀元？事實是，在沒有多少年之內這個君主征服世界各地的許多王國並且消滅一羣沒有君主統治的人民。當這個世界帝國的統治加到成吉思汗和他的傑出的後裔身上時，所有世界各國——金、宋、契丹、印度、Transoxania，土耳其斯坦、敍利亞、盧姆(Rūm)，阿朗族 (the Alans)，俄國人，Circassians, Quipchāq, Kalār, the Bashkiss，換句話說，四海之內均已臣服？……成吉思汗給了全世界同一形態，同樣的感覺。」(Rashid-ad-Din, Jami, Quatremère's translation, pp. 60-63) 這個世界大事的劃時代的革命促使這位史家又引起兩個問題：「誰是這般統治世界的主人？」「他們征服的是什麼世界？」這些也就是他寫蒙古史（專史）與世界史的根本動機。他寫歷史的目的是要使蒙古王朝的大事不至於淹沒無聞。至於材料的蒐集與運用那就更值得我們注意。他在序言裏寫着：

「一部蒙古文的可靠的舊記已經寫就，並且陸續寫到現在，這部舊記藏在伊兒汗的檔案庫裏；可是這書沒有次序，也沒有方法；這是隔離的，不完整的散篇；任何學者不能有機會閱讀，或加以利用……

「大汗有這個意思，要想把國家檔案集合起來，加以整理，著者奉命蒐集有關土耳其民族和蒙古民族接觸的來歷與年代，並以波斯文記載這些民族的歷史，運用大汗檔案庫，各地蒙古總督，以及伊兒汗宮廷的史料記載。」

拉希埃丁的蒙古史 (Tarikh-i-Ghazani) 在一三〇六年完成，共四大本，頭三本敍述敍利亞社會與文化，第四本開闢了新園地，把土耳其、中國、以色列，法蘭克、及印度歷史都放了進去。拉希埃丁在心理與思想上較一般回敎徒高出一籌，他能客觀兼容，對非回敎世界的學術研究能有尊敬與同情心理。根據拉希埃丁同時的一個神學家 (Nasir-ad-Din ab-Baydāwai) 的記載，當他寫契丹一段歷史的時候，他會經請教宮廷裏的兩位中國學者——Li Tachi 與 Mak Sun——他們都是遠東藥物，天文，及歷史的權威，並且攜有很多中國書籍。由於他們的介紹拉希埃丁對於中國歷史的敍述就根據一部由三個佛教僧侶所寫的節略，他的兩位中國顧問證明，這部書係中國士大夫所認爲極有價值的著作。

社會環境使拉希埃丁從一個蒙古——波斯——回敎史家進而爲世界史的偉大作家，這是因爲在當時伊兒汗國的宮廷裏各種宗敎與文化會萃一堂。蒙古帝國的版圖從高麗到幼發拉底斯，從伏爾加到緬甸，拉希埃丁歷史記載中的國家和人民令人回想希羅多德斯的波斯戰爭史。大家都在追問，「由於武功形成的政治一統的世界究竟是怎樣一個世界？」爲着尋求一個答案，他們獲得同樣的結論，認爲這樣一個歷史研究的範圍必須是人類有文化以來的世界史。希臘——波斯戰爭在他的目光裏不僅是政治衝突，而是文化的接觸，這就使他研究了五個古代文化。拉希埃丁在他的三本蒙古史以外又增添了五本世界歷史與地理（四本歷史、一本地理），希羅多德斯在他敍述戰爭歷史之前加了六本關於東方民族與文化的記載，包括巴比倫、埃及、與赫泰文化。

聖奧古斯丁之寫「天國」(De Civitate Dei) 亦具有類似的情形。他在全書二十二册中的頭五册完全批評原始宗教，這是因爲當時一般無知愚民以爲阿拉里克 (Alaric) 之入侵和意大利所遭受的空前浩刼，係基督教所招來的災禍。奧古斯丁詳述多神教之不合眞理，其後卽以高深理論證實基督教義的偉大精神，闡明永生的意義，尤以最後十二册義理深奧，體大精微，使此兩元論神學史觀的不朽傑作影響一千年西方社會的人生觀與世界觀。

總之，時世促動歷史家的研究旨趣，患難時代可能就是史家的黃金時代。陶恩培誕生於一八八九年，正當他自己說的後期近代西方文化 (Post Modern Age of Western Society) 的開端。十九世紀盡頭西歐民主國家內一般自由思想的中產階級滿以爲西方文化的進步與影響，能引導人類進入普遍理想的境地。世界大戰的發生令人大失所望，不僅看不見天堂，反基督的行爲與瘡夷滿目的情景不能不引起有識見之士的反省。鄂圖曼帝國與哈布斯堡帝國的崩潰對陶恩培很有感想，第二次大戰後領導世界政治的兩大强國根本不在歐洲範圍之內，原子戰爭不僅將有毀滅西方文化之虞，恐怕會把全地球的生命絕跡。這些經驗對於史家是一種挑戰，他對社會環境一定會起反應。由於對歷史現實的懨憎心理他可能傾向精神的發揮，他也可能研究新的世界政治的均勢發展，他又會注意到西方工業文明以其技術，制度，思想，尤其是民族主義，對伊斯蘭，東方正敎會，和其他各種文化的撞擊，甚至他可以研究三十年戰爭以來德國民族的特殊心理發展，或西歐國家由於宗教寬容所產生的基督教精神的鬆弛。

可是陶恩培從小就受西方古典文化的薰陶，對於希臘拉丁文學、歷史、哲學、藝術研究有素，因此不會把基督教文化當做唯一理想的世界，亦不會不把他所生存的近代西方社會的實際環境和他的精神故鄉的希臘社會相連繫。他親眼看到第一次世界大戰爆發後自由思想的前輩的失望，這種經驗使他連想到公元前四七一年戰爭對於修西提提斯所發生的印象。他認爲這兩個日子相距雖有兩千餘年，但在某種意義上像是同時的。二十世紀的兩次大戰在二十年內連續發生，這又使他連想到雅典——伯羅奔尼斯戰爭的悲劇也分開兩幕演出的。最近三百年來西方民族的勢力遍於全世界，由於文化交流的結果以及考古學所發現的赫泰、米諾、印度斯、與殷商文化使這位西方學者察覺，希臘和西方社會不過是二十種文化的二種而已，因而他的求知慾望與範圍就無限地向外擴展，並且私自慶幸這些知識來源的豐盈。有時他感覺西方社會可能步希臘社會的後塵而趨於衰退，因此他就追究文化的衰落與蛻變，以及起源與發展的根本問題。我們可以說有三種精神先驅影響陶恩培的歷史研究：十五世紀的意大利人文主義者，十五世紀葡萄牙與西班牙的航海家，以及十九世紀法國與英國的考古學家。由於上述近代西方精神創造的三大潮流的滙合造成陶恩培一生的偉大貢獻。

2.由於個人經驗得來

若從個人經驗來說，那末吉朋是一個典型的例子。吉朋的生平不能說沒有歷史大事的遭遇，七年戰爭，美國獨立戰爭，法國革命戰爭都是極重要的，但這些社會環境都不是這位史家的精神靈感所自出。「羅馬帝國的衰亡」，這部史學史上偉大不朽的傑作（一七七一年開始寫作，一七八七年完成）純由著者個人的精神思想體會出來。

「這是在十月十五將近黃昏的時候，當我坐着凝視羅馬的神廟，靜聽赤足的托鉢僧在朱必得廟宇內朗誦應答祈禱時，我的歷史的寫作動機開始孕育。」(The Autobiographies of Edward Gibbon, edited by John Murray, pp. 405-6 Memoir D.)

歷史家追求原因的根本問題在這裏就產生最豐富的創造思想。他的感受立刻變成精神財富，有了絕大收穫。

「我的原來計劃祇限於羅馬本身的衰頹，不是帝國；雖然我的閱讀與思想已經指向那個方針，但還得經過好些年才認眞執行這個繁重的工作。」(Gibbon, E.: Autobiographies, pp. 270-1)

他繼續又說：「我逐漸從願望進到希望，從希望進到計劃，從計劃進而執行我的歷史研究工作……我在穆拉托里的意大利史 (The Annals and Antiquities of Italy of Muratori) 追尋線索，經過中世紀的黑暗，並且和 Sigonius，Maffei，Baronius，Pagi 等人的著作逐行比較，直到我幾乎把握十四世紀時羅馬的遺址，那裏會想到這已經要費六大本與二十年的寫作功夫。」(Gibbon, Autobiographies p. 411)

他的卓見是可佩服的，但似乎沒有想到一層，從羅馬城擴展到羅馬世界同時也就把年代延長了。他沒有意識到羅馬帝國的意義與使命在於它是整個希臘社會的世界帝國，羅馬的衰亡應該追溯到希臘文化本身的衰亡，這就不在公元後一八〇年 Commodus 的卽位，而應以雅典——伯羅奔尼斯戰爭（公元前四三一年）爲其出發點。

另一方面他不會領會，人類在現世的失敗有了基督教的精神啓示而得救。吉朋描繪羅馬外表的莊觀及其盛衰的因果關係，並未進入神的神聖智慧，這是蠻族與宗教勝利的最後意義。吉朋的心靈不知怎樣對這個眞理與光明有所反應。

四　歷史事實的詩意領會

歷史事實的選擇係一種理智的行動，理智祇是人類心靈機能的一方面。當我們想到一件事實，我們會有對於這件事的感情關係，我們表現感情的衝動往往要比理智更爲强烈。對於歷史的感覺和思想激發歷史學者從事著述，類似的事實產生類似的感覺，表現在各種文學與想像：抒情的，史詩的，敍事的，戲劇的。歷史事實的詩意領會就包括這些種類。

黎明的興奮情緒表現在好些西洋史上的著名場合——響應教皇烏朋第二的精神號召的第一次十字軍，五月花，獨立宣言，網球場的宣誓——對於這些歷史的曙光詩有時要比專著更爲生色。愛默生的一首詩充分表現美國革命的世界意義：

在那横阻洪流的橋邊，
他們的旗子迎着四月和風飄揚；
這裏佇立備戰的農夫，發出驚動世界的槍聲。

自由解放的精神表現在馬拉松，薩拉米斯，德國的自由戰爭，意大利復國運動，文藝復興。勝利的愉快洋溢在雅典與佛羅稜斯的藝術創造，耶穌基督，釋迦牟尼，先知聖人，以及撒摩彼利，葛提斯堡，均擁有文學的光采。

戰爭的悲壯激烈同樣可由詩來表現：

操吳戈兮被犀甲，車錯轂兮短兵接，旌蔽日兮敵若雲，矢交墜兮士爭先。
凌余陣兮躐余行，左驂殪兮右刃傷，霾兩輪兮縶四馬，援玉枹兮擊鳴鼓。
天時墜兮威靈怒，嚴殺盡兮棄原壄。
出不入兮往不反，平原忽兮路超遠；帶長劍兮挾秦弓，首身離兮心不懲。
誠既勇兮又以武，終剛强兮不可凌；身既死兮神以靈，子魂魄兮爲鬼雄。

（屈原：國殤）

亞歷山大，凱撒，成吉思汗，拿破崙的彪炳武功更是歷史與英雄敍事詩的題材。但伊里亞特的眞實英雄是黑克托（Hector），不是阿基利（Achilles），歷史上眞正的凱旋係基督教與回教的使徒行傳。雖然歷史本身的偉大史詩也可由另一觀點出發加以描繪：

Wonders are many, but none there be
So strange, so fell, as the Child of Man (Sophocles: Antigoné, II, 332-75)

威爾斯的世界史綱就替「人造自己」(Man Makes Himself) 這個題目寫了一首史詩，在下一代的一位著稱的西方考古學家就以此爲他自己所寫的書名。(Childe, V. Gordon: Man Makes Himself, 1936)

敍事、日記、傳記、書信等等有 Pepys, Saint Simon, Boswell, Cicero, Horace Walpole，以及三國志演義，和近代大批歷史小說。

歷史演變本身就是戲劇。人類文化史上的命運變化，阿基米尼帝國被馬其頓推翻，馬其頓被羅馬滅亡，基督教對原始宗教的勝利，連環似地一幕一幕演下去。坡烈皮埃斯充分感到這個歷史的命運劇，他在他的世界史生動地記載賽魯息王國君主安提奧卡斯三世 (Antiochus III) 聞悉他的叛徒就擒後入覲的神情，他不禁泫然涕流。(參看 Polybius: Oecumenical History, Book VIII, Chap. 20) 坡烈皮埃斯對於這件事的解釋認爲賽魯息王被一種信念所感動，他驟然感到命運對人的偉大力量，簡直無法抵抗。生命之謎眞不可解。

坡烈皮埃斯記載羅馬將軍西彼奥 (Scipio Aemilianus) 戰勝羅馬世仇伽太基時，同樣具有深刻動人的感觸。

「當西彼奧眼見這個偉大的，歷史悠久的城市卽將遭受毁滅的時候，他就感動流淚，並且自己承認爲敵人悲痛。他沉默了好久，感到城市，國家，帝國好像均有命運註定，必成過去；他記得這樣就是曾經繁榮一時的 Ilion 的命運，也是亞述，米地亞，以及波斯帝國的命運，這些都先後是世界的最大帝國；還有馬其頓帝國，它們中間最近與最炫耀的例子。於是，不知有意或無意，他大聲朗誦荷馬伊里亞特的兩行詩。

一個命運註定的日子將會降臨
那時神聖的伊里昂城就要消滅。(Iliad, Book IV. II, 164-5)

歷史經過的悲劇在近代西洋文學的表現有如：Stephen Vincent Benèt 的 John Brown's Body，以及 Thomas Hardy 的 The Dynasts。到了這個地步，歷史事實的詩境進入一個不能避免的奥秘。如果命運和必然係人類歷史劇的最後頂點，那末自由能否在任何階段有它的盡量發揮？如果罪犯不能避免懲罰，他們是否能够避免犯罪？如果犯罪和懲罰同樣不能避免，人類命運又怎樣能和正義符合？

「我們需要一個人類動機的理論，它能使我們感覺同時是外來的，超自然的原因和人的思想工作不能分離的部分。」(Cornford, F. M.: Thucydides Mythistoricus, pp. 154-5)

這樣就到達法則與自由的關係。這個問題陶恩培已在「歷史研究」的第四篇(二四五——六一一頁)與第十一篇(一六七——四〇五頁)詳爲闡明，現在就以此爲止。我們最後要說史家的靈感。

五　探討歷史事實背後的意義

歷史事實的詩意領會引導我們進入歷史事實的背後意義。這是神的啓示，且係與神契合的一個希望；求與神契的意境 (Beatific Vision) 確是歷史研究的最高意義。人們喜把歷史榮耀過去的人與事，這是淺見與虛榮心理的表現。國家，教會，與英雄崇拜都是一種偶像化的嘗試，因而使歷史成爲諷刺，幾乎就是記敍人類的罪行，愚蠢，與不幸。'Little more than the register of the crimes, follies and misfortunes of mankind' (Gibbon, Decline and Fall, Chap. III)

以人爲中心的觀點會使生命呈現空虛，失去意義。對於人類這是一個悽慘的景象。

「太陽掩蓋不了弗吉尼亞陰沉的沼澤，也遮不了被人咀呪的羅馬近郊，更不能陰藏廣濶的沙哈拉，以及月光之下的數百萬里的沙漠和愁悶。太陽不能掩薇大洋，這是地球的黑暗面。所以看來像是樂過於憂的人，不會是眞實的……」(Melville, Hermann: Moby Dick, Chap, XCVI)

人類在自大的心理狀態中永遠得不到平安，因此要靠眞理爲他建起橋樑，領導他到眞實的生命。當「神照示我」替代了「人爲萬物之靈」，生命之謎就有了鎖鑰，人的虛榮在聖光照耀下澈底改變了。

「你們祈求，就給你們，尋找，就尋見；扣門，就給你們開門」(馬太福音第七章)

這是得救的路，人生最內心的精神啓示。巴斯卡爾認爲人類六性最柔弱，但他能思想。思想的泉源是神的啓示，正如陽光能使萬物發育成長，神是人的根，在祂那裏人生獲得意義與自覺。人類生存的最後目的是要和創造他的神契合。這種精神態度能使歷史事實的詩意領會，進而至於對萬能的神的敬畏心理，並且我們知道祂同時也是慈愛的神。神愛是溫柔的，仁慈的，這也就滋養我們的生命。「這是主所作的，在我們眼裏眞是稀奇」(詩篇第一一八篇)這種敬畏之心吉朋在寫完他的「羅馬帝國的衰亡」時也就承認了，那裏他形容蠻族與基督教的勝利說，這也許是「人類歷史最偉大與最可敬畏的一幕」(The greatest, perhaps, and most awful scene in the history of mankind)

當歷史的詩意領會變成對神的敬畏之心，史家的靈感就達到昇華的境地。敬畏能給說故事的人正義與謙遜。「我過去年輕，現在老了，但從未見到正直之人被遺棄，他的子孫向人乞憐。」(詩篇第三十七篇)在歷史上更是如此，「祂叫有權位的退位，並叫卑謙的提高」。(路加福音第一章)

當歷史事實的詩意領會變成對神的行動在歷史裏的敬懼，史家的靈感便有了昇華的經驗。在這個經驗裏神是面對面地見到了，不必再經一面鏡子，或暗中摸索；意思是指，顯悟把心靈帶到歷史範圍以外，進向神的道路，神在祂所創造的事物裏顯現祂的本身性。對於一個追求神意的人，他在這個世界上所能看到的神的顯示確係他的爲學的道路與光明。歷史家的途徑係由對歷史的詩意領會，進而對歷史上神的行動起敬畏之心，由此產生人與人的博愛，這樣引導他到達聖人與神相契的門檻。

在這前進的創造程序中歷史家精神歷程的第一步是先和過去的人與事的契合，這些由於時空的距離也並不易於接近。歷史家對他的研究對象的正常關係是一種學術思想的長期交易；但有時在他的精神生命裏忽然感到時空和心理的障礙都不存在了，這樣歷史家的靈感不再是冷靜旁觀。而是直接參預，好像枯骨有了血肉，立刻變成生命。歷史家的想像所引起的火花能使歷史事實復活。陶恩培形容他在牛津讀李維羅馬史時，忽然自己就進入羅馬社會和它的生活，(歷史研究第十冊一三〇——三二面)。廿世紀一個英國學生的心靈上的經驗使兩千年前的故事復活。有一次他讀 Villehardouin 的歷史，祇感覺自己坐在一艘法國船上，初次看到君士但丁堡的神情。(歷史研究第十冊一三三面)這樣生動有趣的例子很多。在旅行時他也感到過去歷史對他心靈上的反應，他參觀凡爾登，旅順，葛提斯堡的戰場，那種陰森悽慘的情景實在難以形容。

對於歷史人物的精神交往那就更爲眞切。請讀陶恩培引的這首詩。

Men laughed in Ancient Egypt, long ago,
And laughed beside the Lake of Galilee,
And my glad heart rejoices more to know,
When it leaps up in exultation too,
That, though the laughter and the laugh be new,
The joy is old as is the ancient sea.

Men wept in noble Athens, so they say,
And in great Babylon of many towers,
For the same sorrows that we feel to-day;
So stranded high upon Time's latest peak,
I can with Babylonian and with Greek
Claim kinship through this common grief of ours.

The same fair moon I look upon to-night,
This shining golden moon above the sea,
Imparts a richer and more sweet delight
For all the eyes it did rejoice of old,
For all the hearts, long centuries grown cold,
That shared this joy which now it gives to me.

Whate'er I feel I cannot feel alone.
When I am happiest or most forlorn,
Uncounted friends whom I have never known
Rejoicing stand or grieving at my side,
These nameless, faceless friends of mind who died
A thousand years or more e'er I was born. (Rosalind Murray)

「我們既有這許多見證，像雲那樣圍着我們，就得放下各種重負，脫去易於纏累我們的罪，存心忍耐，奔向那擺在我們前面的路程」(希伯萊書第十二章)

行路的還沒有完全能到達目的地，因爲這祇能由詩來表達的學問經驗，不是人的工作，而是神的行動。神的顯示能使有時間性的人類的博愛成爲聖人的契合，那樣由於生命與造物的契合不僅使人類能有精誠的愛，萬物也就與我爲一了。

民主政治的實例

蔣勻田

此次英國同意法國的設計，乘以色列進兵西奈半島與埃及衝突之際，以維持蘇彝士運河地區爲名，海陸空同時並進，佔領蘇彝士運河的塞德港。（以上係根據一九五六年十一月十二日時代(Time)雜誌的報導。）英國因此閃電的突襲，在國際上招致嚴重的責難，在國內更引起反對黨的嚴厲攻擊。一週之間，對艾登內閣，舉行三次不信任投票。在第二次不信任投票之際，其國務大臣納丁(Anthony Nutting)與財政部的經濟次長，相繼以不同意艾登對埃及武力政策而辭職。同時保守黨的議員二十餘人亦拒絕出席國會，支持艾登。

這三件事：㈠反對黨——工黨與自由黨反對政府對埃及用兵，辯論的結果，投不信任票；㈡政府黨的國務大臣與次長不同意首相的政策，斷然辭職；㈢政府黨的議員憑其良心投票，而不受黨的約束；都是民主政治的實例，值得我們留心學習。不過有一點要交代明白，就是值得學習的是他們的磊落風格，不包括他們所反對的問題的是非。

反對黨的任務，即是代表與政府不同的意見，盡量向異的方向表現。蘇彝士運河有關英國工商業的命脈，對於英國的重要，恐爲英國人一致的認識。在這一點上，保守黨、工黨、自由黨皆無相反的意見之可言。蘇彝士運河的管理權被埃及搶奪以後，用什麼方法將蘇彝士運河變成國際共管，使此國際水道得以和平共用，此乃英國現在最急切的問題。因爲急切，所以對於適當方法的選擇，即有見仁見智的差別。保守黨政府接受法國的意見，乘蘇俄正有事於附庸；美國正忙於大選；以色列又驅兵逼近蘇彝士運河的東端，揮兵隔絕以埃之爭，而重掌蘇彝士運河沿岸，既可以維持運河區的和平爲藉口，又能驅走防守運河區的埃兵。縱不能恢復英軍獨佔的舊專，亦可贏得國際共管的願望。冒一時之危險，求迅速之解決，單從英國的利益看，雖不能說是計出萬全，亦確係值得嘗試的政策。蘇彝士運河對英國既如彼重要；英國朝野復急謀問題之解決；艾登的武力政策更屬值得的嘗試；準此三個條件，若由無民主素養的人民判斷，必認爲不應反對艾登的政策。大家應當意志集中，力量集中，擁護領袖的指導，擁護政府的國策，以完成歷史的使命。假使有人出而反對，則政府黨的密報，必將指此人爲別有用心；而政府所操縱的報紙，亦可能發動輿論，指謫其人爲埃奸。此雖係揣測之詞，恐亦是誅心之論。蓋極權政治之下，只許有相同的意見，不許有相異的意見。相沿成風，視强同爲當然，視立異爲叛逆，此乃社會的積習。聽慣同調的人，乍聽異腔，必覺逆耳刺心，而無法忍受，亦係人情之偏向。此一好同惡異的習慣不除，即無法高談民主。甚至也無法接納諍友，實踐規過勸善的美德。因而所器使者只有阿諛逢迎之輩。日在此輩欺蒙擺弄之中，而不自知。一旦大禍臨頭，砥柱無人，則悔之晚矣。古今英雄豪傑，因不能容忍異己，而終遭沒頂之失者，不知凡幾！此猶就個人之成敗得失而言；若談建立民主憲政的規模，則容忍異己之見，尊重反對之論，更屬右傳第一章。

我願進一步介紹美國工黨領袖蓋特斯克(Hugh Gaitskell)反對的言論與國人，俾國人能更深一層瞭解反對黨的作用。茲引蓋氏反對艾登對埃及武力政策之言如下：「我們現在陷於冗長的辯論，將極爲不智。」繼曰：「我請問首相，在聯合國對埃及問題未有發表聲明以前，根據什麼主宰與權利，以闡明英法武力介入的立場。」繼之而工黨議員的質難紛至踏來：英國的軍隊將在蘇彝士運河區登陸嗎？曾商諸美國而得到它的許可否？英聯國家的態度如何？議長毛理遜氏(Speaker William Morrison)宣布暫停辯論後，工黨議員麕集於其議會黨部，蓋氏當衆說：「同志們，我們對於用兵之舉，必盡所有之力以反對之。」在當晚及次日的下院會議中，工黨苦逼艾登答覆。蓋氏領導質詢說：「政府的行動已陷入至愚的境地，這種愚魯悲慘的結果，必將使吾人嗟嘆多年。此一舉動，損傷國家的威望與名譽，至於不可補償，因此我們不能不疾首痛心。十年以來，規藩英國外交政策的三原則——英聯國家一致，英美的聯盟，遵守聯合國憲章，不僅被此一舉動所放棄，且可說已積極侵犯了三原則……。

「且此舉的隱患更有甚於此者，因此一粗魯愚昧的決定，正在波蘭與匈牙利事變方殷，以酹自由世界十餘年最大希望與興奮之際……。

「我必須告訴政府及國人，我們不能支持政府的舉動，我們認爲是我們的責任，向世界大聲急呼的宣布，千萬以上的英國人民，也可說大多數的英國人民，對於保守黨政府的侵略行爲，皆深爲震驚…。」第三天的下議院辯論中，工黨議員直呼保守黨是法西斯，懦怯(Cowards)，(英美人用 Coward 一字實指涵有違反正義，以强欺弱的行爲的意思——筆者註)殺人犯等口號，議場秩序大亂，使議長喊出恢復秩序的警告，爲二十年來所僅有。可以想見居於反對地位的工黨對於保守黨政府，攻擊的激烈。

可是我們細按工黨領袖蓋特斯克反對的言論，無一語觸及英國人的實利，完全是從國際關係與正義立場，責備政府用兵之不當。甚至說是「侵略的行爲」。指責自己的政府爲侵略，照膚淺的看法，實等代埃及張目，也可以說是響應布加寧對英國的責罵。以如此態度與言論反對政府，在無民主素養的國家，在政府黨不慣容忍異己的國家，政府黨大權在握，必可藉指責政府「侵略行爲」一語，妄加蓋氏以埃奸的罪名；或發動所操縱的報章，謫罵蓋氏出賣英國人的利益，以討好蘇俄；最低限度，亦必說蓋氏貪生長事，不以英國人民的利益爲重，而仰賴美國人的意旨。試看蘇俄那一次清除政府重要人員，不是加以勾結英美帝國主義，出賣蘇俄人民的利益爲罪名呢？

現在我們可以看看艾登首相是如何對付的。艾登在下院的幾日辯論中，始終避重就輕不作正面的答覆。到了英法聯軍已佔領塞德港，可以宣布停火的時候，於是乃向全國電視廣播說：「儘先而緊急的聲明，是我們願意停止戰爭：：我們所以加入中東戰火的原故，因為聯合國不能及時採取行動。」繼之以嚴正的語調說：「終我一生，我是個和平的人，為和平而工作，為和平而奮鬪。我現在仍是和從前一樣，不能變成另外一個人。」這樣答覆政敵的措辭，眞是平心靜氣，十足表現政治家對異己尊重的態度。沒有一點將自己決定政策的責任，變成討好人民的資本，說出為英國人民的利益而冒險的遁詞。因為這類遁詞一出，則變用武的方法問題為人民利益的問題，使反對黨失其攻擊的原來目標，此非辯論求眞的適當辦法，更非負責政治家應有的態度。只有針對反對黨所指的問題，作正面的答覆。艾登答覆蓋氏的指責說：「儘先而緊急的聲明是我們願意停戰……。」就等於說願意接受反對黨反對用兵的意見。艾登這樣迅速的接受反對黨的意見，當然有美國反對的原因；有蘇俄恐嚇的原因；有英聯國家對之冷淡的原因；也有國際正義感觸的原因。這些原因，在艾登決定對埃及用兵時候，以艾登的外交經驗，不能不考慮及之；可是蔽於急求乘機解決蘇彝士運河爭端的念頭，便將那些考慮對於英國的價值看輕了。而工黨的領袖蓋特斯克偏偏看到那些考慮對於英國的重要性，在急速解決蘇彝士運河問題的貢獻以上，這就構成反對黨與政府黨相異之見。讓相異之見盡量表彰，盡量辯論，才能使國家重大問題的利害得失，完全顯露出來；使有所蔽的決策害處得以及早減輕。即此一點，便可說明：尊重異見對於國家的重要；同時更可說明：尊重異見對於執政黨在歷史上的成敗所關。必須有「異」，是人類文化進步的契機。允許有「異」，是民主政治求眞的途轍。輕視異己是故步自封。排斥異己是自取滅亡。古今不少英雄豪傑，誤於自己主觀的裁斷，不聽異己的意見，終致功敗垂成，為天下笑者，不知凡幾？這不是說不需要主觀的裁斷；也不是說主觀的意見都是私的；只是說主觀的裁斷，必須對照過客觀的異見，始能揭發出是否有一偏之蔽。經過揭發檢討的考驗，失敗的機會必然更少。我的朋友有時檢出指着我們是異黨的密件給我，表示很憤慨的樣子。我每安慰他們說，這是高抬我們了。假使我們今日眞能代表一個異見，稱得上一個異黨，倒是對於國家能有貢獻。像蓋特斯克這樣的異見，可能是對於英國很大的貢獻。當然我不是說蓋氏反對艾登用兵的意見，一定就是對的，不過是說明對國事允許有異見存在，是民主政治必有的條件。異見固不一定是眞理；異黨也的確不是罪名。孟子說：「外無敵國外患，內無法家拂士者國恆亡。」孟子在兩千年以前，已經說明了民主政治的內在條件。可惜後人不肯，不能順着這個思路，開拓出民主憲政的規模。就孟子的話加以分析，在一國說，現在的法家拂士就是所謂「異黨」；在一黨說，現在的法家拂士就是辭去國務大臣的納丁，與不願投信任票給艾登的保守黨議員。一國之內無法家拂士的異黨，不成其為民主；一黨之內無法家拂士的國務大臣納丁，則該黨必不是民主性質的政黨。無民主性質的政黨，絕無法建立民主國家。

讀過胡秋原先生所譯赫魯雪夫清算史達林演詞的人，必然相信無民主性質的共產黨絕不能建立民主國家。號稱狄托主義的南斯拉夫執政黨，與蘇俄式的共產黨是同性質的集權政黨。黨員亦沒有反對該黨的中央政策的自由。據美聯社布爾格來德十一月二十日電：『南斯拉夫政府今天證實前副總統吉拉斯已被逮捕。伯爾格來德地方法院說：由於吉拉斯涉嫌對南國外交政策刊佈不眞實與歪曲事實的報導，法院已對之進行訊問。吉氏的家屬對記者說：他是昨天被捕的。他一度是狄托的密友……此次之被逮捕，可能是他最近在紐約的反共刊物「新領袖」上發表的一篇文章而引起的。在那篇文章裏，吉氏抨擊南斯拉夫共產黨背棄了他們的基本原則，而未能痛斥俄國軍隊在匈牙利的行動。他認為南共也許會不惜放棄「平等」與「不干涉內政」等基本原則。南共過去與莫斯科爭鬪而能成功，即基於此等原則。』

從伯爾格來德地方法院的說明與吉氏家屬的談話，可以互證吉氏被捕的原因，確係由於發表批評政府外交政策的文章。這已證明號稱狄托主義的共產黨，黨內不許言論自由，與蘇俄式的共產黨並無差別。所以我們也可就此一點，判定南斯拉夫不是民主國家。

政黨集合多數同志實現一個政綱，不僅要注重黨員的數量，也要注重黨員的質量。質量即是黨員的智識與道德水準。智力與德力是人類社會進步的力量，更是政黨對於國家的典章制度及人民的文明幸福能有貢獻的條件。但是黨員的智力德力，必須在有民主性質的政黨內始能自由發展。假使黨員對黨魁的政策，稍有歧見與批評，即遭屠殺、逮捕、流放或開除，則智德兼全的黨員，不是自甘暴棄，隨人浮沉，苟全性命；便難免屠殺、逮捕、流放或開除的遭遇。對黨事既不許自由批評，對國事何能容忍異見存在呢？因此由黨權的一人獨攬，釀成政權的一人專斷。所以我說要建立民主國家，必先有民主政黨。黨內能有自由討論，自由批評，不僅使黨員的智力德力可以自由發揮，養成黨內繼起的領導人才；也是彼此互相砥礪錯磨，養成接受批評和容忍異己雅量的方法。一個民主的政黨，就是一個陶鑄政治領袖人才的社會大學。在陶鑄的階段，必須保護他的特長優點，輔育他的個性毅力。養成他能見人之所不識，言人之所不敢，任人之所不勝的才氣。這些條件，都必在自由討論、自由批評、自由研究的過程與氣圍中，始能實現。一個不慣批評，不許異見的黨魁左右，多係鄉原之流，敷衍局面有餘，擔當艱鉅不足。不明政黨陶鑄政治人才之性質與方法，恆認為黨員之互相爭論、反對、批評為不團結；乃層層拑制，形同機械。於是檢討有格式，反應有定型，演變到如此程度，縱使能暫時維持機括的組織形態，已無內在的活力，不要說不能對國家有所創造；就是黨的基礎也到傾圮的時候了。因為形式的一致，只能在平時擺個樣子；認識的相同才能構成鞏固的陣線。認識相同，是由千差萬別的意見辯論得來，不能由苟同中取得，更不能由黨魁個人的觀念支配得來。

英國歷史，閣員不同意閣魁的政策而辭職的人很多，艾登即曾不同意張伯倫的政策而辭職。我所以重視此次納丁的辭職，而選為民主實例之一，謹向國人介紹的意思，就是艾登此次決定對埃及用兵的外交政策，事前極為機密，只有外交部長勞艾德 (Selwyn Lloyd) 知道，而未讓掌管外交的國務大臣納丁預閉。納丁爲尊重政府所付托的職責，保持個人的獨立尊嚴，爭取在黨內應參與對該問題事先討論的權力，只有辭職一途。官可以不作，人格不能不爭，制度不能不守。

美國時代（Time）週刊選擧專號（一九五六年十一月十二日）載一篇報導，題目是「同謀」，內中有一段話：「艾登未曾告訴美國（指對埃及用兵——筆者），未曾告訴所有英聯會員國家，未曾告訴英國下院，也未曾告訴黨內同志。實則外交部裏也祇有讓勞艾德個人參與密勿。」根據這一段報導，艾登此次對埃及用兵，事前不但未通過內閣會議，更未通過保守黨的高階層會議。雖云蘇彝士運河問題，全國皆亟思解決，然艾登非獨裁人物，何以竟用此獨斷方式出之：引起軒然大波呢？揆艾登的用心，不外三端：一則以和平方式解決蘇彝士運河問題之望已絕，乘機用武速決，可邀國人之諒解；一則以受法國之約，須保持高度機密；一則自以爲外交能手，曾迭受英人的信任，因而對此外交問題，自視甚高，不待謀諸同僚，即自行決定。艾登雖在工黨緊逼環攻之下，始終不願推責任於人民的願望，推責任於友邦的約束，說出我所揣測其內心的理由。然揆諸法國內閣總理穆勒在其內閣會議的答辭，即可證明艾登當時的神秘運作心理，實受法國之約束。穆氏答辯其閣員責其無所動作（按即指對蘇彝士運問題——筆者）之言曰：「你們必須信任我。年終以前，將有事件發生。因要保守外交秘密，言止於此。」觀穆氏措辭之隱約，即可知當時英法兩國相約守密之嚴肅。

英國在戰時，爲謀保守機密與迅赴事功，每有裏層內閣（Inner Cabinet）之設置。其意即曰國家大事雖由此少數人決定，即等由全體閣員決定，先由同意方式立一制度基礎，以符民主責任政治的傳統。現英國既無裏層內閣之設，除掌管外交的國務大臣於外，則納丁既係掌管外交的國務大臣，以如此重大事件，而不讓之參與其謀，無論首相之用心如何，其爲離開制度基礎，則百辭莫解。因此，一則有背國家設置掌管外交國務大臣之制度；一則有犯掌管外交國務大臣個人的尊嚴，一則從艾登對主管閣員的獨斷關係言爲不民主。納丁據此三種理由，縱使內心贊成對埃用兵，亦只有提出辭呈，表示抗議，維持英國民主的傳統。於此我們可以看出英國政治家之所重，不在個人之爵祿與地位，而在國家之傳統，政府之制度，與個人之尊嚴。到了國家的傳統，政府的制度，個人的尊嚴受到無禮破壞之時，必起而拋棄爵祿與地位以抗爭。使閣員與官員皆能如此偉大，則閣魁當然不敢任意專斷，而養成獨裁的風氣。因此可知，維護制度的完整，保持民主的傳統，不盡是民意代表的職責，即政府官員能夠重視其個人的尊嚴，不辱制度所付予的職權，亦所以爭取民主之道。所以我對於納丁的辭職，特擧出爲民主的實例。然所以養成納丁這類人物的條件，則係英國政黨內部民主的精神與自由空氣，允許黨員發展所長，憑其所長見重於人，不必仰承任何人的意旨。因而人皆養成獨立判斷的能力，與尊重制度的美德。一黨的黨員多係這樣自愛自尊的人物，當然黨魁須隨時徵詢黨員的意見，不至流爲獨裁，而黨內民主自由的風氣，乃得始終保持。富有民主自由風氣的政黨，始能發生以上我所列的民主實例第三案，即在下院第二次對於艾登投不信任票時，有二十餘位保守黨議員，拒絕出席以支持艾登。時代週刊報導說：「保守黨的一致，外表多於實質。至少有兩打以上年輕的保守黨議員，從良心上發生困擾……。」

「良心上發生困擾」一語，最堪注意。共產黨的黨員能够公開的表示良心的困擾，而拒絕黨的命令嗎？只有民主政黨，才能養成憑良心斷事的黨員；也只有黨員都能憑良心斷事，才能保持黨內的民主。假使這二十餘位黨員，因受良心的困擾，拒絕出席下院，即被屠殺、逮捕、流放或開除黨籍，他們還能有良心的困擾嗎？就是有良心的困擾，也不敢公開採取拒絕的行動，不敢採取行動實則等於無良心困擾。日久頑生，皆相率變成無良心之人。我可以說，任何形式的集權政黨，皆必逼成黨員爲無良心之人。美軍佔領西德以後，發現許多千萬人以上的尸窖。這種慘絕人寰的屠殺，不是無獨有偶嗎？把黨員都逼成無良心，惟一人的盲目命令是從，還談什麼自由、民主、人權、制度呢？

說到這裏，在嘗試上發生個矛盾，須要交代明白。就是從整個黨說，不能不講紀律；從個人黨員說，不能不重良心。紀律的要求與良心的裁判，發生衝突時，怎麼辦呢？交代這一問題，須從遠處說起，才能得個結論。

眞正實行選擧的國家，議員之能當選，至少有兩個原因：一個是他所代表黨的政綱，能恰人民的願望；一個是他個人過去在地方的信譽，能獲得選民的信任。欲求政綱恰於民望，則政綱必須普遍反映各方的意見，不是黨魁個人主觀的認識，能够作得到的。在選擧時各黨的候選人代表其隸屬的政黨，向選民宣達政綱；在製訂政綱時各地的黨員代表其地方意見，向該黨的中央陳述，以影響政綱的製訂。代表黨以宣傳政綱，代表選民以影響政綱，從形式看，雖係一方面接受上面的命令，一方面接受下面的意見，好似矛盾，實則貫穿其間的，只是一個串通聲氣的候選人，憑其個人的良心認識，使命令合於選民的意見。因此，我們可以說黨的紀律命令與黨員的良心裁判，是一個來源，就是選民的意見。只要合於民意要求的黨紀，就不會普遍違背黨員的良心；出於黨魁個人觀念所需要的黨紀，那就很難說了。史達林實行馬列的觀念所需要的黨紀，逼得全體蘇俄共產黨員都沒有良心了，還要不斷的需要屠殺，以統一觀念。希特勒爲實現尼采的觀念，所以遺留下來許多集體尸窖，到他失敗自焚的時候，納粹黨內的觀念也未一致。可知個人的政治觀念領導人民的時代過去了，應當讓人民的生活經驗，來決定政府政策，才能團結黨內力量。

根據人民的生活經驗，尊重反對黨的存在與力量，就是民主政治。根據人民的生活經驗，統一黨內的觀念與認識，就是民主政黨。只要大家願意將政治觀念與認識，折中於人民的生活經驗，一切暴力皆不需要，就可以解決政爭。領袖觀念支配的時代過去了，應當讓人民的生活經驗來支配時代了。不能順從時代風氣，接受時代要求的人，將來必是歷史上失敗的人。

政府召開「反共救國會議」有感

周祥光

近月來接到若干友朋自美、日、港、臺等地來信，以政府決定於明春召開「反共救國會議」專相告，從這些函札中，有些懷疑着政府對於這個會議有否誠意。他們認爲政府果有誠意，何以在三年前開始籌備起，要等到今日才決定舉行，千呼萬喚，猶抱琵琶半遮面呢？有些則認定政府既已決定召開，自有其一片眞誠所在，時間雖不免稍遲，但開總比不開好。他們在表面上的吐露，似乎對此會議不大感到興趣與重視。然依我個人想來，恐怕未必如是。假若以我個人爲例，我雖然遠託印度，離故國萬餘里，惟對此反共救國會議，確懷着無限的希望與熱情。因爲這個反共救國會議，是中華民國反共産極權而爭取祖國自由民主獨立的仁人志士的全國性會議，它之成功與否，關係着今後祖國的國運，戡亂復國之所在。所以政府召開此一會議，事前與各方接洽，較之擧行開會之難，何止千百倍？稽延之因，其由此乎？此一會議所以難者，不外乎其職權之確定與性質之所在？如反共救國會義爲一議事機構耶？抑爲國家決策之機關？若僅爲一議事機構，貢獻意見，請政府採擇施行，則政府早有反攻大陸設計委員會之組織，何必多此一擧，費時費錢乎？若爲一國家決策機關，則反共會議之職權，是否與政院立院之權限，有所抵觸乎？諸如此類問題，我在三年前曾寫有「我對反共救國會議之意見」一文，刋於自由中國半月刋（九卷十一期），想該刋各位讀者必已見及。我在那篇文章中，就主張應仿廬山談話先例，由蔣總統邀請各政團巨頭及海外華僑代表開一次「草山談話」，大家先來協商要點，獲致協議，然後再擧行會議，自可獲得圓滿結果。

今日我中華民國確已到了最艱危之地步。世界上承認北平政權的國家，已達三十個，我中華民國的代表，每在聯合國大會或文教科學組織大會中，無不被人提議趕走。當然，外國人多正視現實，說句不好聽的話，他們都是「落井下石」與「錦上添花」者，「人情還比秋雲薄，世道何如鳥道平」，正是好寫照。外國人決不若我們中國人受着孔孟思想之薰陶，爲人講忠恕之道，持扶弱濟傾之義。何況國際政治舞臺中更是殘酷萬分呢？揆諸實際，我們自由祖國之人力、物力、兵力及地域，均不逮於北平政權，那麼，中華民國政府就因力量懸殊，而避地臺灣，苟安下去嗎？苟安豈屬易事，觀夫歷史上之東晉、南宋、晚明，以及鄭成功據守臺灣往事，諒當局亦知所警惕矣。

以言海外人心，則因中共之威脅利誘，加之統戰工作，無孔不入，據我個人觀察，星馬、印尼、緬甸及印度等地僑胞，能眷念故國而不忘懷者，怕不到三分之一矣。不但一般無知僑胞競向靠攏，以示前進，即親受蔣總統訓練栽植之昔日國府駐外高級官吏，亦不能免，甚至具呈向當地中共領事哀求，以參加所謂「印度華僑回國觀光團」去大陸一番爲榮，人心陷溺，廉恥道喪，於此爲極。

今日局勢既若是，則國府即以據守臺灣爲了事？我輩流亡異域終其老？不！不！我們決不能「得過且過，卻不道春花秋月，按時消磨！」我們必須回大陸，我們一定要將國父孫先生所手創之中華民國重行建立，我們從俄共手中，奪回自己之錦繡山河！這是天經地義，這是神聖的義務，我們爲了剿共復國之迅速實現起見，則我人唯有遵守「合則强，分則弱」的原則，大家一心協力團結，山窮水盡之際，卽是柳暗花明之時，剿復之理，毫厘不爽也。

唯事以理顯，理以事明，剿共復國之理既如此，則其事方面，應如何爲之？作者不揣鳩拙，願貢愚忱，幸希賢者進而敎之。

(一)訂定剿共復國共同綱領：在反共救國會議中，應卽訂定剿共復國共同綱領，將政治、經濟、外交、軍事及文教方面今後施行政策，予以規定。俾便全國上下一致遵守。此一綱領非某派某黨之綱領，乃全民共用之綱領，故此綱領祇是原則上之規定，非議事之細則，藉收小異大同之效。

(二)設立非常時期議政會：反共救國會議祇是一種具有時間性之集會，會終了其任務亦畢。我人既然爲了復國，擧國聯合，則在會議中，應産生一種常任機構——可名之爲「中華民國非常時期議政會」，此一機構可視爲全民聯合陣線之辦公處，亦可認爲國務決策機關。議政會中之議席應由各黨派，一切社團分別選任，惟執政黨之議席不得超過三分之一，如執政黨握有半數以上議席，則他黨失去否決權，到會之時附和擧手，則在野之士，未必肯參加也。

(三)海外及大陸游擊區，應設立復國後援會：此點至爲重要，關係剿共復國成敗問題。此一後援會，卽是全民聯合陣線之分支部，凡僑胞聚居之地，卽由該地國民黨及其他政團與夫自由民主人士共同組織之，才可促進國民外交，發揮民主復國力量。我在此節不厭求詳，給大家一個例子。某某地方，有國民黨總支部，亦有國民黨報，同時，亦有自由民主華僑青年所印行之「民意報」。在雙十節將屆時，兩報均印行特刋及畫刋，可是在十月九日下午，當地警局有一名警長面告國民黨報社長曰：「我們奉到命令，你們明天不能出特刋，亦不能涉及國慶兩字，否則懲辦」。這位社長聽了連聲遵辦，同社後卽將印好之雙十畫刋全數焚毁，可是「民意報」之雙十特刋還是照常出版。因爲民意報的一班青年，均出身大學，深知當地法律，當地政府既准華文報紙登記，安有不准出雙十特刋之理？這就是表明海外民主人士與國民黨聯合，對於剿共復國之貢獻何其巨也！

此文刋出之日，離反共救國會議爲時亦不遠矣。我們總希望此一會議能如理想之成功，而不致失敗。此次各地仁人志士之出席會議，實由於良心之驅使，道義之結合，不可作爲爭權奪利之捷徑，執政黨固要有大氣魄，在野人士亦須相讓方好。剿共復國乃是壯烈之行爲，大家應不計利害成敗，勇往直前，行心之所安，殉於所學而已。事在人爲，康樂變法，有何憑藉？國父創建民國，又有何憑藉？讀鄭所南之心史曰：「大宋粹然一天也，不以有疆土而存，無疆土而亡」。何況今日臺灣仍在，海外僑胞支持其後，民主國家更作道義上之維護，則我們今日樹剿共復國之大旗，必能獲最後之勝利。東望寶島，依馳未已！

民國四十五年十一月二十日述於印度阿拉哈巴大學。

蘇彝士運河問題的前因後果

龍平甫

巴黎通訊

今年七月二十六日納塞爾（Nasser）在亞歷山大里亞（Alexandria）向十五萬興奮極度的羣衆宣佈埃及政府將「萬國蘇彝士運河公司」（Compagnie du Canal de Suez）收歸國營，納塞爾大聲呼叫：「我們今後不再需要向華盛頓、倫敦、或莫斯科乞討；我們今後可以利用蘇彝士運河的通過稅的收入來建築我們的亞酸（Aswan）水閘！」

納塞爾此舉是他爲建築水閘談判借欵失敗後的維持顏面的辦法。亞酸水閘的建築經費全部預計爲十三億五千萬美金，其中四億五千萬美金是外滙。埃及政府希望和「世界復興建設銀行」談判借欵。蘇俄爲了拉攏埃及並且和西方國家搗亂，於是向埃及表示願承攬建築工程，埃及以蘇俄的提議作本錢向西方國家要挾，以求獲得極有利的條件。後來美國允許給埃及五千六百萬美元作爲建築水閘的援助費，英國也願意津貼一千四百萬美元，然而埃及和世界復興建設銀行借貸二億美元的談判，始終未完成。世界銀行需要擔保條件，埃及政府認爲防害主權，不願給與，同時認爲國際局勢有利，對談判並不積極。

埃及納塞爾政權在國際上打着中立的招牌，和蘇俄勾結，藉以恫嚇西方國家。納塞爾、尼赫魯和狄托三人相互勾結，彼此呼應，組織一個親蘇反西方的集團。納塞爾的主要目的是企圖把西方的勢力自回敎世界驅逐出去。在這一點上，他和莫斯科是志同道合的。他在本年五月承認北平僞政權，即是一種對西方的一種挑戰行動。本年來，他的行動越來越靠左，成爲共產黨的同路人，西方國家對他的經濟援助絲毫不能改變他的政策。加以法國因北非問題一再向華盛頓控告他，於是到七月中旬美國政府經兩月的考慮決定改變政策，將支持納塞爾政權最力的駐埃及大使貝洛德（Byroade）調任駐南非聯邦大使，將國務院中東司司長阿倫（Allen）調任駐希臘大使，調雷蒙赫爾（Raymond Hare）爲駐埃大使，七月十九日國務院宣佈取消去年十二月十六日允許給埃及建築亞酸水閘的援欵[註一]，次日英國也跟着取消一千四百萬美元的援助。世界銀行的借欵談判由此結束，因爲它借欵的前提是美國對埃及的經濟援助。

美國政府宣佈取消援助之日正是納塞爾由布里蕹尼（Brioni）和尼赫魯、狄托三人會談（七月十八日至十九日）後返開羅之時，與高采烈的納塞爾獲知此消息，感到挨了一下嚴重的打擊，於是他想出一個對策來維持他的顏面，這便是七月二十六日「萬國蘇彝士運河公司」的埃及國營辦法[註二]。他這一舉動等於向國際政治舞台投一炸彈，造成韓戰以來空前嚴重的國際局勢。

在解說國際政治中的蘇彝士運河問題，作者願將蘇彝士運河史略加敘述：蘇彝士運河是法國人雷塞浦士（Ferdinand de Lesseps）所開鑿的。他本是法國駐開羅的領事，他對於繼承古埃及王溝通紅海地中海的事業非常感興趣，幸好支持他的人有拿破崙第三的皇后及土耳其的埃及總督；雖有英國的反對終於一八五四年簽訂合同。一八五九年正式開工，至一八六九年十一月二十六日正式通航。運河長一六八公里，表面寬八〇——一〇〇公尺，河底寬四五——一三五公尺，深一〇——一二公尺。由於運河的開鑿，歐亞的交通大爲縮短，從此不必要再繞道好望角。由於國際貿易的發展，運河的地位也日益重要。

由雷塞浦士組織的「萬國蘇彝士運河公司」原有四十萬股票，每股五百佛郎，共二億佛郎，當時法國人買了二十萬零七千股，埃及總督買了十七萬七千股。其餘一萬六千股分散在他國。後來英國政府發現運河地位的重要，爲維持英帝國東方交通線不可不佔據的一環，於是想法子控制運河公司。適逢埃及總督 Ismail 因經濟困難，想出賣股票，和法國銀行談判，英國人却捷足先得，以一億佛郎（較法人所出的多一千萬佛郎）於一八七五年十一月二十五日購得一六七、六四二股（佔全部股票百分之四十二）。二十五年後英國股票價值八億佛郎，每年獲紅利二千七百萬佛郎。[註三]

一八八二年起英國佔領蘇彝士運河地帶。一九〇四年英國和法國成立「協商」（Entente Cordiole）解決多年英法間爭奪殖民地的衝突，埃及被劃入英國的勢力範圍。一九一四年十二月十二日英國正式宣佈保護埃及。第一次世界大戰以後，埃及人謀求獨立，至一九三六年八月二十六日英埃條約訂立，埃及纔算獲得英人承認的獨立。至第二次世界大戰以後，埃及人要求收回蘇彝士運河地帶，故至一九五一年十月埃及政府宣佈廢棄英埃條約。埃及人常常襲擊運河地帶的英軍。後來因共產世界與自由世界的冷戰，中東的防禦日益重要，一九五二年革命後的埃及政府由美國的協助與英國成立默契：由英國撤退蘇彝士運河地帶，由埃及加入中東防禦組織。一九五四年英埃協定成立，由英國按期撤退運河地區，但是納塞爾食言，反而對代替中東防禦公約的巴格達公約極力破壞。

不但如此，納塞爾野心勃勃，他想統一阿剌伯各民族，非洲，甚至回敎世界。他寫了一個名叫「革命哲學」（Philosophie de révolution）的小冊子，即很露骨的說明他的企圖：他要「解放由波斯灣至大西洋岸的回敎世界」，他要把回敎文明傳播到非洲中部的原始森林，他要將回敎徒的赴麥加朝聖改變成爲一年一度的政治大會，以研究討論回敎世界的共同綱領。他說：「我知道回敎徒在印尼有八千萬，在中國有五千萬，在馬來亞、細甸、泰國有幾百萬，在巴基斯坦有一億，在中東有一億，在蘇聯有四千萬，在其他遙遠的地區有幾百萬。這幾億回教徒以同一信仰聯繫，因此我更確信回教民族的團結會更加強，這種團結是我們力量的基礎。」納塞爾爲實現其野心，在非洲及中東各處發動反英法的宣傳。因此他的「革命哲學」被英法人視爲希特勒「我的奮鬪」(Mein Kampf) 的翻版；而他的宣傳口調與莫斯科的相同，被人視爲莫斯科在中東的同路人。

納塞爾將「萬國蘇彝士運河公司」國營化引起英法的強烈反應，就政府方面的言論比較，法國的反應尤爲強烈。莫萊 (Guy Mollet) 說「納塞爾是獨裁者」，畢諾說「他是假英雄，應該打倒」。除共產黨外，英法輿論也一致譴責納塞爾，英法除封存埃及資金外並在八月間積極調兵遣將，派海軍增援東地中海，並集中大批英法軍於塞浦露斯島，準備必要時對蘇彝士運河作武力的干預。迄九月中旬爲止，危機嚴重，戰爭有一觸卽發的樣子。在這時期納塞爾的口調轉了，避免作任何挑釁的行動，因此沒有引起衝突。

英法對蘇彝士運河反應的強烈是由於下述兩種考慮：

㈠經濟的考慮——(A)英法在萬國蘇彝士運河公司的重大經濟利益。(B)蘇彝士運河是國際交通孔道，通過運河的物資歷年增加，由運河北口向南口輸送的物資佔全部通過物資百分之二十，由南口向北口輸送的物資則佔百分之八十，其中以石油爲主，佔全部過境物資百分之六十二。一九五五年經過運河輸送的石油達六千六百九十萬噸。由此運河輸往英國的石油佔英國全部石油輸入的百分之七十，法國所消費的石油之百分之九十四自中東輸入，其中一半經由運河輸入。如埃及增加石油的通過稅，則英法的經濟將大受影響，因此英法反對埃及單獨管理運河。

㈡政治的考慮——納塞爾的行動嚴重的影響英法在近東及非洲的地位：(A)就英國言，英國在塞浦露斯島已因希臘人的「歸宗運動」弄得焦頭爛額，現在納塞爾的行動更足以鼓勵塞島人的反英運動，及引起近東各阿剌伯國家的石油企業國有化運動；如果英國在近東的石油企業受威脅，則其經濟勢必受嚴重影響。(B)就法國言，法國在北非阿爾及利 (Algérie) 的戰爭已逾一年半，雖已動員四十五萬大兵，仍不能消滅二萬左右的游擊隊伍。法國朝野認爲北非的戰爭直接間接是受埃及協助與鼓勵的。如不對納塞爾的行動予以報復，則阿爾及利的情況將更嚴重，突尼西與摩洛哥將被迫投入埃及集團。黑人非洲亦將感受傳染而發動公開叛亂；換言之，法國將遭遇非洲屬地紛紛脫離的危險。

就經濟上的考慮，英法不能接受納塞爾的行動而不予以抗議，就政治上的影響，英法認爲必須對其施行報復（英法對埃及當局的反應是以政治的考慮爲主）。在數月前，英法當局已經認爲應予納塞爾以嚴重教訓，本年三月初英國外相羅易 (Selwyn Lloyd)道經開羅和納塞爾會談，適逢一僕人送來一份電報，納塞爾讀後向羅易大笑說道：「我告訴你一件好消息，格拉布帕夏(Geubb Pasha)被免職了。」接着羅易到巴林島去，又被當地阿剌伯人投以石塊(註四)。我們可以想像羅易憤怒的程度。至於法國政府，莫萊與畢諾也是滿腹牢騷。他們兩人自執政以來，卽爲阿爾及利問題作國際佈署，希望作有利的解決，至少緩和共產集團及回教世界的壓力。他們一方面發言指責美國的政策，一度使有些人懷疑他們走了中主立義之途，一方面訪問莫斯科，並且請狄托及尼赫魯來巴黎，待以上賓之禮。三月初畢諾乘參加東南亞公約理事會之便，到開羅和納塞爾會談，後者以「軍人之言」保證不再協助阿爾及利的游擊隊。後來法國政府說他並未遵守諾言。六月間，畢諾去華盛頓卽促美政府注意納塞爾的「兩端行爲」。自此時起法國政府已等待時機想予納塞爾以教訓。蘇彝士運河問題給英法一個機會，以發洩悶氣，並設法挽救他們在中東及非洲的困難局勢。

七月二十九日起，畢諾、羅易及麥飛 (Murphy，美助理國務卿) 在倫敦會談。後來由於英法的要求，杜勒斯於八月一日來倫敦開會。會議結果，由英、美、法三國邀集：澳大利亞、阿比西尼亞、錫蘭、丹麥、西德、希臘、印度、印尼、伊朗、日本、新西蘭、挪威、巴基斯坦、葡萄牙、瑞典、埃及、意大利、荷蘭、西班牙、土耳其、俄國等二十一國出席八月十六日的倫敦會議，以求根據一八八八年十月二十九日君士坦丁堡(Constantinople) 協定所規定的蘇彝士運河的永久自由通航原則，建立運河的國際管理制度。

美國加入英法的聯合行動，頗有些勉強。美國頗不以英法的強烈反應爲然，美國對蘇彝士運河問題的看法與英法頗有些出入，它對這個問題以下列幾點爲基礎而考慮：㈠蘇彝士運河對美國的經濟價值並沒有像對英法那樣重大，如果蘇彝士運河要國際管理，那麼由美國獨家管理的巴拿馬運河豈不是也要國際管理？㈡美國以其反殖民主義的傳統是不能站在英法一邊公然反對埃及、其他阿剌伯民族及非洲土著民族的民族主義運動。㈢阿剌伯及回教民族雖然反共，但若因蘇彝士問題而竟與埃及作戰，則可能迫使回教世界與共產世界合作。爲淵驅魚，這是美國想極力設法避免的。㈣美國總統改選在卽，共和黨政府不願因國際上的麻煩問題給民主黨供給一個良好的競選攻擊的藉口。㈤艾森豪政府極力想維持和平，艾森豪的健康於此也有關係。因此美國在英法與埃及之間左右爲難，對兩方敷衍，引起兩方不滿，同時受兩方的指責。但大體上說，美國是支持英法的，而不滿埃及納塞爾政權，祇是在對付的手段方面與英法不同而已。

八月十三日埃及覆文拒絕參加倫敦會議，而要求另行邀集一八八八年君士坦丁堡協定簽字國及一九五五年運河使用國舉行會議，以求修改該協定及簽訂保障航運自由的新條約，希臘因塞浦露斯島問題拒絕參加，蘇俄支持埃及的行動，要求添加二十一國，並聲明任何國際會議不能推翻埃及的蘇彝士運河國營案。

倫敦蘇彝士運河會議（八月十六日至二十四日）祇有二十二國參加。會議期間蘇俄和印度支持埃及，但印度又作出和事者的姿態，錫蘭與印尼則附和，其餘國家雖意見頗有出入，但大體上一致。會議期間各國代表對解決蘇彝士運河問題提出不同的提案：

㈠西方國家的提案：主張將蘇彝士運河的管理國際化，法國外交部長主張將運河交給一個國際性機構管理，負責規定稅率，推動航運，向埃及繳付稅欵，賠償萬國蘇彝士運河公司，及決定必要投資。杜勒斯的提案則比較委婉些，他主張由埃及及其他運河使用國家成立「蘇彝士運河會議」(Conseil du Canal de Suez)，一方面顧及埃及的主權，一方面顧及使用運河國家的權利。

㈡印度代表梅農 (K. Menon) 的提案：他主張根據一八八八年協定及尊重埃及主權的原則下成立「埃及運河公司」(Corporation Egyptienne) 管理運河，另由運河使用國家成立諮詢會議，以協助該公司。

㈢蘇俄外長謝比諾夫主張另行召開國際性會議，訂立協定，或補充一八八八年協定，在尊重埃及主權下保障運河的航運自由。他並主張先由美英法蘇印度及埃及召開預備會議。

㈣巴格達公約國家的秘密提案：該提案主張成立一個以埃及爲主體的運河公司管理運河，萬國蘇彝士運河的賠償由埃及單獨負責。

大會多數國家根據杜勒斯的提案，並採納巴基斯坦的修正案，宣佈成立十八國宣言[註五]，宣言的要點如下：（A）根據一八八八年協定確保蘇彝士海道運河[註六]的自由航運制度，（B）此制度應：（a）保障有效而穩妥的管理，（b）運河的管理不應受任何一國的政治影響，（c）尊重埃及的主權，（d）埃及應對運河的利用獲得合理的稅收，（e）對萬國蘇彝士運河公司予以適當而公平的賠償，（f）應儘可能減低運河通過稅稅率。（C）根據上述原則，由各國與埃及進行談判，期以下列各點爲內容訂立條約：（a）爲世界貿易及埃及利益計，成立蘇彝士運河會議，埃及將在此會議內於根據運河之良好利用之條件下保有各種權利及便利，其他參加會議的國家則根據運河的使用，貿易，及地理條件予以選定，會議應定期向聯合國報告，（b）任何關於向埃及繳付稅額，對萬國蘇彝士運河公司賠償，或因管理運河而引起的其他爭執，由仲裁委員會解決，（c）規定此機構與聯合國的關係及必要時的修改條約辦法。

十八國並推舉澳大利亞、伊朗、美國、阿比西尼亞、瑞典五國代表向納塞爾陳述上述宣言及解釋各國的意向，必要時並可與埃及進行談判。五國代表由澳大利亞首相孟席士(Menzies)率領。孟席士本希望在日內瓦或羅馬與納塞爾會晤，但是後者却說時局嚴重不能離埃，於是代表團飛往開羅，於九月三日和納塞爾舉行首次會談，至九月五日即發現會談僵局不能打開，不能再談下去。現在納塞爾不再表現七月末那股火氣，態度很和氣，但立場堅定，反對蘇彝士運河的國際化，認爲這是「集體殖民主義」。五國代表談判不得要領，於九月九日飛返倫敦覆命。十日及十一日英法首揆及外長在倫會談，商討對策；會後發表公報說：納塞爾拒絕十八國建議已造成嚴重局勢，英法並決定抵抗任何武斷行動，以保障國際條約義務。圖窮匕見，英法除用武力外似難有轉圜餘地。然而美國却提出一個建議將英法由僵局內拖出來：這便是「蘇彝士運河使用國家協會」的提議。

「蘇彝士運河使用國協會」被當作運河問題解決前的過渡辦法，莫萊說：「該會的目的在雇用領水人員駕駛船隻通過運河，徵取稅欵，並以適當的部分繳送埃及政府。」巴黎和倫敦政界並有人主張先由該會組織試航隊，以測驗埃及的反應。但是在埃及不允許該航隊渡運河的情形下，是否應視爲戰爭的理由？英法政府未予說明。杜勒斯却立刻答覆說：「在此情形下，美國不以大炮打過去，而將改道航行」。這時英國國會下院正在辯論蘇彝士運河問題（九月十二日至十三日），英工黨領袖蓋次克爾 (Gaitskell) 根據英工會聯合大會 (Trades Union Congress) 的決議，要求非經聯合國的許可不得使用武力，他說：「最好大家組織一個使用好望角委員會。」事實上已有幾隻船繞道好望角，然而波斯灣與西歐間的油輪繞航好望角，所增費用甚大，這樣一來，納塞爾固然吃虧，英法等國也不佔便宜。

法國當局及英國政府的言論使參加聯合行動的其他國家感覺不安。尤其是瑞典、丹麥、挪威、西德、意大利認爲英法將因埃及挨絕運河使用國協會船隻渡運河而啓釁，因而對未來的會議並不熱心，有些人認爲英法二國仍想運用十九世紀的作風以維持其大國地位，因而認爲支持此種行動是不智的，這種意見在西德很普遍。因此，法國外長不得不改變論調，說「法國不先動手打人」。在這樣情形下，十八國代表前往倫敦聚會。

倫敦十八國會議（九月十九至二十一日）商討運河使用國協會組織辦法。杜勒斯對該會的組織提出下列辦法：㈠成立蘇彝士運河使用國合作協會，㈡維持運河管理的國際化，㈢就地成立管理小組，維持航運，並與埃及行政當局從事必要接觸，㈣任命執行委員會，如不能通過運河時，則採取代替辦法，例如建造超級油船及油管等等，㈤由參加國先行預籌基金，㈥參加國並無義務強使各該國船隻接受協會的服務，但須承諾盡勸導船主加入協會之責任。

經過各國代表的討論，大家對協會的章程獲致下列的協議：（A）參加倫敦會議的國家及其他接受下述規定的國家均可爲協會會員，（B）協會的目標：①便利蘇彝士運河問題的確切或臨時的解決，並依據一八八八年協定及顧及埃及權利的情況下協助會員國使用運河，②促進運河的安全，良好的運用，及經濟而有效的管理，任何國家如向協會要求服務時，協會得因此設法取得埃及當局的合作，③對非會員國服務，④在問題確切解決前及保留現有權利的情況下，徵收運河過境稅，保管及支配稅收，⑤研究任何有關運河之利用與非利用之新發生事件，並向會員國提出國告，⑥協助解決任何不良利用運河之實際問題，運河已不能充分履行其傳統職責，因此應即行設減少對其依賴，⑦便利運河問題之臨時解決。(C)為達到上述目標：①由各國代表組織會議，設法協調行動，②由此會議產生指導委員會，並賦以適當權柄，③指派行政官一員，彼有權與航運公司締結必要協定，並經過指導委員會的關係，受會議的指揮。(D)任何會員國可於通知退會六十日後退出協會。

第二次倫敦會議後，英法即決定將蘇彝士運河問題提交安全理事會討論，埃及也作同樣請求。安全理事會自十月五日起討論此問題，出席的有英法埃及等七國外交部長。英法外長指責納塞爾破壞條約，要求國際管理運河。埃及外長佛積(Fawzi)辯護埃及立場，並主張：㈠埃及運河管理局與運河使用國家合作；㈡確定徵稅制度以保障使用國家獲得公平待遇；㈢規定以運河稅收的一定比率用於改善運河。蘇俄外長在會中的言論遠較埃及外長的言論為激烈，他極力攻擊西方。美國則極力調和英法和埃及間的歧見。聯合國秘書長為打破僵局，邀請英法埃三外長舉行秘密會議，前後六次。十月十二日三外長卒就蘇彝士運河問題解決的原則獲得下述協議：㈠自由通過蘇彝士運河，不能因政治及技術的觀點施行差別待遇；㈡尊重埃及主權；㈢運河管理不受任何國的政治干預；㈣運河過境稅收費用由埃及與運河使用國協議規定；㈤以稅收的合理部分用於改良運河；㈥萬國蘇彝士運河公司與埃及間的懸案爭端不能解決時由仲裁法庭判決，同時應規定賠償辦法。

英法對上述六原則加一提案，主張由安全理事會邀請英法埃及繼續交換意見，並請求埃及從速表明其提案，以求建立符合上述原則的制度，並予使用國不下於十八國會議所要求之保障。在協議確切成立前運河仍維持現狀。六原則在安全理事會一致通過，但是英法的提案却受蘇俄及南斯拉夫的反對。

蘇彝士運河問題的解決原則雖使法國方面不感滿意，但若無其他事件發生，也可能「大事化小，小事化無」。因為：㈠納塞爾雖不讓步，但他避免正面尋釁。他雖未提出具體議案，但聲稱願和英首相法總理會晤。㈡運河使用國內部意見不一致。十月一日第三次倫敦會議開幕，祇有十五國大使參加，阿比西尼亞、巴基斯坦、及日本均未出席。會議決定由美、英、法、意、伊朗、挪威六國成立指導委員會。並成立小組委員會，經多次討論，規定丹麥駐紐約總領導事 Bartels 任會長。但是關於該會徵收運河通過稅問題，則歧見很大，西德和意大利甚至反對由運河使用國協會徵收。納塞爾則聲言，「該協會若徵收通過稅，則將視為對埃及的敵對行為」。因此蘇彝士運河問題的實際解決被拖延下來。

但是不久發生三件與蘇彝士運河問題無關的大事而使該問題再度成為近東危局的重點：(一)約旦王國內部的危機：約旦王將英人 Glubb 免職後，內部危機日益嚴重。再加上共產黨，埃及及沙地阿剌伯的宣傳活動，使人心動搖。約旦軍中「自由軍官團」秘密活動，頗有效塞爾故智推翻王室的企圖。約旦王不安，便和他的從兄弟，伊拉克王法賽爾 (Faycal) 談判要求伊拉克軍入境保衞，伊方同意，但要求：㈠伊軍不受約旦最高統帥部指揮；㈡約旦「國民保衞軍」二萬人應予以「中立化」，約旦王似已接受。十月十一日以色列因邊境衝突對約旦施行報復，死約旦人數十名。於是伊拉克軍隊三千人集結邊境，準備入約境。以色列表示不安，英政府則極力向其解釋，云此舉並非對付以色列。伊軍本定十月十五日入境，但是約旦內部的親埃及派系予以反對，認為此舉是企圖影響十月二十一日的選舉。伊約雙方代表在阿曼(Amman)經十六小時的談判，決定伊軍「暫不入駐」。事實上是避免內亂及埃及的干預引起戰爭。二十一日約旦大選，親埃派勝利。二十四日更公佈埃及、敘利亞與約旦成立聯合統帥部，由埃及將領任統帥，一旦與以色列戰爭，統帥部即行成立。約旦本是英國支持成立的與國，現在加入埃及集團，此事使英國大為不安。(二)Athos船事件：埃及協助阿爾及利回教民族反法運動是盡人皆知的事，軍火走私也常有報導，但是發現的確證並不太多。十月十七日法國海軍在阿爾及利領海線邊緣捕獲一隻行蹤詭秘的名叫 Athos 的小遊艇，搜獲價值美金一百七十萬元的軍火七十噸。此項軍火於十月四日由埃及亞歷山大港由埃及特務人員載裝，原擬運至接近阿爾及利的摩洛哥境以接濟阿境反法份子。法國截獲此項軍火後，即向埃及嚴重交涉，並限其在十月二十三日以前答覆，因不得要領，遂決定召回駐埃及大使。(三)阿爾及利反法運動五領袖被捕事件：阿爾及利獨立運動領袖多年來居住開羅遙事指揮。十月二十日 Ahmed Ben Bella、Mohammed Khider、Houcine Ait Ahmed、Mohammed Boudiaf、Mostafa Lacheraf 五首要自開羅飛赴摩洛哥，由摩洛哥蘇爾丹在拉巴城公開接見，聲稱支持阿爾及利獨立運動，並願居間調停。此事引起法方不良反應。二十二日摩罕默德五世及 Ben Bella 等五人分別乘飛機赴突尼西亞會晤突總理布爾給巴(Bourguiba)，但是 Ben Bella 等五人所乘的飛機中途為阿爾及利法軍截留，降落於阿爾及爾(Alger)附近機場。五人被捕後，突摩兩國相繼召回駐法大使，法內閣突摩事務政委 Sarary 及法駐突大使 Leuss 也辭職。同時由摩洛哥至中東紛紛發生反法運動。摩國的 Meknès 城暴動，死法人三十餘名。

因上述事件，使法國輿論（共產黨除外）更加反對納塞爾，許多人認為要解決阿爾及利問題，得先打擊納塞爾。十月二十三日夜間法外長畢諾匆匆飛倫敦，與艾登及羅易談論北非及蘇彝士運河問題。當時是否談及容許以色列向埃及進兵一問題，不得而知。但是自十月二十二日起；法海軍自南部都隆(Toulon)基地向東地中海出動。二十九日以色列開始對埃及用兵。國際輿論方面頗認爲以色列此舉是英法鼓動的結果。事實上以色列幾年來受埃及的威脅與騷擾極爲憤怒，以國首都距埃軍陣地祇五十公里，以國爲免除埃及威脅，早欲用兵，祇是英美法等大國不容許而不能如願，現在英法既不阻止，而又認爲蘇俄因匈牙利問題無暇南顧，以政府準備動手，二十七日起即進入戰時狀態，二十九日開戰後，以政府說：「這是一種超過報復，但尚非戰爭的手段」。埃及西奈(Sinai)半島至以國邊境共有兩師埃及軍隊及幾個裝甲單位(等於埃及全部兵力之半)，以軍在不及七天的戰役中，將這部份埃及軍隊全部擊潰，埃軍司令投降，俘埃兵五千人，獲戰車一百輛，軍車一千輛，大砲二百門，全部俘獲物資價值五千萬美金。西奈半島也被以軍佔領。

十月三十日英首相與法總理會晤後，分別在英法國會宣佈對以埃兩國提出最後通牒：㊀要求立即停戰，並限十二小時答覆；㊁以埃軍隊自運河區十六公里地帶撤退；㊂爲保障航運自由，英法暫時佔領蘇彝士(Suez)、伊斯馬里亞(Ismalia)、塞得港(Port Said)。英政府政策在國會以二七〇票對二一八票通過，法國政府則獲三六八票對一八二票的支持。以色列回答英法表示接受，但須埃及同意。而埃及則乾脆拒絕。最後通牒屆滿後十二小時，英法空軍開始轟炸運河區戰略地點。後因法國防部與外交部一再要求，英法傘兵於十二月五日清晨在塞得港附近降落。佔領該城，並向伊斯馬里亞方向推進。

以色列未出兵前，艾森豪已兩度函以總理請其「勿採取危害和平的步驟」。戰爭發生後，美政府立即要求召集安全理事會。十月三十日安全理事會以七票對二票：㊀譴責以色列爲侵略者；㊁要求立即停火。但因英法行使否決權此案不能成立。十一月二日聯合國特別大會以六十四票對五票通過議案，要求停火，次日英法宣佈願在下述條件下「停止在埃及的警察行動」：㊀埃及接受聯合國武力以保障和平；㊁聯合國武力在現地維持和平，以至以色列與阿剌伯國家對和平條件獲得協議及對蘇彝士運河問題獲滿意解決爲止，此兩協定應由聯合國保擔；在聯合國武力達到前，英法軍隊以聯合國名義駐紮埃以軍隊之間。

聯合國武力卽國際警察，由加拿大外長皮爾遜倡議，於十一月五日在聯合國大會以五十七票對零票(蘇俄集團棄權)通過此案，並於七日正式通過成立。此項警察由丹麥、挪威等國軍隊組成，首批已運抵伊斯馬里亞。

近東危局的始作俑者是蘇俄，在以埃戰爭發生之初，蘇俄反應很慎審。及至十一月四日起，蘇俄大規模屠殺匈牙利民族革命份子，同時納塞爾政權岌岌可危時，布加寧突於五日深夜致以、英、法、美四政府首長函。其致以總理函最粗野無理，致英首相法總理函次之。在致以總理函內以消滅以色列相威脅，致英法政府函則暗示將用飛彈等現代化武器。致美政府函則要求「與蘇俄採取合作以終止侵略行動」。同時蘇俄在安全理事會要求英、法、以「在十二小時後停戰，三日後撤出埃及，否則蘇、美將根據憲章第四十二條以海空軍力量支援被侵略者」。此提案僅獲三票贊成，不能成立。

五日深夜，法內閣會議，情形緊張，後知美國支持英、法，反對蘇俄提案，始感心安，自埃及戰爭以來，美、英、法聯合陣線的破裂危機因蘇俄的威脅而消逝。英、法雖駁斥蘇俄的照會，但於六日午後六時半宣佈：自七日零時起停火。因爲「目的已達」。英、法此舉是蘇俄威脅的結果？抑或蘇俄的威脅僅是影響英法決策的一個因子？作者認爲英、法採此決策時尚有下述考慮：㊀國際輿論的反對，尤其是蘇軍在匈牙利大規模行兇後更使人指責英、法的行動；㊁英工黨的反對，保守黨政府內部意見也分歧；㊂美國的壓力，不過英、法宣佈停火在蘇俄最後通牒之後，在回教世界內，蘇俄獲得宣傳的效果。本月十日塔斯社更公佈：『如英、法、以軍隊不自埃及撤退，則蘇俄政府不反對蘇籍「志願兵」前往協助埃及作戰』。美政府態度在大選期間本甚審慎，至此不再緘默。十三日駐歐盟軍統帥Gruenther將軍聲稱：「如蘇俄攻擊任何北大西洋公約國家，將立即獲得美國的報復，而遭受燬滅。」次日艾森豪也聲明：「聯合國應反對任何外籍志願軍進入埃及」。

迄今爲止，近東及世界局勢仍甚嚴重，祇是十一月初所發生的世界大戰的危機轉鬆而已。

四十五年十一月十六日草竣

(註一)　貝洛德的過份親阿剌伯態度頗受人指責，認爲他把敦睦邦交當作主要任務，而將美國利益放在第二位。美國取消援款也受內政的影響，因爲美國的猶太人及南部的棉產州的反對(因爲水閘修成後，將增加埃棉的生產)。同時又有人認爲協助納塞爾完成水閘的不世偉業是否爲一智舉，頗成疑問。

(註二)　納塞爾早已決定將萬國蘇彝士運河公司收歸國營，祇是要等一個適合的時機來公佈而已。

(註三)　運河公司股票現分下列數種：㊀資本股(Action de Capital)共三七八、七六八股，㊁享益股(Action de jouissonce)共四二一、二三二股，此外㊂有創辦人股(Parts de fondateur)十萬份。一九五六年七月二十六日各股票在巴黎股票市場的價格如左：

股票名稱	股票價格(佛朗)	總價格(佛郎)
資本股	92,700	35,111,700,000
享益股	70,900	29,865,300,000
創立人股	76,000	7,600,000,000
合計	—	72,577,000,000

此外萬國蘇彝士運河公司在一九五五年十二月卅一日有資產三百三十億佛郎，負債三十億佛郎。(美金一元折合三百五十佛郎)，至少應有存餘三百億佛郎。

(註四)　參考拙作「回教世界之冷戰」(自由中國第十四卷第八期)

(註五)　西班牙代表在會中宣稱如埃及接受宣言內容，則西班牙亦附和該宣言，因此有許多人稱此宣言爲十七國宣言。西班牙的外交一向是親阿剌伯的。

(註六)　一八六六年二月二十二日埃及總督(當時埃及是土耳其帝國的一部分)法令給予萬國蘇彝士運河九十九年的運河經營權，條文中稱「蘇彝士海道運河」。現在引用此名稱以區別於巴拿馬運河，因巴拿馬運河一部分利用湖泊有淡水在內。

泰馬邊防會議記詳

泰南勿洞航訊・十月四日

蘇平

由於馬來亞在明年行將全面獨立，馬來亞聯合邦首席部長東姑・押都拉，曼為了急求安內，所以在十月四日，他以聯合邦防務作戰部部長的身份，選定泰南的勿洞(Betong)與泰國警察總監乃炮上將，舉行非正式會議，商討如何肅清以勿洞為馬共總部所在地的三百八十餘名馬共份子，其中包括了馬共書記長陳平。

東姑與乃炮會晤的地點是在勿洞縣政府內，他們在舉行非正式會談前，先由泰警一隊，在勿洞山區，向一個長滿了原始森林的山嶺，進行剿共戰爭，在場參觀的有星加坡與曼谷趕往的各國記者數十人，演來果真頗為熱鬧。事後他們二人選了一個僻靜之處，經過數小時之商談，才修正了二年前所簽訂之泰馬邊境作戰協定。

在一個聯合記者招待會中，雙方同意今後在泰馬邊境實施更強大之作戰，以打擊馬共。東姑透露稱：馬來亞已決定派遣更多之警察作戰部隊，前往邊境作戰，現時在邊境作戰之實力約為七百人。乃炮上將宣佈：泰方將設立義勇防衛團，駐於邊境各新村中，彼等之裝配與訓練，和軍隊一樣，並請馬來亞派出訓練軍官，來訓練他們。關於上述泰方之要求，東姑稱：「吾人將派出所有泰方所需之有關軍官。二年前泰馬簽訂之聯防協約，會議定多項措施，以打擊馬共，但有許多項目，迄今尚未執行。但今日之會議中已一一解決。」

東姑答覆泰國之記者稱，現時約有二千五百至二千七百名之馬共份子。聯合邦每年動用於戡亂之戰費達叻幣二億五千萬元。在明年聯合邦獨立時固難以預料馬共份子是否可以全部消滅。東姑指出倘彼等出來作戰，吾人有力量可以一舉滅之，但彼等非常狡滑，他們有廣大之森林，可以躲藏。

在乃炮上將的口吻中，他似乎很不高興馬來亞方面指責馬共總部是在泰國境內的勿洞的山中。他說：「我不相信陳平總部是在泰國境內，我也不相信陳平是在泰境，關於這一點，過去我早告訴馬來亞的英國官員。我也曾指出陳平的財源是星加坡。」乃炮又說：「我的情報指出在泰國境內之馬共祇有一百五十人。泰國對付馬共，實在難以應付，因為他們都是平民打扮，從不生事從亂。雖然如此，但是當泰國警察一發覺有馬共嫌疑份子，即將彼等交聯合邦發落，二年來已有六十名馬共份子移交馬來亞政府。」

關於聯合邦警察的人數，東姑答覆曼谷泰文日報之記者稱：「全聯合邦有警察四萬七千人，每十三人中即佔有一名警察，亦可說聯合邦警察的人數比世界任何一國多。」又有一位記者詢問東姑，在邊境剿共為何不用大炮轟擊，東姑笑稱：「這種行為等於向泰國宣戰，而馬來亞是需要朋友的幫助獲得獨立。」乃炮聞言，亦仰首大笑。

會議的內容仍是非常守秘的。據記者從關係方面探悉東姑與乃炮所討論的範圍，包括下列數點：㊀如何擴大泰馬協訂。㊁東姑將向泰國建議，請曼谷當局利用政治壓力，規勸在泰境內之馬共投誠。㊂希望泰政府能同意允許馬來亞保安隊，在必要時開入泰境，在規定之地區內，進行轟炸營塞及追緝馬共之工作。

關於這三項建議，相信一二兩項已為曼谷當局接受，但第三項似已為乃炮婉拒，所以才同意由馬來亞派軍官來訓練泰國的義勇防衛團。這是因為泰國拿不出森林作戰的部隊，所以才同意由馬來亞派軍官來訓練。

參加與東姑及乃炮會談的人士，馬來亞方面有警察總監卡波勒，情報部主任麥拉，及三軍之代表。而泰國方面亦派有警察方面的海陸空三警代表(按泰國警察分海陸空三種)。

今日(十月四日)勿洞市區，到處飄揚泰國及聯合邦之旗幟，居民成羣結隊，爭睹東姑之豐采。市區中心並建立若干牌樓，歡迎東姑。

由於泰馬邊防會議在勿洞舉行，於是勿洞也便一夜成名了。關於勿洞這個小山城，而今大家都視為是馬共的延安。勿洞人口有二萬多名，分中、泰印三個民族，其中華僑要佔一萬二千左右。

在一萬二千名華僑中，以廣西人和客人佔最大多數。勿洞市上有一間華僑中學，學生人數數千餘人，還有許多適齡的學生，無學校可進，這個情形很嚴重。學校中不讀英文，僅讀中文與泰文。前年一度讀泰文、禁止中文，於是許多華校學生紛紛進入森林中馬共所辦的中華學校，這樣才使曼谷當局著慌，於是又繼續讀中文，中文與泰文，每週同為八小時。

勿洞的地形是與高烏、仁丹、華玲，取四方形狀。地勢險要，多高山峻嶺，原始森林。如果陳平選此地為馬共總部，實在是個理想的據點，因以其地勢言，退可守，進可攻。根據勿洞市上的店員說，馬共總部乃在勿洞郊外四五英里的鄉村和樹膠園中。他們經常出入於勿洞市區。且陳平也有時穿了便裝，前來勿洞購物就醫，也有不少人見過陳平。說他對待村人及店員，十分和氣。他那個樹膠園內的膠工，都非常擁護陳平。

勿洞沒有中國領事，乃一大奇事，以一個有一萬二千名華僑的城，不設一個領事，也應該設一個副領事，以照顧當地華僑的利益。這一點頗希望外交部能注意。記者同許多華僑接觸，他們對於臺灣的情形十分隔膜，因此青年學生大多非常左傾。在這種真空狀態中，共方宣傳最容易打進去。僑務方面也沒有人注意過這個小地方。由於過去根本也沒有人知道這個地方，所以大家也不注意它，但今後不能忽略了。因為這個地方不像星馬，不能掛中國旗，此地是屬於泰國，中泰邦交不壞，我們是可以在這裏做一番事情的。(十月四日夜於泰馬邊境之勿洞，五日在吡叻高烏航郵。)

談戴樂美

趙世洵

（一）

英國喬治時代詩人戴樂美（Walter De La Mare 1873-1956）於本年六月廿二日，僅得疾一天，而壽終於倫敦郊外都威根亭（Twickenham）寓所中。享年八十三歲。

戴樂美是當代英國一位了不起的兒童詩詩人、散文家及小說家。他的聲名，在英國文壇上似乎趕不上蕭伯納或伊利渥特（T．S．Eliot），但他五十年間在英國文學史上亦有他特有的地位與名望。

戴樂美以五十年的時光，致力於寫詩，寫散文，寫小說，在寫作生命上說，不算不長了。他寫的詩，具有奇特的神秘感，兒童的天眞的幻念，而且用字美妙。嚴格的說來，他是長於抒情詩的。他詩文的產量，終其一生，不爲不多。但他最特長的，乃是在用字方面，非常考究。在靈感的運用方面，够得上超潔，在組織方面，够得上精密。

戴樂美作品的普及性，當然趕不上蕭伯納或毛姆或漢明威，但他對於現代的影響，尤其是少年這一代，不但不小，且具有啓發之潛在力。近年來大家都認爲他有醒世的哲學，他用兒童的眼光來看世界。小泉八雲說過：「兒童比較成人更能觀察事物，藝術家的觀察和小孩一樣……因爲他們看到的都是眞理。」（見東京北星堂出版之小泉八雲手著英文本「文學論」第七十八頁第一段。主題爲「論文章」）。如果你唸了戴樂美的作品，躺在椅中，閉目冥思，你會察覺他是「一顆具有芳香智慧和創造力的聖星」（A divine star of sweet wit and invention）。

他是一個普通的常人。生活上沒有什麼特出。他沒有司馬遷或漢明威，行萬里路看名山大川的經驗。他的詩文中沒有沉船、海嘯、森林着火，或午夜警報……等的描述。他所述及的事物，僅是非常普通的行雲，流水，鳥語，花香而已。

戴樂美是在一八七三年四月廿五日生於坎特郡的卡爾登城。父名詹姆。其先人原是屬於法國耶穌新教徒這一派。母親是蘇格蘭人，他年幼時攻讀於聖保羅大寺的唱詩班學校。年甫十六，乃入英美油公司倫敦辦事處爲職員。他在該公司服務了整整廿年。至三十五歲才開始脫離該公司，賴賣文爲生。然而在這廿年中，他常常在雜誌上投稿。當時他投稿的雜誌計有"Black & White"，"The Sketch"，"The Pall Mall Gazette"等。那個時候，他以寫作爲副業。至一九〇二年，英國「長人書店」(Longmans) 出版了他寫的「兒童時代的歌曲」(Songs of Childhood)，那時他採用"Walter Ramal"的筆名。但這本書，在初問世時，並沒有受到人們的注意。後來才漸漸爲人發現。

及一九〇八年，他辭去英美油公司之職之後，他的名望才一天一天大起來。那時報章雜誌不及現在那樣多，且賣文章的人，大家都有自己的「地盤」，投稿頗不容易。以後的三十年那一段時間中，他寫了許多詩文，他的作品散見於英美各大報章雜誌上。他曾應邀赴美國講學，而近年來他自己便被人們作爲講學的專題。英美許多大學都專門開了一科，來研究戴樂美。

（二）

在一九〇二年他出版了「兒童時代的歌曲」時，相信他也寫了許多短篇小說，這些短篇小說都是在很久以前，刋行於許多連他自己都記不清楚的雜誌上面，這許多雜誌或已停刋。因此，我們現在能斷定的他的第一部作品，是在一九〇四年出版的「亨利、鮑樂根」(Henry Brocken)。這完全是「一本沒有文飾的浪漫史」。繼之而起者有「叮噹之鐘」(Ding Dong Bell 一九二四年出版）及「荒島」(Desert Islands 一九三〇年出版）。「亨利、鮑樂根」雖然有許多描述非常美麗動人的片斷，但大體上不算完全成功的作品。

「亨利、鮑樂根」一書中講主角亨利有一天騎上了他叔父的馬，遠離家鄉，在路上回憶他死去的雙親和他姑母蘇斐雅的仁慈。我們讀這本書會感覺他的旅行經驗不是我們日常生活中的，幾乎有些像圖書館裏的味道。因爲書中描述太古舊，許多用字，不適合現代的口吻。讀之如入五里霧中。這一本書我們只能當作散文唸，因爲文中有許多單獨的美妙敘述。結構上完全不成熟，這二百頁的敘述中有許多是浪費的。至於「叮噹之鐘」，在一九二四年版本中，是包括了三篇摘記（或說短篇小說亦未嘗不可），最近版本中把他在美國出版的「陌生者與香客」(Strangers & Pilgrims 一九三六年問世）也包括進去。所以該說共有四篇作品。其中談到，有一個女人，在鄉下車站上候車，忽然遇見一個老者，他帶她去看坟場上許多奇奇怪怪的石頭，於是又大談詩韻；也談到兩個愛人，在一個夏天的夜晚，迷了路，於是轉入到坟場內，借着月光，仔細去唸那墓誌銘；也談到一個失意的男子，在一個寒冷的正月裏一日中，徘徊在坟場追悔着他的以往。這短短不足八十頁的一本書，談着人間的生死。這談不上是好的小說，也只能作爲遊記或筆錄看，但其中含有不減的眞理，文筆非常高潔和優美。例如：

> 我們寒冷而抑鬱，又坐下來等待黎明。晨曦淸明的光輝，使黑夜的記憶黯然失色，斜射的蒼白的金光，照亮了我們脚下一塊奇形怪狀的小石，那小石幾乎完全隱藏在荆棘中：
>
> 現在切莫作聲

一個孩子正酣睡
在這小小的搖藍裏，
在這一片濃蔭中。
語言具有一種奇妙的不可思議的力量。現在，在記憶中，我彷彿眞能記起嬰兒的小臉，戴着一頂綢邊的白帽，冷靜的，像一塊小石。

（三）

到了一九一〇年他又出版了兩本書，一本是「三個高貴的猴子」(The Three Royal Monkeys)，另一本是「歸來」(The Return)。在這兩本書中，我們可以看出他的寫作技巧，已經達到成熟之境。

「三個高貴的猴子」一書，最先出版的時候，書名是寫作"The Three Mulla-Mulgars"。是一本兒童讀物，尤其是適合於從十歲至十四歲年齡的兒童。其實成年人也一樣可以唸，因爲不但文筆淺易近人，而且有深入淺出之妙。「三個高貴的猴子」一書是敍述一羣流浪的猴子的故事。在故事展開的時候，他們的母猴忽然死去，因此他們兄弟三人乃到一個很遠很遠的地方去尋找他們的叔父。於是在旅程上遇見許多驚險，正如唐僧赴西域取經途中遇見許多鬼怪。最後他們三人竟然進入叔父所居之天堂。這個故事，根本談不上結構，但在人物的造形與描摹上，功夫甚深。書中三個猴子，尤其是最小的弟弟諾德 (Nod)，凡其一言一行，莫不似個猴子，就像我們看西遊記的孫悟空一樣，就宛似一個猴子。這本作品，結構雖不好，但在寫作技巧上已較「亨利、鮑樂根」更爲成熟，用字方面，更爲精鍊。唸起來頗具詩意，像散文詩。

從「三個高貴的猴子」一書中，使我們可以看出，作者在散文方面，確有他的天才，但可惜他沒有把天才完全發揮出來。他最早時代寫的短篇小說，對作者本身來說，實在是等於自己在作練習，他雖有天才，但他的天才是從「旦旦而伐之」的訓練中滋長起來的。「三個尊貴的猴子」原是兒童讀物，本來可以唸給兒童聽的，但書中的哲理，決非一般兒童可以一目了然，或一聽明白；因此也有人此篇批評文字雖美，但用意太深，不能爲一般兒童接受，所以稱不上是一本良好的讀物。這是「仁者見仁，智者見智」的看法。

戴氏早年時代最成功的一部作品，該是算「歸來」。這應該算是一本小說，不但有結構，且亦有章回。這個故事中的主角，名叫阿叟、陸福得(Arthur Lawford)，是一個神經過敏，優柔寡斷的人，他有一天忽然倒在坟場裏一個自殺者的坟墓之旁，而呼呼睡去。當他正在濃睡之時，自殺之魔企圖附在他身上，而且相當迷了他一個時候。這時作者以最深刻動人的筆調描寫陸福得的內在的掙扎。他認爲此時最能協助他的，乃是在坟場旁邊的他的弟弟，妹妹和他心愛的女兒，連他妻子與朋友，似乎都無法助他一臂。陸福得最後只好呼救於神，藉着神的力量與魔鬼博鬪，在結尾時，充滿了宗教氣息。這篇作品表示作者是一個高度的個人主義者。這個故事在氣氛上，寫得很陰森，很像吉柏齡的「路到盡頭」(At the End of the Passage)與「同舟」(In the Same Boat)。

（四）

從一九〇二年至一九二一年間，戴樂美的作品，幾乎一大半的力量集中在寫詩上，但除了批評文章，他還靜悄悄底寫了許多短篇小說。

他寫小說，其實比做詩的時間還要久。如果說他寫詩具有五十年之經驗，那末他寫小說比寫詩早了十年，該有六十年經驗了。他的小說，具有一個特點：這許多小說都不是很快寫成的，決不是爲了投稿換錢一氣呵成的作品。每一篇小說，在其文字上，都經過他用過一番功夫，如果你細心唸去，充滿了詩意，使讀者感到，不論其小說之短長，猶如一篇美麗的詩篇。他的短篇小說是具有輕妙的氣氛與意念，在文字運用方面，可謂巧奪天工。

他的短篇小說在六十年間，僅有六十篇左右，換言之，等於一年寫一篇。他比較短的一篇短篇小說，名叫「謎語」(The Riddle)。故事中指出七個孩子和他們祖母住在一起，祖母教孫兒們高興嬉游，只是警告他們不可到那隔壁的大房間中去玩，因爲那裏有一個很大的古老的橡木箱子。可是日子久了，這批小孩子忽然忘却了祖母的警告，有一天居然走進了這間大房，便爬進箱子，最後，他們一個個都被箱子吞沒下去了。作者把這個故事寫成一個悲劇。「謎語」行文優美，雖然沒有押韻，但它是詩，具有詩的意境。如果在黃昏散步於林內，在日出的海上，在午夜的小樓一角中……讀「謎語」，宛如自身雲游於幻境中。因此這一種短篇小說，英國文學批評者名之爲「戴樂美的短篇小說」，俱有其獨特的優美風格。

他另一篇短篇小說「碧軒」(The Green Room)便是戴樂美典型的鬼怪小說。這裏的鬼怪老是可望而不可及的。忽隱忽現，如怨如訴。可是在「房屋」(The House) 這一篇短篇小說中，他筆下的鬼怪，比較具體了。這是一個女鬼。說明她出現後，拿了一個袋囊，然後隱而不見。

除此以外，「在森林之中」(In the Forest)，也是一本成功的小說。作者用一個兒童爲書中之主角，以兒童的天眞的觀察，寫出人世間的變幻。此書的好處，乃是一個「眞」字。其次便算是「號角」(The Trumpet) 這篇短篇小說了。許多文學批評家認爲「號角」是戴樂美一生中最完美的一篇小說，它風行於英、美、南非、澳洲以及其他地區，迄今仍爲世界許多讀者欣賞着。

戴氏的許多小說在結構上面，幾乎是大同小異。他筆下的特點幾乎全是兒童，古老時代許多歐洲的古老童話的翻版，古屋，山溪等。至於描寫到愛情這一方面——每一個作家都逃不了的——戴氏與衆不同，他祇是輕描淡寫的帶過去，反而使讀者另有回味。例如在他寫的「乍見之下」(At First Sight)，凡是筆觸到這一方面，他能控制住那一種罕有的美感。這一種筆法，在他的前人，如史長甫德(Swift)及吉卜齡(Kipling)，都是常用的。

關於戴氏的散文，如今算來，可算不多。他的散文雖然讀之如詩，然而在形式上說，是有好幾種，例如書前的序言，對某人的讚詞演說稿，以及文學批評等。

（五）

如果我們要研究戴樂美的詩，應該從他幾本詩集着手。這六本詩集可以說代表了他一生的詩的結晶。第一是「詩集」(Collected Poems)，在這本集子中是通常一般性的詩，一直收集到一九四二年的作品；第二，「詩歌韻文集」(Collected Rhymes and Verses)，在這本集子中全是兒童詩歌，一直收集到一九四四年；第三，「發熱的杯子」(The Burning Glass 一九四五年出版)；第四，「內在的伴侶」(Inward Companion 一九五〇年出版)；第五，「旅客」(The Traveller 一九四六年出版)及第六，「飛行兵車」(Winged Chariot 一九五一年出版)。

「旅客」與「飛行兵車」是兩首長詩，是屬於敍事與記述性質的。這六本詩集中，戴氏一生的精華乃在第二本「詩歌韻文集」之中，這是他的代表作。

戴氏寫的抒情詩，都是很短的幾句而已。靜的時候，眞彷彿一點聲音也聽不見；可是在激動的時候，眞如萬馬奔騰。例如他的(Nod)，使人讀了便有一種萬籟俱寂的奇妙的感覺。茲擇譯其中一二節如次：

他的羊羣勝過日午的玫瑰，
然而，當黑夜的陰影降臨，
他瞎了眼的看羊狗雖立刻睡着了，
　也不會迷失一頭羊。
他是在夢鄉裏安靜的懸崖上走，
沿着無愁河，
他的羊鈴在綴滿星星的拱頂下，
奏着「安息吧，安息，再安息」。

倫敦有一位文學批評家名叫坎尼斯・赫布金斯(Kenneth Hopkins)，認爲戴樂美詩內的情景，原是十分普通，他的詩題，每每脫離不了「黃昏」、「初晨」、「年老」、「夢者」、「夜行人」、「童眠」、……等，這些題目中的情景，每個詩人都能意會得到，但是戴氏對於這種題目，却是用一個兒童的純眞眼光來看萬物的。

戴氏寫了許多童話詩，詩裏有許多小動物，如貓、狗、羊、驢……等。他處理這些小動物，從不把它們當作非人類，而是當作同類來看。例如他的「驢子」(The Donkey)便是。

戴樂美是一個苦鍊的詩人。他的詩每每不斷的修改的。一九二〇年出版的詩和以後出版的詩，常常會發現有幾個字被他刪除，或者有幾個字爲他增加上去。這是常見的事。

許多英國婦孺喜歡讀他的短詩，也正好似我國人多能吟：「……擧首望明月，低頭思故鄉。」一樣。我淸楚記得在兒時，坐在老祖母的膝上，老祖母口授我誦唐詩。因爲唐詩通俗容易唸上口。戴氏的詩便具有這種特點，特別是許多兒童詩。他的詩確是具有深入淺出的哲理。

英國喬治時代的詩人該數戴維詩 (W. H. Davies)，吉卜森(Wilfrid Gibson)、卜蘭頓(Edmund Blunden 按卜氏曾於戰後執敎東京大學一九五三年復執敎香港大學)及戴樂美四人。然而這四人中間，用字最考究的還算是戴樂美了。

新秋

夏菁

經過了春天彩色的炫惑，
　夏日如焚的熱情，
這世界已開始嚮往於淸淡，
　那種理智的冷靜。
天空變得像沉思的眸子，
　如此地幽邃出神；
昔日流盼的雲朶已無心出岫，
　早晚更一片澄淸。
蘆草在郊外高擧出擊的白矛，
　炎夏正節節敗陣。
我們意識到紅日在呼呼遠去，
　而皓月則姍姍來近。
不久，樹林將消瘦、蒼白，
　山色會日益莊重。
樸素漸代替濃艷的色調，
　除却寂寞的楓紅。
視覺的世界已大不如前，
　唯聞唧唧的蟲鳴，
現在正好定下來內視或返照，
　從我們瑩澈的潭心。

斜暉

（六續）

孟瑤

十

我開始完全了解這一個家庭的故事，只有致中與彥珊之間的眞實關係除外。

我沒有忘記柳塘對我的提醒，他叫我不要使別人知道我們十年前已經相識的往事，他似乎更不願意當彥珊在家的時候與我見面，我明白他是在防範什麼，這內容他始終還對我保守着秘密，只是我必須依從他。於是，雖然我們都非常願意閒坐聊天，但是，當彥珊在家的時候，我不得不努力克制着。幾乎是，不經呼喚，我從不輕進他的屋子，而事實上，他也從不肯呼喚我。

於是，又是一串尋覓終日，無所事事的無聊歲月環繞着我。

彥珊對於我，特別存有戒心，那一對可怕的眼睛，隨時向我掃射着，像兩排最有利的武器，找尋我的要害，急欲一擊致死。這使我不得不躲開她，最後，甚至於連出房門的勇氣也沒有；在她冷嚴的監視下，我失去了思想與行動的自主，這使我很痛苦。逐漸，我精神上所感到的不安，甚至於使我覺得，就是避開與他見面，獨自靜坐在室內，我也會感到門邊鎖孔裏，一定有她那隻冷箭似的眼睛。這種無明迫害，使人難於忍受。

我再度感到寂寞，最難排遣的，莫過於那斜暉滿室，或細雨濛濛的黃昏。

這裏的晚飯很早，飯後離天黑還有很長一段時間等待消磨，鄉間沒有電燈，油燈用於這陰森的別墅，特別幽黯，我不耐這光線，也不耐這氣氛，經常我總須想辦法躲開它們。

這天飯後，時間顯得更早一些，室內踱蹀，意緒無聊，我披衣而出，告訴老高晚一些鎖院門，我要去海濱作一較長時間的逗留。海濱的冷空氣使我打了一個寒噤，黃昏的光線漸漸黯弱下來，這薄暮的淒涼，使我心怯於這孤獨的散步。好像這應該是人們炫示自己成就的最好時光！一日的工作完了，這時該闔上那美滿的工作成績，輕舒身手，漫步於暮色中，以圖恢復這一日來的疲勞；或者，那已滿足於家庭幸福的人，伴妻携兒，徜徉於這淡淡的夜色中，感嘆着他們的幸福與滿足；或者，正在追尋愛情美夢的戀人，在這詩一般的畫境中，併肩携手，冷靜地消化着彼此間的獲得！……我一樣也不是，人生的旅程，一半已經過去，沿途，我一無所獲，不要說去取得一花一葉，就是那座我所愛的園地，如今連徘徊觀賞的權利都被褫奪了。柳塘是我能夠聊天的朋友，但沒有精神自由的領空，那感情的羽翼，便無法展翅。

我拉了一拉薄外衣的領子，兩手緊裹住衣襟，輕哨着，獨自從斜坡上走了下去，我不知道我該走到哪裏去，我出來散步沒有目的，一如我的人生沒有目的一樣。順着薄暮的光彩，我在淺灘的石堆上痴坐半晌，忽然思念一動，我想到那岩洞，即或裏面有鬼吧，趁這薄暮，趁這寂寞的心情，我不反對與他們互相交換一下冷漠與無聲的友誼。於是我立刻站起來把脚步轉向右邊，向那滑溼的，嶙峋的岩洞路上走去，不知因爲什麼，我毫無恐懼，逼近那岩洞，洞口並不大，我俯身而入，裏面很幽暗很潮溼，一陣陰森空氣襲來，我來時的膽量縮回了一半，我強自鎮定着，挺了一挺胸，再進前一步，臉上碰着了那牆邊蛛網，我用手拂去它，石壁縫間的凛冽水珠又滴到了我的臉上，引起我一陣澈骨的寒慄，渾身發着抖，我膽怯地想即刻退出，却已驚動了靜處的蝙蝠，牠們開始吱吱地叫着，環繞着我飛舞，我不敢稍動，因爲我怕觸摸到那冰冷的身體與毛茸的雙翅，我伏下身去，那正是一塊相當平滑的石頭，我不知道這一塊石頭爲什麼沒有塵土也沒有青苔，它一點也沒有被冷落的痕跡，我不覺俯身而臥，環境加深了我的悲哀，新愁舊恨，蠭擁而來，我哭了，哭得很傷心，在這裏，我可以縱聲不顧，明知道不會有人關切我，但是，至少也不會打擾別人，要想眞正隱蔽自己，這倒眞是一個理想的好所在。

近數日的心情特別不能平靜，是什麼東西在打擾我呢？我在尋覓，我在找尋，我覺得我依然空無所有。

這恐怖的環境我漸漸能適應了一些，黑暗中我漸漸能看見一點東西，除了我所坐的這塊平滑的石頭外，這個洞還很深，但路險難行，我雖沒有碰到鬼，却也不敢繼續探尋，感情平息了一些，怯懼便又代替了它的位置，我不敢再耽擱，便匆忙地從裏面退出，我依然走向海灘，夜寒襲人，我不敢久停，在星光的護送下，微風的關切中，我又孤獨地走了回來。進院門，那忠誠的老高已經等得不耐煩了，嘴裏嘰咕着：「這樣晚了，也不怕鬼，太太知道了，一定又會罵我爲什麼這樣晚還放你出門！」

我沒有理他，低着頭，渾身發着寒噤，快步地往屋裏走。別墅最壞的習慣，就是經常不燃路燈，據那憨直的鄉下人說，這是太太的命令，她因爲入夜以後沒有人再在室外活動，所以把這一筆不足道的費用節省了下來。我摸索到別墅的後門，剛轉身到樓梯口的時候，我忽然發現彥珊靜立在那陰黯的角落裏，大廳本是一片黑漆，不易被誰看見什麼，不過，我剛從陰寂的岩洞來，瞳孔還正放大着，我能清楚地發現，她睜着一對亮眼睛，像一隻午夜捕鼠的貓，眸子在黑暗中閃閃發光，她驚嚇了我，實在比陰森的岩洞中的鬼怪還更可怕一些，我幾乎尖叫起來，但我又想到她獨自靜立在那裏，一定在窺伺什麼，不想被人知道，於是，我極快地又使自己力持鎮靜，像沒有發現什麼一樣，努力放緩脚步，輕悄地，目無所睹地，走上樓去。進了房門，鑽進被窩，我再也止不住齒牙交戰，四肢發抖，恐懼，感傷，淒涼，以及一份無法分析的孤獨之感，羣襲心頭，我又哭了，接着發起可怕的寒熱，於是，我病了。

一整個白日過去，我被難耐的高燒痛苦着，因痛苦而呻吟，因痛苦而不思飲食，這在一個比墓地還安靜的別墅裏不會不被人知道的，但是，竟然沒有誰來理我，對於一個陌生人，我不要求眞心的關照與看護，但是屬於一種禮貌上的探視與殷勤都沒有，我的自尊心上便又忍受一種比疾病更痛苦的難堪。我本該無所貪戀，既然這樣的不被接待，等到我能走動的時候，應該襆被離去了。

就在來平城以前，我曾大病過，我滿懷着被欺騙被羞辱的情緒，徘徊在命運的死谷裏，但我畢竟在家人的環侍中被救了出來，比起這一次病中的被冷淡，我寧可很快地死去。

黃昏過去，夜又深了，我無法入睡，腦脹欲裂，脣乾舌焦，哪怕是卽刻死去，我也應該先喝一口水，但是，那一位傻大姐因爲我不要吃飯，連送水的責任也推卸了，桌上水瓶中是不是有一些剩水？它又離開我那樣遠。心緒是如此地難堪，外面又不是一個很好的天氣，雖然只是下着濛濛細雨，但微雨敲窗，涼風起處，海浪不斷地在淺灘上輕拍着，響起一串一串哀怨的調子，向我壓抑，向我低訴，揚起我一串不能哭又不能喊的悲哀。桌上的燈沒有誰來點燃它，室內一片黑暗，只有遠處探照燈的光線經常地在室內輕掠一周，也是那樣的單調與固執，我現在沒有一點奢望，只想喝一點水，是的，那怕只一口；但，這也必得我從床上爬起來才能取到，於是我掙扎着從床上起來，剛一移步，一陣眼黑，我匍匐到地下，半天爬不起來，我感傷自棄，不斷地向自己詛咒着：「凍死吧！病死吧！摔死吧！你本不應該再活下去。」於是，眼淚像失去河床的水，縱橫泛濫着。

不久，我聽見了脚步聲，是鬼怪嗎？我又不覺恐懼緊張起來，它響自樓下，比窗外的雨點疏落，比淺灘邊的輕浪沉重，我想起這鬧鬼的屋子，我渾身痙攣而癱瘓，想爬起來逃到被窩裡竟都不可能了。這脚步似乎在樓下柳塘的屋裡，又似乎在空落的大廳裏，又似乎在樓梯口附近，終於，像是在我門外徘徊了。我立刻變成了一個待決的死囚，轉瞬間，我雖活着，却早麻木；我雖呼吸着，生命却早已停止了。我想伸過手去抓住床脚，必要時我得反抗，我不顧死在魘鬼可怕的爪牙下。最後，門軸在那裏響了，這輕微的響聲在我耳邊變成了巨雷，霎時間我被炸成了粉碎。

「丙慧，是我，我可以進來嗎？」

天！原來是柳塘，他竟摸索着上樓了，他站在門外，那低柔的聲音中充滿了關切。

「你進來！」我掙扎着，我迫切地需要着幫助：「快呀！」

他進來了，外面探照燈的光彩剛好進入室內，從西面的窗檽透射，掠過柳塘蒼白色的臉上，他肌肉緊張着，一對失神的眼睛，痴痴地望着前面，我匍匐向前，一把抓住他向前摸索着的手。

「丙慧，」他拉緊我的手，走到我的面前，俯身輕問：「你摔倒了嗎？我知道你病了一天。」

他幫助我上了床，待他坐定，我毫無辦法地伏在他的膝上哭了。

「不要難受，」他輕喃着：「我知道你病了，但是，我必須使別人不知道我在關心你，而且我的眼睛……唉！我終於還是上來了！」

我沒有辦法再遏止我感情的奔流，我像一個失侶孤雁又找到她的舊友，我不僅不寂寞，而且一切都有仰仗了，病中，我的感情脆弱，多日鬱積，於頃刻間都傾洩出來，明知這傾洩是值得批評的，但貧乏的力量，却無法收勒住它。

「不要難受，你還發着燒啦！」他撫慰着我：「你需要什麼，快告訴我！」

「這是你們府上的 待客之道呀！」我憤怒着：「我病死在床上也不會有人知道的，連茶水也沒有人管。」

「不要生氣，你將來會得到補償的，將來一定！」他撫慰我：「你要茶水是不是？」

「心都要燒焦了，」我的眼睛潮潤着：「我難受。」

「是的，我給你拿，」柳塘把我扶到床上躺下，站起來：「哦，水，你告訴我是不是桌上就有？這間房子我很熟，是不是靠前面窗口有一張桌子，水瓶就放在上面？」

「是的！」看到他失明的倉皇，我不禁惻然：「我從來這裏，就沒有改變過這室內的佈置。」

「那就好了！」他說着，摸索到前面去，小心謹愼地從桌上的水瓶中倒滿一杯水，再慢慢地走過來，遞到我的手中，不知因爲是病中的軟弱，還是情緒的凌亂，我的雙手顫慄，捧不穩手中的杯子，裏面的水潑了出來，一如我方才無知的感情一樣，做着一種可厭的泛溢。

「我知道你病了，聽到過你的呻吟，明白你是受了一些外感，這裏的空氣又濕又冷，你剛來這裏，常會感到不習慣的！」他這樣說着，又從口袋裏掏出一個小瓶，先倒出兩粒藥丸，遞到我的手中說：「這是藥片，你先吃這兩粒，以後每隔四小時一次，明天以後，你的熱度可以退清了，我不會再來看你，你好好靜養吧！」

我的情緒依然沒有平靜，柳塘接過我手中的杯子，突然像發現什麼，問：「你去峭壁下面的岩洞了嗎？」

我吃了一驚，我不知是什麼東西引起他的敏感，還是一些無根的猜疑，於是我反而問他：「你怎麼知道！」

他猶豫着，竭力使他自己平靜，說：「我不過是猜猜，你只告訴我是不是？」

「是的！」

「以後少去，不，根本不要去！」他說：「那裏不好，會中病的！」

我沒有再說什麼，抹去淚水，躺了下去，我用被蒙住頭。柳塘沒有卽刻離去，我知道；我們默沉着，大地亦無言。但，濛雨似的感情，海浪似的心聲，它不需要語言來傳遞。探照燈的光芒，有規則地明暗着，告訴我時間的移去。我許久沒有動，連呼吸也被壓抑着；我希望我的一切被凍結，像水被冷空氣結成冰一樣。柳塘以爲我睡着了，爲我輕輕地掖好被子，然後像每一個盲者想明瞭他要知道的事物一樣，他伸出雙手，遲緩而輕巧地，從我的頭髮起，而前額，而眼睛，鼻峰，兩頰，雙唇，下頷以及整個輪廓……輕緩地，輕緩地摸着，半天，又把那發抖的嘴唇輕吻到我的前額上，半晌，又輕輕地移去……結束它的，是一聲嘆息。

闔門聲緩緩地送進了我的耳鼓。

他獨自摸索着下了樓，我的內心十分不安，也許彥珊正伏伺在那樓梯口邊，閃爍着那一對夜貓似的眼睛；而柳塘，在黑暗中，伸出雙手，向前摸索着，摸索着……說不定彥珊就會在黑暗中放出一支冷箭，將柳塘射倒……不，彥珊要放冷箭，也不必等到黑夜，因爲柳塘的周遭是永遠也不會天亮的啊！

無論怎麼樣想，我始終沒有辦法把我的感情從悲涼的調子中救出。

啊！樓下響起了闔門聲，室內響起了脚步聲，他回去了呢！十分安全。

我並沒有很快地入睡，藥力減輕了一些我的病痛，我的思想加倍地活躍着，我厭惡我方才所躍起的感情，同時也懼怕他的；我是一個厭世的隱退者，我不應該捲入任何感情與是非的漩渦。退居海濱，目的是在求得一個安靜，忘去那傷懷的往事，而事實上，往事的回憶一再地被挑逗起，新的事故又接連地由我周遭發生。我的感情上忽然產生了離去的思想，是的，我應該離去，我是一個在心靈上負傷過重的人，尤其不勝負擔感情上的重量，我不能付出，甚至連接受的力量也沒有，雖然這一份感情是我在人間極難尋覓的。

外面的雨聲止住了，天空似乎開朗了起來，晚升的月色爬到我的室內，引誘着我不能入眠，因此我的思想更清楚了一些，心意更堅強了一些，我覺得我離開的決定是正確的。

像這樣，我又在床上躺了三天，雖然離去的決定是這樣堅強了，我却依然希望樓下響起柳塘的脚步聲。人生眞是這樣充滿了矛盾。

風吹，海嘯，雨聲，月色，鬼影，人語，交織出我這一段海濱生活，現在，我將要離開它了。

我起床的這一天，有一個好天氣，繞室蹀躞，我忽然對於那個堅強的決定又猶豫起來，似乎我的感情並不單純，能够很快而且很從容地離開這塊神秘的地方。但是，理智既然命令我這樣去做，則我必須服從，於是我想好了一篇極婉轉的辭職理由，早餐以後，我自動地去叩柳塘的房門。這天我進去的時候，他不似往日坐在書桌前，他靠在沙發上陷入困惱的沉思中，一直到我走近身邊，他才似勉强清醒，帶着笑意說：「一早上我就聽見了你的脚步聲，你已經完全好了，是不是？」

這一個失明的人，實在比有眼睛的人更能辨清事物，不用我開口，他已經知道進來的是我，而且知道我的病已經好了。我正猶豫着怎樣把辭職的意思向他提出時，他早已伸出手來拉住我，輕輕地撫摸着，像一個做爸爸似的仁慈：「眞的完全好了，連一點燒也沒有了呢！只是，眞的瘦了！」

「這又是你的第六感官所發現的嗎？」爲了袪除我內心的緊張，我這樣俏皮地問他。

他鬆開我的手，快樂地笑了。

正當我們的感情濺起這美麗的浪花時，忽然彥珊推門而入，用那一對寒流似的雙眸橫射了過來，我們內心所展開的那幾片快樂的花瓣，便立刻在那暮秋的厲風中萎落了。

柳塘知道了她的進來，矜持地收斂起笑容，沒有作聲，我則如一隻降落到陌生地面的小鳥，因懼於來者的不善，便連移動的力量也失去了。

空氣在流動的時光內凝固起來，彼此都被僵持住，半天，還是彥珊擺出一付極勉强的笑臉，費力地化開這壓人的空氣說：「怎麼，你們今天又要開始工作了嗎？柳塘，有什麼東西需要我替你送進來的沒有？」

「你出去！」柳塘的聲音又變成了一種困獸似的低吼，但，他似乎想努力地壓抑住，所以臉色變成了不健康的淒白，嘴唇微顫着却無法壓平那憤怒的聲音：「替我把門關上！」

彥珊欺侮他的失明，毫無顧忌地作了一個輕蔑的表情，還加我以白眼，最後，完全用鼻音答應着：「好吧！那我不打擾你們了！」

彥珊帶門出去以後，室內的空氣，半天無法流動，柳塘掏出手帕，擦去那額上的汗珠，然後又撫摸那微顫的嘴唇，欲言又止，半天，終於只嘆了一口氣。我的情緒也開始起着極大的變化，彥珊在欺侮柳塘的失明，這一點激起了我極大的反感，撇開一切不談，我不應該把他獨自留在一個被欺凌被迫害的環境中！他雖然敏感，不能挽救他行動上的不便；雖然堅定，也無法掃蕩家庭中的危機；而且，他還有一個秘密躲開着我，這一定是十分重大的，在我沒有把一切的事實弄明白以前，我在道義上不能離開。想想看，一個盲而多財，一個冷而貪婪，多少不幸的故事都可以從這裏發生，我的腦海裏立刻描繪出一幅圖畫：那是茫茫深夜，一位孤獨的盲者，緩緩前行，四野暮靄蒼涼，闃寂無人，近處是一片深池，又有巨盜持槍伏伺，那一位身處危境的盲者就是柳塘啊！看看坐在我面前的他，蹙額苦思，多少解不開的困難環繞着他，多少看不見的危險緊逼着他，無論如何，他需要一對眼睛，這不是無理奢求，這一對眼睛可能是我，而我，却爲了一點莫名其妙的情緒欲獨自離開，想到這裏，我羞愧地流下了眼淚，是的，哪怕有什麼力量使我陷入深池，我也得先伸出手去挽救住他。

「你從不自動地到我屋裏，今天有什麼事嗎？」柳塘似乎也嗅出這空氣的不正常，勉强地問。

「我起床了，你不願意我向你報告這一個消息？」掩飾內心的複雜，我竭力裝出輕鬆的笑意。

「哦，那當然願意。」

想到那病中的感情，我有一些尷尬，便又問他：「今天還有什麼東西要抄寫嗎？」

他先沒有回答我，掏出手帕，不斷地擦着前額及兩頰，半天才嘆息說：「我很久都沒有時間去想這寫作的問題了！」

我猶豫了一會，終於忍不住問他：「我非常不解，我的工作並不是繁忙的，約我這樣一個陌生人到這個家庭裏來，是你的意思，還是她的意思？」

「你想怎麼可能是她的意思？」

「不過，假若我是她，既然不願意家裏多一個人，就不會通過你的意見。」

「不願意家裏多一個人嗎？」他吃驚地：「你也有這感覺，她不願意家裏多一個人？」

「她每天像冰山似的阻在我的面前，我還會感覺不到我的不受歡迎嗎？」想到自從到這個家庭以後，我情緒上所受的威脅，我不免生氣地說。

「是的，這一點又叫你受委屈了，不過，我也希望將來能够補償到。」他停了一停，又伸出手來拉我說：「丙慧，你走過來，我告訴你！」我被他拉近身邊，他又低聲告訴我：「你記住，無論她對你是什麼樣的態度，你千萬要忍耐，不要任性地想到離開！」

「爲什麼？」我奇怪爲什麼他會猜出我可能產生的心意。

「因爲這樣，你就正好中了她的計了！」

「中計？」我不禁愕然。

「是的！」他說：「你應該明白她不希望我有眼睛。」

「她怕我做你的眼睛？」

「這是很可能的。」

「那麼，她根本不應該答應我的來啊！」

「這是我最固執的要求，她不便太明顯地反對。」

「不過，」我實在無法忍受了：「你們之間到底有什麼事呢？你既然想我做你的眼睛，你得先對我說明白一切原委！」

「沒有什麼，一點也沒有什麼。」他閃避着。

「你騙我，那我走了！」我生氣地。

「丙慧，」他抓住我：「不要孩子似的傻，任性；聽我的話不會錯，這個家庭不會有什麼事，你想，我忍心叫你蒙受一切無謂的損害嗎？好，你回去休息吧！沒有事的時候不必進來，對於身邊的事情稍微警覺一些，這就够了。去，你上樓去吧，有事時再見！」

我從室內退了出來，彥珊站在門外故意沒有離去，意思似乎是告訴我：「你們的談話我都聽見了，最好你還是獨善其身吧！」

我故意從她身邊傲然地走過去，也似乎是在告訴她：「知道就知道吧！我也並不在乎呢！」（未完）

代郵

臺中楊明道先生：請示尊址，俾便請教。

「自由中國」編輯部敬啓

讀者投書

（一）

大學生談大學生的領導問題

宏 毅

「青年有前途，國家才有前途」。然而青年如何才有前途？向以搞青運「專家」自居的「前輩」們，說起來頭頭是「道」，可是行起來處處不通；負領導青年責任的人，既不能領導青年，又不許青年自動自發。

我是一個大學青年，研習社會科學。因爲生活在大學青年羣裏，對一般大學青年的認識以及他們的需求，較之局外人，或能體會深入一層。我敢武斷的說，大多數的大學青年（包括筆者在內）對他們現在所接受的領導方針表示不滿。

當前對大學青年的領導方針錯在那裏？最主要的是由於「大學領導中學小學化」的不智的出發點，把青年抱在懷裏，不容許他們憑自己的智慧與意志，發表意見或採取某種甚至合法的行動。使大學青年的一言一行，都要接受「領導」。負責學校訓導工作的人，還往往認爲這是「控制青年」的錦囊妙計，而沾沾自喜哩！說到這裏，我要報導一段傳聞。

自最近東歐波蘭、匈牙利等國家的人民，先後奮起浴血抗暴，激起人類的正義的聲援，凡愛好自由和平國家的人民，尤其是青年咸表憤慨，紛紛響應支援，我國亦不例外，各級議會及民間團體均發表宣言或通電，譴責蘇俄暴行，聲援波、匈人民。這時，自由中國最高學府的××大學的學生們，正深以該校對此毫無表示而惴惴不安；但又不敢自由採取行動，因爲凡事不透過學校，便是違反校章。於是由幾個學生，在十一月七日那天，出面去與該校負訓導責任的訓導長商議，他們以一掬至誠，滿腔義憤，向訓導長表明了態度與發動各學院聲援的要求後，訓導長不惟不感興趣，並深不以爲然。他說：你們所知道的，僅是報紙上的一些簡單的新聞，眞象如何，你們知道的太少。……你們要知道，「匈牙利拚命抗暴的，也是共產黨，聲援那些抗暴行動，不就等於聲援共產黨嗎？」……。學生們以其答覆太不滿意，甚至近乎荒謬，乃據理力爭。訓導長的次一個答覆是：政府當局對此自有通盤的研究與考慮，如有必要，有關機關會有指示，到那時再說。……「現在的事，多一事不如少一事」。最後學生們幾乎近於哀求了：「訓導長：這又不是我們首先發動，別人早已做的滿天價響，我們被譽爲自由中國最高學府，難道跟在人家後面跑一跑都不可以嗎？」訓導長說：「理論我都懂。但這有關『學運』，我不能負責，待請示上級後告訴你們。」訓導長的臉孔已很難看，幾個正義感激的青年，祇好俯首而退。大家聞訊，不滿的情緒衝動了很久。幾天過去了，訓導長方面，並沒有回音。

到了本月十號，全國人民團體支援匈人的運動已達到高潮，各大專中學均已先後採取措施。某校學生們，不平之氣，簡直不能自已，他們所不平的，是同爲中華民國的國民，爲什麼不能同有發抒正義感的自由，難道一個受高等教育青年，連這一點，獨立的人格都不應該受尊重與保障嗎？十一日報上出現了一則××大學聲援匈人的短訊，然而這事不惟原先發動且正急候着訓導長回音的學生們，全然不知，全校數千學生中事先知其事的，恐也沒有幾人！

該訓導長常以搞「學運」出自身滿，認爲他的做法與決策，是天衣無縫的。由前面一段事件，我們可以窺見其領導大學青年的原則與做法：原則是爲了防止學生出「亂子」，不惜扼殺他們蓬勃的朝氣與抱負，把他們的手脚細綁起來，奉命要利用他們時，再作有限度的放鬆；做法是：一「多一事不如少一事」，未奉上級指示，不發動任何牽涉社會、國家、國際的，縱然是善良的活動；二、未奉上級指示前，學生作如上請求時，極盡不理、敷衍、曲解、恐嚇、拖延之能事，直到打消而後已；三、如時勢所趨，必須對外有所表現時，但求外人知道「××大學熱烈響應……」，不計內部效果，除了捐欵以外，儘可能不眞的推動學生。這叫做大學教育嗎？這樣的大學教育能培養有前途的青年嗎？

大學青年，要如何去領導？我認爲應該首先有一個對大學生正確的觀念，那就是大學生，畢竟與中小學生不同。他們有辨別是非的見識，有開創新思想的智能，有擇善而固執的能力與勇氣；他們識大體，在某些方面接受錯誤的壓力，但決不會安心認爲那種壓力是正確的。其次更要認識大學教育的目的，除了爲國家培養學術人才，更要培養各方面的領導人才。

有了前面的基本認識，我想提出兩個領導大學青年的原則：一、在治學方面，予以絕對自由。二、在活動方面，輔導重於管束。第一點在目前大學裏大約不大成問題，本文重心在第二點。青年如大江巨流，善於輔導可以爲大善，不善輔導可以爲大惡。巨流不能永遠堵塞，青年不能長期壓制。怕巨流氾濫，寧使生物枯渴，而不利用巨流，這與怕青年「出亂子」，寧使大學教育失實，而「鋼禁」青年是一樣的不智！領導人才的先決要件，要有高風亮節的人格與氣魄。然而這種人格與氣魄，萬萬不能寄希望於奴顏婢膝之羣。國家不斷需要新與的思想家，以代陳謝；然而這種思想家，決不可能在「如有必要，上面會有指示」的信條下出現。自已無知亦強人以無知，把千千萬萬青年的聰明才智擺在一旁，或以青年作犧牲品，來換取個人「領導有方，是在安定中求進步」的「榮譽」，其心是可誅，其人是可憫！「天涯」任鳥飛，四海縱魚躍，「天涯」、「四海」，無論其如何廣擴浩瀚，但仍在環宇掌握之中：這是領導大學青年的最高境界。

最後我尙有兩點意見，提供有關當局參考：

一、要重新通盤考慮現今負責領導大學青年的人選，他們必須是認識與重視大學教育、瞭解與尊重大學青年，而具有相當民主素養與作風的人。

二、要積極消除教育部與青年反共救國團在大學中領導的雙軌現象，否則大學青年的不滿情緒，將與日俱增！

讀者投書（二）

公共汽車應部份開放民營

史丹青

編輯先生：

我以臺北一市民的立場，想借貴刊一角之地，向市政及省政當局，鄭重提出一項建議：將臺北市區及郊區的公共汽車部分開放民營，以解除市民「行」的痛苦，並配合都市之發展。

公共汽車是臺北市民的主要交通工具（疏散在鄉間的人則要乘省公路局車），除了極少數的「有車階級」以外，絕大多數的市民，均須賴公車以代步。近年來臺北人口激增，市容繁榮，市內交通形成普遍的車少人多之擁擠現象。我相信，大多數市民都與我一樣對公共汽車（包括公路局車）有着極其痛苦的經驗：候車時在排「長蛇陣」，擠上車又成了「沙丁魚」。無論學生們上學，公敎人員上班，主婦們上街，每天總得不止一次的領受這種滋味。這辰光，若有「高貴仕女」坐在轎車裏，從你身邊疾駛而過，騰起萬丈塵埃，怎禁住不投以嫉妬和詛咒的一眼？這且不說，受慣了氣的人，對這一切的痛苦，也許已能安之若素。但如從社會的角度來看，每天市民們爲着等車而浪費的時間，應該是何等重大的損失。若有人眞能爲此作一番精確的統計，敢說那必是一個十分驚人的數字！

先生，貴刊篇幅寶貴，不容我傾吐衷曲，我首先要說明一點，即是一般市民普遍地在感受着「行」的痛苦。這個事實，絕不是任何官方的聲明或否認所能推翻得了的。在過去，我和其他人一樣，總以爲公車擁擠是車管處的無能，車管處對此應負其全責。現在我認淸了問題並非如此簡單。很多時候，我們因爲搭不上車而咒罵公車處，平心而論是很失公允的。誠然：公車處過去的紀錄實在令人失望。去年車票加價案被市議會否決時，各方對車管處十手所指，同聲詬罵，連市府主任秘書也承認其爲「人必自侮而後人侮」。其實公車處同是公營機構，管理不善已成爲公營事業之通病，我們何獨對公車處如此之不講人情呢！有些錯失，的確是公車處應該負責的，例如，車輛調配不善，不按時間行駛，過站不停，車掌服務不週，冗員太多，管理浪費等皆是。然而這些方面的改善，並不即是問題的全面解決。自今年車票加價以後，財務在省府監督下，公車處頗欲有所振作，現在每月虧損現象業已遏止，若干積弊或亦有所革進，然於一般擁擠現象並無根本之補益。此一事實固已足以證明今日臺北市的交通問題非僅單純的管理問題而已。

我們只須略一考察實際的情形，當可以發現癥結之所在。據調查，現在全市公共汽車只有廿七條路線，行駛車輛約只三百部（其中甚多已是老牛破車）。以全市九十萬人口，平均每三千多人才能有一部公共汽車。只此一項簡單的字數已足顯示今日交通擁擠的原因所在了。以此有限的三百部車輛，分配於廿七條線路，平均每線只能有車九、十部，像㉑㉒㉓三線則每線僅有一部，而配車最多的爲西零與東零兩路，亦不過各有十二至十四部而已。在此車輛缺乏的情形之下，其行車間隔時間之長，與候車人數之擁擠，乃必然不能避免者。（一般爲七至十分鐘一班，少數路線有至一小時一班者。）何況，若干地區正迫切需要增闢新路線，以便利市民交通，則車輛的需要更當增加了。

此種情形不僅市內公共汽車爲然，即過去管理頗著成績的公路局亦已遭遇同樣之困難。年來由於疏散及都市發展的趨勢，很多市民相率遷居郊外，若干臺北縣境的鄉鎭，如景美、新店、木柵、中和、板橋、新莊等地，無形中已發展而爲市區之一部份，這些地區的交通則由公路局車行駛，現在也因爲人多車少，同樣發生擁擠的現象。（省公路局已於十一月十二日加價百分之廿六——編者）

所以從供求關係上，吾人可以判明今天臺北市的交通問題，癥結乃在於車輛之缺乏。然而要增加車輛，以應需要，則非公車處與公路局在現有財政狀況下所能爲力。就事論事，開放民營，鼓勵人民投資公車事業，應不失爲有效，而且是唯一可行的辦法。

我這個結論不是得之於空泛的原則之推論，而是基於事實之硏究。儘管筆者和貴刊持有同樣的觀點，主張政府應儘少干預人民各種經濟之活動。說實話，鐵路事業之歸國營是應該的，但是汽車交通也必須由政府辦理，實在令人難以思議。現在我們且不必主張政府退出汽車交通事業，而將公路客運及市內公共汽車全部讓予人民經營。這樣的主張未免陳義過高，距離事實太遠。然而在現況下，我們呼籲市內與郊區公共汽車部份開放民營，諒應爲政府所接受。假如政府一方面無力解決困難，一方面又不放棄其壟斷之特權，豈不叫做「佔着糞坑不拉屎」？那就難怪人民要責難抗議了！

再說，此時此地鼓勵人民投資公共汽車車，亦甚合於當前政府所標榜的經濟政策。事實上今天在臺灣，民營事業被容許活動的範圍實在太小了。政府在表面上鼓勵私人投資，實際上却又諸多禁制，甚至像公車事業都必須公營獨佔，怎能不造成游資充斥而工商業不能充分發展的矛盾現象？今天的問題，不處民間資金之缺乏，只看政府有無誠意予人民以合理之投資環境耳！（有些縣份雖然也有少數路線准許民營客運，那只限於一些邊僻的壞路線，不能予人以公平經營競爭的機會，自然談不上是開放民營。）

總之，要根本解決臺北市民的交通問題，唯一而有效的辦法是開放民營。無論爲市民福利着想，或爲配合都市之發展，市政與省政當局都應該這樣做。須知開放以後，路線增多，車輛增多，交通益增便利，受惠者何只我等市民而已！

最後，我須附帶聲明者，我之作此建議，並非我自己想要投資交通事業，我是一個靠薪金爲活小公務員，何敢存此妄想。我再說一遍，我是以一市民的身份，爲免於乘車的痛苦，而作此誠懇呼籲的。耑此，順祝

編安

讀者史丹靑上　十一、二。

周棄子先生來函

「自由中國」編輯先生：

昨日承友人見告：香港華僑日報，有本人作品割裂轉載情事。當[illegible]經查明：本年十月二十四日華僑日報第四張第二頁，「書評」雙週刊第九十四期，內載文字兩篇：①(臺北通訊)「評臺灣的文學雜誌」，作者署名「未埋庵主」；②(半月話題)「文學與宣傳」，作者署名「周棄子」。

查此兩文內容，實係將本人前在貴刊第十五卷第七期所發表之「踏脚實地說老實話」一文，斬頭斷尾，挖出中段，一分爲二，改動標題，其中之一並代加筆名，且兩篇中均有刪勒點竄之處。閱悉之餘，殊深詫異！

本人從未向華僑日報投稿。該兩文來源如何？尚待研究。但似此任意割裂刪改，並作爲「臺北通訊」，實足引起讀者誤會。此與貴刊版權暨本人寫作信譽，均有損害，似不能置之不問。

除先已逕函華僑日報負責人質詢外，特此函達，敬祈貴刊惠將此函披露，俾釋羣疑，爲感！

周棄子敬啓(四五、十一、二八。)

編者按語

周先生來信所說的情形，經本刊檢閱香港華僑日報，核對無異。本刊銷行遍及世界各地，在香港並發行有航空版。關於海外僑報轉載本刊的文字，我們站在文化交流的立場，原則上當不反對。但手續上最好先徵本刊同意，並註明轉載本刊的卷號期別，這在出版界習慣上一向也是如此的。至於像周先生此次所指出的情形，把一篇完整的文章，任意割裂刪改，另換標題和筆名，這當然是作者所不願，也是本刊所遺憾的。我們希望華僑日報對周先生的直接詢問，應該有適當的處理和答復。

臺灣省教育廳來函

自由中國編者先生：

敬啓者：頃閱貴刊第十五卷第八期「讀者投書」欄所載王大川先生投函「一件不容忽視的小事」，文內對於國民學校課本遲發到校原因有所不明。查本廳統籌印發國民學校教科書，爲期按時供應，曾於九月十一日以教四字第〇三二六六號分函各縣(市)政府加强配發教科書效率，並規定注意要點在案。原冀能在開課前全數印就發清，不意遭受「芙瑞達」與「吉達」颱風接踵來襲，工廠停工，交通阻絕，遂致未印就部份不能迅即完工，已寄出之書，亦無法及時抵達，事非始料所及，特函請查照惠予披露，俾明眞相爲荷。

敬頌

撰祺

臺灣省政府教育廳啓十一月七日

自由中國　第十五卷　第十一期　內政部雜誌登記證內警臺誌字第三八二號　臺灣省雜誌事業協會會員　七六〇

給讀者的報告

自從蘇俄大軍開入匈境，大肆屠殺，並放逐革命志士以來，匈牙利的武裝革命雖然已被壓制，但抗俄運動仍在如火如荼的進行。匈國人民的英勇行動已贏得世人一致的敬仰，對於其他附庸國家的人民，更實際的產生了莫大的鼓勵作用。現在東歐各國的抗俄運動，正如風起雲湧。人民的血是不會白流的。共黨極權暴政終必抗拒不了自由的力量。就戰略政略的觀點而言，此時此際，自由世界誠應採取適當的步驟，有效地援助匈牙利人民，從速解放鐵幕。此意我們已在上期社論中論及。本期我們再在社論中就政治哲學的觀點，解析東歐革命的意義。我們認爲共黨極權暴政必須乞靈於特務組織，演成特務政治，而特務政治則先天的不能逃避其自我毀滅的命運。由此認識，我們便不難把握正確有效之反共抗俄的方法了。

民主政治是代議政治。人民代表受人民之託，代表人民行使政權，監督政府。一個國家政治之是否能够民主，固然要靠政府的實行，但人民代表之是否能「稱職盡責」，實亦一重要的因素。我們現在還是在學步民主的時期，自然不能求全責備，但就行憲八年以來，各級人民代表的表現，確有很多地方令人失望。我們看到各級民意機關開會的情形，覺得很多代表實在太有負人民的囑託。有一些少數的不肖之徒，更利用其代表的地位，遂其一己之私圖，當更爲人民所痛心。我們凛於各級人民代表對民主政治責任之重大，有不能已於言者，故在社論(二)裏列擧四事，以爲期勉。

張致遠教授是國內著名的史學家，對於陶恩培的思想有極湛深的研究。本期張先生的大文在談「史家的靈感」，兼論陶恩培的治學經驗。在本文裏，張先生爲我們解答兩個問題，即歷史家爲何要研究歷史，以及歷史的意義爲何？對於治歷史學的人，這兩個問題是太重要了。

中東問題自國際軍進駐埃及，已有新的發展，現在雖然還沒有獲致最後解決的希望，但過去的緊張局面已見緩和多了。對於運河問題的前因後果，龍平甫先生有一篇極詳盡的報導，在本期通訊欄發表，可供讀者窺其全豹。此次英政府進兵運河的政策在議會內遭到反對黨嚴厲的質詢，甚至保守黨內亦對此有强烈的反對。蔣勻田先生以此一事例爲證，爲文闡明民主政治的功能。蔣先生從政治的觀點，說明一國之內有反對黨，一黨之內有反對派，其作用與對政治的貢獻是甚麼？這正是一課很好的民主教育呢！

自從政府重提反共救國會議以來，與論反應甚爲熱烈。各方咸認這個會議對反共團結將有甚大的裨益，故皆主張儘速召開。最近，本刊接到很多討論此一問題的文章，本期先刊出周祥光先生一文，其他各文將予繼續發表。

自由中國 半月刊　第十五卷第十一期　總第一七〇號

中華民國四十五年十二月一日出版

發行人兼主編：『自由中國』編輯委員會

出版者：自由中國社
社址：臺北市和平東路二段十八巷一號
電話：二　八　五　七　〇

航空版
香港：友聯書報發行公司
Union Press Circulation Company, No. 26-A, Des Voeux Rd. C., 1st Fl. Hong Kong

總經銷
臺灣：自由中國社發行部
美國：自由中國日報
Free China Daily
719 Sacramento St., San Francisco 8, Calif. U. S. A.

經售者
日本　韓國　馬尼剌　印尼　越南　緬甸　印度　澳洲　北婆羅洲　新加坡　澳門
東京僑豐企業公司
漢城裕昌德號
大中華日報社
新疆書店
椰嘉達天聲日報
泗水文光圖書公司
西貢中原文化印刷公司
仰光振成書報店
加爾各答塔梅學校
雪梨瑞田公司
西利亞坡青年書店
檳榔嶼、吉打邦均有出售
友聯圖書公司

印刷者：精華印書館
廠址：臺北市長沙街二段六〇號
電話：二　三　四　二　九號

本刊經中華郵政登記認爲第一類新聞紙類　臺灣郵政管理局新聞紙類登記執照第五九七號　臺灣郵政劃撥儲金帳戶第八一三九號　（每份臺幣四元，美金三角）

自由中國

FREE CHINA

第十五卷 第十二期

要目

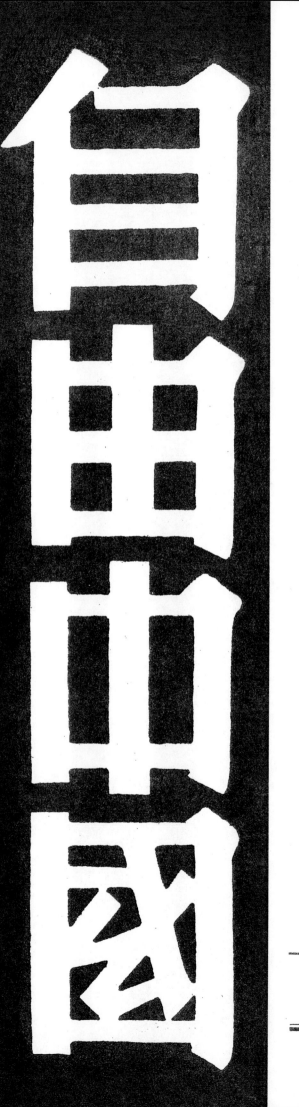

中華民國四十五年十二月十六日出版
社址：臺北市和平東路二段十八巷一號

半月大事記

十一月廿四日（星期六）

土耳其議會訪華團一行六人，比利時下議員布拉塞，及西德國會議員馬尤尼卡抵臺訪問。

奧國警衞擊斃一名越界攔截逃亡之俄兵，奧爲俄兵越界事向俄提强硬抗議。

聯合國警察部隊司令柏恩斯少將抵塞島與英法聯軍總司令季特里將軍商談英法撤軍問題。

匈共宣佈前總理納奇放逐至羅國，南斯拉夫政府對匈共提抗議。

十一月廿五日（星期日）

義大利衆議員皮善乃利抵臺訪問。

聯大決議促英法以三國立卽撤退埃境駐軍。

十一月廿六日（星期一）

中央社訊，蔣總統於廿三日接見星馬記者訪問團時，曾答覆訪問團所提六項問題，勉東南亞僑胞與居留國合作反共。

敍利亞軍隊携俄製武器，開入約但境內，敍利亞與伊拉克關係惡化。

十一月廿八日（星期二）

伊拉克抗議敍利亞爆毀油管，要求美國給予較多武器。

約但總理宣佈斷絕英約聯盟關係。

美國務院譴責俄軍綁架匈牙利前總理納奇。

聯大撥款一千萬美元充埃境國際軍費用。

英代理首相白特勒否認英軍將全部撤出埃境。

十一月廿八日（星期三）

蔣廷黻在聯大演說，痛斥俄帝殖民主義，籲請各國與俄絕交。

古巴代表要求聯大驅逐匈共代表出會。

匈共大捕民族主義份子，匈罷工領袖抗議。

南斯拉夫報紙報導，阿爾巴尼亞境內曾發生抗暴運動。

美國務院指責俄帝運武器赴敍利亞，干擾中東和平。

以色列國會要求哈瑪紹干涉埃對境內猶人殘暴之行爲。

法外長畢諾承認英法在埃未能達到目標。

十一月廿九日（星期四）

匈共悍然拒絕聯合國派員視察，要求奧政府協助遣返逃亡難民。

古巴再度要求聯大保證匈人生活權利。

俄軍開入保境，阻止保人革命。

美國務院聲明，決不自歐撤軍。

越南向聯合國抗議越共暴行。

諾蘭建議組聯合國軍，協助附庸國人民起義。

十一月三十日（星期五）

美政府聲明支持巴格達公約。

美國會議員訪問團抵臺訪問。

英法土三國外長在英會商中東情勢。

美政府下令實施石油緊急計劃，每日供應西歐石油十一萬桶。

十二月一日（星期六）

美國務院發表中美關係外交文件，包括一九四二年後八年檔案。

法外長離英前發表聲明，政治問題未獲解決前，英法軍不撤離埃及。

十二月二日（星期日）

以色列函告聯合國，以軍卽自運河區撤退。

十二月三日（星期一）

英法兩國同意下令軍隊撤離埃及，並要求聯合國促成中東全面和平。

我國與西班牙簽訂貿易協定。

敍利亞總理辭職，約但前國防部長被捕。

俄羅發表公報，俄軍仍續留駐羅國。

十二月四日（星期二）

聯合國部隊開入西奈半島及衆港。

匈京婦女示威，俄軍開槍驅散羣衆。

希臘總理及外長抵南斯拉夫商談加强巴爾幹聯盟。

十二月五日（星期三）

聯大通過十四國提案，再促俄匈遵照決議，限期接受派員調查。

伊拉克衆院副議長穆納抵臺訪問。

我外部聲明否認外電報導，謂日首相鳩山已爲「兩個敵對之中國」進行調解之傳說。

英法軍開始撤退，埃軍復入西奈。

美向英政府保證將予美元援助，以避免英國經濟恐慌。

日參院批准日俄聯合宣言。

十二月六日（星期四）

匈共拒絕哈瑪紹視察要求。

匈京俄軍與匈警向示威者開火，匈境各地鑑起抗暴。

南國向希臘保證，恢復巴爾幹聯盟。

十二月七日（星期五）

英下院信任投票，艾登獲信任。

西德外長在下院稱，德對匪續施禁運，並拒絕承認僞匪政權。

爪地馬拉總統特使季諾奈抵臺訪問。

十二月八日（星期六）

美聯社倫敦電，俄警察逮捕一批大學生，期以阻止青年反政府之批評。

日政府否認鳩山首相談話。

俄軍增援開入匈京，匈人醞釀全面抗暴。

杜勒斯啓程赴法，參加大西洋公約理事會。

美副國務卿胡佛辭職，赫特奉命繼任。

十二月九日（星期日）

匈工會發動全面罷工，反抗行動在各地普遍展開。

西方國家提議聯大，譴責蘇俄違背憲章，要求立卽撤退入匈軍隊。

伊朗策動召開泛回教國家會議，期以消除歧見。

以色列要求聯合國西奈半島不駐埃及軍，哈瑪紹拒提保證。

「自由中國」的宗旨

第一、我們要向全國國民宣傳自由與民主的真實價值，並且要督促政府(各級的政府)，切實改革政治經濟，努力建立自由民主的社會。

第二、我們要支持並督促政府用種種力量抵抗共產黨鐵幕之下剝奪一切自由的極權政治，不讓他擴張他的勢力範圍。

第三、我們要盡我們的努力，援助淪陷區域的同胞，幫助他們早日恢復自由。

第四、我們的最後目標是要使整個中華民國成為自由的中國。

社論

(一)

如何糾正臺灣選舉的弊端

——選舉應由政黨提名候選人

近代的民主政治，也可說是政黨政治。所以近代民主國家辦理選舉，沒有不採取政黨提名候選人的方式的。

民國三十九年十一月二十日蔣總統對臺灣省黨務訓練班結業典禮訓詞有這樣一段話：

現在臺灣省各縣市議員和縣市長的選舉正在進行，中央和地方政府應當本於民主和法治的精神，保障選民的權利，整肅選舉的風氣。本黨黨員自可遵循政黨政治的常規，參加競選。

但是黨員要競選，應由他的政黨提名，不能夠自由參加競選。

在上引蔣總統的話裏，很明顯的有三個觀念存在：一、本於民主和法治的精神，保障選民的權利；二、國民黨黨員應遵循政黨政治常規，參加競選；三、選舉應採政黨提名制度。

民國四十五年六月六日國民黨的中常會二七八次會議議決：「輔導黨員參加地方自治選舉改進要點」的第二點說：「黨的提名制度是正確的，且在地方自治選舉中已具績效，自宜貫澈實施，以樹立政黨政治之良規。」細按這一決議，亦肯定政黨提名制度爲樹立政黨政治的要圖。

但是，臺灣地方自治選舉單行法規，則偏偏摒棄政黨提名候選人的辦法，而採取候選人自由簽署的方式。從外表看，似讓候選人自由活動；實際則是取消民靑兩黨依法提名候選人的權利，而國民黨則利其政權在握之便，使其所支持的候選人，變成政、警等等勢力共同支持的候選人，以與其他的候選人相競，因而造成國民黨的絕對優勢，而使臺灣自治選舉違背民主政治原則。揆諸蔣總統主張競選要遵循政黨政治常規與政黨提名的訓詞，與國民黨中常會要貫澈提名制度，以樹立政黨政治之良規的目標，則係背道而馳。

國民黨以龐大的組織力量，支持黨所屬意的候選人，以與其他候選人競爭，已操競選絕對的優勢，然猶以爲未足，復利用地方政府與警察的力量，勸說、壓迫、威脅其他候選人放棄競選。列舉這類事件，需要累牘連篇，非此社論的短文所可包羅。舉其最顯著者，即有臺中王地被臨時火速徵兵的命令剝奪競選權利一案，轟動中外輿論，引爲臺灣選舉不自由最著名的證件。此種選舉現象，與蔣總統的訓詞：中央和地方政府應當本於民主和法治的精神，保障選民的權利云云，亦顯係背道而馳，理至顯然，無可否認。

更有甚者，非國民黨屬意的候選人，倘因意志堅強，經過勸說、壓迫、威脅，不登報放棄(這類啓事在報上是常見的)，幸而當選，必然發生選舉官司。在「司法配合國策」的原則下，亦必被法院判決無效。如桃園縣翁廷允當選縣議員，雖超過選舉訴訟時限兩天，被桃園縣國民黨部控告，地方法院仍然判決翁廷允當選無效。雖經翁廷允訴冤於監察院，然礙於一審判決之制，亦無法救濟。桃園鎭長許新枝競選鎭長的時候，曾受勸告、壓迫、威脅而未放棄，及當選之後，即被法院判決當選無效。許新枝鼓其不屈不撓的勇氣，又參加重選的競爭，又獲得更多的選票而當選。任職甫及兩月，十一月十八日聯合報報導：許新枝奉到征集入伍之令矣！從這些報導裏，我們看出幾年來臺灣的地方選舉，選民的權利，不但沒有得到保障，而且遭受了層層疊疊的摧殘。在軍政、司法、黨部、警察聯合統籌地方選舉的方式下，只有逼成一區一個候選人，使選民放棄選舉；絕對不能「本於民主和法治的精神，保障選民的權利，整肅選舉的風氣。」號稱地方自治選舉，而每選區只許一個候選人，這不僅是對選舉制度一個大諷刺，而且剝奪選民的自由權利，和刺激選民的情感，使人心日去。這是自由中國不可繼續下去的損失！

照國民黨中常會的決議，他們既要貫澈黨的提名制度；我們盼望國民黨中常會所說的「黨」，不要只是國民黨一黨；也要尊重民靑兩黨提名候選人的權利。不然，只准一黨獨佔提名的權利，絕對走不上政黨政治的道途；一區只有一個候選人，亦實在不成爲選舉。

國民黨，倘願改變一區一個候選人的尷尬局面，只有恢復各黨提名候選人的辦法。因此，我們建議，速行修改臺灣省地方自治選舉單行法規，採用政黨提名的方法。選舉補充辦法，條文也欠明確，可以任意解釋，爲年來法院判決當選無效的利器，應予廢除。每選區有兩個以上的候選人，依法自由演講競選，提高選民政治興趣，則選民投票比例自然可以增高。

各黨候選人在自由競選之際，執政黨固不應再以警察特工人員干與選舉，而訪問候選人與助選人之舉，亦應嚴厲禁止。省級地方監管選政人選，執政黨不宜再佔多數席次，須與各黨平均分配，以表示選政的公開。投票與開票的時候，各黨候選人應許派員在場監視，此乃必要的方法，亦爲民主國家所習見，目的皆在謀得選舉之公平。

政府公平辦理選政，選民秘密投票，候選人自由競爭，警察不許干與選舉，皆係近代民主國家保證選舉結果公正的必要條件。政府遷臺以後，政治上號稱有兩大改進：一爲耕者有其田之實施；一爲地方自治之推行。乃近來以地方選舉不能依照公正選舉的條件辦理，所喪失的民心，已遠超過耕者有其田政策之所獲。其爲不智，係來自一念之差，即是想產出清一色的人民代表。民主國家的執政黨，只求佔有議席的多數，無求清一色議席的必要。今國民黨不惜千方百計，毀壞選舉常規，勉求地方議會的清一色；不知外無强大的反對黨，內部必然携貳，往往變生莫測，有何好處？立法院對蔡屛藩會計長投同意票的結果，可發深省！

社論

（二）政治改革不容再緩！

——有感於黃季陸先生之言

中國國民黨中央委員黃季陸先生於上月二十六日國民黨中央黨部的紀念週席上發表了一篇演講，題爲「迫切需要的一個政治改革運動」。全文曾刊載於翌日臺北市各報。黃先生現任行政院政務委員，兼「行政院及所屬機關組織權責研討委員會」的主任委員。這篇演講是他根據其對當前實際政治的觀察與研究所得的結論，也可以說他領導的那個機構將以此作爲基本觀念而從事工作。這是一篇切中時弊的講演，它代表一個正確而進步的看法，與某些政要們官式演說相比較，眞不可同日而語，我們希望他能用他這一套思想去影響國民黨的領導中心，使國民黨走上革新和進步的道路。國民黨是今天的執政黨，必須國民黨人都具備此種正確而進步的觀念，我們的政治才眞的能有所改革。

黃先生在這篇演講中首先指出今天政治改革的根本問題是：(一)如何建立一正確的近代政治的觀念；(二)如何才能造成一奮勉、負責、自發、自動，追上時代進步的政風。對於這兩個問題的答案，他雖然用了很多的詞句來加以說明，但歸結起來，不外兩點：第一是大家要糾正對「革命」這一名詞的錯誤觀念；第二是必須依據法律來治理國家、管理人民。他沒有指陳具體的事實；然而言外之意，我們可以看出，他是在嚴重的警告他們的同志，不要扛着「革命」的招牌亂闖，以爲「革命」是非常手段，一切便可以不必遵照法治的常軌去做，這是最危險的做法，也是「萬分的不智」！

「革命」這一個名詞，無論是從字義上來解釋，或者拿着古今中外歷史的各種革命的事實來說明，都是指使用超出法律以外的非常手段來推翻舊的制度或舊的統治之行爲，換言之，即是在野的人對在朝的統治階級意圖予以推翻的一種反抗行動，也可說是不得已而用之；正如一個人生了病必須用刀割治的一樣，那是一種痛苦的轉變，而不是正常的發展。但在今天我們中國，尤其是在現在國民黨人的觀念中，「革命」這一名詞，似乎已經納入了道德的範疇以內，比如說我是革命的，你是不革命的，好像革命與不革命之別，就等於人格的上下之分。還有甚麼「革命人生觀」、「革命哲學」之類，這都是將「革命」這一名詞道德化了以後的說法。今天執政的中國國民黨還要大喊革命，它所要「革」的「命」，究竟是誰的「命」？這是頗爲費解的。

因爲今天許多人挾有這樣一個對「革命」的不正確的觀念，國民黨且自認爲革命政黨，於是一切表現於政治上的，每多超出常軌以外。現在我們雖然已經是民主憲政國家，但是因爲執政黨的國民黨是「革命政黨」，而不是普通政黨，故其所作所爲，也就不能依照一般民主憲政國家的正常辦法去做，甚至於與憲法顯然牴觸的制度，過去那種「以黨治國」或「一黨專政」的傳統作法，至今仍然保留，不予變更。擧其昭明較著者而言，如憲法第一百三十八條規定：「全國陸海空軍，須超出個人、地域及黨派關係以外，效忠國家，愛護人民。」第一百三十九條又規定：「任何黨派及個人，不得以武裝力量爲政爭之工具。」這一個立法的精神就是確定軍隊國家化。但今天我們國軍中，却仍然有國民黨的軍隊黨部存在，至於各公營事業機關中的國民黨黨部，更是公開的大掛招牌，如公路局黨部、產業黨部之類（本期讀者投書②④兩篇中所述的事實可爲證明），這都是不合法的。試想如果民青兩黨也要求在軍隊中設立黨部，請問國民黨又將有甚麼理由可以拒絕？再如國防會議之組織，根據國防組織法草案之內容，亦多與現行憲法所定原則不符。該草案曾咨請立法院審查，至今未予通過，也就是沒有完成立法程序，但是政府却已將此一機構成立，並委派了許多官員，這種作法又豈是正常的民主憲政制度之下所能許可？再如青年反共救國之妨害教育行政的統一，國民黨各級黨部之直接處理政府所應辦的事務，這都是違反民主憲政的精神。至於不久以前教育部之不經立法程序變更學制，內政部之不根據出版法處理工人報的產權糾紛，更是政府不尊重法治的具體事實。我們曾經聽見有一位國民黨的要人說：「凡是違背革命利益的行爲，都是非法的。」甚麼是「革命利益」，其含義如何？我們不得而知，持此以論，則凡是符合「革命利益」的行爲，就是合法的。如果說上述的那些事却是屬於「革命利益」的範圍，則凡屬維護所謂「革命利益」的行爲，卽令是違反法律的，也就可以當作合法來解釋了。國民黨主持之政府一向揭櫫「厲行法治」的主張，難道說還是要以是否符合「革命利益」爲其附帶的條件嗎？黃先生在那篇演說中曾痛切的指出：「革命本來是摧毀舊的和不適合於人類社會需要，而建立新的、爲人類所需要的創造；可是在革命破壞時期，往往革命一辭變成了一切爲非作惡的冠辭或假借。於是不正常的戀愛或結婚，可以假借革命之名以行之，破壞法律、侵害人權、損人利己、便利私圖等等，也均可以假借革命之名暢所欲爲。」這一段話，實值得今天侈談革命的人所深切反省。今天我們雖然還要準備一場艱苦的反攻復國的戰爭，但是我們不能說目前是處於一種破壞時期，政府還曾一再强調「建設臺灣爲三民主義的模範省」，當然更不應該以維護「革命利益」的藉口來破壞我們正常的法治。

中國國民黨對於中國的革命運動，會具有偉大的成就與光榮的歷史，這是無可否認的事實；但是決不能因其有功於國家，便可以視國家爲一黨之私器。反之，爲保持其光榮的歷史，貫澈其建設三民主義的新國之夙願，必須以身作則，將中國導入一個現代國家的途徑。華盛頓當年在連任第二屆總統之後，以他對美國的殊勛偉烈和人民對他的擁護愛戴，原可繼續其美國元首的寶座；但是他堅決的辭謝了，因爲他要樹立一個優良的傳統；同時他又培植了漢密爾登和傑弗遜兩個相對的力量，以建立美國兩黨政治的基礎。這是一個非常良好的例子，值得我們效法。即再從最實際的方面着想，國民黨爲着要保持其政權，也必須確實做到「崇法務實」，才能爭取人民的信仰和擁護。反之，如果國民黨及其所主持之政府不能嚴格的守法，而以「革命手段」或「非常時期」來作爲掩飾一切違法的行爲，那麼實無異自毀其數十年來在全國國民中所建立的政治基礎。對於這一個道理的說明，黃先生也曾對國民黨的同志提出嚴重的警告，他說：「法律的內容的好壞，我們不必加以考慮，而這一法律則可以爲基於創立政權的政黨的意志而制成，則很顯然。因此，此一法律是創立政權的政黨治理國家、管理人民的有力工具。執政的政黨及其黨員，則更應當守法和擁護此一法律的尊嚴，否則更將失去統治國家一項有力的武器。若是把用來統治國家的法律武器，自己先行加以破壞，那豈不是萬分的不智嗎？」接着他又說：「照一般政黨運用政權的形式，黨是依其主義與主張，吸引人民的擁護以其黨員掌握政權，實現黨的主張。大凡政治的事務與措施，皆由其在政府中的黨員負責處理，黨僅是決定政策，監督其黨員忠實執行，而不直接處理政府所應辦的事務。執政的黨與從政的黨員在運用上應當是一元化，而不是對立的，或分立的兩個政治機構，否則變成不是機關的重疊，便是責任的紛亂，更不能發揮法治的功能。這是運用政權的正常辦法，我們似乎應當加以檢討和研究的。」由於這兩段話，足證這位在國民黨中具有歷史與地位的黃先生，也是不同意今天這種變相的「黨治」；那末，如我們前面所引述的那些事實，也必然是黃先生所認爲亟須加以改正的了。

我們一向是爲爭取民主自由而努力奮鬬，曾以此列爲本刊的宗旨的第一條，然而爲要達到民主自由之眞正實現，必以樹立澈底的法治精神爲基本。因此，我們對於黃先生的這篇演說，深具同感，特爲文予以響應。我們不僅對黃先生表示讚佩，而且我們認爲在今天的中國國民黨中，還有這樣一位直率敢言之士，更是一件非常值得慶幸的事。如果由於他這一個正確而進步的思想影響到整個國民黨與政府，發展爲一個政治改革的運動，則不僅是國民黨的前途之福，也是國家民族的無疆之庥！最後，我們還要進一步的寄望於黃先生的是：以黃先生今天在國民黨與政府中的地位，除了應將你這一套正確而進步的思想去影響同志和同僚之外，同時更應當不斷指出國民黨和政府的負責人那些誤解「革命」與破壞法治的具體事實，及時予以糾正，不能讓他們再錯下去了！

(上接第12頁)

充分實現憲法的理想，能如此，才不至於破壞了民主，轉而影響了團結。

根據以上簡述，可知促成反共團結之道，並無特殊玄妙的理論，只是脚踏實地依據憲法的客觀規定，而一步一步的勵行民主。

五　反共團結的幾句收場話

負有領導國民黨及整個國家責任的蔣總統，除在今年雙十節强調到反共團結，接着又在十月十五日，提出六大要點，切望全國報章雜誌，徵請海內外同胞，率直的對國是提出意見，而如何團結海內外反共救國意志，又是主要之一，足證當局對反共之重視，眞是可喜可賀。

在目前，由於這幾年來，已不幸而造成了若干政治的嫌怨與歧見，必須先根據民主的精神和原則，而加以化除，此所以醞釀多年的反共救國會議，確有拿出最大的誠心和決心，而從速召開的必要。務使海內外各黨各派及社會各階層各部門的若干領導人物，以及對政府的某些反民主作風，抱持反對態度的特立獨行之士，大家聚集攏來，開誠佈公的共商反共救國大計。政府當局尤其要聽取與採納反對的意見和主張。只要會議眞開得好，非但可促使政府更民主，且可透過這一會議，溝通各方面的思想和情感，而消除彼此隔膜，進而團結一切反共力量，建立堅强的反共聯合陣線。

但是，由於這一會議，幾年來的一拖再拖，已或多或少引起了各方面的疑慮，政府爲表示最大的誠意起見，在召開這一會議前，理當把若干不符合民主或違反民主的地方，先要加以大刀濶斧的改革，而向民主大踏一步。

假使政府能循這種途徑而努力，則一切反共力量，自易很快的走上團結大道。雖然在反共的大前提下，彼此對問題的看法，難免還有若干小的距離，但這決無碍於大團結。因爲一切的意見，既可循由民主的常軌而表達，則任何反對份子，當然可用堂堂正正的方式，而依法活動。如此，則彼此可由歧異之中，逐步求得協同，而這種協同，其力量，比由組織控制下所獲得的表面一致，當然要高出萬倍。最後的結果，必定是民主表現得愈充分，大家對反共的信心愈堅定，反共也必更澈底而更有力量。

據佛家「六祖壇經」的記載，禪宗的六祖惠能，常說頓悟可以成佛的道理，而認爲：「前念迷，即凡夫。後念悟，即佛。」所以又認爲：「不悟，即佛是衆生。一念悟時，衆生是佛。」這是說，成佛與否，主要在一念之間，當下便是。我們反共到了今天，能否勵行民主，而促成一次大團結，主要的關鍵，也在負責領導反共的國民黨和政府當局諸公，能否在一轉念之間，先解開觀念上的死結。相信只要在內心深處，眞正悟到了民主的價值，便可以發現目前的愚蠢和錯誤，而立刻加以糾正，則一次空前的反共大團結便可以順利促成了。

父道政治歟？民主政治歟？

——看華僑經濟檢討會議

陳式銳

一　楔子

開着收音機，翻閱報紙，到處可以聽到匈牙利人呼援的哀聲，以及國際間譴責蘇俄殘暴的消息；不期然地令人回憶到六月間波蘭人的「爭取自由與麵包」。蘇俄共產集團的管制人民，其無與倫比已到極致；然而，今日東歐衛星國人民的反抗，也已到了星火燎原的程度。儘管蘇俄以共黨的組織及武力控制東歐衛星國，這些國家的人民，逐漸知道波蘭的煤，匈牙利的鋁礬土，羅馬尼亞的油，東德的鎢……是蘇俄奪取以建立其軍事工業的資源；尤其波蘭人眼看其應得一五％之德國賠欵為蘇俄吞沒，估計至少損失十四億美元，蘇俄低價強迫購煤，使波蘭也損失達七億美元。此外，蘇俄依其需要，叫波蘭依照指定大舉建造「諾瓦赫達」(Nowa Huta) 大鋼廠及其鏈環小鋼廠，致奪取大批農業勞力而使糧食缺乏[註一]。這些，波蘭人自然醒悟是前些世紀殖民地主義的復活；換言之，蘇俄也在作「殖民地底剝削」(colonial exploitation)了。於是波蘭人基於「人權」，反抗蘇俄的共產帝國主義，起而爭取「自由與麵包」。匈牙利人繼之，蘇俄為維持其所謂「既得權益」，竟不惜顯出其猙獰面目，拿坦克車來屠殺匈牙利人民，乃至引起全世界（包括各國共產黨）的譴責。可見，時至「人權世紀」，人民不再是愚昧，無理底管制，縱使暴虐如共產政權，也是有時而窮了。

大陸淪陷八載，中共鏟除異己無所不用其極；時至今日，似乎可以暢所欲為了。於是乎到處有「農業合作社」、「集體農場」、「公私合營企業」、「國營事業」、「國營貿易機構」、「地方貿易組織」……等等，不一而足。中共的經濟，屬於地道底管制體系；換言之，它是為達到所謂「社會主義」的計劃經濟。這一計劃或管制經濟，其所得的功效如何呢？由本年六月間舉行底偽「人民大會」記錄，只就經外報發表者就可以看到一般情況。上海八個「人民代表」提出：(一)現存私人資本估計三十三億元（十三億二千萬美元），由於政府的低價訂貨，致使公私合營工業遭遇到困難；他們以為「公私合營企業」的收入，應足以抵充其開支。(二)「國營貿易機構」的「比較鉅利」應予降低，而「合營工業」的「比較小利」則予提高；至工商及公私的利益，亦有加以協商的必要。(三)「國營貿易機構」對「公私合營工業」的訂貨不切實際，它不顧及數量、種類、品質的需要；不能作適時底供應，尤其季節性底貨品，對於整個批發業務復缺乏彈性與配合；所以它的「供給」不是難以接受，便是錯過時機，結果有些地方貨品積堆，其他却深感缺乏。偽「商業部」（六月廿五日）承認以上所說為有「根據」，並宣稱自下半年起將給予「售賣中心」以自由選擇貨品之權，不再接受由上面配予，且將恢復與消費者直接接觸[註二]。偽「國務院」繼之（六月三十日）宣佈：(一)工廠將可按其需要的品質及價格自由購買原料，惟此類原料仍由公家供應；(二)除人民必需品仍由公家辦理外，商業組織可向工廠自由購買適合市場的貨品；工廠亦得按照信用及佣金基礎自行向商業組織競爭出售它們的貨品；(三)所採取底政策既非在沒收資本家的工業與商業，亦不讓他們脫出管制而剝削人民；它且指出，一九五四年私人工業的利潤，平均是二〇％。這些說法，西方輿論有指為中共轉入「計劃經濟中的自由市場」階段[註三]；姑不論中共是否眞地這樣做，它至少可以顯出管制的弊害，而且客觀底情勢迫其轉向，這是沒有疑問的了。

再由經濟思想史加以觀察，十六七世紀時，「重商主義」(Mercantilism)盛行，「父道政治」(Paternalism) 是其特徵，以國家係機械地由個人所組成，「父道」支配着「衆人之事」，管制是它的手段。十八世紀之後，相反地產生了「古典學派」(Classicism)，它以「放任」(laissez faire) 代替「父道」，個人知道他的利害比國家深刻，只要不加束縛，他便可自由發展。但是，貧困與進步相偕而來，放任究有其弊端；因此「社會主義」(Socialism)、「民族主義」(Nationalism) 相繼而起，「歷史學派」(Historical School) 也萌芽起來，它們都反對「古典學派」。但循着螺旋式地發展，新「古典學派」(Neo-Classicism)又獲得地位；到了世界大戰之後，「重商主義」却復活起來，「父道」流行，「民族主義」且成為「看家狗」(Watchdog)。但是，由於教育的發達，個人也比較能夠明瞭其在羣體中的地位；個人的個性不斷地伸張，逐漸認識獨立底人格。此時，他不再是傻瓜，也不再是小孩子；他不再能夠容忍「特殊人物」(官僚) 假借「父道」而包攬「衆人之事」了。這一時代，在政府方面要講究「社會管理之道」(art of social management)，用以達到人民所公定的「目的」；它的「干涉」，只在此有其立足之地，亦即包括於政策之中。一方面，經濟學得統計學之助，已經獲得比較精確底分析力，它能夠客觀地指出達到上述「目的」的方法[註四]。明乎此，我們知道「民主政治」是代替「父道政治」的時候了。前者的特色是「政治家政治」(Statesmanship)代替「官僚政治」(Beaucracy)，

「選舉」與「輿論」雙管地引其入「社會管理之道」；政治不再與經濟學混而爲一，而是與之相輔相成，共同創造整個社會的繁榮。

二　僑胞面臨新局面

「華僑經濟檢討會議」於十月廿八至卅日在臺北中山堂舉行，因係首次大規模地召開，頗爲一般所重視，情況也相當熱鬧；其經過我已在財政經濟月刊(六卷十二期)發表「記華僑經濟檢討會議」一文，可以見之。該會三天檢討的結果，有四個重要議題的決議及一個總決議；以短短三天時間來檢討海內外的全面經濟問題，其能否達到理想，是可以想像到的，但由決議案的內容加以觀察，却也可以反映問題的重心。第一個議題爲「關於輔導華僑改進其經濟事業並加强與僑居地政府之經濟合作問題」，第二爲「關於國內經濟建設與僑資運用之配合問題」，第三爲「關於展開臺灣對東南亞及其他地區貿易擴大僑商貿易機會問題」，第四爲「關於揭發共匪經濟陰謀加强華僑對匪經濟作戰問題」；至其總決議案，除指出共同認識和信念及華僑經濟發展的新途徑外，其輔導工作的新方向是「機構之加强、金融之支助、貿易之增進、航運之配合、人才之培植」，而尤應「依據會議商定之原則，研訂具體辦法，迅付實施」。

第二次世界大戰之後，東南亞各國先後獲得政治上的獨立，她們繼之求經濟的發展；以情勢的變動，我們僑居各當地的僑民，也遭遇到空前底困難。正如外交部長葉公超在大會報告所指出：「新與獨立國家由殖民地的階段而躋於自由獨立，對主權的看法是特別的，非常的，有時是過份的，不但要維持，而且要表現」；所以華僑在殖民地時代所取得之地位及若干權利，「當地政府當然要逐件檢討，看那些是合於主權的，那些是不合於主權的」，結果「華僑所有若干權利，這時沒有了」，自然發生了「奇異的感覺」。一方面，新興國家謀求經濟發展，他們妒忌華僑的雄厚經濟地位，且疑懼其對經濟發展有所不利；蔣總統在大會中也指出當地政府和人民，以是「無形中就產生其排華的行動」。尤有進者，華僑在東南亞人數多至千萬以上，因中共對東南亞的滲透、馬來亞的武裝作亂、及新嘉坡的糾紛，「美國新聞及世界報導」(一九五四年八月十二日)與「新聞周刊」(一九五六年二月三十日) 且先後據以提出「世界最大第五縱隊」的危機；當地政府與人民以切身利害所關，其能不有所戒心嗎？大會基於此一認識，對於當前的局勢，共同議定應付的基本方針如左 (總決議及第一議題)：

一、海外僑胞應廓清政治立場，樹立反共底鮮明旗幟，以消除當地政府和人民的疑懼，進而獲得其了解與信賴。

二、尊重當地國家的主權，自由中國進而與當地政府及人民，暨僑居當地之華僑，在經濟上作具體(尤其技術)的合作，以協助當地經濟的發展。

三、循經濟發展的程序，華僑經濟事業應將商業資本移轉爲工業資本，以配合當地經濟之發展而收相輔相成之效。

三　輔導發展的新方案

祖國與海外僑胞循既定之方針，以求與當地政府和人民和平共處；一方面，在金融、貿易、航運、人才等各方面作彼此之配合，既可謀海內外經濟之繁榮，又得與匪共作經濟戰。但爲重視華僑經濟事業，加强經濟輔導之措施，並請政府另設有關機構以綜理其事。大會已就此全面作成之決議，茲擇要整理列舉如次：

甲、機構方面：

(一)關於發展華僑經濟事業，應設立一個高層機構，負決策、設計、輔導推動之責，其構成份子包括華僑在內，原則通過；至名稱及組織，由政府考慮辦理(第一議題第一項)。

(二)政府應設立統一貿易機構，辦理貿易行政業務；並在東南亞重要地區籌設分支機構，辦理貿易之推動、商情之搜集、及產品之展覽事宜 (第二議題第一項)。

爲發展對外貿易，政府應加强使領館商務工作 (與我無邦交之地區，透過僑商商業機構推動辦理)，並輔導現在信用素孚之僑商金融貿易機構，加强其業務，以協助對外貿易之推進(同上第四項)。

(三)關於設立對匪經濟作戰機構，由有關機關合組一對匪經濟作戰常設機構；各外國之與我有邦交派有使領者，則由使領館與我金融貿易機構及當地華僑工商團體合組執行機構，無邦交者則就當地僑領及對經濟素有研究之專家聘派若干人組織領導作戰機構(第四議題第一項)。

乙、金融投資方面：

(一)請政府研究促成建立華僑金融體系，結合華僑在金融方面之力量，以華僑金融配合各地華僑工業之發展(第一議題第三項第二款)。

(二)在東南亞與我有邦交國家地區，利用我國家銀行(即中國、交通等行)財力，採用正當銀行業務方法，輔導當地忠貞僑商，鞏固其原來經濟地位，並扶助其重新建立各種工業，以增加僑胞就業機會免受共匪所利誘 (第四議題第三項第一款)。

無邦交地區由於外交關係，對祖國貿易頗多障碍；但爲克服當前困難，今後政府應協助當地忠貞僑胞以僑民身份，創立銀行或信託公司，儘量扶助當地大小工業暨進出口商，發展貿易以增加反共抗俄力量(同上第二款)。

(三)在香港及其他地區設立信託金融機構，以便利僑資僑滙之寄託及流通

（第二議題第二項第一欵）。

（四）對於與我有邦交之國家循外交途徑，交涉准許華僑因法律規定而停業之事業之資金滙回祖國（同上第二欵）。

（五）請政府於第二次四年經濟建設計劃中對急切需要之事業而有利於華僑投資者，予以公佈，以供華僑投資之參考而配合政府之要求（第二議題第一項）。

（六）擴大吸收僑資回國，對於滙回現欵依原幣存欵辦理者，應訂定確切之保值辦法，在該項辦法未頒布前，准先按優惠滙率支用新臺幣（同上第四項第二欵）。

（七）在投資對象未確定前，如願輸入物資者，准以自備外滙進口方式輸入准許物資；或經華僑投資審議委員會通過後，准先行輸入，變價存儲待用（同上第三欵）。

丙、貿易方面：

（一）國內與東南亞各地區之貿易，在輸出與輸入方面應儘量鼓勵僑商與國內廠商直接往來，並對僑胞回國經營進出口貿易，亦應予以便利（第三議題第二項）。

（二）加强各地僑胞與國內之貿易關係，配合各地區僑資工業生產，擴大市場，以抵制匪區產品之滲透（第四議題第二項）。

（三）出口貿易之盈虧，如臺灣產品因成本關係而價格高出國際市場價格時，應從長期觀點打算，如一時無利可圖或甚至虧損，但前途却希望甚大者，應由政府予以扶助（第三議題第三項）。

（四）如兩國間之貿易因當地外滙貿易管制關係無法推動時，應考慮易貨方式，以解決困難（同上第六項）。

（五）公營貿易機構在東南亞地區之業務，應加强與僑商聯繫；其購銷事宜可多委託僑商辦理，必要時並將避免採用投標方式（同上第七項）。

丁、航運方面：

（一）航運爲推動對外貿易之重要條件，我國與東南亞各重要地區之航運，應予加强（第三議題第五項）。

（二）請增闢東南亞定期航線，撥派三千噸左右輪船若干艘，常川行駛南洋各地，使貨暢其流，並增進臺灣與各地區之貿易額（第四議題第四項）。

戊、技術人才方面：

（一）請政府在國內辦理或准許華僑在國內辦理華僑工商學院，針對華僑經濟事業之需要，造就華僑工商界優秀人才（第一議題第三項第一欵第一目）。

（二）請政府鼓勵並協助華僑在當地情形許可範圍內興辦工商學校（同上第二目）。

（三）請政府舉辦短期技術訓練，培養海外工商管理及技術人才（同上第三目）。

（四）請政府派遣工商業人才分赴各地，協助僑胞辦理工商事務（同上第四目）。

四　「父道」、「官僚」是阻力

我略知臺灣經濟，在參加會議討論時，一則以喜，一則以憂；所提出的議案，大體朝向進步，本質上要求革新，此爲喜之所在，但在現狀之下，欲望議案的執行，談何容易，爲是而憂。先就財經機構言，今日已演變到「喧妾奪妻」底地步，行政院的主管部暨省政府的主管廳，其職權已全爲「經濟安定委員會」及其所屬組會所奪取。「經安會」的職掌，原是「設計審議」，「推動或促成」；時至今日，它已實際掌握了臺灣財經之大權，而且逐漸集中於少數人之手，「父道」氣氛特重，我行我素，已到了癱瘓臺灣經濟的程度。當前輿論，正在倡議裁撤「經安會」而把權責歸還正規之組織；倘此舉實現，然後在行政院設一高層華僑經濟機構（歸經濟部主管），統一貿易機構及對匪經濟作戰機構均隸屬之，負決策、設計、輔導、推動之責，以應新事勢之要求，尚屬可行。否則，在經安會獨攬財經大權之際，新機構實無法與其並立，其業務且必受其阻碍。

其次，官僚之輩撫拾「父道」政治之權威，仍當人民如孩提，既可强之亦可哄之；手執此「權威」以操縱人民的生活，他們不悉竟是人民的「公僕」，反而控制主人的生命。因此，財經行政的失敗全無引咎之心，與論的反對則裝痴作聾；甚至所屬政黨的決議，亦可置之度外了。國民黨本年五月七中全會有關財經部份的議案，除租稅之外尤集中對金融投資外滙貿易作革新性底決議。它開宗便說：「外滙政策之訂定，須顧及國內經濟之安定與發展，而基本目標，在擴展貿易，由鼓勵出口中求增獲進口；並對國內之投資，及僑資外資之流入，發生鼓勵及吸引之效用」。而在這一基本目標之下，其所以獲致之道，我以爲最有關者是以下各點：

一、「外滙滙率應顧及有關貨幣之客觀價值，仍視財經情形之發展，樹立單一滙率制度」；

二、「結滙證制度爲當前促進出口，調節進口之重要手段；應儘量放寬其應用範圍，並透過自由買賣之機能，實現其合理之價格」；

三、「創設自由帳戶，以利資金之內流」；

四、「健全金融市場，調整銀行利率，建立統一而協調之利率結構，使銀行能發揮領導信用活動之機能，消滅黑市金融之活動」。

在高估外滙之下，它與客觀幣值存在着鉅差，出口與資金之流入顯予不利；改變之道，卽一在滙欵之「保值」，一在出口外滙之「保有」，而結滙證如果效寬到了連鎖進口之程度，它終可以達到客觀價值之點。此層做到，外滙增加而僑資及外資亦得兼由「自由帳戶」而內流；進一步開放設立民營銀行，蓋一旦資金增加，利率降低，工商農礦各界均得正規地由銀行獲得融通，那末黑市金融勢必消滅而迫使游資存入銀行或作正常之投資。但時至今日，充其量所謂保值，僅做到華僑及外人投資可以享受「優惠滙率」，結滙證使用期限展至一百二十天，及得向商銀抵押借欵；至於開放銀行，亦只有「重新考慮」之新聞而已。這些並未觸到根本，距離實際效用甚遠。我看到財政部長兼外滙貿易審議委員會主任委員徐柏園對大會報告，他指出去年輸出總值一億三千三百餘萬美元，「計較四十三年增加一千萬元」[註五]；我姑不核對此「一千萬元」的內容，所謂新外滙貿易辦法施行一年以來，區區此數得視爲「顯著之進步」嗎？在此情況之下，欲金融投資貿易的好轉，祇是緣木求魚而已。徐氏也說：「海島型之經濟，必須推廣對外貿易」；他並且說：「我相信政府必然盡可能的給與我海外僑胞以從事貿易的機會」。第一關，僑胞(及國內同胞)在現行辦法之下，就無法取得貿易商的資格；假定此關過了，出口虧本而進口難獲外滙，是對外貿易仍無法推廣，不知徐氏所謂政府給僑胞的貿易，機會何用？就說僑胞在外直接與國內進行貿易，在國內貿易障碍重重之下，僑胞能單方面作貿易的推廣嗎？實情如此，再欲有效地對中共經濟作戰，可能嗎？

我知道國民黨七中全會對財經部份提案頗有爭論，好容易通過了，其對從政黨員的影響竟如是其微；執政黨對扭轉局勢尚且無力，那末散漫而無權力底「華僑經濟檢討會議」，它又有何辦法？我在整個會議的當中，曾不斷地爲美妙底致詞而憧憬將來，然「官僚政治」的陰影時時盤旋於腦際，喜終爲憂所壓制了。「父道」、「官僚」，何其力之大哉！

五　唯上帝賜奇蹟

我認爲臺灣經濟具有發展的良好基礎，它的水利、電力、交通設備勝於東南亞各地，它的工業化因此是容易推進的；我以爲現階段底臺灣經濟，已到了自由發展的地步，政府不可再視之如孩提，且又交給「妾」輩去管制。政府的責任，在創造一種環境，讓大家在其中可以儘量發展自己而不損傷他人；它的法律規章，不是爲限制個人而制定，反之它們爲底是要把個人的精力導向進步。由我們的憲法，由我們朝野的傳誦，我們知道中國早已採行「民主政治」；但民主的眞諦（我引用江宗一先生的話）是「(一)個人的獨立、自由、自尊；(二)强大反對黨的存在；(三)公平自由的選擧制度」[註六]。唯有在民主政治制度之下，乃能產生私人企業經濟制度；而在此一制度之下，乃能把經濟導向進步。美國在獨立時(尙在農業時代)就實行民主政治，今日她在全世界中，面積占六%，人口占六、五%，製造品却占五〇%至六〇%，其經濟力的偉大，擧世無可與匹。由此，我們知道民主政治對經濟是有刺激的影響；蓋在其中，孕育着一種「表現效率之壓力」(Pressure to show results)，而選擧與輿論却是它的槓桿力[註七]。在這一環境之下，官僚集團必爲選擧與輿論所驅逐，代之而起者是政治家；政治家有責任心，成則留，敗則去，新陳代謝，日日新生。我回顧自己的政治，我們缺乏「表現效率之壓力」；我們要求政治家而他出不來，我們求革新於「父道」，官僚與侍妾之輩又擋住去路，結果是奈何奈何！

華僑經濟檢討會議認識華僑在海外的處境是空前艱難，大會議訂的方針，行之並非易易；然它的總決議却鄭重表示「應依據會議商定原則，研訂具體辦法，迅付實施」。再看會議商定的原則(決議案)，均係針對現狀而要求改革；我們的行政結構及其負責人員已如上所言，我們難免有從何下手之嘆。然則千萬華僑已陷入經濟的窘境，中共又已作經濟的挑戰，我們可以不面對現實而有以應變嗎？我在星馬座談會中聽到一位代表說：「靠攏份子到大陸去，他們與匪共做生意，我們反共僑民就回臺灣來，這次如果沒有成就，後果就不堪設想」！我們三復斯言，能無動於中乎？

由於人權的伸張，强烈管制人民如蘇俄集團，也不能免於波匈人民的反抗、中共的轉向、及北越的內亂(已在發展中)；「自由與麵包」，正是人權的基本內涵，一旦得不到滿足，人們是會不顧一切而孤注一擲底。這是二十世紀五十年代的一主流，殘暴如共產黨對之且終歸會束手；今日之醉心管制者，倘爲公，而大衆既只見其害則何再堅持，若爲私，則殘害國家民族亦將爲天下所不容，實應及早醒來。總之，華僑經濟檢討會議召集於非常之時，亦爲臺灣經濟全面革新的一機緣。我聽過蔣總統對大會說：「希望各位僑領與政府同人乘此會議期間，就各項重要問題切實討論，各抒所見，務期此次會議之後，僑務工作將獲劃時代的開展，僑胞利益將得確實的增進」；我認爲大會決議如付實施，華僑固有生路而臺灣經濟亦賴以發展，現在的問題是何人來負責實施，何時開始？報載當局處理的辦法是召集部會把會議結果報告行政院，然後由院分交各部門；果眞如是，我們只有祈禱上帝，默賜奇蹟罷！

註一：South China Morning Post, Hongkong, Nov. 2 & 9, 1956.

註二：South China Morning Post, Hongkong, June 26, 1956.

註三：South China Morning Post, Hongkong, July 1, 1956.

註四：Lewis H. Haney, History of Economic Thought, pp. 941-7.

註五：徐柏園：華僑經濟檢討會議報告辭。

註六：江宗一：「甚麼是民主政治的眞諦」，載自由中國十五卷十期。

註七：拙作「論公共行政爲發展經濟的一因素」，載財政經濟月刊六卷九期。

關於反共團結運動

傅　正

一　反共團結的一筆流水賬

反共要團結，執政黨和政府當局已不止一次發出這呼聲。遠在三十九年九月一日，國民黨改造時發表的「現階段政治主張」，便首先喊出：「我們主張團結海內外革命志士、愛國同胞，無分黨派、宗教、職業和性別。」接着在四十一年，除蔣總統於元旦「告軍民同胞書」中，又有類似的宣示外，國民黨於雙十節召開的第七次全國代表大會，閉幕時更宣言主張：「我們更要求海內外……不分黨派……團結一致，構成反共抗俄的聯合戰線。」

到了四十二年五月裏，國民黨第七屆二中全會，又進一步通過：「建議政府召開反共救國會議，建立反共救國聯合陣線案」。同年雙十節，蔣總統在「告全國軍民同胞書」中，更具體表示：「要從速召開反共救國會議。」十一月，國民黨第七屆三中全會決議稱：「本黨二中全會此項決議，業經中常會審愼辦理，已完成初步準備工作。」

四十三年一月十八日，前行政院長陳誠，且採取實際行動，邀請各政黨中央負責人及無黨派人士，擧行座談會，就召開反共救國會議問題，廣泛交換意見。並又在二月九日立法院院會提出施政報告時，明白指出：「召開國民大會和反共救國會議，是今年要做的兩件大事。」

但在四十三年二月召開國民大會後，預定同年召開的反共救國會議，竟告流產。直到今年九月十日，行政院長俞鴻鈞忽又對新聞記者透露：「召開反共救國會議，是政府團結海內外人士早經決定的，」但又說：「爲了愼重將事，籌備需時，所以還沒有決定召開日期。」九月二十五日，行政院副院長黃少谷却又在立法院公開表示：反共救國會議，將於明年上半年在臺北召開。但又解釋說：這事尙未經行政院討論，也未向俞院長報告，是否有修改，尙不得而知云云。本年雙十節，除黃少谷氏又發表「國慶日論反共團結」一文，大事强調反共團結之重要外，蔣總統又在「告全國軍民同胞書」中，指出反共團結的重要，且認爲：「大家都沒有不可捐棄的嫌怨，也沒有不可消除的成見，更沒有不可調和的利益。」

七年了！儘管如此高喊，但反共救國會議還是沒有召開，而反共的力量更沒有團結。政府在最近之重新注意到這問題，固不失爲可喜的徵兆，然若對反共團結無眞切認識，誰能擔保不至一誤再誤而永誤？故對反共團結的澈底認識，較之空喊口號，實更有其必要。

二　反共爲甚麼需要團結？

近代的民主國家，都承認人民享有若干的基本權利，諸如生命、自由以及幸福的追求等。這些自由權利，也就是人權。所謂人權，是指人之所以爲人的權，就是說，凡是人，凡具備人的資格和身份的人，便該享有這種權，否則，便不成其爲人。此所以人權是構成個人人格的一部分，是不能讓渡的，是不容侵犯的。這種觀念，從英國在一六八九年的光榮革命時，發表了一項「人權淸單」(The Bill of Rights)，正式宣佈爲立國的基礎以來，到了一七七六年，美國在獨立革命時通過的「獨立宣言」(Declaration of Independence)，以及在一七八九年，法國大革命時所發表的「人權宣言」(Déclaration des droits de l'homme et du citoyen)，更相繼加以確認。一直到了一九四八年，聯合國更通過「世界人權宣言」(Universal Declaration of Human Rights)，而加以維護與貫澈。時至今日，人之應該有人權，已經成了一項不辯自明的眞理。

人權觀念，雖已爲現代民主國家所普遍接受，但迷信極權主義的共產黨，却從根本上否定這一點。共產黨之所以該反，共產黨之所以是「人類的公敵」，儘管從細節上說，各人的想法未必一致，然從基本原則上說，也就是說，在反對共產黨的否定人權方面，大家該不至有何異議。因此，從國內而言，反共戰爭的本質，既不該是某一姓與另一姓爭皇位的戰爭，又不當是甲軍閥與乙軍閥爭地盤的戰爭，也不應是這個黨與那個黨爭政權的戰爭，而該是全體人民爭人權的戰爭。反共戰爭的本質，既然是在爭人權，所以，只要是人，不但有反共的責任，而且有反共的權利。任何人固不應逃避這種責任，同時，任何人也不容被剝奪這種權利。

反共戰爭，既是爭人權的戰爭，很顯然，這不僅是關係於一家一姓或一黨一派的榮辱得失，而是直接影響到每個人之能否爲人。所以這一戰爭，比歷史上任何戰爭更重要，是只許成功而不許失敗的。因此，今天要談反共，對於一切的力量，便該不分主義，不分黨派，不分階級，不分地域，不分職業，尤其是不分政治上的恩怨，只要大前提是反共的，都必須集結在一起，加以最合理的安排及最有效的運用。做到沒有被遺漏，沒有被浪費，尤其是沒有被抵消，而共同團結一致，凝成一個堅强的反共力量。只有這樣，反共才有必勝的把握。

在今天，國民黨是中國的執政黨，而且是反共的重要力量，這是誰都承認的事實。但要是因爲這一事實，便認爲要達到反共的目的，只有通過國民黨，或只有通過國民黨的某一派，甚或只有通過國民黨的某少數人，老實說，這不僅是一種錯誤的認識，而且是一種極危險的想法。因爲每一個中華民國的國民，固然可以參加國民黨，但也可以加入其他民主政黨，更可以不屬於任何政黨，無論怎樣，都不妨礙其爲中華民國的國民，更不妨礙他反共的義務與權利。

一個民主國家，所謂政黨，只是某一部分人實現政治理想的工具。所以任何人如要加入政黨，都享有選擇的自由，既可以通過這一政黨去從事政治活動，也可以通過那一政黨去實現政治主張，甚至可以現在屬於甲黨，而將來又屬於乙黨。因而不論其爲大黨或小黨，也不管是執政黨或在野黨，其組織，總不是這個國家的全體人民所共有，而只是屬於這個國家的某一部分人，此所以國民黨雖是反共的大黨，但究非唯一可以反共、唯一有權反共的組織。

在任何民主國家，人民有選擇政黨的自由，也有不參加任何政黨的自由。因爲對政治活動有濃厚興趣的，究只是少數人，所以加入政黨的，往往也只是某一部分人。大多數的人，常就其興趣之所近，而在各種不同的社會團體裏謀生活。至於一般的中國人，對政治的興趣尤其淡薄，眞正主動而又自願參加政黨的，其人數眞是少得可憐。若就臺灣而言，以一千萬人口說，據一般估計，大約只有百分之五至六左右，參加了各個不同的政黨。至於一千三百萬華僑，以及四億多的大陸同胞，眞正加入政黨的，在整個人口中，所佔的比例數字當更少。此所以儘管執政的國民黨，是黨員較多的黨，但在全體反共非共的中國人之中，究也只佔了一個很小的數目。假使要以這一點力量，而獨挑反共的重擔，其困難，當是任何人所可以想見。假使甚至要想把這副千萬斤的重擔，交由國民黨的某一派或某少數人，其危險，當然是更不堪想像了！

歸結而言，反共是爭人權的戰爭，是每一個人的事，絕不是某一黨某一派的事，尤其不是某少數人的事。所以對付這一戰爭，不但要團結那些與國民黨合作的各黨各派，尤其要團結與國民黨有「歧見」的各黨各派以及無黨派的人士，用以促成自由中國海內外及整個大陸的反共力量大團結，以求共同爲反共而努力。

三　反共爲何沒有能團結？

反共既該團結，且在這幾年來，執政黨和政府當局，又一再的高喊團結，何以事實上沒有做到呢？

國民黨由於二十年訓政的結果，一方面嚐到了權力的甜味，一方面養成了迷信權力萬能的觀念。直到抗戰勝利以後，由於絕對權力的結果，造成了絕對的腐化，而激起了各方面的不滿，於是在內外局勢交迫下，國民黨終於在無可如何中，向民主逐漸低頭和讓步。但在這退讓的過程中，既因對權力迷戀過甚，所以表現得難捨難分，而一步一回首的企圖走回頭路；又因對民主缺乏深切的認識，便常抱着一種懷疑和恐懼的神態，轉而對爭民主者敵視。正因如此，更加深了各方面不滿的程度，而擴大了原有的鴻溝。這條路，本已够危險，加以國民黨終於不幸而走上了孤立的道路。如此的相激相盪，國民黨的內部，由於組織精神和領導作風的錯誤，所以黨員找不到正常的活動途徑，彼此間更缺乏民主的素養，其結果，雖也有所謂派系，但都只是純利害的小組織，到了利害衝突的時候，只落得黨紀掃地，以至弄到搶副總統，搶國大代表，搶立法委員，一切弱點，終於赤裸裸的完全暴露。政府在大陸的慘敗，這種歷史上空前的大變局，其原因，固然很多，然在政治方面，這該是主要的致命傷。但是，很不幸，這一個血淋淋的事實，並沒有被國民黨所共同認識，尤其沒有被國民黨的若干領導人物所了解。於是在退到臺灣以後，對於大陸失敗的檢討，在政治方面，國民黨內部居然有一種極爲流行的說法，認爲大陸之所以失敗，正是由於實行自由民主的結果。這是一種多麼錯誤的認識！舉凡稍有政治常識的人，對此無不感到惶惑！

儘管這種認識是錯誤的，國民黨却根據這一錯誤的認識，對民主再作錯誤的估價，而不知道把過去錯誤的認識和態度，做深一層的檢討，這眞是悲劇中的悲劇。其結果，認爲要反共，尤其要集中全力反共，便不能再談民主，以免隨民主而俱來的自由，渙散了反共力量。於是便大膽的走上歷史的回頭路，重新强調所謂「組織」，——一種特殊意義的「組織」，也卽是主張採用敵人的做法來反共，這便是所謂「以組織對組織」。近幾年來，若干人之特別高唱所謂「國家自由」，進而否定個人自由的價值，便是由這種錯誤觀念而延伸。由於强調組織進而控制組織、運用組織，於是又走上了以黨治國的死路。

順着這一路向，延伸下去，就是服從不服從，名之爲忠貞不忠貞，於是在有形無形中，又造成了另一種更危險的趨勢。那就是，任何人之是否忠貞，常先取決於是否服從國民黨，而其是否服從國民黨，又常取決於是否服從某一派，而其是否服從某一派，更常取決於是否服從某少數人。其結果，是大圈圈之內有小圈圈，小圈圈之內還有小圈圈。像這樣一層層的向內部劃，圈子便越劃越小，一直劃小到無法再小，便只剩下了幾個所謂核心分子。於是乎，只有這少數人的忠貞，可以被百分之百的信任，進而變成只有這少數人，才有資格擔當反共的重責大任。

圈子既是越劃越小，被排斥的人，當然也就愈來愈多。這類被排斥的人，既不容許循由民主的正途，而貢獻出自己的意見與力量，剩下來便只有兩條路可走：一條是挺身而出的路，另搞甚麼勢力，積極的與政府唱對臺戲；一條是隔岸觀火的路，老是袖手旁觀，消極的與政府不合作。反共的力量，便如此這般的削弱了！這是多麼可怕的現象？對於這種現象，政府並非毫無所懼，而也相當重視，此所以這些年來，又一直在大喊團結，但一方面儘管這樣喊，另一方面却由於觀念上的死結解不開，所以始終沒有能打開目前的僵局。到了近幾年，整個的臺灣，無論是公私集會或報章雜誌，所剩下的，常是一片歌功頌德之聲，和一些粉飾太平之談，甚麼「偉大的成就」，甚麼「空前的進步」，一切美麗動聽的名詞，常被借來用作自我陶醉，使自己飄飄然如墮五里霧中。這情景，常使一般眞正憂時愛國之士，回憶起南宋末年那一幕歷史的悲劇。

問題十分明顯，國民黨由於對民主的認識不淸，以至造成了態度上和作法上的錯誤。這種錯誤，固不必便認爲是完全出於國民黨的惡意和私心，也可能是由於若干人的一念之愚。但不管怎樣，因此而造成了國民黨的孤立，以及反共力量的分散。這是客觀的事實。所以說：反共之所以沒有能團結，主要而根本的因素，實在是對於民主的認識和實行不够。

四　反共該怎樣促成團結？

反共之所以沒有能團結，既由於對民主的認識和實行不够，則今後促成反共團結的根本辦法，自然是對症下藥，糾正過去對民主的誤解，並進而力行民主。

說到實行民主，看過上面的敍述，對於民主之何以能促進團結，理該不至有何疑問。現在要進一步說明的，是究竟如何實行民主？

近代中國，醞釀現代民主國家的憲政，眞是經過了千辛萬苦，那一段傷心史，實在不忍再追述。民國到了三十五年十二月二十五日，總算在國民黨領導之下，制定了一部憲法。按理說，領導制憲的國民黨，尤該結束黨治而還政於民，促使中國的政治，眞正走上民主的正軌。雖然這部憲法，並非盡善盡美，相反的，還有很多可以商討之處，但只要這部憲法，還沒有依法修改；這總是國家的根本大法，誰有特權而單獨撕廢？很不幸，從憲法頒佈以來，也許由於大局的突變，使一切失常，而若干人對憲法的尊嚴，又缺乏深切認識，以至於一部堂堂的國家根本大法，有若干地方，竟成了不切實際的具文。

愼到說得好：「法雖不善，猶愈於無法。」民主政治，更是法治而非人治。而今而後，不實行民主便罷，如要實行民主，便須使得這部憲法，具有眞實的意義，而非一些虛無的幻想，只是永遠停留在半天雲裏。在下面所列舉的這些條文，關係特別重要，當然更要遵守，所以更該檢討。

一、是關於主權方面，根據憲法第二條規定：「中華民國之主權屬於國民全體。」所謂主權，是國家對內對外的最高權力，此所以主權之所在，即表示國體之爲何。中華民國是全體國民的中華民國，所以主權只能屬於國民全體，絕不可以屬於任何黨或任何人。否則，人民不是國家的主人，尙有何民主之可言？

二、是關於自由權利方面，根據憲法第二章規定，是「人民之權利義務」，自第七條到第二十四條，其中包括人民的身體、居住、遷徙、言論、講學、著作、出版、通訊、信仰、集會、結社等自由，及生存、工作、財產、請願、訴願、訴訟等權利，都直接間接牽涉到人權，自不能聽由任何機關或個人，而加以非法侵犯。否則，人而不像人，人民的基本自由權利，還得不到充分有效的保障，還談甚麼民主？

三、是關於中央政制方面，根據憲法第三十七條規定：「總統依法公佈法律，發布命令，須經行政院院長之副署，或行政院院長及有關部會首長之副署。」及第五十三條規定：「行政院爲國家最高行政機關。」以及第五十七條規定：「行政院依左列規定，對立法院負責。……」這幾條規定，充分說明了行政院長的地位，一方面是有責者有權，一方面是行權者負責，權責分明，權責相關，證明了民主政治是「責任政治」。否則，有權者不負責，有責者沒有權，又如何推行民主政治。

四、是關於司法獨立方面，根據憲法第八十條規定：「法官須超出黨派以外，依據法律，獨立審判，不受任何干涉。」這一規定，非但關係於司法的地位，而且關係人權保障及法律尊嚴，此所以司法官之行使職權，與行政官員之須服從上級指揮不同，而對於違憲或非法的命令，更可以拒絕適用。否則，司法的審判，竟然受行政的控制，或黨派的干涉，甚至是一二人喜怒所左右，又怎能法治？

五、是關於國防武力方面，根據憲法第一百三十七條規定：「……國防之組織，以法律定之。」及第一百三十八條規定：「全國陸海空軍，須超出個人，地域及黨派關係以外，效忠國家，愛護人民。」以及第一百三十九條規定：「任何黨派及個人，不得以武裝力量爲政爭之工具。」這幾條規定，非僅直接間接關係於民主的精神與前途，而且更影響到整個國家的治亂與人民的禍福，生爲這一代的中國人，對於這一點，尤其有慘痛的經驗，此所以每一個刼後餘生，無不主張「軍隊國家化」。否則，武力只是某一黨某一派或某少數人的工具，在工具與工具之爭中，民命尙且不保，更遑論民主？

凡以上所擧，只不過是犖犖大者，政府假使決心實行民主，自當切切實實的檢討，如果實行不够澈底，或根本沒有實行，甚或是反其道而行，便須立刻加以改正。總之，只有這部憲法所具有的某些理想，不永久懸在天空，而能落下地來，與苦難中國的苦難人民之實際生活接觸，才有其意義與價値。此所以政府權力的運用，在消極方面，非但要不違反憲法規定，在積極方面，而且要

（下轉第5頁）

匈牙利人的革命運動

龍平甫

馬扎爾人，祖國號召你！
起來吧，千載一時！
或享自由，或爲奴隸，
是你應當抉擇的問題！
面向馬扎爾人的上帝，
我們發誓！
我們發誓，
從今不再作奴隸。
——貝德腓「起來吧，馬扎爾人」(註一)

匈牙利人自稱爲馬扎爾人 (Magyar) 人，稱他們的國家爲：Magyarorszag (馬扎爾人之國)。馬扎爾人是古代縱橫歐亞大陸的匈奴人的一個支派，在公元九世紀移居多惱河 (Danube) 盆地。公元九九七年由聖愛基耐 (St. Etienne) 歸依基督敎，建立王國。一四五六年信奉回敎的土耳其軍隊西侵，被匈牙利軍隊在今日南斯拉夫首都地方打敗，使基督敎世界渡過一次嚴重的危機。

自一五二八年起奧地利皇室統治匈牙利。拿破崙戰爭後，歐洲的民族主義運動的發展如火如荼，匈牙利人也要求脫離哈布斯堡 (Habsbourg) 皇朝而獨立。一八四八年三月十五日匈牙利偉大的青年民族詩人貝德腓 (Sandor Alexandre Petoefi 一八二三——一八四九) 在布達佩斯 (Budapest)的國立博物院門前向聚集的匈牙利青年朗誦他的「起來呢！馬扎爾人！」成千成萬的青年響應他的號召起而革命，在民族英雄科蘇士 (Louis Kossuth) 領導下宣佈建立匈牙利共和國，並獲得波蘭將領 Joseph Bem 的協助。奧地利皇室無力鎭壓革命，因向代表當日反動勢力領袖的俄國政府求援，俄皇出動了十五萬大兵於一八四九年鎭壓了匈牙利的革命，偉大的青年詩人貝德腓不幸在 Segesvar 和俄人作戰陣亡(當時他是 Bem 的副官)。但是匈牙利人不屈不撓，奧地利皇室不得不作重大讓步，到一八六七年有奧匈帝國的出現。奧地利與匈牙利各自有其國會與政府，祇奉同一君主而已。

一八四八年革命後，貝德腓成爲匈牙利人的民族英雄，迄一九一八年爲止，匈牙利國會最大的反對黨是「四八年黨」。因此在蘇俄控制下的匈共政府也不能禁止匈人對民族英雄的敬仰。自鐵幕世界進行清算史大林運動以來，匈牙利作家與知識份子所組織的「貝德腓社」(Cercle Petoefi) 的聲勢日益强大，成爲此次反共反蘇民族革命的主流。同時布達佩斯大學生也組織「三月十五日社」，進行匈牙利民族的獨立自由運動。

匈牙利人雖自一千年來成爲農業民族，但仍保持遊牧民族的傳統，富於浪漫氣質，愛好高尙理想與行動。因此拒絕接受異族的統治。九百多萬的匈牙利人對於一八四八——一八四九年俄人武力鎭壓的歷史迄不能忘懷，而對他們所認爲落後一世紀的俄國人及其共產主義既不能心服，也不能接受。一九一八年第一次世界大戰結束，匈共頭目 Bela Kun 利用混亂局勢建立共產獨裁政權。但不久即被推翻。由一九二〇年至一九四四年間爲霍爾第 (Nicolas Horthy) 海軍上將執政，一九四四年蘇軍擊敗納粹佔領匈牙利，由共產黨、社會民主黨、小業主黨於同年十二月二十三日建立聯合政府於 Debrecen。一九四五年十一月四日擧行蘇俄佔領區的唯一自由選擧：小業主黨獲二六八八一六一票，二四五議席；社會民主黨獲八二一五六六票，六九議席；共產黨獲八〇二五七票，七〇議席；民主黨獲七八五二二票，二議席。但由一九四六年至一九四八年由匈共頭目拉可西 (Matyas Rakosi) 在蘇軍刺刀下實行各個擊破政策 (Salami tactics)，將反對黨一一消滅。一九四八年六月南斯拉夫被共產國際情報局開除後，匈共政權的恐怖政策變本加厲。同年十一月匈牙利紅衣主敎 Joszef Mindszenty 被捕。一九四九年匈共首要 Rajk 等人被捕，旋以狄托同謀犯罪名判處死刑。一九五〇年至一九五二年間其他匈共首要或被捕或處決。一九五三年三月史大林死亡，七月納格(Imre Nagy)任匈共政府總理，採取緩和政策，設法解決嚴重的經濟危機。至及一九五五年二月馬林可夫被迫下臺，爲馬林可夫支持的納格也於同年四月去職，由赫格都士 (Andras Hegedus) 繼任。但是匈共內部史大林派與緩和派的衝突並未終止。同年四月十八日納格在匈共中央政治局及中央委員會的職務統被解除，旋被開除黨籍。看來拉可西一派勝利了。其實史大林死後匈牙利共產黨內部及黨外的反對勢力日益强大，納格在反對勢力中聲望很大，主要的反對勢力是：㈠貝德腓社，㈡匈牙利作家協會，㈢匈牙利記者協會。匈共本來企圖利用這些組織控制作家、記者及青年的，現在這些組織不受控制，成爲匈共黨員及非黨員反抗匈共政權的中心。本年六七月間匈牙利的作家、記者及青年學生的反抗聲浪日益强大。六月二十七日貝德腓社擧行大會，出席六千人，會議由午後七時開始至次晨三時始止，發言者極爲踴躍，紛紛要求言論自由，取消新聞檢查，澈底改革政治等等。若干匈共作家並著文猛烈抨擊匈共政權，八月初「布達佩斯文學報」發表匈牙利作家協會主席 Peter Verus 的論文，大意說：「我們不能將國民的情感與反動一詞混爲一談，作家不僅有權利，而且有義務譴責建設社會主義過程中所發生的道德的與倫常的崩潰事象：工廠偷竊事件的普遍化，酗酒的蔓延，對青年女子貞操的蔑視，子女對父母的不盡孝道，墮胎事件的衆多，凡此種種都是匈牙利民族生存的重大威脅。」

匈牙利內部反抗勢力的雄厚，使拉可西倉皇出奔，七月十八日匈共政權宣佈他認錯「辭職」，由格羅 (Erno Geroe) 繼任。並將匈共中央政治局改組，加入四名新委員：㈠刻士 (Karoly Kiss)，㈡馬洛三(George Marosan)，㈢加達爾(Janos Kadar)，㈣列維 (Jogzef Revai)。後三人都是拉可西的反對者，加達爾在一九五〇年被捕，至一九五四開釋，他在匈共組織中極力反對拉可西，因而擁有民族共產主義者的虛名。

拉可西雖被趕走，匈共政權的危機並未結束，何況格羅是他的一系，是有名的史大林派。及至八月中旬，甚至匈共機關報「自由人民」(Szabad Nep) 報也不得不公開承認：匈共政權因農工知識份子一致反對而面臨空前危機。為緩和或消除危機計，匈共政權先後採取下述措施：㈠七月初宣佈先後開釋一〇三九八名人犯(包括若干知識份子在內)，㈡七月二十三日宣佈逮捕前國防部長 Farkas (與拉可西同為匈籍猶太人)，說他「違反社會主義的法制」(不久又逮捕其子)，㈢七月二十四日匈共中央委員會開會後決定昭雪四七四人 (其中若干人早已被判處死刑)，㈣八月下旬匈共允許修改「法典」，㈤十月六日匈共政權為 Rajk 及同時判處死刑的三名匈共首要舉行國葬典禮，參加者二、三十萬人，匈共副總理兼人民陣線主席阿普洛 (Antal Apro) 致追悼詞，他說：「死者不能復生，但今後決不能容許此類罪行發生。」㈥十月十三日當局對被冤殺的 Lazlo Solyom 等五將領舉行國葬。

這些零星的辦法並不能滿足羣衆的需要，一般人反共的情緒表現日益顯著。知識份子及青年學生要求昭雪納格，反對學習俄文及接受馬克思主義課程。十月中旬有幾千大學生決定退出匈共青年組織，由此表現匈牙利共產黨的危機更為嚴重。

這時波蘭民族共產派領袖 Gomulka 重新得勢，莫斯科嫡系將被趕走，赫魯雪夫、莫洛托夫、朱可夫一行多人氣冲冲地於十月十九日到華沙，企圖阻止民族派波共的整肅運動，Gomulka 等人不顧蘇俄調兵遣將的威脅，將蘇俄元帥 Rokossowski 趕出波共政治局。這是十月二十一日的事。十月二十三日匈牙利學生及貝德腓社舉行同情波蘭的示威遊行，匈共當局最初禁止，但因羣情激憤，不得不在午後取消禁令，午後三時遊行開始。示威者約二十萬人，高唱被禁止的愛國歌曲，打着傳統的匈牙利國旗，分別在 Bem 將軍銅像及貝德腓銅像所在的廣場集合，示威者要求言論與政治自由，改組經濟，蘇軍撤退，拆毀史大林銅像，恢復原有匈牙利軍旗等。示威在五時四十五分鐘平靜結束，然而甫自南斯拉夫回國的格羅發表廣播演說，攻擊示威行動，贊揚蘇俄對匈牙利的「友誼」。於是引起公憤，由學生派代表團到廣播大樓，要求向全世界報告眞象。代表被匈共特務拘捕，憤怒的羣衆企圖進入廣播電臺援救代表，為匈警開槍射擊，匈京的流血革命於是開始。將及午夜，一隊匈牙利軍士駕戰車到廣播電臺附近，奉命鎮壓的軍隊聲言同情示威者，事實上，當日遊行示威行列中已有不少軍官及軍校學生參謀學校學生 (Nrinyi 及科蘇士砲兵學校學生) 參加。

據說莫斯科政權於匈京流血事件發生後立即派米高陽和蘇士洛夫到布達佩斯，當時匈牙利軍隊或已加入革命行列，或持中立，於是決定由蘇俄軍隊出來鎮壓。同時將赫格都士免職而以納格繼任，並諉稱是「納格請蘇軍平亂的」。蘇俄在匈牙利本來駐兩個半師，近來因局勢不穩，增到五師人。二十四日清晨蘇軍侵入布城，佔領交通要點，並將首都包圍，及至中午，戰事幾全部停止。是時有兩千學生與工人集合在國會前廣場上，要求格羅去職，廣場四週有蘇軍及匈牙利政治警察 (Allma Vedelmi Hatosag, A. V. H.)，匈警突然開槍，蘇軍態度本友善，至此認為被攻擊，於是開砲火大肆屠殺，死傷數百人。於是匈京羣情激憤，居民及軍隊紛紛加入革命，兵營及兵工廠於偽裝抵抗後向革命者「投降」，學生，工人在布城建立臨時防禦工事，抵抗蘇軍進攻。

蘇俄當局以事態嚴重，於二十五日將格羅免職，以加達爾繼任，同時命令匈政府要求革命份子繳械投降。革命者不但拒絕投降，反而要求蘇軍撤退，審判拉可西及秘密警察的首要份子，釋放政治犯，澈底改組納格政府等等。革命者據守 Marie-Thérèse, Kilian 兵營等及布城的高地，抵抗蘇軍進攻。有名的國立博物館在巷戰中被毀，蘇軍的猛烈砲火並不能消滅青年男女甚至兒童的戰鬪意志。到二十七日激烈的巷戰仍在進行中。蘇軍的戰車火力雖猛，但不利於巷戰，因此損失不少。納格政府本已一再向革命者讓步，至廿七日宣佈終止匈共獨裁政權，邀請 Bela Kovacs (獨立小地業黨領袖)、Zoltan Tildy (小業主黨領袖) 及 George Luacs (馬克思哲學家，反對派領袖之一) 入閣。次日匈共當局和革命者在 Kilian 軍營談判停戰，匈共電臺廣播懇求革命者停止戰鬪，它說：「你們已經勝利了，你們的要求已全部被接受了。」午後四時半納格宣佈：㈠蘇軍將自首都撤退；㈡即將與蘇俄談判全匈蘇軍撤退問題；㈢解散政治警察；㈣成立包括六人的匈共中央主席團，成為該黨的最高領導機關。

然而二十九日中午匈京公報：「蘇軍於革命者繳械後二十四小時始撤離首都」，這是革命者所不能接受的詭計。當日午後匈京戰鬪再起，次日午後五時匈空軍人員提出最後通牒，要求蘇軍自匈京撤退，否則將予轟炸。九時三十分，匈國防部長發表公告：「已與蘇軍成立協定，蘇軍於三十日午後四時開始撤退。」十時莫斯科廣播，除說明「蘇俄準備修改它和其他社會主義國家的政治經濟及軍事的關係」外，並說：「如匈牙利政府認為必須蘇軍撤出匈京時，則蘇俄政府將照辦。」又說：「蘇俄政府準備和華沙公約國家談判蘇軍屯駐問題；蘇軍在各簽字國的屯駐須得各公約國家及有關國的同意。」蘇俄政府這篇宣言祇是緩和附庸國人心的宣傳，它並未允許撤兵，對匈牙利言，這是一個緩兵之計。所謂蘇軍自匈京撤退祇是調走不堪作戰的部隊而已。這些軍隊久駐匈牙利，同情匈人革命，不願屠殺匈人，有些兵士甚至加入匈牙利人的游擊隊。因此蘇俄當局不得不自國內調來新軍，騙他們說開到柏林打法西斯份子，到蘇彝士運河地區去援助埃及。新軍中有許多是西伯利亞的蒙古人、吉爾吉斯人。他們和外界沒有接觸，一時不易感受民主自由思想的傳染。

但是匈牙利人的民主自由思想所產生的革命勢力使納格不得不一再讓步，十月三十日納格在政治上作最大讓步，他宣佈終止一黨專政局面，恢復民主政治。同時匈京電臺陸續公佈下述辦法：㈠布達佩斯電臺改稱「自由科蘇士電臺」(Szabad Kossuth Radio)，㈡匈外交部決定召回駐外使節中參加拉可西罪行者，㈢十月二十三日定為匈牙利國慶日。

自三十日起匈牙利各政黨或改組或恢復活動，匈牙利共產黨在事實上已經瓦解，不得不由加達爾宣佈改組為「匈牙利工人社會黨」，奉行所謂「清除後的列寧主義」。並排除所有曾經參加拉可西罪行的黨員。此外小業主黨、農民黨（由小業主黨分裂而成）、社會民主黨、貝德腓黨（原名國家農民黨）、天主教黨、天主教運動、匈牙利革命黨紛紛活動。十一月一日布達佩斯出版十四種代表不同色彩的報紙。計有 Pesti-Hirlap，Igoszag（眞理報）Magyar Fuggetleseg（獨立馬扎爾人報）、Kis Ujsag（小報）、Szabad Szo（自由言論報）、共產黨的「自由人民報」則停刊。

匈牙利總工會本受共產黨控制，現在它的主席團被工人趕走，而由過去被迫害或被囚的工會份子出而領導，並決定退出莫斯科控制的「世界工會聯盟」(Federation Syndicale Mondiale)。新的匈牙利工會委員會並宣佈：「此後不再為以社會主義為偽裝的殖民主義者的工具及征服者的走卒」，並公佈今後的行動原則：㈠不隸屬於任何政黨及政府，㈡參加下屆大選，㈢工人有罷工權，取消不合理的計件授薪辦法，㈣向聯合國呼籲，㈤向外國借款恢復經濟，㈥除世界工會聯盟外，與其他國際工會合作。

由於政治自由，流亡在外的人士紛紛作歸計，許多人已到達奧國，有些人已回到祖國。布達佩斯雖經一週戰爭，破壞嚴重，雖然死一萬多人，傷兩三萬人，雖然在衖巷尚有未及掩埋的屍體，但是匈牙利人是極端興奮的，喪失十二年的自由獨立一旦獲得，心情是無限喜悅的。然而這時兇狠毒辣的莫斯科政權却源源調兵入匈牙利，企圖以大規模的屠殺鎮壓匈牙利的民族革命，絞殺甫經復活的自由。

蘇俄第二次武力干涉匈牙利革命的藉口之一便是匈牙利革命份子屠殺匈共政權的秘密警察。這些為虎作假的特務平時無惡不作，人民恨之入骨。一旦為納格政府解散，便成為武裝人民槍殺報仇的對象——這是革命浪潮中所難免的現象。也許 Joszef Dudas 所控制的「布達佩斯革命委員會」作得有些過分，但這是匈牙利內部政治問題，蘇俄沒有任何理由以少數工具的被反清算而用兵干涉的。

自十月三十一日起蘇軍源源開入匈牙利。十一月一日匈人要求蘇軍撤退，實行全國大罷工。是日夜間納格廣播：「匈牙利政府深感對匈牙利民族及歷史的責任，並順應幾百萬人民的要求，宣佈匈牙利的中立。」他又說：「匈牙利人要求以平等獨立的基礎與蘇俄及其他民族和平共處」。同時納格召來蘇俄駐匈大使 Antropov 談話，抗議蘇軍開入，要求立即撤退，並宣佈廢除華沙公約。納格並致文聯合國要求美英法蘇四强保障匈牙利中立，並請將匈國中立及其保障問題列入下屆聯合國大會議程。次日納格再度致電聯合國要求蘇軍撤退，並請聯合國出而干預，同時又向蘇俄大使抗議蘇軍開入，重申匈牙利中立及註銷華沙公約的立場。

匈牙利人極力希望聯合國出面制止蘇俄武力干預，但聯合國却遲遲行動，將主要注意點移至蘇彝士運河問題上去了。十月二十七日英美法三國駐安全理事會代表以「外國軍隊在匈牙利侵犯匈人權利」要求根據聯合國憲章第三十四條討論匈國局勢。次日安全理事會開特別會議以九票對一票（蘇俄）（南斯拉夫棄權）通過列入議程，十一月二日三日四日安全理事會迭次會議討論匈牙利局勢，然而蘇俄代表 Sobolev 公然撒謊，不承認蘇軍開入。由於蘇俄在安全理事會行使否決權，匈牙利問題移交聯合國大會處理，十一月五日聯合國大會以五十票對八票（蘇俄集團）要求蘇俄立即撤兵，這時蘇俄已在匈牙利實行第二次大屠殺，九日聯合國大會以四十八票對十一票（蘇俄集團、印度、南斯拉夫）要求蘇俄立即撤兵，並在聯合國監督下進行匈牙利自由選舉。二十一日聯合國大會第三次通過有關匈利問題的提案：㈠以五十五票對十票通過古巴提案，要求停止押解匈人赴蘇，及撤退蘇軍；㈡以五十七票對八票通過印度提案，要求派遣聯合國觀察員赴匈牙利（波蘭及南斯拉夫棄權）；㈢以六十九票對二票（匈牙利與羅馬尼亞）通過美加等四國救濟匈牙利難民提案。這些議決案祇是國際組織對蘇俄在匈牙利罪行的道義上的判決，沒有任何武力使其服從。在聯大開會期間，蘇俄政權不顧國際公論的反對，應用殘暴的手段鎮壓匈牙利革命，實行全國軍事佔領。

自十月末大批蘇軍源源開入，佔據全國交通要點，並自十一月二日起午夜封鎖匈國對外交通，使其再入鐵幕。這時蘇俄頭目赫魯雪夫、朱可夫等人秘密來到布達佩斯，施行其最奸險最卑劣的騙術：他們一方面和匈牙利政府談判撤兵，一方面陰謀政變，絞殺革命。十一月三日夜間他們邀請匈牙利國防部長 Maleter 將軍（莫斯科軍校畢業，原為上校，在 Kilian 軍營參加革命，抵抗蘇俄軍隊，卓著戰功，由納格政府任為國防部次長，旋升部長）等人前往談判，而予以拘禁。十一月四日清晨一千五百輛以上的蘇俄戰車向匈京衝進，隨便開砲轟擊。蘇軍的戰術是，任何一處房舍發出抵抗的鎗聲，便以戰車砲火轟擊該處及前後左右的房屋，因此首都的房屋，不是倒坍，便是洞穿。破壞的程度非任何人所能想像。布達佩斯原有一百七十多萬人口，十月下旬的革命已經死了一萬多人，現在蘇軍第二次屠殺，據估計至少有兩萬人死亡，受傷的人更多，而破壞最慘的是工人區。

但是匈牙利人並不氣餒，重大的死亡反而增加他們的決心。Maleter 將軍的被誘捕並不能瓦解革命勢力：一個民族的革命並不因少數領袖的不幸遭遇而告結束。青年男女及兒童前仆後繼抵抗蘇軍進攻，匈牙利人雖犧牲慘重，但蘇軍損失也很大，據估計十一月上旬蘇軍死傷數千人，戰車在兩旬巷戰中損失三百二十輛。

蘇軍進入匈京，首先以大砲轟佔「碉堡」(Citadelle)（在布達 Buda 城。匈京分兩部，在多惱河西岸的稱布達城，在東岸的稱佩斯 Pest 城）然後分頭進攻革命及武裝民衆的陣地。據法國記者的目擊，戰爭在下述地區進行，極為激烈：㈠王宮（在布達城，位於碉堡之北，在多惱河右岸）。㈡第十三區，㈢第八區，㈣ Kilian 軍營，㈤ Csepel 島

(在郊區，位於多瑙河中，爲匈牙利鋼鐵業中心，工人四萬，主要製輕兵器、汽車等等，在過去被視爲支持匈共政權的臺柱，現在則成爲最大的反共勢力之一)。

Kilian 軍營(在佩斯城)及附近的 Corvin 電影院是慘烈抗戰的中心，前後共支持三天，十一月五日午後若干參加革命的軍官以無法再支持，樹白旗投降，但是士兵拒絕，將降官及受降蘇軍一一槍殺，此後蘇軍以陸軍轟炸，守軍全部壯烈犧牲。

王宮及附近的陸軍部位於高地，是革命軍的據點，蘇軍於六日清晨集中砲火轟炸，佔領王宮，午後六時佔領陸軍部，僅存的三十多名守軍出降，被蘇軍就地槍殺。

此後沒有大規模戰爭發生，但是小規模戰鬪繼續進行，到十一月十一日匈京近郊的的 Dunapentele 反共勢力尚與蘇軍作戰，同日 Ujpest 區也有戰事。十二日 Kobanya (在東南郊區) 也有戰事，而 Csepel 的工人抗戰直至十四日纔因力竭繳械停戰。

首都以外的地區大概祇有小規模戰爭發生，在二十萬蘇軍及六千輛戰車壓境之下，反共革命份子多轉入地下活動，從事游擊戰。有少數邊境部隊逃入南斯拉夫及奧地利。

匈牙利人於武裝抵抗失敗後，卽從事消極抵抗，進行全國大罷工，拒絕承認加達爾傀儡政府，加達爾的政令不出他所在地的國會。大家認爲他是匈奸，例如十一月中旬匈京某商店在門前貼着這樣一張通告：「茲徵求人員參加政府，不問有無才能，亦不問是否忠誠，唯一條件：蘇俄公民。」另一通告爲：「九百餘萬法西斯反革命份子在過去均爲工廠與銀行的主人，紅衣主敎，現潛伏國內，其主要潛伏地區爲 Csepel，Uspest，Kobanya 等區。幸而尚有六名眞正匈牙利人，他們爲救國而組織政府」(Csepel 等區都是工人區)。另一傳單這樣的寫着：「茲徵求匈牙利國務總理：不需讀書寫字，但須了解外國命令，並予以簽署。布加寧赫魯雪夫公司啓。」作爲蘇俄工具的加達爾一再向人民呼籲停止消極抵抗，並提出許多好聽的諾言，幾乎除撤兵、自由選擧、匈牙利中立外，其餘條件全部接受，但是沒有人相信他的諾言，甚至連賣匈共黨報 Nep Sabadzag 的報販也大呼：「請買今日的新謊話！」

蘇俄在軍事上勝利了，但在政治上却沒有成功，全國大罷工繼續進行，局勢依舊混亂，加達爾爲恢復正常局面和革命勢力談判，但是知識份子及工人提出許多要求，其主要點爲：㈠納格重新執政，㈡蘇軍撤退，㈢匈牙利中立，㈣維持土地、工業及大銀行的國有化法律，㈤自由選擧，㈥釋放政治犯，停止押解匈人赴蘇，㈦各政黨自由活動，㈧新聞廣播自由。甚至匈共機關報的編輯及印刷工人也以同樣的條件向加達爾提出。加達爾和布達佩斯工人委員會談判結果，由工人委員會於十一月十六日暫允復工，但聲明對革命的目標及已獲得的成就決不作絲毫的放棄，並將繼續談判以求全部實現。現在加達爾聲明接受自由選擧，他說：「凡是願意支持社會主義的政黨均可參加自由競選」，這句話非常含糊，而且富於伸縮性。

工人委員會決定十九日復工，但實際到工的人及不百分之二十五，到廠的人多是「應到」以備他日領薪(蘇軍當局扣發罷工者薪金，以求以饑寒消滅抵抗者的意志)。同時很少人工作，大多數人在工廠中討論時事與政治。二十一日全國工人代表大會在首都聚會，蘇軍一再制止開會，並未成功。工人代表決定總罷工四十八小時要求：㈠加達爾承認工人委員會爲工人代表；㈡在十一月二十四日以前談判十一月十五日所提出的八點要求。二十二日蘇俄軍事當局作出最卑劣的綁架行爲：把納格及 Rajk 夫人等四十多人押解到羅馬尼亞。原來自十一月四日起納格等人逃往南斯拉夫大使館，南國當局與加達爾談判，於二十一日訂立協定保障納格等人的安全與自由，纔讓他們於次日由加達爾派車接去。一出大使館，卽被俄人押走。此事發生後，本已不甚和諧的蘇南及匈南關係弄得更不好，然而狄托並不願因此事與蘇俄決裂。

匈牙利民族的爭取自由獨立、反共抗俄的革命規模之大，時間之久，情形的壯烈，是鐵幕集團內所僅見的。匈牙利人的武裝革命雖告失敗，但並未灰心，爭取自由獨立的意志反更爲堅强。不管蘇俄的大批屠殺及大批捕捉青年兒童送到俄國囚營，匈人的反抗情緒並不因此降低。匈牙利人在目前雖遭遇無比的犧牲與痛苦，但我們相信他會獲得自由與獨立的，因爲沒有任何暴力能摧毀整個民族爭取自由與獨立的意志。

蘇俄政權這次在匈牙利的大屠殺，充分暴露赤色殖民帝國主義的猙獰面孔，今日赫魯雪夫和布加寧作出史大林所不敢作的事，成爲全世界主持正義自由與和平人士的公敵。由自由歐洲到自由亞洲，由南北美洲，到澳洲到處發生反蘇。反共示威情形的偉大激烈尤以西歐各國爲甚。這種情形是蘇俄共產政權成立以來所僅見的，西歐各國共產黨內部因蘇俄的暴力干涉而發生嚴重危機，最近的一些小規模選擧亦表示四分之一的共產黨選民對共產黨離心。

匈牙利革命證明蘇俄政權已失去其對鐵幕世界的精神維繫力，同時對自由世界其部分人士的思想號召力與誘惑也損失殆盡(祇有一些執迷不悟的老共產黨員纔盲從莫斯科)。現在蘇俄維繫其殖民帝國的唯一力量是暴力(近日更以原子彈及氫彈嚇人)，一個沒有精神力僅依暴力維繫的帝國，是極易崩潰的，南斯拉夫前共產黨元勳，狄托左右手，幾年來主張民主化而爲狄托革斥的 Djilas 在「新領袖」雜誌 (New Leader) 上撰文說：「匈牙利革命予共產主義的創傷是永遠不能復原的」(註二)。我們可以說：「匈牙利的革命是替蘇俄殖民帝國及國際帝國主義敲了喪鐘」。

(註一)此歌係由法文譯文轉譯，法文譯文如後：

"La patrie appelle, ô Hongrois!
Débout! A présent ou jamais!
Etre esclave ou bien être libre,
Voilà la question, choisis!
Par le nom du Dieu des Hongrois
Nous jurons!
Nous jurons,
Que nous ne serons plus esclaves!

(註二) Djilas 因發表此文被狄托逮捕。

四十五年十一月二十六日草竣於巴黎。

西歐通訊

今日之英國共產黨

齊佑之

一　英國共產黨之過去及其實力

英國共產黨雖然成立了已有三十六年之久，但因英國國民性及社會秩序的健全，始終未能在政治上發生任何作用。英國共產黨於一九二〇年七月由一些極左派的小團體合併而成。當時在英國社會階層中，甚至在工人社會中毫無勢力，更無「羣衆」可言。一九二〇年第三國際（Konintern）第二屆大會決議命令歐洲各國共產黨脫離民主社會政黨，然而列寧眼見英共羽毛不豐滿，不得不予以例外，要求其不得脫離工黨（Labour Party）而自行活動；相反地，它得在工黨中找尋出路。而事實上，英國共產黨雖繼續不斷的向工黨提出合作及聯合行動之要求，始終被後者堅拒。此外又因第三國際第二屆大會決定的二十一條參加規章，蘇格蘭獨立工黨（Independent Labour Party of Scotland）及英格蘭獨立工黨(Indepent Labour Party of England)二個弱小的工人政黨遂未參加莫斯科的組織。

在一九二八年以前，英國共產黨因勢力微弱，在議會及工會中不能發生任何行動，即在一九二六年英國大工潮期間，英共所能發生的影響亦甚輕微，而不值重視。在這個階段中，英共於國會選舉中或地方議會選舉中，則無條件的支持工黨及其候選人。並於一九二七年十月該黨第九屆全黨代表大會時通過決議：「爲工黨執政而奮鬪是英國共產黨的一個主要任務。」至一九二八年二月，第三國際迫使英共放棄無條件支持工黨的政策，而決定有：「階級鬪爭工作的執行爲一急切的任務，在此一任務中共產黨應以獨立姿態的政黨行動，以貫澈自己的政策，且須於選擧中提出自己的候選人與工黨對立，並領導經濟鬪爭。」此一決定一如一九二〇年列寧對英國共產黨的例外指示一樣。後者曾經英共創立人的反對，而前者則引起黨內中央委員會多數的反對；但結果英共均馴良的接受了莫斯科的訓令。英國共產黨這次政策轉變的結果，非但使共黨員數字削弱一半，卽在選擧中亦無成績可言。旋第三國際決定採取「人民陣線」政策，英共亦受命改變作風，重新建議與工黨合作，此擧雖一再經工黨拒絕，但自此以後英國共產黨已不再像過去一般的孤立，並與獨立工黨（Independent Labour Party）及社會主義者同盟（Ligue Socialiste）聯盟。其黨員數額亦自是時始有所增加。旋希特勒與史達林簽訂蘇德互不侵犯條約，英共因之再度陷入睡眠狀態，其機關報「每日工人報」（Daily Worker）同時被勒令停刊，直至一九四一年始恢復。

一九四一年六月二十二日後，英國共產黨又以「反納粹主義者」之姿態出現，此時英國與蘇聯已結爲盟友，故英共地位亦因之大變，黨員數字不斷增加，到一九四四年已有黨員四萬七千多名。在這一時期中，可稱爲英國共產黨的全盛時代，其在一九四五年大選中竟獲選票一〇二、七八〇票，佔全部選票千分之四，在國會中獲得二個議席，使一九三五年該黨中選的唯一議員賈拉格（William Gallagher），前英共主席，自本年第二十四屆全黨代表大會後任名譽主席）得以連任一屆。

戰後情形漸逐改觀，一九四六年英國工黨修改黨章，使英共份子無法在工黨內立足；工黨並禁止其黨員與英共過從，不久更嚴禁共黨員參加英共外圍組織活動。英國共產黨實力遂又縮減。然而在工會方面，英共却較有成績，在一些工會（Trades-Unions）中能保有一些有力的位置。茲將英國共產黨黨員逐年統計數字及自一九二四年以後每屆大選中英國共產黨所獲選票數字列表如後，以供讀者參考。

(1)英國共產黨黨員數目統計表：

年度	黨員人數
一九二二	五、一一六
一九二四	三、〇〇〇
一九二五	五、〇〇〇
一九二六	六、〇〇〇
一九二七	九、〇〇〇
一九三〇	三、二〇〇
一九三一	二、五五五
一九三五	七、七〇〇
一九三七	一二、五〇〇
一九三八	一六、〇〇〇
一九三九	一七、七五六
一九四四	四七、五一三
一九四九	四〇、一六一
一九五一	三五、一二四
一九五二	三五、六七一
一九五三	三五、〇五四
一九五四	三三、九四三
一九五五	三二、六八一
一九五六	三三、九五九

(2)歷屆大選英國共產黨所獲選票統計表：

年度	所獲選票總額	所獲席次	百分比
一九二四	三、一六四		0·三
一九二九	五〇、六三三	0	
一九三一	七四、〇〇〇		
一九三五	二七、一一七	一	0·一
一九四五	一〇二、七八〇	二	0·四
一九五〇	九一、八一五	0	0·一五
一九五一	二一、六四〇	0	0·一
一九五五	三三、一四四	0	0·一

就上表看來，英國共產黨實力的發展在近數年中一直陷於停頓中；且至本屆全黨代表大會期止，其情況並

未改觀，而在這一期間中，其外圍組織共產主義青年團（Y.C.L.）團員數字却降至有史以來的最低額，僅有二、五四〇人，且其中學生的數字極小，英共在英國全國雖有一千五百個地方黨部，而共產主義青年團的地方支團僅有一百七十個而已。英共機關報「每日工人」的銷路亦日減少，就一九五四年下半年與去年同一時期發行數字加以比較，一九五五年下半年雖仍日出七七、〇〇〇份，較一九五四年已減少六、〇〇〇份。而兩年來其日報的銷售情形已減少八、八〇〇份，其星期日版亦減低八、五〇〇份。共產主義青年團的機關報「挑戰」(Challenge) 雜誌的情形更為慘淡，銷路的減縮已使該雜誌由週刊改為月刊。

二　第二十四屆全黨代表大會

英國共產黨第二十四屆全黨代表大會於本年三月三十日至四月二日在倫敦近郊平民區巴特賽 (Battersea) 地方召開，出席正式代表四八六名，其中包括婦女六十九名，較一九五四年上屆大會出席正式代表數額少一三一名（上屆大會出席正式代表六一七名，其中包括婦女九十一名）。但此外尚有諸議代表二一六名，較上屆的四十一名諸議代表則增多一七五名。一般言之，此類諸議代表均係英共黨內幹部階層人士，或在其外圍組織活動者。這羣人雖在大會中沒有投票權，同時亦很少在大會中發言，然而他們的行動是值得注視的，他們在會場外對正式代表「提供」意見，操縱大會。而會中的投票只不過是形式而已。

根據本屆大會所設「招待委員會」的統計，本屆出席代表中的三分之一，年齡在三十歲以下，較一九五四年大會時四分之一的比例為強。但百分之八十四代表的黨齡則在三年以上。就職業區別則：①機械工業一二二人，②工礦：三四人，③紡織：三人，④運輸及鐵路：二九人，⑤汽車工業：九人，⑥電力：一一人，⑦自由職業：二三人，⑧農業：五人，⑨女傭：三〇人，⑩服裝：九人，⑪印刷：一〇人，⑫零售商：一一人，⑬技術工人：九人，⑭醫生：四人，⑮教育：三四人。此外尚有法國、比國、挪威、新西蘭及北愛爾蘭等西歐國家共產黨代表出席。

英國共產黨全黨代表大會按黨章每兩年召開一次。而每屆大會均在死氣沉沉的空氣下呆板的演出，對黨中央所提出的一切報告與建議均無異議的被大會一致通過。此次大會正值蘇聯共產黨第二十屆全黨大會清算史達林之後，故賈拉格在其開會詞中也曾示允出席代表討論有關黨的重大錯誤事件。因之，此次大會一反往常，掀起對黨中央負責人的指責與攻擊，大會中，關於執行委員會工作報告由康貝爾 (J.R. Campbell) 提出，財務報告中，雖黨內開支超出預算八〇〇〇英鎊，但均無異議通過。政治報告係由鮑立特 (Harry Pollitt) 提出，歷時僅一小時三十分，遠較上屆的四小時三十分為少，其主要部份為積極擴充黨員至五萬名，並得與工黨合作，聯合工會及合作社組織與目前政府對立的反對派基礎。鮑立特並提出英共與工黨聯合成立「人民陣線」，期在下次大選時推翻保守黨政府，而成立「眞正」代表人民的政府。此次大會並舉行歷時六小時的秘密會議，討論清算史達林問題；並由鮑立特提出關於蘇俄第二十屆全黨代表大會的報告，經大會全體通過外，更重申英共對莫斯科的信心，同時亦曾討論今後與南斯拉夫新關係的建立；及執行委員會四十一名新委員的「選擧」（一九五四年執行委員會有委員四十名，是時共產主義青年團在執委會無代表直接參加，而由黨中青年委員會間接代表參加；本年執行委員會為共產主義青年團增設委員一名，直接參予黨務。又一部份未中選的黨員，因恐影響其在工業中的地位，而未公佈其姓名）。

在秘密會議外，本屆大會中對執行委員會掀起數度攻擊，如：①中部 (Middlands) 區委會秘書布爾額 (Harry Bourne) 稱關於英共與工黨的關係問題，其不能同意鮑立特的主張，更指出在過去黨中對「批評」未能予眞正的提倡，而所有的獎勵只不過說說而已。②魯瑟(Ralph Russell) 亦主張倡導「自我批評」，尤其是黨中負責人的「自我批評」。他並指責黨方有意阻止黨員提出意見。③Kent 省 Bexley 地方代表捷克森 (Edward Jackson) 對黨中所執行的擴充黨員名額政策提出激烈的指責，稱：「每次當我們成立一適當的新區分部時，即遭負責人的干預，甚至予以解散；反之，黨方向我們說需要前進，再成立新區分部。」他並主張今秋召開一次大會以檢討英共發展的成績。④格拉斯哥 (Glasgow) 的一位代表提議一關於政治決議案的修正案，主張廢除兵役制。此修正案在一九五四年大會中亦被提出，但在擧手表決時只不過獲得一兩票的支持而已。此次表決結果為二〇五票對一〇五票，十一票棄權。修正案雖未被通過，但是已證實黨中執行委員會的勢力已較前減少。執行委員會對「廢除兵役案」的對案為兵役制由兩年減至一年；並解釋稱如堅持廢除兵役，則將影響減縮徵兵運動的效果，且值工黨、工會大會及合作社大會正在主張此一「減縮案」。因此，英共領導人設法在兵役問題方面接近工黨。

三　對史達林之清算問題

英國共產黨對清算史達林事在第二十四屆大會中係以秘密會議討論，未經公佈，此外，伯明翰 (Birmingham) 大學歷史學家赫爾頓 (Randez Hilton) 指責過去在學術上各項工作均在討論蘇維埃問題，但與英共自身毫無利益可言。劍橋大學的方斯頓 (C. H. Feinstein) 宣稱：「是否我們必須等待米高陽向我們指出『人物崇拜』已在黨中發展了二十年纔有所覺悟。……如果我們今後能採取批評性的接受態度（指對莫斯科），而這則對黨的前途當甚有裨益。」然而倫，敦

Highgate 區赫爾 (Max Hill) 氏認爲應繼續認爲史達林爲一偉大人物。在三月十八日鮑立特於伯明翰宣稱其絕對相信史達林犯了許多錯誤，其理由是：只有曾不作任何事務的人纔一生不會有錯誤。事後鮑立特雖也承認史達林的錯誤，但其說法尙不使黨員感到滿意。牛津大學馬克思史學家共產黨員依爾 (Christophe Hill) 亦認爲鮑立特的解釋不够澈底。事後英共對此事的態度接近於法共中共的態度（見本刊第十五卷第七期拙作「清算史達林後的法義共產黨」）。英共執委會在第二十四屆大會中，對蘇共第二十屆大會討論後，所提出的決議案中，雖亦指出史達林時期的錯誤，然而將其錯誤限於一九三四年至一九五三年之間。

四　鮑立特之辭職

英國共產黨第二十四屆全黨代表大會所產生的執行委員會第一次集會時，討論依據蘇共第二十屆大會所決議的原則分配各委員的職務時，鮑立特竟以健康欠佳爲理由辭去英國共產黨秘書長之職。有人認爲這是英共在執行清算史達林運動所致，期在將史達林派份子打入冷宮；而實際上，此乃鮑立特的手法，旨在平息黨中因蘇聯清除人物崇拜而引起的紛擾。鮑立特爲英國共產黨創立人之一，自一九二二年二次赴蘇俄後被任命爲英共執行委員會委員，自一九二九年出任英國共產黨秘書長，迄今已二十七年，中間只一九三九年一度中斷，爲黨中「史達林化」的人物，且又係握有實權之人。此次鮑立特並未因辭職而退出英共最高領導階層；相反的，則却代賈拉格出任英國共產黨主席，並仍繼任政治委員會委員。而秘書長的繼任人選則仍由鮑立特提名賈蘭 (John Gallan) 出任。賈蘭今年四十五歲，雖在黨中無甚聲譽，但三十年來始終爲鮑立特所提携，而爲其工具，同時執行委員會更爲賈拉格設名譽主席職位爲之安置。此外英國共產黨在組織中並設有宣傳及教育組、工業組、國際組及婦女組。政治委員會於大會後亦任命馬克思主義專家布倫士(Emile Bruns) 負責草擬英共今後工作原則，題名爲「英國走向社會主義之道路」，並將於一九五八年大會時提出討論。

五　英共今後之前瞻

就英共的歷史看來，其在任何一個時期中的行動，均在執行莫斯科的意旨。自蘇俄清算史達林以來，英共的領導人因受到黨內的指責，鮑立特雖曾對義共秘書長陶里亞梯所提出的「今後國際共產將成一多中心」的言論表示贊同，但英共在事實上是不能而更無法脫離蘇俄而自主的。今日的英共企圖利用赫魯雪夫的「和平共存」論調在國際間所發生的緩和情勢，及馬林可夫及布加寧和赫魯雪夫二人訪英後所產生的新空氣，來整頓其實力。目前英共一如所有西歐國家的共產黨一樣，對匈牙利及波蘭人民的反蘇事件，均站在蘇俄的一方，而採取沉默態度。這也正如其在第二十四屆大會決議案所稱：「我們得在任何國家中，對『兄弟黨』加以維護，來抵禦資本主義者的攻擊……。」而事實上，在英國的社會中，英共如無外力的支持是不能生存的，儘管馬克思的預言，英國雖是歐洲最工業化的國家，共產主義自始卽未能在英國社會中發生任何作用，且英國共產黨自成立以來，其黨員中元老份子自始卽多於「積極工作份子」。這的確是英共目前最大的危機。而英共所倡導的與工黨合作事，迄今仍爲工黨所堅決拒絕。此一政策在今日及將來均無希望可言。

四五、十、二四、草竣

（上接第20頁）

馬來亞聯合邦協定（是英國政府與各邦蘇丹所訂的），亦經承認這個事實，因此吾人承認馬來人之享有特權地位，這不是新鮮的創擧，反過來說倘若吾人不承認馬來人之特權地位，則吾人無異否決馬來人既獲之利益。馬華公會是相信公平的原則，因此吾人自不應否決他人應有的利益，吾人請求華人接受馬來人特殊地位這一項不可否認的事實。吾人可向大衆指出，本邦其他各種族，固未嘗以此而受損害，華人在過去的一百五十年以來，已在本邦獲得繁榮，吾人只相信華人在今後是會繼續發展下去，祇要吾人能與本邦各種族在生活中彼此善意相待，及合作無間，便能隨心開展。吾人更須提醒華人者，馬來人由於選擧權力之雄厚，也是佔著一個特殊地位，但在聯合邦大選中他們並未曾利用其特殊地位，以損害人家，反之，馬來人且經由巫人總會運用其選擧權力量，華人在聯合邦立法議會中祇可獲得二個議席，一個在檳城，一個在怡保，但今日我們華人佔有議會中廿五個席次，這就是馬來人對我們的讓步，願我華人也同樣能相忍相讓。

馬華公會發言人最後指出：吾人深信，倘若這些事實能够淸楚地加以向羣衆說明，他們當會瞭解到吾人向李特憲制調查團的建議，確是吾人將來建設獨立國的最好基石，從另一方面說，此時是一個黃金機會吾人千萬不能放過。

記者寫此稿時，正值星馬國際記者團訪問臺灣，外國電訊傳出行政院院長俞鴻鈞向記者團指出：中國不反對華僑向當地政府申請公民權。只要他以後返國時，申明放棄其外國國籍，中國仍承認他的原有中國國籍。這個談話，使許多華僑高興，因爲在華僑本身言，他們緣於血統關係原都希望做中國人，但一旦要申請馬來亞公民權，乃出於萬不得已的，因爲他們在財產、選擧、旅行……等上面，有了公民權，不但有便利，而且有保障，此時我們政府不能保護華僑，便處處應該替華僑設想，這才對呢！今天的華僑，眞正是海外的孤兒，希望國內執政諸公份外要愛惜他們，因爲華僑永遠是眷戀祖國的。

吉隆坡通訊・十一月十七日

馬華公會對憲制備忘錄之解釋

施　信

馬來亞行將在明年獨立了。關於獨立以後馬來亞的憲制地位以及許多華僑在這個地方的公民權的規定，現在各政黨都各有各的見解。本刊記者曾不厭其煩，兩次在本刊上報導此事件之經過（見第十五卷第六、七兩期）。現在馬華公會總部方面站在全馬來亞華僑的立場與英國派來的李特爵士率領之憲制調查團及其他政黨，經過四個月的圓桌談判與磋商，草成一個備忘錄。

備忘錄全文甚長，在本文中將不完全紀述，僅根據馬華公會提出之要點，詳述於後。根據馬華公會總部指出，四月來之磋商，曾以極大之忍讓精神，而求其完美。

馬華公會對於解釋憲制備忘錄，其要點如次：

由於馬來統治者殿下英女王陛下以及吾人之聯盟政府三方面的同意，乃得李特憲制調查團前來聯合邦擔任草擬將來獨立聯合邦的憲制工作。李特憲制調查團自涖止本邦以來，已經給予每一個團體及每一人士以機會，以表達其對於將來獨立聯合邦的形體所蘊藏之意見。

有些人曾指責馬華公會未曾廣徵華人意見，以提交於李特憲制調查團。吾人認爲這些指摘乃出自吾人之政敵，事實上身居聯盟政府（按馬來亞政府乃由華巫聯盟所組成者，華是指馬華公會，巫是巫人總會）的一員的馬華公會，自從去年二月由首席部長東姑，押都拉曼領導之獨立代表團赴倫敦舉行憲制談判，獲得很大成就凱旋以後，便忙於徵集華人之意見，以便作具體之提出。

該公會發言人指出，馬華公會以極忍讓之精神，經過四個半月的圓桌會議，始克與其他聯盟的成員，巫人總會及印度國大黨（爲馬來亞印度人所組織的一個政黨）草成一個提案交該調查團，作爲吾人之備忘錄，該備忘錄建議出一些基本的項目，而唯有這些項目始可確保聯合邦將臻於進步、和平、繁榮及獨立的境地，這個備忘錄是以全體馬來亞人（包括華人）的最大利益爲依歸。

馬華公會提出了許多建議，其中最重要者完全是與華人切身相關，那便是：國籍、語言與馬來人之特殊地位。

關於國籍問題，倘聯盟的建議付之實施，則等於鬆弛了聯合邦現行的公民權法令，從此所有施諸於非巫人的限制，亦得以解除，因爲吾人可以記得現時施行的公民權法令，其最初的規定，原基於疑忌本邦華人正企圖將聯合邦改爲中國的一省之觀念所製定的，由於三大種族聯盟之產生，與隨後培育起來的種族合作精神，始將這一個對華人所存的惡念，加以消滅，結果一般馬來人，尤其巫人總會的會員，現時方願接受華人，特別是在本邦出生的爲本邦的國民，馬來人此種態度，將於本邦宣告獨立後，當繼續保持下去。

根據聯盟提交於李特憲制調查團的建議，在本邦獨立前出生的人民的問題，將會有滿意的解決，解決的辦法，就是彼等在獨立宣告後的一年內，可被豁免語言考試。以後申請公民權者，祇須通曉簡單的本邦的國語｜馬來語便可。

聯盟的建議，亦企圖解決凡非在本邦出生但曾久居於此的人民的公民權問題。在這一方面聯盟已經建議一種簡易的歸化程序，並曾請求李特憲制調查團，接納一個關於「品行端正」的更寬大的定義，在這一種定義下，倘若一名在其申請國籍前之三年中，未曾犯有刑事被判入獄者，則將視爲「品行端正」的人。

馬華公會深信在上述的安排中，本邦百分之九十五的華人，將得成爲將來獨立聯合邦的國民，馬華公會希望當這寬大的國籍法最後在本邦實施時，所有華人應乘時申請國籍。馬華公會忠告華人，不要再重蹈一九四八年之覆轍，因當時語言考試，曾豁免一年半，而吾華人竟漠然視之，根本不知個中之重要性。馬華公會認爲此次他們已經盡了最大的努力，爭取到另一年語言考試的豁免，倘若華人仍不乘此機會，加以利用，則以後便不容易設法了。馬華公會的發言人又指出，吾人在馬華公會及在聯盟中事事均在求實際可行的辦法，最近幾個月來聯合邦人民，看到不少政治上缺乏理智與不負責任之行動，這些行動，是由一些人及某政黨故意演成的，他們是破壞獨立。

關於語言方面，發言人說，在一年多前，當吾人草擬參加聯合邦大選之聯盟宣言時，吾人早已協議本邦之國語將規定馬來語，同時吾人更規定今後之十年期間，以發展馬來語使之成爲通用的國語，職是之故，聯盟向李特憲制調查團建議馬來語（卽巫語）應成爲獨立聯合邦的國語，乃不足爲奇的。然而，本會爲符合在大選中所發出之保證及滿足華人的願望起見，亦已促請在各級會議中得准用中華國語及淡美爾語（印度國語），以求華印語言能自由、及充份表達人民意志及希望。不但如此，吾人更進一步主張中華國語，及淡美爾語，應維護與保留在本邦之教育系統中，換言之，學校中應教授上述二種語言。

至於巫人特權問題，該發言人解釋稱：有許多沒有頭腦的人總是說：「爲什麼馬來人應有特殊的地位呢？」顯然的，這個問題的答案是沒有提出的必要，因爲馬來人之享有特殊地位原始於英人入主馬來亞以前的事，而

（下轉第19頁）

老人星

郭嗣汾

一

又是這一個時間和這一個地方，從小提琴的弓弦上拉出了低沉的音調；在徐緩的節拍中，幽幽地傳出那支歌：

『在那老人星照耀的海灣裏，
停着弗來德烈的探險船；
男爵的船兒一去……不返了……；
老人星的亮影投落在寂寞的海波上。』

她低低地拉着這支歌曲，黑色的捲髮低垂在兩隻黑亮的大眼睛上；她一遍又一遍地拉着它，眼睛却望着落日中的海灣。

落日中的海灣靜穆而美麗！太陽像一個大火球在海天邊緣跳躍着，把整個西天的雲霞燒成一片金色，把海水也燒成一片金色。海天間，幾隻海鷗在飛，在牠們白色的翼翅上，載負着金色的雲霞。

她站在窗前，那窗口正對着落日中的海灣，這時也正浴在落日的光輝裏；晚風微微地散佈着涼意，吹散了她額前的髮絲，輕搖着窗外低垂的牽牛草。牽牛草從籬間悄悄爬上來，爬上了窗檻；它似乎羞於作不速之客，也怕主人不歡迎它，當它從窗檻上垂下時，在青翠的葉間開了一朵紫色的花朵，像是奉獻的禮物。這時候，這朵紫色的花開得很嬌艷，含羞地半藏在葉間不肯出來；當晚風大起來時，低垂下來的枝條輕拂着她的臉頰，輕拂着她左肩上的提琴，那一朵紫色的牽牛花正好貼在她鬢邊，在她蒼白的臉頰上投下紫色的光彩。

太陽終於落入沸騰的海波中了，晚霞從金色變成了紫紅色，遠天的顏色已經開始黯淡下來。琴聲戛然停住，她低下了頭，兩滴眼淚落在琴上。

紫色的花朵像失去了力量似的低垂下去，嬌艷的花瓣不再放光彩，黯然地闔了起來。

她不動，仍然站着，只是提琴從肩上滑到胸前，她緊緊地抱着它，帶着虔敬和迫切的期望，注視着天空。黑暗已經偷偷地從海中升起，把深色的幃幕從海天邊緣拉攏了。不知從什麼時候起，海灣對面山岬上的燈塔已經放光了。

在那南方穹空中，深紫色的天幕上，一顆淡黃色的大星忽然出現了，像深紫色的絲絨上，放上一顆發亮的黃寶石。它是天空中出現的第一顆星，發着柔和的光。

那半枯萎的紫色花朵被晚風吹動着，最後一次在花瓣上嵌入了星星的影子；然後，它落了。

她的眼睛突然發亮了，對着那第一顆出現在天邊的星星，她像找到了心愛的寶藏，帶着虔誠和欣喜舉起了提琴，又拉出了低沉的柔和的音調來：

『在那老人星照耀着的海灣裏……』

可是，這時候，在那老人星照耀着的海灣裏，什麼也沒有，海水在晚風中翻起白色的浪花，浪花有規律地拍擊着空蕩蕩的沙灘。

天黑了，月亮從另一方升起來，照着海灣。

琴聲繼續地響着，她整個的心靈都沉落在柔美徐和的音符中，想着這一支歌的故事，想着屬於她自己的故事。那故事並不長，却有如逝去的時光，永不再回來。

最後，琴聲隨着那顆黃色的大星一起沉落入海灣了。月光照在窗前，她站的地方還在黑暗裏，但她沒有開燈，靜悄地，讓時光流過去。因爲，這是她留在這地方的最後一個夜晚了。這一晚，給她帶來的實在太多……

二

她不是這個城市的人，她的家遠在國外一個亞熱帶的國度裏。三年以前，她和每一個生長在海外的人一樣，帶着一顆熱愛祖國的心，回到祖國觀光；等到一連串參觀的節目完畢，大家回去時，她決定在這個城市裏留下來。接着，她考上了這裏一所有名的大學的藝術系。

開始，她的日子過得極平靜；她學的是西洋畫，她却更愛中國畫。在課餘時，伴着她的是她遠從國外帶來的一具小提琴；琴弦上經常跳躍着快樂的健康的音符，洋溢着青春的氣息。她不大注意自己，但是很快地，她身邊包圍了一大羣年輕人，分享她的快樂和幸福。她在這地方僅僅有一個姑父。有一次，她生了一場病，在醫院中住了一個時期後，她姑父親自把她接出來，到他家中去休養。姑母只有一個和她差不多大小的女兒，已經到國外讀書去了。這安靜的環境很適合她養病，加上不久後，姑父姑母也去了香港，他們把這棟房屋和一個下女留給她，她歡喜這棟小巧的面向海灣的房子，推窗可以望見近在眼前的變幻莫測的海；還有小小院落裏扶疏的花木，籬間青翠的牽牛草和每天綻放的紫色花朵。這些都成了她病中的朋友。

當她好起來以後，每天到學校去上課，下課後就回到這裏，有時還帶了一兩個同學回來共同享受美麗的黃昏，無拘無束地談天，歌唱；或者靜靜地坐着作畫，讓畫筆把大自然的景色塗上畫板。在她生命中，只有希望，沒有悲傷。像一艘航行在靜水中的白帆，平穩地航向幸福的彼岸。

但是，在她安靜的生命中，偶然地起了一道急流，把生命的白帆帶上了一條她從沒有經歷過的航程。

春末的一天，當她從學校中回來，打開窗子時，她突然發現海灣中停泊了一艘白色的戰艦。這時候，整個海灣都浴在夕陽的光輝中，那艘軍艦也罩了一層金色的光彩。隱約中，幾個白色的影子在白色的船舷邊走動。落日還有一大半滯留在水平線上，跳躍着、顫動着。沒有風，幾朵白雲停留在海天之間，像晚歸的帆影。海水翻着粼粼的微波，像在廣大的水面嵌上了無數的鑽石，閃放着奇異的光彩。

她突然興起了一份感覺，希望捕捉大自然的瞬間的奇景，在畫布上把它畫下來。於是她立刻支起畫架，在畫布上用鉛筆勾上底樣；然後拿起調色碟，用畫筆開始在畫面上着色……

她專心致志地作畫，連頭髮散落在額前她也不想理它一下，只集中精神一筆筆地把顏色塗上去。

偶然間她看見窗上玻璃中有一個白色的影子，站在自己身後不遠的地方。最初她不會注意，以爲是自己的幻覺，因爲她正在畫海灣中那條船上白色的人影。但當她再看時，一個陌生人的臉孔看得很清楚了，她驚奇地一回頭，發現大門已經打開了，一個穿白制服的海軍軍官已經走進來，站在她身後，距她不過五六步遠近。他一定是已經走進來一會了，因爲他不安地移動着脚尖，似乎在想用什麽方式引起作畫人的注意。

她驚異地張開嘴，打量着這個陌生人，他身材修長，有健康的膚色，此刻他臉上帶着一份不安的表情，大概想說什麽，却笨拙得不知道該說什麽才好。

「呵？」她終於輕叫了一聲。

「對不起，」他有點口吃地說：「我不是有意闖進來的，我叫了門，可是沒有人應，門也沒有關……」

「請問你找誰？」

「這裏有一位林夷美小姐嗎？」

「你認識她嗎？」她奇怪，這陌生人竟是來找她的。

「不，」他說：「我給他帶了一點東西來。」

這時候，她才注意到他左手提了一大包東西；同時，她的注意也完全轉移過來了。放下了畫筆，把散落在額前的頭髮掠上去。她說：

「我就是林夷美。你是說給我帶了東西來嗎？」

那年輕的軍官向前面走了兩步，靠近窗戶，把手中的東西放在窗臺上，笑了一笑說：

「林小姐，你瘦了些；還有，從前你沒有蓄辮子，我進來的時候不敢認識你。」

「呵，」她又驚奇了，「你從前認識我？」

「對不起，我該說得清楚一點的，」年輕軍官已經不再像剛說話時那樣窘迫不安了；但是他似乎仍然沒有辦法把想說的話有條理地說出來，結果是說了些廢話。他繼續說：「還是我先自我介紹一下吧，我姓葉，名字是葉亦文，最近我們一次南航中去過馬尼拉，在一個偶然的機會中到了林小姐的府上，這包東西是林老伯交我帶來的。我在府上時看到過你的照片，但是你瘦了。」

「是的，」她輕聲地說：「我生過一場病，不過早就好了。」

「林小姐，」葉亦文覺得沒有話可說了，他說：「如果你沒有別的事情，我想走了。」

「呵，不，我還沒有招待你呢，天氣很熱，你一定跑得很累了，進來喝一杯水吧。」

「不太打攪你嗎？」

「我還想聽聽家裏的情形呢。」

他進去了，她招待在客廳中坐下，倒了一杯冰水給他，一面抱歉地說：

「阿珠找同伴玩去了；我們有一個協定，她守一天家，我下課後讓她出去玩兩個鐘頭。」

「我先到你們學校去，找到你們系中的一個同學，才知道林小姐住在這裏的。」

「眞對不起，讓你跑這麽多的路，我又沒有什麽可以招待你，這裏是我姑母的家，她到香港去了。你怎麽認識我家裏的？」她注視着他說。

「那實在太偶然！」年輕軍官濃長的眉揚起了，兩隻眼睛放着熠熠的光芒，他回憶着說：「當我們的船訪問馬尼剌時，受到了僑胞們的盛大歡迎！我們在青年會參加了歡迎的宴會後，我一個人蹓出來，想看看街景，在一條十字街口，我停下來等候過街時，剛好林老伯開車經過那裏，馬上停下車邀請我到府上去。這以後的幾天，在我們船離開馬尼拉之前，老伯一直在家中招待我，和小妹妹一起開車到處去玩，那珍貴的情誼是我這一生永遠不會忘記的。」

她笑了，每個人都歡喜別人談起他所愛的人，也歡喜同別人談他所愛的人。她問：

「你不討厭小丫頭的囉嗦？」

「她對我講了許多事情，帶我玩了許多地方，不出去時，我們就坐在客廳裏翻照片。老伯說你不在家，他們把她寵壞了。」

「我父親很好嗎？」

「只是很想念你，他希望有機會回國看看。」

「也許暑假我會回去一趟的。」

天色開始暗下來了，海灣對面山岬上的燈塔已經閃着青白色的光。葉亦文站起來說：

「林小姐，我該走了，我的船就停在海港裏，你有什麽事情要我效勞時，可以隨時通知我。」

「最近你們不走嗎？」

「我不能完全確定，不過我相信會在這裏停泊一個時間的，船上有些地方需要進行小的修理…」

「那麽太好了，」她高興地說：「姑母大概一兩天可以回來，下一個週末來吃晚飯好嗎？」

「好，我一定來，只是不要太費事……」

「我可不能像父親那樣招待你。」她笑着說。

葉亦文走了，她回到寢室裏去，但是她已經不再想作畫；她在窗前坐下來。拿過那一包東西，却沒有打開它。她在想着，眼睛望着逐漸昏暗下來的海灣，燈光燦爛的軍艦，燈塔的光，天邊的第一顆大星，還有窗前紫色的牽牛花；這一切都如此恬靜地環繞着她，她幸福地笑了。

三

這以後，葉亦文經常作了這棟海濱小屋的客人，夷美和她的姑父母都歡迎他來玩。他不大會說話，但他不故意掩飾自己的笨拙；他有着海洋的樸質和爽朗的氣息，使人第一次見到就會有着可親的和可信賴的感覺。

他多半是傍晚時候來，在這裏消磨一個安靜的黃昏。有時候，他講一點海上的神話故事和他航海的經歷；或者看她作畫；或者靜靜地坐着聽她拉提琴。

時光沒有片刻停留，春天過去，夏天來了。

一個仲夏的黃昏，她對着天邊升起的第一顆星，用顫動的弓弦拉着修伯爾特的小夜曲；她全心靈都注入那優美飄逸的曲調裏。

弓弦停止在最後一個音符上，她回過頭去，望着窗旁籬下的白色人影說：

「我知道你來了。」

葉亦文從黑暗中走出來，走近窗子前說：

「我不懂音樂，但是我聽說過小夜曲的故事，今天我才知道它是這樣美的。」

「在小夜曲中，我是偏愛修伯爾特的，它有着天堂的美麗，花的芳香，平靜的幸福，快樂的情調；處處表現着優雅的風格與自然的流露。」

「我只覺得無論什麼曲調，在你的弓弦下都是美的，何況是這一支世界聞名的曲子呢！」

她似嗔似喜，把頭一扭說：

「你來，就是為了要向我說這些麼？」

「我本來有許多話要說的，」他把身子靠在窗上，也笑着說：「剛才我在身後聽你的琴聲時，忽然想起了第一次來你這裏……」

「那時候你看我作畫。」

「我看不見你的畫，你的身體把它擋住了，我只在看你背上那一對大辮子，它們像……」

「像什麼？」她把兩條辮子一擺說。

「像兩條大花蛇！」他笑着說。

「你罵人，我要打你了！」她的眼睛瞪得很大。

「我不相信你也會打人！」

「你罵人，為什麼我不能打你？」

他覺得她生起氣來的樣子很迷人，她不算是絕頂的美，但她有一份難以企及的氣質；她的眼睛很動人，但是生起氣來使人覺得有一份高不可攀的神情。他不願意使她生氣；每個男人都歡喜自己所愛的是個女人，而不是高不可攀的女神。於是他說：

「我聽說過天才不憎恨傻子，而討厭庸俗，是我比擬得太傻還是太庸俗？」

「兩樣都不是，是你廢話太多了！」

「好，那讓我說說剛才的感覺吧，你使我想起了小夜曲的故事：一個月夜，沒有風，海水輕輕地拍着船舷和沙岸，岸上岩石間有草蟲低低的叫，樹林中有清脆的鳥聲；船上也是安靜的，只有主機有規律的轉動。一切都很安靜，只有在海濱的充滿紫丁香的花園中，夜鶯在菩提樹上叫得很好聽；花園角落的長窗打開了，一個紫色的影子出現在月光下，望着海，聽着那屬於自然的音樂，她什麼也沒想，含着淚，微笑着，一直到最後一個音符……」

她靜靜地聽着，沒有打斷他的話。最後，她在窗臺上坐了下來，靠着他如此地近，近得可以聽見他的呼吸和心跳聲。她輕輕地說：

「靜一靜，別說下去了。你懂得音樂的，你懂得比我更多呢。」

「這是我聽來的故事，別取笑我吧！」

她不答，只凝望着他，那一對大眼睛中有一份奇異的他不懂得的表情。他忽然覺得呼吸急促起來，不敢再望着她。而她這時候忽然把頭扭過去望着天空了。

天空中的晚霞已經完全隱去，南天中那一顆大星已經出現了，她忽然變得很孩子氣地叫着說：

「看那一顆星，今天晚上的第一顆星呢。」

「是的，」他也覺得換一個題目使他感到輕鬆得多了，他回答說：「在這一些日子它總是在南天中出現得最早的。」

「告訴我，海軍，我要知道它的名字。」

「別考我，小姐，」他笑着說：「它叫老人星，在我們中國一年只有很短的季節看見它；從前的人因為它不容易見到，都認為見到時向它祈禱可以長壽。它也叫做南極壽星！」

「啊，是真的嗎？」

「但是在海軍官校的課程中告訴我們，它在低緯度經常可以看到，不過熱帶上的人也並不比我們長壽。」

「我歡喜它，」她低聲溫柔地說：「自從我搬來這裏以後，它總是第一個先從天空中升起來的。」

「不過它也殞落得早。」

「每一顆星都會殞落的，但是在音樂中它們會永恒地存在。」

「我相信你的話，剛才在你的小夜曲裏已經告訴我了。」

「你的故事裏還有紫丁香和菩提樹。這也是海軍官校的課程嗎？」

他懂得她在挖苦他，笑了一下報復地說：

「以後我再說小夜曲的故事時不同了，那裏面還有兩條大花蛇的影子。」

「我不來了，你又挖苦我，這一次我真要打你了。」

她舉起手，像準備對他肩上打去，但是並沒有打到他的身上，突然被他伸手抓住，放在嘴邊吻了一下。

她突然覺得臉熱辣辣地，用力奪回了手，心猛烈地跳着，好容易擠出了兩句話：

「你真壞，我不理你了！」

四

整個夏天過去了，她沒有回到遠在南方的家裏去。那條白色的軍艦像已變成了海灣的一部份，一直還停泊在那裏，任憑海浪沖洗着它的船舷。只有船上的人影仍然流動，夜晚燈光燦爛，像黑暗中的明珠，光華四射！

她沒有『不理他』，他們間的感情隨着夏天的熱度更形增加了。她的畫布上，添上了更多鮮明的色彩；她的琴聲中，增加了充滿青春歡樂的旋律。她自覺生命的白帆已走上了人生最可珍貴的航程，那一段航程中滿是彩虹的畫面和幸福熱情的歌聲。

一個秋天的黃昏，向晚的海風吹散了整天的鬱熱，他們兩人坐在院子裏乘涼，看着海灣對面燈塔的閃亮和滿天燦爛星星。她把頭髮打開了，向後面披着，用最安閒的姿態躺在一把籐椅上說：

「亦文，你說過要講關於老人星的故事給我聽的。」

「現在我們看不見老人星了。」他說。

「但我在想它，所以我要聽。」

他喝了一口冰水，冰水給他帶來一份涼意，他望望坐在他旁邊的夷美，她正閉着眼躺着，月光照在她臉上，映着牽牛花的影子。他開始說：

「那是我們從西半球回來時發生的故事，船駛近太平洋中央那個常春島了，水手們興高采烈地望着岸上疏朗的椰林和五顏六色的房屋，以及充滿鮮花和熱帶少女的碼頭時，他們忘記了半月的辛勞，在舷邊呆望着。

「太陽沉落大海中了，海波在紫霞的暗影中閃着神秘的光輝，水手們都離開了船，在大街上蹓躂，在常春島上的人，他們似乎生來專門爲了享樂，爲了快活。到處彈着吉他，唱着很熱情的歌，這一切對於遠來的水手都新鮮有趣。

「在淺紫色的燈光下，一個疲倦的水手孤獨地坐在咖啡室角落裏，喝着高脚杯中的紅色飲料，看一對對的舞影，像五色斑斕的熱帶魚，在紫色的海洋裏婆娑起舞。牆上，音樂臺上，都畫着深海植物和魚類。在熱情的南美舞曲裏，水手們不再感到疲倦了。

「當他在高脚杯中倒進第三杯紅酒時，他看見一個苗條的身影走近了他。她披着黑色的長髮，和燈光一樣色彩的長衣裙，帶着無限柔情和濃郁的香氣在他身旁坐下來。

「『不跳舞嗎？』她問。

「他搖搖頭，打算請她喝一杯酒，她笑笑謝絕了。

『這裏的人從來不發愁的。』她說：『有什麼可愁的！笑笑吧！』

「她牽起他，也走進了舞池。她和他在紫色的燈光裏，跳着一隻徐緩的音樂；他們捲進了那一片人潮，像一對魚捲進了紫色的海洋裏。在翩翩起舞的時候，她伏在他寬濶的肩膊上，用着低沉柔美的音調，幽幽地唱着一支歌：

『在那老人星照耀的海灣裏，
停着弗來德烈男爵的探險船；
男爵的船兒一去……不返了……
老人星的亮影投落在寂寞的海波上。』

「不知是她的熱情還是這一支歌，他不再憂愁了，他們一支又一支音樂跳下去。最後，他們離開了舞廳，坐在棕櫚樹下；他告訴她星的故事，她教他唱那一支關於老人星的歌。月亮從樹葉縫裏照下，她躺在他的腿上睡着了。

「船停留了一個星期，那是他們生命和愛情的高潮，然後他走了。她等他，但他永遠沒有再來。她以後的日子，可想而知，只是一大片空白；有時她也在吉他上彈出那一支關於老人星的歌，因爲那是他所歡喜的。」

葉亦文說完了這個故事，他發現夷美閉着眼睛，不知在想什麼。

「我不歡喜這個故事，」半晌後，夷美說：「但是，我想我會歡喜這一支歌。」

「我們船上都會唱這支歌，這是我們中一個同伴的故事，他在一場戰役中勇敢地戰死了。我們爲了紀念他，把他手抄的這支歌用鏡框裝起來掛在餐廳裏。」

「明天，你能借來給我嗎？還有，我要看那一個不幸女孩的照片。」

五

第二天，她收到了那一張用鏡框裝着的歌曲，還有一張那異國少女的照片。但是，那是一個陌生人送來的，他只簡單地說葉亦文他們開船了，這是葉亦文託他送來的。

她給這突然的消息楞住了，不知所措地接過了東西，連客氣話都說不出來一句，睜着眼望着那人走了。

然後，她跑到窗子邊去，發現海灣中那一條白色的軍艦沒有了。海上空蕩蕩地。

他給她留了一封信，從那潦草的字句中她看得出他寫得匆忙。葉亦文說他們臨時奉到緊急的命令，立刻要出發趕到海峽前線去，因爲時間匆忙，不能向她辭行。最後他說：他們在三個月以內會回來。如果可能他會寫信給她。

讀完後，她有着一份說不出的心情，這封信雖然可以給她帶來安慰，但是她仍然覺得不安，腦中不自禁地想到了葉亦文說的那一個故事，而她手中正捧着那一支關於老人星的歌曲和那個異國少女的照片！

終於她又想到她不該那樣想，三個月他就會回來了，三個月，並不是太長的時間啊！

想不到那三個月竟使她覺得像過了三個世紀似的那樣長久；每天，她儘量和同學們在一起，不讓自己孤獨，回去時，總是不自覺地拿起提琴拉那一支歌。她把鏡框和那個異國女孩的照片都掛在自己寢室內，伴着她。她盼望着葉亦文的信，或是突然出現在她窗前，像幾個月來他們在一起時一樣；然而他去後一點消息也沒有，她去打聽過那條船的消息，得到的只是陌生人的搖頭，他們抱歉地說由於軍事上的原因，他們不能告訴她什麼。

到最後，消息終於來了，在一個寒風凜冽的冬夜，那條軍艦在一場劇烈的戰鬪中沉沒了，雖然大多數人都獲救生還，但是葉亦文却隨着船沉入冰冷的海底了。

那海灣中似乎更顯得空蕩蕩地了，從北方來的寒風吹起白色的浪花，吹落了樹葉，院中的牽牛草大半枯萎了！

夷美變得十分沉默了，琴弦上不再響出幸福熱

斜暉（七續）

孟瑤

十一

我必須要靜靜地待下去，雖然我的感情是一再地起伏着。倚凭窗口，外面海濤滾滾，我開始領悟，人世間沒有眞正能靜止的東西，雖然有些是無形的，而事實上它也一樣動盪得可怕，我近日的情緒，亦正如此。

時間過去了很長一段，這別墅，在表面上沒有什麼動靜，雖然它依然神秘、幽黯。

這天，老張要去平城，買一點零星用物，並去接翠微回來，我知道他要去李園一趟，而且天氣這樣好，又加以我近日特別懷念我十年前曾經涉足過的地方；於是，我決定要求同行。

時間已是晚春，算來我在海濱隱居有四個月了，這是我第二次騎馬經過去平城的大路，那時寒風刺骨，今日春意如綿；那時意緒無聊，勉力存活；今日心境凌亂，排解維艱。一切都在變，但變得很不理想。我嘆息着，蹄聲爲我的思潮伴奏，單調而寂寞。

「陳小姐，你來我們這兒都快半年了呢？是不是？」在路上，考高的話匣子又打開了。

「不，只四個月吧！」我漫應着。

「四個月還不是快半年？」他把馬騎到我的身邊，又指向前面說：「你看，草地上都是一片綠色了，樹上都開了花！」

「是的，因爲已經是春天了！」

「陳小姐，」老高忽然問：「你在那房子裡住了許久，看見了鬼沒有？」聽了他的話，我有些毛骨聳然，因爲我想起了那天深夜海濱的黑影。但是，老高聽見我沒有回話，却又接下去說：「我知道，你們是新派人物，不會相信有鬼的。」

我未置可否，因爲，我也正對這件事懷疑着。

「留着城裡這樣好的花園房子不住，跑到鄉下住鬧鬼的地方，老爺的脾氣眞有些奇怪，」老高嘰咕着：「自從那一位太太死了以後，老爺的脾氣整個地變了。」

「原來的那一位太太你見過？她人好嗎？」

「我怎麼沒有見過？我老早告訴過你，我爸爸侍候過這裏的老太爺，海濱的那座房子是我爸爸幫忙監的工，再一直到我的傻丫頭，三代啦，怎麼會沒有看見過死去的那位太太？那可眞是一位了不起的好人，不是她死，怕老爺的眼睛還不會瞎呢！可憐老爺現在完全變一個人了，往日，誰見過他發脾氣？」

「那麼，現在的太太呢？」我問：「現在的太太不能夠滿他的意嗎？」

「誰知老爺會怎樣看法？」老高說：「不過我們當用人的總覺得她太嚴厲一些，連我們的傻丫頭在天黑時，都不敢去她的屋子，那傻丫頭說，天一黑，太太就像那鬼了，傻丫頭雖然不會說話，那倒是眞的，太太那樣子，實在是叫誰也親近不上去。」

想想彥珊對人的冷嚴態度，再想想因爲柳塘的失明，她在他面前所表示出的一份輕蔑，我心裏眞是難受，是怎樣的一隻命運之手，使這樣的兩個人生活在一起？又是怎樣的一隻命運之手，把我也捉進他們的生活圈子，致使我破壞了生活的安靜，一創未復，一創又罹，眞不知什麼時候，才能物我兩忘地活下去。想到這一段新的牽縈，我的內心煩亂極

情的聲音，畫布上也不再有鮮明的色影。她像對一切都已厭倦，至少是失去了興趣。每一個黃昏，她靜靜地坐在窗前，什麼也不想。自從她得到葉亦文的噩耗大哭過一場以後，她不再哭出聲了，許多時候她只讓眼淚從頰上無聲地流下，然後又靜靜地拭乾，到後面去和姑母或是那個愛玩的下女談談毫不相關的事情。

常常地，她想到那個和她有着同樣不幸命運的異國女孩，想到那個短短的七天的故事。她覺得也許那女孩比她幸福，也許比她更不幸。只有一點他們相同的，他們的故事都只留下了一個無盡悲哀的尾巴；或許在別人看起來，那對於這個世界沒有任何意義，也沒有絲毫影響。然而，對她來說，那就是一切。

六

又是春天來了，對於夷美來說，春天已經不能再爲她帶什麼來了。這地方也不會再給她帶來奇蹟，只留給她無限的懷念。老入星又在南天出現了，它依舊對着人們微笑。而她却想着：那和自己同樣不幸的女孩這時候可也在看着老人星嗎？她也在用吉他彈着那支歌嗎？

這些日子來，她已經懂得不少的事情：第一顆出現在天空的星，殞落得也最早；開得最嬌艷的紫色花朵，凋謝得也最快！但是，星已經閃耀了它的光輝，花已經放出了它的芬芳，它們還要求什麼呢？

她決定回到遙遠的家裏去了，那裏有愛她的父親和妹妹，她不忍心讓他們失望！爲了他們，她要好好活下去。

而且，她還深深地記得葉亦文說過，在南方，經年可以看到老人星的。她知道，沒有誰會懂得這一份情感，她也不需要別人懂。她自己懂也堅持自己的想法：爲了愛！那是比對生命的渴求、比對死的恐懼更強烈的東西！

了，緊刺馬腹，我揚鞭叫牠疾馳前去，雖然老高在後面叫我小心，我也沒有理他，一直到我顛波得喘不過氣來，才叫馬慢了下來，老高追上我，責備地：「誰叫你這樣快跑的？摔下來，這一路上到哪裏去找醫生，再說，摔殘廢了，這一輩子怎麼過？」

我拂去額上的汗，勉强地笑謝他的善意，沒有作辯。

「一個人殘廢了多可憐，」老高依然念叨着：「老爺要不是眼睛瞎了，再也不會和現在的太太結婚，我敢說。雖然我是一個老實人，我也看得出來，現今的太太，不知存什麼心眼，才會嫁給老爺呢？」

「會存什麼心眼呢？」我緊接着問他。

「我不知道，我不過是這麼說說！」老高膽怯畏事。

我也沒有再說什麼，因爲我有一份隱秘的感情將要漫溢，我必須竭力收歛，我不敢引進任何外在的力量，再去震動它。於是，我們彼此保持緘默，繼續向前，不久，平城在望，這使我要探尋李園舊跡的心情比以前更迫切了。

園門下馬，我心絃震顫，不知是一種什麼力量，使我感到這樣不安，老高一面與我牽馬，一面問我：「李園你沒有來過吧！它可是這一帶的名勝。往日還漂亮啦！現在老爺沒有心經營，荒廢多了！」

我不願這多嘴的好人擾亂我的情緒，我對他說：「我留在園裏，你去辦你的事！等把小姐接來，我們一起回去，現在你就不必管我了！」

於是，我躲開他的嘮叨，從園門起，我開始找尋我十年前的足跡，情緻，與舊事。事隔十年，一切追憶竟都那樣依稀彷彿，覺得哪一堆山石我曾坐過，哪一堆樹身我曾倚過，林蔭我曾徘徊，池畔我曾駐足，然當日那份輕揚情緒已不復尋覓，亭園已老，心情尤覺不似當年，我從入門處向右邊月亮門進去，沿路花樹扶疏，雖然被照顧得冷落一些，往日被嬌寵着的痕跡，依然找尋得出來，記得是在十年前，我捧着一顆夢幻似的少女的心，隨着一羣年青的朋友，想查訪一些民間生活的疾苦，十年後，我又再度涖止，不僅對於世事依舊懵懂，而且已經是風塵滿臉，憂患遍身了。時序輕移，我們實在不能從這上面得到什麼，除掉身心的老去。

這一座李園，建築華美，匠心精巧，有亭臺，有水榭，有雕欄，有畫棟，然都彩色剝落，一如退居海濱他主人的心情一樣。在花木間盤桓了半小時左右，我轉到他們往日居住的華厦，在這裏，我和十幾位同學曾被招待過，我走進大廳，我記起這正是那天開晚會的地方，同學們吵鬧歡唱着，我因特別振奮，尤其叫嚣得不堪。那時我對人生充滿了信心與希望，雖然主人們的家庭幸福使我嫉妒，却使我更無忌地拉起男主人的手，婆娑共舞……這一座大廳的顏色與光彩似都逝去，我推開左邊的門，這是與海濱別墅柳塘的居處相同地位的房間，不想也是他平城的歇足處，因爲這是一間大的書室，裏面套間是一有雕花木床的臥室。外面牆上掛着一框奇大的結婚照，新娘是翠微的生母，這相片我曾在那本照相冊子上看過，但，沒有牆上的明晰，仔細端詳，我明白十年來加到柳塘身上的不幸究竟有多少。但是，我能幫助他什麼呢？他叫我不要走，我就不走；他叫我不要輕易到他屋子裏去，我就不去；他叫我不要與別人談起我們十年前就相識的往事，我就不談。如是而已，我還能再做什麼？

室內徘徊甚久，翠微與致中推門進來，這一對戀人，雖然爲她的父親極端反對着，却依然沒有減輕他們的親蜜，翠微看見我，立刻很高興地跳到我的面前：「我聽老高告訴我說你來了，我眞高興，我們可以一塊兒回去了！」

「是的，」我說：「我早就想來看你們的李園了！果然是一個叫人留戀的地方。」

「不，」翠微說：「這裏比從前差得多了，父親心境不好，又懶得經管它，這一大片地只由幾個花匠照應着，許多地方都荒蕪得不堪了。」

「這一種略懷秋意的調子，更使人依戀！」我說。

翠微這單純的孩子沒有懂得我的意思，她立刻又轉過頭去與致中輕言細語，把我冷落在一邊，於是，我也就轉過身去，再度尋覓這室內所收藏過的幸福痕跡來。直到相當長的一段時間過去，翠微才對我說：「我們該回去了，太晚，爸爸會擔心的！」

「要等老高回來一起走吧？」我問。

「老高到我學校去了一趟，我叫他先回去了，反正我們三人一起回去，有伴兒。」說着，翠微一刻也安定不下來，就往外跑，致中追了出去，我不願掃她的興，也只好隨着她的興緻一起回家。老高不知怎樣回去的，園子裏還留下兩匹馬，翠微先跨上一匹，然後對致中說：「你扶陳小姐上去，然後我們一起。」

我們上了馬，致中與翠微合騎，翠微在前，於是致中幾乎把她整個兒摟到懷裏，各方面看起來，他倆的感情在繼續增加中，似乎沒有其他的力量可以阻遏了，雖然翠微爲了尊重她父親的意思答應延緩婚期，但是改變她的決定與感情則是不可能的事，我不知道這件事情會有怎樣的發展；不過，我想假若翠微眞會爲了致中而與父親決裂的話，柳塘會傷心至極的。他眞是一個畸零人，妻子死了，續絃得並不如意，唯一的女兒爲了自己的愛不惜一再傷他的心，而他，眼睛又失明，每日生活，除了靜坐桌前聽聽窗外的海濤澎湃而外，就是爲女兒的將要離去而感傷，爲環境的日趨不安而煩悶，爲感情的無處施放而徬徨。現在，唯一了解他的是我，唯一關切他的也是我，但是，名義上他却有一個家，有妻子，並且有女兒。

「陳小姐，你的馬騎得太慢了，離得我們這樣遠！」致中帶着翠微往前馳騁了一會，如今又撥回馬頭，含笑地迎向我。

「是我去平城的那一趟騎得太累了！」我勉强從沉思中醒了過來，回答他：「現在沒有力量再騎快了呢！」

「那我們也慢一點走，好在時間還早！」致中和順地說。我不覺多看了他一眼，他長得眞够俊美的，無怪年青的翠微會這樣痴愛他，只是他却不是太男性的男性，那卽是說，他沒有男性的剛强與堅忍，稍微成熟一些的女人應該不會喜歡他。他的眼睛裏面，始終流動着不安定的神色，有些不信任自己，又像是有什麼力量常常會迫害到他，而他又毫無排解的能力。這種男人，在幸福的環境裏，他能給你快樂，否則，他卽不會有所作爲，甚至於不會有什麼力量保護他所至愛的人。柳塘的觀察力眞不弱，雖然他已失明，他比有目力的人看見得更早，更明確。我想，假若我是翠微的親人，我也一樣會阻止這件事的，雖然他有一個吸引人的外表，但是，使他減色的地方太多了。

這一段歸途一點也不寂寞，這一對戀人，不時地發出一串歡愉的笑聲，掀去了我的一抹輕愁。

別墅在望，翠微忽然從馬背上跳下來對我說：「陳小姐，有一條回家去的小道，你一定沒有走過，今天隨我們一起，好嗎？」

「回家還會有另外的小道嗎？我以爲只有一條通向山頂的斜坡呢！」

「你下來，」翠微來拖我：「我帶你從松林穿下去，可以走到海濱，然後，從峭壁旁邊可以繞回去，致中會走！」

「這樣繞路太遠了！」致中似乎不願意。

「怕什麼，」翠微向致中要求說：「反正還早呢！」

致中不忍過拂她的心意，便點頭答應了。我却想起來說：「那麼馬呢？馬也得繞過峭壁回家？」

「不，讓他自己回去！」牽微說，向馬背上拍了兩下，兩匹馬便跑了開去。

致中在前，一手牽着翠微向前引路，我依然隨在身後，通過松林，是一段亂山嶙峋的山路，我最不慣走峻斜而又崎嶇的仄徑，霎時便緊張費力得氣喘汗流了，翠微眞是孩子，對什麼的興趣都那樣濃烈，一如十年前的我一樣，當年我要發現這樣一條路，我要走過它的勇氣，一定不在翠微之下，無奈事隔十年，一切不平而致人躓仆的地方都令我心悸。我必須傾全力注意不要摔傷了自己。

「陳小姐，你看，」翠微還有餘力講話：「要是會爬的話，從這裏就可以上去，正對着我媽媽臥室的窗下。」

「不要說話了！」致中阻止她：「不小心摔傷了又該哭了！」

「那才不呢！」翠微說：

在松林的掩護中，我們小心她繞到海濱，原來首先到達的正是那峭壁的岩洞旁邊，想想有一次我進去時的那片陰森空氣，我毛骨聳然，便喊：「快過去吧！這是岩洞了！」

「你也怕鬼嗎？」翠微望着我笑：「這都是媽媽的迷信，搬到這裏來，聽說鬧鬼，連忙找來和尙念經，弄得更加陰氣沉沉的，誰也不敢進去了，其實，誰也沒見過鬼是什麼樣。」

「翠微，」致中拖了翠微一把：「你還不快點走。」

經過一段苔澤，又是有細沙鋪地的淺灘，峭壁的左邊，是另外一個世界，那是我經常徘徊消磨的地方，現在正有卽將沉落的太陽斜照着，大海一片金黃，海濱幽居沒有比這時候更美的一刻了。到了平安地區，我輕吁了一口氣，稍作逗留，這以後，便都是熟悉的路徑了。

上前走了不遠，還不到那石級脚下，彥珊忽然從遠處迎了過來，她頭髮蓬鬆着，像是在海風下逗留了許久的樣子，雖然態度不是十分冷嚴的，却也並不太使人樂於親近。

致中見了她，立刻鬆開拉住翠微的手，翠微則活潑地跑了過去，扶到她媽的肩上說：「媽來接我們啦？怎麼知道我們從這裏回來？」

我沒有再停留在他們的圈子裏，只與彥珊交換了一次目光，我卽匆匆往山上跑，我要回去，我知道滿室斜暉將會快樂地迎接我。

（未完）

自由中國　第十五卷　第十二期　惆悵的夕陽

惆悵的夕陽

旅美小簡之二十

陳之藩

我最愛聽京戲，如姐更是個戲迷，她常來信抱怨說：連一個長班唱戲的都沒有了。唱的人們想振作一番，愛的人們也想振作一番，似乎全無濟於事。我看到這種消息比任何事全不高興。去紐約中國城，忽然聽到余叔岩的唱片，竟然泫然而涕。

我回信給她說，挽救京戲，恐是不太有希望的事。因爲它不能離時代而生存，它必受時代的影響。不僅京戲是如此，在美國也有同類的情形。比如，最近，美國第一個大馬戲團卽散班了。原因極簡單，競爭不過電視與電影。

我記得小時候，讀馬克吐溫的書，知道這位不世出的奇才，幼時的唯一志願是當馬戲團的一位大力士。可見馬戲團在當年對美國人的影響，在生活中竟佔一多麼重要的部份。而現在的美國孩提，似乎均崇拜電視，與電視上的人物，對馬戲幾乎不知爲何物了。

這是時代的生活方式所決定的東西，昔時美國，馬戲班可以在農業社會中遊行各處，走到一個都埠，聚上一兩萬人，就可要上十天半月。現在如果馬戲團到同樣一個都埠來，兩萬觀衆要開來兩萬輛汽車，這兩萬汽車何處去停放。沒有地方停車，觀衆就不去了，就在家看電視了。電視上有非洲的雄獅，有北極的白熊，可以盡情欣賞。

京戲與這種情形可以說完全一樣。我記得小時候，我們村裏唱戲，搭上蓆棚，鑼鼓喧天，四鄰村的人都來了，於是蓆棚臺前擠成人粥，京戲開幕。爲了謝雨感天其名，爲了欣賞娛樂其實，如此，戲班遊行各處，戲也發展起來了，伶人也生存下去了。

然而，我們已失掉了這種環境，要像如從前的方式生活下去，是不可能的。主要的抵力是電影，其次是電視，一張電影數百烤貝，代替了戲班在各地的遊行，一幕電視，數臺轉播，立時普及了全國。以優伶的疲憊身體與機器大量生產賽；是命定了失敗的。

所以我分析到最後說，如想使國劇生存下去，只有藉電影與錄音生存下去。不然，是要注定了命運敗亡的。然而，好萊塢供給全世界影片，只不過幾個明星而已，國劇也是一樣，今後如能生存，也是只能維持幾個好角，其餘盡皆作廢了。這正如美國只能存在一個馬戲團爲拍電影片用，而不可能再巡廻各地了。

這種情景，當然很可憐，我自己也不情願下這樣的結論，然而，却是令人惆悵，無可如何的事。

大炮發明以後，吉訶德先生是惆悵的，他對牧羊人，發了一長篇思古之幽情，然而城堡與騎士時代畢竟過去了。磁盤發明以後，義和團也是惆悵的，如火如茶的在堵塞已洞開的海禁，然而海畢竟不是天險，四海之內莫非王土的時代過去了。日耳曼民族無論多優秀，抵不過雷達的成就優秀；日本自殺飛機無論多勇敢，抵不過原子彈的作爲勇敢。時移了，事易了，惆悵惟有惆悵而已。

國醫，國學，都與國劇一樣。在情感上說，我感謝國醫，我欣賞國學，我尤愛聽國劇。可是就理智上講，無論再出多少個志士來想恢復它們，我覺得都是無任何效用的。像國劇必須投入電影一樣，國醫必須投入科學，國學必須投入文史哲學，它們才會有新的出路。

夕陽黃昏，是令人感慨的；英雄末路，是千古同愁的。更何況日漸式微的，是我們自己的文藻；日趨衰竭的，是我們自己的歌聲。日就零落的，是我們自己濟世救人的仁術。我們欲挽狂瀾於既倒，憤末世而悲歌，都是理有固然的事。

然而我們要看清，時代風雨，是排山倒海之勢；一葉孤舟，在驚濤駭浪之中，竭盡所有求生存是第一義，來不及惆悵夕陽了。

民國四十五年十月十二日費城

書刊評介

讀『中國新聞法概論』再版書後

田言

出版自由、言論自由爲基本人權之一，凡爲民主法治國家，無不予以切實保障。保障之方式，有的國家是制訂有特別法，有的國家並不制訂特別法，散見於一般法令判例中。無論方式爲何，而其精神都是重在積極的保障，依循法律途徑，爲新聞事業、出版事業作合法的保障與限制。所以，在民主法治國家中，我們可以時常讀到報章雜誌對政府或政治措施作嚴苛的評責，對貪汚枉法者作無情的揭發，被攻擊之政府當局或個人絕對無法利用任何特殊力量，橫加壓制，因爲，報章雜誌之言論自由受到法律的充分保障。相反的，假使報章雜誌濫用自由，侵害個人權益、揭發陰私，被害人則可訴諸法院，由法律予報章雜誌以應得之懲處。在民主國家內言論自由、出版自由所以能循軌發展，成爲社會上進步的力量，卽由於他們對於新聞紙、雜誌、通訊社的有關法規，有着完整的體系，而政府、新聞紙及個人各方面都能共同遵守，奉行勿替。

我國有現代化的新聞紙、雜誌垂已數十年，爭取言論自由、新聞自由的呼聲，也已經喊了許多年，遺憾的是我國疏忽了法律的一面。沒有完善的新聞法，也就不能確保完整的新聞自由，這在新聞紙、雜誌享有高度自由的美國，已經成爲不易的確論，故美國新聞界、學術界對新聞法之研究，均甚熱烈。至於我國，迄至三年前，始有東吳大學法律系主任呂光博士與敎授潘賢模先生合著之「中國新聞法概論」一書出版問世。這是中國第一本研究新聞法的專著，允宜獲得社會上普遍重視。該書銷罄之後，於本年五月由正中書局再版發行。就內容而論，第二版「中國新聞法概論」除就創辦新聞事業法定程序、新聞紙之著作權兩章加以增訂外，另外補充了藐視法庭罪、廣告在法律上之責任兩章，這兩章內容，對我國新聞界現狀言，均係確值研究的問題。我國新聞界過去曾經一再呼籲保持司法尊嚴及獨立審判，這種愛護法治的精神，固值欽佩，可是，有少數報紙對法院新聞的處理，却不能遵守這個原則，年來有一些案子，在判決確定以前，報紙卽已連篇累牘地著論評擊，顯然是藐視法庭之尊嚴。該書於再版中，特闢藐視法庭一章，含意深長，當可想見。惟內容尙嫌簡略，未能就英美法例，對藐視法庭罪作充分的發揮。著作人或以爲我國現行民刑法典對之未有明文規定，故不欲多加闡說，殊不知這正是吾國特別應該研究的問題，所以，希望在該書第三版時，能够讀到更爲完整的理論，藉以供法界及新聞界的參考。

其次，該書所增列之「廣告在法律上的責任」一章，亦值得我國新聞界的重視。作者記得，年前臺北某報曾刋登了兩個女性在臺南徵婚的廣告，數日以內便有許多人受騙，最後終爲警察當局所破獲。原來這個刋登虛僞廣告的騙子，便是利用我國報界以爲報紙對於廣告內容不負任何責任的錯誤心理，以實行其騙術，結果使報紙讀者遭受了無謂的損失。無論就道德上、法律上，新聞紙對於廣告內容都負有善意監督人的責任。該書在這一章中指出，英美報館對於廣告，均必先行審查後，方予刋登。卽在我國，亦有法律之限制與規定，闡釋詳盡，立論精闢，是爲該書再版的另一特色。

再者，該書一再指出其定名爲『新聞法』者，因其範圍包括一切有關新聞事業的法規，誠如著作人所言，現代的新聞事業絕不僅限於新聞紙、雜誌，還應包括通訊社、新聞廣播、新聞電影、電視等，但是，我們綜覽全書，覺得該書重點似仍偏重於新聞紙和雜誌，而對於廣播、電訊部份則較少。經過再版修訂之後，雖亦提及了通訊社、廣播電臺等，惟內容實尙有待充實。我們知道，在英美先進國家中，廣播、電訊、電視等之有關法律，已成爲空中法 (Air Law) 之一部，我國現在尙未發展至如此程度，但是，若能併合在新聞法之中，自然是最爲適宜的事了。所以，我們希望該書將來對有關廣播及電訊之法律問題，再加以發揮。

總之，新聞法這門學問，在我國是應該獲得社會重視的，「中國新聞法概論」這本著作尤具價値，最低程度，它已經告訴了政府及新聞界，應該如何在法律範圍內保障及尊重言論自由、新聞自由，使我國新聞事業能够步入正軌。

讀者投書

(一) 同是後備軍人，何以厚彼薄此？

丁開誠

自由中國社編者先生道席：

我們是退除役的士兵，因在臺灣無親無友，又無一技之長，蒙政府體念我們缺乏獨立謀生條件，解甲後即安置「榮譽國民之家」，給以生活。同時政府爲輔導大家就業，在本省四個榮家本都設有習藝組織傳授榮民技藝，只是限於經費，習藝工作，自始即一籌莫展(註)。因此，直到現在，林林總總的榮民，實際上是無藝可習。在此種情形之下，大家爲了潔身自好，有機遇便自動向外傭工，以殘餘勞力換取少許報酬，藉以改進自己的生活。無如大家這種自發自愛勤勉自奉的精神，却未蒙上級(社會處)矜全曲諒，而於本年二月下旬自「榮民分類調整實施辦法」頒佈後，接着訂立了一個「新榮民生活輔導辦法」。這個新法的全部精神，却針對刻苦自勵者以極大的「限制」。即凡在外榮民，統贈以「就業」雅號，責令覓保並須辦理永久離家或短期離家的所謂「就業」手續。前者分期發給九個月奬助費（即主副食及零用金非額外之給與，以下同。）後，即予開缺，後者規定在限期內斷續領取奬助費累計達六個月時，即予開缺，不再發給任何費用。

天！榮民絕大多數爲文盲，沒有躋身高職的才能，爲了將來着想，我們希望習藝，願意習藝，只是今天無藝可習。爲了潔身自好，偶爾在外混點代價僅僅不過百把八十而又毫無保障的燒飯、打掃、看門一類的臨工，如何說得上是「就業」？在人地生疏的臺灣，又往那兒去找這樣的「保人」？家裏硬要逼着找保離家（否則限制歸家，且這種環境，若坐視大家無所事事，最容易發生賭博爭端情事。），豈非爲淵驅魚，硬以人力造成失業現象，殊有失輔導就業本旨，眞是不可思議，也未免太苛刻了！

再說，臺南榮家於兩個月前宣佈一項層令：凡除役榮民，一律改爲停役。遂將榮民除役證收繳加蓋戳記更改，是政府已然恢復榮民爲後備軍人身分。這就不禁使人連想到假退役軍官，不也都同是後備軍人麼？何以一則在公營機關作事，就依然八成薪照領？豈只是八成薪照領，如果是屬私營機構，則還可連同實物配給都一一照拿。另一則非但找包莃錢不行，還得找保離家。兩情對照起來，設非「階級」上的因素，何乃厚彼薄此之甚！

總之，新辦法既標榜「生活輔導」，該是含有提高至少也是改進榮民生活與協助工作之義，試問社會處與榮家方面又果曾眞正關切大家，介紹了一個榮民到外面去作工沒有？既力之不逮，何乃見人偶爾找點零花，就得逼着找保離家，這就不叫「輔導就業」，而是名符其實的「限制工作」了。要說新法是一種勒「緊」褲帶的措施，那也得大家都「緊」？不能倚重倚輕，一面以法令規定某種人就可納福，另一面又以規章拘束那種人就得吃苦，這都是有離「打氣」之道的，我們基於官兵一體的精神，總覺得假退役軍官與停役士兵，在浴血疆場執戈衞國的分量上，是大家半斤八兩，無甚軒輕。今天暫卸征戎，在身分上既又屬同是後備軍人，在處遇上似乎總得拉平一點才對吧？

最後我們不妨把話說到題外一點：新法自本年五月五日開始實施以來，也是弊端百出：即據我所知，臺南榮家對在外作事的人，事實上並未一一呈報上面（姑隱其名），盛傳這裏面有着講「條件」的情事，如當事人來一個「絕無其事」的聲明，那我們就要問爲什麼榮家要包庇這末多人？又試問社會處對這些流弊還有什麼辦法可以杜防其不會發生？我們只提醒大家這一點就够了。走筆至此，我們固不否認新法的實施，政府可以撙節一點支出，但也給不肖胥吏製造了機會，助長貪污。這是値得大家注意的。

丁開誠敬上十一月十六日

註：臺南榮家所有一切習藝生產事業，無一宗不是賠本不堪，習藝工作遂完全停閉。

(二) 以黨治礦！

石靈

編者先生：

我是貴刊的忠實讀者，此次讀到祝總統壽的各篇言論，眞是感慨萬千！那些積壓在我們內心多少年來的話，能在報刊雜誌上與大衆見面，衷心感到極端的興奮！但是另一方面又使我們感到無限的懷疑：是不是這些眞理聽過就算完了？政府到底有無誠意接受呢？或且只是陽奉陰違式的接受呢？若然，我們這些天眞的傻小子將更痛苦了！

我是在去年才改組公司的國營機關工作，位于基隆之東，生產的是礦砂。自從這位主管人員來後，這裏就成了一個小鐵幕。他們因襲了匪共聞香隊聽壁隊的故技，在各處分佈了許多特務。此後就專聽密告員的報告，更不讓人有辯白的機會，而獨斷獨行，弄得怨聲載道，員工們敢怒而不敢言。如今呢，更變本加厲，竟公開成爲「以黨治礦」的局面。從前對黨有過微「功」的人，均位居要津，以利控制。對非黨員之自由人士，則認爲思想有問題，排斥、監視、壓迫，極盡其能事。這裏曾經有過兩期的員工訓練班，可說是專爲黨員及準黨員而設的，每人還發了夾克背心等，一切費用，全用公賬開銷。

此間還有一個怪現象，即黨部可「情商」員工勵進會每月在大禮堂放映幾次電影，俾增加收入，以充活動。（本公司的員工正常活動經費，全靠映電影賺來的錢。）起初我們很奇怪，因爲黨員有繳黨費的義務，而黨在此並無若何需要很多經費的活動，何況一切紙張筆墨人員等均由公司供應，又何必來剝削員工的福利呢？後來在無意中才發現這個秘密：原來密告員是有津貼的，有的是論件，有的是論月，每則密告二十元三十元不等，也有的月支二百三百不等。這些支出就是出在黨部放映電影之收入。

反共抗俄的意志，我們比誰都堅強。但是我們反而被認為有問題的寫在黑名單上。為了飯碗，只好忍氣吞聲。我們真是要發瘋了！我想我們所敬愛的蔣總統也絕不會喜歡那樣的辦法呀！他們那種作法到底是跟總統過不去呢，還是有意與國家為難呢⁉我真茫然了，望先生有以教我。即請

撰安

讀者石靈敬上 十二月一日

附筆：我沒有說出真姓名，敬請編者先生予以原諒。因為惡勢力太大了，而我的主管人員又太刻毒陰險了。為了生活，為了妻子兒女的生活，無日不在驚恐之中。以上所言，全是事實，絕無泯滅天理之言，鬱在心中，總求一吐為快。最後我還有一個過份之請求，就是這封投書的筆跡雖經我「造作」過，然而仍易被識者認出，所以這封信不管能否登出，敬求原稿密存或最好燒掉。我是讀工程的，對政治及政黨根本不感興趣，至今仍是無黨無派之自由人，所以寫這封投書，也是激於義憤，只是對事，絕非對人的。

（三）不要「領導」！

游紹虞

編者先生：

貴刊十五卷十一期所載宏毅君投書『大學生談大學生的領導問題』一篇，鄙人讀後，有點感想要說出來。

照宏毅君投書中所說的情形來看，我們可以認為，××大學訓導長對學生的說話，完全是在『打官腔』。學校並非衙門，打官腔當然是要不得的。不過，既然『該訓導長常以搞「學運」出身自滿』，則斯人也而有斯言也；倒也無足怪異。問題在於作為一個大學生的宏毅君，他的看法和想法是否正確健全？

我們認為，學校只是教育機構，它的任務只是『辦教育』，學生來到學校，只是『受教育』。小學中學如此，大學亦莫不如此。除上課作實驗外，學生還有其他的生活面和行為面，為了幫助學生身心各方面的正常發展，學校有施以訓誨指導的必要。『訓導』的涵義應該是如此，也只能是如此。

至於『領導』，則是一種政治性的行動，它通常是指的對於一種『運動』的倡率、策動和指揮。人是政治性的動物，大學生已經不是小孩子，必然有也可以有政治的意識和活動。此種意識與活動是否在正常範疇中發展，學校應該有『訓導』的權力，但此權力是源於『教育』的任務，而不應該發生什麼『領導問題』。換句話說，大學生在大學裏，是來『受教育』的，而不是來『受領導』的。也即是說，大學對於大學生，應該只有『教育方針』，而不應該有什麼『領導方針』。這並非兩個字字面不同的細節，而是這二者之間有基本上極大的差別，此差別若不辨明，則將使大學教育蒙受極惡劣的影響。

仍就宏毅君投書所舉事實作為例證：依我們看，像『譴責蘇俄暴行，聲援波、匈人民』這種事，如果其方式止於宣言通電，××大學的學生們是可以作的，無須向學校請示。如果把這種事也列入『凡事不透過學校便是違反校章』的禁制之內，則這種校章和解釋都有毛病，學生們應該把握住原則，向學校請求作合理的修正和顯明界劃。如果學校『不以為然』，學生們也可以訴諸社會輿論，督促學校研擬辦理。但學生們不此之圖，而只是在發生某一行為需要時，『由幾個學生』出面，向學校『要求』，則站在『校章』立場，學校當然有裁量准駁的餘地。因為我們不能武斷地說凡學生們的要求先天上都是對的；從而就非有求必應不可。何況，你既是向他要求，他又是『搞學運出身』的，他當然要等待『有關機關』的『指示』，他不打官腔又說什麼呢？

我們這樣說，絕無意為現在的大學訓導工作或某訓導長作辯護。相反地我們對於宏毅君投書所舉的某訓導長的態度，表示極度的厭惡。尤其是那種『但求外人知道……不計內部效果』的彌縫塗飾的官僚作風，我們要嚴加譴責。但我們更要率直指出：我們現在的教育實在是一團糟。中學生就要研究『主義』；大學生自然就會發生『領導問題』。老實說，這叫作『教育不仁，以學生為芻狗！』多少年來的積非成是，使得一般青年昧於本原，不敢作原則性的懷疑，而只是着眼於作風的對不對。不敢從『領導』應否介入學校的方面去想一想，而只是斤斤計較於『方針』。譬如說『雙軌』的領導不對，難道改成『獨軌』就對了嗎？每一個真正有見識有智能有勇氣的大學青年，應該努力增加他思考的深度。

而要點只有兩句話：

要教育，不要領導！

游紹虞上 十二、二。

（四）公務與黨務

廖水土

編輯先生：我在國語日報上看到貴刊十五卷七、八期發表的「君主的民主」二篇，甚快！因為貴刊為真正民主的立場，嚴正指責執政黨之誤謬。因之我要特地讚揚，並希望貴刊繼續為言論自由與民主政治而奮鬥，同時順便提出吾人之參考意見如下：

現在雖是反共抗俄、舉國一致的非常時期，對於民主成分不及黨治成分的現情，我們常感到不滿之情。譬如現在大多數的機關、公司（國營事業）等僱用（不是黨費開支）黨員（指國民黨）若干名來專辦黨務。又參加黨小組的員工公然利用公務之時間，每月一、二次在公司內開小組會，而且遠路的人常借公務上之名義來出差連絡黨務或者參加黨會等。這樣公務與黨務在時間和經費上之混同，實使我們無黨無派的人看來不舒服，覺得有切實糾正之必要。希望貴刊對這些不合理的現象，為文以糾正之。此祝

編安

花蓮一讀者廖水土敬上 十一月十日

註：因為不知貴社地點關係，遲到今天才發出。（十一月五日）

自由中國　第十五卷　第十二期　內政部雜誌登記證內警臺誌字第三八二號　臺灣省雜誌事業協會會員　七九二

給讀者的報告

推行地方自治是政府遷臺後的一大政治號召，然而這幾年來的實際表現則殊令人失望。地方選舉中所存在的不合理現象，眞是罄筆難書。一方面選舉法規諸多違反民主原則的禁制；一方面，國民黨當局利用政治權勢干涉選舉活動，必欲造成「一人競選」的局面而後已。此不僅引爲民主政治之奇談，且直接刺激選民情感，喪失政府威信。自由選舉爲民主政治之根本，政府誠有實行民主政治之誠意，即當決心糾正以往選舉的弊端，做到眞正公正的自由選舉。現在臺灣第三屆縣市長與議員選舉即將舉行，我們乘此時機，敬獻芻蕘之言，願能爲當局所接納。在本期社論(一)裏，我們強調政黨提名候選人制度之重要，期望政府當局本公平原則辦理選政，不再以警察與特工人員干預選舉，確保選民秘密投票與競選人競選之自由。

國民黨中央委員黃季陸先生上月在該黨紀念週上發表演講，題爲「迫切需要的一個政治革改運動」。該文刊出報端以後，各方極爲稱譽。黃先生在這篇演講中，指出政治改革的根本，首在如何建立正確的近代政治觀念，進而造成追上時代進步的政風。黃先生呼籲他的同志要糾正對於「革命」一詞的錯誤觀念，並循法治的途徑以治理國家。此與本刊宗旨與立場，誠屬不謀而合。國民黨內有此率直敢言之士，實在值得慶幸。本刊前於總統華誕時發行專號，對國事率直進言，呼籲政治改革，曾獲各方之共鳴。左舜生先生在民主評論上發表「對國是與世局的看法」，認爲本刊所表示的意見，與海外各方的看法大抵一樣。現在我們看到黃季陸先生的演講，更證明國民黨內進步人士的看法，與海內外人民的意見，也是並無二致。國民黨與政府當局由此應能知所惕勵。民心所同，「政治改革，不容再緩」矣！

經濟問題是我們當前十分迫切而重要的問題。今後我們能否有效地發揮反共的力量，經濟的安定實是重要的一環。陳式銳先生從華僑經濟檢討會議，談到今天經濟問題的危機之所在，痛陳「父道」與官僚作風之爲害。陳先生說：「唯有在民主政治制度之下，乃能產生私人企業經濟制度，而在此一制度之下，乃能把經濟導向進步。」

傅正先生響應召開反共救國會議，在他的大文裏，反覆剖析團結爲反共之必需，並指出過去爲何不能形成團結的原因，及今後應如何促成團結的途徑。語云：「一念成佛」。今天國內反共的力量之能否促成團結，正繫乎國民黨與政府當局的一念之間！

龍平甫先生的「匈牙利人的革命運動」是一篇完整而有系統的報導，本文從匈國人民的民族性與歷史背景說到當前反俄革命運動的詳情。俄帝現在雖然仍在用坦克大砲壓制匈人革命運動，然而匈國人民之必能終獲自由，與暴力政治之終必滅亡，乃是我們可以斷言的。

又本刊慶祝總統華誕專號，先後已出六版，現第六版業已售罄，而各地仍續有索購，茲定於本月二十二日再出第七版，併此報告讀者。

自由中國 半月刊 第十五卷第十二期 總第一七一號

中華民國四十五年十二月十六日出版

發行人兼主編：『自由中國』編輯委員會

出版者：自由中國社
社址：臺北市和平東路二段十八巷一號
電話：二八五七〇

航空版
香港：友聯書報發行公司
Union Press Circulation Company, No. 26-A, Des Voeux Rd. C, 1st Fl. Hong Kong

總經銷
臺灣：自由中國社發行部
美國：自由中國日報
Free China Daily 719 Sacramento St., San Francisco 8, Calif. U.S.A.

經售者
日本：東京僑豐企業公司
韓國：漢城裕昌德號
馬尼刺：大中華日報社
新疆書店
印尼：椰嘉達天聲日報
泗水文光圖書公司
越南：西貢中原文化印刷公司
緬甸：仰光振成書報店
印度：加爾各答塔梅學校
澳洲：雪梨瑞田公司
北婆羅洲：西利亞坡青年書店
新加坡：檳榔嶼、吉打邦均有出售
澳門：友聯圖書公司

印刷者：精華印書館
廠址：臺北市長沙街二段六〇號
電話：二三四二九號

本刊經中華郵政登記認爲第一類新聞紙類　臺灣郵政管理局新聞紙類登記執照第五九七號　臺灣郵政劃撥儲金帳戶第八一三九號（每份臺幣四元，美金三角）

自由中國

第十四集

第十五卷第一期至第十五卷第十二期
1956.07-1956.12

數位重製・印刷　秀威資訊科技股份有限公司
http://www.showwe.com.tw
114 台北市內湖區瑞光路 76 巷 65 號 1 樓
電話：+886-2-2796-3638
傳真：+886-2-2796-1377
劃 撥 帳 號　19563868　戶名：秀威資訊科技股份有限公司
讀者服務信箱：service@showwe.com.tw
網 路 訂 購　秀威網路書店：https://store.showwe.tw
網路訂購：order@showwe.com.tw

2013 年 9 月
全套精裝印製工本費：新台幣 50,000 元（不分售）

Printed in Taiwan